湖南圖書館

古籍普查登記目録

（二）

全國古籍普查登記目録

國家圖書館出版社
National Library of China Publishing House

430000－2401－0011979　294.2/1844

[嘉慶]新修宜興縣志四卷首一卷　（清）阮升基　（清）甯楷纂　清光緒八年(1882)刻本　二冊

430000－2401－0011980　294.2/1845

[嘉慶]新修荊溪縣志四卷首一卷　（清）唐仲冕主修　（清）甯楷纂　清光緒八年(1882)刻本　二冊

430000－2401－0011981　294.2/1846

[道光]續纂宜興荊溪縣志十卷首一卷　（清）顧名等主修　（清）吳德旋纂　清道光二十年(1840)刻本　三冊　存四卷(七至十)

430000－2401－0011982　294.2/1847

[道光]重刊續纂宜荊縣志十卷首一卷　（清）顧名等主修　（清）吳德旋纂　清光緒八年(1882)刻本　四冊

430000－2401－0011983　294.2/1848

[光緒]宜興荊溪縣新志十卷首一卷末一卷　（清）施惠主修　（清）吳景墙纂　清光緒八年(1882)刻本　八冊

430000－2401－0011984　△291.2/32

[康熙]重修沭陽縣志四卷　（清）張奇抱（清）胡簡敬纂修　清康熙刻本　四冊

430000－2401－0011985　294.2/1010

[嘉慶]松江府志八十四卷首二卷　（清）宋如林主修　（清）莫晉（清）孫星衍等纂　清嘉慶二十二年(1817)刻本　四十冊

430000－2401－0011986　294.2/1011

[光緒]松江府續志四十卷首一卷　（清）博潤主修　（清）姚光發等纂　清光緒十年(1884)刻本　二十四冊

430000－2401－0011987　294.2/1013

[光緒]華亭縣志二十四卷首一卷末一卷　（清）楊開第主修　（清）姚光發等纂　清光緒五年(1879)刻本　十冊

430000－2401－0011988　294.2/1014

[光緒]婁縣續志二十卷　（清）汪坤厚（清）程其玨主修　（清）張雲望等纂　清光緒三年(1877)刻本　六冊

430000－2401－0011989　294.2/1018

[同治]上海縣志三十二卷首一卷末一卷（清）應寶時等主修　（清）俞樾　（清）方宗誠纂　清同治十年(1871)刻本　三十二冊

430000－2401－0011990　294.2/1019

[光緒]上海縣志札記六卷　（清）秦榮光纂清光緒二十八年(1902)鉛印本　六冊

430000－2401－0011991　294.2/1026

[乾隆]南匯縣新志十五卷首一卷末一卷（清）胡志熊主修　（清）吳省欽等纂　清乾隆五十八年(1793)刻本　六冊

430000－2401－0011992　294.2/1027

[光緒]南匯縣志二十二卷　（清）金福曾主修　（清）張文虎纂　清光緒五年(1879)刻本　六冊　存十三卷(四至十五、十七)

430000－2401－0011993　294.2/1029

[光緒]金山縣志三十卷首一卷　（清）龔寶琦（清）崔廷鏞主修　（清）黃厚本等纂　清光緒四年(1878)刻本　八冊

430000－2401－0011994　294.2/1030

[宣統]續修楓涇小志十卷首一卷　（清）程兼善纂　清宣統三年(1911)鉛印本　四冊

430000－2401－0011995　294.2/1032

[光緒]青浦縣志三十首二卷末一卷　（清）陳其元等主修　（清）熊其英　（清）邱式金纂清光緒五年(1879)刻本　十二冊

430000－2401－0011996　294.2/1034

[宣統]蒸里志略十二卷　（清）葉世熊纂　清宣統二年(1910)青浦葉桐叔鉛印本　二冊

430000－2401－0011997　294.2/1042

[嘉慶]婁塘鎮志九卷　（清）陳曦纂　民國二十五年(1936)婁塘梅祖德鉛印本　二冊

430000－2401－0011998　294.2/1043

[光緒]寶山縣志稿十四卷首一卷　（清）梁蒲貴　（清）吳康壽主修　（清）朱延射　（清）

潘履祥纂　清光緒八年(1882)刻本　八冊

430000－2401－0011999　294.2/1048

[雍正]崇明縣志二十卷首一卷　(清)張文英修　(清)沈龍翔纂　清雍正五年(1727)刻1974年鈔本　三十冊

430000－2401－0012000　△291.2/30

[道光]安徽通志二百六十卷首六卷　(清)陶澍等主修　(清)李振庸　(清)韓玫等纂修清稿本　二冊　存藝文門、經史門

430000－2401－0012001　294.2/1851

[道光]安徽通志二百六十卷首六卷　(清)陶澍等主修　(清)李振庸　(清)韓玫等纂修清道光十年(1830)刻本　一百冊

430000－2401－0012002　294.2/1853

[光緒]重修安徽通志三百五十卷首一卷附補遺十卷　(清)沈葆楨等主修　(清)何紹基等纂　清光緒四年(1878)刻本　一百二十冊

430000－2401－0012003　294.2/1861

[光緒]續修廬州府志一百卷首一卷　(清)黃雲主修　(清)林之望等纂修　清光緒十一年(1885)刻本　四十八冊

430000－2401－0012004　294.2/1869

[光緒]宿州志三十六卷首一卷　(清)何慶釗主修　(清)丁遜之等纂　清光緒十五年(1889)刻本　十五冊　存三十四卷(一至十六、十九至三十六)

430000－2401－0012005　294.2/1873

[光緒]泗虹合志十九卷　(清)方瑞蘭主修(清)江殿揚　(清)許湘甲纂　清光緒十四年(1888)刻本　八冊

430000－2401－0012006　294.2/1875

[光緒]五河縣志二十卷首一卷末一卷　(清)賴同宴　(清)孫玉銘主修　(清)俞宗誠纂清光緒二十年(1894)金陵刻本　二冊　存四卷(一至四)

430000－2401－0012007　294.2/1877

[康熙]滁州志三十卷　(清)余國修　(清)

潘運纂　清康熙十二年(1673)鈔本　一冊存五卷(一至五)

430000－2401－0012008　294.2/1881

[乾隆]鳳陽縣志十六卷首一卷　(清)于萬培纂修　(清)吳之員續纂　清乾隆四十年(1775)修清光緒十三年(1887)續修刻本　十二冊

430000－2401－0012009　294.2/1883

[道光]巢縣志二十卷首一卷　(清)舒夢齡纂修　清道光八年(1828)刻本　六冊　存十六卷(五至十二、十四至二十,首一卷)

430000－2401－0012010　294.2/1884

[道光]直隸和州志二十四卷首一卷　(清)善貴主修　(清)陳廷桂纂　(清)張受纓續纂清道光十六年(1836)刻本　八冊

430000－2401－0012011　294.2/1892

[光緒]廣德州志六十卷首一卷　(清)胡有誠主修　(清)丁寶書纂　清光緒七年(1881)刻本　四十冊

430000－2401－0012012　294.2/1898

[光緒]南陵小志四卷首一卷　(清)宗能徵纂修　清光緒二十五年(1899)活字本　六冊

430000－2401－0012013　294.2/1901

[光緒]新安志十卷　(宋)趙不悔主修(宋)羅願纂　清光緒十四年(1888)黟縣李宗煝據汪氏刻本重刻　四冊

430000－2401－0012014　294.2/1904

新安文獻志　二冊　存六卷(七十七至八十、九十九至一百)

430000－2401－0012015　294.2/1914

[同治]祁門縣志三十六卷首一卷　(清)周溶主修　(清)汪韻珊纂　清同治十二年(1873)刻本　十二冊

430000－2401－0012016　294.2/1915

[嘉慶]黟縣志十六卷首一卷黟縣續志一卷黟縣三志十六卷首一卷末一卷　(清)吳甸華纂修　(清)呂子珏　(清)詹錫齡續纂　(清)

謝永泰 （清）程鴻詔等三纂 清嘉慶十七年(1812)刻道光五年(1825)續修同治十年(1871)三修合刻 三十二冊

430000－2401－0012017 294.2/1919

[光緒]貴池縣志四十四卷 （清）陸延齡主修 （清）桂迓衡纂 清光緒九年(1883)活字本 五冊 存九卷(三、八、十二、十六至十八、四十二至四十四)

430000－2401－0012018 294.2/1920

[乾隆]青陽縣志八卷 （清）段中律纂修 清乾隆四十七年(1782)刻本 八冊

430000－2401－0012019 294.2/1922

[康熙]建德縣志十卷 （清）高寅修 （清）檀光煓等纂 清康熙元年(1662)刻本 五冊 存七卷(一至二、四至六、九至十)

430000－2401－0012020 294.1/1923

[道光]建德縣志二十卷首一卷 （清）陳葵主修 （清）管森 （清）呂星燕纂 清道光五年(1825)刻本 一冊 存首卷

430000－2401－0012021 294.2/1924

[宣統]建德縣志二十卷首一卷 （清）張翊六主修 （清）周學銘纂 清宣統二年(1910)湖北官刷印局鉛印本 十冊

430000－2401－0012022 294.2/1926

[康熙]桐城縣志八卷 （清）胡必選修 （清）倪傳等纂 清康熙十二年(1673)刻本 一冊 存一卷(八)

430000－2401－0012023 294.2/1927

[同治]懷寧縣志五十卷紀一卷表四卷書十二卷列傳十卷論一卷 （清）馬徵麟等纂 清同治九年(1870)修清末活字本 一冊 存一卷(二十)

430000－2401－0012024 294.2/1929

[乾隆]望江縣志八卷 （清）鄭交泰主修 （清）曹京纂 清乾隆三十三年(1768)刻本 十一冊

430000－2401－0012025 294.2/1930

[道光]宿松縣志二十八卷 （清）鄔正楷主修 （清）石葆元纂 清道光八年(1828)刻本 九冊 存二十六卷(三至二十八)

430000－2401－0012026 294.2/1932

[同治]太湖縣志四十六卷首一卷末一卷 （清）符兆鵬主修 （清）趙繼元纂 清同治十一年(1872)熙別有用心書院刻本 十二冊

430000－2401－0012027 294.2/1937

[光緒]壽州志三十六卷首一卷末一卷 （清）曾道唯 （清）王萬姓纂 清光緒十六年(1890)活字本 十四冊 存十二卷(一至六、十至十三、十七，末一卷)

430000－2401－0012028 294.2/1939

[乾隆]潁州府志十卷 （清）王歛福纂修 清乾隆十七年(1752)刻本 十二冊

430000－2401－0012029 294.2/1941

[道光]阜陽縣志二十四卷首一卷 （清）周天爵 （清）劉虎文修 （清）李復慶等纂 清道光九年(1829)刻本 一冊 存二卷(三至四)

430000－2401－0012030 294.2/1945

[光緒]鳳台縣志二十五卷 （清）李師沆 （清）石成之主修 （清）葛蔭南 （清）周爾儀纂 清光緒十八年(1892)活字本 一冊 存四卷(十三至十六)

430000－2401－0012031 294.2/1946

[同治]潁上縣志十二卷 （清）都憲錫主修 （清）李道章纂 清同治九年(1870)刻本 一冊 存二卷(十一至十二)

430000－2401－0012032 294.2/1947

[乾隆]太和縣志八卷 （清）成兆豫主修 （清）吳中最 （清）洪朝元纂 清乾隆十六年(1751)刻本 一冊 存三卷(三至五)

430000－2401－0012033 294.2/1949

[乾隆]浙江通志二百八十卷首三卷 （清）李衛 （清）嵇曾筠等主修 （清）沈翼機 （清）傅玉露等纂 清乾隆元年(1736)刻本 一百冊

430000－2401－0012034　294.2/1951

[乾隆]浙江通志二百八十卷首三卷　（清）李衛　（清）嵇曾筠等主修　（清）沈翼機（清）傅玉露等纂　清嘉慶十六年(1811)蔣攸銘校補刻本　一百二十冊

430000－2401－0012035　294.2/1952

[乾隆]浙江通志二百八十卷首三卷　（清）李衛　（清）嵇曾筠等主修　（清）沈翼機（清）傅玉露等纂　清光緒二十五年(1899)浙江書局刻本　一百二十冊

430000－2401－0012036　294.2/1958

浙志便覽七卷　（清）李應珏纂修　清光緒十七年(1891)刻本　四冊

430000－2401－0012037　294.2/1963

[乾道]臨安志十五卷首一卷附校勘札記一卷　（宋）周淙撰　宋乾道五年(1169)修清光緒四年(1878)會稽章氏刻壽庚輯式訓堂叢書本　一冊　存三卷

430000－2401－0012038　294.2/1964

[咸淳]臨安志一百卷附校勘札記三卷　（宋）潛說友纂　宋咸淳四年(1268)修清道光十二年(1832)錢塘汪氏振綺堂仿宋刻本　二十四冊　缺四卷(九十、九十八至一百)

430000－2401－0012039　294.2/1969

[淳祐]臨安志五十二卷　（宋）施諤撰　宋淳祐十二年(1252)修清光緒七年(1881)錢塘丁氏刊武林掌故叢編本　二冊　存六卷(五至十)

430000－2401－0012040　294.2/1971

[光緒]淳安縣志十六卷首一卷　（清）李詩主修　（清）陳中元　（清）竺士彥纂　清光緒十年(1884)淳安縣署刻本　六冊　存十三卷（一至十二、首一卷）

430000－2401－0012041　294.2/1972

[乾隆]杭州府志一百十卷首六卷　（清）鄭之雲主修　（清）邵晉涵纂　清乾隆四十九年(1784)刻本　四十冊

430000－2401－0012042　294.2/1974

[光緒]富陽縣輿地小志一卷　（清）陳承樹主修　（清）徐澹仙纂　清光緒三十年(1904)石印本　一冊

430000－2401－0012043　294.2/1977

[淳熙]嚴州圖經八卷　（宋）董弅修　（宋）喻彥先檢訂　（宋）陳公亮重修　（宋）劉文富訂正　清光緒二十二年(1896)漸西村舍刻本　二冊　存三卷(一至三)

430000－2401－0012044　294.2/1979

[景定]景定嚴州續志十卷　（宋）錢可則主修　（宋）鄭瑤　（宋）方仁榮纂　宋景定三年(1262)修清光緒二十二年(1896)漸西村舍刻本　二冊

430000－2401－0012045　294.2/1982

[乾隆]嚴州府志三十五卷首一卷　（清）吳士進修　（清）胡書源纂　清乾隆二十一年(1756)刻本　一冊　存三卷(十二至十四)

430000－2401－0012046　294.2/1985

[光緒]分水縣志十卷首一卷末一卷　（清）陳常鏵　（清）馮圻主修　（清）臧承宣纂　清光緒三十二年(1906)刻本　六冊

430000－2401－0012047　294.2/1989

[道光]嘉興府志六十卷首三卷　（清）于尚齡纂修　清道光二十年(1840)刻本　四冊　存八卷(一至八)

430000－2401－0012048　294.2/1900

[光緒]嘉興府志八十八卷首二卷　（清）許瑤光主修　（清）吳仰賢纂　清光緒四年(1878)鴛湖書院刻本　四十八冊

430000－2401－0012049　294.2/1992

[乾隆]平湖縣志二十卷首一卷　（清）張力行主修　（清）朱鴻緒纂　清乾隆四十五年(1780)刻本　五冊　存十一卷(三至四、八至十三、十八至二十)

430000－2401－0012050　294.2/1993

[光緒]平湖縣志二十五卷首一卷末一卷（清）彭潤章主修　（清）葉廉鍔總纂　清光緒十二年(1886)刻本　十二冊

430000－2401－0012051 294.2/1994

[光緒]續當湖外志八卷附當湖忠義紀略一卷
（清）馬承昭輯 清光緒元年(1875)刻本
二冊

430000－2401－0012052 294.2/1995

[乾隆]海鹽縣續圖經七卷 （清）王如珪主修
（清）陳世倕 （清）錢元昌纂 清乾隆十三
年(1748)刻本 七冊

430000－2401－0012053 294.2/1998

[光緒]石門縣志十一卷首一卷 （清）余麗元
纂修 （清）譚逢仕 （清）吳學浚等分纂 清
光緒五年(1879)刻本 十冊

430000－2401－0012054 294.2/1999

[光緒]桐鄉縣志二十四卷首四卷附楊園淵源
錄四卷 （清）嚴辰纂 清光緒十三年(1887)
蘇州陶漱藝齋刻本 二十四冊

430000－2401－0012055 294.2/2001

[同治]湖州府志九十六卷首一卷 （清）宗源
瀚等總纂 （清）周學浚 （清）陸心源纂 清
同治十三年(1874)湖州王文光刻本 四十冊

430000－2401－0012056 294.2/2002

[光緒]歸安縣志五十二卷首一卷 （清）李昱
修 （清）陸心源 （清）丁寶書纂 清光緒八
年(1882)刻本 十六冊

430000－2401－0012057 294.2/2003

[光緒]菱湖鎮志四十四卷首一卷 （清）孫志
熊纂 清光緒十九年(1893)刻本 六冊

430000－2401－0012058 294.2/2009

[同治]長興縣志三十二卷首一卷附拾遺二卷
（清）趙定邦主修 （清）周學浚 （清）丁
寶書纂 （清）朱鎮纂拾遺 清同治十二年
(1873)修光緒元年(1875)刊光緒二十三年
(1897)補刻本 十二冊 存二十五卷(二至
六、十至十六、二十至二十七、三十至三十二,
拾遺二卷)

430000－2401－0012059 294.2/2011

[乾隆]武康縣志八卷首一卷末一卷 （清）劉
守成纂 （清）李培植增修 清乾隆十二年

(1747)刻四十四年(1779)增修刻本 一冊
存二卷(一、首一卷)

430000－2401－0012060 294.2/2012

[雍正]寧波府志三十六卷首一卷 （清）曹秉
仁主修 （清）萬經纂 清道光二十六年
(1846)沈琛其刻本 十六冊

430000－2401－0012061 294.2/2014

[同治]鄞縣志七十五卷 （清）戴枚主修
（清）董沛纂 清同治十三年(1874)修清光緒
三年(1877)刻本 三十四冊

430000－2401－0012062 294.2/2016

[光緒]奉化縣志四十卷首一卷 （清）李前泮
主修 （清）張美翊纂 清光緒三十二年
(1906)刻本 二冊 存五卷(三至五、三十至
三十一)

430000－2401－0012063 294.2/2017

[光緒]忠義鄉志二十卷 （清）吳文江纂 清
光緒二十七年(1901)刻 六冊

430000－2401－0012064 294.2/2019

[光緒]鎮海縣志四十卷 （清）于萬川主修
（清）俞樾總纂 清光緒五年(1879)鯤池書院
刻本 十六冊

430000－2401－0012065 294.2/2021

[光緒]慈溪縣志五十六卷 （清）馮可鏞主修
（清）楊泰亨纂 清光緒十三年(1887)修清
光緒二十五年(1899)刻本 二十冊 存三十
八卷(二至二十一、二十五至二十六、三十九
至四十九、五十二至五十六)

430000－2401－0012066 294.2/2022

[乾隆]餘姚志三十二卷 （清）唐若瀛修
（清）邵晉涵纂 清乾隆四十六年(1781)刻本
十二冊

430000－2401－0012067 294.2/2024

[光緒]定海廳志三十卷首一卷 （清）史致馴
修 （清）黃以恭等纂 清光緒六年(1880)修
十一年(1885)寧波鋤經齋刻本 十冊

430000－2401－0012068 294.2/2029

[乾隆]紹興府志八十卷 （清）李亨特主修
（清）平恕 （清）徐嵩纂 清乾隆五十七年
(1792)刻本 一冊 存二卷(三十九至四十)

430000－2401－0012069 294.2/2031

[嘉慶]山陰縣志三十卷首一卷 （清）徐元梅
主修 （清）朱文翰纂 清嘉慶八年(1803)刻
本 八冊

430000－2401－0012070 294.2/2033

[光緒]上虞縣志四十八卷首一卷末一卷
（清）唐煦春主修 （清）朱士黻纂 清光緒十
七年(1891)刻本 二十冊

430000－2401－0012071 294.2/2034

[光緒]上虞縣志校續五十卷首一卷末一卷
（清）儲家藻主修 （清）徐致靖纂 清光緒二
十四年(1898)刻本 二十冊

430000－2401－0012072 294.2/2035

[嘉定]剡錄十卷 （宋）史安之主修 （宋）
高似孫纂 （清）李式圃校刊 宋嘉定八年
(1215)修清道光八年(1828)嵊縣刻本 一冊

430000－2401－0012073 294.2/2036

[同治]嵊縣志二十六卷首一卷末一卷 （清）
嚴思忠 （清）陳仲麟主修 （清)蔡以瑺纂
清同治九年(1870)刻本 十一冊 存二十四
卷(一至二十四)

430000－2401－0012074 294.2/2039

[宣統]諸暨縣志六十卷首一卷 （清）陳遹聲
修 （清）蔣鴻藻纂 清宣統二年(1910)刻本
十八冊

430000－2401－0012075 294.2/2040

,[嘉定]赤城志四十卷 （宋）陳耆卿纂
（宋）黃 （宋）齊碩修 宋嘉定十六年
(1223)修清嘉慶二十三年(1818)臨海宋氏刻
台州叢書本 六冊

430000－2401－0012076 294.2/2042

[康熙]臨海縣志十五卷首一卷 （清）洪若皋
纂修 清康熙二十二年(1683)刻本 八冊

430000－2401－0012077 294.2/2046

[同治]黃岩縣志四十卷首一卷 （清）陳寶善
（清）孫熹修 （清）王棻纂 （清）陳鍾英
（清）鄭錫滜續修 （清）王詠霓續纂 清同
治七年(1868)創修光緒元年(1875)續修清光
緒三年(1877)刻本 十六冊

430000－2401－0012078 294.2/2050

[嘉慶]太平縣志十八卷首一卷 （清）慶霖主
修 （清）戚學標纂 清光緒二十二年(1896)
刻本 七冊 存十五卷(一、三至十二、十五
至十七,首一卷)

430000－2401－0012079 294.2/2051

[光緒]太平縣續志十八卷首一卷 （清）陳汝
霖主修 （清）王棻總纂 清光緒二十二年
(1896)刻本 四冊 存八卷(一至六、十三至
十四)

430000－2401－0012080 294.2/2052

[光緒]玉環廳志十五卷首一卷 （清）杜冠英
（清）舒壽榮主修 （清）呂鴻燾纂 清光緒
六年(1880)刻本 八冊

430000－2401－0012081 294.2/2054

[乾隆]湯溪縣志十卷首一卷 （清）陳鍾靈主
修 （清）馮宗城等纂 清乾隆四十八年
(1783)刻本 六冊

430000－2401－0012082 294.2/2057

[光緒]浦江縣志十五卷 （清）黃志璠纂修
清光緒二十二年(1896)刻本 四冊 存五卷
(四至五、十三至十五)

430000－2401－0012083 294.2/2058

[康熙]衢州府志四十卷首一卷 （清）楊廷望
纂修 （清）劉國光重校 清光緒八年(1882)
刻本 十二冊

430000－2401－0012084 294.2/2060

[光緒]常山縣志六十八卷首一卷末一卷
（清）李瑞鍾纂修 清光緒十二年(1886)刻本
十二冊

430000－2401－0012085 294.2/2061

[康熙]江山縣志十四卷首一卷末一卷 （清）
汪浩主修 （清）宋俊 （清）柴目桯纂 清康

熙五十二年(1713)刻本　六冊　存八卷(三至四、九至十四)

430000－2401－0012086　294.2/2062

[同治]江山縣志十二卷首一卷末一卷　(清)王彬　(清)孫晉梓修　(清)柴寶慈等纂　清同治十二年(1873)文溪書院刻本　四冊　存六卷(一至三、八至十)

430000－2401－0012087　294.2/2065

[乾隆]溫州府志三十卷首一卷　(清)李琬修　(清)齊召南　(清)汪沆纂　清乾隆二十一年(1756)修二十七年(1762)刻同治四年(1865)周開錫陳思燏補刻本　十六冊

430000－2401－0012088　294.2/2068

[光緒]永嘉縣志三十八卷首一卷　(清)張寶琳修　(清)王棻　(清)戴咸弼　(清)孫詒讓纂　清光緒八年(1882)郭博古齋刻本　十七冊　存十三卷(一至十一、二十一至二十二)

430000－2401－0012089　294.2/2071

[嘉慶]瑞安縣志十卷首一卷　(清)張德標主修　(清)王殿金等纂　清嘉慶十三年(1808)刻本　八冊

430000－2401－0012090　294.2/2072

[乾隆]平陽縣志二十卷首一卷　(清)杭世駿　(清)徐恕主修　(清)張南英　(清)孫謙纂　清乾隆二十四年(1759)刻本　八冊

430000－2401－0012091　294.2/2074

[光緒]處州府志三十卷首一卷末一卷　(清)潘紹詒主修　(清)周榮椿纂　清光緒三年(1877)刻本　二十八冊

430000－2401－0012092　294.2/2075

[光緒]宣平縣志二十卷首一卷　(清)皮樹棠主修　(清)祝鳳梧　(清)潘澤鴻纂　清光緒四年(1878)刻本　八冊

430000－2401－0012093　294.2/2077

[道光]縉雲縣志十六卷首一卷　(清)湯成烈修　(清)尹希伊　(清)余偉纂　清道光二十九年(1849)刻本　九冊

430000－2401－0012094　294.2/2078

[光緒]龍泉縣志十二卷首一卷　(清)顧國詔　(清)張世堉纂修　清光緒四年(1878)刻本　六冊　存九卷(一、五至十二)

430000－2401－0012095　294.2/2079

[康熙]江西通志五十四卷　(清)于成龍修　(清)杜果纂　清康熙二十二年(1683)刻本　四十冊

430000－2401－0012096　294.2/2080

[雍正]江西通志一百六十二卷首一卷　(清)高其倬等主修　(清)陶成　(清)惲鶴生纂　清雍正十年(1732)刻本　七十九冊

430000－2401－0012097　294.2/2082

[光緒]江西通志一百八十卷首五卷　(清)劉坤一修　(清)趙之謙纂　清光緒七年(1881)刻本　一百二十冊

430000－2401－0012098　294.2/2084

[康熙]西江志二百〇六卷　(清)白璜主修　(清)查慎行等纂　清康熙五十九年(1720)刻本　一百冊

430000－2401－0012099　294.2/2086

[同治]南昌府志六十卷首一卷末一卷　(清)許應鑅　(清)王之藩主修　(清)曾作舟　(清)杜防纂　清同治十二年(1873)刻本　七冊　存十三卷(一至十三)

430000－2401－0012100　294.2/2087

[同治]南昌縣志三十六卷首一卷末一卷尾一卷　(清)劉於潯主修　(清)燕毅纂　清同治九年(1870)刻本　一冊　存三卷(三十六、末一卷、尾一卷)

430000－2401－0012101　294.2/2090

[同治]新建縣志九十九卷首一卷末一卷　(清)承霈主修　(清)杜友棠　(清)楊兆崧纂　清同治十年(1871)刻本　三十冊　存八十三卷(一至二十、二十三至四十六、五十一至八十六、九十九,首一卷、末一卷)

430000－2401－0012102　294.2/2094

[同治]九江府志五十四卷首一卷末一卷

(清)達春布主修 （清）黃鳳樓 （清）歐陽燾纂 清同治十三年(1874)刻本 二十四冊

430000－2401－0012103 294.2/2095
[同治]德化縣志五十四卷首一卷 （清）陳鼒主修 （清）吳彬等纂 清同治十一年(1872)刻本 十六冊

430000－2401－0012104 294.2/2096
[康熙]德安縣志十卷 （清）馬璐修 摹鈔清康熙十二年(1673)五修刻本 三冊

430000－2401－0012105 294.2/2096/3
[同治]德安縣志十五卷 （清）沈建勛主修 （清）程景周纂 清同治十一年(1872)刻本 五冊 存十卷(四至十三)

430000－2401－0012106 294.2/2098
[同治]瑞昌縣志十卷首一卷 （清）姚暹主修 （清）馬士杰等纂 清同治十年(1871)刻本 十二冊

430000－2401－0012107 294.2/2099
[嘉慶]湖口縣志十八卷首一卷 （清）宋庚等主修 （清）洪宗訓等纂 清嘉慶二十三年(1818)聚奎堂刻本 十冊

430000－2401－0012108 294.2/2100
[同治]湖口縣志十卷首一卷 （清）殷禮 （清）張興言主修 （清）周謨 （清）郭孝諧纂 清同治十三年(1874)刻本 九冊 存七卷(首,一、四至五、七至九)

430000－2401－0012109 294.2/2101
[乾隆]彭澤縣志十六卷首一卷 （清）吳會川 （清）何炳奎主修 （清）何顯纂 清乾隆二十一年(1756)刻本 五冊 存十卷(一至五、九至十三)

430000－2401－0012110 294.2/2102
[同治]義寧州志四十卷首一卷 （清）王維新 （清）朱寬成修 （清）涂家杰纂 清同治十二年(1873)刻本 十二冊 存十八卷(一、三至八、十二至十三、十七至十八、二十一、二十五至二十六、三十二至三十四,首一卷)

430000－2401－0012111 294.2/2103
[同治]義寧州志四十卷首一卷 （清）王維新 （清）朱寬成修 （清）徐家杰纂 清同治十二年(1873)刻本 十二冊 存二十卷(一至二、十四至十六、十九至二十、二十二至二十四、二十七至三十、三十五至四十)

430000－2401－0012112 294.2/2104
[同治]武寧縣志四十卷首一卷末一卷 （清）何慶朝纂修 清同治九年(1870)刻本 十一冊 存十六卷(二、九至十一、十六、二十二至二十三、二十六至二十九、三十三至三十四、四十,首一卷,末一卷)

430000－2401－0012113 294.2/2105
[同治]武寧縣志四十四卷首一卷末一卷 （清）何慶朝纂修 清同治九年(1870)刻本 十二冊 存二十九卷(一至十、十二至十五、二十、三十至三十二、三十五至四十四,首一卷)

430000－2401－0012114 294.2/2107
[同治]南康府志二十四卷首一卷 （清）盛元纂修 清同治十一年(1872)刻本 十二冊

430000－2401－0012115 294.2/2109
[同治]星子縣志十四卷首一卷 （清）藍煦 （清）徐鳴皋主修 （清）曹徵甲等纂 清同治十年(1871)刻本 十二冊

430000－2401－0012116 294.2/2110
[同治]建昌縣志十二卷首一卷 （清）陳惟清主修 （清）閔芳言纂 清同治十年(1871)刻本 十冊

430000－2401－0012117 294.2/2111
[乾隆]廣信府志二十六卷首一卷 （清）連柱纂修 清乾隆四十八年(1783)刻本 十七冊 存十八卷(二、五至十六、二十至二十四)

430000－2401－0012118 294.2/2112
[乾隆]廣信府志二十六卷首一卷 （清）連柱纂修 清乾隆四十八年(1783)刻本 五冊 存六卷(三至五、十八、二十五至二十六)

430000－2401－0012119 294.2/2113
[同治]廣信府志十二卷首一卷 （清）蔣繼洙

修　(清)李樹藩等纂　清同治十一年(1872)刻本　三十冊

430000－2401－0012120　294.2/2115
[同治]上饒縣志二十六卷首一卷　(清)王恩溥等主修　(清)李樹藩等纂　清同治九年(1870)刻本　二十一冊

430000－2401－0012121　294.2/2118
[道光]玉山縣志三十二卷首一卷　(清)武次韶纂修　清道光三年(1823)刻本　七冊　存二十二卷(十一至三十二)

430000－2401－0012122　294.2/2119
[同治]玉山縣志十卷首一卷附補遺一卷　(清)黃壽祺　(清)俞憲曾修　(清)吳華辰　(清)任廷槐纂　清同治十二年(1873)尊經閣刻本　十冊

430000－2401－0012123　294.2/2120
[同治]貴溪縣志十卷首一卷　(清)楊長杰等主修　(清)黃聯珏等纂　清同治十年(1871)刻本　十四冊

430000－2401－0012124　294.2/2121
[乾隆]鉛山縣志十五卷　(清)鄭之僑主修　(清)張永潮纂　清乾隆八年(1743)刻本　四冊　存四卷(五、九至十、十二)

430000－2401－0012125　294.2/2122
[同治]鉛山縣志三十卷首一卷　(清)張廷珩主修　(清)華祝三纂修　清同治十二年(1873)刻本　十六冊

430000－2401－0012126　294.2/2123
[同治]廣豐縣志十卷　(清)雙全主修　(清)顧蘭生纂　清同治十一年(1872)刻本　一冊　存三卷(四至六)

430000－2401－0012127　294.2/2124
[同治]興安縣志十六卷　(清)李賓暘主修　(清)趙桂林纂　清同治六年(1867)刻本　一冊　存三卷(五至七)

430000－2401－0012128　294.2/2125
[光緒]婺源縣志六十四卷首一卷　(清)吳鶚

修　(清)汪正元　(清)張貴良纂　清光緒八年(1882)刻本　二十四冊

430000－2401－0012129　294.2/2127
[同治]饒州府志三十二卷首一卷　(清)錫德主修　(清)石景芬纂　清同治十一年(1872)刻本　十六冊

430000－2401－0012130　294.2/2128
[同治]鄱陽縣志二十四卷首一卷　(清)陳志培主修　(清)王廷鑒纂　清同治十年(1871)刻本　七冊　存十二卷(一至三、六至九、十三、二十一至二十四)

430000－2401－0012131　294.2/2129
[同治]餘幹縣志二十卷首一卷　(清)區作霖　(清)馮蘭森修　(清)曾福善纂　清同治十一年(1872)刻本　八冊

430000－2401－0012132　294.2/2132
[同治]樂平縣志十卷首一卷　(清)董萼榮　(清)梅毓翰主修　(清)汪元祥　(清)陳謨纂　清同治九年(1870)刻本　六冊　存六卷(一至三、五至六、八下)

430000－2401－0012133　294.2/2135
[道光]浮梁縣志二十二卷　(清)喬溎主修　(清)賀熙齡纂　清道光三年(1823)修清道光十二年(1832)增補刻本　九冊　存十四卷(三至五、七、十三至二十二)

430000－2401－0012134　294.2/2136
[同治]德興縣志十卷首一卷末一卷　(清)孟慶雲主修　(清)楊重雅纂　清同治十一年(1872)刻本　九冊　存十一卷(一至二、三下至末)

430000－2401－0012135　294.2/2137
[道光]萬年縣志二十二卷首一卷　(清)周履祥　(清)張宗裕等纂修　清道光四年(1824)刻本　六冊　存十五卷(一至三、六至八、十一至十二、十七至二十二,首一卷)

430000－2401－0012136　294.2/2138
[同治]萬年縣志十二卷首一卷　(清)項珂主修　(清)劉馥桂　(清)凌文明纂　清同治十

年(1871)刻本　十二冊

430000－2401－0012137　294.2/2140

[乾隆]袁州府志三十八卷首一卷　（清）陳廷枚　（清）楊應瑤主修　（清）趙曄　（清）魯鴻纂　清乾隆二十五年(1760)刻本　十六冊

430000－2401－0012138　294.2/2142

[同治]袁州府志十卷首一卷　（清）駱敏修等主修　（清）蕭玉銓等纂　清同治十三年(1874)刻本　二十冊

430000－2401－0012139　294.2/2144

[同治]宜春縣志十卷首一卷　（清）路青雲主修　（清）李佩琳　（清）陳瑜纂修　清同治九年(1870)刻本　十二冊

430000－2401－0012140　294.2/2145

[同治]分宜縣志十卷首一卷　（清）李寅清（清）夏琮鼎主修　（清）嚴升偉等纂修　清同治十年(1871)刻本　十四冊

430000－2401－0012141　294.2/2146

[乾隆]萍鄉縣志十二卷　（清）胥繩武主修（清）歐陽鶴鳴纂　清乾隆四十九年(1784)刻本　七冊

430000－2401－0012142　294.2/2148

[道光]萍鄉縣志十六卷　（清）黃浚纂修　清道光三年(1823)刻本　四冊

430000－2401－0012143　294.2/2149

[同治]萍鄉縣志十卷首一卷　（清）錫榮（清）王明璠修　（清）劉坤一　（清）李文田纂　清同治十一年(1872)活字本　八冊

430000－2401－0012144　294.2/2171

[同治]安義縣志十六卷首一卷末一卷　（清）杜林　（清）錫榮主修　（清）彭斗山　（清）熊寶善纂　清同治十年(1871)刻本　八冊

430000－2401－0012145　294.2/2153

[雍正]萬載縣志十六卷首一卷　（清）王元采修　（清）楊言纂　清雍正十一年(1733)刻本　七冊

430000－2401－0012146　294.2/2154

[道光]萬載縣志三十卷首一卷　（清）衛鵷鳴主修　（清）郭大經纂　清道光十二年(1832)刻本　一冊　存四卷(一至四)

430000－2401－0012147　294.2/2155

[同治]萬載縣志三十卷首一卷　（清）金第（清）杜紹斌纂修　清同治十年(1871)刻本十二冊

430000－2401－0012148　294.2/2157

[同治]瑞州府志二十四卷首一卷　（清）黃廷金主修　（清）蕭浚蘭等纂　清同治十二年(1873)刻本　十四冊

430000－2401－0012149　294.2/2158

[同治]高安縣志二十八卷首一卷　（清）夏燮等主修　（清）熊松之等纂　清同治十年(1871)刻本　二十冊

430000－2401－0012150　294.2/2160

[康熙]上高縣志六卷　（清）劉啟泰修（清）李淩漢纂　清康熙十二年(1673)刻本三冊

430000－2401－0012151　294.2/2161

[嘉慶]上高縣志十七卷　（清）劉丙主修（清）吳善澄纂　清嘉慶十六年(1811)刻本五冊　存七卷(三、六至七、十、十五至十七)

430000－2401－0012152　294.2/2162

[同治]上高縣志十四卷首一卷末一卷　（清）馮蘭森修　（清）劉卿雲等纂　清同治九年(1870)刻本　十冊　存十三卷(一至三、六至十四,首一卷)

430000－2401－0012153　294.2/2163

[同治]新昌縣志三十二卷首一卷末一卷（清）朱慶萼纂修　清同治十一年(1872)活字本　二十冊

430000－2401－0012154　294.2/2166

[同治]臨江府志三十二卷首一卷　（清）德馨（清）鮑孝光主修　（清）朱孫詒　（清）陳錫麟纂　清同治十年(1871)刻本　六冊

430000－2401－0012155　294.2/2167

[同治]清江縣志十卷首一卷　（清）潘懿
（清）胡湛主修　（清）朱孫詒纂　清同治九年
(1870)刻本　十冊

430000－2401－0012156　294.2/2169
[同治]新喻縣志十六卷首一卷　（清）文聚奎
（清）祥安主修　（清）吳增逵纂　清同治十
二年(1873)刻本　十二冊

430000－2401－0012157　294.2/2173
[同治]奉新縣志十六卷首一卷末一卷　（清）
呂懋先主修　（清）帥方蔚纂　清同治十年
(1871)刻本　十二冊

430000－2401－0012158　294.2/2175
[同治]豐城縣志二十八卷首一卷　（清）王家
杰等主修　（清）周文鳳　（清）李庚纂　清同
治十二年(1873)刻本　十四冊　存二十六卷
（一至二、五至二十八）

430000－2401－0012159　294.2/2176
[道光]靖安縣志十六卷首一卷　（清）張國鈞
等主修　（清）舒懋官纂　清道光五年(1825)
刻本　四冊　存八卷（一至二、五至八、十二
至十三）

430000－2401－0012160　294.2/2177
[同治]續纂靖安縣志十卷首一卷　（清）徐家
瀛主修　（清）舒孔恂纂　清同治九年(1870)
活字本　六冊

430000－2401－0012161　294.2/2179
[光緒]撫州府志八十六卷首一卷　（清）許應
鑅等主修　（清）謝煌等纂　清光緒二年
(1876)刻本　三十六冊

430000－2401－0012162　294.2/2180
[同治]臨川縣志五十四卷首一卷末一卷
（清）童範儼主修　（清）陳慶齡　（清）陳翹
纂　清同治九年(1870)刻本　二十二冊　存
五十四卷（一至三十九、四十二至五十四,首
一卷,末一卷）

430000－2401－0012163　294.2/2181
[同治]崇仁縣志十卷首一卷附編一卷　（清）
盛銓主修　（清）黃炳奎纂　清同治十二年

(1873)刻本　二十一冊

430000－2401－0012164　294.2/2182
[乾隆]金溪縣志八卷首一卷　（清）楊文灝主修
（清）杭世馨　（清）丁健纂　清乾隆十六年
(1751)刻本　一冊　存三卷（一至二、首一卷）

430000－2401－0012165　294.2/2183
[同治]金溪縣志三十六卷首一卷末一卷
（清）程芳主修　（清）鄭浴修纂　清同治九年
(1870)刻本　十五冊　存三十三卷（一至三
十三）

430000－2401－0012166　294.2/2184
[同治]宜黃縣志五十卷首一卷　（清）張興言
修　（清）謝煌　（清）黃秩韶纂　清同治十年
(1871)刻本　二十冊　存四十卷（五至三十
九、四十五、四十七至五十）

430000－2401－0012167　294.2/2185
[同治]樂安縣志十二卷　（清）朱奎章主修
（清）胡芳杏纂　清同治十年(1871)刻本　三
冊　存四卷（二至三、八、十二）

430000－2401－0012168　294.2/2188
[道光]東鄉縣志二十一卷首一卷末一卷
（清）吳明鳳修　（清）朱延慶纂　清道光三年
(1823)增刻本　二冊　存十八卷（十一至二
十八）

430000－2401－0012169　294.2/2189
[同治]東鄉縣志十六卷首一卷末一卷　（清）
李士棻　（清）王維新主修　（清）胡業恆纂
清同治八年(1869)刻本　六冊　存十四卷（一
至二、六至十三、十五至十六,首一卷,末一卷）

430000－2401－0012170　294.2/2192
[同治]建昌府志十卷首一卷　（清）邵子彝修
（清）魯琪光纂　清同治十一年(1872)刻本
二十五冊

430000－2401－0012171　294.2/2193
[道光]南城縣志三十二卷首一卷　（清）時式
敷修　（清）廖連纂　清道光六年(1826)刻本
六冊　存十四卷（五至九、十五至十九、二
十二至二十四、三十一）

430000－2401－0012172　294.2/2194

[道光]南豐縣續志四十卷首一卷末一卷
（清）徐江主修　（清）徐湘潭纂　清道光八年
(1828)刻本　十三冊

430000－2401－0012173　294.2/2195

[同治]南豐縣志四十六卷首一卷　（清）柏春
主修　（清）魯琪光纂　清同治十年(1871)刻
本　二十八冊

430000－2401－0012174　294.2/2199

[乾隆]吉安府志七十四卷首三卷　（清）盧松
主修　（清）朱承煦纂　清乾隆四十一年
(1776)刻本　三十九冊

430000－2401－0012175　294.2/2201

[光緒]吉安府志五十三卷首一卷　（清）定祥
（清）鍾柯修　（清）劉繹　（清）周立瀛纂
清光緒二年(1876)刻本　四十冊

430000－2401－0012176　294.2/2205

[乾隆]盧陵縣志四十五卷首一卷　（清）平觀
瀾主修　（清）黃有恆　（清）錢時雍纂　清乾
隆四十六年(1781)刻本　二十冊　存四十一
卷(一至六、八、十至十三、十七至四十五,首
一卷)

430000－2401－0012177　294.2/2206

[同治]盧陵縣志五十六卷首二卷補編一卷
（清）陳汝楨　（清）承霈修　（清）匡汝諧纂
清同治十二年(1873)刻本　三十二冊

430000－2401－0012178　294.2/2211

[道光]泰和縣志四十八卷　（清）楊訒主修
（清）蕭錦纂　清道光六年(1826)刻本　一冊
存三卷(三十九至四十一)

430000－2401－0012179　294.2/2212

[光緒]泰和縣志三十卷首一卷　（清）宋瑛
（清）蕭鶴齡修　（清）彭啟瑞纂　清光緒四年
(1878)刻本　十六冊

430000－2401－0012180　294.2/2214

[光緒]吉水縣志六十六卷首一卷　（清）陳長
吉等主修　（清）胡宗元纂　清光緒元年
(1875)刻本　二十冊

430000－2401－0012181　294.2/2217

[同治]安福縣志十八卷首一卷末一卷　（清）
姚浚昌主修　（清）周立瀛等纂　清同治十一
年(1872)刻本　十冊

430000－2401－0012182　294.2/2221

[同治]永寧縣志十卷首一卷　（清）楊輔宜等
修　（清）蕭應乾等纂　清同治十三年(1874)
刻本　七冊　存十卷(一至九、首一卷)

430000－2401－0012183　294.2/2222

[同治]永新縣志二十六卷首一卷　（清）蕭玉
春　（清）陳恩浩主修　（清）李煒　（清）段
夢龍纂　清同治十三年(1874)刻本　十二冊

430000－2401－0012184　294.2/2223

[乾隆]蓮花廳志八卷首一卷末一卷　（清）李
其昌纂修　（清）李蔭樞補修　清乾隆二十五
年(1760)刻道光六年(1826)補修重刊本　四
冊　存三卷(一至二、八上中)

430000－2401－0012185　294.2/2224

[同治]峽江縣志十卷首一卷　（清）暴大儒等
主修　（清）廖其觀纂　清同治十年(1871)刻
本　八冊

430000－2401－0012186　294.2/2227

[同治]贛州府志七十八卷首一卷　（清）魏瀛
主修　（清）鍾音鴻等纂修　清同治十二年
(1873)刻本　四十冊

430000－2401－0012187　294.2/2229

[同治]贛縣志五十四卷首一卷　（清）黃德溥
（清）崔國榜主修　（清）褚景昕纂　清同治
十一年(1872)刻本　二十四冊

430000－2401－0012188　294.2/2231

[同治]雩都縣志十六卷首一卷　（清）王穎等
主修　（清）何戴仁　（清）洪霖纂　清同治十
二年(1873)雩陽書院刻本　八冊　存十二卷
(一至六、十一至十六)

430000－2401－0012189　294.2/2232

[同治]興國縣志四十六卷首一卷　（清）崔國
榜主修　（清）鍾音鴻纂　清同治十一年
(1872)刻本　五冊　存十六卷(五至十、十九

至二十八）

430000－2401－0012190　294.2/2234

[同治]會昌縣志三十二卷　（清）劉長景主修
（清）陳良棟纂　清同治十一年(1872)刻本
四冊　存十卷(十九至二十一、二十五至三
十一)

430000－2401－0012191　294.2/2235

[道光]安遠縣志三十二卷首一卷　（清）黃文
燦等主修　（清）徐必藻　（清）馮家駿纂　清
道光三年(1823)刻本　五冊

430000－2401－0012192　294.2/2236

[光緒]長寧縣志十六卷　（清）徐清來主修
(清)劉鳳翥纂　清光緒二十七年(1901)活字
本　二冊　存五卷(八至十二)

430000－2401－0012193　294.2/2239

[光緒]瑞金縣志十六卷首一卷　（清）張國英
主修　（清）陳芳等纂　清光緒元年(1875)刻
本　九冊　存九卷(一至五、七、十、十二至十
三)

430000－2401－0012194　294.2/2242

[光緒]龍南縣志八卷首一卷　（清）孫瑞徵
(清)胡鴻澤主修　（清）鍾益馭等纂　清光緒
二年(1876)刻本　八冊

430000－2401－0012195　294.2/2243

[道光]定南廳志八卷　（清）賴勛　（清）丁
春林修　（清）黃錫光　（清）黃正纂　清道光
五年(1825)刻本　八冊

430000－2401－0012196　294.2/2244

[同治]南安府志三十二卷首一卷　（清）黃鳴
珂主修　（清）石景芬　（清）徐福炘纂　清同
治七年(1868)刻本　二十冊

430000－2401－0012197　294.2/2245

[同治]南康縣志十四卷首一卷　（清）沈恩華
主修　（清）盧鼎峋纂　清同治十一年(1872)
刻本　五冊　存五卷(八至十一、十四)

430000－2401－0012198　294.2/2246

[光緒]上猶縣志十八卷首一卷　（清）葉滋瀾

主修　（清）李臨馴纂　清光緒七年(1881)修
十九年(1893)重補刻本　一冊　存二卷(十
七至十八)

430000－2401－0012199　294.2/2247

[同治]廣昌縣志十卷首一卷　（清）曾毓璋纂
修　清同治六年(1867)刻本　十冊

430000－2401－0012200　294.2/2249

[雍正]福建通志七十八卷首一卷　（清）郝玉
麟　（清）盧焯等修　（清）謝道承　（清）劉
敬與纂　清雍正七年(1729)修清乾隆二年
(1737)刻本　二十三冊

430000－2401－0012201　294.2/2250

[道光]重纂福建通志二百七十八卷首七卷圖
一卷　（清）孫爾準　（清）陳用光修　（清）
陳壽祺纂　（清）程祖洛　（清）吳孝銘續修
(清)魏敬中續纂　清道光九年(1829)修十五
年(1835)續修同治七年(1868)正誼書院刻本
一百八十冊

430000－2401－0012202　294.2/2252

福建沿海圖說一卷　（清）朱正元撰　清光緒
二十八年(1902)鉛印本　一冊

430000－2401－0012203　294.2/2254

[乾隆]福州府志七十六卷首一卷　（清）徐景
熹修　（清）魯曾煜　（清）施廷樞等纂　清乾
隆十六年(1751)修十九年(1754)刻本　七冊
存二十卷(四至六、十一至十二、十七至二
十、五十至五十八、六十五至六十六)

430000－2401－0012204　294.2/2256

[萬曆]閩都記三十三卷　（明）王應山纂　明
萬曆四十年(1612)纂清道光十一年(1831)求
放心齋刻本　六冊

430000－2401－0012205　294.2/2257

[康熙]壽寧縣志八卷　（清）趙廷璣修
(清)柳上芝　（清）范大廷纂　清康熙二十五
年(1686)刻本　一冊　存四卷(五至八)

430000－2401－0012206　294.2/2258

[嘉慶]福鼎縣志八卷　（清）譚掄修　（清）
王錫齡　（清）高昊纂　清嘉慶十一年(1806)

刻本　一冊　存卷八

430000－2401－0012207　294.2/2259

[道光]羅源縣志三十卷首一卷　（清）盧鳳芩
　修　（清）林春溥纂　清道光九年(1829)刻本
　八冊　存二十卷(五至二十四)

430000－2401－0012208　294.2/2260

[弘治]重刊興化府志五十四卷　（明）陳效主
　修　（明）周瑛　（明）黃仲昭纂　清同治十年
　(1871)林慶貽刻本　二十四冊

430000－2401－0012209　294.2/2261

[乾隆]興化府莆田縣志三十六卷首一卷
　（清）宮兆麟　（清）王恆等主修　（清）廖必
　琦　（清）林纂　清乾隆二十年(1755)修二十
　三年(1758)刻本　十五冊　存二十九卷(一
　至二、七至二十三、二十五至三十四)

430000－2401－0012210　294.2/2264

[同治]仙游縣志五十三卷首一卷　（清）胡啟
　植修　（清）葉和侃纂　清同治十二年(1873)
　吳森鉛印本　四冊

430000－2401－0012211　294.2/2267

[同治]福清縣志二十卷圖一卷　（清）饒安鼎
　（清）邵應龍修　（清）林昂　（清）李修卿
　纂　清同治六年(1867)潘文鳳補刻本　十一
　冊　存二十卷(一至十一、十三至二十，圖一
　卷)

430000－2401－0012212　294.2/2268

[光緒]長樂縣志十六卷首一卷末一卷　（清）
　李煥春　（清）潘炳勛纂修　清光緒元年
　(1875)刻本　七冊　存十三卷(一至十、十
　六，首一卷，末一卷)

430000－2401－0012213　294.2/2270

[乾隆]泉州府志七十六卷　（清）懷蔭布主修
　（清）黃任　（清）郭賡武纂　清乾隆二十八
　年(1763)刻本　一冊　存一卷(三十)

430000－2401－0012214　294.2/2274

[道光]廈門志十六卷　（清）周凱修　（清）
　凌翰　（清）林焜熿等纂　清道光十年(1830)
　修十九年(1839)玉屏書院刻本　十二冊

430000－2401－0012215　294.2/2276

[乾隆]同安縣志三十卷首一卷　（清）吳鏞修
　（清）陶元藻纂　清乾隆三十二年(1767)刻
　本　十五冊

430000－2401－0012216　294.2/2277

[嘉慶]同安縣志三十卷　（清）吳堂纂修　清嘉
　慶三年(1798)刻本　三冊　存六卷(十八至二十
　三)

430000－2401－0012217　294.2/2278

[乾隆]馬巷廳志十八卷首一卷　（清）萬友正
　纂修　清乾隆四十一年(1776)刊光緒十九年
　(1893)黃家鼎校補刻本　四冊　存七卷(一
　至三、七至八、十三至十四)

430000－2401－0012218　294.2/2280

[乾隆]永春州志十六卷首一卷　（清）鄭一崧
　修　（清）顏璘　（清）林爲楫纂　清乾隆五十
　一年(1786)刻本　八冊　存十三卷(三至十、
　十二至十六)

430000－2401－0012219　294.2/2284

[光緒]龍溪縣志二十四卷首一卷　（清）吳宜
　燮修　（清）黃惠　（清）李疇纂　清光緒五年
　(1879)八十四重刻本　四冊　存九卷(五至
　八、十四至十五、十八、二十至二十一)

430000－2401－0012220　294.2/2285

[乾隆]海澄縣志二十四卷首一卷　（清）陳鍈
　修　（清）葉廷推纂　清乾隆二十七年(1762)
　刻本　八冊

430000－2401－0012221　294.2/2289

[康熙]平和縣志十二卷首一卷　（清）王相修
　（清）昌天錦等纂　清光緒十五年(1889)楊
　卓廉重刻本　二冊　存七卷(一至六、首一卷)

430000－2401－0012222　294.2/2290

[乾隆]汀州府志四十五卷首一卷　（清）曾日瑛
　等主修　（清）李紱　（清）熊爲霖纂　清乾隆十
　七年(1752)刻本　十七冊　存三十九卷(一至十
　八、二十四至三十六、三十九至四十五，首一卷)

430000－2401－0012223　294.2/2291

[乾隆]汀州府志四十五卷首一卷　（清）曾日

瑛等主修　（清）李綏　（清）熊爲霖纂　清同治六年(1867)廷楷刻本　十九冊　存四十五卷(一至二十、二十二至四十五,首一卷)

430000－2401－0012224　294.2/2293
[道光]龍巖州志二十卷　（清）彭衍堂主修（清）陳文衡纂　清道光十五年(1835)刻本一冊　存一卷(八)

430000－2401－0012225　294.2/2294
[道光]龍巖州志二十卷首一卷　（清）彭衍堂主修　（清）袁曦業修　（清）陳文衡纂　清道光十年(1830)修十五年(1835)刻本　十一冊存十八卷(三至二十)

430000－2401－0012226　△291.2/28
[乾隆]上杭縣志六卷首一卷末一卷　（清）趙寧靜　（清）趙成纂修　清乾隆十八年(1753)刻本　八冊

430000－2401－0012227　294.2/2297
[乾隆]上杭縣志十二卷首一卷末一卷　（清）顧人驥　（清）潘廷儀等修　（清）沈成國纂清乾隆二十一年(1756)修二十五年(1760)刻同治三年(1864)增刻本　七冊

430000－2401－0012228　294.2/2299
[光緒]長汀縣志三十三卷首一卷末一卷(清)王墨纂　（清）謝昌霖再續修　（清）劉國光補纂　清光緒五年(1879)再續修刻本十三冊　存三十二卷(一至三十一、首一卷)

430000－2401－0012229　294.2/2300
[乾隆]連城縣志十卷　（清）徐向忠修（清）李龍官纂　清乾隆十六年(1751)刻本六冊

430000－2401－0012230　294.2/2304
[乾隆]延平府志四十六卷　（清）傅爾泰主修（清）陶元藻纂　清乾隆三十年(1765)刻本一冊

430000－2401－0012231　294.2/2305
[康熙]寧化縣志七卷　（清）祝文郁主修(清)李元仲纂　清康熙二十三年(1684)刻本八冊

430000－2401－0012232　294.2/2306
[康熙]寧化縣志七卷　（清）祝文郁主修(清)李元仲纂　清同治八年(1869)蔣澤沅增補刻本　八冊

430000－2401－0012233　294.2/2310
[雍正]永安縣志十卷首一卷　（清）裘樹榮纂修　清雍正十年(1732)修十二年(1734)刻道光十三年(1833)孫義增刻本　四冊

430000－2401－0012234　294.2/2311
[道光]永安縣續志十卷　（清）孫義主修（清）陳樹蘭　（清）劉承美纂　清道光十一年(1831)刻十三年(1833)刻本　四冊

430000－2401－0012235　294.2/2315
[康熙]建寧府志四十八卷　（清）張琦修（清）鄒山　（清）蔡登龍纂　清康熙三十二年(1693)刻本　十六冊

430000－2401－0012236　294.2/2318
[康熙]甌寧縣志十三卷　（清）鄧其文纂修清康熙三十二年(1693)刻本　一冊　存一卷(十)

430000－2401－0012237　294.2/2322
[嘉慶]南平縣志二十八卷首三卷末一卷(清)楊桂森修　（清）應丹韶纂　清嘉慶十五年(1810)刻同治十一年(1872)潘文鳳校刻本二十冊

430000－2401－0012238　294.2/2323
[嘉慶]順昌縣志十卷　（清）許庭梧修(清)謝鍾瑾纂　（清）陸嗣淵　（清）賈懋功增修　清嘉慶八年(1803)修道光十二年(1832)增補光緒七年(1881)吳恩慶刻本　六冊　存四卷(一、七至十)

430000－2401－0012239　294.2/2324
[嘉慶]順昌縣志十卷　（清）許庭梧修(清)謝鍾瑾纂　（清）陸嗣淵　（清）賈懋功增修　清嘉慶八年(1803)修道光十二年(1832)增補刻本　五冊　存七卷(二至八)

430000－2401－0012240　294.2/2325
[光緒]重纂邵武府志三十卷首一卷　（清）王

琛 （清）徐兆豐修 （清）張景祈 （清）張
元奇等纂 清光緒二十三年(1897)刻本 十
九冊 存二十八卷(三至三十)

430000－2401－0012241 294.2/2330
[乾隆]臺灣府志二十五卷首一卷 （清）六十
七 （清）范咸等主修 （清）陳繩纂 清乾隆
十二年(1747)刻本 十二冊

430000－2401－0012242 294.2/2331
[乾隆]續修臺灣府志二十六卷首一卷 （清）
余文儀主修 （清）黃俏纂 清乾隆二十八年
(1763)修二十九年(1764)刻本 二十冊

430000－2401－0012243 294.2/2334
[光緒]臺灣小志一卷 （清）龔柴撰 清光緒
十年(1884)管可壽齋刻本 一冊

430000－2401－0012244 294.2/2338
[光緒]臺灣輿圖 （清）夏獻綸主修 （清）
余寵 （清）王熊彪 （清）王元稚纂 清光緒
六年(1880)刻本 二冊

430000－2401－0012245 294.2/2345
[道光]臺灣府噶瑪蘭廳志八卷首一卷 （清）
薩廉修 （清）陳淑均纂 （清）董正官續修
（清）李祺生續纂 清道光十二年至二十年
(1832－1840)修咸豐二年(1852)續修刻本
二冊 存二卷(四、八)

430000－2401－0012246 294.2/2347
[嘉慶]臺灣縣志八卷首一卷 （清）薛志亮主
修 （清）謝金鑾 （清）鄭兼才纂 清嘉慶十
二年(1807)刻道光元年(1821)重訂刻本
八冊

430000－2401－0012247 296.2/138
[同治]淡水廳志十五卷 （清）陳培桂纂輯
清同治十年(1871)刻本 八冊

430000－2401－0012248 294.2/2351
[雍正]河南通志八十卷 （清）田文鏡等主修
（清）孫灝等纂 清雍正十三年(1735)刻本
三十九冊

430000－2401－0012249 294.2/2354

[雍正]河南通志八十卷 （清）田文鏡等主修
（清）孫灝等纂 清雍正十三年(1735)刻道
光六年(1826)補刻本 二十七冊 存五十六
卷(一至十八、二十三至五十三、五十六至五
十八、六十至六十一、六十四至六十五)

430000－2401－0012250 294.2/2355
[雍正]河南通志八十卷 （清）田文鏡等主修
（清）孫灝等纂 清雍正十三年(1735)刻同
治八年(1869)重補刻本 四十八冊

430000－2401－0012251 294.2/2358
[乾隆]續河南通志八十卷首四卷 （清）阿思
哈 （清）嵩貴纂修 清乾隆三十二年(1767)
刻本 三十二冊

430000－2401－0012252 294.2/2360
[乾隆]續河南通志八十卷首四卷 （清）阿思
哈 （清）嵩貴纂修 清乾隆三十二年(1767)
刻同治八年(1869)補刻本 二十四冊

430000－2401－0012253 294.2/2362
[光緒]方岳采風錄二卷 （清）卞寶第著 清
光緒八年(1882)刻本 一冊

430000－2401－0012254 294.2/2367
[乾隆]榮澤縣志十四卷 （清）崔淇修
（清）王博 （清）李維嶠纂 清乾隆十三年
(1748)刻本 四冊

430000－2401－0012255 △291.2/27
[順治]開封府志三十五卷 （清）錢綸
(清)盛朝組等纂修 清順治刻本 二冊 存
八卷(一至八)

430000－2401－0012256 294.2/2372
[康熙]開封府志四十卷首一卷 （清）管竭忠
修 （清）張沐纂 清康熙三十四年(1695)刻
本 二十四冊

430000－2401－0012257 294.2/2373
[光緒]祥符縣志二十四卷首一卷 （清）沈傳
義 （清）俞紀瑞修 （清）黃舒昺纂 清光緒
二十四年(1898)刻本 十冊

430000－2401－0012258 294.2/2375

[乾隆]祥符縣志二十二卷　（清）張淑載主修
　（清）魯曾煜纂　清乾隆四年(1739)刻本
十二冊

430000－2401－0012259　294.2/2376

[宣統]陳留縣志四十二卷首一卷　（清）武從
超修　（清）趙文琳纂　清宣統二年(1910)石
印本　四冊

430000－2401－0012260　294.2/2377

[道光]尉氏縣志二十卷首一卷　（清）劉厚滋
　（清）沈湉主修　（清）王觀潮纂　清道光十
一年(1831)刻本　八冊

430000－2401－0012261　294.2/2386

[同治]中牟縣志十二卷首一卷末一卷　（清）
吳若烺修　（清）焦子蕃纂　清同治九年
(1870)刻本　六冊

430000－2401－0012262　294.2/2388

[嘉慶]密縣志十六卷首一卷　（清）景綸修
（清）謝增纂　清嘉慶二十二年(1817)刻本
一冊　存三卷(六至八)

430000－2401－0012263　294.2/2390

[乾隆]鞏縣志二十卷首一卷　（清）李述武修
　（清）張紫峴纂　清乾隆五十四年(1789)刻
本　六冊

430000－2401－0012264　294.2/2395

[乾隆]汲縣志十四卷首一卷末一卷　（清）徐
汝瓚修　（清）杜崑纂　清乾隆二十年(1755)
刻本　六冊

430000－2401－0012265　294.2/2396

[順治]封丘縣志九卷首一卷　（清）余縉修
（清）李嵩陽　（清）萬化纂　清康熙三十六年
(1697)刻本　五冊

430000－2401－0012266　294.2/2397

[康熙]封丘縣志續志不分卷　（清）王賜魁
修　（清）李會生　（清）宋作賓纂　清康熙
十九年(1680)修三十六年(1697)刻本
一冊

430000－2401－0012267　294.2/2398

[康熙]封丘縣續志五卷附藝文錄十二卷金石
錄十二卷　（清）孟鏐　（清）耿弦祚修
（清）李承綏纂　清康熙三十六年(1697)刻本
　二冊

430000－2401－0012268　294.2/2400

[順治]淇縣志十卷圖考一卷　（清）王謙吉
（清）王南國修　（清）白龍躍　（清）葛漢忠
纂　清順治十七年(1660)刻本　一冊　存七
卷(一至七)

430000－2401－0012269　294.2/2401

[乾隆]溫縣志十二卷首一卷　（清）王其華修
　（清）苗于京纂　清乾隆二十四年(1759)刻
本　四冊

430000－2401－0012270　294.2/2402

[乾隆]濟源縣志十六卷首一卷末一卷　（清）
蕭應植修　（清）沈樗莊纂　清乾隆二十六年
(1761)刻本　六冊

430000－2401－0012271　294.2/2403

[道光]輝縣志二十卷首一卷末一卷　（清）周
際華修　（清）戴銘纂　清道光十五年(1835)
刻二十一年(1841)補刻本　八冊

430000－2401－0012272　294.2/2406

[道光]武陟縣志三十六卷　（清）王榮陞修
（清）方履籛纂　清道光九年(1829)刻本
八冊

430000－2401－0012273　294.2/2409

[康熙]河內縣志五卷　（清）李檉修　（清）
蕭家蕙　（清）史璉纂　清康熙三十二年
(1693)刻本　四冊　存四卷(二至五)

430000－2401－0012274　294.2/2410

[道光]河內縣志三十六卷　（清）袁通主修
（清）方履　（清）吳育纂　清道光五年
(1825)刻本　十冊

430000－2401－0012275　294.2/2414

[乾隆]彰德府志三十二卷首一卷　（清）盧崧
修　（清）江大鍵　（清）程煥纂　清乾隆五十
二年(1787)刻本　十冊

430000－2401－0012276　294.2/2415

[嘉慶]安陽縣志二十八卷首一卷　（清）貴泰主修　（清）武穆淳纂　清嘉慶二十四年(1819)刻本　一冊　存一卷(七)

430000－2401－0012277　294.2/2418

[康熙]南樂縣志十五卷　（清）王培宗主修（清）邱性善纂　清康熙五十年(1711)增補明嘉靖末年本　四冊

430000－2401－0012278　294.2/2419

[同治]滑縣志十二卷　（清）姚錕　（清）唐咸仰主修　（清）徐光第纂　清同治五年(1866)刻本　八冊

430000－2401－0012279　294.2/2421

[嘉慶]浚縣志二十二卷　（清）熊象階主修（清）武穆淳纂　清嘉慶七年(1802)刻本　五冊

430000－2401－0012280　294.2/2422

[光緒]內黃縣志十九卷首一卷　（清）董慶恩等主修　（清）陳熙春纂　清光緒十八年(1892)刻本　八冊

430000－2401－0012281　294.2/2424

[光緒]開州志八卷首一卷　（清）陳兆麟修（清）祁德昌纂　清光緒八年(1882)刻本八冊

430000－2401－0012282　294.2/2425

[乾隆]湯陰縣志十卷　（清）楊世達纂修　清乾隆三年(1738)刻本　四冊

430000－2401－0012283　294.2/2426

[乾隆]林縣志十卷首一卷末一卷　（清）楊朝觀纂　清乾隆十七年(1752)黃華書院刻本三冊　缺二卷(三至四)

430000－2401－0012284　294.2/2432

[乾隆]拓城縣志十八卷首一卷　（清）李志魯纂修　清乾隆三十八年(1773)刻本　八冊

430000－2401－0012285　294.2/2433

[光緒]拓城縣志十卷首一卷　（清）李藩等修（清）元淮等纂　清光緒二十二年(1896)刻

本　十冊

430000－2401－0012286　294.2/2434

[光緒]永城縣志三十八卷首一卷　（清）岳延楷主修　（清）胡贊采　（清）呂永輝纂　清光緒二十九年(1903)刻本　八冊

430000－2401－0012287　294.2/2435

[宣統]寧陵縣志十二卷首一卷末一卷　（清）蕭濟南主修　（清）呂敬直　（清）史冠軍纂清宣統三年(1911)刻本　八冊

430000－2401－0012288　294.2/2436

[乾隆]商水縣志十卷首一卷　（清）張崇樸主修　（清）郭熙纂　清乾隆十二年(1747)刻四十八年(1783)牛問仁增校刊本　八冊

430000－2401－0012289　294.2/2439

[道光]扶溝縣志十三卷　（清）王德瑛纂修清道光十三年(1833)刻本　四冊

430000－2401－0012290　294.2/2440

[光緒]扶溝縣志十六卷首一卷　（清）熊燦修（清）張文楷纂　清光緒十九年(1893)刻本六冊

430000－2401－0012291　294.2/2441

[乾隆]鹿邑縣志十二卷首一卷　（清）許葰纂修　清乾隆十八年(1753)真源書院刻本四冊

430000－2401－0012292　294.2/2443

[光緒]鹿邑縣志十六卷首一卷附鹿邑縣圖十二卷　（清）于滄瀾　（清）馬家彥主修（清）蔣師轍纂　清光緒二十二年(1896)刻本　七冊

430000－2401－0012293　294.2/2444

[乾隆]陳州府志三十卷首一卷　（清）崔應階主修　（清）姚之琅纂　清乾隆十一年(1746)刻本　二十冊

430000－2401－0012294　294.2/2445

[道光]淮寧縣志二十七卷　（清）永銘修（清）趙任之　（清）吳純夫纂　清道光六年(1826)刻本　十二冊

430000 – 2401 – 0012295　294.2/2447

[乾隆]沈丘縣志十二卷　（清）何源洙主修　（清）魯之璠纂　清乾隆十一年(1746)刻本　四冊

430000 – 2401 – 0012296　294.2/2448

[乾隆]西華縣志十四卷首一卷　（清）宋恂主修　（清）于大猷纂　清乾隆十九年(1754)刻本　六冊

430000 – 2401 – 0012297　294.2/2450

[道光]太康縣志八卷首一卷　（清）戴鳳翔修　（清）高崧　（清）江練纂　清道光八年(1828)刻本　九冊

430000 – 2401 – 0012298　294.2/2452

[宣統]項城縣志三十二卷首一卷　（清）張鎮芳　（清）劉熠主修　（清）施景舜纂　清宣統三年(1911)石印本　十一冊　存三十一卷（一至四、七至三十二,首一卷）

430000 – 2401 – 0012299　294.2/2456

[道光]許州志十六卷首一卷　（清）蕭元吉主修　（清）李堯觀等纂　清道光十八年(1838)刻本　九冊　存十三卷（一、五至十五,首一卷）

430000 – 2401 – 0012300　294.2/2459

[同治]鄢陵文獻志四十卷　（清）蘇源生纂修　清同治二年(1863)刻本　二十冊

430000 – 2401 – 0012301　294.2/2460

[乾隆]郾城縣志十八卷首一卷　（清）傅豫纂修　清乾隆十九年(1754)刻本　六冊

430000 – 2401 – 0012302　294.2/2464

[道光]直隸汝州全志十卷首一卷　（清）白明義修　（清）趙林成纂　清道光二十年(1840)刻本　六冊　存七卷（一、四至八,首一卷）

430000 – 2401 – 0012303　294.2/2465

[嘉慶]魯山縣志二十六卷　（清）董作棟修　（清）武億纂　清嘉慶元年(1796)刻本　六冊

430000 – 2401 – 0012304　294.2/2466

[同治]郟縣志十二卷　（清）張熙瑞　（清）

茅恆春主修　（清）郭景泰纂　清同治四年(1865)刻本　六冊

430000 – 2401 – 0012305　294.2/2469

[道光]舞陽縣志十二卷　（清）王德瑛纂修　清道光十五年(1835)刻本　四冊

430000 – 2401 – 0012306　294.2/2470

[同治]葉縣志十卷首一卷　（清）歐陽霖主修　（清）倉景恬　（清）胡廷楨纂　清光緒二十二年(1896)刻本　八冊

430000 – 2401 – 0012307　294.2/2471

[道光]禹州志二十六卷　（清）朱煒主修　（清）姚椿　（清）洪符孫纂　清道光十五年(1835)刻本　十二冊

430000 – 2401 – 0012308　294.2/2472

[道光]禹州志二十八卷　（清）朱煒主修　（清）宮國勛增修　（清）楊景純　（清）趙甲祥增纂　清道光十五年(1835)修同治九年(1870)增刻本　十三冊

430000 – 2401 – 0012309　294.2/2476

[康熙]西平縣志十卷首一卷　（清）沈菜纂修　（清）李植續修　清康熙九年(1670)刻三十一年(1692)續刻本　四冊

430000 – 2401 – 0012310　294.2/2479

[乾隆]遂平縣志十六卷首一卷　（清）金忠濟修　（清）祝暘　（清）魏弘謀纂　清乾隆十四年(1749)刻本　四冊

430000 – 2401 – 0012311　294.2/2480

[康熙]汝寧府志十六卷首一卷　（清）何顯祖　（清）董永祥修　（清）董正纂　清康熙三十四年(1695)刻本　六冊　存七卷（一至二、七至十一）

430000 – 2401 – 0012312　294.2/2483

[康熙]泌陽縣志四卷　（清）程儀千修　（清）馬之起纂　清康熙五十三年(1714)刻本　一冊　存二卷（三至四）

430000 – 2401 – 0012313　294.2/2484

[道光]泌陽縣志十二卷首一卷　（清）倪明進

主修 （清）栗郢纂 清道光八年(1828)刻本
六册

430000－2401－0012314 294.2/2487
[嘉慶]息縣志八卷首一卷 （清）劉光輝修
（清）任鎮及纂 清嘉慶四年(1799)刻本
八册

430000－2401－0012315 294.2/2488
[乾隆]重修固始縣志二十六卷首一卷 （清）
謝聘主修 （清）洪亮吉纂 清乾隆五十一年
(1786)刻本 十六册

430000－2401－0012316 294.2/2489
[乾隆]光州志六十八卷附志餘十二卷 （清）
高兆煌纂修 清乾隆三十五年(1770)刻本
二十一册 存四十三卷(二至十三、十八至三
十八、四十六至四十九、五十四至五十八,志餘
一)

430000－2401－0012317 294.2/2491
[乾隆]羅山縣志八卷 （清）葛荃主修
（清）李之杜 （清）謝寶樹纂 清乾隆十一年
(1746)刻本 六册

430000－2401－0012318 294.2/2494
[嘉慶]南陽府志六卷圖一卷 （清）孔傳金纂
修 清嘉慶十二年(1807)刻本 九册 存六
卷(圖、一至五)

430000－2401－0012319 294.2/2496
[光緒]南陽縣志十二卷首一卷 （清）潘守廉
修 張嘉謀 （清）張鳳岡纂 清光緒三十年
(1904)刻本 七册

430000－2401－0012320 294.2/2497
[康熙]裕州志六卷 （清）董學禮纂修
（清）宋名立增修 清康熙五十四年(1715)修
乾隆五年(1740)增修刻本 四册

430000－2401－0012321 294.2/2498
[乾隆]新野縣志九卷首一卷 （清）徐金位纂
修 清乾隆十九年(1754)刻本 四册

430000－2401－0012322 294.2/2502
[乾隆]鄧州志二十四卷首一卷末一卷 （清）

蔣光祖主修 （清）姚之琅纂 清乾隆二十年
(1755)刻本 六册 存二十一卷(四至二十
四)

430000－2401－0012323 294.2/2503
[咸豐]淅川廳志四卷 （清）徐光第纂修 清
咸豐十一年(1861)刻本 四册

430000－2401－0012324 294.2/2505
[乾隆]南召縣志四卷 （清）陳之煟修
（清）張睿 （清）曹鵬翊纂 清乾隆十一年
(1746)刻本 四册

430000－2401－0012325 294.2/2506
[光緒]鎮平縣志六卷 （清）吳聯元纂修 清
光緒二年(1876)刻本 四册

430000－2401－0012326 294.2/2507
[康熙]內鄉縣志十二卷 （清）寶鼎望纂修
（清）張福永增修 清康熙三十二年(1693)刻
五十二年(1713)增補刻本 四册

430000－2401－0012327 294.2/2508
[弘治]河南郡志四十二卷 （明）陳宣修
（明）喬縉纂 明弘治刻本 二册 存三卷
(一至三)

430000－2401－0012328 294.2/2509
[乾隆]河南府志一百十六卷 （清）施成修
（清）童鈺 （清）裴希純纂 清乾隆四十四年
(1779)刻本 九册 存三十四卷(三十六至
四十二、五十一至五十四、六十五至六十九、
七十三至七十六、八十三至八十四、八十七至
八十八、九十六至九十八、一百〇一至一百〇
五、一百〇九至一百十)

430000－2401－0012329 294.2/2510
[乾隆]重修洛陽縣志二十四卷首一卷 （清）
龔崧林主修 （清）汪堅纂 清乾隆十年
(1745)刻本 二十册

430000－2401－0012330 294.2/2514
[順治]孟津縣志四卷 （清）徐元燦修
（清）杜宗度 （清）張俊典纂 清順治十六年
(1659)修康熙四十八年(1709)增刻本 四

430000－2401－0012331　294.2/2516

[乾隆]嵩縣志三十卷首一卷　（清）康基淵纂修　清乾隆三十二年(1767)刻本　四冊

430000－2401－0012332　294.2/2518

[乾隆]嵩縣志三十卷首一卷　（清）康基淵修（清）龔文明補修　（清）陳煥如等補纂　清乾隆三十二年(1767)修光緒三十二年(1906)補刻本　四冊

430000－2401－0012333　294.2/2520

[乾隆]重修靈寶縣志六卷　（清）周慶增等主修　（清）敖啟潛　（清）許宰纂　清乾隆十二年(1747)刻本　二冊　存三卷(一至二、六)

430000－2401－0012334　294.2/2525

[乾隆]偃師縣志三十卷首一卷　（清）湯毓倬修　（清）孫星衍　（清）武億纂　清乾隆五十四年(1789)刻本　十六冊

430000－2401－0012335　294.2/2527

[光緒]盧氏縣志十八卷首一卷　（清）郭光澍修　（清）李旭春纂　清光緒十八年(1892)刻本　十冊

430000－2401－0012336　294.2/2530

[嘉慶]湖北通志一百卷首五卷　（清）吳熊光等主修　（清）陳詩纂　清嘉慶九年(1804)刻本　六十四冊

430000－2401－0012337　294.2/2547

[康熙]孝感縣志二十四卷　（清）梁鳳翔修（清）李湘　（清）程維祉纂　清康熙三十四年(1695)刻本　一冊　存一卷(一)

430000－2401－0012338　294.2/2548

[光緒]孝感縣志二十四卷　（清）朱希白修（清）沈用增纂　清光緒八年(1882)刻本　十二冊

430000－2401－0012339　294.2/2554

[同治]黃陂縣志十六卷　（清）劉昌緒主修（清）徐瀛纂　清同治十年(1871)刻本　十二冊

430000－2401－0012340　294.2/2556

漢川圖記徵實　（清）田宗漢纂　清光緒二十一年(1895)漢川對古樓刻本　六冊

430000－2401－0012341　294.2/2557

[同治]漢川縣志二十二卷首一卷　（清）德廉（清）袁鳴珂修　（清）林祥瑗纂　清同治十二年(1873)刻本　十二冊

430000－2401－0012342　294.2/2561

[道光]續雲夢縣志略十二卷首一卷末一卷（清）呂錫麟修　（清）程懷璟纂　清道光二十年(1840)刻本　六冊

430000－2401－0012343　294.2/2563

[光緒]續雲夢縣志略十二卷首一卷末一卷（清）吳念椿修　（清）程壽昌　（清）曾廣浚纂　清光緒九年(1883)刻本　四冊

430000－2401－0012344　294.2/2566

[同治]應山縣志三十六卷首一卷末一卷（清）周道源等主修　（清）吳天錫纂　清同治十年(1871)刻本　十六冊

430000－2401－0012345　294.2/2568

[嘉慶]漢陽縣志三十六卷首一卷　（清）裘行恕主修　（清）邵翔纂　清嘉慶二十三年(1818)刻本　十五冊　存三十一卷(六至三十六)

430000－2401－0012346　294.2/2569

[同治]續輯漢陽縣志二十八卷　（清）黃式度（清）王庭楨主修　（清）王柏心纂　清同治七年(1868)刻本　三十冊

430000－2401－0012347　294.2/2572

[光緒]漢陽縣志校　（清）許盛春（清）張行簡纂　清光緒十年(1884)刻本　一冊

430000－2401－0012348　294.2/2573

[光緒]漢陽縣識十卷首一卷　（清）張行簡纂　清光緒九年(1883)修十五年(1889)景賢書塾刻本　六冊

430000－2401－0012349　294.2/2575

[光緒]應城志十四卷首一卷　（清）羅湘（清）陳豪主修　（清）王承禧纂　清光緒八年

（1882）刻本　八冊

430000－2401－0012350　294.2/2577

[光緒]德安府志二十卷首一卷末一卷　（清）廣音布主修　（清）杜貴墀　（清）劉國光等纂　清光緒十五年（1889）刻本　二十冊

430000－2401－0012351　294.2/2580

[道光]安陸縣志四十卷首一卷　（清）蔣炯等修　（清）李廷錫增修　清道光二十三年（1843）刻本　十二冊

430000－2401－0012352　294.2/2582

[同治]安陸縣志補正二卷　（清）陳廷鈞纂修　清同治十一年（1872）刻本　二冊

430000－2401－0012353　294.2/2584

[光緒]黃州府志四十卷首一卷　（清）英啟修　（清）劉燡纂　清光緒十年（1884）刻本　三十四冊

430000－2401－0012354　294.2/2589

[道光]黃岡縣志二十四卷首一卷　（清）俞昌烈主修　（清）謝蒉等纂　清道光二十八年（1848）刻本　二十冊

430000－2401－0012355　294.2/2590

[光緒]黃岡縣志二十四卷首一卷　（清）戴昌言主修　（清）劉恭冕纂　清光緒八年（1882）刻本　二十四冊

430000－2401－0012356　294.2/2592

[同治]黃安縣志十卷首一卷　（清）朱錫綬等主修　（清）張家俊　（清）吳端委纂　清光緒八年（1882）刻本　二十冊

430000－2401－0012357　294.2/2593

[光緒]麻城縣志五十六卷首一卷末一卷　（清）鄭慶華主修　（清）潘頤福纂　清光緒二年（1876）刻本　六冊　存十五卷（三至七、九至十五、四十八至五十）

430000－2401－0012358　294.2/2594

[光緒]麻城縣志四十卷首一卷末一卷　（清）鄭慶華主修　（清）潘頤福纂　清光緒八年（1882）刻本　二十冊

430000－2401－0012359　294.2/2597

麻城書院學宮田畝匯冊　（清）余雅祥編　清光緒八年（1882）刻本　一冊

430000－2401－0012360　294.2/2598

[同治]英山縣志十卷首一卷　（清）徐玉珂主修　（清）王熙勛等纂　清同治九年（1870）慎詒堂刻本　十冊

430000－2401－0012361　294.2/2600

[光緒]羅田縣志八卷首一卷　（清）管貽葵主修　（清）陳錦纂　清光緒二年（1876）刻本　十六冊

430000－2401－0012362　294.2/2602

[光緒]蘄水縣志二十二卷首一卷末一卷　（清）多祺修　（清）郭光庭等纂　清光緒六年（1880）刻本　二十冊

430000－2401－0012363　294.2/2606

[乾隆]蘄州志二十卷首一卷　（清）錢鋆主修　（清）周茂建　（清）程大中纂　清乾隆二十年（1755）刻本　十冊

430000－2401－0012364　294.2/2607

[咸豐]蘄州志二十六卷　（清）潘克溥纂修　清咸豐二年（1852）刻本　九冊　存二十卷（三至十五、二十至二十六）

430000－2401－0012365　294.2/2608

[光緒]蘄州志三十卷　（清）封蔚礽修　（清）陳廷揚纂　清光緒八年（1882）刻本　十八冊

430000－2401－0012366　294.2/2609

[光緒]黃梅縣志四十卷首一卷　（清）覃瀚元　（清）袁瓚主修　（清）宛名昌等纂　清光緒二年（1876）刻本　十二冊

430000－2401－0012367　294.2/2611

[同治]廣濟縣志十六卷首一卷　（清）朱榮實　（清）劉宗元修　（清）劉燡纂　清同治十一年（1872）活字本　十二冊

430000－2401－0012368　294.2/2613

[同治]興國州志三十六卷首一卷　（清）吳大

訓等主修 （清）陳光亨纂 清同治四年
(1865)刻本 十冊

430000－2401－0012369 294.2/2614
[同治]興國州志三十六卷首一卷 （清）吳大
訓等主修 （清）陳光亨纂 （清）羅緗補修
（清）王鳳池 （清）劉鳳綸補纂 清同治四年
(1865)刻光緒十五年(1889)補刻本 十六冊

430000－2401－0012370 294.2/2616
[同治]大冶縣志十八卷首一卷 （清）胡復初
等主修 （清）黃昺杰纂 清同治六年(1867)
刻本 八冊

430000－2401－0012371 294.2/2617
[同治]通山縣志八卷首一卷 （清）羅登瀛
（清）胡昌銘主修 （清）樂純青纂 清同治六
年(1867)刻本 八冊

430000－2401－0012372 294.2/2618
[同治]通城縣志二十四卷首一卷 （清）鄭蔡
修 （清）郭品棠等纂 清同治六年(1867)刻
本 十冊

430000－2401－0012373 294.2/2619
[同治]重修嘉魚縣志十二卷 （清）鍾傳益修
（清）俞焜纂 清同治五年(1866)刻本 十
二冊

430000－2401－0012374 294.2/2621
[乾隆]江夏縣志十五卷首一卷 （清）陳元京
修 （清）汪知松 （清）陳正烈纂 清乾隆五
十九年(1794)刻本 十冊

430000－2401－0012375 294.2/2622
[同治]江夏縣志八卷 （清）王庭楨主修
(清)趙崧毓纂 清同治八年(1869)刻本
六冊

430000－2401－0012376 294.2/2623
[同治]江夏縣志八卷 （清）王庭楨主修
(清)趙崧毓纂 清同治八年(1869)刻光緒七
年(1881)綏祿堂重印本 八冊

430000－2401－0012377 294.2/2624
[乾隆]武昌縣志十卷首一卷 （清）邵遐齡纂

修 清乾隆二十八年(1763)刻本 十冊

430000－2401－0012378 294.2/2625
[光緒]武昌縣志二十卷首一卷末一卷 （清）
鍾桐山修 （清）柯逢時纂 清光緒十一年
(1885)刻本 十冊

430000－2401－0012379 294.2/2632
[同治]崇陽縣志十二卷首一卷 （清）高佐廷
修 （清）傅燮鼎纂 清同治五年(1866)活字
本 十二冊

430000－2401－0012380 294.2/2633
[同治]蒲圻縣志八卷 （清）顧際熙纂修 清
同治五年(1866)刻本 八冊

430000－2401－0012381 294.2/2635
[康熙]荊州府志四十卷首一卷 （清）郭茂泰
修 （清）胡在恪纂 清康熙二十四年(1685)
刻本 七冊 存二十二卷(一至三、十八、二
十至三十四、三十八至四十)

430000－2401－0012382 294.2/2636
[乾隆]荊州府志五十八卷 （清）葉仰高修
（清）施廷樞纂 清乾隆二十二年(1757)刻本
十八冊 存五十二卷(一至四十二、五十至
五十八,首一卷)

430000－2401－0012383 294.2/2638
[光緒]荊州府志八十卷首一卷 （清）倪文蔚
（清）蔣銘勛主修 （清）顧嘉蘅 （清）李
廷鉽纂 清光緒六年(1880)刻本 三十二冊

430000－2401－0012384 294.2/2641
[光緒]荊州記三卷 （宋）盛弘之纂 （清）
陳運溶輯 清光緒二十四年(1898)長沙學院
街萃文堂刻本 一冊

430000－2401－0012385 294.2/2643
[光緒]荊州記三卷附校刊小識一卷 （宋）盛
弘之纂 （清）陳運溶校勘 清光緒二十七年
(1901)刻本 一冊

430000－2401－0012386 294.2/2644
[順治]江陵志餘十卷 （清）孔自來纂 清順
治七年(1650)修光緒上海鴻文書局石印本

一冊　存六卷(五至十)

430000－2401－0012387　294.2/2646

[嘉慶]江陵縣志刊誤六卷　(清)劉士璋纂
清嘉慶五年(1800)刻本　一冊

430000－2401－0012388　294.2/2647

[光緒]江陵縣志五十六卷首一卷　(清)蒯正
昌等主修　(清)胡九皋等纂　清光緒三年
(1877)刻本　二十冊

430000－2401－0012389　294.2/2650

[乾隆]荆門州志三十六卷　(清)舒成龍主修
(清)李法孟　(清)陳榮杰纂　清乾隆十九
年(1754)刻本　七冊　存二十九卷(一至二
十八、三十六)

430000－2401－0012390　294.2/2652

[同治]荆門直隸州志十二卷首一卷　(清)恩
榮修　(清)張圻纂　清同治七年(1868)刻本
二十冊

430000－2401－0012391　294.2/2655

[同治]鍾祥縣志二十卷補編二卷　(清)許光
曙　(清)孫福海纂修　清同治六年(1867)刻
本　十四冊

430000－2401－0012392　294.2/2658

[光緒]京山縣志二十七卷首一卷　(清)李慶
霖等主修　(清)曾憲德　(清)秦有鍠纂　清
光緒八年(1882)刻本　二十四冊

430000－2401－0012393　294.2/2660

[同治]監利縣志十二卷首一卷　(清)林瑞枝
(清)陳樹菱主修　(清)王柏心纂　清同治
十一年(1872)刻本　十冊

430000－2401－0012394　294.2/2662

[乾隆]石首縣志七卷　(清)張坦主修
(清)成師呂纂　清乾隆元年(1736)刻本　一
冊　存一卷(六)

430000－2401－0012395　294.2/2664

[同治]石首縣志八卷　(清)朱榮實修
(清)傅如筠纂　清同治五年(1866)武昌冷文
秀刻本　十二冊

430000－2401－0012396　294.2/2666

[康熙]潛江縣志二十卷首一卷　(清)劉煥修
(清)朱載震纂　清康熙三十三年(1694)刻
本　一冊　存四卷(十五至十八)

430000－2401－0012397　294.2/2667

[康熙]潛江縣志二十卷首一卷　(清)劉煥修
(清)朱載震纂　清光緒五年(1879)傳經書
院刻本　十六冊

430000－2401－0012398　294.2/2668

[光緒]潛江縣志二十卷首一卷　(清)史致謨
主修　(清)劉恭冕　(清)郭士元纂　清光緒
五年(1879)傳經書院刻本　八冊

430000－2401－0012399　294.2/2671

[光緒]沔陽州志十二卷首一卷　(清)鍾廷瑞
(清)葛振元等修　(清)楊鉅纂　清光緒二
十年(1894)刻本　十八冊

430000－2401－0012400　294.2/2672

[同治]公安縣志八卷首一卷　(清)周承弼
(清)袁鳴珂主修　(清)王慰纂　清同治十三
年(1874)刻本　七冊

430000－2401－0012401　294.2/2675

[同治]松滋縣志十二卷首一卷　(清)呂縉雲
(清)李勛主修　(清)羅有文　(清)朱美
燮纂　清同治七年(1868)刻本　十四冊

430000－2401－0012402　294.2/2678

[同治]宜昌府志十六卷首一卷　(清)聶光鑾
修　(清)王柏心　(清)雷春沼纂　清同治五
年(1866)刻本　九冊

430000－2401－0012403　294.2/2681

[同治]東湖縣志三十卷首一卷續補藝文一卷
(清)金大鏞主修　(清)王柏心纂　清同治
三年(1864)刻本　十冊

430000－2401－0012404　294.2/2685

[順治]遠安縣志八卷　(清)安可願修
(清)曾宗孔纂　清順治十八年(1661)刻本
一冊　存三卷(六至八)

430000－2401－0012405　294.2/2686

[同治]遠安縣志八卷首一卷　（清）鄭燡林主修　（清）周葆恩纂　清同治五年(1866)刻本　八冊

430000－2401－0012406　294.2/2687

[同治]當陽縣志十八卷首一卷末一卷　（清）阮恩光修　（清）王柏心纂　清同治五年(1866)刻本　十冊

430000－2401－0012407　294.2/2689

[光緒]當陽縣補續志四卷首一卷　（清）李元才修　（清）李葆貞纂　清光緒十五年(1889)刻本　四冊

430000－2401－0012408　294.2/2692

[康熙]宜都縣志十二卷首一卷末一卷　（清）劉顯功纂修　清康熙三十六年(1697)刻本　三冊　存十一卷(一至十、首一卷)

430000－2401－0012409　294.2/2693

[康熙]宜都縣志十二卷首一卷末一卷　（清）劉顯功纂修　清咸豐九年(1859)徐友年刻本　二冊　存五卷(一至二、十至十二)

430000－2401－0012410　294.2/2694

[同治]宜都縣志四卷首一卷末一卷　（清）崔培元　（清）朱甘霖修　（清）龔紹仁纂　清同治五年(1866)刻本　四冊

430000－2401－0012411　294.2/2698

[道光]枝江縣志十四卷　（清）謝丕績纂修　清道光八年(1828)刻本　一冊　存五卷(三至七)

430000－2401－0012412　294.2/2699

[咸豐]枝江縣志二十卷首一卷　（清）查子庚修　（清）潘炳勛纂修　（清）龍兆霖補修　（清）鄭敦佑三修　清咸豐三年(1853)修同治九年(1870)補修光緒元年(1875)三修刻本　八冊

430000－2401－0012413　294.2/2702

[同治]長陽縣志七卷首一卷　（清）陳維模修　（清）譚大勛纂　清同治五年(1866)刻本　六冊

430000－2401－0012414　294.2/2703

[嘉慶]歸州志十卷　（清）李炘修　（清）陸仲達纂　（清）余思訓增補　清嘉慶二十二年(1817)修同治五年(1866)增補刻本　八冊

430000－2401－0012415　294.2/2704

[光緒]歸州志十卷首一卷　（清）沈雲駿主修　（清）劉玉森纂　清光緒八年(1882)刻本　六冊

430000－2401－0012416　294.2/2705

[光緒]歸州志十七卷　（清）黃世崇纂修　清光緒二十七年(1901)刻本　四冊

430000－2401－0012417　294.2/2706

[光緒]興山縣志二十二卷　（清）黃世崇纂修　清光緒十一年(1885)經心書院刻本　四冊

430000－2401－0012418　294.2/2709

[同治]增修施南府志三十卷首一卷　（清）松林　（清）周慶榕修　（清）何遠鑒等纂　清同治十年(1871)刻本　六冊

430000－2401－0012419　294.2/2711

[光緒]施南府志續編十卷　（清）王庭楨　（清）李謙修　（清）雷春沼　（清）尹壽衡纂　清光緒十年(1884)新舊志合編本　二冊

430000－2401－0012420　294.2/2715

[同治]恩施縣志十二卷首一卷　（清）多壽　（清）羅凌漢纂修　清同治三年(1864)修七年(1868)修訂刻本　六冊

430000－2401－0012421　294.2/2718

[同治]建始縣志八卷首一卷　（清）熊啟詠修　（清）賀九如纂　清同治五年(1866)刻本　四冊

430000－2401－0012422　294.2/2721

[同治]巴東縣志十六卷首一卷　（清）廖恩樹修　（清）蕭佩聲纂　清同治五年(1866)刻本　三冊　存九卷(一至二、八至十四)

430000－2401－0012423　294.2/2722

[同治]巴東縣志十六卷首一卷　（清）廖恩樹修　（清）蕭佩聲纂　清光緒六年(1880)刻本　六冊

430000－2401－0012424　294.2/2723

[道光]鶴峰州志十四卷首一卷　（清）吉鍾穎修　（清）洪先壽纂　清道光二年(1822)刻本　四冊

430000－2401－0012425　294.2/2726

[同治]鶴峰州志十四卷首一卷　（清）徐澍楷修　（清）雷春沼纂　清同治六年(1867)刻本　一冊

430000－2401－0012426　294.2/2729

[光緒]鶴峰州志十四卷首一卷　（清）長庚修　（清）陳鴻漸纂　清光緒十一年(1885)刻本　一冊

430000－2401－0012427　294.2/2732

[同治]宣恩縣志二十卷首一卷　（清）張金瀾修　（清）蔡景星　（清）張金圻纂　清同治二年(1863)刻本　六冊

430000－2401－0012428　294.2/2734

[同治]來鳳縣志三十二卷首一卷末一卷　（清）李勛修　（清）何遠鑒　（清）張鈞纂　清同治五年(1866)刻本　八冊

430000－2401－0012429　294.2/2736

[同治]咸豐縣志二十卷首一卷附圖一卷　（清）張梓修　（清）張光杰纂修　清同治四年(1865)刻本　四冊

430000－2401－0012430　294.2/2738

[同治]利川縣志十卷首一卷　（清）何蕙馨修　（清）吳江纂　清同治四年(1865)刻本　四冊

430000－2401－0012431　294.2/2739

[光緒]利川縣志十四卷　（清）黃世崇纂修　清光緒二十年(1894)鍾靈書院刻本　四冊

430000－2401－0012432　294.2/2741

[嘉慶]鄖陽志補一卷　（清）王正常纂　清嘉慶十四年(1809)刻本　一冊

430000－2401－0012433　294.2/2742

[嘉慶]鄖陽志十卷首一卷　（清）王正常修　（清）謝攀雲纂　清嘉慶二年(1797)刻本　五

冊　存九卷(二至十)

430000－2401－0012434　294.2/2743

[同治]鄖陽志八卷首一卷　（清）吳葆儀主修　（清）王嚴恭纂　清同治九年(1870)鄖山書院刻本　八冊

430000－2401－0012435　294.2/2747

[同治]鄖縣志十卷首一卷　（清）定熙修　（清）崔譜纂　清同治五年(1866)刻本　七冊　存十卷(一至十)

430000－2401－0012436　294.2/2749

[同治]房縣志十二卷首一卷　（清）楊延烈修　（清）郁方董　（清）劉元棟纂　清同治四年(1865)刻本　六冊

430000－2401－0012437　294.2/2753

[同治]竹溪縣志十六卷首一卷　（清）陶壽嵩修　（清）楊兆熊纂　清同治六年(1867)刻本　八冊

430000－2401－0012438　294.2/2754

[光緒]續輯均州志十六卷首一卷　（清）馬雲龍　（清）湯炳坤修　（清）賈洪詔纂　清光緒十年(1884)均州志局刻本　八冊

430000－2401－0012439　294.2/2756

[同治]竹山縣志二十九卷　（清）周士楨修　（清）黃子遂纂　清同治四年(1865)刻本　六冊

430000－2401－0012440　294.2/2757

[同治]鄖西縣志二十卷首一卷　（清）程光第修　（清）葉年菜纂　清同治五年(1866)刻本　六冊　存九卷(一至三、七至八、十七至二十)

430000－2401－0012441　294.2/2760

[乾隆]襄陽府志四十卷首一卷　（清）陳鍔纂修　清乾隆二十五年(1760)刻本　十六冊

430000－2401－0012442　294.2/2765

[光緒]襄陽府志二十六卷志餘一卷　（清）恩聯修　（清）王萬芳纂　清光緒十一年(1885)刻本　十六冊

430000－2401－0012443　294.2/2766

[同治]襄陽縣志七卷首一卷　（清）吳耀斗修
（清）李士彬纂　清同治十三年(1874)刻本
八冊

430000－2401－0012444　294.2/2769

[乾隆]隨州志十八卷首一卷　（清）張璇纂修
清乾隆五十五年(1790)刻本　一冊　存二
卷(十四至十五)

430000－2401－0012445　294.2/2770

[同治]隨州志三十二卷首一卷　（清）文齡
（清）孫文俊修　（清）史策先纂　清同治八年
(1869)刻本　十六冊

430000－2401－0012446　294.2/2771

[嘉慶]南漳縣志集鈔三十五卷首一卷　（清）
陶紹侃修　（清）胡正楷纂　清嘉慶二十年
(1815)刻本　二冊　存八卷(一至三、十五至
十八,首一卷)

430000－2401－0012447　294.2/2773

[嘉慶]南漳縣志集鈔二十六卷首一卷　（清）
胡正楷纂　（清）胡心悅續纂　清嘉慶二十年
(1815)刻同治四年(1865)東鶴山堂增刻本
八冊

430000－2401－0012448　294.2/2775

[同治]穀城縣志八卷　（清）承印修　（清）
蔣海澄　（清）黃定鏞纂　清同治六年(1867)
刻本　八冊

430000－2401－0012449　294.2/2777

[同治]棗陽縣志三十卷首一卷末一卷　（清）
張聲正修　（清）史策先纂　清同治四年
(1865)刻本　八冊

430000－2401－0012450　294.2/2780

[同治]宜城縣志十卷續志二卷　（清）程啟安
修　（清）張炳鍾　（清）魯裔曾纂　清同治五
年(1866)刻本　八冊

430000－2401－0012451　294.2/2781

[光緒]宜城縣續志二卷　（清）李連騎修
（清）姚德華纂　清光緒八年(1882)刻本
一冊

430000－2401－0012452　294.2/2782

[光緒]湖北襄陽府宜城縣鄉土志一卷　（清）
楊文勛修　（清）望炳麟纂　清光緒三十二年
(1906)活字本　三冊

430000－2401－0012453　294.2/2783

[同治]保康縣志七卷首一卷　（清）宋熙曾
（清）林煊修　（清）楊世霖纂　清同治五年
(1866)刻本　二冊　存七卷(一至七)

430000－2401－0012454　294.2/2784

[同治]保康縣志七卷首一卷　（清）宋熙曾
（清）林煊修　（清）楊世霖纂　清同治五年
(1866)刻光緒五年(1879)再補刻本　四冊

430000－2401－0012455　294.2/2787

[光緒]光化縣志八卷首一卷　（清）鍾桐山
（清）葉樹南修　（清）段映斗等纂　清光緒十
年(1884)刻本　八冊

430000－2401－0012456　294.2/2788

[雍正]廣東通志六十四卷　（清）郝玉麟
（清）傅泰修　（清）魯曾煜纂　清雍正九年
(1731)刻本　二十二冊

430000－2401－0012457　294.2/2790

[道光]廣東通志三百三十四卷首一卷　（清）
阮元　（清）江藩修　（清）陳昌齊等纂　清同
治三年(1864)刻本　一百二十冊

430000－2401－0012458　294.2/2796

廣東便覽二卷　（清）李應珏纂修　清光緒三
十年(1904)刻本　一冊　存一卷(一)

430000－2401－0012459　294.2/2798

[光緒]廣州府志一百六十三卷　（清）戴肇辰
（清）蘇佩訓修　（清）史澄　（清）李光廷
纂　清光緒五年(1879)刻本　三十三冊　存
九十卷(一至五、十五至十六、四十七至四十
九、五十三至五十五、六十至六十三、八十二
至九十六、一百〇四至一百〇六、一百〇九至
一百六十三)

430000－2401－0012460　294.2/2799

[康熙]花縣志四卷　（清）王永名修　（清）
黃士龍纂　清光緒十六年(1890)刻本　四冊

430000－2401－0012461　294.2/2800

[嘉慶]羊城古鈔八卷首一卷　（清）仇池石纂
　　清嘉慶十一年(1806)大賚堂刻本　五冊

430000－2401－0012462　294.2/2801

[同治]番禺縣志五十四卷首一卷　（清）李福
泰修　（清）史澄　（清）何若瑤纂　清同治十
年(1871)刻本　十六冊

430000－2401－0012463　294.2/2802

[宣統]番禺縣續志四十四卷首一卷　（清）梁
鼎芬　（清）盧維慶修　（清）丁仁辰　（清）
梁慶桂纂　清宣統三年(1911)刻本　十六冊

430000－2401－0012464　294.2/2803

[康熙]韶州府志十八卷　（清）唐宗堯修
（清）秦嗣美纂　清康熙二十六年(1687)刻本
　　二冊　存二卷(五至六)

430000－2401－0012465　294.2/2804

[同治]韶州府志四十卷首一卷　（清）林述訓
　　（清）段錫林修　（清）單興詩纂　清同治十
三年(1874)刻本　二十冊

430000－2401－0012466　294.2/2805

[光緒]曲江縣志十六卷　（清）張希京修
（清）歐樾華纂　清光緒元年(1875)刻本
八冊

430000－2401－0012467　294.2/2807

[同治]樂昌縣志十二卷首一卷　（清）徐寶符
　　（清）殷綖傳修　（清）李穆　（清）陳其藻
纂　清同治十年(1871)刻本　六冊

430000－2401－0012468　294.2/2813

[光緒]仁化縣志八卷　（清）陳鴻修　（清）
劉鳳輝纂　清光緒九年(1883)刻本　八冊

430000－2401－0012469　294.2/2814

[嘉慶]直隸南雄州志三十四卷首一卷　（清）
余保純主修　（清）黃其勤纂　（清）戴錫倫
（清）宋揚光增修　清嘉慶二十四年(1819)修
道光四年(1824)增修刻本　十六冊

430000－2401－0012470　294.2/2817

[乾隆]始興縣志十六卷　（清）鄭炳主修

（清）凌元駒纂　清乾隆二十年(1755)刻本
一冊　存三卷(一至三)

430000－2401－0012471　294.2/2819

[嘉慶]翁源縣新志十二卷首一卷末一卷
（清）謝崇俊修　（清）顏爾樞纂　清嘉慶二十
五年(1820)刻本　五冊

430000－2401－0012472　294.2/2820

[光緒]清遠縣志十六卷首一卷　（清）李文烜
　　（清）羅煒修　（清）朱潤芳　（清）麥瑞芳
纂　清光緒六年(1880)刻本　三冊　存六卷
(七至十二)

430000－2401－0012473　294.2/2822

[同治]連州志十二卷首一卷　（清）袁泳錫修
　　（清）單興詩纂　清同治九年(1870)刻本
六冊

430000－2401－0012474　294.2/2828

[康熙]惠州府志二十一卷　（清）呂應奎修
（清）黃挺華纂　清康熙二十七年(1688)刻本
　　一冊　存一卷(八)

430000－2401－0012475　294.2/2829

[光緒]惠州府志四十五卷首一卷　（清）劉桂
年主修　（清）鄧掄斌纂　清光緒三年(1877)
修七年(1881)刻本　四十一冊

430000－2401－0012476　294.2/2830

[乾隆]博羅縣志十四卷　（清）陳裔虞纂修
清乾隆二十八年(1763)刻本　五冊

430000－2401－0012477　294.2/2831

[嘉慶]龍川縣志四十二卷　（清）胡瑃修
（清）勒殷山纂　清嘉慶二十三年(1818)刻本
　　六冊　存三十卷(一至三十)

430000－2401－0012478　294.2/2833

[嘉慶]東莞縣志四十六卷首一卷　（清）彭人
杰　（清）范文安修　（清）黃時沛纂　清嘉慶
三年(1798)刻本　一冊　存四卷(二十九至
三十二)

430000－2401－0012479　294.2/2835

[咸豐]嘉應州志增補考略四十卷首一卷

（清）文晟纂修　清咸豐三年（1853）刻本
六冊

430000－2401－0012480　294.2/2836

[同治]大埔縣志十八卷首一卷　（清）張鴻恩
纂修　清同治十二年（1873）刻本　十冊

430000－2401－0012481　294.2/2838

[乾隆]潮州府志四十二卷首一卷　（清）周碩
勳修　（清）康基田增補　清乾隆二十八年
（1763）刻本　一冊　存二卷（十六至十七）

430000－2401－0012482　294.2/2839

[乾隆]潮州府志四十二卷　（清）吳穎
（清）胡恂等纂修　（清）周碩勳輯　清乾隆二
十六年（1761）潮城承文樓刻本　二十五冊

430000－2401－0012483　294.2/2841

[光緒]潮州鄉土地理教科書　（清）鄭邕亮編
　清光緒三十三年（1907）揭陽萬順書局鉛印
本　一冊

430000－2401－0012484　294.2/2843

[嘉慶]澄海縣志二十六卷首一卷　（清）李書
吉修　清嘉慶二十年（1815）修道光九年
（1829）刻本　八冊

430000－2401－0012485　294.2/2848

[嘉慶]潮陽縣志二十卷　（清）唐文藻纂修
清嘉慶二十四年（1819）刻本　五冊　存十卷
（十至十五、十七至二十）

430000－2401－0012486　294.2/2849

[光緒]潮陽縣志二十二卷首一卷　（清）周恆
主修　（清）張其翮纂　清光緒十年（1884）刻
本　十冊

430000－2401－0012487　294.2/2850

[乾隆]海豐縣志十卷附錄一卷　（清）于卜熊
修　（清）史本纂　清乾隆十五年（1750）刻道
光二十一年（1841）刻本　三冊　存七卷（四
至十）

430000－2401－0012488　294.2/2853

[光緒]揭陽縣志四卷首一卷　（清）王崧修
（清）李星輝纂　清光緒十四年（1888）修十六

年（1890）刻本　二冊

430000－2401－0012489　294.2/2855

[道光]南海縣志四十四卷末一卷　（清）潘尚
楫修　（清）鄭士憲纂　清道光十三年（1833）
修十五年（1835）刻本　六冊　存十三卷（六
至七、十六至十七、二十六至三十、三十四至
三十五、四十至四十一）

430000－2401－0012490　294.2/2856

[道光]南海縣志二十六卷首一卷　（清）鄭夢
玉修　（清）梁紹獻　（清）李徵霨纂　清道光
十五年（1835）修同治十一年（1872）廣州翰文
樓刻本　十二冊

430000－2401－0012491　294.2/2857

[光緒]九江儒林鄉志二十一卷　（清）朱次琦
修　（清）馮栻宗　（清）黎璿等纂　清光緒十
七年（1891）粵東省城學院前翰文樓刻本
十冊

430000－2401－0012492　294.2/2858

[嘉慶]三水縣志十六卷首一卷　（清）李友榕
　（清）王履祥修　（清）鄧雲龍　（清）董思
誠纂　清嘉慶二十四年（1819）刻本　八冊

430000－2401－0012493　294.2/2859

[咸豐]順德縣志三十二卷　（清）郭汝誠修
（清）馮奉初纂　清咸豐三年（1853）修六年
（1856）刻本　十六冊

430000－2401－0012494　294.2/2861

[乾隆]香山縣志十卷首一卷　（清）暴煜修
（清）李卓揆纂　清乾隆十五年（1750）刻本
十冊

430000－2401－0012495　294.2/2863

[乾隆]澳門記略四卷首一卷末一卷　（清）印
光任修　（清）張汝霖纂　清嘉慶五年（1800）
刻本　二冊

430000－2401－0012496　294.2/2864

[乾隆]新會縣志十三卷首一卷　（清）王植纂
修　清乾隆六年（1741）刻本　三冊　存三卷
（六、八至九）

430000－2401－0012497　294.2/2865

[道光]新會縣志十四卷首一卷　（清）林星章修　（清）黃培芳　（清）曾釗纂　清道光二十一年(1841)刻本　十冊　存十三卷(一、三至六、八至十四,首一卷)

430000－2401－0012498　294.2/2869

[道光]新寧縣志十卷附捐冊一卷　（清）張深修　（清）曾釗　（清）溫訓纂　清道光十九年(1839)刻本　四冊

430000－2401－0012499　294.2/2870

[光緒]新寧縣志二十六卷首一卷　（清）何福海　（清）鄭守昌修　（清）林國賡　（清）黃榮熙纂　清光緒十七年(1891)修十九年(1893)刻本　二冊

430000－2401－0012500　294.2/2871

[道光]恩平縣志十八卷首一卷末一卷　（清）楊學顏　（清）石台修　（清）楊秀拔纂　清道光五年(1825)廣州西湖街富文齋刻本　五冊

430000－2401－0012501　294.2/2873

[道光]瓊州府志四十四卷首一卷　（清）明誼修　（清）張岳崧纂　清道光二十一年(1841)刻本　十冊

430000－2401－0012502　294.2/2874

[道光]瓊州府志四十四卷首一卷　（清）明誼修　（清）張岳崧纂　清道光二十一年(1841)刻本　二十六冊

430000－2401－0012503　294.2/2880

[咸豐]瓊山縣志三十卷首一卷　（清）李文烜修　（清）鄭文彩　（清）蔡藩纂　清咸豐五年(1855)修七年(1857)刻本　十六冊

430000－2401－0012504　294.2/2881

[咸豐]文昌縣志十六卷首一卷　（清）張霈（清）陳起禮修　（清）林燕典纂　清咸豐八年(1858)刻本　八冊　存十三卷(一至十、十三至十四,首一卷)

430000－2401－0012505　294.2/2883

[道光]萬州志十卷　（清）胡端書修　（清）楊士錦纂　清道光八年(1828)刻本　四冊

430000－2401－0012506　294.2/2885

[光緒]臨高縣志二十四卷　（清）聶緝慶（清）張延修　（清）桂文熾　（清）汪璆纂　清光緒十八年(1892)刻本　三冊　存七卷(一至七)

430000－2401－0012507　294.2/2889

[光緒]高州府志五十四卷首一卷末一卷　（清）楊霽修　（清）陳蘭彬纂　清光緒十六年(1890)刻本　十冊　存二十三卷(三至十、三十七至五十一)

430000－2401－0012508　294.2/2890

[嘉慶]茂名縣志二十一卷首一卷　（清）秦沅（清）王勛臣修　（清）吳徽叙纂　清嘉慶二十四年(1819)刻本　八冊

430000－2401－0012509　294.2/2891

[光緒]化州志十二卷　（清）彭貽蓀　（清）章毓桂修　（清）魏邦翰纂　清光緒十六年(1890)刻本　八冊　存十二卷(一至十二)

430000－2401－0012510　294.2/2893

[光緒]信宜縣志八卷附舊存錄一卷拾遺一卷　（清）敖式樞修　（清）梁安甸纂　清光緒十五年(1889)刻本　二冊　存五卷(二至六)

430000－2401－0012511　294.2/2894

[乾隆]陽春縣志十四卷　（清）姜山修　（清）呂伊纂　清乾隆二十三年(1758)刻本　一冊　存四卷(一至三、首一卷)

430000－2401－0012512　294.2/2896

[光緒]重修電白縣志三十卷首一卷　（清）孫鑄修　（清）邵祥齡纂　清光緒十四年(1888)修十八年(1892)刻本　一冊　存四卷(八至十一)

430000－2401－0012513　294.2/2897

[光緒]吳川縣志十卷首一卷　（清）毛昌善修　（清）陳蘭彬纂　清光緒十四年(1888)修十八年(1892)啟壽刻本　十冊

430000－2401－0012514　294.2/2898

[康熙]海康縣志三卷　（清）鄭俊修　（清）宋紹啟纂　清康熙二十六年(1687)刻本　三冊

430000 – 2401 – 0012515　294.2/2900

[道光]肇慶府志二十二卷首一卷　（清）屠英
修　（清）江藩纂　清道光十三年(1833)刻本
二十二冊

430000 – 2401 – 0012516　294.2/2902

[道光]高要縣志二十二卷首一卷　（清）韓際
飛修　（清）何元　（清）彭泰來纂　清道光六
年(1826)刻本　十冊

430000 – 2401 – 0012517　294.2/2903

[同治]續修高要縣志稿二卷首一卷　（清）吳
信臣修　（清）黃登瀛纂　清同治二年(1863)
刻本　一冊

430000 – 2401 – 0012518　294.2/2904

懷集縣志□□卷　（明）□□修　清康熙五年
(1666)鄒文鬱刻本　一冊　存四卷(三至六)

430000 – 2401 – 0012519　294.2/2906

[道光]廣寧縣志十七卷　（清）黃思藻修
（清）歐陽振時纂　清道光四年(1824)刻本
六冊

430000 – 2401 – 0012520　294.2/2908

[道光]四會縣志十卷首一卷　（清）伍鼎臣修
（清）徐祖耆等纂　清道光三年(1823)刻本
一冊　存卷首

430000 – 2401 – 0012521　294.2/2909

[雍正]羅定州志六卷首一卷　（清）王植纂修
清雍正九年(1731)刻本　六冊

430000 – 2401 – 0012522　294.2/2912

[雍正]廣西通志一百二十八卷首一卷　（清）
金鉷修　（清）錢元昌　（清）陸綸纂　清雍正
十一年(1733)刻本　二十二冊

430000 – 2401 – 0012523　294.2/2913

[嘉慶]廣西通志二百七十九卷首一卷　（清）
謝啟昆修　（清）胡虔纂　清嘉慶六年(1801)
刻本　八十冊

430000 – 2401 – 0012524　294.2/2914

[嘉慶]廣西通志二百七十九卷首一卷　（清）
謝啟昆修　（清）胡虔纂　清嘉慶五年(1800)

修光緒十七年(1891)桂垣書局補刻本　八
十冊

430000 – 2401 – 0012525　294.2/22916

[道光]廣西通志輯要十七卷首一卷　（清）蘇
宗經原輯　（清）羊復禮　（清）夏敏頤增輯
清道光二十五年(1845)輯光緒十五年(1889)
桂林唐九如堂刻本　十三冊

430000 – 2401 – 0012526　294.2/2920

[雍正]廣西便覽二卷　（清）李應珏纂修　清
雍正六年(1728)刻本　一冊　存一卷(二)

430000 – 2401 – 0012527　294.2/2921

[乾隆]南寧府志五十六卷　（清）蘇士俊纂修
（清）何鯤增修　清道光二十七年(1847)增
刻乾隆本　一冊　存五卷(三十八至四十二)

430000 – 2401 – 0012528　294.2/2922

[嘉慶]白山司志十八卷首一卷跋一卷　（清）
王言紀修　（清）朱錦纂　清嘉慶十年(1805)
修道光八年(1828)刻本　四冊

430000 – 2401 – 0012529　294.2/2925

[光緒]新寧州志六卷首一卷　（清）戴煥南修
（清）張燦奎纂　清光緒五年(1879)刻本
三冊　存五卷(一至二、四至六)

430000 – 2401 – 0012530　294.2/2931

[乾隆]柳州府馬平縣志十卷首一卷　（清）舒
啟修　（清）吳光升纂　清光緒二十一年
(1895)刻本　五冊

430000 – 2401 – 0012531　294.2/2932

[乾隆]象州志四卷　（清）李宏湑等修
（清）蔣日萊纂　清乾隆二十九年(1764)刻本
一冊　存二卷(一至二)

430000 – 2401 – 0012532　294.2/2934

[光緒]遷江縣志四卷　（清）顏嗣徽修
（清）顏永迪　（清）黃飛鯤纂　清光緒十七年
(1891)刻本　四冊

430000 – 2401 – 0012533　294.2/2937

[嘉慶]全州志十二卷首一卷末一卷　（清）溫
之誠修　（清）曹文深纂　清嘉慶四年(1799)

刻本 十冊

430000－2401－0012534 294.2/2941

[嘉慶]平樂府志四十卷首一卷 （清）胡醇仁
纂 （清）清柱增修 （清）王人作增纂 清嘉
慶十年(1805)修光緒三年(1877)刻本 十
二冊

430000－2401－0012535 294.2/2942

[光緒]平樂縣志十卷 （清）全文炳修
（清）伍嘉猷 （清）羅正宗纂 清光緒十年
(1884)刻本 六冊

430000－2401－0012536 294.2/2946

[乾隆]梧州府志二十四卷首一卷 （清）吳九
齡修 （清）史鳴皋纂 清乾隆三十四年
(1769)刻本 十六冊

430000－2401－0012537 294.2/2947

[同治]蒼梧縣志十八卷首一卷 （清）㓅光煥
（清）李百齡原修 （清）羅勛 （清）嚴寅
恭原纂 （清）黃玉柱 （清）王棟續纂 清同
治十三年(1874)刻本 十二冊

430000－2401－0012538 294.2/2948

[光緒]富川縣志十二卷 （清）顧國誥
（清）柴照修 （清）劉樹賢等纂 清光緒十六
年(1890)刻本 五冊 存六卷(一至二、六、
九至十一)

430000－2401－0012539 294.2/2949

[光緒]賀縣志八卷 （清）全文炳修 （清）
蘇煜坡 （清）李熙駿纂 清光緒十六年
(1890)刻本 五冊 存七卷(一至三、五至
八)

430000－2401－0012540 294.2/2952

[光緒]永安州志四卷 （清）李常霖修
（清）吳纘周纂 清光緒二十四年(1898)刻本
二冊 存二卷(三至四)

430000－2401－0012541 294.2/2954

[光緒]郁林州志二十卷首一卷 （清）馮德材
（清）全文炳修 （清）文德馨 （清）牟懋
圻纂 清光緒二十年(1894)刻本 五冊 存
十一卷(二至三、十至十六、十八至十九)

430000－2401－0012542 294.2/2955

[乾隆]桂平縣志四卷 （清）吳志綰修
（清）黃國顯纂 清乾隆三十三年(1768)刻本
二冊

430000－2401－0012543 294.2/2957

[乾隆]平南縣志五卷 （清）李仲良修
（清）王星燭纂 清乾隆二十一年(1756)刻本
一冊 存二卷(一至二)

430000－2401－0012544 294.2/2958

[光緒]平南縣志二十四卷首一卷 （清）裘彬
（清）江有燦修 （清）周壽祺纂 清光緒九
年(1883)刻本 二十冊

430000－2401－0012545 294.2/2960

[嘉慶]北流縣志二十四卷 （清）徐作梅
（清）任玉森修 （清）李士琨 （清）陳廷珍
纂 清嘉慶二十年(1815)修光緒六年(1880)
刻本 十二冊

430000－2401－0012546 294.2/2966

[道光]欽州志十二卷首一卷 （清）朱椿年修
（清）杜以寬 （清）葉輪纂 清道光十四年
(1834)刻本 八冊

430000－2401－0012547 294.2/2967

[道光]廉州府志二十六卷首一卷 （清）張堉
春修 （清）陳治昌纂 清道光十三年(1833)
刻本 二十冊

430000－2401－0012548 294.2/2968

[光緒]百色廳志八卷首一卷 （清）陳如金修
（清）華本松纂 清光緒八年(1882)修十七
年(1891)增刻本 六冊

430000－2401－0012549 294.2/2969

[乾隆]鎮安府志八卷 （清）傅鋆纂修 清乾
隆二十一年(1756)刻本 三冊 存六卷(一、
四至八)

430000－2401－0012550 294.2/2970

[光緒]鎮安府志二十五卷首一卷 （清）羊復
禮修 （清）梁萬年纂 清光緒十八年(1892)
刻本 十二冊

430000－2401－0012551　25/107－2

華陽國志十二卷　（晉）常璩撰　清乾隆刻本
　　一冊　存三卷（八至十）

430000－2401－0012552　25/107－3

華陽國志十二卷　（晉）常璩撰　清嘉慶十九
年（1814）題襟館刻本　四冊

430000－2401－0012553　25/107－3（1）

華陽國志十二卷　（晉）常璩撰　清嘉慶十九
年（1814）題襟館刻本　四冊

430000－2401－0012554　25/107－3（2）

華陽國志十二卷　（晉）常璩撰　清嘉慶十九
年（1814）題襟館刻本　四冊

430000－2401－0012555　25/107－3（3）

華陽國志十二卷　（晉）常璩撰　清嘉慶十九
年（1814）題襟館刻本　四冊

430000－2401－0012556　25/107－3（4）

華陽國志十二卷　（晉）常璩撰　清嘉慶十九
年（1814）題襟館刻本　四冊

430000－2401－0012557　25/107－3（5）

華陽國志十二卷　（晉）常璩撰　清嘉慶十九
年（1814）題襟館刻本　四冊

430000－2401－0012558　25/107－3（6）

華陽國志十二卷　（晉）常璩撰　清嘉慶十九
年（1814）題襟館刻本　四冊

430000－2401－0012559　294.2/2971

[嘉慶]四川通志二百〇四卷首二十二卷
（清）常明修　（清）楊芳燦　（清）譚光祜纂
　清嘉慶二十一年（1816）刻本　一百六十冊

430000－2401－0012560　294.2/2978

[道光]重慶府志九卷　（清）王夢庚修
（清）寇宗纂　清道光二十三年（1843）刻本
十二冊

430000－2401－0012561　294.2/2979

[乾隆]巴縣志十七卷首一卷　（清）王爾鑒修
　（清）王世沿　（清）周開豐纂　清乾隆十六
年（1751）修二十六年（1761）刻本　十四冊
存十六卷（二至十七）

430000－2401－0012562　294.2/2980

[同治]巴縣志四卷　（清）霍爲棻等修
（清）熊家彥等纂　清同治六年（1867）刻本
六冊

430000－2401－0012563　294.2/2982

[道光]綦江縣志十二卷首一卷　（清）宋灝修
　（清）羅星纂　（清）楊銘補修　（清）伍浚
祥續纂　清道光五年（1825）修十五年（1835）
增修同治二年（1863）刻本　十二冊

430000－2401－0012564　294.2/2985

[光緒]增修灌縣志十四卷首一卷　（清）莊思
恆等修　（清）鄭珶山纂　清光緒十二年
（1886）刻本　十冊

430000－2401－0012565　294.2/2986

[光緒]灌縣鄉土志二卷　（清）鍾文虎修
（清）徐昱　（清）高履和纂　清光緒三十三年
（1907）刻本　二冊

430000－2401－0012566　294.2/2987

[光緒]重修彭縣志十三卷首一卷末一卷
（清）張龍甲修　（清）龔世瑩　（清）呂調陽
纂　清光緒四年（1878）刻本　十冊

430000－2401－0012567　294.2/2989

[嘉慶]什邡縣志五十四卷　（清）紀大奎修
（清）林時春纂　清嘉慶十七年（1812）文昌閣
刻本　十一冊　存四十八卷（一至三十三、三
十九至四十八、五十至五十三,首一卷）

430000－2401－0012568　294.2/2990

[嘉慶]漢州志四十卷首一卷末一卷　（清）劉
長庚修　（清）侯肇元　（清）張懷泗纂　清嘉
慶十七年（1812）修二十二年（1817）刻本　九
冊　存二十六卷（十五至四十）

430000－2401－0012569　294.2/2992

[同治]續漢州志二十四卷首一卷　（清）張超
修　（清）張敏行　（清）曾履中纂　清同治八
年（1869）刻本　五冊　存十九卷（一至十七、
二十二至二十三）

430000－2401－0012570　294.2/2994

[嘉慶]新繁縣志四十三卷首一卷　（清）顧德

昌修 (清)張粹德纂 清嘉慶十九年(1814)
刻本 一冊 存六卷(三十七至四十二)

430000－2401－0012571 294.2/2995
[同治]新繁縣志十六卷首一卷 (清)李應觀
修 (清)楊益豫等纂 清同治十二年(1873)
刻本 四冊 存十一卷(一至二、七至九、十
至十四,首一卷)

430000－2401－0012572 294.2/2997
[光緒]新繁縣鄉土志十卷 (清)余慎修
(清)陳彥升纂 清光緒三十三年(1907)鉛印
本 一冊 存五卷(六至十)

430000－2401－0012573 294.2/2998
[嘉慶]華陽縣志四十四卷首一卷 (清)華淳
修 (清)潘時彤纂 清嘉慶二十一年(1816)
刻本 十六冊

430000－2401－0012574 294.2/3000
[嘉慶]邛州直隸州志四十六卷 (清)吳鞏修
(清)王來遴纂 清嘉慶二十三年(1818)刻
本 十二冊

430000－2401－0012575 294.2/3002
[同治]大邑縣志二十卷 (清)趙霦等纂修
清同治六年(1867)刻本 八冊

430000－2401－0012576 294.2/3003
[嘉慶]崇慶州志十卷首一卷 (清)丁榮表
(清)顧堯峰修 (清)衛道凝 (清)謝攀雲
纂 清嘉慶十八年(1813)刻本 四冊

430000－2401－0012577 294.2/3004
[光緒]崇慶州志十二卷首一卷 (清)李承保
修 (清)胡麟 (清)徐鼎元纂 清光緒十年
(1884)刻本 十冊

430000－2401－0012578 294.2/3008
[道光]江油縣志四卷 (清)桂星纂修 清道
光二十年(1840)刻本 三冊 存三卷(一至
三)

430000－2401－0012579 294.2/3011
[同治]彰明縣志五十七卷首一卷 (清)何慶
恩修 (清)李朝棟纂 清同治十二年(1873)

刻本 十冊

430000－2401－0012580 294.2/3012
[道光]龍安府志十卷 (清)鄧存詠修
(清)張方觀纂 清道光二十二年(1842)刻本
八冊

430000－2401－0012581 294.2/3013
[同治]劍州志十卷 (清)張兆辰 (清)余
文煥修 (清)李榕纂 清同治十二年(1873)
刻本 四冊

430000－2401－0012582 294.2/3015
[咸豐]重修梓潼縣志六卷 (清)張香海修
(清)楊曦等纂 清咸豐八年(1858)刻本
六冊

430000－2401－0012583 294.2/3016
[乾隆]潼川府志十二卷首一卷 (清)張松孫
修 (清)李芳穀纂 清乾隆五十年(1785)刻
本 十二冊

430000－2401－0012584 294.2/3017
[光緒]新修潼川府志三十卷 (清)阿麟修
(清)王龍勛纂 清光緒二十三年(1897)刻本
七冊 存十四卷(六至九、十一至十九、二
十四)

430000－2401－0012585 294.2/3019
[道光]蓬溪縣志十六卷首一卷 (清)吳章祁
修 (清)顧士英等纂 清道光二十五年
(1845)刻本 五冊

430000－2401－0012586 294.2/3020
[光緒]蓬溪縣續志十四卷首一卷 (清)周學
銘修 (清)熊祥謙等纂 清光緒十五年
(1889)刻本 四冊

430000－2401－0012587 294.2/3021
[道光]中江縣志新志八卷首一卷 (清)楊霈
修 (清)李福源 (清)范泰衡纂 清道光十
九年(1839)刻本 六冊

430000－2401－0012588 294.2/3023
[道光]德陽縣志新志十二卷首一卷末一卷
(清)裴顯忠修 (清)劉碩輔纂 清道光十七

年(1837)刻本　六冊

430000－2401－0012589　294.2/3025

[道光]綿竹縣志四十六卷　(清)劉慶遠纂修
　清道光二十九年(1849)刻本　一冊　存六
卷(一至六)

430000－2401－0012590　294.2/3026

[光緒]綿竹縣鄉土志二卷　(清)田明理
(清)莊蔭椿修　(清)黃尚毅纂　清光緒三十
四年(1908)刻本　一冊

430000－2401－0012591　294.2/3029

[嘉慶]羅江縣志十卷　(清)李調元纂　清嘉
慶七年(1802)刻本　一冊　存二卷(一至二)

430000－2401－0012592　294.2/3030

[嘉慶]羅江縣志三十六卷　(清)李桂林修
(清)鄧林　(清)董昌纂　清嘉慶二十年
(1815)刻本　四冊

430000－2401－0012593　294.2/3031

[嘉慶]羅江縣志三十六卷　(清)李桂林修
(清)鄧林　(清)董昌纂　清同治四年(1865)刻
本　六冊

430000－2401－0012594　294.2/3032

[同治]續修羅江縣志二十四卷　(清)馬傳業
修　(清)劉正慧　(清)唐懋德纂　清同治四
年(1865)刻本　二冊

430000－2401－0012595　294.2/3033

[嘉慶]羅江縣志十卷　(清)李調元纂修　清
光緒八年(1882)刻本　二冊

430000－2401－0012596　294.2/3035

[光緒]內江縣志十五卷首一卷　(清)陸爲棻
修　(清)熊玉華纂　清光緒九年(1883)刻本
　一冊　存二卷(九至十)

430000－2401－0012597　294.2/3036

[道光]樂至縣志十六卷　(清)裴顯忠修
(清)劉碩輔纂　清道光二十年(1840)賓興局
刻本　六冊

430000－2401－0012598　294.2/3037

[光緒]續增樂至縣志四卷首一卷　(清)胡書

雲修　(清)李星根等纂　清光緒九年(1883)
刻本　四冊

430000－2401－0012599　294.2/3039

[道光]安岳縣志十六卷首一卷　(清)濮環修
(清)周國頤纂　清道光十五年(1835)刻本
八冊

430000－2401－0012600　294.2/3040

[光緒]續修安岳縣志四卷　(清)陳其寬修
(清)鄒宗垣等纂　清光緒二十三年(1897)刻
本　四冊

430000－2401－0012601　294.2/3041

[乾隆]威遠縣志八卷首一卷　(清)李南輝修
(清)張翼儒纂　清乾隆四十年(1775)刻本
八冊

430000－2401－0012602　294.2/3042

[嘉慶]威遠縣志六卷　(清)陳汝秋纂修　清
嘉慶十八年(1813)刻本　六冊

430000－2401－0012603　294.2/3043

[光緒]威遠縣志四卷　(清)吳增輝修
(清)吳容纂　清光緒三年(1877)刻本　四冊

430000－2401－0012604　294.2/3045

[嘉慶]榮縣志十卷　(清)許源修　(清)唐
張友纂　清嘉慶十七年(1812)刻本　一冊
存二卷(八至十)

430000－2401－0012605　294.2/3047

[光緒]資州直隸州志三十卷首四卷　(清)劉
炳修　(清)張懷渭纂　(清)羅廷權續修
(清)何裒續纂　清光緒二年(1876)刻本　二
十四冊

430000－2401－0012606　294.2/3048

[光緒]敘州府志四十三卷首一卷末一卷
(清)王麟祥修　(清)丘晉成纂　清光緒二十
一年(1895)刻本　二十八冊

430000－2401－0012607　294.2/3049

[乾隆]富順縣志五卷首一卷　(清)段玉裁修
(清)李芝纂　清光緒八年(1882)刻本
五冊

430000－2401－0012608　294.2/3050

[道光]富順縣志三十八卷　(清)張利貞修
(清)黃靖圖纂　清道光七年(1827)刻本
六冊

430000－2401－0012609　294.2/3051

[同治]富順縣志三十八卷　(清)羅廷權
(清)吳鼎立修　(清)呂上珍纂　清同治十一
年(1872)刻　八冊

430000－2401－0012610　294.2/3053

[同治]隆昌縣志四十二卷首一卷　(清)花映
均　(清)魏元燮修　(清)耿光祜纂　清同治
元年(1862)刻本　六冊

430000－2401－0012611　294.2/3054

[嘉慶]南溪縣志十卷首一卷　(清)胡之富修
(清)包宇纂　清嘉慶十八年(1813)刻本
一冊　存三卷(一至三)

430000－2401－0012612　294.2/3055

[道光]江安縣志二卷首一卷　(清)高學濂纂
修　清道光九年(1829)刻本　一冊

430000－2401－0012613　294.2/3056

[光緒]直隸瀘州志十二卷　(清)田秀栗
(清)延祐修　(清)鄧林纂　清光緒八年
(1882)刻本　十二冊

430000－2401－0012614　294.2/3057

[嘉慶]直隸瀘州志十二卷　(清)沈紹興修
(清)余觀和纂　清嘉慶二十五年(1820)刻本
五冊

430000－2401－0012615　294.2/3062

[嘉慶]嘉定府志四十八卷首一卷　(清)宋鳴
奇修　(清)陳一泗纂　(清)文良增修
(清)陳堯彩續纂　清嘉慶八年(1803)刻同治
三年(1864)增補重刻本　十二冊

430000－2401－0012616　294.2/3064

[嘉慶]樂山縣志十六卷　(清)龔傳黻修
(清)涂崧　(清)江之沛纂　清嘉慶十七年
(1812)刻本　二冊　存七卷(七至十、十四至
十六)

430000－2401－0012617　294.2/3067

[嘉慶]夾江縣志十二卷首一卷　(清)王佐修
(清)涂崧纂　清嘉慶十八年(1813)刻本
四冊

430000－2401－0012618　294.2/3069

[光緒]洪雅縣志十二卷首一卷　(清)郭世棻
修　(清)鄧敏等纂　清光緒十年(1884)刻本
五冊

430000－2401－0012619　294.2/3071

[嘉慶]眉州屬志十九卷　(清)涂長發修
(清)王昌年纂　清嘉慶十七年(1812)刻本
十一冊

430000－2401－0012620　294.2/3072

[乾隆]彭山縣志七卷　(清)張鳳翥纂修　清
乾隆二十二年(1757)刻本　一冊　存一卷
(一)

430000－2401－0012621　294.2/3073

[嘉慶]彭山縣志六卷　(清)史欽義纂修　清
嘉慶十九年(1814)刻本　五冊　存五卷(一
至五)

430000－2401－0012622　294.2/3075

[道光]仁壽縣新志八卷　(清)馬百齡修
(清)魏崧　(清)鄭宗垣纂　清道光十七年
(1837)刻本　八冊

430000－2401－0012623　294.2/3076

[嘉慶]補纂仁壽縣原志六卷末一卷　(清)楊
作霖等修　(清)陳韶湘纂　清嘉慶七年
(1802)刻光緒七年(1881)補刻本　四冊　存
三卷(三、五至六)

430000－2401－0012624　294.2/3077

[嘉慶]峨眉縣志十一卷　(清)王燮修
(清)張希緝纂　清嘉慶十八年(1813)刻本
四冊

430000－2401－0012625　294.2/3080

[乾隆]江津縣志二十二卷　(清)曾受一修
(清)王家駒纂　(清)李寶曾續修　(清)楊
彥青　(清)徐鼎續纂　清乾隆三十三年
(1768)刻嘉慶九年(1804)增刻十七年(1812)

續修刻本　六冊　存十四卷(一至五、八至十一、十八至二十二)

430000－2401－0012626　294.2/3083

[同治]榮昌縣志二十二卷　(清)文康修 (清)廖朝翼纂　(清)施學煌　(清)敖冊賢增纂　清同治四年(1865)刻光緒十年(1884)增刻本　一冊　存三卷(三至五)

430000－2401－0012627　294.2/3084

[同治]重修涪州志十六卷首一卷　(清)呂紹衣等修　(清)王應元　(清)傅炳墀纂　清同治九年(1870)刻本　十冊

430000－2401－0012628　294.2/3085

[同治]酆都縣志四卷首一卷　(清)田秀栗 (清)徐其岱纂　(清)蔣履泰增修　清光緒二十年(1894)刻本　六冊

430000－2401－0012629　294.2/3087

[道光]補輯石砫廳新志十二卷　(清)王槐齡等纂修　清道光二十二年(1842)刻本　四冊

430000－2401－0012630　294.2/3088

[光緒]秀山縣志十四卷首一卷　(清)王壽松修　(清)李稽勳纂　清光緒十七年(1891)刻本　四冊

430000－2401－0012631　294.2/3089

[同治]增修酉陽直隸州總志二十二卷首一卷末一卷　(清)王麟飛等修　(清)馬世瀛 (清)冉崇文纂　清同治二年(1863)刻本　一冊　存一卷(十九)

430000－2401－0012632　294.2/3090

[光緒]彭水縣志四卷首一卷　(清)莊定域修 (清)支承祜等纂　清光緒元年(1875)刻本　一冊　存一卷(三)

430000－2401－0012633　294.2/3095

[道光]夔州府志三十六卷首一卷　(清)恩成修　(清)劉德銓纂　清道光七年(1827)刻本　二十四冊

430000－2401－0012634　294.2/3097

[咸豐]萬縣志四卷　(清)馮卓懷纂修　清咸豐十年(1860)刻本　二冊

430000－2401－0012635　294.2/3098

[同治]增修萬縣志三十六卷首一卷　(清)王玉鯨　(清)張琴修　(清)范泰衡纂　清同治五年(1866)刻本　一冊　存九卷(八至十六)

430000－2401－0012636　294.2/3099

[咸豐]開縣志二十七卷首一卷　(清)李肇奎 (清)魏鉅修　(清)陳昆纂　清咸豐三年(1853)刻本　六冊

430000－2401－0012637　294.2/3101

[光緒]大寧縣志八卷首一卷　(清)高維岳修 (清)魏遠猷等纂　清光緒十二年(1886)刻本　八冊

430000－2401－0012638　294.2/3102

[光緒]巫山縣志三十二卷首一卷　(清)連山 (清)白曾煦修　(清)李友梁纂　清光緒十九年(1893)刻本　二冊　存八卷(一至八)

430000－2401－0012639　294.2/3103

[光緒]奉節縣志三十六卷首一卷　(清)曾秀翹修　(清)楊德坤等纂　清光緒十九年(1893)刻本　八冊

430000－2401－0012640　294.2/3105

[康熙]順慶府志十卷　(清)李成林修 (清)羅承順等纂　(清)袁定遠增補　清康熙二十五年(1686)修嘉慶十二年(1807)刻本　十冊

430000－2401－0012641　294.2/3106

[嘉慶]南充縣志八卷　(清)袁鳳孫修 (清)陳榕纂　清嘉慶十八年(1813)刻本　六冊

430000－2401－0012642　294.2/3107

[道光]保寧府志六十二卷　(清)黎學錦修 (清)史觀纂　清道光元年(1821)刻本　十六冊

430000－2401－0012643　294.2/3109

[咸豐]閬中縣志八卷　(清)徐繼鏞修 (清)李惺纂　清咸豐元年(1851)刻本　三冊

存六卷(三至八)

430000－2401－0012644　294.2/3110

[同治]營山縣志三十卷　(清)翁道均修
(清)熊毓藩纂　清同治九年(1870)刻本　一
冊　存一卷(一)

430000－2401－0012645　294.2/3111

[光緒]蓬州志十五卷　(清)方旭修　(清)
張禮杰纂　清光緒二十三年(1897)刻本
三冊

430000－2401－0012646　294.2/3113

[光緒]廣安州志十三卷首一卷　(清)顧懷壬
修　(清)周克坤纂　清光緒十三年(1887)刻
本　十二冊

430000－2401－0012647　294.2/3114

[光緒]岳池縣志二十卷首一卷　(清)何其泰
(清)范懋修　(清)吳新德纂　清光緒元年
(1875)刻本　十冊

430000－2401－0012648　294.2/3116

[道光]鄰水縣志六卷首一卷　(清)曾燦奎
(清)劉光第修　(清)甘家斌纂　清道光十四
年(1834)刻本　六冊

430000－2401－0012649　294.2/3117

[乾隆]雅州府志十六卷首一卷　(清)曹掄彬
修　(清)曹掄翰纂　清乾隆四年(1739)修光
緒十三年(1887)刻本　十二冊

430000－2401－0012650　294.2/3118

[乾隆]雅州府志十六卷首一卷　(清)曹掄彬
修　(清)曹掄翰纂　清乾隆四年(1739)修光
緒三十一年(1905)雅安縣雷登門補刻本
十冊

430000－2401－0012651　294.2/3119

[光緒]名山縣志十五卷　(清)趙懿修
(清)趙怡纂　清光緒十八年(1892)刻本
八冊

430000－2401－0012652　294.2/3124

[同治]會理州志十二卷　(清)鄧仁垣修
(清)吳鍾崙纂　清同治九年(1870)修十三年

(1874)刻本　八冊

430000－2401－0012653　294.2/3125

[道光]茂州志四卷首一卷　(清)楊迦懌修
(清)劉輔廷纂　清道光十一年(1831)刻本
四冊

430000－2401－0012654　294.2/3155

[嘉慶]馬邊廳志略六卷首一卷　(清)周斯才
纂修　清嘉慶十年(1805)修十二年(1807)刻
本　四冊　存五卷(一至五)

430000－2401－0012655　294.2/3156

[光緒]越嶲廳志十二卷　(清)馬忠良修
(清)馬湘纂　清光緒三十二年(1906)孫鏻增
修鉛印本　六冊

430000－2401－0012656　294.2/3159

[乾隆]貴州通志四十六卷首一卷　(清)鄂爾
泰　(清)張廣泗修　(清)靖道謨　(清)杜
詮纂　清乾隆六年(1741)刻本　二十八冊

430000－2401－0012657　294.2/3164

黔書二卷　(清)徐嘉炎修　(清)田雯纂　清
嘉慶十三年(1808)刻本　一冊

430000－2401－0012658　294.2/3165

黔書二卷　(清)徐嘉炎修　(清)田雯纂　清
光緒三十一年(1905)刻本　二冊

430000－2401－0012659　296.4/22

黔語二卷　(清)吳振棫撰　清咸豐四年
(1854)刻本　一冊

430000－2401－0012660　296.4/8

黔南職方紀略九卷　(清)羅繞典纂　清道光
二十七年(1847)刻本　二冊

430000－2401－0012661　294.2/3166

黔南識略三十二卷　(清)羅繞典纂　清道光
二十七年(1847)刻本　四冊

430000－2401－0012662　294.2/3168

黔南識略三十二卷　(清)羅繞典纂　清光緒
三十二年(1906)刻本　四冊

430000－2401－0012663　294.2/3171

[道光]貴陽府志八十八卷首二卷　(清)周作

038

湖南圖書館古籍普查登記目錄

楫修　（清）蕭琯　（清）鄒漢勛纂　清道光二十年（1840）刻本　十九冊　存五十七卷（六至八、十至十四、十八至二十、四十七至七十三、七十六至七十八、八十至八十一、八十四至八十八，餘編七至九、十三至十八）

430000－2401－0012664　294.2/3173
[道光]遵義府志四十八卷首一卷　（清）平翰修　（清）鄭珍　（清）莫友芝纂　清道光二十一年（1841）刻本　二十冊

430000－2401－0012665　294.2/3193
[光緒]續修正安州志十卷　（清）彭焯修　(清)楊德明　（清）嚴宗六纂　清光緒三年（1877）刻本　十冊

430000－2401－0012666　294.2/3198
[光緒]仁懷廳志八卷首一卷　（清）張正煌(清)崇俊修　（清）王椿纂　（清）王培森校補　清光緒二十一年（1895）修二十八年（1902）刻本　六冊

430000－2401－0012667　294.2/3222
[道光]松桃廳志三十二卷　（清）徐鉉修(清)蕭琯纂　清道光十五年（1835）松桃松高書院刻本　六冊

430000－2401－0012668　294.2/3224
[乾隆]石阡府志八卷　（清）羅文思纂修　清乾隆三十五年（1770）刻本　三冊　存五卷（一至二、六至八）

430000－2401－0012669　294.2/3233
[咸豐]興義府志七十四卷首一卷　（清）張瑛修　（清）鄒漢勛纂　清咸豐四年（1854）刻宣統元年（1909）貴陽文通書局鉛印本　一冊　存二卷（一至二）

430000－2401－0012670　294.2/3240
[光緒]普安直隸廳志二十二卷　（清）曹昌祺修　（清）覃夢榕纂　清光緒十五年（1889）刻本　二冊　存四卷（二至三、二十一至二十二）

430000－2401－0012671　294.2/3258
[道光]大定府志六十卷　（清）黃宅中修

（清）鄒漢勛纂　清道光二十九年（1849）刻本　二十冊

430000－2401－0012672　294.2/3263
[光緒]畢節縣志十卷　（清）陳昌言修(清)徐廷燮纂　清光緒五年（1879）畢節學宮刻本　四冊

430000－2401－0012673　294.2/3268
[乾隆]平遠州志十六卷　（清）李雲龍修(清)劉再向纂　清乾隆二十一年（1756）刻本　一冊　存五卷（六至十）

430000－2401－0012674　294.2/3280
[咸豐]安順府志五十四卷首一卷　（清）常恩修　（清）鄒漢勛　（清）吳寅邦纂　清咸豐元年（1851）刻本　十六冊

430000－2401－0012675　294.2/3299
[道光]安平縣志十卷首一卷　（清）劉祖憲修　（清）何思貴　（清）黃榮纂　清道光七年（1827）刻本　三冊　存七卷（三至九）

430000－2401－0012676　294.2/3304
[道光]永寧州志十二卷　（清）黃培杰纂修　清光緒二十年（1894）刻本　一冊　存三卷（八至十）

430000－2401－0012677　294.2/3309
[道光]清平縣志六卷　（清）段榮勛修(清)孫茂櫃纂　清光緒六年（1880）刻本　二冊　存二卷（五至六）

430000－2401－0012678　294.2/3312
[光緒]黎平府志八卷　（清）俞渭修　（清）陳瑜纂　清光緒十八年（1892）刻本　十四冊

430000－2401－0012679　294.2/3315
[嘉慶]黃平州志十二卷首一卷　（清）李台修　（清）王孚鏞纂　清嘉慶六年（1801）刻本　十冊

430000－2401－0012680　294.2/3325
[光緒]古州廳志十卷首一卷　（清）余澤春修　（清）陸漸鴻等纂　清光緒十四年（1888）刻本　四冊　存八卷（三至十）

430000 - 2401 - 0012681　294.2/3339

[道光]廣順州志十二卷首一卷末一卷　（清）
臺灣修　（清）但明倫纂　清道光二十七年
(1847)刻本　六冊

430000 - 2401 - 0012682　294.2/3366

[乾隆]雲南通志三十卷首一卷　（清）鄂爾泰
（清）尹繼善修　（清）靖道謨纂　清乾隆元
年(1736)刻本　三十二冊

430000 - 2401 - 0012683　294.2/3367

[光緒]滇繫四十卷　（清）師範纂修　清光緒
十三年(1887)雲南通志局刻本　四十冊

430000 - 2401 - 0012684　294.2/3369

[道光]雲南通志稿二百十六卷　（清）阮元
（清）伊里布修　（清）王崧　（清）李誠纂
清道光六年至十五年(1826 - 1835)遞刻本
一百十二冊

430000 - 2401 - 0012685　294.2/3370

[道光]雲南備徵志二十一卷首一卷跋一卷
（清）王崧纂修　清道光十一年(1831)刻本
一冊　存一卷(二十一)

430000 - 2401 - 0012686　294.2/3378

[光緒]昆明縣志十卷　（清）戴絅孫纂修　清
光緒二十七年(1901)刻本　六冊

430000 - 2401 - 0012687　294.2/3382

[光緒]羅次縣志四卷首一卷　（清）胡毓麒修
（清）楊鍾壁纂　清光緒十三年(1887)刻本
一冊　存二卷(一、首一卷)

430000 - 2401 - 0012688　294.2/3383

[道光]晉寧州志十二卷　（清）朱慶椿修
（清）陳金堂纂　清道光二十三年(1843)刻本
二冊　存四卷(三至六)

430000 - 2401 - 0012689　294.2/3384

[道光]昆陽州志十六卷首一卷　（清）朱慶椿
纂修　清道光十九年(1839)刻本　六冊　存
十二卷(一至五、九至十三、十五至十六)

430000 - 2401 - 0012690　294.2/3391

[光緒]羅平州鄉土志十三卷　（清）陶大浚修

430000 - 2401 - 0012691　294.2/3395

（清）羅鳳章纂　清光緒三十三年(1907)刻
本　一冊　存一卷(四)

430000 - 2401 - 0012691　294.2/3395

[道光]威遠廳志八卷　（清）謝體仁纂修　清
道光十七年(1837)刻本　一冊　存三卷(一
至三)

430000 - 2401 - 0012692　294.2/3396

[光緒]續順寧府志稿三十八卷　（清）黨蒙修
（清）周宗洛纂　清光緒三十一年(1905)刻
本　九冊　存二十六卷(三至十、十七至二十
七、三十至三十四、三十七至三十八)

430000 - 2401 - 0012693　294.2/3398

[乾隆]永北府志二十八卷　（清）陳奇典修
（清）劉慥纂　清乾隆三十年(1765)刻本
八冊

430000 - 2401 - 0012694　294.2/3399

[道光]廣南府志四卷　（清）何愚纂修
（清）李熙齡續修　清道光二十八年(1848)刻
本　六冊

430000 - 2401 - 0012695　294.2/3400

[嘉慶]臨安府志二十卷　（清）江浚源修
（清）羅惠恩纂　清嘉慶四年(1799)刻本　四
冊　存十四卷(一至十四)

430000 - 2401 - 0012696　294.2/3402

[乾隆]蒙自縣志六卷　（清）李焜纂修　清乾
隆五十六年(1791)修嘉慶二年(1797)袁筠校
刻本　一冊　存一卷(六)

430000 - 2401 - 0012697　294.2/3405

[乾隆]石屏州志八卷　（清）管學宣纂修　清
乾隆二十四年(1759)刻本　一冊　存一卷
(七)

430000 - 2401 - 0012698　294.2/3407

[雍正]建水州志十六卷　（清）祝宏修
（清）趙節纂　清雍正九年(1731)刻本　七冊
存九卷(三至十一)

430000 - 2401 - 0012699　294.2/3409

[康熙]楚雄府志十卷首一卷　（清）張嘉穎修

（清）劉聯聲纂　清康熙五十五年(1716)刻本　五冊　存五卷(二至五、九)

430000－2401－0012700　294.2/3411

[光緒]續修白鹽井志十一卷首一卷　（清）李訓鋐修　（清）羅其澤纂　清光緒三十三年(1907)刻本　七冊　存七卷(一至二、四至六、十至十一)

430000－2401－0012701　294.2/3415

[康熙]大理府志三十卷首一卷　（清）傅天祥修　（清）黃元治纂　清康熙三十三年(1694)刻本　一冊　存九卷(二十至二十八)

430000－2401－0012702　294.2/3418

[光緒]騰越廳志稿二十卷首一卷　（清）陳宗海修　（清）趙端禮纂　清光緒十三年(1887)重修刻本　七冊　存十三卷(一至十三)

430000－2401－0012703　294.2/3425

[嘉慶]衛藏通志十六卷首一卷　（清）松筠纂　清光緒二十一年(1895)刻漸西村舍匯刻本　八冊

430000－2401－0012704　294.2/3430

[光緒]西藏圖考八卷首一卷　（清）黃沛翹輯　清光緒十二年(1886)滇南李培榮刻本　四冊

430000－2401－0012705　294.2/3429

[光緒]西藏圖考八卷首一卷　（清）黃沛翹纂　清光緒二十三年(1897)滇南李培榮刻本　四冊

430000－2401－0012706　△291.2/35

[萬曆]湖廣總志九十八卷　（明）徐學謨纂修　明萬曆二年至四年(1574－1576)刻本　三十冊　存四十一卷(二十四至二十七、三十至三十七、三十九至四十八、七十一、七十三至九十)

430000－2401－0012708　△291.2/35－2

[萬曆]湖廣總志九十八卷　（明）徐學謨纂修　明萬曆刻本　九冊　存十二卷(二十七至三十四、六十七至七十)

430000－2401－0012709　志2

[康熙]湖廣通志八十卷首一卷　（清）徐國相等修　（清）宮夢仁　（清）姚淳燾纂　清康熙二十三年(1684)刻本　三十一冊

430000－2401－0012710　志6

[雍正]湖廣通志一百二十卷首一卷　（清）邁柱等修　（清）夏力恕纂　清雍正十一年(1733)刻本　六十四冊　存一百〇九卷(一至四十五、四十八至六十二、六十七至七十五、八十二至一百二十,首一卷)

430000－2401－0012711　志9

[乾隆]湖南通志一百七十四卷首一卷　（清）陳弘謀等修　（清）范咸　（清）歐陽正煥纂　清乾隆二十二年(1757)刻本　八十冊

430000－2401－0012712　志14

[嘉慶]湖南通志二百十九卷首三卷末六卷附嶽麓書院書目一卷城南書院書目一卷　（清）翁元圻等修　（清）王煦　（清）羅廷彥纂　清嘉慶二十五年(1820)刻本　七十九冊

430000－2401－0012713　志20

[光緒]湖南通志二百八十八卷首八卷末十九卷　（清）李瀚章　（清）卞寶第修　（清）曾國荃　（清）李元度等纂　清光緒十一年(1885)長沙府學宮尊經閣刻本　一百三十七冊

430000－2401－0012714　志88

[順治]長沙府志□□卷　（清）張宏猷修　（清）吳枒纂　清順治六年(1649)刻本　一冊　存一卷(七上)

430000－2401－0012715　△291.2/36

[康熙]長沙府志二十卷　（清）蘇佳嗣修　（清）譚紹琬等纂　清康熙二十四年(1685)刻本　十六冊

430000－2401－0012716　志89

[乾隆]長沙府志五十卷首一卷　（清）呂肅高修　（清）張雄圖　（清）王文清纂　清乾隆十二年(1747)刻本　六十二冊

430000－2401－0012717　△291.2/37

[康熙]長沙縣志十卷 （清）王克莊修
（清）朱奇政纂 清康熙四十二年(1703)刻本
六冊

430000－2401－0012718 △291.2/38
[乾隆]長沙縣續志十二卷 （清）李大本修
（清）周宣武纂 清乾隆十二年(1747)刻本
(卷六至十二配鈔本) 四冊

430000－2401－0012719 志110
[嘉慶]長沙縣志二十八卷首一卷 （清）趙文
在修 （清）劉揆之 （清）易文基纂 清嘉慶
十五年(1810)刻本 十冊

430000－2401－0012720 志114
[嘉慶]長沙縣志二十八卷首一卷 （清）趙文
在修 （清）劉揆之 （清）易文基纂 （清）
陳光詔續修 （清）艾以青 （清）熊綏南續纂
清嘉慶二十二年(1817)增補十五年(1810)
本 二十冊

430000－2401－0012721 志116
[同治]長沙縣志三十六卷首一卷 （清）劉采
邦修 （清）張延珂等纂 清同治十年(1871)
刻本 二十冊

430000－2401－0012722 志126
[乾隆]善化縣志十二卷 （清）魏成漢修
（清）張汝潤等纂 清乾隆十二年(1747)刻本
六冊

430000－2401－0012723 志128
[嘉慶]善化縣志三十卷首一卷末一卷 （清）
王勛修 （清）王餘英纂 清嘉慶二十三年
(1818)刻本 十冊

430000－2401－0012724 志131
[光緒]善化縣志三十四卷首一卷 （清）吳兆
熙 （清）冒沅修 （清）張先掄 （清）韓炳
章纂 清光緒三年(1877)刻本 二十冊

430000－2401－0012725 △291.2/41
[康熙]瀏陽縣志十四卷 （清）曹鼎新修
（清）龍升纂 清康熙十九年(1680)刻本 一
冊 存三卷(十二至十四)

430000－2401－0012726 △291.2/76
[康熙]瀏陽縣志十七卷 （清）王琠修
（清）徐旭旦纂 清康熙四十三年(1704)刻本
三冊 存五卷(八至十、十四至十五)

430000－2401－0012727 志137
[嘉慶]瀏陽縣志四十卷首一卷 （清）謝希閔
修 （清）王顯文纂 志餘備考二卷 （清）賀
以南 （清）李長春輯 清嘉慶二十四年
(1819)刻本 十二冊

430000－2401－0012728 志141
[同治]瀏陽縣志二十四卷首一卷末一卷
（清）王汝惺等修 （清）鄒焌杰纂 清同治十
二年(1873)刻本 十三冊

430000－2401－0012729 △291.2/40
[順治]新修寧鄉縣志十卷 （清）蔣應泰修
（清）陶汝鼐纂 （清）王錢昌續修 （清）吳
嘉驥續纂 清順治十五年(1658)刻康熙二十
一年(1682)增修本 四冊

430000－2401－0012730 志146
[乾隆]重修寧鄉縣志十卷首一卷 （清）李杰
超修 （清）王文清纂 清乾隆十三年(1748)
刻本 十二冊

430000－2401－0012731 志149
[嘉慶]寧鄉縣志十二卷 （清）王餘英修
（清）袁名曜纂 清嘉慶二十二年(1817)刻本
十冊

430000－2401－0012732 志152
[同治]續修寧鄉縣志四十四卷首一卷 （清）
郭慶揚修 （清）童秀春纂 清同治六年
(1867)刻本 十八冊

430000－2401－0012733 志156
[同治]續修寧鄉縣志四十四卷首一卷 （清）
郭慶揚修 （清）童秀春纂 清稿本 十冊
存十四卷(一至二、十四、十六至二十一、三十
四至三十六、四十一,首一卷)

430000－2401－0012734 志170
[乾隆]增修醴陵縣志十五卷 （清）段一驊修
（清）黃祖文纂 清乾隆八年(1743)刻本

六冊　存三卷(五、十至十一配膠捲)

430000－2401－0012735　志171
[嘉慶]醴陵縣志二十六卷首一卷　(清)黃應培修　(清)丁世璘纂　清嘉慶二十四年(1819)刻本　十一冊

430000－2401－0012736　志175
[同治]醴陵縣志十四卷首一卷末一卷　(清)徐淯等修　(清)江普光等纂　清同治九年(1870)刻本　六冊

430000－2401－0012737　△291.2/74
[康熙]茶陵州志二十三卷首一卷　(清)趙國宣修　(清)彭康纂　清康熙三十四年(1695)刻本　八冊　存八卷(九至十、十六至十八、二十一至二十三配鈔本)

430000－2401－0012738　志193
[嘉慶]茶陵州志二十三卷首一卷　(清)趙國宣修　(清)彭康纂　(清)甘慶增修　(清)朱怡滋增纂　清嘉慶十八年(1813)增補康熙三十四年(1695)本　三冊　存十七卷(一至十五、十九至二十)

430000－2401－0012739　志194
[嘉慶]茶陵州志二十七卷首一卷末一卷　(清)瑞徵修　(清)譚良治　(清)鄧奉時纂　清嘉慶二十一年(1816)修二十四年(1819)刻本　十冊

430000－2401－0012740　志196
[同治]茶陵州志二十四卷　(清)福昌　(清)梁葆頤修　(清)譚鐘麟纂　清同治十年(1871)尊經閣刻本　十六冊

430000－2401－0012741　△291.2/47
[康熙]攸縣志六卷　(清)余三奇修　(清)劉自娗纂　清康熙二十三年(1684)刻本　六冊

430000－2401－0012742　志203
[乾隆]攸縣志六卷　(清)馮運棟纂修　清乾隆十六年(1751)刻本　四冊　存五卷(一至二、四至六)

430000－2401－0012743　志206
[嘉慶]攸縣志五十五卷　(清)趙勷　(清)萬在衡纂修　清嘉慶二十三年(1818)刻本　十冊

430000－2401－0012744　志211
[嘉慶]攸縣志五十五卷　(清)趙勷　(清)萬在衡纂修　(清)王元凱　(清)嚴鳴琦續纂修　清同治十年(1871)增修刻本　十二冊

430000－2401－0012745　志215
[嘉慶]攸縣志五十五卷　(清)趙勷　(清)萬在衡纂修　(清)王元凱　(清)嚴鳴琦續纂修　清光緒十八年(1892)刻本　十二冊

430000－2401－0012746　志219
[乾隆]酃縣志二十三卷首一卷　(清)張泓修　(清)林愈蕃　(清)段維翰纂　清乾隆三十一年(1766)刻本　六冊

430000－2401－0012747　志221
[同治]酃縣志二十卷首一卷　(清)唐榮邦等修　(清)楊岳方　(清)周作翰等纂　清同治十二年(1873)刻本　八冊

430000－2401－0012748　△291.2/39
[康熙]湘潭縣志七卷　(清)姜修仁修　(清)唐世起等增補　清康熙二十四年(1685)刻本(卷一至二、四配鈔本)　六冊

430000－2401－0012749　志229
[乾隆]湘潭縣志二十五卷首一卷　(清)呂正音修　(清)歐陽正煥纂　清乾隆二十一年(1756)刻本　十冊

430000－2401－0012750　志234
[乾隆]湘潭縣志二十六卷首一卷　(清)白璟修　(清)狄如煥纂　清乾隆四十六年(1781)刻本　八冊

430000－2401－0012751　志238
[嘉慶]湘潭縣志四十卷　(清)張雲璈等修　(清)周系英纂　清嘉慶二十三年(1818)刻本　十八冊

430000－2401－0012752　志243

[光緒]湘潭縣志十二卷　(清)陳嘉榆等修　王闓運等纂　清光緒十五年(1889)刻本　十册

430000－2401－0012753　△291.2/44
[康熙]湘鄉縣志十卷　(清)劉履泰修　(清)劉象賢纂　清康熙十二年(1673)刻本　一册　存二卷(三至四)

430000－2401－0012754　△291.2/45
[康熙]湘鄉縣志十卷　(清)李玠修　(清)葛世對纂　清康熙三十七年(1698)刻本　一册　存二卷(八至九)

430000－2401－0012755　△291.2/46
[乾隆]湘鄉縣志六卷　(清)張天如修　(清)謝天錦纂　清乾隆十三年(1748)刻本　十二册

430000－2401－0012756　志 254
[嘉慶]湘鄉縣志十卷首一卷　(清)翟聲煥　(清)李世經修　(清)朱祖恪等纂　清嘉慶二十二年(1817)刻本　十册

430000－2401－0012757　志 258
[道光]湘鄉縣志十卷首一卷　(清)胡鈞修　(清)張承霨纂　清道光五年(1825)刻本　九册

430000－2401－0012758　志 263
[同治]湘鄉縣志二十三卷首一卷末一卷　(清)齊德五等修　(清)黄楷盛纂　清同治十三年(1874)刻本　二十四册

430000－2401－0012759　△291.2/52
[康熙]衡州府志二十三卷　(清)張奇勛修　(清)周士儀纂　(清)譚弘憲續修　清康熙二十一年(1682)增修十年(1671)本　六册　存十四卷(一至五、九至十一、十八至二十三)

430000－2401－0012760　志 279
[乾隆]衡州府志三十三卷首一卷　(清)饒佺修　(清)曠敏本纂　清乾隆二十八年(1763)刻本　二十册

430000－2401－0012761　志 280
[乾隆]衡州府志三十三卷首一卷　(清)饒佺修　(清)曠敏本纂　清光緒元年(1875)補刻乾隆二十八年(1763)本　二十册

430000－2401－0012762　△291.2/55
[雍正]衡陽縣志二十四卷　(清)楊純修　(清)徐璣纂　清雍正十二年(1734)刻本　十册　存十六卷(一至九、十二至十三、十七至十九、二十三至二十四)

430000－2401－0012763　志 287
[乾隆]衡陽縣志十四卷首一卷　(清)陶易修　(清)李德等纂　清乾隆二十六年(1761)刻本　九册

430000－2401－0012764　志 290
[嘉慶]衡陽縣志四十卷首一卷　(清)閻肇烺修　(清)馬倚元纂　清嘉慶二十五年(1820)刻本　十二册

430000－2401－0012765　志 299
[同治]衡陽縣圖志十二卷　(清)羅慶薌修　(清)殷家　(清)彭玉麟纂　清同治十三年(1874)刻本　八册

430000－2401－0012766　志 301
[乾隆]清泉縣志三十六卷首一卷　(清)江恂修　(清)江昱纂　清乾隆二十八年(1763)刻本　十册

430000－2401－0012767　志 314
[同治]清泉縣志十卷首一卷末一卷　王闓運修　(清)張修府纂　清同治八年(1869)刻本　二册

430000－2401－0012768　志 320
[嘉慶]常寧縣志三十二卷　(清)楊純道修　(清)王紳　(清)段紹章纂　清嘉慶四年(1799)刻本　八册　存三十卷(一至七、九至二十、二十二至三十二)

430000－2401－0012769　志 322
[嘉慶]續常寧縣志二卷　(清)葛鳳喈修　(清)吳山高纂　清嘉慶二十五年(1820)刻本(卷二配鈔本)　二册

430000－2401－0012770　志 324

[同治]常寧縣志十六卷首一卷　（清）玉山修　（清）李孝經等纂　清同治九年(1870)右文書局刻本　四冊

430000－2401－0012771　志 334

[道光]耒陽縣志二十二卷首一卷　（清）常慶　（清）陳翰纂修　清道光六年(1826)胞與堂刻本　九冊

430000－2401－0012772　志 336

[光緒]耒陽縣志八卷首一卷　（清）于學琴　（清）周至德修　（清）宋世煦纂　清光緒十二年(1886)耒陽縣志局刻本　十冊

430000－2401－0012773　△291.2/53

[康熙]衡山縣志十四卷　（清）葛亮臣修　（清）戴晉元纂　清康熙五十九年(1720)刻本　一冊　存二十卷(四至六、十一至十二、十七至二十、五十至五十八、六十五至六十六)

430000－2401－0012774　△291.2/54

[乾隆]衡山縣志十四卷　（清）德貴纂修　（清）鍾光序增修　清乾隆三十九年(1774)增修十年(1745)刻本　十二冊

430000－2401－0012775　志 349

[道光]衡山縣志五十五卷首一卷　（清）侯鈐　（清）張富業修　（清）蕭鳳壽等纂　清道光三年(1823)刻本　二十冊

430000－2401－0012776　志 352

[光緒]衡山縣志四十五卷首一卷　（清）李惟丙　（清）郭慶揚修　（清）文岳英等纂　清光緒二年(1876)刻本　十八冊

430000－2401－0012777　△291.2/51

[康熙]寶慶府志二十八卷　（清）李益陽　（清）錢邦芑等纂修　清康熙十二年(1673)刻本　二冊　存四卷(二至三、九至十)

430000－2401－0012778　△291.2/50

[康熙]寶慶府志三十八卷　（清）梁碧海修　（清）劉應祁纂　清康熙二十三年(1684)刻本　十五冊　存二十八卷(七至十六、十九至二十一、二十四至三十八)

430000－2401－0012779　志 358

[乾隆]寶慶府志八十四卷首二卷　（清）鄭之僑纂修　清乾隆二十八年(1763)刻本　三十二冊　缺一卷(五)

430000－2401－0012780　△291.2/48

[康熙]岳州府志二十八卷　（清）李遇時修　（清）楊柱朝纂　清康熙二十四年(1685)刻本　六冊　存二十五卷(二至十四、十六至二十七)

430000－2401－0012781　△291.2/49

[乾隆]岳州府志二十四卷　（清）李遇時修　（清）楊柱朝纂　（清）李壽翰　（清）黃秀續纂修　清乾隆元年(1736)刻本　六冊

430000－2401－0012782　志 373

[乾隆]岳州府志三十卷首一卷　（清）黃凝道修　（清）謝仲坑纂　清乾隆十一年(1746)刻本　十八冊

430000－2401－0012783　志 381

[嘉慶]巴陵縣志三十卷首一卷　（清）陳玉垣　（清）莊繩武修　（清）唐伊盛等纂　清嘉慶九年(1804)刻本　十二冊

430000－2401－0012784　志 384

[同治]巴陵縣志三十卷首一卷　（清）嚴鳴琦　（清）潘兆奎修　（清）吳敏樹等纂　清同治十一年(1872)文星樓刻本　十冊

430000－2401－0012785　志 388

[光緒]巴陵縣志六十三卷首一卷附洞庭君山岳陽樓詩文集十八卷　（清）姚詩德　（清）鄭桂星修　（清）杜貴墀等纂　清光緒十七年(1891)修十八年(1892)岳州府四縣志刻本　十六冊

430000－2401－0012786　志 394

[乾隆]華容縣志十二卷首一卷　（清）狄蘭標等纂修　清乾隆二十五年(1760)刻本　六冊

430000－2401－0012787　志 395

[光緒]華容縣志十五卷首一卷　（清）孫炳煜等修　（清）熊紹庚　（清）劉乙燃纂　清光緒八年(1882)刻本　八冊

430000－2401－0012788　　志398

[光緒]華容縣志十五卷首一卷　（清）孫炳煜
等修　（清）熊紹庚　（清）劉乙燦纂　清光緒
八年(1882)修十八年(1892)岳州府四縣志刻
本　八冊

430000－2401－0012789　　志402

[同治]臨湘縣志十三卷末一卷　（清）盛慶黻
　（清）恩榮修　（清）熊興杰　（清）歐陽恩
霖纂　清同治十一年(1872)刻本　六冊

430000－2401－0012790　　志404

[同治]臨湘縣志十三卷末一卷　（清）盛慶黻
　（清）恩榮修　（清）熊興杰　（清）歐陽恩
霖纂　清同治十一年(1872)修光緒十八年
(1892)岳州府四縣志刻本　六冊

430000－2401－0012791　　志413

[乾隆]平江縣志二十五卷首一卷末一卷　（清）
謝仲坑纂修　（清）石文成增修　清乾隆八年
(1743)修二十年(1755)增補刻本　六冊

430000－2401－0012792　　志416

[嘉慶]平江縣志二十四卷首一卷末一卷
（清）陳增德修　（清）李如珪纂　清嘉慶二十
一年(1816)刻本　十冊

430000－2401－0012793　　志419

[光緒]平江縣志五十五卷首二卷末一卷
（清）張培仁等修　（清）李元度纂　清光緒元
年(1875)刻本　十六冊

430000－2401－0012794　　志424

[光緒]平江縣志五十五卷首二卷末一卷
（清）張培仁等修　（清）李元度纂　清光緒十
八年(1892)岳州府四縣志刻本　十六冊

430000－2401－0012795　　△291.2/77

[乾隆]湘陰縣志三十二卷　（清）陳鍾理修
（清）楊茂論纂　清乾隆二十二年(1757)刻本
　　四冊　存六卷(一、十九至二十、二十九至
三十一)

430000－2401－0012796　　志429

[道光]湘陰縣志三十九卷首一卷補遺一卷
（清）翁元圻修　（清）黃朝綬等纂　（清）徐

鋐補遺　清道光四年(1824)增補嘉慶二十三
年(1818)本　十六冊

430000－2401－0012797　　志433

[光緒]湘陰縣圖志三十四卷首一卷末一卷
（清）郭嵩燾等纂修　清光緒六年(1880)湘陰
縣志局刻本　十二冊

430000－2401－0012798　　△291.2/80

[乾隆]直隸郴州總志三十卷首一卷末一卷
（清）謝仲修　（清）楊桑阿續修　（清）何全
吉纂　清乾隆三十五年(1770)刻本　五冊
存九卷(十二至十八、二十七至二十八)

430000－2401－0012799　　志449

[嘉慶]直隸郴州總志四十三卷首一卷　（清）
朱偓等修　（清）陳昭謀纂　清嘉慶二十五年
(1820)修光緒十九年(1893)重印活字本　二
十四冊

430000－2401－0012800　　△291.2/69

[乾隆]湖南直隸桂陽州志二十八卷首一卷補
續一卷　（清）張宏燧修　（清）盧世昌纂
（清）周仕儀　（清）李呈煥增補　清嘉慶十年
(1805)增補乾隆三十年(1765)本　十二冊

430000－2401－0012801　　志460

[嘉慶]湖南直隸桂陽州志四十三卷首一卷
（清）袁成烈修　（清）曹昌纂　清嘉慶二十三
年(1818)刻本　十三冊　存三十九(一至十
五、十七至三十九,首一卷)

430000－2401－0012802　　志461

[同治]桂陽直隸州志二十七年首一卷　（清）
汪敎灝修　王闓運等纂　清同治七年(1868)
刻本　十三冊

430000－2401－0012803　　志479

[嘉慶]臨武縣志四十七卷首一卷　（清）鄒景
文修　（清）曹家玉纂　清嘉慶二十二年
(1817)刻本　十冊

430000－2401－0012804　　志480

[同治]臨武縣志四十七卷首一卷　（清）鄒景
文修　（清）曹家玉纂　（清）吳洪恩續修
（清）陳佑啟續纂　清同治六年(1867)增補嘉

慶二十二年(1817)本　十二冊

430000－2401－0012805　志481

[乾隆]宜章縣志十三卷　（清）楊文植
（清）姜順修　（清）楊河　（清）儲早纂　清
乾隆二十一年(1756)刻本　三冊

430000－2401－0012806　志483

[嘉慶]宜章縣志二十四卷首一卷　（清）陳永
圖修　（清）龔立海　（清）黃本騏纂　清嘉慶
二十年(1815)刻本　十冊

430000－2401－0012807　志493

[同治]桂陽縣志二十二卷首一卷　（清）錢紹
文等修　（清）朱炳元等纂　清同治六年
(1867)活字印本　十二冊

430000－2401－0012808　志502

[同治]桂東縣志二十卷首一卷　（清）劉華邦
修　（清）郭岐勛等纂　清同治五年(1866)尊
經閣刻本　八冊

430000－2401－0012809　志508

[嘉慶]興寧縣志六卷　（清）張偉修　（清）
孫鋌鋌纂　清嘉慶二十四年(1819)修道光元
年(1821)刻本　七冊

430000－2401－0012810　志510

[光緒]興寧縣志十八卷首一卷末一卷　（清）
郭樹馨　（清）劉錫九修　（清）黃榜元
（清）許萬松纂　清光緒元年(1875)刻本　十
五冊

430000－2401－0012811　△291.2/70

[乾隆]永興縣志十二卷首一卷　（清）沈維基
修　（清）楚大德纂　清乾隆二十七年(1762)
刻本　一冊　存二卷(九至十)

430000－2401－0012812　志517

[嘉慶]永興縣志五十五卷首一卷　（清）劉統
修　（清）曹流湛纂　清嘉慶二十三年(1818)
刻本　九冊

430000－2401－0012813　志518

[光緒]永興縣志五十五卷首一卷　（清）呂鳳
藻修　（清）李獻君纂　清光緒九年(1883)刻

本　十冊

430000－2401－0012814　志523

[嘉慶]安仁縣志十四卷首一卷末一卷　（清）
侯鈐修　（清）歐陽厚均纂　清嘉慶二十四年
(1819)刻本　十二冊

430000－2401－0012815　志524

[同治]安仁縣志十六卷首一卷末一卷　（清）
張景垣等修　（清）張鵬　（清）侯材驥纂　清
同治八年(1869)刻本　十冊

430000－2401－0012816　志527

[康熙]永州府志二十四卷　（清）姜承基修
（清）常在纂　清康熙三十三年(1694)刻本
十四冊

430000－2401－0012817　志530

[道光]永州府志十八卷首一卷　（清）呂恩湛
等修　（清）宗績辰等纂　清道光八年(1828)
刻本　三十二冊

430000－2401－0012818　志534

[道光]永州府志十八卷首一卷　（清）呂恩湛
等修　（清）宗績辰等纂　清同治六年(1867)
何紹穎重校道光八年(1828)刻本　三十二冊

430000－2401－0012819　△291.2/63

[康熙]零陵縣志十四卷　（清）王元弼修
（清）黃佳色纂　清康熙二十三年(1684)刻本
　七冊　存十一卷(一至十、十三)

430000－2401－0012820　志538

[嘉慶]零陵縣志十六卷　（清）武占熊修
（清）劉方浚等纂　清嘉慶十五年(1810)刻本
　十冊

430000－2401－0012821　志540

[嘉慶]零志補零三卷　（清）宗霈纂修　清嘉
慶二十二年(1817)刻本　二冊

430000－2401－0012822　志542

[光緒]零陵縣志十五卷補遺一卷　（清）嵇有
慶　（清）徐保齡修　（清）劉沛纂　清光緒二
年(1876)刻本　八冊

430000－2401－0012823　志552

[乾隆]東安縣志八卷　（清）吳德潤修
（清）毛世卿　（清）鄧錫爵纂　清乾隆十七年
(1752)刻本　三冊　存六卷(一至六)

430000－2401－0012824　志553

[光緒]東安縣志八卷　（清）黃心菊等修
（清）胡元士等纂　清光緒二年(1876)刻本
四冊

430000－2401－0012825　△291.2/79

[康熙]新田縣志四卷　（清）鍾運泰修
（清）沈惟彰纂　清康熙九年(1670)刻本　一
冊　存一卷(四)

430000－2401－0012826　志560

[嘉慶]新田縣志十卷　（清）張厚郿等修
（清）樂明紹等纂　清嘉慶十七年(1812)刻本
二冊　存五卷(一至三、九至十)

430000－2401－0012827　△291.2/75

[康熙]寧遠縣志六卷　（清）沈仁敷纂修　清
康熙二十二年(1683)刻本　一冊　存二卷
(三至四)

430000－2401－0012828　志563

[嘉慶]寧遠縣志十卷首一卷　（清）曾鈺纂修
清嘉慶十六年(1811)刻本　六冊

430000－2401－0012829　志566

[光緒]寧遠縣志八卷　（清）張大煦修
（清）歐陽澤闓纂　清光緒元年(1875)崇正書
院刻本　八冊

430000－2401－0012830　志575

[光緒]道州志十二卷　（清）李鏡蓉　（清）
盛賡修　（清）許清源　（清）洪廷揆纂　清光
緒三年(1877)刻本　八冊

430000－2401－0012831　△291.2/78

[康熙]永明縣志十四卷首一卷　（清）周鶴修
（清）王纘纂　清康熙四十八年(1709)刻本
(卷九至十一配靜電複印本)　八冊

430000－2401－0012832　志587

[光緒]永明縣志五十卷首一卷末一卷　（清）
萬發元修　（清）周銑詒纂　清光緒三十三年

(1907)刻本　十四冊

430000－2401－0012833　志589

[嘉慶]藍山縣志十六卷末一卷　（清）譚震修
（清）王國琳纂　清嘉慶十五年(1810)刻本
一冊　存二卷(一至二)

430000－2401－0012834　志590

[同治]藍山縣志十六卷末一卷　（清）胡鸎薦
（清）洪錫綬修　（清）鍾範等纂　清同治六
年(1867)刻本　十冊

430000－2401－0012835　志597

[乾隆]祁陽縣志八卷　（清）李蒔修　（清）
曠敏本纂　清乾隆三十年(1765)刻本　七冊
存七卷(一、三至八)

430000－2401－0012836　志600

[嘉慶]祁陽縣志二十四卷首一卷　（清）萬在
衡修　（清）甘慶增纂　清嘉慶十七年(1812)
刻本　十二冊

430000－2401－0012837　志604

[同治]祁陽縣志二十四卷首一卷　（清）陳玉
祥修　（清）劉希闊纂　清同治九年(1870)刻
本　十六冊

430000－2401－0012838　志612

[乾隆]浯溪新志十四卷首一卷　（清）宋溶纂
修　清乾隆三十五年(1770)刻本(卷三至十
四配鈔本)　四冊

430000－2401－0012839　△291.2/66

[雍正]江華縣志十一卷首一卷　（清）鄭鼎勳
修　（清）蔣琛纂　清雍正十一年(1733)增刻
清雍正七年(1729)本　一冊　存二卷(一至
二)

430000－2401－0012840　志614

[同治]江華縣志十二卷首一卷　（清）劉華邦
修　（清）唐爲煌纂　清同治九年(1870)刻本
八冊

430000－2401－0012841　△291.2/56

[康熙]邵陽縣志十六卷　（清）張起鵾修
（清）劉應祁纂　清康熙二十三年(1684)刻本

一冊　存二卷(四至五)

430000 - 2401 - 0012842　志 619

[乾隆]邵陽縣志四十二卷首一卷　(清)蕭聚
昆修　(清)酈永鍇纂　清乾隆二十九年
(1764)刻本　十冊　存三十七卷(一至二、六
至二十七、三十一至四十二,首一卷)

430000 - 2401 - 0012843　志 621

[嘉慶]邵陽縣志四十九卷首一卷　(清)柳邁
祖　(清)唐鳳德修　(清)黃崇光纂　清嘉慶
二十五年(1820)刻本　二十四冊

430000 - 2401 - 0012844　志 625

[光緒]邵陽縣志十卷　(清)李炳耀　(清)李大
緒修　(清)黃文琛纂　清光緒三年(1877)刻本
六冊

430000 - 2401 - 0012845　△291.2/59

[康熙]新寧縣志十卷　(清)崔錡修　(清)
劉禹甸纂　(清)劉敕忠續修　清康熙十九年
(1680)刻本　二冊　存二卷(八至九)

430000 - 2401 - 0012846　志 639

[道光]新寧縣志三十二卷首一卷　(清)安舒
纂修　(清)張德尊重纂　清道光三年(1823)
刻本　一冊　存四卷(十三至十六)

430000 - 2401 - 0012847　志 640

[光緒]新寧縣志二十六卷首一卷　(清)張葆
連修　(清)劉長佑　(清)劉坤一纂　清光緒
十九年(1893)金城書院刻本　十冊

430000 - 2401 - 0012848　志 645

[光緒]新寧縣志稿不分卷　清光緒稿本
一冊

430000 - 2401 - 0012849　志 647

[同治]綏寧縣志四十卷首一卷　(清)方傳質
修　(清)龍鳳翥纂　清同治六年(1867)刻本
八冊

430000 - 2401 - 0012850　△291.2/58

[康熙]武岡州志十二卷首一卷　(清)吳從謙
修　(清)潘應斗　(清)潘應星纂　清康熙二
年(1663)刻本　一冊　存六卷(五至十)

430000 - 2401 - 0012851　志 653

[乾隆]武岡州志十卷　(清)席芬修　(清)
周安士等纂　清乾隆二十二年(1757)刻本
八冊　存八卷(一至八)

430000 - 2401 - 0012852　志 654

[乾隆]武岡州志十卷　(清)席芬修　(清)
周安士等纂　清乾隆二十二年(1757)刻清管
懋修鈔本　二冊

430000 - 2401 - 0012853　志 655

[嘉慶]武岡州志三十卷首一卷　(清)許紹宗
修　(清)鄧顯鶴纂　清嘉慶二十二年(1817)
刻本　十五冊

430000 - 2401 - 0012854　志 658

[光緒]武岡州志五十四卷首一卷　(清)黃維
瓚　(清)潘清修　(清)鄧繹纂　清光緒元年
(1875)刻本　二十冊

430000 - 2401 - 0012855　志 670

[同治]城步縣志十卷　(清)盛鎰源修
(清)戴聯璧　(清)陳志升纂　清同治六年
(1867)文友堂刻本　十冊

430000 - 2401 - 0012856　△291.2/57

[乾隆]新化縣志二十七卷　(清)梁棟修
(清)楊振鐸纂　清乾隆二十四年(1759)刻本
三冊　存十四卷(一至七、十八至二十四)

430000 - 2401 - 0012857　志 680

[道光]新化縣志三十四卷首一卷　(清)林聯
桂纂修　清道光十二年(1832)刻本　十五冊
缺一卷(三)

430000 - 2401 - 0012858　△291.2/43

[乾隆]益陽縣志二十四卷首一卷　(清)高自
位修　(清)曾璋等纂　清乾隆十三年(1748)
刻本　七冊　存二十二卷(三至二十四)

430000 - 2401 - 0012859　志 689

[嘉慶]益陽縣志三十五卷首一卷末一卷
(清)方爲霖修　(清)符鴻纂　清嘉慶二十五
年(1820)刻本　八冊

430000 - 2401 - 0012860　志 694

[同治]益陽縣志二十五卷首一卷　（清）姚念楊　（清）呂懋恆修　（清）趙裴哲纂　清同治十三年(1874)文閣刻本　十六冊

430000－2401－0012861　志705
[嘉慶]沅江縣志三十卷　（清）唐古特修（清）駱孔儀　（清）陶澍纂　清嘉慶十五年(1810)尊經閣刻本　六冊

430000－2401－0012862　志711
[嘉慶]沅江縣志三十卷　（清）唐古特修（清）駱孔儀　（清）陶澍纂　清嘉慶二十二年(1817)增補十五年(1810)刻本　六冊

430000－2401－0012863　志723
[嘉慶]重修安化縣志二十一卷首一卷　（清）周文重修　（清）雷聲　（清）陶澍纂　清嘉慶十六年(1811)刻本　十一冊

430000－2401－0012864　志726
增訂安化縣志二十七卷　清鈔本　二冊　存九卷(一至五、二十四至二十七)

430000－2401－0012865　志727
[同治]安化縣志三十四卷首五卷末一卷（清）丘育泉修　（清）何才煥等纂　清同治十一年(1872)刻本　二十冊

430000－2401－0012866　志736
[康熙]鼎修常德府志十卷　（清）胡向華修（清）賀奇纂　清康熙九年(1670)刻本　十冊

430000－2401－0012867　志741
[嘉慶]常德府志四十八卷附文徵九卷首一卷叢談三卷　（清）應先烈修　（清）陳楷禮纂　清嘉慶十八年(1813)刻本　二十二冊

430000－2401－0012868　志747
[同治]武陵縣志四十八卷附武陵詩徵二卷文徵二卷　（清）汪敦灝　（清）孫翹澤修（清）陳啟邁纂　清同治二年(1863)刻本　十六冊

430000－2401－0012869　志753
[同治]武陵縣志三十二卷首一卷附武陵詩徵二卷文徵二卷　（清）歐陽烈修　（清）楊丕復

纂　（清）楊彝珍續纂　清同治七年(1868)朗江書院刻本　十冊

430000－2401－0012870　△291.2/60
[康熙]桃源縣志四卷　（清）陳洪範校定（清）羅人琮纂修　清康熙四年(1665)刻本三冊　存三卷(一、三至四)

430000－2401－0012871　志757
[道光]桃源縣志二十卷首一卷　（清）譚震（清）方坤修　（清）文運升纂　清道光三年(1823)刻本　十三冊

430000－2401－0012872　志761
[同治]桃源縣志二十卷首一卷　（清）羅行楷修　（清）沙明焯　（清）郭世嶔纂　清同治八年(1869)刻本　十五冊

430000－2401－0012873　志762
[光緒]桃源志十七卷首一卷末一卷　（清）余良棟修　（清）劉鳳苞纂　清光緒十八年(1892)刻本　二十冊

430000－2401－0012874　志773
[嘉慶]重修慈利縣志八卷首一卷　（清）李約修　（清）皇甫如森纂　清嘉慶二十二年(1817)刻本(卷三、七配鈔本)　八冊

430000－2401－0012875　志774
[同治]慈利縣志十四卷首一卷　（清）嵇有慶　（清）蔣恩澍修　（清）魏湘纂　清同治八年(1869)尊經閣刻本　十四冊

430000－2401－0012876　志776
[光緒]慈利縣圖志十卷首一卷　吳恭亨纂修　清光緒二十二年(1896)刻本　二冊

430000－2401－0012877　志788
[嘉慶]石門縣志五十五卷首一卷　（清）蘇益馨等修　（清）梅嶧纂　清嘉慶二十三年(1818)刻本　六冊

430000－2401－0012878　志793
[同治]石門縣志十四卷首一卷　（清）林葆元（清）陳煊修　（清）申正颺等纂　清同治七年(1868)文昌閣刻本　十冊

430000－2401－0012879　志 800

[光緒]石門縣志六卷　（清）閻鎮珩纂修　清光緒十五年（1889）刻本　二冊

430000－2401－0012880　志 813

[乾隆]直隸澧州志林二十六卷首一卷末一卷附補編一卷　（清）何璘修　（清）黃宜中纂清乾隆十七年（1752）刻本　十九冊

430000－2401－0012881　志 816

[乾隆]直隸澧州志林二十六卷首一卷末一卷附補編一卷　（清）何璘修　（清）黃宜中纂清劉振鶴傳鈔清乾隆十七年（1752）本　十四冊　存十二卷（三至七、九至十三、二十、二十五）

430000－2401－0012882　志 821

[道光]直隸澧州志二十八卷首三卷　（清）安佩蓮修　（清）孫祚泰纂　清道光元年（1821）刻本　二十四冊

430000－2401－0012883　志 826

[同治]直隸澧州志二十六卷首一卷　（清）何玉棻修　（清）魏式曾纂　清同治八年（1869）刻本　二十三冊

430000－2401－0012884　志 827

[同治]直隸澧州志二十六卷首四卷　（清）何玉棻修　（清）魏式曾纂　（清）黃維瓚增修清同治十三年（1874）增補八年（1869）本　二十五冊

430000－2401－0012885　志 832

[乾隆]安鄉縣志八卷　（清）張綽纂修　清光緒六年（1880）盛賡校補重印乾隆十三年（1748）本　六冊

430000－2401－0012886　志 834

[乾隆]安鄉縣志林二卷　（清）何璘纂修（清）劉振鶴輯錄　清鈔本　二冊

430000－2401－0012887　志 838

[道光]安福縣志三十二卷首一卷末一卷（清）何寅斗等修　（清）潘永盛　（清）黃彝纂　清道光三年（1823）刻本　六冊

430000－2401－0012888　志 840

[同治]安福縣志三十四卷首三卷　（清）姜大定修　（清）尹襲澍纂　清同治八年（1869）刻本　十二冊

430000－2401－0012889　△291.2/61

[康熙]龍陽縣志四卷　（清）蔡蔭修　（清）陳一撰纂　清康熙二十五年（1686）刻本　三冊　存三卷（一至三）

430000－2401－0012890　志 845

[嘉慶]龍陽縣志八卷　（清）張在田修（清）游鳳藻　（清）陳德沛纂　清嘉慶十九年（1814）刻本　七冊

430000－2401－0012891　志 847

[光緒]重修龍陽縣志三十二卷首一卷　（清）瑞琛　（清）陸運景修　（清）陳保真　（清）彭日曉纂　清光緒元年（1875）刻本　十六冊

430000－2401－0012892　△291.2/62

[康熙]辰州府志八卷　（清）劉應中等纂修清康熙二十四年（1685）刻本　五冊　存六卷（二至四、六至八）

430000－2401－0012893　志 850

[乾隆]辰州府志五十卷首一卷　（清）諸重光　（清）席紹葆修　（清）謝鳴謙　（清）謝鳴盛纂　清乾隆三十年（1765）刻本　二十四冊

430000－2401－0012894　△291.2/81

[雍正]黔陽縣志十卷　（清）張扶翼纂修（清）王光電增輯　清雍正十一年（1733）增補康熙五年（1666）刻本　六冊

430000－2401－0012895　志 863

[乾隆]黔陽縣志四十二卷首一卷　（清）姚文起修　（清）危元福等纂　清乾隆五十四年（1789）刻本　八冊

430000－2401－0012896　志 864

[同治]黔陽縣志六十卷首一卷　（清）陳鴻作等修　（清）易燨堯　（清）楊大涌纂　清同治十三年（1874）刻本　十二冊

430000－2401－0012897　志 868

[嘉慶]會同縣志十二卷首一卷　（清）朱澍修
　（清）夏昌言纂　清嘉慶二十四年（1819）刻
本　八冊

430000－2401－0012898　志870
[光緒]重修會同縣志十四卷首一卷　（清）孫
炳煜修　（清）黃世昌等纂　清光緒二年
（1876）刻本　五冊　存十三卷（一至三、六至
十四,首一卷）

430000－2401－0012899　△291.2/72
[乾隆]靖州志十四卷首一卷末一卷　（清）呂
宣曾修　（清）張開東纂　清乾隆二十六年
（1761）刻本　八冊　存十四卷（一至八、十一
至十四,首一卷,末一卷）

430000－2401－0012900　志877
[道光]直隸靖州志十二卷首一卷　（清）魏德
晼纂修　（清）隆恩續修　（清）汪尚友續纂
清道光七年（1827）修十七年（1837）續修刻本
　十四冊

430000－2401－0012901　志879
[光緒]靖州直隸州志十二卷首一卷末一卷
（清）吳起鳳　（清）勞銘勛修　（清）唐陸虞
（清）李廷森纂　清光緒五年（1879）刻本
六冊

430000－2401－0012902　志885
[嘉慶]通道縣志十卷首一卷　（清）蔡象衡纂
修　清嘉慶二十年（1815）刻本　四冊

430000－2401－0012903　志892
[道光]晃州廳志四十四卷首一卷　（清）俞克
振修　（清）梅嶧纂　清道光五年（1825）刻本
　八冊

430000－2401－0012904　志899
[同治]湖南沅州府志四十卷首一卷　（清）張
官五修　（清）龔琰纂　（清）吳嗣仲等續修
清同治十二年（1873）續修乾隆五十五年
（1790）本　二十四冊

430000－2401－0012905　志904
[同治]芷江縣志六十四卷首一卷　（清）盛慶
綏　（清）吳秉慈修　（清）盛一林纂　清同治

九年（1870）刻本　十二冊

430000－2401－0012906　志909
[康熙]麻陽縣志十卷　（清）陳輝壁纂修　清
康熙三十三年（1694）刻本　一冊

430000－2401－0012907　志910
[同治]新修麻陽縣志十四卷首一卷　（清）姜
鍾琇　（清）黃金模修　（清）劉士先　（清）
王振玉纂　清同治十三年（1874）刻本　十冊

430000－2401－0012908　志916
[道光]辰溪縣志四十卷首一卷　（清）徐會雲
等修　（清）劉家傳等纂　清道光元年（1821）
刻本　十冊

430000－2401－0012909　志921
[乾隆]漵浦縣志二十卷首一卷末一卷　（清）
陶金諧修　（清）楊鴻觀纂　清乾隆二十七年
（1762）刻本　七冊　存十九卷（一至三、六至
二十,末一卷）

430000－2401－0012910　志923
[同治]漵浦縣志二十四卷首一卷　（清）齊德
五修　（清）舒其錦纂　清同治八年（1869）修
十二年（1873）刻本　八冊

430000－2401－0012911　志932
[康熙]沅陵縣志十卷首一卷末一卷　（清）郎
廷樻修　（清）張佳晟纂　清康熙四十四年
（1705）刻本　三冊　存七卷（一至二、六至
九,首一卷）

430000－2401－0012912　志933
[同治]沅陵縣志五十卷首一卷　（清）守忠等
修　（清）許光曙纂　清同治十二年（1873）刻
本　十冊

430000－2401－0012913　志938
[同治]沅陵縣志五十卷首一卷　（清）守忠等
修　（清）許光曙纂　清光緒二十八年（1902）
重印同治十二年（1873）本　十二冊　缺四卷
（一至四）

430000－2401－0012914　志941
[乾隆]永順府志十二卷首一卷　（清）張天如

修 （清）顧奎光纂　清乾隆二十八年(1763)
刻本　一冊　存三卷(三至五)

430000－2401－0012915　志953

[同治]乾州廳志十六卷首一卷　（清）蔣琦溥
修　（清）張漢槎纂　（清）林書勛增修
(清)張先達增纂　清光緒三年(1877)續修同
治十一年(1872)本　九冊

430000－2401－0012916　志960

[道光]鳳凰廳志二十卷首一卷　（清）黃應培
修　（清）孫鈞銓　（清）黃元復纂　清道光四
年(1824)刻本　七冊

430000－2401－0012917　志973

[光緒]古丈坪廳志十六卷　（清）董鴻勳纂修
　清光緒三十三年(1907)鉛印本　九冊

430000－2401－0012918　△291.2/67

[康熙]永定衛志三卷　（清）潘義修　（清）
楊顯德纂　清康熙二十四年(1685)刻本
一冊

430000－2401－0012919　志978

[道光]永定縣志八卷　（清）趙亨鈐修
(清)熊國夏　（清）王師麟纂　清道光三年
(1823)刻本　六冊

430000－2401－0012920　志984

[同治]續修永定縣志十二卷首一卷　（清）萬
修廉等修　（清）張序枝等纂　清同治八年
(1869)刻本　十一冊

430000－2401－0012921　志994

[乾隆]永順縣志四卷首一卷　（清）黃德基修
　（清）關天申纂　清乾隆五十八年(1793)刻
本　五冊

430000－2401－0012922　志1007

[同治]桑植縣志八卷首一卷　（清）魏式曾
(清)周來賀修　（清）盧元勛　（清）蕭長裕
纂　清光緒十九年(1893)龍起濤、鄭燮文等
增補同治十二年(1873)刻本　四冊

430000－2401－0012923　志1011

[嘉慶]龍山縣志十六卷首一卷　（清）繳繼祖

修　（清）洪際清纂　清嘉慶二十三年(1818)
刻本　五冊

430000－2401－0012924　志1014

[同治]龍山縣志十六卷首一卷　（清）符為霖
修　（清）劉沛纂　（清）謝寶文增修　（清）
劉沛增纂　清同治九年(1870)修光緒四年
(1878)續修刻本　六冊

430000－2401－0012925　志1017

[同治]保靖志稿輯要四卷　（清）羅經余
(清)胡興仁纂修　清同治八年(1869)多文堂
活字本　四冊

430000－2401－0012926　志1019

[同治]保靖縣志十二卷首一卷　（清）林繼欽
等修　（清）袁祖綏纂　清同治十年(1871)刻
本　八冊

430000－2401－0012927　志1025

[同治]永綏直隸廳志六卷　（清）周玉衡等修
　（清）楊瑞珍纂　清同治七年(1868)刻本
六冊

430000－2401－0012928　志1208

[宣統]永綏廳志三十卷首一卷　（清）董鴻勳
纂修　清宣統元年(1909)鉛印本　十二冊

430000－2401－0012929　296.31/22

日下尊聞錄五卷　清同治三年(1864)刻本
二冊

430000－2401－0012930　294.31/15

金陵覽古四卷　（清）余賓碩撰　（清）顓客
(清)和齋和詩附　（清）張惚編　清道光三十
年(1850)文印山房刻本　二冊

430000－2401－0012931　△291.51/2

西湖四十八景　清刻本　一冊

430000－2401－0012932　296.31/5

宋東京考二十卷　（清）周城撰　清刻本
三冊

430000－2401－0012933　志46

湖南考古略十二卷　（清）盧峻　（清）成業襄
纂　清光緒二年(1876)讀我書室刻本　二冊

430000－2401－0012934　志47

湖南考古略十二卷　（清）盧峻　（清）成業襄纂　清光緒五年(1879)守墨書齋刻本　四冊

430000－2401－0012935　志49

湖南考古略十二卷　（清）盧峻　（清）成業襄纂　清光緒八年(1882)長沙枕善山房增刻本　四冊

430000－2401－0012936　296.4/77

廣湖南考古略三十卷　（清）同德齋主人編　清光緒十四年(1888)鴻寶齋石印本　六冊

430000－2401－0012937　296.4/77(1)

廣湖南考古略三十卷　（清）同德齋主人編　清光緒十四年(1888)鴻寶齋石印本　六冊

430000－2401－0012938　志10033

長沙定王台志二卷　（清）夏獻雲纂　清光緒七年(1881)長沙刻本　一冊

430000－2401－0012939　志93

湘城訪古錄十七卷首一卷　（清）陳運溶纂　清光緒二十年(1894)長沙萃文深堂刻本　六冊

430000－2401－0012940　296.4/56－2

衡湘稽古五卷　（清）王萬澍撰　清同治九年(1870)雙蹲書院刻本　二冊

430000－2401－0012941　296.4/56

衡湘稽古五卷　（清）王萬澍撰　清光緒二十七年(1901)黃甲草廬刻本　二冊

430000－2401－0012942　△291.52/1

三輔黃圖六卷　明嘉靖刻本　一冊

430000－2401－0012943　296.32/2－4

三輔黃圖六卷補遺一卷　清乾隆四十九年(1784)鎮洋畢氏靈巖山館刻經訓堂叢書本　一冊

430000－2401－0012944　296.32/2

三輔黃圖一卷　清嘉慶蘭陵孫氏刻平津館叢書本　一冊

430000－2401－0012945　296.32/2－2

三輔黃圖六卷補遺一卷　清光緒十七年(1891)思賢講舍刻本　一冊

430000－2401－0012946　296.32/2－2(1)

三輔黃圖六卷補遺一卷　清光緒十七年(1891)思賢講舍刻本　一冊

430000－2401－0012947　296.32/2－2(2)

三輔黃圖六卷補遺一卷　清光緒十七年(1891)思賢講舍刻本　一冊

430000－2401－0012948　296.32/2－2(3)

三輔黃圖六卷補遺一卷　清光緒十七年(1891)思賢講舍刻本　一冊

430000－2401－0012949　296.32/2－2(4)

三輔黃圖六卷補遺一卷　清光緒十七年(1891)思賢講舍刻本　一冊

430000－2401－0012950　296.32/2－2(5)

三輔黃圖六卷補遺一卷　清光緒十七年(1891)思賢講舍刻本　一冊

430000－2401－0012951　296.32/2－2(6)

三輔黃圖六卷補遺一卷　清光緒十七年(1891)思賢講舍刻本　一冊

430000－2401－0012952　296.32/4

禁扁五卷　（元）王士點撰　清康熙四十五年(1706)揚州使院刻棟亭藏書十二種本　二冊

430000－2401－0012953　志1134

大潙山古密印寺志八卷　（清）陶汝鼐纂　（清）陶之典續纂　清康熙三十七年(1698)刻本　二冊　存三卷(一至二、六)

430000－2401－0012954　志1135

大潙山古密印寺志八卷　（清）陶汝鼐纂　（清）陶之典續纂　清同治十三年(1874)刻本　六冊

430000－2401－0012955　296.33/25

湖南潙山寺案卷一卷　（清）密印寺編　清宣統三年(1911)活字印本　一冊

430000－2401－0012956　296.33/13

清釐竹荊寺志一卷　（清）李澍生等輯　清光緒七年(1881)寧鄉李氏三桂堂木活字本　一冊

430000－2401－0012957　296.33/14

醴陵縣重修北城武廟集義祀新志四卷　清光
緒刻本　一冊　缺一卷(一)

430000－2401－0012958　志 1034

醴邑東城南華宮志三卷　清宣統三年(1911)
刻本　二冊

430000－2401－0012959　志 1043

衡陽紫雲峰佛國禪寺通志十四卷　(清)釋行
昊編輯　清雍正五年(1727)修乾隆九年
(1744)續修刻本　一冊　存三卷(一至三)

430000－2401－0012960　296.33/30

安化啟安寺志二卷首一卷　(清)陶國瑩編
清光緒二十一年(1895)禮佛堂刻本　一冊

430000－2401－0012961　志 1037

龍會寺志二卷首一卷　(清)吳宣志等纂　清
光緒二年(1876)刻本　二冊

430000－2401－0012962　志 1044

寶寧志八卷　(清)釋德遠等輯　清刻本
一冊

430000－2401－0012963　296.33/12

澧州津市萬壽宮志十二卷　(清)伍錫釗纂
清光緒二年(1876)刻本　四冊

430000－2401－0012964　△291.53/2

洛陽伽藍記五卷　(北魏)楊衒之撰　清光緒
二年(1876)釋智水刻本　一冊

430000－2401－0012965　△291.53/2(1)

洛陽伽藍記五卷　(北魏)楊衒之撰　清光緒
二年(1876)釋智水刻本　二冊

430000－2401－0012966　296.33/2－3

洛陽伽藍記五卷　(北魏)楊衒之撰　清光緒
二十九年(1903)李氏說劍齋刻本　一冊

430000－2401－0012967　296.33/2－3(1)

洛陽伽藍記五卷　(北魏)楊衒之撰　清光緒
二十九年(1903)李氏說劍齋刻本　一冊

430000－2401－0012968　296.32/1－2

逍遙山萬壽宮志二十卷首一卷　(清)丁步上
等輯　清乾隆五年(1740)刻本　十三冊　缺

三卷(二至四)

430000－2401－0012969　296.32/1

逍遙山萬壽宮志二十卷首一卷　(清)丁步上
等輯　清宣統三年(1911)刻本　十冊

430000－2401－0012970　296.33/24

鼎湖山慶雲寺志八卷圖一卷　(清)丁易修
(清)釋成鷲纂　清康熙刻本　四冊

430000－2401－0012971　296.33/24(1)

鼎湖山慶雲寺志八卷圖一卷　(清)丁易修
(清)釋成鷲纂　清康熙刻本　四冊

430000－2401－0012972　△291.53/1

金陵梵刹志五十三卷　(明)葛寅亮撰　明萬
曆三十五年(1607)南京僧錄司刻天啟七年
(1627)增修本　十冊

430000－2401－0012973　296.33/5

吳山伍公廟志六卷首一卷　(清)金文淳等纂
清光緒二年(1876)刻本　二冊

430000－2401－0012974　296.33/5(1)

吳山伍公廟志六卷首一卷　(清)金文淳等纂
清光緒二年(1876)刻本　一冊

430000－2401－0012975　296.33/8

曹江孝女廟志八卷首一卷末一卷　(清)金廷
棟編　清光緒八年(1882)刻本　二冊

430000－2401－0012976　296.33/8(1)

曹江孝女廟志八卷首一卷末一卷　(清)金廷
棟編　清光緒八年(1882)刻本　一冊　存三
卷(一至三)

430000－2401－0012977　296.33/27

潭柘山岫雲寺志一卷　(清)神穆德纂　續一
卷　(清)釋義庵纂　清光緒九年(1883)刻本
二冊

430000－2401－0012978　296.2/5－2

曹溪通志八卷　(清)馬元　(清)釋真樸編
清道光十六年(1836)懷善堂刻本　四冊

430000－2401－0012979　296.2/5－2(1)

曹溪通志八卷　(清)馬元　(清)釋真樸編
清道光十六年(1836)懷善堂刻本　四冊

430000－2401－0012980　296.33/6

武林靈隱寺志八卷　（清）孫治撰　（清）徐增
重編　清光緒十四年(1888)錢唐丁氏嘉惠堂
刻本　三冊

430000－2401－0012981　296.33/4－2

岳廟志略十卷首一卷　（清）馮培編輯　清嘉
慶八年(1803)刻本　八冊

430000－2401－0012982　296.33/4

岳廟志略十卷首一卷　（清）馮培編輯　清光
緒五年(1879)浙江書局刻本　四冊

430000－2401－0012983　296.33/10

棲霞寺志二卷　（清）趙炳纂　清刻本　一冊
　存卷上

430000－2401－0012984　296.33/9

天童寺志十卷首一卷　（清）聞性道纂　清刻
本　四冊

430000－2401－0012985　296.33/9(1)

天童寺志十卷首一卷　（清）聞性道纂　清刻
本　四冊

430000－2401－0012986　296.33/16

昭烈忠武陵廟志十卷首一卷　（清）潘時彤等
纂　清道光九年(1829)愛樹山房刻本　八冊

430000－2401－0012987　296.33/16(1)

昭烈忠武陵廟志十卷首一卷　（清）潘時彤等
纂　清道光九年(1829)愛樹山房刻本　一冊
　存一卷(五)

430000－2401－0012988　296.33/7

理安志八卷　（清）韓實月纂　清光緒四年
(1878)刻本　四冊

430000－2401－0012989　296.33/7(1)

理安志八卷　（清）韓實月纂　清光緒四年
(1878)刻本　四冊

430000－2401－0012990　296.33/37

寒山寺志三卷　葉昌熾撰　清宣統三年
(1911)蘇州振新書社刻本　一冊

430000－2401－0012991　296.34/6

陸清獻祠產徵信錄一卷　（清）姚光宇纂　清

光緒元年(1875)刻本　一冊

430000－2401－0012992　296.34/10

西湖林公祠志一卷　清同治八年(1869)刻本
　一冊

430000－2401－0012993　296.34/22

江西省各屬境內古昔先賢名宦祠墓　（清）江
西省承宣布政使司張編　清咸豐十一年
(1861)稿本　一冊

430000－2401－0012994　296.34/14

湯陰精忠廟志十卷　（明）張應登　（明）鄭懋
洵纂　（明）楊世達續纂　清乾隆刻本　四冊

430000－2401－0012995　296.34/5

湖南全省宗聖總祠立案章程　（清）曾廣江撰
　清光緒刻本　一冊

430000－2401－0012996　296.34/2

湖南黃氏祠館紀略五卷　（清）黃運昌等纂
清光緒十七年(1891)黃氏總祠刻本　四冊

430000－2401－0012997　296.34/2(1)

湖南黃氏祠館紀略五卷　（清）黃運昌等纂
清光緒十七年(1891)黃氏總祠刻本　四冊

430000－2401－0012998　296.34/2(2)

湖南黃氏祠館紀略五卷　（清）黃運昌等纂
清光緒十七年(1891)黃氏總祠刻本　三冊
缺一卷(二)

430000－2401－0012999　志1049

南軒祠通志　清道光九年(1829)刻本　一冊
　存卷首

430000－2401－0013000　志1046

長沙賈太傅祠志四卷　（清）夏獻雲編輯　清
光緒四年(1878)長沙刻本　二冊

430000－2401－0013001　志1058

寧鄉土橋廟五侯祠老志六卷　（清）王懿修
（清）成佐雨纂　清乾隆三十八年(1773)修民
國十二年(1923)刻本　一冊

430000－2401－0013002　296.34/7

寧鄉縣五忠節孝祠志一卷　清光緒十六年
(1890)莓田梅氏木活字本　一冊

430000－2401－0013003　296.34/4

崧辰祀志二卷　（清）賀之升纂　清光緒九年（1883）湘潭賀氏儒宗堂刻本　二冊

430000－2401－0013004　志1055

南嶽二賢祠志八卷　（清）尹繼隆纂　清咸豐三年（1853）刻本　一冊　存四卷（一至四）

430000－2401－0013005　296.34/3

龍陽節孝祠刊本二卷　清光緒三十三年（1907）木活字本　一冊

430000－2401－0013006　志1045

重修城隍廟志二卷　清道光十六年（1836）刻本　一冊　存一卷（上）

430000－2401－0013007　志1061

石虎山武陵侯志十八卷首一卷　（清）黃名彥纂　清光緒元年（1875）刻本　五冊

430000－2401－0013008　△291.54/1

牛神廟志三卷　（清）丁祚頤等纂修　清鈔嘉慶七年（1802）鈔本　一冊

430000－2401－0013009　296.31/6

兩浙防護陵寢祠墓錄十一卷　（清）阮元撰　清光緒十五年（1889）浙江書局刻本　二冊

430000－2401－0013010　296.35/3

忠武祠墓志七卷首一卷末一卷　（清）李復心輯　清同治五年（1866）刻本　四冊

430000－2401－0013011　296.35/3（1）

忠武祠墓志七卷首一卷末一卷　（清）李復心輯　清同治五年（1866）刻本　四冊

430000－2401－0013012　296.35/3（2）

忠武祠墓志七卷首一卷末一卷　（清）李復心輯　清同治五年（1866）刻本　四冊

430000－2401－0013013　296.35/8

湖南祠墓義園匯略一卷　（清）李輔燿輯　清光緒刻本　一冊

430000－2401－0013014　296.38/51

湖南義園垂遠錄二卷　清光緒十七年（1891）刻本　一冊　存一卷（下）

430000－2401－0013015　志1062

炎陵志八卷首一卷末一卷　（清）王開琭纂修　清道光八年（1828）刻本　四冊

430000－2401－0013016　志1063

炎陵志十卷首一卷　清道光十八年（1838）刻本　二冊

430000－2401－0013017　296.35/4

平江縣重修杜左拾遺工部員外郎墓并建祠請祀集刊　（清）李宗蓮輯　清光緒十年（1884）刻本　一冊

430000－2401－0013018　392.5/1

頤和園簡明圖說　北平市管理頤和園事務所編　民國二十四年（1935）鉛印本　一冊

430000－2401－0013019　296.36/2

約園志不分卷　（清）徐樹銘輯　清光緒刻本　四冊

430000－2401－0013020　296.36/6

滄浪小志二卷　（清）宋犖編　清光緒十年（1884）江蘇書局刻本　一冊

430000－2401－0013021　296.36/6（1）

滄浪小志二卷　（清）宋犖編　清光緒十年（1884）江蘇書局刻本　一冊

430000－2401－0013022　296.36/3

竹垞小志五卷　（清）阮元訂　（清）楊蟠等編　清嘉慶三年（1798）七錄書閣刻本　一冊

430000－2401－0013023　296.36/1

大觀亭志六卷首一卷末一卷　（清）李國模輯　清宣統三年（1911）合肥李氏慎餘堂木活字本　四冊

430000－2401－0013024　△291.56/1

洛陽名園記一卷　（宋）李薦撰　靈寶真靈位業圖一卷　（南朝齊）陶弘景撰　明毛氏汲古閣刻本　一冊

430000－2401－0013025　296.37/35

長沙府岳麓志八卷首一卷　（清）趙寧輯　清康熙鏡水堂刻本　四冊

430000－2401－0013026　296.37/35（1）

長沙府岳麓志八卷首一卷 （清）趙寧輯 清康熙鏡水堂刻本 五冊

430000－2401－0013027 296.37/35(2)

長沙府岳麓志八卷首一卷 （清）趙寧輯 清康熙鏡水堂刻本 六冊

430000－2401－0013028 296.37/35－2

長沙府岳麓志八卷首一卷 （清）趙寧輯 清咸豐十一年(1861)刻本 八冊

430000－2401－0013029 296.37/35－2(1)

長沙府岳麓志八卷首一卷 （清）趙寧輯 清咸豐十一年(1861)刻本 四冊

430000－2401－0013030 296.37/35－2(2)

長沙府岳麓志八卷首一卷 （清）趙寧輯 清咸豐十一年(1861)刻本 五冊

430000－2401－0013031 296.37/34

長沙嶽麓書院續志四卷首一卷終一卷 （清）丁善慶纂 清同治六年(1867)刻本 二冊

430000－2401－0013032 296.37/34(1)

長沙嶽麓書院續志四卷首一卷終一卷 （清）丁善慶纂 清同治六年(1867)刻本 四冊

430000－2401－0013033 296.37/34(2)

長沙嶽麓書院續志四卷首一卷終一卷 （清）丁善慶纂 清同治六年(1867)刻本 二冊

430000－2401－0013034 志1079

長沙嶽麓書院續志四卷首一卷末一卷補編一卷 （清）丁善慶纂 清同治六年(1867)修十二年(1873)續修刻本 四冊

430000－2401－0013035 296.37/16

嶽麓書院同門錄一卷 （清）歐陽厚均編 清道光五年(1825)刻本 一冊

430000－2401－0013036 296.37/18

城南書院志四卷 （清）余正煥輯 清道光八年(1828)城南書院刻本 二冊

430000－2401－0013037 296.37/9

長沙縣學宮志十卷 （清）陳光詔編修 清嘉慶二十三年(1818)長沙刻本 二冊 缺三卷（三、五至六）

430000－2401－0013038 296.37/6

長沙縣學宮志六卷首一卷 （清）余正煥編修 清咸豐元年(1851)奎文閣刻本 六冊

430000－2401－0013039 296.37/6(1)

長沙縣學宮志六卷首一卷 （清）余正煥編修 清咸豐元年(1851)奎文閣刻本 六冊

430000－2401－0013040 296.37/4

長沙縣學宮志八卷首一卷 （清）周玉麒撰 清咸豐元年(1851)刻同治六年(1867)奎文閣續修本 八冊

430000－2401－0013041 296.37/4(1)

長沙縣學宮志八卷首一卷 （清）周玉麒撰 清咸豐元年(1851)刻同治六年(1867)奎文閣續修本 八冊

430000－2401－0013042 296.37/4(2)

長沙縣學宮志八卷首一卷 （清）周玉麒撰 清咸豐元年(1851)刻同治六年(1867)奎文閣續修本 八冊

430000－2401－0013043 296.37/4(3)

長沙縣學宮志八卷首一卷 （清）周玉麒撰 清咸豐元年(1851)刻同治六年(1867)奎文閣續修本 八冊

430000－2401－0013044 296.37/4(4)

長沙縣學宮志八卷首一卷 （清）周玉麒撰 清咸豐元年(1851)刻同治六年(1867)奎文閣續修本 八冊

430000－2401－0013045 296.37/4(5)

長沙縣學宮志八卷首一卷 （清）周玉麒撰 清咸豐元年(1851)刻同治六年(1867)奎文閣續修本 八冊

430000－2401－0013046 296.37/41

長邑學宮房屋契不分卷 清光緒鉛印本 一冊

430000－2401－0013047 296.37/13

瀏東獅山書院志八卷 （清）蕭振聲等撰 清光緒四年(1878)刻本 二冊

430000－2401－0013048 296.37/13(1)

瀏東獅山書院志八卷　（清）蕭振聲等撰　清光緒四年(1878)刻本　一冊　存三卷(四至六)

430000－2401－0013049　296.37/32

瀏陽敬學堂志八卷　（清）唐步瀛纂　清光緒十八年(1892)刻本　二冊

430000－2401－0013050　296.37/32(1)

瀏陽敬學堂志八卷　（清）唐步瀛纂　清光緒十八年(1892)刻本　二冊

430000－2401－0013051　志1083

寧鄉雲山書院志二卷首一卷　（清）周瑞松輯　清同治十三年(1874)刻本　二冊

430000－2401－0013052　296.37/2

新修寧鄉縣玉潭書院志十卷首一卷　（清）周在熾纂　清乾隆三十二年(1767)定性堂刻本　一冊

430000－2401－0013053　296.37/1

重修玉潭書院輯略二卷　（清）張思炯輯　清嘉慶刻本　二冊

430000－2401－0013054　296.37/20

玉潭書院學約一卷　（清）黃舒昺輯　清光緒十八年(1892)刻本　一冊

430000－2401－0013055　296.37/11－2

淥江書院志六卷首一卷　（清）劉青藜等纂　清光緒三年(1877)醴陵縣刻本　六冊

430000－2401－0013056　296.37/11－2(1)

淥江書院志六卷首一卷　（清）劉青藜等纂　清光緒三年(1877)醴陵縣刻本　五冊　缺二卷(一至二)

430000－2401－0013057　296.37/12

醴陵縣學宮紀事二卷　（清）薛振鈺纂　清光緒七年(1881)刻本　二冊

430000－2401－0013058　296.37/12(1)

醴陵縣學宮紀事二卷　（清）薛振鈺纂　清光緒七年(1881)刻本　二冊

430000－2401－0013059　296.37/12(2)

醴陵縣學宮紀事二卷　（清）薛振鈺纂　清光緒七年(1881)刻本　一冊　存一卷(上)

430000－2401－0013060　296.37/10

長沙府益陽縣箴言書院志三卷　（清）胡林翼撰　清同治五年(1866)箴言書院刻本　三冊

430000－2401－0013061　296.37/10(1)

長沙府益陽縣箴言書院志三卷　（清）胡林翼撰　清同治五年(1866)箴言書院刻本　三冊

430000－2401－0013062　296.37/10(2)

長沙府益陽縣箴言書院志三卷　（清）胡林翼撰　清同治五年(1866)箴言書院刻本　二冊

430000－2401－0013063　296.37/10(3)

長沙府益陽縣箴言書院志三卷　（清）胡林翼撰　清同治五年(1866)箴言書院刻本　二冊

430000－2401－0013064　296.37/10(4)

長沙府益陽縣箴言書院志三卷　（清）胡林翼撰　清同治五年(1866)箴言書院刻本　一冊　缺一卷(下)

430000－2401－0013065　△291.57/1

箴言書院志一卷　（清）胡林翼撰　清鈔本　一冊

430000－2401－0013066　296.37/42

箴言書院記　（清）曾國藩撰并書　清咸豐十一年(1861)大溈山人刻石拓本　一冊

430000－2401－0013067　296.37/43

箴言書院學約　（清）王龍文撰并書　清光緒三十一年(1905)刻石民國拓本　一冊

430000－2401－0013068　296.37/14

安化縣學志二卷　清乾隆刻本　一冊

430000－2401－0013069　296.37/15

鄮邑梅岡書院捐簿不分卷　（清）周華齡纂　清道光二十二年(1842)木活字本　二冊

430000－2401－0013070　296.37/15(1)

鄮邑梅岡書院捐簿不分卷　（清）周華齡纂　清道光二十二年(1842)木活字本　二冊

430000－2401－0013071　296.37/15(2)

鄮邑梅岡書院捐簿不分卷　（清）周華齡纂

清道光二十二年(1842)木活字本　二冊

430000－2401－0013072　296.37/8

鳳巘書院志五卷首一卷末一卷　（清）朱點易
等纂　清光緒元年(1875)文華齋刻本　四冊

430000－2401－0013073　296.37/21

國朝石鼓志四卷　（清）李揚華撰　清光緒浣
紅山館刻本　二冊

430000－2401－0013074　296.37/33

濂溪志七卷濂溪遺芳集一卷　（清）周誥撰
清道光十九年(1839)愛蓮堂刻本　四冊

430000－2401－0013075　296.37/33(1)

濂溪志七卷濂溪遺芳集一卷　（清）周誥撰
清道光十九年(1839)愛蓮堂刻本　四冊

430000－2401－0013076　296.37/33(2)

濂溪志七卷濂溪遺芳集一卷　（清）周誥撰
清道光十九年(1839)愛蓮堂刻本　四冊

430000－2401－0013077　296.37/33(3)

濂溪志七卷濂溪遺芳集一卷　（清）周誥撰
清道光十九年(1839)愛蓮堂刻本　四冊

430000－2401－0013078　296.37/33(4)

濂溪志七卷濂溪遺芳集一卷　（清）周誥撰
清道光十九年(1839)愛蓮堂刻本　四冊

430000－2401－0013079　296.37/33(5)

濂溪志七卷濂溪遺芳集一卷　（清）周誥撰
清道光十九年(1839)愛蓮堂刻本　四冊

430000－2401－0013080　296.37/33(6)

濂溪志七卷濂溪遺芳集一卷　（清）周誥撰
清道光十九年(1839)愛蓮堂刻本　四冊

430000－2401－0013081　296.37/33(7)

濂溪志七卷濂溪遺芳集一卷　（清）周誥撰
清道光十九年(1839)愛蓮堂刻本　四冊

430000－2401－0013082　296.37/33(8)

濂溪志七卷濂溪遺芳集一卷　（清）周誥撰
清道光十九年(1839)愛蓮堂刻本　四冊

430000－2401－0013083　296.37/33(9)

濂溪志七卷濂溪遺芳集一卷　（清）周誥撰

清道光十九年(1839)愛蓮堂刻本　四冊

430000－2401－0013084　296.37/33(10)

濂溪志七卷濂溪遺芳集一卷　（清）周誥撰
清道光十九年(1839)愛蓮堂刻本　四冊

430000－2401－0013085　296.37/33(11)

濂溪志七卷濂溪遺芳集一卷　（清）周誥撰
清道光十九年(1839)愛蓮堂刻本　四冊

430000－2401－0013086　296.37/33－2

濂溪志七卷　（清）周誥撰　清道光木活字本
四冊

430000－2401－0013087　296.37/24

郴侯書院志三卷　（清）曹維精等纂　清同治
二年(1863)刻本　三冊

430000－2401－0013088　296.37/19

群玉書院志二卷　（清）陳三恪輯　清嘉慶十
七年(1812)刻本　一冊

430000－2401－0013089　296.37/30

洞溪書院志二卷　（清）羅汝廉等撰　清光緒
二十五年(1899)刻本　一冊

430000－2401－0013090　296.37/30(1)

洞溪書院志二卷　（清）羅汝廉等撰　清光緒
二十五年(1899)刻本　二冊

430000－2401－0013091　296.37/3

蒔湖書院志略一卷　（清）徐鳳喈等纂　清道
光四年(1824)刻本　一冊

430000－2401－0013092　296.37/5

白鹿書院志十九卷　（清）毛德琦撰　（清）周
兆蘭重編　清康熙五十九年(1720)刻乾隆六
十年(1795)補刻本　八冊

430000－2401－0013093　296.37/5(1)

白鹿書院志十九卷　（清）毛德琦撰　（清）周
兆蘭重編　清康熙五十九年(1720)刻乾隆六
十年(1795)補刻本　八冊

430000－2401－0013094　296.37/5(2)

白鹿書院志十九卷　（清）毛德琦撰　（清）周
兆蘭重編　清康熙五十九年(1720)刻乾隆六
十年(1795)補刻本　六冊

430000－2401－0013095　296.37/5(3)

白鹿書院志十九卷　（清）毛德琦撰　（清）周
兆蘭重編　清康熙五十九年(1720)刻乾隆六
十年(1795)補刻本　八冊　缺二卷(十五至
十六)

430000－2401－0013096　296.37/5(4)

白鹿書院志十九卷　（清）毛德琦撰　（清）周
兆蘭重編　清康熙五十九年(1720)刻乾隆六
十年(1795)補刻本　三冊　缺十三卷(三至
四、七至八、十一至十九)

430000－2401－0013097　296.37/7

東林書院志二十二卷　（清）高廷珍等輯　清
光緒七年(1881)刻本　八冊

430000－2401－0013098　296.37/31

漢口紫陽書院志略八卷首一卷　（清）董桂敷
編　清嘉慶十一年(1806)尊道堂刻本　四冊

430000－2401－0013099　296.37/31(1)

漢口紫陽書院志略八卷首一卷　（清）董桂敷
編　清嘉慶十一年(1806)尊道堂刻本　四冊
　缺二卷(七至八)

430000－2401－0013100　296.37/38

明道書院約言三卷　（清）黃舒昺撰　清光緒
二十六年(1900)長沙求實書院刻本　一冊

430000－2401－0013101　296.37/29

續修問津院志六卷首一卷末一卷　（清）王會
釐等撰　清光緒三十一年(1905)續刻本
五冊

430000－2401－0013102　296.37/28

重修南溪書院志四卷首一卷　（清）楊毓健纂
　清康熙五十六年(1717)刻本　二冊　存二
卷(一、四)

430000－2401－0013103　296.37/26

培元書院志不分卷　（清）龔鳳書編　清光緒
元年(1875)刻本　五冊　缺第一冊

430000－2401－0013104　296.37/17

崇義書院志九卷　清木活字本　一冊　存二
卷(八至九)

430000－2401－0013105　296.38/89

鄉賢祀紀事二卷首一卷　（清）朱印川等纂
清光緒二十九年(1903)崇本堂刻本　一冊

430000－2401－0013106　296.38/79

岳麓高等學堂公產小志　（清）俞兆慶撰　清
光緒三十年(1904)鉛印本　一冊

430000－2401－0013107　296.38/79(1)

岳麓高等學堂公產小志　（清）俞兆慶撰　清
光緒三十年(1904)鉛印本　一冊

430000－2401－0013108　296.38/103

靖港從善育嬰堂志一卷　（清）徐樹鍔纂　清
宣統二年(1910)刻本　一冊

430000－2401－0013109　296.38/104

靖港從善育嬰堂續志一卷　（清）徐樹鍔纂
清宣統二年(1910)刻本　一冊

430000－2401－0013110　296.38/60

瀏陽上東義舉志要七卷　（清）瀏陽上東義舉
董事編輯　清光緒六年(1880)上東局刻本
五冊

430000－2401－0013111　296.38/60(1)

瀏陽上東義舉志要七卷　（清）瀏陽上東義舉
董事編輯　清光緒六年(1880)上東局刻本
三冊　存五卷(一至五)

430000－2401－0013112　296.38/60(2)

瀏陽上東義舉志要七卷　（清）瀏陽上東義舉
董事編輯　清光緒六年(1880)上東局刻本
二冊　存四卷(一至四)

430000－2401－0013113　296.38/61

瀏陽上東義舉志要續編□□卷　（清）瀏陽上
東義舉董事續編　石印本　三冊　存三卷
(二下、四下、五下)

430000－2401－0013114　296.38/67

安惠堂志略二卷　（清）譚繼升等輯　清光緒
十年(1884)刻本　一冊

430000－2401－0013115　296.38/67(1)

安惠堂志略二卷　（清）譚繼升等輯　清光緒
十年(1884)刻本　一冊

430000 – 2401 – 0013116　296.38/67(2)

安惠堂志略二卷　(清)譚繼升等輯　清光緒十年(1884)刻本　一冊　存一卷(一)

430000 – 2401 – 0013117　296.38/92

寧鄉賓興志四卷　(清)李鎮湘等輯　清光緒四年(1878)刻本　二冊

430000 – 2401 – 0013118　296.38/35

寧鄉續修河蹲青華二橋冊優免案據　(清)邊維翰纂　清同治八年(1869)寧鄉三都八九區合刻本　一冊

430000 – 2401 – 0013119　296.38/75

淥江橋志四卷　(清)陽順藻等撰　清光緒八年(1882)刻本　四冊

430000 – 2401 – 0013120　296.38/75(1)

淥江橋志四卷　(清)陽順藻等撰　清光緒八年(1882)刻本　四冊

430000 – 2401 – 0013121　296.38/75(2)

淥江橋志四卷　(清)陽順藻等撰　清光緒八年(1882)刻本　三冊　缺一卷(三)

430000 – 2401 – 0013122　296.38/75(3)

淥江橋志四卷　(清)陽順藻等撰　清光緒八年(1882)刻本　二冊　存二卷(一、四)

430000 – 2401 – 0013123　296.38/33

醴陵縣皆不忍堂紀事十一卷　(清)晏徵庸(清)張澍生纂輯　清同治刻本　十一冊

430000 – 2401 – 0013124　296.38/33(1)

醴陵縣皆不忍堂紀事十一卷　(清)晏徵庸(清)張澍生纂輯　清同治刻本　一冊　存一卷(五)

430000 – 2401 – 0013125　296.38/8

醴陵縣樂輸局紀事四卷　(清)劉文典等纂　清光緒二十年(1894)刻本　四冊

430000 – 2401 – 0013126　296.38/82

醴陵縣樂輸局譜一卷　(清)劉雲輝等纂　清同治七年(1868)刻本　一冊

430000 – 2401 – 0013127　296.38/77－2

醴陵縣育嬰堂皆不忍堂續紀合編　清同治九年(1870)刻本　二冊　存六卷(一、十九至二十、二十九至三十一)

430000 – 2401 – 0013128　296.38/28

醴陵縣興賢堂志　清刻本　二冊　存西鄉圖冊、西鄉田冊、一

430000 – 2401 – 0013129　296.38/76

育嬰堂紀事四卷　清同治七年(1868)醴陵縣育嬰堂刻本　三冊

430000 – 2401 – 0013130　296.38/53

攸縣闕里社志一卷　清宣統元年(1909)刻本　一冊

430000 – 2401 – 0013131　志1050

湘潭草衣岩志四卷　(清)唐業潢等纂　清宣統元年(1909)綏福堂刻本　二冊

430000 – 2401 – 0013132　296.38/26

上雙江橋志一卷　(清)賀兆塡等纂　清宣統三年(1911)樂善堂木活字本　一冊

430000 – 2401 – 0013133　296.38/26(1)

上雙江橋志一卷　(清)賀兆塡等纂　清宣統三年(1911)樂善堂木活字本　一冊

430000 – 2401 – 0013134　296.38/38

湘鄉永濟雙江二橋捐冊一卷　(清)成邦幹輯　清光緒二十五年(1899)木活字本　一冊

430000 – 2401 – 0013135　296.38/23

白果育嬰堂志一卷　(清)廖修立等纂　清宣統木活字本　一冊

430000 – 2401 – 0013136　296.38/23(1)

白果育嬰堂志一卷　(清)廖修立等纂　清宣統木活字本　一冊

430000 – 2401 – 0013137　296.38/84

邵陽賓興公款匯記一卷　(清)姚敦詒等編　清光緒二年(1876)刻本　一冊

430000 – 2401 – 0013138　296.38/84(1)

邵陽賓興公款匯記一卷　(清)姚敦詒等編　清光緒二年(1876)刻本　一冊

430000 – 2401 – 0013139　296.38/14

岳州救生局志八卷 （清）張德容等纂 清光
緒元年(1875)刻本 六冊

430000－2401－0013140 296.38/14(1)
岳州救生局志八卷 （清）張德容等纂 清光
緒元年(1875)刻本 四冊 缺五卷(一至五)

430000－2401－0013141 296.38/25
平江東鄉肥田永安橋志四卷 （清）毛英榮纂
清光緒二十七年(1901)木活字本 一冊

430000－2401－0013142 296.38/25(1)
平江東鄉肥田永安橋志四卷 （清）毛英榮纂
清光緒二十七年(1901)木活字本 一冊

430000－2401－0013143 296.38/25(2)
平江東鄉肥田永安橋志四卷 （清）毛英榮纂
清光緒二十七年(1901)木活字本 一冊

430000－2401－0013144 296.38/25(3)
平江東鄉肥田永安橋志四卷 （清）毛英榮纂
清光緒二十七年(1901)木活字本 一冊

430000－2401－0013145 296.38/25(4)
平江東鄉肥田永安橋志四卷 （清）毛英榮纂
清光緒二十七年(1901)木活字本 一冊

430000－2401－0013146 296.38/72
龍灣上公義渡志九卷 （清）陳文學修 清光
緒二十七年(1901)刻本 二冊

430000－2401－0013147 296.38/72(1)
龍灣上公義渡志九卷 （清）陳文學修 清光
緒二十七年(1901)刻本 一冊 存三卷(一
至三)

430000－2401－0013148 296.38/87
常德郡城育嬰志四卷 （清）錢灼廷等纂 清
光緒十五年(1889)刻本 四冊

430000－2401－0013149 296.38/59
澧州學田志四卷首一卷附澧州文廟志一卷
（清）李瀚昌修 （清）樊友武等纂 清光緒二
十二年(1896)澧州學田局刻本 二冊

430000－2401－0013150 296.38/59(1)
澧州學田志四卷首一卷附澧州文廟志一卷
（清）李瀚昌修 （清）樊友武等纂 清光緒二

十二年(1896)澧州學田局刻本 二冊

430000－2401－0013151 296.38/59(2)
澧州學田志四卷首一卷附澧州文廟志一卷
（清）李瀚昌修 （清）樊友武等纂 清光緒二
十二年(1896)澧州學田局刻本 二冊

430000－2401－0013152 296.38/59(3)
澧州學田志四卷首一卷附澧州文廟志一卷
（清）李瀚昌修 （清）樊友武等纂 清光緒二
十二年(1896)澧州學田局刻本 二冊

430000－2401－0013153 296.38/102
桃源縣育嬰堂志□□卷 （清）桃源縣育嬰堂
編 清光緒刻本 一冊 存一卷(二)

430000－2401－0013154 志1165
桃花源志略十三卷 （清）唐開韶輯 （清）胡
焯補 清道光二十六年(1846)修光緒十七年
(1891)胡氏補刻本 四冊

430000－2401－0013155 志1166
蕉花園合編桃花源志九卷首一卷 （清）曾昭
寅纂 清光緒二十一年(1895)刻本 一冊

430000－2401－0013156 296.51/68
桃源洞天志一卷圖一卷 （清）釋蘭岩輯 清
同治十三年(1874)花源刻本 一冊

430000－2401－0013157 296.38/42
益陽樂輸局章程四卷 （清）益陽樂輸局纂
清同治四年(1865)刻本 二冊

430000－2401－0013158 296.38/42
益陽樂輸局章程四卷 （清）益陽樂輸局纂
清同治四年(1865)刻本 一冊 缺一卷(四)

430000－2401－0013159 296.38/42－2
益陽樂輸局章程四卷 （清）益陽樂輸局纂
清光緒十七年(1891)刻本 一冊 缺一卷
(四)

430000－2401－0013160 296.38/81
益陽縣公產志不分卷 （清）胡祖蔭纂 清光
緒三十二年(1906)木活字本 二冊

430000－2401－0013161 296.38/81(1)
益陽縣公產志不分卷 （清）胡祖蔭纂 清光

緒三十二年(1906)木活字本　二册

430000－2401－0013162　296.38/81(2)

益陽縣公産志不分卷　(清)胡祖蔭纂　清光
緒三十二年(1906)木活字本　二册

430000－2401－0013163　296.38/2

碧津渡志三卷　(清)陳文鴻輯　清光緒刻本
一册　存二卷(上中)

430000－2401－0013164　296.38/2(1)

碧津渡志三卷　(清)陳文鴻輯　清光緒刻本
一册　存一卷(上)

430000－2401－0013165　296.38/62

桃江義渡義路合志二卷　(清)陶燏等修　清
光緒六年(1880)刻本　一册　存一卷(上)

430000－2401－0013166　296.38/62(1)

桃江義渡義路合志二卷　(清)陶燏等修　清
光緒六年(1880)刻本　一册　存一卷(上)

430000－2401－0013167　296.38/48

安化縣塔閣志一卷　(清)王雲栽等纂　清道
光刻本　一册

430000－2401－0013168　296.38/39

培英堂志五卷　(清)周錫晉等纂　清光緒二
十年(1894)斯文堂刻本　三册

430000－2401－0013169　296.38/39(1)

培英堂志五卷　(清)周錫晉等纂　清光緒二
十年(1894)斯文堂刻本　一册

430000－2401－0013170　296.38/37

安和創守志一卷　(清)蕭炳圭纂　清光緒三
十三年(1907)煥文堂刻本　一册

430000－2401－0013171　296.38/96

安化公事紀略八卷首一卷　清末刻本　二册
存四卷(一至二、八,首一卷)

430000－2401－0013172　296.38/4

新化學田志十卷　(清)王惕庵　(清)鄧直卿
編　清光緒二十二年(1896)刻本　六册

430000－2401－0013173　296.38/4(1)

新化學田志十卷　(清)王惕庵　(清)鄧直卿

編　清光緒二十二年(1896)刻本　六册

430000－2401－0013174　296.38/4(2)

新化學田志十卷　(清)王惕庵　(清)鄧直卿
編　清光緒二十二年(1896)刻本　六册

430000－2401－0013175　296.38/4(3)

新化學田志十卷　(清)王惕庵　(清)鄧直卿
編　清光緒二十二年(1896)刻本　六册

430000－2401－0013176　296.38/4(4)

新化學田志十卷　(清)王惕庵　(清)鄧直卿
編　清光緒二十二年(1896)刻本　六册

430000－2401－0013177　296.38/4(5)

新化學田志十卷　(清)王惕庵　(清)鄧直卿
編　清光緒二十二年(1896)刻本　六册

430000－2401－0013178　296.38/4(6)

新化學田志十卷　(清)王惕庵　(清)鄧直卿
編　清光緒二十二年(1896)刻本　六册

430000－2401－0013179　296.38/4(7)

新化學田志十卷　(清)王惕庵　(清)鄧直卿
編　清光緒二十二年(1896)刻本　六册

430000－2401－0013180　296.38/4(8)

新化學田志十卷　(清)王惕庵　(清)鄧直卿
編　清光緒二十二年(1896)刻本　六册

430000－2401－0013181　296.38/4(9)

新化學田志十卷　(清)王惕庵　(清)鄧直卿
編　清光緒二十二年(1896)刻本　六册

430000－2401－0013182　296.38/4(10)

新化學田志十卷　(清)王惕庵　(清)鄧直卿
編　清光緒二十二年(1896)刻本　六册

430000－2401－0013183　296.38/4(11)

新化學田志十卷　(清)王惕庵　(清)鄧直卿
編　清光緒二十二年(1896)刻本　六册

430000－2401－0013184　296.38/4(12)

新化學田志十卷　(清)王惕庵　(清)鄧直卿
編　清光緒二十二年(1896)刻本　六册

430000－2401－0013185　296.38/4(13)

新化學田志十卷　(清)王惕庵　(清)鄧直卿

編　清光緒二十二年(1896)刻本　　六冊

430000 – 2401 – 0013186　296.38/4(14)

新化學田志十卷　(清)王惕庵　(清)鄧直卿編　清光緒二十二年(1896)刻本　　六冊

430000 – 2401 – 0013187　296.38/4(15)

新化學田志十卷　(清)王惕庵　(清)鄧直卿編　清光緒二十二年(1896)刻本　　六冊

430000 – 2401 – 0013188　296.38/4(16)

新化學田志十卷　(清)王惕庵　(清)鄧直卿編　清光緒二十二年(1896)刻本　　六冊

430000 – 2401 – 0013189　296.38/4(17)

新化學田志十卷　(清)王惕庵　(清)鄧直卿編　清光緒二十二年(1896)刻本　　六冊

430000 – 2401 – 0013190　296.38/4(18)

新化學田志十卷　(清)王惕庵　(清)鄧直卿編　清光緒二十二年(1896)刻本　　六冊

430000 – 2401 – 0013191　296.38/99

辰州府救生局總記八卷　(清)劉曾輯　清同治十二年(1873)刻本　　八冊

430000 – 2401 – 0013192　296.38/16

辰州府義田總記二卷　清道光刻本　　一冊

430000 – 2401 – 0013193　296.38/1

洪江育嬰小識四卷　(清)潘清等修　清光緒十三年至十四年(1887 – 1888)刻本　　五冊

430000 – 2401 – 0013194　296.38/43

湖南會館總錄續刊二卷　(清)湖南會館纂　清光緒十七年(1891)湖南會館刻本　　一冊　存一卷(下)

430000 – 2401 – 0013195　296.38/43(1)

湖南會館總錄續刊二卷　(清)湖南會館纂　清光緒十七年(1891)湖南會館刻本　　一冊　存一卷(下)

430000 – 2401 – 0013196　296.38/46 – 2

蕪湖湖南會館事實一卷　(清)蕪湖湖南會館編　清光緒刻本　　一冊

430000 – 2401 – 0013197　296.38/49

京師長沙郡館志不分卷　(清)胡達源等纂　清道光十五年(1835)刻光緒遞修本　　二冊

430000 – 2401 – 0013198　296.38/47

北京善化會館志二卷　(清)龔鎮湘纂　清光緒十四年(1888)善化會館刻本　　二冊

430000 – 2401 – 0013199　296.38/78

京都寶慶會館志二卷　(清)鄒先舉纂　清光緒二十九年(1903)刻本　　一冊

430000 – 2401 – 0013200　296.38/55

永康胡氏義田記一卷　(清)胡月樵編輯　清同治四年(1865)復補齋刻本　　一冊

430000 – 2401 – 0013201　296.38/11

平山堂小志十二卷　(清)程夢星纂　清同治刻本　　五冊

430000 – 2401 – 0013202　296.38/10 – 2

平山堂圖志十卷首一卷　趙詒琛撰　清光緒十四年(1888)上海同文書局石印本　　四冊

430000 – 2401 – 0013203　296.38/10

平山堂圖志十卷首一卷　趙詒琛撰　清光緒二十一年(1895)刻本　　四冊

430000 – 2401 – 0013204　296.38/10(1)

平山堂圖志十卷首一卷　趙詒琛撰　清光緒二十一年(1895)刻本　　四冊

430000 – 2401 – 0013205　296.38/10(2)

平山堂圖志十卷首一卷　趙詒琛撰　清光緒二十一年(1895)刻本　　三冊

430000 – 2401 – 0013206　296.38/29

鸚鵡洲小志四卷首一卷　(清)胡鳳丹撰　清同治十三年(1874)退補齋刻本　　二冊

430000 – 2401 – 0013207　296.38/29(1)

鸚鵡洲小志四卷首一卷　(清)胡鳳丹撰　清同治十三年(1874)退補齋刻本　　一冊　缺二卷(一至二)

430000 – 2401 – 0013208　296.38/52

金陵崇善堂徵信錄一卷　(清)金陵崇善堂編　清同治十年(1871)刻本　　一冊

430000－2401－0013209　296.38/64

江寧府重建普育堂志八卷　（清）涂宗瀛撰
清同治十年(1871)刻本　一冊　存二卷(一至三)

430000－2401－0013210　296.38/3

重建黃洲橋志六卷首一卷　（清）謝蘭生等纂
清道光二十年(1840)刻本　一冊　存三卷(一至二、首一卷)

430000－2401－0013211　296.38/3(1)

重建黃洲橋志六卷首一卷　（清）謝蘭生等纂
清道光二十年(1840)刻本　一冊

430000－2401－0013212　△291.51/1

三遷志六卷　（明）呂元善撰　明嘉靖刻本
四冊

430000－2401－0013213　296.4/97

三遷志十二卷　（明）史鶚撰　（清）孟興銑補輯　（清）王特選增纂　清康熙六十一年(1722)刻本　四冊

430000－2401－0013214　296.31/13

陋巷志八卷　（明）陳鎬撰　（明）顏胤祚輯
（明）呂兆祥重修　清嘉慶二十二年(1817)刻本　二冊

430000－2401－0013215　296.31/13(1)

陋巷志八卷　（明）陳鎬撰　（明）顏胤祚輯
（明）呂兆祥重修　清嘉慶二十二年(1817)刻本　二冊

430000－2401－0013216　296.31/13(2)

陋巷志八卷　（明）陳鎬撰　（明）顏胤祚輯
（明）呂兆祥重修　清嘉慶二十二年(1817)刻本　二冊

430000－2401－0013217　296.31/1

臥龍崗志二卷　（清）羅景星撰　清康熙五十一年(1712)刻本　二冊

430000－2401－0013218　296.31/1(1)

臥龍崗志二卷　（清）羅景星撰　清康熙五十一年(1712)刻本　二冊

430000－2401－0013219　296.38/40

430000－2401－0013220　296.38/73

救烟社徵信錄一卷　（清）救烟社編　清光緒三十年(1904)刻本　一冊

430000－2401－0013221　296.38/57

學海堂志一卷　（清）林伯桐撰　清道光十八年(1838)刻本　一冊

430000－2401－0013222　296.38/85

四川慶符縣義莊錄一卷　（清）李大經輯　清咸豐十一年(1861)刻本　一冊

430000－2401－0013223　296.38/41

留壩廳足徵錄□□卷　（清）賀仲瑊輯　清刻本　一冊　存一卷(文徵一)

430000－2401－0013224　296.31/11

飛雲岩志八卷　（清）李少牧纂　清嘉慶刻本　一冊

430000－2401－0013225　志58

馬嵬志十六卷首一卷　（清）胡鳳丹撰　清光緒三年(1877)永康胡氏退補齋刻本　六冊

430000－2401－0013226　志58

湖南陽秋十六卷續編十三卷　（清）王萬澍
（清）王國牧編　清同治九年(1870)常寧唐訓方刻本　八冊

430000－2401－0013227　296.2/27

湖南陽秋十六卷續編十三卷　（清）王萬澍
（清）王國牧編　清光緒二十七年(1901)黃甲草廬刻本　八冊

430000－2401－0013228　296.2/27(1)

湖南全省輿圖說六卷　（清）彭吉孝撰　清光緒二十三年(1897)安化陶氏刻本　二冊

430000－2401－0013229　296.2/27(2)

湖南全省輿圖說六卷　（清）彭吉孝撰　清光緒二十三年(1897)安化陶氏刻本　二冊

430000－2401－0013230　296.2/27(3)

湖南全省輿圖說六卷　（清）彭吉孝撰　清光緒二十三年(1897)安化陶氏刻本　二冊

430000－2401－0013231　296.2/27（4）

湖南全省輿圖說六卷　（清）彭吉孝撰　清光緒二十三年(1897)安化陶氏刻本　二冊

430000－2401－0013232　296.2/27（5）

湖南全省輿圖說六卷　（清）彭吉孝撰　清光緒二十三年(1897)安化陶氏刻本　二冊

430000－2401－0013233　296.2/27（6）

湖南全省輿圖說六卷　（清）彭吉孝撰　清光緒二十三年(1897)安化陶氏刻本　合訂一冊

430000－2401－0013234　296.2/27（7）

湖南全省輿圖說六卷　（清）彭吉孝撰　清光緒二十三年(1897)安化陶氏刻本　二冊

430000－2401－0013235　296.2/27－2

湖南全省輿圖說六卷　（清）彭吉孝撰　清光緒二十三年(1897)鈔本　一冊

430000－2401－0013236　296.4/9

湖南方物志八卷　（清）黃本驥撰　清道光二十六年(1846)刻三長物齋叢書本　二冊

430000－2401－0013237　296.4/9（1）

湖南方物志八卷　（清）黃本驥撰　清道光二十六年(1846)刻三長物齋叢書本　一冊　存三卷(二至四)

430000－2401－0013238　志53

湖南全省掌故備考三十五卷　王先謙纂　清光緒十四年(1888)長沙刻本　十二冊

430000－2401－0013239　296.2/189

湖南鄉土地理教科書第四冊　辜天佑編　清宣統二年(1910)長沙會通學社石印本　一冊

430000－2401－0013240　志61

湖南鄉土地理參考書不分卷　辜天佑編　清宣統二年(1910)湖南機器印刷局鉛印本　五冊

430000－2401－0013241　296.4/33

湘城遺事記九卷首一卷　（清）陳運溶纂　清光緒二十一年(1895)星沙學院街萃文堂刻本　二冊

430000－2401－0013242　296.4/33（1）

湘城遺事記九卷首一卷　（清）陳運溶纂　清光緒二十一年(1895)星沙學院街萃文堂刻本　二冊

430000－2401－0013243　296.4/33（2）

湘城遺事記九卷首一卷　（清）陳運溶纂　清光緒二十一年(1895)星沙學院街萃文堂刻本　四冊

430000－2401－0013244　296.4/33（3）

湘城遺事記九卷首一卷　（清）陳運溶纂　清光緒二十一年(1895)星沙學院街萃文堂刻本　二冊　缺三卷(二至五)

430000－2401－0013245　志136

善化縣地理課程　（清）王達編　清光緒三十二年(1906)刻本　一冊

430000－2401－0013246　296.2/170

醴陵縣志捐目　（清）徐淦撰　清同治十年(1871)刻本　一冊

430000－2401－0013247　志341

耒陽鄉土志二卷　（清）劉奎編　清光緒三十二年(1906)活字印本　二冊

430000－2401－0013248　志634

邵陽縣鄉土志四卷　（清）陳吳萃（清）上官廉修　（清）姚炳奎纂　清光緒三十三年(1907)刻本　四冊

430000－2401－0013249　志663

武岡州鄉土志不分卷　（清）張德昌編　清光緒三十四年(1908)木活字印本　八冊

430000－2401－0013250　志627

城步縣鄉土志五卷　（清）張漢渠（清）程起鳳編纂　清光緒三十二年(1906)鈔本　二冊

430000－2401－0013251　志817

澧志舉要三卷　（清）潘相纂　（清）潘承煒續纂　清嘉慶二年(1797)經腴堂刻本　二冊

430000－2401－0013252　志703

益陽縣鄉土志　（清）吳美堂編　清光緒末年鈔本　一冊

430000－2401－0013253　△291.3/16

岳陽風土記一卷　（宋）范致明撰　明吳琯刻
古今逸史本　一冊

430000－2401－0013254　296.38/66

南安紀錄一卷　（清）龍起濤編　清光緒刻本
　一冊

430000－2401－0013255　志521

永興鄉土志二卷　（清）劉朝焜修　（清）李仙
培纂　清光緒三十二年(1906)活字本　二冊

430000－2401－0013256　志490

宜章縣鄉土風俗志　（清）陳玉祥編　清光緒
十六年(1890)鈔本　一冊

430000－2401－0013257　志881

靖州鄉土志四卷首一卷　金蓉鏡編　清光緒
三十四年(1908)刻本　二冊

430000－2401－0013258　△291.2/18

撫苗備覽二十二卷　（清）嚴如煜撰　清鈔本
　二十二冊

430000－2401－0013259　296.4/43

帝京景物略八卷　（明）劉侗　（明）于奕正撰
　清乾隆金陵崇德堂刻本　三冊

430000－2401－0013260　△291.3/4

日下舊聞四十二卷　（清）朱彝尊撰　（清）朱
昆田補遺　清康熙二十七年(1688)朱氏六峰
閣刻本　二十冊

430000－2401－0013261　296.4/84

朝市叢載八卷　（清）李虹若編　清光緒十二
年(1886)京都松竹齋刻本　八冊

430000－2401－0013262　296.2/129

京師地名對二卷　（清）杏芬輯　清光緒二十
八年(1902)刻本　二冊

430000－2401－0013263　296.4/11

宸垣識略十六卷　（清）吳長元輯　清乾隆五
十三年(1788)池北草堂刻本　十六冊

430000－2401－0013264　296.4/11(1)

宸垣識略十六卷　（清）吳長元輯　清乾隆五
十三年(1788)池北草堂刻本　八冊

430000－2401－0013265　25/286

春明夢餘錄七十卷　（清）孫承澤撰　清光緒
九年(1883)廣州惜分陰館刻古香齋本　二十
四冊

430000－2401－0013266　25/286(1)

春明夢餘錄七十卷　（清）孫承澤撰　清光緒
九年(1883)廣州惜分陰館刻古香齋本　二十
四冊

430000－2401－0013267　296.4/78

續修西道紀略一卷　（清）孫觀撰　清同治十
三年(1874)刻本　一冊

430000－2401－0013268　296.4/73

欽定日下舊聞考一百六十卷　（清）朱彝尊原
輯　清乾隆刻本　四十冊

430000－2401－0013269　296.4/85

沃洲古蹟一卷　（清）陳寧燮編并繪　清道光
十二年(1832)刻本　一冊

430000－2401－0013270　296.2/42

增補都門紀略不分卷　（清）楊靜亭編　（清）
李靜山增補　清光緒五年(1879)刻本　十冊

430000－2401－0013271　296.4/24

天咫偶聞十卷　（清）曼殊震鈞撰　清光緒三
十三年(1907)甘棠轉舍刻本　八冊

430000－2401－0013272　296.4/24(1)

天咫偶聞十卷　（清）曼殊震鈞撰　清光緒三
十三年(1907)甘棠轉舍刻本　八冊

430000－2401－0013273　296.4/24(2)

天咫偶聞十卷　（清）曼殊震鈞撰　清光緒三
十三年(1907)甘棠轉舍刻本　八冊

430000－2401－0013274　296.2/18

晉政輯要四十卷　（清）安頤等纂　清光緒十
四年(1888)刻本　三十二冊

430000－2401－0013275　296.2/18(1)

晉政輯要四十卷　（清）安頤等纂　清光緒十
四年(1888)刻本　三十二冊

430000－2401－0013276　25/59

欽定滿洲源流考二十卷首一卷　（清）阿桂等

修　清光緒十九年（1893）杭州便益書局石印本　四冊

430000－2401－0013277　25/59－2
欽定滿洲源流考二十卷首一卷　（清）阿桂等修　清光緒三十年（1904）中西書局石印本　四冊

430000－2401－0013278　25/59－3
欽定滿洲源流考二十卷　（清）阿桂等修　清刻本　八冊

430000－2401－0013279　296.2/122
東三省沿革表六卷　（清）吳廷燮撰　清宣統元年（1909）硯耕堂刻本　六冊

430000－2401－0013280　296.2/28
金遼備考二卷　（清）林佶撰　清鈔本　一冊

430000－2401－0013281　296.4/72
寧古塔紀略一卷　（清）吳振臣撰　清光緒中桐廬袁氏刻漸西村舍彙刊本　一冊

430000－2401－0013282　296.2/37
長白徵存錄八卷　（清）張鳳台等纂　清宣統二年（1910）鉛印本　四冊

430000－2401－0013283　296.2/156
蒙古輿地一卷　清光緒兩湖書院刻本　一冊

430000－2401－0013284　461/65
瀛壖雜志六卷　（清）王韜撰　清光緒元年（1875）刻本　二冊

430000－2401－0013285　461/65（1）
瀛壖雜志六卷　（清）王韜撰　清光緒元年（1875）刻本　二冊

430000－2401－0013286　461/65（2）
瀛壖雜志六卷　（清）王韜撰　清光緒元年（1875）刻本　二冊

430000－2401－0013287　461/65（3）
瀛壖雜志六卷　（清）王韜撰　清光緒元年（1875）刻本　二冊

430000－2401－0013288　461/65（4）
瀛壖雜志六卷　（清）王韜撰　清光緒元年

（1875）刻本　六冊

430000－2401－0013289　296.4/93
申江勝景圖二卷　（清）吳嘉猷繪　清光緒二十年（1894）上海點石齋石印本　二冊

430000－2401－0013290　296.4/6－2
上海指南八卷　商務印書館編譯所編　清宣統元年（1909）上海商務印書館鉛印本　一冊

430000－2401－0013291　296.4/6
上海指南八卷　商務印書館編譯所編　清宣統二年（1910）上海商務印書館鉛印本　一冊

430000－2401－0013292　296.4/4
六朝事蹟編類十四卷　（宋）張敦頤撰　清光緒十三年（1887）上元李氏影印宋紹興建康府學刻本　四冊

430000－2401－0013293　296.4/4（1）
六朝事蹟編類十四卷　（宋）張敦頤撰　清光緒十三年（1887）上元李氏影印宋紹興建康府學刻本　二冊

430000－2401－0013294　296.4/4（2）
六朝事蹟編類十四卷　（宋）張敦頤撰　清光緒十三年（1887）上元李氏影印宋紹興建康府學刻本　四冊

430000－2401－0013295　296.4/4（3）
六朝事蹟編類十四卷　（宋）張敦頤撰　清光緒十三年（1887）上元李氏影印宋紹興建康府學刻本　四冊

430000－2401－0013296　296.4/4（4）
六朝事蹟編類十四卷　（宋）張敦頤撰　清光緒十三年（1887）上元李氏影印宋紹興建康府學刻本　四冊

430000－2401－0013297　296.4/4（5）
六朝事蹟編類十四卷　（宋）張敦頤撰　清光緒十三年（1887）上元李氏影印宋紹興建康府學刻本　一冊

430000－2401－0013298　△291.3/10
金陵瑣事四卷續二卷二續二卷　（明）周輝撰　明萬曆刻本　四冊

430000－2401－0013299　296.4/92

白下瑣言十卷　（清）甘熙撰　清光緒十六年（1890）築野堂刻本　四冊

430000－2401－0013300　296.4/57

金陵待徵錄十卷　（清）金鰲輯　金陵詩徵一卷　（清）朱緒曾輯　清光緒二年（1876）刻本　二冊

430000－2401－0013301　296.4/62

金陵歷代建置表一卷　（清）傅春官纂　清光緒二十三年（1897）晦齋刻本　一冊

430000－2401－0013302　△291.2/12

江寧布政司屬府廳州縣輿志圖說一卷　清鈔本　一冊

430000－2401－0013303　296.2/159

江寧府七縣地形考略一卷　（清）黃起鳳等撰　清江楚書局刻本　一冊

430000－2401－0013304　296.4/60

留都見聞錄二卷　（明）吳應箕撰　清同治三年（1864）刻樓山堂遺書本　一冊

430000－2401－0013305　296.38/69

客座贅語十卷　（明）顧起元輯　清光緒三十年（1904）刻本　五冊

430000－2401－0013306　296.4/107

平江記事一卷　（元）高德基撰　清刻本　一冊

430000－2401－0013307　296.4/21

廣陵通典十卷　（清）汪中撰　清同治八年（1869）揚州書局刻本　二冊

430000－2401－0013308　296.4/21(1)

廣陵通典十卷　（清）汪中撰　清同治八年（1869）揚州書局刻本　二冊

430000－2401－0013309　296.4/21(2)

廣陵通典十卷　（清）汪中撰　清同治八年（1869）揚州書局刻本　二冊

430000－2401－0013310　296.4/21(3)

廣陵通典十卷　（清）汪中撰　清同治八年（1869）揚州書局刻本　二冊

430000－2401－0013311　296.4/21(4)

廣陵通典十卷　（清）汪中撰　清同治八年（1869）揚州書局刻本　二冊

430000－2401－0013312　296.4/21(5)

廣陵通典十卷　（清）汪中撰　清同治八年（1869）揚州書局刻本　二冊

430000－2401－0013313　296.4/20

揚州畫舫錄十八卷　（清）李斗撰　清嘉慶自然庵刻本　十冊

430000－2401－0013314　296.4/20(1)

揚州畫舫錄十八卷　（清）李斗撰　清嘉慶自然庵刻本　五冊

430000－2401－0013315　296.4/20(2)

揚州畫舫錄十八卷　（清）李斗撰　清嘉慶自然庵刻本　六冊

430000－2401－0013316　296.4/20－2

揚州畫舫錄十八卷　（清）李斗撰　清同治十一年（1872）刻本　四冊

430000－2401－0013317　296.4/20－2(1)

揚州畫舫錄十八卷　（清）李斗撰　清同治十一年（1872）刻本　四冊

430000－2401－0013318　296.4/20－2(2)

揚州畫舫錄十八卷　（清）李斗撰　清同治十一年（1872）刻本　六冊

430000－2401－0013319　296.4/110

常州賦一卷　（清）褚邦慶編註　清光緒四年（1878）刻本　一冊

430000－2401－0013320　296.2/173

金匱縣輿地全圖不分卷　（清）華紫屏撰　清光緒三十四年（1908）鵝湖華存裕堂義莊石印本　六冊

430000－2401－0013321　296.2/119

信今錄十卷　（清）曹金廆撰　清道光十一年（1831）甘白齋木活字本　三冊　缺二卷（一至二）

430000－2401－0013322　296.2/19

宋元四明六志　（清）徐時棟輯并撰校勘　清

咸豐四年(1854)甬上徐氏烟嶼樓刻本　四十冊

430000－2401－0013323　296.4/53

溪上遺聞集錄十卷　(清)尹元煒輯　清道光二十八年(1848)抱珠樓刻本　四冊

430000－2401－0013324　296.4/91

湖壖雜記一卷　(清)陸次雲撰　清康熙刻本　二冊

430000－2401－0013325　△291.3/13

會稽三賦四卷　(宋)王十朋撰　(明)南逢吉註　(明)尹壇補註　明刻本　四冊

430000－2401－0013326　296.2/101

北隅掌錄二卷　(清)黃士珣撰　清道光二十五年(1845)錢唐汪氏振綺堂刻本　二冊

430000－2401－0013327　296.2/32

新修安徽通志采訪章程錄一卷　(清)安徽省布政司纂　清道光三年(1823)刻本　一冊

430000－2401－0013328　296.2/3

皖志便覽六卷　(清)李應珏撰　清光緒二十四年(1898)官紙印刷局鉛印本　二冊

430000－2401－0013329　294.2/1855

皖志便覽六卷　(清)李應珏撰　清光緒二十八年(1902)安徽縷雲閣刻本　二冊

430000－2401－0013330　296.4/38

新安景物約編不分卷　(清)江忠儔　(清)江正心輯　清道光十年(1830)青雲堂刻本　二冊

430000－2401－0013331　296.4/37

南陵縣建置沿革表一卷　徐乃昌撰　清光緒十八年(1892)積學齋刻積學齋叢書本　一冊

430000－2401－0013332　296.2/22

曆陽典錄三十四卷補編六卷　(清)陳廷桂纂輯　清同治六年(1867)和州官舍刻本　十二冊

430000－2401－0013333　296.4/99

閩嶠輶軒錄二卷　(清)卞寶第撰　清刻本　一冊

430000－2401－0013334　296.1/50

閩中沿革表五卷　(清)王捷南撰　清道光十九年(1839)刻本　五冊

430000－2401－0013335　△291.3/14

閩小紀四卷　(清)周亮工撰　清康熙六年(1667)周氏賴古堂刻本　四冊

430000－2401－0013336　△291.3/14－2

閩小記四卷讀畫錄四卷　(清)周亮工撰　清康熙十二年(1673)周氏賴古堂刻本　三冊

430000－2401－0013337　296.4/42

臨汀匯考四卷　(清)楊瀾撰　清光緒刻本　三冊　缺一卷(一)

430000－2401－0013338　296.4/115

治台必告錄八卷　(清)丁昌健輯　清同治六年(1867)知足知止園刻本　八冊

430000－2401－0013339　△291.2/21

臺灣外志□□卷　(清)江日昇撰　清鈔本　一冊　存一卷(七)

430000－2401－0013340　296.4/14

海東札記四卷　(清)朱景英撰　清乾隆三十八年(1773)刻本　一冊

430000－2401－0013341　296.4/14(1)

海東札記四卷　(清)朱景英撰　清乾隆三十八年(1773)刻本　一冊

430000－2401－0013342　296.4/46

東槎紀略五卷　(清)姚瑩撰　清道光刻中復堂全集本　二冊

430000－2401－0013343　△291.2/19

齊乘六卷　(元)于欽撰　釋音一卷　(元)于潛撰　清乾隆四十六年(1781)刻本　二冊

430000－2401－0013344　296.4/50

山東考古錄一卷　(清)顧炎武撰　清光緒七年(1881)成都淪雅齋刻本　一冊

430000－2401－0013345　296.2/12

續山東考古錄三十二卷首一卷　(清)葉圭綬撰　清光緒八年(1882)山東書局刻本　六冊

430000－2401－0013346　296.2/12(1)

續山東考古錄三十二卷首一卷　（清）葉圭綬
撰　清光緒八年(1882)山東書局刻本　六冊

430000－2401－0013347　296.2/12－2

續山東考古錄三十二卷首一卷　（清）葉圭綬
撰　清咸豐元年(1851)滄州葉氏蝸角尖廬刻
本　五冊　缺五卷(二十八至三十二)

430000－2401－0013348　296.2/7

闕里纂要四卷　（清）孔衍誨輯　清書林環峰
堂刻本　二冊

430000－2401－0013349　296.2/7(1)

闕里纂要四卷　（清）孔衍誨輯　清書林環峰
堂刻本　二冊

430000－2401－0013350　296.2/6

闕里廣志二十卷　（清）宋際典　（清）宋慶長
纂　清同治九年(1870)刻本　十二冊

430000－2401－0013351　296.4/74

鄴中記一卷　（晉）陸翽撰　清同治江西刻武
英殿聚珍版書本　一冊

430000－2401－0013352　△291.3/9

東京夢華錄十卷　（宋）孟元老撰　明刻本
四冊

430000－2401－0013353　△291.3/9(1)

東京夢華錄十卷　（宋）孟元老撰　明刻本
一冊　存五卷(一至五)

430000－2401－0013354　296.2/114

淇縣輿志圖說二卷　（清）曹廣權撰　清光緒
二十七年(1901)刻本　一冊

430000－2401－0013355　296.2/15

荊州記三卷　（宋）盛弘之撰　（清）曹元忠輯
　清光緒十九年(1893)蘇城鄭氏刻箋經堂叢
書本　一冊

430000－2401－0013356　296.2/14

荊州記三卷附錄一卷　（宋）盛弘之撰　（清）
陳運溶集證　清光緒二十四年(1898)長沙萃
文堂刻麓山精舍叢書本　一冊

430000－2401－0013357　296.2/14(1)

荊州記三卷附錄一卷　（宋）盛弘之撰　（清）
陳運溶集證　清光緒二十四年(1898)長沙萃
文堂刻麓山精舍叢書本　一冊

430000－2401－0013358　296.2/14(2)

荊州記三卷附錄一卷　（宋）盛弘之撰　（清）
陳運溶集證　清光緒二十四年(1898)長沙萃
文堂刻麓山精舍叢書本　一冊

430000－2401－0013359　296.2/14(3)

荊州記三卷附錄一卷　（宋）盛弘之撰　（清）
陳運溶集證　清光緒二十四年(1898)長沙萃
文堂刻麓山精舍叢書本　一冊

430000－2401－0013360　296.2/14(4)

荊州記三卷附錄一卷　（宋）盛弘之撰　（清）
陳運溶集證　清光緒二十四年(1898)長沙萃
文堂刻麓山精舍叢書本　一冊

430000－2401－0013361　296.2/14(5)

荊州記三卷附錄一卷　（宋）盛弘之撰　（清）
陳運溶集證　清光緒二十四年(1898)長沙萃
文堂刻麓山精舍叢書本　一冊

430000－2401－0013362　296.2/29

新修會典湖北測繪輿地圖章程　清末刻本
一冊

430000－2401－0013363　296.2/29(1)

新修會典湖北測繪輿地圖章程　清末刻本
一冊

430000－2401－0013364　296.2/29(2)

新修會典湖北測繪輿地圖章程　清末刻本
一冊

430000－2401－0013365　296.2/29(3)

新修會典湖北測繪輿地圖章程　清末刻本
一冊

430000－2401－0013366　296.2/106

湖北通志凡例一卷附辨例一卷　（清）章學誠撰
清光緒八年(1882)武昌官書處木活字本　一冊

430000－2401－0013367　296.4/51

荊楚要覽二卷　（清）陳章纂　清鼎翰樓刻本
二冊

430000－2401－0013368　296.2/11

光緒湖北輿地記二十四卷　（清）湖北輿圖局纂　清光緒二十年（1894）該局刻本　二十四冊

430000－2401－0013369　296.2/11(1)

光緒湖北輿地記二十四卷　（清）湖北輿圖局纂　清光緒二十年（1894）該局刻本　十二冊

430000－2401－0013370　296.2/11(2)

光緒湖北輿地記二十四卷　（清）湖北輿圖局纂　清光緒二十年（1894）該局刻本　二十四冊

430000－2401－0013371　296.2/11(3)

光緒湖北輿地記二十四卷　（清）湖北輿圖局纂　清光緒二十年（1894）該局刻本　二十四冊

430000－2401－0013372　296.2/192

湖北初等鄉土歷史教科書：江夏縣　（清）黃福　（清）徐毓華編纂　清光緒三十二年（1906）鉛印本　一冊

430000－2401－0013373　461/130

沮江隨筆二卷　（清）朱錫綬撰　清咸豐八年（1858）刻本　一冊

430000－2401－0013374　296.4/117

江漢浮槎記二卷　（清）高銘紳撰　清押離閣鈔本　一冊　存一卷（上）

430000－2401－0013375　296.38/68－2

嶺表錄異三卷　（唐）劉恂撰　清同治刻本　一冊

430000－2401－0013376　296.4/111

粵西隨筆一卷　（清）張祥河輯　清光緒二十二年（1896）刻本　一冊

430000－2401－0013377　296.1/83

廣東輿地圖說十四卷首一卷　（清）廖廷相等纂　清宣統元年（1909）廣東參謀處鉛印本　四冊

430000－2401－0013378　296.2/17

澳門紀略二卷首一卷末一卷　（清）印光任

（清）張汝霖撰　清嘉慶五年（1800）刻本　一冊

430000－2401－0013379　296.4/90

益部方物略記二卷　（宋）宋祁撰　清嘉慶十年（1805）虞山張氏照曠閣刻學津討原本　一冊

430000－2401－0013380　296.4/98

茅亭客話十卷　（宋）黃休復撰　清嘉慶十年（1805）虞山張氏照曠閣刻學津討原本　二冊

430000－2401－0013381　461/93

茅亭客話十卷　（宋）黃休復撰　清末刻朱印本　一冊

430000－2401－0013382　296.4/19

蜀中名勝記三十卷　（明）曹學佺撰　清宣統二年（1910）四川官印刷局刻本　八冊

430000－2401－0013383　296.4/19(1)

蜀中名勝記三十卷　（明）曹學佺撰　清宣統二年（1910）四川官印刷局刻本　十冊

430000－2401－0013384　296.4/19(2)

蜀中名勝記三十卷　（明）曹學佺撰　清宣統二年（1910）四川官印刷局刻本　六冊

430000－2401－0013385　294.2/2976

蜀典十二卷　（清）張澍撰　清嘉慶二十三年（1818）刻本　四冊

430000－2401－0013386　296.4/39

蜀典十二卷　（清）張澍撰　清光緒二年（1876）成都尊經書院刻本　四冊

430000－2401－0013387　296.4/39

蜀典十二卷　（清）張澍撰　清光緒二年（1876）成都尊經書院刻本　四冊

430000－2401－0013388　294.2/2977

蜀故二十七卷　（清）彭遵泗撰　清光緒二年（1876）刻本　六冊

430000－2401－0013389　296.4/13

蜀景匯覽十四卷　（清）鍾登輯　清光緒八年（1882）樂道齋刻本　十二冊

430000 - 2401 - 0013390　296.4/12

蜀景匯考十九卷　（清）鍾登輯　清光緒十一年(1885)樂道齋校刻本　四冊

430000 - 2401 - 0013391　296.4/35

牂柯客談七卷禹貢九州今地考二卷　曾廉撰　清光緒三十二年(1906)刻邵陽曾氏三種本　五冊

430000 - 2401 - 0013392　296.2/193

郎岱廳屬十里風土大概情形　清光緒十年(1884)稿本　一冊

430000 - 2401 - 0013393　△24/27

增訂南詔野史二卷　（明）倪輅撰　清鈔本　一冊

430000 - 2401 - 0013394　25/103

增訂南詔野史二卷　（明）倪輅撰　清光緒六年(1880)雲南書局刻本　二冊

430000 - 2401 - 0013395　25/103(1)

增訂南詔野史二卷　（明）倪輅撰　清光緒六年(1880)雲南書局刻本　二冊

430000 - 2401 - 0013396　25/103(2)

增訂南詔野史二卷　（明）倪輅撰　清光緒六年(1880)雲南書局刻本　二冊

430000 - 2401 - 0013397　25/103(3)

增訂南詔野史二卷　（明）倪輅撰　清光緒六年(1880)雲南書局刻本　二冊

430000 - 2401 - 0013398　25/103(4)

增訂南詔野史二卷　（明）倪輅撰　清光緒六年(1880)雲南書局刻本　二冊

430000 - 2401 - 0013399　25/103(5)

增訂南詔野史二卷　（明）倪輅撰　清光緒六年(1880)雲南書局刻本　二冊

430000 - 2401 - 0013400　25/103 - 2

增訂南詔野史二卷　（明）倪輅撰　清光緒金溪李氏自詒堂刻本　一冊

430000 - 2401 - 0013401　△291.3/5

西藏賦不分卷　（清）和寧撰　清嘉慶二年(1797)刻本　一冊

430000 - 2401 - 0013402　296.9/55

康輶紀行十六卷　（清）姚瑩撰　清同治六年(1867)刻本　九冊

430000 - 2401 - 0013403　296.9/55(1)

康輶紀行十六卷　（清）姚瑩撰　清同治六年(1867)刻本　八冊

430000 - 2401 - 0013404　296.4/45

兩京新記一卷　（唐）韋述撰　李嶠雜詠二卷　（唐）李嶠撰　清光緒七年(1881)刻本　一冊

430000 - 2401 - 0013405　292.41/19

秦疆治略一卷　（清）盧坤撰　清刻本　一冊

430000 - 2401 - 0013406　292.41/19(1)

秦疆治略一卷　（清）盧坤撰　清刻本　一冊

430000 - 2401 - 0013407　△291.2/31

沃史二十五卷　（清）范印心　（清）張奇勛纂修　清康熙七年(1668)刻本　八冊

430000 - 2401 - 0013408　296.4/82

西陲要略四卷　（清）祁韻士輯　清道光十七年(1837)筠淥山房刻本　一冊

430000 - 2401 - 0013409　△291.2/11

西陲要略四卷　（清）祁韻士輯　清鈔本　一冊

430000 - 2401 - 0013410　△291.2/16

新疆紀要不分卷　（清）珠克登撰　清鈔本　二冊

430000 - 2401 - 0013411　296.2/8

欽定新疆識略十二卷首一卷　（清）徐松纂　清光緒二十年(1894)上海積山書局石印本　十六冊

430000 - 2401 - 0013412　296.2/8(1)

欽定新疆識略十二卷首一卷　（清）徐松纂　清光緒二十年(1894)上海積山書局石印本　十六冊

430000 - 2401 - 0013413　296.2/9

新疆賦一卷　（清）徐松撰　清石印本　一冊

430000 - 2401 - 0013414　296.2/9(1)
新疆賦一卷　（清)徐松撰　清石印本　一冊

430000 - 2401 - 0013415　296.2/10
新疆外藩紀略二卷　（清)椿園氏撰　清乾隆
刻本　二冊

430000 - 2401 - 0013416　296.2/10(1)
新疆外藩紀略二卷　（清)椿園氏撰　清乾隆
刻本　二冊

430000 - 2401 - 0013417　△291.2/2
哈密直隸廳圖說一卷　清鈔本　一冊

430000 - 2401 - 0013418　△291.2/3
吐魯番直隸廳圖說一卷　清鈔本　一冊

430000 - 2401 - 0013419　296.4/66
輪台雜記二卷　（清)史善長撰　清光緒刻味
根山房全集本　一冊

430000 - 2401 - 0013420　296.9/50
伊犂總統事略十二卷　（清)松筠撰　清嘉慶
十四年(1809)刻本　六冊

430000 - 2401 - 0013421　△293.4/3
伊犂總統事略十二卷　（清)松筠撰　清鈔本
　一冊　存一卷(六)

430000 - 2401 - 0013422　296.4/28
西域輿地三種匯刻三卷　徐崇立撰　清光緒
三十二年(1906)盍簪行館刻盍簪館叢書本
一冊

430000 - 2401 - 0013423　296.4/28(1)
西域輿地三種匯刻三卷　徐崇立撰　清光緒
三十二年(1906)盍簪行館刻盍簪館叢書本
一冊

430000 - 2401 - 0013424　296.4/28(2)
西域輿地三種匯刻三卷　徐崇立撰　清光緒
三十二年(1906)盍簪行館刻盍簪館叢書本
一冊

430000 - 2401 - 0013425　296.4/28(3)
西域輿地三種匯刻三卷　徐崇立撰　清光緒
三十二年(1906)盍簪行館刻盍簪館叢書本
一冊

430000 - 2401 - 0013426　296.4/28(4)
西域輿地三種匯刻三卷　徐崇立撰　清光緒
三十二年(1906)盍簪行館刻盍簪館叢書本
一冊

430000 - 2401 - 0013427　296.4/28(5)
西域輿地三種匯刻三卷　徐崇立撰　清光緒
三十二年(1906)盍簪行館刻盍簪館叢書本
一冊

430000 - 2401 - 0013428　296.4/28(6)
西域輿地三種匯刻三卷　徐崇立撰　清光緒
三十二年(1906)盍簪行館刻盍簪館叢書本
一冊

430000 - 2401 - 0013429　296.4/28(7)
西域輿地三種匯刻三卷　徐崇立撰　清光緒
三十二年(1906)盍簪行館刻盍簪館叢書本
一冊

430000 - 2401 - 0013430　△291.2/9
西域輿地三種附新疆古魯克道里記　徐崇立
撰　鈔本　一冊

430000 - 2401 - 0013431　△291.2/10
西域輿地三種　徐崇立撰　稿本　一冊

430000 - 2401 - 0013432　296.9/60
西域記八卷　（清)七十一撰　清嘉慶十九年
(1814)刻本　二冊

430000 - 2401 - 0013433　296.2/148
西域聞見錄八卷　（清)七十一撰　清刻本
三冊　缺二卷(五至六)

430000 - 2401 - 0013434　△291.2/8 - 2
西域聞見錄八卷　（清)七十一撰　清鈔本
四冊

430000 - 2401 - 0013435　△291.2/8
西域聞見錄八卷　（清)七十一撰　清鈔本
一冊

430000 - 2401 - 0013436　296.4/55
西域釋地一卷　（清)祁韻士撰　清道光十七
年(1837)筠淥山房刻本　一冊

430000 - 2401 - 0013437　296.1/69

大興徐氏三種八卷　(清)徐松撰　清道光刻本　四冊

430000－2401－0013438　296.1/69(1)

大興徐氏三種八卷　(清)徐松撰　清道光刻本　二冊　缺二卷(漢書西域傳補註上下)

430000－2401－0013439　296.4/2－4

漢書西域傳補註二卷　(清)徐松撰　清光緒六年(1880)刻本　一冊

430000－2401－0013440　296.4/2

漢書西域傳補註二卷　(清)徐松撰　清光緒十九年(1893)寶善書局石印本　一冊

430000－2401－0013441　296.4/2(1)

漢書西域傳補註二卷　(清)徐松撰　清光緒十九年(1893)寶善書局石印本　一冊

430000－2401－0013442　296.4/2－2

漢書西域傳補註二卷　(清)徐松撰　清光緒上海鴻文書局石印本　一冊

430000－2401－0013443　296.2/127

西域三記一卷　(清)路同申撰　清光緒三年(1877)宜興路氏立本堂刻本　一冊

430000－2401－0013444　296.1/18

欽定皇輿西域圖志四十八卷首一卷　(清)傅恆等撰　清光緒十九年(1893)杭州便益書局石印本　十二冊

430000－2401－0013445　296.1/1(1)8

欽定皇輿西域圖志四十八卷首一卷　(清)傅恆等撰　清光緒十九年(1893)杭州便益書局石印本　合訂二冊

430000－2401－0013446　296.1/18(2)

欽定皇輿西域圖志四十八卷首一卷　(清)傅恆等撰　清光緒十九年(1893)杭州便益書局石印本　一冊　存四卷(三十至三十三)

430000－2401－0013447　△291.3/6

采風類記十卷　(清)張大純撰　清雍正十三年(1735)讀書堂刻本　八冊

430000－2401－0013448　296.5/4

慈利山水考一卷　(清)于雲贊撰　清宣統三年(1911)鉛印本　一冊

430000－2401－0013449　296.5/4(1)

慈利山水考一卷　(清)于雲贊撰　清宣統三年(1911)鉛印本　一冊

430000－2401－0013450　296.5/4(2)

慈利山水考一卷　(清)于雲贊撰　清宣統三年(1911)鉛印本　一冊

430000－2401－0013451　296.5/6

昌平山水記二卷　(清)顧炎武撰　清乾隆吳江潘氏遂初堂刻亭林遺書本　一冊

430000－2401－0013452　296.5/2

湖山便覽十二卷　(清)翟灝　(清)翟瀚撰　(清)王維翰重訂　清光緒元年(1875)槐蔭堂王氏刻本　六冊

430000－2401－0013453　296.5/2(1)

湖山便覽十二卷　(清)翟灝　(清)翟瀚撰　(清)王維翰重訂　清光緒元年(1875)槐蔭堂王氏刻本　六冊

430000－2401－0013454　296.5/8

京口山水志十八卷首一卷末一卷　(清)楊棨撰　清道光二十七年(1847)枕溪書屋刻本　四冊

430000－2401－0013455　296.5/8－2

京口山水志十八卷首一卷末一卷　(清)楊棨撰　清光緒二十一年(1895)刻本　六冊

430000－2401－0013456　296.5/8－2(1)

京口山水志十八卷首一卷末一卷　(清)楊棨撰　清光緒二十一年(1895)刻本　四冊

430000－2401－0013457　296.5/9

桂林山水圖并詩一卷　(清)羅辰繪并撰詩　清道光十一年(1831)刻本　一冊

430000－2401－0013458　296.5/1

雲南山川志一卷　(明)楊慎撰　清光緒八年(1882)樂道齋刻函海本　一冊

430000－2401－0013459　296.51/69

天下名山圖詠四卷　(清)沈錫齡輯并繪　清光緒二十一年(1895)石印本　四冊

430000－2401－0013460　296.51/107

龍潭山志七卷首一卷末一卷　（清）康阜纂
清光緒五年（1879）刻本　八冊

430000－2401－0013461　志1087

仙庾嶺志　（清）劉金恆等撰　清光緒十六年
（1890）刻本　一冊

430000－2401－0013462　志1088

楚攸四修司空山志三卷　（清）廖夒颿纂　清
咸豐十一年（1861）活字印本　一冊　存一卷
（上）

430000－2401－0013463　296.51/92－2

湘陰神鼎山志略一卷　（清）釋一揆輯　清康
熙三十二年（1693）刻本　一冊

430000－2401－0013464　296.51/103

南嶽總勝集三卷　（宋）陳田夫撰　清光緒三
十二年（1906）長沙葉氏影南宋刻本　三冊

430000－2401－0013465　296.51/101

蓮峰志五卷　（清）王夫之撰　清同治四年
（1865）湘鄉曾氏金陵節署刻船山叢書本
一冊

430000－2401－0013466　志1171

衡嶽志八卷　（清）朱袞修　（清）袁奐纂　清
康熙三年（1664）九仙靈台之館刻本　八冊

430000－2401－0013467　296.51/93

南嶽志八卷　（清）高自位編　（清）曠敏同輯
　清乾隆十八年（1753）刻本　八冊

430000－2401－0013468　296.51/93（1）

南嶽志八卷　（清）高自位編　（清）曠敏同輯
　清乾隆十八年（1753）刻本　四冊

430000－2401－0013469　296.51/93（2）

南嶽志八卷　（清）高自位編　（清）曠敏同輯
　清乾隆十八年（1753）刻本　六冊

430000－2401－0013470　296.51/93（3）

南嶽志八卷　（清）高自位編　（清）曠敏同輯
　清乾隆十八年（1753）刻本　六冊

430000－2401－0013471　296.51/93（4）

南嶽志八卷　（清）高自位編　（清）曠敏同輯

清乾隆十八年（1753）刻本　八冊

430000－2401－0013472　志1094

重修南嶽志二十六卷　（清）李元度纂修　清
光緒九年（1883）刻本　十二冊

430000－2401－0013473　志1107

南嶽志輯要四卷　（清）許知璣撰　清道光十
四年（1834）刻本　四冊

430000－2401－0013474　志1114

衡山靈山志二卷　（清）周合戊纂　清光緒三
十二年（1906）刻本　二冊

430000－2401－0013475　志1113

衡岳圖志　清刻本　一冊

430000－2401－0013476　志1118

湘山志二卷　（清）謝允復纂修　清康熙二十
一年（1682）刻本　一冊

430000－2401－0013477　志1119

纂集通覽湘山志二卷　（清）張淡烟纂　清乾
隆五十九年（1794）刻本　一冊

430000－2401－0013478　志1129

纂集通覽湘山志二卷　（清）張淡烟纂　清咸
豐三年（1853）刻本　二冊

430000－2401－0013479　志1085

孟姜山志十二卷首一卷　（清）郭青纂修　清
同治六年（1867）刻本　二冊　存八卷（一至
三、九至十二，首一卷）

430000－2401－0013480　志1143

九疑山志四卷　（清）樊在廷　（清）吳繩祖纂
修　清嘉慶元年（1796）退思齋刻本　二冊

430000－2401－0013481　296.51/17

寶華山志十五卷首一卷　（清）劉名芳撰　清
刻本　四冊

430000－2401－0013482　296.51/17（1）

寶華山志十五卷首一卷　（清）劉名芳撰　清
刻本　四冊

430000－2401－0013483　296.51/17（2）

寶華山志十五卷首一卷　（清）劉名芳撰　清

刻本　四册

430000－2401－0013484　296.51/98

恆山志五卷圖一卷　（清）桂敬順撰　清乾隆
二十八年(1763)刻本　一册　存文志

430000－2401－0013485　296.51/21

盤山志十卷首一卷補遺四卷　（清）釋智樸纂
　清康熙三十五年(1696)刻本　三册　缺五
卷(六至十)

430000－2401－0013486　296.51/21(1)

盤山志十卷首一卷補遺四卷　（清）釋智樸纂
　清康熙三十五年(1696)刻本　一册　存六
卷(首、一至五)

430000－2401－0013487　296.51/89－3

禹峽山志四卷　（清）孫繩祖纂　清康熙六十
年(1721)刻本　四册

430000－2401－0013488　296.51/89－2

禹峽山志四卷　（清）孫繩祖纂　清光緒十年
(1884)刻本　四册

430000－2401－0013489　296.51/89－2(1)

禹峽山志四卷　（清）孫繩祖纂　清光緒十年
(1884)刻本　三册　缺一卷(一)

430000－2401－0013490　△291.41/6

清凉山小志一卷　清乾隆十一年(1746)刻本
　一册

430000－2401－0013491　296.51/15

清凉山志十卷　（明）釋鎮澄撰　清光緒十三
年(1887)刻本　四册

430000－2401－0013492　296.51/15(1)

清凉山志十卷　（明）釋鎮澄撰　清光緒十三
年(1887)刻本　四册

430000－2401－0013493　296.51/15(2)

清凉山志十卷　（明）釋鎮澄撰　清光緒十三
年(1887)刻本　二册　存六卷(一至六)

430000－2401－0013494　296.51/95

慧山記四卷　（明）釋圓顯輯　清咸豐七年
(1857)邵涵初校刊本　二册

430000－2401－0013495　296.51/96

慧山記續編三卷首一卷　（清）邵涵初編　清
咸豐九年(1859)二泉書院刻本　四册

430000－2401－0013496　296.51/58

焦山志二十卷首一卷　（清）王豫　（清）釋清
恆纂　清道光三年(1823)刻本　六册

430000－2401－0013497　296.51/59

焦山志二十六卷首一卷　（清）吳雲纂　清同
治四年(1865)刻本　八册

430000－2401－0013498　296.51/59(1)

焦山志二十六卷首一卷　（清）吳雲纂　清同
治四年(1865)刻本　八册

430000－2401－0013499　296.51/59(2)

焦山志二十六卷首一卷　（清）吳雲纂　清同
治四年(1865)刻本　八册

430000－2401－0013500　296.51/59(3)

焦山志二十六卷首一卷　（清）吳雲纂　清同
治四年(1865)刻本　八册

430000－2401－0013501　296.51/59(4)

焦山志二十六卷首一卷　（清）吳雲纂　清同
治四年(1865)刻本　八册

430000－2401－0013502　296.51/59(5)

焦山志二十六卷首一卷　（清）吳雲纂　清同
治四年(1865)刻本　八册

430000－2401－0013503　296.51/59(6)

焦山志二十六卷首一卷　（清）吳雲纂　清同
治四年(1865)刻本　八册

430000－2401－0013504　296.51/59(7)

焦山志二十六卷首一卷　（清）吳雲纂　清同
治四年(1865)刻本　八册

430000－2401－0013505　296.51/59(8)

焦山志二十六卷首一卷　（清）吳雲纂　清同
治四年(1865)刻本　八册

430000－2401－0013506　296.51/60

焦山續志八卷　（清）陳任暘纂　清光緒三十
一年(1905)刻京口三山志本　二册

430000－2401－0013507 296.51/60（1）

焦山續志八卷 （清）陳任暘纂 清光緒三十一年(1905)刻京口三山志本 二冊

430000－2401－0013508 296.51/60（2）

焦山續志八卷 （清）陳任暘纂 清光緒三十一年(1905)刻京口三山志本 二冊

430000－2401－0013509 296.51/60（3）

焦山續志八卷 （清）陳任暘纂 清光緒三十一年(1905)刻京口三山志本 二冊

430000－2401－0013510 296.51/60（4）

焦山續志八卷 （清）陳任暘纂 清光緒三十一年(1905)刻京口三山志本 一冊 存五卷（一至五）

430000－2401－0013511 296.51/60（5）

焦山續志八卷 （清）陳任暘纂 清光緒三十一年(1905)刻京口三山志本 一冊 存五卷（一至五）

430000－2401－0013512 296.51/10

焦山勝境全圖 （清）釋徹性繪 （清）高廉記 清道光六年(1826)刻木拓本 一張

430000－2401－0013513 296.51/80

金山志二十卷首二卷 （清）周伯義 （清）陳任暘撰 清光緒三十年(1904)月圓人壽室刻本 十冊

430000－2401－0013514 296.51/78

金山志十卷 （清）盧見曾撰 清光緒二十七年(1901)雅雨堂刻本 四冊

430000－2401－0013515 296.51/78（1）

金山志十卷 （清）盧見曾撰 清光緒二十七年(1901)雅雨堂刻本 四冊

430000－2401－0013516 296.51/78（2）

金山志十卷 （清）盧見曾撰 清光緒二十七年(1901)雅雨堂刻本 四冊

430000－2401－0013517 296.51/78（2）

金山志十卷 （清）盧見曾撰 清光緒二十七年(1901)雅雨堂刻本 四冊

430000－2401－0013518 296.51/18

續金山志二十卷 （清）曾燠纂 清道光四年(1824)盱江曾氏刻本 十六冊

430000－2401－0013519 296.51/79

續金山志二卷 （清）釋秋涯撰 清光緒二十七年(1901)刻本 二冊

430000－2401－0013520 296.51/79（1）

續金山志二卷 （清）釋秋涯撰 清光緒二十七年(1901)刻本 二冊

430000－2401－0013521 296.51/79（2）

續金山志二卷 （清）釋秋涯撰 清光緒二十七年(1901)刻本 二冊

430000－2401－0013522 296.51/79（3）

續金山志二卷 （清）釋秋涯撰 清光緒二十七年(1901)刻本 二冊

430000－2401－0013523 296.51/56

北固山志十四卷首一卷 （清）周伯義編 清光緒三十年(1904)刻本 六冊

430000－2401－0013524 296.51/56（1）

北固山志十四卷首一卷 （清）周伯義編 清光緒三十年(1904)刻本 六冊

430000－2401－0013525 296.51/22

虎丘山志二十四卷 （清）周鳳岐等纂輯 清乾隆三十二年(1767)刻本 六冊

430000－2401－0013526 296.51/61

雲臺山志八卷首一卷末一卷 （清）崔應階編 清乾隆三十七年(1772)研露樓刻本 四冊

430000－2401－0013527 296.51/27

茅山志十四卷道秩考一卷 （清）笪蟾光撰 清光緒三年(1877)懶雲草堂刻本 六冊

430000－2401－0013528 296.51/54

白雲洞志五卷 （清）黃亨撰 清光緒十三年(1887)刻本 一冊

430000－2401－0013529 296.51/47

金陵諸山形勢考一卷 （清）蔣綉岑撰 清道光十二年(1832)友恭堂刻本 一冊

430000－2401－0013530 296.51/67

盋山志八卷　（清）顧雲編　清光緒九年（1883）金陵盋山精舍刻本　三冊

430000－2401－0013531　296.51/62

雲台新志十八卷首一卷末一卷　（清）謝元淮等纂　清道光十六年（1836）鬱洲書院刻本　六冊

430000－2401－0013532　296.51/25

明州阿育王山志十卷　（明）郭子章撰　清乾隆二十年（1755）續刻明萬曆四十七年（1619）刻本　六冊

430000－2401－0013533　296.51/25（1）

明州阿育王山志十卷　（明）郭子章撰　清乾隆二十年（1755）續刻明萬曆四十七年（1619）刻本　六冊

430000－2401－0013534　296.51/25（2）

明州阿育王山志十卷　（明）郭子章撰　清乾隆二十年（1755）續刻明萬曆四十七年（1619）刻本　六冊

430000－2401－0013535　296.51/25（3）

明州阿育王山志十卷　（明）郭子章撰　清乾隆二十年（1755）續刻明萬曆四十七年（1619）刻本　六冊

430000－2401－0013536　296.51/6

天台山方外志三十卷　（清）釋傳燈撰　清光緒二十年（1894）刻本　八冊

430000－2401－0013537　296.51/7

天台山方外志要十卷　（清）齊召南撰　清乾隆三十二年（1767）息園刻本　二冊

430000－2401－0013538　296.51/48

天台山全志　（清）張聯元輯　清刻本　一冊　存三卷（十四至十六）

430000－2401－0013539　296.51/49

委羽山志六卷　（清）胡昌賢輯　續志六卷（清）王維翰輯　清同治九年（1870）委羽石室刻本　三冊

430000－2401－0013540　296.51/73

孤嶼志八卷　（清）陳舜諮訂修　清刻本　四冊　存六卷（三至八）

430000－2401－0013541　296.51/39－2

重修南海普陀山志二十卷首一卷　（清）秦耀曾輯　清道光十二年（1832）刻本　四冊

430000－2401－0013542　296.51/39－2（1）

重修南海普陀山志二十卷首一卷　（清）秦耀曾輯　清道光十二年（1832）刻本　二冊　存五卷（十六至二十）

430000－2401－0013543　296.51/40

重修南海普陀山志二十卷首一卷　（清）許琰撰　清同治八年（1869）刻本　四冊

430000－2401－0013544　296.51/40（1）

重修南海普陀山志二十卷首一卷　（清）許琰撰　清同治八年（1869）刻本　四冊

430000－2401－0013545　296.51/40（2）

重修南海普陀山志二十卷首一卷　（清）許琰撰　清同治八年（1869）刻本　四冊

430000－2401－0013546　296.51/40（3）

重修南海普陀山志二十卷首一卷　（清）許琰撰　清同治八年（1869）刻本　四冊

430000－2401－0013547　296.51/40（4）

重修南海普陀山志二十卷首一卷　（清）許琰撰　清同治八年（1869）刻本　四冊

430000－2401－0013548　296.51/33

廣雁蕩山志二十八卷首一卷末一卷　（清）曾唯纂　清同治八年（1869）遞修清乾隆嘉慶刻本　八冊

430000－2401－0013549　296.51/33（1）

廣雁蕩山志二十八卷首一卷末一卷　（清）曾唯纂　清同治八年（1869）遞修清乾隆嘉慶刻本　六冊　缺八卷（五至八、二十六至二十八,末一卷）

430000－2401－0013550　296.51/74

齊雲山志五卷　（明）魯點撰　明萬曆刻本　五冊

430000－2401－0013551　296.51/20

九華山志十卷首一卷末一卷　（清）周贇纂

清光緒二十六年(1900)刻本　八冊

430000－2401－0013552　296.51/20(1)
九華山志十卷首一卷末一卷　(清)周贇纂
清光緒二十六年(1900)刻本　四冊

430000－2401－0013553　296.51/36
黃山志□□卷　(清)汪濟淳等修纂　清刻本
三冊　存十五卷(十五至十九、三十至三十
四、四十五至四十九)

430000－2401－0013554　296.51/19
大別山志十卷首一卷　(清)胡鳳丹編纂　清
同治十三年(1874)退補齋刻本　四冊

430000－2401－0013555　296.51/19(1)
大別山志十卷首一卷　(清)胡鳳丹編纂　清
同治十三年(1874)退補齋刻本　二冊　存六
卷(一至五、首一卷)

430000－2401－0013556　296.51/38
齊山岩洞志二十六卷首一卷　(清)陳蔚輯
清嘉慶十年(1805)玩月樓刻本　八冊

430000－2401－0013557　296.51/38－2
齊山岩洞志二十六卷首一卷　(清)陳蔚輯
清光緒二十七年(1901)貴池劉氏唐石簃刻貴
池先哲遺書本　八冊

430000－2401－0013558　296.51/57
續刻麻姑山丹霞洞天志十七卷　(明)左宗郢
編　(清)何天爵續　清康熙五十七年(1718)
瀧溪曉樓刻本　六冊

430000－2401－0013559　296.51/5
重刊麻姑山志十二卷　(清)黃家駒編　清同
治五年(1866)黃氏漢皋督銷局刻本　六冊

430000－2401－0013560　296.51/5(1)
重刊麻姑山志十二卷　(清)黃家駒編　清同
治五年(1866)黃氏漢皋督銷局刻本　六冊

430000－2401－0013561　296.51/5(2)
重刊麻姑山志十二卷　(清)黃家駒編　清同
治五年(1866)黃氏漢皋督銷局刻本　八冊

430000－2401－0013562　296.51/5(3)
重刊麻姑山志十二卷　(清)黃家駒編　清同

治五年(1866)黃氏漢皋督銷局刻本　四冊
存九卷(一至六、十至十二)

430000－2401－0013563　296.51/35－2
黃山志定本七卷首一卷　(清)閔麟嗣纂　清
康熙十八年(1679)刻本　一冊　存一卷(四)

430000－2401－0013564　296.51/75
西天目祖山志八卷首一卷末一卷　(清)釋廣
賓輯　(清)釋際界增訂　清光緒二年(1876)
刻本　三冊　缺二卷(五至六)

430000－2401－0013565　296.51/100
太姥山志三卷　(明)謝肇淛撰　清嘉慶五年
(1800)王氏刻本　一冊

430000－2401－0013566　△291.41/1
武夷志略四卷　(明)徐表然撰　明萬曆四十
七年(1619)孫世昌刻本　四冊

430000－2401－0013567　296.51/10
武夷九曲志十六卷首一卷　(清)王復禮撰
清康熙五十七年(1718)刻本　五冊　缺二卷
(十至十一)

430000－2401－0013568　296.51/11
武夷山志二十八卷首一卷續修二卷　(清)倪懌
輯　清康熙四十九年(1710)帶經堂刻本　二冊
存七卷(一至三、二十二至二十四,首一卷)

430000－2401－0013569　296.51/12
武夷山志二十四卷首一卷　(清)董天工撰
清道光二十六年(1846)五夫尺木軒刻本
八冊

430000－2401－0013570　296.51/12(1)
武夷山志二十四卷首一卷　(清)董天工撰
清道光二十六年(1846)五夫尺木軒刻本
八冊

430000－2401－0013571　296.51/12(2)
武夷山志二十四卷首一卷　(清)董天工撰
清道光二十六年(1846)五夫尺木軒刻本
十冊

430000－2401－0013572　296.51/12(3)
武夷山志二十四卷首一卷　(清)董天工撰

清道光二十六年(1846)五夫尺木軒刻本
八冊

430000－2401－0013573　296.51/12(4)

武夷山志二十四卷首一卷　(清)董天工撰
清道光二十六年(1846)五夫尺木軒刻本
八冊

430000－2401－0013574　296.51/12(5)

武夷山志二十四卷首一卷　(清)董天工撰
清道光二十六年(1846)五夫尺木軒刻本
八冊

430000－2401－0013575　296.51/12(6)

武夷山志二十四卷首一卷　(清)董天工撰
清道光二十六年(1846)五夫尺木軒刻本
八冊

430000－2401－0013576　296.51/12(7)

武夷山志二十四卷首一卷　(清)董天工撰
清道光二十六年(1846)五夫尺木軒刻本
八冊

430000－2401－0013577　296.51/50

懷玉山志八卷首一卷末一卷　(清)朱承熙編
輯　清乾隆刻本　二冊

430000－2401－0013578　296.51/26

烏石山志九卷首一卷　(清)郭柏蒼　(清)劉
永松纂輯　清道光二十二年(1842)侯官郭氏
古天開圖書樓刻本　三冊　存六卷(一、六至
九,首一卷)

430000－2401－0013579　296.51/24

廬山紀事十二卷　(明)桑喬纂　(清)范玢補
清順治十六年(1659)刻本　八冊

430000－2401－0013580　296.51/3－4

廬山志十五卷　(清)毛德琦撰　清康熙五十
七年(1718)順德堂刻本　八冊

430000－2401－0013581　296.51/3

廬山志十五卷　(清)毛德琦撰　清道光二十
二年(1842)遞修清康熙順德堂刻本　十五冊
缺一卷(四)

430000－2401－0013582　296.51/3－2

廬山志十五卷　(清)毛德琦撰　清同治十二
年(1873)盛克遞修清康熙順德堂刻本　十
六冊

430000－2401－0013583　296.51/3－2(1)

廬山志十五卷　(清)毛德琦撰　清同治十二
年(1873)盛克遞修清康熙順德堂刻本　十
六冊

430000－2401－0013584　296.51/3－2(2)

廬山志十五卷　(清)毛德琦撰　清同治十二
年(1873)盛克遞修清康熙順德堂刻本　十
六冊

430000－2401－0013585　296.51/3－2(3)

廬山志十五卷　(清)毛德琦撰　清同治十二
年(1873)盛克遞修清康熙順德堂刻本　十
六冊

430000－2401－0013586　296.51/3－3

廬山志十五卷　(清)毛德琦撰　清宣統二年
(1910)朱錦遞修清康熙順德堂刻本　十六冊

430000－2401－0013587　296.51/42

廬山小志二十四卷首一卷　(清)蔡瀛撰　清
道光四年(1824)琅環別館刻本　三冊　存十
四卷(一至十三、首一卷)

430000－2401－0013588　296.51/9

踈山志略十卷末一卷　(清)吳奎重纂　清同
治十年(1871)刻本　四冊

430000－2401－0013589　296.51/13

石鐘山志十六卷首一卷　(清)李成謀　(清)
丁義方輯　清光緒九年(1883)聽濤眺雨軒刻
本　八冊

430000－2401－0013590　296.51/13(1)

石鐘山志十六卷首一卷　(清)李成謀　(清)
丁義方輯　清光緒九年(1883)聽濤眺雨軒刻
本　八冊

430000－2401－0013591　296.51/13(2)

石鐘山志十六卷首一卷　(清)李成謀　(清)
丁義方輯　清光緒九年(1883)聽濤眺雨軒刻
本　八冊

430000－2401－0013592　296.51/13（3）

石鐘山志十六卷首一卷　（清）李成謀　（清）丁義方輯　清光緒九年(1883)聽濤眺雨軒刻本　八冊

430000－2401－0013593　296.51/13（4）

石鐘山志十六卷首一卷　（清）李成謀　（清）丁義方輯　清光緒九年(1883)聽濤眺雨軒刻本　八冊

430000－2401－0013594　296.51/13（5）

石鐘山志十六卷首一卷　（清）李成謀　（清）丁義方輯　清光緒九年(1883)聽濤眺雨軒刻本　八冊

430000－2401－0013595　296.51/13（6）

石鐘山志十六卷首一卷　（清）李成謀　（清）丁義方輯　清光緒九年(1883)聽濤眺雨軒刻本　八冊

430000－2401－0013596　296.51/13（7）

石鐘山志十六卷首一卷　（清）李成謀　（清）丁義方輯　清光緒九年(1883)聽濤眺雨軒刻本　八冊

430000－2401－0013597　296.51/13（8）

石鐘山志十六卷首一卷　（清）李成謀　（清）丁義方輯　清光緒九年(1883)聽濤眺雨軒刻本　八冊

430000－2401－0013598　296.51/13（9）

石鐘山志十六卷首一卷　（清）李成謀　（清）丁義方輯　清光緒九年(1883)聽濤眺雨軒刻本　八冊

430000－2401－0013599　296.51/13（10）

石鐘山志十六卷首一卷　（清）李成謀　（清）丁義方輯　清光緒九年(1883)聽濤眺雨軒刻本　八冊

430000－2401－0013600　296.51/13（11）

石鐘山志十六卷首一卷　（清）李成謀　（清）丁義方輯　清光緒九年(1883)聽濤眺雨軒刻本　八冊

430000－2401－0013601　296.51/13（12）

石鐘山志十六卷首一卷　（清）李成謀　（清）丁義方輯　清光緒九年(1883)聽濤眺雨軒刻本　八冊

430000－2401－0013602　296.51/13（13）

石鐘山志十六卷首一卷　（清）李成謀　（清）丁義方輯　清光緒九年(1883)聽濤眺雨軒刻本　八冊

430000－2401－0013603　296.51/23

龍虎山志十六卷　（清）婁近垣撰　清乾隆五年(1740)大上清宮刻本　一冊　存五卷（一至五）

430000－2401－0013604　296.51/77

天竺山志十二卷首一卷　（清）管庭芬輯（清）曹籀刪訂　清光緒元年(1875)上天竺法喜寺白雲堂刻本　四冊

430000－2401－0013605　296.51/77（1）

天竺山志十二卷首一卷　（清）管庭芬輯（清）曹籀刪訂　清光緒元年(1875)上天竺法喜寺白雲堂刻本　一冊　存二卷（十一至十二）

430000－2401－0013606　△291.41/2

岱史十八卷　（明）查志隆輯　明萬曆刻清康熙三十八年(1699)勞祖繩補修本　七冊

430000－2401－0013607　△291.41/3

岱覽三十二卷首編七卷附錄一卷　（清）唐仲冕纂修　清嘉慶十二年(1807)果克山房刻本　十六冊

430000－2401－0013608　296.51/72

泰山志二十卷　（清）金棨撰　清光緒刻本　十冊

430000－2401－0013609　296.51/90

泰山道里記一卷　（清）聶鈫撰　清乾隆雨山堂刻同治、光緒修補本　一冊

430000－2401－0013610　296.51/90（1）

泰山道里記一卷　（清）聶鈫撰　清乾隆雨山堂刻同治、光緒修補本　二冊

430000－2401－0013611　296.51/53

匡山圖志四卷　蔣德鈞纂　清末刻本　一冊

430000－2401－0013612　296.51/53(1)

匡山圖志四卷　蔣德鈞纂　清末刻本　一冊

430000－2401－0013613　296.51/53(2)

匡山圖志四卷　蔣德鈞纂　清末刻本　一冊

430000－2401－0013614　296.51/53(3)

匡山圖志四卷　蔣德鈞纂　清末刻本　一冊

430000－2401－0013615　296.51/53(4)

崆峒山志二卷　(清)張伯魁纂　清初刻本
一冊　存一卷(下)

430000－2401－0013616　296.51/97

鼓山志十四卷　(清)黃任纂　清乾隆三十七
年(1772)刻本　六冊

430000－2401－0013617　296.51/94

鼓山志十四卷　(清)黃任纂　清乾隆三十七年
(1772)刻本　一冊　存五卷(一至四、首一卷)

430000－2401－0013618　296.51/94(1)

說嵩三十二卷　(清)景日昣撰　清康熙岳生
堂刻本　十六冊

430000－2401－0013619　296.51/88

說嵩三十二卷　(清)景日昣撰　清康熙岳生
堂刻本　十冊

430000－2401－0013620　296.51/88(1)

嵩高志□□卷　(清)焦丘園纂　清末刻本
一冊

430000－2401－0013621　296.51/45

大嶽太和山紀略八卷　(清)王概等纂　清乾
隆九年(1744)下荊南道署刻本　八冊

430000－2401－0013622　296.51/2

大嶽太和山紀略八卷　(清)王概等纂　清乾
隆九年(1744)下荊南道署刻本　八冊

430000－2401－0013623　296.51/2(1)

黃鵠山志十卷首一卷　(清)胡鳳丹纂　清同
治十三年(1874)退補齋刻本　六冊

430000－2401－0013624　296.51/34

羅浮山志會編二十二卷首一卷　(清)宋廣業
纂輯　清刻本　八冊

430000－2401－0013625　296.51/51

桂勝十六卷　(明)張鳴鳳撰　清鈔本　二冊

430000－2401－0013626　△291.41/5

峨山圖志二卷　(清)黃綬芙　(清)譚鍾岳撰
并繪圖　清光緒十七年(1891)刻本　二冊

430000－2401－0013627　296.51/32

峨山圖志二卷　(清)黃綬芙　(清)譚鍾岳撰
并繪圖　清光緒十七年(1891)刻本　一冊

430000－2401－0013628　296.51/32(1)

峨山圖志二卷　(清)黃綬芙　(清)譚鍾岳撰
并繪圖　清光緒十七年(1891)刻本　二冊

430000－2401－0013629　296.51/32(2)

峨山圖說　(清)黃綬芙繪　清光緒十七年
(1891)成都蔣會文堂刻本　二冊

430000－2401－0013630　296.51/118

峨眉山志十八卷　(清)蔣超撰　清道光十四
年(1834)胡林秀補刻本　四冊　存十四卷
(一至八、十三至十八)

430000－2401－0013631　296.51/30

峨眉山志十八卷　(清)蔣超撰　清道光十四
年(1834)胡林秀補刻本　四冊　存十二卷
(一至十二)

430000－2401－0013632　296.51/30(1)

華嶽志十二卷　(清)姚遠翻撰　清乾隆刻本
九冊

430000－2401－0013633　△291.41/7

華嶽志八卷首一卷　(清)李榕纂　清道光十
一年(1831)刻本　八冊

430000－2401－0013634　296.51/41－2

華嶽志八卷首一卷　(清)李榕纂　清道光十
一年(1831)刻本　四冊

430000－2401－0013635　296.51/41－2(1)

華嶽志八卷首一卷　(清)李榕纂　清光緒九
年(1883)補刻道光十一年(1831)刻本　四冊

430000－2401－0013636　296.51/41－3

430000－2401－0013637　296.51/41－3(1)

華嶽志八卷首一卷　(清)李榕纂　清光緒九年(1883)補刻道光十一年(1831)刻本　四冊

430000－2401－0013638　296.51/41－3(2)

華嶽志八卷首一卷　(清)李榕纂　清光緒九年(1883)補刻道光十一年(1831)刻本　四冊

430000－2401－0013639　296.51/41－3(3)

華嶽志八卷首一卷　(清)李榕纂　清光緒九年(1883)補刻道光十一年(1831)刻本　四冊

430000－2401－0013640　296.51/41

華嶽志八卷首一卷　(清)李榕纂　清光緒三十年(1904)補刻道光十一年(1831)刻本　四冊

430000－2401－0013641　296.51/41(1)

華嶽志八卷首一卷　(清)李榕纂　清光緒三十年(1904)補刻道光十一年(1831)刻本　四冊

430000－2401－0013642　296.51/41(2)

華嶽志八卷首一卷　(清)李榕纂　清光緒三十年(1904)補刻道光十一年(1831)刻本　四冊

430000－2401－0013643　296.52/14

禹貢九江三江考一卷　(清)榮錫勳撰　清光緒二十七年(1901)刻本　一冊

430000－2401－0013644　△291.42/3－2

水經註四十卷　(北魏)酈道元撰　明嘉靖十三年(1534)黃省曾刻本　十二冊

430000－2401－0013645　△291.42/3－2(1)

水經註四十卷　(北魏)酈道元撰　明萬曆十三年(1585)吳琯刻本　四冊　存十二卷(六至八、十一至十六、三十八至四十)

430000－2401－0013646　△291.42/3－3

水經註四十卷　(北魏)酈道元撰　明崇禎二年(1629)嚴忍公等刻本　八冊

430000－2401－0013647　△291.42/3－3(1)

水經註四十卷　(北魏)酈道元撰　明崇禎二年(1629)嚴忍公等刻本　八冊　存三十三卷

(一至六、十至三十二、三十七至四十)

430000－2401－0013648　△291.42/3－6

水經註四十卷　(北魏)酈道元撰　**山海經十八卷**　(晉)郭璞傳　清康熙五十三年至五十四年(1714－1715)項絪群玉書堂刻本　十冊

430000－2401－0013649　296.52/37－2

水經註四十卷　(北魏)酈道元撰　清乾隆十八年(1753)天都黃晟槐蔭草堂刻山水二經合刻本　十四冊

430000－2401－0013650　296.52/37－2(1)

水經註四十卷　(北魏)酈道元撰　清乾隆十八年(1753)天都黃晟槐蔭草堂刻山水二經合刻本　九冊

430000－2401－0013651　296.52/37－2(2)

水經註四十卷　(北魏)酈道元撰　清乾隆十八年(1753)天都黃晟槐蔭草堂刻山水二經合刻本　十二冊

430000－2401－0013652　296.52/37－2(3)

水經註四十卷　(北魏)酈道元撰　清乾隆十八年(1753)天都黃晟槐蔭草堂刻山水二經合刻本　十七冊

430000－2401－0013653　296.52/37－2(4)

水經註四十卷　(北魏)酈道元撰　清乾隆十八年(1753)天都黃晟槐蔭草堂刻山水二經合刻本　八冊

430000－2401－0013654　△291.42/3－4

水經註四十卷　(北魏)酈道元撰　(清)戴震校正　清乾隆孔氏微波榭刻本　六冊

430000－2401－0013655　296.52/37－3

水經註四十卷　(北魏)酈道元撰　清乾隆古閩晏湖張氏勵志書屋刻本　十四冊

430000－2401－0013656　296.52/37－3(1)

水經註四十卷　(北魏)酈道元撰　清乾隆古閩晏湖張氏勵志書屋刻本　十二冊

430000－2401－0013657　296.52/37－3(2)

水經註四十卷　(北魏)酈道元撰　清乾隆古閩晏湖張氏勵志書屋刻本　十冊

430000－2401－0013658　296.52/37－3(3)

水經註四十卷　（北魏）酈道元撰　清乾隆古閩晏湖張氏勵志書屋刻本　十二冊

430000－2401－0013659　296.52/37－3(4)

水經註四十卷　（北魏）酈道元撰　清乾隆古閩晏湖張氏勵志書屋刻本　十二冊

430000－2401－0013660　296.52/37－4

水經註四十卷　（北魏）酈道元撰　清乾隆武英殿木活字本　十六冊

430000－2401－0013661　296.52/37－4(1)

水經註四十卷　（北魏）酈道元撰　清乾隆武英殿木活字本　十六冊

430000－2401－0013662　△291.42/3

水經註四十卷　（北魏）酈道元撰　清道光王楚材鈔本　三冊　存三十一卷(四至三十四)

430000－2401－0013663　296.52/37－17

水經註四十卷　（北魏）酈道元撰　清同治二年(1863)長沙余氏補修本　十冊

430000－2401－0013664　296.52/37－15

水經註四十卷首一卷　（北魏）酈道元撰　清光緒元年(1875)湖北崇文書局刻本　十冊

430000－2401－0013665　296.52/37－8

水經註四十卷首一卷　（北魏）酈道元撰　清光緒三年(1877)湖北崇文書局刻崇文書局匯刻書本　十二冊

430000－2401－0013666　296.52/37－8(1)

水經註四十卷首一卷　（北魏）酈道元撰　清光緒三年(1877)湖北崇文書局刻崇文書局匯刻書本　十二冊

430000－2401－0013667　296.52/37－8(2)

水經註四十卷首一卷　（北魏）酈道元撰　清光緒三年(1877)湖北崇文書局刻崇文書局匯刻書本　十二冊

430000－2401－0013668　296.52/37－8(3)

水經註四十卷首一卷　（北魏）酈道元撰　清光緒三年(1877)湖北崇文書局刻崇文書局匯刻書本　十二冊

430000－2401－0013669　296.52/37－8(4)

水經註四十卷首一卷　（北魏）酈道元撰　清光緒三年(1877)湖北崇文書局刻崇文書局匯刻書本　十二冊

430000－2401－0013670　296.52/37－8(5)

水經註四十卷首一卷　（北魏）酈道元撰　清光緒三年(1877)湖北崇文書局刻崇文書局匯刻書本　十二冊

430000－2401－0013671　296.52/37－8(6)

水經註四十卷首一卷　（北魏）酈道元撰　清光緒三年(1877)湖北崇文書局刻崇文書局匯刻書本　十二冊

430000－2401－0013672　296.52/37－9

水經註四十卷補遺一卷附錄二卷正誤一卷　（北魏）酈道元撰　（清）全祖望校　清光緒十四年(1888)無錫薛福成寧波崇實書院刻本　十二冊

430000－2401－0013673　296.52/37－9(1)

水經註四十卷補遺一卷附錄二卷正誤一卷　（北魏）酈道元撰　（清）全祖望校　清光緒十四年(1888)無錫薛福成寧波崇實書院刻本　十二冊

430000－2401－0013674　296.52/37－6

水經註四十卷首一卷附錄二卷　（北魏）酈道元撰　清光緒十八年(1892)長沙思賢講舍刻本　十六冊

430000－2401－0013675　296.52/37－6(1)

水經註四十卷首一卷附錄二卷　（北魏）酈道元撰　清光緒十八年(1892)長沙思賢講舍刻本　十六冊

430000－2401－0013676　296.52/37－6(2)

水經註四十卷首一卷附錄二卷　（北魏）酈道元撰　清光緒十八年(1892)長沙思賢講舍刻本　十六冊

430000－2401－0013677　296.52/37－6(3)

水經註四十卷首一卷附錄二卷　（北魏）酈道元撰　清光緒十八年(1892)長沙思賢講舍刻本　十六冊

430000－2401－0013678　296.52/37－6(4)

水經註四十卷首一卷附錄二卷 （北魏）酈道元撰　清光緒十八年(1892)長沙思賢講舍刻本　十六冊

430000－2401－0013679　296.52/37－6(5)

水經註四十卷首一卷附錄二卷 （北魏）酈道元撰　清光緒十八年(1892)長沙思賢講舍刻本　十六冊

430000－2401－0013680　296.52/37－6(6)

水經註四十卷首一卷附錄二卷 （北魏）酈道元撰　清光緒十八年(1892)長沙思賢講舍刻本　十六冊

430000－2401－0013681　296.52/37－16

水經註四十卷首一卷 （北魏）酈道元撰　清刻本　四十八冊

430000－2401－0013682　△291.42/3－7

水經註不分卷 （北魏）酈道元撰　清刻本八冊

430000－2401－0013683　296.52/37－13

水經註匯校四十卷首一卷附錄二卷 （北魏）酈道元撰　（清）楊希閔校　清光緒七年(1881)福州刻本　十冊

430000－2401－0013684　296.52/37－13(1)

水經註匯校四十卷首一卷附錄二卷 （北魏）酈道元撰　（清）楊希閔校　清光緒七年(1881)福州刻本　十冊

430000－2401－0013685　296.52/37－13(2)

水經註匯校四十卷首一卷附錄二卷 （北魏）酈道元撰　（清）楊希閔校　清光緒七年(1881)福州刻本　十二冊

430000－2401－0013686　296.52/37－13(3)

水經註匯校四十卷首一卷附錄二卷 （北魏）酈道元撰　（清）楊希閔校　清光緒七年(1881)福州刻本　十六冊

430000－2401－0013687　△291.42/5(1)

水經註箋四十卷 （明）朱謀㙔撰　明萬曆四十三年(1615)李長庚刻本　十六冊

430000－2401－0013688　296.52/46

水經註圖一卷附錄一卷 （清）汪士鐸撰　清咸豐十一年(1861)刻本　一冊

430000－2401－0013689　296.52/46(1)

水經註圖一卷附錄一卷 （清）汪士鐸撰　清咸豐十一年(1861)刻本　一冊

430000－2401－0013690　296.52/46(2)

水經註圖一卷附錄一卷 （清）汪士鐸撰　清咸豐十一年(1861)刻本　一冊

430000－2401－0013691　296.52/46(3)

水經註圖一卷附錄一卷 （清）汪士鐸撰　清咸豐十一年(1861)刻本　一冊

430000－2401－0013692　296.52/46(4)

水經註圖一卷附錄一卷 （清）汪士鐸撰　清咸豐十一年(1861)刻本　一冊

430000－2401－0013693　296.52/46(5)

水經註圖一卷附錄一卷 （清）汪士鐸撰　清咸豐十一年(1861)刻本　一冊

430000－2401－0013694　296.52/71

水經註圖四十卷補一卷 楊守敬撰　清光緒三十一年(1905)觀海堂刻朱墨套印本　八冊

430000－2401－0013695　296.52/69

水經註圖說殘稿四卷 （清）董祐誠撰　清光緒六年(1880)會稽章氏刻本　一冊

430000－2401－0013696　296.52/44

水經註西南諸水考三卷三統術詳說四卷 （清）陳澧撰　清光緒廣雅書局刻廣雅書局叢書本　一冊

430000－2401－0013697　296.52/44(1)

水經註西南諸水考三卷三統術詳說四卷 （清）陳澧撰　清光緒廣雅書局刻廣雅書局叢書本　一冊

430000－2401－0013698　296.52/43

水經註西南諸水考三卷摹印述一卷 （清）陳澧撰　清光緒湘鄉蔣氏龍安郡署刻求實齋叢書本　一冊

430000－2401－0013699　△294.42/6

水經註釋四十一卷首一卷水經註箋刊誤十二卷　（清）趙一清撰　清乾隆五十一年(1786)刻本　十二冊

430000－2401－0013700　296.52/38

水經註釋四十卷首一卷附錄二卷　（清）趙一清撰　清乾隆五十一年(1786)趙氏小山堂刻清乾隆五十九年(1794)修改印本　十冊

430000－2401－0013701　296.52/38(1)

水經註釋四十卷首一卷附錄二卷　（清）趙一清撰　清乾隆五十一年(1786)趙氏小山堂刻清乾隆五十九年(1794)修改印本　十冊

430000－2401－0013702　296.52/38(2)

水經註釋四十卷首一卷附錄二卷　（清）趙一清撰　清乾隆五十一年(1786)趙氏小山堂刻清乾隆五十九年(1794)修改印本　十冊

430000－2401－0013703　296.52/38－2

水經註釋四十卷首一卷附錄二卷　（清）趙一清撰　清光緒六年(1880)蛟川張氏花雨樓刻本　十三冊

430000－2401－0013704　296.52/38－2(1)

水經註釋四十卷首一卷附錄二卷　（清）趙一清撰　清光緒六年(1880)蛟川張氏花雨樓刻本　十六冊

430000－2401－0013705　296.52/38－2(2)

水經註釋四十卷首一卷附錄二卷　（清）趙一清撰　清光緒六年(1880)蛟川張氏花雨樓刻本　二十四冊

430000－2401－0013706　296.52/38－2(3)

水經註釋四十卷首一卷附錄二卷　（清）趙一清撰　清光緒六年(1880)蛟川張氏花雨樓刻本　十二冊　缺三卷(首一卷、附錄二卷)

430000－2401－0013707　296.52/38－3

水經註釋四十卷首一卷附錄二卷　（清）趙一清撰　清光緒六年(1880)會稽章氏刻本　十八冊

430000－2401－0013708　296.52/39－2

水經註箋刊誤十二卷　（清）趙一清撰　清光

緒六年(1880)蛟川張氏花雨樓刻本　八冊

430000－2401－0013709　296.52/39－2(1)

水經註箋刊誤十二卷　（清）趙一清撰　清光緒六年(1880)蛟川張氏花雨樓刻本　八冊

430000－2401－0013710　296.52/39－2(2)

水經註箋刊誤十二卷　（清）趙一清撰　清光緒六年(1880)蛟川張氏花雨樓刻本　六冊缺一卷(十二)

430000－2401－0013711　△291.42/4

水經註札記不分卷　王闓運撰　稿本　一冊

430000－2401－0013712　296.52/41

水經註疏要刪四十卷補遺一卷　楊守敬撰清光緒三十一年(1905)觀海堂刻本　六冊

430000－2401－0013713　296.52/41(1)

水經註疏要刪四十卷補遺一卷　楊守敬撰清光緒三十一年(1905)觀海堂刻本　六冊

430000－2401－0013714　296.52/41(2)

水經註疏要刪四十卷補遺一卷　楊守敬撰清光緒三十一年(1905)觀海堂刻本　六冊

430000－2401－0013715　296.52/41(3)

水經註疏要刪四十卷補遺一卷　楊守敬撰清光緒三十一年(1905)觀海堂刻本　八冊

430000－2401－0013716　296.52/41(4)

水經註疏要刪四十卷補遺一卷　楊守敬撰清光緒三十一年(1905)觀海堂刻本　五冊

430000－2401－0013717　296.52/42

水經註疏要刪補遺四十卷　楊守敬撰　清宣統元年(1909)刻本　四冊

430000－2401－0013718　296.52/42(1)

水經註疏要刪補遺四十卷　楊守敬撰　清宣統元年(1909)刻本　六冊

430000－2401－0013719　296.52/45

水經釋地八卷　（清）孔繼涵撰　清光緒六年(1880)會稽章氏刻本　二冊

430000－2401－0013720　296.52/48－2

今水經一卷表一卷　（清）黃宗羲撰　清光緒

三年(1877)湖北崇文書局刻崇文書局匯刻書本　一冊

430000－2401－0013721　296.52/48－3
今水經一卷表一卷　(清)黃宗羲撰　清光緒六年(1880)會稽章氏刻本　一冊

430000－2401－0013722　296.52/48
今水經一卷表一卷　(清)黃宗羲撰　清光緒二十二年(1896)新化三味堂刻本　一冊

430000－2401－0013723　296.52/48(1)
今水經一卷表一卷　(清)黃宗羲撰　清光緒二十二年(1896)新化三味堂刻本　一冊

430000－2401－0013724　296.52/48－4
今水經一卷表一卷　(清)黃宗羲撰　清明梓齋刻明梓齋叢書本　一冊

430000－2401－0013725　296.52/34
水道提綱二十八卷　(清)齊召南撰　清乾隆四十一年(1776)傳經書屋刻本　六冊

430000－2401－0013726　296.52/34(1)
水道提綱二十八卷　(清)齊召南撰　清乾隆四十一年(1776)傳經書屋刻本　八冊

430000－2401－0013727　296.52/34(2)
水道提綱二十八卷　(清)齊召南撰　清乾隆四十一年(1776)傳經書屋刻本　九冊

430000－2401－0013728　296.52/34(3)
水道提綱二十八卷　(清)齊召南撰　清乾隆四十一年(1776)傳經書屋刻本　六冊

430000－2401－0013729　296.52/34－2
水道提綱二十八卷　(清)齊召南撰　清光緒四年(1878)霞城精舍刻本　八冊

430000－2401－0013730　296.52/34－2(1)
水道提綱二十八卷　(清)齊召南撰　清光緒四年(1878)霞城精舍刻本　八冊

430000－2401－0013731　296.52/34－2(2)
水道提綱二十八卷　(清)齊召南撰　清光緒四年(1878)霞城精舍刻本　八冊

430000－2401－0013732　296.52/34－2(3)

水道提綱二十八卷　(清)齊召南撰　清光緒四年(1878)霞城精舍刻本　八冊

430000－2401－0013733　296.52/34－2(4)
水道提綱二十八卷　(清)齊召南撰　清光緒四年(1878)霞城精舍刻本　八冊

430000－2401－0013734　296.52/34－2(5)
水道提綱二十八卷　(清)齊召南撰　清光緒四年(1878)霞城精舍刻本　八冊

430000－2401－0013735　296.52/34－2(6)
水道提綱二十八卷　(清)齊召南撰　清光緒四年(1878)霞城精舍刻本　八冊

430000－2401－0013736　296.52/34－3
水道提綱二十八卷　(清)齊召南撰　清光緒五年(1879)宏達堂刻宏達堂叢書本　六冊

430000－2401－0013737　296.52/34－3(1)
水道提綱二十八卷　(清)齊召南撰　清光緒五年(1879)宏達堂刻宏達堂叢書本　六冊

430000－2401－0013738　296.52/34－3(2)
水道提綱二十八卷　(清)齊召南撰　清光緒五年(1879)宏達堂刻宏達堂叢書本　六冊

430000－2401－0013739　296.52/34－3(3)
水道提綱二十八卷　(清)齊召南撰　清光緒五年(1879)宏達堂刻宏達堂叢書本　六冊

430000－2401－0013740　296.52/34－3(4)
水道提綱二十八卷　(清)齊召南撰　清光緒五年(1879)宏達堂刻宏達堂叢書本　七冊缺四卷(二十五至二十八)

430000－2401－0013741　296.52/34－5
水道提綱二十八卷　(清)齊召南撰　清光緒七年(1881)上海文瑞樓鉛印本　八冊

430000－2401－0013742　296.52/34－5(1)
水道提綱二十八卷　(清)齊召南撰　清光緒七年(1881)上海文瑞樓鉛印本　八冊

430000－2401－0013743　296.52/34－5(2)
水道提綱二十八卷　(清)齊召南撰　清光緒七年(1881)上海文瑞樓鉛印本　八冊

430000 – 2401 – 0013744　296.52/34 – 5(3)
水道提綱二十八卷　（清）齊召南撰　清光緒
七年(1881)上海文瑞樓鉛印本　八冊

430000 – 2401 – 0013745　296.52/34 – 5(4)
水道提綱二十八卷　（清）齊召南撰　清光緒
七年(1881)上海文瑞樓鉛印本　八冊

430000 – 2401 – 0013746　296.52/34 – 6
水道提綱二十八卷　（清）齊召南撰　清光緒
十七年(1891)湖北崇德書局刻本　八冊

430000 – 2401 – 0013747　296.52/34 – 6(1)
水道提綱二十八卷　（清）齊召南撰　清光緒
十七年(1891)湖北崇德書局刻本　六冊

430000 – 2401 – 0013748　296.52/34 – 6(2)
水道提綱二十八卷　（清）齊召南撰　清光緒
十七年(1891)湖北崇德書局刻本　六冊

430000 – 2401 – 0013749　296.52/34 – 6(3)
水道提綱二十八卷　（清）齊召南撰　清光緒
十七年(1891)湖北崇德書局刻本　八冊

430000 – 2401 – 0013750　296.52/34 – 7
水道提綱二十八卷　（清）齊召南撰　清光緒
十七年(1891)湖南船山書局刻本　六冊

430000 – 2401 – 0013751　296.52/34 – 4
水道提綱二十八卷　（清）齊召南撰　清光緒
二十四年(1898)新化三味書室刻本　八冊

430000 – 2401 – 0013752　296.52/34 – 4(1)
水道提綱二十八卷　（清）齊召南撰　清光緒
二十四年(1898)新化三味書室刻本　六冊

430000 – 2401 – 0013753　296.52/34 – 4(2)
水道提綱二十八卷　（清）齊召南撰　清光緒
二十四年(1898)新化三味書室刻本　六冊

430000 – 2401 – 0013754　296.52/34 – 4(3)
水道提綱二十八卷　（清）齊召南撰　清光緒
二十四年(1898)新化三味書室刻本　六冊

430000 – 2401 – 0013755　296.52/34 – 4(4)
水道提綱二十八卷　（清）齊召南撰　清光緒
二十四年(1898)新化三味書室刻本　六冊

430000 – 2401 – 0013756　296.52/1 – 2
漢志水道疏證四卷　（清）洪頤煊撰　清光緒
十三年(1887)長洲蔣氏心矩齋刻本　一冊

430000 – 2401 – 0013757　296.52/1
漢志水道疏證四卷　（清）洪頤煊撰　清光緒
廣雅書局刻本　一冊

430000 – 2401 – 0013758　296.52/1(1)
漢志水道疏證四卷　（清）洪頤煊撰　清光緒
廣雅書局刻本　一冊

430000 – 2401 – 0013759　296.52/35 – 2
皇朝輿地水道源流五卷　（清）胡宣慶撰　清
光緒四年(1878)松桂園刻本　一冊

430000 – 2401 – 0013760　296.52/35 – 2(1)
皇朝輿地水道源流五卷　（清）胡宣慶撰　清
光緒四年(1878)松桂園刻本　一冊

430000 – 2401 – 0013761　296.52/35 – 2(2)
皇朝輿地水道源流五卷　（清）胡宣慶撰　清
光緒四年(1878)松桂園刻本　一冊

430000 – 2401 – 0013762　296.52/35
皇朝輿地水道源流五卷　（清）胡宣慶撰　清
光緒十七年(1891)長沙胡氏刻本　一冊

430000 – 2401 – 0013763　296.52/35(1)
皇朝輿地水道源流五卷　（清）胡宣慶撰　清
光緒十七年(1891)長沙胡氏刻本　一冊

430000 – 2401 – 0013764　296.52/35(2)
皇朝輿地水道源流五卷　（清）胡宣慶撰　清
光緒十七年(1891)長沙胡氏刻本　一冊

430000 – 2401 – 0013765　296.52/35(3)
皇朝輿地水道源流五卷　（清）胡宣慶撰　清
光緒十七年(1891)長沙胡氏刻本　一冊

430000 – 2401 – 0013766　296.52/13
亞歐兩洲沿岸海道紀要二卷末一卷　（清）陳
運溶撰　清光緒二十九年(1903)刻本　二冊

430000 – 2401 – 0013767　296.52/15
大清一統輿圖海道集釋七卷　（清）陳運溶撰
清宣統三年(1911)湘西陳氏刻麓山精舍叢
書本　三冊

430000－2401－0013768　296.52/24

南條水道考異五卷　（清）方堃撰　清道光三年(1823)紫霞仙館刻本　一冊

430000－2401－0013769　296.52/54

五省溝洫圖說一卷　（清）沈夢蘭撰　清光緒六年(1880)江蘇書局刻願學齋書鈔本　一冊

430000－2401－0013770　296.52/54(1)

五省溝洫圖說一卷　（清）沈夢蘭撰　清光緒六年(1880)江蘇書局刻願學齋書鈔本　一冊

430000－2401－0013771　296.52/18

行水金鑒一百七十五卷圖一卷　（清）傅澤洪撰　清雍正三年(1725)淮揚道署刻本　一百十六冊

430000－2401－0013772　296.52/18(1)

行水金鑒一百七十五卷圖一卷　（清）傅澤洪撰　清雍正三年(1725)淮揚道署刻本　五十七冊　缺八十三卷(附續一至二十六、七十五至七十八、八十三至八十七、九十五至九十七、一百十二至一百五十六)

430000－2401－0013773　296.52/18(2)

行水金鑒一百七十五卷圖一卷　（清）傅澤洪撰　清雍正三年(1725)淮揚道署刻本　三十六冊

430000－2401－0013774　296.52/18(3)

行水金鑒一百七十五卷圖一卷　（清）傅澤洪撰　清雍正三年(1725)淮揚道署刻本　三十六冊

430000－2401－0013775　296.52/18(4)

行水金鑒一百七十五卷圖一卷　（清）傅澤洪撰　清雍正三年(1725)淮揚道署刻本　三十冊　缺十五卷(一至十五)

430000－2401－0013776　296.52/11

說江一卷　（清）譚紹裳纂　清宣統元年(1909)海存山館刻本　一冊

430000－2401－0013777　296.52/11(1)

說江一卷　（清）譚紹裳纂　清宣統元年(1909)海存山館刻本　一冊

430000－2401－0013778　296.52/63

二渠九河考一卷圖一卷關中水道記四卷　（清）孫馮翼撰　清嘉慶承德孫氏刻問經堂叢書本　一冊

430000－2401－0013779　296.52/60

京省水道考六卷　（清）汪日暐撰　清乾隆刻本　五冊　缺一卷(五)

430000－2401－0013780　296.52/62

南河成案五十四卷御製詩文一卷上諭二卷　清乾隆木活字本　三十冊

430000－2401－0013781　296.52/62(1)

南河成案五十四卷御製詩文一卷上諭二卷　清乾隆木活字本　二冊　存四卷(九至十、四十一至四十二)

430000－2401－0013782　296.52/74

南河成案續編一百〇六卷首一卷　清嘉慶九年(1804)刻本　二冊　存三卷(首、二十九至三十)

430000－2401－0013783　296.52/4

永定河志三十二卷首一卷　（清）李逢亨編　清嘉慶刻本　十六冊

430000－2401－0013784　296.52/4(1)

永定河志三十二卷首一卷　（清）李逢亨編　清嘉慶刻本　十五冊

430000－2401－0013785　296.52/4(2)

永定河志三十二卷首一卷　（清）李逢亨編　清嘉慶刻本　十六冊

430000－2401－0013786　296.52/4(3)

永定河志三十二卷首一卷　（清）李逢亨編　清嘉慶刻本　十六冊

430000－2401－0013787　296.52/4(4)

永定河志三十二卷首一卷　（清）李逢亨編　清嘉慶刻本　十六冊

430000－2401－0013788　296.52/4(5)

永定河志三十二卷首一卷　（清）李逢亨編　清嘉慶刻本　二十八冊

430000－2401－0013789　296.52/5

永定河續志十六卷首一卷補錄一卷　（清）朱其詔編　清光緒八年(1882)刻本　十二冊

430000－2401－0013790　296.52/5(1)

永定河續志十六卷首一卷補錄一卷　（清）朱其詔編　清光緒八年(1882)刻本　十二冊

430000－2401－0013791　296.52/5(2)

永定河續志十六卷首一卷補錄一卷　（清）朱其詔編　清光緒八年(1882)刻本　十二冊

430000－2401－0013792　296.52/10

後湖志一卷　（清）王作楫纂　（清）錢福臻增輯　清宣統二年(1910)南洋印刷官廠鉛印本　一冊

430000－2401－0013793　296.52/10(1)

後湖志一卷　（清）王作楫纂　（清）錢福臻增輯　清宣統二年(1910)南洋印刷官廠鉛印本　一冊

430000－2401－0013794　296.52/61

莫愁湖志六卷首一卷　（清）馬士圖撰　清光緒八年至十七年(1882－1891)刻本　二冊

430000－2401－0013795　296.52/61(1)

莫愁湖志六卷首一卷　（清）馬士圖撰　清光緒八年至十七年(1882－1891)刻本　二冊

430000－2401－0013796　296.52/61(2)

莫愁湖志六卷首一卷　（清）馬士圖撰　清光緒八年至十七年(1882－1891)刻本　一冊

430000－2401－0013797　296.52/61(3)

莫愁湖志六卷首一卷　（清）馬士圖撰　清光緒八年至十七年(1882－1891)刻本　二冊

430000－2401－0013798　296.52/61(4)

莫愁湖志六卷首一卷　（清）馬士圖撰　清光緒八年至十七年(1882－1891)刻本　二冊

430000－2401－0013799　296.52/61(5)

莫愁湖志六卷首一卷　（清）馬士圖撰　清光緒八年至十七年(1882－1891)刻本　二冊

430000－2401－0013800　296.52/61(6)

莫愁湖志六卷首一卷　（清）馬士圖撰　清光緒八年至十七年(1882－1891)刻本　二冊

430000－2401－0013801　296.52/61(7)

莫愁湖志六卷首一卷　（清）馬士圖撰　清光緒八年至十七年(1882－1891)刻本　二冊

430000－2401－0013802　296.52/61(8)

莫愁湖志六卷首一卷　（清）馬士圖撰　清光緒八年至十七年(1882－1891)刻本　二冊

430000－2401－0013803　296.52/61(9)

莫愁湖志六卷首一卷　（清）馬士圖撰　清光緒八年至十七年(1882－1891)刻本　二冊

430000－2401－0013804　296.52/61(10)

莫愁湖志六卷首一卷　（清）馬士圖撰　清光緒八年至十七年(1882－1891)刻本　二冊

430000－2401－0013805　296.52/61(11)

莫愁湖志六卷首一卷　（清）馬士圖撰　清光緒八年至十七年(1882－1891)刻本　一冊

430000－2401－0013806　296.52/61(12)

莫愁湖志六卷首一卷　（清）馬士圖撰　清光緒八年至十七年(1882－1891)刻本　二冊

430000－2401－0013807　296.52/9－2

揚州水道記四卷　（清）劉文淇撰　清道光二十五年(1845)江西撫署刻本　二冊

430000－2401－0013808　296.52/9

揚州水道記四卷　（清）劉文淇撰　清同治十一年(1872)淮南書局補刻本　二冊

430000－2401－0013809　296.52/9(1)

揚州水道記四卷　（清）劉文淇撰　清同治十一年(1872)淮南書局補刻本　四冊

430000－2401－0013810　296.52/3

太湖備考十六卷首一卷　（清）金友理纂　清乾隆十五年(1750)藝蘭圃刻本　八冊

430000－2401－0013811　296.52/3(1)

太湖備考十六卷首一卷　（清）金友理纂　清乾隆十五年(1750)藝蘭圃刻本　八冊

430000－2401－0013812　296.52/3(2)

太湖備考十六卷首一卷　（清）金友理纂　清乾隆十五年(1750)藝蘭圃刻本　八冊

430000－2401－0013813　296.52/3（3）

太湖備考十六卷首一卷　（清）金友理纂　清乾隆十五年（1750）藝蘭圃刻本　八冊

430000－2401－0013814　296.2/131

具區志十六卷　（清）翁澍撰　清康熙刻本　四冊

430000－2401－0013815　296.52/30

西湖志八卷西湖志餘十八卷　（明）田汝成撰　（清）姚靖增删　清康熙二十八年（1689）姚氏三鑒堂刻本　八冊

430000－2401－0013816　296.52/28

西湖游覽志二十四卷志餘二十六卷　（明）田汝成撰　清光緒二十二年（1896）錢塘丁氏嘉惠堂重刻本　十二冊

430000－2401－0013817　296.52/28（1）

西湖游覽志二十四卷志餘二十六卷　（明）田汝成撰　清光緒二十二年（1896）錢塘丁氏嘉惠堂重刻本　十二冊

430000－2401－0013818　296.52/31

西湖志四十八卷　（清）傅玉露等纂　清雍正十三年（1735）兩浙鹽驛道庫刻本　二十冊

430000－2401－0013819　296.52/31（1）

西湖志四十八卷　（清）傅玉露等纂　清雍正十三年（1735）兩浙鹽驛道庫刻本　二十冊

430000－2401－0013820　296.52/31（2）

西湖志四十八卷　（清）傅玉露等纂　清雍正十三年（1735）兩浙鹽驛道庫刻本　二十冊

430000－2401－0013821　296.52/31（3）

西湖志四十八卷　（清）傅玉露等纂　清雍正十三年（1735）兩浙鹽驛道庫刻本　二十冊

430000－2401－0013822　296.52/31（4）

西湖志四十八卷　（清）傅玉露等纂　清雍正十三年（1735）兩浙鹽驛道庫刻本　二十九冊

430000－2401－0013823　296.52/29

西湖志纂十二卷首一卷末一卷　（清）沈德潛（清）傅玉露纂　（清）梁詩正增輯　清乾隆二十三年（1758）賜經堂刻本　五冊

430000－2401－0013824　296.52/29（1）

西湖志纂十二卷首一卷末一卷　（清）沈德潛（清）傅玉露纂　（清）梁詩正增輯　清乾隆二十三年（1758）賜經堂刻本　八冊

430000－2401－0013825　296.52/29（2）

西湖志纂十二卷首一卷末一卷　（清）沈德潛（清）傅玉露纂　（清）梁詩正增輯　清乾隆二十三年（1758）賜經堂刻本　四冊　缺卷首

430000－2401－0013826　296.52/29－2

西湖志纂十五卷首一卷　（清）沈德潛　（清）傅玉露纂　（清）梁詩正增輯　清乾隆二十七年（1762）賜經堂刻本　六冊

430000－2401－0013827　296.52/29－2（1）

西湖志纂十五卷首一卷　（清）沈德潛　（清）傅玉露纂　（清）梁詩正增輯　清乾隆二十七年（1762）賜經堂刻本　六冊

430000－2401－0013828　296.52/29－2（2）

西湖志纂十五卷首一卷　（清）沈德潛　（清）傅玉露纂　（清）梁詩正增輯　清乾隆二十七年（1762）賜經堂刻本　六冊　缺三卷（一至三）

430000－2401－0013829　296.52/31－2

西湖志四十八卷　（清）傅玉露等纂　清光緒四年（1878）浙江書局刻本　二十冊

430000－2401－0013830　296.52/31－2（1）

西湖志四十八卷　（清）傅玉露等纂　清光緒四年（1878）浙江書局刻本　二十冊

430000－2401－0013831　296.52/31－2（2）

西湖志四十八卷　（清）傅玉露等纂　清光緒四年（1878）浙江書局刻本　二十冊

430000－2401－0013832　296.52/31－2（3）

西湖志四十八卷　（清）傅玉露等纂　清光緒四年（1878）浙江書局刻本　二十冊

430000－2401－0013833　296.52/59

西湖集覽　（清）丁丙輯　清光緒九年（1883）錢唐丁氏嘉惠堂刻本 1980 年杭州古舊書店重印本　十六冊

430000－2401－0013834　296.52/49
浙江沿海圖説一卷浙江海島表一卷　(清)朱正元撰　清光緒二十五年(1899)上海鉛印本　一册

430000－2401－0013835　296.52/49(1)
浙江沿海圖説一卷浙江海島表一卷　(清)朱正元撰　清光緒二十五年(1899)上海鉛印本　一册

430000－2401－0013836　296.52/49(2)
浙江沿海圖説一卷浙江海島表一卷　(清)朱正元撰　清光緒二十五年(1899)上海鉛印本　一册

430000－2401－0013837　296.52/21
海塘新志六卷續四卷　(清)琅玕撰　清道光刻本　八册

430000－2401－0013838　296.52/21(1)
海塘新志六卷續四卷　(清)琅玕撰　清道光刻本　八册

430000－2401－0013839　296.52/21(2)
海塘新志六卷續四卷　(清)琅玕撰　清道光刻本　八册

430000－2401－0013840　296.52/21(3)
海塘新志六卷續四卷　(清)琅玕撰　清道光刻本　四册

430000－2401－0013841　296.52/21(4)
海塘新志六卷續四卷　(清)琅玕撰　清道光刻本　七册　缺一卷(一)

430000－2401－0013842　296.52/22
海塘挈要十二卷首一卷　(清)楊丞輯　清嘉慶刻本　十册

430000－2401－0013843　296.52/66
洞庭湖志十四卷　(清)綦世基原本　(清)夏大觀補纂　(清)萬年淳再訂　清道光五年(1825)刻本　十册

430000－2401－0013844　296.52/66(1)
洞庭湖志十四卷　(清)綦世基原本　(清)夏大觀補纂　(清)萬年淳再訂　清道光五年(1825)刻本　十册

430000－2401－0013845　296.52/66(2)
洞庭湖志十四卷　(清)綦世基原本　(清)夏大觀補纂　(清)萬年淳再訂　清道光五年(1825)刻本　十册

430000－2401－0013846　296.52/25
石磯圖説三卷　(清)任鶚撰　清光緒五年(1879)刻本　一册

430000－2401－0013847　志1156
洞庭上下石磯圖説一卷行舟要覽一卷　(清)任鶚撰　清光緒八年(1882)刻本　一册

430000－2401－0013848　296.52/64
鑿石浦志六卷　(清)郭壽諼　(清)郭慶圭編輯　清光緒三十年(1904)南山書舍木活字本　二册

430000－2401－0013849　296.52/72
漢江紀程一卷金陵東至海門江水考一卷　(清)王鳳生撰　清道光十一年(1831)刻本　一册

430000－2401－0013850　296.52/16
廣東水道通考一卷　(清)汪日暐撰　清乾隆四十七年(1782)刻本　一册

430000－2401－0013851　296.52/17－2
蜀水考四卷　(清)陳登龍撰　(清)朱錫穀補註　清道光五年(1825)刻本　二册

430000－2401－0013852　296.52/17
蜀水考四卷　(清)陳登龍撰　(清)朱錫穀補註　清光緒五年(1879)綿竹楊氏清泉精舍刻本　二册

430000－2401－0013853　296.52/57－2
峽江救生船志二卷峽江圖考一卷附行川必要一卷　(清)羅笏臣輯　清光緒三年(1877)水師新副中營刻光緒遞修本

430000－2401－0013854　296.52/57
峽江救生船志二卷峽江圖考一卷附行川必要一卷　(清)羅笏臣輯　清光緒三年(1877)水師新副中營刻光緒遞修本　二册

430000－2401－0013855　296.52/57(1)

峽江救生船志二卷峽江圖考一卷附行川必要一卷　（清）羅筿臣輯　清光緒三年(1877)水師新副中營刻光緒遞修本　二冊

430000－2401－0013856　296.52/57(2)

峽江救生船志二卷峽江圖考一卷附行川必要一卷　（清）羅筿臣輯　清光緒三年(1877)水師新副中營刻光緒遞修本　二冊

430000－2401－0013857　296.52/36－3

西域水道記五卷　（清）徐松撰　清道光刻本　五冊

430000－2401－0013858　296.52/36－3(1)

西域水道記五卷　（清）徐松撰　清道光刻本　五冊

430000－2401－0013859　296.52/36－3(2)

西域水道記五卷　（清）徐松撰　清道光刻本　五冊

430000－2401－0013860　296.52/36－3(3)

西域水道記五卷　（清）徐松撰　清道光刻本　三冊

430000－2401－0013861　296.52/36

西域水道記五卷　（清）徐松撰　清光緒十九年(1893)寶善書局石印本　四冊

430000－2401－0013862　296.52/36(1)

西域水道記五卷　（清）徐松撰　清光緒十九年(1893)寶善書局石印本　五冊

430000－2401－0013863　296.52/36－2

西域水道記五卷　（清）徐松撰　清光緒上海鴻文書局石印本　三冊

430000－2401－0013864　296.6/58

河防一覽榷十二卷　（明）潘季馴　（明）潘大復撰　明刻本　四冊

430000－2401－0013865　296.6/58(1)

河防一覽榷十二卷　（明）潘季馴　（明）潘大復撰　明刻本　四冊

430000－2401－0013866　△291.42/9

迴瀾紀要二卷安瀾紀要二卷　（清）徐端撰　清嘉慶十二年(1807)刻本　一冊

430000－2401－0013867　296.6/28－2

迴瀾紀要二卷　（清）徐端撰　清道光九年(1829)刻本　二冊

430000－2401－0013868　296.6/28

迴瀾紀要二卷　（清）徐端撰　清道光二十二年(1842)刻敏果齋七種本　一冊

430000－2401－0013869　296.6/28(1)

迴瀾紀要二卷　（清）徐端撰　清道光二十二年(1842)刻敏果齋七種本　一冊

430000－2401－0013870　296.6/28(2)

迴瀾紀要二卷　（清）徐端撰　清道光二十二年(1842)刻敏果齋七種本　一冊

430000－2401－0013871　296.6/28(3)

迴瀾紀要二卷　（清）徐端撰　清道光二十二年(1842)刻敏果齋七種本　一冊

430000－2401－0013872　296.6/28－3

迴瀾紀要二卷　（清）徐端撰　清刻本　二冊

430000－2401－0013873　296.6/13

安瀾紀要二卷　（清）徐端撰　清道光九年(1829)刻本　二冊

430000－2401－0013874　296.6/13－2

安瀾紀要二卷　（清）徐端撰　清道光二十二年(1842)刻敏果齋七種本　二冊

430000－2401－0013875　296.6/13－2(1)

安瀾紀要二卷　（清）徐端撰　清道光二十二年(1842)刻敏果齋七種本　一冊

430000－2401－0013876　296.6/13－2(2)

安瀾紀要二卷　（清）徐端撰　清道光二十二年(1842)刻敏果齋七種本　一冊

430000－2401－0013877　296.6/13－2(3)

安瀾紀要二卷　（清）徐端撰　清道光二十二年(1842)刻敏果齋七種本　一冊

430000－2401－0013878　296.6/13－3

安瀾紀要二卷　（清）徐端撰　清刻本　二冊

430000－2401－0013879　296.6/11
歷代河防類要六卷　（清）徐珹輯　清道光元年(1821)刻本　二冊

430000－2401－0013880　296.6/11(1)
歷代河防類要六卷　（清）徐珹輯　清道光元年(1821)刻本　二冊

430000－2401－0013881　296.6/10
歷代河防統纂二十八卷　（清）陳璜輯　清光緒十四年(1888)鴻寶齋石印本　四冊

430000－2401－0013882　296.6/20
河防志□□卷　（清）張鵬翮纂　清雍正刻本　二冊　存二卷（一、五）

430000－2401－0013883　296.6/60
河工器具圖說四卷　（清）麟慶輯　清道光十六年(1836)雪蔭堂刻本　二冊

430000－2401－0013884　296.6/60(1)
河工器具圖說四卷　（清）麟慶輯　清道光十六年(1836)雪蔭堂刻本　二冊

430000－2401－0013885　296.6/25－2
欽定河源紀略三十五卷首一卷　（清）紀昀等撰　清法儀室鈔本　一冊　存四卷（首、一至三）

430000－2401－0013886　296.6/48
河防紀略四卷　（清）孫鼎臣撰　清咸豐刻蒼莨集本　二冊

430000－2401－0013887　296.6/48(1)
河防紀略四卷　（清）孫鼎臣撰　清咸豐刻蒼莨集本　二冊

430000－2401－0013888　△291.42/10
居濟一得五卷　（清）張伯行撰　清康熙刻本　五冊

430000－2401－0013889　296.6/47
居濟一得八卷　（清）張伯行撰　清同治五年(1866)福州正誼書局刻正誼堂全書本　二冊

430000－2401－0013890　296.6/16
靳文襄公治河方略十卷首一卷　（清）靳輔撰　（清）崔應階重編　清乾隆三十二年(1767)

聽泉齋刻本　八冊

430000－2401－0013891　296.6/75
王營減壩說略一卷　清鈔本　一冊

430000－2401－0013892　296.52/8
揚子江流域現勢論一卷　（日本）林繁撰（清）汪國屏譯　清光緒二十八年(1902)上海廣智書局鉛印本　一冊

430000－2401－0013893　296.52/8(1)
揚子江流域現勢論一卷　（日本）林繁撰（清）汪國屏譯　清光緒二十八年(1902)上海廣智書局鉛印本　一冊

430000－2401－0013894　△291.42/2
三江水利紀略四卷　（清）蘇爾德等撰　清乾隆刻本　二冊

430000－2401－0013895　296.7/82
淮揚水利圖說　（清）馮道立撰　清道光十九年(1839)二色套印本　一冊

430000－2401－0013896　296.7/82－2
淮揚水利圖說　（清）馮道立撰　清光緒二年(1876)淮南書局二色套印本　二冊

430000－2401－0013897　296.6/24－2
淮揚水利圖說一卷　（清）馮道立撰　鈔本　一冊

430000－2401－0013898　296.6/35
畿輔河道水利叢書　（清）吳邦慶輯　清道光四年(1824)益津吳氏刻本　十冊

430000－2401－0013899　296.6/35(1)
畿輔河道水利叢書　（清）吳邦慶輯　清道光四年(1824)益津吳氏刻本　十冊

430000－2401－0013900　296.52/23
畿輔安瀾志五十六卷　（清）王履泰撰　清木活字本　五冊　存十四卷（漳河三卷、衛河八卷、永定河三卷）

430000－2401－0013901　△291.42/12
畿輔水利志一百卷首一卷　（清）蔣詩撰　清鈔本　四十八冊

430000－2401－0013902　296.6/39

幾輔水利四案四卷補一卷附錄一卷　（清）潘
錫恩編　清道光刻本　四冊

430000－2401－0013903　△291.42/15

泉河史十五卷　（明）胡瓚撰　明萬曆二十七
年(1599)刻本　六冊

430000－2401－0013904　△291.42/1

山東運河備覽十二卷　（清）陸燿撰　清乾隆
四十一年(1776)刻本　六冊

430000－2401－0013905　△291.42/13

漕河圖志八卷　（明）王瓊撰　明弘治九年
(1496)刻本　三冊　存六卷(一至三、六至八)

430000－2401－0013906　296.6/53

三吳水利錄四卷續錄一卷附錄一卷　（明）歸
有光撰　清道光十六年(1836)別下齋刻本
一冊

430000－2401－0013907　296.6/55

重浚江寧城河全案一卷　（清）蔣攸銛等撰
清道光二十一年(1841)刻重浚江南水利全書
本　一冊

430000－2401－0013908　296.6/42

淮安郡城文渠志二卷　（清）吉元等輯　清同
治十一年(1872)刻本　一冊

430000－2401－0013909　296.6/41

江蘇海塘新志八卷首一卷　（清）李慶雲纂
清光緒十六年(1890)刻本　四冊

430000－2401－0013910　△252/36

海塘新案不分卷　（清）馬新貽　（清）楊昌浚
等撰　清同治鈔本　八冊

430000－2401－0013911　296.6/17

海塘輯要十卷首一卷　（英國）韋更斯撰
(英國)傅蘭雅口譯　（清）趙元益筆述　清光
緒江南製造局刻本　二冊

430000－2401－0013912　296.6/17(1)

海塘輯要十卷首一卷　（英國）韋更斯撰
(英國)傅蘭雅口譯　（清）趙元益筆述　清光
緒江南製造局刻本　二冊

430000－2401－0013913　296.6/17(2)

海塘輯要十卷首一卷　（英國）韋更斯撰
(英國)傅蘭雅口譯　（清）趙元益筆述　清光
緒江南製造局刻本　二冊

430000－2401－0013914　296.6/17(2)

海塘輯要十卷首一卷　（英國）韋更斯撰
(英國)傅蘭雅口譯　（清）趙元益筆述　清光
緒江南製造局刻本　二冊

430000－2401－0013915　296.6/50

重浚徒陽運河全案三卷　（清）林則徐等撰
清道光二十一年(1841)刻重浚江南水利全書
本　一冊

430000－2401－0013916　296.6/56

重浚七浦河全案一卷　（清）周岱齡等撰　清道光
二十一年(1841)刻重浚江南水利全書本　一冊

430000－2401－0013917　296.6/51

重浚孟瀆等三河全案五卷　（清）陶澍等撰
清道光二十一年(1841)刻重浚江南水利全書
本　三冊

430000－2401－0013918　296.6/51(1)

重浚孟瀆等三河全案五卷　（清）陶澍等撰
清道光二十一年(1841)刻重浚江南水利全書
本　一冊　存二卷(一至二)

430000－2401－0013919　296.6/76

烏程長興二邑溇港說一卷　（清）汪曰楨纂
清光緒刻本　一冊

430000－2401－0013920　296.6/71

浙江水利備考不分卷　（清）王鳳生撰　清道
光四年(1824)江聲帆影閣刻本　四冊

430000－2401－0013921　296.6/22

蕭山水利二卷　（明）富玹輯　續刻一卷
(清)張文瑞輯　清康熙五十八年(1719)孝友
堂刻本　一冊

430000－2401－0013922　296.6/33

海寧念汛大口門二限三限石塘圖說一卷
(清)李輔耀等撰　清光緒武林任有容齋刻本
一冊

430000－2401－0013923　296.6/32

上虞塘工紀要二卷　（清）連薌撰　清光緒三
十年(1904)刻本　一冊

430000－2401－0013924　296.6/23

請復淮水故道圖說一卷　（清）丁顯輯　清同
治八年(1869)集韻書屋刻本　一冊

430000－2401－0013925　296.6/21

靈璧河渠原委三卷　（清）貢震撰　清乾隆二
十六年(1761)刻本　一冊

430000－2401－0013926　296.6/43

靈璧縣河防錄一卷　（清）貢震撰　清石磐山
房刻本　一冊

430000－2401－0013927　296.6/70

尺園佐治摘存一卷　（清）韓霶堂編　清宣統
元年(1909)影印本　一冊

430000－2401－0013928　296.6/2

莆田水利志八卷　（清）陳池養編　清光緒元
年(1875)刻本　六冊　缺二卷(五、八)

430000－2401－0013929　296.6/44

重訂河渠紀略一卷　（清）王世仕撰　清光緒
二十二年(1896)鳴鹿書院刻本　一冊

430000－2401－0013930　296.6/36

小靈蘭館家乘三種五卷　（清）范玉琨撰　清
道光二十五年(1845)刻本　五冊

430000－2401－0013931　296.6/69

汴城宣防志略一卷　（清）張祥河撰　清道光
刻本　一冊

430000－2401－0013932　296.6/64

鄂省丁漕指掌十卷　（清）林遠村等輯　楚北
水利堤防紀要二卷　（清）俞昌烈撰　清同治
四年至光緒元年(1865－1875)湖北藩署刻本
　十冊

430000－2401－0013933　296.6/59

楚北水利堤防紀要二卷　（清）俞昌烈撰　清
道光刻本　二冊

430000－2401－0013934　296.6/19

荆楚修疏摘要二種七卷　（清）胡祖翮撰　清

同治十一年(1872)湖北崇文書局刻本　二冊

430000－2401－0013935　296.6/19(1)

荆楚修疏摘要二種七卷　（清）胡祖翮撰　清
同治十一年(1872)湖北崇文書局刻本　二冊

430000－2401－0013936　296.6/4

荆州萬城堤志十卷首一卷末一卷　（清）倪文
蔚纂　清光緒二年(1876)刻本　六冊

430000－2401－0013937　296.6/4(1)

荆州萬城堤志十卷首一卷末一卷　（清）倪文
蔚纂　清光緒二年(1876)刻本　六冊

430000－2401－0013938　296.6/4(2)

荆州萬城堤志十卷首一卷末一卷　（清）倪文
蔚纂　清光緒二年(1876)刻本　六冊

430000－2401－0013939　296.6/4－2

荆州萬城堤志十卷首一卷末一卷　（清）倪文
蔚纂　清光緒二十一年(1895)補刻本　六冊

430000－2401－0013940　296.6/4－2(1)

荆州萬城堤志十卷首一卷末一卷　（清）倪文
蔚纂　清光緒二十一年(1895)補刻本　六冊

430000－2401－0013941　296.6/5

荆州萬城堤續志十卷首一卷末一卷　（清）舒
惠纂　清光緒二十年(1894)刻本　四冊　缺
一卷(二)

430000－2401－0013942　296.6/5(1)

荆州萬城堤續志十卷首一卷末一卷　（清）舒
惠纂　清光緒二十年(1894)刻本　四冊　缺
一卷(二)

430000－2401－0013943　296.6/6

荆州萬城堤後續志一卷　余肇康編　清光緒
二十二年(1896)刻本　一冊

430000－2401－0013944　296.6/74

南河紀年紀要□□卷　清藍格鈔本　三冊

430000－2401－0013945　296.6/29

湘邑沙田園堤冊　（清）任松岩等纂　清咸豐
六年(1856)刻本　一冊

430000－2401－0013946　296.6/30

湘邑沙田園畝冊 (清)劉達泉等纂 清咸豐
六年(1856)刻本 一冊

430000－2401－0013947 296.6/54

平灘紀略六卷蜀江指掌一卷 (清)李本忠撰
清道光二十年(1840)青蓮堂刻本 六冊

430000－2401－0013948 296.6/54(1)

平灘紀略六卷蜀江指掌一卷 (清)李本忠撰
清道光二十年(1840)青蓮堂刻本 六冊

430000－2401－0013949 296.6/45

先向亭學士西北水利稿 (清)先向亭撰 清
六宜山房鈔本 一冊

430000－2401－0013950 △291.42/11

河渠志四卷 清鈔本 一冊

430000－2401－0013951 296.7/123

萬國輿圖 (清)陳兆桐繪製 清光緒十二年
(1886)刻本 一冊

430000－2401－0013952 296.7/132－2

萬國輿圖 (清)陳兆桐繪製 清光緒二十七
年(1901)石印本 一冊

430000－2401－0013953 296.1/128

中外地輿圖說集成一百三十卷首二卷 (清)
同康廬主人編輯 清光緒二十年(1894)上海
積山書局石印本 二十四冊

430000－2401－0013954 296.1/128(1)

中外地輿圖說集成一百三十卷首二卷 (清)
同康廬主人編輯 清光緒二十年(1894)上海
積山書局石印本 四冊 存六卷(一至四、首
二卷)

430000－2401－0013955 296.7/448

中外輿地全圖 (清)鄒代鈞編 清光緒三十
一年(1905)武昌輿地學會銅版印本 一冊

430000－2401－0013956 296.1/116

中外輿地全圖目錄序例 (清)鄒代鈞撰 清
光緒二十九年(1903)京師大學堂鉛印本
一冊

430000－2401－0013957 296.7/2

五洲圖考不分卷 (清)龔柴等編譯 清光緒

二十八年(1902)上海徐家匯印書館鉛印本
四冊

430000－2401－0013958 296.7/98

歷代沿革圖 (清)李兆洛繪 (清)六嚴重繪
清同治三年(1864)刻朱墨套印本 一冊

430000－2401－0013959 296.7/98－2

歷代沿革圖 (清)李兆洛繪 (清)六嚴重繪
清同治刻朱墨套印本 一冊

430000－2401－0013960 296.7/99

歷代輿地沿革圖 (清)李兆洛繪 清光緒十
四年(1888)毗陵惲氏刻朱墨套印本 十六冊

430000－2401－0013961 296.7/97

歷代地理沿革 (清)馬徵麟繪製 清光緒十
八年(1892)長沙竹素書局刻朱墨套印本
二冊

430000－2401－0013962 296.7/54

中國輿地圖 (清)鄭友伍繪製 清宣統三年
(1911)湖南鄭友伍手繪草圖 一冊

430000－2401－0013963 296.7/100

歷代輿地圖 楊守敬繪製 清光緒三十二年
(1906)楊氏觀海堂刻朱墨套印本 四十二冊

430000－2401－0013964 296.7/101

歷代輿地沿革險要圖 楊守敬 饒敦秩繪
清光緒五年(1879)東湖饒氏刻朱墨套印本
一冊

430000－2401－0013965 296.1/174

歷代輿地沿革險要圖註 楊守敬 饒敦秩撰
清光緒二十二年(1896)石印本 一冊

430000－2401－0013966 296.7/101－3

歷代輿地沿革險要圖說 楊守敬 饒敦秩繪
製 王尚德重繪 清光緒二十四年(1898)上
海文賢閣石印本 一冊

430000－2401－0013967 296.7/174－2

歷代輿地沿革險要圖說 楊守敬 饒敦秩繪
製 清光緒三十年(1904)周氏石印本 三冊

430000－2401－0013968 296.7/383

前漢地理圖 楊守敬繪製 清光緒三十年

（1904）刻朱墨套印本　一冊

430000－2401－0013969　296.1/74

吳疆域圖說三卷　（清）垯本禮撰　清光緒十四年（1888）江陰南菁書院刻南菁書院叢書本　一冊

430000－2401－0013970　296.7/96

皇輿全圖　（清）鄒伯奇繪製　清同治十三年（1874）廣東李菱洲拾芥園刻本　一冊

430000－2401－0013971　296.7/122

皇朝一統輿地全圖　（清）欸乃軒主人繪製　清光緒二十年（1894）石印本　一冊

430000－2401－0013972　296.1/129

皇朝一統輿地全圖不分卷　（清）董祐誠繪　清道光十二年（1832）刻本　四冊

430000－2401－0013973　296.7/35－5

皇朝一統輿地全圖不分卷　（清）李兆洛繪製　清道光二十二年（1842）六嚴縮摹刻本　八冊

430000－2401－0013974　296.7/35－2

皇朝一統輿地全圖不分卷　（清）李兆洛繪製　（清）譚江矩增補　清咸豐七年（1857）刻本　八冊

430000－2401－0013975　296.7/94

大清中外一統輿圖三十卷首一卷　（清）嚴樹森繪製　清同治二年（1863）湖北撫署刻本　十二冊

430000－2401－0013976　296.7/94－2

大清中外一統輿圖十六卷　（清）嚴樹森繪製　清光緒二十二年（1896）上海書局石印本　六冊

430000－2401－0013977　296.7/446

皇朝分省圖　（清）輿地學會編譯　清光緒二十九年（1903）北京輿地學會印本　一冊

430000－2401－0013978　296.7/55

大清分省輿圖　清光緒手繪草圖　一冊

430000－2401－0013979　296.7/91－2

皇朝直省輿地全圖　清光緒二十一年（1895）

石印本　一冊

430000－2401－0013980　296.7/95

皇朝內府輿地圖縮摹本　（清）六嚴繪製　清道光十四年（1834）金陵邵氏刻本　一冊

430000－2401－0013981　296.7/95－2

皇朝內府輿地圖縮摹本　（清）六嚴繪製　清咸豐十年（1860）長沙刻本　一冊

430000－2401－0013982　296.7/1

皇清地理圖　（清）董祐誠繪　（清）胡錫燕覆繪　清咸豐六年（1856）廣東富文齋刻本　一冊

430000－2401－0013983　296.7/56－2

地理圖　清守真道齋刻本　一冊

430000－2401－0013984　296.7/393

長江圖說　（清）馬徵麟著　清同治九年（1870）金陵提署刻本　一冊

430000－2401－0013985　296.7/106

長江圖十二卷首一卷　（清）馬徵麟繪製　清同治九年（1870）金陵提署刻本　十二冊

430000－2401－0013986　296.7/106－2

長江圖十二卷首一卷　（清）馬徵麟繪製　清同治十年（1871）湖北崇文書局刻本　二冊　存七卷（六至十二）

430000－2401－0013987　296.7/387

恆星赤道經緯度圖　（清）六嚴繪製　清咸豐二年（1852）三色套印本　七冊

430000－2401－0013988　296.7/113

畿輔義倉圖　（清）方觀繪製　清乾隆十八年（1753）刻本　六冊

430000－2401－0013989　296.7/111

直隸長城以南水利營田圖說　（清）吳邦慶繪撰　清道光四年（1824）刻本　二冊

430000－2401－0013990　296.7/112

江蘇水利圖說　（清）李慶雲繪製　清宣統二年（1910）刻本　二冊

430000－2401－0013991　296.7/120

浙江全省圖并水陸道里記　(清)宗源瀚等繪製　清光緒石印本　二十冊

430000－2401－0013992　296.7/121

浙西水利備考　(清)王鳳生撰　清道光四年(1824)江聲帆影閣刻朱墨套印本　一冊

430000－2401－0013993　296.7/121－2

浙西水利備考　(清)王鳳生撰　清光緒四年(1878)浙江書局刻朱墨套印本　四冊

430000－2401－0013994　296.7/43－2(1)

江西全省輿圖　(清)曾國藩　(清)劉坤一等監製　清同治七年(1868)刻本　十五冊

430000－2401－0013995　296.7/105(1)

山東直隸河南三省黃河全圖　(清)李鴻章等監製　(清)顧潮等繪圖　清光緒十六年(1890)上海鴻文書局石印本　四冊

430000－2401－0013996　296.7/39

山東通省運河全圖　清五色手繪本　二冊

430000－2401－0013997　296.7/85

河南衛輝府淇縣輿地圖說二卷　(清)曹廣權撰　清光緒二十七年(1901)刻本　一冊

430000－2401－0013998　296.7/86

湖北輿地圖　(清)湖北營務處繪製　清光緒二十七年(1901)湖北善後局石印本　一冊

430000－2401－0013999　296.7/132

湖北漢水圖說　(清)田宗漢撰　清光緒二十七年(1901)漢川田氏對古樓刻本　一冊

430000－2401－0014000　296.7/40

荊河水師防汛城市關隘細圖　(清)統領湖北荊襄水師七營測繪處制　清光緒三十四年(1908)統領湖北荊襄水師七營測繪處四色手繪本　一冊

430000－2401－0014001　296.7/4

湖南全省輿地圖表不分卷　(清)陳寶箴監製　清光緒二十二年(1896)石印本　十九冊

430000－2401－0014002　296.7/103

湖南輿圖　(清)彭清瑋　(清)石學呂繪製　清光緒二十三年(1897)石印　一冊

430000－2401－0014003　296.7/119

廣東輿地全圖　(清)張安圃繪製　清光緒二十三年(1897)廣州石經堂石印本　二冊

430000－2401－0014004　296.7/3

廣東圖說九十三卷首一卷　(清)瑞麟等主修　(清)陳澧　(清)桂文燦等纂　清同治刻本　十八冊

430000－2401－0014005　296.7/117

廣東圖說九十三卷首一卷　清同治五年(1866)刻本　三冊

430000－2401－0014006　296.7/8

廣西全省輿圖道里備覽不分卷　(清)嚴正圻輯　清同治三年(1864)桂林廣文堂刻本　二冊

430000－2401－0014007　296.7/114

臺灣輿圖　(清)夏獻綸編制　清光緒五年(1879)刻本　一冊

430000－2401－0014008　296.8/1

元耶律楚材西游錄一卷　(元)耶律楚材撰　(清)盛如梓删　(清)李文田註　清光緒二十三年(1897)會稽施氏鄜鄭學廬石印本　一冊

430000－2401－0014009　296.8/27

廣志繹五卷　(明)王士性撰　清嘉慶二十二年(1817)臨海宋氏刻台州叢書本　二冊

430000－2401－0014010　296.8/27(1)

廣志繹五卷　(明)王士性撰　清嘉慶二十二年(1817)臨海宋氏刻台州叢書本　二冊

430000－2401－0014011　△291.6/2

徐霞客游記十二卷　(明)徐宏祖撰　清初鈔本　十二冊

430000－2401－0014012　296.8/28－3

徐霞客游記不分卷　(明)徐宏祖撰　(清)李寄輯　清嘉慶十三年(1808)刻本　九冊　缺冊二

430000－2401－0014013　296.8/28－3(1)

徐霞客游記不分卷　(明)徐宏祖撰　(清)李寄輯　清嘉慶十三年(1808)刻本　十冊

430000－2401－0014014　296.8/28－2

徐霞客游記不分卷　（明）徐宏祖撰　（清）李寄輯　清光緒七年（1881）瘦影山房刻本　十冊

430000－2401－0014015　296.8/28－2（1）

徐霞客游記不分卷　（明）徐宏祖撰　（清）李寄輯　清光緒七年（1881）瘦影山房刻本　十冊

430000－2401－0014016　296.8/23

朝天錄一卷蜀程小紀一卷　（清）方濬頤撰　清光緒四年（1878）刻本　一冊

430000－2401－0014017　296.8/43

三南紀游三卷　（清）王志沂撰　清道光五年（1825）刻本　一冊

430000－2401－0014018　296.8/13

漢南紀游一卷游漢南詩一卷　（清）王志沂撰　清道光刻本　一冊

430000－2401－0014019　296.8/69

東還紀略一卷　（清）史善長撰　清嘉慶二十四年（1819）刻本　一冊

430000－2401－0014020　296.8/47

曠游偶筆二卷　（清）李雲麟撰　清光緒十年（1884）七十二泉寄齋刻本　一冊　存一卷（上）

430000－2401－0014021　296.8/8

蜀道紀游□□卷　（清）李德淦撰　清嘉慶十三年（1808）學修堂刻本　一冊　存一卷（上）

430000－2401－0014022　296.8/36

天下名山記不分卷　（清）吳秋士輯　（清）汪立名校訂　清光緒三十二年（1906）成都二仙庵刻重刊道藏輯要珍集本　十六冊

430000－2401－0014023　296.8/12

東游記一卷　（清）釋芳圃撰　清光緒三十一年（1905）長沙刻本　一冊

430000－2401－0014024　296.8/37

伊犁日記一卷天山客話一卷外家紀聞一卷　（清）洪亮吉撰　清光緒三年（1877）鄂垣刻本　一冊

430000－2401－0014025　296.8/17

南游記一卷　（清）孫嘉淦撰　清嘉慶七年（1802）敦和堂刻本　一冊

430000－2401－0014026　296.8/17－2

南游記不分卷　（清）孫嘉淦撰　清嘉慶十年（1805）守意龕刻本　二冊

430000－2401－0014027　296.8/22

江行日記一卷　（清）郭麐撰　清嘉慶刻靈芬館集本　一冊

430000－2401－0014028　296.8/5

辛卯侍行記六卷　（清）陶保廉撰　清光緒二十三年（1897）養樹山房刻本　六冊

430000－2401－0014029　296.8/5（1）

辛卯侍行記六卷　（清）陶保廉撰　清光緒二十三年（1897）養樹山房刻本　六冊

430000－2401－0014030　296.8/5（2）

辛卯侍行記六卷　（清）陶保廉撰　清光緒二十三年（1897）養樹山房刻本　六冊

430000－2401－0014031　296.8/5（3）

辛卯侍行記六卷　（清）陶保廉撰　清光緒二十三年（1897）養樹山房刻本　三冊

430000－2401－0014032　296.8/91

粵游小識七卷　（清）張心泰撰　清光緒二十六年（1900）夢梅仙館刻本　一冊

430000－2401－0014033　296.8/91－2

粵游小志八卷　（清）張心泰撰　清光緒鉛印本　二冊

430000－2401－0014034　296.8/32

壯游圖記四卷　（清）黃璟撰　清光緒二十六年（1900）點石齋石印本　二冊

430000－2401－0014035　296.8/11

黃山紀游一卷　（清）黃肇敏撰　清同治三年（1864）道州刻本　一冊

430000－2401－0014036　296.8/3

滬游雜記四卷　（清）葛元煦撰　清光緒刻本　一冊　存一卷（二）

430000 – 2401 – 0014037　296.8/20

鳳台祇謁筆記一卷　（清）董恂撰　清同治九年(1870)刻本　一冊

430000 – 2401 – 0014038　296.8/14

度隴記四卷　（清）董醇醞撰　清咸豐元年(1851)刻隨軺載筆本　四冊

430000 – 2401 – 0014039　296.8/79 – 2

得一齋雜著四種　（清）黃懋材撰　清光緒十二年(1886)夢花軒刻本　二冊

430000 – 2401 – 0014040　296.8/79 – 2(1)

得一齋雜著四種　（清）黃懋材撰　清光緒十二年(1886)夢花軒刻本　二冊

430000 – 2401 – 0014041　296.8/79

得一齋雜著四種　（清）黃懋材撰　清光緒得一齋刻本　四冊

430000 – 2401 – 0014042　296.8/26

河海昆侖錄四卷　（清）裴景福撰　清宣統元年(1909)上海文明書局鉛印本　四冊

430000 – 2401 – 0014043　296.9/73

諸蕃志二卷　（宋）趙汝適撰　清乾隆中綿州李氏萬卷樓刻函海本　一冊

430000 – 2401 – 0014044　296.9/67

東西洋考十二卷　（明）張燮撰　明萬曆四十六年(1618)刻本　六冊

430000 – 2401 – 0014045　296.9/14

環游地球新錄四卷　（清）李圭撰　清光緒四年(1878)鉛印本　四冊

430000 – 2401 – 0014046　296.9/14(1)

環游地球新錄四卷　（清）李圭撰　清光緒四年(1878)鉛印本　四冊

430000 – 2401 – 0014047　296.9/14(2)

環游地球新錄四卷　（清）李圭撰　清光緒四年(1878)鉛印本　四冊

430000 – 2401 – 0014048　296.9/14(3)

環游地球新錄四卷　（清）李圭撰　清光緒四年(1878)鉛印本　四冊

430000 – 2401 – 0014049　25/67

皇朝藩部要略十八卷世系表四卷　（清）祁韻士纂　清道光二十五年(1845)筠淥山房刻本　八冊

430000 – 2401 – 0014050　25/67(1)

皇朝藩部要略十八卷世系表四卷　（清）祁韻士纂　清道光二十五年(1845)筠淥山房刻本　八冊

430000 – 2401 – 0014051　25/67 – 2

皇朝藩部要略十八卷世系表四卷　（清）祁韻士纂　清光緒十年(1884)浙江書局刻本　八冊

430000 – 2401 – 0014052　296.9/7 – 7

瀛環志略十卷　（清）徐繼畬撰　清道光二十八年(1848)刻本　四冊

430000 – 2401 – 0014053　296.9/7 – 7(1)

瀛環志略十卷　（清）徐繼畬撰　清道光二十八年(1848)刻本　六冊

430000 – 2401 – 0014054　296.9/7 – 7(2)

瀛環志略十卷　（清）徐繼畬撰　清道光二十八年(1848)刻本　五冊

430000 – 2401 – 0014055　296.9/7 – 7(3)

瀛環志略十卷　（清）徐繼畬撰　清道光二十八年(1848)刻本　四冊　缺二卷(一至二)

430000 – 2401 – 0014056　296.9/7 – 8

瀛環志略十卷　（清）徐繼畬撰　清道光三十年(1850)刻本　六冊

430000 – 2401 – 0014057　296.9/7 – 6

瀛環志略十卷　（清）徐繼畬撰　清道光三十年(1850)紅杏山房刻本　六冊

430000 – 2401 – 0014058　296.9/7 – 6(1)

瀛環志略十卷　（清）徐繼畬撰　清道光三十年(1850)紅杏山房刻本　八冊

430000 – 2401 – 0014059　296.9/7 – 6(2)

瀛環志略十卷　（清）徐繼畬撰　清道光三十年(1850)紅杏山房刻本　四冊

430000 – 2401 – 0014060　296.9/7 – 6(3)

瀛環志略十卷　（清）徐繼畬撰　清道光三十年(1850)紅杏山房刻本　五冊

430000－2401－0014061　296.9/7－6(4)

瀛環志略十卷　（清）徐繼畬撰　清道光三十年(1850)紅杏山房刻本　六冊

430000－2401－0014062　296.9/7－9

瀛環志略十卷　（清）徐繼畬撰　清同治五年(1866)刻本　六冊

430000－2401－0014063　296.9/7

瀛環志略十卷　（清）徐繼畬撰　清同治十二年(1873)掞雲樓刻本　五冊

430000－2401－0014064　296.9/7(1)

瀛環志略十卷　（清）徐繼畬撰　清同治十二年(1873)掞雲樓刻本　六冊

430000－2401－0014065　296.9/7(2)

瀛環志略十卷　（清）徐繼畬撰　清同治十二年(1873)掞雲樓刻本　四冊

430000－2401－0014066　296.9/7(3)

瀛環志略十卷　（清）徐繼畬撰　清同治十二年(1873)掞雲樓刻本　十冊

430000－2401－0014067　296.9/7－4

瀛環志略十卷　（清）徐繼畬撰　清光緒六年(1880)湖南周氏刻本　六冊

430000－2401－0014068　296.9/7－10

瀛環志略續集四卷末一卷　（英國）慕維廉撰　清光緒二十三年(1897)新學會堂石印本　九冊

430000－2401－0014069　296.9/7－3

瀛環志略十卷　（清）徐繼畬撰　瀛環志略辨正一卷　（清）何秋濤撰　清光緒二十四年(1898)新化三味書室校刻本　六冊

430000－2401－0014070　296.9/7－3(1)

瀛環志略十卷　（清）徐繼畬撰　瀛環志略辨正一卷　（清）何秋濤撰　清光緒二十四年(1898)新化三味書室校刻本　六冊

430000－2401－0014071　296.9/7－3(2)

瀛環志略十卷　（清）徐繼畬撰　瀛環志略辨正一卷　（清）何秋濤撰　清光緒二十四年(1898)新化三味書室校刻本　五冊

430000－2401－0014072　296.9/7－2

瀛環志略十卷　（清）徐繼畬撰　清刻本　八冊

430000－2401－0014073　296.9/52

海國輿地釋名十卷首一卷　（清）陳士芑撰　清光緒二十八年(1902)刻本　八冊

430000－2401－0014074　296.9/33

海國聞見錄二卷　（清）陳倫炯撰　清乾隆刻本　一冊　存一卷(上)

430000－2401－0014075　296.9/77－2

海國公餘輯錄六種六卷　（清）張煜南撰　清光緒二十六年(1900)刻本　六冊

430000－2401－0014076　296.9/8

乘查筆記一卷　（清）斌椿撰　清同治八年(1869)刻本　一冊

430000－2401－0014077　296.9/27

西征紀程四卷　（清）鄒代鈞撰　清光緒二十三年(1897)湖南新學書局刻本　四冊

430000－2401－0014078　296.9/27(1)

西征紀程四卷　（清）鄒代鈞撰　清光緒二十三年(1897)湖南新學書局刻本　二冊　存二卷(一至二)

430000－2401－0014079　296.9/27－2

西征紀程四卷　（清）鄒代鈞撰　清末鉛印本　二冊

430000－2401－0014080　296.1/121

世界地理統計表二卷　（清）鄒興覺編　清宣統元年(1909)武昌亞新地學社活字本　二冊

430000－2401－0014081　296.9/43

出洋瑣記一卷附錄一卷　（清）蔡鈞撰　清光緒十一年(1885)韜園王氏校鉛印本　一冊

430000－2401－0014082　296.9/61

異域錄二卷　（清）圖理琛撰　清刻本　二冊

430000－2401－0014083　296.9/2－2

籌洋芻議一卷 （清）薛福成撰　清光緒十一年(1885)刻本　一冊

430000－2401－0014084　296.9/2

籌洋芻議一卷 （清）薛福成撰　清光緒二十三年(1897)上海醉六堂石印本　一冊

430000－2401－0014085　△291.7/11

海國圖志五十卷 （清）魏源撰　清道光二十二年(1842)木活字本　四十冊

430000－2401－0014086　△291.7/11(1)

海國圖志五十卷 （清）魏源撰　清道光二十二年(1842)木活字本　十六冊

430000－2401－0014087　296.9/35－6

海國圖志六十卷 （清）魏源撰　清道光二十七年(1847)古微堂刻本　十六冊

430000－2401－0014088　296.9/35－2

海國圖志一百卷 （清）魏源撰　清咸豐二年(1852)古微堂刻本　二十四冊

430000－2401－0014089　296.9/35－2(1)

海國圖志一百卷 （清）魏源撰　清咸豐二年(1852)古微堂刻本　三十六冊

430000－2401－0014090　296.9/35－2(2)

海國圖志一百卷 （清）魏源撰　清咸豐二年(1852)古微堂刻本　二十冊

430000－2401－0014091　296.9/35－4

海國圖志一百卷 （清）魏源撰　清光緒二年(1876)甘肅平慶涇固道署刻本　二十四冊

430000－2401－0014092　296.35－3

海國圖志一百卷 （清）魏源撰　清光緒六年(1880)邵陽急當務齋刻本　二十四冊

430000－2401－0014093　296.35－3(1)

海國圖志一百卷 （清）魏源撰　清光緒六年(1880)邵陽急當務齋刻本　三十六冊

430000－2401－0014094　296.35－3(2)

海國圖志一百卷 （清）魏源撰　清光緒六年(1880)邵陽急當務齋刻本　三十二冊

430000－2401－0014095　296.35－3(3)

海國圖志一百卷 （清）魏源撰　清光緒六年(1880)邵陽急當務齋刻本　二十八冊

430000－2401－0014096　296.35－3(4)

海國圖志一百卷 （清）魏源撰　清光緒六年(1880)邵陽急當務齋刻本　二十四冊

430000－2401－0014097　296.35－3(5)

海國圖志一百卷 （清）魏源撰　清光緒六年(1880)邵陽急當務齋刻本　三十二冊

430000－2401－0014098　296.9/35

海國圖志一百卷 （清）魏源撰　清光緒二十一年(1895)上海積山書局石印本　十四冊

430000－2401－0014099　296.9/35(1)

海國圖志一百卷 （清）魏源撰　清光緒二十一年(1895)上海積山書局石印本　十六冊

430000－2401－0014100　296.9/35(2)

海國圖志一百卷 （清）魏源撰　清光緒二十一年(1895)上海書局石印本　十四冊

430000－2401－0014101　296.9/35－5

海國圖志一百卷 （清）魏源撰　清光緒二十四年(1898)文賢閣石印本　十六冊

430000－2401－0014102　296.52/20－2

海道圖說十五卷 （英國）傅蘭雅口譯　（清）王德均筆述　**長江圖說一卷** （英國）金約翰輯　（美國）金楷理口譯　（清）王德均筆述　清同治江南製造總局刻本　四冊

430000－2401－0014103　296.52/20

海道圖說十五卷 （英國）傅蘭雅口譯　（清）王德均筆述　**長江圖說一卷** （英國）金約翰輯　（美國）金楷理口譯　（清）王德均筆述　清光緒二十二年(1896)上海書局石印本　八冊

430000－2401－0014104　296.9/140

外國地理教科書三卷 （清）王達撰　清光緒三十三年(1907)刻本　三冊

430000－2401－0014105　296.1/179

最新中外地理教科書 清末活字本　三冊　存四卷(第三編二、四至六)

430000－2401－0014106　296.9/24

世界地理志　（日本）中村五六編纂　（日本）頓野廣太郎修補　（日本）木通田保熙譯　清光緒二十八年（1902）金粟齋鉛印本　三冊

430000－2401－0014107　296.9/75

萬國地理志　（日本）中村五六編纂　（清）周起鳳譯　清光緒上海廣智書局鉛印本　一冊

430000－2401－0014108　296.9/36

海國圖志續集二十五卷首一卷　（英國）麥高爾撰　（英國）林樂知　（清）瞿昂來譯　清光緒二十一年（1895）上海書局石印本　二冊

430000－2401－0014109　296.9/22

天下五洲各大國志要一卷　（美國）李提摩太撰　（清）鑄鐵生述　清光緒上海廣學會鉛印本　一冊

430000－2401－0014110　296.9/62

葉柕紀程二卷　（清）王濬丞撰　清光緒二十一年（1895）刻本　二冊

430000－2401－0014111　296.9/62－2

葉柕紀程二卷　（清）王濬丞撰　清宣統三年（1911）鉛印本　二冊

430000－2401－0014112　296.9/31

四夷風土記四卷　（清）李文炤撰　清同治十年（1871）蓮湖書屋刻本　二冊

430000－2401－0014113　296.9/59

盾墨四卷　（清）湯彝撰　清道光刻本　一冊

430000－2401－0014114　△291.7/2

亞細亞洲疆域總說一卷　（清）鄒代鈞編　清鈔本　一冊

430000－2401－0014115　296.9/71

宣和奉使高麗圖經四十卷附錄一卷　（宋）徐兢撰　清乾隆五十八年（1793）刻知不足齋叢書本　十冊

430000－2401－0014116　296.9/57

奉使朝鮮驛程日記一卷　（清）柏葰撰　清道光二十四年（1844）刻本　一冊

430000－2401－0014117　296.9/44

談瀛錄三卷　（清）王之春撰　清光緒六年（1880）上海文藝齋刻本　二冊

430000－2401－0014118　296.9/44（1）

談瀛錄三卷　（清）王之春撰　清光緒六年（1880）上海文藝齋刻本　二冊

430000－2401－0014119　296.9/44（2）

談瀛錄三卷　（清）王之春撰　清光緒六年（1880）上海文藝齋刻本　一冊

430000－2401－0014120　296.9/44（3）

談瀛錄三卷　（清）王之春撰　清光緒六年（1880）上海文藝齋刻本　一冊　存三卷（一至三）

430000－2401－0014121　296.9/44－2

談瀛錄四卷　（清）王之春撰　清光緒六年（1880）京口營次刻本　二冊

430000－2401－0014122　296.9/5

雲海東游記二卷　（清）江慕洵撰　清光緒三十二年（1906）鉛印本　一冊

430000－2401－0014123　296.9/41

乙巳東瀛游記一卷　（清）周錫璋撰　清光緒三十一年（1905）鉛印本　一冊

430000－2401－0014124　296.9/20

東槎聞見錄四卷　（清）陳家麟輯　清光緒十三年（1887）鉛印本　四冊

430000－2401－0014125　296.9/26

東游日記一卷　（清）張受中撰　清光緒三十四年（1908）刻本　一冊

430000－2401－0014126　296.9/41

東游日記一卷　（清）黃慶澄撰　清光緒二十年（1894）詠古齋刻本　一冊

430000－2401－0014127　296.9/66

黃慶瀾東游日記　（清）黃慶瀾撰　清光緒三十一年（1905）鉛印本　一冊

430000－2401－0014128　296.9/63

填海禽言一卷　（清）黃膺撰　清光緒刻本　一冊

430000 - 2401 - 0014129　296.9/64

丙午日本游記一卷　（清）程淯撰　清光緒三十三年（1907）鉛印本　一冊

430000 - 2401 - 0014130　291.7/3

兩湖書院日本輿地課程一卷　（清）鄒代鈞編　清末鈔本　一冊

430000 - 2401 - 0014131　296.9/78

東游日記一卷　（清）潘運�撰　清光緒三十三年（1907）湖南機器廠鉛印本　一冊

430000 - 2401 - 0014132　296.9/11

游歷日本日記一卷　（清）聶嗣中撰　清光緒二十九年（1903）鉛印本　一冊

430000 - 2401 - 0014133　296.9/32

日游筆記一卷　王景禧撰　清光緒三十年（1904）學務處排印局鉛印本　一冊

430000 - 2401 - 0014134　296.9/32(1)

日游筆記一卷　王景禧撰　清光緒三十年（1904）學務處排印局鉛印本　一冊

430000 - 2401 - 0014135　296.9/72

愚齋東游日記一卷　盛宣懷撰　清光緒思補樓刻本　一冊

430000 - 2401 - 0014136　416/486

東游叢錄四卷　章宗祥等口譯　吳汝綸筆受　清光緒二十八年（1902）鉛印本　四冊

430000 - 2401 - 0014137　296.9/45

純齋東游日記一卷　賀綸夔編　清宣統元年（1909）上海商務印書館鉛印本　一冊

430000 - 2401 - 0014138　296.9/58

扶桑兩月記一卷　羅振玉撰　清光緒二十八年（1902）教育世界社石印本　一冊

430000 - 2401 - 0014139　299/101

日本地理志一卷　（日本）中村五六編纂　（日本）頓野廣太郎補　王國維譯　清光緒二十七年（1901）金粟齋鉛印本　一冊

430000 - 2401 - 0014140　296.9/6

使琉球記六卷　（清）李鼎元撰　清嘉慶刻本　二冊

430000 - 2401 - 0014141　296.9/48

琉球地理小志一卷補遺一卷說略一卷　姚文棟譯著　清光緒九年（1883）刻本　一冊

430000 - 2401 - 0014142　296.9/48(1)

琉球地理小志一卷補遺一卷說略一卷　姚文棟譯著　清光緒九年（1883）刻本　一冊

430000 - 2401 - 0014143　296.9/48(2)

琉球地理小志一卷補遺一卷說略一卷　姚文棟譯著　清光緒九年（1883）刻本　一冊

430000 - 2401 - 0014144　296.9/48(3)

琉球地理小志一卷補遺一卷說略一卷　姚文棟譯著　清光緒九年（1883）刻本　一冊

430000 - 2401 - 0014145　296.9/48(4)

琉球地理小志一卷補遺一卷說略一卷　姚文棟譯著　清光緒九年（1883）刻本　一冊

430000 - 2401 - 0014146　296.9/48(5)

琉球地理小志一卷補遺一卷說略一卷　姚文棟譯著　清光緒九年（1883）刻本　一冊

430000 - 2401 - 0014147　296.9/23

琉球入學聞見錄四卷圖一卷　（清）潘相撰　清道光二十年（1840）刻本　四冊

430000 - 2401 - 0014148　296.9/23(1)

琉球入學聞見錄四卷圖一卷　（清）潘相撰　清道光二十年（1840）刻本　二冊　存二卷（一、四）

430000 - 2401 - 0014149　299/20

越南地輿圖說六卷首一卷　（清）盛慶紱撰　清光緒九年（1883）求忠堂刻本　二冊

430000 - 2401 - 0014150　299/20(1)

越南地輿圖說六卷首一卷　（清）盛慶紱撰　清光緒九年（1883）求忠堂刻本　二冊

430000 - 2401 - 0014151　299/20(2)

越南地輿圖說六卷首一卷　（清）盛慶紱撰　清光緒九年（1883）求忠堂刻本　二冊

430000 - 2401 - 0014152　299/20(3)

越南地輿圖說六卷首一卷　（清）盛慶紱撰　清光緒九年（1883）求忠堂刻本　二冊

430000－2401－0014153　299/20(4)

越南地輿圖說六卷首一卷　（清）盛慶紱撰
清光緒九年(1883)求忠堂刻本　二冊

430000－2401－0014154　299/20(5)

越南地輿圖說六卷首一卷　（清）盛慶紱撰
清光緒九年(1883)求忠堂刻本　二冊

430000－2401－0014155　299/20(6)

越南地輿圖說六卷首一卷　（清）盛慶紱撰
清光緒九年(1883)求忠堂刻本　二冊

430000－2401－0014156　299/20－2

越南地輿圖說六卷首一卷　（清）盛慶紱撰
清光緒九年(1883)刻本　二冊

430000－2401－0014157　296.9/19

柬埔治以北探路記十五卷　（法國）晃西土加
尼撰　清光緒十六年(1890)鉛印本　十五冊

430000－2401－0014158　296.9/10

東南海島圖經十卷　（清）世增譯　（清）張美
翊述　清光緒二十六年(1900)上海石印本
二冊　存六卷(一至六)

430000－2401－0014159　△291.7/1

通俄道里表一卷新疆勘界公牘匯鈔一卷
（清）繆祐孫撰　鈔本　一冊

430000－2401－0014160　296.9/18－2

中亞洲俄屬游記二卷　（英國）蘭士德撰
（清）莫鎮藩譯　清光緒二十年(1894)上海時
務報館石印本　一冊

430000－2401－0014161　296.9/18－2(1)

中亞洲俄屬游記二卷　（英國）蘭士德撰
（清）莫鎮藩譯　清光緒二十年(1894)上海時
務報館石印本　一冊　存一卷(上)

430000－2401－0014162　296.9/18

中亞洲俄屬游記二卷　（英國）蘭士德撰
（清）莫鎮藩譯　清光緒二十年(1894)鉛印本
二冊

430000－2401－0014163　296.9/18(1)

中亞洲俄屬游記二卷　（英國）蘭士德撰
（清）莫鎮藩譯　清光緒二十年(1894)鉛印本

一冊　存一卷(下)

430000－2401－0014164　296.4/10

後漢書大秦國傳補註一卷　（清）陳運溶撰
清光緒二十六年(1900)麓山精舍刻本　一冊

430000－2401－0014165　296.4/10(1)

後漢書大秦國傳補註一卷　（清）陳運溶撰
清光緒二十六年(1900)麓山精舍刻本　一冊

430000－2401－0014166　296.9/51

帕米爾圖叙例一卷　清光緒石印本　一冊

430000－2401－0014167　296.9/30

道西齋日記二卷　（清）王詠霓撰　清光緒十
八年(1892)上海鴻寶齋石印本　一冊

430000－2401－0014168　296.9/30(1)

道西齋日記二卷　（清）王詠霓撰　清光緒十
八年(1892)上海鴻寶齋石印本　一冊

430000－2401－0014169　296.9/30－2

道西齋日記一卷　（清）王詠霓撰　清光緒刻
本　一冊

430000－2401－0014170　296.9/49

游歷聞見錄十八卷　（清）洪勛輯　清光緒十
六年(1890)上海仁記石印本　四冊

430000－2401－0014171　296.9/4

歐游雜錄二卷　（清）徐建寅撰　清光緒江南
機器製造局刻本　二冊

430000－2401－0014172　296.9/4(1)

歐游雜錄二卷　（清）徐建寅撰　清光緒江南
機器製造局刻本　二冊

430000－2401－0014173　296.9/65

出使英法日記一卷　（清）曾紀澤撰　清光緒
二十三年(1897)湖南新學書局刻本　一冊

430000－2401－0014174　296.9/16

四述奇十六卷　（清）張德彝撰　清光緒九年
(1883)同文館鉛印本　十六冊

430000－2401－0014175　296.9/25

海客日譚六卷　（清）王芝撰　清光緒二年
(1876)刻本　一冊　存三卷(一至三)

430000－2401－0014176　296.9/39

英軺日記十二卷　（清）載振撰　清光緒二十九年(1903)上海文明書局鉛印本　二冊

430000－2401－0014177　296.9/77

使西紀程二卷　（清）郭嵩燾撰　清刻本　一冊

430000－2401－0014178　296.9/46－2

出使英法義比四國日記六卷　（清）薛福成撰　清光緒十八年(1892)刻本　六冊

430000－2401－0014179　296.9/46

出使英法義比四國日記六卷　（清）薛福成撰　清光緒十八年(1892)上海鴻寶齋石印本　三冊

430000－2401－0014180　296.9/46(1)

出使英法義比四國日記六卷　（清）薛福成撰　清光緒十八年(1892)上海鴻寶齋石印本　三冊

430000－2401－0014181　296.9/46(2)

出使英法義比四國日記六卷　（清）薛福成撰　清光緒十八年(1892)上海鴻寶齋石印本　三冊

430000－2401－0014182　296.9/46(3)

出使英法義比四國日記六卷　（清）薛福成撰　清光緒十八年(1892)上海鴻寶齋石印本　三冊

430000－2401－0014183　296.9/46－3

出使英法義比四國日記六卷　（清）薛福成撰　清光緒二十年(1894)孫溪校經堂刻本　六冊

430000－2401－0014184　296.9/46－3(1)

出使英法義比四國日記六卷　（清）薛福成撰　清光緒二十年(1894)孫溪校經堂刻本　六冊

430000－2401－0014185　296.9/46－4

出使英法義比四國日記六卷　（清）薛福成撰　清光緒二十二年(1896)上海圖書集成局鉛印本　三冊

430000－2401－0014186　296.9/68

游歷圖經餘紀十五卷　（清）傅雲龍撰　清光緒十五年(1889)鉛印本　三冊　缺四卷(十二至十五)

430000－2401－0014187　296.9/40

游歷古巴圖經二卷　（清）傅雲龍撰　清光緒鉛印本　一冊

430000－2401－0014188　296.1/41

丹泉海島錄四卷　（清）徐景福撰　清光緒四年(1878)遂昌徐氏家塾刻本　二冊

430000－2401－0014189　297.1/117

行素草堂金石叢書　（清）朱記榮輯　清光緒刻本　四十冊

430000－2401－0014190　297.1/117(1)

行素草堂金石叢書　（清）朱記榮輯　清光緒刻本　四十冊

430000－2401－0014191　297.1/117(2)

行素草堂金石叢書　（清）朱記榮輯　清光緒刻本　二十四冊　缺四十九卷(平津讀碑記八卷記一卷、金石三例六卷、金石例補二卷、志銘庚例二卷、漢魏六朝墓銘慕例四卷、金石綜例四卷、金石稱例四卷續一卷、石經閣金石跋文一卷、補寰宇訪碑錄五卷附刊誤一卷、碑版文廣例十卷)

430000－2401－0014192　297.1/84

金石全例　（清）朱記榮輯　清光緒十八年(1892)吳縣朱氏匯印本　十六冊

430000－2401－0014193　297.1/84(1)

金石全例　（清）朱記榮輯　清光緒十八年(1892)吳縣朱氏匯印本　十六冊

430000－2401－0014194　297.1/84(2)

金石全例　（清）朱記榮輯　清光緒十八年(1892)吳縣朱氏匯印本　十六冊

430000－2401－0014195　△295.3/9

翁氏叢刊五種不分卷　（清）翁方綱編　清道光二十九年(1849)刻本　五冊

430000－2401－0014196　297.1/141

學古齋金石叢書　（清）葛元煦輯　清光緒中

崇川葛氏學古齋刻本　八冊　存二十三卷
（庚子消夏錄八卷、金薤琳琅補遺一卷、金石
古文十四卷）

430000－2401－0014197　297.1/14－2

金石三例　（清）盧見曾輯　清乾隆二十年
（1755）刻本　四冊

430000－2401－0014198　297.1/14

金石三例　（清）盧見曾輯　清嘉慶十六年
（1811）饒向榮刻本　二冊

430000－2401－0014199　297.1/14（1）

金石三例　（清）盧見曾輯　清嘉慶十六年
（1811）饒向榮刻本　二冊

430000－2401－0014200　297.1/14－3

金石三例　（清）盧見曾輯　（清）王芑孫評
清光緒四年（1878）讀有用書齋刻朱墨套印本
四冊

430000－2401－0014201　297.1/14－3（1）

金石三例　（清）盧見曾輯　（清）王芑孫評
清光緒四年（1878）讀有用書齋刻朱墨套印本
四冊

430000－2401－0014202　297.1/14－3（2）

金石三例　（清）盧見曾輯　（清）王芑孫評
清光緒四年（1878）讀有用書齋刻朱墨套印本
四冊

430000－2401－0014203　297.1/14－3（3）

金石三例　（清）盧見曾輯　（清）王芑孫評
清光緒四年（1878）讀有用書齋刻朱墨套印本
四冊

430000－2401－0014204　297.1/14－3（4）

金石三例　（清）盧見曾輯　（清）王芑孫評
清光緒四年（1878）讀有用書齋刻朱墨套印本
四冊

430000－2401－0014205　297.1/14－3（5）

金石三例　（清）盧見曾輯　（清）王芑孫評
清光緒四年（1878）讀有用書齋刻朱墨套印本
四冊

430000－2401－0014206　297.1/14－3（6）

金石三例　（清）盧見曾輯　（清）王芑孫評
清光緒四年（1878）讀有用書齋刻朱墨套印本
四冊

430000－2401－0014207　△295.1/11－2

金石錄三十卷　（宋）趙明誠撰　清順治七年
（1650）謝世箕刻本　清何紹基批校　葉啟
勳、葉啟發題識　四冊

430000－2401－0014208　297.1/86

金石錄三十卷　（宋）趙明誠撰　清乾隆二十
七年（1762）雅雨堂刻本　六冊

430000－2401－0014209　297.1/86（1）

金石錄三十卷　（宋）趙明誠撰　清乾隆二十
七年（1762）雅雨堂刻本　六冊

430000－2401－0014210　297.1/86（2）

金石錄三十卷　（宋）趙明誠撰　清乾隆二十
七年（1762）雅雨堂刻本　六冊

430000－2401－0014211　297.1/86（3）

金石錄三十卷　（宋）趙明誠撰　清乾隆二十
七年（1762）雅雨堂刻本　四冊

430000－2401－0014212　△295.1/11－4

金石錄三十卷附易安居士事輯一卷　（宋）趙
明誠撰　（清）謝世箕校　清道光徐氏治樸學
齋鈔本　清徐松、何焯批校題識　葉啟發題
識　六冊

430000－2401－0014213　△295.1/11－3

金石錄三十卷　（宋）趙明誠撰　清鈔本　清
何焯批校圈點并題識　四冊

430000－2401－0014214　297.1/43

集古錄十卷　（宋）歐陽修撰　清四留堂刻本
二冊

430000－2401－0014215　297.1/43－2

集古錄跋尾十卷　（宋）歐陽修撰　清道光二
十四年（1844）湘陰蔣氏刻三長物齋叢書本
二冊

430000－2401－0014216　297.1/43－2（1）

集古錄跋尾十卷　（宋）歐陽修撰　清道光二十
四年（1844）湘陰蔣氏刻三長物齋叢書本　四冊

430000－2401－0014217　297.1/43－2（2）

集古錄跋尾十卷　（宋）歐陽修撰　清道光二十四年（1844）湘陰蔣氏刻三長物齋叢書本　三冊

430000－2401－0014218　297.1/43－2（3）

集古錄跋尾十卷　（宋）歐陽修撰　清道光二十四年（1844）湘陰蔣氏刻三長物齋叢書本　三冊

430000－2401－0014219　297.1/43－2（4）

集古錄跋尾十卷　（宋）歐陽修撰　清道光二十四年（1844）湘陰蔣氏刻三長物齋叢書本　四冊

430000－2401－0014220　297.1/44

集古錄目五卷　（宋）歐陽棐撰　（清）黃本驥輯　清道光二十四年（1844）湘陰蔣氏刻三長物齋叢書本　二冊

430000－2401－0014221　297.1/44（1）

集古錄目五卷　（宋）歐陽棐撰　（清）黃本驥輯　清道光二十四年（1844）湘陰蔣氏刻三長物齋叢書本　二冊

430000－2401－0014222　297.1/44（2）

集古錄目五卷　（宋）歐陽棐撰　（清）黃本驥輯　清道光二十四年（1844）湘陰蔣氏刻三長物齋叢書本　一冊

430000－2401－0014223　297.1/44（3）

集古錄目五卷　（宋）歐陽棐撰　（清）黃本驥輯　清道光二十四年（1844）湘陰蔣氏刻三長物齋叢書本　二冊

430000－2401－0014224　297.1/44（4）

集古錄目五卷　（宋）歐陽棐撰　（清）黃本驥輯　清道光二十四年（1844）湘陰蔣氏刻三長物齋叢書本　二冊

430000－2401－0014225　297.1/44－2

集古錄目十卷原目一卷　（宋）歐陽棐撰　繆荃孫輯　清光緒江陰繆氏刻雲自在龕叢書本　四冊

430000－2401－0014226　297.1/44－2（1）

集古錄目十卷原目一卷　（宋）歐陽棐撰　繆荃孫輯　清光緒江陰繆氏刻雲自在龕叢書本　二冊

430000－2401－0014227　297.1/93

金石史二卷　（明）郭宗昌撰　清光緒八年（1882）學古齋刻學古齋金石叢書本　一冊

430000－2401－0014228　△295.1/10

金石遺文五卷　（明）豐道生輯　清初鈔本　五冊

430000－2401－0014229　△295.1/6

金石古文十四卷　（明）楊慎輯　明嘉靖三十三年（1554）孫昭李懿刻本　清陸芝田、清張介人批校圈點　葉啟勳題識　三冊

430000－2401－0014230　△295.1/14

寒山堂金石時地考一卷　（明）趙均撰　清初鈔本　一冊

430000－2401－0014231　△295.1/9

金石萃編一百六十卷　（清）王昶撰　清嘉慶十年（1805）刻本　清周壽昌批校　六十四冊

430000－2401－0014232　297.1/122－2

金石萃編一百六十卷　（清）王昶撰　清同治十一年（1872）經訓堂補刻本　四十八冊

430000－2401－0014233　297.1/122－2（1）

金石萃編一百六十卷　（清）王昶撰　清同治十一年（1872）經訓堂補刻本　六十四冊

430000－2401－0014234　297.1/122－2（2）

金石萃編一百六十卷　（清）王昶撰　清同治十一年（1872）經訓堂補刻本　八十冊

430000－2401－0014235　297.1/122－2（3）

金石萃編一百六十卷　（清）王昶撰　清同治十一年（1872）經訓堂補刻本　四十冊　缺三十五卷（六至十二、四十五至五十七、六十九至八十三）

430000－2401－0014236　297.1/122－4

金石萃編一百六十卷　（清）王昶撰　清光緒十九年（1893）上海醉六堂刻本　十八冊

430000－2401－0014237　297.1/122－3

金石萃編一百六十卷　（清）王昶撰　清光緒
十九年(1893)上海寶善書局石印本　十八冊

430000－2401－0014238　297.1/122－3(1)

金石萃編一百六十卷　（清）王昶撰　清光緒
十九年(1893)上海寶善書局石印本　十九冊

430000－2401－0014239　297.1/96－2

金石萃編補正四卷　（清）方履籛撰　清光緒
二十年(1894)上海醉六堂石印本　四冊

430000－2401－0014240　297.1/91

金石萃編補略二卷　（清）王言撰　清光緒八
年(1882)刻本　四冊

430000－2401－0014241　297.1/91(1)

金石萃編補略二卷　（清）王言撰　清光緒八
年(1882)刻本　四冊

430000－2401－0014242　297.1/118

關中金石文字存逸考十二卷首一卷　（清）毛
鳳枝撰　清光緒二十七年(1901)會稽顧氏萍
鄉縣署刻本　六冊

430000－2401－0014243　297.1/92

金石韻府不分卷　（清）朱雲輯纂　清鈔本
四冊

430000－2401－0014244　297.1/2

雍州金石記十卷餘一卷　（清）朱楓撰　清道
光二十六年(1846)刻惜陰軒叢書本　二冊

430000－2401－0014245　297.1/136

開有益齋金石文字記一卷　（清）朱緒曾撰
清光緒六年(1880)金陵翁氏茹古閣刻本
一冊

430000－2401－0014246　297.1/61

開有益齋金石文字記一卷開有益齋讀書續志
一卷　（清）朱緒曾撰　清光緒刻本　一冊

430000－2401－0014247　297.1/61(1)

開有益齋金石文字記一卷開有益齋讀書續志
一卷　（清）朱緒曾撰　清光緒刻本　二冊

430000－2401－0014248　297.1/121

曝書亭金石文字跋尾六卷　（清）朱彝尊撰
清光緒十年(1884)朱氏槐廬刻本　二冊

430000－2401－0014249　△295.1/18

觀妙齋藏金石文考略十六卷　（清）李光暎撰
清雍正七年(1729)刻本　八冊

430000－2401－0014250　297.1/145

觀妙齋藏金石文考略十六卷　（清）李光暎撰
清雍正七年(1729)刻道光十七年(1837)平
湖盛氏拜石山房重印本　六冊

430000－2401－0014251　297.1/6

栝蒼金石志十二卷續四卷　（清）李遇孫輯
清同治十三年(1874)浙江處州府署刻本
六冊

430000－2401－0014252　297.1/6(1)

栝蒼金石志十二卷續四卷　（清）李遇孫輯
清同治十三年(1874)浙江處州府署刻本
八冊

430000－2401－0014253　297.1/6(2)

栝蒼金石志十二卷續四卷　（清）李遇孫輯
清同治十三年(1874)浙江處州府署刻本
六冊

430000－2401－0014254　297.1/6(3)

栝蒼金石志十二卷續四卷　（清）李遇孫輯
清同治十三年(1874)浙江處州府署刻本　一
冊　存四卷(續四卷)

430000－2401－0014255　297.1/6(4)

栝蒼金石志十二卷續四卷　（清）李遇孫輯
清同治十三年(1874)浙江處州府署刻本
二冊

430000－2401－0014256　297.1/15

九鐘精舍金石跋尾甲編一卷　（清）吳士鑒撰
清宣統二年(1910)刻本　一冊

430000－2401－0014257　297.1/15(1)

九鐘精舍金石跋尾甲編一卷　（清）吳士鑒撰
清宣統二年(1910)刻本　一冊

430000－2401－0014258　297.1/15(2)

九鐘精舍金石跋尾甲編一卷　（清）吳士鑒撰
清宣統二年(1910)刻本　一冊

430000－2401－0014259　297.1/90

金石癖十五卷　（清）吳玉搢撰　清乾隆四十五年(1780)李調元刻本　四冊　存八卷(二至三、六至十一)

430000－2401－0014260　△295.1/7

金石存十五卷　（清）吳玉搢撰　清乾隆沈心醇鈔本　清沈心醇題識　五冊

430000－2401－0014261　297.1/58

金石存十五卷　（清）吳玉搢撰　清嘉慶二十四年(1819)聞妙香室刻本　四冊

430000－2401－0014262　△295.1/16

攗古錄二十卷　（清）吳式芬撰　清光緒朱印本　二十冊

430000－2401－0014263　297.1/29

筠清館金石錄五卷　（清）吳榮光撰　清道光二十二年(1842)南海吳氏筠清館刻本　六冊

430000－2401－0014264　297.1/29(1)

筠清館金石錄五卷　（清）吳榮光撰　清道光二十二年(1842)南海吳氏筠清館刻本　五冊

430000－2401－0014265　297.1/29(2)

筠清館金石錄五卷　（清）吳榮光撰　清道光二十二年(1842)南海吳氏筠清館刻本　五冊

430000－2401－0014266　297.1/29(3)

筠清館金石錄五卷　（清）吳榮光撰　清道光二十二年(1842)南海吳氏筠清館刻本　五冊

430000－2401－0014267　297.1/29(4)

筠清館金石錄五卷　（清）吳榮光撰　清道光二十二年(1842)南海吳氏筠清館刻本　三冊　存三卷(二至四)

430000－2401－0014268　297.1/29(5)

筠清館金石錄五卷　（清）吳榮光撰　清道光二十二年(1842)南海吳氏筠清館刻本　五冊

430000－2401－0014269　297.1/29(6)

筠清館金石錄五卷　（清）吳榮光撰　清道光二十二年(1842)南海吳氏筠清館刻本　五冊

430000－2401－0014270　297.1/29(7)

筠清館金石錄五卷　（清）吳榮光撰　清道光二十二年(1842)南海吳氏筠清館刻本　五冊

430000－2401－0014271　297.1/24

兩浙金石志十八卷　（清）阮元輯　清光緒十七年(1891)浙江書局刻本　十二冊

430000－2401－0014272　297.1/24(1)

兩浙金石志十八卷　（清）阮元輯　清光緒十七年(1891)浙江書局刻本　十二冊

430000－2401－0014273　297.1/7

越中金石記十卷目二卷　（清）杜春生撰　清道光十年(1830)詹波館刻本　十冊

430000－2401－0014274　297.1/17

安陽縣金石錄十二卷　（清）武億　（清）趙希璜纂　清嘉慶四年(1799)刻本　四冊

430000－2401－0014275　297.1/21

授堂金石文字續跋十四卷二跋四卷三跋二卷　（清）武億撰　清道光刻本　二冊

430000－2401－0014276　△295.1/19

來齋金石刻考略三卷唐昭陵石蹟考略五卷　（清）林侗撰　唐昭陵陪葬名氏考一卷　（清）馮繼撰　漢魏碑刻紀存一卷　（清）謝道承撰　清嘉慶二十一年(1816)馮繼刻本　清何紹基書寫書根　葉啟勳批校　二冊

430000－2401－0014277　297.1/60

荆南萃古編不分卷　（清）周懋琦　（清）劉瀚輯　清光緒二十年(1894)鴻寶署齋刻本　二冊

430000－2401－0014278　297.1/60(1)

荆南萃古編不分卷　（清）周懋琦　（清）劉瀚輯　清光緒二十年(1894)鴻寶署齋刻本　二冊

430000－2401－0014279　△295.3/10

益都金石記四卷　（清）段松苓撰　益都金石略二卷　（清）傅洪撰　清鈔本　三冊

430000－2401－0014280　297.1/37

中州金石目四卷補遺一卷　（清）姚晏撰　清光緒九年(1883)歸安姚氏刻咫進齋叢書本　一冊

430000－2401－0014281　297.1/37(1)

中州金石目四卷補遺一卷　（清）姚晏撰　清

光緒九年(1883)歸安姚氏刻咫進齋叢書本
一冊

430000－2401－0014282　297.1/62
山右金石錄一卷　（清）夏寶晉撰　清光緒八
年(1882)歸安石氏古歡閣刻本　一冊

430000－2401－0014283　297.1/62(1)
山右金石錄一卷　（清）夏寶晉撰　清光緒八
年(1882)歸安石氏古歡閣刻本　一冊

430000－2401－0014284　△295.3/17
京畿金石考二卷　（清）孫星衍撰　清乾隆五
十七年(1792)孫星衍問字堂刻本　一冊

430000－2401－0014285　297.1/63
京畿金石考二卷　（清）孫星衍撰　清同治吳
縣潘氏京師滂喜齋刻滂喜齋叢書本　一冊

430000－2401－0014286　297.1/63(1)
京畿金石考二卷　（清）孫星衍撰　清同治吳
縣潘氏京師滂喜齋刻滂喜齋叢書本　一冊

430000－2401－0014287　297.1/63－2
京畿金石考二卷　（清）孫星衍撰　清光緒二
十二年(1896)長沙刻惜陰軒叢書本　一冊

430000－2401－0014288　295.1/3
兩漢金石記二十二卷　（清）翁方綱撰　清乾
隆五十四年(1789)南昌使院刻本　何紹基、
張穆、葉啟勳、葉啟發題識　八冊

430000－2401－0014289　297.1/115
粵東金石略九卷首一卷附二卷　（清）翁方綱
撰　清光緒十七年(1891)廣州石經堂書局石
印本　四冊

430000－2401－0014290　297.1/107
隨軒金石文字未分卷　（清）徐渭仁撰　清同
治七年(1868)刻本　四冊

430000－2401－0014291　297.1/109
退庵金石書畫跋二十卷　（清）梁章鉅撰　清
道光刻本　十冊

430000－2401－0014292　297.1/13
金石例補二卷　（清）郭麐撰　清嘉慶十八年
(1813)刻本　一冊

430000－2401－0014293　271/247
金石學錄補三卷　（清）陸心源撰　清光緒十
二年(1886)刻潛園總集本　一冊

430000－2401－0014294　271/247－2
金石學錄補四卷　（清）陸心源撰　清光緒刻
本　二冊

430000－2401－0014295　271/247－2(1)
金石學錄補四卷　（清）陸心源撰　清光緒刻
本　一冊

430000－2401－0014296　297.1/114
吳興金石記十六卷　（清）陸心源撰　清光緒
十六年(1890)刻潛園總集本　三冊　缺九卷
(一至九)

430000－2401－0014297　297.1/98
金石續編二十一卷首一卷　（清）陸耀遹撰
清光緒十九年(1893)上海醉六堂石印本
六冊

430000－2401－0014298　297.1/98(1)
金石續編二十一卷首一卷　（清）陸耀遹撰
清光緒十九年(1893)上海醉六堂石印本
六冊

430000－2401－0014299　297.1/98－3
金石續編二十一卷首一卷　（清）陸耀遹撰　清
光緒十九年(1893)上海寶善書局石印本　六冊

430000－2401－0014300　297.1/98－3(1)
金石續編二十一卷首一卷　（清）陸耀遹撰
清光緒十九年(1893)上海寶善書局石印本
六冊

430000－2401－0014301　297.1/57
簠齋藏古目　（清）陳介祺藏　祺清光緒三十
年(1904)濰縣陳氏存澤堂石印本　三冊

430000－2401－0014302　297.1/76
金石摘不分卷　（清）陳善墀撰　清同治十二
年(1873)瀏陽學之不求甚解齋刻本　十冊

430000－2401－0014303　297.1/76(1)
金石摘不分卷　（清）陳善墀撰　清同治十二
年(1873)瀏陽學之不求甚解齋刻本　十冊

430000 – 2401 – 0014304　297.1/76（2）

金石摘不分卷　（清）陳善墀撰　清同治十二年(1873)瀏陽學之不求甚解齋刻本　八冊

430000 – 2401 – 0014305　297.1/76（3）

金石摘不分卷　（清）陳善墀撰　清同治十二年(1873)瀏陽學之不求甚解齋刻本　五冊

430000 – 2401 – 0014306　297.1/76（4）

金石摘不分卷　（清）陳善墀撰　清同治十二年(1873)瀏陽學之不求甚解齋刻本　四冊

430000 – 2401 – 0014307　297.1/76（5）

金石摘不分卷　（清）陳善墀撰　清同治十二年(1873)瀏陽學之不求甚解齋刻本　一冊

430000 – 2401 – 0014308　297.1/102

求古精舍金石圖初集四卷　（清）陳經輯　清嘉慶二十二年(1817)說劍樓刻本　四冊

430000 – 2401 – 0014309　297.1/102（1）

求古精舍金石圖初集四卷　（清）陳經輯　清嘉慶二十二年(1817)說劍樓刻本　四冊

430000 – 2401 – 0014310　297.1/102（2）

求古精舍金石圖初集四卷　（清）陳經輯　清嘉慶二十二年(1817)說劍樓刻本　二冊

430000 – 2401 – 0014311　297.1/70

金石索十二卷首一卷　（清）馮雲鵬　（清）馮雲鵷輯　清道光元年(1821)滋陽縣署刻本　十二冊

430000 – 2401 – 0014312　297.1/70（1）

金石索十二卷首一卷　（清）馮雲鵬　（清）馮雲鵷輯　清道光元年(1821)滋陽縣署刻本　十二冊

430000 – 2401 – 0014313　297.1/70（2）

金石索十二卷首一卷　（清）馮雲鵬　（清）馮雲鵷輯　清道光元年(1821)滋陽縣署刻本　十二冊

430000 – 2401 – 0014314　297.1/70（3）

金石索十二卷首一卷　（清）馮雲鵬　（清）馮雲鵷輯　清道光元年(1821)滋陽縣署刻本　十二冊

430000 – 2401 – 0014315　297.1/70（4）

金石索十二卷首一卷　（清）馮雲鵬　（清）馮雲鵷輯　清道光元年(1821)滋陽縣署刻本　十二冊

430000 – 2401 – 0014316　297.1/70（5）

金石索十二卷首一卷　（清）馮雲鵬　（清）馮雲鵷輯　清道光元年(1821)滋陽縣署刻本　十二冊

430000 – 2401 – 0014317　297.1/70（6）

金石索十二卷首一卷　（清）馮雲鵬　（清）馮雲鵷輯　清道光元年(1821)滋陽縣署刻本　二十四冊

430000 – 2401 – 0014318　297.1/70 – 4

金石索十二卷首一卷　（清）馮雲鵬　（清）馮雲鵷輯　清光緒十九年(1893)上海積山書局石印本　二十四冊

430000 – 2401 – 0014319　297.1/70 – 3

金石索十二卷首一卷　（清）馮雲鵬　（清）馮雲鵷輯　清光緒三十二年(1906)上海文新局石印本　二十四冊

430000 – 2401 – 0014320　297.1/70 – 2

金石索十二卷首一卷　（清）馮雲鵬　（清）馮雲鵷輯　清光緒三十三年(1907)上海文新局石印本　二十四冊

430000 – 2401 – 0014321　297.1/70 – 2（1）

金石索十二卷首一卷　（清）馮雲鵬　（清）馮雲鵷輯　清光緒三十三年(1907)上海文新局石印本　二十三冊　缺石索

430000 – 2401 – 0014322　297.1/70 – 2（2）

金石索十二卷首一卷　（清）馮雲鵬　（清）馮雲鵷輯　清光緒三十三年(1907)上海文新局石印本　二十冊　缺四卷（金索三下、石索三上、石索四下、石索六下）

430000 – 2401 – 0014323　297.1/70 – 5

金石索十二卷首一卷　（清）馮雲鵬　（清）馮雲鵷輯　清末石印本　十二冊

430000 – 2401 – 0014324　297.1/70 – 5（1）

金石索十二卷首一卷　（清）馮雲鵬　（清）馮雲鵷輯　清末石印本　九冊　缺三卷(金索一至二、石索二)

430000－2401－0014325　297.1/143

張叔未解元所藏金石文字一卷　（清）張廷濟輯　清光緒四會嚴氏鶴緣齋石印本　一冊

430000－2401－0014326　297.1/103

山西通志金石記八卷　（清）張煦等修纂　清光緒十八年(1892)刻本　八冊

430000－2401－0014327　297.1/81

金石聚十六卷　（清）張德容撰　清同治十一年(1872)二銘草堂刻本　十六冊

430000－2401－0014328　297.1/81(1)

金石聚十六卷　（清）張德容撰　清同治十一年(1872)二銘草堂刻本　十六冊

430000－2401－0014329　297.1/81(2)

金石聚十六卷　（清）張德容撰　清同治十一年(1872)二銘草堂刻本　十六冊

430000－2401－0014330　297.1/75

重定金石契不分卷　（清）張燕昌撰　清乾隆四十三年(1778)京都近文齋刻本　四冊

430000－2401－0014331　297.1/75(1)

重定金石契不分卷　（清）張燕昌撰　清乾隆四十三年(1778)京都近文齋刻本　五冊

430000－2401－0014332　297.1/75－2

重定金石契不分卷　（清）張燕昌撰　清光緒二十二年(1896)劉氏聚學軒刻本　五冊

430000－2401－0014333　297.1/75－2(1)

重定金石契不分卷　（清）張燕昌撰　清光緒二十二年(1896)劉氏聚學軒刻本　四冊

430000－2401－0014334　297.1/75－2(2)

重定金石契不分卷　（清）張燕昌撰　清光緒二十二年(1896)劉氏聚學軒刻本　四冊

430000－2401－0014335　297.1/75－2(3)

重定金石契不分卷　（清）張燕昌撰　清光緒二十二年(1896)劉氏聚學軒刻本　五冊

430000－2401－0014336　297.1/75－2(4)

重定金石契不分卷　（清）張燕昌撰　清光緒二十二年(1896)劉氏聚學軒刻本　四冊

430000－2401－0014337　297.1/75－2(5)

重定金石契不分卷　（清）張燕昌撰　清光緒二十二年(1896)劉氏聚學軒刻本　四冊

430000－2401－0014338　297.1/64－3

小蓬萊閣金石文字不分卷　（清）黃易撰　清嘉慶五年(1800)刻本　五冊

430000－2401－0014339　297.1/64

小蓬萊閣金石文字不分卷　（清）黃易撰　清道光十四年(1834)刻本　五冊

430000－2401－0014340　297.1/64－2

小蓬萊閣金石文字不分卷　（清）黃易撰　清同治二年(1863)刻本　四冊

430000－2401－0014341　297.1/12－2

關中金石記八卷　（清）畢沅撰　清乾隆四十六年(1781)經訓堂刻本　二冊

430000－2401－0014342　297.1/12－2(1)

關中金石記八卷　（清）畢沅撰　清乾隆四十六年(1781)經訓堂刻本　二冊

430000－2401－0014343　297.1/12－2(2)

關中金石記八卷　（清）畢沅撰　清乾隆四十六年(1781)經訓堂刻本　四冊

430000－2401－0014344　△295.1/15

關中金石記八卷　（清）畢沅撰　清鈔本　四冊

430000－2401－0014345　297.1/12

關中金石記八卷附記一卷　（清）畢沅撰　清光緒三十四年(1908)渭南嚴氏成都刻本　四冊

430000－2401－0014346　297.1/120

山左金石志二十四卷　（清）畢沅　（清）阮元撰　清嘉慶二年(1797)儀徵阮氏小琅環仙館刻本　十冊

430000－2401－0014347　297.1/116

吳郡金石目一卷　（清）程祖慶撰　清光緒三

年(1877)滂喜齋刻滂喜齋叢書本　一冊

430000－2401－0014348　297.1/83

金石圖不分卷　（清）褚峻摹　（清）牛運震集說　清乾隆十年(1745)木刻拓本　四冊

430000－2401－0014349　297.1/83(1)

金石圖不分卷　（清）褚峻摹　（清）牛運震集說　清乾隆十年(1745)木刻拓本　二冊

430000－2401－0014350　297.1/82

金石圖說甲二卷乙二卷　（清）褚峻摹　（清）牛運震集說　（清）劉世珩編補　清光緒二十年(1894)聚學軒劉氏刻本　四冊

430000－2401－0014351　297.1/82(1)

金石圖說甲二卷乙二卷　（清）褚峻摹　（清）牛運震集說　（清）劉世珩編補　清光緒二十年(1894)聚學軒劉氏刻本　三冊　缺一卷(甲上)

430000－2401－0014352　297.1/82－2

金石圖說四卷　（清）褚峻摹　（清）牛運震集說　（清）劉世珩編補　清光緒二十一年(1895)貴池劉氏刻本　三冊　缺一卷(三)

430000－2401－0014353　297.1/50

金石錄補二十七卷　（清）葉奕苞撰　清乾隆四十三年(1778)別下齋刻本　四冊

430000－2401－0014354　297.1/71

金石文鈔八卷續鈔二卷　（清）趙紹祖輯　清嘉慶七年(1802)刻本　八冊

430000－2401－0014355　297.1/71(1)

金石文鈔八卷續鈔二卷　（清）趙紹祖輯　清嘉慶七年(1802)刻本　四冊

430000－2401－0014356　297.1/71－2

金石文鈔八卷續鈔二卷　（清）趙紹祖輯　清光緒二年(1876)刻本　十冊

430000－2401－0014357　297.1/55

金石古文考一卷　（清）鄭業斆撰　清光緒二十三年(1897)金陵宜春閣石印本　一冊

430000－2401－0014358　297.1/55(1)

金石古文考一卷　（清）鄭業斆撰　清光緒二

十三年(1897)金陵宜春閣石印本　一冊

430000－2401－0014359　297.1/9

獨笑齋金石考略四卷　（清）鄭業斆撰　清光緒十三年(1887)刻本　二冊

430000－2401－0014360　297.1/9(1)

獨笑齋金石考略四卷　（清）鄭業斆撰　清光緒十三年(1887)刻本　二冊

430000－2401－0014361　297.1/9(2)

獨笑齋金石考略四卷　（清）鄭業斆撰　清光緒十三年(1887)刻本　一冊

430000－2401－0014362　△295.1/12

金石續錄四卷　（清）劉青藜撰　清康熙四十九年(1710)傳經堂刻本　清佚名批校　二冊

430000－2401－0014363　297.1/97

金石續錄四卷　（清）劉青藜撰　清光緒學古齋刻學古齋金石叢書本　二冊

430000－2401－0014364　297.1/39－2

海東金石苑一卷　（清）劉喜海撰　清同治十二年(1873)歙縣鮑氏觀古閣刻本　一冊

430000－2401－0014365　297.1/127

長安獲古編二卷補一卷　（清）劉喜海纂　清光緒三十一年(1905)刻本　二冊

430000－2401－0014366　297.1/80

金石屑不分卷　（清）鮑昌熙撰　清光緒二年(1876)金陵刻本　四冊

430000－2401－0014367　297.1/73－2

潛研堂金石文字目錄八卷　（清）錢大昕撰　清嘉慶十年(1805)嘉定瞿中溶刻潛研堂全書本　十二冊

430000－2401－0014368　297.1/73

潛研堂金石文字目錄八卷　（清）錢大昕撰　清光緒十年(1884)長沙龍氏家塾刻嘉定錢氏潛研堂全書本　二冊

430000－2401－0014369　297.1/73(1)

潛研堂金石文字目錄八卷　（清）錢大昕撰　清光緒十年(1884)長沙龍氏家塾刻嘉定錢氏潛研堂全書本　二冊

430000－2401－0014370　297.1/73（2）

潛研堂金石文字目錄八卷　（清）錢大昕撰
清光緒十年(1884)長沙龍氏家塾刻嘉定錢氏
潛研堂全書本　二冊

430000－2401－0014371　297.1/73（3）

潛研堂金石文字目錄八卷　（清）錢大昕撰
清光緒十年(1884)長沙龍氏家塾刻嘉定錢氏
潛研堂全書本　一冊　存四卷(一至四)

430000－2401－0014372　297.1/26－2

**潛研堂金石文跋尾六卷續七卷又續六卷三續
六卷**　（清）錢大昕撰　清嘉慶十年(1805)嘉
定瞿中溶等刻潛研堂全書本　四冊

430000－2401－0014373　297.1/26

潛研堂金石文跋尾二十卷　（清）錢大昕撰
清光緒長沙龍氏刻本　八冊

430000－2401－0014374　297.1/26（1）

潛研堂金石文跋尾二十卷　（清）錢大昕撰
清光緒長沙龍氏刻本　十冊

430000－2401－0014375　297.1/26（2）

潛研堂金石文跋尾二十卷　（清）錢大昕撰
清光緒長沙龍氏刻本　八冊

430000－2401－0014376　297.1/26（3）

潛研堂金石文跋尾二十卷　（清）錢大昕撰
　清光緒長沙龍氏刻本　四冊　存十三卷
(五至十七)

430000－2401－0014377　297.1/137

粵西金石略十六卷　（清）謝啟昆撰　清嘉慶
刻本　一冊　存三卷(七至九)

430000－2401－0014378　297.1/113

湖北金石詩一卷　（清）嚴觀撰　清道光二十
八年(1848)靈石楊氏刻連筠簃叢書本　一冊

430000－2401－0014379　297.1/18－2

江寧金石待訪目二卷　（清）嚴觀撰　清光緒
二十二年(1896)元和江氏湖南使院刻靈鶼閣
叢書本　一冊

430000－2401－0014380　297.1/18

江寧金石記八卷待訪目二卷　（清）嚴觀編

清宣統二年(1910)江楚編繹書局刻本　二冊

430000－2401－0014381　297.1/18（1）

江寧金石記八卷待訪目二卷　（清）嚴觀編
清宣統二年(1910)江楚編繹書局刻本　二冊

430000－2401－0014382　297.1/53

金石文字記六卷　（清）顧炎武撰　（清）潘耒
補遺　清初刻本　六冊

430000－2401－0014383　297.1/53（1）

金石文字記六卷　（清）顧炎武撰　（清）潘耒
補遺　清初刻本　一冊　存三卷(四至六)

430000－2401－0014384　△295.1/4

求古錄一卷　（清）顧炎武撰　清鈔本　清何
紹基書寫書根　葉啟發、葉啟勳題跋　二冊

430000－2401－0014385　297.1/65

望堂金石文字不分卷　楊守敬輯　清同治九
年至光緒三年(1870－1877)宜都楊氏飛青閣
刻本　六冊

430000－2401－0014386　297.1/65（1）

望堂金石文字不分卷　楊守敬輯　清同治九
年至光緒三年(1870－1877)宜都楊氏飛青閣
刻本　三冊

430000－2401－0014387　297.1/94

**金石萃編校字記一卷讀碑小箋一卷眼學偶得
一卷**　羅振玉撰　清光緒唐風樓刻本　一冊

430000－2401－0014388　297.1/94（1）

**金石萃編校字記一卷讀碑小箋一卷眼學偶得
一卷**　羅振玉撰　清光緒唐風樓刻本　一冊

430000－2401－0014389　△295.2/6

泊如齋重修宣和博古圖錄三十卷　（宋）王黼
等撰　明萬曆十六年(1588)泊如齋刻本　三
十冊

430000－2401－0014390　△295.2/6（1）

泊如齋重修宣和博古圖錄三十卷　（宋）王黼
等撰　明萬曆十六年(1588)泊如齋刻本　十
四冊

430000－2401－0014391　△295.2/6－2

泊如齋重修宣和博古圖錄三十卷　（宋）王黼

等撰　明刻本　十四冊

430000－2401－0014392　297.2/1－3
重修宣和博古圖錄三十卷　（宋）王黼等撰
明萬曆二十七年(1599)于承祖刻崇禎九年
(1636)于道南修補本　二十冊　存二十卷
（二至五、七至八、十、十四至十九、二十一至
二十五、二十七、三十）

430000－2401－0014393　297.2/1
亦政堂重修宣和博古圖錄三十卷　（宋）王黼
等撰　明萬曆三十一年(1603)寶古堂刻清乾
隆十七年(1752)亦政堂得版改刻印本　十
一冊

430000－2401－0014394　297.2/1(1)
亦政堂重修宣和博古圖錄三十卷　（宋）王黼
等撰　明萬曆三十一年(1603)寶古堂刻清乾
隆十七年(1752)亦政堂得版改刻印本　十
七冊

430000－2401－0014395　297.2/1(2)
亦政堂重修宣和博古圖錄三十卷　（宋）王黼等
撰　明萬曆三十一年(1603)寶古堂刻清乾隆十
七年(1752)亦政堂得版改刻印本　十七冊

430000－2401－0014396　297.2/1(3)
亦政堂重修宣和博古圖錄三十卷　（宋）王黼
等撰　明萬曆三十一年(1603)寶古堂刻清乾
隆十七年(1752)亦政堂得版改刻印本　十
六冊

430000－2401－0014397　△295.2/4
亦政堂重修宣和博古圖錄三十卷　（宋）王黼
等撰　清乾隆十五年(1750)槐蔭草堂刻本
十三冊　存十三卷(十八至三十)

430000－2401－0014398　△295.2/3
亦政堂重修宣和博古圖錄十七卷　（宋）王黼
等撰　清乾隆十八年(1753)黃晟槐蔭草堂刻
本　十六冊

430000－2401－0014399　295.2/5
東書堂重修宣和博古圖錄三十卷　（宋）王黼
等撰　清乾隆十七年(1752)亦政堂刻本　十
二冊

430000－2401－0014400　297.2/7
亦政堂重修考古圖十卷　（宋）呂大臨撰　明
萬曆三十一年(1603)寶古堂刻清乾隆十七年
(1752)亦政堂得版改刻印本　五冊

430000－2401－0014401　297.2/7(1)
亦政堂重修考古圖十卷　（宋）呂大臨撰　明
萬曆三十一年(1603)寶古堂刻清乾隆十七年
(1752)亦政堂得版改刻印本　三冊

430000－2401－0014402　297.2/7(2)
亦政堂重修考古圖十卷　（宋）呂大臨撰　明
萬曆三十一年(1603)寶古堂刻清乾隆十七年
(1752)亦政堂得版改刻印本　十冊

430000－2401－0014403　297.2/7(3)
亦政堂重修考古圖十卷　（宋）呂大臨撰　明
萬曆三十一年(1603)寶古堂刻清乾隆十七年
(1752)亦政堂得版改刻印本　四冊

430000－2401－0014404　297.2/5
歷代鐘鼎彝器款識法帖二十卷　（宋）薛尚功
撰　清嘉慶二年(1797)儀徵阮氏小琅環仙館
刻本　八冊

430000－2401－0014405　297.2/5(1)
歷代鐘鼎彝器款識法帖二十卷　（宋）薛尚功
撰　清嘉慶二年(1797)儀徵阮氏小琅環仙館
刻本　四冊

430000－2401－0014406　297.2/5(2)
歷代鐘鼎彝器款識法帖二十卷　（宋）薛尚功
撰　清嘉慶二年(1797)儀徵阮氏小琅環仙館
刻本　六冊

430000－2401－0014407　297.2/5(3)
歷代鐘鼎彝器款識法帖二十卷　（宋）薛尚功
撰　清嘉慶二年(1797)儀徵阮氏小琅環仙館
刻本　四冊

430000－2401－0014408　297.2/5(4)
歷代鐘鼎彝器款識法帖二十卷　（宋）薛尚功
撰　清嘉慶二年(1797)儀徵阮氏小琅環仙館
刻本　四冊

430000－2401－0014409　297.2/5(5)

歷代鐘鼎彝器款識法帖二十卷　（宋）薛尚功
撰　清嘉慶二年(1797)儀徵阮氏小琅環仙館
刻本　四冊

430000－2401－0014410　297.2/5(6)

歷代鐘鼎彝器款識法帖二十卷　（宋）薛尚功
撰　清嘉慶二年(1797)儀徵阮氏小琅環仙館
刻本　四冊

430000－2401－0014411　297.2/5(7)

歷代鐘鼎彝器款識法帖二十卷　（宋）薛尚功
撰　清嘉慶二年(1797)儀徵阮氏小琅環仙館
刻本　四冊

430000－2401－0014412　297.2/5(8)

歷代鐘鼎彝器款識法帖二十卷　（宋）薛尚功
撰　清嘉慶二年(1797)儀徵阮氏小琅環仙館
刻本　五冊　存十八卷(三至二十)

430000－2401－0014413　297.2/5(9)

歷代鐘鼎彝器款識法帖二十卷　（宋）薛尚功
撰　清嘉慶二年(1797)儀徵阮氏小琅環仙館
刻本　四冊

430000－2401－0014414　297.2/5(10)

歷代鐘鼎彝器款識法帖二十卷　（宋）薛尚功
撰　清光緒二十九年(1903)貴池劉氏玉海堂
刻本　四冊

430000－2401－0014415　297.2/5－3

歷代鐘鼎彝器款識法帖二十卷　（宋）薛尚功
撰　清光緒二十九年(1903)貴池劉氏玉海堂
刻本　四冊

430000－2401－0014416　297.2/5－3(1)

歷代鐘鼎彝器款識法帖二十卷　（宋）薛尚功
撰　清光緒二十九年(1903)貴池劉氏玉海堂
刻本　四冊

430000－2401－0014417　297.2/5－4

歷代鐘鼎彝器款識法帖二十卷　（宋）薛尚功
撰　清鈔本　四冊

430000－2401－0014418　297.2/45

續考古圖五卷　（宋）□□撰　清光緒十三年
(1887)刻本　五冊

430000－2401－0014419　△295.2/1

西清古鑒四十卷錢錄十六卷　（清）梁詩正等
撰　清乾隆十六年(1751)武英殿刻本　二十
四冊

430000－2401－0014420　297.2/36

西清古鑒四十卷錢錄十六卷　（清）梁詩正等
撰　清光緒十四年(1888)上海鴻文書局石印
本　二十四冊

430000－2401－0014421　297.2/17

西清續鑒甲編二十卷附錄一卷　（清）王杰等
撰　清宣統二年(1910)上海涵芬樓影印本
二十一冊

430000－2401－0014422　297.2/17(1)

西清續鑒甲編二十卷附錄一卷　（清）王杰等
撰　清宣統二年(1910)上海涵芬樓影印本
四十二冊

430000－2401－0014423　297.2/17(2)

西清續鑒甲編二十卷附錄一卷　（清）王杰等
撰　清宣統二年(1910)上海涵芬樓影印本
四十二冊

430000－2401－0014424　297.2/17(3)

西清續鑒甲編二十卷附錄一卷　（清）王杰等
撰　清宣統二年(1910)上海涵芬樓影印本
二十八冊

430000－2401－0014425　297.2/17(4)

西清續鑒甲編二十卷附錄一卷　（清）王杰等
撰　清宣統二年(1910)上海涵芬樓影印本
四十一冊　缺三卷(六下、七下、十七下)

430000－2401－0014426　297.2/33

敬吾心室識篆圖不分卷　（清）朱善旗撰
（清）朱之榛編　清光緒三十四年(1908)影印
本　二冊

430000－2401－0014427　297.2/33(1)

敬吾心室識篆圖不分卷　（清）朱善旗撰
（清）朱之榛編　清光緒三十四年(1908)影印
本　二冊

430000－2401－0014428　297.2/33(2)

敬吾心室識篆圖不分卷　（清）朱善旗撰
（清）朱之榛編　清光緒三十四年（1908）影印
本　二冊

430000－2401－0014429　297.2/37

吉金所見錄十六卷首一卷末一卷　（清）初尚
齡撰　清嘉慶二十四年（1819）刻清道光二十
一年（1841）渭園補刻本　四冊

430000－2401－0014430　297.2/6

恆軒所藏所見吉金錄不分卷　（清）吳大澂輯
　清光緒十一年（1885）刻本　二冊

430000－2401－0014431　297.2/6（1）

恆軒所藏所見吉金錄不分卷　（清）吳大澂輯
　清光緒十一年（1885）刻本　二冊

430000－2401－0014432　297.2/6（2）

恆軒所藏所見吉金錄不分卷　（清）吳大澂輯
　清光緒十一年（1885）刻本　三冊

430000－2401－0014433　297.2/13

兩罍軒彝器圖釋十二卷　（清）吳雲撰　清同
治十一年（1872）刻本　四冊

430000－2401－0014434　297.2/13（1）

兩罍軒彝器圖釋十二卷　（清）吳雲撰　清同
治十一年（1872）刻本　六冊

430000－2401－0014435　297.2/13（2）

兩罍軒彝器圖釋十二卷　（清）吳雲撰　清同
治十一年（1872）刻本　六冊

430000－2401－0014436　297.2/13（3）

兩罍軒彝器圖釋十二卷　（清）吳雲撰　清同
治十一年（1872）刻本　五冊　缺二卷（十一
至十二）

430000－2401－0014437　297.2/8

積古齋鐘鼎彝器款識十卷　（清）阮元撰　清
嘉慶九年（1804）刻本　四冊

430000－2401－0014438　297.2/8（1）

積古齋鐘鼎彝器款識十卷　（清）阮元撰　清
嘉慶九年（1804）刻本　四冊

430000－2401－0014439　297.2/8（2）

積古齋鐘鼎彝器款識十卷　（清）阮元撰　清

嘉慶九年（1804）刻本　四冊

430000－2401－0014440　297.2/8（3）

積古齋鐘鼎彝器款識十卷　（清）阮元撰　清
嘉慶九年（1804）刻本　六冊

430000－2401－0014441　297.2/8（4）

積古齋鐘鼎彝器款識十卷　（清）阮元撰　清
嘉慶九年（1804）刻本　四冊

430000－2401－0014442　297.2/8（5）

積古齋鐘鼎彝器款識十卷　（清）阮元撰　清
嘉慶九年（1804）刻本　八冊

430000－2401－0014443　297.2/8－2

積古齋鐘鼎彝器款識十卷　（清）阮元撰　清
光緒五年（1879）紅杏山房刻本　六冊

430000－2401－0014444　297.2/8－7

積古齋鐘鼎彝器款識十卷　（清）阮元撰　清
光緒五年（1879）武昌刻本　六冊

430000－2401－0014445　297.2/8－7（1）

積古齋鐘鼎彝器款識十卷　（清）阮元撰　清
光緒五年（1879）武昌刻本　六冊

430000－2401－0014446　297.2/8－7（2）

積古齋鐘鼎彝器款識十卷　（清）阮元撰　清
光緒五年（1879）武昌刻本　六冊

430000－2401－0014447　297.2/8－7（3）

積古齋鐘鼎彝器款識十卷　（清）阮元撰　清
光緒五年（1879）武昌刻本　六冊

430000－2401－0014448　297.2/8－7（4）

積古齋鐘鼎彝器款識十卷　（清）阮元撰　清
光緒五年（1879）武昌刻本　六冊

430000－2401－0014449　297.2/8－7（5）

積古齋鐘鼎彝器款識十卷　（清）阮元撰　清
光緒五年（1879）武昌刻本　六冊

430000－2401－0014450　297.2/8－7（6）

積古齋鐘鼎彝器款識十卷　（清）阮元撰　清
光緒五年（1879）武昌刻本　六冊

430000－2401－0014451　297.2/8－9

積古齋鐘鼎彝器款識十卷　（清）阮元撰　清

光緒八年(1882)常熟抱芳閣刻本　四冊

430000－2401－0014452　297.2/8－3

積古齋鐘鼎彝器款識十卷　（清）阮元撰　清光緒九年(1883)常熟鮑氏後知不足齋刻本　四冊

430000－2401－0014453　297.2/8－3(1)

積古齋鐘鼎彝器款識十卷　（清）阮元撰　清光緒九年(1883)常熟鮑氏後知不足齋刻本　四冊

430000－2401－0014454　297.2/8－3(2)

積古齋鐘鼎彝器款識十卷　（清）阮元撰　清光緒九年(1883)常熟鮑氏後知不足齋刻本　四冊

430000－2401－0014455　297.2/8－3(3)

積古齋鐘鼎彝器款識十卷　（清）阮元撰　清光緒九年(1883)常熟鮑氏後知不足齋刻本　四冊

430000－2401－0014456　297.2/8－3(4)

積古齋鐘鼎彝器款識十卷　（清）阮元撰　清光緒九年(1883)常熟鮑氏後知不足齋刻本　四冊

430000－2401－0014457　297.2/8－3(5)

積古齋鐘鼎彝器款識十卷　（清）阮元撰　清光緒九年(1883)常熟鮑氏後知不足齋刻本　四冊

430000－2401－0014458　297.2/8－3(6)

積古齋鐘鼎彝器款識十卷　（清）阮元撰　清光緒九年(1883)常熟鮑氏後知不足齋刻本　四冊

430000－2401－0014459　297.2/8－4

積古齋鐘鼎彝器款識十卷　（清）阮元撰　清刻本　四冊

430000－2401－0014460　297.2/8－4(1)

積古齋鐘鼎彝器款識十卷　（清）阮元撰　清刻本　四冊

430000－2401－0014461　297.2/8－5

積古齋鐘鼎彝器款識十卷　（清）阮元撰　清刻本　四冊

430000－2401－0014462　297.2/8－8

積古齋鐘鼎彝器款識十卷　（清）阮元撰　清刻本　四冊

430000－2401－0014463　297.2/12

焦山鼎銘考一卷　（清）翁方綱編　清咸豐二年(1852)粵東督署刻本　一冊

430000－2401－0014464　297.2/12(1)

焦山鼎銘考一卷　（清）翁方綱編　清咸豐二年(1852)粵東督署刻本　一冊

430000－2401－0014465　△295.2/7

從古堂款識學一卷　（清）徐同柏撰　（清）徐士燕編錄　清鈔本　葉德輝題跋　葉啟勳題識　一冊

430000－2401－0014466　297.2/10

從古堂款識學十六卷　（清）徐同柏撰　清光緒三十二年(1906)蒙學報館石印本　九冊

430000－2401－0014467　297.2/38

建昭雁足鐙考二卷　（清）徐渭仁撰　清道光十七年(1837)刻本　一冊

430000－2401－0014468　297.2/15

陶齋吉金錄八卷　（清）端方輯　清光緒三十四年(1908)金陵石印本　八冊

430000－2401－0014469　297.2/15(1)

陶齋吉金錄八卷　（清）端方輯　清光緒三十四年(1908)金陵石印本　八冊

430000－2401－0014470　297.2/15(2)

陶齋吉金錄八卷　（清）端方輯　清光緒三十四年(1908)金陵石印本　八冊

430000－2401－0014471　297.2/15(3)

陶齋吉金錄八卷　（清）端方輯　清光緒三十四年(1908)金陵石印本　八冊

430000－2401－0014472　297.2/15(4)

陶齋吉金錄八卷　（清）端方輯　清光緒三十四年(1908)金陵石印本　八冊

430000－2401－0014473　297.2/15(5)

陶齋吉金錄八卷　（清）端方輯　清光緒三十四年(1908)金陵石印本　八冊

430000－2401－0014474　297.2/16

陶齋吉金續錄二卷　（清）端方輯　清宣統元年(1909)金陵石印本　二冊

430000－2401－0014475　297.2/16(1)

陶齋吉金續錄二卷　（清）端方輯　清宣統元年(1909)金陵石印本　二冊

430000－2401－0014476　297.2/16(2)

陶齋吉金續錄二卷　（清）端方輯　清宣統元年(1909)金陵石印本　二冊

430000－2401－0014477　297.2/16(3)

陶齋吉金續錄二卷　（清）端方輯　清宣統元年(1909)金陵石印本　二冊

430000－2401－0014478　297.2/25

攀古樓彝器款識二卷　（清）潘祖蔭撰　清同治十一年(1872)京師滂喜齋精刻本　二冊

430000－2401－0014479　297.2/25(1)

攀古樓彝器款識二卷　（清）潘祖蔭撰　清同治十一年(1872)京師滂喜齋精刻本　二冊

430000－2401－0014480　297.2/25(2)

攀古樓彝器款識二卷　（清）潘祖蔭撰　清同治十一年(1872)京師滂喜齋精刻本　二冊

430000－2401－0014481　297.2/2

奇觚室吉金文述二十卷　（清）劉心源撰　清光緒二十八年(1902)石印本　十冊

430000－2401－0014482　297.2/2(1)

奇觚室吉金文述二十卷　（清）劉心源撰　清光緒二十八年(1902)石印本　五冊

430000－2401－0014483　297.2/2(2)

奇觚室吉金文述二十卷　（清）劉心源撰　清光緒二十八年(1902)石印本　九冊　缺二卷（十九至二十）

430000－2401－0014484　297.2/2(3)

奇觚室吉金文述二十卷　（清）劉心源撰　清光緒二十八年(1902)石印本　九冊　缺二卷（十七至十八）

430000－2401－0014485　△295.1/1

十六長樂堂古器款識考四卷　（清）錢坫編

清嘉慶元年(1796)刻本　四冊

430000－2401－0014486　297.2/52

金塗銅塔考一卷　（清）錢泳輯　清嘉慶元年(1796)刻本　一冊

430000－2401－0014487　△295.1/13

楚刻金景寫本　徐楨立書　稿本　一冊

430000－2401－0014488　297.3/32

蜀碑記十卷　（宋）王象之撰　民國三十年(1941)成都薛崇禮堂刻本　二冊

430000－2401－0014489　△295.1/17

隸釋二十七卷　（宋）洪适撰　明萬曆十六年(1588)王雲鷺刻本　八冊

430000－2401－0014490　△295.1/17－2

隸釋二十七卷隸續二十一卷　（宋）洪适撰　清乾隆四十二年至四十三年(1777－1778)汪日秀樓松書屋刻本　清桂馥、清何紹基批校并跋　葉啟發題識　六冊

430000－2401－0014491　297.3/15－2

隸釋二十七卷隸續二十一卷　（宋）洪适撰　清同治十年(1871)皖南洪氏晦木齋刻本　十二冊

430000－2401－0014492　297.3/15－2(1)

隸釋二十七卷隸續二十一卷　（宋）洪适撰　清同治十年(1871)皖南洪氏晦木齋刻本　八冊

430000－2401－0014493　297.3/15－2(2)

隸釋二十七卷隸續二十一卷　（宋）洪适撰　清同治十年(1871)皖南洪氏晦木齋刻本　十二冊

430000－2401－0014494　297.3/15－2(3)

隸釋二十七卷隸續二十一卷　（宋）洪适撰　清同治十年(1871)皖南洪氏晦木齋刻本　十二冊

430000－2401－0014495　297.3/15－2(4)

隸釋二十七卷隸續二十一卷　（宋）洪适撰　清同治十年(1871)皖南洪氏晦木齋刻本　十二冊

430000－2401－0014496　297.3/15－2(5)

隸釋二十七卷隸續二十一卷　（宋）洪适撰
清同治十年(1871)皖南洪氏晦木齋刻本　十
二冊

430000－2401－0014497　297.3/15－2(6)

隸釋二十七卷隸續二十一卷　（宋）洪适撰
清同治十年(1871)皖南洪氏晦木齋刻本
五冊

430000－2401－0014498　△295.3/16

寶刻叢編二十卷　（宋）陳思輯　清汪之珩鈔
本　清朱錫庚、粟揆、葉啟勳題跋　四冊

430000－2401－0014499　△295.3/16－2

寶刻叢編二十卷　（宋）陳思輯　清初鈔本
清翁方綱、丁杰、錢馥批校　清何焯、葉啟發、
葉啟勳題跋　六冊

430000－2401－0014500　297.3/77

石刻鋪叙二卷　（宋）曾宏父撰　清乾隆益都
李文藻刻岱園叢書初集本　一冊

430000－2401－0014501　△295.4/1－2

亦政堂重考古玉圖二卷　（元）朱德潤撰　清
乾隆十七年(1752)亦政堂刻本　一冊

430000－2401－0014502　△295.4/1

亦政堂重考古玉圖二卷　（元）朱德潤撰　清
乾隆十八年(1753)黃晟槐蔭草堂刻本　一冊

430000－2401－0014503　△295.3/8

金薤琳琅二十卷　（明）都穆撰　**補遺一卷**
（清）宋振譽撰　清乾隆四十三年(1778)汪荻
洲刻本　四冊

430000－2401－0014504　△295.3/3

石墨鐫華八卷　（明）趙崡撰　明萬曆四十六
年(1618)刻本　四冊

430000－2401－0014505　△295.3/3(1)

石墨鐫華八卷　（明）趙崡撰　明萬曆四十六
年(1618)刻本　四冊

430000－2401－0014506　297.3/24

石墨鐫華八卷　（明）趙崡撰　清光緒八年
(1882)學古齋刻本　三冊

430000－2401－0014507　△295.3/5

玄牘紀十二卷續一卷　（明）盛時泰撰　清鈔
本　清顧賢庚跋　三冊

430000－2401－0014508　△295.3/2

石鼓文音釋三卷附錄一卷　（明）楊慎撰　明
正德十六年(1521)刻本　葉啟勳題識　一冊

430000－2401－0014509　297.3/37

關中漢唐存碑跋一卷　（清）王志沂撰　清道
光七年(1827)刻本　一冊

430000－2401－0014510　297.3/9

碑版文廣例十卷　（清）王芑孫輯　清道光二
十一年(1841)刻本　十冊

430000－2401－0014511　297.3/9(1)

碑版文廣例十卷　（清）王芑孫輯　清道光二
十一年(1841)刻本　四冊

430000－2401－0014512　297.3/9(2)

碑版文廣例十卷　（清）王芑孫輯　清道光二
十一年(1841)刻本　七冊

430000－2401－0014513　297.3/9(3)

碑版文廣例十卷　（清）王芑孫輯　清道光二
十一年(1841)刻本　四冊

430000－2401－0014514　297.3/9(4)

碑版文廣例十卷　（清）王芑孫輯　清道光二
十一年(1841)刻本　四冊

430000－2401－0014515　△295.3/18

話雨樓碑帖匯目一卷　（清）王楠藏　（清）王
鯤編　稿本　一冊

430000－2401－0014516　△295.3/6

竹雲題跋四卷　（清）王澍撰　清乾隆三十二
年(1767)經香居刻本　四冊

430000－2401－0014517　297.3/65

曲阜碑碣考四卷　（清）孔祥霖輯　清光緒十
五年(1889)上海廣智書局鉛印本　一冊

430000－2401－0014518　297.3/19

漢碑引經考六卷引緯考一卷　（清）皮錫瑞撰
清光緒三十年(1904)刻本　五冊

430000 – 2401 – 0014519　297.3/19(1)

漢碑引經考六卷引緯考一卷　（清）皮錫瑞撰
清光緒三十年(1904)刻本　五冊

430000 – 2401 – 0014520　297.3/19(2)

漢碑引經考六卷引緯考一卷　（清）皮錫瑞撰
清光緒三十年(1904)刻本　四冊

430000 – 2401 – 0014521　297.3/19(3)

漢碑引經考六卷引緯考一卷　（清）皮錫瑞撰
清光緒三十年(1904)刻本　五冊

430000 – 2401 – 0014522　297.3/19(4)

漢碑引經考六卷引緯考一卷　（清）皮錫瑞撰
清光緒三十年(1904)刻本　四冊

430000 – 2401 – 0014523　297.3/19(5)

漢碑引經考六卷引緯考一卷　（清）皮錫瑞撰
清光緒三十年(1904)刻本　五冊

430000 – 2401 – 0014524　297.3/19(6)

漢碑引經考六卷引緯考一卷　（清）皮錫瑞撰
清光緒三十年(1904)刻本　三冊

430000 – 2401 – 0014525　297.3/19(7)

漢碑引經考六卷引緯考一卷　（清）皮錫瑞撰
清光緒三十年(1904)刻本　四冊

430000 – 2401 – 0014526　297.3/19(8)

漢碑引經考六卷引緯考一卷　（清）皮錫瑞撰
清光緒三十年(1904)刻本　五冊

430000 – 2401 – 0014527　297.3/19(9)

漢碑引經考六卷引緯考一卷　（清）皮錫瑞撰
清光緒三十年(1904)刻本　五冊

430000 – 2401 – 0014528　297.3/90

漢碑徵經一卷　（清）朱百度撰　清光緒十五
年(1889)廣雅書局刻本　一冊

430000 – 2401 – 0014529　297.3/67

石鼓文定本十卷石鼓文地名考一卷　（清）沈
梧撰　清光緒十六年(1890)古華山館刻本
四冊

430000 – 2401 – 0014530　297.3/67(1)

石鼓文定本十卷石鼓文地名考一卷　（清）沈梧
撰　清光緒十六年(1890)古華山館刻本　四冊

430000 – 2401 – 0014531　297.3/10

常山貞石志二十四卷　（清）沈濤撰　清道光
二十二年(1842)刻本　八冊

430000 – 2401 – 0014532　297.3/10(1)

常山貞石志二十四卷　（清）沈濤撰　清道光
二十二年(1842)刻本　十冊

430000 – 2401 – 0014533　297.3/10(2)

常山貞石志二十四卷　（清）沈濤撰　清道光
二十二年(1842)刻本　四冊

430000 – 2401 – 0014534　297.3/2

瘞鶴銘考一卷　（清）汪士鋐編　清咸豐二年
(1852)漢陽葉志詵補刻本　一冊

430000 – 2401 – 0014535　297.3/18

補寰宇訪碑錄校勘記一卷　（清）李宗顥纂
文素松補　清光緒廣州余富文齋刻本　一冊

430000 – 2401 – 0014536　297.3/59

漢魏六朝志墓金石例三卷唐人志墓諸例一卷
　（清）吳鎬撰　清嘉慶十七年(1812)太倉張
浩三詹波閣刻本　一冊

430000 – 2401 – 0014537　297.3/59 – 2

漢魏六朝志墓金石例三卷唐人志墓諸例一卷
附論一卷　（清）吳鎬撰　清光緒十年(1884)
後知不足齋刻本　一冊

430000 – 2401 – 0014538　297.3/11

山左訪碑錄十三卷　（清）法偉堂撰　清宣統
元年(1909)山東提學署石印本　二冊

430000 – 2401 – 0014539　297.3/30

唐昭陵石蹟考略五卷　（清）林侗撰　清道光
四年(1824)刻本　一冊

430000 – 2401 – 0014540　297.3/94

**天發神懺碑考一卷附錄一卷續考一卷補考一
卷**　（清）周在浚等撰　清東方學會鉛印本
一冊

430000 – 2401 – 0014541　△295.3/4

平津讀碑記八卷續記一卷再續一卷　（清）洪
頤煊撰　清道光六年(1826)刻本　四冊

430000 – 2401 – 0014542　297.3/79

山右石刻叢編四十卷 （清）胡聘文輯 清光緒二十五年至二十七年(1899-1901)刻本三十二冊

430000-2401-0014543 △295.3/7

宋開封石經不分卷 （清）翁方綱撰 稿本 葉啟發題跋 一冊

430000-2401-0014544 △295.3/11

國山碑釋文不分卷 （清）翁方綱撰 稿本 葉啟勳、葉啟發題識 一冊

430000-2401-0014545 297.3/81

鶴銘考補一卷 （清）翁方綱撰 清刻本 一冊

430000-2401-0014546 297.3/35

寶鴨齋題跋三卷 （清）徐樹鈞撰 清宣統二年(1910)宏文社石印本 一冊

430000-2401-0014547 297.3/35(1)

寶鴨齋題跋三卷 （清）徐樹鈞撰 清宣統二年(1910)宏文社石印本 一冊

430000-2401-0014548 297.3/35(2)

寶鴨齋題跋三卷 （清）徐樹鈞撰 清宣統二年(1910)宏文社石印本 一冊

430000-2401-0014549 297.3/35(3)

寶鴨齋題跋三卷 （清）徐樹鈞撰 清宣統二年(1910)宏文社石印本 一冊

430000-2401-0014550 297.3/35(4)

寶鴨齋題跋三卷 （清）徐樹鈞撰 清宣統二年(1910)宏文社石印本 一冊

430000-2401-0014551 297.3/35(5)

寶鴨齋題跋三卷 （清）徐樹鈞撰 清宣統二年(1910)宏文社石印本 一冊

430000-2401-0014552 297.3/35(6)

寶鴨齋題跋三卷 （清）徐樹鈞撰 清宣統二年(1910)宏文社石印本 一冊

430000-2401-0014553 297.3/35(7)

寶鴨齋題跋三卷 （清）徐樹鈞撰 清宣統二年(1910)宏文社石印本 三冊

430000-2401-0014554 297.3/38

山左碑目四卷 （清）殷松苓輯 清光緒三十四年(1908)武進李氏聖譯樓刻聖譯樓叢書本 二冊

430000-2401-0014555 297.3/38(1)

山左碑目四卷 （清）殷松苓輯 清光緒三十四年(1908)武進李氏聖譯樓刻聖譯樓叢書本 一冊 存二卷(三至四)

430000-2401-0014556 297.3/13

寰宇訪碑錄十二卷 （清）孫星衍 （清）邢澍撰 清嘉慶七年(1802)刻本 八冊

430000-2401-0014557 297.3/13(1)

寰宇訪碑錄十二卷 （清）孫星衍 （清）邢澍撰 清嘉慶七年(1802)刻本 五冊

430000-2401-0014558 297.3/13(2)

寰宇訪碑錄十二卷 （清）孫星衍 （清）邢澍撰 清嘉慶七年(1802)刻本 二冊

430000-2401-0014559 297.3/13-2

寰宇訪碑錄十二卷 （清）孫星衍 （清）邢澍撰 清光緒九年(1883)江蘇書局刻本 四冊

430000-2401-0014560 297.3/23

墨妙亭碑目考二卷附考一卷 （清）張鑒撰 清光緒十年(1884)江蘇書局刻本 二冊

430000-2401-0014561 297.3/23(1)

墨妙亭碑目考二卷附考一卷 （清）張鑒撰 清光緒十年(1884)江蘇書局刻本 二冊

430000-2401-0014562 297.3/82

石鼓文釋存一卷補註一卷 （清）張燕昌撰 清光緒二十八年(1902)石印本 一冊

430000-2401-0014563 297.3/82(1)

石鼓文釋存一卷補註一卷 （清）張燕昌撰 清光緒二十八年(1902)石印本 一冊

430000-2401-0014564 297.3/82(2)

石鼓文釋存一卷補註一卷 （清）張燕昌撰 清光緒二十八年(1902)石印本 一冊

430000-2401-0014565 297.3/22

千甓亭磚錄六卷續四卷 （清）陸心源輯 清光緒七年（1881）吳興陸氏十萬卷樓刻本 三冊

430000－2401－0014566 297.3/22（1）

千甓亭磚錄六卷續四卷 （清）陸心源輯 清光緒七年（1881）吳興陸氏十萬卷樓刻本 四冊

430000－2401－0014567 297.3/21

千甓亭古磚圖釋二十卷 （清）陸心源輯 清光緒十七年（1891）石印本 四冊

430000－2401－0014568 297.3/21（1）

千甓亭古磚圖釋二十卷 （清）陸心源輯 清光緒十七年（1891）石印本 四冊

430000－2401－0014569 △295.1/2

汪本隸釋刊誤一卷 （清）黃丕烈撰 清嘉慶二十一年（1816）黃氏士禮居自刻本 一冊

430000－2401－0014570 297.3/16

汪本隸釋刊誤一卷 （清）黃丕烈撰 清同治十一年（1872）皖南洪氏晦木齋刻洪氏晦木齋叢書本 一冊

430000－2401－0014571 297.3/16（1）

汪本隸釋刊誤一卷 （清）黃丕烈撰 清同治十一年（1872）皖南洪氏晦木齋刻洪氏晦木齋叢書本 一冊

430000－2401－0014572 297.3/16（2）

汪本隸釋刊誤一卷 （清）黃丕烈撰 清同治十一年（1872）皖南洪氏晦木齋刻洪氏晦木齋叢書本 一冊

430000－2401－0014573 297.3/3

古志石華三十卷 （清）黃本驥撰 清道光二十七年（1847）寧鄉黃氏三長物齋刻三長物齋叢書本 八冊

430000－2401－0014574 297.3/3（1）

古志石華三十卷 （清）黃本驥撰 清道光二十七年（1847）寧鄉黃氏三長物齋刻三長物齋叢書本 六冊

430000－2401－0014575 297.3/3（2）

古志石華三十卷 （清）黃本驥撰 清道光二十七年（1847）寧鄉黃氏三長物齋刻三長物齋叢書本 六冊

430000－2401－0014576 297.3/3（3）

古志石華三十卷 （清）黃本驥撰 清道光二十七年（1847）寧鄉黃氏三長物齋刻三長物齋叢書本 六冊

430000－2401－0014577 297.3/3（4）

古志石華三十卷 （清）黃本驥撰 清道光二十七年（1847）寧鄉黃氏三長物齋刻三長物齋叢書本 五冊 缺五卷（二十六至三十）

430000－2401－0014578 297.3/25

黃小松先生嵩麓訪碑記一卷 （清）黃易撰 清咸豐元年（1851）函青閣刻本 一冊

430000－2401－0014579 297.3/52

武梁祠像唐榻本一卷 （清）黃易輯 清刻本 一冊

430000－2401－0014580 297.3/5－2

秦漢瓦當文字二卷續一卷 （清）程敦輯 清乾隆五十二年（1787）橫渠書院拓印本 一冊 存一卷（上）

430000－2401－0014581 297.3/5

秦漢瓦當文字二卷續一卷 （清）程敦輯 清光緒石印本 三冊

430000－2401－0014582 297.3/5（1）

秦漢瓦當文字二卷續一卷 （清）程敦輯 清光緒石印本 三冊

430000－2401－0014583 297.3/72

粵西得碑記一卷 （清）楊翰撰 民國十三年（1924）上虞羅氏鉛印本 一冊

430000－2401－0014584 297.3/8

陶齋藏石記四十四卷藏磚記二卷 （清）端方撰 清宣統元年（1909）石印本 十二冊

430000－2401－0014585 297.3/8（1）

陶齋藏石記四十四卷藏磚記二卷 （清）端方撰 清宣統元年（1909）石印本 十二冊

430000－2401－0014586　297.3/8(2)

陶齋藏石記四十四卷藏磚記二卷　（清）端方撰　清宣統元年(1909)石印本　十二冊

430000－2401－0014587　△295.3/12

補寰宇訪碑錄五卷　（清）趙之謙撰　清同治三年(1864)刻本　周鑾詒、樊彬題識批校　二冊

430000－2401－0014588　△295.3/13

蒼玉洞宋人題名一卷　（清）劉喜海輯并註　清道光十四年(1834)劉氏味經書屋刻本　一冊

430000－2401－0014589　297.3/80

漢石例六卷　（清）劉寶楠撰　清道光二十九年(1849)靈石楊氏刻連筠簃叢書本　二冊

430000－2401－0014590　△295.3/1

文選樓造象研冊　（清）錢梅溪撫　清拓印本　徐崇立題識　一冊

430000－2401－0014591　297.3/46

金石訂例四卷　（清）鮑振方撰　清光緒十年(1884)常熟後知不足齋刻後知不足齋叢書本　二冊

430000－2401－0014592　297.3/46(1)

金石訂例四卷　（清）鮑振方撰　清光緒十年(1884)常熟後知不足齋刻後知不足齋叢書本　二冊

430000－2401－0014593　297.3/46(2)

金石訂例四卷　（清）鮑振方撰　清光緒十年(1884)常熟後知不足齋刻後知不足齋叢書本　二冊

430000－2401－0014594　△295.3/14

漢碑跋不分卷　（清）魏源撰　清道州何强基小蓬萊仙館鈔本　二冊

430000－2401－0014595　297.3/29

語石十卷　葉昌熾撰　清宣統元年(1909)蘇城徐元圃刻本　四冊

430000－2401－0014596　297.3/29(1)

語石十卷　葉昌熾撰　清宣統元年(1909)蘇城徐元圃刻本　四冊

430000－2401－0014597　297.3/29(2)

語石十卷　葉昌熾撰　清宣統元年(1909)蘇城徐元圃刻本　四冊

430000－2401－0014598　297.3/29(3)

語石十卷　葉昌熾撰　清宣統元年(1909)蘇城徐元圃刻本　四冊

430000－2401－0014599　297.3/29(4)

語石十卷　葉昌熾撰　清宣統元年(1909)蘇城徐元圃刻本　四冊

430000－2401－0014600　297.3/29(5)

語石十卷　葉昌熾撰　清宣統元年(1909)蘇城徐元圃刻本　四冊

430000－2401－0014601　297.3/29(6)

語石十卷　葉昌熾撰　清宣統元年(1909)蘇城徐元圃刻本　四冊

430000－2401－0014602　297.7/15

泉志十五卷　（宋）洪遵撰　清同治十三年至光緒元年(1874－1875)隸釋齋金陵刻本　一冊

430000－2401－0014603　297.7/18

古泉拓存一卷　（清）江標輯　清光緒十八年(1892)影印本　一冊

430000－2401－0014604　297.7/22

泉寶所見錄□□卷　（清）沈巍皆編輯　清刻本　二冊　存八卷(五至八、十三至十六)

430000－2401－0014605　297.7/3

錢神志七卷　（清）李世熊撰　清同治十年(1871)木活字本　七冊

430000－2401－0014606　297.7/3－2

錢神志七卷　（清）李世熊撰　清光緒六年(1880)汀州郡署刻本　七冊

430000－2401－0014607　297.7/16

泉志校誤四卷　（清）金嘉采撰　清光緒中石埭徐氏刻觀自得齋叢書本　一冊

430000－2401－0014608　297.7/12

泉布統志九卷首一卷附錄一卷 （清）孟麟輯
清道光刻本 十六冊

430000－2401－0014609　297.7/5
貨布文字考四卷 （清）馬昂撰 清刻本 一
冊 存二卷（三至四）

430000－2401－0014610　297.7/8
古今錢略三十二卷首一卷末一卷 （清）倪模
撰 清光緒五年（1879）大雷岸經鋤堂刻本
十八冊

430000－2401－0014611　297.7/2
欽定錢錄十六卷 （清）梁詩正等撰 清刻本
三冊

430000－2401－0014612　297.7/2(1)
欽定錢錄十六卷 （清）梁詩正等撰 清刻本
二冊

430000－2401－0014613　297.7/2(2)
欽定錢錄十六卷 （清）梁詩正等撰 清刻本
四冊

430000－2401－0014614　297.7/4－2
錢志新編二十卷 （清）張崇懿輯 清道光十
年（1830）古婁尹氏酌春堂刻本 二冊

430000－2401－0014615　297.7/4
錢志新編二十卷首一卷 （清）張崇懿輯 清
咸豐五年（1855）采衣堂刻本 二冊 缺七卷
（十四至二十）

430000－2401－0014616　297.7/17
嘉蔭簃論泉截句二卷 （清）劉喜海撰 清咸
豐五年（1855）刻本 一冊

430000－2401－0014617　297.7/1
古泉匯首集四卷元集十四卷亨集十四卷利集
十八卷貞集十四卷 （清）鮑康 （清）李佐賢
編 清同治三年（1864）利津李氏石泉書屋刻
本 十六冊

430000－2401－0014618　297.7/1(1)
古泉匯首集四卷元集十四卷亨集十四卷利集
十八卷貞集十四卷 （清）鮑康 （清）李佐賢
編 清同治三年（1864）利津李氏石泉書屋刻

本 九冊 存十五卷（首集、元集一、五至十
四，亨集，利集一至二）

430000－2401－0014619　297.7/1(2)
古泉匯首集四卷元集十四卷亨集十四卷利集
十八卷貞集十四卷 （清）鮑康 （清）李佐賢
編 清同治三年（1864）利津李氏石泉書屋刻
本 十五冊 缺三十四卷（利集十一至四十
四）

430000－2401－0014620　297.7/6
集五卷補遺二卷 （清）鮑康 （清）李佐賢編
清光緒元年（1875）刻本 四冊

430000－2401－0014621　297.7/6(1)
集五卷補遺二卷 （清）鮑康 （清）李佐賢編
清光緒元年（1875）刻本 三冊 缺三卷
（貞集一至三）

430000－2401－0014622　297.7/19
觀古閣泉說一卷 （清）鮑康撰 清同治十二
年（1873）歙縣鮑氏刻本 一冊

430000－2401－0014623　297.7/10
古泉叢話三卷 （清）戴熙撰 清同治十一年
（1872）吳縣潘氏滂喜齋刻潘刻五種本 一冊

430000－2401－0014624　297.7/10(1)
古泉叢話三卷 （清）戴熙撰 清同治十一年
（1872）吳縣潘氏滂喜齋刻潘刻五種本 一冊

430000－2401－0014625　△294.4/8
通志藝文略八卷 （宋）鄭樵撰 王先謙鈔本
四冊

430000－2401－0014626　△294.4/9
通考經籍考 （元）馬端臨撰 王先謙鈔本
十五冊

430000－2401－0014627　298.1/33－3
書林揚觶二卷 （清）方東樹撰 清道光十一
年（1831）儀衛軒齋刻本 一冊

430000－2401－0014628　298.1/33－2
書林揚觶二卷 （清）方東樹撰 清同治十年
（1871）望三益齋刻本 一冊

430000－2401－0014629　298.1/33－2(1)

書林揚觶二卷 (清)方東樹撰 清同治十年(1871)望三益齋刻本 二冊

430000－2401－0014630 298.1/33

書林揚觶二卷 (清)方東樹撰 清光緒二十三年(1897)豐城余氏寶墨齋校刻本 二冊

430000－2401－0014631 298.1/33(1)

書林揚觶二卷 (清)方東樹撰 清光緒二十三年(1897)豐城余氏寶墨齋校刻本 二冊

430000－2401－0014632 298.1/6－2

古今偽書考一卷 (清)姚際恆撰 清光緒十五年(1889)長沙章氏經濟堂刻本 一冊

430000－2401－0014633 298.1/6－2(1)

古今偽書考一卷 (清)姚際恆撰 清光緒十五年(1889)長沙章氏經濟堂刻本 一冊

430000－2401－0014634 298.1/6－2(2)

古今偽書考一卷 (清)姚際恆撰 清光緒十五年(1889)長沙章氏經濟堂刻本 一冊

430000－2401－0014635 298.1/6－2(3)

古今偽書考一卷 (清)姚際恆撰 清光緒十五年(1889)長沙章氏經濟堂刻本 一冊

430000－2401－0014636 298.1/6－5

古今偽書考一卷 (清)姚際恆撰 清蘇州文學山房木活字本 一冊

430000－2401－0014637 298.1/6－5(1)

古今偽書考一卷 (清)姚際恆撰 清蘇州文學山房木活字本 一冊

430000－2401－0014638 298.1/6－3

古今偽書考一卷 (清)姚際恆撰 清刻本 二冊

430000－2401－0014639 △294.4/2

古今偽書考一卷 (清)姚際恆撰 清鈔本 一冊

430000－2401－0014640 △294.6/8

藏書紀要一卷 (清)孫從添撰 清鈔士禮居叢書本 一冊

430000－2401－0014641 298.1/36

藏書紀要一卷 (清)孫從添撰 清光緒九年(1883)佞宋齋刻本 一冊

430000－2401－0014642 298.1/36－2

藏書紀要一卷 (清)孫從添撰 清仁和許增刻本 一冊

430000－2401－0014643 298.1/18－3

校讎通義三卷 (清)章學誠撰 清道光十三年(1833)大梁刻本 一冊

430000－2401－0014644 298.1/18

校讎通義三卷 (清)章學誠撰 清光緒二十三年(1897)豐城余氏寶墨齋長沙刻本 一冊

430000－2401－0014645 298.1/18(1)

校讎通義三卷 (清)章學誠撰 清光緒二十三年(1897)豐城余氏寶墨齋長沙刻本 一冊

430000－2401－0014646 298.1/18－2

校讎通義三卷 (清)章學誠撰 清光緒二十四年(1898)長沙經文書局刻本 一冊

430000－2401－0014647 298.1/18－4

校讎通義三卷 (清)章學誠撰 清光緒二十五年(1899)三味堂刻本 一冊

430000－2401－0014648 298.1/9

徵刻唐宋秘本書目一卷 (清)黃虞稷 (清)周在浚撰 清光緒三十四年(1908)長沙葉氏觀古堂刻本 一冊

430000－2401－0014649 298.1/9(1)

徵刻唐宋秘本書目一卷 (清)黃虞稷 (清)周在浚撰 清光緒三十四年(1908)長沙葉氏觀古堂刻本 一冊

430000－2401－0014650 298.1/9(2)

徵刻唐宋秘本書目一卷 (清)黃虞稷 (清)周在浚撰 清光緒三十四年(1908)長沙葉氏觀古堂刻本 一冊

430000－2401－0014651 △294.4/5

書目答問四卷國朝著述諸家姓名略一卷 (清)張之洞撰 清光緒元年(1875)刻本 葉德輝批校 二冊

430000－2401－0014652 △294.4/5－2

書目答問四卷國朝著述諸家姓名略一卷
(清)張之洞撰　清光緒刻本　葉德輝批校
一冊

430000－2401－0014653　298.1/7－13
書目答問四卷國朝著述諸家姓名略一卷
(清)張之洞撰　清光緒二年(1876)四川刻本
一冊

430000－2401－0014654　298.1/7－13(1)
書目答問四卷國朝著述諸家姓名略一卷
(清)張之洞撰　清光緒二年(1876)四川刻本
一冊

430000－2401－0014655　298.1/7－13(2)
書目答問四卷國朝著述諸家姓名略一卷
(清)張之洞撰　清光緒二年(1876)四川刻本
一冊

430000－2401－0014656　298.1/7－13(3)
書目答問四卷國朝著述諸家姓名略一卷
(清)張之洞撰　清光緒二年(1876)四川刻本
一冊

430000－2401－0014657　298.1/7－9
書目答問四卷國朝著述諸家姓名略一卷
(清)張之洞撰　清光緒四年(1878)上海淞隱
閣鉛印本　四冊

430000－2401－0014658　298.1/7－3
書目答問四卷國朝著述諸家姓名略一卷
(清)張之洞撰　清光緒五年(1879)湘鄉成氏
刻本　二冊

430000－2401－0014659　298.1/7－3(1)
書目答問四卷國朝著述諸家姓名略一卷
(清)張之洞撰　清光緒五年(1879)湘鄉成氏
刻本　二冊

430000－2401－0014660　298.1/7－3(2)
書目答問四卷國朝著述諸家姓名略一卷
(清)張之洞撰　清光緒五年(1879)湘鄉成氏
刻本　二冊

430000－2401－0014661　298.1/7－3(3)
書目答問四卷國朝著述諸家姓名略一卷

(清)張之洞撰　清光緒五年(1879)湘鄉成氏
刻本　二冊

430000－2401－0014662　298.1/7－3(4)
書目答問四卷國朝著述諸家姓名略一卷
(清)張之洞撰　清光緒五年(1879)湘鄉成氏
刻本　二冊

430000－2401－0014663　298.1/7－3(5)
書目答問四卷國朝著述諸家姓名略一卷
(清)張之洞撰　清光緒五年(1879)湘鄉成氏
刻本　二冊

430000－2401－0014664　298.1/7－3(6)
書目答問四卷國朝著述諸家姓名略一卷
(清)張之洞撰　清光緒五年(1879)湘鄉成氏
刻本　二冊

430000－2401－0014665　298.1/7－3(7)
書目答問四卷國朝著述諸家姓名略一卷
(清)張之洞撰　清光緒五年(1879)湘鄉成氏
刻本　二冊

430000－2401－0014666　298.1/7－3(8)
書目答問四卷國朝著述諸家姓名略一卷
(清)張之洞撰　清光緒五年(1879)湘鄉成氏
刻本　二冊

430000－2401－0014667　298.1/7－3(9)
書目答問四卷國朝著述諸家姓名略一卷
(清)張之洞撰　清光緒五年(1879)湘鄉成氏
刻本　二冊

430000－2401－0014668　298.1/7－3(10)
書目答問四卷國朝著述諸家姓名略一卷
(清)張之洞撰　清光緒五年(1879)湘鄉成氏
刻本　二冊

430000－2401－0014669　298.1/7－3(11)
書目答問四卷國朝著述諸家姓名略一卷
(清)張之洞撰　清光緒五年(1879)湘鄉成氏
刻本　二冊

430000－2401－0014670　298.1/7－3(12)
書目答問四卷國朝著述諸家姓名略一卷
(清)張之洞撰　清光緒五年(1879)湘鄉成氏

刻本 二册

430000－2401－0014671 298.1/7－3(13)

書目答問四卷國朝著述諸家姓名略一卷
(清)張之洞撰 清光緒五年(1879)湘鄉成氏
刻本 二册

430000－2401－0014672 298.1/7－3(14)

書目答問四卷國朝著述諸家姓名略一卷
(清)張之洞撰 清光緒五年(1879)湘鄉成氏
刻本 二册

430000－2401－0014673 298.1/7－3(15)

書目答問四卷國朝著述諸家姓名略一卷
(清)張之洞撰 清光緒五年(1879)湘鄉成氏
刻本 二册

430000－2401－0014674 298.1/7－3(16)

書目答問四卷國朝著述諸家姓名略一卷
(清)張之洞撰 清光緒五年(1879)湘鄉成氏
刻本 二册

430000－2401－0014675 298.1/7－3(17)

書目答問四卷國朝著述諸家姓名略一卷
(清)張之洞撰 清光緒五年(1879)湘鄉成氏
刻本 二册

430000－2401－0014676 298.1/7－3(18)

書目答問四卷國朝著述諸家姓名略一卷
(清)張之洞撰 清光緒五年(1879)湘鄉成氏
刻本 二册

430000－2401－0014677 298.1/7－8

書目答問四卷國朝著述諸家姓名略一卷
(清)張之洞撰 清光緒五年(1879)貴陽刻本
葉德輝、劉定儀跋識 三册

430000－2401－0014678 298.1/7－4

書目答問四卷國朝著述諸家姓名略一卷
(清)張之洞撰 清光緒十四年(1888)上海蜚
英館石印本 二册

430000－2401－0014679 298.1/7－4(1)

書目答問四卷國朝著述諸家姓名略一卷
(清)張之洞撰 清光緒十四年(1888)上海蜚
英館石印本 一册

430000－2401－0014680 298.1/7－4(2)

書目答問四卷國朝著述諸家姓名略一卷
(清)張之洞撰 清光緒十四年(1888)上海蜚
英館石印本 一册 存經部、史部

430000－2401－0014681 298.1/7－2

書目答問四卷國朝著述諸家姓名略一卷
(清)張之洞撰 清光緒十九年(1893)桂垣書
局刻本 二册

430000－2401－0014682 298.1/7－5

書目答問四卷國朝著述諸家姓名略一卷
(清)張之洞撰 清宣統元年(1909)上海掃葉
山房石印本 雷愷過錄葉德輝批校 一册

430000－2401－0014683 298.1/7

書目答問四卷國朝著述諸家姓名略一卷
(清)張之洞撰 清光緒刻本 二册

430000－2401－0014684 298.1/7(1)

書目答問四卷國朝著述諸家姓名略一卷
(清)張之洞撰 清光緒刻本 二册

430000－2401－0014685 298.1/7(2)

書目答問四卷國朝著述諸家姓名略一卷
(清)張之洞撰 清光緒刻本 二册

430000－2401－0014686 298.1/7(3)

書目答問四卷國朝著述諸家姓名略一卷
(清)張之洞撰 清光緒刻本 二册

430000－2401－0014687 298.1/7(4)

書目答問四卷國朝著述諸家姓名略一卷
(清)張之洞撰 清光緒刻本 二册

430000－2401－0014688 298.1/7(5)

書目答問四卷國朝著述諸家姓名略一卷
(清)張之洞撰 清光緒刻本 二册

430000－2401－0014689 △294.3/43

輶軒語一卷書目答問不分卷 (清)張之洞撰
清光緒三年(1877)濠上書齋刻本 佚名批
校 三册

430000－2401－0014690 298.1/16

書目答問箋補四卷 (清)江人度撰 清光緒
三十年(1904)漢川江氏刻本 四册

430000－2401－0014691　298.1/16(1)

書目答問箋補四卷　（清）江人度撰　清光緒
三十年(1904)漢川江氏刻本　四冊

430000－2401－0014692　298.1/16(2)

書目答問箋補四卷　（清）江人度撰　清光緒
三十年(1904)漢川江氏刻本　四冊

430000－2401－0014693　△294.4/11

竹汀先生日記鈔三卷　（清）錢大昕撰　（清）
何元錫輯　清嘉慶十年(1805)何元錫夢華館
刻本　葉啟勳題識批校　一冊

430000－2401－0014694　298.1/29

竹汀先生日記鈔二卷　（清）錢大昕撰　（清）
何元錫輯　（清）劉燕庭評　清光緒吳縣潘氏
滂喜齋朱墨套印刻本　一冊

430000－2401－0014695　298.1/29(1)

竹汀先生日記鈔二卷　（清）錢大昕撰　（清）
何元錫輯　（清）劉燕庭評　清光緒吳縣潘氏
滂喜齋朱墨套印刻本　一冊

430000－2401－0014696　298.1/29(2)

竹汀先生日記鈔二卷　（清）錢大昕撰　（清）
何元錫輯　（清）劉燕庭評　清光緒吳縣潘氏
滂喜齋朱墨套印刻本　一冊

430000－2401－0014697　298.1/29(3)

竹汀先生日記鈔二卷　（清）錢大昕撰　（清）
何元錫輯　（清）劉燕庭評　清光緒吳縣潘氏
滂喜齋朱墨套印刻本　一冊

430000－2401－0014698　298.1/29(4)

竹汀先生日記鈔二卷　（清）錢大昕撰　（清）
何元錫輯　（清）劉燕庭評　清光緒吳縣潘氏
滂喜齋朱墨套印刻本　一冊

430000－2401－0014699　298.1/29(5)

竹汀先生日記鈔二卷　（清）錢大昕撰　（清）
何元錫輯　（清）劉燕庭評　清光緒吳縣潘氏
滂喜齋朱墨套印刻本　一冊

430000－2401－0014700　298.1/29－2

竹汀先生日記鈔三卷　（清）錢大昕撰　（清）
何元錫輯　清光緒刻本　一冊

430000－2401－0014701　298.1/29－2(1)

竹汀先生日記鈔三卷　（清）錢大昕撰　（清）
何元錫輯　清光緒刻本　一冊

430000－2401－0014702　298.1/49

曝書雜記二卷　（清）錢泰吉撰　清道光中海
昌蔣氏刻別下齋叢書本　一冊

430000－2401－0014703　298.92/19－2

曝書雜記三卷　（清）錢泰吉撰　清同治七年
(1868)刻本　一冊

430000－2401－0014704　298.92/19－2(1)

曝書雜記三卷　（清）錢泰吉撰　清同治七年
(1868)刻本　一冊

430000－2401－0014705　298.92/19(2)

曝書雜記三卷　（清）錢泰吉撰　清光緒中會
稽章氏刻本　一冊

430000－2401－0014706　298.1/21－2

藏書紀事詩六卷　葉昌熾撰　清光緒二十三
年(1897)長沙學使署刻本　十二冊

430000－2401－0014707　298.1/21－2(1)

藏書紀事詩六卷　葉昌熾撰　清光緒二十三
年(1897)長沙學使署刻本　一冊

430000－2401－0014708　298.1/21－2(2)

藏書紀事詩六卷　葉昌熾撰　清光緒二十三
年(1897)長沙學使署刻本　十二冊

430000－2401－0014709　298.1/21－2(3)

藏書紀事詩六卷　葉昌熾撰　清光緒二十三
年(1897)長沙學使署刻本　十二冊

430000－2401－0014710　298.1/21－2(4)

藏書紀事詩六卷　葉昌熾撰　清光緒二十三
年(1897)長沙學使署刻本　八冊　缺三卷
(藏書二、藏書四上、藏書六下)

430000－2401－0014711　298.1/21－2(5)

藏書紀事詩六卷　葉昌熾撰　清光緒二十三
年(1897)長沙學使署刻本　五冊　缺四卷
(藏書一下、藏書二、藏書三下、藏書四)

430000－2401－0014712　298.1/21－2(6)

藏書紀事詩六卷　葉昌熾撰　清光緒二十三

年(1897)長沙學使署刻本　四至五冊　缺四
卷(藏書一上、藏書三上、藏書五、藏書六)

430000－2401－0014713　298.1/21

藏書紀事詩七卷　葉昌熾撰　清宣統二年
(1910)刻本　六冊

430000－2401－0014714　298.1/21(1)

藏書紀事詩七卷　葉昌熾撰　清宣統二年
(1910)刻本　六冊

430000－2401－0014715　298.1/4

藏書十約一卷　葉德輝撰　清宣統三年
(1911)長沙觀古堂刻本　一冊

430000－2401－0014716　298.1/4(1)

藏書十約一卷　葉德輝撰　清宣統三年
(1911)長沙觀古堂刻本　一冊

430000－2401－0014717　298.1/4(2)

藏書十約一卷　葉德輝撰　清宣統三年
(1911)長沙觀古堂刻本　一冊

430000－2401－0014718　298.1/4(3)

藏書十約一卷　葉德輝撰　清宣統三年
(1911)長沙觀古堂刻本　一冊

430000－2401－0014719　298.1/27

觀古堂書目叢刻　葉德輝撰　清光緒至民國
葉氏刻本　十二冊

430000－2401－0014720　298.1/27(1)

觀古堂書目叢刻　葉德輝撰　清光緒至民國
葉氏刻本　十六冊

430000－2401－0014721　2982.1/27(2)

觀古堂書目叢刻　葉德輝撰　清光緒至民國
葉氏刻本　二十冊

430000－2401－0014722　298.1/27(3)

觀古堂書目叢刻　葉德輝撰　清光緒至民國
葉氏刻本　十九冊

430000－2401－0014723　298.1/27(4)

觀古堂書目叢刻　葉德輝撰　清光緒至民國
葉氏刻本　十冊

430000－2401－0014724　298.1/27(5)

觀古堂書目叢刻　葉德輝撰　清光緒至民國
葉氏刻本　八冊

430000－2401－0014725　298.2/1

八史經籍志三十卷　清光緒八年至九年
(1882－1883)刻本　二十冊

430000－2401－0014726　298.2/1(1)

八史經籍志三十卷　清光緒八年至九年
(1882－1883)刻本　十六冊

430000－2401－0014727　298.2/1(2)

八史經籍志三十卷　清光緒八年至九年
(1882－1883)刻本　十六冊

430000－2401－0014728　298.2/1(3)

八史經籍志三十卷　清光緒八年至九年
(1882－1883)刻本　十二冊

430000－2401－0014729　298.2/1(4)

八史經籍志三十卷　清光緒八年至九年
(1882－1883)刻本　十六冊

430000－2401－0014730　298.2/1(5)

八史經籍志三十卷　清光緒八年至九年
(1882－1883)刻本　八冊

430000－2401－0014731　298.2/1(6)

八史經籍志三十卷　清光緒八年至九年
(1882－1883)刻本　十六冊

430000－2401－0014732　298.2/1(7)

八史經籍志三十卷　清光緒八年至九年
(1882－1883)刻本　十三冊

430000－2401－0014733　298.2/1(8)

八史經籍志三十卷　清光緒八年至九年
(1882－1883)刻本　十二冊

430000－2401－0014734　△213/35

漢書藝文志一卷　(漢)班固撰　(唐)顏師古
註　清鈔本　一冊

430000－2401－0014735　△294.4/7

漢藝文志考證十卷　(宋)王應麟撰　清鈔本
二冊

430000－2401－0014736　298.2/2

補續漢書藝文志一卷　（清）錢大昭撰　清光
緒十四年(1888)廣雅書局刻本　一冊

430000－2401－0014737　298.2/2(1)

補續漢書藝文志一卷　（清）錢大昭撰　清光
緒十四年(1888)廣雅書局刻本　一冊

430000－2401－0014738　298.2/12

補後漢書藝文志四卷　（清）侯康撰　清光緒
十七年(1891)廣雅書局刻本　一冊

430000－2401－0014739　298.2/12(1)

補後漢書藝文志四卷　（清）侯康撰　清光緒
十七年(1891)廣雅書局刻本　一冊

430000－2401－0014740　298.2/13

補後漢書藝文志一卷考十卷　（清）曾樸撰
清光緒二十一年(1895)刻常熟曾氏叢書本
六冊

430000－2401－0014741　298.2/11

補三國藝文志四卷　（清）侯康撰　清光緒十
三年(1887)廣雅書局刻本　二冊

430000－2401－0014742　298.2/11(1)

補三國藝文志四卷　（清）侯康撰　清光緒十
三年(1887)廣雅書局刻本　二冊

430000－2401－0014743　298.2/11(2)

補三國藝文志四卷　（清）侯康撰　清光緒十
三年(1887)廣雅書局刻本　二冊

430000－2401－0014744　298.2/11(3)

補三國藝文志四卷　（清）侯康撰　清光緒十
三年(1887)廣雅書局刻本　二冊

430000－2401－0014745　298.2/11(4)

補三國藝文志四卷　（清）侯康撰　清光緒十
三年(1887)廣雅書局刻本　二冊

430000－2401－0014746　298.2/7

補晉書藝文志四卷補遺一卷附錄一卷刊誤一
卷　（清）丁國鈞撰　（清）丁辰註并撰刊誤
清光緒廣雅書局刻本　二冊

430000－2401－0014747　298.2/7(1)

補晉書藝文志四卷補遺一卷附錄一卷刊誤一
卷　（清）丁國鈞撰　（清）丁辰註并撰刊誤

清光緒廣雅書局刻本　二冊

430000－2401－0014748　298.2/6

補晉書藝文志六卷　（清）文廷式撰　清宣統
元年(1909)長沙鉛印本　三冊

430000－2401－0014749　298.2/6(1)

補晉書藝文志六卷　（清）文廷式撰　清宣統
元年(1909)長沙鉛印本　六冊

430000－2401－0014750　298.2/6(2)

補晉書藝文志六卷　（清）文廷式撰　清宣統
元年(1909)長沙鉛印本　六冊

430000－2401－0014751　298.2/6(3)

補晉書藝文志六卷　（清）文廷式撰　清宣統
元年(1909)長沙鉛印本　六冊

430000－2401－0014752　298.2/6(4)

補晉書藝文志六卷　（清）文廷式撰　清宣統
元年(1909)長沙鉛印本　六冊

430000－2401－0014753　298.2/6(5)

補晉書藝文志六卷　（清）文廷式撰　清宣統
元年(1909)長沙鉛印本　六冊

430000－2401－0014754　298.2/6(6)

補晉書藝文志六卷　（清）文廷式撰　清宣統
元年(1909)長沙鉛印本　六冊

430000－2401－0014755　298.2/8

補晉書經籍志四卷　（清）吳士鑒撰　清光緒
二十一年(1895)刻含嘉室舊書本　一冊

430000－2401－0014756　298.2/8(1)

補晉書經籍志四卷　（清）吳士鑒撰　清光緒
二十一年(1895)刻含嘉室舊書本　一冊

430000－2401－0014757　298.2/4

隋經籍志考證十三卷　（清）章宗源撰　清光
緒元年(1875)湖北崇文書局刻本　四冊

430000－2401－0014758　298.2/4(1)

隋經籍志考證十三卷　（清）章宗源撰　清光
緒元年(1875)湖北崇文書局刻本　四冊

430000－2401－0014759　298.2/4(2)

隋經籍志考證十三卷　（清）章宗源撰　清光

緒元年(1875)湖北崇文書局刻本　四冊

430000－2401－0014760　298.2/4(3)

隋經籍志考證十三卷　(清)章宗源撰　清光緒元年(1875)湖北崇文書局刻本　四冊

430000－2401－0014761　298.2/4(4)

隋經籍志考證十三卷　(清)章宗源撰　清光緒元年(1875)湖北崇文書局刻本　四冊

430000－2401－0014762　298.2/4(5)

隋經籍志考證十三卷　(清)章宗源撰　清光緒元年(1875)湖北崇文書局刻本　四冊

430000－2401－0014763　298.2/4(6)

隋經籍志考證十三卷　(清)章宗源撰　清光緒元年(1875)湖北崇文書局刻本　四冊

430000－2401－0014764　298.2/4(7)

隋經籍志考證十三卷　(清)章宗源撰　清光緒元年(1875)湖北崇文書局刻本　四冊

430000－2401－0014765　△294.4/6

隋經籍志考證十三卷　(清)章宗源撰　清鈔本　四冊

430000－2401－0014766　298.2/10

補五代史藝文志一卷　(清)顧櫰三撰　清光緒十七年(1891)廣雅書局刻本　一冊

430000－2401－0014767　298.2/5－2

宋史藝文志補一卷　(清)黃虞稷　(清)倪燦撰　(清)盧文弨錄　清乾隆刻抱經堂叢書本　一冊

430000－2401－0014768　298.2/5

宋史藝文志補一卷　(清)黃虞稷　(清)倪燦撰　(清)盧文弨錄　清光緒十七年(1891)廣雅書局刻本　一冊

430000－2401－0014769　298.2/5(1)

宋史藝文志補一卷　(清)黃虞稷　(清)倪燦撰　(清)盧文弨錄　清光緒十七年(1891)廣雅書局刻本　一冊

430000－2401－0014770　298.2/5(2)

宋史藝文志補一卷　(清)黃虞稷　(清)倪燦撰　(清)盧文弨錄　清光緒十七年(1891)廣

雅書局刻本　一冊

430000－2401－0014771　298.2/5(3)

宋史藝文志補一卷　(清)黃虞稷　(清)倪燦撰　(清)盧文弨錄　清光緒十七年(1891)廣雅書局刻本　一冊

430000－2401－0014772　298.2/14

補遼金元藝文志一卷　(清)倪燦撰　清光緒十七年(1891)廣雅書局刻本　一冊

430000－2401－0014773　298.2/14(1)

補遼金元藝文志一卷　(清)倪燦撰　清光緒十七年(1891)廣雅書局刻本　一冊

430000－2401－0014774　298.2/14(2)

補遼金元藝文志一卷　(清)倪燦撰　清光緒十七年(1891)廣雅書局刻本　一冊

430000－2401－0014775　298.2/16－4

元史藝文志四卷　(清)錢大昕補　清光緒十年(1884)長沙龍氏家塾刻嘉定錢氏潛研堂全書本　一冊

430000－2401－0014776　298.2/16－4(1)

元史藝文志四卷　(清)錢大昕補　清光緒十年(1884)長沙龍氏家塾刻嘉定錢氏潛研堂全書本　一冊

430000－2401－0014777　298.2/16－4(2)

元史藝文志四卷　(清)錢大昕補　清光緒十年(1884)長沙龍氏家塾刻嘉定錢氏潛研堂全書本　一冊

430000－2401－0014778　298.2/16－3

元史藝文志四卷　(清)錢大昕補　清光緒十九年(1893)廣雅書局刻本　一冊

430000－2401－0014779　298.2/16－2

元史藝文志四卷　(清)錢大昕補　清江蘇書局刻本　一冊

430000－2401－0014780　298.2/16－2(1)

元史藝文志四卷　(清)錢大昕補　清江蘇書局刻本　一冊

430000－2401－0014781　298.2/16－2(2)

元史藝文志四卷　(清)錢大昕補　清江蘇書

局刻本　一册

430000 – 2401 – 0014782　298.2/16 – 2(3)

元史藝文志四卷　（清）錢大昕補　清江蘇書
局刻本　二册

430000 – 2401 – 0014783　298.2/16

元史藝文志四卷　（清）錢大昕補　清光緒刻
八史藝文志本　一册

430000 – 2401 – 0014784　△213/7

元史藝文志四卷　（清）錢大昕撰　清鈔本
一册

430000 – 2401 – 0014785　298.2/21

南雍志經籍考二卷　（明）梅鷟撰　清光緒二
十八年(1902)長沙葉氏校刻本　一册

430000 – 2401 – 0014786　298.2/21(1)

南雍志經籍考二卷　（明）梅鷟撰　清光緒二
十八年(1902)長沙葉氏校刻本　一册

430000 – 2401 – 0014787　△294.4/4

國史經籍志六卷　（明）焦竑撰　明徐象橒曼
山館刻本　五册

430000 – 2401 – 0014788　298.2/35

國史經籍志六卷　（明）焦竑撰　清咸豐元年
(1851)粵雅堂刻粵雅堂叢書本　五册

430000 – 2401 – 0014789　298.2/53

明史藝文志四卷　（清）張廷玉等撰　清末鈔
本　二册

430000 – 2401 – 0014790　△294.4/3

皇朝經籍志六卷　（清）黃本驥編　清鈔本
二册

430000 – 2401 – 0014791　△294.2/2

崇文總目六十六卷　（宋）王堯臣等編　清鈔
本　清翁方綱批校　葉啟發、葉啟勳題識
一册

430000 – 2401 – 0014792　298.2/44 – 3

崇文總目五卷　（宋）王堯臣等編　（清）錢東
垣等輯釋　（清）錢侗補遺　清嘉慶定秦氏刻
汗筼簃叢書本　四册

430000 – 2401 – 0014793　298.2/44 – 2

崇文總目五卷　（宋）王堯臣等編　（清）錢東
垣輯釋　清光緒八年(1882)常熟鮑氏刻本
五册

430000 – 2401 – 0014794　△294.4/1

古今書刻二卷　（明）周弘祖撰　清光緒三十
二年(1906)葉氏郎園朱刻本　葉德輝校并跋
二册

430000 – 2401 – 0014795　298.2/29

永樂大典目錄六十卷　（明）姚廣孝等撰　清
道光二十八年(1848)靈石楊氏刻連筠簃叢書
本　二十册

430000 – 2401 – 0014796　△294.2/5

内閣藏書目錄八卷　（明）張萱等撰　清乾隆
鈔本　一册　存四卷(五至八)

430000 – 2401 – 0014797　△294.2/1

文淵閣書目二十卷　（明）楊士奇等撰　清鈔
本　六册

430000 – 2401 – 0014798　298.2/38

欽定天祿琳琅書目十卷　（清）于敏中等撰
後編二十卷　（清）彭元瑞撰　清光緒十年
(1884)長沙王氏刻本　十册

430000 – 2401 – 0014799　298.2/38(1)

欽定天祿琳琅書目十卷　（清）于敏中等撰
後編二十卷　（清）彭元瑞撰　清光緒十年
(1884)長沙王氏刻本　十册

430000 – 2401 – 0014800　298.2/38(2)

欽定天祿琳琅書目十卷　（清）于敏中等撰
後編二十卷　（清）彭元瑞撰　清光緒十年
(1884)長沙王氏刻本　十册

430000 – 2401 – 0014801　298.2/38(3)

欽定天祿琳琅書目十卷　（清）于敏中等撰
後編二十卷　（清）彭元瑞撰　清光緒十年
(1884)長沙王氏刻本　十册

430000 – 2401 – 0014802　298.2/38(4)

欽定天祿琳琅書目十卷　（清）于敏中等撰
後編二十卷　（清）彭元瑞撰　清光緒十年

(1884)長沙王氏刻本 十冊

430000－2401－0014803 298.2/38（5）
欽定天祿琳琅書目十卷 （清）于敏中等撰
後編二十卷 （清）彭元瑞撰 清光緒十年
(1884)長沙王氏刻本 十冊

430000－2401－0014804 298.2/38（6）
欽定天祿琳琅書目十卷 （清）于敏中等撰
後編二十卷 （清）彭元瑞撰 清光緒十年
(1884)長沙王氏刻本 十冊

430000－2401－0014805 298.2/38（7）
欽定天祿琳琅書目十卷 （清）于敏中等撰
後編二十卷 （清）彭元瑞撰 清光緒十年
(1884)長沙王氏刻本 十冊

430000－2401－0014806 298.2/38（8）
欽定天祿琳琅書目十卷 （清）于敏中等撰
後編二十卷 （清）彭元瑞撰 清光緒十年
(1884)長沙王氏刻本 十冊

430000－2401－0014807 298.2/38（9）
欽定天祿琳琅書目十卷 （清）于敏中等撰
後編二十卷 （清）彭元瑞撰 清光緒十年
(1884)長沙王氏刻本 十二冊

430000－2401－0014808 298.2/66
欽定古今圖書集成總目四十卷 （清）蔣廷錫
等輯 清光緒十年(1884)上海同文書局刻本
二十冊

430000－2401－0014809 298.1/52
欽定四庫全書總目提要四部類叙一卷 （清）
江標輯 清光緒二十一年(1895)元和江氏刻
本 一冊

430000－2401－0014810 298.1/52（1）
欽定四庫全書總目提要四部類叙一卷 （清）
江標輯 清光緒二十一年(1895)元和江氏刻
本 一冊

430000－2401－0014811 298.7/41
四庫書目略二十卷附錄一卷 （清）費莫文良
編 清同治九年(1870)家刻本 十二冊

430000－2401－0014812 △294.2/4

秘書省續編到四庫闕書目二卷 葉德輝考證
稿本 葉德輝批校 一冊

430000－2401－0014813 298.1/10
秘書省續編到四庫闕書目二卷 葉德輝考證
清光緒二十九年(1903)長沙葉氏觀古堂刻
本 二冊

430000－2401－0014814 298.1/10（1）
秘書省續編到四庫闕書目二卷 葉德輝考證
清光緒二十九年(1903)長沙葉氏觀古堂刻
本 二冊

430000－2401－0014815 298.1/10（2）
秘書省續編到四庫闕書目二卷 葉德輝考證
清光緒二十九年(1903)長沙葉氏觀古堂刻
本 二冊

430000－2401－0014816 298.1/10（3）
秘書省續編到四庫闕書目二卷 葉德輝考證
清光緒二十九年(1903)長沙葉氏觀古堂刻
本 二冊

430000－2401－0014817 298.1/10（4）
秘書省續編到四庫闕書目二卷 葉德輝考證
清光緒二十九年(1903)長沙葉氏觀古堂刻
本 二冊

430000－2401－0014818 298.1/10（5）
秘書省續編到四庫闕書目二卷 葉德輝考證
清光緒二十九年(1903)長沙葉氏觀古堂刻
本 二冊

430000－2401－0014819 298.1/10（6）
秘書省續編到四庫闕書目二卷 葉德輝考證
清光緒二十九年(1903)長沙葉氏觀古堂刻
本 二冊

430000－2401－0014820 298.2/3－2
嶽麓書院書目一卷 （清）嶽麓書院編 清嘉
慶二十五年(1820)刻道光十四年(1834)補刻
本 一冊

430000－2401－0014821 298.2/89
江刻書目 （清）江標輯 清光緒元和江氏靈
鶼閣刻本蘇州振新書社印本 四冊

430000 – 2401 – 0014822　△294.3/29

遂初堂書目一卷　（宋）尤袤撰　清鈔本
一冊

430000 – 2401 – 0014823　298.3/35

萬卷堂書目四卷　（明）朱睦㮮撰　清光緒二
十九年(1903)長沙葉氏刻本　一冊

430000 – 2401 – 0014824　298.3/35(1)

萬卷堂書目四卷　（明）朱睦㮮撰　清光緒二
十九年(1903)長沙葉氏刻本　一冊

430000 – 2401 – 0014825　△294.3/7

世善堂藏書目錄二卷　（明）陳第撰　清鈔本
二冊

430000 – 2401 – 0014826　△294.3/30

菉竹堂書目六卷　（明）葉盛撰　清鈔本
二冊

430000 – 2401 – 0014827　298.3/73 – 2

持靜齋書目四卷續增一卷　（清）丁日昌撰
清同治刻本　五冊

430000 – 2401 – 0014828　298.3/73

豐順丁氏持靜齋書目一卷　（清）丁日昌撰
清光緒二十一年(1895)印本　一冊

430000 – 2401 – 0014829　△294.3/17

持靜齋書目五卷　（清）丁日昌撰　（清）江標
重編　清光緒二十二年(1896)唐儀郟鈔本
曹典球題識　五冊

430000 – 2401 – 0014830　△294.3/36

碧琳琅館珍藏書目四卷　（清）方功惠藏并撰
清陳毅闕慎室鈔本　一冊

430000 – 2401 – 0014831　298.3/74

靜怡山房書目一卷　（清）王以寬撰　清咸豐
鈔本　一冊

430000 – 2401 – 0014832　298.92/86

汲古閣珍藏秘本書目一卷　（清）毛扆撰　民
國三年(1914)上海掃葉山房石印本　一冊

430000 – 2401 – 0014833　298.92/86(1)

汲古閣珍藏秘本書目一卷　（清）毛扆撰　民
國三年(1914)上海掃葉山房石印本　一冊

430000 – 2401 – 0014834　△294.3/9

汲古閣珍藏秘本書目　（清）毛扆藏并撰　清
鈔本　一冊

430000 – 2401 – 0014835　298.3/62

皮氏古今書目類鈔不分卷　（清）皮錫瑞編
清稿本　六冊

430000 – 2401 – 0014836　298.5/3

行素堂目覩書全錄不分卷　（清）朱記榮撰
清光緒十年(1884)古吳朱氏槐廬家塾刻本
十冊

430000 – 2401 – 0014837　298.5/3(1)

行素堂目覩書全錄不分卷　（清）朱記榮撰
清光緒十年(1884)古吳朱氏槐廬家塾刻本
十冊

430000 – 2401 – 0014838　298.5/3(2)

行素堂目覩書全錄不分卷　（清）朱記榮撰
清光緒十年(1884)古吳朱氏槐廬家塾刻本
十冊

430000 – 2401 – 0014839　298.5/3(3)

行素堂目覩書全錄不分卷　（清）朱記榮撰　清
光緒十年(1884)古吳朱氏槐廬家塾刻本　十冊

430000 – 2401 – 0014840　393.1/170

開有益齋讀書志六卷續一卷金石文字記一卷
（清）朱緒曾撰　清光緒六年(1880)金陵翁
氏茹古閣刻本　四冊

430000 – 2401 – 0014841　393.1/170(1)

開有益齋讀書志六卷續一卷金石文字記一卷
（清）朱緒曾撰　清光緒六年(1880)金陵翁
氏茹古閣刻本　五冊

430000 – 2401 – 0014842　393.1/170(2)

開有益齋讀書志六卷續一卷金石文字記一卷
（清）朱緒曾撰　清光緒六年(1880)金陵翁
氏茹古閣刻本　四冊

430000 – 2401 – 0014843　298.3/20

結一廬書目四卷宋元本書目一卷　（清）朱學
勤撰　清光緒二十八年(1902)長沙葉氏觀古
堂刻本　一冊

430000－2401－0014844　298.3/20（1）

結一廬書目四卷宋元本書目一卷　（清）朱學
勤撰　清光緒二十八年（1902）長沙葉氏觀古
堂刻本　一冊

430000－2401－0014845　298.3/20（2）

結一廬書目四卷宋元本書目一卷　（清）朱學
勤撰　清光緒二十八年（1902）長沙葉氏觀古
堂刻本　一冊

430000－2401－0014846　298.3/20－2

結一廬書目四卷宋元本書目一卷　（清）朱學
勤撰　清宣統元年（1909）番禺沈氏刻晨風閣
叢書本　一冊

430000－2401－0014847　298.3/38

藝芸書舍宋元本書目二卷　（清）汪士鐘撰
清同治十二年（1873）滂喜齋刻滂喜齋叢書本
一冊

430000－2401－0014848　298.3/38（1）

藝芸書舍宋元本書目二卷　（清）汪士鐘撰
清同治十二年（1873）滂喜齋刻滂喜齋叢書本
一冊　存上卷

430000－2401－0014849　298.3/38（2）

藝芸書舍宋元本書目二卷　（清）汪士鐘撰
清同治十二年（1873）滂喜齋刻滂喜齋叢書本
一冊

430000－2401－0014850　298.3/38－2

藝芸書舍宋元本書目二卷　（清）汪士鐘撰
清同治十二年（1873）蘇州文學山房木活字本
一冊

430000－2401－0014851　298.3/38－3

藝芸書舍宋元本書目二卷　（清）汪士鐘撰
清宣統元年（1909）番禺沈氏刻晨風閣叢書本
一冊

430000－2401－0014852　△294.3/23

振綺堂書目不分卷　（清）汪誠撰　　清鈔本
一冊

430000－2401－0014853　△294.3/13

東洲草堂藏書書目不分卷　（清）何紹基撰

稿本　葉啟勳題記　一冊

430000－2401－0014854　298.3/70－2

季滄葦藏書目　（清）季振宜撰　清同治六年
（1867）傳鈔嘉慶十年（1805）刻本　一冊

430000－2401－0014855　△294.3/14

延令宋板書目　（清）季振宜撰　清鈔本
一冊

430000－2401－0014856　△294.3/14－2

延令宋板書目不分卷　（清）季振宜撰　清鈔
本　一冊

430000－2401－0014857　△294.3/6

文瑞樓藏書目錄十二卷　（清）金檀撰　清嘉
慶十六年（1811）金錫鬯鈔本　二冊

430000－2401－0014858　298.3/101

天一閣書目四卷　（清）范懋柱輯　清嘉慶十
三年（1808）揚州阮氏文選樓刻本　九冊

430000－2401－0014859　△294.3/3

天一閣書目四卷　（清）范懋柱輯　清鈔本
七冊

430000－2401－0014860　△294.3/4

天一閣碑目不分卷　（清）范懋敏輯　清鈔本
一冊

430000－2401－0014861　298.3/24

天一閣現存書目四卷首一卷末一卷　（清）薛
福成纂　清光緒十五年（1889）無錫薛氏刻本
四冊

430000－2401－0014862　298.3/80

江上雲林閣書目四卷　（清）倪模撰　清道光
二十三年（1843）刻本　四冊

430000－2401－0014863　△294.3/20

孫氏祠堂書目內編四卷外編三卷　（清）孫星
衍撰　清嘉慶十五年（1810）金陵祠屋刻本
一冊

430000－2401－0014864　△294.3/20－2

孫氏祠堂書目內編四卷　（清）孫星衍撰　清
鈔本　二冊

430000 – 2401 – 0014865　298.2/17

古越藏書樓書目二十卷　（清）徐樹蘭編撰
清光緒三十年(1904)崇實書局石印本　八冊

430000 – 2401 – 0014866　298.3/12

邵亭知見傳本書目十六卷　（清）莫友芝撰
清宣統元年（1909）日本田中北京鉛印本
六冊

430000 – 2401 – 0014867　298.3/12(1)

邵亭知見傳本書目十六卷　（清）莫友芝撰
清宣統元年（1909）日本田中北京鉛印本
十冊

430000 – 2401 – 0014868　△294.3/42

勿庵曆算書目不分卷　（清）梅文鼎撰　清鈔
本　一冊

430000 – 2401 – 0014869　298.3/81

稽瑞樓書目一卷　（清）陳揆撰　清光緒三年
(1877)滂喜齋刻本　一冊

430000 – 2401 – 0014870　298.3/81(1)

稽瑞樓書目一卷　（清）陳揆撰　清光緒三年
(1877)滂喜齋刻本　一冊

430000 – 2401 – 0014871　298.3/60

帶經堂書目四卷　（清）陳樹杓編　清宣統順
德鄧氏鉛印風雨樓叢書本　三冊

430000 – 2401 – 0014872　298.3/55

共讀樓書目十卷　（清）國英編輯　清光緒六
年(1880)索綽絡氏家塾刻本　二冊

430000 – 2401 – 0014873　△294.3/10

求古居宋本書目一卷　（清）黃丕烈撰　葉德
輝鈔本　葉德輝序　葉啟倬跋　一冊

430000 – 2401 – 0014874　298.4/4

萬卷樓藏書總目不分卷　（清）黃彭年編　清
光緒八年(1882)刻本　一冊

430000 – 2401 – 0014875　298.4/4(1)

萬卷樓藏書總目不分卷　（清）黃彭年編　清
光緒八年(1882)刻本　一冊

430000 – 2401 – 0014876　298.4/4(2)

萬卷樓藏書總目不分卷　（清）黃彭年編　清

光緒八年(1882)刻本　一冊

430000 – 2401 – 0014877　298.4/4(3)

萬卷樓藏書總目不分卷　（清）黃彭年編　清
光緒八年(1882)刻本　一冊

430000 – 2401 – 0014878　298.4/4(4)

萬卷樓藏書總目不分卷　（清）黃彭年編　清
光緒八年(1882)刻本　一冊

430000 – 2401 – 0014879　298.4/4(5)

萬卷樓藏書總目不分卷　（清）黃彭年編　清
光緒八年(1882)刻本　一冊

430000 – 2401 – 0014880　298.3/78

葉氏存古叢書一卷　（清）葉銘撰　清宣統二
年(1910)西泠印社鉛印本　二冊

430000 – 2401 – 0014881　298.3/49

海源閣藏書目一卷　（清）楊保彝編　清光緒
十四年(1888)元和江氏師許室刻本　一冊

430000 – 2401 – 0014882　298.3/49(1)

海源閣藏書目一卷　（清）楊保彝編　清光緒
十四年(1888)元和江氏師許室刻本　一冊

430000 – 2401 – 0014883　298.3/49(2)

海源閣藏書目一卷　（清）楊保彝編　清光緒
十四年(1888)元和江氏師許室刻本　一冊

430000 – 2401 – 0014884　298.3/15

群碧樓書目初編九卷　（清）鄧邦述撰　**書衣
雜識一卷**　鄧之誠撰　清宣統三年(1911)鉛
印本　四冊

430000 – 2401 – 0014885　298.3/11

如園架上書鈔目不分卷　（清）蕭士恆撰　清
光緒二十四年(1898)益陽蕭氏如園刻本
二冊

430000 – 2401 – 0014886　298.3/11(1)

如園架上書鈔目不分卷　（清）蕭士恆撰　清
光緒二十四年(1898)益陽蕭氏如園刻本
二冊

430000 – 2401 – 0014887　298.3/11(2)

如園架上書鈔目不分卷　（清）蕭士恆撰　清光
緒二十四年(1898)益陽蕭氏如園刻本　二冊

430000－2401－0014888　298.3/11（3）

如園架上書鈔目不分卷　（清）蕭士恆撰　清光緒二十四年（1898）益陽蕭氏如園刻本　二冊

430000－2401－0014889　298.3/11（4）

如園架上書鈔目不分卷　（清）蕭士恆撰　清光緒二十四年（1898）益陽蕭氏如園刻本　二冊

430000－2401－0014890　298.3/32

絳雲樓書目四卷　（清）錢謙益撰　**述古堂藏書目四卷**　（清）錢曾撰　清道光三十年（1850）刻粵雅堂叢書初編本　三冊

430000－2401－0014891　298.3/32（1）

絳雲樓書目四卷　（清）錢謙益撰　**述古堂藏書目四卷**　（清）錢曾撰　清道光三十年（1850）刻粵雅堂叢書初編本　二冊

430000－2401－0014892　298.3/56

絳雲樓書目補遺一卷　（清）錢謙益撰　**靜惕堂書目二卷**　（清）曹溶撰　清光緒二十八年（1902）刻本　一冊

430000－2401－0014893　△294.3/28－2

絳雲樓書目不分卷　（清）錢謙益撰　清嘉慶觀我生齋鈔本　黃裳批校　一冊

430000－2401－0014894　△294.3/28

絳雲樓書目二卷　（清）錢謙益撰　清鈔本　清袁芳瑛批校　清吳翌鳳、葉德輝跋　二冊

430000－2401－0014895　△294.3/28－4

絳雲樓書目四卷　（清）錢謙益撰　（清）陳景雲註　清鈔本　一冊

430000－2401－0014896　△294.3/28－3

絳雲樓書目四卷　（清）錢謙益撰　（清）陳景雲註　清鈔本　清吳翌鳳跋　一冊

430000－2401－0014897　△294.3/12

述古堂藏書目四卷　（清）錢曾藏并撰　清鈔本　一冊

430000－2401－0014898　298.3/13－2

鐵琴銅劍樓藏書目錄二十四卷　（清）瞿鏞撰　清光緒二十三年（1897）誦芬室校刻誦芬室

叢刻本　十冊

430000－2401－0014899　298.3/13－2（1）

鐵琴銅劍樓藏書目錄二十四卷　（清）瞿鏞撰　清光緒二十三年（1897）誦芬室校刻誦芬室叢刻本　十冊

430000－2401－0014900　298.3/13－2（2）

鐵琴銅劍樓藏書目錄二十四卷　（清）瞿鏞撰　清光緒二十三年（1897）誦芬室校刻誦芬室叢刻本　七冊　缺六卷（六至七、十至十二、十九）

430000－2401－0014901　298.3/13

鐵琴銅劍樓藏書目錄二十四卷　（清）瞿鏞撰　清光緒二十四年（1898）常熟瞿氏刻本　九冊　缺二卷（六至七）

430000－2401－0014902　298.3/13（1）

鐵琴銅劍樓藏書目錄二十四卷　（清）瞿鏞撰　清光緒二十四年（1898）常熟瞿氏刻本　十二冊

430000－2401－0014903　298.3/13（2）

鐵琴銅劍樓藏書目錄二十四卷　（清）瞿鏞撰　清光緒二十四年（1898）常熟瞿氏刻本　十二冊

430000－2401－0014904　298.3/13（3）

鐵琴銅劍樓藏書目錄二十四卷　（清）瞿鏞撰　清光緒二十四年（1898）常熟瞿氏刻本　十冊

430000－2401－0014905　298.3/13（4）

鐵琴銅劍樓藏書目錄二十四卷　（清）瞿鏞撰　清光緒二十四年（1898）常熟瞿氏刻本　八冊

430000－2401－0014906　298.3/13（5）

鐵琴銅劍樓藏書目錄二十四卷　（清）瞿鏞撰　清光緒二十四年（1898）常熟瞿氏刻本　十二冊

430000－2401－0014907　298.3/13（6）

鐵琴銅劍樓藏書目錄二十四卷　（清）瞿鏞撰　清光緒二十四年（1898）常熟瞿氏刻本　六冊

430000－2401－0014908　298.3/94

百宋一廛賦一卷　（清）顧廣圻撰　（清）黄丕烈註　清光緒三年(1877)刻本　一冊

430000－2401－0014909　298.3/94(1)

百宋一廛賦一卷　（清）顧廣圻撰　（清）黄丕烈註　清光緒三年(1877)刻本　一冊

430000－2401－0014910　298.3/58

滂喜齋宋元本書目一卷　清宣統元年(1909)番禺沈氏刻晨風閣叢書本　一冊

430000－2401－0014911　298.3/92－5

曾國藩隨帶行營目録　清同治鈔本　一冊

430000－2401－0014912　298.3/92－3

湘鄉曾氏富厚堂書目　民國鈔本　二冊

430000－2401－0014913　298.3/92－4

湘鄉曾氏藏書目録　鈔本　二冊

430000－2401－0014914　298.4/17

淮安藝文志十卷　（清）何紹基　（清）丁晏等撰　清同治十二年(1873)刻本　八冊

430000－2401－0014915　298.4/19

浙江採集遺書總録十一卷閏集一卷　（清）沈初等編　清乾隆刻本　十一冊

430000－2401－0014916　298.4/19－2

浙江採集遺書總録十一卷閏集一卷　（清）沈初等編　清刻本　六冊

430000－2401－0014917　298.4/19－2(1)

浙江採集遺書總録十一卷閏集一卷　（清）沈初等編　清刻本　八冊

430000－2401－0014918　298.4/2－2

杭州府志藝文志十卷　（清）吳慶坻撰　清光緒三十四年(1908)長沙刻本　四冊

430000－2401－0014919　298.4/8

武林藏書録三卷首一卷末一卷　（清）丁申撰　清光緒二十六年(1900)嘉惠堂刻本　二冊

430000－2401－0014920　298.4/14

金華文萃書目提要八卷　（清）胡鳳丹編纂　清同治八年(1869)退補齋刻本　三冊

430000－2401－0014921　298.3/76

續溪金紫胡氏所著書目二卷　（清）胡培系編　清光緒十年(1884)世澤樓刻本　一冊

430000－2401－0014922　298.4/18

福建藝文志二十一卷　清刻本　一冊

430000－2401－0014923　298.5/5－3

彙刻書目不分卷　（清）顧修編　清嘉慶二十五年(1820)璜川吳氏刻本　二十四冊

430000－2401－0014924　298.5/5－5

彙刻書目不分卷　（清）顧修編　清同治九年(1870)群玉齋刻本　十冊

430000－2401－0014925　298.5/5－4

彙刻書目不分卷　（清）顧修編　續編二卷（清）陳光照編　清光緒元年(1875)長洲陳氏無夢園刻本　十二冊

430000－2401－0014926　298.5/5－4(1)

彙刻書目不分卷　（清）顧修編　續編二卷（清）陳光照編　清光緒元年(1875)長洲陳氏無夢園刻本　十二冊

430000－2401－0014927　298.5/5－4(2)

彙刻書目不分卷　（清）顧修編　續編二卷（清）陳光照編　清光緒元年(1875)長洲陳氏無夢園刻本　十二冊

430000－2401－0014928　298.5/5－4(3)

彙刻書目不分卷　（清）顧修編　續編二卷（清）陳光照編　清光緒元年(1875)長洲陳氏無夢園刻本　十二冊

430000－2401－0014929　298.5/5－4(4)

彙刻書目不分卷　（清）顧修編　續編二卷（清）陳光照編　清光緒元年(1875)長洲陳氏無夢園刻本　十冊

430000－2401－0014930　298.5/5

彙刻書目不分卷　（清）顧修編　（清）朱學勤增訂重編　清光緒十五年(1889)上海福瀛書局刻本　二十冊

430000－2401－0014931　298.5/5(1)

彙刻書目不分卷　（清）顧修編　（清）朱學勤

增訂重編　清光緒十五年(1889)上海福瀛書
局刻本　二十冊

430000－2401－0014932　298.5/5(2)
彙刻書目不分卷　(清)顧修編　(清)朱學勤
增訂重編　清光緒十五年(1889)上海福瀛書
局刻本　二十冊

430000－2401－0014933　298.5/5(3)
彙刻書目不分卷　(清)顧修編　(清)朱學勤
增訂重編　清光緒十五年(1889)上海福瀛書
局刻本　二十冊

430000－2401－0014934　298.5/5(4)
彙刻書目不分卷　(清)顧修編　(清)朱學勤
增訂重編　清光緒十五年(1889)上海福瀛書
局刻本　二十冊

430000－2401－0014935　298.5/5(5)
彙刻書目不分卷　(清)顧修編　(清)朱學勤
增訂重編　清光緒十五年(1889)上海福瀛書
局刻本　二十一冊　缺一卷(二)

430000－2401－0014936　298.5/1
續彙刻書目十二卷補遺一卷　(清)傅雲龍輯
　(清)胡俊章補　清光緒二年(1876)善成堂
刻本　十冊

430000－2401－0014937　△294.2/3
國朝史學叢書目錄一卷　清鈔本　一冊

430000－2401－0014938　298.6/3
全毀書目一卷抽毀書目一卷　清乾隆木活字
本　一冊

430000－2401－0014939　298.6/1－2
禁書總目不分卷　清光緒九年(1883)歸安姚
氏刻咫進齋叢書本　四冊

430000－2401－0014940　298.6/1
禁書總目不分卷　清光緒三十三年(1907)上
海國學保存會鉛印國粹叢書本　一冊

430000－2401－0014941　298.6/1(1)
禁書總目不分卷　清光緒三十三年(1907)上
海國學保存會鉛印國粹叢書本　一冊

430000－2401－0014942　298.7/3－2

史略六卷　(宋)高似孫撰　清光緒九年
(1883)虞山鮑氏影宋刻本　二冊

430000－2401－0014943　298.7/3
史略六卷　(宋)高似孫撰　清光緒影宋刻本
　二冊

430000－2401－0014944　△294.3/19
昭德先生郡齋讀書志二十卷　(宋)晁公武撰
　(宋)姚應績輯　清嘉慶二十四年(1819)汪
氏藝芸書舍刻本　清袁芳瑛批校　劉肇隅錄
葉德輝題識　葉啟勳題識　四冊

430000－2401－0014945　298.3/50－3
昭德先生郡齋讀書志二十卷　(宋)晁公武撰
　(宋)姚應績輯　清光緒十年(1884)長沙王
氏刻本　十冊

430000－2401－0014946　298.3/50－3(1)
昭德先生郡齋讀書志二十卷　(宋)晁公武撰
　(宋)姚應績輯　清光緒十年(1884)長沙王
氏刻本　十冊

430000－2401－0014947　298.3/50－3(2)
昭德先生郡齋讀書志二十卷　(宋)晁公武撰
　(宋)姚應績輯　清光緒十年(1884)長沙王
氏刻本　十冊

430000－2401－0014948　298.3/50－3(3)
昭德先生郡齋讀書志二十卷　(宋)晁公武撰
　(宋)姚應績輯　清光緒十年(1884)長沙王
氏刻本　十冊

430000－2401－0014949　298.3/50－3(4)
昭德先生郡齋讀書志二十卷　(宋)晁公武撰
　(宋)姚應績輯　清光緒十年(1884)長沙王
氏刻本　十冊

430000－2401－0014950　298.3/50－3(5)
昭德先生郡齋讀書志二十卷　(宋)晁公武撰
　(宋)姚應績輯　清光緒十年(1884)長沙王
氏刻本　十冊

430000－2401－0014951　298.3/50－3(6)
昭德先生郡齋讀書志二十卷　(宋)晁公武撰
　(宋)姚應績輯　清光緒十年(1884)長沙王

氏刻本 十冊

430000－2401－0014952 298.3/50－3(7)

昭德先生郡齋讀書志二十卷 （宋）晁公武撰
（宋）姚應績輯 清光緒十年(1884)長沙王
氏刻本 十冊

430000－2401－0014953 298.3/50－3(8)

昭德先生郡齋讀書志二十卷 （宋）晁公武撰
（宋）姚應績輯 清光緒十年(1884)長沙王
氏刻本 十冊

430000－2401－0014954 298.3/50－3(9)

昭德先生郡齋讀書志二十卷 （宋）晁公武撰
（宋）姚應績輯 清光緒十年(1884)長沙王
氏刻本 九冊

430000－2401－0014955 298.3/50－3(10)

昭德先生郡齋讀書志二十卷 （宋）晁公武撰
（宋）姚應績輯 清光緒十年(1884)長沙王
氏刻本 十冊

430000－2401－0014956 298.3/50－3(11)

昭德先生郡齋讀書志二十卷 （宋）晁公武撰
（宋）姚應績輯 清光緒十年(1884)長沙王
氏刻本 十冊

430000－2401－0014957 298.3/50－3(12)

昭德先生郡齋讀書志二十卷 （宋）晁公武撰
（宋）姚應績輯 清光緒十年(1884)長沙王
氏刻本 八冊

430000－2401－0014958 298.3/50－3(13)

昭德先生郡齋讀書志二十卷 （宋）晁公武撰
（宋）姚應績輯 清光緒十年(1884)長沙王
氏刻本 八冊

430000－2401－0014959 298.3/50

昭德先生郡齋讀書志五卷後志二卷 （宋）晁
公武撰 清刻本 五冊

430000－2401－0014960 298.3/50(1)

昭德先生郡齋讀書志五卷後志二卷 （宋）晁
公武撰 清刻本 九冊

430000－2401－0014961 △294.3/19－2

郡齋讀書志二十卷 （宋）晁公武撰 （宋）姚

應績輯 清鈔本 十六冊

430000－2401－0014962 298.1/11－3

直齋書錄解題二十二卷 （宋）陳振孫撰 清
乾隆武英殿本 十二冊

430000－2401－0014963 298.1/11

直齋書錄解題二十二卷 （宋）陳振孫撰 清
刻武英殿聚珍版本 八冊

430000－2401－0014964 △294.3/15

直齋書錄解題二十二卷 （宋）陳振孫撰 清
傳鈔乾隆武英殿聚珍本 一冊 存二卷(一
至二)

430000－2401－0014965 298.1/11－2

直齋書錄解題二十二卷 （宋）陳振孫撰 清
光緒九年(1883)江蘇書局刻本 六冊

430000－2401－0014966 298.1/11－2(1)

直齋書錄解題二十二卷 （宋）陳振孫撰 清
光緒九年(1883)江蘇書局刻本 六冊

430000－2401－0014967 298.1/11－2(2)

直齋書錄解題二十二卷 （宋）陳振孫撰 清
光緒九年(1883)江蘇書局刻本 六冊

430000－2401－0014968 298.1/11－2(3)

直齋書錄解題二十二卷 （宋）陳振孫撰 清
光緒九年(1883)江蘇書局刻本 六冊

430000－2401－0014969 298.1/11－2(4)

直齋書錄解題二十二卷 （宋）陳振孫撰 清
光緒九年(1883)江蘇書局刻本 六冊

430000－2401－0014970 298.1/11－2(5)

直齋書錄解題二十二卷 （宋）陳振孫撰 清
光緒九年(1883)江蘇書局刻本 六冊

430000－2401－0014971 298.1/11－2(6)

直齋書錄解題二十二卷 （宋）陳振孫撰 清
光緒九年(1883)江蘇書局刻本 六冊

430000－2401－0014972 △294.3/15－2

直齋書錄解題二十二卷 （宋）陳振孫撰 清
鈔本 八冊

430000－2401－0014973 △294.3/2

山谷題跋九卷 （宋）黃庭堅撰 清鈔本
四冊

430000－2401－0014974 △294.3/8
百川書志二十卷 （明）高儒撰 繆氏藕香簃
鈔本 葉德輝批校并跋 四冊

430000－2401－0014975 298.7/22
欽定四庫全書考證一百卷 （清）王太岳等輯
清乾隆武英殿木活字本 八十四冊

430000－2401－0014976 298.7/22(1)
欽定四庫全書考證一百卷 （清）王太岳等輯
清乾隆武英殿木活字本 九十六冊

430000－2401－0014977 298.7/22(2)
欽定四庫全書考證一百卷 （清）王太岳等輯
清乾隆武英殿木活字本 九十三冊 缺八
卷(三十四至四十一)

430000－2401－0014978 298.7/22(3)
欽定四庫全書考證一百卷 （清）王太岳等輯
清乾隆武英殿木活字本 四十九冊 缺三
十二卷(七十一至一百)

430000－2401－0014979 298.7/22－2
欽定四庫全書考證一百卷 （清）王太岳等輯
清刻本 四十冊 缺三卷(九十八至一百)

430000－2401－0014980 298.7/7
欽定四庫全書總目二百卷首四卷 （清）紀昀
等修 清同治七年(1868)廣東書局刻本 一
百二十冊

430000－2401－0014981 298.7/7(1)
欽定四庫全書總目二百卷首四卷 （清）紀昀
等修 清同治七年(1868)廣東書局刻本 一
百二十冊

430000－2401－0014982 298.7/7(2)
欽定四庫全書總目二百卷首四卷 （清）紀昀
等修 清同治七年(1868)廣東書局刻本 一
百十四冊

430000－2401－0014983 298.7/7(3)
欽定四庫全書總目二百卷首四卷 （清）紀昀
等修 清同治七年(1868)廣東書局刻本 一

百十五冊

430000－2401－0014984 298.7/7(4)
欽定四庫全書總目二百卷首四卷 （清）紀昀
等修 清同治七年(1868)廣東書局刻本 一
百二十冊

430000－2401－0014985 298.7/7(5)
欽定四庫全書總目二百卷首四卷 （清）紀昀
等修 清同治七年(1868)廣東書局刻本 一
百二十冊

430000－2401－0014986 298.7/7(6)
欽定四庫全書總目二百卷首四卷 （清）紀昀
等修 清同治七年(1868)廣東書局刻本 一
百二十冊

430000－2401－0014987 298.7/7(7)
欽定四庫全書總目二百卷首四卷 （清）紀昀
等修 清同治七年(1868)廣東書局刻本 一
百二十冊

430000－2401－0014988 298.7/7(8)
欽定四庫全書總目二百卷首四卷 （清）紀昀
等修 清同治七年(1868)廣東書局刻本 六
十四冊

430000－2401－0014989 298.7/7(9)
欽定四庫全書總目二百卷首四卷 （清）紀昀
等修 清同治七年(1868)廣東書局刻本 一
百十冊

430000－2401－0014990 298.7/7(10)
欽定四庫全書總目二百卷首四卷 （清）紀昀
等修 清同治七年(1868)廣東書局刻本 一
百二十冊

430000－2401－0014991 298.7/7－4
欽定四庫全書總目二百卷首一卷 （清）紀昀
等修 清宣統二年(1910)存古齋石印本 三
十二冊

430000－2401－0014992 298.7/7－5
欽定四庫全書總目二百卷首四卷 （清）紀昀
等修 清刻本 一百六十冊

430000－2401－0014993 298.7/7－5(1)

欽定四庫全書總目二百卷首四卷　（清）紀昀
等修　清刻本　一百二十冊

430000－2401－0014994　298.7/7－5(2)
欽定四庫全書總目二百卷首四卷　（清）紀昀
等修　清刻本　一百四十四冊

430000－2401－0014995　298.7/8－5
欽定四庫全書簡明目錄二十卷首一卷　（清）
紀昀等修　清同治七年(1868)廣東書局刻本
十四冊

430000－2401－0014996　298.7/8－5(1)
欽定四庫全書簡明目錄二十卷首一卷　（清）
紀昀等修　清同治七年(1868)廣東書局刻本
十四冊

430000－2401－0014997　298.7/8－5(2)
欽定四庫全書簡明目錄二十卷首一卷　（清）
紀昀等修　清同治七年(1868)廣東書局刻本
十二冊

430000－2401－0014998　298.7/8－5(3)
欽定四庫全書簡明目錄二十卷首一卷　（清）
紀昀等修　清同治七年(1868)廣東書局刻本
十一冊　缺六卷(六至七、十二至十五)

430000－2401－0014999　298.7/8
欽定四庫全書簡明目錄二十卷首一卷　（清）
紀昀等修　清光緒元年(1875)成都志古堂刻
本　十六冊

430000－2401－0015000　298.7/8(1)
欽定四庫全書簡明目錄二十卷首一卷　（清）
紀昀等修　清光緒元年(1875)成都志古堂刻
本　十二冊

430000－2401－0015001　298.7/8(2)
欽定四庫全書簡明目錄二十卷首一卷　（清）
紀昀等修　清光緒元年(1875)成都志古堂刻
本　十五冊

430000－2401－0015002　298.7/8－10
欽定四庫全書簡明目錄二十卷　（清）紀昀等
修　清光緒五年(1879)墨潤堂刻本　八冊

430000－2401－0015003　298.7/8－6

欽定四庫全書簡明目錄二十卷　（清）紀昀等
修　清光緒十年(1884)上海同文書局石印本
四冊

430000－2401－0015004　298.7/8－6(1)
欽定四庫全書簡明目錄二十卷　（清）紀昀等
修　清光緒十年(1884)上海同文書局石印本
四冊

430000－2401－0015005　298.7/8－2
欽定四庫全書簡明目錄二十卷　（清）紀昀等
修　清光緒十四年(1888)上海漱六山莊石印
本　四冊

430000－2401－0015006　298.7/8－2(1)
欽定四庫全書簡明目錄二十卷　（清）紀昀等
修　清光緒十四年(1888)上海漱六山莊石印
本　四冊

430000－2401－0015007　298.7/8－8
欽定四庫全書簡明目錄二十卷　（清）紀昀等
修　清光緒十五年(1889)上海積山書局石印
本　四冊

430000－2401－0015008　298.7/8－3
欽定四庫全書簡明目錄二十卷　（清）紀昀等
修　清光緒二十年(1894)上海點石齋石印本
四冊

430000－2401－0015009　298.7/8－4
欽定四庫全書簡明目錄二十卷　（清）紀昀等
修　清刻本　十二冊　缺二卷(七至八)

430000－2401－0015010　298.7/8－4(1)
欽定四庫全書簡明目錄二十卷　（清）紀昀等
修　清刻本　十二冊

430000－2401－0015011　298.7/8－4(2)
欽定四庫全書簡明目錄二十卷　（清）紀昀等
修　清刻本　十冊

430000－2401－0015012　298.7/8－11
欽定四庫全書簡明目錄二十卷　（清）紀昀等
修　清刻本　十冊

430000－2401－0015013　298.7/8－11(1)
欽定四庫全書簡明目錄二十卷　（清）紀昀等

修　清刻本　八冊

430000－2401－0015014　298.7/8－11（2）
欽定四庫全書簡明目錄二十卷　（清）紀昀等
修　清刻本　八冊　缺一卷（二）

430000－2401－0015015　298.7/43
四庫全書輯永樂大典本書目一卷　（清）孫馮
翼編　清嘉慶七年（1802）江寧府東孫啟椿刻
字店刻本　一冊

430000－2401－0015016　298.7/44
欽定四庫全書附存目錄十卷　（清）胡虔編
清光緒十年（1884）學海堂刻本　四冊

430000－2401－0015017　298.3/69
善本書室藏書志四十卷附錄一卷　（清）丁丙
輯　清光緒二十七年（1901）錢唐丁氏刻本
十六冊

430000－2401－0015018　298.3/69（1）
善本書室藏書志四十卷附錄一卷　（清）丁丙
輯　清光緒二十七年（1901）錢唐丁氏刻本
十六冊

430000－2401－0015019　298.3/69（2）
善本書室藏書志四十卷附錄一卷　（清）丁丙
輯　清光緒二十七年（1901）錢唐丁氏刻本
八冊

430000－2401－0015020　298.3/69（3）
善本書室藏書志四十卷附錄一卷　（清）丁丙
輯　清光緒二十七年（1901）錢唐丁氏刻本
八冊　缺十七卷（一至三、七至十、二十三至
二十八、三十五至三十八）

430000－2401－0015021　298.3/44
漁洋書籍跋尾二卷　（清）王士禎撰　清雍正
刻本　二冊

430000－2401－0015022　298.3/44－2
漁洋書籍跋尾二卷　（清）王士禎撰　清光緒
四年（1878）刻本　二冊

430000－2401－0015023　298.7/48
史書綱領一卷　（清）余肇鈞撰　清光緒長沙
余氏家塾刻本　一冊

430000－2401－0015024　△294.3/18
拜經樓藏書題跋記五卷附錄一卷　（清）吳壽
暘撰　清道光二十七年（1847）蔣氏宜年堂刻
本　清何紹基書寫書根　葉啟勳題識　一冊

430000－2401－0015025　298.3/39
拜經樓藏書題跋記五卷附錄一卷　（清）吳壽
暘纂　清光緒會稽章氏刻式訓堂叢書本
四冊

430000－2401－0015026　298.3/39（1）
拜經樓藏書題跋記五卷附錄一卷　（清）吳壽
暘纂　清光緒會稽章氏刻式訓堂叢書本
二冊

430000－2401－0015027　298.7/6
惜抱軒書錄四卷　（清）姚鼐撰　清光緒五年
（1879）桐城徐宗亮刻惜抱軒遺書本　一冊

430000－2401－0015028　298.7/16
東游文稿一卷　（清）陳矩撰　清末刻本
一冊

430000－2401－0015029　298.7/15
經籍跋文一卷　（清）陳鱣撰　清光緒會稽章
氏刻式訓堂叢書本　一冊

430000－2401－0015030　298.7/15（1）
經籍跋文一卷　（清）陳鱣撰　清光緒會稽章
氏刻式訓堂叢書本　一冊

430000－2401－0015031　298.7/15（2）
經籍跋文一卷　（清）陳鱣撰　清光緒會稽章
氏刻式訓堂叢書本　一冊

430000－2401－0015032　298.7/15（3）
經籍跋文一卷　（清）陳鱣撰　清光緒會稽章
氏刻式訓堂叢書本　一冊

430000－2401－0015033　298.7/4－2
愛日精廬藏書志三十六卷續四卷　（清）張金
吾撰　清道光六年（1826）刻本　十二冊

430000－2401－0015034　298.7/4－2（1）
愛日精廬藏書志三十六卷續四卷　（清）張金
吾撰　清道光六年（1826）刻本　十冊

430000－2401－0015035　298.7/4－2（2）

愛日精廬藏書志三十六卷續四卷　（清）張金
吾撰　清道光六年(1826)刻本　五冊　存二
十八卷(一至二十八)

430000－2401－0015036　298.7/4

愛日精廬藏書志三十六卷續四卷　（清）張金
吾撰　清光緒十三年(1887)吳縣徐氏靈芬閣
木活字本　十二冊

430000－2401－0015037　298.7/4(1)

愛日精廬藏書志三十六卷續四卷　（清）張金
吾撰　清光緒十三年(1887)吳縣徐氏靈芬閣
木活字本　八冊

430000－2401－0015038　298.7/4(2)

愛日精廬藏書志三十六卷續四卷　（清）張金
吾撰　清光緒十三年(1887)吳縣徐氏靈芬閣
木活字本　十二冊

430000－2401－0015039　298.7/4－3

愛日精廬藏書志三十六卷續四卷　（清）張金
吾撰　清鈔本　十冊

430000－2401－0015040　△294.3/31

愛日精廬藏書志四卷　（清）張金吾撰　清鈔
本　四冊

430000－2401－0015041　298.3/77

平津館鑒藏書籍記三卷續編一卷補遺一卷
(清)孫星衍撰　清道光二十年(1840)獨抱廬
刻本　一冊

430000－2401－0015042　298.3/77－2

平津館鑒藏書籍記三卷續編一卷補遺一卷
(清)孫星衍撰　清光緒十一年(1885)木犀軒
刻本　一冊

430000－2401－0015043　298.3/29

廉石居藏書記二卷　（清）孫星衍撰　（清）陳
宗彝編　清道光二十年(1840)獨抱廬刻本
一冊

430000－2401－0015044　298.3/100

持靜齋藏書紀要二卷　（清）莫友芝撰　蘇州
文學山房木活字本　一冊　存一卷(下)

430000－2401－0015045　298.7/1

皕宋樓藏書志一百二十卷　（清）陸心源編
清光緒八年(1882)萬卷樓刻本　三十冊

430000－2401－0015046　298.7/1(1)

皕宋樓藏書志一百二十卷　（清）陸心源編
清光緒八年(1882)萬卷樓刻本　四十冊

430000－2401－0015047　298.7/1(2)

皕宋樓藏書志一百二十卷　（清）陸心源編
清光緒八年(1882)萬卷樓刻本　三十冊

430000－2401－0015048　298.7/1(3)

皕宋樓藏書志一百二十卷　（清）陸心源編
清光緒八年(1882)萬卷樓刻本　三十二冊

430000－2401－0015049　298.7/1(4)

皕宋樓藏書志一百二十卷　（清）陸心源編
清光緒八年(1882)萬卷樓刻本　三十一冊

430000－2401－0015050　298.7/2

皕宋樓藏書志一百二十卷續志四卷　（清）陸
心源編　清光緒八年(1882)萬卷樓刻本　二
十冊

430000－2401－0015051　298.7/2(1)

皕宋樓藏書志一百二十卷續志四卷　（清）陸
心源編　清光緒八年(1882)萬卷樓刻本　二
十四冊　缺四卷(一至四)

430000－2401－0015052　298.1/22

皕宋樓藏書源流考一卷　（日本）島田彦楨撰
清光緒三十三年(1907)京師刻本　一冊

430000－2401－0015053　298.3/18

儀顧堂題跋十六卷續跋十六卷　（清）陸心源
撰　清光緒十六年(1890)刻本　八冊

430000－2401－0015054　298.3/18(1)

儀顧堂題跋十六卷續跋十六卷　（清）陸心源
撰　清光緒十六年(1890)刻本　八冊

430000－2401－0015055　298.3/18－3

儀顧堂題跋十六卷續跋十六卷　（清）陸心源
撰　清光緒十八年(1892)刻本　九冊　缺題
跋(一至八)

430000－2401－0015056　△294.3/41

士禮居藏書題跋記六卷續目一卷年譜二卷

(清)黃丕烈撰　清光緒十年(1884)潘氏滂喜齋印本　葉德輝批校并跋　六冊

430000－2401－0015057　298.3/31
楹書隅錄五卷續編四卷　(清)楊紹和撰　清光緒二十年(1894)海源閣刻本　八冊

430000－2401－0015058　298.3/31(1)
楹書隅錄五卷續編四卷　(清)楊紹和撰　清光緒二十年(1894)海源閣刻本　八冊

430000－2401－0015059　298.3/31(2)
楹書隅錄五卷續編四卷　(清)楊紹和撰　清光緒二十年(1894)海源閣刻本　八冊

430000－2401－0015060　298.3/31(3)
楹書隅錄五卷續編四卷　(清)楊紹和撰　清光緒二十年(1894)海源閣刻本　八冊

430000－2401－0015061　298.3/31(4)
楹書隅錄五卷續編四卷　(清)楊紹和撰　清光緒二十年(1894)海源閣刻本　四冊

430000－2401－0015062　298.7/25
華延年室題跋三卷　(清)傅以禮撰　清宣統元年(1909)鉛印本　二冊

430000－2401－0015063　298.3/7
花近樓叢書序跋記二卷　(清)管庭芬撰　清宣統三年(1911)國學扶輪社鉛印適園叢書本　一冊

430000－2401－0015064　298.7/45
書目提要初編六卷　(清)蔓陀蘿花館主人輯　清光緒二十四年(1898)刻本　一冊

430000－2401－0015065　298.7/46
經籍舉要一卷　(清)龍啟瑞撰　清光緒七年(1881)京師刻本　一冊

430000－2401－0015066　298.7/42
經籍舉要一卷附錄一卷　(清)龍啟瑞撰　(清)袁昶增訂　清光緒十九年(1893)中江講院刻本　一冊

430000－2401－0015067　298.7/42(1)
經籍舉要一卷附錄一卷　(清)龍啟瑞撰　(清)袁昶增訂　清光緒十九年(1893)中江講

院刻本　一冊

430000－2401－0015068　△294.3/39－2
讀書敏求記四卷　(清)錢曾撰　清乾隆十年(1745)沈尚傑雙桂草堂刻本　一冊

430000－2401－0015069　△294.3/39－3
讀書敏求記四卷　(清)錢曾撰　清乾隆十年(1745)沈尚傑雙桂草堂刻清乾隆六十年(1795)沈炎耆英堂重修本　葉德輝批校并跋　四冊

430000－2401－0015070　298.7/17
讀書敏求記四卷　(清)錢曾撰　清乾隆刻本　二冊

430000－2401－0015071　298.7/17(1)
讀書敏求記四卷　(清)錢曾撰　清乾隆刻本　二冊

430000－2401－0015072　△294.3/40
讀書敏求記四卷附補遺一卷　(清)錢曾撰　清道光五年(1825)阮福小琅嬛僊館刻本　葉德輝題識　二冊

430000－2401－0015073　△294.3/40－2
讀書敏求記四卷附補遺一卷　(清)錢曾撰　清道光五年(1825)阮福小琅嬛僊館刻本　清徐松書寫書皮　何紹基書寫書根　一冊

430000－2401－0015074　△294.3/39
讀書敏求記四卷　(清)錢曾撰　清席氏掃葉山房刻本　葉德輝批校并題識　二冊

430000－2401－0015075　△294.3/39－4
讀書敏求記四卷　(清)錢曾撰　清鈔本　二冊

430000－2401－0015076　298.7/34
江南製造局譯書提要二卷　(清)江南製造局審譯館編　清宣統元年(1909)鉛印本　一冊存一卷(一)

430000－2401－0015077　298.3/8
藝風藏書記八卷　繆荃孫撰　清光緒二十六年至二十七年(1900－1901)刻本　二冊

430000－2401－0015078　298.3/8(1)
藝風藏書記八卷　繆荃孫撰　清光緒二十六

年至二十七年(1900－1901)刻本　二冊

430000－2401－0015079　298.3/8(2)

藝風藏書記八卷　繆荃孫撰　清光緒二十六年至二十七年(1900－1901)刻本　一冊

430000－2401－0015080　298.3/8(3)

藝風藏書記八卷　繆荃孫撰　清光緒二十六年至二十七年(1900－1901)刻本　二冊

430000－2401－0015081　298.8/3－2

宋元本行格表二卷　(清)江標輯　清光緒二十三年(1897)湘中刻本　二冊

430000－2401－0015082　298.8/2－2

宋元舊本書經眼錄三卷附錄二卷　(清)莫友芝撰　清同治十二年(1873)刻影山草堂六種本　一冊

430000－2401－0015083　298.8/2－2(1)

宋元舊本書經眼錄三卷附錄二卷　(清)莫友芝撰　清同治十二年(1873)刻影山草堂六種本　一冊

430000－2401－0015084　298.8/2－2(2)

宋元舊本書經眼錄三卷附錄二卷　(清)莫友芝撰　清同治十二年(1873)刻影山草堂六種本　一冊

430000－2401－0015085　298.8/2－2(3)

宋元舊本書經眼錄三卷附錄二卷　(清)莫友芝撰　清同治十二年(1873)刻影山草堂六種本　一冊

430000－2401－0015086　298.8/2－2(4)

宋元舊本書經眼錄三卷附錄二卷　(清)莫友芝撰　清同治十二年(1873)刻影山草堂六種本　一冊

430000－2401－0015087　298.8/2－2(5)

宋元舊本書經眼錄三卷附錄二卷　(清)莫友芝撰　清同治十二年(1873)刻影山草堂六種本　一冊

430000－2401－0015088　298.8/2

宋元舊本書經眼錄三卷附錄二卷　(清)莫友芝撰　清光緒十年(1884)還讀樓刻本　二冊

430000－2401－0015089　298.8/5

留真譜初編不分卷　楊守敬輯　清光緒二十七年(1901)宜都楊氏刻本　十二冊

430000－2401－0015090　298.8/5(1)

留真譜初編不分卷　楊守敬輯　清光緒二十七年(1901)宜都楊氏刻本　三冊

430000－2401－0015091　298.8/5(2)

留真譜初編不分卷　楊守敬輯　清光緒二十七年(1901)宜都楊氏刻本　十二冊

430000－2401－0015092　298.8/5(3)

留真譜初編不分卷　楊守敬輯　清光緒二十七年(1901)宜都楊氏刻本　十二冊

430000－2401－0015093　298.8/5(4)

留真譜初編不分卷　楊守敬輯　清光緒二十七年(1901)宜都楊氏刻本　六冊

430000－2401－0015094　298.8/5(5)

留真譜初編不分卷　楊守敬輯　清光緒二十七年(1901)宜都楊氏刻本　十二冊

430000－2401－0015095　298.8/9

欽定武英殿聚珍版程式一卷　(清)金簡撰　清刻武英殿聚珍版書本　一冊

430000－2401－0015096　298.8/9(1)

欽定武英殿聚珍版程式一卷　(清)金簡撰　清刻武英殿聚珍版書本　一冊

430000－2401－0015097　298.8/9(2)

欽定武英殿聚珍版程式一卷　(清)金簡撰　清刻武英殿聚珍版書本　一冊

430000－2401－0015098　298.92/89

福建省重刻武英殿聚珍版書目　(清)潘霨編　清同治十年(1871)刻本　一冊

430000－2401－0015099　298.92/132

武英殿聚珍版全書目錄　清光緒二十五年(1899)廣雅書局刻本　一冊

430000－2401－0015100　298.3/57

潛采堂書目四種　(清)朱彝尊撰　清宣統元年(1909)番禺沈氏刻晨風閣叢書本　一冊

430000－2401－0015101　298.92/32

西學書目表三卷附一卷讀西學書法一卷　梁啟超撰　清光緒二十三年(1897)新化陳氏三味堂刻本　一冊

430000－2401－0015102　298.92/32(1)

西學書目表三卷附一卷讀西學書法一卷　梁啟超撰　清光緒二十三年(1897)新化陳氏三味堂刻本　一冊

430000－2401－0015103　298.92/32(2)

西學書目表三卷附一卷讀西學書法一卷　梁啟超撰　清光緒二十三年(1897)新化陳氏三味堂刻本　一冊

430000－2401－0015104　298.92/32－2

西學書目表三卷附一卷讀西學書法一卷　梁啟超撰　清光緒時務報館鉛印本　一冊

430000－2401－0015105　298.92/34

國朝未刊遺書志略一卷　(清)朱記榮撰　清光緒十八年(1892)徐氏觀自得齋刻本　一冊

430000－2401－0015106　298.92/33

國朝著述未刊書目一卷　鄭文焯撰　清光緒十四年(1888)蘇州書局刻本　一冊

430000－2401－0015107　298.92/33(1)

國朝著述未刊書目一卷　鄭文焯撰　清光緒十四年(1888)蘇州書局刻本　一冊

430000－2401－0015108　298.92/46

暫定各學堂應用書目一卷　清光緒二十八年(1902)京師大學堂刻本　一冊

430000－2401－0015109　298.92/46(1)

暫定各學堂應用書目一卷　清光緒二十八年(1902)京師大學堂刻本　一冊

430000－2401－0015110　298.92/69

江南機器製造總局書目一卷　(清)上海製造總局翻譯書館編　清光緒二十四年(1898)刻本　一冊

430000－2401－0015111　298.92/61

江南書局書目一卷　(清)江南書局編　清光緒十六年(1890)刻本　一冊

430000－2401－0015112　298.92/128

江蘇書局書目一卷　(清)江蘇書局編　清光緒十九年(1893)刻本　一冊

430000－2401－0015113　298.92/41－2

廣雅書局書目一卷　(清)廣雅書局編　清光緒刻本　一冊

430000－2401－0015114　298.92/41

廣東廣雅書局書目一卷　(清)廣雅書局編　清光緒刻本　一冊

430000－2401－0015115　298.92/127

熔經鑄史齋印行書目　(清)熔經鑄史齋編　清光緒十七年(1891)廣該書坊木活字印本　一冊

430000－2401－0015116　299/89

西史匯函　清光緒二十二年至二十三年(1896－1897)湖南新學書局刻本　十六冊

430000－2401－0015117　299/17

萬國歷史彙編一百卷　(清)江子雲等輯　清光緒二十九年(1903)上海官書局石印本　十六冊

430000－2401－0015118　299/91

西史綱目二十卷　(清)周維翰撰　清光緒二十七年(1901)石印本　十冊

430000－2401－0015119　299/91(1)

西史綱目二十卷　(清)周維翰撰　清光緒二十七年(1901)石印本　十冊

430000－2401－0015120　299/91(2)

西史綱目二十卷　(清)周維翰撰　清光緒二十七年(1901)石印本　四冊

430000－2401－0015121　299/91(3)

西史綱目二十卷　(清)周維翰撰　清光緒二十七年(1901)石印本　十冊

430000－2401－0015122　299/176

西政犖要六卷　(清)姜炳奎編輯　清光緒二十九年(1903)石印本　六冊

430000－2401－0015123　299/107

各國政治藝學通考　(清)陳輔相　(清)朱大

文輯　清光緒二十八年（1902）上海經濟書社鉛印本　四冊

430000－2401－0015124　299/107（1）

各國政治藝學通考　（清）陳輔相　（清）朱大文輯　清光緒二十八年（1902）上海經濟書社鉛印本　二冊　存四卷（一至二、九至十）

430000－2401－0015125　299/136

海外紀事前編十一卷　（清）張坤德等譯　清光緒刻本　五冊

430000－2401－0015126　299/136（1）

海外紀事前編十一卷　（清）張坤德等譯　清光緒刻本　一冊　存二卷（三至四）

430000－2401－0015127　299/136（2）

海外紀事前編十一卷　（清）張坤德等譯　清光緒刻本　一冊　存一卷（三）

430000－2401－0015128　299/55

萬國密號旗公簿　舒高第口譯　趙詒琛（清）沈陶璋筆述　清光緒三十二年（1906）鉛印本　十冊

430000－2401－0015129　299/178

萬國近政考略十六卷　（清）鄒弢編　清光緒二十二年（1896）三借廬鉛印本　二冊

430000－2401－0015130　299/38

最新萬國政鑒五編五十一卷　（清）趙天擇（清）王慕陶編輯　清光緒二十九年（1903）上海國民叢書社鉛印本　四冊

430000－2401－0015131　299/177

東方時局論略一卷　（清）鄧堅撰　清光緒十五年（1889）鉛印本　一冊

430000－2401－0015132　299/105－2

五洲各國政治考八卷　（清）錢恂撰　清光緒二十七年（1901）石印本　六冊

430000－2401－0015133　299/105－2（1）

五洲各國政治考八卷　（清）錢恂撰　清光緒二十七年（1901）石印本　合訂三冊

430000－2401－0015134　299/105－2（2）

五洲各國政治考八卷　（清）錢恂撰　清光緒

二十七年（1901）石印本　五冊　缺一卷（七）

430000－2401－0015135　299/105－3

五洲各國政治考八卷　（清）錢恂撰　清光緒二十八年（1902）古餘書局刻本　五冊

430000－2401－0015136　299/105－3（1）

五洲各國政治考八卷　（清）錢恂撰　清光緒二十八年（1902）古餘書局刻本　四冊　缺二卷（六至八）

430000－2401－0015137　299/105

五洲各國政治考十卷　（清）錢恂撰　清光緒二十八年（1902）長沙刻本　十冊

430000－2401－0015138　299/105（1）

五洲各國政治考十卷　（清）錢恂撰　清光緒二十八年（1902）長沙刻本　十冊

430000－2401－0015139　299/22

列國政要一百三十二卷首一卷　（清）戴鴻慈（清）端方輯　清光緒三十三年（1907）上海商務印書館石印本　三十二冊

430000－2401－0015140　299/22（1）

列國政要一百三十二卷首一卷　（清）戴鴻慈（清）端方輯　清光緒三十三年（1907）上海商務印書館石印本　三十二冊

430000－2401－0015141　299/22（2）

列國政要一百三十二卷首一卷　（清）戴鴻慈（清）端方輯　清光緒三十三年（1907）上海商務印書館石印本　三十二冊

430000－2401－0015142　299/22（3）

列國政要一百三十二卷首一卷　（清）戴鴻慈（清）端方輯　清光緒三十三年（1907）上海商務印書館石印本　三十二冊

430000－2401－0015143　299/22（4）

列國政要一百三十二卷首一卷　（清）戴鴻慈（清）端方輯　清光緒三十三年（1907）上海商務印書館石印本　三十二冊

430000－2401－0015144　299/22（5）

列國政要一百三十二卷首一卷　（清）戴鴻慈（清）端方輯　清光緒三十三年（1907）上海

商務印書館石印本　三十二冊

430000 – 2401 – 0015145　299/22(6)

列國政要一百三十二卷首一卷　(清)戴鴻慈
　(清)端方輯　清光緒三十三年(1907)上海
　商務印書館石印本　二十七冊　缺十五卷
　(二十六至二十七、五十六至五十九、八十六
　至九十四)

430000 – 2401 – 0015146　299/160

世界歷史一卷　晏彪　廖宇春撰　清光緒三
　十四年(1908)甘肅官書局鉛印本　一冊

430000 – 2401 – 0015147　299/88

**西國近事彙編:同治癸酉至光緒辛巳三十六
　卷**　(美國)金楷理　(美國)林樂知口譯
　(清)姚棻　(清)蔡錫齡筆述　清光緒二十三
　年(1897)上海慎記書局石印本　十二冊

430000 – 2401 – 0015148　299/142

**續西國近事彙編:同治癸酉至光緒丁酉二十
　八卷**　(清)鄭昌棪等編　清光緒鉛印本　十
　六冊　缺九卷(一至九)

430000 – 2401 – 0015149　299/61

西國近事彙編:同治癸酉四卷　(美國)金楷
　理口譯　(清)姚棻筆述　清光緒刻本　四冊

430000 – 2401 – 0015150　299/61(1)

西國近事彙編:同治癸酉四卷　(美國)金楷
　理口譯　(清)姚棻筆述　清光緒刻本　四冊

430000 – 2401 – 0015151　299/61(2)

西國近事彙編:同治癸酉四卷　(美國)金楷
　理口譯　(清)姚棻筆述　清光緒刻本　四冊

430000 – 2401 – 0015152　299/62

西國近事彙編:同治甲戌四卷　(美國)金楷
　理口譯　(清)姚棻筆述　清光緒刻本　四冊

430000 – 2401 – 0015153　299/62(1)

西國近事彙編:同治甲戌四卷　(美國)金楷
　理口譯　(清)姚棻筆述　清光緒刻本　四冊

430000 – 2401 – 0015154　299/62(2)

西國近事彙編:同治甲戌四卷　(美國)金楷
　理口譯　(清)姚棻筆述　清光緒刻本　四冊

430000 – 2401 – 0015155　299/62(3)

西國近事彙編:同治甲戌四卷　(美國)金楷
　理口譯　(清)姚棻筆述　清光緒刻本　四冊

430000 – 2401 – 0015156　299/63

西國近事彙編:光緒乙亥四卷　(美國)金楷
　理口譯　(清)姚棻筆述　清光緒刻本　四冊

430000 – 2401 – 0015157　299/63(1)

西國近事彙編:光緒乙亥四卷　(美國)金楷
　理口譯　(清)姚棻筆述　清光緒刻本　四冊

430000 – 2401 – 0015158　299/63(2)

西國近事彙編:光緒乙亥四卷　(美國)金楷
　理口譯　(清)姚棻筆述　清光緒刻本　四冊

430000 – 2401 – 0015159　299/63(3)

西國近事彙編:光緒乙亥四卷　(美國)金楷
　理口譯　(清)姚棻筆述　清光緒刻本　一冊
　　存二卷(三至四)

430000 – 2401 – 0015160　299/64

西國近事彙編:光緒丙子四卷　(美國)金楷
　理口譯　(清)蔡錫齡筆述　清光緒二年
　(1876)上海機器製造局鉛印本　四冊

430000 – 2401 – 0015161　299/64(1)

西國近事彙編:光緒丙子四卷　(美國)金楷
　理口譯　(清)蔡錫齡筆述　清光緒二年
　(1876)上海機器製造局鉛印本　四冊

430000 – 2401 – 0015162　299/64(2)

西國近事彙編:光緒丙子四卷　(美國)金楷
　理口譯　(清)蔡錫齡筆述　清光緒二年
　(1876)上海機器製造局鉛印本　四冊

430000 – 2401 – 0015163　299/64(3)

西國近事彙編:光緒丙子四卷　(美國)金楷
　理口譯　(清)蔡錫齡筆述　清光緒二年
　(1876)上海機器製造局鉛印本　四冊

430000 – 2401 – 0015164　299/65

西國近事彙編:光緒丁丑四卷　(美國)金楷
　理口譯　(清)蔡錫齡筆述　清光緒三年
　(1877)上海機器製造局鉛印本　四冊

430000 – 2401 – 0015165　299/65(1)

西國近事彙編:光緒丁丑四卷　（美國）金楷
理口譯　（清）蔡錫齡筆述　清光緒三年
(1877)上海機器製造局鉛印本　四冊

430000－2401－0015166　299/65(2)
西國近事彙編:光緒丁丑四卷　（美國）金楷
理口譯　（清）蔡錫齡筆述　清光緒三年
(1877)上海機器製造局鉛印本　四冊

430000－2401－0015167　299/65(3)
西國近事彙編:光緒丁丑四卷　（美國）金楷
理口譯　（清）蔡錫齡筆述　清光緒三年
(1877)上海機器製造局鉛印本　四冊

430000－2401－0015168　299/65(4)
西國近事彙編:光緒丁丑四卷　（美國）金楷
理口譯　（清）蔡錫齡筆述　清光緒三年
(1877)上海機器製造局鉛印本　四冊

430000－2401－0015169　299/66
西國近事彙編:光緒戊寅四卷　（美國）林樂
知口譯　（清）蔡錫齡筆述　清光緒四年
(1878)上海機器製造局鉛印本　四冊

430000－2401－0015170　299/66(1)
西國近事彙編:光緒戊寅四卷　（美國）林樂
知口譯　（清）蔡錫齡筆述　清光緒四年
(1878)上海機器製造局鉛印本　四冊

430000－2401－0015171　299/66(2)
西國近事彙編:光緒戊寅四卷　（美國）林樂
知口譯　（清）蔡錫齡筆述　清光緒四年
(1878)上海機器製造局鉛印本　四冊

430000－2401－0015172　299/66(3)
西國近事彙編:光緒戊寅四卷　（美國）林樂
知口譯　（清）蔡錫齡筆述　清光緒四年
(1878)上海機器製造局鉛印本　三冊　缺一
卷(二)

430000－2401－0015173　299/67
西國近事彙編:光緒己卯四卷　（美國）林樂
知口譯　（清）蔡錫齡筆述　清光緒五年
(1879)上海機器製造局鉛印本　四冊

430000－2401－0015174　299/67(1)

西國近事彙編:光緒己卯四卷　（美國）林樂
知口譯　（清）蔡錫齡筆述　清光緒五年
(1879)上海機器製造局鉛印本　四冊

430000－2401－0015175　299/67(2)
西國近事彙編:光緒己卯四卷　（美國）林樂
知口譯　（清）蔡錫齡筆述　清光緒五年
(1879)上海機器製造局鉛印本　三冊　缺一
卷(四)

430000－2401－0015176　299/68
西國近事彙編:光緒庚辰四卷　（美國）林樂
知口譯　（清）蔡錫齡筆述　清光緒六年
(1880)上海機器製造局鉛印本　四冊

430000－2401－0015177　299/68(1)
西國近事彙編:光緒庚辰四卷　（美國）林樂
知口譯　（清）蔡錫齡筆述　清光緒六年
(1880)上海機器製造局鉛印本　四冊

430000－2401－0015178　299/68(2)
西國近事彙編:光緒庚辰四卷　（美國）林樂
知口譯　（清）蔡錫齡筆述　清光緒六年
(1880)上海機器製造局鉛印本　四冊

430000－2401－0015179　299/68(3)
西國近事彙編:光緒庚辰四卷　（美國）林樂
知口譯　（清）蔡錫齡筆述　清光緒六年
(1880)上海機器製造局鉛印本　四冊

430000－2401－0015180　299/69
西國近事彙編:光緒辛巳四卷　（美國）林樂
知口譯　（清）蔡錫齡筆述　清光緒七年
(1881)上海機器製造局鉛印本　四冊

430000－2401－0015181　299/69(1)
西國近事彙編:光緒辛巳四卷　（美國）林樂
知口譯　（清）蔡錫齡筆述　清光緒七年
(1881)上海機器製造局鉛印本　四冊

430000－2401－0015182　299/69(2)
西國近事彙編:光緒辛巳四卷　（美國）林樂
知口譯　（清）蔡錫齡筆述　清光緒七年
(1881)上海機器製造局鉛印本　四冊

430000－2401－0015183　299/69(3)

西國近事彙編:光緒辛巳四卷　（美國）林樂
知口譯　（清）蔡錫齡筆述　清光緒七年
(1881)上海機器製造局鉛印本　四冊

430000－2401－0015184　299/70

西國近事彙編:光緒壬午四卷　（清）鍾天緯
編　清光緒八年(1882)上海機器製造局鉛印
本　四冊

430000－2401－0015185　299/71

西國近事彙編:光緒癸未四卷　（清）鍾天緯
編　清光緒九年(1883)上海機器製造局鉛印
本　四冊

430000－2401－0015186　299/72

西國近事彙編:光緒甲申四卷　（清）鍾天緯
編　清光緒十年(1884)上海機器製造局鉛印
本　四冊

430000－2401－0015187　299/73

西國近事彙編:光緒乙酉四卷　（清）鄭昌棪
編　清光緒十一年(1885)上海機器製造局鉛
印本　四冊

430000－2401－0015188　299/74

西國近事彙編:光緒丙戌四卷　（清）鄭昌棪
編　清光緒十二年(1886)上海機器製造局鉛
印本　四冊

430000－2401－0015189　299/75

西國近事彙編:光緒丁亥四卷　（清）李嶽蘅
編　清光緒十三年(1887)上海機器製造局鉛
印本　四冊

430000－2401－0015190　299/76

西國近事彙編:光緒戊子四卷　（清）李嶽蘅
編　清光緒十四年(1888)上海機器製造局鉛
印本　四冊

430000－2401－0015191　299/77

西國近事彙編:光緒己丑四卷　（清）李嶽蘅
編　清光緒十五年(1889)上海機器製造局鉛
印本　四冊

430000－2401－0015192　299/78

西國近事彙編:光緒庚寅四卷　（清）張通煜

編　清光緒十六年(1890)上海機器製造局鉛
印本　四冊

430000－2401－0015193　299/79

西國近事彙編:光緒辛卯四卷　（清）蔡祚來
編　清光緒十七年(1891)上海機器製造局鉛
印本　四冊

430000－2401－0015194　299/80

西國近事彙編:光緒壬辰四卷　（清）蔡祚來
編　清光緒十八年(1892)上海機器製造局鉛
印本　四冊

430000－2401－0015195　299/81

西國近事彙編:光緒癸巳四卷　（清）蔡祚來
編　清光緒十九年(1893)上海機器製造局鉛
印本　四冊

430000－2401－0015196　299/82

西國近事彙編:光緒甲午四卷　（清）王汝駟
編　清光緒二十年(1894)上海機器製造局鉛
印本　四冊

430000－2401－0015197　299/83

西國近事彙編:光緒乙未四卷　（清）王汝駟
編　清光緒二十一年(1895)上海機器製造局
鉛印本　四冊

430000－2401－0015198　299/84

西國近事彙編:光緒丙申四卷　（清）王汝駟
編　清光緒二十二年(1896)上海機器製造局
鉛印本　四冊

430000－2401－0015199　299/85

西國近事彙編:光緒丁酉四卷　（清）鳳儀譯
　（清）汪振聲編　清光緒二十三年(1897)上
海機器製造局鉛印本　四冊

430000－2401－0015200　299/86

西國近事彙編:光緒戊戌四卷　（清）楊召芬
譯　（清）汪振聲編　清光緒二十四年(1898)
上海機器製造局鉛印本　四冊

430000－2401－0015201　299/87

西國近事彙編:光緒己亥四卷　（清）范熙庸
編　清光緒二十五年(1899)上海機器製造局

鉛印本　四冊

430000－2401－0015202　299/52

西洋史要四卷　（日本）小川銀次郎撰　（清）
樊炳清　（清）薩端譯　清光緒鉛印本　二冊

430000－2401－0015203　299/118

歐美政體通覽　（日本）上野貞吉撰　（清）出
洋學生編輯所譯　清光緒二十八年（1902）上
海商務印書館鉛印本　一冊

430000－2401－0015204　299/50

世界近世史二卷　（日本）松平康國撰　梁啟
勛譯　清光緒二十八年（1902）上海廣智書局
鉛印本　二冊

430000－2401－0015205　299/12

萬國總說三卷　（日本）岡本監輔撰　清光緒
十年（1884）敬懷書屋刻本　二冊

430000－2401－0015206　299/18－2

萬國史記二十卷　（日本）岡本監輔撰　清光
緒二十三年（1897）上海六先書局鉛印本　七
冊　存十七卷（一至二、六至二十）

430000－2401－0015207　299/18－3

萬國史記二十卷首一卷　（日本）岡本監輔撰
清光緒二十四年（1898）上海著易堂石印本
一冊　存七卷（一至六、首一卷）

430000－2401－0015208　299/18

萬國史記二十卷　（日本）岡本監輔撰　清光
緒上海申報館鉛印本　八冊

430000－2401－0015209　299/18（1）

萬國史記二十卷　（日本）岡本監輔撰　清光
緒上海申報館鉛印本　八冊

430000－2401－0015210　299/18（2）

萬國史記二十卷　（日本）岡本監輔撰　清光緒
上海申報館鉛印本　七冊　缺二卷（三至四）

430000－2401－0015211　299/18－4

萬國史記二十卷　（日本）岡本監輔撰　清光
緒石印本　三冊　存六卷（三至六、十一至十
二）

430000－2401－0015212　299/47

萬國通典輯要四卷　（日本）岡本監輔撰　清
光緒二十八年（1902）攻愧軒石印本　二冊

430000－2401－0015213　299/174

萬國史綱八卷　（日本）重野安繹著　日本明
治三十五年（1902）東京勸學會鉛印本　八冊

430000－2401－0015214　299/174（1）

萬國史綱八卷　（日本）重野安繹著　日本明
治三十五年（1902）東京勸學會鉛印本　八冊

430000－2401－0015215　299/174（2）

萬國史綱八卷　（日本）重野安繹著　日本明
治三十五年（1902）東京勸學會鉛印本　八冊

430000－2401－0015216　299/174（3）

萬國史綱八卷　（日本）重野安繹著　日本明
治三十五年（1902）東京勸學會鉛印本　八冊

430000－2401－0015217　299/173

外國地理講義三卷　（日本）堀田璋左右撰
曹典球譯　清光緒三十三年（1907）思賢書局
刻本　五冊

430000－2401－0015218　299/173（1）

外國地理講義三卷　（日本）堀田璋左右撰
曹典球譯　清光緒三十三年（1907）思賢書局
刻本　五冊

430000－2401－0015219　299/173（2）

外國地理講義三卷　（日本）堀田璋左右撰
曹典球譯　清光緒三十三年（1907）思賢書局
刻本　四冊　缺卷下一

430000－2401－0015220　299/43

拔斯通史不分卷　（美國）拔斯撰　（清）劉勁
（清）鄧雲鵬譯　清宣統元年（1909）長沙鉛
印本　一冊

430000－2401－0015221　299/43（1）

拔斯通史不分卷　（美國）拔斯撰　（清）劉勁
（清）鄧雲鵬譯　清宣統元年（1909）長沙鉛
印本　一冊

430000－2401－0015222　299/43（2）

拔斯通史不分卷　（美國）拔斯撰　（清）劉勁
（清）鄧雲鵬譯　清宣統元年（1909）長沙鉛

印本　一冊

430000－2401－0015223　299/156
全地五大洲女俗通考十集二十二卷　（美國）
林樂知輯譯　（清）任保羅譯述　清光緒二十
九年（1903）上海美華書局鉛印本　二十一冊

430000－2401－0015224　299/156（1）
全地五大洲女俗通考十集二十二卷　（美國）
林樂知輯譯　（清）任保羅譯述　清光緒二十
九年（1903）上海美華書局鉛印本　十三冊
缺八卷（一集上、二集上、四集上、六集中下、
七集上下、十集下）

430000－2401－0015225　299/156（2）
全地五大洲女俗通考十集二十二卷　（美國）
林樂知輯譯　（清）任保羅譯述　清光緒二十
九年（1903）上海美華書局鉛印本　六冊　存
七卷（一集上、二集中下、三集上、六集下、九
集下、首一卷）

430000－2401－0015226　299/60－2
埏紘外乘二十五卷補遺一卷　（清）林樂知
（清）嚴良勛譯　清末鈔本　一冊　存三卷
（俄世家三卷）

430000－2401－0015227　299/60
埏紘外乘二十五卷補遺一卷　（清）林樂知
（清）嚴良勛譯　清光緒二十七年（1901）上海
製造局刻本　八冊

430000－2401－0015228　299/179
萬國史略六卷　（美國）彼德巴利撰　（清）陳
壽彭譯　清光緒三十二年（1906）金陵江楚編
譯官書局石印本　四冊

430000－2401－0015229　299/180
萬國通鑑四卷　（美國）謝衛樓著　（清）趙如
光譯　清光緒八年（1882）刻本　五冊

430000－2401－0015230　299/180（1）
萬國通鑑四卷　（美國）謝衛樓著　（清）趙如
光譯　清光緒八年（1882）刻本　五冊

430000－2401－0015231　299/180（2）
萬國通鑑四卷　（美國）謝衛樓著　（清）趙如

光譯　清光緒八年（1882）刻本　五冊

430000－2401－0015232　299/180（3）
萬國通鑑四卷　（美國）謝衛樓著　（清）趙如
光譯　清光緒八年（1882）刻本　四冊　缺一
卷（一）

430000－2401－0015233　299/180（4）
萬國通鑑四卷　（美國）謝衛樓著　（清）趙如
光譯　清光緒八年（1882）刻本　二冊　缺三
卷（一至三）

430000－2401－0015234　299/167
列國變通興盛記四卷　（英國）李提摩太撰
清光緒二十年（1894）刻本　一冊

430000－2401－0015235　299/169
五洲教案紀略五卷　（英國）李提摩太撰
（清）林朝圻譯　清光緒二十七年（1901）上海
廣學會鉛印本　一冊

430000－2401－0015236　299/90
一八九八年之西美戰史　（法國）勃利德撰
（清）李景鎬譯　清光緒三十年（1904）江南機
器製造總局鉛印本　二冊

430000－2401－0015237　299/90（1）
一八九八年之西美戰史　（法國）勃利德撰
（清）李景鎬譯　清光緒三十年（1904）江南機
器製造總局鉛印本　二冊

430000－2401－0015238　299/95－2
英俄印度交涉書一卷續編一卷　（英國）馬文
撰　（英國）羅亨利　（清）瞿昂來譯　清光緒
二十二年（1896）刻儲英館叢刻本　一冊

430000－2401－0015239　299/95
英俄印度交涉書一卷續編一卷　（英國）馬文
撰　（英國）羅亨利　（清）瞿昂來譯　清光緒
江南製造總局刻本　一冊

430000－2401－0015240　299/95（1）
英俄印度交涉書一卷續編一卷　（英國）馬文
撰　（英國）羅亨利　（清）瞿昂來譯　清光緒
江南製造總局刻本　一冊

430000－2401－0015241　299/95（2）

英俄印度交涉書一卷續編一卷　（英國）馬文撰　（英國）羅亨利　（清）瞿昂來譯　清光緒江南製造總局刻本　一冊

430000－2401－0015242　299/95（3）

英俄印度交涉書一卷續編一卷　（英國）馬文撰　（英國）羅亨利　（清）瞿昂來譯　清光緒江南製造總局刻本　一冊

430000－2401－0015243　299/158

列國歲計政要十二卷首一卷　（英國）麥丁富得力撰　（美國）林樂知口譯　（清）鄭昌棪筆述　清光緒江南製造總局刻本　六冊

430000－2401－0015244　299/158（1）

列國歲計政要十二卷首一卷　（英國）麥丁富得力撰　（美國）林樂知口譯　（清）鄭昌棪筆述　清光緒江南製造總局刻本　六冊

430000－2401－0015245　299/170

海國大政記八卷　（英國）麥丁富得力撰　（美國）林樂知口譯　（清）鄭昌棪筆述　清光緒鉛印本　一冊　存四卷（五至八）

430000－2401－0015246　299/13－3

歐洲東方交涉記十二卷　（英國）麥高爾輯　清光緒六年（1880）石印富强叢書本　一冊

430000－2401－0015247　299/13

歐洲東方交涉記十二卷　（英國）麥高爾撰　（美國）林樂知　（清）瞿昂來譯　清刻本　二冊

430000－2401－0015248　299/13（1）

歐洲東方交涉記十二卷　（英國）麥高爾撰　（美國）林樂知　（清）瞿昂來譯　清刻本　二冊

430000－2401－0015249　299/13－2

歐洲東方交涉記十二卷　（英國）麥高爾撰　（美國）林樂知　（清）瞿昂來譯　清光緒二十二年（1896）儲英館刻本　一冊

430000－2401－0015250　299/13－2（1）

歐洲東方交涉記十二卷　（英國）麥高爾撰　（美國）林樂知　（清）瞿昂來譯　清光緒二十

二年（1896）儲英館刻本　一冊

430000－2401－0015251　299/13－2（2）

歐洲東方交涉記十二卷　（英國）麥高爾撰　（美國）林樂知　（清）瞿昂來譯　清光緒二十二年（1896）儲英館刻本　一冊　存五卷（一至五）

430000－2401－0015252　299/159

歐洲東方交涉記十二卷　（英國）麥高爾撰　（美國）林樂知　（清）瞿昂來譯　清光緒江南製造總局刻本　二冊

430000－2401－0015253　299/9

新譯列國歲計政要不分卷　（清）傅運森　張相文譯　（清）白作霖校　清光緒二十七年（1901）海上譯社鉛印本　四冊

430000－2401－0015254　299/9（1）

新譯列國歲計政要不分卷　（清）傅運森　張相文譯　（清）白作霖校　清光緒二十七年（1901）海上譯社鉛印本　八冊

430000－2401－0015255　299/9（2）

新譯列國歲計政要不分卷　（清）傅運森　張相文譯　（清）白作霖校　清光緒二十七年（1901）海上譯社鉛印本　十二冊

430000－2401－0015256　299/168

萬國通史前編十卷　（英國）李思倫白輯譯　（清）蔡爾康紀述　清光緒二十六年（1900）上海廣學會鉛印本　十冊

430000－2401－0015257　299/168（1）

萬國通史前編十卷　（英國）李思倫白輯譯　（清）蔡爾康紀述　清光緒二十六年（1900）上海廣學會鉛印本　十冊

430000－2401－0015258　299/119

萬國通商史一卷　（英國）瑣米爾士撰　（日本）經濟雜志社譯　（日本）古誠貞吉重譯　清光緒南洋公學譯書院鉛印本　一冊

430000－2401－0015259　299/119（1）

萬國通商史一卷　（英國）瑣米爾士撰　（日本）經濟雜志社譯　（日本）古誠貞吉重譯

清光緒南洋公學譯書院鉛印本　一冊

430000－2401－0015260　299/14

萬國國力比較二十三卷比較表一卷附錄一卷
（英國）默爾化撰　（清）出洋學生編譯所譯
清光緒二十八年（1902）上海商務印書館鉛
印政學叢書本　六冊

430000－2401－0015261　299/14（1）

萬國國力比較二十三卷比較表一卷附錄一卷
（英國）默爾化撰　（清）出洋學生編譯所譯
清光緒二十八年（1902）上海商務印書館鉛
印政學叢書本　三冊　存九卷（一至九）

430000－2401－0015262　299/144

西洋歷史教科書　（英國）默爾化撰　（清）出
洋學生編輯所譯　清光緒三十二年（1906）上
海商務印書館鉛印本　二冊

430000－2401－0015263　299/25

泰西新史攬要二十四卷　（英國）馬墾西撰
（英國）李提摩太譯　（清）蔡爾康述稿　清光
緒二十一年（1895）上海美華書館鉛印本
八冊

430000－2401－0015264　299/25（1）

泰西新史攬要二十四卷　（英國）馬墾西撰
（英國）李提摩太譯　（清）蔡爾康述稿　清光
緒二十一年（1895）上海美華書館鉛印本
八冊

430000－2401－0015265　299/25（2）

泰西新史攬要二十四卷　（英國）馬墾西撰
（英國）李提摩太譯　（清）蔡爾康述稿　清光
緒二十一年（1895）上海美華書館鉛印本
八冊

430000－2401－0015266　299/25－3

泰西新史攬要二十四卷　（英國）馬墾西撰
（英國）李提摩太譯　（清）蔡爾康述稿　清光
緒二十二年（1896）三昧堂刻本　八冊

430000－2401－0015267　299/25－3（1）

泰西新史攬要二十四卷　（英國）馬墾西撰
（英國）李提摩太譯　（清）蔡爾康述稿　清光
緒二十二年（1896）三昧堂刻本　八冊

430000－2401－0015268　299/25－3（2）

泰西新史攬要二十四卷　（英國）馬墾西撰
（英國）李提摩太譯　（清）蔡爾康述稿　清光
緒二十二年（1896）三昧堂刻本　八冊

430000－2401－0015269　299/25－3（3）

泰西新史攬要二十四卷　（英國）馬墾西撰
（英國）李提摩太譯　（清）蔡爾康述稿　清光
緒二十二年（1896）三昧堂刻本　八冊

430000－2401－0015270　299/25－3（4）

泰西新史攬要二十四卷　（英國）馬墾西撰
（英國）李提摩太譯　（清）蔡爾康述稿　清光
緒二十二年（1896）三昧堂刻本　八冊

430000－2401－0015271　299/25－3（5）

泰西新史攬要二十四卷　（英國）馬墾西撰
（英國）李提摩太譯　（清）蔡爾康述稿　清光
緒二十二年（1896）三昧堂刻本　八冊

430000－2401－0015272　299/25－2

泰西新史攬要二十四卷　（英國）馬墾西撰
（英國）李提摩太譯　（清）蔡爾康述稿　清光
緒二十三年（1897）上海六賢刻本　八冊

430000－2401－0015273　299/25－4

泰西新史攬要八卷　（英國）馬墾西撰　（英
國）李提摩太譯　（清）蔡爾康述稿　清光緒
二十八年（1902）南洋書局石印本　二冊

430000－2401－0015274　299/24

泰西十八國史攬要十八卷　（英國）雅各偉德
撰　（英國）季理斐譯　（清）李鼎星述稿　清
光緒二十七年（1901）上海商務印書館鉛印本
六冊

430000－2401－0015275　299/24（1）

泰西十八國史攬要十八卷　（英國）雅各偉德
撰　（英國）季理斐譯　（清）李鼎星述稿　清
光緒二十七年（1901）上海商務印書館鉛印本
五冊

430000－2401－0015276　299/148

泰西民族文明史　（法國）賽奴巴撰　（日本）
野澤武之助譯　（清）沈是中　（清）俞子彝重
譯　清光緒二十九年（1903）上海商務印書館

鉛印本　一冊

430000－2401－0015277　299/138

日俄戰紀一卷時評一卷　壽永康編　任衣洲
譯　清宣統石印本　一冊

430000－2401－0015278　299/116

俄土戰紀六卷附錄一卷　湯睿譯　清光緒上
海大同譯書局石印戰紀叢書本　二冊

430000－2401－0015279　299/116－2

俄土戰紀六卷附錄一卷　湯睿譯　清光緒上
海大同譯書局刻戰紀叢書本　一冊

430000－2401－0015280　299/116－2(1)

俄土戰紀六卷附錄一卷　湯睿譯　清光緒上
海大同譯書局刻戰紀叢書本　一冊

430000－2401－0015281　299/116－2(2)

俄土戰紀六卷附錄一卷　湯睿譯　清光緒上
海大同譯書局刻戰紀叢書本　一冊

430000－2401－0015282　299/116－2(3)

俄土戰紀六卷附錄一卷　湯睿譯　清光緒上
海大同譯書局刻戰紀叢書本　一冊

430000－2401－0015283　299/116－2(4)

俄土戰紀六卷附錄一卷　湯睿譯　清光緒上
海大同譯書局刻戰紀叢書本　一冊

430000－2401－0015284　△291.7/8

高麗史一百三十九卷目錄二卷　(朝)鄭麟趾
等撰　清鈔本　清朱彝尊跋　清陳毅題跋
四十冊

430000－2401－0015285　299/1

東國史略六卷　(朝)□□撰　清光緒十九年
(1893)景蘇園刻本　四冊

430000－2401－0015286　299/1(1)

東國史略六卷　(朝)□□撰　清光緒十九年
(1893)景蘇園刻本　四冊

430000－2401－0015287　△291.7/6

東國史略六卷　(朝)□□撰　清木雁軒鈔本
六冊

430000－2401－0015288　299/130

粵嶠朝鮮三種　(清)周家祿撰　清末刻本
一冊

430000－2401－0015289　△24/17

東夷考略一卷　(明)茅瑞徵撰　清鈔本
一冊

430000－2401－0015290　296.9/29

日本國志四十卷首一卷　(清)黃遵憲撰　清
光緒十六年(1890)羊城富文齋刻本　十六冊

430000－2401－0015291　296.9/29(1)

日本國志四十卷首一卷　(清)黃遵憲撰　清
光緒十六年(1890)羊城富文齋刻本　十四冊

430000－2401－0015292　296.9/29(2)

日本國志四十卷首一卷　(清)黃遵憲撰　清
光緒十六年(1890)羊城富文齋刻本　十四冊

430000－2401－0015293　296.9/29(3)

日本國志四十卷首一卷　(清)黃遵憲撰　清
光緒十六年(1890)羊城富文齋刻本　十冊

430000－2401－0015294　296.9/29(4)

日本國志四十卷首一卷　(清)黃遵憲撰　清
光緒十六年(1890)羊城富文齋刻本　十四冊

430000－2401－0015295　296.9/29(5)

日本國志四十卷首一卷　(清)黃遵憲撰　清
光緒十六年(1890)羊城富文齋刻本　十二冊

430000－2401－0015296　296.9/29(6)

日本國志四十卷首一卷　(清)黃遵憲撰　清
光緒十六年(1890)羊城富文齋刻本　十四冊

430000－2401－0015297　296.9/29－5

日本國志四十卷首一卷　(清)黃遵憲撰　清
光緒二十四年(1898)上海圖書集成印書局鉛
印本　十冊

430000－2401－0015298　296.9/29－5(1)

日本國志四十卷首一卷　(清)黃遵憲撰　清
光緒二十四年(1898)上海圖書集成印書局鉛
印本　十冊

430000－2401－0015299　296.9/29－5(2)

日本國志四十卷首一卷　(清)黃遵憲撰　清
光緒二十四年(1898)上海圖書集成印書局鉛

印本　八冊

430000－2401－0015300　296.9/29－2
日本國志四十卷首一卷　（清）黃遵憲撰　清光緒二十四年(1898)浙江書局刻本　十冊

430000－2401－0015301　296.9/29－2(1)
日本國志四十卷首一卷　（清）黃遵憲撰　清光緒二十四年(1898)浙江書局刻本　八冊

430000－2401－0015302　296.9/29－3
日本國志四十卷首一卷　（清）黃遵憲撰　清光緒二十四年(1898)匯文書局刻本　十二冊

430000－2401－0015303　296.9/29－3(1)
日本國志四十卷首一卷　（清）黃遵憲撰　清光緒二十四年(1898)匯文書局刻本　十二冊

430000－2401－0015304　296.9/29－3(2)
日本國志四十卷首一卷　（清）黃遵憲撰　清光緒二十四年(1898)匯文書局刻本　十二冊

430000－2401－0015305　296.9/29－3(3)
日本國志四十卷首一卷　（清）黃遵憲撰　清光緒二十四年(1898)匯文書局刻本　十二冊

430000－2401－0015306　296.9/29－3(4)
日本國志四十卷首一卷　（清）黃遵憲撰　清光緒二十四年(1898)匯文書局刻本　十六冊

430000－2401－0015307　296.9/29－3(5)
日本國志四十卷首一卷　（清）黃遵憲撰　清光緒二十四年(1898)匯文書局刻本　十六冊

430000－2401－0015308　296.9/29－3(6)
日本國志四十卷首一卷　（清）黃遵憲撰　清光緒二十四年(1898)匯文書局刻本　十二冊

430000－2401－0015309　296.9/29－4
日本國志四十卷首一卷　（清）黃遵憲撰　清光緒二十八年(1902)上海書局石印本　十冊

430000－2401－0015310　296.9/29－4(1)
日本國志四十卷首一卷　（清）黃遵憲撰　清光緒二十八年(1902)上海書局石印本　七冊　存二十二卷(十一至十二、二十一至四十)

430000－2401－0015311　299/93

日本史綱二卷　（清）江楚編譯局編　清光緒三十二年(1906)金陵江楚編譯官書局石印本　一冊

430000－2401－0015312　299/2
策倭要略一卷　（清）李嶽蘅撰　清光緒二十年(1894)長沙刻本　一冊

430000－2401－0015313　299/171
東藩紀要十二卷補錄一卷　（清）薛培榕編輯　清光緒上海申報館鉛印本　四冊

430000－2401－0015314　299/172
日本新政考二卷　（清）顧厚焜撰　清光緒十四年(1888)鉛印本　一冊

430000－2401－0015315　299/103
日本源流考二十二卷　王先謙撰　清光緒二十八年(1902)長沙思賢書局刻本　十冊

430000－2401－0015316　299/103(1)
日本源流考二十二卷　王先謙撰　清光緒二十八年(1902)長沙思賢書局刻本　十冊

430000－2401－0015317　299/103(2)
日本源流考二十二卷　王先謙撰　清光緒二十八年(1902)長沙思賢書局刻本　十冊

430000－2401－0015318　299/103(3)
日本源流考二十二卷　王先謙撰　清光緒二十八年(1902)長沙思賢書局刻本　十冊

430000－2401－0015319　23/41
元寇紀略二卷　（日本）大橋順撰　清光緒二十九年(1903)江蘇通州翰墨林編譯印書局鉛印本　一冊

430000－2401－0015320　299/99
明治法制史　（日本）清浦奎吾撰　（清）商務印書館譯　清光緒二十九年(1903)上海商務印書館鉛印政學叢書本　一冊

430000－2401－0015321　299/54
明治政黨小史一卷　（日本）日日新聞社纂（清）陳超譯　清光緒二十八年(1902)上海廣智書局鉛印本　一冊

430000－2401－0015322　299/53

明治政黨小史一卷　（日本）日日新報撰
（清）出洋學生編輯所編　清光緒二十八年
（1902）上海商務印書館鉛印帝國叢書本
一冊

430000－2401－0015323　299/53（1）

明治政黨小史一卷　（日本）日日新報撰
（清）出洋學生編輯所編　清光緒二十八年
（1902）上海商務印書館鉛印帝國叢書本
一冊

430000－2401－0015324　299/125

大東合邦新義　（日本）森本藤吉撰　清光緒
二十四年（1898）上海大同譯書局鉛印本
一冊

430000－2401－0015325　299/125（1）

大東合邦新義　（日本）森本藤吉撰　清光緒
二十四年（1898）上海大同譯書局鉛印本
一冊

430000－2401－0015326　299/125（2）

大東合邦新義　（日本）森本藤吉撰　清光緒
二十四年（1898）上海大同譯書局鉛印本
一冊

430000－2401－0015327　299/92

新譯大日本近世史　（日本）松井廣吉撰
（清）范枕石譯　清末上海中華書局鉛印本
二冊

430000－2401－0015328　299/140

日本議會史　（日本）工藤武重撰　（清）汪有
齡譯　清光緒三十年（1904）江蘇通州翰墨林
書局鉛印本　三冊

430000－2401－0015329　299/140－2

日本議會史　（日本）工藤武重撰　（清）汪有
齡譯　清光緒三十一年（1905）江蘇通州翰墨
林書局鉛印本　一冊

430000－2401－0015330　299/141

日本丙午議會四卷　清光緒三十四年（1908）
政治官報局鉛印本　一冊

430000－2401－0015331　299/141（1）

日本丙午議會四卷　清光緒三十四年（1908）
政治官報局鉛印本　一冊

430000－2401－0015332　299/56－2

日本維新三十年史十二編附錄一卷　（日本）
博文館輯　廣智書局譯　清光緒二十八年
（1902）上海廣智書局鉛印本　六冊

430000－2401－0015333　299/56－2（1）

日本維新三十年史十二編附錄一卷　（日本）
博文館輯　廣智書局譯　清光緒二十八年
（1902）上海廣智書局鉛印本　六冊

430000－2401－0015334　299/56－2（2）

日本維新三十年史十二編附錄一卷　（日本）
博文館輯　廣智書局譯　清光緒二十八年
（1902）上海廣智書局鉛印本　六冊

430000－2401－0015335　299/56－2（3）

日本維新三十年史十二編附錄一卷　（日本）
博文館輯　廣智書局譯　清光緒二十八年
（1902）上海廣智書局鉛印本　六冊

430000－2401－0015336　299/56－2（4）

日本維新三十年史十二編附錄一卷　（日本）
博文館輯　廣智書局譯　清光緒二十八年
（1902）上海廣智書局鉛印本　五冊

430000－2401－0015337　299/56－2（5）

日本維新三十年史十二編附錄一卷　（日本）
博文館輯　廣智書局譯　清光緒二十八年
（1902）上海廣智書局鉛印本　三冊

430000－2401－0015338　299/56－4

日本維新三十年史十二編附錄一卷　（日本）
博文館輯　（清）羅譜譯　清光緒三十一年
（1905）上海廣智書局鉛印本（第三、五冊爲配
本）　六冊

430000－2401－0015339　299/56－3

日本維新三十年史十二編附錄一卷　（日本）
博文館輯　清末譚瀛書社刻本　六冊

430000－2401－0015340　299/56－3（1）

日本維新三十年史十二編附錄一卷　（日本）
博文館輯　清末譚瀛書社刻本　六冊

430000－2401－0015341　299/56

日本維新三十年史十二編附錄一卷　（日本）博文館輯　清末鉛印本　四冊

430000－2401－0015342　299/137

日本維新慷慨史二卷　（日本）西村三郎輯（清）趙必振譯　清光緒二十八年(1902)上海廣智書局鉛印本　一冊

430000－2401－0015343　299/137(1)

日本維新慷慨史二卷　（日本）西村三郎輯（清）趙必振譯　清光緒二十八年(1902)上海廣智書局鉛印本　一冊

430000－2401－0015344　299/98

日本新史攬要七卷　（日本）石村貞一輯（清）游瀛主人譯　清光緒二十五年(1899)石印本　七冊

430000－2401－0015345　299/94－2

日本外史二十二卷　（日本）賴襄撰　清光緒二十五年(1899)上海讀史堂刻本　八冊

430000－2401－0015346　299/139

新撰日本歷史問答　（日本）岡野英太郎撰（清）逸人後裔譯　清光緒二十八年(1902)上海廣智書局鉛印本　二冊

430000－2401－0015347　299/139(1)

新撰日本歷史問答　（日本）岡野英太郎撰（清）逸人後裔譯　清光緒二十八年(1902)上海廣智書局鉛印本　二冊

430000－2401－0015348　299/139(2)

新撰日本歷史問答　（日本）岡野英太郎撰（清）逸人後裔譯　清光緒二十八年(1902)上海廣智書局鉛印本　二冊

430000－2401－0015349　299/59

中等教育日本歷史二卷歷代表略一卷附錄一卷　（日本）荻野由之撰　（清）劉大猷譯　清末石印本　二冊

430000－2401－0015350　299/97

日本文部省沿革及官制一卷　（日本）文部省撰　（清）出洋學生編輯所譯　清光緒二十八

年(1902)上海商務印書館鉛印本　一冊

430000－2401－0015351　299/117

日本政治地理　（日本）矢津昌永撰　（清）陶熔譯　清光緒二十八年(1902)上海商務印書館鉛印本　一冊

430000－2401－0015352　299/47

琉球國志略十六卷首一卷　（清）周煌撰　清道光十年(1830)福建遞修武英殿聚珍版書本　六冊

430000－2401－0015353　296.9/15

續琉球國志略五卷首一卷　（清）齊鯤　（清）費錫章輯　清嘉慶內府木活字本　二冊

430000－2401－0015354　296.9/69

越事備考十一卷首一卷　（清）劉名譽編　清光緒二十一年(1895)桂林刻本　四冊

430000－2401－0015355　299/185

安南史四卷　（日本）引田利章撰　（清）毛乃庸譯　清光緒二十九年(1903)教育世界社石印本　一冊

430000－2401－0015356　299/4

越南亡國史一卷　（越南）巢南子撰　清光緒三十一年(1905)開明書局刻本　一冊

430000－2401－0015357　299/4－2

越南亡國史一卷　（越南）巢南子撰　清宣統刻本　一冊

430000－2401－0015358　299/19

越南輯略二卷　（清）徐廷旭撰　清光緒三年(1877)梧州郡署刻本　二冊

430000－2401－0015359　299/19(1)

越南輯略二卷　（清）徐廷旭撰　清光緒三年(1877)梧州郡署刻本　二冊

430000－2401－0015360　299/19(2)

越南輯略二卷　（清）徐廷旭撰　清光緒三年(1877)梧州郡署刻本　一冊　存一卷(二)

430000－2401－0015361　296.9/37

南洋通志　（清）任壽華撰　清末石印本　一冊

430000－2401－0015362　299/122

飛獵濱獨立戰史 （菲律賓）棒時撰　（清）同
是傷心人譯　清光緒二十八年（1902）上海商
務印書館鉛印戰史叢書本　一冊

430000－2401－0015363　299/115

印度史攬要三卷 （英國）亨德撰　（清）任廷
旭譯　（清）上海廣學會新譯　清光緒二十七
年（1901）上海美華書館鉛印本　三冊

430000－2401－0015364　299/115（1）

印度史攬要三卷 （英國）亨德撰　（清）任廷
旭譯　（清）上海廣學會新譯　清光緒二十七
年（1901）上海美華書館鉛印本　三冊

430000－2401－0015365　299/27

印度新志一卷 清學部編譯圖書局纂　清光
緒三十三年（1907）學部編譯圖書局鉛印本
一冊

430000－2401－0015366　299/26

印度國志一卷 清學部編譯圖書局纂　清光
緒三十三年（1907）學部編譯圖書局鉛印本
一冊

430000－2401－0015367　299/26（1）

印度國志一卷 清學部編譯圖書局纂　清光
緒三十三年（1907）學部編譯圖書局鉛印本
一冊

430000－2401－0015368　299/147

印度札記二卷 （清）黃懋材撰　清光緒十二
年（1886）新陽趙氏刻得一齋雜著本　一冊

430000－2401－0015369　299/197

緬甸國志一卷 清光緒三十三年（1907）學部
圖書局鉛印本　一冊

430000－2401－0015370　299/39

阿富汗土耳基斯坦志一卷 清學部圖書編譯
局纂　清光緒三十三年（1907）清學部鉛印本
一冊

430000－2401－0015371　299/196

亞拉伯志一卷 清光緒三十三年（1907）學部
圖書局鉛印本　一冊

430000－2401－0015372　299/7

波斯志 清學部編譯圖書局纂　清光緒三十
三年（1907）京都學部編譯圖書局鉛印本
一冊

430000－2401－0015373　25/331

中東戰紀二卷 （日本）田村維則撰　清光緒
鉛印本　一冊　存一卷（上）

430000－2401－0015374　299/58

中東戰紀本末八卷續編四卷 （美國）林樂知
撰譯　（清）蔡爾康纂輯　清光緒二十二年
（1896）上海圖書集成局鉛印本　十二冊

430000－2401－0015375　299/58（1）

中東戰紀本末八卷續編四卷 （美國）林樂知
撰譯　（清）蔡爾康纂輯　清光緒二十二年
（1896）上海圖書集成局鉛印本　十二冊

430000－2401－0015376　299/58（2）

中東戰紀本末八卷續編四卷 （美國）林樂知
撰譯　（清）蔡爾康纂輯　清光緒二十二年
（1896）上海圖書集成局鉛印本　十二冊

430000－2401－0015377　299/58（3）

中東戰紀本末八卷續編四卷 （美國）林樂知
撰譯　（清）蔡爾康纂輯　清光緒二十二年
（1896）上海圖書集成局鉛印本　四冊（合訂
一冊）　存五卷（一至五）

430000－2401－0015378　299/57

中東戰紀本末八卷 （美國）林樂知撰譯
（清）蔡爾康纂輯　清光緒二十二年（1896）上
海圖書集成局鉛印本　四冊

430000－2401－0015379　299/57（1）

中東戰紀本末八卷 （美國）林樂知撰譯
（清）蔡爾康纂輯　清光緒二十二年（1896）上
海圖書集成局鉛印本　四冊

430000－2401－0015380　299/57（2）

中東戰紀本末八卷 （美國）林樂知撰譯
（清）蔡爾康纂輯　清光緒二十二年（1896）上
海圖書集成局鉛印本　八冊

430000－2401－0015381　299/57（3）

中東戰紀本末八卷 （美國）林樂知撰譯（清）蔡爾康纂輯 清光緒二十二年（1896）上海圖書集成局鉛印本 八冊

430000－2401－0015382 299/121

歐西自治大觀 （日本）井上友一撰 （清）謝正權譯 清宣統新華機器印刷公司鉛印本 一冊

430000－2401－0015383 299/121（1）

歐西自治大觀 （日本）井上友一撰 （清）謝正權譯 清宣統新華機器印刷公司鉛印本 一冊

430000－2401－0015384 299/121（2）

歐西自治大觀 （日本）井上友一撰 （清）謝正權譯 清宣統新華機器印刷公司鉛印本 一冊

430000－2401－0015385 299/121（3）

歐西自治大觀 （日本）井上友一撰 （清）謝正權譯 清宣統新華機器印刷公司鉛印本 一冊

430000－2401－0015386 299/15

歐洲歷史攬要四卷 （日本）長穀川誠也撰（日本）敬業學社譯 清光緒二十八年（1902）敬業學社石印本 一冊

430000－2401－0015387 299/153－4

歐洲史略十三卷 清光緒十二年（1886）總稅務司署刻本 二冊

430000－2401－0015388 299/153

歐洲史略十三卷 清光緒二十二年（1896）上海著易堂書局鉛印本 一冊

430000－2401－0015389 299/153－2

歐洲史略十三卷 清光緒二十四年（1898）石印本 一冊

430000－2401－0015390 299/153－2（1）

歐洲史略十三卷 清光緒二十四年（1898）石印本 一冊

430000－2401－0015391 299/153－3

歐洲史略十三卷 清光緒刻本 二冊

430000－2401－0015392 299/51

歐羅巴通史不分卷 （日本）箕作元八（日本）峰岸米造撰 （清）徐有成等譯 清光緒二十六年（1900）東亞譯書會鉛印本 一冊

430000－2401－0015393 299/51（1）

歐羅巴通史不分卷 （日本）箕作元八（日本）峰岸米造撰 （清）徐有成等譯 清光緒二十六年（1900）東亞譯書會鉛印本 四冊

430000－2401－0015394 299/51（2）

歐羅巴通史不分卷 （日本）箕作元八（日本）峰岸米造撰 （清）徐有成等譯 清光緒二十六年（1900）東亞譯書會鉛印本 四冊

430000－2401－0015395 299/51（3）

歐羅巴通史不分卷 （日本）箕作元八（日本）峰岸米造撰 （清）徐有成等譯 清光緒二十六年（1900）東亞譯書會鉛印本 二冊

430000－2401－0015396 299/51－2

歐羅巴通史不分卷 （日本）箕作元八（日本）峰岸米造撰 （清）徐有成等譯 清光緒東亞譯書會鉛印本 四冊

430000－2401－0015397 299/143

新撰歐羅巴政治史四卷 （日本）幸田成友撰（清）新是謀者譯 清光緒二十八年（1902）上海泰東時務譯印局鉛印本 二冊

430000－2401－0015398 299/146

歐洲財政史 （日本）小林丑三郎撰 （清）羅普譯 清光緒二十八年（1902）上海廣智書局鉛印本 一冊

430000－2401－0015399 299/146（1）

歐洲財政史 （日本）小林丑三郎撰 （清）羅普譯 清光緒二十八年（1902）上海廣智書局鉛印本 一冊

430000－2401－0015400 299/146－2

歐洲財政史 （日本）小林丑三郎撰 （清）胡宗瀛譯 清光緒二十八年（1902）上海商務印書館鉛印政學叢書本 一冊

430000－2401－0015401 299/49

歐洲十九世紀史一卷 （美國）軒利普格質頓撰 （清）麥鼎華譯 清光緒二十八年（1902）上海廣智書局鉛印本 一冊

430000－2401－0015402 299/49（1）

歐洲十九世紀史一卷 （美國）軒利普格質頓撰 （清）麥鼎華譯 清光緒二十八年（1902）上海廣智書局鉛印本 一冊

430000－2401－0015403 299/164

普粵戰史 （日本）羽化生撰 （清）趙天驥譯 清光緒二十八年（1902）上海商務印書館鉛印戰史叢書本 一冊

430000－2401－0015404 299/23

普法戰紀十四卷 （清）張宗良譯 （清）王韜輯 清同治十二年（1873）中華印務總局鉛印本 八冊

430000－2401－0015405 299/23（1）

普法戰紀十四卷 （清）張宗良譯 （清）王韜輯 清同治十二年（1873）中華印務總局鉛印本 四冊 存六卷（一至六）

430000－2401－0015406 299/23－3

普法戰紀二十卷 （清）張宗良譯 （清）王韜輯 清光緒十二年（1886）王氏弢園刻本 十冊

430000－2401－0015407 △291.7/7

普法戰紀十二卷 （清）張宗良譯 （清）王韜輯 清鈔本 八冊

430000－2401－0015408 299/151

普法兵事記一卷 杜俞撰 清光緒十五年（1889）成都刻本 一冊

430000－2401－0015409 299/151－2

普法兵事記一卷 杜俞撰 清光緒二十六年（1900）申江刻本 一冊

430000－2401－0015410 299/110

法蘭西志六卷 （日本）高橋二郎譯 清光緒二十二年（1896）湖南新學書局刻西史匯函本 二冊

430000－2401－0015411 299/110（1）

法蘭西志六卷 （日本）高橋二郎譯 清光緒二十二年（1896）湖南新學書局刻西史匯函本 二冊 缺二卷（一至二）

430000－2401－0015412 299/110－2

法蘭西志六卷 （日本）高橋二郎譯 清光緒二十二年（1896）上海書局刻本 二冊

430000－2401－0015413 299/112

法國新志四卷 （英國）陔勒低輯 （英國）傅紹蘭口譯 （清）潘松筆述 清光緒二十四年（1898）上海製造總局刻本 二冊

430000－2401－0015414 299/112（1）

法國新志四卷 （英國）陔勒低輯 （英國）傅紹蘭口譯 （清）潘松筆述 清光緒二十四年（1898）上海製造總局刻本 二冊

430000－2401－0015415 299/112（2）

法國新志四卷 （英國）陔勒低輯 （英國）傅紹蘭口譯 （清）潘松筆述 清光緒二十四年（1898）上海製造總局刻本 二冊

430000－2401－0015416 299/154

重訂法國志略二十四卷 （清）王韜撰 清光緒十五年（1889）弢園老民鉛印本 十冊

430000－2401－0015417 299/182

布國新報一卷 （美國）金楷理口譯 （清）蔡錫齡筆述 清末鈔本 一冊

430000－2401－0015418 299/161

德史譯文匯稿七十卷 （清）謇靈修館輯 清光緒滬江鴻寶齋石印本 八冊

430000－2401－0015419 299/132

德國合盟紀事本末一卷 （清）徐建寅譯 清光緒刻本 一冊

430000－2401－0015420 299/132－2

德國合盟紀事本末一卷 （清）徐建寅譯 清光緒石印本 一冊

430000－2401－0015421 299/131

德國工商勃興史 （法國）伯羅德爾撰 （日本）文部省譯 （清）商務印書館重譯 清光緒二十九年（1903）上海商務印書館鉛印本 一冊

430000 - 2401 - 0015422　299/157

希臘獨立史　（日本）柳井絅齋撰　（清）秦嗣宗譯　清光緒二十八年（1902）上海廣智書局鉛印本　一冊

430000 - 2401 - 0015423　299/135 - 5

希臘志略七卷年表一卷　清光緒十二年（1886）總稅務司署刻本　二冊

430000 - 2401 - 0015424　299/135

希臘志略七卷　清光緒二十三年（1897）慎記書莊石印西政叢書本　一冊

430000 - 2401 - 0015425　299/135 - 2

希臘志略七卷年表一卷　清光緒二十四年（1898）上海圖書集成印書局鉛印本　一冊

430000 - 2401 - 0015426　299/135 - 4

希臘志略七卷　清光緒二十四年（1898）石印啟蒙十六種本　一冊

430000 - 2401 - 0015427　299/135 - 3

希臘志略七卷年表一卷　清光緒刻本　二冊

430000 - 2401 - 0015428　299/40 - 5

羅馬志略十三卷年表一卷　清光緒十二年（1886）總稅務司署刻本　二冊

430000 - 2401 - 0015429　299/40 - 4

羅馬志略十三卷　清光緒二十三年（1897）慎記書莊石印西政叢書本　一冊　存八卷（一至八）

430000 - 2401 - 0015430　299/40 - 2

羅馬志略十三卷　清光緒二十四年（1898）上海圖書集成印書局鉛印本　一冊

430000 - 2401 - 0015431　299/40

羅馬志略十三卷年表一卷　清光緒二十四年（1898）仿泰西法石印本　一冊

430000 - 2401 - 0015432　299/40 - 3

羅馬志略十三卷年表一卷　清光緒刻本　二冊

430000 - 2401 - 0015433　299/10

俄國政俗通考二卷　（印度）廣學會撰　（美國）林樂知　（清）任廷旭譯　清光緒二十六年（1900）上海廣學會鉛印本　二冊

430000 - 2401 - 0015434　299/36 - 2

俄國新志八卷　（英國）陝勒低撰　（英國）傅蘭雅　（清）潘松譯　清光緒二十四年（1898）上海製造總局刻本　三冊

430000 - 2401 - 0015435　299/36 - 2(1)

俄國新志八卷　（英國）陝勒低撰　（英國）傅蘭雅　（清）潘松譯　清光緒二十四年（1898）上海製造總局刻本　三冊

430000 - 2401 - 0015436　299/36 - 2(2)

俄國新志八卷　（英國）陝勒低撰　（英國）傅蘭雅　（清）潘松譯　清光緒二十四年（1898）上海製造總局刻本　三冊

430000 - 2401 - 0015437　299/36

俄國新志八卷　（英國）陝勒低撰　（英國）傅蘭雅　（清）潘松譯　清光緒二十七年（1901）上海書局石印本　二冊

430000 - 2401 - 0015438　299/37

俄羅斯史二卷　（日本）山本利喜雄撰　（清）麥鼎華譯　清光緒二十九年（1903）上海廣智書局鉛印本　二冊

430000 - 2401 - 0015439　299/120

俄史輯譯四卷　（英國）闞斐迪譯　（清）徐景羅重譯　清光緒二十三年（1897）湖南新學書局刻西史匯函本　七冊

430000 - 2401 - 0015440　299/120(1)

俄史輯譯四卷　（英國）闞斐迪譯　（清）徐景羅重譯　清光緒二十三年（1897）湖南新學書局刻西史匯函本　六冊

430000 - 2401 - 0015441　299/120(2)

俄史輯譯四卷　（英國）闞斐迪譯　（清）徐景羅重譯　清光緒二十三年（1897）湖南新學書局刻西史匯函本　四冊　缺三卷（一上、三下、四上）

430000 - 2401 - 0015442　299/120 - 2

俄史輯譯四卷　（英國）闞斐迪譯　（清）徐景羅重譯　清光緒十四年（1888）益智書會刻本　四冊

430000－2401－0015443　299/120－2（1）

俄史輯譯四卷　（英國）闞斐迪譯　（清）徐景羅重譯　清光緒十四年（1888）益智書會刻本四冊

430000－2401－0015444　299/120－3

俄史輯譯四卷　（英國）闞斐迪譯　（清）徐景羅重譯　清光緒二十二年（1896）明達學社鉛印　二冊　存二卷（一至二）

430000－2401－0015445　299/120－4

俄史輯譯四卷　（英國）闞斐迪譯　（清）徐景羅重譯　清末刻本　六冊

430000－2401－0015446　299/8

俄事新書二卷　（清）陳俠君編　清光緒二十二年（1896）上海書局石印本　二冊

430000－2401－0015447　299/32

英法俄德四國志略一卷　沈敦和輯譯　清光緒二十二年（1896）上海圖書集成印書局鉛印本　一冊

430000－2401－0015448　299/32（1）

英法俄德四國志略一卷　沈敦和輯譯　清光緒二十二年（1896）上海圖書集成印書局鉛印本　一冊

430000－2401－0015449　299/32（2）

英法俄德四國志略一卷　沈敦和輯譯　清光緒二十二年（1896）上海圖書集成印書局鉛印本　一冊

430000－2401－0015450　299/32－2

英法俄德四國志略一卷　沈敦和譯　**英國議事章程十四章**　（英國）李提摩太口譯　（清）葭蒼室主筆述　清光緒二十五年（1899）上海廣學會鉛印本　一冊

430000－2401－0015451　299/11－2

大英國志八卷續刻一卷　（英國）慕維廉譯　清咸豐六年（1856）上海墨海書院刻本　二冊

430000－2401－0015452　299/11－2（1）

大英國志八卷續刻一卷　（英國）慕維廉譯　清咸豐六年（1856）上海墨海書院刻本　二冊

430000－2401－0015453　299/11

大英國志八卷　（英國）慕維廉譯　清光緒七年（1881）上海益智書會刻本　二冊

430000－2401－0015454　299/11（1）

大英國志八卷　（英國）慕維廉譯　清光緒七年（1881）上海益智書會刻本　二冊

430000－2401－0015455　299/11－4

大英國志八卷　（英國）慕維廉撰　清光緒二十三年（1897）湖南上梅書局刻本　五冊

430000－2401－0015456　299/11－3

大英國志八卷　（英國）慕維廉譯　清光緒二十三年（1897）湖南新學書局刻西史匯函本　五冊

430000－2401－0015457　299/11－3（1）

大英國志八卷　（英國）慕維廉譯　清光緒二十三年（1897）湖南新學書局刻西史匯函本　五冊

430000－2401－0015458　299/11－3（2）

大英國志八卷　（英國）慕維廉譯　清光緒二十三年（1897）湖南新學書局刻西史匯函本　五冊

430000－2401－0015459　299/46

重訂英吉利志八卷　（英國）慕維廉譯　清光緒鉛印本　四冊

430000－2401－0015460　299/45

英吉利志譯略四卷　（清）薛福成撰　吳宗濂譯　清光緒元年（1875）上海石印本　一冊

430000－2401－0015461　299/123

英藩政概四卷　（清）劉啟彤編　清光緒二十三年（1897）雙梧書屋石印本　一冊

430000－2401－0015462　299/123（1）

英藩政概四卷　（清）劉啟彤編　清光緒二十三年（1897）雙梧書屋石印本　一冊

430000－2401－0015463　299/124

英政概一卷法政概一卷　（清）劉啟彤編　清光緒二十三年（1897）雙梧書屋石印本　一冊

430000－2401－0015464　299/124（1）

英政概一卷法政概一卷 （清）劉啟彤編　清光緒二十三年(1897)雙梧書屋石印本　一冊

430000－2401－0015465　299/109

翻譯米利堅志四卷 （日本）岡千仞　（日本）河野通之撰　清光緒二十二年(1896)湖南新學書局刻西史匯函本　二冊

430000－2401－0015466　299/109(1)

翻譯米利堅志四卷 （日本）岡千仞　（日本）河野通之撰　清光緒二十二年(1896)湖南新學書局刻西史匯函本　二冊

430000－2401－0015467　299/109(2)

翻譯米利堅志四卷 （日本）岡千仞　（日本）河野通之撰　清光緒二十二年(1896)湖南新學書局刻西史匯函本　一冊　存二卷(一至二)

430000－2401－0015468　299/34

大美聯邦志略二卷 （美國）裨治文撰　清咸豐十一年(1861)上海墨海書館鉛印本　一冊

430000－2401－0015469　299/34(1)

大美聯邦志略二卷 （美國）裨治文撰　清咸豐十一年(1861)上海墨海書館鉛印本　一冊

430000－2401－0015470　299/34(2)

大美聯邦志略二卷 （美國）裨治文撰　清咸豐十一年(1861)上海墨海書館鉛印本　一冊

430000－2401－0015471　299/6

大美國史略八卷 （美國）蔚利高撰　清光緒二十五年(1899)福州美華書局鉛印本　二冊

430000－2401－0015472　299/42

亞斐利加洲志一卷亞斐利加新志一卷 前編書局編纂　清宣統元年(1909)京都學部編譯圖書局鉛印本　一冊

430000－2401－0015473　299/42(1)

亞斐利加洲志一卷亞斐利加新志一卷 前編書局編纂　清宣統元年(1909)京都學部編譯圖書局鉛印本　一冊

430000－2401－0015474　299/3

埃及近世史一卷 （日本）柴四郎著　（清）出洋學生編輯所譯編　清光緒二十八年(1902)上海商務印書館鉛印帝國叢書本　一冊

430000－2401－0015475　299/3(1)

埃及近世史一卷 （日本）柴四郎著　（清）出洋學生編輯所譯編　清光緒二十八年(1902)上海商務印書館鉛印帝國叢書本　一冊

430000－2401－0015476　299/3(2)

埃及近世史一卷 （日本）柴四郎著　（清）出洋學生編輯所譯編　清光緒二十八年(1902)上海商務印書館鉛印帝國叢書本　一冊

430000－2401－0015477　299/3－2

埃及近世史一卷 （日本）柴四郎著　（清）麥鼎華譯　清光緒二十八年(1902)上海廣智書局鉛印本　一冊

430000－2401－0015478　299/41

埃及近事考一卷 （清）劉鑒譯　清光緒三十三年(1907)金陵江楚編譯官書局石印本　一冊

430000－2401－0015479　△31/5

中立四子集 （明）朱光東輯訂　（明）張登雲參補　明萬曆刻本　十六冊　存五十一卷(老子道德經註釋下,莊子南華真經一至五、八至十,管子五至二十四,淮南鴻烈解一至六、十三至二十八)

430000－2401－0015480　△31/5(1)

中立四子集六十四卷 （明）朱光東輯訂　(明)張登雲參補　明萬曆刻本　十六冊　缺十卷(老子二卷、莊子三卷、管子五卷)

430000－2401－0015481　311/28

合刻四子選 （明）沈仲衡撰　明刻本　一冊

430000－2401－0015482　△32/2

子匯 （明）周子義等輯　明萬曆四年至五年(1576－1577)南京國子監刻本　二十冊

430000－2401－0015483　△31/3－2

六子全書 （明）許宗魯編　明嘉靖六年(1527)樊川別業匯刻本　九冊　存五十二卷(老子四卷、列子八卷、莊子十卷、荀子二十

卷、揚子十卷)

430000－2401－0015484　△31/4

六子要語六卷 （明)陳文燭選註　明萬曆九
年(1581)刻本　四冊

430000－2401－0015485　△31/6

新鍥焦狀元匯選評釋續九子全書 （明)焦竑
輯　明萬曆刻本　五冊

430000－2401－0015486　△31/1

二十家子書 （明)謝汝韶輯　明萬曆六年
(1578)吉藩崇德書院刻本　二十冊

430000－2401－0015487　△31/1(1)

二十家子書 （明)謝汝韶輯　明萬曆六年
(1578)吉藩崇德書院刻本　一冊　存二卷

430000－2401－0015488　△31/7－3

諸子匯函 （明)歸有光輯　明天啟五年
(1625)刻本　二十冊

430000－2401－0015489　△31/7－2

諸子匯函 （明)歸有光輯　明天啟五年
(1625)達古堂刻本　二十四冊

430000－2401－0015490　△31/7

諸子匯函 （明)歸有光輯　明天啟五年
(1625)立達堂刻本　二十四冊

430000－2401－0015491　311/25

諸子匯函 （明)歸有光輯　明天啟刻本　二
十四冊

430000－2401－0015492　311/25(1)

諸子匯函 （明)歸有光輯　明天啟刻本　三
十二冊

430000－2401－0015493　△31/3

六子全書 （明)顧春輯　明萬曆十一年
(1583)金陵胡東塘刻本　二十冊

430000－2401－0015494　311/6

刪定荀子管子 （清)方苞刪定　（清)顧琮校
　清乾隆元年(1736)刻本　四冊

430000－2401－0015495　311/16

十子全書 （清)王子興輯　清嘉慶九年

(1804)姑蘇王氏聚文堂刻本　二十四冊

430000－2401－0015496　311/16(1)

十子全書 （清)王子興輯　清嘉慶九年
(1804)姑蘇王氏聚文堂刻本　三十冊

430000－2401－0015497　311/16(2)

十子全書 （清)王子興輯　清嘉慶九年
(1804)姑蘇王氏聚文堂刻本　三十六冊

430000－2401－0015498　311/16(3)

十子全書 （清)王子興輯　清嘉慶九年
(1804)姑蘇王氏聚文堂刻本　三十二冊

430000－2401－0015499　311/16－2

十子全書 （清)王子興輯　清嘉慶九年
(1804)寶慶經綸堂刻本　三十二冊

430000－2401－0015500　311/16－2(1)

十子全書 （清)王子興輯　清嘉慶九年
(1804)寶慶經綸堂刻本　三十二冊

430000－2401－0015501　311/16－2(2)

十子全書 （清)王子興輯　清嘉慶九年
(1804)寶慶經綸堂刻本　三十二冊

430000－2401－0015502　311/16－2(2)

十子全書 （清)王子興輯　清嘉慶九年
(1804)寶慶經綸堂刻本　三十二冊

430000－2401－0015503　311/33

宋五子書集解 （清)李文炤撰　清雍正十二
年(1734)刻本　六冊

430000－2401－0015504　312/29

韓晏合編 （清)吳鼒編　清道光二十五年
(1845)刻本　十六冊

430000－2401－0015505　311/18－3

諸子平議 （清)俞樾撰　清同治八年(1869)
吳郡刻菉書本　四冊

430000－2401－0015506　311/18

諸子平議 （清)俞樾撰　清光緒二十五年
(1899)刻春在堂全書本　七冊

430000－2401－0015507　311/15

二十二子 （清)浙江書局輯　清光緒元年至

三年(1875－1877)浙江書局刻本　八十三冊

430000－2401－0015508　311/15(1)

二十二子　(清)浙江書局輯　清光緒元年至三年(1875－1877)浙江書局刻本　八十三冊

430000－2401－0015509　311/15(2)

二十二子　(清)浙江書局輯　清光緒元年至三年(1875－1877)浙江書局刻本　八十三冊

430000－2401－0015510　311/15－4

二十二子　(清)浙江書局輯　清光緒十九年(1893)鴻文書局印本　十六冊

430000－2401－0015511　311/15－4(1)

二十二子　(清)浙江書局輯　清光緒十九年(1893)鴻文書局印本　十六冊

430000－2401－0015512　311/15－4(2)

二十二子　(清)浙江書局輯　清光緒十九年(1893)鴻文書局印本　十六冊

430000－2401－0015513　311/15－4(3)

二十二子　(清)浙江書局輯　清光緒十九年(1893)鴻文書局印本　十四冊

430000－2401－0015514　311/15－2

二十二子　(清)浙江書局輯　清光緒二十七年(1901)浙江書局重校補刻本　八十三冊

430000－2401－0015515　311/15－2(1)

二十二子　(清)浙江書局輯　清光緒二十七年(1901)浙江書局重校補刻本　八十二冊

430000－2401－0015516　311/15－2(2)

二十二子　(清)浙江書局輯　清光緒二十七年(1901)浙江書局重校補刻本　七十三冊

430000－2401－0015517　311/15－2(3)

二十二子　(清)浙江書局輯　清光緒二十七年(1901)浙江書局重校補刻本　六十四冊

430000－2401－0015518　311/15－2(4)

二十二子　(清)浙江書局輯　清光緒二十七年(1901)浙江書局重校補刻本　六十一冊

430000－2401－0015519　311/15－3

二十二子　(清)浙江書局輯　清光緒浙江書局重校補刻本　七十九冊

430000－2401－0015520　311/17

十子全書　(清)浙江書局輯　清光緒元年至二年(1875－1876)浙江書局刻本　四十冊

430000－2401－0015521　311/17(1)

十子全書　(清)浙江書局輯　清光緒元年至二年(1875－1876)浙江書局刻本　三十六冊

430000－2401－0015522　311/17(2)

十子全書　(清)浙江書局輯　清光緒元年至二年(1875－1876)浙江書局刻本　三十四冊

430000－2401－0015523　311/17(3)

十子全書　(清)浙江書局輯　清光緒元年至二年(1875－1876)浙江書局刻本　三十五冊

430000－2401－0015524　311/17(4)

十子全書　(清)浙江書局輯　清光緒元年至二年(1875－1876)浙江書局刻本　二十三冊

430000－2401－0015525　311/17(5)

十子全書　(清)浙江書局輯　清光緒元年至二年(1875－1876)浙江書局刻本　二十八冊

430000－2401－0015526　311/39

逸子書　(清)孫馮翼輯　清嘉慶七年(1802)承德孫氏刻問經堂叢書本　一冊

430000－2401－0015527　311/21

子書百家　(清)崇文書局輯　清光緒元年(1875)湖北崇文書局刻本　一百冊

430000－2401－0015528　311/21(1)

子書百家　(清)崇文書局輯　清光緒元年(1875)湖北崇文書局刻本　一百冊

430000－2401－0015529　311/38

富强齋叢書全集　(清)富强齋主人輯　清光緒二十五年(1899)小倉山房石印本　五十七冊

430000－2401－0015530　311/27

二十五子匯函　(清)鴻文書局輯　清光緒十九年(1893)上海鴻文書局石印本　十六冊

430000－2401－0015531　311/1

莊屈合詁不分卷　（清）錢澄之撰　清同治二
年(1863)桐城斷㜮堂刻桐城錢飲光先生全書
本　六冊

430000－2401－0015532　311/10

沈余遺書　（清）趙舒翹輯　清光緒二十二年
(1896)江蘇書局刻本　四冊

430000－2401－0015533　311/10(1)

沈余遺書　（清）趙舒翹輯　清光緒二十二年
(1896)江蘇書局刻本　三冊　缺二卷(勵志
錄二卷)

430000－2401－0015534　311/34

重訂徐氏三種　（清）錢懋潤等校訂　清道光
三年(1823)成都龍萬育爕堂氏刻本　三冊

430000－2401－0015535　311/36

中西學門徑書　康有爲等撰　清光緒上海大
同譯書局石印本　一冊

430000－2401－0015536　311/36(1)

中西學門徑書　康有爲等撰　清光緒二十四
年(1898)長沙刻本　一冊

430000－2401－0015537　311/36(2)

中西學門徑書　康有爲等撰　清光緒二十四
年(1898)長沙刻本　一冊

430000－2401－0015538　32/272

子思內篇七卷　（戰國)孔伋撰　（漢）鄭玄註
（清）黃以周輯解　清光緒二十二年(1896)
刻意林逸文本　二冊

430000－2401－0015539　△32/31－6

纂圖互註荀子二十卷　（戰國)荀況撰　（唐）
楊倞註　元刻明遞修本　佚名題識圈點　葉
啟勳題跋　二冊　存十卷(一至十)

430000－2401－0015540　△32/31

荀子二十卷　（戰國)荀況撰　（唐）楊倞註
明嘉靖顧氏世德堂刻本　六冊

430000－2401－0015541　△32/31(1)

荀子二十卷　（戰國)荀況撰　（唐）楊倞註
明嘉靖顧氏世德堂刻本　六冊

430000－2401－0015542　△32/31(2)

荀子二十卷　（戰國)荀況撰　（唐）楊倞註
明嘉靖顧氏世德堂刻本　佚名批校　六冊

430000－2401－0015543　△32/31－4

荀子二十卷　（戰國)荀況撰　（唐）楊倞註
明崇禎刻本　八冊

430000－2401－0015544　△32/31－5

荀子二十卷　（戰國)荀況撰　（唐）楊倞註
明虞九章王震亨訂正刻本　十二卷　存十二
卷(三至四、七至八、十一至十六、十九至二
十)

430000－2401－0015545　△32/31－3

荀子二十卷　（戰國)荀況撰　（唐）楊倞註
明刻本　七冊　存十八卷(三至二十)

430000－2401－0015546　△32/31－2

荀子二十卷　（戰國)荀況撰　（唐）楊倞註
明刻本　六冊

430000－2401－0015547　32/1－12

荀子二十卷　（戰國)荀況撰　（唐）楊倞註
明刻本　三冊

430000－2401－0015548　△32/33

荀子二十卷　（戰國)荀況撰　（唐）楊倞註
清乾隆五十一年(1786)安雅堂刻本　四冊

430000－2401－0015549　32/1

荀子二十卷　（戰國)荀況撰　（唐）楊倞註
清乾隆五十一年(1786)安雅堂刻本　四冊

430000－2401－0015550　32/1(1)

荀子二十卷　（戰國)荀況撰　（唐）楊倞註
清乾隆五十一年(1786)安雅堂刻本　二冊

430000－2401－0015551　32/1(2)

荀子二十卷　（戰國)荀況撰　（唐）楊倞註
清乾隆五十一年(1786)安雅堂刻本　二冊

430000－2401－0015552　32/1(3)

荀子二十卷　（戰國)荀況撰　（唐）楊倞註
清乾隆五十一年(1786)安雅堂刻本　二冊

430000－2401－0015553　32/1(4)

荀子二十卷　（戰國)荀況撰　（唐）楊倞註
清乾隆五十一年(1786)安雅堂刻本　四冊

430000 - 2401 - 0015554　32/1 - 2

荀子二十卷　（戰國）荀況撰　（唐）楊倞註
清嘉慶九年(1804)寶慶經綸堂刻本　四冊

430000 - 2401 - 0015555　32/1 - 3

荀子二十卷　（戰國）荀況撰　（唐）楊倞註
清嘉慶九年(1804)姑蘇聚文堂刻本　四冊

430000 - 2401 - 0015556　32/1 - 3(1)

荀子二十卷　（戰國）荀況撰　（唐）楊倞註
清嘉慶九年(1804)姑蘇聚文堂刻本　四冊

430000 - 2401 - 0015557　32/1 - 3(2)

荀子二十卷　（戰國）荀況撰　（唐）楊倞註
清嘉慶九年(1804)姑蘇聚文堂刻本　六冊

430000 - 2401 - 0015558　32/1 - 3(3)

荀子二十卷　（戰國）荀況撰　（唐）楊倞註
清嘉慶九年(1804)姑蘇聚文堂刻本　四冊

430000 - 2401 - 0015559　32/1 - 10

荀子二十卷　（戰國）荀況撰　（唐）楊倞註
清道光刻本　四冊

430000 - 2401 - 0015560　32/4

荀子二卷　（戰國）荀況撰　清鈔本　二冊

430000 - 2401 - 0015561　32/17

潛夫論十卷　（漢）王符撰　（清）汪繼培箋
清光緒十七年(1891)思賢講舍刻本　四冊

430000 - 2401 - 0015562　32/17(1)

潛夫論十卷　（漢）王符撰　（清）汪繼培箋
清光緒十七年(1891)思賢講舍刻本　四冊

430000 - 2401 - 0015563　32/17(2)

潛夫論十卷　（漢）王符撰　（清）汪繼培箋
清光緒十七年(1891)思賢講舍刻本　四冊

430000 - 2401 - 0015564　32/17(3)

潛夫論十卷　（漢）王符撰　（清）汪繼培箋
清光緒十七年(1891)思賢講舍刻本　四冊

430000 - 2401 - 0015565　32/17(4)

潛夫論十卷　（漢）王符撰　（清）汪繼培箋
清光緒十七年(1891)思賢講舍刻本　四冊

430000 - 2401 - 0015566　32/17(5)

潛夫論十卷　（漢）王符撰　（清）汪繼培箋
清光緒十七年(1891)思賢講舍刻本　四冊

430000 - 2401 - 0015567　32/17(6)

潛夫論十卷　（漢）王符撰　（清）汪繼培箋
清光緒十七年(1891)思賢講舍刻本　四冊

430000 - 2401 - 0015568　32/17(7)

潛夫論十卷　（漢）王符撰　（清）汪繼培箋
清光緒十七年(1891)思賢講舍刻本　四冊

430000 - 2401 - 0015569　32/424

孔叢二卷　（漢）孔鮒撰　明萬曆二十年
(1592)刻廣漢魏叢書本　一冊

430000 - 2401 - 0015570　△32/12

孔叢子三卷　（漢）孔鮒撰　清乾隆四庫全書
鈔本　二冊

430000 - 2401 - 0015571　△32/59 - 4

鹽鐵論十卷　（漢）桓寬撰　明刻本　二冊

430000 - 2401 - 0015572　△32/59 - 5

鹽鐵論十卷　（漢）桓寬撰　明刻本　二冊

430000 - 2401 - 0015573　32/49 - 3

鹽鐵論十卷　（漢）桓寬撰　清嘉慶十二年
(1807)刻本　二冊

430000 - 2401 - 0015574　32/49 - 3(1)

鹽鐵論十卷　（漢）桓寬撰　清嘉慶十二年
(1807)刻本　三冊

430000 - 2401 - 0015575　△32/60

鹽鐵論十卷　（漢）桓寬撰　清光緒十七年
(1891)湖南思賢講舍刻本　楊樹達批校
三冊

430000 - 2401 - 0015576　32/49

鹽鐵論十卷　（漢）桓寬撰　清光緒十七年
(1891)湖南思賢講舍刻本　有圈點眉批
二冊

430000 - 2401 - 0015577　32/49(1)

鹽鐵論十卷　（漢）桓寬撰　清光緒十七年
(1891)湖南思賢講舍刻本　有圈點眉批
二冊

430000－2401－0015578　32/49(2)

鹽鐵論十卷　（漢）桓寬撰　清光緒十七年
(1891)湖南思賢講舍刻本　有圈點眉批
二冊

430000－2401－0015579　32/49(3)

鹽鐵論十卷　（漢）桓寬撰　清光緒十七年
(1891)湖南思賢講舍刻本　有圈點眉批
二冊

430000－2401－0015580　32/49(4)

鹽鐵論十卷　（漢）桓寬撰　清光緒十七年
(1891)湖南思賢講舍刻本　有圈點眉批
二冊

430000－2401－0015581　32/49(5)

鹽鐵論十卷　（漢）桓寬撰　清光緒十七年
(1891)湖南思賢講舍刻本　有圈點眉批
二冊

430000－2401－0015582　32/49(6)

鹽鐵論十卷　（漢）桓寬撰　清光緒十七年
(1891)湖南思賢講舍刻本　有圈點眉批
二冊

430000－2401－0015583　△32/59

鹽鐵論十二卷　（漢）桓寬撰　（明）張之象註
　清順治刻說郛本　二冊

430000－2401－0015584　32/48

鹽鐵論十二卷　（漢）桓寬撰　（明）張之象註
　清乾隆五十六年(1791)金溪王氏刻增訂漢
魏叢書本　二冊

430000－2401－0015585　△32/59－3

鹽鐵論十二卷　（漢）桓寬撰　（明）鍾惺評
清初刻本　一冊

430000－2401－0015586　32/48－2

鹽鐵論十二卷　（漢）桓寬撰　（明）鍾惺評
清刻本　二冊

430000－2401－0015587　△32/15

中論二卷　（漢）徐幹撰　（明）程榮校　明嘉
靖四十四年(1565)刻本　二冊

430000－2401－0015588　32/82－3

新語二卷　（漢）陸賈撰　清乾隆五十六年
(1791)刻增訂漢魏叢書本　一冊

430000－2401－0015589　32/40

揚子法言十三卷　（漢）揚雄撰　（晉）李軌註
　清嘉慶二十三年(1818)江都秦氏石研齋刻
本　二冊

430000－2401－0015590　32/40(1)

揚子法言十三卷　（漢）揚雄撰　（晉）李軌註
　清嘉慶二十三年(1818)江都秦氏石研齋刻
本　二冊

430000－2401－0015591　32/40(2)

揚子法言十三卷　（漢）揚雄撰　（晉）李軌註
　清嘉慶二十三年(1818)江都秦氏石研齋刻
本　一冊

430000－2401－0015592　32/40(3)

揚子法言十三卷　（漢）揚雄撰　（晉）李軌註
　清嘉慶二十三年(1818)江都秦氏石研齋刻
本　一冊

430000－2401－0015593　32/40(4)

揚子法言十三卷　（漢）揚雄撰　（晉）李軌註
　清嘉慶二十三年(1818)江都秦氏石研齋刻
本　一冊

430000－2401－0015594　32/40(5)

揚子法言十三卷　（漢）揚雄撰　（晉）李軌註
　清嘉慶二十三年(1818)江都秦氏石研齋刻
本　一冊

430000－2401－0015595　32/40(6)

揚子法言十三卷　（漢）揚雄撰　（晉）李軌註
　清嘉慶二十三年(1818)江都秦氏石研齋刻
本　二冊

430000－2401－0015596　△32/42

揚子法言十三卷音義一卷　（漢）揚雄撰
（晉）李軌註　清傳鈔清嘉慶二十四年(1819)
秦恩復刻本　四冊

430000－2401－0015597　△393.1/47

新纂門目五臣音註揚子法言十卷　（漢）揚雄
撰　（晉）李軌　（唐）柳宗元註　（宋）宋咸

等添註　明嘉靖顧氏世德堂刻本　四冊

430000－2401－0015598　32/43

法言十卷　（漢）揚雄撰　（宋）宋咸註　清乾隆五十六年(1791)刻增訂漢魏叢書本　一冊

430000－2401－0015599　32/43(1)

法言十卷　（漢）揚雄撰　（宋）宋咸註　清乾隆五十六年(1791)刻增訂漢魏叢書本　一冊

430000－2401－0015600　32/40－5

揚子法言一卷　（漢）揚雄撰　**伯喈獨斷一卷**　（漢）蔡邕撰　清鈔本　一冊

430000－2401－0015601　△32/52

新書十卷附錄一卷　（漢）賈誼撰　明末刻本　一冊

430000－2401－0015602　32/83－7

新書十卷附錄一卷　（漢）賈誼撰　（清）盧文弨註　清乾隆五十六年(1791)金溪王氏刻增訂漢魏叢書本　康和聲批校圈點　三冊

430000－2401－0015603　32/83

新書十卷　（漢）賈誼撰　（清）盧文弨註　清乾隆餘姚盧氏刻抱經堂叢書本　一冊

430000－2401－0015604　32/83(1)

新書十卷　（漢）賈誼撰　（清）盧文弨註　清乾隆餘姚盧氏刻抱經堂叢書本　四冊

430000－2401－0015605　32/83(2)

新書十卷　（漢）賈誼撰　（清）盧文弨註　清乾隆餘姚盧氏刻抱經堂叢書本　二冊

430000－2401－0015606　32/83(3)

新書十卷　（漢）賈誼撰　（清）盧文弨註　清乾隆餘姚盧氏刻抱經堂叢書本　二冊

430000－2401－0015607　32/83(4)

新書十卷　（漢）賈誼撰　（清）盧文弨註　清乾隆餘姚盧氏刻抱經堂叢書本　四冊

430000－2401－0015608　32/83(2)

新書十卷　（漢）賈誼撰　（清）盧文弨註　清道光刻本　二冊

430000－2401－0015609　32/83－2

新書十卷　（漢）賈誼撰　（清）盧文弨註　清光緒元年(1875)浙江書局刻本　三冊

430000－2401－0015610　32/83－2(1)

新書十卷　（漢）賈誼撰　（清）盧文弨註　清光緒元年(1875)浙江書局刻本　三冊

430000－2401－0015611　32/83－2(2)

新書十卷　（漢）賈誼撰　（清）盧文弨註　清光緒元年(1875)浙江書局刻本　三冊

430000－2401－0015612　32/83－2(3)

新書十卷　（漢）賈誼撰　（清）盧文弨註　清光緒元年(1875)浙江書局刻本　三冊

430000－2401－0015613　32/83－2(4)

新書十卷　（漢）賈誼撰　（清）盧文弨註　清光緒元年(1875)浙江書局刻本　三冊

430000－2401－0015614　32/83－2(5)

新書十卷　（漢）賈誼撰　（清）盧文弨註　清光緒元年(1875)浙江書局刻本　三冊

430000－2401－0015615　32/83－2(6)

新書十卷　（漢）賈誼撰　（清）盧文弨註　清光緒元年(1875)浙江書局刻本　三冊

430000－2401－0015616　32/83－3

新書十卷　（漢）賈誼撰　（清）盧文弨註　清光緒三年(1877)長沙刻本　二冊

430000－2401－0015617　32/83－3(1)

新書十卷　（漢）賈誼撰　（清）盧文弨註　清光緒三年(1877)長沙刻本　二冊

430000－2401－0015618　32/83－4

新書十卷　（漢）賈誼撰　（清）盧文弨註　清光緒元年(1875)湖北崇文書局刻本　二冊

430000－2401－0015619　32/78

賈子十六卷　（漢）賈誼撰　（清）王耕心次詁　清光緒二十九年(1903)正定王氏刻本　二冊

430000－2401－0015620　32/81－3

新序十卷　（漢）劉向撰　明萬曆二十年(1592)刻廣漢魏叢書本　二冊

430000－2401－0015621　32/81－3(1)

新序十卷　（漢）劉向撰　明萬曆二十年(1592)刻廣漢魏叢書本　一冊　存五卷(一至五)

430000－2401－0015622　32/81－5

新序十卷　（漢）劉向撰　清乾隆五十六年(1791)刻增訂漢魏叢書本　二冊

430000－2401－0015623　32/81－4

新序十卷　（漢）劉向撰　清光緒九年(1883)鐵華館影宋刻本　一冊

430000－2401－0015624　32/81－4(1)

新序十卷　（漢）劉向撰　清光緒九年(1883)鐵華館影宋刻本　一冊

430000－2401－0015625　32/81

新序十卷　（漢）劉向撰　（明）鍾惺評　清光緒元年(1875)湖北崇文書局刻本　二冊

430000－2401－0015626　32/81－2

新序十卷　（漢）劉向撰　（明）鍾惺評　清刻本　二冊

430000－2401－0015627　32/75

說苑二十卷　（漢）劉向撰　明萬曆二十年(1592)刻廣漢魏叢書本　四冊

430000－2401－0015628　32/75(2)

說苑二十卷　（漢）劉向撰　明萬曆二十年(1592)刻廣漢魏叢書本　四冊

430000－2401－0015629　32/75(3)

說苑二十卷　（漢）劉向撰　明萬曆二十年(1592)刻廣漢魏叢書本　四冊

430000－2401－0015630　32/75(4)

說苑二十卷　（漢）劉向撰　明萬曆二十年(1592)刻廣漢魏叢書本　四冊

430000－2401－0015631　△32/53

劉向說苑二十卷　（漢）劉向撰　明刻本　四冊

430000－2401－0015632　△32/53(1)

劉向說苑二十卷　（漢）劉向撰　明刻本　四冊

430000－2401－0015633　△32/53－2

劉向說苑二十卷　（漢）劉向撰　明刻本　六冊

430000－2401－0015634　32/75(1)

說苑二十卷　（漢）劉向撰　清乾隆五十六年(1791)刻增訂漢魏叢書本　四冊

430000－2401－0015635　△32/36

家語不分卷附總釋　（三國魏）王肅註　明萬曆二十七年(1599)刻本　二冊

430000－2401－0015636　△32/37

家語十卷　（三國魏）王肅註　（明）何棠評　明末刻本　三冊

430000－2401－0015637　△32/13

孔子家語十卷　（三國魏）王肅註　明末毛氏汲古閣刻本　二冊

430000－2401－0015638　△32/13(1)

孔子家語十卷　（三國魏）王肅註　明毛氏汲古閣刻本　六冊

430000－2401－0015639　32/241－2

傅子一卷　（晉）傅玄撰　清乾隆武英殿本　一冊

430000－2401－0015640　32/241－3

傅子一卷　（晉）傅玄撰　葉德輝輯　清光緒二十八年(1902)刻郎園先生全書本　一冊

430000－2401－0015641　△32/14－2

中說十卷　（宋）阮逸註　明嘉靖十二年(1533)顧氏世德堂刻六子全書本　二冊

430000－2401－0015642　△32/14

中說十卷　（宋）阮逸註　明桐陰書屋刻本　二冊

430000－2401－0015643　△32/14－3

中說十卷　（宋）阮逸註　明敬忍居刻本　四冊

430000－2401－0015644　32/152－4

中說十卷　（宋）阮逸註　清嘉慶九年(1804)蘇州聚文堂刻本　一冊

430000－2401－0015645　32/152－4(1)

中說十卷　（宋)阮逸註　清嘉慶九年(1804)蘇州聚文堂刻本　二冊

430000－2401－0015646　32/152－5

文中子中說十卷　（宋)阮逸註　清道光二年(1822)并門六山閤氏力恕堂刻本　四冊

430000－2401－0015647　32/152－5(1)

文中子中說十卷　（宋)阮逸註　清道光二年(1822)并門六山閤氏力恕堂刻本　四冊

430000－2401－0015648　32/152－2

中說十卷　（宋)阮逸註　清光緒二年(1876)浙江書局刻本　一冊

430000－2401－0015649　32/152－2(1)

中說十卷　（宋)阮逸註　清光緒二年(1876)浙江書局刻本　一冊

430000－2401－0015650　32/152－2(2)

中說十卷　（宋)阮逸註　清光緒二年(1876)浙江書局刻本　二冊

430000－2401－0015651　32/152－2(3)

中說十卷　（宋)阮逸註　清光緒二年(1876)浙江書局刻本　二冊

430000－2401－0015652　32/152－2(4)

中說十卷　（宋)阮逸註　清光緒二年(1876)浙江書局刻本　二冊

430000－2401－0015653　32/152－2(5)

中說十卷　（宋)阮逸註　清光緒二年(1876)浙江書局刻本　二冊

430000－2401－0015654　32/152－2(6)

中說十卷　（宋)阮逸註　清光緒二年(1876)浙江書局刻本　二冊

430000－2401－0015655　32/152

中說十卷　（宋)阮逸註　清光緒十六年(1890)影宋刻貴陽陳氏所刊書本　二冊

430000－2401－0015656　32/152(1)

中說十卷　（宋)阮逸註　清光緒十六年(1890)影宋刻貴陽陳氏所刊書本　一冊

430000－2401－0015657　32/152(2)

中說十卷　（宋)阮逸註　清光緒十六年(1890)影宋刻貴陽陳氏所刊書本　一冊

430000－2401－0015658　32/152(3)

中說十卷　（宋)阮逸註　清光緒十六年(1890)影宋刻貴陽陳氏所刊書本　一冊

430000－2401－0015659　32/152－7

中說二卷　（宋)阮逸註　**枕中書一卷**　（晉)葛洪撰　清刻本　一冊

430000－2401－0015660　△32/6

大學衍義四十三卷　（宋)真德秀撰　明嘉靖六年(1527)司禮監刻本　十一冊　缺十九卷(六至十、十三至十四、二十二至二十八、三十三至四十)

430000－2401－0015661　32/52－9

大學衍義四十三卷　（宋)真德秀撰　清乾隆關中趙酉刻本　六冊

430000－2401－0015662　32/52

大學衍義四十三卷　（宋)真德秀撰　清道光福建刻本　十二冊

430000－2401－0015663　32/52(1)

大學衍義四十三卷　（宋)真德秀撰　清道光福建刻本　十冊

430000－2401－0015664　32/52(2)

大學衍義四十三卷　（宋)真德秀撰　清道光福建刻本　八冊

430000－2401－0015665　32/52(3)

大學衍義四十三卷　（宋)真德秀撰　清道光福建刻本　六冊

430000－2401－0015666　32/52－4

大學衍義四十三卷　（宋)真德秀撰　清同治十三年(1874)金陵書局刻本　八冊

430000－2401－0015667　32/52－4(1)

大學衍義四十三卷　（宋)真德秀撰　清同治十三年(1874)金陵書局刻本　八冊

430000－2401－0015668　32/52－3

大學衍義四十三卷　（宋)真德秀撰　清同治

十三年(1874)夔州郭氏家塾刻本　八册

430000－2401－0015669　32/52－5

大學衍義四十三卷　（宋)真德秀撰　清光緒
二十二年(1896)新化三昧堂刻本　十册

430000－2401－0015670　32/52－6

大學衍義四十三卷　（宋)真德秀撰　清合河
孫嘉淦校刻本　十册

430000－2401－0015671　△32/7

大學衍義四十三卷　（宋)真德秀撰　（明)陳
仁錫評　**大學衍義補一百六十卷首一卷**
（明)丘浚撰　（明)陳仁錫評　明崇禎五年
(1632)陳仁錫刻本　二十四册

430000－2401－0015672　32/52－7

大學衍義四十三卷　（宋)真德秀撰　（明)陳
仁錫評　**大學衍義補一百六十卷首一卷**
（明)丘浚撰　（明)陳仁錫評　明崇禎五年
(1632)梅墅石渠閣刻本　四十册

430000－2401－0015673　32/52－7(1)

大學衍義四十三卷　（宋)真德秀撰　（明)陳
仁錫評　**大學衍義補一百六十卷首一卷**
（明)丘浚撰　（明)陳仁錫評　明崇禎五年
(1632)梅墅石渠閣刻本　二十册

430000－2401－0015674　32/52－10

大學衍義四十三卷　（宋)真德秀撰　（明)陳
仁錫評　明刻本　十册

430000－2401－0015675　32/52－10(1)

大學衍義四十三卷　（宋)真德秀撰　（明)陳
仁錫評　明刻本　八册

430000－2401－0015676　32/52－8

大學衍義四十三卷　（宋)真德秀撰　（明)陳
仁錫評　明刻本　五册　存三十九卷（一至
六、十至四十三)

430000－2401－0015677　32/52－2

大學衍義四十三卷　（宋)真德秀撰　（明)陳
仁錫評　清道光十七年(1837)芸香堂刻本
十册

430000－2401－0015678　32/52－3

大學衍義四十三卷　（宋)真德秀撰　（明)陳
仁錫評　清同治十三年(1874)夔州郭氏家塾
刻本　八册

430000－2401－0015679　32/55－2

大學衍義輯要六卷　（宋)真德秀撰　（清)陳
弘謀纂　**大學衍義補輯要十二卷首一卷**
（明)丘浚撰　（清)陳弘謀纂　清道光二十二
年(1842)寶恕堂刻本　八册

430000－2401－0015680　32/55－2(1)

大學衍義輯要六卷　（宋)真德秀撰　（清)陳
弘謀纂　**大學衍義補輯要十二卷首一卷**
（明)丘浚撰　（清)陳弘謀纂　清道光二十二
年(1842)寶恕堂刻本　四册

430000－2401－0015681　32/55－3

大學衍義輯要六卷　（宋)真德秀撰　（清)陳
弘謀纂　**大學衍義補輯要十二卷首一卷**
（明)丘浚撰　（清)陳弘謀纂　清同治四年
(1865)明德堂刻本　八册

430000－2401－0015682　32/55－3(1)

大學衍義輯要六卷　（宋)真德秀撰　（清)陳
弘謀纂　**大學衍義補輯要十二卷首一卷**
（明)丘浚撰　（清)陳弘謀纂　清同治四年
(1865)明德堂刻本　八册

430000－2401－0015683　32/514

荀子考異一卷　（宋)錢佃撰　清光緒三十一
年(1905)黃岡陶子麟刻本　一册

430000－2401－0015684　32/223－2

孔子集語二卷　（宋)薛據輯　清乾隆二年
(1737)孔廣棨校刻本　一册

430000－2401－0015685　32/223

孔子集語二卷　（宋)薛據輯　清光緒元年
(1875)湖北崇文書局刻本　一册

430000－2401－0015686　32/223(1)

孔子集語二卷　（宋)薛據輯　清光緒元年
(1875)湖北崇文書局刻本　一册

430000－2401－0015687　32/16

王文成公集要七卷附一卷　（明)王守仁等撰

清道光十二年(1832)刻本　六册

430000－2401－0015688　32/365－2

俟後編六卷補錄一卷　(明)王敬臣撰　清同
治八年(1869)刻本　一册

430000－2401－0015689　△32/8－2

大學衍義補一百六十卷　(明)丘濬撰　明崇
禎刻本　十五册　存一百二十六卷(三十五
至一百六十)

430000－2401－0015690　△32/9

大學衍義補一百六十卷　(明)丘濬撰　明刻
本　四十八册

430000－2401－0015691　32/53－5

大學衍義補一百六十卷首一卷　(明)丘濬撰
　(明)陳仁錫評　明刻本　五册　存三十五
卷(首、一至三十四)

430000－2401－0015692　32/53－3

大學衍義補一百六十卷首一卷　(明)丘濬撰
　(明)陳仁錫評　清道光十七年(1837)芸香
堂刻本　四十册

430000－2401－0015693　32/53－2

大學衍義補一百六十卷首一卷　(明)丘濬撰
　(明)陳仁錫評　清刻本　三十二册

430000－2401－0015694　32/53－2(1)

大學衍義補一百六十卷首一卷　(明)丘濬撰
　(明)陳仁錫評　清刻本　三十二册

430000－2401－0015695　32/55

大學衍義補輯要十二卷首一卷　(明)丘濬撰
　(清)陳弘謀纂　清乾隆元年(1736)培遠堂
刻本　八册

430000－2401－0015696　32/270

衡門芹一卷　(明)辛全撰　明晉淑健等刻本
　一册

430000－2401－0015697　32/229

愧林漫錄二卷　(明)瞿式耜輯　清光緒十六
年(1890)江蘇書局刻本　二册

430000－2401－0015698　34/19

黃書一卷　(清)王夫之撰　清同治四年

(1865)湘鄉曾氏金陵刻船山遺書本　一册

430000－2401－0015699　34/19(1)

黃書一卷　(清)王夫之撰　清同治四年
(1865)湘鄉曾氏金陵刻船山遺書本　一册

430000－2401－0015700　34/19－2

黃書一卷　(清)王夫之撰　清光緒二十三年
(1897)豐城余氏寶墨齋刻寶墨齋叢書本
一册

430000－2401－0015701　34/19－2(1)

黃書一卷　(清)王夫之撰　清光緒二十三年
(1897)豐城余氏寶墨齋刻寶墨齋叢書本
一册

430000－2401－0015702　34/19－3

黃書一卷　(清)王夫之撰　**明夷待訪錄一卷**
　(清)黃宗羲撰　清光緒二十四年(1898)豐
城余氏寶墨齋刻本　一册

430000－2401－0015703　34/20－2

噩夢一卷　(清)王夫之撰　清同治四年
(1865)湘鄉曾氏金陵節署刻船山遺書本　蕭
仲祁批校圈點　一册

430000－2401－0015704　34/20

噩夢一卷　(清)王夫之撰　清光緒二十三年
(1897)豐城余氏寶墨齋刻寶墨齋叢書本　一册

430000－2401－0015705　34/20(1)

噩夢一卷　(清)王夫之撰　清光緒二十三年
(1897)豐城余氏寶墨齋刻寶墨齋叢書本
一册

430000－2401－0015706　34/20(2)

噩夢一卷　(清)王夫之撰　清光緒二十三年
(1897)豐城余氏寶墨齋刻寶墨齋叢書本
一册

430000－2401－0015707　34/20－3

噩夢一卷　(清)王夫之撰　鈔本　二册

430000－2401－0015708　32/148

賈子次詁十六卷　(清)王耕心撰　清光緒二
十九年(1903)刻本　二册

430000－2401－0015709　32/226－2

繹志十九卷 （清）胡承諾撰 清道光十七年(1837)婁東顧氏謏聞書屋刻本 八冊

430000－2401－0015710 32/226－2

繹志十九卷 （清）胡承諾撰 清道光十七年(1837)婁東顧氏謏聞書屋刻本 六冊

430000－2401－0015711 32/226－3

繹志十九卷 （清）胡承諾撰 清同治十一年(1872)浙江書局刻本 八冊

430000－2401－0015712 32/226－3(1)

繹志十九卷 （清）胡承諾撰 清同治十一年(1872)浙江書局刻本 八冊

430000－2401－0015713 32/226－3(2)

繹志十九卷 （清）胡承諾撰 清同治十一年(1872)浙江書局刻本 八冊

430000－2401－0015714 32/226－3(3)

繹志十九卷 （清）胡承諾撰 清同治十一年(1872)浙江書局刻本 八冊

430000－2401－0015715 32/226

繹志十九卷 （清）胡承諾撰 清光緒十七年(1891)三餘草堂刻湖北叢書本 八冊

430000－2401－0015716 32/5

荀子補註二卷 （清）郝懿行撰 清刻齊魯先哲遺書本 一冊

430000－2401－0015717 △32/64

讀鹽鐵論識語十卷校錄一卷 （清）陳模撰 鈔本 一冊

430000－2401－0015718 32/224

漢儒通義七卷 （清）陳澧撰 清咸豐八年(1858)粵東富文齋刻番禺陳氏東塾叢書本 二冊

430000－2401－0015719 32/224(1)

漢儒通義七卷 （清）陳澧撰 清咸豐八年(1858)粵東富文齋刻番禺陳氏東塾叢書本 二冊

430000－2401－0015720 32/224(1)

漢儒通義七卷 （清）陳澧撰 清咸豐八年(1858)粵東富文齋刻番禺陳氏東塾叢書本 二冊

430000－2401－0015721 32/224－2

漢儒通義七卷 （清）陳澧撰 清光緒二十五年(1899)蔭立堂刻蔭立堂叢書本 三冊

430000－2401－0015722 32/20

校邠廬抗議二卷 （清）馮桂芬撰 清光緒十年(1884)豫章刻本 二冊

430000－2401－0015723 32/20(1)

校邠廬抗議二卷 （清）馮桂芬撰 清光緒十年(1884)豫章刻本 二冊

430000－2401－0015724 32/20－3

校邠廬抗議二卷 （清）馮桂芬撰 清光緒二十三年(1897)文瑞樓鉛印本 一冊

430000－2401－0015725 32/20－7

校邠廬抗議二卷 （清）馮桂芬撰 清光緒二十三年(1897)廣仁堂鉛印本 二冊

430000－2401－0015726 32/20－2

校邠廬抗議一卷 （清）馮桂芬撰 清光緒二十三年(1897)豐城余氏寶墨齋刻本 一冊

430000－2401－0015727 32/20－2(1)

校邠廬抗議一卷 （清）馮桂芬撰 清光緒二十三年(1897)豐城余氏寶墨齋刻本 一冊

430000－2401－0015728 32/20－2(2)

校邠廬抗議一卷 （清）馮桂芬撰 清光緒二十三年(1897)豐城余氏寶墨齋刻本 一冊

430000－2401－0015729 32/20－2(3)

校邠廬抗議一卷 （清）馮桂芬撰 清光緒二十三年(1897)豐城余氏寶墨齋刻本 一冊

430000－2401－0015730 32/20－6

校邠廬抗議二卷 （清）馮桂芬撰 清光緒二十四年(1898)刻本 二冊

430000－2401－0015731 32/20－4

校邠廬抗議二卷 （清）馮桂芬撰 清光緒二十四年(1898)武昌經心精舍刻本 二冊

430000－2401－0015732 32/20－4(1)

校邠廬抗議二卷 （清）馮桂芬撰 清光緒二十四年(1898)武昌經心精舍刻本 二冊

430000－2401－0015733　32/20－5

校邠廬抗議二卷　（清）馮桂芬撰　清光緒二十四年(1898)益文堂刻本　二冊

430000－2401－0015734　32/20－5(1)

校邠廬抗議二卷　（清）馮桂芬撰　清光緒二十四年(1898)益文堂刻本　一冊

430000－2401－0015735　32/363－5

明夷待訪錄一卷　（清）黃宗羲撰　清光緒二十三年(1897)上海鴻文書局石印本　二冊

430000－2401－0015736　32/363－6

明夷待訪錄一卷　（清）黃宗羲撰　清光緒二十四年(1898)湖南長沙新學書局刻本　一冊

430000－2401－0015737　32/363－4

明夷待訪錄一卷　（清）黃宗羲撰　清光緒二十四年(1898)長沙經濟書局刻本　一冊

430000－2401－0015738　32/363－4(1)

明夷待訪錄一卷　（清）黃宗羲撰　清光緒二十四年(1898)長沙經濟書局刻本　一冊

430000－2401－0015739　32/363

明夷待訪錄一卷　（清）黃宗羲撰　清光緒二十四年(1898)豐城余氏寶墨齋刻本　一冊

430000－2401－0015740　32/363(1)

明夷待訪錄一卷　（清）黃宗羲撰　清光緒二十四年(1898)豐城余氏寶墨齋刻本　一冊

430000－2401－0015741　32/363(2)

明夷待訪錄一卷　（清）黃宗羲撰　清光緒二十四年(1898)豐城余氏寶墨齋刻本　一冊

430000－2401－0015742　32/363(3)

明夷待訪錄一卷　（清）黃宗羲撰　清光緒二十四年(1898)豐城余氏寶墨齋刻本　一冊

430000－2401－0015743　32/363－2

明夷待訪錄一卷　（清）黃宗羲撰　清末五桂樓刻本　一冊

430000－2401－0015744　32/363－3

明夷待訪錄一卷　（清）黃宗羲撰　清末黃承乙刻本　一冊

430000－2401－0015745　32/363－3(1)

明夷待訪錄一卷　（清）黃宗羲撰　清末黃承乙刻本　一冊

430000－2401－0015746　32/54

大學衍義續七十卷　（清）強汝詢輯　清光緒十二年(1886)刻本　二十四冊

430000－2401－0015747　32/54(1)

大學衍義續七十卷　（清）強汝詢輯　清光緒十二年(1886)刻本　二十四冊

430000－2401－0015748　32/149

漢兩大儒書　（清）盧文弨編　清嘉慶餘姚盧氏抱經堂刻本　四冊

430000－2401－0015749　32/146

說苑考異一卷　（清）盧文弨撰　（清）胡鳳丹校補　（清）黃嗣艾纂訂　清同治十年(1871)漢陽黃氏刻本　一冊

430000－2401－0015750　32/2

荀子集解二十卷首一卷　王先謙撰　清光緒十七年(1891)長沙王氏刻本　六冊

430000－2401－0015751　32/2(1)

荀子集解二十卷首一卷　王先謙撰　清光緒十七年(1891)長沙王氏刻本　六冊

430000－2401－0015752　32/2(2)

荀子集解二十卷首一卷　王先謙撰　清光緒十七年(1891)長沙王氏刻本　六冊

430000－2401－0015753　32/2(3)

荀子集解二十卷首一卷　王先謙撰　清光緒十七年(1891)長沙王氏刻本　六冊

430000－2401－0015754　32/2(4)

荀子集解二十卷首一卷　王先謙撰　清光緒十七年(1891)長沙王氏刻本　六冊

430000－2401－0015755　32/2(5)

荀子集解二十卷首一卷　王先謙撰　清光緒十七年(1891)長沙王氏刻本　六冊

430000－2401－0015756　32/2(6)

荀子集解二十卷首一卷　王先謙撰　清光緒十七年(1891)長沙王氏刻本　六冊

430000－2401－0015757　△32/32

荀子集解二十卷首一卷　王先謙撰　清光緒十七年(1891)刻本　楊樹達批校　二冊　存十卷(十一至二十)

430000－2401－0015758　32/305

知聖篇二卷　廖平撰　清宣統三年(1911)上海國光扶輪社鉛印張氏適園叢書本　一冊

430000－2401－0015759　32/305(1)

知聖篇二卷　廖平撰　清宣統三年(1911)上海國光扶輪社鉛印張氏適園叢書本　一冊

430000－2401－0015760　32/529

孟子演義一卷　（日本）蘆滕太郎撰　清光緒二十八年(1902)刻本　一冊

430000－2401－0015761　32/199－2

二程語錄十八卷　（宋）朱熹輯　清康熙福州正誼堂刻本　五冊

430000－2401－0015762　32/199－2(1)

二程語錄十八卷　（宋）朱熹輯　清康熙福州正誼堂刻本　三冊　缺六卷(十三至十八)

430000－2401－0015763　32/199

二程語錄十八卷　（宋）朱熹輯　清同治五年(1866)福州正誼堂刻正誼堂全書本　五冊

430000－2401－0015764　32/199(1)

二程語錄十八卷　（宋）朱熹輯　清同治五年(1866)福州正誼堂刻正誼堂全書本　六冊

430000－2401－0015765　32/334

延平李先生師弟子答問一卷後錄一卷補錄一卷　（宋）朱熹輯　清光緒五年(1879)刻本　二冊

430000－2401－0015766　32/197－3

朱子語類一百四十卷　（宋）朱熹撰　（宋）黎靖德輯　清同治十一年(1872)應元書院刻本　四十冊

430000－2401－0015767　32/197－3(1)

朱子語類一百四十卷　（宋）朱熹撰　（宋）黎靖德輯　清同治十一年(1872)應元書院刻本　四十冊

430000－2401－0015768　32/197－2

朱子語類一百四十卷　（宋）朱熹撰　（宋）黎靖德輯　清光緒二年(1876)刻西京清麓叢書本　二十四冊

430000－2401－0015769　32/197－2(1)

朱子語類一百四十卷　（宋）朱熹撰　（宋）黎靖德輯　清光緒二年(1876)刻西京清麓叢書本　二十四冊

430000－2401－0015770　32/197－2(2)

朱子語類一百四十卷　（宋）朱熹撰　（宋）黎靖德輯　清光緒二年(1876)刻西京清麓叢書本　六十冊

430000－2401－0015771　32/197－2(3)

朱子語類一百四十卷　（宋）朱熹撰　（宋）黎靖德輯　清光緒二年(1876)刻西京清麓叢書本　二十六冊

430000－2401－0015772　32/197

朱子語類一百四十卷　（宋）朱熹撰　（宋）黎靖德輯　清光緒二年(1876)三原劉氏傳經堂刻劉氏傳經堂叢書本　四十八冊

430000－2401－0015773　32/197－4

朱子語類一百四十卷　（宋）朱熹撰　（宋）黎靖德輯　清同治十一年(1872)應元書院刻本　四十八冊

430000－2401－0015774　32/197－4(1)

朱子語類一百四十卷　（宋）朱熹撰　（宋）黎靖德輯　清同治十一年(1872)應元書院刻本　十三冊　存五十一卷(一至七、五十六至六十二、八十三至九十、九十八至一百十三、一百十八至一百二十七、一百三十一至一百三十三)

430000－2401－0015775　32/31－9

近思錄十四卷　（宋）朱熹撰　清咸豐七年(1857)湛貽堂刻本　二冊

430000－2401－0015776　△32/26－3

近思錄十四卷　（宋）朱熹　（宋）呂祖謙撰　明萬曆三十五年(1607)朱崇沐刻本　佚名批校　四冊

430000－2401－0015777　△32/26－2

近思錄十四卷　（宋）朱熹　（宋）呂祖謙撰
明刻本　佚名批校圈點　三冊

430000－2401－0015778　△32/26

近思錄十四卷　（宋）朱熹　（宋）呂祖謙撰
（清）張伯行集解　清影鈔乾隆十三年（1748）
尹會一刻本　四冊

430000－2401－0015779　32/32－8

朱子原訂近思錄十四卷　（宋）朱熹撰　（清）
江永集註　清嘉慶十九年（1814）刻本　四冊

430000－2401－0015780　32/31－7

近思錄十四卷　（宋）朱熹撰　（清）江永集註
　清道光五年（1825）婺源一經堂刻本　三冊

430000－2401－0015781　32/31

近思錄十四卷　（宋）朱熹撰　（清）江永集註
　清咸豐三年（1853）醉經堂刻本　四冊

430000－2401－0015782　32/32

朱子原訂近思錄十四卷　（宋）朱熹撰　（清）
江永集註　清同治三年至四年（1864－1865）
望三益齋刻本　四冊

430000－2401－0015783　32/32（1）

朱子原訂近思錄十四卷　（宋）朱熹撰　（清）
江永集註　清同治三年至四年（1864－1865）
望三益齋刻本　四冊

430000－2401－0015784　32/32－2

朱子原訂近思錄十四卷　（宋）朱熹撰　（清）
江永集註　清同治七年（1868）湖北崇文書局
刻本　五冊

430000－2401－0015785　32/32－2（1）

朱子原訂近思錄十四卷　（宋）朱熹撰　（清）
江永集註　清同治七年（1868）湖北崇文書局
刻本　五冊

430000－2401－0015786　32/32－2（2）

朱子原訂近思錄十四卷　（宋）朱熹撰　（清）
江永集註　清同治七年（1868）湖北崇文書局
刻本　五冊

430000－2401－0015787　32/32－2（3）

朱子原訂近思錄十四卷　（宋）朱熹撰　（清）
江永集註　清同治七年（1868）湖北崇文書局
刻本　五冊

430000－2401－0015788　32/32－2（4）

朱子原訂近思錄十四卷　（宋）朱熹撰　（清）
江永集註　清同治七年（1868）湖北崇文書局
刻本　五冊

430000－2401－0015789　32/32－2（5）

朱子原訂近思錄十四卷　（宋）朱熹撰　（清）
江永集註　清同治七年（1868）湖北崇文書局
刻本　五冊

430000－2401－0015790　32/32－2（6）

朱子原訂近思錄十四卷　（宋）朱熹撰　（清）
江永集註　清同治七年（1868）湖北崇文書局
刻本　五冊

430000－2401－0015791　32/32－7

朱子原訂近思錄十四卷　（宋）朱熹撰　（清）
江永集註　清同治七年（1868）湖北崇文書局
刻本　湘陰郭立山眉批數則　一冊　存一卷
（一）

430000－2401－0015792　32/31－4

近思錄十四卷　（宋）朱熹撰　（清）江永集註
　清同治八年（1869）江蘇書局刻本　四冊

430000－2401－0015793　32/31－8

近思錄十四卷　（宋）朱熹撰　（清）江永集註
　清光緒元年（1875）香山何璟刻本　五冊

430000－2401－0015794　32/32－5

朱子原訂近思錄十四卷　（宋）朱熹撰　（清）
江永集註　清光緒十一年（1885）江西書局刻
本　四冊

430000－2401－0015795　32/31－2

近思錄十四卷　（宋）朱熹撰　（清）江永集註
　清光緒十五年（1889）金陵書局刻本　四冊

430000－2401－0015796　32/31－2（1）

近思錄十四卷　（宋）朱熹撰　（清）江永集註
　清光緒十五年（1889）金陵書局刻本　四冊

430000－2401－0015797　32/31－6

近思錄十四卷　(宋)朱熹撰　(清)江永集註
清光緒二十五年(1899)浙江官書局刻本　四冊

430000－2401－0015798　32/36－6

近思錄十四卷　(宋)朱熹撰　(清)張伯行集
解　清乾隆維揚安定書院刻本　四冊

430000－2401－0015799　32/198－2

御纂朱子全書六十六卷　(宋)朱熹撰　(清)
李光地等輯　清康熙五十三年(1714)內府刻
本　二十四冊

430000－2401－0015800　32/198－2(1)

御纂朱子全書六十六卷　(宋)朱熹撰　(清)
李光地等輯　清康熙五十三年(1714)內府刻
本　六十冊

430000－2401－0015801　32/198－2(2)

御纂朱子全書六十六卷　(宋)朱熹撰　(清)
李光地等輯　清康熙五十三年(1714)內府刻
本　二十六冊

430000－2401－0015802　32/198－2(3)

御纂朱子全書六十六卷　(宋)朱熹撰　(清)
李光地等輯　清康熙五十三年(1714)內府刻
本　二十六冊

430000－2401－0015803　32/198－9

御纂朱子全書六十六卷　(宋)朱熹撰　(清)
李光地等輯　清同治八年(1869)成都書局刻
本　二十九冊　缺三卷(三至五)

430000－2401－0015804　32/198－9(1)

御纂朱子全書六十六卷　(宋)朱熹撰　(清)
李光地等輯　清同治八年(1869)成都書局刻
本　二十六冊　缺九卷(五至九、十二至十
四、六十六)

430000－2401－0015805　32/198

御纂朱子全書六十六卷　(宋)朱熹撰　(清)
李光地等輯　清光緒九年至十年(1883－
1884)南海孔氏刻古香齋袖珍十種本　三十
六冊

430000－2401－0015806　32/198(1)

御纂朱子全書六十六卷　(宋)朱熹撰　(清)

李光地等輯　清光緒九年至十年(1883－
1884)南海孔氏刻古香齋袖珍十種本　三十
六冊

430000－2401－0015807　32/198－4

御纂朱子全書六十六卷　(宋)朱熹撰　(清)
李光地等輯　清文元堂刻本　四十八冊

430000－2401－0015808　32/198－4(1)

御纂朱子全書六十六卷　(宋)朱熹撰　(清)
李光地等輯　清文元堂刻本　十三冊

430000－2401－0015809　32/198－3

御纂朱子全書六十六卷　(宋)朱熹撰　(清)
李光地等輯　清江西書局刻本　四十冊

430000－2401－0015810　32/198－3(1)

御纂朱子全書六十六卷　(宋)朱熹撰　(清)
李光地等輯　清江西書局刻本　三十九冊
缺二卷(三十三至三十四)

430000－2401－0015811　32/198－3(2)

御纂朱子全書六十六卷　(宋)朱熹撰　(清)
李光地等輯　清江西書局刻本(補配本)　三
十一冊

430000－2401－0015812　32/198－7

御纂朱子全書六十六卷　(宋)朱熹撰　(清)
李光地等輯　清成都尊經閣刻本　四十冊

430000－2401－0015813　32/198－8

御纂朱子全書六十六卷　(宋)朱熹撰　(清)
李光地等輯　清刻本　二十冊

430000－2401－0015814　32/198－6

御纂朱子全書六十六卷　(宋)朱熹撰　(清)
李光地等輯　清刻本　三十二冊

430000－2401－0015815　32/300

新刊性理大全八卷　(宋)周敦頤撰　(宋)朱
熹註　性理體註訓解標題不分卷　(清)張道
升　(清)仇廷桂纂　(清)呂從律增訂　清康
熙三十六年(1697)三樂齋刻本　五冊

430000－2401－0015816　△32/27

周子全書二十二卷　(宋)周敦頤撰　(清)董榕
輯　清乾隆二十一年(1756)刻本　二十二冊

430000 - 2401 - 0015817　32/210 - 3
周子全書二十二卷首二卷末一卷　(宋)周敦
頤撰　(清)鄧顯鶴編　清道光二十七年
(1847)湘鄉彭氏刻本　四冊

430000 - 2401 - 0015818　32/210 - 3(1)
周子全書二十二卷首二卷末一卷　(宋)周敦
頤撰　(清)鄧顯鶴編　清道光二十七年
(1847)湘鄉彭氏刻本　四冊

430000 - 2401 - 0015819　32/210 - 3(2)
周子全書二十二卷首二卷末一卷　(宋)周敦
頤撰　(清)鄧顯鶴編　清道光二十七年
(1847)湘鄉彭氏刻本　四冊

430000 - 2401 - 0015820　32/154
西山先生真文忠公讀書記四十卷　(宋)真德
秀撰　清乾隆四年(1739)真氏家刻本　二
十冊

430000 - 2401 - 0015821　32/154(1)
西山先生真文忠公讀書記四十卷　(宋)真德
秀撰　清乾隆四年(1739)真氏家刻本　二
十冊

430000 - 2401 - 0015822　32/154(2)
西山先生真文忠公讀書記四十卷　(宋)真德
秀撰　清乾隆四年(1739)真氏家刻本　二十
一冊　缺二卷(三十九至四十)

430000 - 2401 - 0015823　32/154(3)
西山先生真文忠公讀書記四十卷　(宋)真德
秀撰　清乾隆四年(1739)真氏家刻本　十四
冊　存十八卷(一至十八)

430000 - 2401 - 0015824　△32/16
心經附註四卷　(宋)真德秀撰　(明)程敏政
註　明弘治五年(1492)刻本　一冊　存二卷
(三至四)

430000 - 2401 - 0015825　32/218
張子全書十五卷　(宋)張載撰　(宋)朱熹註
明萬曆徐必達刻本　十二冊

430000 - 2401 - 0015826　△32/38
張子全書十五卷　(宋)張載撰　(宋)朱熹註

清康熙五十八年(1719)朱軾刻本　四冊

430000 - 2401 - 0015827　32/218 - 2
張子全書十五卷　(宋)張載撰　(宋)朱熹註
清康熙五十八年(1719)高安朱氏刻本
五冊

430000 - 2401 - 0015828　32/218 - 2(1)
張子全書十五卷　(宋)張載撰　(宋)朱熹註
清康熙五十八年(1719)高安朱氏刻本
六冊

430000 - 2401 - 0015829　32/218 - 4
張子全書十五卷　(宋)張載撰　(宋)朱熹註
清同治九年(1870)刻本　四冊

430000 - 2401 - 0015830　32/218 - 3
張子全書十四卷　(宋)張載撰　(清)武澄輯
清道光二十二年(1842)刻本　八冊

430000 - 2401 - 0015831　32/304
張子正蒙二卷　(宋)張載撰　(清)王夫之註
清康熙五十六年(1717)湘西草堂刻本
五冊

430000 - 2401 - 0015832　32/12
潛室陳先生木鍾集十一卷　(宋)陳埴撰　清
同治六年(1867)東甌郡齋刻本　四冊

430000 - 2401 - 0015833　△32/48
慈溪黃氏日鈔分類九十七卷古今紀要十七卷
(宋)黃震撰　明正德十四年(1519)書林龔
氏明實堂刻本　六十四冊

430000 - 2401 - 0015834　△32/48(1)
慈溪黃氏日鈔分類九十七卷古今紀要十七卷
(宋)黃震撰　明正德十四年(1519)書林龔
氏明實堂刻本　四十八冊

430000 - 2401 - 0015835　△32/48(2)
慈溪黃氏日鈔分類九十七卷古今紀要十七卷
(宋)黃震撰　明正德十四年(1519)書林龔
氏明實堂刻本　三冊　存六卷(一至二、八至
九、十二至十三)

430000 - 2401 - 0015836　△32/48 - 2
慈溪黃氏日鈔分類九十七卷　(宋)黃震撰

清乾隆木活字本 三十六冊 存七十七卷
(十至二十、二十二至八十、八十二至八十八)

430000－2401－0015837 393.2/25

慈溪黃氏日鈔分類九十五卷古今紀要十七卷
(宋)黃震撰 清乾隆三十二年(1767)新安
汪氏修補明正德十四年(1519)書林龔氏刻本
二十二冊

430000－2401－0015838 393.2/25(1)

慈溪黃氏日鈔分類九十五卷古今紀要十七卷
(宋)黃震撰 清乾隆三十二年(1767)新安
汪氏修補明正德十四年(1519)書林龔氏刻本
二十四冊

430000－2401－0015839 393.2/25(2)

慈溪黃氏日鈔分類九十五卷古今紀要十七卷
(宋)黃震撰 清乾隆三十二年(1767)新安
汪氏修補明正德十四年(1519)書林龔氏刻本
二十四冊

430000－2401－0015840 393.2/25(3)

慈溪黃氏日鈔分類九十五卷古今紀要十七卷
(宋)黃震撰 清乾隆三十二年(1767)新安
汪氏修補明正德十四年(1519)書林龔氏刻本
二十四冊

430000－2401－0015841 393.2/25(4)

慈溪黃氏日鈔分類九十五卷古今紀要十七卷
(宋)黃震撰 清乾隆三十二年(1767)新安
汪氏修補明正德十四年(1519)書林龔氏刻本
三十二冊

430000－2401－0015842 393.2/25(5)

慈溪黃氏日鈔分類九十五卷古今紀要十七卷
(宋)黃震撰 清乾隆三十二年(1767)新安
汪氏修補明正德十四年(1519)書林龔氏刻本
十八冊 缺十卷(一至六、二十二至二十
五)

430000－2401－0015843 △27/19

慈溪黃氏日鈔分類古今紀要十九卷 (宋)黃
震撰 清乾隆三十二年(1767)汪佩鍔珠樹堂
刻本 四冊

430000－2401－0015844 32/214

程蒙齋性理字訓一卷 (宋)程正思撰 清末
刻本 一冊

430000－2401－0015845 △32/2

二程全書六十二卷 (宋)程顥 (宋)程頤撰
明成化十二年(1476)段堅刻本 一冊 存
五卷(經說四至八)

430000－2401－0015846 413/25－2

二程全書不分卷 (宋)程顥 (宋)程頤撰
清吳門葉顯吾刻本 二冊

430000－2401－0015847 32/7

河南程氏遺書二十五卷附錄一卷 (宋)程顥
(宋)程頤撰 (宋)朱熹輯 清長沙小琅環
山館刻本 四冊 缺五卷(十八至二十二)

430000－2401－0015848 △32/1

二程先生書五十一卷 (宋)程顥 (宋)程頤
撰 (明)閻禹錫輯 明隆慶四年(1570)金立
敬刻本 十冊

430000－2401－0015849 32/200－2

二程粹言二卷 (宋)楊時輯 (宋)張栻編
清刻本 一冊

430000－2401－0015850 32/200

二程粹言二卷 (宋)楊時輯 (宋)張栻編
清同治五年(1866)福州正誼書院刻正誼堂全
書本 一冊

430000－2401－0015851 32/200(1)

二程粹言二卷 (宋)楊時輯 (宋)張栻編
清同治五年(1866)福州正誼書院刻正誼堂全
書本 一冊

430000－2401－0015852 32/429

河南程氏粹言二卷 (宋)楊時輯 (宋)張栻
編 清光緒刻洪氏唐石經館叢書本 一冊

430000－2401－0015853 32/36

近思錄集解十四卷 (宋)葉采撰 清乾隆元
年(1736)陳氏培遠堂刻本 佚名跋識 四冊

430000－2401－0015854 32/36－2

近思錄集解十四卷 (宋)葉采撰 清乾隆五
年(1740)刻本 佚名評點 四冊

430000－2401－0015855　32/36－2(1)

近思録集解十四卷　(宋)葉采撰　清乾隆五年(1740)刻本　四冊

430000－2401－0015856　32/36－3

近思録集解十四卷　(宋)葉采撰　清三多齋刻本　六冊

430000－2401－0015857　32/36－4

近思録集解十四卷　(宋)葉采撰　清在茲堂刻本　六冊

430000－2401－0015858　32/36－6

近思録集解十四卷　(宋)葉采撰　清乾隆維揚安定書院刻本　四冊

430000－2401－0015859　32/36－5

重鐫近思録集解十四卷　(宋)葉采撰　(清)李振裕　(清)高喬重編　清康熙二十八年(1689)徽婺崇正堂刻本　三冊

430000－2401－0015860　△32/20

重鋟朱子語類一百四十卷　(宋)徐靖德原編　(明)朱吾弼重編　明萬曆三十二年(1604)朱崇沐刻本　十九冊　存一百十八卷(七至七十、七十八至一百十二、一百二十二至一百四十)

430000－2401－0015861　32/95－3

明本釋三卷　(宋)劉荀撰　清刻本　三冊

430000－2401－0015862　32/217－2

上蔡謝先生語録三卷　(宋)謝良佐撰　清同治刻本　一冊

430000－2401－0015863　32/208

朱子晚年定論一卷　(明)王守仁輯　清同治七年(1868)江漢書院刻本　一冊

430000－2401－0015864　△32/57

學案一卷　(明)王牲輯　集程朱格物法一卷集朱子讀書法一卷　(清)王澍輯　清乾隆二年(1737)刻本　一冊

430000－2401－0015865　△32/29

卓吾先生批評龍谿王先生語録鈔八卷　(明)王畿撰　(明)李贄評　明萬曆二十六年

(1598)吳可期吳可善刻本　八冊

430000－2401－0015866　△391.1/39

荆園小語摘録行書冊　(明)申涵光撰　(清)陶覲儀摘録　清陶覲儀書　一冊

430000－2401－0015867　32/207

朱子學的二卷　(明)丘濬撰　清川南刻本二冊

430000－2401－0015868　32/207(1)

朱子學的二卷　(明)丘濬撰　清川南刻本二冊

430000－2401－0015869　32/207(2)

朱子學的二卷　(明)丘濬撰　清川南刻本二冊

430000－2401－0015870　32/207(3)

朱子學的二卷　(明)丘濬撰　清川南刻本二冊

430000－2401－0015871　32/207－2

朱子學的二卷　(明)丘濬撰　清同治五年(1866)福州正誼書院刻本　一冊　存一卷(一)

430000－2401－0015872　△32/28

呻吟語六卷　(明)呂坤撰　明萬曆二十一年(1593)刻本　九冊　存五卷(一至五)

430000－2401－0015873　△32/28(1)

呻吟語六卷　(明)呂坤撰　明萬曆二十一年(1593)刻本　二冊　存二卷(一之一至三、四之四)

430000－2401－0015874　32/113

呻吟語六卷　(明)呂坤撰　明萬曆二十一年(1593)刻本　六冊

430000－2401－0015875　32/113－5

呻吟語六卷　(明)呂坤撰　清乾隆五十九年(1794)呂燕昭刻本　六冊

430000－2401－0015876　32/113－2

呻吟語六卷　(明)呂坤撰　清道光十七年(1837)雅雨堂刻本　六冊

430000－2401－0015877　32/113－3

呻吟語六卷　（明）呂坤撰　清同治七年
(1868)思補山房刻本　六冊

430000－2401－0015878　32/113－3(1)

呻吟語六卷　（明）呂坤撰　清同治七年
(1868)思補山房刻本　六冊

430000－2401－0015879　32/113－3(2)

呻吟語六卷　（明）呂坤撰　清同治七年
(1868)思補山房刻本　六冊

430000－2401－0015880　32/113－4

呻吟語六卷　（明）呂坤撰　清光緒十七年
(1891)思覺草堂鉛印本　二冊　存二卷(一
至二)

430000－2401－0015881　32/113－6

呻吟語六卷　（明）呂坤撰　清刻本　六冊

430000－2401－0015882　32/114

呻吟語節鈔六卷　（明）呂坤撰　清嘉慶二十
年(1815)浙紹潘氏刻本　二冊

430000－2401－0015883　32/115－2

呻吟語節錄六卷　（明）呂坤撰　清嘉慶二十
四年(1819)關中王氏刻本　一冊

430000－2401－0015884　32/115

呻吟語節錄六卷　（明）呂坤撰　清同治八年
(1869)武林刻本　二冊

430000－2401－0015885　32/117

摘錄呂新吾先生呻吟語四卷　（明）呂坤撰
（清）沈惺齋註　清道光三十年(1850)刻本
四冊

430000－2401－0015886　32/445

呂子節錄四卷補遺二卷　（明）呂坤撰　（清）
陳弘謀評　清乾隆元年(1736)培遠堂刻本
四冊

430000－2401－0015887　32/445(1)

呂子節錄四卷補遺二卷　（明）呂坤撰　（清）
陳弘謀評　清乾隆元年(1736)培遠堂刻本
四冊

430000－2401－0015888　32/132

呂子節錄四卷補遺二卷　（明）呂坤撰　（清）
陳弘謀評輯　清咸豐二年(1852)長沙刻本
二冊

430000－2401－0015889　32/132－2

呂子節錄二卷　（明）呂坤撰　（清）陳弘謀評
輯　清同治九年(1870)養自然齋刻本　二冊

430000－2401－0015890　32/183

呂語集粹四卷　（明）呂坤撰　（清）陳弘謀評
清末上海文瑞樓石印本　一冊　存二卷
(一至二)

430000－2401－0015891　32/183－2

呂語集粹四卷　（明）呂坤撰　（清）尹會一編
清蘇昌刻本　一冊　存二卷(三至四)

430000－2401－0015892　32/357

宋四子鈔釋　（明）呂楠撰　清光緒二十二年
(1896)長沙重刻惜陰軒叢書本　六冊

430000－2401－0015893　32/161

涇野子內篇二十七卷　（明）呂楠撰　清光緒
七年(1881)景槐書院刻本　六冊

430000－2401－0015894　32/273

居業錄粹語二卷　（明）胡居仁撰　清道光十
六年(1836)刻本　一冊　存一卷(一)

430000－2401－0015895　32/147－2

胡敬齋先生居業錄八卷　（明）胡居仁撰　清
康熙正誼堂刻本　四冊

430000－2401－0015896　32/147

胡敬齋先生居業錄十二卷　（明）胡居仁撰
清乾隆二十二年(1757)李氏刻本　四冊

430000－2401－0015897　32/147(1)

胡敬齋先生居業錄十二卷　（明）胡居仁撰
清乾隆二十二年(1757)李氏刻本　四冊

430000－2401－0015898　32/147(2)

胡敬齋先生居業錄十二卷　（明）胡居仁撰
清乾隆二十二年(1757)李氏刻本　二冊　缺
四卷(一至四)

430000－2401－0015899　△32/23

性理大全書七十卷　（明）胡廣等輯　明永樂

十三年(1415)內府刻本　三十二冊

430000－2401－0015900　△32/23(1)
性理大全書七十卷　（明）胡廣等輯　明永樂
十三年(1415)內府刻本　三十二冊

430000－2401－0015901　△32/23－2
性理大全書七十卷　（明）胡廣等輯　明嘉靖
二十二年(1543)應天府學刻本　三十二冊

430000－2401－0015902　△32/23－2(1)
性理大全書七十卷　（明）胡廣等輯　明嘉靖
二十二年(1543)應天府學刻本　二十四冊

430000－2401－0015903　△32/23－5
性理大全書七十卷　（明）胡廣等輯　明周桂
廷周仲實博古齋刻本　三十冊

430000－2401－0015904　△32/23－3
性理大全書七十卷　（明）胡廣等輯　明周譽
吾呈祥館刻本　二十四冊

430000－2401－0015905　△32/23－6
性理大全書七十卷　（明）胡廣等輯　明刻本
九冊　存三十一卷（六至十七、二十六至三
十八、四十三至四十六、六十九、七十）

430000－2401－0015906　△32/23－4
性理大全書七十卷　（明）胡廣等輯　清康熙
十二年(1673)刻本　十冊　存二十六卷（一、
九至十、十四至十七、二十四至二十八、三十
三至三十五、三十九至四十二、五十七至六
十、六十五至六十七）

430000－2401－0015907　32/211
新刻性理大全七十卷　（明）胡廣等輯　清康
熙四十三年(1704)刻本　二十八冊

430000－2401－0015908　△32/25
性理大全提要不分卷　（明）胡廣等撰　清初
鈔本　八冊

430000－2401－0015909　△32/21
朱文公語錄類要述十八卷　（明）范淶輯　明
萬曆四十年(1612)詹光陛等刻本　四冊

430000－2401－0015910　△32/44
就正錄不分卷　（明）高攀龍撰　明末劍光閣

刻本　一冊

430000－2401－0015911　△32/10
三先生類要五卷　（明）徐用檢輯　明萬曆七
年(1579)李充實刻本　四冊

430000－2401－0015912　△32/43
逸語十卷　（清）曹庭棟輯註　清乾隆十二年
(1747)刻本　二冊

430000－2401－0015913　32/311－3
**學蔀通辨前編二卷後編三卷續編三卷終編三
卷**　（明）陳建撰　清康熙十七年(1678)顧天
挺啟後堂校刻本　二冊

430000－2401－0015914　32/311
**陳清瀾先生學蔀通辨前編三卷後編三卷續編
三卷終編三卷**　（明）陳建撰　清康熙福州正
誼堂刻本　二冊

430000－2401－0015915　32/311－2
**陳清瀾先生學蔀通辨前編三卷後編三卷續編
三卷終編三卷**　（明）陳建撰　清同治五年
(1866)福州正誼書院刻正誼堂全書本　三冊

430000－2401－0015916　32/311－2(1)
**陳清瀾先生學蔀通辨前編三卷後編三卷續
編三卷終編三卷**　（明）陳建撰　清同治五
年(1866)福州正誼書院刻正誼堂全書本
三冊

430000－2401－0015917　△32/47
**學蔀通辨前編三卷後編三卷續編三卷終編三
卷**　（明）陳建撰　清初鈔本　四冊

430000－2401－0015918　△32/45
程子詳本二十卷　（明）陳龍正撰　明崇禎十
六年(1643)刻本　六冊

430000－2401－0015919　△32/39
理學類編七卷　（明）張九韶編輯　明初趙氏
刻本　二冊

430000－2401－0015920　32/176
榕壇問業十八卷　（明）黃道周撰　清乾隆十
五年(1750)郭氏文林堂刻本　六冊

430000－2401－0015921　32/450

感述録六卷續四卷　（明）趙維新撰　明刻本
　一冊

430000－2401－0015922　△32/49

道林先生摘要四卷　（明）蔣信撰　（明）孫
應鰲編　明隆慶二年（1568）柳東伯刻本
四冊

430000－2401－0015923　32/192－2

薛文清公讀書録八卷　（明）薛瑄撰　清康熙
正誼堂刻本　一冊

430000－2401－0015924　32/192

薛文清公讀書録八卷　（明）薛瑄撰　清同治
五年（1866）福州正誼書院刻正誼堂全書本
一冊

430000－2401－0015925　32/469－2

讀書録十一卷續録十二卷　（明）薛瑄撰　清
康熙呂氏天蓋樓刻本　九冊　缺二卷（一至
二）

430000－2401－0015926　32/469

讀書録十一卷續録十二卷　（明）薛瑄撰　清
乾隆刻本　八冊

430000－2401－0015927　32/253－2

讀書録一卷　（明）薛瑄撰　清鈔本　一冊

430000－2401－0015928　△32/58

薛文清公讀書全録類編二十卷　（明）薛瑄撰
　（明）侯鶴齡編　明萬曆二十四年（1596）大
雅堂刻本　八冊

430000－2401－0015929　△32/58（1）

薛文清公讀書全録類編二十卷　（明）薛瑄撰
　（明）侯鶴齡編　明萬曆二十四年（1596）大
雅堂刻本　八冊

430000－2401－0015930　32/219

讀書録粹語四卷　（明）薛瑄撰　（清）王鼎編
　清道光十六年（1836）刻本　四冊

430000－2401－0015931　32/131（2）

困知記二卷續二卷三續一卷四續一卷續補一
卷附録一卷　（明）羅欽順撰　清乾隆二十一
年（1756）刻本　三冊

430000－2401－0015932　32/131

困知記二卷續二卷三續一卷四續一卷續補一
卷外編一卷附録一卷　（明）羅欽順撰　清嘉
慶四年（1799）補修乾隆二十一年（1756）刻本
　四冊

430000－2401－0015933　32/131－2

困知記二卷續二卷三續一卷四續一卷續補一
卷外編一卷附録一卷　（明）羅欽順撰　清末
刻本　三冊

430000－2401－0015934　32/131－2（1）

困知記二卷續二卷三續一卷四續一卷續補一
卷外編一卷附録一卷　（明）羅欽順撰　清末
刻本　四冊

430000－2401－0015935　32/131－2（2）

困知記二卷續二卷三續一卷四續一卷續補一
卷外編一卷附録一卷　（明）羅欽順撰　清末
刻本　二冊

430000－2401－0015936　32/131－3

困知記四卷　（明）羅欽順撰　清同治五年
（1866）福州正誼書院刻正誼堂全書本　一冊

430000－2401－0015937　△32/17

困知記二卷續二卷三續一卷四續一卷　（明）
羅欽順撰　清傳鈔乾隆二十一年（1756）羅隆
昌刻本　二冊

430000－2401－0015938　32/213

周子通書講義一卷　（清）方宗誠編　清光緒
九年（1883）刻本　一冊

430000－2401－0015939　32/355

漢學商兑三卷漢學商兑刊誤補義一卷　（清）
方東樹撰　清道光十一年（1831）刻本　五冊

430000－2401－0015940　32/355（1）

漢學商兑三卷漢學商兑刊誤補義一卷　（清）
方東樹撰　清道光十一年（1831）刻本　四冊
　缺一卷（上）

430000－2401－0015941　32/355－4

漢學商兑三卷　（清）方東樹撰　清同治十年
（1871）望三益齋刻本　二冊

430000－2401－0015942　32/355－2

漢學商兌三卷　（清）方東樹撰　清光緒十年
(1884)寧鄉成氏刻本　四冊

430000－2401－0015943　32/355－2(1)

漢學商兌三卷　（清）方東樹撰　清光緒十年
(1884)寧鄉成氏刻本　四冊

430000－2401－0015944　32/355－2(2)

漢學商兌三卷　（清）方東樹撰　清光緒十年
(1884)寧鄉成氏刻本　四冊

430000－2401－0015945　32/355－3

漢學商兌三卷　（清）方東樹撰　清光緒二十
六年(1900)浙江書局刻本　二冊

430000－2401－0015946　32/355－3(1)

漢學商兌三卷　（清）方東樹撰　清光緒二十
六年(1900)浙江書局刻本　二冊

430000－2401－0015947　34/21

俟解一卷　（清）王夫之撰　清同治豐城余廷
諙校刻本　一冊

430000－2401－0015948　34/21－2

俟解一卷噩夢一卷黃書一卷　（清）王夫之撰
　清同治四年(1865)湘鄉曾氏金陵節署刻船
山遺書本　一冊

430000－2401－0015949　34/21－3

船山俟解一卷　（清）王夫之撰　清道光二十
八年(1848)補刻王船山先生遺書本　一冊

430000－2401－0015950　32/297－2

張子正蒙二卷　（清）王夫之註　清道光二十
八年(1848)補刻王船山先生遺書本　四冊

430000－2401－0015951　32/297

張子正蒙註九卷　（清）王夫之註　清同治四
年(1865)湘鄉曾氏刻船山遺書本　四冊

430000－2401－0015952　437/836

復齋錄六卷　（清）王建常撰　清光緒元年
(1875)述荆堂刻本　二冊

430000－2401－0015953　32/530

慎思記一卷訟過記一卷　（清）呂存德撰　清
光緒二十二年(1896)刻本　一冊

430000－2401－0015954　32/275

呂子評語正編四十二卷首一卷附刻一卷呂子
評語餘編八卷首一卷　（清）呂留良撰　（清）
車鼎豐編　清康熙五十五年(1716)刻本　民
國王禮培題識　十四冊

430000－2401－0015955　32/401－2

柔遠新書四卷　（清）朱克敬輯　清光緒七年
(1881)長沙刻本　二冊

430000－2401－0015956　32/401

柔遠新書四卷　（清）朱克敬輯　清光緒十年
(1884)上海刻本　四冊

430000－2401－0015957　32/502

勵志錄二卷　（清）沈近思撰　清光緒二十二
年(1896)江蘇書局刻沈余遺書本　一冊

430000－2401－0015958　32/347

理學逢源十二卷　（清）汪紱撰　清光緒二十
三年(1897)刻本　十二冊

430000－2401－0015959　32/36－7

近思錄集解十四卷感興詩解一卷訓子詩解一
卷　（清）李文炤撰　清康熙刻本　二冊　缺
三卷(一至三)

430000－2401－0015960　32/257

二程子遺書纂二卷二程子外書纂一卷　（清）
李光地輯　清乾隆元年(1736)刻李文貞公全
集本　二冊

430000－2401－0015961　△32/19

御纂朱子全書六十六卷　（清）李光地等奉敕
纂　清康熙五十二年(1713)淵鑒齋刻本　二
十冊　存二十五卷(一至二十五)

430000－2401－0015962　△32/24

御纂性理精義十二卷　（清）李光地等奉敕纂
　清康熙五十四年(1715)武英殿刻本　五冊

430000－2401－0015963　32/142

御纂性理精義十二卷　（清）李光地等纂　清
康熙五十六年(1717)刻本　五冊

430000－2401－0015964　32/142(2)

御纂性理精義十二卷　（清）李光地等纂　清

康熙末刻本　六冊

430000－2401－0015965　32/142－2

御纂性理精義十二卷　(清)李光地等纂　清
乾隆湖北刻本　四冊

430000－2401－0015966　32/142(1)

御纂性理精義十二卷　(清)李光地等纂　清
乾隆刻本　四冊

430000－2401－0015967　32/142－5

御纂性理精義十二卷　(清)李光地等纂　清
道光三十年(1850)刻本　六冊

430000－2401－0015968　32/142－3

御纂性理精義十二卷　(清)李光地等纂　清
咸豐二年(1852)南昌李鴻緒刻本　六冊

430000－2401－0015969　32/142－6

御纂性理精義十二卷　(清)李光地等纂　清
咸豐刻本　四冊

430000－2401－0015970　32/142－7

御纂性理精義十二卷　(清)李光地等纂　清
咸豐刻本　四冊

430000－2401－0015971　32/142－8

御纂性理精義十二卷　(清)李光地等纂　清
芥子園刻本　六冊

430000－2401－0015972　32/142－4

御纂性理精義十二卷　(清)李光地等纂　清
內府刻本　五冊

430000－2401－0015973　32/368

慎思錄二卷　(清)李南輝撰　清光緒七年
(1881)蘭州節署刻本　二冊

430000－2401－0015974　32/15

冰言一卷冰言補一卷　(清)李惺撰　清光緒
二十七年(1901)湘鄉劉氏養晦堂上海刻本
二冊

430000－2401－0015975　32/15(1)

冰言一卷冰言補一卷　(清)李惺撰　清光緒
二十七年(1901)湘鄉劉氏養晦堂上海刻本
二冊

430000－2401－0015976　32/15(2)

冰言一卷冰言補一卷　(清)李惺撰　清光緒
二十七年(1901)湘鄉劉氏養晦堂上海刻本
二冊

430000－2401－0015977　32/15(3)

冰言一卷冰言補一卷　(清)李惺撰　清光緒
二十七年(1901)湘鄉劉氏養晦堂上海刻本
二冊

430000－2401－0015978　32/15(4)

冰言一卷冰言補一卷　(清)李惺撰　清光緒
二十七年(1901)湘鄉劉氏養晦堂上海刻本
一冊　存一卷(一)

430000－2401－0015979　32/385

二曲集錄要四卷首一卷附錄一卷　(清)李顒
撰　(清)倪元坦撰　清嘉慶十三年(1808)刻
讀易樓合刻本　二冊

430000－2401－0015980　△32/35

陸清獻公學案一卷　(清)吳之英撰　清稿本
茹經批校　一冊

430000－2401－0015981　32/172

庸言四卷　(清)余元遴撰　清咸豐元年
(1851)露蕭草堂刻本　二冊

430000－2401－0015982　32/364

省吾錄　(清)余華撰　清咸豐元年(1851)刻
本　一冊

430000－2401－0015983　32/258

國朝正學三書　(清)宗績辰輯　清道光元年
(1821)攻恥輯刻本　一冊

430000－2401－0015984　32/458

周子太極圖說集解一卷　(清)易宗涒撰　清
刻本　一冊

430000－2401－0015985　32/37－2

五子近思錄發明十四卷　(清)施璜註　清康
熙四十四年(1705)英秀堂刻本　十六冊

430000－2401－0015986　32/37

五子近思錄發明十四卷　(清)施璜註　清光
緒新繁沈氏家塾刻本　八冊

430000－2401－0015987　32/37－3

五子近思錄發明十四卷　（清）施璜註　清刻
本　八冊

430000－2401－0015988　32/413

王陽明先生書疏證四卷　（清）胡泉撰　清咸
豐八年(1858)刻本　四冊

430000－2401－0015989　32/206

述朱質疑十六卷　（清）夏炘撰　清咸豐二年
(1852)刻景紫堂全書本　四冊

430000－2401－0015990　32/206(1)

述朱質疑十六卷　（清）夏炘撰　清咸豐二年
(1852)刻景紫堂全書本　四冊

430000－2401－0015991　32/366

悔言六卷　（清）夏震武撰　清光緒七年
(1881)刻本　一冊

430000－2401－0015992　32/366(1)

悔言六卷　（清）夏震武撰　清光緒七年
(1881)刻本　一冊

430000－2401－0015993　32/410

答問二卷　（清）孫奇逢撰　清順治十三年
(1656)刻本　二冊

430000－2401－0015994　32/499

御製人臣儆心錄一卷　（清）世祖福臨撰　清
光緒湖北崇文書局刻本　一冊

430000－2401－0015995　32/504

政學集摘要四卷　（清）許三禮撰　（清）許協
寅編　清光緒三十年(1904)刻本　一冊

430000－2401－0015996　32/227

式古編五卷　（清）莊瑤輯　清道光十七年
(1837)木活字本　四冊

430000－2401－0015997　32/143

道一錄五卷　（清）張沐輯　清康熙五年
(1666)敦臨堂刻本　二冊

430000－2401－0015998　32/143(1)

道一錄五卷　（清）張沐輯　清康熙五年
(1666)敦臨堂刻本　二冊

430000－2401－0015999　32/145

學道六書六卷　（清）張沐撰　清康熙十八年
(1679)敦臨堂刻本　二冊

430000－2401－0016000　32/145(1)

學道六書六卷　（清）張沐撰　清康熙十八年
(1679)敦臨堂刻本　二冊

430000－2401－0016001　32/249

睡居隨錄四卷　（清）張貞生撰　清康熙中講
學山房刻張簣山三種本　一冊

430000－2401－0016002　32/136－3

思辨錄輯要二十二卷後集十三卷　（清）陸世
儀撰　清光緒三年(1877)江蘇書局刻本
四冊

430000－2401－0016003　32/136－3(1)

思辨錄輯要二十二卷後集十三卷　（清）陸世
儀撰　清光緒三年(1877)江蘇書局刻本
八冊

430000－2401－0016004　32/136－3(2)

思辨錄輯要二十二卷後集十三卷　（清）陸世
儀撰　清光緒三年(1877)江蘇書局刻本　七
冊　缺二卷(一至二)

430000－2401－0016005　32/136

思辨錄輯要前集二十二卷後集十三卷　（清）
陸世儀撰　清道光十七年(1837)嘉興沈氏刻
本　十冊

430000－2401－0016006　32/136(1)

思辨錄輯要前集二十二卷後集十三卷　（清）
陸世儀撰　清道光十七年(1837)嘉興沈氏刻
本　八冊

430000－2401－0016007　32/136－2

思辨錄輯要二十二卷　（清）陸世儀撰　清同
治五年(1866)福州正誼書院刻正誼堂全書本
四冊

430000－2401－0016008　32/139

三魚堂賸言十二卷　（清）陸隴其撰　（清）陳
濟編　清乾隆八年(1743)刻本　一冊

430000－2401－0016009　32/125

三魚堂賸言十二卷 （清）陸隴其撰 （清）陳濟編 清同治七年（1868）武林薇署刻本 一冊

430000－2401－0016010 32/124

松陽鈔存二卷 （清）陸隴其撰 （清）楊開基編 清同治十三年（1874）湖南省城書局刻本 一冊

430000－2401－0016011 32/124（1）

松陽鈔存二卷 （清）陸隴其撰 （清）楊開基編 清同治十三年（1874）湖南省城書局刻本 一冊

430000－2401－0016012 32/444－2

先儒趙子言行錄二卷 （清）陳廷鈞輯 清咸豐六年（1856）刻本 二冊

430000－2401－0016013 32/444

先儒趙子言行錄二卷 （清）陳廷鈞輯 清同治七年（1868）湖北崇文書局刻本 二冊

430000－2401－0016014 32/444（1）

先儒趙子言行錄二卷 （清）陳廷鈞輯 清同治七年（1868）湖北崇文書局刻本 二冊

430000－2401－0016015 32/444（2）

先儒趙子言行錄二卷 （清）陳廷鈞輯 清同治七年（1868）湖北崇文書局刻本 二冊

430000－2401－0016016 32/444（3）

先儒趙子言行錄二卷 （清）陳廷鈞輯 清同治七年（1868）湖北崇文書局刻本 二冊

430000－2401－0016017 32/205

朱子語類日鈔五卷 （清）陳澧編 清光緒二十六年（1900）廣雅書局刻本 一冊

430000－2401－0016018 32/123

懺摩錄一卷 （清）彭兆蓀撰 清光緒二十四年（1898）太倉繆氏東倉書庫刻東倉書庫叢刻初編本 一冊

430000－2401－0016019 △32/56

儒門法語不分卷 （清）彭定求撰 清康熙三十六年（1697）刻本 蓬仙題識批校圈點 一冊 存上冊

430000－2401－0016020 32/127－3

儒門法語一卷 （清）彭定求撰 清乾隆刻本 清張穆跋識批校圈點 一冊

430000－2401－0016021 32/127

儒門法語一卷 （清）彭定求撰 清同治四年（1865）衣言堂刻本 一冊

430000－2401－0016022 32/127－2

儒門法語一卷 （清）彭定求撰 （清）湯金釗輯要 清光緒元年（1875）江蘇學政署刻本 一冊

430000－2401－0016023 32/402

正蒙集說十七卷 （清）楊方達撰 清乾隆五年（1740）復初堂刻本 三冊

430000－2401－0016024 32/11

愧庵遺著集要五卷 （清）楊甲仁撰 清光緒三年（1877）刻本 一冊

430000－2401－0016025 △32/63

讀王陽明先生集拙語 （清）楊德亨撰 清同治鈔本 一冊

430000－2401－0016026 32/327

朱子約編八卷 （清）鄭士範編 清道光二十四年（1844）貴州彭昭文堂刻本 一冊

430000－2401－0016027 △32/55

箴言錄不分卷 （清）歐陽之鈞編 清鈔本 十二冊

430000－2401－0016028 32/150

新知法語一卷 （清）蔣又滋撰 清道光七年（1827）蔣氏家刻本 一冊

430000－2401－0016029 32/449

萬世玉衡錄四卷 （清）蔣伊輯 清乾隆刻本 四冊

430000－2401－0016030 32/425

不可錄一卷 （清）蔣仲子編 清宣統元年（1909）蔣氏刻本 一冊

430000－2401－0016031 32/435

漢學商兌贅言四卷附附識一卷 （清）豫師撰 清光緒十四年（1888）會輔堂刻本 四冊

430000－2401－0016032　32/9

性學閑筆語錄二卷次集二卷後集二卷又後集一卷　（清）鄧逢光撰　清道光二十七年(1847)刻鄧厚庵遺書本　六冊　缺一卷（語錄一）

430000－2401－0016033　32/165

子問二卷又問一卷　（清）劉沅撰　清同治二年(1863)平遙李氏刻槐軒全集本　三冊

430000－2401－0016034　32/165(1)

子問二卷又問一卷　（清）劉沅撰　清同治二年(1863)平遙李氏刻槐軒全集本　一冊　存一卷（子問一）

430000－2401－0016035　32/165－3

子問二卷又問一卷　（清）劉沅撰　清宣統三年(1911)北京德興堂鉛印本　一冊

430000－2401－0016036　32/195－3

正誤八卷　（清）劉沅撰　清咸豐四年(1854)豫誠堂刻本　四冊

430000－2401－0016037　32/195－3(1)

正誤八卷　（清）劉沅撰　清咸豐四年(1854)豫誠堂刻本　四冊

430000－2401－0016038　32/195－2

正誤八卷　（清）劉沅撰　清致福樓刻本　三冊　缺三卷（一至三）

430000－2401－0016039　32/195

正誤八卷　（清）劉沅撰　清同治十三年(1874)西充鮮于氏特園刻本　四冊

430000－2401－0016040　32/33

近思續錄十四卷　（清）劉源淥編　清光緒十七年(1891)劉景宸青州補修本　十六冊

430000－2401－0016041　393.1/266

讀書日記六卷　（清）劉源淥撰　清雍正十一年(1733)刻本　一冊

430000－2401－0016042　32/137

思辨錄疑義一卷　（清）劉蓉撰　清光緒三年(1877)思賢講舍刻本　一冊

430000－2401－0016043　32/137(1)

思辨錄疑義一卷　（清）劉蓉撰　清光緒三年(1877)思賢講舍刻本　一冊

430000－2401－0016044　32/137－2

思辨錄疑義一卷　（清）劉蓉撰　清末鈔本　一冊

430000－2401－0016045　32/39

顏氏學記十卷　（清）戴望撰　清同治十年(1871)冶城山館刻本　四冊

430000－2401－0016046　32/39(1)

顏氏學記十卷　（清）戴望撰　清同治十年(1871)冶城山館刻本　四冊

430000－2401－0016047　32/39－2

顏氏學記十卷　（清）戴望撰　清光緒二十年(1894)龍山白岩書院刻本　四冊

430000－2401－0016048　32/39－2(1)

顏氏學記十卷　（清）戴望撰　清光緒二十年(1894)龍山白岩書院刻本　四冊

430000－2401－0016049　32/39－2(2)

顏氏學記十卷　（清）戴望撰　清光緒二十年(1894)龍山白岩書院刻本　四冊

430000－2401－0016050　32/39－2(3)

顏氏學記十卷　（清）戴望撰　清光緒二十年(1894)龍山白岩書院刻本　四冊

430000－2401－0016051　32/39－2(4)

顏氏學記十卷　（清）戴望撰　清光緒二十年(1894)龍山白岩書院刻本　四冊

430000－2401－0016052　32/39－5

顏氏學記十卷　（清）戴望撰　清光緒三十四年(1908)國學保存會鉛印國粹叢書本　一冊　存五卷（一至五）

430000－2401－0016053　32/39－4

顏氏學記十卷　（清）戴望撰　清光緒李洛才刻本　一冊　存二卷（一至二）

430000－2401－0016054　32/39－3

顏氏學記十卷　（清）戴望撰　清光緒蛻廬朱氏鉛印本　四冊

430000－2401－0016055　32/496

南岳思齊會簿　（清）曠學禮等編　清道光七年(1827)稿本　一冊

430000－2401－0016056　32/171

有心錄二卷雜附一卷　（清）嚴其治撰　清光緒二十六年(1900)平邑鴻文閣木活字本　一冊

430000－2401－0016057　32/28

羅文恪公遺集百法庸言二卷　（清）羅惇衍撰　清刻本　一冊

430000－2401－0016058　32/523

人極衍義一卷　（清）羅澤南撰　清咸豐九年(1859)長沙刻本　一冊

430000－2401－0016059　32/391

西銘講義一卷　（清）羅澤南撰　清咸豐七年(1857)長沙刻本　一冊

430000－2401－0016060　32/220

程式編三卷　（清）龔鼎元編　清同治十一年(1872)京都刻本　一冊

430000－2401－0016061　413/493

制義類編□□卷　（清）□□編　清刻本　十五冊　存十四卷(一至十、十二、十六至十八)

430000－2401－0016062　32/42

法言疏證十三卷校補一卷　汪榮寶撰　清宣統三年(1911)金蘤琳琅齋鉛印本　四冊

430000－2401－0016063　32/387

曹大家女誡一卷　（漢）班昭撰　清鈔本　一冊

430000－2401－0016064　32/30

孔子家語十卷　（三國魏）王肅註　清光緒十九年(1893)澹雅書局刻本　四冊

430000－2401－0016065　32/30(1)

孔子家語十卷　（三國魏）王肅註　清光緒十九年(1893)澹雅書局刻本　四冊

430000－2401－0016066　32/30(2)

孔子家語十卷　（三國魏）王肅註　清光緒十九年(1893)澹雅書局刻本　四冊

430000－2401－0016067　32/30－3

孔子家語十卷　（三國魏）王肅註　清光緒二十四年(1898)貴池劉氏玉海堂影宋蜀刻本　二冊

430000－2401－0016068　32/30－3(1)

孔子家語十卷　（三國魏）王肅註　清光緒二十四年(1898)貴池劉氏玉海堂影宋蜀刻本　二冊

430000－2401－0016069　32/30－3(2)

孔子家語十卷　（三國魏）王肅註　清光緒二十四年(1898)貴池劉氏玉海堂影宋蜀刻本　二冊

430000－2401－0016070　32/30－3(3)

孔子家語十卷　（三國魏）王肅註　清光緒二十四年(1898)貴池劉氏玉海堂影宋蜀刻本　二冊

430000－2401－0016071　32/30－3(4)

孔子家語十卷　（三國魏）王肅註　清光緒二十四年(1898)貴池劉氏玉海堂影宋蜀刻本　二冊

430000－2401－0016072　32/30－11

孔子家語四卷　（三國魏）王肅註　清卓觀樓刻本　二冊

430000－2401－0016073　32/30－12

孔子家語四卷　（三國魏）王肅註　清保德堂刻本　一冊　存二卷(三至四)

430000－2401－0016074　32/30－7

孔子家語十卷　（三國魏）王肅註　明末毛氏汲古閣刻本　二冊

430000－2401－0016075　32/353－2

帝範四卷　唐太宗撰　（□）□□註　清同治十三年(1874)江西刻本　一冊

430000－2401－0016076　32/260

養正編二卷　（宋）王應麟撰　（清）李士衢編釋　清光緒二十六年(1900)刻本　一冊

430000－2401－0016077　32/250－7

蒙養釋義一卷　（宋）王應麟撰　（清）李堯民

集釋　清光緒五年(1879)刻本　一冊

430000－2401－0016078　32/250

三字經註解備要二卷　(宋)王應麟撰　(清)賀興思註解　清咸豐四年(1854)刻本　二冊

430000－2401－0016079　32/250(1)

三字經註解備要二卷　(宋)王應麟撰　(清)賀興思註解　清咸豐四年(1854)刻本　二冊

430000－2401－0016080　32/250－3

三字經註解備要二卷　(宋)王應麟撰　(清)賀興思註解　清同治十一年(1872)刻本　二冊

430000－2401－0016081　32/250－4

三字經註解備要一卷　(宋)王應麟撰　(清)賀興思註解　清末李光明莊狀元閣刻本　一冊

430000－2401－0016082　△32/22

家範十卷　(宋)司馬光撰　(清)朱軾評點　清康熙刻朱文端公藏書本　一冊

430000－2401－0016083　32/153

家範十卷　(宋)司馬光撰　(清)朱軾評點　清乾隆十四年(1749)劉組魯刻本　一冊

430000－2401－0016084　32/153－3

家範十卷　(宋)司馬光撰　(清)朱軾評點　清光緒元年(1875)夏州李氏刻本　二冊

430000－2401－0016085　32/153－2

家範十卷　(宋)司馬光撰　(清)朱軾評點　清康熙五十八年(1719)刻本　二冊

430000－2401－0016086　△32/46

童蒙訓三卷　(宋)呂本中撰　明刻本　二冊

430000－2401－0016087　32/51－4(1)

小學六卷　(宋)朱熹撰　(明)吳訥集解　清同治八年(1869)江蘇書局刻本　二冊

430000－2401－0016088　△32/11

小學集註六卷　(宋)朱熹撰　(明)陳選集註　清雍正五年(1727)武英殿刻本　二冊

430000－2401－0016089　32/46－5

小學集註六卷　(宋)朱熹撰　(明)陳選集註　清同治元年至二年(1862－1863)刻本　四冊

430000－2401－0016090　32/46－3

小學集註六卷　(宋)朱熹撰　(明)陳選集註　清同治六年(1867)金陵書局刻本　二冊

430000－2401－0016091　32/46－3(1)

小學集註六卷　(宋)朱熹撰　(明)陳選集註　清同治六年(1867)金陵書局刻本　二冊

430000－2401－0016092　32/46－3(2)

小學集註六卷　(宋)朱熹撰　(明)陳選集註　清同治六年(1867)金陵書局刻本　二冊

430000－2401－0016093　32/46－3(3)

小學集註六卷　(宋)朱熹撰　(明)陳選集註　清同治六年(1867)金陵書局刻本　二冊

430000－2401－0016094　32/46－3(4)

小學集註六卷　(宋)朱熹撰　(明)陳選集註　清同治六年(1867)金陵書局刻本　二冊

430000－2401－0016095　32/46－3(5)

小學集註六卷　(宋)朱熹撰　(明)陳選集註　清同治六年(1867)金陵書局刻本　二冊

430000－2401－0016096　32/46－2

小學六卷　(宋)朱熹撰　(明)陳選集註　清同治十年(1871)刻本　二冊

430000－2401－0016097　32/46－4

小學六卷　(宋)朱熹撰　(明)陳選集註　清雍正五年(1727)刻本　四冊

430000－2401－0016098　32/46

小學集註六卷　(宋)朱熹撰　(明)陳選集註　清李光明莊狀元閣刻本　二冊

430000－2401－0016099　32/51－5

小學六卷　(宋)朱熹撰　(清)池生春集註　清道光十四年(1834)桂林錢氏文元堂刻本　二冊

430000－2401－0016100　32/51－2

小學六卷　(宋)朱熹撰　(清)池生春集註　清光緒三十年(1904)蕭氏趣園刻本　三冊

430000－2401－0016101　32/51－3

小學六卷　（宋）朱熹撰　（清）高愈纂註　清嘉慶二十二年(1817)一經堂刻本　二冊

430000－2401－0016102　32/51

小學六卷　（宋）朱熹撰　（清）高愈纂註　清道光二十九年(1849)湖北忠恕堂刻本　三冊

430000－2401－0016103　32/51－4

小學六卷　（宋）朱熹撰　（清）高愈纂註　清同治八年(1869)江蘇書局刻本　二冊

430000－2401－0016104　32/50

小學集解六卷　（宋）朱熹撰　（清）張伯行集解　清道光三十年(1850)大梁學署刻本　二冊

430000－2401－0016105　32/50－2

小學集解六卷　（宋）朱熹撰　（清）張伯行集解　清咸豐元年(1851)刻本　二冊

430000－2401－0016106　32/50－2(1)

小學集解六卷　（宋）朱熹撰　（清）張伯行集解　清咸豐元年(1851)刻本　二冊

430000－2401－0016107　32/50－3

小學集解六卷　（宋）朱熹撰　（清）張伯行集解　清同治三年(1864)自遠復齋刻本　四冊

430000－2401－0016108　32/50－4

小學集解六卷　（宋）朱熹撰　（清）張伯行集解　清同治五年(1866)福州正誼書局刻正誼堂全書本　四冊

430000－2401－0016109　32/50－6

小學集解六卷　（宋）朱熹撰　（清）張伯行集解　清同治六年(1867)湖北崇文書局刻本　二冊

430000－2401－0016110　32/50－6(1)

小學集解六卷　（宋）朱熹撰　（清）張伯行集解　清同治六年(1867)湖北崇文書局刻本　二冊

430000－2401－0016111　32/50－6(2)

小學集解六卷　（宋）朱熹撰　（清）張伯行集解　清同治六年(1867)湖北崇文書局刻本　二冊

430000－2401－0016112　32/50－6(3)

小學集解六卷　（宋）朱熹撰　（清）張伯行集解　清同治六年(1867)湖北崇文書局刻本　三冊

430000－2401－0016113　32/50－6(4)

小學集解六卷　（宋）朱熹撰　（清）張伯行集解　清同治六年(1867)湖北崇文書局刻本　三冊

430000－2401－0016114　32/50－6(5)

小學集解六卷　（宋）朱熹撰　（清）張伯行集解　清同治六年(1867)湖北崇文書局刻本　三冊

430000－2401－0016115　32/50－8

小學集解六卷　（宋）朱熹撰　（清）張伯行集解　清同治十年(1871)楚南楊文盛堂刻本　四冊

430000－2401－0016116　32/50－5

小學集解六卷　（宋）朱熹撰　（清）張伯行集解　清同治十年(1871)重刻本　四冊

430000－2401－0016117　32/50－7

小學集解六卷　（宋）朱熹撰　（清）張伯行集解　清同治十一年(1872)湘潭學宮刻本　三冊

430000－2401－0016118　32/50－7(1)

小學集解六卷　（宋）朱熹撰　（清）張伯行集解　清同治十一年(1872)湘潭學宮刻本　三冊

430000－2401－0016119　32/50－7(2)

小學集解六卷　（宋）朱熹撰　（清）張伯行集解　清同治十一年(1872)湘潭學宮刻本　三冊

430000－2401－0016120　32/50－11

小學集解六卷　（宋）朱熹撰　（清）張伯行集解　清光緒元年(1875)湖北崇文書局刻本　三冊

430000－2401－0016121　32/50－11(1)

小學集解六卷　　（宋）朱熹撰　（清）張伯行集

解　清光緒元年(1875)湖北崇文書局刻本
三冊

430000－2401－0016122　32/50－12
小學集解六卷　(宋)朱熹撰　(清)張伯行集
解　清光緒十六年(1890)桂垣書局刻本
四冊

430000－2401－0016123　32/50－10
小學集解六卷　(宋)朱熹撰　(清)張伯行集
解　清光緒二十年(1894)澹雅書局刻本
四冊

430000－2401－0016124　32/50－9
小學集解六卷　(宋)朱熹撰　(清)張伯行集
解　清光緒十六年(1890)桂垣書局刻本
四冊

430000－2401－0016125　△32/66
張子正蒙二卷　(宋)張載撰　(清)王夫之註
清初衡陽劉氏鈔本　四冊

430000－2401－0016126　32/266
純正蒙求三卷　(元)胡炳文撰　清刻本
一冊

430000－2401－0016127　32/106－2
**程氏家塾讀書分年日程三卷程氏家塾讀書分
年日程綱領一卷**　(元)程端禮撰　清同治七
年(1868)湖北崇文書局刻本　二冊

430000－2401－0016128　32/106－2(1)
**程氏家塾讀書分年日程三卷程氏家塾讀書分
年日程綱領一卷**　(元)程端禮撰　清同治七
年(1868)湖北崇文書局刻本　二冊

430000－2401－0016129　32/106－2(2)
**程氏家塾讀書分年日程三卷程氏家塾讀書分
年日程綱領一卷**　(元)程端禮撰　清同治七
年(1868)湖北崇文書局刻本　二冊

430000－2401－0016130　32/106－2(3)
**程氏家塾讀書分年日程三卷程氏家塾讀書分
年日程綱領一卷**　(元)程端禮撰　清同治七
年(1868)湖北崇文書局刻本　二冊

430000－2401－0016131　32/106－2(4)

**程氏家塾讀書分年日程三卷程氏家塾讀書分
年日程綱領一卷**　(元)程端禮撰　清同治七
年(1868)湖北崇文書局刻本　二冊

430000－2401－0016132　32/106－2(5)
**程氏家塾讀書分年日程三卷程氏家塾讀書分
年日程綱領一卷**　(元)程端禮撰　清同治七
年(1868)湖北崇文書局刻本　二冊

430000－2401－0016133　32/106－2(6)
**程氏家塾讀書分年日程三卷程氏家塾讀書分
年日程綱領一卷**　(元)程端禮撰　清同治七
年(1868)湖北崇文書局刻本　二冊

430000－2401－0016134　32/106－5
程氏家塾讀書分年日程三卷　(元)程端禮撰
清光緒八年(1882)羊城雙門底六雅齋刻本
一冊　存二卷(一至二)

430000－2401－0016135　32/106－4
**程氏家塾讀書分年日程三卷程氏家塾讀書分
年日程綱領一卷**　(元)程端禮撰　清光緒九
年(1883)湘鄉東皋漣濱兩書院刻本　二冊

430000－2401－0016136　32/106－4(1)
**程氏家塾讀書分年日程三卷程氏家塾讀書分
年日程綱領一卷**　(元)程端禮撰　清光緒九
年(1883)湘鄉東皋漣濱兩書院刻本　一冊
缺一卷(三)

430000－2401－0016137　32/106－4(2)
**程氏家塾讀書分年日程三卷程氏家塾讀書分
年日程綱領一卷**　(元)程端禮撰　清光緒九
年(1883)湘鄉東皋漣濱兩書院刻本　二冊

430000－2401－0016138　32/106－3
**程氏家塾讀書分年日程三卷程氏家塾讀書分
年日程綱領一卷**　(元)程端禮撰　清同治八
年(1869)江蘇書局刻本　一冊

430000－2401－0016139　32/106－3(1)
**程氏家塾讀書分年日程三卷程氏家塾讀書分
年日程綱領一卷**　(元)程端禮撰　清同治八
年(1869)江蘇書局刻本　一冊

430000－2401－0016140　32/106

程氏家塾讀書分年日程三卷程氏家塾讀書分年日程綱領一卷　（元）程端禮撰　清同治五年(1866)福州正誼書院刻本　一冊

430000－2401－0016141　32/106(1)

程氏家塾讀書分年日程三卷程氏家塾讀書分年日程綱領一卷　（元）程端禮撰　清同治五年(1866)福州正誼書院刻本　一冊

430000－2401－0016142　△193.2/3

六藝綱目二卷字原一卷　（元）舒天民撰　清鈔本　何紹基批校　葉啟發題跋　一冊

430000－2401－0016143　32/116

新吾粹語四卷　（明）呂坤撰　清道光十年(1830)汪氏刻本　二冊

430000－2401－0016144　32/116(1)

新吾粹語四卷　（明）呂坤撰　清道光十年(1830)汪氏刻本　二冊

430000－2401－0016145　32/116(2)

新吾粹語四卷　（明）呂坤撰　清道光十年(1830)汪氏刻本　二冊

430000－2401－0016146　32/30－8

孔子家語八卷　（明）何孟春註　清嘉慶十六年(1811)刻本　二冊

430000－2401－0016147　32/30－9

孔子家語八卷　（明）何孟春註　清三讓堂刻本　二冊

430000－2401－0016148　32/30－9(1)

孔子家語八卷　（明）何孟春註　清三讓堂刻本　二冊

430000－2401－0016149　32/30－10

孔子家語八卷　（明）何孟春註　清益元堂刻本　二冊

430000－2401－0016150　32/294

來瞿唐先生日錄內篇六卷外篇七卷　（明）來知德撰　清道光十一年(1831)刻本　十二冊

430000－2401－0016151　32/294(1)

來瞿唐先生日錄內篇六卷外篇七卷　（明）來知德撰　清道光十一年(1831)刻本　十二冊

430000－2401－0016152　32/22

願學編二卷　（明）胡纘宗撰　清末補刻明嘉靖刻本　二冊

430000－2401－0016153　32/242

最樂編六卷　（明）高道淳輯　清同治二年(1863)張氏刻本　一冊

430000－2401－0016154　32/90－6

了凡四訓一卷　（明）袁黃撰　清光緒十五年(1889)湖北官書處刻本　一冊

430000－2401－0016155　32/90－6(1)

了凡四訓一卷　（明）袁黃撰　清光緒十五年(1889)湖北官書處刻本　一冊

430000－2401－0016156　32/90

了凡四訓一卷附錄一卷　（明）袁黃撰　清光緒刻本　一冊

430000－2401－0016157　32/276

粗粗話一卷　（明）陳良謨撰　清光緒二十一年(1895)紹城清道橋許模記刻本　一冊

430000－2401－0016158　32/381－3

寄傲山房塾課新增幼學故事瓊林四卷首一卷　（清）程允升撰　（清）鄒聖脈增補　清南京李光明莊狀元閣刻本　四冊

430000－2401－0016159　32/250－6

教家二書　（明）趙南星撰　清光緒高邑趙氏刻本　一冊

430000－2401－0016160　△32/5

人譜一卷人譜類記增訂六卷　（明）劉宗周撰　清康熙三十八年(1699)金渭四吉草堂刻本　四冊

430000－2401－0016161　32/169－7(1)

人譜二卷　（明）劉宗周撰　清同治元年(1862)刻本　二冊

430000－2401－0016162　32/169－7(2)

人譜二卷　（明）劉宗周撰　清同治元年(1862)刻本　二冊

430000－2401－0016163　32/169－7

蕺山先生人譜一卷方實村人譜類記二卷

x

（明）劉宗周撰　清同治元年(1862)豫章吳蘭刻本　二冊

430000－2401－0016164　32/169

人譜一卷人譜類記二卷　（明）劉宗周撰　清同治七年(1868)蕺山書院刻本　二冊

430000－2401－0016165　32/169－3

人譜正篇一卷人譜類記增訂六卷　（明）劉宗周撰　清光緒三年(1877)湖北崇文書局刻本　三冊

430000－2401－0016166　32/169－3(1)

人譜正篇一卷人譜類記增訂六卷　（明）劉宗周撰　清光緒三年(1877)湖北崇文書局刻本　三冊

430000－2401－0016167　32/169－3(2)

人譜正篇一卷人譜類記增訂六卷　（明）劉宗周撰　清光緒三年(1877)湖北崇文書局刻本　一冊　缺一卷(人譜卷)

430000－2401－0016168　32/169－9

人譜一卷人譜類記五卷　（明）劉宗周撰　清光緒十六年(1890)湘潭曹氏刻本　一冊

430000－2401－0016169　32/169－8

人譜類記二卷　（明）劉宗周撰　（清）方願瑛編　清嘉慶王顯緒刻本　清郭志匡題跋　一冊

430000－2401－0016170　△32/5－2

蕺山先生人譜一卷人譜類記二卷　（明）劉宗周撰　（清）洪正治編　清雍正四年(1726)洪氏教忠堂刻本　一冊

430000－2401－0016171　32/169－5

蕺山先生人譜一卷人譜類記二卷　（明）劉宗周撰　（清）洪正治編　清道光八年(1828)教忠堂刻本　一冊　缺一卷(人譜類記下)

430000－2401－0016172　32/169－4

蕺山先生人譜一卷人譜類記二卷　（明）劉宗周撰　（清）洪正治編　清道光十五年(1835)刻本　二冊

430000－2401－0016173　32/169－2

人譜六卷　（明）劉宗周撰　（清）傅超等輯　清光緒九年(1883)陽羨蔣氏刻本　二冊

430000－2401－0016174　32/169－6

人譜正篇一卷人譜類記增訂六卷　（明）劉宗周撰　（清）傅超等輯　清嘉慶三年(1798)樹滋堂刻本　二冊

430000－2401－0016175　32/157－3

龍文鞭影初集四卷二集四卷　（明）蕭良有撰　（清）李輝吉輯　清光緒二十二年(1896)湖南經綸元記刻本　四冊

430000－2401－0016176　32/157－2

龍文鞭影二卷　（明）蕭良有撰　（清）楊臣諍增訂　清乾隆四十四年(1779)刻本　二冊

430000－2401－0016177　32/157

龍文鞭影四卷　（明）蕭良有撰　（清）楊臣諍增訂　（清）李恩綬補　清光緒十一年(1885)江蘇李光明莊刻本　四冊

430000－2401－0016178　32/157－8

龍文鞭影四卷　（明）蕭良有撰　（清）楊臣諍增訂　（清）李恩綬補　清光緒二十年(1894)京口善化書局刻本　二冊

430000－2401－0016179　32/157－6

龍文鞭影四卷　（明）蕭良有撰　（清）楊臣諍增訂　（清）李恩綬補　清光緒二十三年(1897)富記堂刻本　四冊

430000－2401－0016180　32/163

薛子條貫篇十三卷續篇十三卷　（明）薛瑄（清）戴榅輯　清光緒十九年(1893)廣州府署刻本　三冊

430000－2401－0016181　32/163(1)

薛子條貫篇十三卷續篇十三卷　（明）薛瑄（清）戴榅輯　清光緒十九年(1893)廣州府署刻本　三冊

430000－2401－0016182　△193.3/4

小學書十卷　明末刻本　四卷　存四卷(六至七、九至十)

430000－2401－0016183　32/103

養蒙彝訓一卷　（清）方宗誠輯　清同治五年
(1866)和州官署刻本　一冊

430000－2401－0016184　32/516

福善明徵錄二卷　（清）文鳳翔編　清光緒二
年(1876)上湘劉培遠堂刻本　一冊　存一卷
（上）

430000－2401－0016185　32/119

志學錄四卷存心淺記一卷　（清）王玉樹撰
清道光刻本　二冊

430000－2401－0016186　32/77

曾子家語六卷　（清）王定安編輯　清光緒十
六年(1890)金陵刻本　二冊

430000－2401－0016187　32/77(1)

曾子家語六卷　（清）王定安編輯　清光緒十
六年(1890)金陵刻本　二冊

430000－2401－0016188　32/77(2)

曾子家語六卷　（清）王定安編輯　清光緒十
六年(1890)金陵刻本　二冊

430000－2401－0016189　32/77(3)

曾子家語六卷　（清）王定安編輯　清光緒十
六年(1890)金陵刻本　二冊

430000－2401－0016190　32/77(4)

曾子家語六卷　（清）王定安編輯　清光緒十
六年(1890)金陵刻本　二冊

430000－2401－0016191　32/77(5)

曾子家語六卷　（清）王定安編輯　清光緒十
六年(1890)金陵刻本　二冊

430000－2401－0016192　32/158

女子四書讀本　（清）王相箋註　清光緒二年
(1876)上海錦章書局石印本　二冊

430000－2401－0016193　32/158(1)

女子四書讀本　（清）王相箋註　清光緒二年
(1876)上海錦章書局石印本　一冊

430000－2401－0016194　32/158(2)

女子四書讀本　（清）王相箋註　清光緒二年
(1876)上海錦章書局石印本　二冊

430000－2401－0016195　32/158－2

狀元閣女四書　（清）王相箋註　清光緒十四
年(1888)湖南共賞書局刻本　二冊

430000－2401－0016196　32/158－2(1)

女四書集註　（清）王相箋註　清光緒令德堂
刻本　一冊

430000－2401－0016197　32/151

正蒙初義十七卷　（清）王植撰　朱子註釋濂
關三書三卷　（宋）朱熹撰　清刻本　八冊

430000－2401－0016198　32/352

義川講業錄一卷附一卷　（清）王葆心撰　清
光緒二十六年(1900)義川書院木活字本
一冊

430000－2401－0016199　393.5/20

詒穀堂家訓二卷　（清）王德固撰　清光緒二
十四年(1898)杭州任有容齋刻本　一冊

430000－2401－0016200　32/442

小學或問一卷　（清）尹嘉銓輯　清同治十年
(1871)尊道堂刻本　一冊

430000－2401－0016201　32/310

小學書詳解十卷　（清）史啟英撰　清乾隆刻
本　二冊

430000－2401－0016202　32/457

孝弟忠義圖說四卷　（清）江楚編譯官書局編
清光緒三十二年(1906)該局石印本　二冊

430000－2401－0016203　32/315

呂晚村先生家訓真迹五卷　（清）呂留良撰
清康熙四十二年(1703)影刻本　四冊

430000－2401－0016204　32/315－2

呂晚村先生家訓真迹四卷　（清）呂留良撰
清光緒三十四年(1908)上海澄衷學堂影印本
二冊

430000－2401－0016205　32/315－2(1)

呂晚村先生家訓真迹四卷　（清）呂留良撰
清光緒三十四年(1908)上海澄衷學堂影印本
一冊　存二卷(一至二)

430000－2401－0016206　32/509

長沙朱禹田家章一卷　（清）朱昌琳撰　清光緒石印本　一册

430000－2401－0016207　32/74

小大學程十卷　（清）朱浩文編輯　清光緒二十年(1894)朱匯源堂刻本　四册

430000－2401－0016208　32/221

先正遺規二卷　（清）汪正輯　清光緒二十六年(1900)研思館刻本　二册

430000－2401－0016209　32/221(1)

先正遺規二卷　（清）汪正輯　清光緒二十六年(1900)研思館刻本　二册

430000－2401－0016210　32/27

雙節堂庸訓六卷　（清）汪輝祖撰　清同治七年(1868)湖北崇文書局刻本　二册

430000－2401－0016211　32/27(1)

雙節堂庸訓六卷　（清）汪輝祖撰　清同治七年(1868)湖北崇文書局刻本　二册

430000－2401－0016212　△32/41

從祀先儒錄□□卷　（清）汪瀚編輯　清末鈔本　一册　存一卷(一)

430000－2401－0016213　32/418

正蒙九卷　（清）李文炤集解　清刻本　二册

430000－2401－0016214　△32/18

安溪先生註解正蒙二卷　（清）李光地撰　清教忠堂刻本　二册

430000－2401－0016215　32/483

榕村語錄三十卷　（清）李光地撰　清鈔本　六册　缺十一卷(七至八、二十二至三十)

430000－2401－0016216　32/93

我箴釋證十五卷　（清）李庚乾撰　清光緒二十二年(1896)刻本　六册

430000－2401－0016217　32/93(1)

我箴釋證十五卷　（清）李庚乾撰　清光緒二十二年(1896)刻本　六册

430000－2401－0016218　32/93(2)

我箴釋證十五卷　（清）李庚乾撰　清光緒二

十二年(1896)刻本　一册　存三卷(十三至十五)

430000－2401－0016219　32/493

新鐫入善邇言一卷　（清）李拔撰　（清）詹植評　清道光十二年(1832)刻本　一册

430000－2401－0016220　461/63

警心錄十卷　（清）李毓之撰　清康熙四十二年(1703)湛恩堂刻本　二册

430000－2401－0016221　32/324

傳家安樂銘一卷　（清）杜文波撰　清光緒十三年(1887)白玉山書局刻本　一册

430000－2401－0016222　32/76

曾子十篇註釋四卷首一卷　（清）阮元撰　清嘉慶三年(1798)揚州阮氏掔經室刻本　二册

430000－2401－0016223　32/238

秀才約語授趙雋堂同學一卷　（清）吳毓珍撰　清光緒二十三年(1897)刻本　一册

430000－2401－0016224　32/491

學生鏡五卷　（清）何勁編　清宣統三年(1911)長沙修業學堂鉛印本　一册

430000－2401－0016225　32/512

撫子說一卷　（清）谷青廉等撰　清宣統三年(1911)安國李振聲刻本　一册

430000－2401－0016226　32/66

養蒙金鑒二卷　（清）林之望編　清光緒元年(1875)鄂垣藩署刻本　二册

430000－2401－0016227　32/66(1)

養蒙金鑒二卷　（清）林之望編　清光緒元年(1875)鄂垣藩署刻本　二册

430000－2401－0016228　32/66(2)

養蒙金鑒二卷　（清）林之望編　清光緒元年(1875)鄂垣藩署刻本　二册

430000－2401－0016229　32/362

朱子家訓廣鑒二卷　（清）易維新撰　清乾隆五十五年(1790)行素堂刻本　一册

430000－2401－0016230　32/520

省身要言一卷　（清）周柱坤編　清光緒三十年(1904)寧鄉周氏願學齋刻本　一冊

430000 – 2401 – 0016231　32/344

正俗俚言二卷　（清）周學濂撰　清光緒三十一年(1905)長沙刻本　一冊

430000 – 2401 – 0016232　32/271

家蔭堂省心錄一卷　（清）周際華撰　清道光十九年(1839)家蔭堂刻本　一冊

430000 – 2401 – 0016233　32/451

訓俗常談一卷治平牧令格一卷　金蓉鏡撰　清光緒三十三年(1907)鉛印本　一冊

430000 – 2401 – 0016234　32/111

弟子箴言十六卷　（清）胡達源撰　清道光十五年(1835)聞妙香軒刻本　四冊

430000 – 2401 – 0016235　32/111(5)

弟子箴言十六卷　（清）胡達源撰　清道光十五年(1835)聞妙香軒刻本　清光緒吳大澂眉批註釋　四冊

430000 – 2401 – 0016236　32/111(1)

弟子箴言十六卷　（清）胡達源撰　清道光十五年(1835)聞妙香軒刻本　四冊

430000 – 2401 – 0016237　32/111(2)

弟子箴言十六卷　（清）胡達源撰　清道光十五年(1835)聞妙香軒刻本　四冊

430000 – 2401 – 0016238　32/111(3)

弟子箴言十六卷　（清）胡達源撰　清道光十五年(1835)聞妙香軒刻本　四冊

430000 – 2401 – 0016239　32/111(4)

弟子箴言十六卷　（清）胡達源撰　清同治元年(1862)蒲圻但氏刻本　四冊

430000 – 2401 – 0016240　32/111 – 2

弟子箴言十六卷　（清）胡達源撰　清同治元年(1862)蒲圻但氏刻本　四冊

430000 – 2401 – 0016241　32/111 – 2(1)

430000 – 2401 – 0016242　32/111 – 3

弟子箴言十六卷　（清）胡達源撰　（清）吳大澂註　清光緒二十一年(1895)蒲圻但氏湖南糧儲道署刻本　四冊

430000 – 2401 – 0016243　32/111 – 3(1)

弟子箴言十六卷　（清）胡達源撰　（清）吳大澂註　清光緒二十一年(1895)蒲圻但氏湖南糧儲道署刻本　四冊

430000 – 2401 – 0016244　32/111 – 3(2)

弟子箴言十六卷　（清）胡達源撰　（清）吳大澂註　清光緒二十一年(1895)蒲圻但氏湖南糧儲道署刻本　四冊

430000 – 2401 – 0016245　32/111 – 3(3)

弟子箴言十六卷　（清）胡達源撰　（清）吳大澂註　清光緒二十一年(1895)蒲圻但氏湖南糧儲道署刻本　四冊

430000 – 2401 – 0016246　32/111 – 3(4)

弟子箴言十六卷　（清）胡達源撰　（清）吳大澂註　清光緒二十一年(1895)蒲圻但氏湖南糧儲道署刻本　四冊

430000 – 2401 – 0016247　32/111 – 3(5)

弟子箴言十六卷　（清）胡達源撰　（清）吳大澂註　清光緒二十一年(1895)蒲圻但氏湖南糧儲道署刻本　四冊

430000 – 2401 – 0016248　32/517

百孝圖說二卷　（清）俞葆真編　（清）俞泰仰繪　清同治十年(1871)河間俞氏刻本　一冊　存一卷(一)

430000 – 2401 – 0016249　32/463

家廟塾中條規一卷　（清）約庵居士編　清光緒十五年(1889)粵西撫署刻本　一冊

430000 – 2401 – 0016250　32/73 – 2

唐氏蒙求三卷　（清）唐仲冕撰　清嘉慶九年(1804)刻本　三冊

430000 – 2401 – 0016251　32/73

唐氏蒙求三卷　（清）唐仲冕撰　清同治二年(1863)長沙陳氏書塾刻本　三冊

430000 – 2401 – 0016252　32/73（1）

唐氏蒙求三卷　（清）唐仲冕撰　清同治二年（1863）長沙陳氏書塾刻本　三冊

430000 – 2401 – 0016253　32/267

蒙求增輯三卷　（清）唐仲冕撰　（清）徐朝俊註　（清）劉冕增輯　清同治二年（1863）善化劉氏刻本　二冊

430000 – 2401 – 0016254　32/101

四砭齋省身日課四卷　（清）唐鑑撰　清道光十九年（1839）刻本　二冊

430000 – 2401 – 0016255　32/101（1）

四砭齋省身日課四卷　（清）唐鑑撰　清道光十九年（1839）刻本　二冊

430000 – 2401 – 0016256　32/101 – 2

四砭齋省身日課十四卷　（清）唐鑑撰　清光緒十二年（1886）刻本　十二冊

430000 – 2401 – 0016257　32/101 – 2（1）

四砭齋省身日課十四卷　（清）唐鑑撰　清光緒十二年（1886）刻本　十冊

430000 – 2401 – 0016258　32/101 – 2（2）

四砭齋省身日課十四卷　（清）唐鑑撰　清光緒十二年（1886）刻本　十一冊　缺一卷（八）

430000 – 2401 – 0016259　32/135

畜德錄二十卷　（清）席啟圖輯　清同治六年（1867）湘潭刻本　十冊

430000 – 2401 – 0016260　32/135（1）

畜德錄二十卷　（清）席啟圖輯　清同治六年（1867）湘潭刻本　八冊

430000 – 2401 – 0016261　32/135（2）

畜德錄二十卷　（清）席啟圖輯　清同治六年（1867）湘潭刻本　十冊

430000 – 2401 – 0016262　△32/30

畜德錄二十卷　（清）席啟圖輯　清鈔本　四冊

430000 – 2401 – 0016264　32/288

續刻畜德錄一卷　（清）席啟圖撰　清咸豐元年（1851）湘潭何鐵刻本　一冊

430000 – 2401 – 0016265　32/460

安陽西蔣村馬氏義莊條規一卷　（清）馬丕瑤編　清光緒十五年（1889）粵西撫署刻本　一冊

430000 – 2401 – 0016266　32/461

安陽蔣村馬氏東西支祠堂條規一卷　（清）馬丕瑤編　清光緒十五年（1889）粵西撫署刻本　一冊

430000 – 2401 – 0016267　32/462

安陽蔣村馬氏家廟條規一卷　（清）馬丕瑤編　清光緒十五年（1889）粵西撫署刻本　一冊

430000 – 2401 – 0016268　32/437

範家集略六卷　（清）秦坊輯　清光緒二十六年（1900）研思館刻本　四冊

430000 – 2401 – 0016269　32/437（1）

範家集略六卷　（清）秦坊輯　清光緒二十六年（1900）研思館刻本　四冊

430000 – 2401 – 0016270　32/437（2）

範家集略六卷　（清）秦坊輯　清光緒二十六年（1900）研思館刻本　四冊

430000 – 2401 – 0016271　32/25

警書三卷　（清）秦篤輝撰　清光緒刻本　一冊

430000 – 2401 – 0016272　32/286

呂書六種　（清）栗毓美輯　清道光刻本　二冊

430000 – 2401 – 0016273　32/286（1）

呂書六種　（清）栗毓美輯　清道光刻本　二冊

430000 – 2401 – 0016274　32/286（2）

呂書六種　（清）栗毓美輯　清道光刻本　一冊

430000 – 2401 – 0016275　32/358

家語疏證六卷　（清）孫志祖撰　清嘉慶刻本　二冊

430000 – 2401 – 0016276　32/190

日省錄二十卷首一卷　（清）徐嘉瑞編　清咸豐四年（1854）楚北安陸徐氏拙齋刻本　四冊

430000 - 2401 - 0016277　32/67

爲學大指一卷　（清）倭仁撰　清刻本　一冊

430000 - 2401 - 0016278　32/67（1）

爲學大指一卷　（清）倭仁撰　清刻本　一冊

430000 - 2401 - 0016279　32/67（2）

爲學大指一卷　（清）倭仁撰　清刻本　一冊

430000 - 2401 - 0016280　32/67（3）

爲學大指一卷　（清）倭仁撰　清刻本　一冊

430000 - 2401 - 0016281　32/67（4）

爲學大指一卷　（清）倭仁撰　清刻本　一冊

430000 - 2401 - 0016282　32/67（5）

爲學大指一卷　（清）倭仁撰　清刻本　一冊

430000 - 2401 - 0016283　32/67（6）

爲學大指一卷　（清）倭仁撰　清刻本　一冊

430000 - 2401 - 0016284　32/67（7）

爲學大指一卷　（清）倭仁撰　清刻本　一冊

430000 - 2401 - 0016285　32/67（8）

爲學大指一卷　（清）倭仁撰　清刻本　一冊

430000 - 2401 - 0016286　32/434

內則衍義十六卷　（清）世祖福臨編　清刻本　八冊

430000 - 2401 - 0016287　32/376

御製勸善要言一卷　（清）世祖福臨撰　清光緒重印順治十二年(1655)內府刻本　民國十五年(1926)徐崇立跋識　一冊

430000 - 2401 - 0016288　32/466

聖諭廣訓直解二卷　清宣宗撰　清同治兩廣總督李瀚章等刻本　二冊

430000 - 2401 - 0016289　32/524

日知薈說四卷　（清）高宗弘曆編　清乾隆元年(1736)江蘇刻本　一冊　存二卷(三至四)

430000 - 2401 - 0016290　32/430

聖祖仁皇帝庭訓格言一卷　（清）聖祖玄燁撰（清）世宗胤禛編　清同治元年(1862)刻本　一冊

430000 - 2401 - 0016291　32/430（1）

聖祖仁皇帝庭訓格言一卷　（清）聖祖玄燁撰（清）世宗胤禛編　清同治元年(1862)刻本　一冊

430000 - 2401 - 0016292　32/430（2）

聖祖仁皇帝庭訓格言一卷　（清）聖祖玄燁撰（清）世宗胤禛編　清同治元年(1862)刻本　一冊

430000 - 2401 - 0016293　32/71 - 4

聖祖仁皇帝庭訓格言一卷　（清）聖祖玄燁撰（清）世宗胤禛編　清同治元年(1862)江寧吳氏刻本　一冊

430000 - 2401 - 0016294　32/71

聖祖仁皇帝庭訓格言一卷　（清）聖祖玄燁撰（清）世宗胤禛編　清同治十年(1871)福建潘霨刻本　一冊

430000 - 2401 - 0016295　32/71 - 3

聖祖仁皇帝庭訓格言一卷　（清）聖祖玄燁撰（清）世宗胤禛編　清光緒十五年(1889)四川鹽務總局重刻本　一冊

430000 - 2401 - 0016296　32/430 - 2

聖祖仁皇帝庭訓格言一卷　（清）聖祖玄燁撰（清）世宗胤禛編　清光緒二十一年至二十二年(1895 - 1896)鈔本　一冊

430000 - 2401 - 0016297　32/71 - 2

聖祖仁皇帝庭訓格言一卷　（清）聖祖玄燁撰（清）世宗胤禛編　清刻本　一冊

430000 - 2401 - 0016298　32/71 - 2（1）

聖祖仁皇帝庭訓格言一卷　（清）聖祖玄燁撰（清）世宗胤禛編　清刻本　一冊

430000 - 2401 - 0016299　32/71 - 2（2）

聖祖仁皇帝庭訓格言一卷　（清）聖祖玄燁撰（清）世宗胤禛編　清刻本　一冊

430000 - 2401 - 0016300　32/71 - 5

聖祖仁皇帝庭訓格言一卷　（清）聖祖玄燁撰（清）世宗胤禛編　清刻本　一冊

430000 - 2401 - 0016301　32/191 - 2

日省錄三卷補遺一卷 （清）梁文科輯 清光緒九年(1883)春運道堂刻本 一冊

430000 - 2401 - 0016302 32/191

日省錄三卷補遺一卷 （清）梁文科輯 清光緒十七年(1891)強恕齋刻本 一冊

430000 - 2401 - 0016303 32/191 - 3

日省錄三卷補遺一卷 （清）梁文科輯 清雍正十年(1732)刻本 一冊

430000 - 2401 - 0016304 32/56 - 3

聖諭像解二十卷首一卷 （清）梁延年編 清光緒十三年(1887)湖南寶善堂刻本 十冊

430000 - 2401 - 0016305 32/56 - 2

聖諭像解二十卷 （清）梁延年編 清光緒二十八年(1902)江蘇撫署石印本 十冊

430000 - 2401 - 0016306 32/56

聖諭像解二十卷 （清）梁延年編 清光緒二十九年(1903)北洋官報局石印本 十冊

430000 - 2401 - 0016307 32/56(1)

聖諭像解二十卷 （清）梁延年編 清光緒二十九年(1903)北洋官報局石印本 十冊

430000 - 2401 - 0016308 461/79

池上草堂筆記八卷 （清）梁恭辰撰 清同治七年(1868)衡州刻本 八冊

430000 - 2401 - 0016309 461/79(1)

池上草堂筆記八卷 （清）梁恭辰撰 清同治七年(1868)衡州刻本 八冊

430000 - 2401 - 0016310 32/319

節述陳文恭相國訓俗遺規序目一卷 （清）郭焯瑩撰 清宣統二年(1910)木活字本 一冊

430000 - 2401 - 0016311 △32/40

教學要術十二卷 （清）郭慶藩輯 清稿本 一冊 存二卷(四至五)

430000 - 2401 - 0016312 32/194

家塾蒙求五卷 （清）康基淵輯 清同治十一年(1872)黎培敬黔陽官署刻本 二冊

430000 - 2401 - 0016313 32/179

人範須知六卷 （清）盛隆輯 清同治二年(1863)武昌石竹山房刻本 六冊

430000 - 2401 - 0016314 32/179 - 2

人範須知六卷 （清）盛隆輯 清光緒二十六年(1900)夔州研思館刻本 六冊

430000 - 2401 - 0016315 32/179 - 2(1)

人範須知六卷 （清）盛隆輯 清光緒二十六年(1900)夔州研思館刻本 六冊

430000 - 2401 - 0016316 32/179 - 2(2)

人範須知六卷 （清）盛隆輯 清光緒二十六年(1900)夔州研思館刻本 六冊

430000 - 2401 - 0016317 312/10

普通學歌訣不分卷 （清）張一鵬撰 清光緒二十六年(1900)秦中官書局鉛印本 一冊

430000 - 2401 - 0016318 32/285 - 6

輶軒語一卷 （清）張之洞撰 清光緒二年(1876)四川刻本 一冊

430000 - 2401 - 0016319 32/285

輶軒語一卷書目答問四卷 （清）張之洞撰 清光緒三年(1877)長沙黃進修堂刻本 三冊

430000 - 2401 - 0016320 32/285(1)

輶軒語一卷書目答問四卷 （清）張之洞撰 清光緒三年(1877)長沙黃進修堂刻本 三冊

430000 - 2401 - 0016321 32/285(2)

輶軒語一卷書目答問四卷 （清）張之洞撰 清光緒三年(1877)長沙黃進修堂刻本 三冊

430000 - 2401 - 0016322 32/285(3)

輶軒語一卷書目答問四卷 （清）張之洞撰 清光緒三年(1877)長沙黃進修堂刻本 三冊

430000 - 2401 - 0016323 32/285(4)

輶軒語一卷書目答問四卷 （清）張之洞撰 清光緒三年(1877)長沙黃進修堂刻本 三冊

430000 - 2401 - 0016324 32/285(5)

輶軒語一卷書目答問四卷 （清）張之洞撰 清光緒三年(1877)長沙黃進修堂刻本 三冊

430000 - 2401 - 0016325 32/285(6)

輶軒語一卷書目答問四卷　（清）張之洞撰
清光緒三年(1877)長沙黃進修堂刻本　三冊

430000 – 2401 – 0016326　32/285(7)

輶軒語一卷書目答問四卷　（清）張之洞撰
清光緒三年(1877)長沙黃進修堂刻本　三冊

430000 – 2401 – 0016327　32/285(8)

輶軒語一卷書目答問四卷　（清）張之洞撰
清光緒三年(1877)長沙黃進修堂刻本　一冊

430000 – 2401 – 0016328　32/285(9)

輶軒語一卷書目答問四卷　（清）張之洞撰
清光緒三年(1877)長沙黃進修堂刻本　一冊

430000 – 2401 – 0016329　32/285(10)

輶軒語一卷書目答問四卷　（清）張之洞撰
清光緒三年(1877)長沙黃進修堂刻本　一冊

430000 – 2401 – 0016330　32/285 – 4

輶軒語一卷　（清）張之洞撰　清光緒八年
(1882)江西書局木活字本　一冊

430000 – 2401 – 0016331　32/285 – 5

輶軒語一卷　（清）張之洞撰　清光緒十九年
(1893)桂垣書局刻本　一冊

430000 – 2401 – 0016332　32/285 – 2(3)

輶軒語一卷　（清）張之洞撰　清光緒退補齋
刻本　一冊

430000 – 2401 – 0016333　32/285 – 2

輶軒語一卷　（清）張之洞撰　清光緒刻本
一冊

430000 – 2401 – 0016334　32/285 – 2(1)

輶軒語一卷　（清）張之洞撰　清光緒刻本
一冊

430000 – 2401 – 0016335　32/285 – 2(2)

輶軒語一卷　（清）張之洞撰　清光緒刻本
一冊

430000 – 2401 – 0016336　32/285 – 2(4)

輶軒語一卷　（清）張之洞撰　清光緒刻本
一冊

430000 – 2401 – 0016337　32/285 – 2(5)

輶軒語一卷　（清）張之洞撰　清光緒刻本
一冊

430000 – 2401 – 0016338　32/285 – 3

輶軒語一卷　（清）張之洞撰　清光緒刻本
一冊

430000 – 2401 – 0016339　32/443

學堂歌一卷　（清）張之洞撰　清光緒三十年
(1904)刻本　一冊

430000 – 2401 – 0016340　32/443(1)

學堂歌一卷　（清）張之洞撰　清光緒三十年
(1904)刻本　一冊

430000 – 2401 – 0016341　32/443(2)

學堂歌一卷　（清）張之洞撰　清光緒三十年
(1904)刻本　一冊

430000 – 2401 – 0016342　32/443(3)

學堂歌一卷　（清）張之洞撰　清光緒三十年
(1904)刻本　一冊

430000 – 2401 – 0016343　32/443(4)

學堂歌一卷　（清）張之洞撰　清光緒三十年
(1904)刻本　一冊

430000 – 2401 – 0016344　32/443(5)

學堂歌一卷　（清）張之洞撰　清光緒三十年
(1904)刻本　一冊

430000 – 2401 – 0016345　32/443(6)

學堂歌一卷　（清）張之洞撰　清光緒三十年
(1904)刻本　一冊

430000 – 2401 – 0016346　32/443(7)

學堂歌一卷　（清）張之洞撰　清光緒三十年
(1904)刻本　一冊

430000 – 2401 – 0016347　32/443(8)

學堂歌一卷　（清）張之洞撰　清光緒三十年
(1904)刻本　一冊

430000 – 2401 – 0016348　32/443(9)

學堂歌一卷　（清）張之洞撰　清光緒三十年
(1904)刻本　一冊

430000 – 2401 – 0016349　32/443(10)

學堂歌一卷 （清）張之洞撰 清光緒三十年
（1904）刻本 一冊

430000－2401－0016350 32/443（11）
學堂歌一卷 （清）張之洞撰 清光緒三十年
（1904）刻本 一冊

430000－2401－0016351 32/443（12）
學堂歌一卷 （清）張之洞撰 清光緒三十年
（1904）刻本 一冊

430000－2401－0016352 32/443（13）
學堂歌一卷 （清）張之洞撰 清光緒三十年
（1904）刻本 一冊

430000－2401－0016353 32/443（14）
學堂歌一卷 （清）張之洞撰 清光緒三十年
（1904）刻本 一冊

430000－2401－0016354 32/443（15）
學堂歌一卷 （清）張之洞撰 清光緒三十年
（1904）刻本 一冊

430000－2401－0016355 32/443（16）
學堂歌一卷 （清）張之洞撰 清光緒三十年
（1904）刻本 一冊

430000－2401－0016356 32/443（17）
學堂歌一卷 （清）張之洞撰 清光緒三十年
（1904）刻本 一冊

430000－2401－0016357 32/443（18）
學堂歌一卷 （清）張之洞撰 清光緒三十年
（1904）刻本 一冊

430000－2401－0016358 32/443（19）
學堂歌一卷 （清）張之洞撰 清光緒三十年
（1904）刻本 一冊

430000－2401－0016359 32/443（20）
學堂歌一卷 （清）張之洞撰 清光緒三十年
（1904）刻本 一冊

430000－2401－0016360 32/443（21）
學堂歌一卷 （清）張之洞撰 清光緒三十年
（1904）刻本 一冊

430000－2401－0016361 32/443（22）

學堂歌一卷 （清）張之洞撰 清光緒三十年
（1904）刻本 一冊

430000－2401－0016362 32/443（23）
學堂歌一卷 （清）張之洞撰 清光緒三十年
（1904）刻本 一冊

430000－2401－0016363 32/443（24）
學堂歌一卷 （清）張之洞撰 清光緒三十年
（1904）刻本 一冊

430000－2401－0016364 32/443（25）
學堂歌一卷 （清）張之洞撰 清光緒三十年
（1904）刻本 一冊

430000－2401－0016365 32/443（26）
學堂歌一卷 （清）張之洞撰 清光緒三十年
（1904）刻本 一冊

430000－2401－0016366 32/443（27）
學堂歌一卷 （清）張之洞撰 清光緒三十年
（1904）刻本 一冊

430000－2401－0016367 32/443（28）
學堂歌一卷 （清）張之洞撰 清光緒三十年
（1904）刻本 一冊

430000－2401－0016368 32/443（29）
學堂歌一卷 （清）張之洞撰 清光緒三十年
（1904）刻本 一冊

430000－2401－0016369 32/443（30）
學堂歌一卷 （清）張之洞撰 清光緒三十年
（1904）刻本 一冊

430000－2401－0016370 32/443（31）
學堂歌一卷 （清）張之洞撰 清光緒三十年
（1904）刻本 一冊

430000－2401－0016371 32/443（32）
學堂歌一卷 （清）張之洞撰 清光緒三十年
（1904）刻本 一冊

430000－2401－0016372 32/443（33）
學堂歌一卷 （清）張之洞撰 清光緒三十年
（1904）刻本 一冊

430000－2401－0016373 32/443（34）

學堂歌一卷 （清）張之洞撰 清光緒三十年(1904)刻本 一冊

430000－2401－0016374 32/26－7

勸學篇二卷 （清）張之洞撰 清光緒二十四年(1898)兩湖書院石印本 一冊

430000－2401－0016375 32/26－7(1)

勸學篇二卷 （清）張之洞撰 清光緒二十四年(1898)兩湖書院石印本 一冊

430000－2401－0016376 32/26－8

勸學篇二卷 （清）張之洞撰 清光緒二十四年(1898)兩湖書院刻本 一冊

430000－2401－0016377 32/26－8(1)

勸學篇二卷 （清）張之洞撰 清光緒二十四年(1898)兩湖書院刻本 二冊

430000－2401－0016378 32/26－8(2)

勸學篇二卷 （清）張之洞撰 清光緒二十四年(1898)兩湖書院刻本 一冊

430000－2401－0016379 32/26－8(3)

勸學篇二卷 （清）張之洞撰 清光緒二十四年(1898)兩湖書院刻本 一冊

430000－2401－0016380 32/26－8(4)

勸學篇二卷 （清）張之洞撰 清光緒二十四年(1898)兩湖書院刻本 一冊

430000－2401－0016381 32/26－8(5)

勸學篇二卷 （清）張之洞撰 清光緒二十四年(1898)兩湖書院刻本 一冊

430000－2401－0016382 32/26－8(6)

勸學篇二卷 （清）張之洞撰 清光緒二十四年(1898)長沙刻本 一冊

430000－2401－0016383 32/26

勸學篇二卷 （清）張之洞撰 清光緒二十四年(1898)長沙府署刻本 一冊

430000－2401－0016384 32/26－2

勸學篇二卷 （清）張之洞撰 清光緒二十四年(1898)長沙府署刻本 一冊

430000－2401－0016385 32/26－2(1)

勸學篇二卷 （清）張之洞撰 清光緒二十四年(1898)長沙府署刻本 一冊

430000－2401－0016386 32/26－4

勸學篇二卷 （清）張之洞撰 清光緒二十四年(1898)浙江省刻本 一冊

430000－2401－0016387 32/26－6

勸學篇二卷 （清）張之洞撰 清光緒二十四年(1898)船山書院朱印刻本 一冊

430000－2401－0016388 32/26－6(1)

勸學篇二卷 （清）張之洞撰 清光緒二十四年(1898)船山書院朱印刻本 一冊

430000－2401－0016389 32/26－10

勸學篇二卷 （清）張之洞撰 清光緒二十四年(1898)湖北黃氏朱印刻本 一冊

430000－2401－0016390 32/26－3

勸學篇二卷 （清）張之洞撰 清光緒二十四年(1898)湘西岩齋刻本 一冊

430000－2401－0016391 32/26－3(1)

勸學篇二卷 （清）張之洞撰 清光緒二十四年(1898)湘西岩齋刻本 一冊

430000－2401－0016392 32/26－9

勸學篇二卷 （清）張之洞撰 清光緒二十四年(1898)蘋洲書院刻本 二冊

430000－2401－0016393 32/26－5

勸學篇二卷 （清）張之洞撰 清光緒刻本 一冊

430000－2401－0016394 32/261

重刻孝子圖二卷 （清）張生俊 （清）唐鼂繪 清咸豐十年(1860)刻本 一冊

430000－2401－0016395 32/144

爲學次第一卷 （清）張沐撰 清康熙十一年(1672)敦臨堂刻本 一冊

430000－2401－0016396 32/144(1)

爲學次第一卷 （清）張沐撰 清康熙十一年(1672)敦臨堂刻本 一冊

430000－2401－0016397 32/14

澄懷園語四卷　（清）張廷玉撰　清同治十三年（1874）刻本　一冊

430000－2401－0016398　32/130－2

困學錄集粹八卷　（清）張伯行撰　清雍正刻本　一冊

430000－2401－0016399　32/89

聰訓齋語二卷恆產瑣言一卷飯有十二合說一卷　（清）張英撰　清光緒二十年（1894）南江縣署刻本　一冊

430000－2401－0016400　32/89（1）

聰訓齋語二卷恆產瑣言一卷飯有十二合說一卷　（清）張英撰　清光緒二十年（1894）南江縣署刻本　一冊

430000－2401－0016401　32/89－4

聰訓齋語一卷　（清）張英撰　清光緒二十九年（1903）上海商務印書館鉛印本　一冊

430000－2401－0016402　32/89－4（1）

聰訓齋語一卷　（清）張英撰　清光緒二十九年（1903）上海商務印書館鉛印本　一冊

430000－2401－0016403　32/89－4（2）

聰訓齋語一卷　（清）張英撰　清光緒二十九年（1903）上海商務印書館鉛印本　一冊

430000－2401－0016404　32/84－2

課子隨筆鈔六卷　（清）張師載輯　清同治三年（1864）刻本　二冊

430000－2401－0016405　32/84

課子隨筆鈔六卷　（清）張師載輯　清光緒二十一年（1895）湖南官書局刻本　三冊

430000－2401－0016406　32/84（1）

課子隨筆鈔六卷　（清）張師載輯　清光緒二十一年（1895）湖南官書局刻本　三冊

430000－2401－0016407　32/84（2）

課子隨筆鈔六卷　（清）張師載輯　清光緒二十一年（1895）湖南官書局刻本　三冊

430000－2401－0016408　32/85

課子隨筆節鈔六卷　（清）張師載輯　（清）徐桐節鈔　清光緒八年（1882）傳忠書局刻本　四冊

430000－2401－0016409　32/85（1）

課子隨筆節鈔六卷　（清）張師載輯　（清）徐桐節鈔　清光緒八年（1882）傳忠書局刻本　四冊

430000－2401－0016410　32/467

京師大學堂倫理學講義　（清）張鶴齡撰　清末鉛印本　一冊

430000－2401－0016411　311/3－6

五種遺規　（清）陳弘謀撰　清道光三十年（1850）刻本　八冊

430000－2401－0016412　311/3－4

五種遺規　（清）陳弘謀撰　清道光元年（1821）刻本　三冊　存七卷（養正遺規二卷補編一卷、訓俗遺規四卷）

430000－2401－0016413　311/3－3

五種遺規　（清）陳弘謀撰　清同治三年（1864）刻本　七冊　缺三卷（養正遺規二卷補編一卷）

430000－2401－0016414　311/3

五種遺規　（清）陳弘謀撰　清同治七年（1868）金陵書局刻本　十冊

430000－2401－0016415　311/3（1）

五種遺規　（清）陳弘謀撰　清同治七年（1868）金陵書局刻本　十冊

430000－2401－0016416　311/3－2

五種遺規　（清）陳弘謀撰　清同治七年（1868）楚北崇文書局刻本　八冊

430000－2401－0016417　311/3－2（1）

五種遺規　（清）陳弘謀撰　清同治七年（1868）楚北崇文書局刻本　八冊

430000－2401－0016418　311/3－2（2）

五種遺規　（清）陳弘謀撰　清同治七年（1868）楚北崇文書局刻本　八冊

430000－2401－0016419　311/3－2（3）

五種遺規　（清）陳弘謀撰　清同治七年（1868）楚北崇文書局刻本　八冊

430000－2401－0016420　311/3－7

五種遺規　（清）陳弘謀撰　清光緒五年
(1879)江西書局刻本　十二冊

430000 - 2401 - 0016421　311/3 - 8
五種遺規　（清）陳弘謀撰　清光緒二十年
(1894)湖南益元書局刻本　八冊　缺四卷
（在官法戒錄四卷）

430000 - 2401 - 0016422　311/3 - 9
五種遺規　（清）陳弘謀撰　清光緒二十一年
(1895)浙江書局刻本　七冊　存六卷（養正
遺規二卷補編一卷、教女遺規三卷）

430000 - 2401 - 0016423　311/3 - 10
五種遺規　（清）陳弘謀撰　清光緒二十二年
(1896)經綸元記刻本　六冊　存七卷（在官
法戒錄四卷,訓俗遺規二至四、補編一卷）

430000 - 2401 - 0016424　311/3 - 11
五種遺規　（清）陳弘謀撰　清末石印本
六冊

430000 - 2401 - 0016425　311/3 - 15
五種遺規摘鈔　（清）陳弘謀撰　清嘉慶十九
年(1814)刻本　八冊

430000 - 2401 - 0016426　311/3 - 14
五種遺規摘鈔　（清）陳弘謀撰　清光緒二十
八年(1902)上海古香閣石印本　五冊　缺二
卷（在官法戒錄摘鈔一至二）

430000 - 2401 - 0016427　311/3 - 13
五種遺規摘鈔　（清）陳弘謀撰　清光緒上海
掃葉山房鉛印本　四冊　存六卷（從政遺規
摘鈔二卷、在官法戒錄摘鈔四卷）

430000 - 2401 - 0016428　311/3 - 16
五種遺規摘鈔　（清）陳弘謀撰　清乾隆培遠
堂刻本　十二冊

430000 - 2401 - 0016429　311/31
六種遺規摘鈔　（清）陳弘謀撰　清光緒十八
年(1892)桂垣書局刻本　十六冊

430000 - 2401 - 0016430　32/168 - 2
訓俗遺規四卷　（清）陳弘謀撰　清嘉慶十四
年(1809)江西鍾氏益友堂刻本　二冊

430000 - 2401 - 0016431　32/168
訓俗遺規三卷補編二卷　（清）陳弘謀撰　清
咸豐五年(1855)正心堂刻本　二冊

430000 - 2401 - 0016432　32/167
訓俗遺規摘鈔四卷　（清）陳弘謀撰　清同治
七年(1868)楚北崇文書局刻本　二冊

430000 - 2401 - 0016433　32/167(1)
訓俗遺規摘鈔四卷　（清）陳弘謀撰　清同治
七年(1868)楚北崇文書局刻本　二冊

430000 - 2401 - 0016434　32/263 - 2
教女遺規三卷　（清）陳弘謀撰　清嘉慶十四
年(1809)江西鍾氏益友堂刻本　一冊

430000 - 2401 - 0016435　32/166
教女遺規摘鈔一卷補鈔一卷　（清）陳弘謀撰
清同治七年（1868）楚北崇文書局刻本
一冊

430000 - 2401 - 0016436　32/166(1)
教女遺規摘鈔一卷補鈔一卷　（清）陳弘謀撰
清同治七年（1868）楚北崇文書局刻本
一冊

430000 - 2401 - 0016437　32/274 - 2
養正遺規二卷補編一卷　（清）陳弘謀撰　清
嘉慶十四年（1809）江西鍾氏益友堂刻本
一冊

430000 - 2401 - 0016438　32/274
養正遺規二卷補編一卷　（清）陳弘謀撰　清
光緒二十一年（1895）浙江書局刻五種遺規本
二冊

430000 - 2401 - 0016439　32/274(1)
養正遺規二卷補編一卷　（清）陳弘謀撰　清
光緒二十一年（1895）浙江書局刻五種遺規本
一冊

430000 - 2401 - 0016440　32/335
垂訓樸語一卷　（清）陳其德撰　清道光十年
(1830)重刻本　一冊

430000 - 2401 - 0016441　32/181
聖學入門書一卷　（清）陳瑚撰　清咸豐四年

（1854）明德堂刻本　一册

430000－2401－0016442　32/396

家庭進講三卷　（清）陸韜輯　清蘇州刻本
一册

430000－2401－0016443　32/426

女學篇二卷　（清）曾懿撰　清光緒三十三年
（1907）長沙刻本　一册　存一卷（一）

430000－2401－0016444　32/525

湯文正公遺書　（清）湯斌撰　清光緒十五年
（1889）紅蝠山房刻本　一册

430000－2401－0016445　32/459

百孝圖詩傳合編一卷　（清）黃小坪編繪　清
光緒三十年（1904）湖南楊翰霞閣刻本　一册

430000－2401－0016446　32/177

國朝先正學規匯鈔不分卷　（清）黃舒昺編
清同治七年（1868）湘潭紹濂書屋刻本　二册

430000－2401－0016447　32/411

家事課本　（清）黃端履編　清光緒三十四年
（1908）中國圖書公司鉛印本　一册

430000－2401－0016448　32/182

聖學入門四卷　（清）彭世昌撰　清光緒三年
（1877）都門刻本　二册

430000－2401－0016449　32/507

講舍約說四則　（清）彭申甫撰　清光緒九年
（1883）刻本　一册

430000－2401－0016450　32/472

證學編一卷　（清）彭希洛撰　清光緒八年
（1882）刻本　一册

430000－2401－0016451　416/252

童歌養正一卷　（清）彭繼先輯　清光緒九年
（1883）武昌書局刻本　一册

430000－2401－0016452　32/510

增訂三字鑒註釋一卷　（清）萬蓬山撰　清同
治四年（1865）刻本　一册

430000－2401－0016453　32/371

忠信孝弟禮義廉恥八字功過格　（清）賀維翰

撰并書　清光緒三十三年（1907）刻本　四幅

430000－2401－0016454　32/58

勸戒匯鈔十六卷　（清）賀獻書輯　清咸豐六
年（1856）刻本　四册

430000－2401－0016455　32/133

迪幼錄三卷　（清）程基撰　清光緒二十八年
（1902）翰元齋刻本　一册

430000－2401－0016456　32/57

傅氏家訓二卷　（清）傅超篆　清光緒十八年
（1892）演慎齋刻本　一册

430000－2401－0016457　32/314

志學箴一卷　（清）楊以增撰　清咸豐三年
（1853）海源閣刻本　一册

430000－2401－0016458　32/256

家塾邇言六卷　（清）楊汝轂編　清咸豐元年
（1851）刻本　一册

430000－2401－0016459　393.1/274

平平錄十卷　（清）楊芳撰　清道光十三年
（1833）華陽王文運潼橋刻本　三册　缺二卷
（九至十）

430000－2401－0016460　32/438

六事箴言不分卷　（清）葉玉屏輯　清嘉慶二
十年（1815）刻本　一册

430000－2401－0016461　311/30

四語彙編　（清）詹守白輯　清光緒十八年
（1892）揚州府學刻本　四册

430000－2401－0016462　32/164

得頤堂範言二卷　（清）鄒湘倜撰　清同治五
年（1866）新化鄒氏刻本　一册

430000－2401－0016463　32/164（1）

得頤堂範言二卷　（清）鄒湘倜撰　清同治五
年（1866）新化鄒氏刻本　一册

430000－2401－0016464　32/404

居易金箴二卷　（清）潘奕雋輯　清同治七年
（1868）刻本　一册

430000－2401－0016465　32/180

人範六卷 （清）蔣元撰 （清）顧廣譽增輯
清光緒二十六年（1900）吉林恩氏刻本
二冊

430000－2401－0016466 32/180－2

人範六卷 （清）蔣元撰 （清）顧廣譽增輯
清光緒二十七年（1901）廣雅書局刻廣雅書局
叢書本 一冊

430000－2401－0016467 32/10

實修館遺訓前集二卷後集二卷 （清）鄧逢光
撰 清道光二十七年（1847）刻鄧厚庵遺書本
四冊

430000－2401－0016468 32/417

西園遺囑匯鈔二卷 （清）劉東貴撰 清光緒
三年（1877）刻本 二冊

430000－2401－0016469 32/337

三字經集註音疏二卷 （清）劉業全撰 清光
緒三年（1877）大興劉氏校經堂刻本 二冊

430000－2401－0016470 32/109－3

藥言一卷藥言剩稿一卷 （清）劉蓉撰 清同
治五年（1866）養晦堂刻本 二冊

430000－2401－0016471 32/109

藥言二卷 （清）劉蓉撰 清光緒二十七年
（1901）上海養晦堂刻本 二冊

430000－2401－0016472 32/109（1）

藥言二卷 （清）劉蓉撰 清光緒二十七年
（1901）上海養晦堂刻本 二冊

430000－2401－0016473 32/109（2）

藥言二卷 （清）劉蓉撰 清光緒二十七年
（1901）上海養晦堂刻本 二冊

430000－2401－0016474 32/109（3）

藥言二卷 （清）劉蓉撰 清光緒二十七年
（1901）上海養晦堂刻本 二冊

430000－2401－0016475 32/109（4）

藥言二卷 （清）劉蓉撰 清光緒二十七年
（1901）上海養晦堂刻本 二冊

430000－2401－0016476 32/109（5）

藥言二卷 （清）劉蓉撰 清光緒二十七年

（1901）上海養晦堂刻本 二冊

430000－2401－0016477 32/110

藥言補註四卷 （清）劉蓉撰 （清）思補居士
註 清宣統元年（1909）長沙刻本 四冊

430000－2401－0016478 32/110（1）

藥言補註四卷 （清）劉蓉撰 （清）思補居士
註 清宣統元年（1909）長沙刻本 三冊 缺
一卷（二）

430000－2401－0016479 32/339

訓蒙輯詁二卷 （清）劉鎮撰 清光緒十四年
（1888）衡永郴桂道署刻本 二冊

430000－2401－0016480 32/129

曾氏女訓三卷 （清）劉鑒撰 清光緒三十四
年（1908）長沙忠襄公祠刻本 三冊

430000－2401－0016481 32/306

集字避復一卷 （清）劉鑒撰 清光緒二十九
年（1903）長沙忠襄公祠刻本 一冊

430000－2401－0016482 32/65

教諭語四卷 （清）謝金鑾撰 清嘉慶二十一
年（1816）安溪學署刻本 一冊

430000－2401－0016483 32/65（1）

教諭語四卷 （清）謝金鑾撰 清嘉慶二十一
年（1816）安溪學署刻本 一冊

430000－2401－0016484 32/65（2）

教諭語四卷 （清）謝金鑾撰 清嘉慶二十一
年（1816）安溪學署刻本 一冊

430000－2401－0016485 32/65（3）

教諭語四卷 （清）謝金鑾撰 清嘉慶二十一
年（1816）安溪學署刻本 一冊

430000－2401－0016486 32/65（4）

教諭語四卷 （清）謝金鑾撰 清嘉慶二十一
年（1816）安溪學署刻本 一冊

430000－2401－0016487 32/65（5）

教諭語四卷 （清）謝金鑾撰 清嘉慶二十一
年（1816）安溪學署刻本 一冊

430000－2401－0016488 32/65－2

教諭語四卷 （清）謝金鑾撰 （清）徐棟輯 （清）陳崇砥增輯 清同治五年(1866)拙修齋刻本 一冊

430000－2401－0016489 32/138

十家語錄摘要二卷詠梅軒札記一卷剩稿一卷增訂一卷 （清）謝蘭生輯 清光緒六年(1880)刻酌古準今本 二冊

430000－2401－0016490 32/138(1)

十家語錄摘要二卷詠梅軒札記一卷剩稿一卷增訂一卷 （清）謝蘭生輯 清光緒六年(1880)刻酌古準今本 二冊

430000－2401－0016491 32/188

棉陽學准五卷 （清）藍鼎元撰 清雍正閑存堂刻本 二冊

430000－2401－0016492 32/351－2

小學韻語一卷 （清）羅澤南撰 清咸豐六年(1856)長沙刻本 一冊

430000－2401－0016493 32/351－2(1)

小學韻語一卷 （清）羅澤南撰 清咸豐六年(1856)長沙刻本 一冊

430000－2401－0016494 32/351

小學韻語一卷 （清）羅澤南撰 清光緒三十二年(1906)刻本 一冊

430000－2401－0016495 32/351(1)

小學韻語一卷 （清）羅澤南撰 清光緒三十二年(1906)刻本 一冊

430000－2401－0016496 32/351(2)

小學韻語一卷 （清）羅澤南撰 清光緒三十二年(1906)刻本 一冊

430000－2401－0016497 32/351(3)

小學韻語一卷 （清）羅澤南撰 清光緒三十二年(1906)刻本 一冊

430000－2401－0016498 32/351(4)

小學韻語一卷 （清）羅澤南撰 清光緒三十二年(1906)刻本 一冊

430000－2401－0016499 32/69

蒙經增註一卷 （清）曠敏本撰 清嘉慶四年(1799)刻本 一冊

430000－2401－0016500 32/250－10

蒙經增註一卷 （清）曠敏本撰 清末鈔本 一冊

430000－2401－0016501 393.5/39

格言聯腋不分卷 （清）鑄錯軒集撰 清光緒十六年(1890)華原道署刻本 一冊

430000－2401－0016502 32/323

八字圖說一卷 （清）□□撰 清光緒十二年(1886)長沙陳氏聚德堂刻本 一冊

430000－2401－0016503 32/338

先儒論說不分卷 （清）□□輯選 清光緒二十九年(1903)長沙陳氏聚德堂刻本 一冊

430000－2401－0016504 32/338(1)

先儒論說不分卷 （清）□□輯選 清光緒二十九年(1903)長沙陳氏聚德堂刻本 一冊

430000－2401－0016505 32/338－2

先儒論說不分卷 （清）□□輯選 清刻本 二冊

430000－2401－0016506 32/312

道學內篇一卷 （清）□□撰 清光緒十年(1884)古羅李氏刻本 一冊

430000－2401－0016507 32/456

蒙學教授法一卷 （清）□□編 清末瀏陽小學堂刻本 一冊

430000－2401－0016508 32/456(1)

蒙學教授法一卷 （清）□□編 清末瀏陽小學堂刻本 一冊

430000－2401－0016509 32/456(2)

蒙學教授法一卷 （清）□□編 清末瀏陽小學堂刻本 一冊

430000－2401－0016510 32/456(3)

蒙學教授法一卷 （清）□□編 清末瀏陽小學堂刻本 一冊

430000－2401－0016511 32/456(4)

蒙學教授法一卷 （清）□□編 清末瀏陽小

學堂刻本 一冊

430000－2401－0016512 32/421

賢良詞一卷樂道詞一卷 （清）□□撰 清光緒十八年(1892)刻本 一冊

430000－2401－0016513 32/313

蘊經堂小學正文四卷 （清）□□撰 清蘊經堂刻本 二冊

430000－2401－0016514 32/350

警心圖說十八卷首一卷 （清）□□撰 （清）謝燮繪圖 清同治元年(1862)刻本 一冊

430000－2401－0016515 32/254

小學廣韻外篇一卷 清末刻本 一冊

430000－2401－0016516 32/498

玉定金科例誅輯要十卷首一卷末一卷玉定金科特宥輯要十卷首一卷末一卷玉定金科例賞輯要十卷首一卷 清同治五年(1866)長沙進修堂刻本 二十四冊

430000－2401－0016517 32/498－2

玉定金科例誅輯要十卷首一卷末一卷玉定金科特宥輯要十卷首一卷末一卷玉定金科例賞輯要十卷首一卷 清同治六年(1867)長沙進修堂刻本 二十三冊

430000－2401－0016518 32/498－3

玉定金科例誅輯要十卷首一卷末一卷玉定金科特宥輯要十卷首一卷末一卷玉定金科例賞輯要十卷首一卷 清光緒二年(1876)朵園刻本 二十二冊

430000－2401－0016519 32/498－4

玉定金科例誅輯要十卷首一卷末一卷玉定金科特宥輯要十卷首一卷末一卷玉定金科例賞輯要十卷首一卷 清末鉛印本 二冊 存一卷(六)

430000－2401－0016520 32/68

高等小學修身課本不分卷 清末刻本 二冊

430000－2401－0016521 32/399

家人衍義一卷 清鈔本 一冊

430000－2401－0016522 32/522

普勸善言一卷 清光緒十八年(1892)樂善堂刻本 一冊

430000－2401－0016523 32/92

修身約言一卷 胡元俠撰 清宣統元年(1909)南洋印刷官廠鉛印本 一冊

430000－2401－0016524 32/92(1)

修身約言一卷 胡元俠撰 清宣統元年(1909)南洋印刷官廠鉛印本 一冊

430000－2401－0016525 32/377

蒙學叢書初集 徐繼高編 清光緒二十七年(1901)蘇州元邑小學堂刻本 六冊

430000－2401－0016526 393.1/300

中國魂二卷 梁啟超撰 清光緒二十九年(1903)上海廣智書局鉛印本 二冊

430000－2401－0016527 393.1/300(1)

中國魂二卷 梁啟超撰 清光緒二十九年(1903)上海廣智書局鉛印本 二冊

430000－2401－0016528 393.1/300(2)

中國魂二卷 梁啟超撰 清光緒二十九年(1903)上海廣智書局鉛印本 一冊

430000－2401－0016529 393.1/300(3)

中國魂二卷 梁啟超撰 清光緒二十九年(1903)上海廣智書局鉛印本 二冊

430000－2401－0016530 32/494

修身學講義 彭芳撰 清末湖南南路師範學堂鉛印本 一冊

430000－2401－0016531 △34/3

管韓合刻 （唐）房玄齡註 明萬曆十年(1582)趙用賢刻本 十三冊 存三十八卷(管子一至十、十五至十八、二十一至二十四，韓非子二十卷)

430000－2401－0016532 △34/2－3

管子二十四卷 （春秋）管仲撰 （唐）房玄齡註 （明）劉績增註 清鈔本 佚名批校 十冊

430000－2401－0016533 △34/2－2

管子二十四卷 （春秋）管仲撰 （唐）房玄齡

註　明萬曆趙用賢刻管韓合刻本　　八冊

430000－2401－0016534　△34/2
管子二十四卷　（春秋）管仲撰　（唐）房玄齡
註　明刻本　十二冊

430000－2401－0016535　△34/2(1)
管子二十四卷　（春秋）管仲撰　（唐）房玄齡
註　明刻本　十二冊

430000－2401－0016536　34/2－4(5)
管子二十四卷　（春秋）管仲撰　（唐）房玄齡
註　清光緒五年(1879)影宋刻本　六冊

430000－2401－0016537　34/2－4
管子二十四卷　（春秋）管仲撰　（唐）房玄齡
註　清光緒五年(1879)影宋刻本　四冊

430000－2401－0016538　34/2－4(1)
管子二十四卷　（春秋）管仲撰　（唐）房玄齡
註　清光緒五年(1879)影宋刻本　四冊

430000－2401－0016539　34/2－4(2)
管子二十四卷　（春秋）管仲撰　（唐）房玄齡
註　清光緒五年(1879)影宋刻本　四冊

430000－2401－0016540　34/2－4(3)
管子二十四卷　（春秋）管仲撰　（唐）房玄齡
註　清光緒五年(1879)影宋刻本　四冊

430000－2401－0016541　34/2－4(4)
管子二十四卷　（春秋）管仲撰　（唐）房玄齡
註　清光緒五年(1879)影宋刻本　四冊

430000－2401－0016542　34/2－8
管子二十四卷　（春秋）管仲撰　（唐）房玄齡
註　（明）劉績　（明）朱長春補註　（明）張
榜等評　明刻本　四冊

430000－2401－0016543　△34/2－5
管子二十四卷　（春秋）管仲撰　（唐）房玄齡
註　（明）劉績補註　（明）張榜等評　明天啟
五年(1625)朱養純花齋刻本　十二冊

430000－2401－0016544　34/2
管子二十四卷　（春秋）管仲撰　（唐）房玄齡
註　（明）劉績增註　（明）張榜等評　明天啟
五年(1625)朱養純花齋刻本　六冊

430000－2401－0016545　△34/2－4
管子二十四卷　（春秋）管仲撰　（明）朱長春
　（明）趙用賢等評　明萬曆四十八年(1620)
凌汝亨刻朱墨套印本　八冊

430000－2401－0016546　34/2－2
管子二十四卷　（春秋）管仲撰　（唐）房玄齡
註　（明）劉績增註　清嘉慶九年(1804)姑蘇
聚文堂刻本　六冊

430000－2401－0016547　34/2－2(1)
管子二十四卷　（春秋）管仲撰　（唐）房玄齡
註　（明）劉績增註　清嘉慶九年(1804)姑蘇
聚文堂刻本　七冊

430000－2401－0016548　34/2－2(2)
管子二十四卷　（春秋）管仲撰　（唐）房玄齡
註　（明）劉績增註　清嘉慶九年(1804)姑蘇
聚文堂刻本　八冊

430000－2401－0016549　34/2－2(3)
管子二十四卷　（春秋）管仲撰　（唐）房玄齡
註　（明）劉績增註　清嘉慶九年(1804)姑蘇
聚文堂刻本　五冊

430000－2401－0016550　34/2－2(4)
管子二十四卷　（春秋）管仲撰　（唐）房玄齡
註　（明）劉績增註　清嘉慶九年(1804)姑蘇
聚文堂刻本　八冊

430000－2401－0016551　34/2－2(5)
管子二十四卷　（春秋）管仲撰　（唐）房玄齡
註　（明）劉績增註　清嘉慶九年(1804)姑蘇
聚文堂刻本　六冊

430000－2401－0016552　34/2－3
管子二十四卷　（春秋）管仲撰　（唐）房玄齡
註　（明）劉績增註　清光緒二年(1876)浙江
書局刻本　六冊

430000－2401－0016553　34/2－3(1)
管子二十四卷　（春秋）管仲撰　（唐）房玄齡
註　（明）劉績增註　清光緒二年(1876)浙江
書局刻本　六冊

430000－2401－0016554　34/2－3(2)

管子二十四卷　（春秋）管仲撰　（唐）房玄齡
註　（明）劉績增註　清光緒二年(1876)浙江
書局刻本　六冊

430000－2401－0016555　34/2－3(3)

管子二十四卷　（春秋）管仲撰　（唐）房玄齡
註　（明）劉績增註　清光緒二年(1876)浙江
書局刻本　六冊

430000－2401－0016556　34/2－3(4)

管子二十四卷　（春秋）管仲撰　（唐）房玄齡
註　（明）劉績增註　清光緒二年(1876)浙江
書局據刻本　六冊

430000－2401－0016557　34/2－3(5)

管子二十四卷　（春秋）管仲撰　（唐）房玄齡
註　（明）劉績增註　清光緒二年(1876)浙江
書局刻本　六冊

430000－2401－0016558　34/2－3(6)

管子二十四卷　（春秋）管仲撰　（唐）房玄齡
註　（明）劉績增註　清光緒二年(1876)浙江
書局刻本　六冊

430000－2401－0016559　34/3

管子二十四卷　（春秋）管仲撰　清光緒元年
(1875)湖北崇文書局刻本　四冊

430000－2401－0016560　34/31

弟子職一卷　（春秋）管仲撰　（清）孫同元註
　　清嘉慶六年(1801)刻本　一冊

430000－2401－0016561　△34/6

商子五卷　（戰國）商鞅撰　清傳鈔新安吳氏
刻本　一冊

430000－2401－0016562　△34/7

商子五卷　（戰國）商鞅撰　（明）程榮校　明
萬曆程榮刻漢魏叢書本　譚戒甫批校　一冊

430000－2401－0016563　34/17－3

商君書五卷　（戰國）商鞅撰　明萬曆中新安
程氏刻漢魏叢書本　一冊

430000－2401－0016564　34/17－2

商君書五卷　（戰國）商鞅撰　清光緒二年
(1876)浙江書局刻本　一冊

430000－2401－0016565　34/17－2(1)

商君書五卷　（戰國）商鞅撰　清光緒二年
(1876)浙江書局刻本　一冊

430000－2401－0016566　34/17－2(2)

商君書五卷　（戰國）商鞅撰　清光緒二年
(1876)浙江書局刻本　一冊

430000－2401－0016567　34/17－2(3)

商君書五卷　（戰國）商鞅撰　清光緒二年
(1876)浙江書局刻本　一冊

430000－2401－0016568　34/17－2(4)

商君書五卷　（戰國）商鞅撰　清光緒二年
(1876)浙江書局刻本　一冊

430000－2401－0016569　34/17－2(5)

商君書五卷　（戰國）商鞅撰　清光緒二年
(1876)浙江書局刻本　一冊

430000－2401－0016570　34/17－2(6)

商君書五卷　（戰國）商鞅撰　清光緒二年
(1876)浙江書局刻本　一冊

430000－2401－0016571　34/17－4

商君書五卷　（戰國）商鞅撰　清光緒元年
(1875)湖北崇文書局刻本　一冊

430000－2401－0016572　△34/10－4

韓非子二十卷　（戰國）韓非撰　明萬曆十年
(1582)趙用賢刻管韓合刻本　佚名批校
六冊

430000－2401－0016573　△34/8－2

韓子二十卷　（戰國）韓非撰　明萬曆朱墨套
印本　六冊

430000－2401－0016574　△34/10

韓非子二十卷　（戰國）韓非撰　明刻本　佚
名批校圈點　四冊

430000－2401－0016575　△34/10(1)

韓非子二十卷　（戰國）韓非撰　明刻本
八冊

430000－2401－0016576　△34/10－5

韓非子二十卷　（戰國）韓非撰　明刻本　八
冊　存十六卷(五至二十)

430000－2401－0016577　34/7－12
韓非子二十卷　（戰國）韓非撰　**韓非子識誤**
三卷　（清）顧廣圻撰　清嘉慶二十三年
(1818)全椒吳鼐刻本　六冊

430000－2401－0016578　△34/10－6
韓非子二十卷　（戰國）韓非撰　**韓非子識誤**
三卷　（清）顧廣圻撰　清嘉慶二十三年
(1818)全椒吳鼐刻本　章炳麟跋　佚名批校
圈點　六冊

430000－2401－0016579　34/7－3
韓非子二十卷　（戰國）韓非撰　**韓非子識誤**
三卷　（清）顧廣圻撰　清道光二十五年
(1845)揚州汪氏仿宋刻本　三冊

430000－2401－0016580　34/7
韓非子二十卷　（戰國）韓非撰　清嘉慶九年
(1804)寶慶經綸堂刻本　四冊

430000－2401－0016581　34/7－2
韓非子二十卷　（戰國）韓非撰　清嘉慶九年
(1804)姑蘇聚文堂刻本　四冊

430000－2401－0016582　34/7－2(1)
韓非子二十卷　（戰國）韓非撰　清嘉慶九年
(1804)姑蘇聚文堂刻本　二冊

430000－2401－0016583　34/7－2(2)
韓非子二十卷　（戰國）韓非撰　清嘉慶九年
(1804)姑蘇聚文堂刻本　四冊

430000－2401－0016584　34/7－2(3)
韓非子二十卷　（戰國）韓非撰　清嘉慶九年
(1804)姑蘇聚文堂刻本　五冊

430000－2401－0016585　34/7－2(4)
韓非子二十卷　（戰國）韓非撰　清嘉慶九年
(1804)姑蘇聚文堂刻本　四冊

430000－2401－0016586　34/7－2(5)
韓非子二十卷　（戰國）韓非撰　清嘉慶九年
(1804)姑蘇聚文堂刻本　四冊

430000－2401－0016587　34/7－4
韓非子二十卷　（戰國）韓非撰　**韓非子識誤**
三卷　（清）顧廣圻撰　清嘉慶二十三年

(1818)全淑吳氏刻本　四冊

430000－2401－0016588　34/7－4(1)
韓非子二十卷　（戰國）韓非撰　**韓非子識誤**
三卷　（清）顧廣圻撰　清嘉慶二十三年
(1818)全淑吳氏刻本　四冊

430000－2401－0016589　34/7－4(2)
韓非子二十卷　（戰國）韓非撰　**韓非子識誤**
三卷　（清）顧廣圻撰　清嘉慶二十三年
(1818)全淑吳氏刻本　四冊

430000－2401－0016590　34/7－5
韓非子二十卷　（戰國）韓非撰　**韓非子識誤**
三卷　（清）顧廣圻撰　清光緒元年(1875)浙
江書局刻本　五冊

430000－2401－0016591　34/7－5(1)
韓非子二十卷　（戰國）韓非撰　**韓非子識誤**
三卷　（清）顧廣圻撰　清光緒元年(1875)浙
江書局刻本　六冊

430000－2401－0016592　34/7－5(2)
韓非子二十卷　（戰國）韓非撰　**韓非子識誤**
三卷　（清）顧廣圻撰　清光緒元年(1875)浙
江書局刻本　六冊

430000－2401－0016593　34/7－5(3)
韓非子二十卷　（戰國）韓非撰　**韓非子識誤**
三卷　（清）顧廣圻撰　清光緒元年(1875)浙
江書局刻本　四冊

430000－2401－0016594　34/7－5(4)
韓非子二十卷　（戰國）韓非撰　**韓非子識誤**
三卷　（清）顧廣圻撰　清光緒元年(1875)浙
江書局刻本　六冊

430000－2401－0016595　34/7－7
韓非子二十卷　（戰國）韓非撰　清光緒元年
(1875)湖北崇文書局刻本　四冊

430000－2401－0016596　34/7－7(1)
韓非子二十卷　（戰國）韓非撰　清光緒元年
(1875)湖北崇文書局刻本　四冊

430000－2401－0016597　34/7－7(2)
韓非子二十卷　（戰國）韓非撰　清光緒元年

（1875）湖北崇文書局刻本　四冊

430000 - 2401 - 0016598　△34/8
韓子二十卷　（戰國）韓非撰　（元）陳深集評
明末朱墨套印本（卷一至二配清嘉慶鈔本）
六冊

430000 - 2401 - 0016599　△34/10 - 2
韓非子二十卷　（戰國）韓非撰　（明）吳勉學
校　明末刻本　五冊

430000 - 2401 - 0016600　△34/10 - 3
韓非子二十卷　（戰國）韓非撰　（明）凌瀛初
訂註　明凌瀛初刻本　四冊

430000 - 2401 - 0016601　△34/10 - 3(1)
韓非子二十卷　（戰國）韓非撰　（明）凌瀛初
訂註　明凌瀛初刻本　四冊

430000 - 2401 - 0016602　△34/8 - 3
韓子二十卷附錄一卷　（戰國）韓非撰　（明）
趙如源　（明）王道焜校　明刻本　三冊

430000 - 2401 - 0016603　△34/8 - 4
韓子二十卷附錄一卷　（戰國）韓非撰　（明）
趙如源　（明）王道焜校　明刻本　六冊　存
十五卷（一至四、七至十三、十七至二十，附錄
一卷）

430000 - 2401 - 0016604　△34/1
重刊補註洗冤錄集證　（宋）宋慈撰　（清）王
又槐　（清）李觀瀾增輯　**附刊洗冤錄解一卷**
（清）姚德豫撰　清道光二十四年（1844）文
晟三色套印本　四冊

430000 - 2401 - 0016605　△34/9
韓子迂評二十卷附錄一卷　題（明）門無子撰
明萬曆六年（1578）刻十一年（1583）重修本
四冊

430000 - 2401 - 0016606　△34/5
管子治略竅言八卷　（明）凌登嘉輯評　明萬
曆刻本　佚名批校　二冊

430000 - 2401 - 0016607　34/8
韓非子集解二十卷首一卷　（清）王先慎撰
清光緒二十二年（1896）刻本　六冊

430000 - 2401 - 0016608　34/8(1)
韓非子集解二十卷首一卷　（清）王先慎撰
清光緒二十二年（1896）刻本　六冊

430000 - 2401 - 0016609　34/8(2)
韓非子集解二十卷首一卷　（清）王先慎撰
清光緒二十二年（1896）刻本　六冊

430000 - 2401 - 0016610　34/8(3)
韓非子集解二十卷首一卷　（清）王先慎撰
清光緒二十二年（1896）刻本　六冊

430000 - 2401 - 0016611　34/8(4)
韓非子集解二十卷首一卷　（清）王先慎撰
清光緒二十二年（1896）刻本　六冊

430000 - 2401 - 0016612　34/8(5)
韓非子集解二十卷首一卷　（清）王先慎撰
清光緒二十二年（1896）刻本　六冊

430000 - 2401 - 0016613　34/8(6)
韓非子集解二十卷首一卷　（清）王先慎撰
清光緒二十二年（1896）刻本　六冊

430000 - 2401 - 0016614　34/8(7)
韓非子集解二十卷首一卷　（清）王先慎撰
清光緒二十二年（1896）刻本　六冊

430000 - 2401 - 0016615　34/8(8)
韓非子集解二十卷首一卷　（清）王先慎撰
清光緒二十二年（1896）刻本　六冊

430000 - 2401 - 0016616　34/8(9)
韓非子集解二十卷首一卷　（清）王先慎撰
清光緒二十二年（1896）刻本　六冊

430000 - 2401 - 0016617　34/5
管子地員篇註四卷　（清）王紹蘭撰　清光緒
十七年（1891）蕭山胡氏寄虹山館刻本　四冊

430000 - 2401 - 0016618　△371/7
管蠡匯占□□卷　（清）周人甲輯　清鈔本
三冊　存六卷（三至八）

430000 - 2401 - 0016619　34/26 - 3
弟子職集解一卷　（清）莊述祖輯　**呂子校補
二卷**　（清）梁玉繩撰　清光緒六年（1880）刻
本　一冊

430000－2401－0016620　34/26

弟子職集解一卷　（清）莊述祖輯　清光緒十四年(1888)江蘇書局校刻本　一冊

430000－2401－0016621　34/26－2

弟子職集解一卷　（清）莊述祖輯　清光緒二十六年(1900)襄陽刻本　一冊

430000－2401－0016622　34/4

管子校正二十四卷　（清）戴望撰　清同治十一年(1872)刻本　四冊

430000－2401－0016623　34/4(1)

管子校正二十四卷　（清）戴望撰　清同治十一年(1872)刻本　六冊

430000－2401－0016624　34/4(2)

管子校正二十四卷　（清）戴望撰　清同治十一年(1872)刻本　六冊

430000－2401－0016625　34/4(3)

管子校正二十四卷　（清）戴望撰　清同治十一年(1872)刻本　四冊

430000－2401－0016626　34/37

韓非子識誤三卷　（清）顧廣圻撰　清光緒刻本　一冊

430000－2401－0016627　34/36

王安石新法論　（日本）高橋作衛撰　（清）陳超譯　清光緒二十八年(1902)上海廣智書局鉛印本　一冊

430000－2401－0016628　311/14

武經七書　（宋）何去非輯　清光緒星沙華林室刻本　四冊

430000－2401－0016629　△33/7

武經七書　（宋）何去非輯　明刻本　一冊　存六韜、孫子

430000－2401－0016630　35/115

三書寶鑒　（明）戚繼光編　清道光十年至咸豐五年(1830－1855)刻本　十二冊

430000－2401－0016631　35/115(1)

三書寶鑒　（明）戚繼光編　清道光十年至咸豐五年(1830－1855)刻本　十六冊

430000－2401－0016632　311/5

兵書三種　（清）王鑫輯　清光緒二十一年(1895)湖北官書處刻本　一冊

430000－2401－0016633　35/108

湖北武學　（清）武備學堂編譯　清光緒二十六年(1900)湖北官書處刻本　三十冊

430000－2401－0016634　35/108(1)

湖北武學　（清）武備學堂編譯　清光緒二十六年(1900)湖北官書處刻本　二十冊

430000－2401－0016635　311/2

孫吳司馬法　（清）孫星衍輯　清同治十年(1871)淮南書局刻本　一冊

430000－2401－0016636　311/2－2

孫吳司馬法　（清）孫星衍輯　清木生刻本　一冊

430000－2401－0016637　35/111

兵書七種　（清）聚奎主人輯　清光緒二十四年(1898)杭城衛樽石印本　一冊　存十五卷（六韜六卷、魏武帝註孫子三卷、吳子二卷、司馬法三卷、火攻心法一卷）

430000－2401－0016638　311/4

兵鏡　（清）鄧廷羅撰　清張鵬飛來鹿堂刻本　十六冊

430000－2401－0016639　311/4－2

兵鏡　（清）鄧廷羅撰　清桐石山房刻本　十二冊

430000－2401－0016640　△33/1

水陸戰守攻略方術秘書　（清）澼絖道人輯　清鈔本　十四冊　存二十二卷（諸葛忠武侯兵法心要五卷、施山公兵法心略二卷、附心略火攻圖式一卷、李盤金湯十二籌十二卷、軍中醫方備要二卷）

430000－2401－0016641　35/96

江南陸師學堂武備課程　（清）錢德培纂　清光緒二十五年(1899)江南陸師學堂刻本　十六冊

430000－2401－0016642　35/96(1)

江南陸師學堂武備課程　(清)錢德培纂　清光緒二十五年(1899)江南陸師學堂刻本　十四冊

430000－2401－0016643　35/117

兵書廿一種　(清)□□輯　清光緒二十五年至二十六年(1899－1900)石印本　八冊

430000－2401－0016644　△33/14

孫武子十三卷　(戰國)孫武撰　明刻本　三冊　存八卷(三至十)

430000－2401－0016645　35/12

孫子十三篇一卷　(戰國)孫武撰　清宣統元年(1909)影印王闓運手寫本　一冊

430000－2401－0016646　35/12(1)

孫子十三篇一卷　(戰國)孫武撰　清宣統元年(1909)影印王闓運手寫本　一冊

430000－2401－0016647　△33/10

風后握奇經一卷　(漢)公孫弘解　明汲古閣刻本　年羹堯批校　一冊

430000－2401－0016648　35/172

素書一卷　(漢)黃石公撰　鈔本　一冊

430000－2401－0016649　35/172－3

黃石公素書一卷　(漢)黃石公撰　鈔本　一冊

430000－2401－0016650　35/172－2

素書一卷　(漢)黃石公撰　(宋)張商英註明萬曆二十年(1592)程天榮校刻本　一冊

430000－2401－0016651　△33/18

素書一卷　(漢)黃石公撰　(宋)張商英參校明朱墨套印本　一冊

430000－2401－0016652　35/164

諸葛武侯心書一卷　(三國蜀)諸葛亮撰　明崇禎十二年(1639)吳善翊校刻本　一冊

430000－2401－0016653　35/11－6

孫子十家註十三卷　(宋)吉天保輯　(清)孫星衍等校　清嘉慶二年(1797)兗州觀察署刻本　四冊

430000－2401－0016654　35/11－6(1)

孫子十家註十三卷　(宋)吉天保輯　(清)孫星衍等校　清嘉慶二年(1797)兗州觀察署刻本　四冊

430000－2401－0016655　35/11

孫子十家註十三卷　(宋)吉天保輯　(清)孫星衍等校　清咸豐五年(1855)淡香齋木活字本　四冊

430000－2401－0016656　35/11(1)

孫子十家註十三卷　(宋)吉天保輯　(清)孫星衍等校　清咸豐五年(1855)淡香齋木活字本　四冊

430000－2401－0016657　35/11(2)

孫子十家註十三卷　(宋)吉天保輯　(清)孫星衍等校　清咸豐五年(1855)淡香齋木活字本　六冊

430000－2401－0016658　35/11(3)

孫子十家註十三卷　(宋)吉天保輯　(清)孫星衍等校　清咸豐五年(1855)淡香齋木活字本　五冊

430000－2401－0016659　35/11(4)

孫子十家註十三卷　(宋)吉天保輯　(清)孫星衍等校　清咸豐五年(1855)淡香齋木活字本　四冊

430000－2401－0016660　35/11－5

孫子十家註十三卷　(宋)吉天保輯　(清)孫星衍等校　清光緒二十三年(1897)新化三味書局刻本　六冊

430000－2401－0016661　35/11－4

孫子十家註十三卷　(宋)吉天保輯　(清)孫星衍等校　清光緒三年(1877)浙江書局刻本　六冊

430000－2401－0016662　35/11－4(1)

孫子十家註十三卷　(宋)吉天保輯　(清)孫星衍等校　清光緒三年(1877)浙江書局刻本　六冊

430000－2401－0016663　35/11－4(2)

孫子十家註十三卷　(宋)吉天保輯　(清)孫
星衍等校　清光緒三年(1877)浙江書局刻本
八冊

430000－2401－0016664　35/11－4(3)

孫子十家註十三卷　(宋)吉天保輯　(清)孫
星衍等校　清光緒三年(1877)浙江書局刻本
六冊

430000－2401－0016665　35/11－4(4)

孫子十家註十三卷　(宋)吉天保輯　(清)孫
星衍等校　清光緒三年(1877)浙江書局刻本
六冊

430000－2401－0016666　35/11－4(5)

孫子十家註十三卷　(宋)吉天保輯　(清)孫
星衍等校　清光緒三年(1877)浙江書局刻本
六冊

430000－2401－0016667　35/116－2

何博士備論一卷　(宋)何去非撰　清嘉慶十
五年(1810)新昌莊肇麟刻本　一冊

430000－2401－0016668　35/116

何博士備論一卷　(宋)何去非撰　清光緒二
十七年(1901)刻本　一冊

430000－2401－0016669　35/116－3

何博士備論二卷　(宋)何去非撰　清鈔本
一冊

430000－2401－0016670　35/34

虎鈐經二十卷　(宋)許洞撰　清刻本　四冊

430000－2401－0016671　35/34(1)

虎鈐經二十卷　(宋)許洞撰　清刻本　八冊

430000－2401－0016672　35/34－2

虎鈐經二十卷　(宋)許洞撰　清末刻本
四冊

430000－2401－0016673　35/34－2(1)

虎鈐經二十卷　(宋)許洞撰　清末刻本
一冊

430000－2401－0016674　△33/6

虎鈐經二十卷　(宋)許洞撰　清鈔本　張敦
仁校跋　二冊　存十卷(一至十)

430000－2401－0016675　△33/9

武經總要前集二十卷後集二十卷　(宋)曾公
亮等撰　(明)李鼎訂　明唐富春刻本　二冊
存四卷(前集十九至二十、後集九至十)

430000－2401－0016676　△33/20

登壇必究四十卷　(明)王鳴鶴撰　明萬曆刻
本　二十四冊　存三十六卷(一至四、六至
十、十二至三十八)

430000－2401－0016677　35/25－2

登壇必究四十卷　(明)王鳴鶴撰　明萬曆刻
本　八冊　存九卷(十一至十四、十六、二十、
三十三至三十五)

430000－2401－0016678　35/25－2(1)

登壇必究四十卷　(明)王鳴鶴撰　明萬曆刻
本　八冊　存十卷(十一至十六、三十三至三
十六)

430000－2401－0016679　35/25

登壇必究四十卷　(明)王鳴鶴撰　清道光木
活字本　四十冊

430000－2401－0016680　35/25(1)

登壇必究四十卷　(明)王鳴鶴撰　清道光木
活字本　四十冊

430000－2401－0016681　35/92－2

李盤金湯十二籌十二卷　(明)李盤撰　清咸
豐三年(1853)侯官林氏銅活字印水陸攻守戰
略秘書七種本　五冊

430000－2401－0016682　35/92(2)

金湯借箸十二籌十二卷　(明)李盤撰　清咸
豐五年(1855)淮南李氏刻本　七冊

430000－2401－0016683　35/92

金湯借箸十二籌十二卷　(明)李盤撰　清京
都琉璃廠刻本　六冊

430000－2401－0016684　35/92(1)

金湯借箸十二籌十二卷　(明)李盤撰　清京
都琉璃廠刻本　八冊

430000－2401－0016685　△33/4

兵鏡二十卷綱目一卷　(明)吳惟順　(明)吳

鳴球輯 明末間奇齋刻本 二十冊

430000－2401－0016686 35/140

兵錄十四卷 (明)何汝賓輯 清末祝震鈔本 二十四冊

430000－2401－0016687 35/86

陣記四卷 (明)何良臣撰 清光緒十四年(1888)長沙惜陰書局刻惜陰軒叢書本 二冊

430000－2401－0016688 35/86－2

陣記四卷 (明)何良臣撰 清新昌莊肇麟刻本 一冊

430000－2401－0016689 35/27

廿一史戰略考三十三卷 (明)茅元儀撰 清光緒二十五年(1899)成都志古堂刻本 十冊

430000－2401－0016690 △33/8

武備志二百四十卷 (明)茅元儀輯 明天啟蓮溪草堂刻本 一百冊

430000－2401－0016691 △33/8(1)

武備志二百四十卷 (明)茅元儀輯 明天啟蓮溪草堂刻本 四十冊 存二百三十三卷(一至一百四十七、一百五十三至一百五十八、一百六十一至二百四十)

430000－2401－0016692 35/131

武備志二百四十卷 (明)茅元儀輯 清中葉刻本 八十冊

430000－2401－0016693 35/131(1)

武備志二百四十卷 (明)茅元儀輯 清中葉刻本 六十四冊

430000－2401－0016694 35/131(2)

武備志二百四十卷 (明)茅元儀輯 清中葉刻本 五十八冊

430000－2401－0016695 △33/8－2

武備志二百四十卷 (明)茅元儀輯 清道光木活字本 八十冊

430000－2401－0016696 △33/2

兵訣評十八卷 (明)茅坤評 清朱墨鈔本 五冊 存十卷(一、十至十八)

430000－2401－0016697 △33/16

唐荊川先生纂輯武前編六卷武后編六卷 (明)唐順之撰 (明)焦竑校 清活字本 九冊 存四卷(前編一、五,後編一至二)

430000－2401－0016698 35/176

唐荊川先生纂輯武前編六卷 (明)唐順之撰 清中葉木活字本 二冊 存二卷(四、六)

430000－2401－0016699 35/68

車營叩答合編四卷 (明)孫承宗撰 清同治八年(1869)刻本 四冊

430000－2401－0016700 35/68(1)

車營叩答合編四卷 (明)孫承宗撰 清同治八年(1869)刻本 四冊

430000－2401－0016701 35/68(2)

車營叩答合編四卷 (明)孫承宗撰 清同治八年(1869)刻本 四冊

430000－2401－0016702 35/68(3)

車營叩答合編四卷 (明)孫承宗撰 清同治八年(1869)刻本 三冊

430000－2401－0016703 35/68(4)

車營叩答合編四卷 (明)孫承宗撰 清同治八年(1869)刻本 四冊

430000－2401－0016704 35/17－3

紀效新書十八卷首一卷 (明)戚繼光撰 清嘉慶二十四年(1819)吳之勤刻本 六冊

430000－2401－0016705 35/17－3(1)

紀效新書十八卷首一卷 (明)戚繼光撰 清嘉慶二十四年(1819)吳之勤刻本 六冊

430000－2401－0016706 35/17－8

紀效新書十八卷首一卷 (明)戚繼光撰 清道光二十一年(1841)刻本 八冊

430000－2401－0016707 35/17－7

紀效新書十八卷首一卷 (明)戚繼光撰 清道光刻本 五冊

430000－2401－0016708 35/17－4

紀效新書十八卷首一卷 (明)戚繼光撰 清咸豐三年(1853)慎德堂刻本 五冊

430000－2401－0016709　35/17－4(1)
紀效新書十八卷首一卷　（明）戚繼光撰　清咸豐三年(1853)慎德堂刻本　六冊

430000－2401－0016710　35/17－4(2)
紀效新書十八卷首一卷　（明）戚繼光撰　清咸豐三年(1853)慎德堂刻本　三冊　存十三卷(三至十五)

430000－2401－0016711　35/17－5
紀效新書十八卷首一卷　（明）戚繼光撰　清咸豐邵綏名湖南邵陽刻本　六冊

430000－2401－0016712　35/17－5(1)
紀效新書十八卷首一卷　（明）戚繼光撰　清咸豐邵綏名湖南邵陽刻本　四冊

430000－2401－0016713　35/17－5(2)
紀效新書十八卷首一卷　（明）戚繼光撰　清咸豐邵綏名湖南邵陽刻本　六冊

430000－2401－0016714　35/17－9
紀效新書十八卷首一卷　（明）戚繼光撰　清安化陶澍印心石屋鈔本　四冊

430000－2401－0016715　35/17－6
紀效新書十八卷首一卷　（明）戚繼光撰　清京都琉璃廠刻本　六冊

430000－2401－0016716　△33/13
孫子參同五卷　（明）閔于忱輯　明萬曆四十八年(1620)閔于忱松筠館朱墨套印本　六冊

430000－2401－0016717　△33/13(1)
孫子參同五卷　（明）閔于忱輯　明萬曆四十八年(1620)閔于忱松筠館朱墨套印本　十冊

430000－2401－0016718　△33/13(2)
孫子參同五卷　（明）閔于忱輯　明萬曆四十八年(1620)閔于忱松筠館朱墨套印本　六冊

430000－2401－0016719　△33/12
孫子書三卷　（明）趙本學解　明萬曆梁夢龍刻本　三冊

430000－2401－0016720　35/143
諸史將略十六卷　（明）劉畿撰　明嘉靖四十五年(1566)浙江毛鋼刻本　六冊

430000－2401－0016721　△293.4/10
皇明將略不分卷　（明）顧少軒撰　**新刻武備三場韜略全書一卷戰略一卷**　（明）汪萬頃撰　明朱墨套印本　五冊

430000－2401－0016722　35/110
草廬經略十二卷　（明）□□撰　清光緒七年(1881)成都刻本　四冊

430000－2401－0016723　△33/21
窺妙引十卷　（清）王蔭穀輯　清鈔本　九冊

430000－2401－0016724　35/103
王五公山人乾坤大略十一卷　（清）王餘佑撰　清饒陽劉鳳來鈔本　一冊

430000－2401－0016725　35/1
魏武帝註孫子三卷　（清）左樞箋　清末刻本　一冊

430000－2401－0016726　35/100
兵法集鑒六卷　（清）史策先輯　清刻本　十一冊　缺一卷(一)

430000－2401－0016727　35/130
重刊武經七書匯解七卷首一卷末一卷　（清）朱墉輯　清光緒二年(1876)嶺南古經閣書坊刻本　十六冊

430000－2401－0016728　35/130(1)
重刊武經七書匯解七卷首一卷末一卷　（清）朱墉輯　清光緒二年(1876)嶺南古經閣書坊刻本　十冊

430000－2401－0016729　35/51
戊笈談兵十卷首一卷　（清）汪紱撰　清光緒二十年(1894)刻本　十冊

430000－2401－0016730　35/51(1)
戊笈談兵十卷首一卷　（清）汪紱撰　清光緒二十年(1894)刻本　八冊

430000－2401－0016731　35/51(2)
戊笈談兵十卷首一卷　（清）汪紱撰　清光緒二十年(1894)刻本　九冊

430000－2401－0016732　35/21
兵鏡類編四十卷　（清）李蕊編　清光緒十年

(1884)刻本　十二冊

430000－2401－0016733　35/21(1)

兵鏡類編四十卷　(清)李蕊編　清光緒十年
(1884)刻本　十二冊

430000－2401－0016734　35/21(2)

兵鏡類編四十卷　(清)李蕊編　清光緒十年
(1884)刻本　十六冊

430000－2401－0016735　35/21(3)

兵鏡類編四十卷　(清)李蕊編　清光緒十年
(1884)刻本　十二冊

430000－2401－0016736　35/18

讀史兵略四十六卷　(清)胡林翼撰　清咸豐
十一年(1861)武昌節署刻本　十六冊

430000－2401－0016737　35/18(1)

讀史兵略四十六卷　(清)胡林翼撰　清咸豐
十一年(1861)武昌節署刻本　十六冊

430000－2401－0016738　35/18(2)

讀史兵略四十六卷　(清)胡林翼撰　清咸豐
十一年(1861)武昌節署刻本　十六冊

430000－2401－0016739　35/18(3)

讀史兵略四十六卷　(清)胡林翼撰　清咸豐
十一年(1861)武昌節署刻本　十六冊

430000－2401－0016740　35/18(4)

讀史兵略四十六卷　(清)胡林翼撰　清咸豐
十一年(1861)武昌節署刻本　十六冊

430000－2401－0016741　35/18(5)

讀史兵略四十六卷　(清)胡林翼撰　清咸豐
十一年(1861)武昌節署刻本　十六冊

430000－2401－0016742　35/18(6)

讀史兵略四十六卷　(清)胡林翼撰　清咸豐
十一年(1861)武昌節署刻本　十六冊

430000－2401－0016743　35/18(7)

讀史兵略四十六卷　(清)胡林翼撰　清咸豐
十一年(1861)武昌節署刻本　二十四冊

430000－2401－0016744　35/18(8)

讀史兵略四十六卷　(清)胡林翼撰　清咸豐

十一年(1861)武昌節署刻本　十二冊

430000－2401－0016745　35/18(9)

讀史兵略四十六卷　(清)胡林翼撰　清咸豐
十一年(1861)武昌節署刻本　十六冊

430000－2401－0016746　35/18－6

讀史兵略四十六卷　(清)胡林翼撰　清光緒
元年(1875)湖北崇文書局刻本　十六冊

430000－2401－0016747　35/18－2

讀史兵略四十六卷　(清)胡林翼撰　清光緒
二十一年(1895)儷峰書屋刻本　二十冊

430000－2401－0016748　35/18－3

讀史兵略十二卷　(清)胡林翼撰　清光緒二
十七年(1901)上海紹先書局石印本　六冊

430000－2401－0016749　35/18－5

讀史兵略十二卷　(清)胡林翼撰　清光緒二
十七年(1901)上海富文書局石印本　八冊

430000－2401－0016750　35/19－3

讀史兵略續編十卷　(清)胡林翼撰　清光緒
二十六年(1900)上海圖書集成印書局鉛印本
十冊

430000－2401－0016751　35/19

讀史兵略續編十卷　(清)胡林翼撰　清光緒
二十八年(1902)湘省學堂刻本　十冊

430000－2401－0016752　35/19(1)

讀史兵略續編十卷　(清)胡林翼撰　清光緒
二十八年(1902)湘省學堂刻本　十冊

430000－2401－0016753　35/19(2)

讀史兵略續編十卷　(清)胡林翼撰　清光緒
二十八年(1902)湘省學堂刻本　十冊

430000－2401－0016754　35/19(3)

讀史兵略續編十卷　(清)胡林翼撰　清光緒
二十八年(1902)湘省學堂刻本　十冊

430000－2401－0016755　35/19(4)

讀史兵略續編十卷　(清)胡林翼撰　清光緒
二十八年(1902)湘省學堂刻本　十冊

430000－2401－0016756　35/19(5)

讀史兵略續編十卷　（清）胡林翼撰　清光緒
二十八年(1902)湘省學堂刻本　十冊

430000－2401－0016757　35/19(6)

讀史兵略續編十卷　（清）胡林翼撰　清光緒
二十八年(1902)湘省學堂刻本　十冊

430000－2401－0016758　35/19(7)

讀史兵略續編十卷　（清）胡林翼撰　清光緒
二十八年(1902)湘省學堂刻本　十冊

430000－2401－0016759　△33/11

洴澼百金方十四卷　（清）袁宮桂輯　清乾隆
五十三年(1788)嘉漁堂刻本　四冊

430000－2401－0016760　35/47－2

洴澼百金方十四卷　（清）袁宮桂輯　清乾隆
五十三年(1788)嘉漁堂刻本　五冊

430000－2401－0016761　35/47

洴澼百金方十四卷　（清）袁宮桂輯　清道光
二十年(1840)刻本　五冊

430000－2401－0016762　35/47－3

洴澼百金方十四卷　（清）袁宮桂輯　清刻本
四冊

430000－2401－0016763　△33/11－2

洴澼百金方十四卷　（清）袁宮桂輯　清刻本
八冊

430000－2401－0016764　35/52

兵鑒四卷　（清）徐宗幹輯　清咸豐二年
(1852)斯末信齋刻本　二冊　缺一卷(二)

430000－2401－0016765　35/35

武備輯要六卷　（清）許學範撰　清道光十二
年(1832)廣州刻敏果齋七種本　一冊

430000－2401－0016766　35/36

武備輯要續編十卷　（清）許乃釗撰　清道光
二十九年(1849)刻敏果齋七種本　二冊

430000－2401－0016767　35/36(1)

武備輯要續編十卷　（清）許乃釗撰　清道光
二十九年(1849)刻敏果齋七種本　一冊　缺
五卷(一至五)

諸葛忠武侯兵法六卷首一卷　（清）張澍輯
清光緒江左書林石印本　二冊

430000－2401－0016769　35/122

諸葛忠武侯兵法六卷首一卷火攻心法一卷
（清）張澍輯　清末木活字本　三冊

430000－2401－0016770　35/40

兵法史略學二卷　（清）陳慶年撰　清光緒
二十五年(1899)兩湖書院朱印本　一冊
存一卷(一)

430000－2401－0016771　24/43

兵法史略學八卷　（清）陳慶年撰　清光緒二
十九年(1903)刻本　六冊

430000－2401－0016772　35/91

中西兵略指掌二十四卷首一卷　（清）陳龍昌
輯　清光緒二十三年(1897)東山草堂石印本
八冊

430000－2401－0016773　35/77

兵家方道指南八卷　（清）彭定瀾撰　清同治
四年(1865)朱墨套印本　五冊

430000－2401－0016774　35/126

增補武經集註大全七卷首一卷　（清）彭繼耀
纂　清還讀齋刻本　八冊

430000－2401－0016775　△33/15

草廬經略六卷　（清）黃之瑞撰　清鈔本
三冊

430000－2401－0016776　35/97

吳子淺釋六卷　（清）黃綏昌撰　清光緒三十
一年(1905)湘陰鹽局刻本　一冊

430000－2401－0016777　△33/3

兵經百篇三卷　（清）揭暄撰　清鈔本　一冊

430000－2401－0016778　35/180

兵經百篇三卷　（清）揭暄撰　清鈔本　一冊

430000－2401－0016779　△33/19

握機經二卷　（清）程道生輯　清鈔本　二冊

430000－2401－0016780　35/75

軍政酌宜集二十卷 （清）葛榮冊撰 清咸豐
九年(1859)刻本 八冊

430000－2401－0016781 35/75(1)

軍政酌宜集二十卷 （清）葛榮冊撰 清咸豐
九年(1859)刻本 七冊 存二卷(一至二)

430000－2401－0016782 35/139

兵鏡或問二卷孫子集語一卷 （清）鄧廷羅撰
清康熙刻兵鏡本 一冊

430000－2401－0016783 35/139(1)

兵鏡或問二卷孫子集語一卷 （清）鄧廷羅撰
清康熙刻兵鏡本 一冊

430000－2401－0016784 35/105－2

武經大全會解三卷附射法一卷 （清）魯經
（清）洪宇纂 清立本堂刻本 一冊

430000－2401－0016785 35/105

武經大全會解一卷 （清）魯經 （清）洪宇纂
清鈔本 一冊

430000－2401－0016786 25/288

草茅一得三卷續得一卷 （清）戴存莊撰 鈔
本 四冊

430000－2401－0016787 35/106

四翼附編四卷 （清）戴彭撰 清光緒二十一
年(1895)皖江別墅刻汪雙池先生遺書本
一冊

430000－2401－0016788 35/85

左氏兵謀一卷左氏兵法一卷 （清）魏禧撰
清咸豐十年(1860)清湘望雲草廬刻本 一冊

430000－2401－0016789 △33/5

治軍剿說一卷 （清）饒炳勛撰 清鈔本
一冊

430000－2401－0016790 35/42

權制八卷 陳淡然撰 清光緒二十六年
(1900)長沙徐氏刻本 二冊

430000－2401－0016791 35/42(1)

權制八卷 陳淡然撰 清光緒二十六年
(1900)長沙徐氏刻本 二冊

430000－2401－0016792 35/42(2)

權制八卷 陳淡然撰 清光緒二十六年
(1900)長沙徐氏刻本 二冊

430000－2401－0016793 35/42(3)

權制八卷 陳淡然撰 清光緒二十六年
(1900)長沙徐氏刻本 二冊

430000－2401－0016794 24/29

中國歷史戰爭形勢圖說附論二卷 盧彤撰
清宣統二年(1910)武昌集文印書館鉛印本
一冊

430000－2401－0016795 35/26

救命書一卷 （明）呂坤撰 清咸豐十年
(1860)刻本 一冊

430000－2401－0016796 35/142

車營圖例一卷 （明）鹿善繼撰 車營百八叩
一卷 （明）孫承宗撰 清道光二十九年
(1849)刻本 一冊

430000－2401－0016797 35/33－3

練兵實紀九卷雜集六卷 （明）戚繼光撰 清
嘉慶二十四年(1819)無棣吳之勷刻本 六冊

430000－2401－0016798 35/33－3(1)

練兵實紀九卷雜集六卷 （明）戚繼光撰 清
嘉慶二十四年(1819)無棣吳之勷刻本 四冊
存十卷(六至九、雜集六卷)

430000－2401－0016799 35/33

練兵實紀六卷 （明）戚繼光撰 清光緒二十
一年(1895)上海醉經樓石印本 二冊

430000－2401－0016800 35/33－2

練兵實紀九卷雜集六卷 （明）戚繼光撰 清
京都琉璃廠木活字本 五冊

430000－2401－0016801 35/33－2(1)

練兵實紀九卷雜集六卷 （明）戚繼光撰 清
京都琉璃廠木活字本 六冊

430000－2401－0016802 35/33－2(2)

練兵實紀九卷雜集六卷 （明）戚繼光撰 清
京都琉璃廠木活字本 六冊

430000－2401－0016803 35/160

練兵實紀雜集六卷 （明）戚繼光撰 （清）舒
榮都輯 清安化陶澍印心石屋鈔本 三冊

430000－2401－0016804 35/67

子藥準則一卷 （清）丁友雲撰 清同治十三
年(1874)金陵軍需局刻本 一冊

430000－2401－0016805 35/55

炮法畫譜一卷 （清）丁友雲撰 清光緒十四
年(1888)江南製造局鉛印本 一冊

430000－2401－0016806 35/55(1)

炮法畫譜一卷 （清）丁友雲撰 清光緒十四
年(1888)江南製造局鉛印本 一冊

430000－2401－0016807 35/55(2)

炮法畫譜一卷 （清）丁友雲撰 清光緒十四
年(1888)江南製造局鉛印本 一冊

430000－2401－0016808 35/151

槍炮操法圖說不分卷 （清）丁日昌編 清同
治十年(1871)朱墨套印本 四冊

430000－2401－0016809 35/152

英國瓦瓦司前後膛鋼礮價目一卷 （清）上海
瑞生洋行編 清光緒七年(1881)上海美華書
館鉛印本 一冊

430000－2401－0016810 35/123

德國水師事宜一卷 （清）卜長勝註 清末石
印本 一冊

430000－2401－0016811 35/23

曾文正公水陸行軍練兵志四卷 （清）王定安
撰 清光緒二十六年(1900)柏經正堂刻本
二冊

430000－2401－0016812 35/24

王壯武公練勇芻言一卷 （清）王鑫撰 清咸
豐七年(1857)刻本 一冊

430000－2401－0016813 35/155

軍火集要一卷 （清）玉慶等集纂 清同治三
年(1864)鈔本 一冊

430000－2401－0016814 35/107

普通目兵須知一卷 （清）田獻章等編 清光緒
三十三年(1907)長沙文樂中堂鉛印本 一冊

軍火備覽一卷 （清）白恩祥撰 清咸豐九年
(1859)刻本 一冊

430000－2401－0016815 35/54

軍火備覽一卷 （清）白恩祥撰 清咸豐九年
(1859)刻本 一冊

430000－2401－0016816 35/54(1)

軍火備覽一卷 （清）白恩祥撰 清咸豐九年
(1859)刻本 一冊

430000－2401－0016817 35/54(2)

軍火備覽一卷 （清）白恩祥撰 清咸豐九年
(1859)刻本 一冊

430000－2401－0016818 35/54(3)

軍火備覽一卷 （清）白恩祥撰 清咸豐九年
(1859)刻本 一冊

430000－2401－0016819 35/54(4)

軍火備覽一卷 （清）白恩祥撰 清咸豐九年
(1859)刻本 一冊

430000－2401－0016820 35/54(5)

軍火備覽一卷 （清）白恩祥撰 清咸豐九年
(1859)刻本 一冊

430000－2401－0016821 35/22

自强軍西法類編十八卷 沈敦和撰 清光緒
二十四年(1898)上海順成書局石印本 十
八冊

430000－2401－0016822 35/22(2)

自强軍西法類編十八卷 沈敦和撰 清光緒
二十四年(1898)上海順成書局石印本 二
十

430000－2401－0016823 35/22(1)

白强軍西法類編十八卷 沈敦和撰 清光緒
二十四年(1898)上海順成書局石印本 十
八冊

430000－2401－0016824 35/99

練炮宜知一卷 （清）李善蘭撰 （清）黃宗憲
釋 清光緒二十三年(1897)古琴古研齋刻藍
印本 一冊

430000－2401－0016825 35/28

家藏陣圖要說一卷 （清）李鳳翎撰 清稿本
一冊

430000－2401－0016826　35/161

吳游兩直指先生選刻陣圖紀要不分卷 （清）
吳之皞　（清）游士任選　清鈔本　四冊

430000－2401－0016827　35/124

諸葛武侯行軍要覽不分卷 （清）林松唐輯
（清）陳聯元增輯　清光緒二十二年(1896)龍
霓閣鉛印本　一冊

430000－2401－0016828　35/37

訓練要言初編一卷 （清）周浩撰　清光緒三
十一年(1905)江西官書局石印本　一冊

430000－2401－0016829　35/129

兵家宜忌日表一卷 （清）彭定瀾撰　清同治
四年(1865)刻本　一冊

430000－2401－0016830　35/165

改正戰法學 （清）賀忠良撰　清光緒鉛印本
　一冊

430000－2401－0016831　292.41/23

饗喜廬所輯書 （清）傅雲龍輯　清光緒二十
一年(1895)石印本　五冊　存七卷(實學文
導二卷、考空氣炮工記一卷、考化白金工記一
卷、此例尺圖說一卷、魚雷圖紀一卷、存札一
卷)

430000－2401－0016832　35/98

槍炮算法從新三卷 （清）焦震福撰　（清）徐
玉彬等編　清光緒二十二年(1896)刻本
二冊

430000－2401－0016833　35/179

江南製造局新翻泰西武備書錄題解 （清）葛
道殷撰　清末稿本　一冊

430000－2401－0016834　35/157

炮法審時一卷炮法審界一卷炮法審度一卷
（清）熊方柏撰　清末鈔本　三冊

430000－2401－0016835　35/60

洋槍隊大操圖說一卷 （清）潘琴軒撰　清同
治七年(1868)刻本　一冊

430000－2401－0016836　35/2

臨陣心法一卷 （清）劉連捷撰　清光緒十六

年(1890)金陵刻本　一冊

430000－2401－0016837　35/158

用夷圖釋一卷 （清）駱秉章撰　清鈔本
一冊

430000－2401－0016838　35/156

洋槍淺言一卷 （清）顏邦固等撰　清光緒十
一年(1885)江南製造局刻本　一冊

430000－2401－0016839　35/45

塞外行軍指掌一卷 （清）□□撰　清咸豐三
年(1853)侯官林氏銅活字印水陸攻守戰略秘
書七種本　一冊

430000－2401－0016840　35/39

哈乞開司槍圖說四卷 （清）□□撰　清光緒
十八年(1892)天津石印本　一冊

430000－2401－0016841　35/146

鷹揚奇略武經諸子講義合纂十卷 （清）□□
輯　清光緒二十五年(1899)刻本　四冊

430000－2401－0016842　35/89

訓練操法詳晰圖說不分卷 袁世凱纂　清光
緒二十五年(1899)石印本　十二冊

430000－2401－0016843　35/185

清兵陣式圖 清五色手繪本　二冊

430000－2401－0016844　35/186

清兵戰陣操演圖 清五色手繪本　十九幅

430000－2401－0016845　35/183

湖北製造七密里九口徑毛瑟快槍全圖 兵工廠
繪圖　清末朱初南五色手繪本　一冊

430000－2401－0016846　35/175

福建省外海戰船作法不分卷 清鈔本　十
六冊

430000－2401－0016847　35/88

軍隊內務書一卷 日本陸軍省編　楊志洵譯
清光緒南洋公學譯書院鉛印本　一冊

430000－2401－0016848　35/87

作戰糧食給養法 日本陸軍經理學校編　楊志
洵譯　清光緒南洋公學譯書院鉛印本　一冊

430000－2401－0016849　35/87（1）

作戰糧食給養法　日本陸軍經理學校編　楊志洵譯　清光緒南洋公學譯書院鉛印本　一冊

430000－2401－0016850　35/53

水雷秘要五卷圖一卷　（英國）史理孟撰　舒高第口譯　（清）鄭昌棪筆述　清光緒六年（1880）江南製造總局刻本　六冊

430000－2401－0016851　35/53（1）

水雷秘要五卷圖一卷　（英國）史理孟撰　舒高第口譯　（清）鄭昌棪筆述　清光緒六年（1880）江南製造總局刻本　六冊

430000－2401－0016852　35/49

前敵須知四卷圖一卷　（英國）克利賴撰　舒高第　（清）鄭昌棪譯　清末江南製造總局鉛印本　五冊

430000－2401－0016853　35/57

製火藥法三卷　（英國）利稼孫等輯　（英國）傅蘭雅口譯　（清）丁樹棠筆述　清末江南製造總局鉛印本　一冊

430000－2401－0016854　35/57（1）

製火藥法三卷　（英國）利稼孫等輯　（英國）傅蘭雅口譯　（清）丁樹棠筆述　清末江南製造總局鉛印本　一冊

430000－2401－0016855　35/57（2）

製火藥法三卷　（英國）利稼孫等輯　（英國）傅蘭雅口譯　（清）丁樹棠筆述　清末江南製造總局鉛印本　一冊

430000－2401－0016856　35/57（3）

製火藥法三卷　（英國）利稼孫等輯　（英國）傅蘭雅口譯　（清）丁樹棠筆述　清末江南製造總局鉛印本　一冊

430000－2401－0016857　35/57（4）

製火藥法三卷　（英國）利稼孫等輯　（英國）傅蘭雅口譯　（清）丁樹棠筆述　清末江南製造總局鉛印本　一冊

430000－2401－0016858　35/57（5）

製火藥法三卷　（英國）利稼孫等輯　（英國）傅蘭雅口譯　（清）丁樹棠筆述　清末江南製造總局鉛印本　一冊

430000－2401－0016859　35/57（6）

製火藥法三卷　（英國）利稼孫等輯　（英國）傅蘭雅口譯　（清）丁樹棠筆述　清末江南製造總局鉛印本　一冊

430000－2401－0016860　35/57（7）

製火藥法三卷　（英國）利稼孫等輯　（英國）傅蘭雅口譯　（清）丁樹棠筆述　清末江南製造總局鉛印本　一冊

430000－2401－0016861　35/61

水師章程十四卷續編六卷　英國水師兵部編　（美國）林樂知口譯　（清）鄭昌棪筆述　清末江南製造總局鉛印本　十六冊

430000－2401－0016862　35/61（1）

水師章程十四卷續編六卷　英國水師兵部編　（美國）林樂知口譯　（清）鄭昌棪筆述　清末江南製造總局鉛印本　十六冊

430000－2401－0016863　35/61（2）

水師章程十四卷續編六卷　英國水師兵部編　（美國）林樂知口譯　（清）鄭昌棪筆述　清末江南製造總局鉛印本　十六冊

430000－2401－0016864　35/61（3）

水師章程十四卷續編六卷　英國水師兵部編　（美國）林樂知口譯　（清）鄭昌棪筆述　清末江南製造總局鉛印本　十六冊

430000－2401－0016865　35/61（4）

水師章程十四卷續編六卷　英國水師兵部編　（美國）林樂知口譯　（清）鄭昌棪筆述　清末江南製造總局鉛印本　十六冊

430000－2401－0016866　35/61（5）

水師章程十四卷續編六卷　英國水師兵部編　（美國）林樂知口譯　（清）鄭昌棪筆述　清末江南製造總局鉛印本　十六冊

430000－2401－0016867　35/61（6）

水師章程十四卷續編六卷　英國水師兵部編

（美國）林樂知口譯　（清）鄭昌棪筆述　清末江南製造總局鉛印本　六冊

430000－2401－0016868　35/46

炮乘新法三卷首一卷圖一卷　英國製造官局撰　舒高第口譯　（清）鄭昌棪筆述　清光緒江南製造總局鉛印本　六冊

430000－2401－0016869　35/46－2

炮乘新法三卷首一卷圖一卷　英國製造官局撰　舒高第口譯　（清）鄭昌棪筆述　清光緒江南製造總局鉛印本　六冊

430000－2401－0016870　35/46－2(1)

炮乘新法三卷首一卷圖一卷　英國製造官局撰　舒高第口譯　（清）鄭昌棪筆述　清光緒江南製造總局鉛印本　六冊

430000－2401－0016871　35/90

行軍指要六卷　（英國）哈密撰　（美國）金楷理口譯　（清）趙元益筆述　清光緒二十七年(1901)上海製造局刻本　六冊

430000－2401－0016872　35/82

海軍調度要言三卷　（英國）拿核甫等撰　舒高第　（清）鄭昌棪譯　清光緒縮印本　一冊

430000－2401－0016873　35/82－2

海軍調度要言三卷　（英國）拿核甫等撰　舒高第　（清）鄭昌棪譯　清末江南製造總局鉛印本　二冊

430000－2401－0016874　35/82－2(1)

海軍調度要言三卷　（英國）拿核甫等撰　舒高第　（清）鄭昌棪譯　清末江南製造總局鉛印本　二冊

430000－2401－0016875　35/82－2(2)

海軍調度要言三卷　（英國）拿核甫等撰　舒高第　（清）鄭昌棪譯　清末江南製造總局鉛印本　二冊

430000－2401－0016876　35/83

行軍測繪十卷首一卷　（英國）連提撰　（英國）傅蘭雅口譯　（清）趙元益筆述　清末江南製造總局鉛印本　二冊

430000－2401－0016877　35/83(2)

行軍測繪十卷首一卷　（英國）連提撰　（英國）傅蘭雅口譯　（清）趙元益筆述　清末江南製造總局鉛印本　二冊

430000－2401－0016878　35/83(3)

行軍測繪十卷首一卷　（英國）連提撰　（英國）傅蘭雅口譯　（清）趙元益筆述　清末江南製造總局鉛印本　二冊

430000－2401－0016879　35/83(1)

行軍測繪十卷首一卷　（英國）連提撰　（英國）傅蘭雅口譯　（清）趙元益筆述　清末江南製造總局鉛印本　一冊

430000－2401－0016880　35/101

兵船汽機六卷附一卷　（英國）息尼德撰　（英國）傅蘭雅口譯　（清）華備鈺筆述　清末刻本　八冊

430000－2401－0016881　35/74

行軍鐵路工程二卷　（英國）傅蘭雅　（清）汪振聲譯　清末江南製造總局鉛印本　一冊

430000－2401－0016882　35/74(1)

行軍鐵路工程二卷　（英國）傅蘭雅　（清）汪振聲譯　清末江南製造總局鉛印本　一冊

430000－2401－0016883　35/74(2)

行軍鐵路工程二卷　（英國）傅蘭雅　（清）汪振聲譯　清末江南製造總局鉛印本　一冊

430000－2401－0016884　35/72

營工要覽四卷　（英國）傅蘭雅　（清）汪振聲譯　清末江南製造總局鉛印本　二冊

430000－2401－0016885　35/72(1)

營工要覽四卷　（英國）傅蘭雅　（清）汪振聲譯　清末江南製造總局鉛印本　二冊

430000－2401－0016886　35/58

輪船布陣十二卷首一卷圖一卷　（英國）裴路編　（英國）傅蘭雅口譯　（清）徐建寅筆述　清末江南製造總局鉛印本　二冊

430000－2401－0016887　35/58(1)

輪船布陣十二卷首一卷圖一卷　（英國）裴路

编 （英國）傅蘭雅口譯 （清）徐建寅筆述
清末江南製造總局鉛印本 二冊

430000－2401－0016888 35/58(2)
輪船布陣十二卷首一卷圖一卷 （英國）裴路
編 （英國）傅蘭雅口譯 （清）徐建寅筆述
清末江南製造總局鉛印本 二冊

430000－2401－0016889 35/62
鐵甲叢譚五卷圖一卷 （英國）黎特撰 舒高
第 （清）鄭昌棪譯 清光緒江南製造總局鉛
印本 二冊

430000－2401－0016890 35/62(1)
鐵甲叢譚五卷圖一卷 （英國）黎特撰 舒高
第 （清）鄭昌棪譯 清光緒江南製造總局鉛
印本 二冊

430000－2401－0016891 35/62(2)
鐵甲叢譚五卷圖一卷 （英國）黎特撰 舒高
第 （清）鄭昌棪譯 清光緒江南製造總局鉛
印本 二冊

430000－2401－0016892 35/71
營城揭要二卷 （英國）儲意比撰 （英國）傅
蘭雅口譯 （清）徐壽筆述 清末江南製造總
局鉛印本 二冊

430000－2401－0016893 35/71(1)
營城揭要二卷 （英國）儲意比撰 （英國）傅
蘭雅口譯 （清）徐壽筆述 清末江南製造總
局鉛印本 二冊

430000－2401－0016894 35/71(2)
營城揭要二卷 （英國）儲意比撰 （英國）傅
蘭雅口譯 （清）徐壽筆述 清末江南製造總
局鉛印本 二冊

430000－2401－0016895 35/71(3)
營城揭要二卷 （英國）儲意比撰 （英國）傅
蘭雅口譯 （清）徐壽筆述 清末江南製造總
局鉛印本 二冊

430000－2401－0016896 35/71(4)
營城揭要二卷 （英國）儲意比撰 （英國）傅
蘭雅口譯 （清）徐壽筆述 清末江南製造總

局鉛印本 二冊

430000－2401－0016897 35/71(5)
營城揭要二卷 （英國）儲意比撰 （英國）傅
蘭雅口譯 （清）徐壽筆述 清末江南製造總
局鉛印本 二冊

430000－2401－0016898 35/69
水師保身法一卷 （法國）勒羅阿撰 （英國）
伯克雷譯 （清）程鑾 （清）趙元益重譯 清
光緒刻本 一冊

430000－2401－0016899 35/69(1)
水師保身法一卷 （法國）勒羅阿撰 （英國）
伯克雷譯 （清）程鑾 （清）趙元益重譯 清
光緒刻本 一冊

430000－2401－0016900 35/69(2)
水師保身法一卷 （法國）勒羅阿撰 （英國）
伯克雷譯 （清）程鑾 （清）趙元益重譯 清
光緒刻本 一冊

430000－2401－0016901 35/69(3)
水師保身法一卷 （法國）勒羅阿撰 （英國）
伯克雷譯 （清）程鑾 （清）趙元益重譯 清
光緒刻本 一冊

430000－2401－0016902 35/76
火攻挈要三卷圖一卷 （清西洋）湯若望授
（明）焦勗撰 清咸豐三年(1853)揚州府衙刻
本 一冊

430000－2401－0016903 35/78
攻守炮法一卷 比利時軍政局編 （美國）金
楷理口譯 （清）李鳳苞筆述 清末江南製造
總局鉛印本 一冊

430000－2401－0016904 35/78(1)
攻守炮法一卷 比利時軍政局編 （美國）金
楷理口譯 （清）李鳳苞筆述 清末江南製造
總局鉛印本 一冊

430000－2401－0016905 35/78(2)
攻守炮法一卷 比利時軍政局編 （美國）金
楷理口譯 （清）李鳳苞筆述 清末江南製造
總局鉛印本 一冊

430000－2401－0016906　35/63

克虜伯炮准心法一卷　比利時軍政局編
(美國)金楷理口譯　(清)李鳳苞筆述　清末
江南製造總局鉛印本　一冊

430000－2401－0016907　35/63(1)

克虜伯炮准心法一卷　比利時軍政局編
(美國)金楷理口譯　(清)李鳳苞筆述　清末
江南製造總局鉛印本　一冊

430000－2401－0016908　35/63(2)

克虜伯炮准心法一卷　比利時軍政局編
(美國)金楷理口譯　(清)李鳳苞筆述　清末
江南製造總局鉛印本　一冊

430000－2401－0016909　35/63(3)

克虜伯炮准心法一卷　比利時軍政局編
(美國)金楷理口譯　(清)李鳳苞筆述　清末
江南製造總局鉛印本　一冊

430000－2401－0016910　35/66

克虜伯炮表八卷　比利時軍政局編　(美國)
金楷理口譯　(清)李鳳苞筆述　清末江南製
造總局鉛印本　一冊

430000－2401－0016911　35/66(1)

克虜伯炮表八卷　比利時軍政局編　(美國)
金楷理口譯　(清)李鳳苞筆述　清末江南製
造總局鉛印本　一冊

430000－2401－0016912　35/66(2)

克虜伯炮表八卷　比利時軍政局編　(美國)
金楷理口譯　(清)李鳳苞筆述　清末江南製
造總局鉛印本　一冊

430000－2401－0016913　35/65

克虜伯炮說四卷克虜伯礮操法四卷　比利時
軍政局編　(美國)金楷理口譯　(清)李鳳苞
筆述　清末江南製造總局鉛印本　一冊

430000－2401－0016914　35/65(1)

克虜伯炮說四卷克虜伯礮操法四卷　比利時
軍政局編　(美國)金楷理口譯　(清)李鳳苞
筆述　清末江南製造總局鉛印本　一冊

430000－2401－0016915　35/65(2)

克虜伯炮說四卷克虜伯礮操法四卷　比利時
軍政局編　(美國)金楷理口譯　(清)李鳳苞
筆述　清末江南製造總局鉛印本　一冊

430000－2401－0016916　35/64

克虜伯炮彈造法二卷附圖一卷餅藥造法一卷
　比利時軍政局編　(美國)金楷理口譯
(清)李鳳苞筆述　清末江南製造總局鉛印本
三冊

430000－2401－0016917　35/64(1)

克虜伯炮彈造法二卷附圖一卷餅藥造法一卷
　比利時軍政局編　(美國)金楷理口譯
(清)李鳳苞筆述　清末江南製造總局鉛印本
三冊

430000－2401－0016918　35/64(2)

克虜伯炮彈造法二卷附圖一卷餅藥造法一卷
　比利時軍政局編　(美國)金楷理口譯
(清)李鳳苞筆述　清末江南製造總局鉛印本
三冊

430000－2401－0016919　35/64(3)

克虜伯炮彈造法二卷附圖一卷餅藥造法一卷
　比利時軍政局編　(美國)金楷理口譯
(清)李鳳苞筆述　清末江南製造總局鉛印本
一冊　缺二卷(克虜伯炮彈造法二卷)

430000－2401－0016920　35/48

防海新論十八卷　(比利時)希理哈撰　(英
國)傅蘭雅口譯　(清)華蘅芳筆述　清末江
南製造總局鉛印本　六冊

430000－2401－0016921　35/48(1)

防海新論十八卷　(比利時)希理哈撰　(英
國)傅蘭雅口譯　(清)華蘅芳筆述　清末江
南製造總局鉛印本　六冊

430000－2401－0016922　35/48(2)

防海新論十八卷　(比利時)希理哈撰　(英
國)傅蘭雅口譯　(清)華蘅芳筆述　清末江
南製造總局鉛印本　六冊

430000－2401－0016923　35/48(3)

防海新論十八卷　(比利時)希理哈撰　(英
國)傅蘭雅口譯　(清)華蘅芳筆述　清末江

南製造總局鉛印本 六冊

430000－2401－0016924 35/48(4)

防海新論十八卷 （比利時）希理哈撰 （英國）傅蘭雅口譯 （清）華蘅芳筆述 清末江南製造總局鉛印本 六冊

430000－2401－0016925 35/48(5)

防海新論十八卷 （比利時）希理哈撰 （英國）傅蘭雅口譯 （清）華蘅芳筆述 清末江南製造總局鉛印本 三冊

430000－2401－0016926 35/70

營壘圖說一卷 （比利時）伯里牙芒撰 （美國）金楷理口譯 （清）李鳳苞筆述 清末江南製造總局鉛印本 一冊

430000－2401－0016927 35/70(1)

營壘圖說一卷 （比利時）伯里牙芒撰 （美國）金楷理口譯 （清）李鳳苞筆述 清末江南製造總局鉛印本 一冊

430000－2401－0016928 35/70(2)

營壘圖說一卷 （比利時）伯里牙芒撰 （美國）金楷理口譯 （清）李鳳苞筆述 清末江南製造總局鉛印本 一冊

430000－2401－0016929 35/50

臨陣管見九卷 （比利時）斯拉弗司撰 （美國）金楷理口譯 （清）趙元益筆述 清末江南製造總局鉛印本 四冊

430000－2401－0016930 35/50(1)

臨陣管見九卷 （比利時）斯拉弗司撰 （美國）金楷理口譯 （清）趙元益筆述 清末江南製造總局鉛印本 四冊

430000－2401－0016931 35/125

兵船炮法六卷 美國水師書院編 （美國）金楷理口譯 （清）朱恩錫筆述 清光緒江南製造總局鉛印本 三冊

430000－2401－0016932 35/56

爆藥記要六卷 美國水雷局編 舒高第口譯 （清）趙元益筆述 清光緒江南製造局鉛印本 一冊

430000－2401－0016933 35/56(1)

爆藥記要六卷 美國水雷局編 舒高第口譯 （清）趙元益筆述 清光緒江南製造局鉛印本 一冊

430000－2401－0016934 35/56(2)

爆藥記要六卷 美國水雷局編 舒高第口譯 （清）趙元益筆述 清光緒江南製造局鉛印本 一冊

430000－2401－0016935 35/148

格林炮操法一卷 （美國）傅蘭克令撰 （英國）傅蘭雅口譯 （清）徐建寅筆述 清光緒上海江南機器製造總局鉛印本 一冊

430000－2401－0016936 36/49

區種五種 （清）趙夢齡輯 清光緒四年(1878)蓮花池刻本 一冊

430000－2401－0016937 36/49－2

區種五種 （清）趙夢齡輯 清光緒二十四年(1898)致知書局鉛印述廬叢書本 一冊

430000－2401－0016938 36/92

農學叢書 （清）□□輯 清光緒石印本 六十四冊

430000－2401－0016939 36/80

種棉五種 （清）□□輯 清光緒北洋官報局石印本 一冊

430000－2401－0016940 △35/4

齊民要術十卷 （北魏）賈思勰撰 清嘉慶九年(1804)照曠閣刻本 佚名批校 四冊

430000－2401－0016941 36/11－2

農書三十六卷 （元）王楨撰 清光緒二十一年(1895)刻本 五冊

430000－2401－0016942 36/16－2

農桑輯要七卷 （元）司農司撰 清同治十三年(1874)江西書局刻武英殿聚珍版書本 四冊

430000－2401－0016943 36/16

農桑輯要七卷 （元）司農司撰 清乾隆刻道光十年(1830)重印武英殿聚珍版書本 三冊

430000－2401－0016944　36/16－3(1)

農桑輯要七卷　（元）司農司撰　清乾隆刻道光十年(1830)重印本　二冊

430000－2401－0016945　36/26

新刻增集紀難田家五行三卷　（元）婁元禮纂述　鈔本　四冊

430000－2401－0016946　36/44

補農書二卷　（明）□□撰　（清）萬斛泉編　清光緒二十三年(1897)然藜閣木活字印楊園先生集本　一冊

430000－2401－0016947　36/12

見物五卷　（明）李蘇撰　清光緒十四年(1888)長沙惜陰書局刻惜陰軒叢書本　二冊

430000－2401－0016948　36/24

農政全書六十卷　（明）徐光啟撰　清道光十七年(1837)貴州刻本　二十冊

430000－2401－0016949　36/24(1)

農政全書六十卷　（明）徐光啟撰　清道光十七年(1837)貴州刻本　十六冊

430000－2401－0016950　36/24(2)

農政全書六十卷　（明）徐光啟撰　清道光十七年(1837)貴州刻本　十六冊

430000－2401－0016951　36/24(3)

農政全書六十卷　（明）徐光啟撰　清道光十七年(1837)貴州刻本　十六冊

430000－2401－0016952　36/24－2

農政全書六十卷　（明）徐光啟撰　清道光二十三年(1843)上海曙海樓刻本　十六冊

430000－2401－0016953　36/24－2(1)

農政全書六十卷　（明）徐光啟撰　清道光二十三年(1843)上海曙海樓刻本　十六冊

430000－2401－0016954　36/24－3

農政全書六十卷　（明）徐光啟撰　清同治十三年(1874)山東書局刻本　二十冊

430000－2401－0016955　36/24－3(1)

農政全書六十卷　（明）徐光啟撰　清同治十三年(1874)山東書局刻本　二十冊

430000－2401－0016956　△35/2

馬經二卷　（明）陳仁錫輯　清鈔本　二冊

430000－2401－0016957　36/99

桑蠶提要二卷　（清）方大湜撰　清光緒六年(1880)襄陽郡城桑蠶局刻本　二冊

430000－2401－0016958　36/2

御題棉花圖　（清）方觀承編　清乾隆木刻拓本　一冊

430000－2401－0016959　36/2(1)

御題棉花圖　（清）方觀承編　清乾隆木刻拓本　一冊

430000－2401－0016960　36/69

蠶桑輯要合編一卷　（清）尹蓮溪輯　清同治三年(1864)清江蠶桑局刻本　一冊

430000－2401－0016961　36/69(1)

蠶桑輯要合編一卷　（清）尹蓮溪輯　清同治三年(1864)清江蠶桑局刻本　一冊

430000－2401－0016962　36/9－2

重訂增補陶朱公致富全書四卷　（清）石岩逸叟增定　清末經綸堂刻本　四冊

430000－2401－0016963　36/9－2(1)

重訂增補陶朱公致富全書四卷　（清）石岩逸叟增定　清末經綸堂刻本　四冊

430000－2401－0016964　36/9

重訂增補陶朱公致富全書四卷　（清）石岩逸叟增定　清刻本　二冊　存二卷(一至二)

430000－2401－0016965　36/84

桑蠶說一卷　（清）江毓昌撰　清蕭厚德堂刻本　一冊

430000－2401－0016966　36/84(1)

桑蠶說一卷　（清）江毓昌撰　清蕭厚德堂刻本　一冊

430000－2401－0016967　36/79－2

蠶桑答問二卷續編一卷　（清）朱祖榮編　清光緒二十七年(1901)刻本　一冊

430000－2401－0016968　36/79

蠶桑答問二卷續編一卷 （清）朱祖榮編 清光緒北洋官報局鉛印本 一冊

430000－2401－0016969 36/28

蠶桑輯要一卷 （清）沈秉成撰 清同治十年(1871)常鎮通海道署刻本 一冊

430000－2401－0016970 36/28(1)

蠶桑輯要一卷 （清）沈秉成撰 清同治十年(1871)常鎮通海道署刻本 一冊

430000－2401－0016971 36/28－2

蠶桑輯要一卷 （清）沈秉成撰 清光緒四年(1878)衡陽刻本 一冊

430000－2401－0016972 36/28－3

蠶桑輯要一卷 （清）沈秉成撰 清光緒十六年(1890)瀏陽刻本 一冊

430000－2401－0016973 36/21

廣蠶桑說輯補二卷 （清）沈練撰 （清）沈琪補 清光緒三年(1877)刻本 一冊

430000－2401－0016974 36/21(1)

廣蠶桑說輯補二卷 （清）沈練撰 （清）沈琪補 清光緒三年(1877)刻本 一冊

430000－2401－0016975 36/65

廣蠶桑說輯補校訂四卷 （清）沈練撰 （清）仲昂庭輯補 清光緒三十三年(1907)農工商部印刷科鉛印本 一冊

430000－2401－0016976 36/85

種植匯要一卷 （清）辛垣撰 清光緒三十一年(1905)鄒裕元堂書舍刻本 一冊

430000－2401－0016977 36/7

澤農要錄六卷 （清）吳邦慶撰 清道光四年(1824)益津吳氏刻畿輔河道水利叢書本 二冊

430000－2401－0016978 36/87

馬首農言一卷 （清）祁寯藻撰 清咸豐五年(1855)刻本 一冊

430000－2401－0016979 36/1

寶訓八卷 （清）郝懿行輯 清光緒五年(1879)東路廳署刻本 二冊

430000－2401－0016980 36/60

農候雜占四卷 （清）梁章鉅撰 清同治十二年(1873)浙江書局刻本 二冊

430000－2401－0016981 36/60(1)

農候雜占四卷 （清）梁章鉅撰 清同治十二年(1873)浙江書局刻本 二冊

430000－2401－0016982 36/18

三農記十卷 （清）張宗法撰 清乾隆瑩雛山房刻本 八冊

430000－2401－0016983 36/19

三農記二十四卷 （清）張宗法撰 清青藜閣刻本 十冊

430000－2401－0016984 36/19(1)

三農記二十四卷 （清）張宗法撰 清青藜閣刻本 十冊

430000－2401－0016985 36/19(2)

三農記二十四卷 （清）張宗法撰 清青藜閣刻本 十冊

430000－2401－0016986 36/76

泰西育蠶新法 （清）張坤德譯 清光緒二十四年(1898)強齋石印本 一冊

430000－2401－0016987 36/3

士那補釋一卷 （清）張義澍撰 清光緒十八年(1892)金陵刻本 一冊

430000－2401－0016988 36/3(1)

士那補釋一卷 （清）張義澍撰 清光緒十八年(1892)金陵刻本 一冊

430000－2401－0016989 36/3(2)

士那補釋一卷 （清）張義澍撰 清光緒十八年(1892)金陵刻本 一冊

430000－2401－0016990 36/25

農學纂要四卷 （清）陳恢吾輯 清光緒二十八年(1902)刻本 四冊

430000－2401－0016991 36/66

蠶桑譜二卷 （清）陳啟沅撰 （清）陳錦篇繪圖 清光緒二十九年(1903)刻本 一冊

430000－2401－0016992　　36/98

農話　（清）陳啟謙撰　清光緒三十一年(1905)上海商務印書館鉛印本　一冊

430000－2401－0016993　　36/45

神農最要三卷　（清）陳開沚撰　清光緒二十三年(1897)潼川文明堂刻本　一冊

430000－2401－0016994　　36/5

蠶桑淺說一卷　（清）黃祖徽編　清光緒三十三年(1907)刻本　一冊

430000－2401－0016995　　36/78

蠶桑須知一卷　（清）黃壽昌撰　清光緒九年(1883)刻本　一冊

430000－2401－0016996　　36/50

營田輯要內篇三卷外篇一卷首一卷　（清）黃輔辰撰　清同治三年(1864)成都刻本　一冊

430000－2401－0016997　　36/50(1)

營田輯要內篇三卷外篇一卷首一卷　（清）黃輔辰撰　清同治三年(1864)成都刻本　一冊

430000－2401－0016998　　36/50(2)

營田輯要內篇三卷外篇一卷首一卷　（清）黃輔辰撰　清同治三年(1864)成都刻本　一冊

430000－2401－0016999　　36/50(3)

營田輯要內篇三卷外篇一卷首一卷　（清）黃輔辰撰　清同治三年(1864)成都刻本　一冊

430000－2401－0017000　　△35/3

欽定授時通考七十八卷　（清）鄂爾泰等撰　清乾隆七年(1742)內府刻本　二十八冊

430000－2401－0017001　　36/4

欽定授時通考七十八卷　（清）鄂爾泰等撰　清乾隆九年(1744)江西巡撫刻本　二十四冊

430000－2401－0017002　　36/4－2

欽定授時通考七十八卷　（清）鄂爾泰等撰　清道光六年(1826)四川藩署刻本　二十四冊

430000－2401－0017003　　36/4－2(1)

欽定授時通考七十八卷　（清）鄂爾泰等撰　清道光六年(1826)四川藩署刻本　十八冊

430000－2401－0017004　　36/4－2(3)

欽定授時通考七十八卷　（清）鄂爾泰等撰　清道光六年(1826)四川藩署刻本　十八冊

430000－2401－0017005　　36/4－2(2)

欽定授時通考七十八卷　（清）鄂爾泰等撰　清道光六年(1826)四川藩署刻本　十六冊

430000－2401－0017006　　36/4－4

欽定授時通考七十八卷　（清）鄂爾泰等奉敕撰　清光緒刻本　一冊　存農餘、桑政、蠶事

430000－2401－0017007　　36/29－2

御製耕織圖二卷　（清）焦秉貞繪　（清）聖祖玄燁題詩　清光緒五年(1879)上海點石齋石印本　一冊

430000－2401－0017008　　36/29－2(1)

御製耕織圖二卷　（清）焦秉貞繪　（清）聖祖玄燁題詩　清光緒五年(1879)上海點石齋石印本　一冊

430000－2401－0017009　　36/29

御製耕織圖不分卷　（清）焦秉貞繪　（清）聖祖玄燁題詩　清光緒十二年(1886)上海點石齋石印本　二冊

430000－2401－0017010　　36/29(1)

御製耕織圖不分卷　（清）焦秉貞繪　（清）聖祖玄燁題詩　清光緒十二年(1886)上海點石齋石印本　二冊

430000－2401－0017011　　36/90

豳風廣義三卷　（清）楊屾輯　清光緒十六年(1890)陝西求友齋刻本　三冊

430000－2401－0017012　　36/14

中外農學合編十二卷　（清）楊鞏編　清光緒三十四年(1908)長沙刻本　十冊

430000－2401－0017013　　36/14(1)

中外農學合編十二卷　（清）楊鞏編　清光緒三十四年(1908)長沙刻本　十冊

430000－2401－0017014　　36/14(2)

中外農學合編十二卷　（清）楊鞏編　清光緒三十四年(1908)長沙刻本　九冊　缺一卷(七)

430000－2401－0017015　36/48

棉業圖說八卷 （清）農工商部編　清宣統三年(1911)京師農工商部印刷科鉛印本　二冊

430000－2401－0017016　36/48(1)

棉業圖說八卷 （清）農工商部編　清宣統三年(1911)京師農工商部印刷科鉛印本　二冊

430000－2401－0017017　36/30

蠶桑事宜一卷 （清）鄒祖堂撰　清末刻本　一冊

430000－2401－0017018　36/94

勇盧閒詰一卷 （清）趙之謙撰　清光緒二十七年(1901)長白祺氏刻本　一冊

430000－2401－0017019　36/63

豐豫莊本書不分卷 （清）潘曾沂撰　清光緒潘氏刻本　一冊

430000－2401－0017020　36/20－2

檽繭譜一卷 （清）鄭珍撰　清光緒七年(1881)遵義華氏瀘州刻本　一冊

430000－2401－0017021　36/20

檽繭譜一卷 （清）鄭珍撰　（清）莫友芝註　清道光十七年(1837)遵義刻本　一冊

430000－2401－0017022　36/20－4

檽繭譜一卷 （清）鄭珍撰　（清）莫友芝註　清光緒十三年(1887)湘南臬署刻本　一冊

430000－2401－0017023　36/20－3

檽繭譜一卷 （清）鄭珍撰　（清）莫友芝註　清光緒三十四年(1908)遵義官書局鉛印本　一冊

430000－2401－0017024　36/13

蠶桑萃編十五卷首一卷 （清）衛杰纂　清光緒二十六年(1900)湖南蠶桑總局刻本　八冊

430000－2401－0017025　36/13(1)

蠶桑萃編十五卷首一卷 （清）衛杰纂　清光緒二十六年(1900)湖南蠶桑總局刻本　八冊

430000－2401－0017026　36/31

捕蝗要說二十則一卷圖一卷除蝻八要 （清）錢炘和撰　清同治八年(1869)湖北崇文書局

刻本　一冊

430000－2401－0017027　36/31(1)

捕蝗要說二十則一卷圖一卷除蝻八要 （清）錢炘和撰　清同治八年(1869)湖北崇文書局刻本　一冊

430000－2401－0017028　36/31(2)

捕蝗要說二十則一卷圖一卷除蝻八要 （清）錢炘和撰　清同治八年(1869)湖北崇文書局刻本　一冊

430000－2401－0017029　36/96

治蝗全法四卷附錄一卷 （清）顧彥輯　清光緒十四年(1888)猶白雪齋刻本　一冊

430000－2401－0017030　36/67

浙東兩省種桑育蠶成法不分卷 （清）□□撰　清同治六年(1867)刻本　一冊

430000－2401－0017031　36/75－2

蠶桑簡編一卷 （清）□□撰　清光緒十七年(1891)刻本　一冊

430000－2401－0017032　36/75－2(1)

蠶桑簡編一卷 （清）□□撰　清光緒十七年(1891)刻本　一冊

430000－2401－0017033　36/75－2(2)

蠶桑簡編一卷 （清）□□撰　清光緒十七年(1891)刻本　一冊

430000－2401－0017034　36/75－2(3)

蠶桑簡編一卷 （清）□□撰　清光緒十七年(1891)刻本　一冊

430000－2401－0017035　36/75－2(4)

蠶桑簡編一卷 （清）□□撰　清光緒十七年(1891)刻本　一冊

430000－2401－0017036　36/75－2(5)

蠶桑簡編一卷 （清）□□撰　清光緒十七年(1891)刻本　一冊

430000－2401－0017037　36/75－2(6)

蠶桑簡編一卷 （清）□□撰　清光緒十七年(1891)刻本　一冊

430000－2401－0017038　36/75

蠶桑簡編一卷　（清）□□撰　清光緒刻本
一冊

430000－2401－0017039　36/72

農學初級　（英國）旦爾恆理撰　（英國）秀耀
春口譯　（清）范熙庸筆述　清光緒二十四年
(1898)上海製造局刻本　一冊

430000－2401－0017040　36/72(1)

農學初級　（英國）旦爾恆理撰　（英國）秀耀
春口譯　（清）范熙庸筆述　清光緒二十四年
(1898)上海製造局刻本　一冊

430000－2401－0017041　36/41

農務化學問答二卷　（英國）仲斯敦撰　（英
國）秀耀春口譯　（清）范熙庸筆述　清光緒
二十五年(1899)江南製造總局刻本　二冊

430000－2401－0017042　36/41(1)

農務化學問答二卷　（英國）仲斯敦撰　（英
國）秀耀春口譯　（清）范熙庸筆述　清光緒
二十五年(1899)江南製造總局刻本　二冊

430000－2401－0017043　36/43

農學津梁一卷　（英國）恆里湯納耳撰　（美
國）衛理譯　（清）汪振聲述　清光緒二十八
年(1902)江南製造局刻本　一冊

430000－2401－0017044　36/82

農務要書簡明目錄一卷　（英國）傅蘭雅口譯
（清）王樹善筆述　清光緒二十七年(1901)
上海製造局刻本　一冊

430000－2401－0017045　36/71

意大利蠶書　（意大利）丹吐魯撰　（英國）傅
蘭雅口譯　（清）汪振聲筆述　清光緒二十四
年(1898)江南製造局刻本　一冊

430000－2401－0017046　36/71(1)

意大利蠶書　（意大利）丹吐魯撰　（英國）傅
蘭雅口譯　（清）汪振聲筆述　清光緒二十四
年(1898)江南製造局刻本　一冊

430000－2401－0017047　36/81

淡芭菇栽制法一卷　（美國）厄斯宅士藏撰

（清）陳壽彭譯　種烟葉法一卷　（清）徐樹蘭
撰　清光緒北洋官報局石印本　一冊

430000－2401－0017048　36/42

農務化學簡法三卷　（美國）固來納撰　（英
國）傅蘭雅口譯　（清）王樹善筆述　清光緒
二十九年(1903)江南製造局刻本　一冊

430000－2401－0017049　36/39

農務土質論三卷圖一卷　（美國）金福蘭格令
希蘭撰　（美國）衛理譯　（清）范熙庸筆述
清光緒二十六年(1900)江南機器製造總局
刻本　三冊

430000－2401－0017050　36/32

農務全書上編十六卷　（美國）施妥縷撰　舒
高第口譯　趙詒琛筆述　清光緒三十三年
(1907)江南機器製造總局刻本　八冊

430000－2401－0017051　36/32

農務全書中編十六卷　（美國）施妥縷撰　舒
高第口譯　趙詒琛筆述　清宣統元年(1909)
江南機器製造總局刻本　八冊

430000－2401－0017052　371.1/22

仲景全書　（漢）張機等撰　清光緒二十年
(1894)成都鄧氏崇文齋刻本　八冊

430000－2401－0017053　△361/5

新刊仁齋直指附遺方論二十六卷傷寒類書活
人總括七卷小兒附遺方論五卷醫脉真經二卷
藥象二卷　（宋）楊士瀛撰　（明）朱崇正補遺
明嘉靖三十年(1551)刻本　十八冊　存三
十八卷(新刊仁齋直指附遺方論一至二十五、
傷寒類書活人總括七卷、小兒附遺方論二至
五、醫脉真經一、藥象一)

430000－2401－0017054　371.1/8－2

東垣十書　（金）李杲撰　（明）王肯堂訂正
清光緒刻本　八冊

430000－2401－0017055　△361/4

東垣十書　（金）李杲撰　（明）王肯堂訂正
明敦化堂刻本　十三冊　存二十一卷(脉訣
一卷、内外傷辨惑論三卷、脾胃三卷、蘭室秘
藏三卷、東垣先生此事難知集二卷、湯液本草

三卷、局方發揮一卷、外科精義二卷、醫經溯
洄集一卷、醫壘元戎一卷、海藏癥論萃英一
卷)

430000－2401－0017056　371.1/8
東垣十書　(金)李杲撰　(明)王肯堂訂正
明敦化堂刻本　五冊

430000－2401－0017057　371.1/8(1)
東垣十書　(金)李杲撰　(明)王肯堂訂正
明新安吳中珩刻本　四冊

430000－2401－0017058　371.1/47
劉河間醫學六書　(金)劉完素等撰　(明)吳
勉學等編校　明萬曆二十九年(1601)吳勉學
步月樓刻本　五冊

430000－2401－0017059　371.2/29
六科證治準繩　(明)王肯堂撰　清乾隆五十
八年(1793)修敬堂刻本　七十冊

430000－2401－0017060　371.2/29－2
六科證治準繩　(明)王肯堂撰　清光緒十八
年(1892)石經堂刻本　一百冊

430000－2401－0017061　△361/3
古今醫統正脉全書　(明)王肯堂輯　明萬曆
二十九年(1601)吳勉學刻本　四十八冊

430000－2401－0017062　371.1/7
善成堂增訂士材三書　(明)李中梓撰　(清)
尤乘增補　清善成堂刻本　六冊

430000－2401－0017063　△361/6
薛氏醫案　(明)吳琯編　明陳長卿刻本　四
十三冊

430000－2401－0017064　371.1/29－5
薛氏醫案　(明)吳琯編　明萬曆刻本　五十
四冊

430000－2401－0017065　371.1/29－5(1)
薛氏醫案　(明)吳琯編　明萬曆刻本　三十
九冊

430000－2401－0017066　371.1/29
薛氏醫案　(明)吳琯編　清嘉慶十四年
(1809)書業堂刻本　三十六冊

430000－2401－0017067　371.1/29－2
薛氏醫案　(明)吳琯編　清味經堂刻本　七
十二冊

430000－2401－0017068　371.1/29－3
薛氏醫案　(明)吳琯編　清刻本　三十二冊

430000－2401－0017069　371.1/29－4
薛氏醫案　(明)吳琯編　清刻本　十九冊

430000－2401－0017070　371.1/30－5
景岳全書　(明)張介賓撰　清康熙四十九年
(1710)聚錦堂刻本　二十五冊

430000－2401－0017071　371.1/30
景岳全書　(明)張介賓撰　清乾隆三十三年
(1768)吳郡藜照樓刻本　二十四冊

430000－2401－0017072　371.1/30－2
景岳全書　(明)張介賓撰　清嘉慶二十一年
(1816)文星堂刻本　二十四冊

430000－2401－0017073　371.1/30－2(1)
景岳全書　(明)張介賓撰　清嘉慶二十一年
(1816)文星堂刻本　十一冊　存二十九卷
(九至十五、十九至二十一、三十至三十七、四
十六、五十二至六十、六十四)

430000－2401－0017074　371.1/30－3
景岳全書　(明)張介賓撰　清宣統元年
(1909)上海徐氏有益齋石印本　七冊　存二
十六卷(一至六、二十五至二十九、四十至四
十四、四十五至五十四)

430000－2401－0017075　371.1/30－4
景岳全書　(明)張介賓撰　清刻本　一冊
存三卷(四十至四十二)

430000－2401－0017076　371.1/30－6
景岳全書　(明)張介賓撰　清鈔本　六冊

430000－2401－0017077　371.1/30－7
景岳全書　(明)張介賓撰　清鈔本　一冊
存一卷(十六)

430000－2401－0017078　371.1/14
王叔和圖註難經脉訣　(明)張世賢撰　清經
國堂刻本　二冊

430000－2401－0017079　371.1/55

王叔和圖註難經脉訣　（明）張世賢撰　清咸豐七年(1857)經綸堂刻本　四冊

430000－2401－0017080　371.1/46

當歸草堂醫學叢書初編　（清）丁丙輯　清光緒四年(1878)錢塘丁氏當歸草堂刻本　十冊

430000－2401－0017081　371.1/57

潛齋醫書三種　（清）王士雄撰　清道光三十年(1850)浙江刻本　六冊

430000－2401－0017082　371.1/36

潛齋醫學叢書　（清）王士雄輯　清咸豐四年(1854)潛齋刻本　清汪曰楨題識批註　十一冊

430000－2401－0017083　371.1/27

婦嬰至寶四種　（清）王兆鰲輯　清光緒二十七年(1901)武陵樂善不倦子刻本　一冊

430000－2401－0017084　371.1/20

醫林指月　（清）王琦輯　清光緒鉛印本　一冊

430000－2401－0017085　371.1/39

沈氏尊生書　（清）沈金鰲撰輯　清同治十三年(1874)湖北崇文書局刻本　二十六冊

430000－2401－0017086　371.2/13

御纂醫宗金鑑　（清）吳謙等纂　清乾隆内府刻本　六十四冊

430000－2401－0017087　371.2/13－3

御纂醫宗金鑑　（清）吳謙等纂　清聚奎堂刻本　三十五冊　缺十二卷(外科金鑒五至十六)

430000－2401－0017088　371.2/13－4

御纂醫宗金鑑　（清）吳謙等纂　清三讓堂刻本　三十五冊　存十五卷(外科一至十五)

430000－2401－0017089　371.2/13－2

御纂醫宗金鑑　（清）吳謙等纂　清刻本　三十八冊

430000－2401－0017090　371.2/13－7

御纂醫宗金鑑七十四卷目錄一卷　（清）吳謙等纂　清末商務印書館鉛印本　十五冊　存五十四卷(一至十六、三十四至三十五、三十九至七十四)

430000－2401－0017091　371.2/13－8

御纂醫宗金鑑七十四卷　（清）吳謙等纂　清刻本　一冊　存三卷(四十二至四十四)

430000－2401－0017092　371.1/24

周氏醫學叢書　（清）周學海輯　清光緒、宣統池陽周氏刻本　七十二冊

430000－2401－0017093　375/31

壽世彙編　（清）祝韻梅輯　清光緒刻本　一冊

430000－2401－0017094　375/31(1)

壽世彙編　（清）祝韻梅輯　清光緒刻本　一冊　缺時疫白喉捷要一卷

430000－2401－0017095　375/31－2

壽世彙編　（清）祝韻梅輯　清光緒十一年(1885)金陵楊氏刻本　一冊

430000－2401－0017096　375/31－3

壽世彙編　（清）祝韻梅輯　清光緒二十一年(1895)汝陽聯吟簃刻本　一冊

430000－2401－0017097　375/31－4

壽世彙編　（清）祝韻梅輯　清宣統元年(1909)衡州刻本　一冊

430000－2401－0017098　371.1/5－2

徐氏醫書八種　（清）徐大椿撰并輯　清同治三年(1864)彭樹萱校刻本　十五冊

430000－2401－0017099　371.1/5

徐氏醫書八種　（清）徐大椿撰并輯　清光緒十八年(1892)湖北官書處刻本　十二冊

430000－2401－0017100　371.1/5(1)

徐氏醫書八種　（清）徐大椿撰并輯　清光緒十八年(1892)湖北官書處刻本　十一冊

430000－2401－0017101　371.1/5(2)

徐氏醫書八種　（清）徐大椿撰并輯　清光緒十八年(1892)湖北官書處刻本　六冊　缺十卷(難經經釋上下、傷寒類方上下、蘭臺軌範

五至八、洄溪醫案一卷、慎疾芻言一卷)

430000 - 2401 - 0017102　371.1/4
徐氏醫書六種　(清)徐大椿撰并輯　清雍正
五年至乾隆二十九年(1727 - 1764)徐氏家刻
本　十册

430000 - 2401 - 0017103　371.1/4(1)
徐氏醫書六種　(清)徐大椿撰并輯　清雍正
五年至乾隆二十九年(1727 - 1764)徐氏家刻
本　八册

430000 - 2401 - 0017104　371.1/12
徐靈胎醫略六書　(清)徐大椿撰　清光緒二
十九年(1903)上洋趙翰香居鉛印本　十八册

430000 - 2401 - 0017105　371.1/6
徐靈胎醫學全書　(清)徐大椿撰　清光緒三
十三年(1907)上海章福記書局石印本　十
五册

430000 - 2401 - 0017106　371.1/6 - 2
徐靈胎醫學全書　(清)徐大椿撰　清光緒三
十三年(1907)上海六藝書局石印本　四册

430000 - 2401 - 0017107　371.1/44
醫學十種纂要　(清)徐晉亨編輯　清同治九
年(1870)刻本　八册

430000 - 2401 - 0017108　371.1/43
南雅堂醫書全集　(清)陳念祖撰　清光緒十
八年(1892)上海圖書集成印書局鉛印本　二
十册

430000 - 2401 - 0017109　371.1/43 - 2
南雅堂醫書全集　(清)陳念祖撰　清光緒二
十五年(1899)文瀾書局石印本　三册

430000 - 2401 - 0017110　371.1/42(1)
陳修園醫書二十一種　(清)陳念祖撰　清光
緒二十一年(1895)學庫山房刻本　三十二册

430000 - 2401 - 0017111　371.1/42
陳修園醫書二十一種　(清)陳念祖撰　清光
緒二十一年(1895)學庫山房刻本　三十四册

430000 - 2401 - 0017112　371.1/34
陳修園二十三種　(清)陳念祖撰　清光緒三

十四年(1908)寶慶經元書局刻本　三十二册

430000 - 2401 - 0017113　371.1/34(1)
陳修園二十三種　(清)陳念祖撰　清光緒三
十四年(1908)寶慶經元書局刻本　三十一册

430000 - 2401 - 0017114　371.1/34(2)
陳修園二十三種　(清)陳念祖撰　清光緒三
十四年(1908)寶慶經元書局刻本　二十五册
　缺二十二卷(長沙歌括五至六、醫學從衆八
卷、靈素提要淺註十二卷)

430000 - 2401 - 0017115　371.1/34(3)
陳修園二十三種　(清)陳念祖撰　清光緒三
十四年(1908)寶慶經元書局刻本　十二册
存三十八卷(長沙方歌括一至三、景岳新方砭
四卷、傷寒醫決串解六卷、十藥神書註解一
卷、傷寒真方歌括六卷、金匱方歌括六卷、靈
素提要淺註十二卷)

430000 - 2401 - 0017116　371.1/34(4)
陳修園二十三種　(清)陳念祖撰　清光緒三
十四年(1908)寶慶經元書局刻本　二十五册
　缺十七卷(女科要旨四卷、景岳新方砭四
卷、傷寒論原文淺註六卷、長沙方歌括一至
三)

430000 - 2401 - 0017117　371.1/34 - 4
陳修園二十三種　(清)陳念祖撰　清光緒元
年(1875)刻本　五册　存十四卷(靈素提要
淺註一至二、九至十二,醫學從衆八卷)

430000 - 2401 - 0017118　371.1/34 - 3
陳修園二十三種　(清)陳念祖撰　清光緒二
十七年(1901)新化三味書局刻本　二十九册

430000 - 2401 - 0017119　371.1/34 - 3(1)
陳修園二十三種　(清)陳念祖撰　清光緒二
十七年(1901)新化三味書局刻本　九册　存
二十卷(醫學實在易八卷、醫學從衆錄八卷、
景岳新方砭四卷)

430000 - 2401 - 0017120　371.1/34 - 2
陳修園二十三種　(清)陳念祖撰　清南雅堂
刻本　三十一册

430000－2401－0017121　371.1/10

陳修園醫書二十八種　(清)陳念祖撰并輯
清光緒二十二年(1896)公濟堂石印本　十
九冊

430000－2401－0017122　371.1/28

陳修園醫書四十種　(清)陳念祖撰并輯　清
光緒三十二年(1906)上海飛鴻閣書局石印本
十二冊

430000－2401－0017123　371.1/9－2

陳修園醫書四十八種　(清)陳念祖撰并輯
清光緒三十二年(1906)吳閶醫學書會石印本
五冊

430000－2401－0017124　371.1/11

陳修園醫書七十二種　(清)陳念祖撰并輯
清光緒鑄記書局石印本　一冊

430000－2401－0017125　371.1/35

世補齋醫書正集　(清)陸懋修撰輯　清光緒
十年(1884)刻本　十冊

430000－2401－0017126　371.1/35－2

世補齋醫書正集　(清)陸懋修撰　清光緒十
二年(1886)山左書局印本　八冊

430000－2401－0017127　371.1/35－2(1)

世補齋醫書正集　(清)陸懋修撰　清光緒十
二年(1886)山左書局印本　八冊

430000－2401－0017128　371.1/35－2(2)

世補齋醫書正集　(清)陸懋修撰　清光緒十
二年(1886)山左書局印本　四冊　缺十八卷
(文卷一至四、九至十六,不謝方一卷,内經正
氣病釋一至五)

430000－2401－0017129　371.1/37

述古齋幼科新書　(清)張振鋆撰　清光緒十
五年(1889)邗上張氏刻本　六冊

430000－2401－0017130　371.1/49

醫學六種　(清)屠燝臣纂　清同治二年
(1863)湖北育德堂刻本　八冊

430000－2401－0017131　371.1/48

中西醫學勸讀　(清)馮步蟾輯　清光緒三十

四年(1908)津市贊化文社刻本　十六冊

430000－2401－0017132　371.1/48(1)

中西醫學勸讀　(清)馮步蟾輯　清光緒三十
四年(1908)津市贊化文社刻本　十六冊

430000－2401－0017133　371.1/19

黃氏遺書三種　(清)黃元御撰　清同治、光
緒陽湖馮氏刻本　十二冊

430000－2401－0017134　371.1/23

黃氏醫書八種　(清)黃元御撰　清咸豐十年
(1860)長沙徐樹銘燮和精舍刻本　十二冊

430000－2401－0017135　371.1/23(1)

黃氏醫書八種　(清)黃元御撰　清咸豐十年
(1860)長沙徐樹銘燮和精舍刻本　十二冊

430000－2401－0017136　371.1/23(2)

黃氏醫書八種　(清)黃元御撰　清咸豐十年
(1860)長沙徐樹銘燮和精舍刻本　十四冊

430000－2401－0017137　371.1/23(3)

黃氏醫書八種　(清)黃元御撰　清咸豐十年
(1860)長沙徐樹銘燮和精舍刻本　二十冊

430000－2401－0017138　371.1/23(4)

黃氏醫書八種　(清)黃元御撰　清咸豐十年
(1860)長沙徐樹銘燮和精舍刻本　八冊

430000－2401－0017139　371.1/23(5)

黃氏醫書八種　(清)黃元御撰　清咸豐十年
(1860)長沙徐樹銘燮和精舍刻本　十七冊

430000－2401－0017140　371.1/23(6)

黃氏醫書八種　(清)黃元御撰　清咸豐十年
(1860)長沙徐樹銘燮和精舍刻本　八冊

430000－2401－0017141　371.1/23－2

黃氏醫書八種　(清)黃元御撰　清同治五年
(1866)陳愛竹山房刻本　十冊　存五十四卷

430000－2401－0017142　371.1/23－3

黃氏醫書八種　(清)黃元御撰　清光緒三十
一年(1905)經元書室刻本　十五冊　缺十五
卷(素靈微蘊四卷、傷寒說意十卷首一卷)

430000－2401－0017143　371.1/54

新增醫書七種 （清）費伯雄輯 清光緒十年（1884）石印本 一冊

430000－2401－0017144 371.1/40
費伯雄先生醫書 （清）費伯雄撰 清光緒三年（1877）刻本 六冊

430000－2401－0017145 371.1/41
喻氏醫書 （清）喻昌撰 清乾隆三十年（1765）集思堂刻本 十八冊

430000－2401－0017146 371.1/17－2
六醴齋醫書 （清）程永培輯 清光緒十七年（1891）廣州藏修堂刻本 二十四冊

430000－2401－0017147 371.1/17
六醴齋醫書 （清）程永培輯 清乾隆五十九年（1794）修敬堂刻本 十三冊

430000－2401－0017148 371.1/38
傅青主先生男女書 （清）傅山撰 清光緒三十三年（1907）上海書局石印本 一冊

430000－2401－0017149 371.1/38－2
傅青主先生男女書 （清）傅山撰 清光緒石印本 一冊

430000－2401－0017150 371.1/38－3
徵君男女書科全集 （清）傅山撰 清光緒十二年（1886）晉義堂刻本 六冊

430000－2401－0017151 371.1/18
醫學五則 （清）廖雲溪輯 清光緒十三年（1887）刻本 四冊 存四卷（醫門初步一卷、藥性簡要一卷、湯頭歌括一卷、切總傷寒一卷）

430000－2401－0017152 371.1/52
韓園醫學六種 （清）潘霨輯 清光緒九年至十年（1883－1884）江西書局刻本 十二冊

430000－2401－0017153 371.1/50
鄭氏彤園醫書四種 （清）鄭玉壇撰 清嘉慶元年至二年（1796－1797）鄭氏刻本 十冊

430000－2401－0017154 371.1/31
欽定古今圖書集成醫部全錄五百二十卷 （清）蔣廷錫等輯 清光緒二十至二十三年

（1894－1897）刻本 六十冊

430000－2401－0017155 371.1/31－2
欽定古今圖書集成醫部全錄五百二十卷 （清）蔣廷錫等輯 清光緒二十至二十三年（1894－1897）刻本 五十七冊

430000－2401－0017156 371.1/3
新增醫方藥性捷徑合編 （清）羅必煒參訂 清光緒十九年（1893）澹雅書局刻本 一冊

430000－2401－0017157 371.1/15
王叔和難經脉訣規正 （清）□□輯 清宣統元年（1909）仁記書局刻本 四冊

430000－2401－0017158 371.1/13
醫方辨難大成 清道光三十年（1850）四川巴州恩陽河飛鶯亭刻本 三十冊

430000－2401－0017159 371.1/13－2
醫方辨難大成 清同治六年（1867）姑蘇聚文堂刻本 四十八冊

430000－2401－0017160 371.1/32
聿修堂醫學叢書 （日本）丹波元簡等撰 清光緒十年（1884）青雲堂刻本 四十二冊

430000－2401－0017161 371.2/11
中藏經八卷華佗內照法一卷 （漢）華佗撰 清光緒六年（1880）上虞徐氏蘭蘭山房刻本 二冊

430000－2401－0017162 371.2/41－3
巢氏諸病源候總論五十卷 （隋）巢元方撰 清嘉慶十四年（1809）吳門經義齋刻本 十冊

430000－2401－0017163 371.2/41
重刊巢氏諸病源候總論五十卷 （隋）巢元方撰 清光緒十二年（1886）湖北官書處刻本 八冊

430000－2401－0017164 371.2/41（1）
重刊巢氏諸病源候總論五十卷 （隋）巢元方撰 清光緒十二年（1886）湖北官書處刻本 八冊

430000－2401－0017165 371.2/41（2）
重刊巢氏諸病源候總論五十卷 （隋）巢元方

撰　清光緒十二年(1886)湖北官書處刻本
八冊

430000－2401－0017166　371.2/41(3)
重刊巢氏諸病源候總論五十卷　(隋)巢元方
撰　清光緒十二年(1886)湖北官書處刻本
七冊　缺七卷(三十六至四十二)

430000－2401－0017167　371.2/2
扁鵲心書三卷扁鵲心書神方一卷　(宋)竇材
輯　(清)胡珏參論　清乾隆刻本　一冊

430000－2401－0017168　371.2/16
儒門事親十五卷　(金)張從正撰　清宣統二
年(1910)寧波汲綆齋書局石印本　三冊

430000－2401－0017169　371.2/59
衛生寶鑑二十四卷補遺一卷　(元)羅天益撰
清道光二十六年(1846)三原李氏刻惜陰軒
叢書本　八冊

430000－2401－0017170　371.2/59－2
衛生寶鑑二十四卷補遺一卷　(元)羅天益撰
清光緒二十二年(1896)長沙惜陰書局刻本
八冊

430000－2401－0017171　371.2/20
醫方捷徑指南全書二卷　(明)王宗顯輯
(明)錢無治校　明書林文發堂刻本　四冊

430000－2401－0017172　371.2/1
醫鏡四卷　(明)王肯堂撰　**藥鏡四卷**　(明)
蔣儀纂　明崇禎嘉善蔣氏刻本　四冊

430000－2401－0017173　371.2/33－2
增訂醫門初學萬金一統要訣二十卷　(明)太
醫院原本　(明)羅必煒參訂　清光緒十四年
(1888)三味堂刻本　二冊

430000－2401－0017174　371.2/33
增訂醫門初學萬金一統要訣二十卷　(明)太
醫院原本　(明)羅必煒參訂　清光緒二十年
(1894)三讓堂信記刻本　二冊　存十八卷
(初學萬金一統要訣一至九、太醫院增補青囊
藥性賦直解一至九)

430000－2401－0017175　371.2/33－7

**增訂醫門初學萬金一統要訣八卷首一卷末一
卷**　(明)太醫院原本　(明)羅必煒參訂　清
光緒二十七年(1901)新化三味書局刻本
二冊

430000－2401－0017176　371.2/33－6(1)
**增訂醫門初學萬金一統要訣八卷首一卷末一
卷**　(明)太醫院原本　(明)羅必煒參訂　清
光緒三十年(1904)寶慶維新書舍刻本　二冊

430000－2401－0017177　371.2/33－6
**增訂醫門初學萬金一統要訣八卷首一卷末一
卷**　(明)太醫院原本　(明)羅必煒參訂　清
光緒三十年(1904)寶慶勸學書舍刻本　二冊

430000－2401－0017178　371.2/33－4
增訂醫門初學萬金一統要訣二十卷　(明)太
醫院原本　(明)羅必煒參訂　民國九年
(1920)森記書局刻本　一冊　存二卷(初學
萬金一統要訣一、太醫院增補青囊藥性賦直
解一)

430000－2401－0017179　371.2/33－5
增訂醫門初學萬金一統要訣二十卷　(明)太
醫院原本　(明)羅必煒參訂　(清)王汝謙編
清光緒三十年(1904)寶慶詳隆書舍刻本
三冊

430000－2401－0017180　371.2/33－5(1)
增訂醫門初學萬金一統要訣二十卷　(明)太
醫院原本　(明)羅必煒參訂　(清)王汝謙編
清光緒三十年(1904)寶慶詳隆書舍刻本
三冊

430000－2401－0017181　371.2/33－5(2)
增訂醫門初學萬金一統要訣二十卷　(明)太
醫院原本　(明)羅必煒參訂　(清)王汝謙編
清光緒三十年(1904)寶慶詳隆書舍刻本
三冊

430000－2401－0017182　371.2/33－5(3)
增訂醫門初學萬金一統要訣二十卷　(明)太
醫院原本　(明)羅必煒參訂　(清)王汝謙編
清光緒三十年(1904)寶慶詳隆書舍刻本
三冊

430000－2401－0017183　371.2/8－4
古吳童氏重校醫宗必讀十卷　（明）李中梓撰
　清光緒石印本　一冊

430000－2401－0017184　371.2/8
醫宗必讀五卷首一卷　（明）李中梓撰　清宣
統二年(1910)大興堂刻本　五冊

430000－2401－0017185　371.2/8(1)
醫宗必讀五卷首一卷　（明）李中梓撰　清宣
統二年(1910)大興堂刻本　五冊

430000－2401－0017186　371.2/8(2)
醫宗必讀五卷首一卷　（明）李中梓撰　清末
刻本　五冊　缺卷首

430000－2401－0017187　△361/11
濟陽綱目一百〇八卷　（明）武之望編　（清）
張楠註　（清）張爾熾校　清道光五年至咸豐
六年(1825－1856)刻本　唐成之題識　四十
八冊

430000－2401－0017188　371.2/56
赤水玄珠三十卷醫旨緒餘二卷　（明）孫一奎
撰　清汲古閣書局刻本　二十四冊　存二十
八卷(一至二十八)

430000－2401－0017189　371.2/15－4
增補醫林狀元壽世保元十集十卷　（明）龔廷
賢編　清光緒石印本　一冊　存六卷(五至
下)

430000－2401－0017190　371.2/15
新刊醫林狀元壽世保元十集十卷　（明）龔廷
賢編　清末經元堂刻本　七冊

430000－2401－0017191　371.2/15(1)
新刊醫林狀元壽世保元十集十卷　（明）龔廷
賢編　清末經元堂刻本　十冊

430000－2401－0017192　371.2/15－2
新刊醫林狀元壽世保元十卷　（明）龔廷賢編
　清末淡雅局刻本　九冊　缺一卷(八)

430000－2401－0017193　371.2/15－3
新刊醫林狀元壽世保元十集十卷　（明）龔廷
賢編　清經綸堂刻本　六冊

430000－2401－0017194　371.2/19
新鍥雲林神轂四卷　（明）龔廷賢編撰　清咸
豐刻本　一冊

430000－2401－0017195　371.2/19－2
新鍥雲林神轂四卷　（明）龔廷賢編撰　清積
慶堂刻本　二冊

430000－2401－0017196　378/1－2
醫林改錯二卷　（清）王清任撰　清同治五年
(1866)長沙經濟堂刻本　二冊

430000－2401－0017197　378/1
醫林改錯二卷　（清）王清任撰　清光緒二十
三年(1897)鄂藩使署刻本　一冊

430000－2401－0017198　△361/10
續經濟考不分卷　（清）王鴻緒撰　稿本　清
鄭敦謹題識　四冊

430000－2401－0017199　371.2/77
醫原二卷　（清）石壽棠撰　清咸豐十一年
(1861)留耕書屋刻本　四冊

430000－2401－0017200　371.2/5－4
筆花醫鏡四卷　（清）江涵暾撰　清同治八年
(1869)槐庭書屋刻本　二冊

430000－2401－0017201　371.2/5
筆花醫鏡四卷　（清）江涵暾撰　清光緒二十
三年(1897)常德三益堂刻本　一冊

430000－2401－0017202　371.2/5(1)
筆花醫鏡四卷　（清）江涵暾撰　清光緒二十
三年(1897)常德三益堂刻本　一冊

430000－2401－0017203　371.2/5(2)
筆花醫鏡四卷　（清）江涵暾撰　清光緒二十
三年(1897)常德三益堂刻本　一冊

430000－2401－0017204　371.2/5－2
筆花醫鏡四卷　（清）江涵暾撰　清光緒二十
七年(1901)衡州唐步瀛刻本　一冊

430000－2401－0017205　371.2/80
醫家四要四卷　（清）江誠等纂　清光緒十二
年(1886)刻本　四冊

430000－2401－0017206　371.2/75

經絡歌訣一卷醫方湯頭歌訣一卷　（清）汪昂撰　清光緒二十六年(1900)富記山房刻本　一冊

430000－2401－0017207　371.2/75(1)

經絡歌訣一卷醫方湯頭歌訣一卷　（清）汪昂撰　清光緒二十六年(1900)富記山房刻本　一冊

430000－2401－0017208　371.2/45

醫林纂要控源十卷　（清）汪紱輯　清光緒二十三年(1897)江蘇書局刻本　十冊

430000－2401－0017209　371.2/45(1)

醫林纂要控源十卷　（清）汪紱輯　清光緒二十三年(1897)江蘇書局刻本　十冊

430000－2401－0017210　371.2/45－2

醫林纂要控源十卷　（清）汪紱輯　清光緒刻本　十冊

430000－2401－0017211　371.2/39

類證治裁八卷首一卷附一卷　（清）林佩琴撰　清光緒十年(1884)丹陽林晉卿研經堂家藏刻本　十冊

430000－2401－0017212　371.2/47

醫家心法一卷　（清）高斗魁撰　（清）胡珏評　清乾隆三十二年(1767)寶笏樓刻醫林指月本　一冊

430000－2401－0017213　371.2/48

高士宗先生手授醫學真傳一卷　（清）高世栻撰　清乾隆三十二年(1767)寶笏樓刻醫林指月本　一冊

430000－2401－0017214　371.2/25

蘭臺軌範八卷　（清）徐大椿撰　清乾隆二十九年(1764)徐氏洄溪草堂刻本　六冊

430000－2401－0017215　371.2/25(1)

蘭臺軌範八卷　（清）徐大椿撰　清乾隆二十九年(1764)徐氏洄溪草堂刻本　四冊

430000－2401－0017216　371.2/64

醫學源流論二卷　（清）徐大椿撰　清光緒十八年(1892)湖北官書處刻本　二冊

430000－2401－0017217　371.2/64(1)

醫學源流論二卷　（清）徐大椿撰　清光緒十八年(1892)湖北官書處刻本　一冊　存一卷（上）

430000－2401－0017218　371.2/64(2)

醫學源流論二卷　（清）徐大椿撰　清光緒十八年(1892)湖北官書處刻本　一冊

430000－2401－0017219　△361/9

醫學答問四卷　（清）梁玉瑜撰　（清）陶保廉錄　清鈔本　唐成之題識　四冊

430000－2401－0017220　371.1/51

醫門棒喝四卷醫門棒喝二集傷寒論本旨九卷　（清）章楠撰并輯註　清同治六年(1867)聚文堂刻本　十四冊

430000－2401－0017221　371.2/24

壽世編二卷　（清）曹永吉輯　清嘉慶刻本　一冊

430000－2401－0017222　377/9

林氏活人錄彙編十四卷　（清）張在浚撰　清乾隆十八年(1753)刻本　七冊

430000－2401－0017223　371.2/62－3

張氏醫通十六卷　（清）張璐撰　清康熙寶翰樓刻張氏醫書七種本　十六冊

430000－2401－0017224　371.2/62

張氏醫通十六卷目錄一卷　（清）張璐撰　清刻本　十五冊　缺二卷（一至二）

430000－2401－0017225　371.2/34

石室秘錄六卷　（清）陳士鐸撰　清康熙二十八年(1689)本澄堂刻本　六冊

430000－2401－0017226　371.2/34－2

石室秘錄六卷　（清）陳士鐸撰　清雍正八年(1730)廣陵萱永堂刻本　三冊　存三卷（一、三至四）

430000－2401－0017227　371.2/63－4

醫學三字經四卷　（清）陳念祖撰　清嘉慶南雅堂刻本　一冊　存二卷（一至二）

430000－2401－0017228　371.2/63

醫學三字經四卷　（清）陳念祖撰　清光緒二十九年（1903）益元書局刻本　二冊

430000－2401－0017229　371.2/63－2

醫學三字經四卷　（清）陳念祖撰　清光緒三十四年（1908）寶慶富記書局刻本　二冊

430000－2401－0017230　371.2/63－3

醫學三字經四卷　（清）陳念祖撰　清刻本　一冊　存二卷（三至四）

430000－2401－0017231　371.2/28

醫學三字經統編二卷　（清）陳念祖撰　（清）黃彝峀重輯　清光緒二十七年（1901）上湘同善堂刻本　二冊

430000－2401－0017232　371.2/26

醫學從衆八卷　（清）陳念祖撰　清道光二十五年（1845）陳心典校刻本　四冊

430000－2401－0017233　371.2/26－2

醫學從衆八卷　（清）陳念祖撰　清道光刻本　四冊

430000－2401－0017234　371.2/27

醫學尋源易簡錄二卷三指禪脉訣度鍼一卷　（清）陳念祖撰　清刻本　三冊

430000－2401－0017235　371.2/4

醫學實在易八卷　（清）陳念祖撰　清光緒三十四年（1908）上海章福記石印本　一冊

430000－2401－0017236　371.2/4－4

醫學實在易八卷　（清）陳念祖撰　清三味堂刻本　一冊　存三卷（三至五）

430000－2401－0017237　371.2/4－2

醫學實在易八卷　（清）陳念祖撰　清務本堂刻本　二冊　存五卷（一至五）

430000－2401－0017238　371.2/36－2

醫宗備要三卷　（清）曾鼎撰　清同治八年（1869）崇文書局刻本　一冊

430000－2401－0017239　371.2/36

醫宗備要三卷　（清）曾鼎撰　清光緒元年（1875）湖北崇文書局刻本　一冊

430000－2401－0017240　371.1/21

馮氏錦囊秘錄雜症大小合參十二卷首一卷　（清）馮兆張撰　清康熙四十一年（1702）刻馮氏錦囊秘錄本　八冊

430000－2401－0017241　371.2/85

四聖心源十卷　（清）黃元御撰　清同治五年（1866）陳愛竹山房刻黃氏醫書八種本　一冊

430000－2401－0017242　371.2/85(1)

四聖心源十卷　（清）黃元御撰　清同治五年（1866）陳愛竹山房刻黃氏醫書八種本　二冊　缺三卷（一至三）

430000－2401－0017243　371.2/7

黃氏醫緒八卷　（清）黃皖撰　清光緒三十年（1904）經鏗家塾存幾堂刻本　八冊

430000－2401－0017244　371.2/6

黃氏醫緒十四卷救傷集成一卷解毒集成一卷　（清）黃皖撰　清光緒三十年（1904）經鏗家塾存幾堂刻本　十六冊

430000－2401－0017245　371.2/6(1)

黃氏醫緒十四卷救傷集成一卷解毒集成一卷　（清）黃皖撰　清光緒三十年（1904）經鏗家塾存幾堂刻本　十四冊

430000－2401－0017246　371.2/6(2)

黃氏醫緒十四卷救傷集成一卷解毒集成一卷　（清）黃皖撰　清光緒三十年（1904）經鏗家塾存幾堂刻本　五冊　存五卷（八至九、十三至十四,解毒集成一卷）

430000－2401－0017247　371.2/58

嵩崖尊生書十八卷　（清）景冬陽撰　清康熙三十五年（1696）刻本　十二冊

430000－2401－0017248　371.2/58(1)

嵩崖尊生書十八卷　（清）景冬陽撰　清康熙三十五年（1696）刻本　六冊

430000－2401－0017249　371.2/21－2

醫門法律六卷　（清）喻昌撰　清光緒三十一年（1905）經元書室刻喻氏醫書三種本　三冊　缺二卷（五至六）

430000－2401－0017250　371.2/21－3

醫門法律六卷　(清)喻昌撰　清光緒上海校經山房石印本　二冊

430000－2401－0017251　371.2/21－5

醫門法律六卷　(清)喻昌撰　清光緒簡青齋書局石印本　四冊

430000－2401－0017252　371.2/21－5(1)

醫門法律六卷　(清)喻昌撰　清光緒簡青齋書局石印本　二冊　存四卷(三至六)

430000－2401－0017253　371.2/21－4

醫門法律六卷　(清)喻昌撰　清經綸堂刻本　三冊　存三卷(一、五至六)

430000－2401－0017254　371.2/18－3

醫學心悟六卷　(清)程國彭撰　清素心堂刻本　四冊

430000－2401－0017255　371.2/18－4

醫學心悟六卷　(清)程國彭撰　清徽郡慎德堂刻本　四冊

430000－2401－0017256　371.2/35

傅青主男科二卷　(清)傅山撰　清光緒十三年(1887)湖北官書處刻本　二冊

430000－2401－0017257　371.2/35(1)

傅青主男科二卷　(清)傅山撰　清光緒十三年(1887)湖北官書處刻本　二冊

430000－2401－0017258　371.2/35(2)

傅青主男科二卷　(清)傅山撰　清光緒十三年(1887)湖北官書處刻本　二冊

430000－2401－0017259　371.2/35(3)

傅青主男科二卷　(清)傅山撰　清光緒十三年(1887)湖北官書處刻本　一冊

430000－2401－0017260　371.2/65

醫級十卷首一卷末一卷　(清)董西園撰　清乾隆四十二年(1777)刻本　十冊

430000－2401－0017261　371.2/32

平法寓言十卷　(清)與樵山客撰　清光緒十三年(1887)湘潭郭氏等校刊本　四冊

430000－2401－0017262　371.2/32(1)

平法寓言十卷　(清)與樵山客撰　清光緒十三年(1887)湘潭郭氏等校刊本　四冊

430000－2401－0017263　371.2/32(2)

平法寓言十卷　(清)與樵山客撰　清光緒十三年(1887)湘潭郭氏等校刊本　四冊

430000－2401－0017264　371.2/61

醫學指歸二卷首一卷　(清)趙術堂撰　清同治元年(1862)高郵趙氏旌孝堂刻本　二冊

430000－2401－0017265　371.2/10－3

醫宗說約五卷首一卷　(清)蔣示吉撰　清光緒三十四年(1908)萃英書莊石印本　一冊

430000－2401－0017266　371.2/10

醫宗說約五卷首一卷　(清)蔣示吉撰　清末寶翰樓刻本　四冊

430000－2401－0017267　371.2/9

醫學集成四卷　(清)劉仕廉撰　清同治十二年(1873)刻本　二冊

430000－2401－0017268　371.2/9(1)

醫學集成四卷　(清)劉仕廉撰　清同治十二年(1873)刻本　四冊

430000－2401－0017269　371.2/89

辨證奇聞十卷　(清)錢松撰　清刻本　十冊

430000－2401－0017270　371.2/23

羅氏會約醫鏡二十卷　(清)羅國綱撰　清乾隆五十四年(1789)翰林第刻本　十二冊

430000－2401－0017271　371.2/23－2

羅氏會約醫鏡二十卷　(清)羅國綱撰　清刻本　八冊　存十六卷(三至十八)

430000－2401－0017272　371.2/51

兒科論治一卷婦人科一卷　清末鈔本　一冊

430000－2401－0017273　△361/8

醫門正軌不分卷　清鈔本　四冊

430000－2401－0017274　371.2/67

醫理入門一卷　清光緒二十八年(1902)麗春齋主手鈔本　一冊

430000 – 2401 – 0017275　371.1/2 – 2

東醫寶鑒二十三卷目錄二卷　（朝）許浚撰
清道光十一年(1831)富春堂刻本　二十四冊

430000 – 2401 – 0017276　371.1/2

訂正東醫寶鑒二十三卷目錄二卷　（朝）許浚
撰　清光緒十五年(1889)江左書林刻本　二
十五冊

430000 – 2401 – 0017277　△362/15

難經不分卷　（戰國）秦越人撰　清鈔本
二冊

430000 – 2401 – 0017278　△362/9

重廣補註黃帝內經素問二十四卷　（唐）王冰
註　（宋）林億等校正　（宋）孫兆改誤　明嘉
靖二十九年(1550)顧從德影宋刻本　十四冊

430000 – 2401 – 0017279　△362/7

重廣補註黃帝內經素問二十四卷靈樞經十二
卷　（唐）王冰註　（宋）林億等校正　（宋）
孫兆改誤　明涵遠齋仿顧從德刻本　清康熙
佚名題識批校圈點　十二冊

430000 – 2401 – 0017280　△362/9 – 2

重廣補註黃帝內經素問二十四卷　（唐）王冰
註　（宋）林億等校正　（宋）孫兆改誤　明刻
本　一冊　存四卷(八至十一)

430000 – 2401 – 0017281　372/20 – 10

重廣補註黃帝內經素問二十四卷　（唐）王冰
註　（宋）林億等校　清道光二十九年(1849)
京口遵仁堂刻本　三冊

430000 – 2401 – 0017282　372/20 – 4

重廣補註黃帝內經素問二十四卷遺篇一卷黃
帝內經靈樞十二卷　（唐）王冰註　（宋）林億
等校　清光緒十年(1884)京口文成堂刻本
十冊

430000 – 2401 – 0017283　372/20 – 4(1)

重廣補註黃帝內經素問二十四卷遺篇一卷黃
帝內經靈樞十二卷　（唐）王冰註　（宋）林億
等校　清光緒十年(1884)京口文成堂刻本
六冊

430000 – 2401 – 0017284　372/20 – 4(2)

重廣補註黃帝內經素問二十四卷遺篇一卷黃
帝內經靈樞十二卷　（唐）王冰註　（宋）林億
等校　清光緒十年(1884)京口文成堂刻本
十冊

430000 – 2401 – 0017285　372/20 – 4(3)

重廣補註黃帝內經素問二十四卷遺篇一卷黃
帝內經靈樞十二卷　（唐）王冰註　（宋）林億
等校　清光緒十年(1884)京口文成堂刻本
四冊　存十三卷

430000 – 2401 – 0017286　372/20 – 4(9)

重廣補註黃帝內經素問二十四卷遺篇一卷黃
帝內經靈樞十二卷　（唐）王冰註　（宋）林億
等校　清光緒十年(1884)京口文成堂刻本
九冊　缺三卷(一至三)

430000 – 2401 – 0017287　372/20

補註黃帝內經素問二十四卷遺篇一卷黃帝內
經靈樞十二卷　（唐）王冰註　（宋）林億等校
清光緒三年(1877)浙江書局刻本　十冊

430000 – 2401 – 0017288　372/20 – 7

補註黃帝內經素問二十四卷遺篇一卷　（唐）
王冰註　（宋）林億等校　清光緒二十二年
(1896)上海圖書集成局鉛印本　四冊

430000 – 2401 – 0017289　372/20 – 6

補註黃帝內經素問二十四卷遺篇一卷黃帝內
經靈樞十二卷　（唐）王冰註　（宋）林億等校
清光緒二十三年(1897)新化三味書室刻本
十冊

430000 – 2401 – 0017290　372/20 – 6(1)

補註黃帝內經素問二十四卷遺篇一卷黃帝內
經靈樞十二卷　（唐）王冰註　（宋）林億等校
清光緒二十三年(1897)新化三味書室刻本
十四冊

430000 – 2401 – 0017291　△362/6

補註釋文黃帝內經素問十二卷　（唐）王冰註
（宋）林億等校正　（宋）孫兆改誤　明初刻
本　一冊　存六卷(七至十二)

430000 – 2401 – 0017292　△362/8

黃帝内經素問二十四卷　（明）吳崑註　明萬曆三十七年（1609）刻本　十二冊

430000－2401－0017293　372/16

黃帝内經素問二十四卷　（明）吳崑註　清宏道堂刻本　六冊

430000－2401－0017294　372/16－2

黃帝内經素問二十四卷　（明）吳崑註　清鈔本　四冊

430000－2401－0017295　△362/10

黃帝内經素問註證發微九卷黃帝内經靈樞註證發微九卷補遺一卷　（明）馬蒔撰　明萬曆十四年（1586）天寶堂刻本　十四冊

430000－2401－0017296　372/17

黃帝内經素問註證發微九卷黃帝内經靈樞註證發微九卷補遺一卷　（明）馬蒔撰　清嘉慶十年（1805）芸生堂刻本　十九冊

430000－2401－0017297　372/17－2

黃帝内經素問註證發微九卷黃帝内經靈樞註證發微九卷補遺一卷　（明）馬蒔撰　清光緒五年（1879）太醫院刻本　二十二冊

430000－2401－0017298　372/5

類經三十二卷類經圖翼十一卷類經附翼四卷　（明）張介賓撰　清嘉慶四年（1799）金閶萃英堂重刻本　二十冊

430000－2401－0017299　372/21－6

圖註八十一難經二卷　（明）張世賢註　清刻本　一冊

430000－2401－0017300　372/21－7

圖註八十一難經二卷　（明）張世賢註　清刻本　二冊

430000－2401－0017301　372/21

圖註八十一難經四卷校正圖註脉訣四卷（明）張世賢註　清光緒石印本　一冊

430000－2401－0017302　372/4－4

圖註八十一難經辨真四卷　（明）張世賢撰　清掃葉山房刻本　四冊

430000－2401－0017303　372/4

圖註八十一難經辨真四卷　（明）張世賢撰　清刻本　二冊

430000－2401－0017304　372/4－2

圖註八十一難經辨真四卷　（明）張世賢撰　清刻本　一冊

430000－2401－0017305　372/4－3

圖註八十一難經辨真四卷　（明）張世賢撰　圖註脉訣辨真四卷　（明）王叔和撰　（明）張世賢註　清光緒八年（1882）京都文蔚堂刻本　六冊

430000－2401－0017306　△362/11

黃帝内經素問節文註釋十卷　（明）黃俅撰　明萬曆四十七年（1619）瓊芝室刻本　十六冊

430000－2401－0017307　372/11

素問靈樞類纂約註三卷　（清）汪昂撰　清嘉慶二十二年（1817）休寧汪氏令德堂刻本　三冊

430000－2401－0017308　372/11－2

素問靈樞類纂約註三卷　（清）汪昂撰　清光緒六年（1880）尚德堂刻本　三冊

430000－2401－0017309　372/11－2(1)

素問靈樞類纂約註三卷　（清）汪昂撰　清光緒六年（1880）尚德堂刻本　三冊

430000－2401－0017310　△362/4

金匱要略發明二卷　（清）周世教撰　清稿本　一冊

430000－2401－0017311　372/8

中西匯通醫經精義二卷　（清）唐宗海撰　清光緒二十年（1894）申江順成書局石印中西匯通醫書五種本　一冊

430000－2401－0017312　372/8－2

中西匯通醫經精義二卷　（清）唐宗海撰　清光緒三十四年（1908）上海千頃堂書局石印中西匯通醫書五種本　二冊

430000－2401－0017313　372/10

黃帝内經素問九卷　（清）高世栻註解　清光緒十三年（1887）浙江書局刻本　八冊

430000－2401－0017314　372/10(1)

黄帝内經素問九卷　（清）高世栻註解　清光緒十三年(1887)浙江書局刻本　八冊

430000－2401－0017315　372/3

難經經釋二卷　（清）徐大椿撰　清同治十二年(1873)湖北崇文書局刻徐氏醫書六種本　一冊

430000－2401－0017316　372/10－2

黄帝内經素問九卷　（清）張志聰集註　清光緒十六年(1890)浙江書局刻本　六冊

430000－2401－0017317　372/19

黄帝經世素問合編十八卷　（清）張志聰集註　清聚錦堂刻本　十四冊

430000－2401－0017318　372/7

靈樞經九卷　（清）張志聰集註　清光緒十六年(1890)浙江書局刻本　八冊

430000－2401－0017319　△362/17

靈樞經九卷　（清）張志聰集註　清鈔本　八冊

430000－2401－0017320　372/6－3

靈素提要淺註十二卷　（清）陳念祖撰　清光緒元年(1875)刻陳修園二十三種本　六冊

430000－2401－0017321　372/6－3(1)

靈素提要淺註十二卷　（清）陳念祖撰　清光緒元年(1875)務本堂刻本　五冊

430000－2401－0017322　372/6

靈素提要淺註十二卷　（清）陳念祖撰　清光緒二十九年(1903)湖南書局刻本　四冊

430000－2401－0017323　△362/19

素問懸解十三卷靈樞懸解九卷難經懸解二卷　（清）黄元御撰　清燮和精舍鈔本　唐成之、徐愨立題跋　八冊

430000－2401－0017324　371.2/31－2

素靈微蘊四卷　（清）黄元御撰　清光緒三十一年(1905)重印望雲草廬刻本　一冊

430000－2401－0017325　372/9

類經纂要三卷難經摘鈔一卷　（清）虞庠輯

（清）王廷俊增註　清同治六年(1867)浙省翰墨齋刻本　四冊

430000－2401－0017326　372/9(1)

類經纂要三卷難經摘鈔一卷　（清）虞庠輯（清）王廷俊增註　清同治六年(1867)浙省翰墨齋刻本　四冊

430000－2401－0017327　△362/12

謝氏摘錄靈素微義不分卷　（清）謝貳輯　清鈔本　二冊

430000－2401－0017328　△362/20

醫經原旨六卷　（清）薛雪撰　清乾隆十九年(1754)掃葉莊刻本　一冊　存一卷(一)

430000－2401－0017329　372/22－2

醫經原旨六卷　（清）薛雪撰　清乾隆十九年(1754)刻本　二冊　存二卷(三至四)

430000－2401－0017330　372/22－3

醫經原旨六卷　（清）薛雪撰　清掃葉山房刻本　六冊

430000－2401－0017331　△362/3

内經博議四卷　（清）羅美撰　清鈔本　清默卿、民國唐成之題識　四冊

430000－2401－0017332　373/40－2

新修本草殘十卷　（唐）李績等撰　**補輯一卷**　（日本）小島知足補輯　清光緒十五年(1889)德清傅氏日本影刻籑喜廬叢書本　二冊

430000－2401－0017333　日363/1

唐卷子本新修本草十卷補輯二卷　（唐）蘇敬等撰　清光緒十五年(1889)傅氏日本刻本　陳觀龍、唐成之題跋　六冊

430000－2401－0017334　373/68

經史證類大觀本草三十一卷　（宋）唐慎微纂　清光緒三十年(1904)武昌柯氏影宋刻本　十六冊

430000－2401－0017335　△363/4

重修政和經史證類備用本草三十卷　（宋）唐慎微撰　（宋）寇宗奭衍義　明嘉靖三十一年

（1552）刻本　二十冊

430000－2401－0017336　△363/5

重刊經史證類大全本草三十一卷　（宋）唐慎微撰　（宋）寇宗奭衍義　明萬曆二十八年（1600）籍山書院刻三十八年（1610）彭端吾重修本　二十冊

430000－2401－0017337　373/33－2

本草衍義二十卷　（宋）寇宗奭撰　清光緒三年（1877）吳興陸氏十萬卷樓刻本　二冊

430000－2401－0017338　373/33

本草衍義二十卷　（宋）寇宗奭撰　清宣統二年（1910）武昌醫館影刻元刻本　二冊

430000－2401－0017339　373/69

新刻校正大字李東垣先生珍珠囊二卷　（金）李杲輯　清末刻本　二冊

430000－2401－0017340　373/24－3

珍珠囊指掌補遺藥性賦四卷　（金）李杲輯
雷公炮製藥性解六卷　（明）李中梓輯　清光緒三十一年（1905）福記書局石印本　二冊

430000－2401－0017341　373/24

珍珠囊指掌補遺藥性賦四卷　（金）李杲輯
雷公炮製藥性解六卷　（明）李中梓輯　清刻本　三冊

430000－2401－0017342　373/24（1）

珍珠囊指掌補遺藥性賦四卷　（金）李杲輯
雷公炮製藥性解六卷　（明）李中梓輯　清刻本　一冊

430000－2401－0017343　373/24－5

珍珠囊指掌補遺藥性賦四卷　（金）李杲輯
雷公炮製藥性解六卷　（明）李中梓輯　清刻本　四冊

430000－2401－0017344　373/54

雷公炮製藥性解六卷　（明）李中梓撰　清刻本　二冊

430000－2401－0017345　373/2－8

本草綱目五十二卷　（明）李時珍撰　清本立堂刻本　二十五冊　存四十八卷（三至十一、十三至五十一）

430000－2401－0017346　373/2－2

本草綱目五十二卷圖三卷　（明）李時珍撰　清順治十五年（1658）太和堂刻本　三十七冊　缺一卷（圖下）

430000－2401－0017347　373/2－4

本草綱目五十二卷瀕湖脉學一卷脉訣考證一卷　（明）李時珍撰　清同治十一年（1872）芥子園刻本　三十九冊

430000－2401－0017348　373/2

本草綱目五十二卷首一卷圖三卷奇經八脉考二卷　（明）李時珍撰　清光緒十一年（1885）合肥張氏味古齋刻本　四十八冊

430000－2401－0017349　373/2（1）

本草綱目五十二卷首一卷圖三卷奇經八脉考二卷　（明）李時珍撰　清光緒十一年（1885）合肥張氏味古齋刻本　四十八冊

430000－2401－0017350　373/2（2）

本草綱目五十二卷首一卷圖三卷奇經八脉考二卷　（明）李時珍撰　清光緒十一年（1885）合肥張氏味古齋刻本　三十九冊

430000－2401－0017351　373/2（3）

本草綱目五十二卷首一卷圖三卷奇經八脉考二卷　（明）李時珍撰　清光緒十一年（1885）合肥張氏味古齋刻本　三十七冊

430000－2401－0017352　373/2－5

本草綱目五十二卷圖三卷奇經八脉考二卷　（明）李時珍撰　清刻本　四十冊

430000－2401－0017353　373/2－3

本草綱目五十二卷　（明）李時珍撰　清刻本　三十四冊

430000－2401－0017354　373/2－9

本草綱目五十二卷　（明）李時珍撰　清刻本　五冊　存八卷（十六、二十五至二十八、三十五、四十五至四十六）

430000－2401－0017355　373/26

上醫本草四卷　（明）趙南星輯　明泰昌元年

（1620）趙悅學刻本　四冊

430000－2401－0017356　373/15

食物本草四卷　（明）盧和撰　明隆慶五年
（1571）一樂堂刻本

430000－2401－0017357　373/28

本草經疏二十二卷　（明）繆希雍撰　清光緒
十七年（1891）池陽周氏刻周氏醫學叢書初集
本　十冊

430000－2401－0017358　373/38

滇南草本三卷　（明）蘭茂撰　清光緒十三年
（1887）昆明務本堂刻本　一冊　存一卷（中）

430000－2401－0017359　373/45－2

天津同仁堂虔修諸門應症丸散膏丹一卷
（清）同仁堂編　清末天津同仁堂刻本　一冊

430000－2401－0017360　373/45（1）

同仁堂虔修諸門應症丸散膏丹一卷　（清）同
仁堂編　清光緒十五年（1889）京都同仁堂刻
本　一冊

430000－2401－0017361　373/45

同仁堂虔修諸門應症丸散膏丹一卷　（清）同
仁堂編　清光緒十五年（1889）京都同仁堂刻
本　一冊

430000－2401－0017362　373/39

長沙同德泰丸散目錄一卷　（清）同德泰主人
編　清光緒三十三年（1907）長沙同德泰參燕
藥局刻本　一冊

430000－2401－0017363　373/32

本草詩箋十卷　（清）朱鑰撰　清乾隆二十七
年（1762）鄖城群玉山房刻本　四冊

430000－2401－0017364　373/41

全福堂丸散膏丹一卷　（清）全福主人編　清
光緒全福堂刻本　一冊

430000－2401－0017365　373/11－5

本草備要二卷　（清）汪昂撰　清光緒十三年
（1887）鴻文書局石印本　二冊

430000－2401－0017366　371.1/1－3

增訂本草備要四卷醫方集解三卷　（清）汪昂

撰　清康熙蓮溪書屋刻本　六冊

430000－2401－0017367　371.1/1－2

增訂本草備要六卷醫方集解六卷　（清）汪昂
撰　清乾隆三讓堂刻本　六冊

430000－2401－0017368　371.1/1－2（1）

增訂本草備要六卷醫方集解六卷　（清）汪昂
撰　清乾隆三讓堂刻本　二冊　存四卷（本
草備要一至二、醫方集解一至二）

430000－2401－0017369　371.1/1－16

增訂本草備要四卷醫方集解三卷　（清）汪昂
撰　清道光寶翰樓刻本　六冊

430000－2401－0017370　△363/6

增訂本草備要六卷醫方集解六卷　（清）汪昂
撰　清光緒九年（1883）長沙退齡精舍刻本
唐成之題識　六冊

430000－2401－0017371　371.1/1－13

增訂本草備要六卷醫方集解六卷　（清）汪昂
撰　清光緒九年（1883）長沙退齡精舍刻本
六冊

430000－2401－0017372　371.1/1－13（1）

增訂本草備要六卷醫方集解六卷　（清）汪昂
撰　清光緒九年（1883）長沙退齡精舍刻本
六冊

430000－2401－0017373　371.1/1－6

增訂本草備要四卷醫方集解三卷　（清）汪昂
撰　清光緒二十年（1894）裕德局刻本　六冊

430000－2401－0017374　371.1/1－5

增訂本草備要四卷醫方集解三卷　（清）汪昂
撰　清光緒二十年（1894）維新局刻本　六冊

430000－2401－0017375　371.1/1－9

增訂本草備要六卷醫方集解六卷　（清）汪昂
撰　清光緒二十四年（1898）漢文書局刻本
四冊

430000－2401－0017376　371.1/1－7

增訂本草備要六卷醫方集解六卷　（清）汪昂
撰　清光緒二十六年（1900）新化三味堂刻本
六冊

430000－2401－0017377　371.1/1－7(1)

增訂本草備要六卷醫方集解六卷　（清）汪昂
撰　清光緒二十六年(1900)新化三味堂刻本
一冊　存二卷(一至二)

430000－2401－0017378　371.1/1－15

增訂本草備要四卷醫方集解三卷　（清）汪昂
撰　清末西山堂刻本　六冊

430000－2401－0017379　371.1/1

增訂本草備要六卷醫方集解六卷　（清）汪昂
撰　清二西堂刻本　六冊

430000－2401－0017380　371.1/1－14

增訂本草備要六卷醫方集解六卷　（清）汪昂
撰　清文光堂刻本　六冊

430000－2401－0017381　371.1/1－17

增訂本草備要六卷醫方集解六卷　（清）汪昂
撰　清尚德堂刻本　六冊

430000－2401－0017382　371.1/1－20

增訂本草備要六卷醫方集解六卷　（清）汪昂
撰　清尚德堂刻本　六冊

430000－2401－0017383　371.1/1－4

增訂本草備要四卷醫方集解三卷　（清）汪昂
撰　清刻本　六冊

430000－2401－0017384　371.1/1－4(1)

增訂本草備要四卷醫方集解三卷　（清）汪昂
撰　清刻本　六冊

430000－2401－0017385　371.1/1－10

增訂本草備要六卷醫方集解六卷　（清）汪昂
撰　清令德堂刻本　三冊

430000－2401－0017386　371.1/1－10(1)

增訂本草備要六卷醫方集解六卷　（清）汪昂
撰　清續經堂刻本　五冊　缺二卷(本草備
要五、醫方集解五)

430000－2401－0017387　371.1/1－10(2)

增訂本草備要六卷醫方集解六卷　（清）汪昂
撰　清續經堂刻本　四冊(合訂一冊)　缺二
卷(本草備要四、醫方集解四)

430000－2401－0017388　371.1/1－12(4)

增訂本草備要四卷醫方集解三卷　（清）汪昂
撰　清刻本　二冊　缺四卷(本草備要三至
四、醫方集解三至四)

430000－2401－0017389　371.1/1－12

增訂本草備要四卷醫方集解三卷　（清）汪昂
撰　清刻本　六冊

430000－2401－0017390　371.1/1－12(1)

增訂本草備要四卷醫方集解三卷　（清）汪昂
撰　清刻本　六冊

430000－2401－0017391　371.1/1－12(2)

增訂本草備要四卷醫方集解三卷　（清）汪昂
撰　清刻本　六冊

430000－2401－0017392　371.1/1－12(3)

增訂本草備要四卷醫方集解三卷　（清）汪昂
撰　清刻本　五冊　缺二卷(本草備要四、醫
方集解四)

430000－2401－0017393　373/12

增訂童氏本草備要八卷　（清）汪昂撰　（清）
李保常增輯　清光緒二十二年(1896)上海圖
書集成印書局鉛印本　二冊

430000－2401－0017394　373/12(1)

增訂童氏本草備要八卷　（清）汪昂撰　（清）
李保常增輯　清光緒二十二年(1896)上海圖
書集成印書局鉛印本　二冊

430000－2401－0017395　373/10

本草從新六卷　（清）吳儀洛撰　清經綸堂刻
吳氏醫學述本　四冊

430000－2401－0017396　373/10－3

本草從新六卷　（清）吳儀洛撰　清刻吳氏醫
學述本　四冊

430000－2401－0017397　373/34

本草問答二卷　（清）唐宗海撰　清光緒二十
年(1894)申江順成書局石印本　一冊

430000－2401－0017398　373/3－3

本草三家合註六卷　（清）郭汝聰輯　清內邑
青雲閣刻本　六冊

430000－2401－0017399　373/3－2

本草三家合註六卷　（清）郭汝聰輯　清兩儀堂刻本　七冊

430000－2401－0017400　373/3

本草三家合註六卷　（清）郭汝聰輯　清聚經閣刻本　二冊

430000－2401－0017401　373/36

粵東鹿芝館藥丸總彙集一卷　（清）鹿芝館主人編　清光緒十七年（1891）鹿芝館刻本　一冊

430000－2401－0017402　373/5

本草崇原三卷　（清）張志聰撰　（清）高世栻纂集　清乾隆三十二年（1767）王琦刻本　二冊

430000－2401－0017403　373/6

本草便讀二卷　（清）張秉成輯　清光緒二十二年（1896）鄂渚刻本　二冊

430000－2401－0017404　373/14

本經逢原四卷　（清）張璐撰　清康熙三十四年（1695）金閶書業堂刻本　四冊

430000－2401－0017405　373/14－2

本經逢原四卷　（清）張璐撰　清刻本　四冊

430000－2401－0017406　373/29

本草匯纂十卷　（清）屠道和撰　清光緒二十九年（1903）湖南思賢書局刻本　四冊

430000－2401－0017407　373/29（1）

本草匯纂十卷　（清）屠道和撰　清光緒二十九年（1903）湖南思賢書局刻本　四冊

430000－2401－0017408　373/29（2）

本草匯纂十卷　（清）屠道和撰　清光緒二十九年（1903）湖南思賢書局刻本　一冊　存二卷（三至四）

430000－2401－0017409　373/55

人參譜四卷　（清）陸烜撰　清鈔本　一冊　存二卷（一至二）

430000－2401－0017410　373/23

長沙藥解四卷　（清）黃元御撰　清同治五年（1866）陳愛竹山房刻黃氏醫書八種本　二冊

430000－2401－0017411　373/30

本草求真九卷圖一卷本草求真主治二卷脉理求真三卷　（清）黃宮綉撰　清乾隆三十九年（1774）綠圖齋刻本　十二冊

430000－2401－0017412　373/30－6

本草求真九卷圖一卷本草求真主治二卷脉理求真一卷　（清）黃宮綉撰　清末石印本　六冊

430000－2401－0017413　373/30－5

本草求真九卷圖一卷本草求真主治二卷　（清）黃宮綉撰　清文奎堂刻本　八冊

430000－2401－0017414　373/37

彭泰和堂丸散膏丹集錄一卷　（清）彭泰和堂編　清光緒二年（1876）彭泰和堂刻本　一冊

430000－2401－0017415　373/4

本草經解要四卷附餘一卷　（清）葉桂撰　清雍正二年（1724）王從龍刻本　四冊

430000－2401－0017416　373/13

本經疏證十二卷本經續疏六卷本經序疏要八卷　（清）鄒澍撰　清光緒常州長年醫局刻本　十二冊

430000－2401－0017417　373/16

本草綱目拾遺十卷首一卷　（清）趙學敏撰　清同治十年（1871）錢塘張氏吉心堂刻本　八冊

430000－2401－0017418　373/16（1）

本草綱目拾遺十卷首一卷　（清）趙學敏撰　清同治十年（1871）錢塘張氏吉心堂刻本　八冊

430000－2401－0017419　373/16（2）

本草綱目拾遺十卷首一卷　（清）趙學敏撰　清同治十年（1871）錢塘張氏吉心堂刻本　十六冊

430000－2401－0017420　373/74

廣芝館揀選上藥精製各項大小丸散膏丹一卷　（清）廣芝館編　清光緒二十六年（1900）廣州廣芝館刻本　一冊

430000－2401－0017421　373/42

濟春堂丸散膏丹一卷　（清）濟春主人編　清
道光三十年(1850)濟春堂刻本　一冊

430000－2401－0017422　373/73

體乾堂虔修諸門應症丸散一卷　（清）體乾堂
編　清光緒六年(1880)京都體乾堂刻本
一冊

430000－2401－0017423　373/19

督銷淮鹽局藥性錄一卷　（清）□□撰　清稿
本　一冊

430000－2401－0017424　373/46

藥物偶記不分卷　唐成之記　清宣統二年
(1910)稿本　二冊

430000－2401－0017425　373/50

廣東致中和丸散彙編一卷　致中和號主人編
　清光緒十九年(1893)廣東致中和刻本
一冊

430000－2401－0017426　△363/2

本草鈎元不分卷　清鈔本　二冊

430000－2401－0017427　374/13－3

脉經十卷　（晉）王叔和撰　清光緒十九年
(1893)宜都楊守敬景蘇園刻本　四冊

430000－2401－0017428　374/13－3(1)

脉經十卷　（晉）王叔和撰　清光緒十九年
(1893)宜都楊守敬景蘇園刻本　四冊

430000－2401－0017429　374/13－3(2)

脉經十卷　（晉）王叔和撰　清光緒十九年
(1893)宜都楊守敬景蘇園刻本　四冊

430000－2401－0017430　374/11

王氏脉經十卷　（晉）王叔和撰　清光緒二十
二年(1896)新化三味堂刻本　四冊

430000－2401－0017431　374/11(1)

王氏脉經十卷　（晉）王叔和撰　清光緒二十
二年(1896)新化三味堂刻本　三冊

430000－2401－0017432　374/11(2)

王氏脉經十卷　（晉）王叔和撰　清光緒二十
二年(1896)新化三味堂刻本　四冊

430000－2401－0017433　374/13

脉經十卷　（晉）王叔和撰　清光緒三十一年
(1905)長沙徐氏橘隱園刻本　二冊

430000－2401－0017434　374/13(1)

脉經十卷　（晉）王叔和撰　清光緒三十一年
(1905)長沙徐氏橘隱園刻本　二冊

430000－2401－0017435　374/13(2)

脉經十卷　（晉）王叔和撰　清光緒三十一年
(1905)長沙徐氏橘隱園刻本　四冊

430000－2401－0017436　374/13(3)

脉經十卷　（晉）王叔和撰　清光緒三十一年
(1905)長沙徐氏橘隱園刻本　四冊

430000－2401－0017437　374/13(4)

脉經十卷　（晉）王叔和撰　清光緒三十一年
(1905)長沙徐氏橘隱園刻本　四冊

430000－2401－0017438　374/13(5)

脉經十卷　（晉）王叔和撰　清光緒三十一年
(1905)長沙徐氏橘隱園刻本　四冊

430000－2401－0017439　374/12

脉經真本十卷首一卷　（晉）王叔和撰　清道
光十三年(1833)蜀中怡山館刻本　四冊

430000－2401－0017440　△364/2

新刊西晉王氏脉經大全十卷首一卷　（晉）王
叔和撰　（宋）林億等校定　明正德十三年
(1518)建陽劉氏慎獨齋刻本　六冊　存八卷
(首、一至七)

430000－2401－0017441　△364/1

王氏脉經十卷　（晉）王叔和撰　（宋）林億等校
定　明趙府居敬堂刻本　王桂森題識　十冊

430000－2401－0017442　日364/1

脉經十卷人元脉影歸指圖說二卷　（晉）王叔
和撰　（明）沈際飛重訂　日本慶安三年
(1650)刻本　佚名批校　五冊

430000－2401－0017443　374/26

校正圖註脉訣四卷　（晉）王叔和撰　（明）張
世賢註　清光緒三十一年(1905)上海日新書
莊石印本　一冊

430000－2401－0017444　371.2/14

東垣先生此事難知集二卷　（元）王好古撰
明吳勉學刻本　一冊

430000－2401－0017445　371.2/38

丹溪朱氏脉因證治二卷　（元）朱震亨撰
（清）湯望久輯　清乾隆四十年(1775)刻本
二冊

430000－2401－0017446　374/22

脉訣刊誤集解二卷附錄一卷　（元）戴起宗撰
（明）汪機補訂并撰附錄　明崇禎六年
(1633)祁門樸墅刻石山醫案八種本　一冊

430000－2401－0017447　△364/7

端本堂考正脉鏡不分卷　（明）王肯堂輯　清
鈔本　佚名批校　唐成之題識　二冊

430000－2401－0017448　374/1

刪註脉訣規正二卷　（清）沈鏡撰　清鼎翰樓
刻本　一冊

430000－2401－0017449　374/1－3

刪註脉訣規正二卷　（清）沈鏡撰　清經綸堂
刻本　一冊

430000－2401－0017450　374/1－2

刪註脉訣規正二卷　（清）沈鏡撰　清刻本
一冊

430000－2401－0017451　374/16

奇經八脉考二卷　（明）李時珍撰　清刻本
一冊

430000－2401－0017452　△364/11

瀕湖脉學一卷脉訣考證一卷奇經八脉考　卷
（明）李時珍撰　清初刻本　一冊

430000－2401－0017453　374/2

醫學輯要四卷　（清）吳燡撰　清同治七年
(1868)山陰陳氏刻本　一冊

430000－2401－0017454　374/10

形色外診簡摩二卷　（清）周學海撰　清宣統
二年(1910)福慧雙修館刻周氏醫學叢書本
六冊

430000－2401－0017455　374/7－2

三指禪三卷　（清）周學霆撰　清道光八年
(1828)長沙換鵝堂刻本　一冊　存二卷(二
至三)

430000－2401－0017456　374/7－6

三指禪三卷　（清）周學霆撰　清同治十二年
(1873)會友堂刻本　一冊

430000－2401－0017457　374/7－6(1)

三指禪三卷　（清）周學霆撰　清同治十二年
(1873)會友堂刻本　三冊

430000－2401－0017458　374/7－6(2)

三指禪三卷　（清）周學霆撰　清同治十二年
(1873)會友堂刻本　二冊

430000－2401－0017459　374/7－6(3)

三指禪三卷　（清）周學霆撰　清同治十二年
(1873)會友堂刻本　一冊

430000－2401－0017460　374/7－7

三指禪三卷　（清）周學霆撰　清光緒二十一
年(1895)澹雅書局刻本　一冊

430000－2401－0017461　374/7

三指禪三卷　（清）周學霆撰　清光緒益元書
局刻本　三冊

430000－2401－0017462　374/7(1)

三指禪三卷　（清）周學霆撰　清光緒益元書
局刻本　三冊

430000－2401－0017463　374/7(2)

三指禪三卷　（清）周學霆撰　清光緒益元書
局刻本　一冊

430000－2401－0017464　374/7－3

三指禪三卷　（清）周學霆撰　清光緒湖南書
局刻本　三冊　卷一殘缺

430000－2401－0017465　374/7－3(1)

三指禪三卷　（清）周學霆撰　清光緒湖南書
局刻本　三冊

430000－2401－0017466　374/7－3(2)

三指禪三卷　（清）周學霆撰　清光緒湖南書
局刻本　一冊

430000－2401－0017467　374/7－8

三指禪三卷　（清）周學霆撰　清刻本　一冊

430000－2401－0017468　374/3

脉如二卷傷寒論一卷　（清）郭治撰　清道光七年(1827)刻本　四冊

430000－2401－0017469　△362/16

臟腑證治圖說人鏡經八卷附錄二卷　（清）張俊英撰　（清）張吾瑾重輯　清康熙元年(1662)劉禧校刻本　唐成之題識　四冊

430000－2401－0017470　374/14

經脉圖考四卷　（清）陳惠疇撰　清光緒四年(1878)刻本　四冊

430000－2401－0017471　374/15

脉法條辨一卷　（清）劉以仁撰　清光緒四年(1878)善成堂刻本　一冊

430000－2401－0017472　374/31

脉理窮源二卷　（清）羅友竹輯　清末刻本　一冊　存一卷（下）

430000－2401－0017473　371.2/66

脉訣口頭大經定法麻症一卷　清鈔本　一冊

430000－2401－0017474　374/9

脉要圖註□□卷　清光緒二十七年(1901)新化三昧書局刻本　清宣統元年李然昌題識　二冊　存一卷（一）

430000－2401－0017475　△364/6

脉要圖註□□卷　清刻本　七冊　存四卷（一至四）

430000－2401－0017476　△364/10

藥性賦一卷四言脉訣一卷七言脉訣一卷神咒并符一卷　清李務本堂鈔本　一冊

430000－2401－0017477　374/24

辨陽明病脉證并治全篇一卷　清辟鈍閣鈔本　一冊

430000－2401－0017478　374/29

醫學闡微不分卷　清羅楚瞻鈔本　一冊

430000－2401－0017479　△365.2/16

濟生拔粹方　（元）杜思敬編　元刻本　十五冊

430000－2401－0017480　△365.2/17

重刊巢氏諸病源候總論五十卷　（隋）巢元方撰　明刻本　一冊　存五卷（十九至二十三）

430000－2401－0017481　375/17

唐王燾先生外臺秘要方四十卷　（唐）王燾編　清同治十三年(1874)廣東翰墨園刻本　四十冊

430000－2401－0017482　375/17(1)

唐王燾先生外臺秘要方四十卷　（唐）王燾編　清同治十三年(1874)廣東翰墨園刻本　四十冊

430000－2401－0017483　375/17(2)

唐王燾先生外臺秘要方四十卷　（唐）王燾編　清同治十三年(1874)廣東翰墨園刻本　四十冊

430000－2401－0017484　375/17－2

唐王燾先生外臺秘要方四十卷　（唐）王燾編　清光緒二十四年(1898)上海圖書集成印書局鉛印本　十六冊

430000－2401－0017485　375/17－3

唐王燾先生外臺秘要方四十卷　（唐）王燾編　清刻本　四十一冊

430000－2401－0017486　375/4

千金翼方三十卷　（唐）孫思邈撰　清同治七年(1868)姑蘇掃葉山房刻本　十二冊

430000－2401－0017487　375/4－2

千金翼方三十卷　（唐）孫思邈撰　清光緒四年(1878)上海影印元大德刻本　八冊

430000－2401－0017488　375/4－2(1)

千金翼方三十卷　（唐）孫思邈撰　清光緒四年(1878)上海影印元大德刻本　八冊

430000－2401－0017489　375/4－2(2)

千金翼方三十卷　（唐）孫思邈撰　清光緒四年(1878)上海影印元大德刻本　六冊

430000－2401－0017490　△365.2/15

重校聖濟總錄二百卷 （宋）徽宗趙佶撰 清
乾隆五十四年(1789)燕遠堂刻本 唐成之題
識 六十四冊

430000－2401－0017491 △365.2/23

類證普濟本事方十卷 （宋）許叔微撰 明刻
本 唐成之題識 四冊

430000－2401－0017492 375/139

雞峰普濟方存三十卷 （宋）張銳撰 清道光
八年(1828)汪氏藝芸書舍覆宋刻本 十八冊
缺四卷(二至三、六、八)

430000－2401－0017493 375/12

蘇沈良方八卷 （宋）蘇軾 （宋）沈括撰 清
刻武英殿聚珍版書本 四冊

430000－2401－0017494 375/12(1)

蘇沈良方八卷 （宋）蘇軾 （宋）沈括撰 清
刻武英殿聚珍版書本 二冊

430000－2401－0017495 △365.2/5

世醫得效方二十卷 （元）危亦林撰 清鈔本
唐成之題識 十冊

430000－2401－0017496 △365.2/1

丹溪心法附餘二十四卷首一卷 （明）方廣撰
明隆慶六年(1572)施篤臣刻本 三十七冊

430000－2401－0017497 371.2/37

丹溪心法附餘二十四卷首一卷 （明）方廣撰
明刻本 十二冊

430000－2401－0017498 △365.2/13

普門醫品四十八卷附醫品補遺四卷 （明）王
化貞編 清康熙三十三年(1694)郎氏娛輝堂
刻本 十六冊

430000－2401－0017499 △365.2/19

醫方考八卷 （明）吳昆撰 明萬曆方元振等
刻本 六冊

430000－2401－0017500 375/121

醫方考一卷 （明）吳昆撰 清鈔本 一冊

430000－2401－0017501 △365.2/2－2

玉機微義五十卷 （明）徐彥純撰 （明）劉純
續 明正統五年(1440)刻本 六冊 存三十

五卷(三至八、十六至十八、二十五至五十)

430000－2401－0017502 △365.2/2

玉機微義五十卷 （明）徐彥純撰 （明）劉純
編 清上海四馬路樂善堂刻本 十六冊

430000－2401－0017503 △361/2

古今醫統大全一百卷 （明）徐春甫編 （明）
金楷校正 明刻本 二冊 存三卷(九十五、
九十九至一百)

430000－2401－0017504 375/101

景岳百補大全一卷 （明）張介賓撰 清鈔本
一冊

430000－2401－0017505 △365.2/24

攝生眾妙方十一卷 （明）張時徹輯 明嘉靖
三十八年(1559)馬崇儒、李用中刻本 六冊

430000－2401－0017506 △365.2/25

傷暑全書二卷 （明）張鶴勝撰 明天啟三年
(1623)刻本 唐成之題識 二冊

430000－2401－0017507 375/55

絳雪園古方選註不分卷 （清）王子接撰
（清）葉桂校 清掃葉山房刻本 四冊

430000－2401－0017508 375/32

新增壽世編良方不分卷 （清）朱煥彩等纂
清道光十年(1830)湖南溆浦舒培年刻本
一冊

430000－2401－0017509 375/32(1)

新增壽世編良方不分卷 （清）朱煥彩等纂
清道光十年(1830)湖南溆浦舒培年刻本
一冊

430000－2401－0017510 375/143

綱目萬方全書十三卷 （清）朱銘石纂 清家
刻本 一冊 存一卷(五)

430000－2401－0017511 375/13－7

醫方湯頭歌訣一卷經絡歌訣一卷 （清）汪昂
撰 清善成堂刻本 一冊

430000－2401－0017512 375/14－8

醫方集解三卷附錄二卷 （清）汪昂撰 清乾
隆五十六年(1791)德馨堂刻本 六冊

430000－2401－0017513　△365.2/20

醫方集解不分卷　(清)汪昂撰　清道光二十五年(1845)瓶花書屋刻本　唐成之批註　四冊

430000－2401－0017514　375/14－7

醫方集解三卷　(清)汪昂撰　清桂月樓刻本　七冊

430000－2401－0017515　375/69(1)

醫方集解二十三卷　(清)汪昂撰　清刻本　一冊　存二卷(五至六)

430000－2401－0017516　375/14－2

增評童氏醫方集解二十三卷　(清)汪昂撰　(清)費伯雄評　清光緒二十二年(1896)上海圖書集成印書局鉛印本　四冊

430000－2401－0017517　375/14－4

增評醫方集解二十三卷　(清)汪昂撰　(清)費伯雄評　清光緒三十年(1904)上海周月記書局石印本　一冊

430000－2401－0017518　375/89

增評醫方集解不分卷　(清)汪昂撰　(清)□□增補　清末鈔本　十冊

430000－2401－0017519　375/80

陰騭彙編六卷　(清)吳安圖集　清道光二十四年(1844)長沙毛懷德堂刻本　六冊

430000－2401－0017520　377/8

活人方七卷　(清)林開燧輯　清同治八年(1869)嘉平刻本　七冊

430000－2401－0017521　375/107

厚德堂集驗方萃編四卷　(清)奇克唐阿輯　清光緒九年(1883)刻本　六冊

430000－2401－0017522　375/79

普救回生草二集不分卷　(清)知醫憫人居士纂輯　清光緒九年(1883)刻本　一冊

430000－2401－0017523　375/23

救人良方一卷　(英國)秀耀春撰　清光緒二十七年(1901)上海美華書館鉛印本　一冊

430000－2401－0017524　375/41

易簡方便醫書六卷　(清)周茂五輯　清末刻本　一冊　存一卷(五)

430000－2401－0017525　375/9－8

增補醫方一盤珠全集十卷首一卷　(清)洪金鼎撰　清乾隆十四年(1749)三畏堂刻本　十冊

430000－2401－0017526　375/9－2

增補醫方一盤珠全集十卷　(清)洪金鼎撰　清三讓堂刻本　二冊

430000－2401－0017527　375/9－12

增補醫方一盤珠全集十卷首一卷　(清)洪金鼎撰　清文光堂刻本　三冊

430000－2401－0017528　375/9－3

增補醫方一盤珠全集十卷首一卷　(清)洪金鼎撰　清光緒二十四年(1898)澹雅書局刻本　五冊

430000－2401－0017529　375/9－5

增補醫方一盤珠全集十卷　(清)洪金鼎撰　清益元堂刻本　二冊　存五卷(一至三、九至十)

430000－2401－0017530　375/9

增補醫方一盤珠全集十卷　(清)洪金鼎撰　清裕德堂刻本　四冊

430000－2401－0017531　375/9－4

增補醫方一盤珠全集十卷　(清)洪金鼎撰　清經綸堂刻本　三冊　存六卷(一至三、七至九)

430000－2401－0017532　375/9－6

增補醫方一盤珠全集十卷　(清)洪金鼎撰　清刻本　二冊　缺四卷(四至七)

430000－2401－0017533　375/82

醫方備要一卷　(清)姚啟聖撰　清刻本　一冊

430000－2401－0017534　375/109－2

新刊良朋彙集五卷　(清)孫偉輯　清康熙五十年(1711)積秀堂刻本　三冊　存三卷(一至三)

430000－2401－0017535　375/109

新刊良朋彙集五卷　（清）孫偉輯　清道光四年(1824)姑蘇崇德書院刻本　六冊

430000－2401－0017536　375/28

壽世經驗靈方一卷　（清）徐紹青輯　清光緒刻本　一冊

430000－2401－0017537　375/37－2

同壽錄四卷　（清）曹氏撰　（清）項天瑞增　清乾隆二十七年(1762)刻本　一冊

430000－2401－0017538　375/37

同壽錄四卷首一卷　（清）曹氏撰　（清）項天瑞增　清光緒二十年(1894)武林項氏南通刻本　五冊

430000－2401－0017539　375/30

孫真人千金方衍義三十卷　（清）張璐撰　清嘉慶六年(1801)掃葉山房刻本　二十四冊

430000－2401－0017540　375/30(1)

孫真人千金方衍義三十卷　（清）張璐撰　清嘉慶六年(1801)掃葉山房刻本　二十冊

430000－2401－0017541　375/108

回生集二卷　（清）陳杰輯　清同治五年(1866)刻本　四冊

430000－2401－0017542　375/108－2

燕山願學堂宋增補回生集經驗方一卷　（清）陳杰輯　清同治燕山宋氏願學堂刻本　一冊

430000－2401－0017543　375/108－3

蕭山寶善堂鍾增補回生集經驗方一卷　（清）陳杰輯　清同治蕭山鍾氏寶善堂刻本　一冊

430000－2401－0017544　375/50－2

長沙方歌括六卷　（清）陳念祖撰　清光緒二十九年(1903)湖南益元書局刻本　一冊　存三卷(一至三)

430000－2401－0017545　375/50(1)

長沙方歌括六卷　（清）陳念祖撰　清三讓堂刻本　二冊

430000－2401－0017546　375/50

長沙方歌括六卷　（清）陳念祖撰　清末刻本　二冊

430000－2401－0017547　375/27

神授急救異痧奇方一卷　（清）陳念祖評　清光緒十四年(1888)掃葉山房江左書林刻本　一冊

430000－2401－0017548　375/27－2

神授急救異痧奇方一卷　（清）陳念祖評　**霍亂論二卷**　（清）王士雄撰　清光緒二十七年(1901)新化三味書局刻本　一冊

430000－2401－0017549　375/111

神授急救異痧奇方一卷　（清）陳念祖評　**霍亂論二卷**　（清）王士雄撰　清光緒二十九年(1903)湖南書局刻本　一冊

430000－2401－0017550　375/70

時方妙用四卷　（清）陳念祖撰　清光緒三十年(1904)上海經香閣書莊石印本　一冊

430000－2401－0017551　375/70－4

時方妙用四卷　（清）陳念祖撰　清寶慶府經綸堂刻本　二冊

430000－2401－0017552　375/70－2

時方妙用四卷　（清）陳念祖撰　清末刻本　一冊　存二卷(三至四)

430000－2401－0017553　375/59

時方歌括二卷　（清）陳念祖撰　清末刻本　一冊

430000－2401－0017554　375/59－2

時方歌括二卷　（清）陳念祖撰　清末刻本　一冊

430000－2401－0017555　375/8－3

景岳新方砭四卷　（清）陳念祖撰　清光緒十五年(1889)江左書林刻本　二冊

430000－2401－0017556　375/8－2

景岳新方砭四卷　（清）陳念祖撰　清末刻本　二冊

430000－2401－0017557　375/8－2

景岳新方砭四卷　（清）陳念祖撰　清末刻本

一冊　卷四殘缺

430000 – 2401 – 0017558　△365.2/3

增廣太平惠民和劑局方十卷增廣和齊局方用藥總論三卷　(清)陳師文等撰　清光緒二十六年(1900)唐成之鈔本　六冊

430000 – 2401 – 0017559　375/42

惠直堂經驗方四卷　(清)陶承熹　(清)王承勛輯　清乾隆四十九年(1784)步雲閣刻本　八冊

430000 – 2401 – 0017560　375/20

經驗良方三卷　(清)陸成本撰　清道光四年(1824)仁壽縣署刻本　三冊

430000 – 2401 – 0017561　375/20 – 2

經驗良方三卷　(清)陸成本撰　清咸豐七年(1857)刻本　八冊

430000 – 2401 – 0017562　△365.2/12

琳琅明隱秘方集不分卷　(清)曾楚輯　鈔本　唐成之題識　八冊

430000 – 2401 – 0017563　375/47

惡核良方釋疑一卷蠱脹腳氣兩症經驗良方一卷　(清)勞守慎輯　清光緒二十九年至三十二年(1903 – 1906)南海勞禮安堂刻本　一冊

430000 – 2401 – 0017564　375/52

黃氏青囊全集秘旨二卷　(清)黃廷爵輯　清光緒十二年(1886)刻本　一冊

430000 – 2401 – 0017565　375/52(1)

黃氏青囊全集秘旨二卷　(清)黃廷爵輯　清光緒十二年(1886)刻本　一冊

430000 – 2401 – 0017566　371.2/54

集喉症諸方一卷　(清)黃惺溪撰　**娠婦須知一卷**　(清)裘在我齋主人輯　清光緒十三年(1887)儀孟園刻本　一冊

430000 – 2401 – 0017567　371.2/54(1)

集喉症諸方一卷　(清)黃惺溪撰　**娠婦須知一卷**　(清)裘在我齋主人輯　清光緒十三年(1887)儀孟園刻本　一冊

430000 – 2401 – 0017568　375/40

淑老軒經驗方一卷　(清)黃毓恩輯　清光緒十六年(1890)四川臬署刻本　一冊

430000 – 2401 – 0017569　375/7

三百單方一卷　(清)彭友文撰　清宣統元年(1909)刻本　一冊

430000 – 2401 – 0017570　375/2

急救應驗良方一卷　(清)費山壽撰　清光緒十二年(1886)嘉定王槐庭刻本　一冊

430000 – 2401 – 0017571　375/2(1)

急救應驗良方一卷　(清)費山壽撰　清光緒十二年(1886)嘉定王槐庭刻本　一冊

430000 – 2401 – 0017572　375/25

醫方論四卷　(清)費伯雄撰　清光緒三年(1877)刻本　二冊

430000 – 2401 – 0017573　375/26

醫醇賸義四卷　(清)費伯雄撰　清光緒三年(1877)刻本　四冊

430000 – 2401 – 0017574　375/26 – 3

醫醇賸義四卷　(清)費伯雄撰　清光緒三年(1877)刻本　四冊

430000 – 2401 – 0017575　375/95

分經斷癰方論一卷　(清)晴雲山館撰　清道光刻本　一冊

430000 – 2401 – 0017576　375/11

喬衡堂先生診餘集不分卷　(清)喬衡堂撰　清稿本　二冊

430000 – 2401 – 0017577　375/114(1)

溥利藥局效驗丸方一卷　(清)溥利藥局編　清光緒湘潭溥利藥局刻本　一冊

430000 – 2401 – 0017578　375/43

醫方便覽一卷　(清)葉炳坤撰　清光緒四年(1878)誨存堂刻本　一冊

430000 – 2401 – 0017579　375/94

經驗良方□□卷　(清)葉夏忠撰　清嘉慶十一年(1806)刻本　一冊

430000 – 2401 – 0017580　375/1

串雅內編四卷 （清）趙學敏撰 （清）吳庚生補註 清乾隆三十三年(1768)刻本 二冊

430000－2401－0017581 375/149

專治血症經驗良方論一卷 （清）潘爲緒撰 清光緒二十九年(1903)長沙葉氏刻本 一冊

430000－2401－0017582 375/22－3

本草萬方鍼綫八卷本草藥品總目一卷 （清）蔡烈先撰 清乾隆四十九年(1784)金閶書業堂刻本 一冊 存三卷(本草萬方鍼綫卷一至二、本草藥品總目一卷)

430000－2401－0017583 375/22

本草萬方鍼綫八卷 （清）蔡烈先撰 清光緒十一年(1885)合肥張氏味古齋重校刻本 二冊

430000－2401－0017584 375/22－2

本草萬方鍼綫八卷 （清）蔡烈先撰 清春明堂刻本 三冊

430000－2401－0017585 375/142

續刻簡易新編新增良方一卷 （清）歐陽松軒編 清末湘潭謙和堂刻本 一冊

430000－2401－0017586 375/78

感應一草亭書□□卷 （清）鄧苑撰 清萬邑文永周刻本 一冊 存一卷(三)

430000－2401－0017587 371.2/57

醫錄便覽六卷首一卷 （清）劉福慶撰 清光緒三十年(1904)三台劉氏刻本 六冊

430000－2401－0017588 375/6

普濟應驗良方七卷 （清）德軒輯 清光緒二十三年(1897)聞化堂刻本 一冊

430000－2401－0017589 375/6－2

普濟應驗良方八卷末一卷 （清）德軒輯 清光緒二十五年(1899)桂垣書局刻本 一冊

430000－2401－0017590 375/6－3

普濟應驗良方八卷末一卷 （清）德軒輯 清末木活字本 一冊

430000－2401－0017591 375/100

集驗簡易良方四卷 （清）德豐輯 清經元堂刻本 四冊

430000－2401－0017592 375/48

易簡救急方三卷 （清）龍道生編 清同治二年(1863)刻本 三冊

430000－2401－0017593 375/48(1)

易簡救急方三卷 （清）龍道生編 清同治二年(1863)刻本 三冊

430000－2401－0017594 375/48(2)

易簡救急方三卷 （清）龍道生編 清同治二年(1863)刻本 三冊

430000－2401－0017595 375/48(3)

易簡救急方三卷 （清）龍道生編 清同治二年(1863)刻本 三冊

430000－2401－0017596 375/48(4)

易簡救急方三卷 （清）龍道生編 清同治二年(1863)刻本 三冊

430000－2401－0017597 375/48(5)

易簡救急方三卷 （清）龍道生編 清同治二年(1863)刻本 三冊

430000－2401－0017598 375/48(6)

易簡救急方三卷 （清）龍道生編 清同治二年(1863)刻本 三冊

430000－2401－0017599 △365.2/6

百毒解不分卷 （清）賴光德 （清）賴輔廷撰 清鈔本 唐成之題識 二冊

430000－2401－0017600 375/45

信驗方錄四卷 （清）盧蔭長編 清咸豐四年(1854)兩廣督署刻漢陽葉氏叢刻醫類七種本 一冊

430000－2401－0017601 375/21－5

驗方新編十六卷 （清）鮑相璈撰 清同治五年(1866)南昌刻本 七冊 存十三卷(一至八、十二至十六)

430000－2401－0017602 375/21－6

驗方新編十六卷 （清）鮑相璈撰 清同治十三年(1874)洪江文運堂刻本 七冊 存十一卷(一至四、十至十六)

430000 - 2401 - 0017603　375/21 - 6(1)

驗方新編十六卷　（清）鮑相璈撰　清同治十三年(1874)洪江文運堂刻本　五冊　存六卷（一至四、十五至十六）

430000 - 2401 - 0017604　375/21 - 3

驗方新編十六卷　（清）鮑相璈撰　清光緒五年(1879)經綸堂刻本　十一冊

430000 - 2401 - 0017605　375/21 - 3(1)

驗方新編十六卷　（清）鮑相璈撰　清光緒五年(1879)經綸堂刻本　九冊　存十卷（一、九至十六，補遺一卷）

430000 - 2401 - 0017606　375/21 - 4

驗方新編十六卷　（清）鮑相璈撰　清光緒二十二年(1896)合肥吳氏東安官廨刻本　四冊　存六卷（一至四、九至十）

430000 - 2401 - 0017607　375/21 - 4(1)

驗方新編十六卷　（清）鮑相璈撰　清光緒二十二年(1896)合肥吳氏東安官廨刻本　四冊　存六卷（一至四、九至十）

430000 - 2401 - 0017608　375/21

驗方新編十六卷　（清）鮑相璈撰　清光緒二十七年(1901)新化三昧西佘山館刻本　十冊

430000 - 2401 - 0017609　375/21 - 10

驗方新編十八卷　（清）鮑相璈撰　清光緒三十一年(1905)日本橫濱致生號鉛印本　一冊

430000 - 2401 - 0017610　375/21 - 11

重訂驗方新編十八卷　（清）鮑相璈撰　清光緒三十三年(1907)上海鑄記書局石印本　六冊

430000 - 2401 - 0017611　375/21 - 11(1)

重訂驗方新編十八卷　（清）鮑相璈撰　清光緒三十三年(1907)上海鑄記書局石印本　六冊

430000 - 2401 - 0017612　375/21 - 2

驗方新編十六卷　（清）鮑相璈撰　清宣統元年(1909)經元書室刻本　八冊

430000 - 2401 - 0017613　375/21 - 8

驗方新編二十四卷　（清）鮑相璈撰　（清）梅啟照增　（清）張紹棠續增　清光緒十九年(1893)上海同文書局石印本　三冊　存十四卷（一至十一、二十二至二十四）

430000 - 2401 - 0017614　375/21 - 8(1)

驗方新編二十四卷　（清）鮑相璈撰　（清）梅啟照增　（清）張紹棠續增　清光緒十九年(1893)上海同文書局石印本　一冊　存四卷（七至十）

430000 - 2401 - 0017615　375/21 - 9

驗方新編二十四卷　（清）鮑相璈撰　（清）梅啟照增　（清）張紹棠續增　清光緒二十六年(1900)長沙文華書局刻本　二十冊

430000 - 2401 - 0017616　375/34

良方集腋二卷　（清）謝元慶輯　清道光二十八年(1848)京都琉璃廠秀義齋刻本　二冊

430000 - 2401 - 0017617　375/34(1)

良方集腋二卷　（清）謝元慶輯　清道光二十八年(1848)京都琉璃廠秀義齋刻本　二冊

430000 - 2401 - 0017618　375/51

救急良方一卷　（清）衛生堂輯　清衛生堂刻本　一冊

430000 - 2401 - 0017619　375/44

名醫方論四卷　（清）羅美輯評　清刻本　二冊

430000 - 2401 - 0017620　△365.2/22

醫鏡十六卷首一卷　（清）顧靖遠撰　鈔本　六冊

430000 - 2401 - 0017621　375/39

龔大興方書一卷　（清）龔大興編　清光緒十五年(1889)長沙龔大興藥室刻本　一冊

430000 - 2401 - 0017622　375/10

仙丹靈驗方二卷　（清）□□撰　清同治十二年(1873)長沙藥王街黃信友書坊刻本　一冊

430000 - 2401 - 0017623　375/57 - 2

療饑良言一卷　（清）□□撰　清光緒十五年(1889)木活字本　一冊

430000 – 2401 – 0017624　375/57

療饑良言一卷　（清）□□撰　民國十一年
（1922）瀏陽興文堂木活字本　一冊

430000 – 2401 – 0017625　375/133

家傳醫方不分卷　清咸豐十年（1860）鈔本
一冊

430000 – 2401 – 0017626　375/141

家傳醫方秘訣　清同治八年（1869）鈔本
一冊

430000 – 2401 – 0017627　△365.2/9

徐氏珍藏醫方雜鈔不分卷　清鈔本　二冊

430000 – 2401 – 0017628　375/135

清慎堂祖傳秘授各種仙方一卷　清鈔本
一冊

430000 – 2401 – 0017629　375/137

婦科藥方不分卷　清鈔本　一冊

430000 – 2401 – 0017630　375/104

精選良方十六卷　清蔬香圃鈔本　三冊　存
三卷（一、五、十五）

430000 – 2401 – 0017631　375/148

醫方雜鈔　清鈔本　十六冊

430000 – 2401 – 0017632　375/93

醫方雜錄一卷　清乾隆鈔本　一冊

430000 – 2401 – 0017633　376/6

醫學窮源集六卷　（明）王肯堂撰　（明）殷宅
心輯釋　清嘉慶十三年（1808）吟香書屋刻本
六冊

430000 – 2401 – 0017634　376/15

名醫類案十二卷附錄一卷　（明）江瓘撰　清
乾隆三十五年（1770）新安鮑氏知不足齋刻本
八冊

430000 – 2401 – 0017635　376/15（1）

名醫類案十二卷附錄一卷　（明）江瓘撰　清
乾隆三十五年（1770）新安鮑氏知不足齋刻本
十二冊

430000 – 2401 – 0017636　376/44

名醫類案十二卷附錄一卷　（明）江瓘撰　續
名醫類案三十六卷　（清）魏之琇撰　清末鉛
印本　二冊　存四卷（七至八、十二至十三）

430000 – 2401 – 0017637　376/11

質疑錄一卷　（明）張介賓撰　清乾隆二十九
年（1764）刻本　一冊

430000 – 2401 – 0017638　376/34

醫貫六卷　（明）趙獻可撰　（清）呂留良評
清康熙刻本　四冊

430000 – 2401 – 0017639　376/52

薛氏醫案三種　（明）薛己撰　清鈔本　一冊

430000 – 2401 – 0017640　371.2/52

韓氏醫通二卷目錄一卷　（明）韓㲄撰　清乾
隆東璧山房刻本　三冊

430000 – 2401 – 0017641　376/12

王氏醫案二卷　（清）王士雄撰　（清）周鑅
王氏醫案續編八卷　（清）王士雄撰　（清）張
鴻輯　清咸豐元年（1851）吟香書屋刻本
三冊

430000 – 2401 – 0017642　376/12（1）

王氏醫案二卷　（清）王士雄撰　（清）周鑅
王氏醫案續編八卷　（清）王士雄撰　（清）張
鴻輯　清咸豐元年（1851）吟香書屋刻本
五冊

430000 – 2401 – 0017643　376/12（2）

王氏醫案二卷　（清）王士雄撰　（清）周鑅
王氏醫案續編八卷　（清）王士雄撰　（清）張
鴻輯　清咸豐元年（1851）吟香書屋刻本
二冊

430000 – 2401 – 0017644　376/48

王氏醫存十七卷　（清）王燕昌撰　清同治十
三年（1874）皖城黃竹齋刻本　二冊

430000 – 2401 – 0017645　376/16

醫醫醫三卷　（清）孟今氏撰　清宣統元年
（1909）廣州清風橋文茂印局鉛印本　一冊

430000 – 2401 – 0017646　376/16（1）

醫醫醫三卷　（清）孟今氏撰　清宣統元年

（1909）廣州清風橋文茂印局鉛印本　一冊

430000－2401－0017647　376/1

吳醫匯講十一卷　（清）唐大烈撰　清嘉慶十九年（1814）沈文爕校刻本　四冊

430000－2401－0017648　376/1（1）

吳醫匯講十一卷　（清）唐大烈撰　清嘉慶十九年（1814）沈文爕校刻本　四冊

430000－2401－0017649　376/47

醫方叢話八卷　（清）徐士鑾撰　清光緒十五年（1889）津門徐氏蝶園刻本　四冊

430000－2401－0017650　376/20

醫貫砭二卷　（清）徐大椿撰　清刻本　一冊

430000－2401－0017651　376/19

侶山堂類辯二卷　（清）張志聰撰　清乾隆四十五年（1780）刻本　一冊

430000－2401－0017652　376/19（1）

侶山堂類辯二卷　（清）張志聰撰　清乾隆四十五年（1780）刻本　一冊

430000－2401－0017653　376/13

錦芳醫案初編五卷誡子八則一卷　（清）黃宮繡撰　清嘉慶四年（1799）刻本　五冊

430000－2401－0017654　376/27

種福堂公選温熱論醫案四卷　（清）葉桂撰　清道光二十四年（1844）刻本　二冊

430000－2401－0017655　376/27－3

種福堂公選温熱論醫案四卷　（清）葉桂撰　清維揚文富堂刻本　四冊

430000－2401－0017656　376/21

臨證指南醫案十卷　（清）葉桂撰　清嘉慶八年（1803）衛生堂刻本　清道州何氏錄徐大椿批註　十冊

430000－2401－0017657　376/21－2

臨證指南醫案十卷　（清）葉桂撰　清道光二十四年（1844）朱墨套印本　九冊　缺一卷（一）

430000－2401－0017658　376/22

臨證指南醫案十卷種福堂公選温熱論醫案四卷　（清）葉桂撰　清光緒十年（1884）古吳掃葉山房刻本　十二冊

430000－2401－0017659　376/49

摘錄臨證指南醫案附論一卷　（清）葉桂撰　清咸豐十年（1860）刻本　一冊

430000－2401－0017660　376/10

醫效秘傳三卷　（清）葉桂撰　清道光十一年（1831）吳氏貯春僊館刻本　二冊

430000－2401－0017661　376/10－2

醫效秘傳三卷　（清）葉桂撰　清宣統元年（1909）曾石森鈔本　一冊

430000－2401－0017662　376/28

三家醫案合刻三卷　（清）葉桂等撰　（清）吳金壽編　清光緒三十三年（1907）上海海左書局石印本　一冊

430000－2401－0017663　376/32

葉氏醫案存真三卷　（清）葉桂撰　（清）葉萬青編　馬氏醫案祁案王案一卷　（清）馬俶等撰　清光緒九年（1883）刻本　四冊

430000－2401－0017664　376/31

得心集醫案六卷　（清）謝星煥撰　清咸豐十一年（1861）滸灣延壽堂刻本　四冊

430000－2401－0017665　376/7

吳門治驗錄四卷　（清）顧金壽撰　清道光五年（1825）澄懷堂刻本　四冊

430000－2401－0017666　376/55

中華醫院學案　清光緒二十九年（1903）填寫本　一冊

430000－2401－0017667　376/18

雷真君親傳活人錄一卷　清光緒六年（1880）善化唐福恆刻本　一冊

430000－2401－0017668　374/30

醫言一卷　清梅花屋鈔本　一冊

430000－2401－0017669　377/75－6

傷寒論十卷　（漢）張機撰　（晉）王叔和編（金）成無己註　清刻本　二冊　存四卷（一至四）

430000 – 2401 – 0017670　377/24

金匱心典三卷　（漢）張機撰　（清）尤怡集註
清同治八年(1869)陸氏雙白燕堂刻本　二
冊　存二卷（上下）

430000 – 2401 – 0017671　377/24 – 3

金匱心典三卷　（漢）張機撰　（清）尤怡集註
清光緒七年(1881)崇德書院刻本　三冊

430000 – 2401 – 0017672　377/97 – 4

傷寒論六卷　（漢）張機撰　（清）張志聰註釋
（清）高世栻纂集　清光緒二十五年(1899)
煉石書局石印本　六冊

430000 – 2401 – 0017673　377/97

傷寒論六卷　（漢）張機撰　（清）張志聰註釋
（清）高世栻纂集　清光緒二十五年(1899)
石印本　二冊

430000 – 2401 – 0017674　377/97 – 3

傷寒論六卷　（漢）張機撰　（清）張志聰註釋
（清）高世栻纂集　清刻本　六冊

430000 – 2401 – 0017675　377/2

增註類證活人書二十二卷　（宋）朱肱撰　清
光緒十二年(1886)刻本　四冊

430000 – 2401 – 0017676　377/2(1)

增註類證活人書二十二卷　（宋）朱肱撰　清
光緒十二年(1886)刻本　二冊

430000 – 2401 – 0017677　377/78

活人書二十卷　（宋）朱肱撰　（明）徐鎔校
清光緒二十三年(1897)儒林堂刻本
八冊

430000 – 2401 – 0017678　377/72

傷寒九十論一卷　（宋）許叔微撰　清光緒二
十五年(1899)成都崇文齋刻本　一冊

430000 – 2401 – 0017679　377/72(1)

傷寒九十論一卷　（宋）許叔微撰　清光緒二
十五年(1899)成都崇文齋刻本　一冊

430000 – 2401 – 0017680　377/72(2)

傷寒九十論一卷　（宋）許叔微撰　清光緒二
十五年(1899)成都崇文齋刻本　一冊

430000 – 2401 – 0017681　377/72(3)

傷寒九十論一卷　（宋）許叔微撰　清光緒二
十五年(1899)成都崇文齋刻本　一冊

430000 – 2401 – 0017682　377/72(4)

傷寒九十論一卷　（宋）許叔微撰　清光緒二
十五年(1899)成都崇文齋刻本　一冊

430000 – 2401 – 0017683　377/72(5)

傷寒九十論一卷　（宋）許叔微撰　清光緒二
十五年(1899)成都崇文齋刻本　一冊

430000 – 2401 – 0017684　377/72(6)

傷寒九十論一卷　（宋）許叔微撰　清光緒二
十五年(1899)成都崇文齋刻本　一冊

430000 – 2401 – 0017685　377/57

仲景傷寒補亡論二十卷　（宋）郭雍撰　清宣
統三年(1911)武昌醫館刻本　四冊

430000 – 2401 – 0017686　377/75

註解傷寒論十卷傷寒明理論四卷　（金）成無
己撰　清光緒六年(1880)上海掃葉山房刻本
六冊

430000 – 2401 – 0017687　377/75 – 2

註解傷寒論十卷傷寒明理論四卷　（金）成無
己撰　清光緒二十二年(1896)湖南書局刻本
六冊

430000 – 2401 – 0017688　377/75 – 2(1)

註解傷寒論十卷傷寒明理論四卷　（金）成無
己撰　清光緒二十二年(1896)湖南書局刻本
四冊

430000 – 2401 – 0017689　377/75 – 2(2)

註解傷寒論十卷傷寒明理論四卷　（金）成無
己撰　清光緒二十二年(1896)湖南書局刻本
四冊

430000 – 2401 – 0017690　377/75 – 2(3)

註解傷寒論十卷傷寒明理論四卷　（金）成無
己撰　清光緒二十二年(1896)湖南書局刻本
三冊

430000 – 2401 – 0017691　377/75 – 5

註解傷寒論十卷傷寒明理論四卷　（金）成無

己撰　清光緒二十二年(1896)漢文書局刻本
四冊

430000 - 2401 - 0017692　377/75 - 5(1)
註解傷寒論十卷傷寒明理論四卷　(金)成無
己撰　清光緒二十二年(1896)漢文書局刻本
六冊

430000 - 2401 - 0017693　377/61 - 2
傷寒明理論四卷　(金)成無己撰　清刻本
二冊

430000 - 2401 - 0017694　377/125
劉河間傷寒三書　(金)劉完素撰　明萬曆十
三年(1585)金陵吳氏懷德堂刻本　四冊

430000 - 2401 - 0017695　377/96
十藥神書註解一卷　(元)葛乾孫撰　(清)陳
念祖註　清咸豐味根齋刻本　一冊

430000 - 2401 - 0017696　△365.1/3
傷寒論條辨八卷　(明)方有執撰　明萬曆二
十一年(1593)浩然樓刻本　六冊

430000 - 2401 - 0017697　△365.1/4
傷寒證治準繩八卷　(明)王肯堂輯　明萬曆
三十二年(1604)刻本　清吳儀洛批校圈點
巢念修題識　四冊

430000 - 2401 - 0017698　377/58
傷寒補天石二卷續二卷　(明)戈維城撰　清
嘉慶十六年(1811)刻本　佚名批註圈點
二冊

430000 - 2401 - 0017699　377/35
溫疫論二卷　(明)吳有性撰　清康熙四十八
年(1709)葆真堂刻本　二冊

430000 - 2401 - 0017700　377/35 - 4
明吳又可先生溫疫論二卷附一卷　(明)吳有
性撰　(清)孔毓禮評　清道光謙益堂刻本
一冊

430000 - 2401 - 0017701　377/120
明吳又可先生溫疫論醫門普度二卷　(明)吳
有性撰　(清)孔毓禮評　(清)龔紹林加評
清同治元年(1862)長沙曾氏郁文堂刻本　二冊

430000 - 2401 - 0017702　377/35 - 2
溫疫論二卷　(明)吳有性撰　(清)張以增評
清三讓堂刻本　二冊

430000 - 2401 - 0017703　377/35 - 5
溫疫論二卷附按一卷　(明)吳有性撰　(清)
張以增評　清令德堂刻本　一冊

430000 - 2401 - 0017704　377/35 - 3
溫疫論二卷　(明)吳有性撰　(清)張以增評
清掃葉山房刻本　一冊

430000 - 2401 - 0017705　377/83(1)
溫疫論補註二卷　(明)吳有性撰　(清)鄭重
光補註　**廣瘟疫論四卷末一卷**　(清)戴天章
撰　清光緒上海千頃堂石印本　一冊

430000 - 2401 - 0017706　△365.2/14
痰火顛門四卷　(明)梁學孟撰　明萬曆余氏
苹慶堂刻本　一冊　存二卷(一至二)

430000 - 2401 - 0017707　377/93
**芷園素社痎瘧論疏一卷芷園素社痎瘧附方一
卷**　(明)盧之頤撰　**達生編二卷**　(清)亟齋
居士撰　清乾隆三十二年(1767)寶笏樓刻醫
林指月本　一冊

430000 - 2401 - 0017708　377/87
霍亂論二卷　(清)王士雄撰　清咸豐元年
(1851)吟香書屋刻本　一冊

430000 - 2401 - 0017709　377/87(1)
霍亂論二卷　(清)王士雄撰　清咸豐元年
(1851)吟香書屋刻本　一冊

430000 - 2401 - 0017710　377/87(2)
霍亂論二卷　(清)王士雄撰　清咸豐元年
(1851)吟香書屋刻本　一冊

430000 - 2401 - 0017711　377/87 - 2
隨息居重訂霍亂論四卷　(清)王士雄撰　清
光緒十四年(1888)含經室刻本　二冊

430000 - 2401 - 0017712　377/31
溫熱經緯五卷　(清)王士雄撰　(清)楊照藜
(清)汪曰楨評　清同治十三年(1874)湖北
崇文書局刻本　清光緒二十九年(1903)長沙

李銘汾批註圈點　四册

430000－2401－0017713　377/31（1）
温熱經緯五卷　（清）王士雄撰　（清）楊照藜
（清）汪曰槙評　清同治十三年（1874）湖北
崇文書局刻本　清光緒二十九年（1903）長沙
李銘汾批註圈點　四册

430000－2401－0017714　377/31（2）
温熱經緯五卷　（清）王士雄撰　（清）楊照藜
（清）汪曰槙評　清同治十三年（1874）湖北
崇文書局刻本　清光緒二十九年（1903）長沙
李銘汾批註圈點　四册

430000－2401－0017715　377/80
痧症全書三卷　（清）王凱編　清同治三年
（1864）刻本　二册

430000－2401－0017716　377/80
痧症全書三卷　（清）王凱編　清同治三年
（1864）刻本　二册

430000－2401－0017717　377/80（2）
痧症全書三卷　（清）王凱編　清同治刻本
一册

430000－2401－0017718　377/80（3）
痧症全書三卷　（清）王凱編　清光緒刻本
一册

430000－2401－0017719　△365.1/2
張仲景傷寒論貫珠集八卷　（清）尤怡撰　清
嘉慶活字本　二册　存四卷（二至五）

430000－2401－0017720　377/38
痢疾論四卷末一卷　（清）孔毓禮撰　清道光
二十七年（1847）謙益堂刻本　三册

430000－2401－0017721　377/38（1）
痢疾論四卷末一卷　（清）孔毓禮撰　清道光
二十七年（1847）謙益堂刻本　一册

430000－2401－0017722　377/38－2
痢疾論四卷　（清）孔毓禮撰　清刻本　二册

430000－2401－0017723　377/101
痰飲治效方三卷　（清）田宗漢撰　清光緒二
十八年（1902）漢川田氏家刻本　二册

430000－2401－0017724　377/52
傷寒審症表一卷　（清）包誠興撰　清同治十
年（1871）湖北崇文書局刻本　一册

430000－2401－0017725　377/52（1）
傷寒審症表一卷　（清）包誠興撰　清同治十
年（1871）湖北崇文書局刻本　一册

430000－2401－0017726　377/52（2）
傷寒審症表一卷　（清）包誠興撰　清同治十
年（1871）湖北崇文書局刻本　一册

430000－2401－0017727　377/52（3）
傷寒審症表一卷　（清）包誠興撰　清同治十
年（1871）湖北崇文書局刻本　一册

430000－2401－0017728　377/82
温疫條辨摘要一卷　（清）吕田撰　清光緒十
二年（1886）常德府善堂刻本　一册

430000－2401－0017729　377/14
疫證治例五卷　（清）朱增籍撰　清光緒十八
年（1892）易知堂刻本　五册

430000－2401－0017730　377/14（1）
疫證治例五卷　（清）朱增籍撰　清光緒十八
年（1892）易知堂刻本　五册

430000－2401－0017731　377/14（2）
疫證治例五卷　（清）朱增籍撰　清光緒十八
年（1892）易知堂刻本　五册

430000－2401－0017732　377/14（3）
疫證治例五卷　（清）朱增籍撰　清光緒十八
年（1892）易知堂刻本　五册

430000－2401－0017733　377/14（4）
疫證治例五卷　（清）朱增籍撰　清光緒十八
年（1892）易知堂刻本　五册

430000－2401－0017734　377/14（5）
疫證治例五卷　（清）朱增籍撰　清光緒十八
年（1892）易知堂刻本　五册

430000－2401－0017735　377/3
瘟疫彙編十六卷首一卷　（清）汪期蓮編　清
道光八年（1828）汪培芝堂刻本　六册

430000 - 2401 - 0017736　377/15

證治匯補八卷　（清）李用粹撰　清光緒九年（1883）萬卷樓刻本　八冊

430000 - 2401 - 0017737　377/15 - 2

證治匯補八卷　（清）李用粹撰　清光緒十八年（1892）簡玉山房刻本　八冊

430000 - 2401 - 0017738　377/15 - 2（1）

證治匯補八卷　（清）李用粹撰　清光緒十八年（1892）簡玉山房刻本　八冊

430000 - 2401 - 0017739　377/48 - 2

問心堂溫病條辨六卷首一卷　（清）吳瑭撰　清嘉慶十七年（1812）信義書屋刻本　四冊

430000 - 2401 - 0017740　377/48

問心堂溫病條辨六卷首一卷　（清）吳瑭撰　清同治九年（1870）六安求我齋刻本　四冊

430000 - 2401 - 0017741　377/48 - 3

問心堂溫病條辨六卷首一卷　（清）吳瑭撰　清光緒二十九年（1903）京都二酉齋刻本　四冊

430000 - 2401 - 0017742　377/74

傷寒論三註十六卷　（清）周揚俊撰　清康熙二十二年（1683）刻本　八冊

430000 - 2401 - 0017743　377/18

金匱玉函經二註二十二卷補方一卷十藥神書一卷　（清）周揚俊撰　清道光十三年（1833）養恬齋刻本　三冊

430000 - 2401 - 0017744　377/28

新增溫熱論三卷　（清）周景旭撰　清咸豐三年（1853）拙園刻本　一冊

430000 - 2401 - 0017745　377/65 - 2

傷寒附翼二卷　（清）柯琴撰　清刻本　一冊　存一卷（一）

430000 - 2401 - 0017746　377/1

血證論八卷　（清）唐宗海撰　清光緒三十一年（1905）上海順成書局石印本　三冊

430000 - 2401 - 0017747　377/1 - 2

血證論八卷　（清）唐宗海撰　清光緒三十三年（1907）朱印本　二冊

430000 - 2401 - 0017748　377/19

金匱要略淺註補正九卷　（清）唐宗海撰　清光緒二十年（1894）上海順成書局石印本　二冊　存六卷（一至六）

430000 - 2401 - 0017749　377/19 - 2

金匱要略淺註補正九卷　（清）唐宗海撰　清光緒三十四年（1908）上海千頃堂書局石印本　二冊

430000 - 2401 - 0017750　377/23

傷寒論淺註補正七卷首一卷　（清）唐宗海撰　清光緒三十一年（1905）上海順成書局石印本　二冊　存五卷（一至四、首一卷）

430000 - 2401 - 0017751　△365.1/1

己任編八卷　（清）高鼓峰撰　（清）楊乘六評　清初有鴻齋刻本　唐成之批校圈點　四冊

430000 - 2401 - 0017752　377/76

傷寒論集註十卷傷寒論集註外篇四卷　（清）徐赤撰　清乾隆十七年（1752）徐氏玉照堂刻本　六冊

430000 - 2401 - 0017753　△365.2/10

痧脹玉衡二卷　（清）郭志邃撰　清咸豐十一年（1861）古華樵人鈔本　二冊

430000 - 2401 - 0017754　377/88

痧脹玉衡書三卷痧脹玉衡書後一卷　（清）郭志邃撰　清康熙十七年（1678）揚州有義堂刻本　四冊

430000 - 2401 - 0017755　377/88（1）

痧脹玉衡書三卷痧脹玉衡書後一卷　（清）郭志邃撰　清康熙十七年（1678）揚州有義堂刻本　三冊（合訂爲一本）

430000 - 2401 - 0017756　377/85

溫熱贅言一卷　（清）寄瓢子撰　清道光十一年（1831）吳氏貯春僊館靈鶴山房刻本　一冊

430000 - 2401 - 0017757　377/71

傷寒纘論二卷傷寒緒論二卷　（清）張璐撰　清光緒石印本　四冊

430000－2401－0017758　377/20－5

金匱要略原文淺註不分卷　(清)陳念祖撰
清鈔本　一冊

430000－2401－0017759　377/20－3

金匱要略淺註十卷　(清)陳念祖撰　清咸豐
五年(1855)重慶閔書業堂刻本　一冊　存三
卷(八至十)

430000－2401－0017760　377/20－4

金匱要略淺註十卷　(清)陳念祖撰　清末刻
本　一冊　存三卷(三至五)

430000－2401－0017761　377/55－4

張仲景傷寒論原文淺註六卷　(清)陳念祖撰
清同治元年(1862)經綸堂刻本　三冊

430000－2401－0017762　377/55

張仲景傷寒論原文淺註六卷　(清)陳念祖撰
清光緒六年(1880)經國堂刻本　三冊

430000－2401－0017763　377/55－2

張仲景傷寒論原文淺註六卷　(清)陳念祖撰
清光緒三十四年(1908)上海章福記石印本
一冊

430000－2401－0017764　377/77

傷寒醫訣串解六卷　(清)陳念祖撰　清末石
印本　一冊

430000－2401－0017765　377/77－2

傷寒醫訣串解六卷　(清)陳念祖撰　清末鈔
本　一冊　存三卷(四至六)

430000－2401－0017766　377/118－2

傷寒懸解十四卷首一卷末一卷　(清)黃元御
撰　清刻本　一冊　存二卷(二至三)

430000－2401－0017767　377/42

急救腹痛暴卒病解一卷　(清)華岳撰　(清)
淩紱曾輯并註　清道光刻本　一冊

430000－2401－0017768　377/67－3

**尚論張仲景傷寒論重編三百九十七法二卷首
一卷**　(清)喻昌撰　清同治竹秀山房刻本
二冊

430000－2401－0017769　377/67－4

尚論張仲景傷寒論重編三百九十七法後四卷
　(清)喻昌撰　清同治竹秀山房刻本　一冊
存二卷(一至二)

430000－2401－0017770　377/67

尚論篇四卷首一卷　(清)喻昌撰　清光緒二
十六年(1900)上海老校經山房石印本　一冊

430000－2401－0017771　377/67－2(1)

尚論篇四卷首一卷尚論後篇四卷　(清)喻昌
撰　清光緒三十三年(1907)簡青齋書局石印
本　二冊

430000－2401－0017772　377/6

傷寒論後條辨十五卷　(清)程應旄撰　清乾
隆九年(1744)致和堂刻本　八冊

430000－2401－0017773　377/56

重訂傷寒集註十卷附五卷　(清)舒詔撰　清
文勝堂刻本　四冊

430000－2401－0017774　377/56－2

再重訂傷寒集註十卷附五卷　(清)舒詔撰
清三讓堂刻本　四冊

430000－2401－0017775　377/56－3

再重訂傷寒集註十五卷　(清)舒詔撰　清經
元堂刻本　四冊

430000－2401－0017776　377/56－4

再重訂傷寒集註十卷附五卷　(清)舒詔撰
清刻本　一冊　存三卷(一至三)

430000－2401－0017777　377/33

溫疫論辨義四卷　(清)楊堯章撰　清咸豐六
年(1856)初刻本　四冊

430000－2401－0017778　377/33(1)

溫疫論辨義四卷　(清)楊堯章撰　清咸豐六
年(1856)初刻本　四冊

430000－2401－0017779　377/56－3

寒溫條辨七卷附一卷　(清)楊璇撰　清光緒
十九年(1893)江右醉芸軒刻本　二冊　存二
卷(一、四)

430000－2401－0017780　377/59－2

文祖正訂寒溫條辨六卷　(清)楊璇撰　清光

緒刻本　二冊　存二卷(二至三)

430000－2401－0017781　377/36

治痢津梁一卷　（清）熊家驤撰　清光緒三十四年(1908)江右臨金邑樂善居士刻本　一冊

430000－2401－0017782　377/137

尊聞傳信錄　（清）潛翁撰　清稿本　一冊

430000－2401－0017783　377/95

羊毛瘟疫新論一卷　（清）劉文範撰　清同治十年(1871)和悅洲大生堂刻本　一冊

430000－2401－0017784　377/94

松峰說疫六卷　（清）劉奎撰　清乾隆刻本四冊

430000－2401－0017785　377/107

瘟疫明辨四卷末一卷　（清）戴天章撰　清刻本　二冊

430000－2401－0017786　377/84

廣瘟疫論四卷末一卷　（清）戴天章撰　清道光十四年(1834)經綸堂刻本　一冊

430000－2401－0017787　377/46

淫熱反克之病一卷　清鈔本　一冊

430000－2401－0017788　377/26

温熱全書一卷　清鈔本　一冊

430000－2401－0017789　377/117

傷寒明鏡一卷　清鈔本　一冊

430000－2401－0017790　377/68－2

傷寒家秘一卷　清衡陽鈔本　一冊

430000－2401－0017791　377/69

傷寒秘傳一卷　清光緒二十二年(1896)耀榮氏鈔本　一冊

430000－2401－0017792　377/114

傷寒診治一卷　清道光二十四年(1844)鈔本一冊

430000－2401－0017793　378/21

瘡瘍經驗全書六卷　（宋）竇漢卿撰　清康熙五十六年(1717)刻本　十二冊

430000－2401－0017794　378/16

外科精義二卷　（元）齊德之撰　**醫壘元戎一卷**　（元）王好古撰　明新安吳勉學刻東垣十書本　一冊

430000－2401－0017795　△365.7/4

瘍醫準繩六卷　（明）王肯堂輯　明萬曆三十六年(1608)刻本　六冊

430000－2401－0017796　△365.3/3

瘍科選粹八卷　（明）陳文治輯　明崇禎元年(1628)刻本　八冊

430000－2401－0017797　378/19－5

新刊外科正宗四卷　（明）陳實功撰　清三讓堂刻本　四冊

430000－2401－0017798　378/18

新刊外科正宗四卷　（明）陳實功撰　清文光堂刻本　四冊

430000－2401－0017799　378/18(1)

新刊外科正宗四卷　（明）陳實功撰　清文光堂刻本　四冊

430000－2401－0017800　378/19

外科正宗十二卷　（明）陳實功撰　（清）徐大椿評　清咸豐十年(1860)海寧許楣刻本六冊

430000－2401－0017801　378/19(1)

外科正宗十二卷　（明）陳實功撰　（清）徐大椿評　清咸豐刻本　十冊

430000－2401－0017802　378/19－3

外科正宗十二卷　（明）陳實功撰　（清）徐大椿評　清光緒二十二年(1896)珍藝書局鉛印本　三冊　缺三卷(七至九)

430000－2401－0017803　378/19－2

重訂外科正宗十二卷　（明）陳實功撰　（清）徐大椿評　清光緒二十六年(1900)百城山房刻本　六冊

430000－2401－0017804　378/7

新刊秘授外科百效全書六卷　（明）龔居中編　清五鳳樓刻本　二冊

430000－2401－0017805　378/7(1)

新刊秘授外科百效全書六卷首一卷　（明）龔
居中編　清學畬堂刻本　二冊

430000－2401－0017806　378/8－2

王洪緒先生外科證治全生不分卷　（清）王維
德撰　清道光二十五年(1845)瓶花書屋刻本
　一冊

430000－2401－0017807　378/8

王洪緒先生外科證治全生不分卷　（清）王維
德撰　清咸豐十一年(1861)武昌節署刻本
　一冊

430000－2401－0017808　378/8(1)

王洪緒先生外科證治全生不分卷　（清）王維
德撰　清咸豐十一年(1861)武昌節署刻本
　一冊

430000－2401－0017809　378/8(2)

王洪緒先生外科證治全生不分卷　（清）王維
德撰　清咸豐十一年(1861)武昌節署刻本
　一冊

430000－2401－0017810　378/8(3)

王洪緒先生外科證治全生不分卷　（清）王維
德撰　清咸豐十一年(1861)武昌節署刻本
　一冊

430000－2401－0017811　378/8(4)

王洪緒先生外科證治全生不分卷　（清）王
維德撰　清咸豐十一年(1861)武昌節署刻
本　一冊

430000－2401－0017812　378/8－8

王洪緒先生外科證治全生不分卷　（清）王維
德撰　清同治六年(1867)江寧藩署木活字本
　二冊

430000－2401－0017813　378/8－7

王洪緒先生外科證治全生不分卷　（清）王維
德撰　清同治六年(1867)常歡喜齋刻本
　一冊

430000－2401－0017814　378/8－3

王洪緒先生外科證治全生不分卷　（清）王維

德撰　清光緒十年(1884)清泉羅詞臣刻本
一冊

430000－2401－0017815　378/8－4

王洪緒先生外科證治全生不分卷　（清）王維
德撰　清光緒十六年(1890)都門河南結局刻
本　二冊

430000－2401－0017816　378/8－4(1)

王洪緒先生外科證治全生不分卷　（清）王維
德撰　清光緒十六年(1890)都門河南結局刻
本　二冊

430000－2401－0017817　378/8－4(2)

王洪緒先生外科證治全生不分卷　（清）王
德撰　清光緒十六年(1890)都門河南結局刻
本　二冊

430000－2401－0017818　378/8－5

外科症治全生集四卷　（清）王維德撰　清光
緒二年(1876)湘陰張氏刻本　一冊

430000－2401－0017819　378/8－6

外科症治全生集四卷　（清）王維德撰　清光
緒三十年(1904)北京正蒙印書局鉛印本
一冊

430000－2401－0017820　378/3

理瀹駢文不分卷　（清）吳師機撰　清同治九
年(1870)刻本　二冊

430000－2401－0017821　378/4－2

理瀹駢文摘要不分卷　（清）吳師機撰　清光
緒元年(1875)江蘇書局刻本　二冊

430000－2401－0017822　378/4

理瀹駢文摘要不分卷　（清）吳師機撰　清光
緒三年(1877)吳縣潘敏德堂刻本　二冊

430000－2401－0017823　378/45

編輯外科心法要訣十六卷　（清）吳謙等纂
清光緒上海鴻寶齋書局石印御纂醫宗金鑑本
　一冊

430000－2401－0017824　378/9－4

編輯外科心法要訣十六卷　（清）吳謙等纂
清宣統元年(1909)簡青齋書局石印御纂醫宗

金鑑本　　一冊

430000－2401－0017825　　378/9

編輯外科心法要訣十六卷　（清）吳謙等纂
清三讓堂刻御纂醫宗金鑑本　　八冊

430000－2401－0017826　　378/9－3

編輯外科心法要訣十六卷　（清）吳謙等纂
清文光堂刻御纂醫宗金鑑本　　十冊

430000－2401－0017827　　378/34

外科明隱集四卷外科明隱集醫案錄匯二卷
（清）何景才撰　清光緒二十八年（1902）刻本
四冊

430000－2401－0017828　　378/37

增刪心傳外科二卷　（清）林賢鳴撰　清光緒
三十二年（1906）鈔本　　二冊

430000－2401－0017829　　378/50

增刪心傳外科二卷　（清）林賢鳴撰　清光緒
鈔本　　一冊

430000－2401－0017830　　378/17－2

外科圖說六卷　（清）高文晉輯　清道光十四
年（1834）刻本　　六冊

430000－2401－0017831　　378/17

外科圖說四卷　（清）高文晉輯　清光緒上海
江東書局石印本　　四冊

430000－2401－0017832　　378/6

瘍科臨證心得集三卷景岳新方歌一卷　（清）
高秉鈞纂輯　清嘉慶十四年（1809）盡心齋刻
本　　四冊

430000－2401－0017833　　378/30

外科證治全書五卷　（清）許克昌　（清）畢法
輯　清道光二十五年（1845）九桂軒刻本
五冊

430000－2401－0017834　　378/30(1)

外科證治全書五卷　（清）許克昌　（清）畢法
輯　清道光二十五年（1845）九桂軒刻本　　一
冊　存一卷(三)

430000－2401－0017835　　378/15

洞天奧旨十六卷　（清）陳士鐸撰　清乾隆五

十五年（1790）山陰陳氏家刻本　　四冊

430000－2401－0017836　　378/35

黃氏青囊全集秘旨一卷　（清）黃廷爵撰　清
鈔本　　一冊

430000－2401－0017837　　378/5

救傷集成一卷　（清）黃皖撰　清光緒三十年
（1904）經鏗家塾存幾堂刻本　　一冊

430000－2401－0017838　　378/46

解毒集成一卷　（清）黃皖撰　清光緒三十年
（1904）經鏗家塾存幾堂刻本　　一冊

430000－2401－0017839　　378/46－2

解毒集成一卷　（清）黃皖撰　清刻本　　一冊

430000－2401－0017840　　378/26

外科無名怪症一卷　（清）潘楨林輯　清同治
九年（1870）潘楨林手鈔本　　一冊

430000－2401－0017841　　378/24

瘍醫大全四十卷　（清）顧世澄撰　清同治九
年（1870）敦仁堂刻本　　三十一冊　缺八卷
（五、八、十一至十三、十七至十九）

430000－2401－0017842　　378/24－2

瘍醫大全四十卷　（清）顧世澄撰　清光緒二
十年（1894）善成堂刻本　　三十一冊　存三十
一卷(一至二十二、二十四至二十五、三十至
三十二、三十四至三十五、三十七至三十八)

430000－2401－0017843　　378/24－2(1)

瘍醫大全四十卷　（清）顧世澄撰　清光緒二
十年（1894）善成堂刻本　　三十一冊　缺八卷
（三、五、八、十一至十三、十七至十八）

430000－2401－0017844　　378/33

**外科正宗癰疽諸症一卷外科正宗湯頭歌括一
卷**　清鈔本　　一冊

430000－2401－0017845　　378/49

外科紀要一卷　清鈔本　　一冊

430000－2401－0017846　　378/31

外科賦一卷　清鈔本　　一冊

430000－2401－0017847　　378/14

外科醫學心鏡一卷　清鈔本　一冊

430000－2401－0017848　378/41
治湯火所傷藥方一卷　清鈔本　一冊

430000－2401－0017849　378/38
神效藥方一卷　清光緒十二年(1886)鈔本
一冊

430000－2401－0017850　378/40
秘傳跌打方一卷　清鈔本　一冊

430000－2401－0017851　378/28
跌打損傷方一卷　清周心吾鈔本　一冊

430000－2401－0017852　378/27
跌打損傷方一卷　清鈔本　一冊

430000－2401－0017853　378/36
跌打損傷方一卷　清鈔本　一冊

430000－2401－0017854　378/42
跌打損傷雜錄一卷　清鈔本　一冊

430000－2401－0017855　378/52
身理啟蒙不分卷　(英國)艾約瑟譯　清光緒
十二年(1886)總稅務司署刻本　二冊

430000－2401－0017856　378/51
全體圖說二卷　(英國)稻惟德譯　清光緒十
年(1884)益智書會刻本　一冊

430000－2401－0017857　379.1/15
銀海精微二卷　題(唐)孫思邈撰　清鈔本
一冊

430000－2401－0017858　379.1/15－2
銀海精微四卷　題(唐)孫思邈撰　(清)周亮
節校　清末刻本　一冊

430000－2401－0017859　△365.4/1
傅氏眼科審視瑤函六卷首一卷　(明)傅仁宇
撰　(明)林長生補　(明)傅維藩編　明崇禎
十七年(1644)刻本　六冊

430000－2401－0017860　379.1/17－3
傅氏眼科審視瑤函六卷首一卷　(明)傅仁宇
撰　(明)林長生補　(明)傅維藩編　清宣統
元年(1909)上海會文書局石印本　六冊

430000－2401－0017861　379.1/17－6
傅氏眼科審視瑤函六卷首一卷　(明)傅仁宇
撰　(明)林長生補　(明)傅維藩編　清三益
堂刻本　六冊

430000－2401－0017862　379.1/17－8
傅氏眼科審視瑤函六卷首一卷　(明)傅仁宇
撰　(明)林長生補　(明)傅維藩編　清文光
堂刻本　五冊　缺一卷(六)

430000－2401－0017863　379.1/17－7
傅氏眼科審視瑤函六卷首一卷　(明)傅仁宇
撰　(明)林長生補　(明)傅維藩編　清刻本
一冊　存二卷(一、首一卷)

430000－2401－0017864　379.1/21
一草亭目科全書一卷　(明)鄧苑撰　痢疾三
方一卷　(清)倪涵初撰　清光緒九年(1883)
耒陽汛署刻本　一冊

430000－2401－0017865　379.1/11
白喉全生集一卷　(清)李紀方撰　清光緒十
六年(1890)湖南秦貽哲堂刻本　一冊

430000－2401－0017866　379.1/13－2
洞主仙師白喉治法忌表抉微一卷　(清)耐修
子撰　清光緒十八年(1892)湖北官書處刻本
一冊

430000－2401－0017867　379.1/13
白喉治法忌表抉微一卷　(清)耐修子撰　清
光緒二十一年(1895)喀什噶爾石印本　一冊

430000－2401－0017868　379.1/13(1)
白喉治法忌表抉微一卷　(清)耐修子撰　清
光緒二十一年(1895)喀什噶爾石印本　一冊

430000－2401－0017869　379.1/13－7
洞主仙師白喉治法忌表抉微一卷　(清)耐修
子撰　清光緒二十一年(1895)湘潭鰲金總局
刻本　一冊

430000－2401－0017870　379.1/30
洞主仙師白喉治法忌表抉微一卷　(清)耐修
子撰　清光緒二十一年(1895)湘潭刻本
一冊

430000－2401－0017871　379.1/13－8

洞主仙師白喉治法忌表抉微一卷　（清）耐修子撰　清光緒二十五年(1899)衡山縣許步青刻本　一冊

430000－2401－0017872　379.1/14

喉科大成四卷　（清）馬渭齡撰　清光緒七年(1881)大林山房刻本　二冊

430000－2401－0017873　379.1/9

喉證指南四卷首一卷　（清）寄湘漁父輯　清光緒十三年(1887)匯文書局刻本　一冊

430000－2401－0017874　379.1/9－2

喉證指南四卷首一卷　（清）寄湘漁父輯　清光緒十三年(1887)嚴江蕚溪山館刻本　一冊

430000－2401－0017875　379.1/2

通俗咽喉科學一卷　（清）張拯滋撰　清宣統二年(1910)鉛印小金山房叢書本　一冊

430000－2401－0017876　379.1/6－2

時疫白喉捷要一卷　（清）張紹修撰　清光緒十八年(1892)刻本　一冊

430000－2401－0017877　379.1/6

時疫白喉捷要一卷　（清）張紹修撰　清光緒三十一年(1905)靳江黃氏刻本　一冊

430000－2401－0017878　379.1/6－3

時疫白喉捷要一卷　（清）張紹修撰　清鈔本　一冊

430000－2401－0017879　379.1/4

白喉辨症一卷　（清）黃維翰撰　清光緒三十二年(1906)刻本　一冊

430000－2401－0017880　379.1/33

葉天士先生眼科一卷　（清）葉桂撰　清咸豐八年(1858)晉汾介休縣王廉泉刻本　一冊

430000－2401－0017881　379.1/27

楊氏時疫白喉捷要一卷　（清）楊承與撰　清稿本　一冊

430000－2401－0017882　379.1/3

重樓玉鑰一卷　（清）鄭梅澗撰　清光緒十三年(1887)湖南芋園刻本　一冊

430000－2401－0017883　379.1/31

咽喉說一卷　清鈔本　一冊

430000－2401－0017884　379.1/7

咽喉論一卷　清鈔本　一冊

430000－2401－0017885　379.1/32

秘傳眼科藥方二卷　清鈔本　一冊

430000－2401－0017886　379.1/18

眼科秘方一卷　清鈔本　一冊

430000－2401－0017887　379.8/32

眼科新書一卷　清光緒三十一年(1905)鈔本　一冊

430000－2401－0017888　△365.4/3

眼科諸症圖附湯頭沒藥一卷　清鈔本　一冊

430000－2401－0017889　△365.4/2

異授眼科不分卷　清鈔本　四冊

430000－2401－0017890　379.1/5

喉科神方一卷　清鈔本　一冊

430000－2401－0017891　379.1/29

喉科真締一卷　清鈔本　一冊

430000－2401－0017892　379.1/10

喉症秘方一卷　清鈔本　一冊

430000－2401－0017893　379.1/16

楊氏眼科全書一卷　清鈔本　一冊

430000－2401－0017894　379.2/32

經效產寶三卷續篇一卷　（唐）咎殷撰　清光緒七年(1881)影宋刻本　二冊

430000－2401－0017895　△365.5/1

產經二卷　（唐）時賢　（宋）郭稽中撰　清鈔本　唐成之題識　二冊

430000－2401－0017896　379.2/12

衛生家寶產科備要八卷　（宋）朱端章撰　清光緒十三年(1887)刻本　四冊

430000－2401－0017897　379.2/11－2

濟陰綱目十四卷　（明）武之望撰　（清）汪淇箋釋　保生碎事一卷　（清）汪淇撰　清雍正

刻本　六冊

430000－2401－0017898　379.2/11

濟陰綱目十四卷　（明）武之望撰　（清）汪淇
箋釋　**保生碎事一卷**　（清）汪淇撰　清元聚
堂刻本　七冊

430000－2401－0017899　379.2/6－6

萬氏婦人科三卷首一卷　（明）萬全等撰　清
末經綸堂刻本　一冊　缺一卷(三)

430000－2401－0017900　379.2/6－3

萬氏婦人科三卷達生編一卷　（明）萬全等撰
清刻本　一冊

430000－2401－0017901　379.2/6－2

萬氏婦人科三卷首一卷達生編一卷　（明）萬
全等撰　清末富記書局刻本　二冊

430000－2401－0017902　379.2/6

萬氏婦人科三卷達生編二卷　（明）萬全等撰
清末三讓堂刻本　一冊

430000－2401－0017903　379.2/27

廣生編一卷　（清）包誠編　清同治七年
(1868)蘊璞齋刻本　一冊

430000－2401－0017904　379.2/2

女科輯要二卷　（清）沈堯封撰　（清）徐政杰
補註　清同治元年(1862)刻本　二冊

430000－2401－0017905　379.2/26

達生保赤編不分卷　（清）余二田輯　清道光
二十一年(1841)常德刻本　一冊

430000－2401－0017906　379.2/26－2

達生保赤編四卷末一卷　（清）余二田輯　清
光緒十二年(1886)木活字本　一冊

430000－2401－0017907　379.2/26－3

達生保赤編四卷末一卷　（清）余二田輯　清
末木活字本　一冊

430000－2401－0017908　379.2/18－13

達生編三卷　（清）亟齋居士撰　清光緒四年
(1878)刻本　一冊

430000－2401－0017909　379.2/18－11

達生編二卷　（清）亟齋居士撰　清光緒五年
(1879)刻本　一冊

430000－2401－0017910　379.2/18－15

達生編一卷　（清）亟齋居士撰　清光緒十五
年(1889)湘潭刻本　一冊

430000－2401－0017911　379.2/18－14

達生編二卷　（清）亟齋居士撰　清光緒二十
五年(1899)長沙伍承基堂刻本　一冊

430000－2401－0017912　379.2/18－4

達生編一卷　（清）亟齋居士撰　清光緒三十
四年(1908)樂善居士刻本　一冊

430000－2401－0017913　379.2/18－4(1)

達生編一卷　（清）亟齋居士撰　清光緒三十
四年(1908)樂善居士刻本　一冊

430000－2401－0017914　379.2/18－7

達生編三卷　（清）亟齋居士撰　清末刻本
一冊

430000－2401－0017915　379.2/18－5

新增產科達生編三卷　（清）亟齋居士撰　清
宣統二年(1910)樂善居士刻本　一冊

430000－2401－0017916　379.2/25

廣達生編一卷　（清）亟齋居士撰　（清）周毓
齡增補　清同治鈔本　一冊

430000－2401－0017917　379.2/29－2

續廣達生編五卷首二卷　（清）周登庸輯　清
光緒二年(1876)刻本　六冊

430000－2401－0017918　379.2/29－2(1)

續廣達生編五卷首二卷　（清）周登庸輯　清
光緒二年(1876)刻本　六冊

430000－2401－0017919　379.2/29－2(2)

續廣達生編五卷首二卷　（清）周登庸輯　清
光緒二年(1876)刻本　六冊

430000－2401－0017920　379.2/9

大生要旨五卷　（清）唐千頃撰　清道光十九
年(1839)湖南刻本　一冊

430000－2401－0017921　379.2/9－2

280

大生要旨五卷 （清）唐千頃撰 清道光二十一年(1841)湖南刻本 一冊

430000－2401－0017922 379.2/9－3

大生要旨五卷 （清）唐千頃撰 清同治十年(1871)武岡刻本 一冊

430000－2401－0017923 379.2/9－4

大生要旨八卷 （清）唐千頃撰 清光緒九年(1883)沙市刻本 二冊

430000－2401－0017924 379.2/9－6

大生要旨二卷 （清）唐千頃撰 清光緒二十八年(1902)湘鄉婁底鄒裕元堂刻本 一冊

430000－2401－0017925 379.2/8

產孕集二卷 （清）張曜孫撰 清同治七年(1868)蘊璞齋刻本 一冊

430000－2401－0017926 379.2/8(1)

產孕集二卷 （清）張曜孫撰 清同治七年(1868)蘊璞齋刻本 一冊

430000－2401－0017927 379.2/8(2)

產孕集二卷 （清）張曜孫撰 清同治七年(1868)蘊璞齋刻本 一冊

430000－2401－0017928 379.2/8(3)

產孕集二卷 （清）張曜孫撰 清同治七年(1868)蘊璞齋刻本 一冊

430000－2401－0017929 379.2/21－2

胎產秘書三卷末一卷 （清）陳鴻儀撰 清光緒元年(1875)長沙馮卓懷木活字本 一冊

430000－2401－0017930 379.2/21

胎產秘書三卷保嬰要訣一卷經驗各方一卷 （清）陳鴻儀撰 （清）翁元鈞輯 清同治元年(1862)六桂堂刻本 一冊

430000－2401－0017931 379.2/22

胎產秘書三卷續一卷 （清）陳鴻儀撰 （清）羅瑞林續輯 清光緒二十八年(1902)寧鄉莓田楊氏刻本 二冊

430000－2401－0017932 379.2/22(1)

胎產秘書三卷續一卷 （清）陳鴻儀撰 （清）羅瑞林續輯 清光緒二十八年(1902)寧鄉莓田楊氏刻本 二冊

430000－2401－0017933 379.2/14

娠婦須知一卷 （清）黃求在編 清光緒十三年(1887)儀孟園刻本 一冊

430000－2401－0017934 379.2/14(1)

娠婦須知一卷 （清）黃求在編 清光緒十三年(1887)儀孟園刻本 一冊

430000－2401－0017935 379.2/3－3

女科二卷 （清）傅山撰 清同治六年(1867)寧鄉張銑刻本 一冊

430000－2401－0017936 379.2/3

女科二卷產後編二卷 （清）傅山撰 清同治八年(1869)湖北崇文書局刻本 二冊

430000－2401－0017937 379.2/3(1)

女科二卷產後編二卷 （清）傅山撰 清同治八年(1869)湖北崇文書局刻本 二冊

430000－2401－0017938 379.2/3(2)

女科二卷產後編二卷 （清）傅山撰 清同治八年(1869)湖北崇文書局刻本 三冊

430000－2401－0017939 379.2/3(3)

女科二卷產後編二卷 （清）傅山撰 清同治八年(1869)湖北崇文書局刻本 一冊

430000－2401－0017940 379.2/3(4)

女科二卷產後編二卷 （清）傅山撰 清同治八年(1869)湖北崇文書局刻本 二冊

430000－2401－0017941 379.2/3－2

女科二卷產後編二卷 （清）傅山撰 清光緒元年(1875)湖北崇文書局刻本 二冊

430000－2401－0017942 379.2/3－2(1)

女科二卷產後編二卷 （清）傅山撰 清光緒元年(1875)湖北崇文書局刻本 二冊

430000－2401－0017943 379.2/3－4

女科二卷產後編二卷 （清）傅山撰 清光緒十年(1884)清邑羅詞臣刻本 一冊

430000－2401－0017944 379.2/3－4(1)

女科二卷產後編二卷 （清）傅山撰 清光緒

十年(1884)清邑羅詞臣刻本　一冊

430000－2401－0017945　379.2/4

傅氏婦科二卷　（清）傅山撰　清光緒三年(1877)湘陰蔡氏刻本　一冊

430000－2401－0017946　379.2/4(1)

傅氏婦科二卷　（清）傅山撰　清光緒三年(1877)湘陰蔡氏刻本　一冊

430000－2401－0017947　379.2/23

胎産心法三卷　（清）閻純璽撰　清道光三十年(1850)刻本　六冊

430000－2401－0017948　379.2/23－2

胎産心法三卷　（清）閻純璽撰　清光緒四年(1878)長沙遲齡書舍刻本　四冊

430000－2401－0017949　379.2/23－3

胎産心法三卷　（清）閻純璽撰　清刻本　三冊　存一卷(下)

430000－2401－0017950　△365.6/3

幼幼新書四十卷拾遺方一卷　（宋）劉昉撰（明）陳履端輯　明萬曆十四年(1586)刻本　七冊　存三十五卷(一至三、十至四十,拾遺方一卷)

430000－2401－0017951　△365.6/7

錢氏小兒藥證直訣三卷　（宋）錢乙撰　（宋）閻孝忠輯　明刻本　二冊

430000－2401－0017952　379.3/46

活幼心書　（元）曾世榮編　清宣統二年(1910)武昌醫館刻本　二冊

430000－2401－0017953　379.3/48

仙傳痘疹奇書三卷　（明）高如山撰　（明）高堯臣輯　清刻本　一冊

430000－2401－0017954　379.3/9－2

幼科三種　（明）翁仲仁等撰　清光緒石印本　六冊

430000－2401－0017955　379.3/47－2

增補秘傳痘疹玉髓金鏡錄真本四卷圖像一卷　（明）翁仲仁撰　清道光二十年(1840)掃葉山房刻本　二冊

430000－2401－0017956　△365.6/4

全幼心鑒四卷　（明）寇平撰　明刻本　三冊　存三卷(一至二、四)

430000－2401－0017957　379.3/21

痘科類編釋意三卷　（明）翟良纂　疹科纂要一卷　（明）馬之騏纂　清乾隆三十八年(1773)致和堂刻本　四冊

430000－2401－0017958　△365.6/5

保赤全書二卷　（明）管櫟編　（明）李時中增補　明萬曆十四年(1586)沈堯中陽春堂刻本　佚名批校圈點　四冊

430000－2401－0017959　△365.6/5(1)

保赤全書二卷　（明）管櫟編　（明）李時中增補　明萬曆十四年(1586)沈堯中陽春堂刻本　二冊

430000－2401－0017960　379.3/17

痘證慈航一卷　（明）歐陽調律撰　（清）郭士珩輯　清同治四年(1865)資陽春華堂刻本　一冊

430000－2401－0017961　△365.6/6

保嬰撮要二十卷　（明）薛鎧輯　（明）薛己增補　明刻本　二十冊

430000－2401－0017962　379.3/39

活幼心法九卷　（明）聶尚恆撰　清鈔本　二冊

430000－2401－0017963　379.3/35

聶氏痘門方旨七卷醫門方旨摘錄麻痢二證一卷　（明）聶尚恆撰　清刻本　二冊

430000－2401－0017964　379.3/34

痘疹專門二卷　（清）董維岳纂　清道光二十五年(1845)姑蘇書業堂刻本　二冊

430000－2401－0017965　379.3/26－2

新刻小兒推拿方脉活嬰秘旨全書二卷　（明）龔廷賢撰　（清）姚國楨補輯　清裕德堂刻本　一冊

430000－2401－0017966　379.3/26

新刻小兒推拿方脉活嬰秘旨全書二卷　（明）龔廷賢撰　（清）姚國楨補輯　清刻本　一冊

430000－2401－0017967　379.3/26（1）

新刻小兒推拿方脉活嬰秘旨全書二卷　（明）
龔廷賢撰　（清）姚國楨補輯　清刻本　二冊

430000－2401－0017968　379.3/27

痘疹正宗二卷　（清）宋麟祥撰　清邵陽蔣藻
熊刻本　一冊

430000－2401－0017969　379.3/30

痘科扼要一卷麻疹遠害集一卷　（清）李奇生
撰　清乾隆刻本　一冊

430000－2401－0017970　379.3/53

保嬰易知錄二卷補編一卷　（清）吳寧瀾撰
清同治十二年（1873）寧鄉刻本　一冊

430000－2401－0017971　379.3/15

引痘略一卷　（清）邱熺輯　清道光十八年
（1838）保齡堂刻本　一冊

430000－2401－0017972　379.3/15－2

引痘略一卷　（清）邱熺輯　清同治三年
（1864）經元堂刻本　一冊

430000－2401－0017973　379.3/15－3

引痘略一卷　（清）邱熺輯　清鈔本　一冊

430000－2401－0017974　379.3/36

西洋種痘秘訣一卷　（清）邱熺輯　清光緒十
四年（1888）歸安吳氏刻本　一冊

430000－2401－0017975　379.3/42

牛痘新書濟世一卷　（清）邱熺撰　（清）王惇
甫增補　清同治四年（1865）金陵刻本　一冊

430000－2401－0017976　379.3/29

引痘秘書一卷　（清）邱熺輯　（清）李汝霖增
錄　清光緒二年（1876）皖省痘局刻本　一冊

430000－2401－0017977　379.3/29（1）

引痘秘書一卷　（清）邱熺輯　（清）李汝霖增
錄　清光緒二年（1876）皖省痘局刻本　一冊

430000－2401－0017978　379.3/19

痘疹精詳十卷　（清）周冠撰　清同治九年
（1870）富記書莊刻本　六冊

430000－2401－0017979　379.3/44

俞天池先生痧痘集解六卷　（清）俞茂鯤撰
清光緒二年（1876）刻本　四冊

430000－2401－0017980　379.3/38

天花精言六卷　（清）袁句撰　清同治七年
（1868）山陰陳氏刻本　二冊

430000－2401－0017981　379.3/38（1）

天花精言六卷　（清）袁句撰　清同治七年
（1868）山陰陳氏刻本　二冊

430000－2401－0017982　379.3/41

幼科鐵鏡六卷　（清）夏鼎撰　清光緒二十一
年（1895）新寧劉氏刻本　二冊

430000－2401－0017983　379.3/41－2

幼科鐵鏡六卷　（清）夏鼎撰　清末文光堂刻
本　一冊

430000－2401－0017984　379.3/41－2（1）

幼科鐵鏡六卷　（清）夏鼎撰　清末文光堂刻
本　一冊

430000－2401－0017985　379.3/24

活幼珠璣二卷補編一卷　（清）許佐廷輯　清
同治十二年（1873）古歙芳遠堂刻本　三冊

430000－2401－0017986　379.3/31

痘訣二卷　（清）許豫和撰　清刻本　二冊

430000－2401－0017987　379.3/5－7

福幼編一卷　（清）莊一夔撰　清光緒十六年
（1890）郴州刻本　一冊

430000－2401－0017988　379.3/5－5

福幼編一卷　（清）莊一夔撰　清光緒二十三
年（1897）常德刻本　一冊

430000－2401－0017989　379.3/5－6

福幼編一卷　（清）莊一夔撰　清光緒二十八
年（1902）湖南刻本　一冊

430000－2401－0017990　379.3/5－9

福幼編一卷遂生編一卷　（清）莊一夔撰　清
道光二十三年（1843）湖南安鄉刻本　一冊

430000－2401－0017991　379.3/5－10

福幼編一卷遂生編一卷　（清）莊一夔撰　清

咸豐三年(1853)刻本　一冊

430000－2401－0017992　379.3/22

福幼編治慢驚方一卷　（清）莊一夔撰　清光
緒十二年(1886)潘詒安堂刻本　一冊

430000－2401－0017993　379.3/18

新訂痘疹濟世真詮二卷　（清）陳宏曉撰　清
同治刻本　二冊

430000－2401－0017994　379.3/5－8

福幼遂生合編　（清）陳昂編　清同治十三年
(1874)刻本　一冊

430000－2401－0017995　379.3/5

福幼遂生合編　（清）陳昂編　清光緒十七年
(1891)常德樂善堂刻本　一冊

430000－2401－0017996　379.3/3

鼎鍥幼幼集成六卷　（清）陳復正輯　清光緒
永州胡安定堂書局刻本　六冊

430000－2401－0017997　379.3/3－6

鼎鍥幼幼集成六卷　（清）陳復正輯　清光緒
石印本　一冊

430000－2401－0017998　379.3/3－2

鼎鍥幼幼集成六卷　（清）陳復正輯　清冬至
會刻本　六冊

430000－2401－0017999　379.3/3－3

鼎鍥幼幼集成六卷　（清）陳復正輯　清學庫
山房刻本　六冊

430000－2401－0018000　379.3/3－3(1)

鼎鍥幼幼集成六卷　（清）陳復正輯　清學庫
山房刻本　六冊

430000－2401－0018001　379.3/3－3(2)

鼎鍥幼幼集成六卷　（清）陳復正輯　清學庫
山房刻本　四冊

430000－2401－0018002　379.3/3－7

鼎鍥幼幼集成六卷　（清）陳復正輯　清末三
讓堂睦記刻本　五冊　缺一卷(五)

430000－2401－0018003　379.3/3－7(1)

鼎鍥幼幼集成六卷　（清）陳復正輯　清末三

284

讓堂睦記刻本　四冊　存三卷(四至六)

430000－2401－0018004　379.4/9

推拿廣意三卷　（清）熊應雄輯　（清）陳世凱
重訂　清末江陰源德堂刻本　二冊

430000－2401－0018005　379.4/9－2

推拿廣意三卷　（清）熊應雄輯　（清）陳世凱
重訂　清末刻本　二冊

430000－2401－0018006　379.3/5－4

驚風辨證必讀書　（清）劉德馨編　清光緒二
十七年(1901)上元汪氏刻本　一冊

430000－2401－0018007　379.3/12－5

麻科活人全書四卷　（清）謝玉瓊撰　清道光
二十一年(1841)阜山劉齊珍刻本　四冊

430000－2401－0018008　379.3/12－7

麻科活人全書四卷　（清）謝玉瓊撰　清咸豐
元年(1851)龍溪彭厚德堂刻本　四冊

430000－2401－0018009　379.3/12－2

麻科活人全書四卷　（清）謝玉瓊撰　清咸豐
十一年(1861)瓊賢書局刻本　四冊

430000－2401－0018010　379.3/12

麻科活人全書四卷　（清）謝玉瓊撰　清咸豐
十一年(1861)寶慶經元堂刻本　二冊

430000－2401－0018011　379.3/12－4

麻科活人全書四卷　（清）謝玉瓊撰　清光緒
二十八年(1902)太和書局刻本　四冊

430000－2401－0018012　379.3/12－3

麻科活人全書四卷　（清）謝玉瓊撰　清末宜
春述古書院刻本　四冊

430000－2401－0018013　△365.6/1－2

小兒衛生總微論方二十卷　明初刻本　三冊
存五卷(一至五)

430000－2401－0018014　△365.6/1

小兒衛生總微論方二十卷　清鈔本　清馮水
題識批校　五冊

430000－2401－0018015　△365.6/2

幼科秘訣不分卷　明鈔本　一冊

430000－2401－0018016　379.3/55

保幼全旨一卷　清康熙六十一年（1722）鈔本
　　一冊

430000－2401－0018017　379.3/50

馬郎幼科二卷　清鈔本　一冊

430000－2401－0018018　379.4/5

鍼灸甲乙經十二卷　（晉）皇甫謐撰　清光緒
十三年（1887）行素草堂刻槐廬叢書本　六冊

430000－2401－0018019　379.4/6

補註銅人腧穴鍼灸圖經五卷　（宋）王惟一編
　　清光緒三十三年至宣統元年（1907－1909）
貴池劉氏玉海堂影宋刻本　二冊

430000－2401－0018020　379.4/6（1）

補註銅人腧穴鍼灸圖經五卷　（宋）王惟一編
　　清光緒三十三年至宣統元年（1907－1909）
貴池劉氏玉海堂影宋刻本　一冊　存三卷
（一至三）

430000－2401－0018021　△366/1

備急灸方一卷　（宋）聞人耆年撰　**鍼灸擇日
編集一卷**　（明）金循義　（明）金義孫等撰
清光緒十六年（1890）羅氏十瓣同心蘭室刻本
　　二冊

430000－2401－0018022　△366/1（1）

備急灸方一卷　（宋）聞人耆年撰　**鍼灸擇日
編集一卷**　（明）金循義　（明）金義孫等撰
清光緒十六年（1890）羅氏十瓣同心蘭室刻本
　　二冊

430000－2401－0018023　379.4/8

鍼灸擇日編集一卷　（明）金循義等編輯
（清）于希璟校　清光緒十六年（1890）羅氏十
瓣同心蘭室刻本　一冊

430000－2401－0018024　379.4/3

鍼灸大成十卷　（明）楊繼洲撰　清嘉慶二年
（1797）刻本　十冊

430000－2401－0018025　379.4/3－3

鍼灸大成十卷　（明）楊繼洲撰　清光緒元年
（1875）經國堂刻本　十冊

430000－2401－0018026　379.4/3－3（1）

鍼灸大成十卷　（明）楊繼洲撰　清光緒元年
（1875）經國堂刻本　九冊

430000－2401－0018027　379.4/3－2

鍼灸大成十卷　（明）楊繼洲撰　清京都善成
堂刻本　五冊

430000－2401－0018028　379.4/3－2（1）

鍼灸大成十卷　（明）楊繼洲撰　清京都善成
堂刻本　十冊

430000－2401－0018029　379.4/11

十二經脉歌一卷　（清）汪昂等撰　清鈔本
　　一冊

430000－2401－0018030　379.4/10

勉學堂鍼灸集成四卷　（清）廖潤鴻撰　清道
光刻本　四冊

430000－2401－0018031　379.4/2

中西匯參銅人圖說一卷　（清）劉鍾衡撰　清
光緒二十五年（1899）上海江南機器製造總局
石印本　一冊

430000－2401－0018032　379.4/2－2

中西匯參銅人圖說一卷　（清）劉鍾衡撰　清
宣統元年（1909）上海大文書局石印本　一冊

430000－2401－0018033　△367/1

泰定養生主論十卷　（元）王中陽撰　明刻本
　　二冊　存三卷（一、九至十）

430000－2401－0018034　△391.2/45

經絡配四時圖　題（明）文徵明書　題（明）仇
英繪　彩繪絹本　一冊

430000－2401－0018035　△365.2/7

删補頤生微論四卷內經知要二卷　（明）李中
梓撰　明崇禎十五年（1642）童晉之刻本
六冊

430000－2401－0018036　379.5/1

壽世青編二卷　（明）李中梓撰　（清）尤乘輯
　　清雍正六年（1728）刻本

430000－2401－0018037　△364/5

覓塵子內集正辨篇一卷　（明）陳朝相撰　明

末刻本　一冊

430000－2401－0018038　379.5/24

蒙學體操教科書一卷　（清）上海文明書局譯編　清光緒三十年(1904)湖南崇實書局刻本　一冊

430000－2401－0018039　379.5/24(2)

蒙學體操教科書一卷　（清）上海文明書局譯編　清光緒三十二年(1906)益元書局刻本　一冊

430000－2401－0018040　379.5/24(1)

蒙學體操教科書一卷　（清）上海文明書局譯編　清光緒三十年(1904)湖南大文書局刻本　一冊

430000－2401－0018041　379.5/10

濟世養生集一卷養生經驗補遺一卷便易經驗集一卷續刊一卷　（清）毛世洪輯　（清）汪瑜等增訂　清光緒三十二年(1906)上海書局石印本　一冊

430000－2401－0018042　379.5/9

退思說略内篇三卷外篇三卷　（清）吳協輯　清同治十一年(1872)刻本　六冊

430000－2401－0018043　379.5/27

新編壽世傳真八卷　（清）徐文弼編　（清）王世芳定　清刻本　一冊

430000－2401－0018044　△391.1/32

徐承恩行書養生論　（清）徐承恩書　清光緒十七年(1891)手迹　一冊

430000－2401－0018045　379.5/25

頤養詮要四卷　（清）馮曦輯　清光緒二十四年(1898)刻本　一冊　存二卷(三至四)

430000－2401－0018046　379.5/21

易筋經一卷　（清）程光祖編　清同治三年(1864)鈔本　一冊

430000－2401－0018047　379.5/2

養生備要九卷末一卷　清初刻本　六冊　存六卷(三至四、七至九,末一卷)

430000－2401－0018048　379.5/23

養生說一卷　清末補過廬朱格鈔本　一冊

430000－2401－0018049　379.5/22

導引書二種　清光緒二十六年(1900)湘潭許銘彝鈔本　一冊

430000－2401－0018050　379.5/12－3

幼學操身一卷　（英國）慶丕　（清）翟汝舟撰　清光緒十六年(1890)上海墨海書局鉛印本　一冊

430000－2401－0018051　379.5/12－2

幼學操身一卷　（英國）慶丕　（清）翟汝舟撰　清光緒二十三年(1897)湖南書局刻本　一冊

430000－2401－0018052　379.5/12

幼學操身一卷　（英國）慶丕　（清）翟汝舟撰　清光緒二十八年(1902)刻本　一冊

430000－2401－0018053　379.5/8

治心免病法二卷　（美國）烏特亨利撰　（英國）傅蘭雅譯　清光緒二十二年(1896)上海格致書室鉛印本　一冊

430000－2401－0018054　△365.1/9

格致餘論一卷　（元）朱震亨撰　明刻本　一冊

430000－2401－0018055　△362/1

心印紺珠語二卷　（明）李湯卿撰　清鈔本　唐成之題識　四冊

430000－2401－0018056　371.2/83

石渠閣精訂攝生秘剖四卷精訂攝生種子秘剖二卷　（明）洪基撰　清光緒三十一年(1905)三義堂刻本　八冊

430000－2401－0018057　393.1/188

人天奧理三卷　（清）葛道殷撰　清宣統元年(1909)刻本　一冊

430000－2401－0018058　△362/14

羅氏會約醫鏡不分卷　沈仲圭　李重人等撰　民國稿本　一冊

430000－2401－0018059　379.8/26

兒科撮要二卷　（清）文楷尹輯譯　清光緒十

八年(1892)廣州博濟醫局刻本　二冊

430000－2401－0018060　379.8/4

醫理略述二卷病理撮要一卷　(清)尹端模輯
譯　清光緒十八年(1892)廣州博濟醫局刻本
四冊

430000－2401－0018061　379.8/4(1)

醫理略述二卷病理撮要一卷　(清)尹端模輯
譯　清光緒十八年(1892)廣州博濟醫局刻本
二冊

430000－2401－0018062　379.8/5

西醫內科全書　(清)孔慶高輯譯　清光緒八
年(1882)廣州博濟醫局刻本　二冊

430000－2401－0018063　379.8/7

西醫眼科撮要一卷　清光緒六年(1880)廣州
博濟醫局刻本　　一冊

430000－2401－0018064　377/43

肺病問答一卷　(日本)石神亨撰　(清)沙曾
詒譯　清光緒二十年(1894)上海文明書局鉛
印本　一冊

430000－2401－0018065　379.8/29

保全生命論一卷附一卷　(英國)古蘭肥勒撰
　(英國)秀耀春口譯　(清)趙元益筆述　清
光緒二十七年(1901)上海製造局刻本　一冊

430000－2401－0018066　379.8/29(1)

保全生命論一卷附一卷　(英國)古蘭肥勒撰
　(英國)秀耀春口譯　(清)趙元益筆述　清
光緒二十七年(1901)上海製造局刻本　一冊

430000－2401－0018067　379.8/9

全體新論一卷　(英國)合信　(清)陳修堂撰
　清咸豐元年(1851)上海墨海書館鉛印本
一冊

430000－2401－0018068　379.8/9(1)

全體新論一卷　(英國)合信　(清)陳修堂撰
　清咸豐元年(1851)上海墨海書館鉛印本
一冊

430000－2401－0018069　379.8/9(2)

全體新論一卷　(英國)合信　(清)陳修堂撰

清咸豐元年(1851)上海墨海書館鉛印本
一冊

430000－2401－0018070　379.8/9(3)

全體新論一卷　(英國)合信　(清)陳修堂撰
　清咸豐元年(1851)上海墨海書館鉛印本
一冊

430000－2401－0018071　379.8/9(4)

全體新論一卷　(英國)合信　(清)陳修堂撰
　清咸豐元年(1851)上海墨海書館鉛印本
一冊

430000－2401－0018072　379.8/8

內科新說二卷　(英國)合信　(清)管茂材撰
　清咸豐八年(1858)上海仁濟醫館刻本
一冊

430000－2401－0018073　379.8/8(1)

內科新說二卷　(英國)合信　(清)管茂材撰
　清咸豐八年(1858)上海仁濟醫館刻本
一冊

430000－2401－0018074　379.8/8(2)

內科新說二卷　(英國)合信　(清)管茂材撰
　清咸豐八年(1858)上海仁濟醫館刻本
一冊

430000－2401－0018075　379.8/8(3)

內科新說二卷　(英國)合信　(清)管茂材撰
　清咸豐八年(1858)上海仁濟醫館刻本
一冊

430000－2401－0018076　379.8/3

西醫略論三卷　(英國)合信　(清)管茂材撰
　清咸豐七年(1857)上海仁濟醫館刻本
一冊

430000－2401－0018077　379.8/3(1)

西醫略論三卷　(英國)合信　(清)管茂材撰
　清咸豐七年(1857)上海仁濟醫館刻本
一冊

430000－2401－0018078　379.8/3(2)

西醫略論三卷　(英國)合信　(清)管茂材撰
清咸豐七年(1857)上海仁濟醫館刻本　一冊

430000－2401－0018079　379.8/3(3)

西醫略論三卷　（英國）合信　（清）管茂材撰
　　清咸豐七年(1857)上海仁濟醫館刻本
　　一冊

430000－2401－0018080　379.8/15

婦嬰新說一卷　（英國）合信　（清）管茂材撰
　　清咸豐八年(1858)上海仁濟醫館刻本
　　一冊

430000－2401－0018081　379.8/15(1)

婦嬰新說一卷　（英國）合信　（清）管茂材撰
　　清咸豐八年(1858)上海仁濟醫館刻本
　　一冊

430000－2401－0018082　379.8/15(2)

婦嬰新說一卷　（英國）合信　（清）管茂材撰
　　清咸豐八年(1858)上海仁濟醫館刻本
　　一冊

430000－2401－0018083　379.8/15(3)

婦嬰新說一卷　（英國）合信　（清）管茂材撰
　　清咸豐八年(1858)上海仁濟醫館刻本
　　一冊

430000－2401－0018084　379.8/15(4)

婦嬰新說一卷　（英國）合信　（清）管茂材撰
　　清咸豐八年(1858)上海仁濟醫館刻本
　　一冊

430000－2401－0018085　379.8/23

西藥大成藥品中西名目表一卷　（英國）來拉
撰　（清）江南製造總局編譯　清光緒十三年
(1887)江南製造總局鉛印本　一冊

430000－2401－0018086　379.8/23(1)

西藥大成藥品中西名目表一卷　（英國）來拉
撰　（清）江南製造總局編譯　清光緒上海著
易堂鉛印本　一冊

430000－2401－0018087　379.8/23(2)

西藥大成藥品中西名目表一卷　（英國）來拉
撰　（清）江南製造總局編譯　清光緒上海著
易堂鉛印本　一冊

430000－2401－0018088　379.8/19

西藥大成十卷首一卷　（英國）來拉　（英國）
海得蘭撰　（英國）傅蘭雅口譯　（清）趙元益
筆述　清光緒十年(1884)刻本　十六冊

430000－2401－0018089　379.8/19(1)

西藥大成十卷首一卷　（英國）來拉　（英國）
海得蘭撰　（英國）傅蘭雅口譯　（清）趙元益
筆述　清光緒十年(1884)刻本　十六冊

430000－2401－0018090　379.8/6

內科理法前編六卷後編十六卷附一卷　（英
國)虎伯撰　舒高第口譯　（清）趙元益筆述
清末江南製造局刻本　十二冊

430000－2401－0018091　379.8/6(1)

內科理法前編六卷後編十六卷附一卷　（英
國)虎伯撰　舒高第口譯　（清）趙元益筆述
清末江南製造局刻本　十二冊

430000－2401－0018092　379.8/6(2)

內科理法前編六卷後編十六卷附一卷　（英
國)虎伯撰　舒高第口譯　（清）趙元益筆述
清末江南製造局刻本　十二冊

430000－2401－0018093　379.8/6(3)

內科理法前編六卷後編十六卷附一卷　（英
國)虎伯撰　舒高第口譯　（清）趙元益筆述
清末江南製造局刻本　十二冊

430000－2401－0018094　379.8/10

臨陣傷科捷要四卷圖一卷　（英國）帕脫撰
舒高第　（清）鄭昌棪譯　清末江南機器製造
總局鉛印本　四冊

430000－2401－0018095　379.8/10(1)

臨陣傷科捷要四卷圖一卷　（英國）帕脫撰
舒高第　（清）鄭昌棪譯　清末江南機器製造
總局鉛印本　四冊

430000－2401－0018096　379.8/11

濟急法一卷　（英國）舍白辣撰　（英國）秀耀
春口譯　（清）趙元益筆述　清光緒二十九年
(1903)江南製造局刻本　一冊

430000－2401－0018097　379.8/20

西藥大成補編十卷首一卷　（英國）哈來撰

(英國)傅蘭雅口譯　（清）趙元益筆述　清光緒三十年(1904)江南製造局刻本　六冊　缺四卷(二、四、八、十)

430000－2401－0018098　379.8/22
萬國藥方八卷　（英國）思快爾撰　（美國）洪士提反譯　清光緒三十二年(1906)杜柄記石印書局石印本　八冊

430000－2401－0018099　379.8/1
儒門醫學三卷附一卷　（英國）海得蘭撰（英國）傅蘭雅口譯　（清）趙元益筆述　清光緒江南製造局刻本　四冊

430000－2401－0018100　379.8/1(1)
儒門醫學三卷附一卷　（英國）海得蘭撰（英國）傅蘭雅口譯　（清）趙元益筆述　清光緒江南製造局刻本　三冊

430000－2401－0018101　379.8/1(2)
儒門醫學三卷附一卷　（英國）海得蘭撰（英國）傅蘭雅口譯　（清）趙元益筆述　清光緒江南製造局刻本　四冊

430000－2401－0018102　379.8/14
產科不分卷　（英國）密爾撰　舒高第口譯（清）鄭昌棪筆述　清末江南機器製造總局鉛印本　四冊

430000－2401－0018103　379.8/18
西醫產科心法一卷　（英國）梅滕更撰　（清）劉庭楨譯　清光緒二十三年(1897)廣濟醫局鉛印本　一冊

430000－2401－0018104　379.8/21
孩童衛生編　（英國）傅蘭雅輯譯　清光緒十九年(1893)鉛印本　一冊

430000－2401－0018105　379.8/30
男女交合秘要新論一卷　（美國）法烏羅撰（清）夏亞子譯　清光緒二十七年(1901)香港書局石印本　一冊

430000－2401－0018106　379.8/30(1)
男女交合秘要新論一卷　（美國）法烏羅撰（清）夏亞子譯　清光緒二十七年(1901)香港書局石印本　一冊

430000－2401－0018107　379.8/17
西醫胎產舉要二卷　（美國）陳庶頓輯　（清）尹端模譯　清光緒十九年(1893)廣州博濟醫局刻本　二冊

430000－2401－0018108　379.8/2
省身指掌九卷　（美國）恆理博撰　清光緒二十三年(1897)京都美華書局鉛印本　一冊

430000－2401－0018109　379.8/34
全體闡微三卷附一卷　（美國）柯爲良撰　清光緒十五年(1889)福州聖教醫館鉛印本　四冊

430000－2401－0018110　379.8/31
通物電光四卷圖一卷　（美國）莫耳登撰（英國）傅蘭雅口譯　（清）王秀烈筆述　清光緒二十五年(1899)江南製造局刻本　一冊

430000－2401－0018111　379.8/31(1)
通物電光四卷圖一卷　（美國）莫耳登撰（英國）傅蘭雅口譯　（清）王秀烈筆述　清光緒二十五年(1899)江南製造局刻本　一冊

430000－2401－0018112　379.8/16
婦科不分卷　（美國）湯麥斯撰　舒高第（清）鄭昌棪譯　清光緒二十六年(1900)江南製造局鉛印本　六冊

430000－2401－0018113　379.8/28
衛生要旨一卷　（美國）嘉約翰口譯　（清）海琴氏較正　清光緒九年(1883)益智書會刻本　一冊

430000－2401－0018114　379.9/1－4
元亨療馬集四卷元亨療牛集二卷新刊醫駱駝藥方一卷　（明）喻本元　（明）喻本亨撰　清乾隆十七年(1752)餘慶堂刻本　七冊

430000－2401－0018115　379.9/1－5
元亨療馬集四卷元亨療牛集二卷駝經一卷（明）喻本元　（明）喻本亨撰　清道光八年(1828)天德堂刻本　六冊

430000－2401－0018116　379.9/1

元亨療馬集四卷　(明)喻本元　(明)喻本亨撰　清末經元堂刻本　四冊

430000－2401－0018117　379.9/1(1)
元亨療馬集四卷　(明)喻本元　(明)喻本亨撰　清末刻本　二冊　存二卷(二、四)

430000－2401－0018118　379.9/1－2(1)
新輯纂圖元亨療馬集六卷　(明)喻本元(明)喻本亨撰　清光緒二十五年(1899)上海江左書林石印本　一冊

430000－2401－0018119　379.9/3
鐫京本賈公圖像水黃牛經合併大全二卷(明)喻本元　(明)喻本亨撰　清光緒三十三年(1907)維新書局刻本　一冊

430000－2401－0018120　379.9/6
牛貞書一卷　(□)□□撰　清崔祖明鈔本一冊

430000－2401－0018121　379.9/2
醫馬良方一卷　(□)□□撰　清鈔本　一冊

430000－2401－0018122　38/12
律曆淵源　(清)允祉　(清)允祿纂修　清雍正元年(1723)内府刻本　八十冊

430000－2401－0018123　38/16
江南製造局譯書　(清)江南製造局輯　清江南製造局刻本　二十冊

430000－2401－0018124　38/16(1)
江南製造局譯書　(清)江南製造局輯　清江南製造局刻本　二十冊

430000－2401－0018125　38/23
江南機器製造局叢書　(清)江南機器製造局輯　清光緒江南機器製造局刻本　三百〇七冊

430000－2401－0018126　38/8
科學叢書第一集　(清)樊炳清輯譯　清光緒二十七年(1901)教育世界出版所鉛印本十冊

430000－2401－0018127　38/27
西學政教工藝分類叢書　清光緒二十四年(1898)石印本　十六冊

430000－2401－0018128　38/26
西學叢書　(英國)傅蘭雅撰　清光緒刻本二十二冊

430000－2401－0018129　38/26(1)
西學叢書　(英國)傅蘭雅撰　清光緒刻本十八冊

430000－2401－0018130　38/2
天工開物三卷　(明)宋應星撰　民國十八年(1929)涉園石印本　三冊

430000－2401－0018131　38/2(1)
天工開物三卷　(明)宋應星撰　民國十八年(1929)涉園石印本　三冊

430000－2401－0018132　38/6－2
廣博物志五十卷　(明)董斯張輯　清光緒五年(1879)學海堂刻本　二十四冊

430000－2401－0018133　38/10
格致精華錄四卷　(清)王仁俊撰　(清)江標編　清光緒二十二年(1896)石印本　三冊

430000－2401－0018134　38/21
形性學要十卷　(清)李杕撰　清光緒二十五年(1899)徐匯彙報館鉛印本　四冊

430000－2401－0018135　38/28
藝學十六種策論十七卷　(清)李秉璋編　清光緒二十八年(1902)申江美華書局石印本十六冊

430000－2401－0018136　38/9
天文算學纂要二十卷首一卷國朝萬年書二卷推測易知四卷　(清)陳松編　清光緒十三年(1887)樹德堂刻本　二十四冊

430000－2401－0018137　38/9(1)
天文算學纂要二十卷首一卷國朝萬年書二卷推測易知四卷　(清)陳松編　清光緒十三年(1887)樹德堂刻本　二十四冊

430000－2401－0018138　38/9(2)
天文算學纂要二十卷首一卷國朝萬年書二卷推測易知四卷　(清)陳松編　清光緒十三年

（1887）樹德堂刻本　二十四冊

430000－2401－0018139　38/14

格致譜八卷　（清）屠仁守撰　清光緒二十六年（1900）刻本　四冊

430000－2401－0018140　38/7

天文地學歌括二卷　（清）葉瀚　（清）葉瀾撰　清光緒二十三年（1897）湖南益元堂刻本　一冊

430000－2401－0018141　38/7（1）

天文地學歌括二卷　（清）葉瀚　（清）葉瀾撰　清光緒二十三年（1897）湖南益元堂刻本　一冊

430000－2401－0018142　38/7－2

天文地學歌括二卷　（清）葉瀚　（清）葉瀾撰　清光緒二十四年（1898）古餘書局刻本　一冊

430000－2401－0018143　38/13

鄒徵君存稿一卷　（清）鄒伯奇撰　清同治十二年（1873）刻鄒徵君遺書本　一冊

430000－2401－0018144　38/20

格致總學啟蒙三卷　（英國）艾約瑟譯　清光緒十二年（1886）總稅務司刻本　二冊

430000－2401－0018145　38/6

博物新編三卷　（英國）合信撰　清咸豐五年（1855）刻本　一冊

430000－2401－0018146　38/6（1）

博物新編三卷　（英國）合信撰　清咸豐五年（1855）刻本　一冊

430000－2401－0018147　38/6（2）

博物新編三卷　（英國）合信撰　清咸豐五年（1855）刻本　一冊

430000－2401－0018148　38/6（3）

博物新編三卷　（英國）合信撰　清咸豐五年（1855）刻本　一冊

430000－2401－0018149　38/1

格致彙編不分卷　（英國）傅蘭雅輯譯　清光緒格致書室鉛印本　二十四冊

430000－2401－0018150　38/1（1）

格致彙編不分卷　（英國）傅蘭雅輯譯　清光緒格致書室鉛印本　三冊

430000－2401－0018151　38/24

工程致富論略十三卷圖一卷　（英國）瑪體生撰　（英國）傅蘭雅　（清）鍾天緯譯　清光緒四年（1878）鉛印本　八冊

430000－2401－0018152　38/4

西藝知新二十二卷　（英國）諾格德撰　（英國）傅蘭雅口譯　（清）徐壽筆述　清光緒江南機器製造局刻本　十一冊　缺七卷（四至五、十二至十六）

430000－2401－0018153　38/3

格致啟蒙四卷　（英國）羅斯古撰　（美國）林樂知　（清）鄭昌棪譯　清光緒江南製造局刻本　四冊

430000－2401－0018154　38/3（1）

格致啟蒙四卷　（英國）羅斯古撰　（美國）林樂知　（清）鄭昌棪譯　清光緒江南製造局刻本　四冊

430000－2401－0018155　38/11

金石識別書一卷　（美國）代那撰　（美國）瑪高溫譯　清光緒九年（1883）鉛印本　一冊

430000－2401－0018156　△371/3

天文釋義一卷　（明）蔡汝進撰　明萬曆鈔本　一冊

430000－2401－0018157　381/20

中西星要　（清）倪榮桂輯　清光緒六年（1880）紅杏山房刻本　一冊

430000－2401－0018158　381/21

求源齋天算　（清）郭澄鏡撰　清宣統二年（1910）木活字本　一冊

430000－2401－0018159　381/24

六經天文編二卷　（宋）王應麟撰　清刻本　一冊

430000－2401－0018160　381/16

蒙學天文教科書　（清）大文書局編纂　清光

緒三十年(1904)湖南大文書局刻本 一冊

430000－2401－0018161 381/30

天文問答 (清)王亨統撰 清光緒二十八年(1902)石印本 二冊

430000－2401－0018162 381/3

御定儀象考成三十卷首二卷 (清)允祿等撰 清乾隆十九年(1754)內府刻本 十二冊

430000－2401－0018163 381/3(1)

御定儀象考成三十卷首二卷 (清)允祿等撰 御定儀象考成續編三十二卷 (清)敬徵等撰 清道光二十五年(1845)內府刻本 八冊

430000－2401－0018164 381/3(2)

御定儀象考成三十卷首二卷 (清)允祿等撰 御定儀象考成續編三十二卷 (清)敬徵等撰 清道光二十五年(1845)內府刻本 二十冊

430000－2401－0018165 381/36

天象災祥分類考二卷 (清)石仁鏡編 清鈔本 一冊

430000－2401－0018166 381/17

恆星說一卷 (清)江聲撰 清末元和蔣氏刻貝庭雜著本 一冊

430000－2401－0018167 381/27

圓天圖說三卷續編二卷 (清)李明徹撰 清嘉慶二十四年(1819)松梅軒刻本 五冊

430000－2401－0018168 381/4

日星測時新表一卷 (清)余煌撰 清光緒十八年(1892)畢榮先鈔本 一冊

430000－2401－0018169 381/34

天文綜要一卷三才綜要不分卷 (清)周廣詢撰 清光緒二十三年(1897)長沙刻本 三冊

430000－2401－0018170 381/15

談天條辨二卷 (清)周廣詢撰 清光緒二十九年(1903)湘鄉周氏刻本 一冊

430000－2401－0018171 381/15(1)

談天條辨二卷 (清)周廣詢撰 清光緒二十九年(1903)湘鄉周氏刻本 二冊

430000－2401－0018172 381/15(2)

談天條辨二卷 (清)周廣詢撰 清光緒二十九年(1903)湘鄉周氏刻本 一冊

430000－2401－0018173 381/5

高厚蒙求五卷 (清)徐朝俊撰 清嘉慶十二年至道光十四年(1807－1834)雲間徐氏刻本 四冊

430000－2401－0018174 381/5(1)

高厚蒙求五卷 (清)徐朝俊撰 清嘉慶十二年至道光十四年(1807－1834)雲間徐氏刻本 四冊

430000－2401－0018175 381/5(1)

高厚蒙求五卷 (清)徐朝俊撰 清嘉慶十二年至道光十四年(1807－1834)雲間徐氏刻本 四冊

430000－2401－0018176 381/5(2)

高厚蒙求五卷 (清)徐朝俊撰 清嘉慶十二年至道光十四年(1807－1834)雲間徐氏刻本 三冊 存三卷(二、四至五)

430000－2401－0018177 381/5(3)

高厚蒙求五卷 (清)徐朝俊撰 清嘉慶十二年至道光十四年(1807－1834)雲間徐氏刻本 三冊 存三卷(二、四至五)

430000－2401－0018178 381/5(4)

高厚蒙求四集 (清)徐朝俊撰 清同治五年至光緒元年(1866－1875)雲間徐氏刻本 四冊

430000－2401－0018179 381/1(4)

御製曆象考成後編十卷 (清)高宗弘曆撰 清乾隆內府刻本 十冊

430000－2401－0018180 381/1－4

御製曆象考成上編十六卷下編十卷 (清)聖祖玄燁撰 清光緒二十一年(1895)湖北官書處刻本 十五冊

430000－2401－0018181 381/1－2

御製曆象考成上編十六卷下編十卷 (清)聖祖玄燁撰 清光緒二十三年(1897)雙梧書屋石印本 十六冊

430000－2401－0018182　381/1－3

御製曆象考成上編十六卷下編十卷 （清）聖祖玄燁撰　清刻本　十五冊

430000－2401－0018183　381/1

御製曆象考成上編十六卷下編十卷表十六卷 （清）聖祖玄燁撰　**御製曆象考成後編十卷** （清）高宗弘曆撰　清刻本　三十二冊

430000－2401－0018184　381/1(1)

御製曆象考成上編十六卷下編十卷表十六卷 （清）聖祖玄燁撰　**御製曆象考成後編十卷** （清）高宗弘曆撰　清刻本　二十四冊

430000－2401－0018185　381/1(2)

御製曆象考成上編十六卷下編十卷表十六卷 （清）聖祖玄燁撰　**御製曆象考成後編十卷** （清）高宗弘曆撰　清刻本　十四冊

430000－2401－0018186　381/1(3)

御製曆象考成上編十六卷下編十卷表十六卷 （清）聖祖玄燁撰　**御製曆象考成後編十卷** （清）高宗弘曆撰　清刻本　十冊

430000－2401－0018187　381/26

中西經星同異考一卷 （清）梅文鼎撰　清末嘉禾魏氏鈔本　一冊

430000－2401－0018188　381/9

宋遼金元四史朔閏考二卷通鑑注辨正二卷 （清）錢大昕撰　清光緒十年(1884)長沙龍氏刻潛研堂全書本　一冊

430000－2401－0018189　381/9(1)

宋遼金元四史朔閏考二卷通鑑注辨正二卷 （清）錢大昕撰　清光緒十年(1884)長沙龍氏刻潛研堂全書本　一冊

430000－2401－0018190　381/9－2

宋遼金元四史朔閏考二卷通鑑注辨正二卷 （清）錢大昕撰　（清）錢侗增補　清光緒十七年(1891)廣雅書局刻本　一冊

430000－2401－0018191　381/11

天星選擇一卷天文算學捷法一卷 （清）陳松撰　清光緒十三年(1887)刻本　一冊

430000－2401－0018192　381/11(1)

天星選擇一卷天文算學捷法一卷 （清）陳松撰　清光緒十三年(1887)刻本　一冊

430000－2401－0018193　381/12

璇璣遺述六卷圖一卷 （清）揭暄撰　清光緒二十五年(1899)刻刻鵠齋叢書本　二冊

430000－2401－0018194　△371/8

管窺輯要八十卷 （清）黃鼎撰　清順治十年(1653)刻本　三十二冊

430000－2401－0018195　381/32

曆象本要一卷 （清）楊文言撰　清康熙刻本　二冊

430000－2401－0018196　381/37

天文異寶纂要二卷 （清）盧威纂　（清）陳景襄增輯　清鈔本　一冊　存一卷(下)

430000－2401－0018197　381/8

三統術衍三卷鈐一卷 （清）錢大昕撰　清嘉慶六年(1801)儀徵阮氏刻潛研堂全書本　四冊

430000－2401－0018198　381/8－2

三統術衍三卷鈐一卷 （清）錢大昕撰　清嘉慶六年(1801)長沙龍氏刻潛研堂全書本　二冊

430000－2401－0018199　381/8－2(1)

三統術衍三卷鈐一卷 （清）錢大昕撰　清嘉慶六年(1801)長沙龍氏刻潛研堂全書本　二冊

430000－2401－0018200　381/8－2(2)

三統術衍三卷鈐一卷 （清）錢大昕撰　清嘉慶六年(1801)長沙龍氏刻潛研堂全書本　二冊

430000－2401－0018201　381/8－3

三統術衍三卷鈐一卷 （清）錢大昕撰　清刻潛研堂全書本　二冊　缺一卷(三)

430000－2401－0018202　381/13

三統術詳細說四卷 （清）陳澧撰　清光緒廣雅書局刻廣雅書局叢書本　一冊

430000－2401－0018203　381/13(1)

三統術詳細說四卷　（清）陳澧撰　清光緒廣
雅書局刻廣雅書局叢書本　一冊

430000－2401－0018204　381/42

天文考成一卷　清鈔本　一冊

430000－2401－0018205　381/33－2

步天歌一卷　清光緒鈔本　一冊

430000－2401－0018206　381/33

步天歌一卷　清刻本　一冊

430000－2401－0018207　381/43

測天約說二卷　（德國）鄧玉函撰　清鈔本
一冊

430000－2401－0018208　△371/5

渾天儀說五卷　（意大利）湯若望撰　清鈔本
二冊

430000－2401－0018209　381/35

天文啟蒙七卷首一卷　（英國）艾約瑟譯　清
光緒十二年(1886)總稅務司刻本　二冊

430000－2401－0018210　381/6

天文圖說四卷　（英國）柯雅各撰　（美國）摩
嘉立　（美國）薛承恩譯　清光緒九年(1883)
益智書會刻本　一冊

430000－2401－0018211　381/6(1)

天文圖說四卷　（英國）柯雅各撰　（美國）摩
嘉立　（美國）薛承恩譯　清光緒九年(1883)
益智書會刻本　一冊

430000－2401－0018212　381/7

周髀算經二卷　（漢）趙爽註　（北周）甄鸞重
述　（唐）李淳風等註釋　清乾隆武英殿木活
字本　二冊

430000－2401－0018213　381/7－2

周髀算經二卷附音義一卷術數記遺一卷
（漢）趙爽註　（北周）甄鸞重述　（唐）李淳
風等註釋　清照曠閣刻本　二冊

430000－2401－0018214　381/10

算法六卷　（清）王錫闡撰　清光緒德化李氏
刻曉庵遺書本　一冊

430000－2401－0018215　381/2－2

談天十八卷附表一卷　（英國）侯失勒撰
（英國）偉烈亞力口譯　（清）李善蘭刪述　清
咸豐九年(1859)鉛印本　三冊

430000－2401－0018216　381/2－2(1)

談天十八卷附表一卷　（英國）侯失勒撰
（英國）偉烈亞力口譯　（清）李善蘭刪述　清
咸豐九年(1859)鉛印本　三冊

430000－2401－0018217　381/2－2(2)

談天十八卷附表一卷　（英國）侯失勒撰
（英國）偉烈亞力口譯　（清）李善蘭刪述　清
咸豐九年(1859)鉛印本　三冊

430000－2401－0018218　381/2－3

談天十八卷首一卷附表一卷　（英國）侯失勒
撰　（英國）偉烈亞力口譯　（清）李善蘭刪述
（清）徐建寅續述　清光緒二十二年(1896)
上海著易堂石印本　四冊

430000－2401－0018219　381/2

談天十八卷首一卷附表一卷　（英國）侯失勒
撰　（英國）偉烈亞力口譯　（清）李善蘭刪述
（清）徐建寅續述　清光緒江南製造總局刻
本　四冊

430000－2401－0018220　381/2(1)

談天十八卷首一卷附表一卷　（英國）侯失勒
撰　（英國）偉烈亞力口譯　（清）李善蘭刪述
（清）徐建寅續述　清光緒江南製造總局刻
本　四冊

430000－2401－0018221　381/2(2)

談天十八卷首一卷附表一卷　（英國）侯失勒
撰　（英國）偉烈亞力口譯　（清）李善蘭刪述
（清）徐建寅續述　清光緒江南製造總局刻
本　四冊

430000－2401－0018222　381/2(3)

談天十八卷首一卷附表一卷　（英國）侯失勒
撰　（英國）偉烈亞力口譯　（清）李善蘭刪述
（清）徐建寅續述　清光緒江南製造總局刻
本　四冊

430000－2401－0018223　381/2(4)

談天十八卷首一卷附表一卷 （英國）侯失勒撰 （英國）偉烈亞力口譯 （清）李善蘭删述 （清）徐建寅續述 清光緒江南製造總局刻本 四冊

430000－2401－0018224 381/2(5)

談天十八卷首一卷附表一卷 （英國）侯失勒撰 （英國）偉烈亞力口譯 （清）李善蘭删述 （清）徐建寅續述 清光緒江南製造總局刻本 四冊

430000－2401－0018225 381/2(6)

談天十八卷首一卷附表一卷 （英國）侯失勒撰 （英國）偉烈亞力口譯 （清）李善蘭删述 （清）徐建寅續述 清末刻本 六冊

430000－2401－0018226 381/2－4

談天十八卷首一卷附表一卷 （英國）侯失勒撰 （英國）偉烈亞力口譯 （清）李善蘭删述 （清）徐建寅續述 清末刻本 六冊

430000－2401－0018227 381/2－4(1)

天文新說問答 （美國）丁韙良編 清光緒鉛印本 一冊

430000－2401－0018228 381/22

欽定儀象考成續編三十二卷 （清）敬徵等撰 清道光刻本 十冊 缺五卷（八至十、十七至十八）

430000－2401－0018229 381/18

天文揭要二卷 （美國）赫士口譯 （清）周文源筆述 清光緒二十二年(1896)上海美華書館鉛印本 二冊

430000－2401－0018230 381/19

天文揭要二卷 （美國）赫士口譯 （清）周文源筆述 清光緒二十四年(1898)上海美華書館鉛印本 二冊

430000－2401－0018231 381/19(1)

430000－2401－0018232 381/14

新制靈臺儀象志十四卷 （比利時）南懷仁撰 清康熙十三年(1674)刻本 十八冊

430000－2401－0018233 △371/4

新制靈臺儀象志十六卷 （比利時）南懷仁撰 清康熙十三年(1674)刻本 十五冊

430000－2401－0018234 382/1

顓頊曆考附文集一卷 （清）鄒漢勛撰 清光緒四年(1878)攸縣龍汝霖南昌刻新化鄒氏學藝齋遺書本 一冊

430000－2401－0018235 382/1(1)

顓頊曆考附文集一卷 （清）鄒漢勛撰 清光緒四年(1878)攸縣龍汝霖南昌刻新化鄒氏學藝齋遺書本 一冊

430000－2401－0018236 382/10

西洋新法曆書 （明）徐光啟等編譯 明末刻本 十六冊 存二十一卷（交食諸表九卷、日躔表二卷、五緯表二卷首一卷、五緯曆指三卷、月離表四卷）

430000－2401－0018237 382/29

中西合曆(光緒乙丑至庚寅年) （清）丁冠西撰 清光緒十六年(1890)同文館鉛印本 一冊

430000－2401－0018238 382/8

中西四千年紀曆一卷 （清）孔昭焱編 清光緒二十三年(1897)曼木草堂刻本 一冊

430000－2401－0018239 382/6

歷代長術輯要十卷首一卷古今推步諸術考二卷 （清）汪曰楨撰 清同治六年(1867)刻本 六冊

430000－2401－0018240 382/6(1)

歷代長術輯要十卷首一卷古今推步諸術考二卷 （清）汪曰楨撰 清同治六年(1867)刻本 四冊 存八卷(一至八)

430000－2401－0018241 382/4

干支糾繆一卷 （清）周煦埏撰 清光緒三十四年(1908)長沙刻本 一冊

430000－2401－0018242 382/4(1)

干支糾繆一卷　（清）周煦埏撰　清光緒三十
四年（1908）長沙刻本　一冊

430000－2401－0018243　382/4（2）

干支糾繆一卷　（清）周煦埏撰　清光緒三十
四年（1908）長沙刻本　一冊

430000－2401－0018244　382/26

後漢書朔閏考五卷　（清）徐紹楨撰　清光緒
十七年（1891）刻本　二冊

430000－2401－0018245　382/20

交食捷算四卷五緯捷算四卷　（清）黃炳垕撰
清光緒餘姚黃氏留書種閣刻留書種閣集本
五冊

430000－2401－0018246　△372/1

大清康熙三十八年歲次己卯時憲曆　（清）欽
天監編　清刻本　二冊

430000－2401－0018247　382/39

大清道光七年歲次丁亥時憲書　（清）欽天監
編　清道光六年（1826）欽天監刻本　一冊

430000－2401－0018248　382/40

大清道光八年歲次戊子時憲書　（清）欽天監
編　清道光七年（1827）欽天監刻本　一冊

430000－2401－0018249　382/41

大清道光十年歲次庚寅時憲書　（清）欽天監
編　清道光九年（1829）欽天監刻本　一冊

430000－2401－0018250　382/42

大清道光十一年歲次辛卯時憲書　（清）欽天
監編　清道光十年（1830）欽天監刻本　一冊

430000－2401－0018251　382/43

大清道光十二年歲次壬辰時憲書　（清）欽天
監編　清道光十一年（1831）欽天監刻本
一冊

430000－2401－0018252　382/44

大清道光十三年歲次癸巳時憲書　（清）欽天
監編　清道光十二年（1832）欽天監刻本
一冊

430000－2401－0018253　382/45

大清道光十四年歲次甲午時憲書　（清）欽天

監編　清道光十三年（1833）欽天監刻本
一冊

430000－2401－0018254　382/46

大清道光十五年歲次乙未時憲書　（清）欽天
監編　清道光十四年（1834）欽天監刻本
一冊

430000－2401－0018255　382/47

大清道光十六年歲次丙申時憲書　（清）欽天
監編　清道光十五年（1835）欽天監刻本
一冊

430000－2401－0018256　382/48

大清道光三十年歲次庚戌時憲書　（清）欽天
監編　清道光二十九年（1849）欽天監刻本
一冊

430000－2401－0018257　382/49

大清咸豐二年歲次壬子時憲書　（清）欽天監
編　清咸豐元年（1851）欽天監刻本　一冊

430000－2401－0018258　382/50

大清同治十四年歲次乙亥時憲書　（清）欽天
監編　清同治十三年（1874）欽天監刻本
一冊

430000－2401－0018259　382/51

大清光緒六年歲次庚辰時憲書　（清）欽天監
編　清光緒五年（1879）刻本　一冊

430000－2401－0018260　382/52

大清光緒七年歲次辛巳時憲書　（清）欽天監
編　清光緒六年（1880）刻本　一冊

430000－2401－0018261　382/53

大清光緒八年歲次壬午時憲書　（清）欽天監
編　清光緒七年（1881）刻本　一冊

430000－2401－0018262　382/54

大清光緒九年歲次癸未時憲書　（清）欽天監
編　清光緒八年（1882）刻本　一冊

430000－2401－0018263　382/55

大清光緒十年歲次甲申時憲書　（清）欽天監
編　清光緒九年（1883）刻本　一冊

430000－2401－0018264　382/56

大清光緒十一年歲次乙酉時憲書　（清）欽天監編　清光緒十年(1884)刻本　一冊

430000 – 2401 – 0018265　382/57

大清光緒十八年歲次壬辰時憲書　（清）欽天監編　清光緒十七年(1891)刻本　一冊

430000 – 2401 – 0018266　382/36

大清光緒十九年七政經緯躔度時憲書　（清）欽天監編　清光緒刻本　一冊

430000 – 2401 – 0018267　382/58

大清光緒十九年歲次癸巳時憲書　（清）欽天監編　清光緒十八年(1892)刻本　一冊

430000 – 2401 – 0018268　382/60

大清光緒二十年歲次甲午時憲書　（清）欽天監編　清光緒十九年(1893)欽天監刻本　一冊

430000 – 2401 – 0018269　382/61

大清光緒二十一年歲次乙未時憲書　（清）欽天監編　清光緒二十年(1894)欽天監刻本　一冊

430000 – 2401 – 0018270　382/62

大清光緒二十二年歲次丙申時憲書　（清）欽天監編　清光緒二十一年(1895)欽天監刻本　一冊

430000 – 2401 – 0018271　382/63

大清光緒二十三年歲次丁酉時憲書　（清）欽天監編　清光緒二十二年(1896)欽天監刻本　一冊

430000 – 2401 – 0018272　382/64

大清光緒二十四年歲次戊戌時憲書　（清）欽天監編　清光緒二十三年(1897)刻本　一冊

430000 – 2401 – 0018273　382/65

大清光緒二十五年歲次己亥時憲書　（清）欽天監編　清光緒二十四年(1898)刻本　一冊

430000 – 2401 – 0018274　382/66－2

大清光緒二十六年歲次庚子時憲書　（清）欽天監編　清光緒二十五年(1899)欽天監刻本　一冊

430000 – 2401 – 0018275　382/66

大清光緒二十六年歲次庚子時憲書　（清）欽天監編　清光緒二十五年(1899)刻本　一冊

430000 – 2401 – 0018276　382/67

大清光緒二十七年歲次辛丑時憲書　（清）欽天監編　清光緒二十六年(1900)刻本　一冊

430000 – 2401 – 0018277　382/68

大清光緒二十八年歲次壬寅時憲書　（清）欽天監編　清光緒二十七年(1901)刻本　一冊

430000 – 2401 – 0018278　382/69

大清光緒二十九年歲次癸卯時憲書　（清）欽天監編　清光緒二十八年(1902)刻本　一冊

430000 – 2401 – 0018279　382/70

大清光緒三十年歲次甲辰時憲書　（清）欽天監編　清光緒二十九年(1903)刻本　一冊

430000 – 2401 – 0018280　382/71

大清光緒三十一年歲次乙巳時憲書　（清）欽天監編　清光緒三十年(1904)刻本　一冊

430000 – 2401 – 0018281　382/72

大清光緒三十二年歲次丙午時憲書　（清）欽天監編　清光緒三十一年(1905)刻本　一冊

430000 – 2401 – 0018282　382/73

大清光緒三十三年歲次丁未時憲書　（清）欽天監編　清光緒三十二年(1906)刻本　一冊

430000 – 2401 – 0018283　382/74

大清光緒三十四年歲次戊申時憲書　（清）欽天監編　清光緒三十三年(1907)刻本　一冊

430000 – 2401 – 0018284　382/75

大清光緒三十五年歲次己酉時憲書　（清）欽天監編　清光緒三十四年(1908)刻本　一冊

430000 – 2401 – 0018285　382/76

大清宣統二年歲次庚戌時憲書　（清）欽天監編　清宣統元年(1909)刻本　一冊

430000 – 2401 – 0018286　382/77

大清宣統三年歲次辛亥時憲書　（清）欽天監編　清宣統二年(1910)刻本　一冊

430000 – 2401 – 0018287　382/77－2

大清宣統三年歲次辛亥時憲書　（清）欽天監
編　清宣統二年(1910)刻本　一冊

430000－2401－0018288　382/78

大清宣統四年歲次壬子時憲書　（清）欽天監
編　清宣統三年(1911)刻本　一冊

430000－2401－0018289　382/30

欽定七政四餘萬年書:康熙四十二年至道光
十年　（清）欽天監頒　清嘉慶刻本　五冊

430000－2401－0018290　382/31

欽定七政四餘萬年書:乾隆元年至道光十年
　（清）欽天監頒　清道光刻本　四冊

430000－2401－0018291　382/31－2

欽定七政四餘萬年書:乾隆十一年至道光十
八年　（清）欽天監頒　清道光刻本　三冊
缺乾隆五十四年至嘉慶十五年

430000－2401－0018292　382/32

欽定七政四餘萬年書:道光五年至光緒三十
五年　（清）欽天監頒　清光緒刻本　六冊

430000－2401－0018293　382/2

交食引蒙一卷表說一卷　（清）賈步緯撰
清光緒二十年(1894)江南製造局鉛印本
一冊

430000－2401－0018294　382/5

矓離引蒙不分卷　（清）賈步緯撰　清光緒十
八年(1892)江南製造局刻本　二冊

430000－2401－0018295　382/5(1)

矓離引蒙不分卷　（清）賈步緯撰　清光緒十
八年(1892)江南製造局刻本　二冊

430000－2401－0018296　382/5(2)

矓離引蒙不分卷　（清）賈步緯撰　清光緒十
八年(1892)江南製造局刻本　二冊

430000－2401－0018297　382/33

七政臺曆全書:道光十三年至光緒十八年
（清）楊天爵編　清光緒刻本　二冊

430000－2401－0018298　382/33－2

重訂七政臺曆萬年書:道光十九年至光緒二十五
年　（清）楊天爵編　清光緒同文堂刻本　一冊

430000－2401－0018299　382/33－4

重訂七政臺曆萬年書:同治元年至光緒十六
年　（清）楊天爵編　清光緒刻本　一冊

430000－2401－0018300　382/19

七十二候表一卷　（清）羅以智纂　清光緒八
年(1882)海昌羊氏刻本　一冊

430000－2401－0018301　382/19(1)

七十二候表一卷　（清）羅以智纂　清光緒八
年(1882)海昌羊氏刻本　一冊

430000－2401－0018302　212/40

閏八月考三卷　（清）龔稚推步　（清）王錫祺
編輯　清光緒二十六年(1900)南清河王氏小
方壺齋鉛印南清河王氏所輯書本　一冊

430000－2401－0018303　382/23

國朝萬年書二卷　（清）□□撰　清光緒十三
年(1887)樹德堂校刻本　一冊

430000－2401－0018304　382/23(2)

國朝萬年書二卷　（清）□□撰　清光緒十三
年(1887)樹德堂校刻本　二冊

430000－2401－0018305　383/1

白芙堂算學叢書　（清）丁取忠輯　清同治十
一年至光緒三年(1872－1877)長沙古荷花池
精舍刻本　二十八冊

430000－2401－0018306　383/1－3

白芙堂算學叢書　（清）丁取忠輯　清光緒二
十二年(1896)上海肇記書局石印本　八冊

430000－2401－0018307　383/1－2

白芙堂算學叢書　（清）丁取忠輯　清光緒二
十三年(1897)上海文瀾書局石印本　八冊

430000－2401－0018308　383/66－2

算經十書　（清）孔繼涵撰　清乾隆曲阜孔氏
刻微波榭叢書本　八冊

430000－2401－0018309　383/66

算經十書　（清）孔繼涵輯　清光緒十六年
(1890)滬上刻本　八冊

430000－2401－0018310　383/15

溉齋算學五種　（清）江衡撰　清光緒元和江

氏一溉齋刻本　三冊

430000－2401－0018311　383/116

衡齋遺書　（清）汪萊撰　清咸豐四年(1854)
夏燮鄱陽縣署刻衡齋算學遺書合刻本　一冊

430000－2401－0018312　383/82

則古昔齋算學　（清）李善蘭撰　清同治六年
(1867)金陵李氏刻本　六冊

430000－2401－0018313　383/82(1)

則古昔齋算學　（清）李善蘭撰　清同治六年
(1867)金陵李氏刻本　六冊

430000－2401－0018314　383/82(2)

則古昔齋算學　（清）李善蘭撰　清同治六年
(1867)金陵李氏刻本　五冊

430000－2401－0018315　383/82(3)

則古昔齋算學　（清）李善蘭撰　清同治六年
(1867)金陵李氏刻本　八冊

430000－2401－0018316　383/82(4)

則古昔齋算學　（清）李善蘭撰　清同治六年
(1867)金陵李氏刻本　六冊

430000－2401－0018317　383/82(5)

則古昔齋算學　（清）李善蘭撰　清同治六年
(1867)金陵李氏刻本　六冊

430000－2401－0018318　383/82(6)

則古昔齋算學　（清）李善蘭撰　清同治六年
(1867)金陵李氏刻本　八冊

430000－2401－0018319　383/119

李氏遺書　（清）李銳撰　清道光三年(1823)
儀徵阮氏刻本　六冊

430000－2401－0018320　383/119(1)

李氏遺書　（清）李銳撰　清道光三年(1823)
儀徵阮氏刻本　三冊　缺孤矢算術細草

430000－2401－0018321　311/23

中西算學叢書初編　（清）求敏齋主人輯　清
光緒二十二年(1896)上海鴻寶齋石印本　四
十冊

430000－2401－0018322　383/108

算學初集　（清）吳嘉善　（清）丁取忠撰　清
同治元年(1862)白芙堂刻本　二冊

430000－2401－0018323　383/114

百硯齋算稿　（清）凌步芳撰　清光緒二十八
年(1902)番禺靈山凌氏家刻本　四冊

430000－2401－0018324　△373/2

御製數理精蘊表八卷　（清）聖祖玄燁撰　清
刻本　八冊

430000－2401－0018325　383/107

兼濟堂纂刻梅勿庵先生曆算全書　（清）梅文
鼎撰　清咸豐九年(1859)梅氏補修雍正刻本
二十四冊

430000－2401－0018326　383/107(1)

兼濟堂纂刻梅勿庵先生曆算全書　（清）梅文
鼎撰　清咸豐九年(1859)梅氏補修雍正刻本
十五冊

430000－2401－0018327　383/107(2)

兼濟堂纂刻梅勿庵先生曆算全書　（清）梅文
鼎撰　清咸豐九年(1859)梅氏補修雍正刻本
六冊

430000－2401－0018328　△53/1

梅氏叢書輯要　（清）梅文鼎撰　清乾隆二十
六年(1761)刻本　十六冊

430000－2401－0018329　383/102

梅氏叢書輯要　（清）梅文鼎撰　清同治十三
年(1874)梅氏頤園刻本　二十冊

430000－2401－0018330　383/102(1)

梅氏叢書輯要　（清）梅文鼎撰　清同治十三
年(1874)梅氏頤園刻本　十七冊　缺十四卷
(五至八、三十五至四十四)

430000－2401－0018331　383/102(2)

梅氏叢書輯要　（清）梅文鼎撰　清同治十三
年(1874)梅氏頤園刻本　十六冊　缺二十三
卷(一至六、三十四至四十九,首一卷)

430000－2401－0018332　383/102－2

梅氏叢書輯要　（清）梅文鼎撰　清光緒十四
年(1888)龍文書局石印本　六冊

430000－2401－0018333　383/102－2(1)

梅氏叢書輯要　(清)梅文鼎撰　清光緒十四年(1888)龍文書局石印本　六冊

430000－2401－0018334　383/102－2(2)

梅氏叢書輯要　(清)梅文鼎撰　清光緒十四年(1888)龍文書局石印本　六冊

430000－2401－0018335　383/102－2(3)

梅氏叢書輯要　(清)梅文鼎撰　清光緒十四年(1888)龍文書局石印本　六冊

430000－2401－0018336　383/122

翠薇山房數學　(清)張作楠撰　清嘉慶、道光金華張氏翠薇山房刻本　十八冊

430000－2401－0018337　383/56

行素軒算稿　(清)華蘅芳撰　清光緒八年(1882)梁溪華氏刻本　八冊　存十六卷(開方別述一卷、數根術解一卷、開方古義二卷、算學筆談十二卷)

430000－2401－0018338　311/24

行素軒算稿　(清)華蘅芳撰　清光緒二十二年(1896)上海文瑞樓石印本　六冊　存十六卷(開方別述一卷、數根術解一卷、開方古義二卷、算學筆談十二卷)

430000－2401－0018339　383/120

董方立算書　(清)董祐誠撰　清江南製造總局刻本　一冊

430000－2401－0018340　383/120(1)

董方立算書　(清)董祐誠撰　清江南製造總局刻本　一冊

430000－2401－0018341　383/120(2)

董方立算書　(清)董祐誠撰　清江南製造總局刻本　一冊

430000－2401－0018342　383/105

六九軒算書　(清)劉衡撰　清咸豐五年(1855)陝西長宋縣署刻本　四冊

430000－2401－0018343　383/55

古今算學叢書　(清)劉鐸輯　清光緒二十四年(1898)算學書局印本　五十冊

430000－2401－0018344　383/55(1)

古今算學叢書　(清)劉鐸輯　清光緒二十四年(1898)算學書局印本　六十二冊

430000－2401－0018345　383/41

謝穀堂算學三種　(清)謝家禾撰　清道光十七年(1837)刻本　一冊

430000－2401－0018346　383/41(1)

謝穀堂算學三種　(清)謝家禾撰　清道光十七年(1837)刻本　一冊

430000－2401－0018347　383/41(2)

謝穀堂算學三種　(清)謝家禾撰　清道光十七年(1837)刻本　一冊

430000－2401－0018348　383/16

觀我生室匯稿　(清)羅士琳撰　清道光刻本　十六冊

430000－2401－0018349　383/16(1)

觀我生室匯稿　(清)羅士琳撰　清道光刻本　四冊

430000－2401－0018350　383/4

矩齋籌算六種　勞乃宣撰　清光緒刻本　二十冊

430000－2401－0018351　383/67－2

海島算經一卷　(晉)劉徽撰　清同治十三年(1874)江西書局刻武英殿聚珍版書本　一冊

430000－2401－0018352　383/67－2(1)

海島算經一卷　(晉)劉徽撰　清同治十三年(1874)江西書局刻武英殿聚珍版書本　一冊

430000－2401－0018353　383/45－2

五經算術二卷　(北周)甄鸞撰　(唐)李淳風註　清同治十三年(1874)江西書局刻武英殿聚珍版書本　一冊

430000－2401－0018354　383/45－2(1)

五經算術二卷　(北周)甄鸞撰　(唐)李淳風註　清同治十三年(1874)江西書局刻武英殿聚珍版書本　一冊

430000－2401－0018355　383/68－2

孫子算經三卷　(唐)李淳風等註　清同治十

三年(1874)江西書局刻武英殿聚珍版書本
一册

430000 – 2401 – 0018356　383/61
新編算學啟蒙三卷　(元)朱世傑編撰　清道
光十九年(1839)刻本　二册

430000 – 2401 – 0018357　383/61(1)
新編算學啟蒙三卷　(元)朱世傑編撰　清道
光十九年(1839)刻本　二册

430000 – 2401 – 0018358　383/61(2)
新編算學啟蒙三卷　(元)朱世傑編撰　清道
光十九年(1839)刻本　二册

430000 – 2401 – 0018359　383/61(3)
新編算學啟蒙三卷　(元)朱世傑編撰　清道
光十九年(1839)刻本　二册

430000 – 2401 – 0018360　383/61(4)
新編算學啟蒙三卷　(元)朱世傑編撰　清道
光十九年(1839)刻本　二册

430000 – 2401 – 0018361　383/61(5)
新編算學啟蒙三卷　(元)朱世傑編撰　清道
光十九年(1839)刻本　二册

430000 – 2401 – 0018362　383/61(6)
新編算學啟蒙三卷　(元)朱世傑編撰　清道
光十九年(1839)刻本　二册

430000 – 2401 – 0018363　383/6 – 2
四元玉鑑細草三卷附增補釋例一卷　(元)朱
世傑撰　(清)羅士琳補　**四元釋例一卷**
(清)易之瀚撰　清道光十六年(1836)刻本
四册

430000 – 2401 – 0018364　383/6
四元玉鑑細草三卷附增補釋例一卷　(元)朱
世傑撰　(清)羅士琳補　**四元釋例一卷**
(清)易之瀚撰　清光緒二十二年(1896)鴻寶
齋書局石印本　六册

430000 – 2401 – 0018365　383/6(1)
四元玉鑑細草三卷附增補釋例一卷　(元)朱
世傑撰　(清)羅士琳補　**四元釋例一卷**
(清)易之瀚撰　清光緒二十二年(1896)鴻寶

齋書局石印本　六册

430000 – 2401 – 0018366　△373/3
算學新說一卷　(明)朱載堉撰　明萬曆三十
一年(1603)刻本　一册

430000 – 2401 – 0018367　383/17
增删算法統宗十一卷　(明)程大位原編
(清)梅瑴成增删　清光緒三年(1877)江南機
器製造局刻本　四册

430000 – 2401 – 0018368　383/17(1)
增删算法統宗十一卷　(明)程大位原編
(清)梅瑴成增删　清光緒三年(1877)江南機
器製造局刻本　四册

430000 – 2401 – 0018369　383/17(2)
增删算法統宗十一卷　(明)程大位原編
(清)梅瑴成增删　清光緒三年(1877)江南機
器製造局刻本　四册

430000 – 2401 – 0018370　△373/1
測圓海鏡分類釋術十卷首一卷　(明)顧應祥
撰　清鈔本　二册

430000 – 2401 – 0018371　383/27
數度衍二十三卷首三卷　(清)方中通撰　清
光緒十六年(1890)成都王氏志古堂刻本
八册

430000 – 2401 – 0018372　383/83
代數通藝錄十六卷　(清)方愷撰　清光緒二
十四年(1898)小倉山房石印本　六册

430000 – 2401 – 0018373　383/98
天元草五卷　(清)王樹枬撰　清光緒十九年
(1893)成都文莫室刻本　一册

430000 – 2401 – 0018374　383/8
衍元小草二卷　(清)孔慶霶　(清)孔慶霈撰
　清光緒二十四年(1898)清苑官廨刻本
二册

430000 – 2401 – 0018375　383/25 – 4
御製數理精蘊上編五卷下編四十卷表八卷
(清)允祉等撰　清康熙內府刻本　三十八册

430000 – 2401 – 0018376　383/25 – 4(1)

御製數理精蘊上編五卷下編四十卷表八卷
（清）允祉等撰　清康熙內府刻本　三十三冊

430000－2401－0018377　383/25－4（2）
御製數理精蘊上編五卷下編四十卷表八卷
（清）允祉等撰　清康熙內府刻本　三十二冊

430000－2401－0018378　383/25－4（3）
御製數理精蘊上編五卷下編四十卷表八卷
（清）允祉等撰　清康熙內府刻本　存表八冊

430000－2401－0018379　383/25－4（4）
御製數理精蘊上編五卷下編四十卷表八卷
（清）允祉等撰　清康熙內府刻本　三十八冊

430000－2401－0018380　383/25－6
御製數理精蘊上編五卷下編四十卷表八卷
（清）允祉等撰　清光緒八年（1882）江寧藩署
刻本　四十冊

430000－2401－0018381　383/25
御製數理精蘊上編五卷下編四十卷表八卷
（清）允祉等撰　清光緒十四年（1888）上海大
同書局石印本　十六冊

430000－2401－0018382　383/25（1）
御製數理精蘊上編五卷下編四十卷表八卷
（清）允祉等撰　清光緒十四年（1888）上海大
同書局石印本　十六冊

430000－2401－0018383　383/25－5
御製數理精蘊上編四卷　（清）允祉等撰　清
光緒十九年（1893）江南製造局鉛印本　三冊

430000－2401－0018384　383/25－5（1）
御製數理精蘊上編四卷　（清）允祉等撰　清
光緒十九年（1893）江南製造局鉛印本　三冊

430000－2401－0018385　383/25－2
御製數理精蘊上編五卷下編四十卷表八卷
（清）允祉等撰　清光緒二十二年（1896）上海
博文書局石印本　二十四冊

430000－2401－0018386　383/25－2（1）
御製數理精蘊上編五卷下編四十卷表八卷
（清）允祉等撰　清光緒二十二年（1896）上海
博文書局石印本　二十三冊　缺一卷（一）

430000－2401－0018387　383/25－3
御製數理精蘊上編五卷下編四十卷表八卷
（清）允祉等撰　清刻本　二十冊　缺二十一
卷（表三至五，上編一至三，下編五至六、十三
至十五、十七至十八、二十二至二十三、二十
九至三十二、三十四、三十七）

430000－2401－0018388　383/87
算學蒙求初集二卷　（清）申雲藩撰　清光緒
二十七年（1901）榮順堂刻本　二冊

430000－2401－0018389　383/5
視學不分卷　（清）年希堯撰　清雍正刻本
二冊

430000－2401－0018390　383/48－2
數學表一卷　（清）李克佐撰　清光緒三十二
年（1906）武昌湖南學堂刻本　一冊

430000－2401－0018391　383/117
弧矢算術細草圖解一卷　（清）李銳撰　（清）
馮桂芬解　清道光二十七年（1847）瀋陽鍾文
粵海榷署刻本　一冊

430000－2401－0018392　383/103－3
九章算術細草圖說九卷海島算經細草圖說一
卷　（清）李潢撰　清嘉慶二十五年（1820）語
鴻堂刻本　四冊

430000－2401－0018393　383/103－3（1）
九章算術細草圖說九卷海島算經細草圖說一
卷　（清）李潢撰　清嘉慶二十五年（1820）語
鴻堂刻本　八冊

430000－2401－0018394　383/103－2
九章算術細草圖說九卷海島算經細草圖說一
卷　（清）李潢撰　清光緒二十二年（1896）上
海文淵山房石印本　四冊

430000－2401－0018395　383/103
九章算術細草圖說九卷海島算經細草圖說一
卷　（清）李潢撰　清光緒石印本　四冊

430000－2401－0018396　383/128
緝古算經考註圖草二卷　（清）李潢撰　緝古
算經圖草二卷　（清）揭廷鏘撰　清道光十二

年（1832）三史堂刻本　三冊

430000－2401－0018397　383/125

割圜通解一卷代數術二十五卷末款詳解一卷
　（清）吳誠撰　清光緒二十四年（1898）江蘇
書局刻本　一冊

430000－2401－0018398　383/64

大衍制用圖說四卷　（清）宛名昌撰　清同治
十二年（1873）長沙荷花池刻本　一冊

430000－2401－0018399　383/42

兩湖書院算學課程二卷　（清）兩湖書院編
　清光緒二十四年（1898）兩湖書院刻本
二冊

430000－2401－0018400　383/146

兩湖書院課程:算學不分卷　（清）兩湖書院
編　清光緒末刻本　四冊

430000－2401－0018401　383/88

微積集證四卷　（清）林傳甲撰　清光緒二十
六年（1900）長沙督學使署刻本　一冊

430000－2401－0018402　383/13－6

九數通考十一卷首一卷末一卷　（清）屈曾發
撰　清鈔本　一冊　存二卷（首、一）

430000－2401－0018403　383/13

數學精詳十一卷首一卷末一卷　（清）屈曾發
撰　清乾隆三十七年（1772）豫簪堂刻本
四冊

430000－2401－0018404　383/13(1)

數學精詳十一卷首一卷末一卷　（清）屈曾發
撰　清乾隆三十七年（1772）豫簪堂刻本
六冊

430000－2401－0018405　383/13－2

數學精詳十一卷首一卷末一卷　（清）屈曾發
撰　清同治十年（1871）學海堂刻本　六冊

430000－2401－0018406　383/13－3

數學精詳十一卷首一卷末一卷　（清）屈曾發
撰　清同治十一年（1872）刻本　五冊

430000－2401－0018407　383/13－4

數學精詳十一卷首一卷末一卷　（清）屈曾發

撰　清光緒二十四年（1898）巴蜀善成堂刻本
六冊

430000－2401－0018408　383/13－5

數學精詳十一卷首一卷末一卷　（清）屈曾發
撰　**九數通考續集十卷**　（清）顧觀光撰　清
光緒二十四年（1898）復古書齋石印本　九冊
　缺二卷（數學精詳一、首一卷）

430000－2401－0018409　383/34

割圜密率捷法四卷　（清）明安圖撰　（清）陳
際新等續　清道光十九年（1839）石梁岑氏刻
觀我生室匯稿本　一冊

430000－2401－0018410　383/72

高等小學算術教科書二卷　（清）明德學堂編
　清宣統元年（1909）湖南機器印刷局鉛印本
二冊

430000－2401－0018411　383/2

隨方一得草四卷　（清）易抱一撰　清光緒三
十年（1904）刻本　二冊

430000－2401－0018412　383/96

代算備旨題問細草六卷　（清）袁綱維撰　清
光緒二十九年（1903）蜀東善成堂刻本　二冊

430000－2401－0018413　383/96(1)

代算備旨題問細草六卷　（清）袁綱維撰　清
光緒二十九年（1903）蜀東善成堂刻本　二冊

430000－2401－0018414　383/89

萬象一原九卷首一卷　（清）夏鸞翔撰　清光
緒二十四年（1898）江蘇書局刻本　一冊

430000－2401－0018415　383/104

中西算學合訂三編附一編　（清）晏聯奎編
清光緒十五年（1889）知不足齋刻本　八冊

430000－2401－0018416　383/127

求正弦法一卷　（清）陳方墀撰　清光緒十五
年（1889）刻本　一冊

430000－2401－0018417　383/100

緝古算經圖解三卷音義一卷　（清）陳杰撰
清道光三年（1823）敷文閣刻本　一冊

430000－2401－0018418　383/75

中西算學大成一百卷　（清）陳維祺撰　清光緒十五年（1889）上海同文書局石印本　十八冊　缺十一卷（十四至十八、二十五至三十）

430000－2401－0018419　383/81

代數句股術四卷　（清）張茂涗撰　清光緒十三年（1887）長沙玉海樓刻玉海樓叢書本　四冊

430000－2401－0018420　383/130

西算新法直解八卷丈田繪圖章程一卷　（清）馮桂芬撰　清光緒二年（1876）吳縣馮氏校邠廬刻本　四冊

430000－2401－0018421　383/97

代數啟蒙四卷　（清）馮澄撰　清光緒二十三年（1897）江蘇書局刻清渠叢書本　四冊

430000－2401－0018422　383/131

對景加減表一卷　（清）曾紀澤譯　清同治十三年（1874）刻本　一冊

430000－2401－0018423　383/63

三角公式輯要二卷　（清）湯金鑄輯　清光緒二十六年（1900）兩湖書院刻本　一冊　存一卷（一）

430000－2401－0018424　383/24

勾股六術一卷　（清）項名達撰　清光緒二十三年（1897）上海璣衡堂石印本　一冊

430000－2401－0018425　383/24－2

勾股六術一卷　（清）項名達撰　清末上海江南機器製造總局刻本　一冊

430000－2401－0018426　383/24－2（1）

勾股六術一卷　（清）項名達撰　清末上海江南機器製造總局刻本　一冊

430000－2401－0018427　383/54

代數九章細草九卷　（清）黃伯瑛撰　清光緒二十二年（1896）留有餘齋刻留有餘齋叢書本　八冊

430000－2401－0018428　383/12

求一術通解二卷　（清）黃宗憲撰　清光緒二十二年（1896）古梅城知足堂刻古琴古研齋算

稿本　一冊

430000－2401－0018429　383/10

容圓七術三卷曲面容方一卷　（清）黃宗憲撰　清光緒二十二年（1896）梅城知足堂刻古琴古研齋算稿本　二冊

430000－2401－0018430　383/10（1）

容圓七術三卷曲面容方一卷　（清）黃宗憲撰　清光緒二十二年（1896）梅城知足堂刻古琴古研齋算稿本　二冊

430000－2401－0018431　383/10（2）

容圓七術三卷曲面容方一卷　（清）黃宗憲撰　清光緒二十二年（1896）梅城知足堂刻古琴古研齋算稿本　二冊

430000－2401－0018432　383/44

憫笑不計一卷　（清）黃宗憲撰　清光緒二十二年（1896）梅城知足堂刻藍印古琴古研齋算稿本　一冊

430000－2401－0018433　383/44（1）

憫笑不計一卷　（清）黃宗憲撰　清光緒二十二年（1896）梅城知足堂刻藍印古琴古研齋算稿本　一冊

430000－2401－0018434　383/44（2）

憫笑不計一卷　（清）黃宗憲撰　清光緒二十二年（1896）梅城知足堂刻藍印古琴古研齋算稿本　一冊

430000－2401－0018435　383/94

數根術解一卷開方別術一卷　（清）華蘅芳撰　清同治十一年（1872）金匱華氏刻行素軒算稿本　一冊

430000－2401－0018436　383/50－2

學算筆談十二卷　（清）華蘅芳撰　清光緒十一年（1885）金陵楊氏刻行素軒算稿本　四冊

430000－2401－0018437　383/50

學算筆談十二卷　（清）華蘅芳撰　清光緒二十二年（1896）徐氏刻行素軒算稿本　四冊

430000－2401－0018438　383/50（1）

學算筆談十二卷　（清）華蘅芳撰　清光緒二

十二年(1896)徐氏刻行素軒算稿本　六冊

430000－2401－0018439　383/147

最新全圖歸除算法　(清)萬里鵬編　(清)許庚星繪圖　清宣統元年(1909)上海廣益書局石印本　二冊

430000－2401－0018440　383/92

開方用表簡術一卷　(清)程之驥撰　清光緒二十三年(1897)澧陽黃氏刻留有餘齋叢書本　一冊

430000－2401－0018441　383/48

八綫對數簡表一卷八綫簡表一卷　(清)賈步緯校　清光緒江南機器製造總局鉛印本　二冊

430000－2401－0018442　383/38

對數表不分卷　(清)賈步緯校　清光緒二十四年(1898)江南製造總局鉛印本　四冊

430000－2401－0018443　383/38(1)

對數表不分卷　(清)賈步緯校　清光緒二十四年(1898)江南製造總局鉛印本　四冊

430000－2401－0018444　383/38(2)

對數表不分卷　(清)賈步緯校　清光緒二十四年(1898)江南製造總局鉛印本　四冊

430000－2401－0018445　383/135

翻譯弦切對數表八卷　(清)賈步緯編譯　清光緒二十六年(1900)江南製造局鉛印本　八冊

430000－2401－0018446　383/73

學計一得二卷　(清)鄒伯奇撰　清同治十二年(1873)廣東富文齋刻鄒徵君遺書本　一冊

430000－2401－0018447　383/7

簡易庵算稿四卷　(清)劉彝程撰　清光緒二十六年(1900)江南製造局刻本　四冊

430000－2401－0018448　383/99

五經算術疏義二卷　(清)劉嶽雲撰　清光緒二十五年(1899)鉛印食舊悳齋算書本　一冊

430000－2401－0018449　383/129

天元句股細草二卷　(清)劉鶚撰　清刻本　一冊

430000－2401－0018450　383/136

若水齋古今算學書錄七卷附錄一卷　(清)劉鐸　(清)張百熙輯　清光緒二十四年(1898)算學書局石印本　四冊

430000－2401－0018451　383/136(1)

若水齋古今算學書錄七卷附錄一卷　(清)劉鐸　(清)張百熙輯　清光緒二十四年(1898)算學書局石印本　四冊

430000－2401－0018452　383/65

算學講義十八卷　(清)謝鍾楠輯　清光緒二十八年(1902)漣漪仙館刻謝氏漣漪仙館叢書本　十六冊

430000－2401－0018453　383/23

對數簡法一卷續一卷　(清)戴煦撰　清光緒四年(1878)金山錢氏刻小萬卷樓叢書本　一冊

430000－2401－0018454　383/126

增廣新術二卷　(清)羅士琳撰　清咸豐元年(1851)刻本　一冊

430000－2401－0018455　383/124

用器畫教科書一卷　(清)羅照滄編　清光緒三十年(1904)武昌刻本　一冊

430000－2401－0018456　383/91

九數外錄一卷　(清)顧觀光撰　清光緒刻本　一冊

430000－2401－0018457　383/91(1)

九數外錄一卷　(清)顧觀光撰　清光緒刻本　一冊

430000－2401－0018458　383/70－2

夏侯陽算經三卷　(□)夏侯陽撰　清同治十三年(1874)江西書局刻武英殿聚珍版書本　一冊

430000－2401－0018459　383/70－2(1)

夏侯陽算經三卷　(□)夏侯陽撰　清同治十三年(1874)江西書局刻武英殿聚珍版書本　一冊

430000－2401－0018460　383/40

算學書目提要三卷　丁福保撰　清光緒二十五年(1899)無錫俟實學堂刻疇隱廬叢書本　一冊

430000－2401－0018461　383/40(1)

算學書目提要三卷　丁福保撰　清光緒二十五年(1899)無錫俟實學堂刻疇隱廬叢書本　一冊

430000－2401－0018462　383/40(2)

算學書目提要三卷　丁福保撰　清光緒二十五年(1899)無錫俟實學堂刻疇隱廬叢書本　一冊

430000－2401－0018463　383/151

瓵洛巧方演段不分卷　曾廣鈞撰　清光緒稿本　一冊

430000－2401－0018464　383/138

三角法解源五卷　清鈔本　五冊

430000－2401－0018465　383/43－3

新鐫校正指明算法二卷　清光緒三十年(1904)崇實書局刻本　一冊

430000－2401－0018466　383/43－2

新鐫校正指明算法二卷　清末澹雅書局刻本　一冊

430000－2401－0018467　383/43－2(1)

新鐫校正指明算法二卷　清末澹雅書局刻本　一冊

430000－2401－0018468　383/43

珠算法一卷　清末富記書莊刻本　一冊

430000－2401－0018469　383/121

幾何原本十五卷首一卷　（意大利)利瑪竇口譯　(明)徐光啟筆受　清同治四年(1865)金陵刻本　八冊

430000－2401－0018470　383/121(1)

幾何原本十五卷首一卷　（意大利)利瑪竇口譯　(明)徐光啟筆受　清同治四年(1865)金陵刻本　八冊

430000－2401－0018471　383/121(2)

幾何原本十五卷首一卷　（意大利)利瑪竇口

譯　(明)徐光啟筆受　清同治四年(1865)金陵刻本　八冊

430000－2401－0018472　383/121(3)

幾何原本十五卷首一卷　（意大利)利瑪竇口譯　(明)徐光啟筆受　清同治四年(1865)金陵刻本　八冊

430000－2401－0018473　383/121(4)

幾何原本十五卷首一卷　（意大利)利瑪竇口譯　(明)徐光啟筆受　清同治四年(1865)金陵刻本　八冊

430000－2401－0018474　383/121(5)

幾何原本十五卷首一卷　（意大利)利瑪竇口譯　(明)徐光啟筆受　清同治四年(1865)金陵刻本　八冊

430000－2401－0018475　383/121(6)

幾何原本十五卷首一卷　（意大利)利瑪竇口譯　(明)徐光啟筆受　清同治四年(1865)金陵刻本　八冊

430000－2401－0018476　383/121－2

幾何原本十五卷首一卷　（意大利)利瑪竇口譯　(明)徐光啟筆受　清光緒二十四年(1898)江夏董氏家塾刻本　八冊

430000－2401－0018477　383/85

平面幾何教科書　（日本)田中矢德編　(清)薛光錡譯　清光緒三十一年(1905)京師譯學館鉛印怡怡軒叢書本　一冊

430000－2401－0018478　383/37

器象顯真四卷　（英國)白力蓋輯　(英國)傅蘭雅口譯　(清)徐建寅刪述　清光緒上海江南製造總局刻本　二冊

430000－2401－0018479　383/37(1)

器象顯真四卷　（英國)白力蓋輯　(英國)傅蘭雅口譯　(清)徐建寅刪述　清光緒上海江南製造總局刻本　二冊

430000－2401－0018480　383/37(2)

器象顯真四卷　（英國)白力蓋輯　(英國)傅蘭雅口譯　(清)徐建寅刪述　清光緒上海江

南製造總局刻本　三冊

430000－2401－0018481　383/36

運規約指三卷　（英國）白起德輯　（英國）傅蘭雅口譯　（清）徐建寅筆述　清光緒二十三年(1897)江南製造局刻本　二冊

430000－2401－0018482　383/36－2

運規約指三卷　（英國）白起德輯　（英國）傅蘭雅口譯　（清）徐建寅筆述　清末江南製造總局刻本　一冊

430000－2401－0018483　383/36－2(1)

運規約指三卷　（英國）白起德輯　（英國）傅蘭雅口譯　（清）徐建寅筆述　清末江南製造總局刻本　一冊

430000－2401－0018484　383/36－2(2)

運規約指三卷　（英國）白起德輯　（英國）傅蘭雅口譯　（清）徐建寅筆述　清末江南製造總局刻本　一冊

430000－2401－0018485　383/36－2(3)

運規約指三卷　（英國）白起德輯　（英國）傅蘭雅口譯　（清）徐建寅筆述　清末江南製造總局刻本　一冊

430000－2401－0018486　383/36－2(4)

運規約指三卷　（英國）白起德輯　（英國）傅蘭雅口譯　（清）徐建寅筆述　清末江南製造總局刻本　一冊

430000－2401－0018487　383/36－2(5)

運規約指三卷　（英國）白起德輯　（英國）傅蘭雅口譯　（清）徐建寅筆述　清末江南製造總局刻本　一冊

430000－2401－0018488　383/36－2(6)

運規約指三卷　（英國）白起德輯　（英國）傅蘭雅口譯　（清）徐建寅筆述　清末江南製造總局刻本　一冊

430000－2401－0018489　383/36－3

運規約指三卷　（英國）白起德輯　（英國）傅蘭雅口譯　（清）徐建寅筆述　清鈔本　一冊

430000－2401－0018490　383/35

圓錐曲綫說三卷　（英國）艾約瑟口譯　（清）李善蘭筆述　清光緒江南製造總局刻本　一冊

430000－2401－0018491　383/35(1)

圓錐曲綫說三卷　（英國）艾約瑟口譯　（清）李善蘭筆述　清光緒江南製造總局刻本　一冊

430000－2401－0018492　383/35(2)

圓錐曲綫說三卷　（英國）艾約瑟口譯　（清）李善蘭筆述　清光緒江南製造總局刻本　一冊

430000－2401－0018493　383/33

算式集要四卷　（英國）哈司韋輯　（英國）傅蘭雅口譯　（清）江衡筆述　清末江南製造總局刻本　二冊

430000－2401－0018494　383/33(1)

算式集要四卷　（英國）哈司韋輯　（英國）傅蘭雅口譯　（清）江衡筆述　清末江南製造總局刻本　二冊

430000－2401－0018495　383/33(2)

算式集要四卷　（英國）哈司韋輯　（英國）傅蘭雅口譯　（清）江衡筆述　清末江南製造總局刻本　二冊

430000－2401－0018496　383/132

幾何舉隅六卷　（英國）托咸都輯　（清）鄭毓英譯述　清光緒二十四年(1898)江夏董氏家塾刻本　三冊

430000－2401－0018497　383/31

三角數理十二卷　（英國）海麻士輯　（英國）傅蘭雅口譯　（清）華蘅芳筆述　清光緒上海江南製造總局刻本　六冊

430000－2401－0018498　383/31(1)

三角數理十二卷　（英國）海麻士輯　（英國）傅蘭雅口譯　（清）華蘅芳筆述　清光緒上海江南製造總局刻本　六冊

430000－2401－0018499　383/31(2)

三角數理十二卷　（英國）海麻士輯　（英國）

傅蘭雅口譯　（清）華蘅芳筆述　清光緒上海
江南製造總局刻本　六冊

430000－2401－0018500　383/29
代數難題解法十六卷　（英國）倫德編輯
（英國）傅蘭雅口譯　（清）華蘅芳筆述　清光
緒江南機器製造局刻本　六冊

430000－2401－0018501　383/29(1)
代數難題解法十六卷　（英國）倫德編輯
（英國）傅蘭雅口譯　（清）華蘅芳筆述　清光
緒江南機器製造局刻本　六冊

430000－2401－0018502　383/29(2)
代數難題解法十六卷　（英國）倫德編輯
（英國）傅蘭雅口譯　（清）華蘅芳筆述　清光
緒江南機器製造局刻本　三冊　缺八卷(一
至二、十一至十六)

430000－2401－0018503　383/29(3)
代數難題解法十六卷　（英國）倫德編輯
（英國）傅蘭雅口譯　（清）華蘅芳筆述　清光
緒江南機器製造局刻本　四冊(原書八冊)
缺五卷(六至八、十一至十二)

430000－2401－0018504　383/11
代數術二十五卷首一卷　（英國）華里司輯
（英國）傅蘭雅口譯　（清）華蘅芳筆述　清同
治十二年(1873)江南製造總局刻本　六冊

430000－2401－0018505　383/11－2
代數術二十五卷首一卷　（英國）華里司輯
（英國）傅蘭雅口譯　（清）華蘅芳筆述　清光
緒二十四年(1898)味經刊書處刻本　六冊

430000－2401－0018506　383/11－2(1)
代數術二十五卷首一卷　（英國）華里司輯
（英國）傅蘭雅口譯　（清）華蘅芳筆述　清光
緒二十四年(1898)味經刊書處刻本　六冊

430000－2401－0018507　383/11－2(2)
代數術二十五卷首一卷　（英國）華里司輯
（英國）傅蘭雅口譯　（清）華蘅芳筆述　清光
緒二十四年(1898)味經刊書處刻本　六冊

430000－2401－0018508　383/11－2(3)

代數術二十五卷首一卷　（英國）華里司輯
（英國）傅蘭雅口譯　（清）華蘅芳筆述　清光
緒二十四年(1898)味經刊書處刻本　六冊

430000－2401－0018509　383/11－2(4)
代數術二十五卷首一卷　（英國）華里司輯
（英國）傅蘭雅口譯　（清）華蘅芳筆述　清光
緒二十四年(1898)味經刊書處刻本　六冊

430000－2401－0018510　383/11－2(5)
代數術二十五卷首一卷　（英國）華里司輯
（英國）傅蘭雅口譯　（清）華蘅芳筆述　清光
緒二十四年(1898)味經刊書處刻本　六冊

430000－2401－0018511　383/11－2(6)
代數術二十五卷首一卷　（英國）華里司輯
（英國）傅蘭雅口譯　（清）華蘅芳筆述　清光
緒二十四年(1898)味經刊書處刻本　六冊

430000－2401－0018512　383/11－3
代數術二十五卷首一卷　（英國）華里司輯
（英國）傅蘭雅口譯　（清）華蘅芳筆述　清末
刻本　六冊

430000－2401－0018513　383/28
微積溯源八卷　（英國）華里司輯　（英國）傅
蘭雅口譯　（清）華蘅芳筆述　清同治十三年
(1874)江南機器製造局刻本　六冊

430000－2401－0018514　383/28(1)
微積溯源八卷　（英國）華里司輯　（英國）傅
蘭雅口譯　（清）華蘅芳筆述　清同治十三年
(1874)江南機器製造局刻本　六冊

430000－2401－0018515　383/28(2)
微積溯源八卷　（英國）華里司輯　（英國）傅
蘭雅口譯　（清）華蘅芳筆述　清同治十三年
(1874)江南機器製造局刻本　六冊

430000－2401－0018516　383/28(3)
微積溯源八卷　（英國）華里司輯　（英國）傅
蘭雅口譯　（清）華蘅芳筆述　清同治十三年
(1874)江南機器製造局刻本　六冊

430000－2401－0018517　383/28(4)
微積溯源八卷　（英國）華里司輯　（英國）傅

蘭雅口譯　（清）華蘅芳筆述　清同治十三年
(1874)江南機器製造局刻本　六冊

430000－2401－0018518　383/28(5)

微積溯源八卷　（英國）華里司輯　（英國）傅
蘭雅口譯　（清）華蘅芳筆述　清同治十三年
(1874)江南機器製造局刻本　六冊

430000－2401－0018519　383/150

代數學十三卷首一卷　（英國）棣麼甘撰
（英國）偉烈亞力口譯　（清）李善蘭筆述　清
咸豐九年(1859)墨海鉛印本　一冊

430000－2401－0018520　383/22

數學理九卷附一卷　（英國）棣麼甘撰　（英
國）傅蘭雅口譯　（清）趙元益筆述　清光緒
江南製造總局刻本　四冊

430000－2401－0018521　383/93

算式解法十四卷　（美國）好敦司　（美國）開
奈利撰　（英國）傅蘭雅口譯　（清）華蘅芳筆
述　清光緒二十五年(1899)江南製造總局刻
本　二冊

430000－2401－0018522　383/86

圓錐曲綫一卷　（美國）求德生選譯　（清）劉
維師筆述　清光緒二十四年(1898)上海美華
書館鉛印本　一冊

430000－2401－0018523　383/14

代數備旨　（美國）狄考文選譯　（清）鄒立文
（清）生福維筆述　清光緒二十八年(1902)
上海美華書館鉛印本　一冊

430000－2401－0018524　383/14(1)

代數備旨　（美國）狄考文選譯　（清）鄒立文
（清）生福維筆述　清光緒二十八年(1902)
上海美華書館鉛印本　一冊

430000－2401－0018525　383/9

形學十卷首一卷　（美國）狄考文選譯　（清）
鄒立文　（清）生福維筆述　清光緒十一年
(1885)刻本　二冊

430000－2401－0018526　383/9(1)

形學十卷首一卷　（美國）狄考文選譯　（清）

鄒立文　（清）生福維筆述　清光緒十一年
(1885)刻本　二冊

430000－2401－0018527　383/9(2)

形學十卷首一卷　（美國）狄考文選譯　（清）
鄒立文　（清）生福維筆述　清光緒十一年
(1885)刻本　二冊

430000－2401－0018528　383/62

筆算數學三卷　（美國）狄考文輯　（清）鄒立
文述　清光緒二十三年(1897)武備學會刻本
六冊

430000－2401－0018529　383/62－2

筆算數學三卷　（美國）狄考文輯　（清）鄒立
文述　清光緒二十九年(1903)上海美華書館
鉛印本　三冊

430000－2401－0018530　383/32

對數表不分卷　（美國）赫士撰譯　（清）朱葆
琛筆述　清光緒二十九年(1903)上海美華書
館鉛印本　一冊

430000－2401－0018531　383/32(1)

對數表　（美國）赫士撰譯　（清）朱葆琛筆述
清光緒三十年(1904)上海美華書館鉛印本
一冊

430000－2401－0018532　383/30

代微積拾級十八卷　（美國）羅密士撰　（英
國）偉烈亞力口譯　（清）李善蘭筆述　清咸
豐九年(1859)墨海刻本　三冊

430000－2401－0018533　383/30(1)

代微積拾級十八卷　（美國）羅密士撰　（英
國）偉烈亞力口譯　（清）李善蘭筆述　清咸
豐九年(1859)墨海刻本　三冊

430000－2401－0018534　383/30(2)

代微積拾級十八卷　（美國）羅密士撰　（英
國）偉烈亞力口譯　（清）李善蘭筆述　清咸
豐九年(1859)墨海刻本　三冊

430000－2401－0018535　383/30(3)

代微積拾級十八卷　（美國）羅密士撰　（英
國）偉烈亞力口譯　（清）李善蘭筆述　清咸

豐九年(1859)墨海刻本　三冊

430000 – 2401 – 0018536　383/39 – 2

八綫備旨四卷八綫學總習問一卷　（美國）羅密士撰　（美國）潘慎文譯　清光緒二十年(1894)上海美華書館鉛印本　一冊

430000 – 2401 – 0018537　383/39

八綫備旨四卷八綫學總習問一卷　（美國）羅密士撰　（美國）潘慎文譯　清光緒二十八年(1902)上海美華書館鉛印本　一冊

430000 – 2401 – 0018538　383/39(1)

八綫備旨四卷八綫學總習問一卷　（美國）羅密士撰　（美國）潘慎文譯　清光緒二十八年(1902)上海美華書館鉛印本　一冊

430000 – 2401 – 0018539　383/80

代形合參三卷附一卷　（美國）羅密士撰（美國）潘慎文譯　（清）謝洪賁筆述　清光緒二十八年(1902)上海美華書館鉛印本　一冊

430000 – 2401 – 0018540　383/95

代形合參三卷附一卷　（美國）羅密士撰（美國）潘慎文譯　（清）謝洪賁筆述　清光緒二十九年(1903)上海美華書館鉛印本　一冊

430000 – 2401 – 0018541　384/12

理化器械圖說一卷　（清）山東製造理化器械所編　清光緒三十四年(1908)山東高等學堂石印本　一冊

430000 – 2401 – 0018542　384/12(1)

理化器械圖說一卷　（清）山東製造理化器械所編　清光緒三十四年(1908)山東高等學堂石印本　一冊

430000 – 2401 – 0018543　384/12(2)

理化器械圖說一卷　（清）山東製造理化器械所編　清光緒三十四年(1908)山東高等學堂石印本　一冊

430000 – 2401 – 0018544　384/12(3)

理化器械圖說一卷　（清）山東製造理化器械所編　清光緒三十四年(1908)山東高等學堂石印本　一冊

430000 – 2401 – 0018545　384/3

電學測算一卷　（清）徐兆熊譯述　清光緒江南製造總局鉛印本　一冊

430000 – 2401 – 0018546　384/19

測繪儀器考一卷　（清）羅長祹輯　清光緒二十二年(1896)刻本　一冊

430000 – 2401 – 0018547　384/19(1)

測繪儀器考一卷　（清）羅長祹輯　清光緒二十二年(1896)刻本　一冊

430000 – 2401 – 0018548　384/19(2)

測繪儀器考一卷　（清）羅長祹輯　清光緒二十二年(1896)刻本　一冊

430000 – 2401 – 0018549　384/15

遠西奇器圖說錄最三卷　（德國）鄧玉函撰（明）王徵譯繪　**新製諸器圖說一卷**　（明）王徵撰　清道光十年(1830)來鹿堂刻本　四冊

430000 – 2401 – 0018550　384/15(1)

遠西奇器圖說錄最三卷　（德國）鄧玉函撰（明）王徵譯繪　**新製諸器圖說一卷**　（明）王徵撰　清道光十年(1830)來鹿堂刻本　五冊

430000 – 2401 – 0018551　384/7

物理學三篇十二卷　（日本）飯盛挺造撰（日本）藤田豐八譯　（清）王季烈重編　清光緒二十六年至二十九年(1900 – 1903)江南製造局刻本　十二冊

430000 – 2401 – 0018552　384/4

電學綱目一卷　（英國）田大里輯　（英國）傅蘭雅口譯　（清）周郇筆述　清光緒江南製造總局刻本　一冊

430000 – 2401 – 0018553　384/1

聲學八卷　（英國）田大里撰　（英國）傅蘭雅口譯　（清）徐建寅筆述　清光緒江南製造總局刻本　二冊

430000 – 2401 – 0018554　384/1(1)

聲學八卷　（英國）田大里撰　（英國）傅蘭雅口譯　（清）徐建寅筆述　清光緒江南製造總局刻本　二冊

430000－2401－0018555　384/11

光學二卷視學諸器圖說一卷　（英國）田大里輯　（美國）金楷理口譯　（清）趙元益筆述　清同治九年(1870)江南機器製造總局刻本　二冊

430000－2401－0018556　384/11(1)

光學二卷視學諸器圖說一卷　（英國）田大里輯　（美國）金楷理口譯　（清）趙元益筆述　清同治九年(1870)江南機器製造總局刻本　二冊

430000－2401－0018557　384/11(2)

光學二卷視學諸器圖說一卷　（英國）田大里輯　（美國）金楷理口譯　（清）趙元益筆述　清同治九年(1870)江南機器製造總局刻本　二冊

430000－2401－0018558　384/8

格致質學啟蒙　（英國）艾約瑟譯　清光緒十二年(1886)總稅務司署刻本　二冊

430000－2401－0018559　384/8－2

格致質學啟蒙　（英國）艾約瑟譯　清光緒二十四年(1898)石印本　一冊

430000－2401－0018560　384/10－2

重學二十卷圓錐曲綫說三卷　（英國）艾約瑟口譯　（清）李善蘭筆述　清同治五年(1866)湖南刻本　五冊

430000－2401－0018561　384/10－2(1)

重學二十卷圓錐曲綫說三卷　（英國）艾約瑟口譯　（清）李善蘭筆述　清同治五年(1866)湖南刻本　六冊

430000－2401－0018562　384/10－3

重學十七卷首一卷　（英國）艾約瑟口譯　（清）李善蘭筆述　清同治六年(1867)上海美華書館鉛印本　二冊

430000－2401－0018563　384/16

無綫電報一卷補編一卷　（英國）克爾撰　（英國）衛理口譯　（清）范熙庸筆述　清光緒二十六年(1900)江南製造局刻本　一冊

430000－2401－0018564　384/16(1)

無綫電報一卷補編一卷　（英國）克爾撰　（英國）衛理口譯　（清）范熙庸筆述　清光緒二十六年(1900)江南製造局刻本　一冊

430000－2401－0018565　384/2

電學十卷首一卷　（英國）瑙挨德撰　（英國）傅蘭雅口譯　（清）徐建寅筆述　清光緒江南製造總局刻本　六冊

430000－2401－0018566　384/17

體性圖說一卷　（英國）傅蘭雅撰　清光緒十一年(1885)刻本　一冊

430000－2401－0018567　384/22

氣學叢談二卷　（英國）傅蘭雅口譯　（清）華蘅芳筆述　清光緒上海時務報館石印本　一冊

430000－2401－0018568　384/6

格致小引一卷　（英國）赫施賚撰　（英國）羅亨利　（清）瞿昂來譯　清光緒江南製造局刻本　一冊

430000－2401－0018569　384/6(1)

格致小引一卷　（英國）赫施賚撰　（英國）羅亨利　（清）瞿昂來譯　清光緒江南製造局刻本　一冊

430000－2401－0018570　384/14

力學拾級二卷　（法國）葛橒撰　（清）劉光照譯　清光緒三十年(1904)上海華美書館鉛印本　一冊

430000－2401－0018571　384/5(2)

格致入門七卷　（美國）丁韙良撰　清同治七年(1868)北京同文館刻本　七冊

430000－2401－0018572　384/5

增訂格物入門七卷　（美國）丁韙良撰　清光緒十五年(1889)北京同文館鉛印本　七冊

430000－2401－0018573　384/5(1)

增訂格物入門七卷　（美國）丁韙良撰　清光緒十五年(1889)北京同文館鉛印本　七冊

430000－2401－0018574　384/5(3)

增訂格物入門七卷　（美國）丁韙良撰　清光

緒十五年(1889)北京同文館鉛印本　七冊

430000－2401－0018575　384/5(4)

增訂格物入門七卷　(美國)丁韙良撰　清光緒十五年(1889)北京同文館鉛印本　七冊

430000－2401－0018576　384/5(5)

增訂格物入門七卷　(美國)丁韙良撰　清光緒十五年(1889)北京同文館鉛印本　七冊

430000－2401－0018577　384/5(6)

增訂格物入門七卷　(美國)丁韙良撰　清光緒十五年(1889)北京同文館鉛印本　四冊　存四卷(一至四)

430000－2401－0018578　384/5－2

增訂格物入門七卷　(美國)丁韙良撰　清光緒二十一年(1895)杭州竹簡齋石印本　七冊

430000－2401－0018579　384/5－3

重增格物入門七卷　(美國)丁韙良撰　清光緒二十五年(1899)上海美華書館鉛印本　七冊

430000－2401－0018580　384/9

格物測算八卷　(美國)丁韙良撰　清光緒九年(1883)鉛印本　八冊

430000－2401－0018581　385/18

美國提煉煤油法一卷　(清)孫士頤　(清)蘇銳釗編譯　清光緒三十一年(1905)江南製造局鉛印本　一冊

430000－2401－0018582　385/8

化學易知二卷　(清)□□撰　清光緒刻本　一冊

430000－2401－0018586　385/17

顏料篇三卷　(日本)江守襄吉郎撰　(日本)藤田豐八譯　(清)汪振聲編　清光緒江南製造局刻本　二冊

430000－2401－0018587　385/12－2

化學啟蒙不分卷　(英國)艾約瑟譯　清光緒十二年(1886)總稅務司署刻本　二冊

430000－2401－0018588　385/12

化學啟蒙不分卷　(英國)艾約瑟譯　清光緒二十四年(1898)石印本　一冊

430000－2401－0018589　385/12(1)

化學啟蒙不分卷　(英國)艾約瑟譯　清光緒二十四年(1898)石印本　一冊

430000－2401－0018590　385/7

化學鑑原六卷續編二十四卷補編六卷附一卷　(英國)韋而司等撰　(英國)傅蘭雅口譯　(清)徐壽筆述　清光緒二十三年(1897)小倉山房石印富強叢書本　八冊

430000－2401－0018591　385/7－2

化學鑑原六卷　(英國)韋而司撰　(英國)傅蘭雅口譯　(清)徐壽筆述　清光緒二十三年(1897)新化陳氏三昧堂刻本　四冊　缺一卷(一)

430000－2401－0018592　385/7－3

化學鑑原六卷　(英國)韋而司撰　(英國)傅蘭雅口譯　(清)徐壽筆述　清光緒上海江南製造總局刻本　四冊

430000－2401－0018593　385/7－3(1)

化學鑑原六卷　(英國)韋而司撰　(英國)傅蘭雅口譯　(清)徐壽筆述　清光緒上海江南製造總局刻本　四冊

430000－2401－0018594　385/7－3(2)

化學鑑原六卷　(英國)韋而司撰　(英國)傅蘭雅口譯　(清)徐壽筆述　清光緒上海江南製造總局刻本　四冊

430000－2401－0018595　385/7－3(3)

化學鑑原六卷　(英國)韋而司撰　(英國)傅蘭雅口譯　(清)徐壽筆述　清光緒上海江南製造總局刻本　四冊

430000－2401－0018596　385/4

化學鑑原補編六卷附一卷　(英國)傅蘭雅口譯　(清)徐壽筆述　清光緒江南製造總局刻本　六冊

430000－2401－0018597　385/4(1)

化學鑑原補編六卷附一卷　(英國)傅蘭雅口譯　(清)徐壽筆述　清光緒江南製造總局刻

本　六冊

430000－2401－0018598　385/16

化學鑑原續編二十四卷　（英國）蒲陸山撰
（英國）傅蘭雅口譯　（清）徐壽筆述　清光緒
江南製造總局刻本　六冊

430000－2401－0018599　385/16（1）

化學鑑原續編二十四卷　（英國）蒲陸山撰
（英國）傅蘭雅口譯　（清）徐壽筆述　清光緒
江南製造總局刻本　六冊

430000－2401－0018600　385/10

電氣鍍金略法一卷　（英國）華特撰　（英國）
傅蘭雅口譯　（清）周郇筆述　清光緒江南製
造總局刻本　一冊

430000－2401－0018601　385/10（1）

電氣鍍金略法一卷　（英國）華特撰　（英國）
傅蘭雅口譯　（清）周郇筆述　清光緒江南製
造總局刻本　一冊

430000－2401－0018602　385/10（2）

電氣鍍金略法一卷　（英國）華特撰　（英國）
傅蘭雅口譯　（清）周郇筆述　清光緒江南製
造總局刻本　一冊

430000－2401－0018603　385/10（3）

電氣鍍金略法一卷　（英國）華特撰　（英國）
傅蘭雅口譯　（清）周郇筆述　清光緒江南製
造總局刻本　一冊

430000－2401－0018604　385/9

電氣鍍臬一卷　（英國）傅蘭雅口譯　（清）徐
華封筆述　清光緒江南製造總局刻本　一冊

430000－2401－0018605　385/9（1）

電氣鍍臬一卷　（英國）傅蘭雅口譯　（清）徐
華封筆述　清光緒江南製造總局刻本　一冊

430000－2401－0018606　385/5

化學分原八卷　（英國）蒲陸山撰　（英國）傅
蘭雅口譯　（清）徐建寅筆述　清光緒上海江
南製造總局刻本　二冊

430000－2401－0018607　385/5（1）

化學分原八卷　（英國）蒲陸山撰　（英國）傅

蘭雅口譯　（清）徐建寅筆述　清光緒上海江
南製造總局刻本　二冊

430000－2401－0018608　385/5（2）

化學分原八卷　（英國）蒲陸山撰　（英國）傅
蘭雅口譯　（清）徐建寅筆述　清光緒上海江
南製造總局刻本　二冊

430000－2401－0018609　385/5（3）

化學分原八卷　（英國）蒲陸山撰　（英國）傅
蘭雅口譯　（清）徐建寅筆述　清光緒上海江
南製造總局刻本　二冊

430000－2401－0018610　385/5（4）

化學分原八卷　（英國）蒲陸山撰　（英國）傅
蘭雅口譯　（清）徐建寅筆述　清光緒上海江
南製造總局刻本　二冊

430000－2401－0018611　385/5－2

化學分原八卷　（英國）蒲陸山撰　（英國）傅
蘭雅口譯　（清）徐建寅筆述　清光緒二十三
年（1897）新化三味堂刻本　三冊

430000－2401－0018612　385/6

化學考質八卷附表一卷　（德國）富里西尼烏
司撰　（英國）傅蘭雅口譯　（清）徐壽筆述
清光緒江南製造總局刻本　六冊

430000－2401－0018613　385/6（1）

化學考質八卷附表一卷　（德國）富里西尼烏
司撰　（英國）傅蘭雅口譯　（清）徐壽筆述
清光緒江南製造總局刻本　六冊

430000－2401－0018614　385/6（2）

化學考質八卷附表一卷　（德國）富里西尼烏
司撰　（英國）傅蘭雅口譯　（清）徐壽筆述
清光緒江南製造總局刻本　六冊

430000－2401－0018615　385/13

化學求數十五卷附表一卷　（德國）富里西尼
烏司撰　（英國）傅蘭雅口譯　（清）徐壽筆述
　清光緒江南製造總局刻本　十四冊

430000－2401－0018616　385/13（1）

化學求數十五卷附表一卷　（德國）富里西尼
烏司撰　（英國）傅蘭雅口譯　（清）徐壽筆述

清光緒江南製造總局刻本　十四冊

430000 - 2401 - 0018617　385/19

取濾火油法一卷　（美國）日得烏特撰　（英國）秀耀春　（美國）衛理譯　（清）汪振聲筆述　清光緒二十六年(1900)江南製造總局刻本　一冊

430000 - 2401 - 0018618　385/14

化學初階三卷　（美國）嘉約翰口譯　（清）何瞭然筆述　清同治十年(1871)刻本　三冊

430000 - 2401 - 0018619　385/3

化學源流論四卷　（□）方尼司輯　（清）王汝駉譯　清光緒二十六年(1900)江南製造總局鉛印本　一冊

430000 - 2401 - 0018620　311/8

礦務叢鈔　清光緒二十三年(1897)上海六先書局鉛印本　十九冊

430000 - 2401 - 0018621　311/8(1)

礦務叢鈔　清光緒二十三年(1897)上海六先書局鉛印本　八冊　存八卷(二至九)

430000 - 2401 - 0018622　386/15

查考美國提煉煤油情形冊一卷　（清）孫士頤　（清）蘇銳釗撰　清光緒三十年(1904)湖南礦務總局刻本　一冊

430000 - 2401 - 0018623　294.4/10

練鋼要言一卷　（清）徐家寶譯　清光緒二十年(1894)江南製造總局刻本

430000 - 2401 - 0018624　386/23

蒙學地質教科書　文明書局編纂　清光緒三十年(1904)刻本　一冊

430000 - 2401 - 0018625　386/7

制鐵金法二卷　（日本）橋本奇策撰　（清）王季點譯　清光緒二十七年(1901)上海製造局刻本　二冊

430000 - 2401 - 0018626　386/20

泰西開煤法十二卷首一卷　（英國）士密德輯　（英國）傅蘭雅譯　清光緒鈔本　一冊　缺六卷(七至十二)

430000 - 2401 - 0018627　386/4

開煤要法十二卷　（英國）士密德輯　（英國）傅蘭雅口譯　（清）王德均筆述　清光緒江南機器製造總局刻本　二冊

430000 - 2401 - 0018628　386/4(1)

開煤要法十二卷　（英國）士密德輯　（英國）傅蘭雅口譯　（清）王德均筆述　清光緒江南機器製造總局刻本　二冊

430000 - 2401 - 0018629　386/4(2)

開煤要法十二卷　（英國）士密德輯　（英國）傅蘭雅口譯　（清）王德均筆述　清光緒江南機器製造總局刻本　二冊

430000 - 2401 - 0018630　386/4(3)

開煤要法十二卷　（英國）士密德輯　（英國）傅蘭雅口譯　（清）王德均筆述　清光緒江南機器製造總局刻本　二冊

430000 - 2401 - 0018631　386/4(4)

開煤要法十二卷　（英國）士密德輯　（英國）傅蘭雅口譯　（清）王德均筆述　清光緒江南機器製造總局刻本　二冊

430000 - 2401 - 0018632　386/4(5)

開煤要法十二卷　（英國）士密德輯　（英國）傅蘭雅口譯　（清）王德均筆述　清光緒江南機器製造總局刻本　二冊

430000 - 2401 - 0018633　386/4(6)

開煤要法十二卷　（英國）士密德輯　（英國）傅蘭雅口譯　（清）王德均筆述　清光緒江南機器製造總局刻本　二冊

430000 - 2401 - 0018634　386/8

鑄金論略六卷圖一卷　（英國）司布勒村撰　（英國）傅蘭雅口譯　（清）汪振聲筆述　清光緒二十八年(1902)江南製造局刻本　六冊

430000 - 2401 - 0018635　386/2

井礦工程三卷　（英國）白爾捺輯　（英國）傅蘭雅口譯　（清）趙元益筆述　清光緒江南機器製造總局刻本　二冊

430000 - 2401 - 0018636　386/2(1)

井礦工程三卷　（英國）白爾捺輯　（英國）傅
蘭雅口譯　（清）趙元益筆述　清光緒江南機
器製造總局刻本　二冊

430000－2401－0018637　386/3

煉石編三卷圖一卷　（英國）亨利黎特撰　舒
高第　（清）鄭昌棪譯　清光緒三年（1877）江
南機器製造總局鉛印本　二冊

430000－2401－0018638　386/3（1）

煉石編三卷圖一卷　（英國）亨利黎特撰　舒
高第　（清）鄭昌棪譯　清光緒三年（1877）江
南機器製造總局鉛印本　二冊

430000－2401－0018639　386/3（2）

煉石編三卷圖一卷　（英國）亨利黎特撰　舒
高第　（清）鄭昌棪譯　清光緒三年（1877）江
南機器製造總局鉛印本　二冊

430000－2401－0018640　386/3（3）

煉石編三卷圖一卷　（英國）亨利黎特撰　舒
高第　（清）鄭昌棪譯　清光緒三年（1877）江
南機器製造總局鉛印本　二冊

430000－2401－0018641　386/17

探礦取金六卷續編一卷　（英國）密拉撰　舒
高第譯　（清）汪振聲述　清光緒三十年
（1904）江南製造局譯書館刻本　二冊

430000－2401－0018642　386/1

寶藏興焉十二卷　（英國）費而奔撰　（英國）
傅蘭雅口譯　（清）徐壽筆述　清光緒江南製
造總局刻本　十六冊

430000－2401－0018643　386/1（1）

寶藏興焉十二卷　（英國）費而奔撰　（英國）
傅蘭雅口譯　（清）徐壽筆述　清光緒江南製
造總局刻本　十六冊

430000－2401－0018644　386/1（2）

寶藏興焉十二卷　（英國）費而奔撰　（英國）
傅蘭雅口譯　（清）徐壽筆述　清光緒江南製
造總局刻本　十六冊

430000－2401－0018645　386/1（3）

寶藏興焉十二卷　（英國）費而奔撰　（英國）

傅蘭雅口譯　（清）徐壽筆述　清光緒江南製
造總局刻本　十六冊

430000－2401－0018646　386/16

相地控金石法四卷　（英國）喝爾勃特喀格司
撰　（清）王汝駬譯　清光緒二十九年（1903）
江南製造局刻本　四冊

430000－2401－0018647　386/9

礦石圖說一卷　（英國）傅蘭雅撰　清光緒十
年（1884）刻本　一冊

430000－2401－0018648　386/9（1）

礦石圖說一卷　（英國）傅蘭雅撰　清光緒十
年（1884）刻本　一冊

430000－2401－0018649　386/9（2）

礦石圖說一卷　（英國）傅蘭雅撰　清光緒十
年（1884）刻本　一冊

430000－2401－0018650　386/11

煉金新語不分卷　（英國）奧斯吞撰　舒高第
　（清）鄭昌棪譯　清光緒十七年（1891）江南
機器製造局鉛印本　三冊

430000－2401－0018651　386/11（1）

煉金新語不分卷　（英國）奧斯吞撰　舒高第
　（清）鄭昌棪譯　清光緒十七年（1891）江南
機器製造局鉛印本　三冊

430000－2401－0018652　386/5

金石識別十二卷　（美國）代那撰　（美國）瑪
高溫口譯　（清）華蘅芳筆述　清光緒江南機
器製造總局刻本　六冊

430000－2401－0018653　386/5（1）

金石識別十二卷　（美國）代那撰　（美國）瑪
高溫口譯　（清）華蘅芳筆述　清光緒江南機
器製造總局刻本　六冊

430000－2401－0018654　386/5（2）

金石識別十二卷　（美國）代那撰　（美國）瑪
高溫口譯　（清）華蘅芳筆述　清光緒江南機
器製造總局刻本　六冊

430000－2401－0018655　386/5（3）

金石識別十二卷　（美國）代那撰　（美國）瑪

高温口譯　（清）華蘅芳筆述　清光緒江南機
器製造總局刻本　六冊

430000－2401－0018656　386/5（4）

金石識別十二卷　（美國）代那撰　（美國）瑪
高温口譯　（清）華蘅芳筆述　清光緒江南機
器製造總局刻本　六冊

430000－2401－0018657　386/5（5）

金石識別十二卷　（美國）代那撰　（美國）瑪
高温口譯　（清）華蘅芳筆述　清光緒江南機
器製造總局刻本　六冊

430000－2401－0018658　386/5（6）

金石識別十二卷　（美國）代那撰　（美國）瑪
高温口譯　（清）華蘅芳筆述　清光緒江南機
器製造總局刻本　六冊

430000－2401－0018659　386/5（7）

金石識別十二卷　（美國）代那撰　（美國）瑪
高温口譯　（清）華蘅芳筆述　清光緒江南機
器製造總局刻本　六冊

430000－2401－0018660　386/18

銀礦指南　（美國）亞倫撰　（英國）傅蘭雅口
譯　（清）應祖錫筆述　清光緒十七年（1891）
江南機器製造局刻本　一冊

430000－2401－0018661　386/18（1）

銀礦指南　（美國）亞倫撰　（英國）傅蘭雅口
譯　（清）應祖錫筆述　清光緒十七年（1891）
江南機器製造局刻本　一冊

430000－2401－0018662　386/6

冶金錄二卷　（美國）阿發滿撰　（英國）傅蘭
雅口譯　（清）趙元益筆述　清光緒江南機器
製造總局刻本　二冊

430000－2401－0018663　386/6（1）

冶金錄二卷　（美國）阿發滿撰　（英國）傅蘭
雅口譯　（清）趙元益筆述　清光緒江南機器
製造總局刻本　二冊

430000－2401－0018664　386/12

開礦器法圖說十卷　（美國）俺物累撰　（英
國）傅蘭雅口譯　（清）王樹善筆述　清光緒

二十五年（1899）江南製造局石印本　六冊

430000－2401－0018665　386/12（1）

開礦器法圖說十卷　（美國）俺物累撰　（英
國）傅蘭雅口譯　（清）王樹善筆述　清光緒
二十五年（1899）江南製造局石印本　六冊

430000－2401－0018666　386/12（2）

開礦器法圖說十卷　（美國）俺物累撰　（英
國）傅蘭雅口譯　（清）王樹善筆述　清光緒
二十五年（1899）江南製造局石印本　六冊

430000－2401－0018667　387/3－2

星士釋三卷首一卷　（清）李林松撰　清道光
十七年（1837）刻本　四冊

430000－2401－0018668　387/3

星士釋三卷首一卷　（清）李林松撰　清光緒
十年（1884）刻本　一冊

430000－2401－0018669　387/10

測地膚言　（清）陶保廉撰　清光緒十六年
（1890）稿本　一冊

430000－2401－0018670　387/4

地志啟蒙四卷　（英國）艾約瑟譯　清光緒十
二年（1886）總稅務司署刻本　二冊

430000－2401－0018671　387/4－2

地志啟蒙四卷　（英國）艾約瑟撰　清光緒二
十四年（1898）石印本　一冊

430000－2401－0018672　387/5

地理質學啟蒙七卷　（英國）艾約瑟譯　清光
緒十二年（1886）總稅務司署刻本　二冊

430000－2401－0018673　387/6

地學啟蒙八卷　（英國）艾約瑟譯　清光緒十
二年（1886）總稅務司署刻本　二冊

430000－2401－0018674　387/6－2

地學啟蒙八卷　（英國）艾約瑟譯　清光緒二
十四年（1898）石印本　一冊

430000－2401－0018675　387/1（1）

測地繪圖十一卷附一卷表一卷　（英國）富路
瑪撰　（英國）傅蘭雅口譯　（清）徐壽筆述
清光緒江南製造局刻本　四冊

430000－2401－0018676　387/1

測地繪圖十一卷附一卷表一卷　（英國）富路瑪撰　（英國）傅蘭雅口譯　（清）徐壽筆述　清光緒刻本　六冊

430000－2401－0018677　387/1(2)

測地繪圖十一卷附一卷表一卷　（英國）富路瑪撰　（英國）傅蘭雅口譯　（清）徐壽筆述　清光緒刻本　六冊

430000－2401－0018678　387/7

地學淺釋三十八卷　（英國）雷俠兒撰　（美國）瑪高溫口譯　（清）華蘅芳筆述　清光緒江南機器製造總局刻本　八冊

430000－2401－0018679　387/7(1)

地學淺釋三十八卷　（英國）雷俠兒撰　（美國）瑪高溫口譯　（清）華蘅芳筆述　清光緒江南機器製造總局刻本　八冊

430000－2401－0018680　387/7(2)

地學淺釋三十八卷　（英國）雷俠兒撰　（美國）瑪高溫口譯　（清）華蘅芳筆述　清光緒江南機器製造總局刻本　六冊　缺十卷（二十九至三十八）

430000－2401－0018681　387/9

啟悟初津一卷　（美國）卜舫濟譯　清光緒十五年(1889)刻本　一冊

430000－2401－0018682　387/2

繪地法原一卷　（美國）金楷理口譯　（清）王德均筆述　清光緒江南機器製造總局刻本　一冊

430000－2401－0018683　387/2(1)

繪地法原一卷　（美國）金楷理口譯　（清）王德均筆述　清光緒江南機器製造總局刻本　一冊

430000－2401－0018684　387/2(2)

繪地法原一卷　（美國）金楷理口譯　（清）王德均筆述　清光緒江南機器製造總局刻本　一冊

430000－2401－0018685　387/2(3)

繪地法原一卷　（美國）金楷理口譯　（清）王德均筆述　清光緒江南機器製造總局刻本　一冊

430000－2401－0018686　393.1/165

格致古微五卷表一卷　（清）王仁俊撰　清光緒二十二年(1896)吳縣王氏刻本　二冊

430000－2401－0018687　393.1/165(1)

格致古微五卷表一卷　（清）王仁俊撰　清光緒二十二年(1896)吳縣王氏刻本　二冊

430000－2401－0018688　393.1/165(2)

格致古微五卷表一卷　（清）王仁俊撰　清光緒二十二年(1896)吳縣王氏刻本　二冊

430000－2401－0018689　393.1/165(3)

格致古微五卷表一卷　（清）王仁俊撰　清光緒二十二年(1896)吳縣王氏刻本　四冊

430000－2401－0018690　294.4/7

汽機中西名目表　（清）江南機器製造局譯　清光緒十五年(1889)江南機器製造局鉛印本　一冊

430000－2401－0018691　294.4/1

江南製造局記十卷附一卷　（清）江南製造局纂　清光緒三十一年(1905)上海文寶書局石印本　十冊

430000－2401－0018692　294.4/9

藝器記珠一卷　（清）徐建寅筆述　清光緒十年(1884)江南製造總局刻本　一冊

430000－2401－0018693　389/12

星軺考轍四卷　（清）劉啟彤撰　清光緒石印本　四冊

430000－2401－0018694　389/12(1)

星軺考轍四卷　（清）劉啟彤撰　清光緒石印本　六冊

430000－2401－0018695　389/12(2)

星軺考轍四卷　（清）劉啟彤撰　清光緒石印本　五冊　缺一卷（四）

430000－2401－0018696　389/28

汽機新制八卷　（英國）白爾格撰　（英國）傅

蘭雅口譯　（清）徐建寅筆述　清光緒江南製造局刻本　二冊

430000－2401－0018697　389/28（1）

汽機新制八卷　（英國）白爾格撰　（英國）傅蘭雅口譯　（清）徐建寅筆述　清光緒江南製造局刻本　二冊

430000－2401－0018698　389/28（2）

汽機新制八卷　（英國）白爾格撰　（英國）傅蘭雅口譯　（清）徐建寅筆述　清光緒江南製造局刻本　二冊

430000－2401－0018699　389/28（3））

汽機新制八卷　（英國）白爾格撰　（英國）傅蘭雅口譯　（清）徐建寅筆述　清光緒江南製造局刻本　二冊

430000－2401－0018700　389/11

禦風要術三卷　（英國）白爾特撰　（美國）金楷理口譯　（清）華蘅芳筆述　清同治十二年（1873）江南製造總局刻本　二冊

430000－2401－0018701　389/11（1）

禦風要術三卷　（英國）白爾特撰　（美國）金楷理口譯　（清）華蘅芳筆述　清同治十二年（1873）江南製造總局刻本　二冊

430000－2401－0018702　389/11（2）

禦風要術三卷　（英國）白爾特撰　（美國）金楷理口譯　（清）華蘅芳筆述　清同治十二年（1873）江南製造總局刻本　二冊

430000－2401－0018703　389/11（3）

禦風要術三卷　（英國）白爾特撰　（美國）金楷理口譯　（清）華蘅芳筆述　清同治十二年（1873）江南製造總局刻本　二冊

430000－2401－0018704　389/11（4）

禦風要術三卷　（英國）白爾特撰　（美國）金楷理口譯　（清）華蘅芳筆述　清同治十二年（1873）江南製造總局刻本　二冊

430000－2401－0018705　389/11（5）

禦風要術三卷　（英國）白爾特撰　（美國）金楷理口譯　（清）華蘅芳筆述　清同治十二年

（1873）江南製造總局刻本　二冊

430000－2401－0018706　389/11（6）

禦風要術三卷　（英國）白爾特撰　（美國）金楷理口譯　（清）華蘅芳筆述　清同治十二年（1873）江南製造總局刻本　二冊

430000－2401－0018707　389/11（7）

禦風要術三卷　（英國）白爾特撰　（美國）金楷理口譯　（清）華蘅芳筆述　清同治十二年（1873）江南製造總局刻本　二冊

430000－2401－0018708　389/11（8）

禦風要術三卷　（英國）白爾特撰　（美國）金楷理口譯　（清）華蘅芳筆述　清同治十二年（1873）江南製造總局刻本　二冊

430000－2401－0018709　389/23

辦學啟蒙不分卷　（英國）艾約瑟譯　清光緒十二年(1886)總稅務司署刻本　二冊

430000－2401－0018710　389/27

開地道轟藥法　（英國）武備工程學堂編（英國）傅蘭雅口譯　（清）汪振聲筆述　清光緒江南製造總局刻本　二冊

430000－2401－0018711　389/27（1）

開地道轟藥法　（英國）武備工程學堂編（英國）傅蘭雅口譯　（清）汪振聲筆述　清光緒江南製造總局刻本　二冊

430000－2401－0018712　294.4/3

汽機發軔九卷　（英國）美以納　（英國）白勞那撰　（英國）偉烈口譯　（清）徐壽筆述　清光緒刻本　四冊

430000－2401－0018713　294.4/3（1）

汽機發軔九卷　（英國）美以納　（英國）白勞那撰　（英國）偉烈口譯　（清）徐壽筆述　清光緒刻本　四冊

430000－2401－0018714　294.4/3（2）

汽機發軔九卷　（英國）美以納　（英國）白勞那撰　（英國）偉烈口譯　（清）徐壽筆述　清光緒刻本　四冊

430000－2401－0018715　294.4/3（3）

汽機發軔九卷　（英國）美以納　（英國）白勞那撰　（英國）偉烈口譯　（清）徐壽筆述　清光緒刻本　四冊

430000－2401－0018716　389/6

測繪海圖全法八卷附一卷　（英國）華爾敦撰　（英國）傅蘭雅口譯　（清）趙元益筆述　清光緒二十五年(1899)江南製造局刻本　六冊

430000－2401－0018717　389/6(1)

測繪海圖全法八卷附一卷　（英國）華爾敦撰　（英國）傅蘭雅口譯　（清）趙元益筆述　清光緒二十五年(1899)江南製造局刻本　六冊

430000－2401－0018718　294.4/6

汽機圖說一卷　（英國）傅蘭雅譯　清光緒二十年(1894)益智書會刻本　一冊

430000－2401－0018719　294.4/11

船塢論略一卷　（英國）傅蘭雅輯譯　（清）鍾天緯筆述　清江南製造總局刻本　一冊

430000－2401－0018720　294.4/12

工程致富論略十三卷　（英國）瑪體生撰（英國）傅蘭雅　（清）鍾天緯譯　清光緒江南機器製造局刻本　八冊

430000－2401－0018721　294.4/2

考工記要十七卷附圖一卷　（英國）瑪體生撰（英國）傅蘭雅　（清）鍾天緯譯　清光緒末江南製造總局刻本　八冊

430000－2401－0018722　294.4/2(1)

考工記要十七卷附圖一卷　（英國）瑪體生撰（英國）傅蘭雅　（清）鍾天緯譯　清光緒末江南製造總局刻本　八冊

430000－2401－0018723　294.4/2(2)

考工記要十七卷附圖一卷　（英國）瑪體生撰（英國）傅蘭雅　（清）鍾天緯譯　清光緒末江南製造總局刻本　八冊

430000－2401－0018724　294.4/2(3)

考工記要十七卷附圖一卷　（英國）瑪體生撰（英國）傅蘭雅　（清）鍾天緯譯　清光緒末江南製造總局刻本　二冊　存四卷(一至四)

430000－2401－0018725　294.4/5

汽機必以十二卷首一卷附一卷　（英國）蒲而捺撰　（英國）傅蘭雅口譯　（清）徐建寅筆述　清光緒刻本　八冊

430000－2401－0018726　389/30

勒格蘭舍電瓶一百問不分卷　（法國）博勒格蘭舍造　清彩繪鈔本　一冊

430000－2401－0018727　389/9

行海要術四卷　（美國）金楷理口譯　（清）李鳳苞筆述　清光緒江南製造總局刻本　三冊

430000－2401－0018728　389/9(1)

行海要術四卷　（美國）金楷理口譯　（清）李鳳苞筆述　清光緒江南製造總局刻本　三冊

430000－2401－0018729　389/9(2)

行海要術四卷　（美國）金楷理口譯　（清）李鳳苞筆述　清光緒江南製造總局刻本　三冊

430000－2401－0018730　389/9(3)

行海要術四卷　（美國）金楷理口譯　（清）李鳳苞筆述　清光緒江南製造總局刻本　三冊

430000－2401－0018731　389/5

測候叢談四卷　（美國）金楷理口譯　（清）華蘅芳筆述　清光緒江南製造總局刻本　二冊

430000－2401－0018732　389/5(1)

測候叢談四卷　（美國）金楷理口譯　（清）華蘅芳筆述　清光緒江南製造總局刻本　二冊

430000－2401－0018733　389/5(2)

測候叢談四卷　（美國）金楷理口譯　（清）華蘅芳筆述　清光緒江南製造總局刻本　二冊

430000－2401－0018734　389/5(3)

測候叢談四卷　（美國）金楷理口譯　（清）華蘅芳筆述　清光緒江南製造總局刻本　二冊

430000－2401－0018735　389/5(4)

測候叢談四卷　（美國）金楷理口譯　（清）華蘅芳筆述　清光緒江南製造總局刻本　二冊

430000－2401－0018736　389/5(5)

測候叢談四卷　（美國）金楷理口譯　（清）華蘅芳筆述　清光緒江南製造總局刻本　二冊

430000－2401－0018737　294.4/14

金工教範一卷 （美國）康瀠吞撰　（清）王汝聘　（清）范熙庸譯　清光緒三十年（1904）江南製造局刻本　一冊

430000－2401－0018738　391.1/425

王氏畫苑 （明）王世貞輯　**畫苑補益** （明）詹景鳳輯　明萬曆十八年（1590）王元貞刻本　十二冊

430000－2401－0018739　391.1/425（1）

王氏畫苑 （明）王世貞輯　**畫苑補益** （明）詹景鳳輯　明萬曆十八年（1590）王元貞刻本　三冊　存十二卷（三至十、補益四卷）

430000－2401－0018740　391.1/425－3

王氏書苑 （明）王世貞輯　**書苑補益** （明）詹景鳳輯　明刻本　十冊

430000－2401－0018741　391.1/1092

十家題跋 （明）毛晉輯　明崇禎虞山毛氏汲古閣刻津逮秘書本　八冊

430000－2401－0018742　391.1/505

墨緣匯觀 （清）安岐撰　清宣統元年（1909）李氏武昌刻本　四冊

430000－2401－0018743　△391.2/29

畫法叢鈔 （清）金震編　清道光二十七年（1847）英山金震鈔本　七冊

430000－2401－0018744　391.1/311－2

胡氏書畫考 （清）胡敬撰　清嘉慶二十一年（1816）刻本　四冊

430000－2401－0018745　391.1/311

胡氏書畫考 （清）胡敬撰　清道光二十三年（1843）崇雅堂刻本　二冊

430000－2401－0018746　391.1/873

論畫集刻 （清）張祥河輯　清光緒三十三年（1907）自怡堂鉛印本　二冊

430000－2401－0018747　391.1/441

四銅鼓齋論畫集刻 （清）張祥河輯　清宣統元年（1909）北京會文齋刻本　四冊

430000－2401－0018748　391/6

賞奇軒四種合編 （清）□□輯　清刻本　四冊

430000－2401－0018749　△391.1/25

法書要錄十卷 （唐）張彥遠輯　明毛氏汲古閣刻本　八冊

430000－2401－0018750　△391.1/61

墨池篇六卷 （宋）朱長文撰　（明）李時成等重訂　明萬曆八年（1580）維揚瓊花觀深仁祠刻本　六冊

430000－2401－0018751　△391.1/61－2

墨池編二十卷印典八卷 （宋）朱長文撰　清雍正十一年（1733）朱之勱刻本　八冊

430000－2401－0018752　391.1/512

墨池編二十卷 （宋）朱長文撰　清乾隆就閒堂刻本　八冊

430000－2401－0018753　391.1/512（1）

墨池編二十卷 （宋）朱長文撰　清乾隆就閒堂刻本　八冊

430000－2401－0018754　391.1/512（2）

墨池編二十卷 （宋）朱長文撰　清乾隆就閒堂刻本　七冊

430000－2401－0018755　391.1/512（3）

墨池編二十卷 （宋）朱長文撰　清乾隆就閒堂刻本　五冊　缺五卷（八至十、十五至十六）

430000－2401－0018756　391.1/512（4）

墨池編二十卷 （宋）朱長文撰　清乾隆就閒堂刻本　五冊　缺四卷（十七至二十）

430000－2401－0018757　391.1/512（5）

墨池編二十卷 （宋）朱長文撰　清乾隆就閒堂刻本　六冊

430000－2401－0018758　△391.1/69

寶真齋法書贊二十八卷 （宋）岳珂撰　清乾隆武英殿木活字本　四冊　清翁方綱、何紹基批校圈點　葉德輝、葉啟勳、葉啟發題識

430000－2401－0018759　△391.1/68－2

絳帖平六卷 （宋）姜夔撰　清鈔本　一冊

葉啟發、葉啟勳題識

430000－2401－0018760　△391.1/68－3

絳帖平六卷　（宋）姜夔撰　清鈔本　一冊
清翁方綱批校　葉啟發、葉啟勳題識

430000－2401－0018761　△391.1/68

絳帖平六卷　（宋）姜夔撰　**石刻鋪叙二卷**
（宋）曾宏父撰　清鈔本　清翁方綱批校　清
何焯、朱錫庚、葉啟勳題跋　一冊

430000－2401－0018762　△391.2/35

聲畫集八卷　（宋）孫紹遠撰　清鈔本　八冊

430000－2401－0018763　△391.1/63

圖畫見聞志六卷　（宋）郭若虛撰　明毛氏汲
古閣刻本　三冊

430000－2401－0018764　△391.1/58－2

廣川書跋十卷　（宋）董逌撰　明秦氏雁里草
堂鈔本　四冊

430000－2401－0018765　△391.1/58

廣川書跋十卷　（宋）董逌撰　明末毛氏汲古
閣刻本　三冊

430000－2401－0018766　391.1/1086－2

東坡題跋二卷　（宋）蘇軾撰　（清）溫一貞編
清同治十一年（1872）又賞齋刻本　二冊

430000－2401－0018767　△391.1/27

宣和書譜二十卷　（宋）□□撰　明刻本　葉
啟勳、葉啟發題識　四冊

430000－2401－0018768　△391.1/27（1）

宣和書譜二十卷　（宋）□□撰　明毛氏汲古
閣刻本　二冊

430000－2401－0018769　△391.1/24－2

法書考八卷　（元）盛熙明撰　清康熙曹寅刻
本　二冊

430000－2401－0018770　△391.1/24

法書考八卷　（元）盛熙明撰　清光緒二十六
年（1900）吳承裕紅格鈔本　二冊

430000－2401－0018771　391.1/543

書畫傳習錄四卷　（明）王紱輯　**書畫續錄一**

卷梁溪書畫微一卷　（清）嵇承咸輯　清嘉慶
十九年（1814）層雲閣刻本　十冊

430000－2401－0018772　391.1/543（1）

書畫傳習錄四卷　（明）王紱輯　**書畫續錄一**
卷梁溪書畫微一卷　（清）嵇承咸輯　清嘉慶
十九年（1814）層雲閣刻本　九冊　缺二卷
（上、一）

430000－2401－0018773　△391.1/73

鐵網珊瑚書品十卷畫品六卷　（明）朱存理輯
清雍正六年（1728）年希堯澄鑒堂刻本　十二冊

430000－2401－0018774　△391.1/73（1）

鐵網珊瑚書品十卷畫品六卷　（明）朱存理輯
清雍正六年（1728）年希堯澄鑒堂刻本
六冊

430000－2401－0018775　△391.1/74

鐵網珊瑚書事八卷畫品五卷　（明）朱存理輯
清鈔本　十二冊　存十二卷（書品八卷、畫
品一至四）

430000－2401－0018776　391.1/668－2

十竹齋書畫譜不分卷　（明）胡正言輯　清嘉
慶二十二年（1817）芥子園木刻水印本　十
六冊

430000－2401－0018777　391.1/668

十竹齋書畫譜不分卷　（明）胡正言輯　清光
緒五年（1879）元和丘瑞麟木刻水印本　八冊

430000－2401－0018778　391.1/668－4

十竹齋書畫譜不分卷　（明）胡正言輯　清木
刻水印本　一冊

430000－2401－0018779　391.1/992

書畫跋跋三卷續三卷　（明）孫鑛撰　清乾隆
五年（1740）孫氏居業堂刻本　三冊

430000－2401－0018780　391.1/356

鐵網珊瑚二十卷　（明）都穆撰　清乾隆刻本
六冊

430000－2401－0018781　391.1/356（1）

鐵網珊瑚二十卷　（明）都穆撰　清乾隆刻本
六冊

430000－2401－0018782　391.1/356(2)

鐵網珊瑚二十卷　（明）都穆撰　清乾隆刻本
四冊

430000－2401－0018783　391.1/356(3)

鐵網珊瑚二十卷　（明）都穆撰　清乾隆刻本
四冊

430000－2401－0018784　391.1/356(4)

鐵網珊瑚二十卷　（明）都穆撰　清乾隆刻本
四冊

430000－2401－0018785　391.1/356(5)

鐵網珊瑚二十卷　（明）都穆撰　清乾隆刻本
六冊

430000－2401－0018786　391.1/564－2

清河書畫舫十二卷鑒古百一詩一卷　（明）張
丑撰　清乾隆二十八年(1763)吳長元池北草
堂刻本　十二冊

430000－2401－0018787　391.1/564－2(1)

清河書畫舫十二卷鑒古百一詩一卷　（明）張
丑撰　清乾隆二十八年(1763)吳長元池北草
堂刻本　十二冊

430000－2401－0018788　391.1/564－2(2)

清河書畫舫十二卷鑒古百一詩一卷　（明）張
丑撰　清乾隆二十八年(1763)吳長元池北草
堂刻本　十二冊

430000－2401－0018789　391.1/564－2(3)

清河書畫舫十二卷鑒古百一詩一卷　（明）張
丑撰　清乾隆二十八年(1763)吳長元池北草
堂刻本　十二冊

430000－2401－0018790　391.1/564

清河書畫舫十二卷鑒古百一詩一卷　（明）張
丑撰　清光緒元年(1875)有竹人家刻本　十
二冊

430000－2401－0018791　391.1/564(1)

清河書畫舫十二卷鑒古百一詩一卷　（明）張
丑撰　清光緒元年(1875)有竹人家刻本　十
二冊

430000－2401－0018792　391.1/564(2)

430000－2401－0018793　391.1/564(3)

清河書畫舫十二卷鑒古百一詩一卷　（明）張
丑撰　清光緒元年(1875)有竹人家刻本　十
二冊

430000－2401－0018794　391.1/564(4)

清河書畫舫十二卷鑒古百一詩一卷　（明）張
丑撰　清光緒元年(1875)有竹人家刻本　十
二冊

430000－2401－0018795　391.1/564(5)

清河書畫舫十二卷鑒古百一詩一卷　（明）張
丑撰　清光緒元年(1875)有竹人家刻本　十
二冊

430000－2401－0018796　△391.1/5

陳眉公太平清話四卷　（明）陳繼儒撰　明萬
曆刻寶顏堂秘笈本　一冊　存二卷(三至四)

430000－2401－0018797　△391.1/44

書學會編四卷　（明）黃渝編　明刻本　清汪
鋆跋　1949年黃裳題識　一冊　存法帖釋文
一卷

430000－2401－0018798　391.1/440

畫禪室隨筆四卷　（明）董其昌撰　清康熙五
十九年(1720)刻本　二冊

430000－2401－0018799　391.1/440(1)

畫禪室隨筆四卷　（明）董其昌撰　清康熙五
十九年(1720)刻本　二冊

430000－2401－0018800　391.1/440－2

董文敏公畫禪室隨筆四卷　（明）董其昌撰
清乾隆十八年(1753)刻本　二冊

430000－2401－0018801　391.1/440－5

畫禪室隨筆四卷　（明）董其昌撰　清乾隆三
十三年(1768)董紹敏刻本　二冊

430000－2401－0018802　391.1/440－4

畫禪室隨筆四卷　（明）董其昌撰　清宣統元
年(1909)上海掃葉山房石印本　三冊

430000－2401－0018803　391.1/440－4(1)

畫禪室隨筆四卷　(明)董其昌撰　清宣統元年(1909)上海掃葉山房石印本　二冊

430000－2401－0018804　391.1/440－3

畫禪室隨筆四卷　(明)董其昌撰　清大魁堂刻本　一冊

430000－2401－0018805　△391.1/60

墨池璅錄四卷　(明)楊慎撰　清鈔本　一冊

430000－2401－0018806　391.1/350

書法離鉤十卷　(明)潘之淙撰　清光緒十四年(1888)長沙惜陰書局刻惜陰軒叢書本　二冊

430000－2401－0018807　391.1/350(1)

書法離鉤十卷　(明)潘之淙撰　清光緒十四年(1888)長沙惜陰書局刻惜陰軒叢書本　二冊

430000－2401－0018808　△391.1/66－2

歷代帝王法帖釋文考異十卷　(明)顧從義撰　明王常刻本　一冊

430000－2401－0018809　△391.1/66

歷代帝王法帖釋文考異十卷　(明)顧從義撰　(明)吳之芳編次　明香雪齋刻本　二冊

430000－2401－0018810　391.1/586

書畫題跋記十二卷　(明)郁逢慶編　清宣統三年(1911)順德鄧氏鉛印風雨樓叢書本　四冊

430000－2401－0018811　391.1/586(1)

書畫題跋記十二卷　(明)郁逢慶編　清宣統三年(1911)順德鄧氏鉛印風雨樓叢書本　二冊　存六卷(七至十二)

430000－2401－0018812　△391.1/45

欽定重刻淳化閣帖十卷　(清)于敏中等考正　清乾隆武英殿木活字本　二冊　存八卷(一至二、五至十)

430000－2401－0018813　△391.1/45(1)

欽定重刻淳化閣帖十卷　(清)于敏中等考正　清乾隆武英殿木活字本　四冊　存八卷(三至十)

430000－2401－0018814　391.1/746－2

式古堂書畫彙考六十卷目錄三卷　(清)卞永譽輯　清康熙二十一年(1682)卞氏刻本　六十冊

430000－2401－0018815　△391.1/9

式古堂書畫彙考六十卷　(清)卞永譽輯　清紅格鈔本　清何紹基批校,民國文素松題識　二冊　存一卷(書五)

430000－2401－0018816　391.1/656

夢園書畫錄二十五卷　(清)方濬頤撰　清光緒三年(1877)定遠方氏錦城柏署刻本　十二冊

430000－2401－0018817　391.1/656(1)

夢園書畫錄二十五卷　(清)方濬頤撰　清光緒三年(1877)定遠方氏錦城柏署刻本　十冊　缺四卷(一至二、二十四至二十五)

430000－2401－0018818　391.1/656(2)

夢園書畫錄二十五卷　(清)方濬頤撰　清光緒三年(1877)定遠方氏錦城柏署刻本　十一冊　缺二卷(一至二)

430000－2401－0018819　△391.1/23

快雨堂題跋八卷　(清)王文治撰　清道光十一年(1831)汪承誼祇閣刻本　葉啟勳題識　四冊

430000－2401－0018820　△391.1/7

欽定石渠寶笈續編不分卷　(清)王傑等輯　清鈔本　四冊

430000－2401－0018821　391.1/77

繪林伐材十卷　(清)王宸撰　清乾隆五十四年(1789)離垢軒刻本　清人批校　四冊

430000－2401－0018822　391.1/1097

竹雲題跋四卷　(清)王澍撰　清乾隆三十二年(1767)錢人龍刻本　六冊

430000－2401－0018823　391.1/1097(1)

竹雲題跋四卷虛舟題跋十卷又三卷　(清)王澍撰　清乾隆五十三年(1788)溫純刻本　五冊

430000－2401－0018824　△391.1/46

淳化秘閣法帖考正十二卷　（清）王澍撰
（清）汪玉球訂正　清雍正八年(1730)詩鼎齋
刻本　四冊

430000－2401－0018825　△391.1/46

淳化秘閣法帖考正十二卷　（清）王澍撰
（清）汪玉球訂正　清雍正八年(1730)詩鼎齋
刻本　四冊

430000－2401－0018826　391.1/729

淳化秘閣法帖考正十卷附二卷　（清）王澍撰
　淳化閣帖釋文二卷　（清）沈宗騫校正　清
道光二十八年(1848)海虞蘊玉山房刻本
八冊

430000－2401－0018827　391.1/729(1)

淳化秘閣法帖考正十卷附二卷　（清）王澍撰
　淳化閣帖釋文二卷　（清）沈宗騫校正　清
道光二十八年(1848)海虞蘊玉山房刻本
六冊

430000－2401－0018828　391.1/729(2)

淳化秘閣法帖考正十卷附二卷　（清）王澍撰
　淳化閣帖釋文二卷　（清）沈宗騫校正　清
道光二十八年(1848)海虞蘊玉山房刻本　八
冊　缺二卷(四至五)

430000－2401－0018829　391.1/729(3)

淳化秘閣法帖考正十卷附二卷　（清）王澍撰
　淳化閣帖釋文二卷　（清）沈宗騫校正　清
道光二十八年(1848)海虞蘊玉山房刻本　一
冊　存二卷(七至八)

430000－2401－0018830　391.1/729－2

淳化秘閣法帖考正十卷附二卷　（清）王澍撰
　清秋水藕花居刻本　十四冊

430000－2401－0018831　391.1/230－2

話雨樓碑帖目錄四卷　（清）王鯤編　清道光
十五年(1835)刻本　二冊

430000－2401－0018832　391.1/583

嶽雪樓書畫錄五卷　（清）孔廣鏞　（清）孔廣
陶編　清光緒十五年(1889)廣州三十有三萬
卷堂精刻本　五冊

430000－2401－0018833　391.1/583(1)

嶽雪樓書畫錄五卷　（清）孔廣鏞　（清）孔廣
陶編　清光緒十五年(1889)廣州三十有三萬
卷堂精刻本　五冊

430000－2401－0018834　391.1/481

漢溪書法通解八卷　（清）戈守智撰　清乾隆
霽雲閣刻本　六冊

430000－2401－0018835　391.1/481(1)

漢溪書法通解八卷　（清）戈守智撰　清刻本
四冊

430000－2401－0018836　391.1/711

包慎伯論書三卷　（清）包世臣撰　清道光十
二年(1832)刻本　一冊

430000－2401－0018837　391.1/523

清包安吳論書詩　（清）包世臣書　民國影印
本　一冊

430000－2401－0018838　391.1/37－2

藝舟雙楫一卷　（清）包世臣撰　清光緒八年
(1882)蒲圻但氏刻本　一冊

430000－2401－0018839　391.1/38

藝舟雙楫書論一卷　（清）包世臣撰　清光緒
十七年(1891)漢陽刻本　二冊

430000－2401－0018840　391.1/591

甌鉢羅室書畫過目考四卷首一卷附一卷
（清）李玉棻撰　清光緒二十三年(1897)京都
琉璃廠興盛齋刻本　四冊

430000－2401－0018841　391.1/591(1)

甌鉢羅室書畫過目考四卷首一卷附一卷
（清）李玉棻撰　清光緒二十三年(1897)京都
琉璃廠興盛齋刻本　二冊

430000－2401－0018842　391.1/591(2)

甌鉢羅室書畫過目考四卷首一卷附一卷
（清）李玉棻撰　清光緒二十三年(1897)京都
琉璃廠興盛齋刻本　一冊

430000－2401－0018843　391.1/591(3)

甌鉢羅室書畫過目考四卷首一卷附一卷
（清）李玉棻撰　清光緒二十三年(1897)京都

琉璃廠興盛齋刻本　四冊

430000－2401－0018844　391.1/591(4)

甌鉢羅室書畫過目考四卷首一卷附一卷
(清)李玉棻撰　清光緒二十三年(1897)京都
琉璃廠興盛齋刻本　四冊

430000－2401－0018845　391.1/591(5)

甌鉢羅室書畫過目考四卷首一卷附一卷
(清)李玉棻撰　清光緒二十三年(1897)京都
琉璃廠興盛齋刻本　四冊

430000－2401－0018846　391.1/1226

書畫鑑影二十四卷首一卷　(清)李佐賢撰
清同治十年(1871)利津李氏刻本　八冊

430000－2401－0018847　391.1/542

左庵一得初錄一卷續錄一卷　(清)李佳繼昌
撰　清光緒三十四年(1908)鉛印本　一冊

430000－2401－0018848　391.1/542(2)

左庵一得初錄一卷續錄一卷　(清)李佳繼昌
撰　清光緒三十四年(1908)鉛印本　二冊

430000－2401－0018849　391.1/874

無益有益齋論畫詩二卷　(清)李葆恂撰　清
宣統元年(1909)漢口唯新印書館鉛印本　一冊

430000－2401－0018850　391/5

笠翁偶集六卷　(清)李漁撰　清康熙十年
(1671)芥子園刻笠翁秘書本　六冊

430000－2401－0018851　391.1/743

古芬閣書畫記十八卷　(清)杜瑞聯撰　清光
緒七年(1881)太谷杜氏刻本　十五冊

430000－2401－0018852　391.1/1099

石畫記五卷　(清)阮元撰　清道光二十年
(1840)學海堂刻本　二冊

430000－2401－0018853　391.1/1234

青霞館論畫絕句一百首一卷　(清)吳修撰
清光緒二年(1876)葛氏嘯園刻本　一冊

430000－2401－0018854　391.1/11

辛丑銷夏記五卷　(清)吳榮光撰　清光緒三
十一年(1905)長沙葉氏郎園刻本　八冊

430000－2401－0018855　391.1/11(1)

辛丑銷夏記五卷　(清)吳榮光撰　清光緒三
十一年(1905)長沙葉氏郎園刻本　八冊

430000－2401－0018856　391.1/11(2)

辛丑銷夏記五卷　(清)吳榮光撰　清光緒三
十一年(1905)長沙葉氏郎園刻本　八冊

430000－2401－0018857　391.1/11(3)

辛丑銷夏記五卷　(清)吳榮光撰　清光緒三
十一年(1905)長沙葉氏郎園刻本　八冊

430000－2401－0018858　391.1/11(4)

辛丑銷夏記五卷　(清)吳榮光撰　清光緒三
十一年(1905)長沙葉氏郎園刻本　八冊

430000－2401－0018859　391.1/11(5)

辛丑銷夏記五卷　(清)吳榮光撰　清光緒三
十一年(1905)長沙葉氏郎園刻本　八冊

430000－2401－0018860　391.1/11(6)

辛丑銷夏記五卷　(清)吳榮光撰　清光緒三
十一年(1905)長沙葉氏郎園刻本　八冊

430000－2401－0018861　391.1/11(7)

辛丑銷夏記五卷　(清)吳榮光撰　清光緒三
十一年(1905)長沙葉氏郎園刻本　八冊

430000－2401－0018862　391.1/541

澄蘭室古緣萃錄十八卷　(清)邵松年輯　清
光緒三十年(1904)上海鴻文書局石印本
六冊

430000－2401－0018863　391.1/541(1)

澄蘭室古緣萃錄十八卷　(清)邵松年輯　清
光緒三十年(1904)上海鴻文書局石印本
六冊

430000－2401－0018864　391.1/541(2)

澄蘭室古緣萃錄十八卷　(清)邵松年輯　清
光緒三十年(1904)上海鴻文書局石印本　五
冊　缺三卷(十六至十八)

430000－2401－0018865　391.1/701

畫耕偶錄四卷　(清)邵梅臣撰　清道光刻本
四冊

430000－2401－0018866　391.1/536

冬心先生題畫記不分卷 （清）金農撰 清同治十一年(1872)潘氏桐西書屋刻本 二冊

430000－2401－0018867 △391.1/8

冬心先生雜著一卷 （清）金農撰 清陳氏種榆仙館刻本 一冊

430000－2401－0018868 △391.1/54

無聲詩史七卷 （清）姜紹書撰 清康熙五十九年(1720)觀妙齋刻本 二冊

430000－2401－0018869 △391.1/54(1)

無聲詩史七卷 （清）姜紹書撰 清康熙五十九年(1720)觀妙齋刻本 四冊

430000－2401－0018870 △391.1/10

江村銷夏錄三卷 （清）高士奇撰 清初鈔本 三冊

430000－2401－0018871 391.1/539－2

江村銷夏錄三卷 （清）高士奇撰 清宣統二年(1910)順德鄧氏鉛印本 三冊

430000－2401－0018872 391.1/539－2(1)

江村銷夏錄三卷 （清）高士奇撰 清宣統二年(1910)順德鄧氏鉛印本 三冊

430000－2401－0018873 391.1/429－4

桐陰論畫二卷首一卷附一卷桐陰畫訣一卷 （清）秦祖永撰 清同治善成堂朱墨套印本 四冊

430000－2401－0018874 391.1/429－6

桐陰論畫二卷首一卷 （清）秦祖永撰 清光緒五年(1879)撫州饒氏雙峰書屋刻本 一冊

430000－2401－0018875 391.1/429－2

桐陰論畫初編二卷二編二卷三編二卷首一卷桐陰畫訣一卷 （清）秦祖永撰 清同治三年至光緒八年(1864－1882)朱墨套印本 四冊

430000－2401－0018876 391.1/429－2(1)

桐陰論畫初編二卷二編二卷三編二卷首一卷桐陰畫訣一卷 （清）秦祖永撰 清同治三年至光緒八年(1864－1882)朱墨套印本 四冊

430000－2401－0018877 391.1/429－2(2)

桐陰論畫初編二卷二編二卷三編二卷首一卷

桐陰畫訣一卷 （清）秦祖永撰 清同治三年至光緒八年(1864－1882)朱墨套印本 四冊

430000－2401－0018878 391.1/429－2(3)

桐陰論畫初編二卷二編二卷三編二卷首一卷桐陰畫訣一卷 （清）秦祖永撰 清同治三年至光緒八年(1864－1882)朱墨套印本 四冊

430000－2401－0018879 391.1/429－2(4)

桐陰論畫初編二卷二編二卷三編二卷首一卷桐陰畫訣一卷 （清）秦祖永撰 清同治三年至光緒八年(1864－1882)朱墨套印本 四冊

430000－2401－0018880 391.1/429－2(5)

桐陰論畫初編二卷二編二卷三編二卷首一卷桐陰畫訣一卷 （清）秦祖永撰 清同治三年至光緒八年(1864－1882)朱墨套印本 二冊

430000－2401－0018881 391.1/429－3

桐陰論畫二卷二編二卷三編二卷首一卷桐陰畫訣一卷 （清）秦祖永撰 清宣統二年(1910)上海中國書畫會石印本 六冊

430000－2401－0018882 391.1/429－3(1)

桐陰論畫二卷二編二卷三編二卷首一卷桐陰畫訣一卷 （清）秦祖永撰 清宣統二年(1910)上海中國書畫會石印本 四冊 缺二卷(三編二卷)

430000－2401－0018883 391.1/433－2

畫學心印八卷 （清）秦祖永撰 清光緒四年(1878)朱墨套印本 四冊

430000－2401－0018884 391.1/433－2(1)

畫學心印八卷 （清）秦祖永撰 清光緒四年(1878)朱墨套印本 八冊

430000－2401－0018885 391.1/631

歐陽書考十二卷首一卷末一卷 （清）袁繼翰撰 清光緒二十年(1894)述歐之室刻本 四冊

430000－2401－0018886 391.1/774

筆諫八卷 （清）馬子昭撰 清光緒九年(1883)刻本 八冊

430000－2401－0018887 391.1/653－3

佩文齋書畫譜一百卷 （清）孫岳頒等撰 清

康熙内府刻本 四十八册

430000－2401－0018888 391.1/653

佩文齋書畫譜一百卷 （清）孫岳頒等撰 清康熙四十八年(1709)靜永堂重印清康熙内府刻本 四十六册

430000－2401－0018889 391.1/653(1)

佩文齋書畫譜一百卷 （清）孫岳頒等撰 清康熙四十八年(1709)靜永堂重印清康熙内府刻本 五十二册

430000－2401－0018890 391.1/653(2)

佩文齋書畫譜一百卷 （清）孫岳頒等撰 清康熙四十八年(1709)靜永堂重印清康熙内府刻本 六十三册

430000－2401－0018891 391.1/653(3)

佩文齋書畫譜一百卷 （清）孫岳頒等撰 清康熙四十八年(1709)靜永堂重印清康熙内府刻本 六十册

430000－2401－0018892 391.1/653(4)

佩文齋書畫譜一百卷 （清）孫岳頒等撰 清康熙四十八年(1709)靜永堂重印清康熙内府刻本 五十六册

430000－2401－0018893 391.1/653－2

佩文齋書畫譜一百卷 （清）孫岳頒等撰 清光緒九年(1883)上海同文書局石印本 十六册

430000－2401－0018894 391.1/653－2(1)

佩文齋書畫譜一百卷 （清）孫岳頒等撰 清光緒九年(1883)上海同文書局石印本 十六册

430000－2401－0018895 △391.1/26

庚子銷夏記八卷閱者軒帖考一卷 （清）孫承澤撰 清乾隆二十六年(1761)釀春堂刻本 二册

430000－2401－0018896 △391.1/26(1)

庚子銷夏記八卷閱者軒帖考一卷 （清）孫承澤撰 清乾隆二十六年(1761)刻本(帖考一卷配鈔本) 四册

430000－2401－0018897 391.1/16(4)

庚子銷夏記八卷 （清）孫承澤撰 清乾隆二十六年(1761)知不足齋刻本 五册

430000－2401－0018898 391.1/16

庚子銷夏記八卷 （清）孫承澤撰 清乾隆京都龍威閣刻本 二册

430000－2401－0018899 391.1/16(1)

庚子銷夏記八卷 （清）孫承澤撰 清乾隆京都龍威閣刻本 二册

430000－2401－0018900 391.1/16(2)

庚子銷夏記八卷 （清）孫承澤撰 清乾隆京都龍威閣刻本 四册

430000－2401－0018901 391.1/16(3)

庚子銷夏記八卷 （清）孫承澤撰 清乾隆京都龍威閣刻本 二册

430000－2401－0018902 391.1/16(5)

庚子銷夏記八卷 （清）孫承澤撰 清乾隆京都龍威閣刻本 二册

430000－2401－0018903 391.1/16(6)

庚子銷夏記八卷 （清）孫承澤撰 清乾隆京都龍威閣刻本 四册

430000－2401－0018904 391.1/16－2

庚子銷夏記八卷閱者軒帖考一卷 （清）孫承澤撰 清乾隆知不足齋刻本 三册

430000－2401－0018905 391.1/16－2(1)

庚子銷夏記八卷閱者軒帖考一卷 （清）孫承澤撰 清乾隆知不足齋刻本 二册

430000－2401－0018906 391.1/1081

前塵夢影錄二卷 （清）徐康撰 清光緒二十三年(1897)元和江氏刻元和江氏叢書本 二册

430000－2401－0018907 391.1/633

古法帖釋文十卷 （清）徐朝弼撰 （清）佚名增釋 清光緒黎薇孫鈔本 一册 存五卷(一至五)

430000－2401－0018908 391.1/633－2

淳化帖釋文十卷 （清）徐朝弼撰 清嘉慶十

七年(1812)鐵筆軒刻本　一冊　存五卷(一至五)

430000－2401－0018909　391.1/633－3
淳化閣帖釋文十卷　(清)徐朝弼撰　(清)羅森等校訂　清康熙刻本　一冊

430000－2401－0018910　391.1/633－4
淳化閣帖釋文十卷　(清)徐朝弼撰　清嘉慶十七年(1812)關中書院刻本　一冊

430000－2401－0018911　391.1/633－5
淳化閣帖釋文十卷　(清)徐朝弼撰　清嘉慶十七年(1812)刻本　二冊

430000－2401－0018912　391.1/633－5(1)
淳化閣帖釋文十卷　(清)徐朝弼撰　清嘉慶十七年(1812)刻本　二冊

430000－2401－0018913　391.1/633－5(2)
淳化閣帖釋文十卷　(清)徐朝弼撰　清嘉慶十七年(1812)刻本　二冊

430000－2401－0018914　391.1/633－5(3)
淳化閣帖釋文十卷　(清)徐朝弼撰　清嘉慶十七年(1812)刻本　二冊

430000－2401－0018915　391.1/632
淳化閣帖釋文十卷　(清)徐朝弼撰　清刻本　徐崇立批註題識　一冊

430000－2401－0018916　△391.1/70
歷代帝王法帖釋文十卷　(清)徐朝弼撰　清紅格鈔本　一冊

430000－2401－0018917　391.1/634
蘇米齋蘭亭考八卷　(清)翁方綱撰　清嘉慶廣州六書齋刻本　二冊

430000－2401－0018918　391.1/634(1)
蘇米齋蘭亭考八卷　(清)翁方綱撰　清嘉慶廣州六書齋刻本　一冊

430000－2401－0018919　391.1/658
學書捷訣一卷　(清)梁民憲撰　清咸豐十年(1860)刻本　一冊

430000－2401－0018920　391.1/442－2

國朝畫徵錄三卷續錄二卷　(清)張庚撰　清乾隆四年(1739)刻本　二冊　徐崇立跋識

430000－2401－0018921　391.1/442－2(1)
國朝畫徵錄三卷續錄二卷　(清)張庚撰　清乾隆四年(1739)刻本　二冊　徐崇立跋識

430000－2401－0018922　391.1/442－2(2)
國朝畫徵錄三卷續錄二卷　(清)張庚撰　清乾隆四年(1739)刻本　二冊　徐崇立跋識

430000－2401－0018923　391.1/442
國朝畫徵錄三卷續錄二卷　(清)張庚撰　清光緒十三年(1887)掃葉山房刻本　一冊

430000－2401－0018924　391.1/442(1)
國朝畫徵錄三卷續錄二卷　(清)張庚撰　清光緒十三年(1887)掃葉山房刻本　二冊

430000－2401－0018925　391.1/1105
國朝畫徵續錄二卷　(清)張庚撰　清刻本　一冊

430000－2401－0018926　391.1/652
穰梨館過眼錄四十卷續錄十六卷　(清)陸心源撰　清光緒十七年(1891)吳興陸氏家塾刻本　十五冊

430000－2401－0018927　391.1/585
吳越所見書畫錄六卷書畫說鈴一卷　(清)陸時化撰　清光緒懷烟閣木活字本　六冊

430000－2401－0018928　391.1/585(1)
吳越所見書畫錄六卷書畫說鈴一卷　(清)陸時化撰　清光緒懷烟閣木活字本　六冊

430000－2401－0018929　391.1/585－2
吳越所見書畫錄六卷書畫說鈴一卷　(清)陸時化撰　清宣統二年(1910)北京國光神州社鉛印本　六冊

430000－2401－0018930　391.1/585－2(1)
吳越所見書畫錄六卷書畫說鈴一卷　(清)陸時化撰　清宣統二年(1910)順德鄧氏風雨樓鉛印本　三冊　存三卷(四至六)

430000－2401－0018931　391.1/596
紅豆樹館書畫記八卷　(清)陶樑撰　清光緒

八年(1882)吳趨潘氏韋華閣刻本　六冊　徐崇立題識

430000－2401－0018932　△391.1/1
御刻三希堂石渠寶笈法帖釋文十六卷　(清)陳焯撰　清乾隆六十年(1795)刻本　二冊

430000－2401－0018933　391.1/686－2
御刻三希堂石渠寶笈法帖釋文十六卷　(清)陳焯撰　清光緒二十三年(1897)上海鴻寶齋石印本　六冊

430000－2401－0018934　391.1/594
書法正傳十卷　(清)馮武輯　清乾隆五十年(1785)虞山馮氏世朵堂刻本　四冊

430000－2401－0018935　391.1/346
國朝畫識十七卷　(清)馮金伯撰　清乾隆五十六年(1791)墨香居刻本　六冊

430000－2401－0018936　391.1/346－4
國朝畫識十七卷　(清)馮金伯撰　清道光十一年(1831)雲間文萃堂刻本　八冊

430000－2401－0018937　391.1/346－4(1)
國朝畫識十七卷　(清)馮金伯撰　清道光十一年(1831)雲間文萃堂刻本　八冊

430000－2401－0018938　391.1/530
墨香居畫識十卷　(清)馮金伯撰　清乾隆五十六年(1791)墨香居刻本　四冊

430000－2401－0018939　391.1/530
墨香居畫識十卷　(清)馮金伯撰　清乾隆五十六年(1791)墨香居刻本　一冊　存五卷(一至五)

430000－2401－0018940　△391.1/41
書學廣聞不分卷　(清)馮燨輯　清乾隆鈔本　四冊

430000－2401－0018941　391.1/300
惲南田畫跋三卷惲南田題畫詩二卷　(清)惲格撰　(清)葉鍾進輯　清道光十一年(1831)刻本　二冊

430000－2401－0018942　391.1/544－3
歷代畫史彙傳七十二卷首一卷引證書目一卷

總目三卷附錄二卷　(清)彭蘊璨編　清道光五年(1825)吳門彭氏尚志堂刻本(有補配)十九冊　缺三十三卷(一至三、五至六、十一至十三、十九至二十一、三十五至五十一、五十五至五十七、五十九至六十)

430000－2401－0018943　391.1/544－2
歷代畫史彙傳七十二卷首一卷總目三卷附錄二卷　(清)彭蘊璨編　清光緒五年(1879)京都善成堂書鋪刻本　二十四冊

430000－2401－0018944　391.1/544－2(1)
歷代畫史彙傳七十二卷首一卷總目三卷附錄二卷　(清)彭蘊璨編　清光緒五年(1879)京都善成堂書鋪刻本　七冊　存十八卷(三十四至三十五、三十八至五十三)

430000－2401－0018945　391.1/544
歷代畫史彙傳七十二卷首一卷總目三卷附錄二卷　(清)彭蘊璨編　清光緒八年(1882)掃葉山房刻本　二十四冊

430000－2401－0018946　391.1/544(1)
歷代畫史彙傳七十二卷首一卷總目三卷附錄二卷　(清)彭蘊璨編　清光緒八年(1882)掃葉山房刻本　二十四冊

430000－2401－0018947　391.1/544(2)
歷代畫史彙傳七十二卷首一卷總目三卷附錄二卷　(清)彭蘊璨編　清光緒八年(1882)掃葉山房刻本　三十冊

430000－2401－0018948　391.1/544(3)
歷代畫史彙傳七十二卷首一卷總目三卷附錄二卷　(清)彭蘊璨編　清光緒八年(1882)掃葉山房刻本　三十冊

430000－2401－0018949　391.1/544(4)
歷代畫史彙傳七十二卷首一卷總目三卷附錄二卷　(清)彭蘊璨編　清光緒八年(1882)掃葉山房刻本　二十四冊

430000－2401－0018950　391.1/518
分隸偶存二卷　(清)萬經撰　清道光十二年(1832)刻本　一冊

430000 – 2401 – 0018951　391.1/518－2

分隸偶存二卷　（清）萬經撰　清光緒八年
(1882)刻本　一冊

430000 – 2401 – 0018952　△391.1/34

南村帖考不分卷　（清）程文榮撰　清道光二
十五年(1845)刻本　二冊

430000 – 2401 – 0018953　391.1/501

遲鴻軒所見書畫錄四卷　（清）楊峴撰　清同
治十二年(1873)文學山房木活字印本　六冊

430000 – 2401 – 0018954　391.1/501(1)

遲鴻軒所見書畫錄四卷　（清）楊峴撰　清同
治十二年(1873)文學山房木活字印本　六冊

430000 – 2401 – 0018955　391.1/1076

鐵函齋書跋四卷　（清）楊賓撰　清道光二十
七年(1847)粵東糧道署刻本　二冊

430000 – 2401 – 0018956　391.1/29

歸石軒畫談十卷　（清）楊翰撰　清同治十二
年(1873)刻本　六冊

430000 – 2401 – 0018957　391.1/29(1)

歸石軒畫談十卷　（清）楊翰撰　清同治十二
年(1873)刻本　六冊

430000 – 2401 – 0018958　391.1/29(2)

歸石軒畫談十卷　（清）楊翰撰　清同治十二
年(1873)刻本　三冊

430000 – 2401 – 0018959　391.1/29(3)

歸石軒畫談十卷　（清）楊翰撰　清同治十二
年(1873)刻本　二冊　存五卷(一至五)

430000 – 2401 – 0018960　391.1/29(4)

歸石軒畫談十卷　（清）楊翰撰　清同治十二
年(1873)刻本　一冊　存四卷(一至四)

430000 – 2401 – 0018961　391.1/1237

書畫同珍二刻不分卷　（清）鄒聖脈輯　清乾
隆寄傲山房刻本　二冊

430000 – 2401 – 0018962　391.1/600

楷法溯源十四卷目錄一卷　（清）潘存輯　楊
守敬重編　清光緒三年(1877)刻本　十冊

430000 – 2401 – 0018963　391.1/600(1)

楷法溯源十四卷目錄一卷　（清）潘存輯　楊
守敬重編　清光緒三年(1877)刻本　十五冊

430000 – 2401 – 0018964　391.1/600(2)

楷法溯源十四卷目錄一卷　（清）潘存輯　楊
守敬重編　清光緒三年(1877)刻本　十五冊

430000 – 2401 – 0018965　391.1/600(3)

楷法溯源十四卷目錄一卷　（清）潘存輯　楊
守敬重編　清光緒三年(1877)刻本　八冊

430000 – 2401 – 0018966　391.1/1082

南宋院畫錄八卷　（清）厲鶚撰　清光緒十年
(1884)錢唐丁氏竹書堂刻本　一冊　存四卷
(一至四)

430000 – 2401 – 0018967　391.1/1232

分部書法正宗四卷　（清）蔣和撰　清乾隆四
十七年(1782)蔣氏醉墨齋刻本　一冊

430000 – 2401 – 0018968　391.1/1232－2

分部書法正宗四卷　（清）蔣和撰　清光緒元
年(1875)京師琉璃廠西山堂書坊刻本　一冊

430000 – 2401 – 0018969　391.1/329－3

墨林今話十八卷　（清）蔣寶齡撰　**墨林今話
續編一卷**　（清）蔣茞生撰　清咸豐二年
(1852)刻本　四冊

430000 – 2401 – 0018970　391.1/329－3(1)

墨林今話十八卷　（清）蔣寶齡撰　**墨林今話
續編一卷**　（清）蔣茞生撰　清咸豐二年
(1852)刻本　四冊

430000 – 2401 – 0018971　391.1/329－3(2)

墨林今話十八卷　（清）蔣寶齡撰　**墨林今話
續編一卷**　（清）蔣茞生撰　清咸豐二年
(1852)刻本　四冊

430000 – 2401 – 0018972　391.1/758

宋元以來畫人姓氏錄三十六卷首一卷　（清）
魯駿編　清道光十年(1830)刻本　四冊　存
十二卷(一至三、十三至十八、二十二至二十
四)

430000 – 2401 – 0018973　391.1/545

有明名賢遺翰二卷　（清）謝若農輯　清光緒
十三年(1887)漢皋文淵書局刻本　一冊

430000－2401－0018974　391.1/545(1)

有明名賢遺翰二卷　（清）謝若農輯　清光緒
十三年(1887)漢皋文淵書局刻本　二冊

430000－2401－0018975　391.1/60

藝林新編二卷　（清）蕭智漢撰　清嘉慶八年
(1803)涉園刻本　二冊

430000－2401－0018976　391.1/60(1)

藝林新編二卷　（清）蕭智漢撰　清嘉慶八年
(1803)涉園刻本　二冊

430000－2401－0018977　391.1/302

習苦齋畫絮十卷　（清）戴熙撰　（清）惠年編
　清光緒十九年(1893)杭州刻本　六冊

430000－2401－0018978　391.1/302(1)

習苦齋畫絮十卷　（清）戴熙撰　（清）惠年編
　清光緒十九年(1893)杭州刻本　八冊

430000－2401－0018979　391.1/302(2)

習苦齋畫絮十卷　（清）戴熙撰　（清）惠年編
　清光緒十九年(1893)杭州刻本　四冊

430000－2401－0018980　391.1/302(3)

習苦齋畫絮十卷　（清）戴熙撰　（清）惠年編
　清光緒十九年(1893)杭州刻本　四冊

430000－2401－0018981　391.1/302(4)

習苦齋畫絮十卷　（清）戴熙撰　（清）惠年編
　清光緒十九年(1893)杭州刻本　四冊

430000－2401－0018982　391.1/302(5)

習苦齋畫絮十卷　（清）戴熙撰　（清）惠年編
　清光緒十九年(1893)杭州刻本　四冊

430000－2401－0018983　391.1/302(6)

習苦齋畫絮十卷　（清）戴熙撰　（清）惠年編
　清光緒十九年(1893)杭州刻本　四冊

430000－2401－0018984　391.1/504

寓意錄四卷　（清）繆曰藻撰　清道光二十年
(1840)上海徐氏寒木春華館刻本　二冊

430000－2401－0018985　391.1/504(1)

寓意錄四卷　（清）繆曰藻撰　清道光二十年
(1840)上海徐氏寒木春華館刻本　二冊

430000－2401－0018986　391.1/636

國朝書畫家筆錄四卷　（清）竇鎮輯　清宣統
三年(1911)刻本　八冊

430000－2401－0018987　391.1/875

論書絕句六十首一卷　胡元常撰　清光緒通
鑑堂刻胡氏三種本　一冊

430000－2401－0018988　391.1/372

廣藝舟雙楫六卷首一卷　康有爲撰　清光緒
十九年(1893)南海康氏萬木草堂刻本　二冊

430000－2401－0018989　391.1/372(1)

廣藝舟雙楫六卷首一卷　康有爲撰　清光緒
十九年(1893)南海康氏萬木草堂刻本　二冊

430000－2401－0018990　391.1/1241

國朝書人輯略十一卷首一卷　震鈞輯　清光
緒三十四年(1908)金陵刻本　四冊　存六卷
(四至九)

430000－2401－0018991　391.1/445－2

虛齋名畫錄十六卷　龐元濟撰　清宣統元年
(1909)烏程龐氏刻本　十六冊

430000－2401－0018992　391.1/445

虛齋名畫錄十六卷　龐元濟撰　清宣統元年
(1909)上海黃氏尚友軒刻本　十六冊

430000－2401－0018993　391.1/445(1)

虛齋名畫錄十六卷　龐元濟撰　清宣統元年
(1909)上海黃氏尚友軒刻本　十二冊　缺四
卷(一至四)

430000－2401－0018994　391.1/1173

論書畫雜鈔一卷　清道光二十年(1840)金震
手鈔本　一冊

430000－2401－0018995　391.1/832－2

最初拓禮器碑　（漢）□□書　清宣統三年
(1911)上海有正書局影印本　二冊

430000－2401－0018996　391.1/832－2(1)

最初拓禮器碑　（漢）□□書　清宣統三年
(1911)上海有正書局影印本　二冊

430000－2401－0018997　391.1/747

初拓西湖出水玉版十三行　（晉）王獻之書
（宋）賈似道刻　清宣統影印本　一冊

430000－2401－0018998　391.1/1057

匡喆刻經頌六卷　（北周）釋安法師書　楊守
敬雙鈎　清光緒三十三年(1907)鄂城刻本
六冊

430000－2401－0018999　391.1/556－4

玄秘塔碑　（唐）裴休撰　（唐）柳公權書　清
末翻刻石清光緒末年拓本　一冊

430000－2401－0019000　△391.1/42

書譜一卷　（唐）孫過庭撰　清佚名行書　一冊

430000－2401－0019001　△391.1/43

書譜一卷　（唐）孫過庭撰　清佚名楷書
一冊

430000－2401－0019002　391.1/167－3(2)

宋拓顏魯公大麻姑仙壇記　（唐）顏真卿書
清宣統二年(1910)上海有正書局影印本
一冊

430000－2401－0019003　391.1/167－3(1)

宋拓顏魯公大麻姑仙壇記　（唐）顏真卿書
清宣統二年(1910)上海有正書局影印本
一冊

430000－2401－0019004　391.1/358－3

淳化閣帖十卷　（宋）王著編　明萬曆四十三
年(1615)肅府刻石清翻刻本清末拓本　九冊

430000－2401－0019005　391.1/613

米元章帖　（宋）米芾書　（清）米澍輯　清雍
正八年(1730)張源襄刻石清乾隆拓本　一冊

430000－2401－0019006　391.1/495

紫陽遺墨　（宋）朱熹書　清道光二十三年
(1843)刻石清道光末年拓本　一冊

430000－2401－0019007　391.1/159

岳陽樓記　（宋）范仲淹撰　（清）張照書　清
乾隆八年(1743)刻石清道光拓本　一冊

430000－2401－0019008　396.11/86－15

金剛般若波羅蜜經十卷　（元）趙孟頫書　清

拓本　一冊

430000－2401－0019009　391.1/692

趙松雪書道德經　（元）趙孟頫書　清咸豐八
年(1858)刻石民國拓本　一冊

430000－2401－0019010　391.1/973

趙孟頫十札真迹　（元）趙孟頫書　清乾隆刻
石清道光拓本　二冊

430000－2401－0019011　391.1/50

文徵明懷歸出京詩　（明）文徵明撰并書　清
光緒三十四年(1908)上海集成圖書公司點石
齋影印本　一冊

430000－2401－0019012　391.1/985

明王守仁高攀龍兩大儒手帖　（明）王守仁
（明）高攀龍書　清光緒三十二年(1906)上海
國學保存會影印本　一冊

430000－2401－0019013　△391.1/30

明釋智舷行草冊　（明）釋智舷書　手迹
一冊

430000－2401－0019014　△391.1/78

董其昌書法冊頁　（明）董其昌書　手迹
一冊

430000－2401－0019015　△391.1/56

董其昌草書冊　（明）董其昌書　手迹　一冊

430000－2401－0019016　△391.1/59

潘德元手寫詩詞　（明）潘德元書　明嘉靖三
十九年(1560)手迹　一冊

430000－2401－0019017　436/291

登飛山　（明）鄧子龍撰并書　明萬曆十年
(1582)刻石民國拓本　一冊

430000－2401－0019018　△391.1/2

王文治安虛詞行書冊　（清）王文治書　手迹
一冊

430000－2401－0019019　△391.1/84

王夢樓詩稿　（清）王文治撰并書　手迹
一冊

430000－2401－0019020　391.1/303－4

翰林七賢分書屈原賦　（清）王仁堪等書　清
光緒十六年(1890)退想齋影印本　一冊

430000－2401－0019021　391.1/766
草字便覽摘要二卷　（清）王仁堪等書　清光
緒刻本　二冊

430000－2401－0019022　391.1/525
白雲亭記　（清）白雲山人撰　王運長書　清
光緒二十五年(1899)刻石清光緒末年拓本
一冊

430000－2401－0019023　391.1/703
王文愍公墨迹六幅　（清）王懿榮書　手迹
一冊

430000－2401－0019024　391.1/1170
國朝書品一卷　（清）包世臣編　清鈔本
一冊

430000－2401－0019025　391.1/603
國朝四十名家墨迹不分卷　（清）沈鈞輯　清
光緒三十四年(1908)上海教育圖書館影印本
三冊

430000－2401－0019026　391.1/603(1)
國朝四十名家墨迹不分卷　（清）沈鈞輯　清
光緒三十四年(1908)上海教育圖書館影印本
三冊

430000－2401－0019027　391.1/1068
汪退谷書嵇叔夜與山巨然絕交書　（清）汪士
鋐書　清康熙五十九年(1720)手迹　一冊

430000－2401－0019028　△391.1/11
宋研農臨聖教序　（清）宋研農書　乾隆間隆
手迹　一冊

430000－2401－0019029　△391.1/13
李堯棟行書詩詞四十首　（清）李堯棟撰并書
手迹　一冊

430000－2401－0019030　△391.1/12
李鴻章臨蘭亭序行書冊　（清）李鴻章書　手
迹　一冊

430000－2401－0019031　391.1/889－2
吳大澂篆文孝經　（清）吳大澂書　清光緒十

一年(1885)刻本　一冊

430000－2401－0019032　391.1/533
游浯溪詩　（清）吳大澂撰并書　清光緒刻石
民國拓本　一冊

430000－2401－0019033　△391.1/22
何凌漢臨九成宮法帖　（清）何凌漢書　清道
光十一年(1831)手迹　一冊

430000－2401－0019034　△391.1/20
何凌漢臨顏魯公大唐中興頌　（清）何凌漢書
手迹　一冊

430000－2401－0019035　△391.1/18
何凌漢書山左試牘得心集　（清）何凌漢書
清道光四年(1824)手迹　一冊

430000－2401－0019036　△391.1/21
何凌漢臨千字文　（清）何凌漢書　清道光六
年(1826)手迹　一冊

430000－2401－0019037　391.1/14
何凌漢臨千字文等　（清）何凌漢書　手迹
一冊

430000－2401－0019038　△391.1/17
求自慊齋摺卷小楷　（清）何凌漢書　手迹
一冊

430000－2401－0019039　△391.1/16
何凌漢書佛遺教經　（清）何凌漢書　手迹
一冊

430000－2401－0019040　△391.1/15
何凌漢書後漢三賢贊等四種　（清）何凌漢書
手迹　一冊

430000－2401－0019041　△391.1/67
何凌漢臨漢太中大夫東方先生畫贊等　（清）
何凌漢書　清道光十九年(1839)手迹　一冊

430000－2401－0019042　△391.1/19
何凌漢臨蘭亭序行書冊　（清）何凌漢書　手
迹　一冊

430000－2401－0019043　△391.1/841
文安公臨千字文佛遺教經元君墓表碑　（清）

何淩漢書　手迹　一札

430000－2401－0019044　391.1/510
中興碑題識　（清）何紹基撰并書　清同治刻
石民國拓本　一冊

430000－2401－0019045　391.1/1066
宋拓西岳華山碑宋拓劉熊碑　（清）何紹基雙
鈎　清咸豐二年(1852)手迹　一冊

430000－2401－0019046　△391.1/82
何紹基詩文行草卷　（清）何紹基書　手迹
二件

430000－2401－0019047　391.1/1071
思古齋雙鈎漢碑篆額不分卷　（清）何澄輯
清光緒九年(1883)刻本　三冊

430000－2401－0019048　391.1/510
游桂林陽朔題詩　（清）林紹年撰并書　清光
緒末年刻石民國拓本　一冊

430000－2401－0019049　391.1/3
無聲詩史七卷　（清）姜紹書輯　清宣統二年
(1910)石印本　一冊　存二卷(五至六)

430000－2401－0019050　391.1/24
韻石齋筆談二卷　（清）姜紹書撰　清光緒五
年(1879)葛氏嘯園刻本　一冊

430000－2401－0019051　△391.1/49
唐壽田楷書文心雕龍　（清）唐壽田書　手迹
周善培跋　一冊

430000－2401－0019052　391.1/917
壽松堂藏帖不分卷　（清）孫氏輯　清初刻本
清末拓本　六冊

430000－2401－0019053　391.1/559
翁同龢書札　（清）翁同龢書　民國十三年
(1924)上海商務印書館影印本　一冊

430000－2401－0019054　△391.1/36
徐承恩臨宋四家法帖　（清）徐承恩書　清宣
統三年(1911)手迹　一冊

430000－2401－0019055　△391.1/37
徐承恩臨趙孟頫書道德經　（清）徐承恩書

清同治十三年(1874)手迹　李瑞清、王闓運、
葉德輝、譚延闓等題跋　一冊

430000－2401－0019056　△391.1/840
徐叔鴻何伯源行書冊　（清）徐樹鈞　（清）何
慶涵書　手迹　一冊

430000－2401－0019057　△391.1/38
徐樹鈞何慶涵行書合冊　（清）徐樹鈞　（清）
何慶涵書　清同治二年(1863)手迹　一冊

430000－2401－0019058　391.1/1046
山舟法書　（清）梁同書　清光緒三十三年
(1907)上海國學叢書社影印本　一冊

430000－2401－0019059　△391.1/53
許仙屏真書書譜　（清）許振禕書　手迹　許
興文、蕭仲祁題跋　一冊

430000－2401－0019060　△391.1/48
郭崑燾行書冊　（清）郭崑燾書　清同治六年
(1867)手迹　一冊

430000－2401－0019061　391.1/646
湖湘三賢手札不分卷　（清）郭慶藩輯　清光
緒十年(1884)岵瞻堂影刻本　一冊

430000－2401－0019062　△391.1/88
張廉卿墨迹　（清）張裕釗書　手迹　楊潛庵
題跋　一冊

430000－2401－0019063　△391.1/50
張得天先生草書千字文　（清）張照書　手迹
　一冊

430000－2401－0019064　△391.1/51
張照行書手冊　（清）張照書　手迹　劉人熙
題識　一冊

430000－2401－0019065　△391.1/86
張照楷書　（清）張照書　手迹　一冊

430000－2401－0019066　△437/530
麓雲仙館詩畫冊　（清）陳守如輯　手迹
七冊

430000－2401－0019067　391.1/470
陳希祖行書真迹　（清）陳希祖書　清乾隆間

手迹　吳冠君識語　一冊

430000 – 2401 – 0019068　391.1/1230

漢隷源流統略歌一卷　（清)陳紀書　（清)鄭
漢音釋　清光緒影刻本　一冊

430000 – 2401 – 0019069　391.1/1065

香雪閣陳梅仙女史遺篆　（清)陳梅仙書　手
迹　一冊

430000 – 2401 – 0019070　391.1/686

御刻三希堂石渠寶笈法帖釋文十六卷　（清)
陳焯撰　清乾隆六十年(1795)刻本　四冊

430000 – 2401 – 0019071　△391.1/6

石階九九巉山詩冊題跋　（清)陳寶箴　（清)
劉坤一等撰　稿本　一冊

430000 – 2401 – 0019072　391.1/499

唐詩草帖二卷　（清)陸台臣書　清末經綸堂
刻本　一冊

430000 – 2401 – 0019073　△391.1/47

陶文毅公行書冊　（清)陶澍書　清道光十年
(1830)手迹　一冊

430000 – 2401 – 0019074　391.1/1243

曾紀澤四體書　（清)曾紀澤書　清光緒七年
(1881)刻木拓印本　一冊

430000 – 2401 – 0019075　391.1/722

曾惠敏公四體書法　（清)曾紀澤書　清光緒
十六年(1890)上海鴻寶齋影印本　一冊

430000 – 2401 – 0019076　391.1/722(1)

曾惠敏公四體書法　（清)曾紀澤書　清光緒
十六年(1890)上海鴻文書局影印本　一冊

430000 – 2401 – 0019077　△391.1/52

黃自元書曾文正公神道碑　（清)黃自元書
手迹　一冊

430000 – 2401 – 0019078　391.1/913

趙撝叔先生墨迹　（清)趙之謙書　清宣統元
年(1909)影印本　一冊

430000 – 2401 – 0019079　△391.1/79

歐陽光手書小楷　（清)歐陽光書　清光緒十

三年(1887)手迹　一冊

430000 – 2401 – 0019080　391.1/328

鄧完白篆書　（清)鄧石如書　清末木刻本清
末拓本　四冊

430000 – 2401 – 0019081　391.1/1197

蝶庵葺書:篆文　（清)黎承福書　清光緒寫
本　一冊

430000 – 2401 – 0019082　391.1/1168

鐵庵引叢　（清)黎承福書　清光緒篆文寫本
二冊

430000 – 2401 – 0019083　391.1/850 – 2

四體書法一卷　（清)劉若璈輯　清道光刻本
二冊

430000 – 2401 – 0019084　391.1/850

經綸堂增訂四體書法一卷　（清)劉若璈編
清咸豐元年(1851)經綸堂刻本　一冊

430000 – 2401 – 0019085　391.1/745

劉文清公墨寶　（清)劉墉書　清光緒三十二
年(1906)影印本　一冊

430000 – 2401 – 0019086　391.1/1018

劉文清墨迹　（清)劉墉書　清光緒三十四年
(1908)南洋印刷官廠影印本　一冊

430000 – 2401 – 0019087　391.1/198 – 2

劉石庵先生墨迹　（清)劉墉書　清宣統二年
(1910)北京萬源石印局影印本　一冊

430000 – 2401 – 0019088　391.1/1306

劉墉墨迹　題(清)劉墉書　手稿本　一冊

430000 – 2401 – 0019089　391.1/642

曙海樓帖　（清)劉墉撰并書　（清)王壽康輯
　清道光十五年(1835)刻石民國初拓本
一冊

430000 – 2401 – 0019090　391.1/698

蟄存齋草書　龍湛岑書　手迹　一冊

430000 – 2401 – 0019091　△391.1/64

錫子猷將軍墨迹　（清)錫綸書　手迹　一冊

430000 – 2401 – 0019093　391.1/1223

幽州昭仁寺碑文 （清）顧元熙書 清嘉慶二十二年(1817)顧元熙書寫本 一冊

430000－2401－0019094 △391.1/85
王湘綺詩文稿 王闓運撰并書 手迹 二件

430000－2401－0019095 391.1/854
泰山石經峪刻字六卷 楊守敬勾摹 清光緒三十三年(1907)鄂城刻本 六冊

430000－2401－0019096 △391.1/57
蔡松坡電訊稿遺墨 蔡鍔書 手迹 一冊

430000－2401－0019097 391.1/532－4
梅花喜神譜二卷 （宋）宋伯仁撰并繪 清道光三年(1823)虞山後知不足齋刻本 一冊

430000－2401－0019098 391.1/532－3
梅花喜神譜二卷 （宋）宋伯仁撰并繪 清刻本 一冊

430000－2401－0019099 △391.1/72－2
圖繪寶鑒六卷補遺一卷續補一卷 （元）夏文彥撰 清初鈔本 一冊 存三卷(一至三)

430000－2401－0019100 △391.1/72
圖繪寶鑒八卷 （元）夏文彥撰 清康熙二十二年(1683)借綠草堂刻本 二

430000－2401－0019101 △391.1/72(1)
圖繪寶鑒八卷 （元）夏文彥撰 清康熙二十二年(1683)借綠草堂刻本 四冊

430000－2401－0019102 △391.2/2
朱陵山水畫冊 （明）朱陵繪 手迹 一冊

430000－2401－0019103 △391.2/13
祝昌山水冊頁 （明）祝昌繪 手迹 一冊

430000－2401－0019104 391.1/301
六如畫譜三卷 （明）唐寅輯 清光緒十四年(1888)長沙惜陰書局刻惜陰軒叢書本 一冊

430000－2401－0019105 391.1/301(1)
六如畫譜三卷 （明）唐寅輯 清光緒十四年(1888)長沙惜陰書局刻惜陰軒叢書本 一冊

430000－2401－0019106 391.1/1112
冶梅竹譜一卷 （清）王寅撰 清光緒八年

(1882)吳縣榮氏東瀛刻本 二冊

430000－2401－0019107 △391.2/7
青在堂竹譜二卷 （清）王槩等輯 清康熙四十年(1701)芥子園刻本 一冊

430000－2401－0019108 △391.2/9
青在堂花卉草蟲譜二卷 （清）王槩等輯 清芥子園五色套印本 二冊

430000－2401－0019109 391.1/1058
芥子園畫傳五卷 （清）王槩輯 清康熙十八年(1679)李漁刻五色套印本 十冊

430000－2401－0019110 391.1/1058－2
芥子園畫傳三集四卷 （清）王槩 （清）王蓍 （清）王臬輯 清乾隆四十七年(1782)金閶書業堂刻五色套印本 二冊

430000－2401－0019111 △391.2/10
芥子園畫傳二集八卷首一卷 （清）王槩等輯 清嘉慶五年(1800)芥子園刻本 四冊

430000－2401－0019112 391.1/1058－7
芥子園畫傳五卷二集四卷三集四卷 （清）王槩等輯 芥子園畫譜四集四卷 （清）巢勳輯 清嘉慶芥子園刻本 六冊 存七卷(初集一至四、二集蘭譜一、四集一至二)

430000－2401－0019113 △391.2/8
芥子園畫傳三集四卷 （清）王槩等輯 清嘉慶二十二年(1817)芥子園煥記五色套印本 四冊

430000－2401－0019114 391.1/1058－4
芥子園畫傳五卷二集四卷三集六卷 （清）王槩 （清）王蓍 （清）王臬輯 清光緒十三年(1887)上海鴻文書局石印本 九冊

430000－2401－0019115 391.1/1058－5
芥子園畫傳五卷二集四卷三集六卷 （清）王槩 （清）王蓍 （清）王臬輯 清光緒十六年(1890)鴻寶齋石印本 十冊

430000－2401－0019116 391.1/1058－6
芥子園畫傳初集六卷二集九卷三集六卷 （清）王槩等輯 芥子園畫傳四集六卷 （清）

巢勳輯　清光緒三十四年(1908)章福記書局
石印本　十五冊　缺二卷(二集五至六)

430000－2401－0019117　391.1/535

毓秀堂畫傳四卷　(清)王墀繪　清光緒九年
(1883)石印本　四冊

430000－2401－0019118　△391.2/3

李元度王闓運等書畫扇面冊　(清)李元度
王闓運等書畫　手迹　一冊

430000－2401－0019119　391.1/448

李躍門百蝶圖四卷　(清)李國龍繪　清道光
刻本　一冊

430000－2401－0019120　△391.2/4

李鱔瓜果花卉畫冊　(清)李鱔繪　清乾隆二
十年(1755)手迹　杜熊題跋　一冊

430000－2401－0019121　391.1/1

紅樓夢圖詠不分卷　(清)改琦繪　(清)顧恆
等題　清光緒五年(1879)刻本　四冊

430000－2401－0019122　391.1/293

蘭石畫譜　(清)吳煥采繪　清光緒二十年
(1894)硯北草堂木刻水印本　四冊

430000－2401－0019123　391.1/728

吳友如畫寶　(清)吳嘉猷繪　清末上海璧園
石印本　二十四冊

430000－2401－0019124　391.1/728(1)

吳友如畫寶　(清)吳嘉猷繪　清末上海璧園
石印本　二十一冊

430000－2401－0019125　391.1/422

蘭竹名冊一卷　(清)吳鴻勛　(清)吳馨繪
清光緒七年(1881)刻本　一冊

430000－2401－0019126　△391.2/5

何維樸書畫冊　(清)何維樸繪并書　手迹
一冊

430000－2401－0019127　△391.2/11

怡琴女史等花卉瓜果冊　(清)怡琴女史等繪
手迹　一冊

430000－2401－0019128　391.1/421

名畫錄二卷續錄一卷　(清)松泉老人撰　清
染甚丹青之室鈔本　二冊

430000－2401－0019129　391.1/768－3

無雙譜不分卷　(清)金古良繪　清乾隆五十
三年(1788)刻本　一冊

430000－2401－0019130　391.1/768－2

無雙譜不分卷　(清)金古良繪　清道光刻本
二冊

430000－2401－0019131　△391.2/12

南阜山人花卉畫冊　(清)高鳳翰繪　手迹
一冊

430000－2401－0019132　391.1/434

詩中畫一卷停雲小憩印賸一卷　(清)馬濤繪
清光緒十一年(1885)石印本　二冊

430000－2401－0019133　393.5/61

戊申全年畫報　(清)時事報館編　清宣統元
年(1909)石印本　三十四冊　缺二冊

430000－2401－0019134　△391.2/25

許自宏山水畫冊　(清)許自宏繪　手迹　蔣
寶齡跋　一冊

430000－2401－0019135　391.1/423

海上名家畫稿不分卷　(清)張熊等繪　清光
緒十一年(1885)蘭陵慎思草堂刻本　一冊

430000－2401－0019136　391.1/423－2

海上名家畫稿不分卷　(清)張熊等繪　清
光緒十一年(1885)上海同文書局石印本
二冊

430000－2401－0019137　391.1/426－2

紉齋畫賸不分卷　(清)陳允升繪　清光緒二
年(1876)甬上陳氏得古歡室刻本　四冊

430000－2401－0019138　391.1/426

紉齋畫賸四卷　(清)陳允升繪　清光緒七年
(1881)上海點石齋石印本　二冊

430000－2401－0019139　391.1/310

墨蘭譜不分卷　(清)陳旭撰　清嘉慶三年
(1798)讀書齋刻本　二冊

430000－2401－0019140　391.1/310(1)

墨蘭譜不分卷　(清)陳旭撰　清嘉慶三年
(1798)讀書齋刻本　一冊

430000－2401－0019141　391.1/310(2)

墨蘭譜不分卷　(清)陳旭撰　清嘉慶三年
(1798)讀書齋刻本　一冊

430000－2401－0019142　391.1/1233

古今名人畫稿　(清)陳伯子編　清光緒十六
年(1890)上海鴻文書局石印本　二冊

430000－2401－0019143　391.1/475

守正齋畫譜四卷石譜一卷　(清)崔悚繪　清
光緒十六年(1890)武陵刻本　四冊

430000－2401－0019144　△391.2/20

馮樑山水冊　(清)馮樑繪　手迹　一冊

430000－2401－0019145　△391.2/22

淡庵花卉冊　(清)黃山僧繪　手迹　一冊

430000－2401－0019146　391.1/1198

天邑西湖八景圖　(清)黃世榮繪　清光緒手
迹　一冊

430000－2401－0019147　△391.2/24

黃曉汀山水畫冊　(清)黃起鳳繪　手迹　一冊

430000－2401－0019148　△391.2/31

彭玉麟梅花詩畫冊　(清)彭玉麟繪　手迹
一冊

430000－2401－0019149　391.1/427

小山畫譜二卷　(清)鄒一桂撰　清光緒二年
(1876)葛氏嘯園刻本　一冊

430000－2401－0019150　391.1/427(1)

小山畫譜二卷　(清)鄒一桂撰　清光緒二年
(1876)葛氏嘯園刻本　一冊

430000－2401－0019151　△391.2/32

熊元曜竹冊　(清)熊元曜繪　手迹　二冊

430000－2401－0019152　△391.2/34

鄭淡泉畫冊　(清)鄭岱繪　手迹　一冊

430000－2401－0019153　△391.2/33

鄭若仙花鳥畫冊　(清)鄭蕙繪　手迹　一冊

430000－2401－0019154　391.1/1053

寫竹簡明法二卷　(清)蔣和撰并繪　清乾隆
五十七年(1792)刻本　一冊

430000－2401－0019155　391.1/1067

劉煥墨蘭寫生冊　(清)劉煥繪　清康熙間手
迹　一冊

430000－2401－0019156　391.1/309(1)

悟薌亭畫稿二卷六法管見一卷　(清)劉悟繪
　清道光二十年(1840)刻本　一冊　存一卷
(一)

430000－2401－0019157　391.1/309

悟薌亭畫稿二卷六法管見一卷　(清)劉悟繪
　清道光二十年(1840)刻本　二冊

430000－2401－0019158　391.1/880－2

淩烟閣功臣圖一卷　(清)劉源繪　清光緒九
年(1883)徐元悔臨摹本　一冊

430000－2401－0019159　△391.2/37

蕭尺木太平山水圖冊　(清)蕭雲從繪　清順
治五年(1648)劉榮刻本　一冊　鏡鑒題跋

430000－2401－0019160　△391.2/38

邊壽民蘆雁畫冊　(清)邊壽民繪　手迹
一冊

430000－2401－0019161　391.1/237

甘棠畫冊　甘棠繪　手迹　一冊

430000－2401－0019162　△391.2/21

曾熙等山水畫冊　曾熙　張世準　雪舟繪
手迹　一冊

430000－2401－0019163　△391.1/42

程桐生仿新羅人物冊　程東繪　手迹　一冊

430000－2401－0019164　△391.2/1

西湖風景畫五十二幅　手迹　一冊　李少先
題識

430000－2401－0019165　391.2/39

篆學瑣著　(清)顧湘輯　清道光二十年
(1840)海虞顧氏刻本　八冊

430000－2401－0019166　391.2/39(1)

篆學瑣著 （清）顧湘輯 清道光二十年(1840)海虞顧氏刻本 八冊

430000－2401－0019167 391.2/39(2)

篆學瑣著 （清）顧湘輯 清道光二十年(1840)海虞顧氏刻本 十二冊

430000－2401－0019168 △391.3/2

篆文辨訣不分卷 （明）莫可易增次 （明）孫爾振篆正 清鈔本 二冊

430000－2401－0019169 △295.7/2

印典八卷 （清）朱象賢撰 清康熙六十一年(1722)就閒堂刻本 二冊

430000－2401－0019170 391.2/61

印典八卷 （清）朱象賢撰 清乾隆就閒堂刻本 三冊

430000－2401－0019171 391.2/61(2)

印典八卷 （清）朱象賢撰 清乾隆就閒堂刻本 二冊

430000－2401－0019172 391.2/134

飛鴻堂印人傳八卷 （清）汪啟淑撰 清末沈閏生鈔本 一冊

430000－2401－0019173 391.2/36

封泥考略十卷 （清）吳式芬 （清）陳介祺輯 清光緒三十年(1904)上海石印本 十冊 缺二卷(一、六)

430000－2401－0019174 391.2/36(1)

封泥考略十卷 （清）吳式芬 （清）陳介祺輯 清光緒三十年(1904)上海石印本 八冊 缺二卷(一、六)

430000－2401－0019175 391.2/40

二百蘭亭齋古印考藏六卷 （清）吳雲撰 清同治三年(1864)刻本 一冊 存二卷(一至二)

430000－2401－0019176 391.2/135

論印絕句一卷續編一卷 （清）吳騫輯 清乾隆五十七年(1792)海昌吳氏刻拜經樓叢書本 一冊

430000－2401－0019177 391.2/62

賴古堂別集印人傳三卷 （清）周亮工撰 清康熙十二年(1673)周在浚刻本 一冊

430000－2401－0019178 △391.3/6

篆刻鍼度八卷 （清）陳克恕撰 清鈔本 二冊

430000－2401－0019179 391.2/27

印文考略一卷印人姓氏一卷 （清）鞠履厚輯 清乾隆二十一年(1756)留耕堂刻本 一冊

430000－2401－0019180 391.2/211

廣印人傳十六卷補遺一卷 葉銘 葉舟輯 清宣統二年(1910)杭州西泠印社刻西泠印社印學叢書本 四冊

430000－2401－0019181 △295.7/3

秦漢印統八卷 （明）羅王常輯 明萬曆三十四年(1606)吳元維刻朱印本 八冊

430000－2401－0019182 △295.7/4

集古印譜六卷 （明）王常輯 （明）顧從德修校 明萬曆三年(1575)武陵顧從德芸閣刻朱印本 六冊

430000－2401－0019183 △391.3/4

演露堂印賞三卷 （明）夏樹芳鑒定 （明）陳繼儒同參 明末鈐印本 二冊

430000－2401－0019184 391.2/70－2

饋石齋印存 （清）丁可鈞篆刻 清光緒二十四年(1898)鈐印本 二冊

430000－2401－0019185 391.2/70

饋石齋印存 （清）丁可鈞篆刻 清末鈐印本 二冊

430000－2401－0019186 391.2/76

饋石齋印譜 （清）丁可鈞篆刻 葉德輝輯 清光緒三十年(1904)長沙葉氏鈐印本 一冊

430000－2401－0019187 391.2/73

研山印草一卷 （清）王玉如篆刻 清乾隆二十二年(1757)鞠履厚鈐印本 一冊

430000－2401－0019188 391.2/136

心齋印譜 （清）王祖光篆刻 清光緒九年(1883)鈐印本 一冊

430000－2401－0019189　391.2/148

雪廬百印　（清）王琛輯　清光緒二十七年（1901）影印本　三冊

430000－2401－0019190　391.2/148(1)

雪廬百印　（清）王琛輯　清光緒二十七年（1901）影印本　二冊　缺一冊（續冊）

430000－2401－0019191　391.2/148－2

雪廬百印　（清）王琛輯　清光緒二十八年（1902）影印本　二冊　缺一冊（上冊）

430000－2401－0019192　391.2/57

王又村印譜　（清）王然篆刻　清嘉慶十九年（1814）鈐印本　二冊

430000－2401－0019193　391.2/181

古梅閣仿完白山人印謄古梅閣仿完白山人印謄續編　（清）王爾度篆刻　清同治十一年（1872）鈐印本　二冊

430000－2401－0019194　391.2/141

松霜閣印集四卷　（清）王璐篆刻　（清）朱大鏞釋文　清同治七年（1868）鈐印本　四冊

430000－2401－0019195　391.2/161

柏葉庵印存　（清）戈履徵篆刻　清宣統二年（1910）鈐印本　二冊

430000－2401－0019196　391.2/137

逸園印輯　（清）西泠印社輯　清光緒三十一年（1905）西泠印社鈐印本　四冊

430000－2401－0019197　391.2/176

性存堂集古百二壽印　（清）成桂馨篆刻　清道光二十七年（1847）鈐印本　二冊

430000－2401－0019198　391.2/92

行素堂集古印存　（清）朱記榮輯　清光緒九年（1883）古檇書屋鈐印本　二冊

430000－2401－0019199　391.2/92(1)

行素堂集古印存　（清）朱記榮輯　清光緒九年（1883）古檇書屋鈐印本　一冊

430000－2401－0019200　391.2/72

閑中弄筆不分卷　（清）沈榮銘篆刻　清乾隆十七年（1752）鈐印本　二冊

430000－2401－0019201　391.2/211

飛鴻堂印譜初集八卷二集八卷三集八卷四集八卷五集八卷　（清）汪啟淑篆刻　清乾隆十二年（1747）鈐印本　二十冊

430000－2401－0019202　391.2/17(4)

漢銅印叢十二卷　（清）汪啟淑輯　清鈐印本　六冊

430000－2401－0019203　391.2/140

印心初集　（清）李克明篆刻　清乾隆忠恕堂鈐印本　二冊

430000－2401－0019204　391.2/75

漱石山房印存　（清）李祖章篆刻　清光緒六年（1880）鈐印本　二冊

430000－2401－0019205　391.2/101

十六金符齋印存十二卷　（清）吳大澂輯　清光緒十四年（1888）鈐印本　徐崇立題識　十二冊

430000－2401－0019206　391.2/101(1)

十六金符齋印存十二卷　（清）吳大澂輯　清光緒十四年（1888）鈐印本　徐崇立題識　十二冊

430000－2401－0019207　391.2/8

雙虞壺齋印存　（清）吳式芬藏　清末鈐印本　七冊　缺一冊（第四冊）

430000－2401－0019208　391.2/100

筠清館漢銅印譜　（清）吳榮光輯　清末鈐印本　徐崇立題識　八冊

430000－2401－0019209　391.2/124

春暉堂印始□□卷　（清）吳蒼雷篆刻　清春暉堂鈐印本　一冊　存一卷（四）

430000－2401－0019210　△391.3/5

頤素齋印影不分卷　道州何氏藏　清陳元玉鈐印本　何維樸題識　八冊

430000－2401－0019211　△391.3/5－2

道州何氏頤素齋藏古印譜　道州何氏藏　清鈐印本　黎澤泰標點并跋　一冊

430000－2401－0019212　391.2/38

吟蓮館印存 (清)何紹基輯　清末鈐印本　十冊

430000－2401－0019213　391.2/144
宣和集古印史八卷秦璽考一卷 (明)來行學篆刻　明萬曆二十四年(1596)來氏寶印齋鈐印本　二冊　存三卷(一、七,秦璽考一)

430000－2401－0019214　391.2/83
孫氏養正樓印存六卷 (清)孟介臣篆刻　(清)孫皁昌輯　清道光二十一年(1841)太谷孫皁昌養正樓鈐印本　六冊

430000－2401－0019215　391.2/85
學古退庵印存 (清)孟超然篆刻　清光緒九年(1883)敬業書屋鈐印本　二冊

430000－2401－0019216　△295.7/7
賴古堂印譜四卷 (清)周亮工輯　清康熙六年(1667)周氏賴古堂鈐印本　四冊

430000－2401－0019217　391.2/116
共墨齋藏古鉢印譜 (清)周鑾詒　(清)周銑詒輯　清光緒十二年(1886)鈐印本　十冊

430000－2401－0019218　391.2/16
摹古印譜五卷青琅玕館印存一卷 (清)胡之森篆刻　清道光二十二年(1842)青琅玕館鈐印本　六冊

430000－2401－0019219　391.2/65
壽石齋印譜 (清)胡□□篆刻　清同治九年(1870)鈐印本　四冊

430000－2401－0019220　391.2/194
銅鼓書堂藏印 (清)查禮輯　清嘉慶四年(1799)查氏銅鼓書堂鈐印本　一冊

430000－2401－0019221　391.2/170
五香書室印譜 (清)柳小華篆刻　清光緒鈐印本　一冊

430000－2401－0019222　391.2/185
蒼莽獨立樓印選 (清)孫節庵輯　清光緒二十四年(1898)鈐印本　一冊

430000－2401－0019223　391.2/192
天倪閣印譜 (清)倪璐輯　清光緒鈐印本　一冊

430000－2401－0019224　391.2/178
聽松別館印存 (清)徐少農篆刻　清光緒三年(1877)徐少農聽松別館鈐印本　二冊

430000－2401－0019225　391.2/117
朱柏廬先生格言印譜 (清)徐頡篆刻　清末鈐印本　二冊

430000－2401－0019226　△391.3/3
雲留小住印志不分卷 (清)徐學幹篆刻　清嘉慶鈐印本　二冊

430000－2401－0019227　391.2/113
天保九如章一卷十二體摹印一卷百美詩圖章一卷陋室銘圖章一卷百二甲子章一卷 (清)梁登庸篆刻　清乾隆鈐印本　五冊

430000－2401－0019228　391.2/167
念劬山館珍藏印譜一卷 (清)許正紳篆刻　清末長沙許氏念劬山館鈐印本　一冊

430000－2401－0019229　△391.3/1
谷園印譜四卷 (清)許容篆刻　(清)胡介祉輯　清康熙二十五年(1686)鈐印本　四冊

430000－2401－0019230　391.2/115
谷園印譜六卷 (清)許容篆刻　(清)胡介祉輯　清康熙二十五年(1686)鈐印本　六冊

430000－2401－0019231　391.2/174
松雪堂印萃 (清)郭啟翼篆刻　清乾隆五十年(1785)鈐印本　一冊

430000－2401－0019232　391.2/104
松筠桐蔭館集印 (清)郭偉績輯　清乾隆四十二年(1777)鈐印本　一冊

430000－2401－0019233　391.2/108
清儀閣古印偶存 (清)張廷濟編　清道光十五年(1835)張邦梁鈐印本　六冊

430000－2401－0019234　391.2/45
介如庵摹印存 (清)張忠亮篆刻　清光緒三十四年(1908)鈐印本　四冊

430000－2401－0019235　391.2/127
聽秋山館印譜 (清)張澐篆刻　清咸豐四年(1854)鈐印本　二冊

430000－2401－0019236　391.2/193

華黍齋集印二卷　（清）張學宗輯　清道光三十年(1850)鈐印本　二冊

430000－2401－0019237　391.2/47

麓山樵人元玉印譜　（清）陳元玉篆刻　清光緒七年(1881)鈐印本　一冊

430000－2401－0019238　391.2/138

惜陰堂印譜　（清）陳介祺篆刻　清道光二十九年(1849)鈐印本　二冊

430000－2401－0019239　391.2/130

太上感應篇印譜　（清）陳清才篆刻　清鈐印本　一冊

430000－2401－0019240　391.2/206

香雪閣遺刻　（清）陳梅仙篆刻　清鈐印本　一冊

430000－2401－0019241　△295.7/1

四本堂印譜不分卷　（清）陳森年輯　清鈐印本　三冊

430000－2401－0019242　391.2/200

種榆仙館印譜　（清）陳鴻壽篆刻　清道光元年(1821)鈐印本　八冊

430000－2401－0019243　391.2/200(1)

種榆仙館印譜　（清）陳鴻壽篆刻　清道光元年(1821)鈐印本　一冊

430000－2401－0019244　391.2/227

紺雪齋集印譜　（清）陳懋淦輯　清嘉慶二十三年(1818)陳氏紺雪齋鈐印本　一冊

430000－2401－0019245　391.2/168

蘭石軒印草　（清）絅量篆放慢　清末鈐印本　一冊　一冊(上)

430000－2401－0019246　391.2/121

威毅伯印略　（清）曾國荃篆刻　清末湘鄉曾氏思補過齋鈐印本　一冊

430000－2401－0019247　391.2/228

昭代名賢印匯　（清）曾廣鑾輯　清末鈐印本　徐崇立跋　一冊

430000－2401－0019248　391.2/20

銘雀硯齋印存　（清）黃霖澤輯　清光緒二十一年(1895)鈐印本　二冊

430000－2401－0019249　391.2/28

歷朝印史四卷　（清）黃學圮篆刻　清嘉慶三年(1798)楚橋書屋鈐印本　四冊

430000－2401－0019250　391.2/143

青蓮室印存　（清）程士鼇篆刻　清鈐印本　一冊

430000－2401－0019251　391.2/60

壽岩印草　（清）程椿篆刻　清道光二十三年(1843)鈐印本　六冊

430000－2401－0019252　391.2/212

友石軒印存一卷　（清）楊秉信篆刻　清光緒三十年(1904)鈐印本　一冊

430000－2401－0019253　391.2/59

對山印稿　（清）楊燮篆刻　（清）楊森輯　清道光七年(1827)嗜鈔書齋鈐印本　八冊

430000－2401－0019254　391.2/59(1)

對山印稿　（清）楊燮篆刻　（清）楊森輯　清道光七年(1827)嗜鈔書齋鈐印本　三冊

430000－2401－0019255　391.2/79

松園印譜　（清）賈永篆刻　清乾隆四十八年(1783)福壽堂鈐印本　二冊

430000－2401－0019256　391.2/155

補羅迦室印譜　（清）趙之琛篆刻　清光緒十一年(1885)鈐印本　十二冊

430000－2401－0019257　391.2/50

聊自娛齋印存　（清）趙之謙篆刻　清咸豐九年(1859)鈐印本　十冊

430000－2401－0019258　391.2/51

觀自得齋印集　（清）趙之謙篆刻　清同治鈐印本　二冊

430000－2401－0019259　391.2/203

百將百美合璧印譜　（清）趙仲穆篆刻　清光緒鈐印本　八冊

430000－2401－0019260　391.2/90

印郵　（清）趙執齋編　清光緒十七年(1891)
文古齋鈐印本　八冊

430000－2401－0019261　391.2/158

鄭庵所藏泥封一卷　（清）潘祖蔭輯　清光緒
二十九年(1903)石印陸庵盦古錄本　一冊

430000－2401－0019262　391.2/139

竹雪軒印集八卷　（清）蔡浚源輯　清光緒十
三年(1887)鈐印本　四冊

430000－2401－0019263　391.2/55

小墨莊法古印存一卷蕉窗十則篆印一卷
（清）劉鴻勛撰并篆刻　清光緒十一年(1885)
鱉水劉氏鈐印本　二冊

430000－2401－0019264　392.3/36

鐵雲藏陶一卷　（清）劉鶚輯　清光緒三十年
(1904)影印抱殘守缺齋所藏三代文字本　十冊

430000－2401－0019265　392.3/36(1)

鐵雲藏陶一卷　（清）劉鶚輯　清光緒三十年
(1904)影印抱殘守缺齋所藏三代文字本　八
冊　缺二卷(一、六)

430000－2401－0019266　391.2/82

抱經樓日課編四卷　（清）盧登焯篆刻　清乾
隆四十五年(1780)抱經樓鈐印本　四冊

430000－2401－0019267　391.2/103

選集漢印分韻二卷　（清）謝雲生編　清嘉慶
二年(1797)漱藝堂刻本　四冊

430000－2401－0019268　391.2/103(1)

續集漢印分韻二卷　（清）謝景卿編　清嘉慶
八年(1803)漱藝堂刻本　四冊

430000－2401－0019269　391.2/103(2)

續集漢印分韻二卷　（清）謝景卿編　清嘉慶
八年(1803)漱藝堂刻本　四冊

430000－2401－0019270　391.2/103(3)

續集漢印分韻二卷　（清）謝景卿編　清嘉慶
八年(1803)漱藝堂刻本　四冊

430000－2401－0019271　391.2/103(4)

續集漢印分韻二卷　（清）謝景卿編　清嘉慶

八年(1803)漱藝堂刻本　四冊

430000－2401－0019272　391.2/103(5)

續集漢印分韻二卷　（清）謝景卿編　清嘉慶
八年(1803)漱藝堂刻本　四冊

430000－2401－0019273　391.2/103(6)

續集漢印分韻二卷　（清）謝景卿編　清嘉慶
八年(1803)漱藝堂刻本　四冊

430000－2401－0019274　391.2/103(7)

續集漢印分韻二卷　（清）謝景卿編　清嘉慶
八年(1803)漱藝堂刻本　四冊

430000－2401－0019275　391.2/103(8)

續集漢印分韻二卷　（清）謝景卿編　清嘉慶
八年(1803)漱藝堂刻本　四冊

430000－2401－0019276　391.2/103－2

選集漢印分韻二卷　（清）謝雲生編　續集漢
印分韻二卷　（清）謝景卿編　清末鈔本
四冊

430000－2401－0019277　391.2/105

坤臯鐵筆　（清）鞠履厚篆刻　清乾隆四十四
年(1779)鈐印本　二冊

430000－2401－0019278　391.2/86

漱石軒印存四卷漱石軒印集四卷　（清）鍾權
篆刻　（清）鍾霈等輯　清光緒鈐印本　六冊
缺二卷(印存二、印集一)

430000－2401－0019279　391.2/37

松岩印譜一卷　（清）聶際茂篆刻　清乾隆十
八年(1753)鈐印本　一冊

430000－2401－0019280　391.2/112

琴鶴堂印譜　（清）繼良輯　清光緒二十七年
(1901)鈐印本　八冊

430000－2401－0019281　391.2/112(1)

琴鶴堂印譜　（清）繼良輯　清光緒二十七年
(1901)鈐印本　八冊

430000－2401－0019282　391.2/66

小石山房印譜四卷小石山房印譜集名刻一卷
小石山房印譜歸雲來辭一卷　（清）顧湘
（清）顧浩編　清道光八年(1828)小石山房鈐

印本　六冊

430000－2401－0019283　391.2/66(1)
小石山房印譜四卷小石山房印譜集名刻一卷
小石山房印譜歸雲來辭一卷　（清）顧湘
（清）顧浩編　清道光八年(1828)小石山房鈐
印本　四冊　缺一卷(一)

430000－2401－0019284　391.2/146
一劍二琴齋印譜　（清）□□篆刻　清鈐印本
四冊

430000－2401－0019285　391.2/118
子史精言集錄印譜　（清）□□篆刻　清末鈐
印本　四冊

430000－2401－0019286　391.2/23
志古草堂印草　（清）□□篆刻　清鈐印本　一冊

430000－2401－0019287　391.2/89
叢石齋印集　馮錫仁輯　清光緒二十四年
(1898)柳林馮氏鈐印本　四冊

430000－2401－0019288　391.2/25－2
鐵耕齋印本　雷悅篆刻　清宣統元年(1909)
鈐印本　二冊

430000－2401－0019289　391.2/25
鐵耕齋印存　雷悅篆刻　清光緒三十四年
(1908)鈐印本　二冊

430000－2401－0019290　391.2/25(1)
鐵耕齋印存　雷悅篆刻　清光緒三十四年
(1908)鈐印本　二冊

430000－2401－0019291　391.2/77
鐵耕齋印譜　雷悅篆刻　葉德輝輯　清光緒
三十年(1904)長沙葉氏鈐印本　一冊

430000－2401－0019292　△391.4/2
樂律全書　（明）朱載堉撰　明萬曆鄭藩增修
本　二十八冊

430000－2401－0019293　△391.4/2(1)
樂律全書　（明）朱載堉撰　明萬曆鄭藩增修
本　十六冊　存三十八卷

430000－2401－0019294　391.31/16

樂書二百卷　（宋）陳暘撰　清光緒二年
(1876)廣州菊坡精舍刻本　十八冊

430000－2401－0019295　391.32/22
瑟譜六卷　（元）熊朋來撰　清道光二十七年
(1847)刻本　一冊

430000－2401－0019296　391.32/22(1)
瑟譜六卷　（元）熊朋來撰　清道光二十七年
(1847)刻本　一冊

430000－2401－0019297　△391.4/9
徽言秘旨不分卷　（明）尹曄輯　清順治九年
(1652)聽月樓刻本　五冊

430000－2401－0019298　391.32/14
徽言秘旨不分卷　（明）尹曄輯　清順治九年
(1652)聽月樓刻本　四冊

430000－2401－0019299　△391.4/10
臞仙神奇秘譜二卷　（明）朱權撰　明刻本
二冊

430000－2401－0019300　391.31/9
樂經集語二卷　（明）張鳳翔撰　清嘉慶元年
(1796)刻本　一冊

430000－2401－0019301　391.31/9(1)
樂經集語二卷　（明）張鳳翔撰　清嘉慶元年
(1796)刻本　三冊　缺一卷(四)

430000－2401－0019302　△391.4/4
重修正文對音捷要真傳琴譜大全十卷　（明）
楊表正撰　明萬曆十三年(1585)翼聖堂刻本
十冊

430000－2401－0019303　△391.4/4(1)
重修正文對音捷要真傳琴譜大全十卷　（明）
楊表正撰　明萬曆十三年(1585)翼聖堂刻本
十冊

430000－2401－0019304　△391.4/5
伯牙心法不分卷　（明）楊掄輯　明萬曆三十
七年(1609)刻本　四冊

430000－2401－0019305　△391.4/6
琴譜合璧不分卷　（明）楊掄撰　明步月樓刻
本　同治元年(1862)奕存題款　八冊

430000 – 2401 – 0019306　△16/1

苑洛志樂十三卷　（明）韓邦奇撰　清康熙二十二年(1683)吳元萊刻本

430000 – 2401 – 0019307　391.32/7

琵琶譜三卷　（清）王君錫　（清）陳牧夫撰　清光緒二年(1876)刻本　三冊

430000 – 2401 – 0019308　391.32/24

擬瑟譜一卷　（清）王泉之錄　清道光九年(1829)政餘書屋刻本　一冊

430000 – 2401 – 0019309　391.31/15

御製律呂正義上編二卷下編二卷續編一卷　（清）允祿等撰　清乾隆刻本　六冊

430000 – 2401 – 0019310　391.31/15(1)

御製律呂正義上編二卷下編二卷續編一卷　（清）允祿等撰　清乾隆刻本　五冊

430000 – 2401 – 0019311　391.31/15(2)

御製律呂正義上編二卷下編二卷續編一卷　（清）允祿等撰　清乾隆刻本　五冊

430000 – 2401 – 0019312　391.31/15(3)

御製律呂正義上編二卷下編二卷續編一卷　（清）允祿等撰　清乾隆刻本　六冊

430000 – 2401 – 0019313　391.31/15(4)

御製律呂正義上編二卷下編二卷續編一卷　（清）允祿等撰　清乾隆刻本　四冊　缺一卷（續編一卷）

430000 – 2401 – 0019314　△391.4/3

御製律呂正義上編二卷下編二卷續編一卷　（清）允祿等撰　清內府刻本　五冊

430000 – 2401 – 0019315　14/163

欽定詩經樂譜全書三十卷樂律正俗一卷　（清）永瑢等編　清乾隆五十三年(1788)內府活字二色套印本　十一冊　缺十七卷（一至十七）

430000 – 2401 – 0019316　△391.4/7

德音堂琴譜十卷　（清）汪天榮輯　清康熙三十年(1691)刻本　六冊

430000 – 2401 – 0019317　△391.4/7(1)

德音堂琴譜十卷　（清）汪天榮輯　清康熙三十年(1691)刻本　六冊

430000 – 2401 – 0019318　△391.4/7 – 2

德音堂琴譜十卷　（清）汪天榮輯　清康熙六十年(1721)有文堂刻本　三冊

430000 – 2401 – 0019319　391.32/11

立雪齋琴譜二卷首一卷　（清）汪紱輯　清光緒二十二年(1896)刻本　二冊

430000 – 2401 – 0019320　391.32/5 – 2

自遠堂琴譜十二卷　（清）吳灯撰　清嘉慶六年(1801)自遠堂刻本　八冊

430000 – 2401 – 0019321　391.32/5 – 2(1)

自遠堂琴譜十二卷　（清）吳灯撰　清嘉慶六年(1801)自遠堂刻本　八冊

430000 – 2401 – 0019322　391.32/5 – 2(2)

自遠堂琴譜十二卷　（清）吳灯撰　清嘉慶六年(1801)自遠堂刻本　八冊

430000 – 2401 – 0019323　391.32/5 – 2(3)

自遠堂琴譜十二卷　（清）吳灯撰　清嘉慶六年(1801)自遠堂刻本　八冊

430000 – 2401 – 0019324　391.32/5 – 2(4)

自遠堂琴譜十二卷　（清）吳灯撰　清嘉慶六年(1801)自遠堂刻本　八冊

430000 – 2401 – 0019325　391.31/7

丁祭禮樂備考三卷　（清）邱之稑編　清道光二十年(1840)刻本　一冊

430000 – 2401 – 0019326　391.31/6

律音彙考八卷　（清）邱之稑編　清道光十八年(1838)瀏陽蝦田家塾刻本　四冊

430000 – 2401 – 0019327　391.31/6(1)

律音彙考八卷　（清）邱之稑編　清道光十八年(1838)瀏陽蝦田家塾刻本　四冊

430000 – 2401 – 0019328　391.31/6(2)

律音彙考八卷　（清）邱之稑編　清道光十八年(1838)瀏陽蝦田家塾刻本　四冊

430000 – 2401 – 0019329　391.31/6(3)

律音彙考八卷　（清）邱之稑編　清道光十八年(1838)瀏陽蝦田家塾刻本　四冊

430000－2401－0019330　391.31/6－2

律音彙考八卷　（清）邱之稑編　清宣統三年(1911)瀏陽禮樂局刻本　四冊

430000－2401－0019331　391.31/6－2(1)

律音彙考八卷　（清）邱之稑編　清宣統三年(1911)瀏陽禮樂局刻本　四冊

430000－2401－0019332　391.31/6－2(2)

律音彙考八卷　（清）邱之稑編　清宣統三年(1911)瀏陽禮樂局刻本　四冊

430000－2401－0019333　391.31/6－2(3)

律音彙考八卷　（清）邱之稑編　清宣統三年(1911)瀏陽禮樂局刻本　四冊

430000－2401－0019334　391.31/6－2(4)

律音彙考八卷　（清）邱之稑編　清宣統三年(1911)瀏陽禮樂局刻本　四冊

430000－2401－0019335　391.32/12

五知齋琴譜八卷　（清）周魯封撰　清乾隆二年(1737)紅杏山房刻本　六冊

430000－2401－0019336　391.32/12(1)

五知齋琴譜八卷　（清）周魯封撰　清乾隆二年(1737)紅杏山房刻本　六冊

430000－2401－0019337　391.32/12－2

五知齋琴譜八卷　（清）周魯封撰　清乾隆十一年(1746)懷德堂刻本　六冊

430000－2401－0019338　391.32/12－2(1)

五知齋琴譜八卷　（清）周魯封撰　清咸豐十一年(1861)嶺南添益閣重印清乾隆十一年(1746)刻本　六冊

430000－2401－0019339　391.32/12－2(2)

五知齋琴譜八卷　（清）周魯封撰　清咸豐十一年(1861)嶺南添益閣重印清乾隆十一年(1746)刻本　六冊

430000－2401－0019340　391.33/15

山門新語二卷　（清）周贇撰　清光緒十九年(1893)六聲草堂刻本　二冊

430000－2401－0019341　391.32/4

琴譜諧聲六卷　（清）周顯祖撰　清嘉慶二十五年(1820)聽真軒刻本　六冊

430000－2401－0019342　391.32/4(1)

琴譜諧聲六卷　（清）周顯祖撰　清嘉慶二十五年(1820)聽真軒刻本　六冊

430000－2401－0019343　391.32/10

與古齋琴譜四卷　（清）祝鳳喈撰　清咸豐五年(1855)家刻本　四冊

430000－2401－0019344　391.31/17

古律經傳附考五卷　（清）紀大奎撰　清嘉慶二十年(1815)刻本　二冊

430000－2401－0019345　391.32/17

天聞閣琴譜集成十六卷首三卷紀事一卷附一卷　（清）唐彝銘輯　清光緒二年(1876)成都葉氏刻本　十八冊

430000－2401－0019346　391.32/17(1)

天聞閣琴譜集成十六卷首三卷紀事一卷附一卷　（清）唐彝銘輯　清光緒二年(1876)成都葉氏刻本　二十四冊

430000－2401－0019347　391.32/9

蕉庵琴譜四卷　（清）秦維瀚撰　清光緒三年(1877)刻本　四冊

430000－2401－0019348　391.32/9(1)

蕉庵琴譜四卷　（清）秦維瀚撰　清光緒三年(1877)刻本　三冊　缺一卷(四)

430000－2401－0019349　391.32/6

澄鑒堂琴譜不分卷指法二卷　（清）徐常遇撰輯　清康熙五十七年(1718)澄鑒堂刻本　十冊

430000－2401－0019350　391.32/13

大還閣琴譜六卷溪山琴況一卷萬峰閣指法秘箋一卷　（清）徐祺撰　清康熙十二年(1673)大還閣刻本　六冊

430000－2401－0019351　391.32/13(1)

大還閣琴譜六卷溪山琴況一卷萬峰閣指法秘箋一卷　（清）徐祺撰　清康熙十二年(1673)

大還閣刻本　六冊

430000－2401－0019352　391.32/13（2）

大還閣琴譜六卷溪山琴況一卷萬峰閣指法秘
箋一卷　（清）徐谼撰　清康熙十二年（1673）
大還閣刻本　一冊　存四卷（三至六）

430000－2401－0019353　391.31/8

樂說二卷　（清）莊存與撰　清道光七年
（1827）莊綏甲寶研堂刻味經齋遺書本　一冊

430000－2401－0019354　391.32/23

琴譜新聲六卷附一卷　（清）曹尚絅等訂
（清）釋德輝重編　清光緒三十年（1904）龍鄲
須摩提室刻本　四冊

430000－2401－0019355　391.33/4

琴學入門二卷　（清）張鶴撰　清同治六年
（1867）嘉平刻本　二冊

430000－2401－0019356　391.33/4（1）

琴學入門二卷　（清）張鶴撰　清同治六年
（1867）嘉平刻本　二冊

430000－2401－0019357　391.33/4（2）

琴學入門二卷　（清）張鶴撰　清同治六年
（1867）嘉平刻本　二冊

430000－2401－0019358　391.33/4（3）

琴學入門二卷　（清）張鶴撰　清同治六年
（1867）嘉平刻本　二冊

430000－2401－0019359　391.33/4（4）

琴學入門二卷　（清）張鶴撰　清同治六年
（1867）嘉平刻本　三冊

430000－2401－0019360　391.33/4－2

琴學入門二卷　（清）張鶴撰　清同治十三年
（1874）刻本　二冊

430000－2401－0019361　391.33/4－2（1）

琴學入門二卷　（清）張鶴撰　清同治十三年
（1874）刻本　二冊

430000－2401－0019362　391.33/4－2（2）

琴學入門二卷　（清）張鶴撰　清同治十三年
（1874）刻本　一冊　存一卷（下）

430000－2401－0019363　391.33/4（2）

琴學入門二卷　（清）張鶴撰　清同治刻本
一冊　存一卷（下）

430000－2401－0019364　391.31/11

聲律通考十卷　（清）陳澧撰　清刻本　二冊

430000－2401－0019365　△391.4/8

蓼懷堂琴譜不分卷　（清）雲志高撰　清康熙
刻本　八冊

430000－2401－0019366　△391.4/8（1）

蓼懷堂琴譜不分卷　（清）雲志高撰　清康熙
刻本　八冊

430000－2401－0019367　391.32/15

蓼懷堂琴譜不分卷　（清）雲志高撰　清康熙
刻本　四冊

430000－2401－0019368　391.32/19

誠一堂琴譜六卷琴談二卷　（清）程允基撰
清康熙誠一堂刻本　四冊

430000－2401－0019369　391.32/19（1）

誠一堂琴譜六卷琴談二卷　（清）程允基撰
清康熙誠一堂刻本　六冊

430000－2401－0019370　391.32/19（2）

誠一堂琴譜六卷琴談二卷　（清）程允基撰
清康熙誠一堂刻本　五冊　缺一卷（琴談二）

430000－2401－0019371　391.32/19（3）

誠一堂琴譜六卷琴談二卷　（清）程允基撰
清康熙誠一堂刻本　三冊　缺五卷（一至五）

430000－2401－0019372　391.33/17

誠一堂琴談二卷　（清）程允基撰　德音堂琴
譜字母源流一卷　（清）汪天榮撰　清乾隆鈔
本　一冊

430000－2401－0019373　391.32/1

松風閣琴譜二卷指法一卷抒懷操一卷　（清）
程雄撰　清康熙三槐堂刻本　二冊

430000－2401－0019374　391.32/1（1）

松風閣琴譜二卷指法一卷抒懷操一卷　（清）
程雄撰　清康熙三槐堂刻本　四冊

430000－2401－0019375　391.31/1

琴音記二卷蓮飲集濠上吟稿一卷　（清）程瑤田撰　清乾隆三十五年(1770)刻本　一冊

430000－2401－0019376　391.32/32

梅花庵二香琴譜十卷首一卷　（清）蔣文勛撰　清道光十三年(1833)梅花庵刻本　四冊

430000－2401－0019377　391.31/10

大樂元音七卷　（清）潘士權撰　清乾隆十一年(1746)刻本　五冊

430000－2401－0019378　391.31/13

律易一卷律呂通今圖說不分卷　（清）繆闐撰　清咸豐十一年(1861)刻本　三冊

430000－2401－0019379　391.33/5

琴旨申丘一卷　劉人熙撰　清光緒十五年(1889)京師刻蔚廬所著書本　一冊

430000－2401－0019380　391.33/5(1)

琴旨申丘一卷　劉人熙撰　清光緒十五年(1889)京師刻蔚廬所著書本　一冊

430000－2401－0019381　391.32/20

琴譜　清光緒十四年(1888)唐成之鈔本　一冊

430000－2401－0019382　391.4/40

蝸簃弈錄　（清）黃龍士等編　清光緒蝸簃刻本　九冊

430000－2401－0019383　391.4/40(1)

蝸簃弈錄　（清）黃龍士等編　清光緒蝸簃刻本　九冊

430000－2401－0019384　391.4/40(2)

蝸簃弈錄　（清）黃龍士等編　清光緒蝸簃刻本　三冊

430000－2401－0019385　391.4/20－2

弈潛齋集譜　（清）鄧元鏸編　清光緒弈潛齋刻本　八冊

430000－2401－0019386　391.4/45

新刻陳搏象棋譜二卷　（宋）陳搏撰　清道光二十九年(1849)游心齋刻本　二冊

430000－2401－0019387　391.4/1－3

韜略元機八卷　（宋）陳搏撰　清大鑒堂刻本　三冊　存二卷(五至六)

430000－2401－0019388　391.4/1－2

韜略元機八卷　（宋）陳搏撰　清四法堂刻本　四冊

430000－2401－0019389　391.4/1

韜略元機八卷　（宋）陳搏撰　清靜樂齋刻本　四冊

430000－2401－0019390　391.4/1(1)

韜略元機八卷　（宋）陳搏撰　清靜樂齋刻本　四冊

430000－2401－0019391　391.4/31

韜略元機八卷　（宋）陳搏撰　清末刻本　二冊　存二卷(一至二)

430000－2401－0019392　391.4/46

玄玄棋經十三篇不分卷　（宋）張似撰　明刻本　二冊

430000－2401－0019393　△391.5/3

坐隱齋先生自訂棋譜全集　（宋）張似等撰　明書林王公行刻本　三冊

430000－2401－0019394　391.4/2－2

金鵬十八變三卷　（明）朱晉楨撰　清刻本　一冊

430000－2401－0019395　△391.5/1

仙機武庫八集　（明）陸玄宇輯　明崇禎二年(1629)西陵碧雲書屋刻本　七冊　存七集(一至四、六至八)

430000－2401－0019396　391.4/9

弈萃一卷　（清）卞文恆撰　清嘉慶二十一年(1816)味書齋刻本　一冊

430000－2401－0019397　391.4/9(1)

弈萃一卷　（清）卞文恆撰　清嘉慶二十一年(1816)味書齋刻本　一冊

430000－2401－0019398　391.4/25

弈萃官子一卷　（清）卞文恆撰　清嘉慶二十一年(1816)味書齋刻本　一冊

430000－2401－0019399　　391.4/25(1)

弈萃官子一卷　（清）卞文恆撰　清嘉慶二十
一年(1816)味書齋刻本　一冊

430000－2401－0019400　　391.4/35

六家弈譜六卷　（清）王彥侗編　清咸豐七年
(1857)刻本　二冊

430000－2401－0019401　　391.4/32

寄青霞館弈選八卷續八卷　（清）王存善編
清光緒二十三年(1897)掃葉山房刻本　十
六冊

430000－2401－0019402　　391.4/32(1)

寄青霞館弈選八卷續八卷　（清）王存善編
清光緒二十三年(1897)掃葉山房刻本　一冊
存一卷(一)

430000－2401－0019403　　391.4/5

居易堂圍棋新譜六卷棋經一卷　（清）沈賦彙
選　清康熙五十五年(1716)刻本　三冊

430000－2401－0019404　　391.4/16

受子譜選二卷首一卷　（清）李汝珍輯　清嘉
慶二十二年(1817)刻本　一冊

430000－2401－0019405　　391.4/29(1)

圍棋近譜不分卷　（清）金楍志撰　清初刻本
三冊

430000－2401－0019406　　391.4/29

圍棋近譜不分卷　（清）金楍志撰　清康熙五
十五年(1716)刻本　二冊　清光緒唐成之
批註

430000－2401－0019407　　391.4/23

周懶予先生圍棋譜一卷　（清）周嘉錫撰　清
同治十二年(1873)上海江左書林刻本　一冊

430000－2401－0019408　　391.4/23(1)

周懶予先生圍棋譜一卷　（清）周嘉錫撰　清
同治十二年(1873)上海江左書林刻本　一冊

430000－2401－0019409　　391.4/11

餐菊齋棋評一卷　（清）周鼎編　清同治十一
年(1872)刻本　一冊

430000－2401－0019410　　391.4/17

弈理指歸圖三卷　（清）施定庵撰　（清）錢長
澤繪圖　清乾隆四十一年(1776)笙雅堂刻本
六冊

430000－2401－0019411　　391.4/17－2

弈理指歸圖三卷　（清）施定庵撰　（清）錢長
澤繪圖　清光緒七年(1881)刻本　四冊

430000－2401－0019412　　391.4/17－2(1)

弈理指歸圖三卷　（清）施定庵撰　（清）錢長
澤繪圖　清光緒七年(1881)刻本　三冊

430000－2401－0019413　　391.4/18－2

弈理指歸續編一卷　（清）施定庵撰　清乾隆
四十三年(1778)秋蘭書屋刻本　一冊

430000－2401－0019414　　391.4/3－2

桃花泉弈譜二卷　（清）范世勳撰　清同治十
二年(1873)敦仁堂刻本　二冊

430000－2401－0019415　　391.4/36

海昌二妙集三卷首二卷　（清）范世勳　（清）
施定庵撰　清光緒二十三年(1897)浮曇末齋
刻本　六冊

430000－2401－0019416　　391.4/33

適情雅趣十卷　（清）徐芝撰　清末鈔本　一
冊　存二卷(九至十)

430000－2401－0019417　　391.4/37

潘徐合譜一卷　（清）徐耀文　（清）潘景齋撰
清同治十年(1871)印月山房刻本　一冊

430000－2401－0019418　　391.4/10

石室仙機五卷石室仙機諸家集說一卷　（清）
許穀輯　清金陵世德堂刻本　一冊　存三卷
(一至二、集說一卷)

430000－2401－0019419　　391.4/22－2

四子譜二卷　（清）過文年編　清乾隆五十一
年(1786)金閶書業堂刻本　四冊

430000－2401－0019420　　391.4/22

四子譜二卷　（清）過文年編　清同治十二年
(1873)金閶同文堂刻本　二冊

430000－2401－0019421　　391.4/22－4

四子譜二卷　（清）過文年編　清宣統三年

(1911)上海千頃堂石印本　一冊

430000－2401－0019422　391.4/12

陳子仙方秋客七局一卷　（清）常仲卿編　清
光緒十一年(1885)刻本　一冊

430000－2401－0019423　391.4/26

弈理析疑不分卷　（清）臧念宣等撰　清乾隆
五十五年(1790)慶餘堂刻本　三冊

430000－2401－0019424　391.4/28

四大家棋譜一卷　（清）鄧元鏸編　清光緒八
年(1882)弈潛齋刻本　一冊

430000－2401－0019425　391.4/27

梁程十四局一卷　（清）鄧元鏸編　清光緒七
年(1881)弈潛齋刻本　一冊

430000－2401－0019426　△391.5/2

殘局類選二卷　（清）錢長澤編　清乾隆三十
五年(1770)暗香書屋刻本　三冊　白石山
批校

430000－2401－0019427　383/140

大衍合其譜不分卷　清鈔本　一冊

430000－2401－0019428　391.4/43

六合四卷　清鈔本　四冊

430000－2401－0019429　391.5/18

打馬圖經一卷　（宋）李清照撰　清光緒三十
二年(1906)長沙葉氏郎園先生全書刻本
一冊

430000－2401－0019430　391.5/18

打馬圖經一卷　（宋）李清照撰　清光緒三十
二年(1906)長沙葉氏郎園先生全書刻本
一冊

430000－2401－0019431　△391.6/1

丸經二卷　（元）□□撰　明末毛氏汲古閣刻
本　一冊

430000－2401－0019432　△391.6/3

射史六卷　（明）陳宗猷輯　明崇禎元年
(1628)刻本　六冊

430000－2401－0019433　391.5/25

射義新書二卷雜記一卷　（明）程道生輯　明
刻本　一冊

430000－2401－0019434　391.5/11

重訂宣和譜牙牌彙集二卷　（清）河上漁人輯
（清）雲庵氏訂　清光緒十四年(1888)刻本
一冊

430000－2401－0019435　391.5/8

七巧圖二卷　（清）胡驚翼新增　清同治六年
(1867)益陽胡氏柳汁堂刻本　二冊

430000－2401－0019436　391.5/17

七巧圖合璧一卷　（清）笑傲山房編　清光緒
三十二年(1906)刻本　一冊

430000－2401－0019437　391.5/14

詩鐘一卷　（清）陳冕輯　清光緒十一年
(1885)刻本　一冊

430000－2401－0019438　391.5/6

益智圖二卷　（清）童葉庚撰　清光緒四年
(1878)睫巢刻本　二冊

430000－2401－0019439　391.5/6(1)

益智圖二卷　（清）童葉庚撰　清光緒四年
(1878)睫巢刻本　二冊

430000－2401－0019440　391.5/6(2)

益智圖二卷　（清）童葉庚撰　清光緒四年
(1878)睫巢刻本　一冊　存一卷(下)

430000－2401－0019441　391.5/5

益智圖四卷首一卷　（清）童葉庚撰　清光緒
三十二年(1906)長沙來青閣石印本　四冊

430000－2401－0019442　391.5/5(1)

益智圖四卷首一卷　（清）童葉庚撰　清光緒
三十二年(1906)長沙來青閣石印本　四冊

430000－2401－0019443　391.5/5(2)

益智圖四卷首一卷　（清）童葉庚撰　清光緒
三十二年(1906)長沙來青閣石印本　三冊

430000－2401－0019444　391.5/7

蘭湄幻墨二卷　（清）華彬撰　清光緒二十年
(1894)武林竹簡齋石印本　二冊

430000－2401－0019445　391.5/15

曼庵壺盧銘一卷　（清）葉金壽撰　清光緒五年(1879)刻嘯園叢書本　一冊

430000－2401－0019446　391.5/10

新刻酒令撮要一卷　（清）楊元珍輯　清道光九年(1829)刻本　一冊

430000－2401－0019447　385/1

脫影奇觀三卷　（英國）德貞撰　清同治十二年(1873)京都施醫院刻本　四冊

430000－2401－0019448　△392.1/1

張氏藏書　（明）張云編　明萬曆刻本　葉德輝、葉啟勳、葉啟發題跋　四冊

430000－2401－0019449　△392.3/1

茶書　（明）喻政編　明萬曆四十一年(1613)刻本　八冊

430000－2401－0019450　△392.3/2

酒史二卷　（明）馮時化輯　明刻本　一冊

430000－2401－0019451　392.1/2

隨息居飲食譜不分卷　（清）王士雄撰　清光緒二十七年(1901)刻本　三冊

430000－2401－0019452　392.1/1

醒園錄一卷　（清）李化楠撰　清李調元刻本　一冊

430000－2401－0019453　392.1/1(1)

醒園錄一卷　（清）李化楠撰　清李調元刻本　一冊

430000－2401－0019454　392.1/6

續茶經三卷　（清）陸廷燦輯　清雍正刻本　一冊　存一卷(下)

430000－2401－0019455　392.3/26

三古圖　（清）黃晟輯　清乾隆十七年(1752)天都黃氏亦政堂刻本　二十四冊

430000－2401－0019456　△392.2/2

石譜不分卷　（宋）杜綰撰　明崇禎毛晉刻本　一冊

430000－2401－0019457　392.3/60

古玉圖譜一百卷　（宋）龍大淵等撰　清乾隆四十四年(1779)刻本　一冊　存九卷(十九至二十七)

430000－2401－0019458　△391.1/4

方氏墨譜六卷文二卷　（明）方建元撰　明萬曆刻本　八冊

430000－2401－0019459　392.3/33

墨法集要一卷　（明）沈繼孫撰　清乾隆浙江刻武英殿聚珍版書本　一冊

430000－2401－0019460　392.3/33(1)

墨法集要一卷　（明）沈繼孫撰　清乾隆浙江刻武英殿聚珍版書本　一冊

430000－2401－0019461　392.3/33(2)

墨法集要一卷　（明）沈繼孫撰　清乾隆浙江刻武英殿聚珍版書本　一冊

430000－2401－0019462　392.3/33－3

墨法集要一卷　（明）沈繼孫撰　清同治十三年(1874)江西書局刻武英殿聚珍版書本　一冊

430000－2401－0019463　392.3/33－2

墨法集要一卷　（明）沈繼孫撰　清光緒二十年(1894)湘鄉謝氏研經榭刻本　一冊

430000－2401－0019464　△392.2/4

香乘二十八卷　（明）周嘉胄輯　明崇禎十四年(1641)刻清康熙元年(1662)周亮節重修本　六冊

430000－2401－0019465　392.3/7

墨志一卷　（明）麻三衡撰　（清）金農錄　清蔣光煦鈔本　二冊

430000－2401－0019466　△392.2/6

陳眉公考槃餘事四卷　（明）屠隆撰　明刻本　四冊

430000－2401－0019467　392.3/12

醉庵硯銘一卷　（清）王繼香撰　清光緒五年(1879)刻嘯園叢書本　一冊

430000－2401－0019468　392.3/49

陶說六卷　（清）朱琰撰　清光緒三十四年

（1908）長沙南陽街振華印書局鉛印本　二冊

430000－2401－0019469　392.3/49（1）

陶說六卷　（清）朱琰撰　清光緒三十四年
（1908）長沙南陽街振華印書局鉛印本　二冊

430000－2401－0019470　392.3/49（2）

陶說六卷　（清）朱琰撰　清光緒三十四年
（1908）長沙南陽街振華印書局鉛印本　一冊
存三卷（一至三）

430000－2401－0019471　△392.2/3

汪氏鑑古齋墨藪不分卷　（清）汪近聖輯撰
清嘉慶五年（1800）刻本　六冊

430000－2401－0019472　392.3/59

古玉圖考不分卷　（清）吳大澂撰并書　清光
緒十五年（1889）石印本　四冊

430000－2401－0019473　392.3/59（1）

古玉圖考不分卷　（清）吳大澂撰并書　清光
緒十五年（1889）石印本　三冊

430000－2401－0019474　392.3/59－2

古玉圖考不分卷　（清）吳大澂撰　清光緒十
五年（1889）上海同文書局石印本　二冊

430000－2401－0019475　392.3/59－2（1）

古玉圖考不分卷　（清）吳大澂撰　清光緒十
五年（1889）上海同文書局石印本　存上冊

430000－2401－0019476　392.3/20－2

端溪硯史三卷　（清）吳蘭修撰　清道光十七
年（1837）嘉善周氏刻本　一冊

430000－2401－0019477　392.3/20

端溪硯史三卷　（清）吳蘭修撰　清刻本
一冊

430000－2401－0019478　392.3/18

冬心齋研銘一卷　（清）金農撰　清雍正十一
年（1733）刻本　一冊

430000－2401－0019479　△392.2/1

文房肆考圖說八卷　（清）唐秉鈞撰　清乾隆
四十三年（1778）唐氏竹映山莊刻本　四冊

430000－2401－0019480　392.3/46

文房肆考圖說八卷　（清）唐秉鈞撰　清乾隆
四十三年（1778）金陵刻本　八冊

430000－2401－0019481　392.3/46（1）

文房肆考圖說八卷　（清）唐秉鈞撰　清乾隆
四十三年（1778）金陵刻本　四冊

430000－2401－0019482　392.3/46（2）

文房肆考圖說八卷　（清）唐秉鈞撰　清乾隆
四十三年（1778）金陵刻本　二冊　存四卷
（一至四）

430000－2401－0019483　392.3/58

八十一玉山房玉紀一卷　（清）陳性撰　（清）
懷操補撰　清光緒唐成之鈔本　一冊

430000－2401－0019484　392.3/15

硯考二卷　（清）曾興仁編　清道光十七年
（1837）瓣香書屋刻本　一冊

430000－2401－0019485　392.3/6

墨表四卷　（清）萬壽祺撰　清光緒二十六年
（1900）廉廬校刻本　一冊

430000－2401－0019486　392.3/8

窯器說一卷　（清）程哲撰　據清道光世楷堂
鈔本　一冊

430000－2401－0019487　392.3/50

南學制墨札記一卷　（清）謝崧岱撰　清光緒
十年（1884）湘鄉謝氏研經樓刻本　一冊

430000－2401－0019488　392.3/13

論墨絕句詩一卷　（清）謝崧岱撰　清光緒十
九年（1893）湘鄉謝氏研經樓刻本　一冊

430000－2401－0019489　392.3/29

景德鎮陶錄十卷　（清）藍浦撰　（清）鄭廷桂
補輯　清同治九年（1870）南昌鄭氏刻本
四冊

430000－2401－0019490　392.3/29－2

景德鎮陶錄十卷　（清）藍浦撰　（清）鄭廷桂
補輯　清光緒十七年（1891）刻本　四冊

430000－2401－0019491　△392.5/1

四生譜　（清）金文錦撰　清康熙刻本　四冊

430000－2401－0019492　36/15

楊升庵先生異魚圖贊四卷　（明）楊慎撰　清道光浦江周氏刻紛欣閣叢書本　一冊

430000－2401－0019493　392.4/1

蠕範八卷　（清）李元撰　清同治十三年（1874）傳經堂補刻本　四冊

430000－2401－0019494　392.4/1－2

蠕範六卷補遺一卷　（清）李元撰　清光緒九年（1883）郭世鴻鈔本　一冊

430000－2401－0019495　392.4/6

海錯百一錄五卷　（清）郭柏蒼輯　清光緒十二年（1886）刻郭氏叢刻本　三冊

430000－2401－0019496　392.4/5

百鳥圖說一卷　（□）韋門道氏撰　清光緒八年（1882）益智書會刻本　一冊

430000－2401－0019497　392.4/5(1)

百鳥圖說一卷　（□）韋門道氏撰　清光緒八年（1882）益智書會刻本　一冊

430000－2401－0019498　392.4/5(2)

百鳥圖說一卷　（□）韋門道氏撰　清光緒八年（1882）益智書會刻本　一冊

430000－2401－0019499　392.4/4

百獸圖說一卷說論一卷　（□）韋門道氏撰　清光緒八年（1882）益智書會刻本　一冊

430000－2401－0019500　392.4/4(1)

百獸圖說一卷說論一卷　（□）韋門道氏撰　清光緒八年（1882）益智書會刻本　一冊

430000－2401－0019501　392.4/4(2)

百獸圖說一卷說論一卷　（□）韋門道氏撰　清光緒八年（1882）益智書會刻本　一冊

430000－2401－0019502　392.4/4(3)

百獸圖說一卷說論一卷　（□）韋門道氏撰　清光緒八年（1882）益智書會刻本　一冊

430000－2401－0019503　392.4/3

動物學啟蒙八卷　（英國）赫德輯　（英國）艾約瑟譯　清光緒十二年（1886）總稅務司署刻本　二冊

430000－2401－0019504　△392.4/2

劉雪湖梅譜二卷　（明）王思任輯　明萬曆二十三年（1595）刻清康熙二十年（1681）補刻本　二冊

430000－2401－0019505　△392.4/2(1)

劉雪湖梅譜二卷　（明）王思任輯　明萬曆二十三年（1595）刻清康熙二十年（1681）補刻本　一冊　存一卷（上）

430000－2401－0019506　392.5/4

二如亭群芳譜三十卷首一卷　（明）王象晉撰　明末毛氏汲古閣刻本　十六冊

430000－2401－0019507　392.5/4(1)

二如亭群芳譜三十卷首一卷　（明）王象晉撰　明末毛氏汲古閣刻本　二十

430000－2401－0019508　392.5/4(2)

二如亭群芳譜三十卷首一卷　（明）王象晉撰　明末毛氏汲古閣刻本　二十

430000－2401－0019509　392.5/4－2

二如亭群芳譜三十卷首一卷　（明）王象晉撰　明沙村草堂刻本　十四冊

430000－2401－0019510　392.5/4－2(1)

二如亭群芳譜三十卷首一卷　（明）王象晉撰　明沙村草堂刻本　二十四冊　缺茶譜全卷、竹譜全卷

430000－2401－0019511　△392.4/1

二如亭群芳譜二十八卷　（明）王象晉撰　明陳繼儒、毛晉等刻本　一冊　存二卷（果譜首、果部一）

430000－2401－0019512　392.5/4(2)

二如亭群芳譜三十卷首一卷　（明）王象晉撰　明刻本　二十冊

430000－2401－0019513　36/23－2

佩文齋廣群芳譜一百卷目錄二卷　（清）汪灝等撰　清同治七年（1868）姑蘇亦西齋刻本　四十冊

430000－2401－0019514　36/23－2(1)

佩文齋廣群芳譜一百卷目錄二卷　（清）汪灝

等撰　清同治七年(1868)姑蘇亦西齋刻本
二十四冊

430000－2401－0019515　36/23－2(2)
佩文齋廣群芳譜一百卷目錄二卷　(清)汪灝
等撰　清同治七年(1868)姑蘇亦西齋刻本
三十二冊

430000－2401－0019516　36/23－2(3)
佩文齋廣群芳譜一百卷目錄二卷　(清)汪灝
等撰　清同治七年(1868)姑蘇亦西齋刻本
四十八冊

430000－2401－0019517　36/23－2(4)
佩文齋廣群芳譜一百卷目錄二卷　(清)汪灝
等撰　清同治七年(1868)姑蘇亦西齋刻本
二十六冊

430000－2401－0019518　36/23－2(5)
佩文齋廣群芳譜一百卷目錄二卷　(清)汪灝
等撰　清同治七年(1868)姑蘇亦西齋刻本
二十九冊　缺八卷(藥譜一至八)

430000－2401－0019519　392.5/8－4
**植物名實圖考三十八卷植物名實圖考長編二
十二卷**　(清)吳其濬撰　清道光二十八年
(1848)陸應穀刻本　六十四冊

430000－2401－0019520　392.5/8－3
**植物名實圖考三十八卷植物名實圖考長編
二十二卷**　(清)吳其濬撰　清光緒山西濬
文書局修補道光二十八年(1848)刻本　六
十冊

430000－2401－0019521　392.5/3
蘭蕙同心錄不分卷　(清)許霈龢撰并繪　清
光緒十七年(1891)石印本　二冊

430000－2401－0019522　△35/1
秘傳花鏡六卷　(清)陳淏子輯　清康熙金閶
書業堂刻本　六冊

430000－2401－0019523　△35/1－2
秘傳花鏡六卷　(清)陳淏子輯　清康熙刻本
三冊

430000－2401－0019524　392.5/5

秘傳花鏡六卷圖一卷　(清)陳淏子輯　清刻
本　四冊

430000－2401－0019525　392.5/5(1)
秘傳花鏡六卷圖一卷　(清)陳淏子輯　清刻
本　三冊

430000－2401－0019526　392.5/5－2
秘傳花鏡六卷圖一卷　(清)陳淏子輯　清刻
本　四冊

430000－2401－0019527　392.5/5－2(1)
秘傳花鏡六卷圖一卷　(清)陳淏子輯　清刻
本　三冊

430000－2401－0019528　392.5/14
植物學啟蒙　(英國)艾約瑟譯　清光緒十二
年(1886)總稅務司刻本　二冊

430000－2401－0019529　392.5/15
植物學八卷　(英國)韋廉臣輯譯　(清)李善
蘭筆述　清咸豐八年(1858)刻本　一冊

430000－2401－0019530　392.5/13
植物圖說四卷　(英國)傅蘭雅撰　清光緒二
十一年(1895)益智書會刻本　一冊

430000－2401－0019531　△393.1/12－3
呂氏春秋二十六卷　(戰國)呂不韋撰　(漢)
高誘註　明宋邦乂刻本　二冊

430000－2401－0019532　△393.1/12
呂氏春秋二十六卷　(戰國)呂不韋撰　(漢)
高誘註　明吳興凌毓柟朱墨套印本　七冊
存二十二卷(五至二十六)

430000－2401－0019533　△393.1/12－2
呂氏春秋二十六卷　(戰國)呂不韋撰　(漢)
高誘註　明末刻本　五冊　存二十一卷(一
至二十一)

430000－2401－0019534　393.1/56
呂氏春秋二十六卷　(戰國)呂不韋撰　(漢)
高誘註　(清)畢沅輯校　清乾隆五十三年
(1788)靈巖山館刻本　四冊

430000－2401－0019535　393.1/56(1)
呂氏春秋二十六卷　(戰國)呂不韋撰　(漢)

高誘註　（清）畢沅輯校　清乾隆五十三年
(1788)靈巖山館刻本　三冊

430000－2401－0019536　393.1/56(2)
呂氏春秋二十六卷　（戰國）呂不韋撰　（漢）
高誘註　（清）畢沅輯校　清乾隆五十三年
(1788)靈巖山館刻本　十二冊

430000－2401－0019537　393.1/56－2
呂氏春秋二十六卷　（戰國）呂不韋撰　（漢）
高誘註　（清）畢沅輯校　清光緒元年(1875)
浙江書局刻本　六冊

430000－2401－0019538　393.1/56－2(1)
呂氏春秋二十六卷　（戰國）呂不韋撰　（漢）
高誘註　（清）畢沅輯校　清光緒元年(1875)
浙江書局刻本　六冊

430000－2401－0019539　393.1/56－2(2)
呂氏春秋二十六卷　（戰國）呂不韋撰　（漢）
高誘註　（清）畢沅輯校　清光緒元年(1875)
浙江書局刻本　六冊

430000－2401－0019540　393.1/56－2(3)
呂氏春秋二十六卷　（戰國）呂不韋撰　（漢）
高誘註　（清）畢沅輯校　清光緒元年(1875)
浙江書局刻本　六冊

430000－2401－0019541　393.1/56－2(4)
呂氏春秋二十六卷　（戰國）呂不韋撰　（漢）
高誘註　（清）畢沅輯校　清光緒元年(1875)
浙江書局刻本　六冊

430000－2401－0019542　393.1/56－2(5)
呂氏春秋二十六卷　（戰國）呂不韋撰　（漢）
高誘註　（清）畢沅輯校　清光緒元年(1875)
浙江書局刻本　六冊

430000－2401－0019543　393.1/99－2
尸子二卷存疑一卷　（戰國）尸佼撰　（清）汪
繼培輯　清光緒三年(1877)浙江書局刻本
一冊

430000－2401－0019544　393.1/99－2(1)
尸子二卷存疑一卷　（戰國）尸佼撰　（清）汪繼
培輯　清光緒三年(1877)浙江書局刻本　一冊

430000－2401－0019545　393.1/99－2(2)
尸子二卷存疑一卷　（戰國）尸佼撰　（清）汪
繼培輯　清光緒三年(1877)浙江書局刻本
一冊

430000－2401－0019546　393.1/99－2(3)
尸子二卷存疑一卷　（戰國）尸佼撰　（清）汪
繼培輯　清光緒三年(1877)浙江書局刻本
一冊

430000－2401－0019547　393.1/99－2(4)
尸子二卷存疑一卷　（戰國）尸佼撰　（清）汪
繼培輯　清光緒三年(1877)浙江書局刻本
一冊

430000－2401－0019548　393.1/99－3
尸子二卷　（戰國）尸佼撰　（清）汪繼培輯
清光緒二十一年(1895)善化楊氏刻本　一冊

430000－2401－0019549　393.1/99－4
尸子二卷　（戰國）尸佼撰　（清）孫星衍輯
清嘉慶二年(1797)山東廉訪署刻本　一冊

430000－2401－0019550　△32/4
尸子三卷首一卷　（戰國）尸佼撰　清鈔本
一冊

430000－2401－0019551　393.1/231
子華子十卷　（春秋）程本撰　（明）金之俊評
明崇禎三年(1630)雷鳴時刻本　二冊

430000－2401－0019552　△393.1/48
慎子一卷　（戰國）慎到撰　清紅格鈔本　清
黃傳祁批校　葉啟發題識　一冊

430000－2401－0019553　△393.1/56－2
墨子十五卷　（戰國）墨翟撰　明嘉靖三十二
年(1553)唐氏刻本　一冊　存四卷(一至四)

430000－2401－0019554　△393.1/56
墨子十五卷　（戰國）墨翟撰　（明）李贄批選
明堂策檻刻本　二冊　王禮培題識

430000－2401－0019555　393.1/44
墨子十六卷　（戰國）墨翟撰　（清）畢沅註
清乾隆四十九年(1784)靈巖山館刻本　三冊

430000－2401－0019556　393.1/44(1)

墨子十六卷　（戰國）墨翟撰　（清）畢沅註　清乾隆四十九年(1784)靈巖山館刻本　八冊

430000－2401－0019557　393.1/44(2)
墨子十六卷　（戰國）墨翟撰　（清）畢沅註　清乾隆四十九年(1784)靈巖山館刻本　二冊

430000－2401－0019558　393.1/44－3
墨子十六卷　（戰國）墨翟撰　（清）畢沅註　清光緒元年(1875)湖北崇文書局刻本　四冊

430000－2401－0019559　393.1/44－3(1)
墨子十六卷　（戰國）墨翟撰　（清）畢沅註　清光緒元年(1875)湖北崇文書局刻本　四冊

430000－2401－0019560　393.1/44－2
墨子十六卷　（戰國）墨翟撰　（清）畢沅註　清光緒二年(1876)浙江書局刻本　三冊

430000－2401－0019561　393.1/44－2(1)
墨子十六卷　（戰國）墨翟撰　（清）畢沅註　清光緒二年(1876)浙江書局刻本　四冊

430000－2401－0019562　393.1/44－2(2)
墨子十六卷　（戰國）墨翟撰　（清）畢沅註　清光緒二年(1876)浙江書局刻本　四冊

430000－2401－0019563　393.1/44－2(3)
墨子十六卷　（戰國）墨翟撰　（清）畢沅註　清光緒二年(1876)浙江書局刻本　四冊

430000－2401－0019564　393.1/44－2(4)
墨子十六卷　（戰國）墨翟撰　（清）畢沅註　清光緒二年(1876)浙江書局刻本　四冊

430000－2401－0019565　393.1/44－2(5)
墨子十六卷　（戰國）墨翟撰　（清）畢沅註　清光緒二年(1876)浙江書局刻本　四冊

430000－2401－0019566　393.1/45
墨子七十一篇三卷　（戰國）墨翟撰　王闓運註　墨子佚文一卷　（清）畢沅輯　清光緒三十年(1904)江西書局刻本　二冊

430000－2401－0019567　393.1/45(1)
墨子七十一篇三卷　（戰國）墨翟撰　王闓運註　墨子佚文一卷　（清）畢沅輯　清光緒三十年(1904)江西書局刻本　二冊

430000－2401－0019568　393.1/45(2)
墨子七十一篇三卷　（戰國）墨翟撰　王闓運註　墨子佚文一卷　（清）畢沅輯　清光緒三十年(1904)江西書局刻本　二冊

430000－2401－0019569　393.1/45(3)
墨子七十一篇三卷　（戰國）墨翟撰　王闓運註　墨子佚文一卷　（清）畢沅輯　清光緒三十年(1904)江西書局刻本　二冊

430000－2401－0019570　△393.1/59
論衡三十卷　（漢）王充撰　明嘉靖十四年(1535)蘇氏通津草堂刻本　葉德輝、葉啟勳題跋　九冊　存二十六卷(一至十七、十九至二十一、二十五至三十)

430000－2401－0019571　△393.1/59－2
論衡三十卷　（漢）王充撰　明程榮校刻本　六冊　存二十六卷(四至二十九)

430000－2401－0019572　△393.1/59－2(1)
論衡三十卷　（漢）王充撰　明程榮校刻本　一冊　存四卷(十八至二十一)

430000－2401－0019573　393.1/95
論衡三十卷　（漢）王充撰　清乾隆五十六年(1791)金溪王氏刻增訂漢魏叢書本　八冊

430000－2401－0019574　△393.1/6－4
白虎通二卷　（漢）班固撰　明汪士漢校刻本　二冊

430000－2401－0019575　△393.1/6－3
白虎通二卷　（漢）班固撰　明嘉靖程榮校刻本　二冊

430000－2401－0019576　△393.1/6－6
白虎通德論四卷　（漢）班固撰　明天啟堂策檻刻本　一冊

430000－2401－0019577　△393.1/6－5
白虎通德論四卷　（漢）班固撰　明俞元符刻本　佚名批校圈點　一冊

430000－2401－0019578　△393.1/6－2
白虎通德論二卷　（漢）班固撰　明刻本　二冊

430000－2401－0019579　393.1/342

天祿閣外史八卷　（漢）黃憲撰　明萬曆刻本
　二冊

430000－2401－0019580　△393.1/3

天祿閣外史八卷　（漢）黃憲撰　（明）鍾惺評
　明末刻本　一冊

430000－2401－0019581　△393.1/41

淮南鴻烈解二十一卷　（漢）劉安撰　（漢）高
誘註　明萬曆十八年（1590）汪一鸞刻本
四冊

430000－2401－0019582　△393.1/41－2

淮南鴻烈解二十一卷　（漢）劉安撰　（漢）高
誘註　明萬曆茅一桂刻本　十冊

430000－2401－0019583　393.1/33

淮南子二十一卷　（漢）劉安撰　（漢）高誘註
　清乾隆五十三年（1788）咸寧官署刻本
六冊

430000－2401－0019584　393.1/33（1）

淮南子二十一卷　（漢）劉安撰　（漢）高誘註
　清乾隆五十三年（1788）咸寧官署刻本
六冊

430000－2401－0019585　393.1/33（2）

淮南子二十一卷　（漢）劉安撰　（漢）高誘註
　清乾隆五十三年（1788）咸寧官署刻本
六冊

430000－2401－0019586　393.1/33（3）

淮南子二十一卷　（漢）劉安撰　（漢）高誘註
　清乾隆五十三年（1788）咸寧官署刻本
八冊

430000－2401－0019587　393.1/33（4）

淮南子二十一卷　（漢）劉安撰　（漢）高誘註
　清乾隆五十三年（1788）咸寧官署刻本　四
冊　缺二卷（十九至二十）

430000－2401－0019588　393.1/34

淮南鴻烈解二十一卷　（漢）劉安撰　（漢）高
誘註　清乾隆五十六年（1791）金溪王氏刻增
訂漢魏叢書本　四冊

430000－2401－0019589　393.1/34（1）

淮南鴻烈解二十一卷　（漢）劉安撰　（漢）高
誘註　清乾隆五十六年（1791）金溪王氏刻增
訂漢魏叢書本　四冊

430000－2401－0019590　393.1/34（2）

淮南鴻烈解二十一卷　（漢）劉安撰　（漢）高
誘註　清乾隆五十六年（1791）金溪王氏刻增
訂漢魏叢書本　六冊

430000－2401－0019591　△393.1/40

淮南子二十一卷　（漢）劉安撰　（漢）高誘註
　清嘉慶九年（1804）蘇州聚文堂刻本　光緒
元年劉履芬過錄顧廣圻等批校　六冊

430000－2401－0019592　393.1/33－2

淮南子二十一卷　（漢）劉安撰　（漢）高誘註
　清嘉慶九年（1804）蘇州聚文堂刻本　四冊

430000－2401－0019593　393.1/33－2（1）

淮南子二十一卷　（漢）劉安撰　（漢）高誘註
　清嘉慶九年（1804）蘇州聚文堂刻本　六冊

430000－2401－0019594　393.1/33－2（2）

淮南子二十一卷　（漢）劉安撰　（漢）高誘註
　清嘉慶九年（1804）蘇州聚文堂刻本　五冊

430000－2401－0019595　393.1/33－2（3）

淮南子二十一卷　（漢）劉安撰　（漢）高誘註
　清嘉慶九年（1804）蘇州聚文堂刻本　六冊

430000－2401－0019596　393.1/33－2（4）

淮南子二十一卷　（漢）劉安撰　（漢）高誘註
　清嘉慶九年（1804）蘇州聚文堂刻本　三冊
缺五卷（一至五）

430000－2401－0019597　393.1/33－3

淮南子二十一卷　（漢）劉安撰　（漢）高誘註
　清嘉慶九年（1804）寶慶經綸堂刻本　七冊

430000－2401－0019598　393.1/33－4

淮南子二十一卷　（漢）劉安撰　（漢）高誘註
　清光緒二年（1876）浙江書局刻本　六冊

430000－2401－0019599　393.1/33－4（1）

淮南子二十一卷　（漢）劉安撰　（漢）高誘註
　清光緒二年（1876）浙江書局刻本　六冊

430000－2401－0019600　393.1/33－4（2）

淮南子二十一卷　（漢）劉安撰　（漢）高誘註
　　清光緒二年（1876）浙江書局刻本　六冊

430000－2401－0019601　393.1/33－4（3）

淮南子二十一卷　（漢）劉安撰　（漢）高誘註
　　清光緒二年（1876）浙江書局刻本　六冊

430000－2401－0019602　393.1/33－4（4）

淮南子二十一卷　（漢）劉安撰　（漢）高誘註
　　清光緒二年（1876）浙江書局刻本　七冊

430000－2401－0019603　△393.1/41－4

淮南鴻烈解二十一卷　（漢）劉安撰　（漢）高
誘註　（明）茅坤等評　明緝柳齋刻本　十冊

430000－2401－0019604　△393.1/41－4（1）

淮南鴻烈解二十一卷　（漢）劉安撰　（漢）高
誘註　（明）茅坤等評　明緝柳齋刻本　十冊
　　清康熙潘稼堂批校　馬曰琯題識

430000－2401－0019605　△393.1/41－3

淮南鴻烈解二十一卷　（漢）劉安撰　（漢）高
誘註　（明）茅坤等評　明朱墨套印本　四冊

430000－2401－0019606　△393.1/41－3（1）

淮南鴻烈解二十一卷　（漢）劉安撰　（漢）高
誘註　（明）茅坤等評　明朱墨套印本　十
二冊

430000－2401－0019607　△393.1/41－3（2）

淮南鴻烈解二十一卷　（漢）劉安撰　（漢）高
誘註　（明）茅坤等評　明朱墨套印本　七冊
　　存十九卷（一至十一、十四至二十一）

430000－2401－0019608　△393.1/41－6

淮南鴻烈解二十八卷　（漢）劉安撰　（漢）許
慎　（漢）高誘註　（明）劉績補註　明弘治王
溥刻本　八冊

430000－2401－0019609　△393.1/41－5

淮南鴻烈解二十八卷　（漢）劉安撰　（漢）許
慎　（漢）高誘註　（明）朱東光輯訂　明萬曆
七年（1579）朱東光刻中立四子集本　八冊

430000－2401－0019610　△393.1/41－5（1）

淮南鴻烈解二十八卷　（漢）劉安撰　（漢）許

慎　（漢）高誘註　（明）朱東光輯訂　明萬曆
七年（1579）朱東光刻中立四子集本　佚名朱
筆批校　四冊　存十八卷（一至六、十七至二
十八）

430000－2401－0019611　△393.1/40－3

淮南子二十八卷　（漢）劉安撰　（漢）劉向校
　　（漢）高誘註　明吳仲刻本　四冊

430000－2401－0019612　△393.1/40－2

淮南子二十一卷　（漢）劉安撰　（漢）劉向校
　　明吳勉學校刻本　二冊　存十四卷（八至
二十一）

430000－2401－0019613　△393.1/23

風俗通義十卷　（漢）應劭撰　明刻本　一冊
　　存五卷（一至五）

430000－2401－0019614　393.1/124－3

風俗通義十卷　（漢）應劭撰　（明）鍾惺評
　　清初刻本　二冊

430000－2401－0019615　393.1/124－2

風俗通義十卷　（漢）應劭撰　清光緒元年
（1875）湖北崇文書局刻本　二冊

430000－2401－0019616　393.1/124－2（1）

風俗通義十卷　（漢）應劭撰　清光緒元年
（1875）湖北崇文書局刻本　二冊

430000－2401－0019617　△393.1/1

人物志三卷　（晉）劉劭撰　（北魏）劉昞註
　　明隆慶六年（1572）刻本　一冊

430000－2401－0019618　△393.1/30

鬼谷子三卷　（南朝齊）陶弘景註　清乾隆二
十四年（1759）江都秦氏石研齋刻本　焦氏跋
　　一冊

430000－2401－0019619　393.1/96－2

鬼谷子三卷　（南朝梁）陶弘景註　**鬼谷子篇
目考一卷附錄一卷**　（清）秦恩復輯　清乾隆
二十四年（1759）江都秦氏石研齋刻本　一冊

430000－2401－0019620　393.1/96－3

鬼谷子三卷　（南朝梁）陶弘景註　**鬼谷子篇
目考一卷附錄一卷**　（清）秦恩復輯　清嘉慶

十年(1805)江都秦氏石研齋刻本　二冊

430000－2401－0019621　393.1/96－3(1)

鬼谷子三卷　（南朝梁）陶弘景註　**鬼谷子篇目考一卷附錄一卷**　（清）秦恩復輯　清嘉慶十年(1805)江都秦氏石研齋刻本　一冊

430000－2401－0019622　393.1/96－3(2)

鬼谷子三卷　（南朝梁）陶弘景註　**鬼谷子篇目考一卷附錄一卷**　（清）秦恩復輯　清嘉慶十年(1805)江都秦氏石研齋刻本　二冊

430000－2401－0019623　393.1/281

新論十卷　（南朝梁）劉勰撰　明刻本　一冊

430000－2401－0019624　△393.1/51

劉子新論十卷　（南朝梁）劉勰撰　（唐）袁孝政註　明程榮校刻本　二冊

430000－2401－0019625　△393.1/64－2

顏氏家訓二卷　（北齊）顏之推撰　明萬曆姚士粦校刻本　二冊

430000－2401－0019626　△393.1/64－3

顏氏家訓二卷　（北齊）顏之推撰　清康熙五十年(1711)刻本　一冊

430000－2401－0019627　32/80－2

顏氏家訓二卷　（北齊）顏之推撰　清嘉慶二十二年(1817)刻本　一冊

430000－2401－0019628　32/80－2(1)

顏氏家訓二卷　（北齊）顏之推撰　清嘉慶二十二年(1817)刻本　一冊

430000－2401－0019629　32/80－4

顏氏家訓二卷　（北齊）顏之推撰　清光緒元年(1875)湖北崇文書局刻本　一冊

430000－2401－0019630　32/80－4(1)

顏氏家訓二卷　（北齊）顏之推撰　清光緒元年(1875)湖北崇文書局刻本　一冊

430000－2401－0019631　32/80－4(2)

顏氏家訓二卷　（北齊）顏之推撰　清光緒元年(1875)湖北崇文書局刻本　一冊

430000－2401－0019632　32/79－2

顏氏家訓七卷　（北齊）顏之推撰　清光緒七年(1881)汗青簃刻本　民國十九年(1930)湘鄉譚銘批註題識　一冊

430000－2401－0019633　△393.1/64－4

顏氏家訓二卷　（北齊）顏之推撰　清鈔本　一冊

430000－2401－0019634　32/80

顏氏家訓二卷　（北齊）顏之推撰　（清）朱軾評點　清康熙五十八年(1719)朱軾刻本　一冊

430000－2401－0019635　32/80(1)

顏氏家訓二卷　（北齊）顏之推撰　（清）朱軾評點　清康熙五十八年(1719)朱軾刻本　一冊

430000－2401－0019636　32/79

顏氏家訓七卷　（北齊）顏之推撰　（清）趙曦明註　清乾隆五十四年(1789)抱經堂刻抱經堂叢書本　四冊

430000－2401－0019637　32/79(1)

顏氏家訓七卷　（北齊）顏之推撰　（清）趙曦明註　清乾隆五十四年(1789)抱經堂刻抱經堂叢書本　二冊

430000－2401－0019638　△393.1/15

兩同書一卷　（唐）羅隱撰　明刻本　一冊

430000－2401－0019639　393.1/61

讒書五卷　（唐）羅隱撰　清嘉慶十二年(1807)海昌吳氏刻拜經樓叢書本　二冊

430000－2401－0019640　393.1/61(1)

讒書五卷　（唐）羅隱撰　清嘉慶十二年(1807)海昌吳氏刻拜經樓叢書本　二冊

430000－2401－0019641　△393.1/4

化書新聲六卷　（南唐）譚峭撰　（明）王一清註　明萬曆刻本　一冊

430000－2401－0019642　△393.1/38

猗覺寮雜記二卷　（宋）朱翌撰　明謝肇淛小草齋鈔本　二冊

430000－2401－0019643　△393.1/38－2

猗覺寮雜記二卷　（宋）朱翌撰　清雍正十一年(1733)阮林鈔本　一冊　朱錫庚、葉啟發、葉啟勳題跋

430000－2401－0019644　393.1/73

夢溪筆談二十六卷　（宋）沈括撰　明萬曆商濬刻本　四冊

430000－2401－0019645　△393.1/50－2

夢溪筆談二十六卷　（宋）沈括撰　明刻本　葉啟勳、葉啟發題識　六冊

430000－2401－0019646　△393.1/50

夢溪筆談二十六卷　（宋）沈括撰　明刻本　五冊　存二十卷(一至二十)

430000－2401－0019647　393.1/73－2

夢溪筆談二十六卷補筆談三卷續筆談一卷　（宋）沈括撰　清光緒三十二年(1906)番禺陶氏愛廬刻本　四冊

430000－2401－0019648　393.1/73－2(1)

夢溪筆談二十六卷補筆談三卷續筆談一卷　（宋）沈括撰　清光緒三十二年(1906)番禺陶氏愛廬刻本　三冊　缺十卷(九至十八)

430000－2401－0019649　393.1/73－2(2)

夢溪筆談二十六卷補筆談三卷續筆談一卷　（宋）沈括撰　清光緒三十二年(1906)番禺陶氏愛廬刻本　二冊

430000－2401－0019650　393.1/73－5

夢溪筆談二十六卷補筆談三卷續筆談一卷　（宋）沈括撰　清三槐堂刻本　四冊

430000－2401－0019651　△393.1/27

春明退朝錄三卷　（宋）宋敏求撰　明刻本　葉德輝題跋　一冊

430000－2401－0019652　393.1/68－2

樂善錄十卷　（宋）李昌齡撰　清光緒二十六年(1900)錢唐丁氏刻本　八冊

430000－2401－0019653　393.1/68－2(1)

樂善錄十卷　（宋）李昌齡撰　清光緒二十六年(1900)錢唐丁氏刻本　八冊

430000－2401－0019654　△393.1/26

春渚紀聞十卷　（宋）何薳撰　明崇禎毛氏汲古閣刻津逮秘書本　二冊　毛扆、葉啟勳、葉啟發題跋

430000－2401－0019655　△393.1/16

癸辛雜識前集一卷後集一卷續集二卷別集二卷　（宋）周密撰　明刻稗海本　三冊

430000－2401－0019656　461/60

癸辛雜識續集二卷別集二卷　（宋）周密撰　明刻本　三冊

430000－2401－0019657　△393.1/46

齊東野語二十卷　（宋）周密撰　明毛氏汲古閣刻本　六冊

430000－2401－0019658　393.1/78

齊東野語二十卷　（宋）周密撰　明刻本　四冊

430000－2401－0019659　393.1/78(1)

齊東野語二十卷　（宋）周密撰　明刻本　四冊　缺四卷(十七至二十)

430000－2401－0019660　△393.1/46－2

齊東野語八卷　（宋）周密撰　明末刻本　四冊

430000－2401－0019661　△393.1/31

容齋二筆十六卷五筆八卷　（宋）洪邁撰　明刻本　三冊　存十二卷(二筆一至四、五筆一至八)

430000－2401－0019662　△393.1/32

容齋隨筆十六卷續筆十六卷三筆十六卷四筆十六卷五筆十卷　（宋）洪邁撰　明崇禎三年(1630)馬元調刻本　二十冊

430000－2401－0019663　△393.1/32(1)

容齋隨筆十六卷續筆十六卷三筆十六卷四筆十六卷五筆十卷　（宋）洪邁撰　明崇禎三年(1630)馬元調刻本　民國立皋批校圈點　十冊　缺四十二卷(二筆十六卷、四筆十六卷、五筆十卷)

430000－2401－0019664　△393.1/32－2

容齋隨筆十六卷續筆十六卷三筆十六卷四筆十六卷五筆十卷　（宋）洪邁撰　清康熙三十九年（1700）刻本　十冊　存五十四卷（隨筆十六卷、續筆一至十一、三筆一至十一、四筆十六卷）

430000－2401－0019665　393.1/67

容齋隨筆十六卷續筆十六卷三筆十六卷四筆十六卷五筆十卷　（宋）洪邁撰　清光緒九年（1883）重印清同治十一年（1872）新豐洪氏刻本　十四冊

430000－2401－0019666　393.1/67（1）

容齋隨筆十六卷續筆十六卷三筆十六卷四筆十六卷五筆十卷　（宋）洪邁撰　清光緒九年（1883）重印清同治十一年（1872）新豐洪氏刻本　十冊

430000－2401－0019667　393.1/67（2）

容齋隨筆十六卷續筆十六卷三筆十六卷四筆十六卷五筆十卷　（宋）洪邁撰　清光緒九年（1883）重印清同治十一年（1872）新豐洪氏刻本　九冊

430000－2401－0019668　393.1/67（3）

容齋隨筆十六卷續筆十六卷三筆十六卷四筆十六卷五筆十卷　（宋）洪邁撰　清光緒九年（1883）重印清同治十一年（1872）新豐洪氏刻本　十七冊　缺十二卷（四筆一至十二）

430000－2401－0019669　393.1/67（4）

容齋隨筆十六卷續筆十六卷三筆十六卷四筆十六卷五筆十卷　（宋）洪邁撰　清光緒九年（1883）重印清同治十一年（1872）新豐洪氏刻本　九冊　缺八卷（隨筆一至八）

430000－2401－0019670　393.1/67－2

容齋隨筆十六卷續筆十六卷三筆十六卷四筆十六卷五筆十卷　（宋）洪邁撰　清光緒二十年（1894）皖南洪氏刻本　十四冊

430000－2401－0019671　393.1/67－2（1）

容齋隨筆十六卷續筆十六卷三筆十六卷四筆十六卷五筆十卷　（宋）洪邁撰　清光緒二十年（1894）皖南洪氏刻本　十六冊

430000－2401－0019672　393.1/67－2（2）

容齋隨筆十六卷續筆十六卷三筆十六卷四筆十六卷五筆十卷　（宋）洪邁撰　清光緒二十年（1894）皖南洪氏刻本　二十冊

430000－2401－0019673　△393.1/62

嬾真子五卷　（宋）馬永卿撰　明刻本　一冊

430000－2401－0019674　393.1/66

元城語錄解三卷　（宋）馬永卿輯　（明）王崇慶解　清光緒十四年（1888）長沙惜陰書局刻惜陰軒叢書本　一冊　存二卷（上中）

430000－2401－0019675　△393.1/13

老學庵筆記十卷　（宋）陸游撰　明毛氏汲古閣刻本　二冊

430000－2401－0019676　△393.1/13

老學庵筆記十卷　（宋）陸游撰　明毛氏汲古閣刻本　四冊

430000－2401－0019677　393.1/77－6

老學庵筆記十卷　（宋）陸游撰　清光緒元年（1875）湖北崇文書局刻本　二冊

430000－2401－0019678　393.1/77

老學庵筆記十卷　（宋）陸游撰　清光緒三年（1877）湖北崇文書局刻本　二冊

430000－2401－0019679　393.1/77（1）

老學庵筆記十卷　（宋）陸游撰　清光緒三年（1877）湖北崇文書局刻本　二冊

430000－2401－0019680　393.1/77（2）

老學庵筆記十卷　（宋）陸游撰　清光緒三年（1877）湖北崇文書局刻本　二冊

430000－2401－0019681　393.1/77（3）

老學庵筆記十卷　（宋）陸游撰　清光緒三年（1877）湖北崇文書局刻本　二冊

430000－2401－0019682　393.1/77（4）

老學庵筆記十卷　（宋）陸游撰　清光緒三年（1877）湖北崇文書局刻本　一冊　存五卷（一至五）

430000－2401－0019683　393.1/77－4

老學庵筆記二卷　（宋）陸游撰　清宣統三年

（1911）上海掃葉山房石印本　二冊

430000－2401－0019684　393.1/77－4（1）

老學庵筆記二卷　（宋）陸游撰　清宣統三年（1911）上海掃葉山房石印本　二冊

430000－2401－0019685　△393.1/29

捫虱新話十五卷　（宋）陳善撰　明末毛氏汲古閣刻本　一冊　存二卷（一至二）

430000－2401－0019686　393.1/62

雲谷雜記四卷首一卷末一卷　（宋）張淏撰　清乾隆浙江刻武英殿聚珍版書本　二冊

430000－2401－0019687　393.1/62（1）

雲谷雜記四卷首一卷末一卷　（宋）張淏撰　清乾隆浙江刻武英殿聚珍版書本　二冊

430000－2401－0019688　393.1/62（2）

雲谷雜記四卷首一卷末一卷　（宋）張淏撰　清乾隆浙江刻武英殿聚珍版書本　二冊

430000－2401－0019689　△393.2/10

考古質疑六卷　（宋）葉大慶撰　清乾隆四十年（1775）武英殿木活字本　一冊

430000－2401－0019690　393.1/322－2

考古質疑六卷　（宋）葉大慶撰　清乾隆浙江刻武英殿聚珍版書本　一冊

430000－2401－0019691　△393.1/61－2

乙卯避暑錄話二卷　（宋）葉夢得撰　明弘治鈔本　一冊　鮑廷博、葉德輝、葉啟發、葉啟勳題跋

430000－2401－0019692　△393.1/8

石林避暑錄四卷　（宋）葉夢得撰　明項德棻宛委堂刻本　二冊　葉德輝、葉啟發題跋

430000－2401－0019693　393.1/308－3

避暑錄話二卷　（宋）葉夢得撰　明刻本　二冊

430000－2401－0019694　393.1/308

避暑錄話二卷　（宋）葉夢得撰　清宣統元年（1909）長沙葉氏觀古堂刻本　一冊

430000－2401－0019695　△393.1/61

避暑錄話二卷　（宋）葉夢得撰　清周氏鴿峰草堂鈔本　一冊　俞鴻籌題識　存一卷（上）

430000－2401－0019696　393.1/25

巖下放言三卷　（宋）葉夢得撰　清光緒三十年（1904）長沙葉氏觀古堂刻觀古堂所刊書本　一冊

430000－2401－0019697　393.1/331

石林燕語十卷　（宋）葉夢得撰　（宋）宇文紹奕考異　清光緒三十三年（1907）長沙葉氏刻郋園先生全書本　二冊

430000－2401－0019698　393.1/331（1）

石林燕語十卷　（宋）葉夢得撰　（宋）宇文紹奕考異　清光緒三十三年（1907）長沙葉氏刻郋園先生全書本　二冊

430000－2401－0019699　393.1/331（2）

石林燕語十卷　（宋）葉夢得撰　（宋）宇文紹奕考異　清光緒三十三年（1907）長沙葉氏刻郋園先生全書本　一冊　缺六卷（六至十、附校一卷）

430000－2401－0019700　△393.1/28

侯鯖錄八卷　（宋）趙令畤撰　明刻稗海本　二冊

430000－2401－0019701　△393.1/43

雲麓漫鈔十五卷　（宋）趙彥衛撰　清乾隆四十五年（1780）吳騫鈔本　二冊　清朱允達校　吳騫校并跋　陳鱣、葉德輝、葉啟勳跋

430000－2401－0019702　△393.1/49

賓退錄十卷　（宋）趙與時撰　明刻本　二冊

430000－2401－0019703　△393.1/65－2

鶴林玉露十六卷補遺一卷　（宋）羅大經撰　明商濬校刻稗海本　四冊

430000－2401－0019704　△393.1/65

鶴林玉露十卷　（宋）羅大經撰　明刻本　六冊

430000－2401－0019705　△393.1/65－3

鶴林玉露十六卷　（宋）羅大經撰　（明）商濬

校　清光緒三十三年（1907）陳寬孫鈔本
二冊

430000－2401－0019706　△393.1/19
東坡先生志林十二卷　（宋）蘇軾撰　明刻本
四冊

430000－2401－0019707　△393.1/19（1）
東坡先生志林十二卷　（宋）蘇軾撰　明刻本
二冊　存六卷（一至六）

430000－2401－0019708　△393.1/19－2
東坡先生志林十二卷　（宋）蘇軾撰　明刻本
一冊　朱錫庚、葉啟勳、葉啟發題跋

430000－2401－0019709　393.1/133－3
東坡先生志林十二卷　（宋）蘇軾撰　明末刻
本　一冊

430000－2401－0019710　△393.1/18
隱居通議三十一卷　（元）劉塤撰　清嘉慶四
年（1799）桐川顧氏刻讀畫齋叢書本　六冊

430000－2401－0019711　393.1/70
隱居通議三十一卷　（元）劉塤撰　清嘉慶六
年（1801）舜餘堂刻本　四冊

430000－2401－0019712　393.1/70－3
隱居通議三十一卷　（元）劉塤撰　清光緒十
一年（1885）刻本　四冊

430000－2401－0019713　△393.1/55
穀山筆麈十八卷　（明）于慎行撰　（明）郭應
寵編　明萬曆四十一年（1613）于緯校刻本
葉啟勳題跋　八冊

430000－2401－0019714　393.1/262
震澤長語二卷郤事紀略一卷　（明）王鏊撰
明萬曆刻震澤先生別集本　一冊

430000－2401－0019715　393.1/263
清賢紀六卷　（明）尤長鎧撰　清宣統三年
（1911）上海國學扶輪社鉛印張氏適園叢書本
二冊

430000－2401－0019716　△393.1/58
餘冬序錄六十五卷　（明）何孟春撰　明嘉靖
七年（1528）郴州家塾自刻本　十六冊　佚名

批校圈點

430000－2401－0019717　△393.1/58－2
燕泉何先生餘冬序錄六十五卷　（明）何孟春
撰　明萬曆十二年（1584）黃齊賢、張汝賢刻
本　十三冊　佚名批校圈點

430000－2401－0019718　△393.1/58－2（2）
燕泉何先生餘冬序錄六十五卷　（明）何孟春
撰　明萬曆十二年（1584）黃齊賢、張汝賢刻
本　十冊　佚名批校圈點　缺十五卷（十一
至二十、六十一至六十五）

430000－2401－0019719　△393.1/58－2（1）
燕泉何先生餘冬序錄六十五卷　（明）何孟春
撰　明萬曆十二年（1584）黃齊賢、張汝賢刻
本　十二冊　存六十卷（一至六十）

430000－2401－0019720　393.1/251－2
何燕泉先生餘冬序錄六十卷閏五卷　（明）何
孟春撰　清世讀軒刻本　十三冊

430000－2401－0019721　393.1/251－3
**何燕泉先生餘冬序錄六十卷閏五卷燕泉何先
生遺稿十卷擬古樂府二卷**　（明）何孟春撰
清光緒六年（1880）守約齋刻本　二十四冊

430000－2401－0019722　393.1/163
餘冬錄六十一卷　（明）何孟春撰　清同治三
年（1864）恭壽堂刻本　八冊

430000－2401－0019723　393.1/163（1）
餘冬錄六十一卷　（明）何孟春撰　清同治三
年（1864）恭壽堂刻本　十冊

430000－2401－0019724　393.1/163（2）
餘冬錄六十一卷　（明）何孟春撰　清同治三
年（1864）恭壽堂刻本　十七冊

430000－2401－0019725　393.1/163－2（3）
餘冬錄六十一卷　（明）何孟春撰　清光緒二
年（1876）京都刻本　九冊　缺四卷（五十一
至五十四）

430000－2401－0019726　△393.5/6
來瞿唐先生日錄十二卷　（明）來知德撰　明
萬曆刻本　四冊　存七卷（弄國篇、圖書論、

釜山稿、聖功夫字義、省覺錄、省心錄、孟子謹言功夫四十條)

430000－2401－0019727　393.1/226－2
菜根譚一卷　(明)洪應明撰　清同治十三年(1874)誼雲壇刻本　一冊

430000－2401－0019728　393.1/226－3
菜根譚一卷　(明)洪應明撰　清光緒元年(1875)揚州藏經禪院刻本　一冊

430000－2401－0019729　393.1/226
菜根譚一卷　(明)洪應明撰　**娑羅館清言二卷續一卷**　(明)屠隆撰　清光緒南京流通經處刻本　一冊

430000－2401－0019730　393.1/226(1)
菜根譚一卷　(明)洪應明撰　**娑羅館清言二卷續一卷**　(明)屠隆撰　清光緒南京流通經處刻本　一冊

430000－2401－0019731　393.1/226－5
菜根譚一卷　(明)洪應明撰　清常州天寧寺刻本　一冊

430000－2401－0019732　379.5/3－2
弦雪居重訂遵生八箋十九卷總目一卷　(明)高濂撰　清初課花書屋刻本　十六冊

430000－2401－0019733　379.5/3
弦雪居重訂遵生八箋十九卷總目一卷　(明)高濂撰　清嘉慶十五年(1810)刻本　二十冊

430000－2401－0019734　393.1/14
青藤山人路史二卷　(明)徐渭撰　明刻本　一冊

430000－2401－0019735　393.1/320
蔡福州外記十卷附錄一卷　(明)徐𤊹編　(明)陳甫伸補　清同治二年(1863)石經山房刻本　一冊

430000－2401－0019736　393.1/320(1)
蔡福州外記十卷附錄一卷　(明)徐𤊹編　(明)陳甫伸補　清同治二年(1863)石經山房刻本　一冊

430000－2401－0019737　△393.1/17

430000－2401－0019738　△393.1/24－2
菽荳子內篇六卷外篇二卷　(明)莊元臣撰　清鈔本　二冊

430000－2401－0019739　393.1/60
南村輟耕錄三十卷　(明)陶宗儀撰　明成化刻本　佚名批校　二冊　存五卷(十四至十五、十八至二十)

430000－2401－0019740　393.1/60(1)
輟耕錄三十卷　(明)陶宗儀撰　明崇禎虞山毛氏汲古閣刻津逮秘書本　八冊

430000－2401－0019741　393.1/60(2)
輟耕錄三十卷　(明)陶宗儀撰　明崇禎虞山毛氏汲古閣刻津逮秘書本　八冊

430000－2401－0019742　393.1/60(3)
輟耕錄三十卷　(明)陶宗儀撰　明崇禎虞山毛氏汲古閣刻津逮秘書本　五冊

430000－2401－0019743　393.1/60(4)
輟耕錄三十卷　(明)陶宗儀撰　明崇禎虞山毛氏汲古閣刻津逮秘書本　八冊　缺六卷(七至十二)

430000－2401－0019744　△393.1/24
南村輟耕錄三十卷　(明)陶宗儀撰　明玉蘭草堂刻本　八冊　葉德輝、葉啟勳題跋

430000－2401－0019745　△393.1/53－2
輟耕錄三十卷　(明)陶宗儀撰　明浙湖許恆遠堂刻本　十二冊

430000－2401－0019746　393.1/60－2
輟耕錄三十卷　(明)陶宗儀撰　清光緒十一年(1885)上海福瀛書局刻本　六冊

430000－2401－0019747　393.1/60－2(1)
輟耕錄三十卷　(明)陶宗儀撰　清光緒十一年(1885)上海福瀛書局刻本　八冊

430000－2401－0019748　393.1/60－2(2)
輟耕錄三十卷　(明)陶宗儀撰　清光緒十一年(1885)上海福瀛書局刻本　八冊

430000－2401－0019749　△393.1/52

說儲八卷二集八卷　(明)陳禹謨撰　明刻本
六冊　佚名批校　葉啟勳題跋

430000－2401－0019750　△393.1/20－2

金罍子上篇二十卷中篇十二卷下篇十二卷
(明)陳絳撰　明萬曆三十四年(1606)車任遠
校刻本　十八冊　存二十九卷(上篇一至十
三、中篇一至十二、下篇一至四)

430000－2401－0019751　△393.1/20

金罍子上篇二十卷中篇十二卷下篇十二卷
(明)陳絳撰　(明)李維楨批點　明泰昌元年
(1620)陳志潤、陳維新校刻本　十六冊

430000－2401－0019752　393.1/351

小窗幽記十二卷　(明)陳繼儒撰　清鈔本
一冊　存六卷(一至六)

430000－2401－0019753　△393.1/11

狂夫之言三卷　(明)陳繼儒撰　明末沈豫
昌、王體元校刻本　一冊

430000－2401－0019754　△393.1/11(1)

狂夫之言三卷　(明)陳繼儒撰　明末沈豫
昌、王體元校刻本　一冊

430000－2401－0019755　△393.1/34

書蕉二卷　(明)陳繼儒撰　明刻本　一冊

430000－2401－0019756　△393.5/9

偃曝談餘二卷巖棲幽事一卷　(明)陳繼儒撰
明萬曆綉水沈氏刻寶顏堂秘笈本　一冊

430000－2401－0019757　△393.1/44

菽園雜記一卷　(明)陸容撰　明刻本　袁芳
瑛題寫書衣　葉啟發題識　一冊

430000－2401－0019758　△393.1/54

鴻苞集四十八卷　(明)屠隆撰　明萬曆三十
八年(1610)茅元儀刻本　三冊　存六卷(七
至八、二十九至三十、四十一至四十二)

430000－2401－0019759　393.1/204

寶顏堂訂正雨航雜錄二卷　(明)馮時可撰
明萬曆四十三年(1615)綉水沈氏刻陳眉公家
藏廣秘籍本　二冊

430000－2401－0019760　△393.1/33

草木子四卷　(明)葉子奇撰　明正德十一年
(1516)葉溥刻本　四冊　葉啟勳題跋

430000－2401－0019761　△393.1/33－2

草木子四卷　(明)葉子奇撰　清初鈔本
四冊

430000－2401－0019762　△393.1/33－3

草木子四卷　(明)葉子奇撰　清乾隆二十七
年(1762)蘇遇龍刻本　二冊

430000－2401－0019763　393.1/141

草木子四卷　(明)葉子奇撰　清光緒元年
(1875)刻本　二冊

430000－2401－0019764　393.1/141(1)

草木子四卷　(明)葉子奇撰　清光緒元年
(1875)刻本　二冊

430000－2401－0019765　393.1/141－2

草木子四卷　(明)葉子奇撰　清光緒四年
(1878)刻本　二冊

430000－2401－0019766　△32/65

趙忠毅公閑居擇言一卷　(明)趙南星撰
(明)趙清衡輯　明王則古校刻本　一冊

430000－2401－0019767　393.1/160

棗林雜俎六卷附一卷　(明)談遷撰　清宣統
三年(1911)上海國學扶輪社鉛印張氏適園叢
書本　六冊

430000－2401－0019768　△393.1/22

郁離子二卷　(明)劉基撰　**龍門子凝道記二
卷**　(明))宋濂撰　明嘉靖三十五年(1556)
麗水何鏜校刻本　三冊

430000－2401－0019769　△393.1/21

郁離子十卷　(明)劉基撰　明刻本　三冊
葉啟勳題跋

430000－2401－0019770　393.1/216－2

郁離子一卷　(明)劉基撰　民國元年(1912)
鄂官書處刻本　一冊

430000－2401－0019771　△393.1/5

文海披沙八卷　(明)謝肇淛撰　明萬曆三十

九年(1611)刻本　四冊　佚名批校圈點

430000－2401－0019772　32/232

羅近溪先生語要一卷　(明)羅汝芳撰　(明)陶望齡輯　清光緒二十年(1894)江寧府刻本　一冊

430000－2401－0019773　393.1/144

蔗餘偶筆一卷　(清)方士淦撰　清同治十一年(1872)兩淮運署刻咬蔗軒全集本　一冊

430000－2401－0019774　393.1/152

平平言四卷　(清)方大湜撰　清光緒十三年(1887)常德府署刻本　四冊

430000－2401－0019775　393.1/152(1)

平平言四卷　(清)方大湜撰　清光緒十三年(1887)常德府署刻本　四冊

430000－2401－0019776　393.1/152－2

平平言四卷　(清)方大湜撰　清光緒二十二年(1896)廣雅書局刻本　二冊

430000－2401－0019777　393.1/210

古今釋疑十八卷附錄一卷　(清)方中履撰　清康熙汗青閣刻本　十二冊

430000－2401－0019778　393.1/210(1)

古今釋疑十八卷附錄一卷　(清)方中履撰　清康熙汗青閣刻本　八冊

430000－2401－0019779　△393.4/1

物理小識十二卷首一卷　(清)方以智撰　清康熙三年(1664)刻本　六冊

430000－2401－0019780　393.1/126

大意尊聞三卷附錄一卷　(清)方東樹撰　清同治五年(1866)刻本　一冊

430000－2401－0019781　393.1/126(1)

大意尊聞三卷附錄一卷　(清)方東樹撰　清同治五年(1866)刻本　一冊

430000－2401－0019782　393.1/126(2)

大意尊聞三卷附錄一卷　(清)方東樹撰　清同治五年(1866)刻本　一冊

430000－2401－0019783　461/197

夢園叢說內篇八卷　(清)方濬頤撰　清同治

十三年(1874)揚州刻本　二冊　存四卷(一至二、五至六)

430000－2401－0019784　393.1/32

言行集要二卷　(清)王之鈇撰　(清)賈三登刪訂　清道光十九年(1839)補齋書局刻本　二冊

430000－2401－0019785　393.1/5－2

分甘餘話四卷　(清)王士禛撰　清康熙四十九年(1710)刻王漁洋遺書本　一冊

430000－2401－0019786　△393.1/10

池北偶談二十六卷　(清)王士禛撰　清康熙三十九年(1700)刻本　六冊

430000－2401－0019787　△393.1/10(1)

池北偶談二十六卷　(清)王士禛撰　清康熙三十九年(1700)刻本　八冊

430000－2401－0019788　393.1/15－3

池北偶談二十六卷　(清)王士禛撰　清光緒二十二年(1896)上海慎記書莊石印本　八冊

430000－2401－0019789　393.1/15－2

池北偶談二十六卷　(清)王士禛撰　清金溪李氏自怡草堂刻本　八冊

430000－2401－0019790　393.1/15－2(1)

池北偶談二十六卷　(清)王士禛撰　清金溪李氏自怡草堂刻本　九冊　缺三卷(二十四至二十六)

430000－2401－0019791　△393.3/9

居易錄三十四卷　(清)王士禛撰　清康熙刻本　徐崇立題識　十六冊

430000－2401－0019792　393.1/71

居易錄三十四卷　(清)王士禛撰　清康熙刻本　八冊

430000－2401－0019793　393.1/71(1)

居易錄三十四卷　(清)王士禛撰　清康熙刻本　八冊

430000－2401－0019794　393.1/71(2)

居易錄三十四卷　(清)王士禛撰　清康熙刻本　八冊

430000－2401－0019795　393.1/71（3）

居易錄三十四卷　（清）王士禎撰　清康熙刻本　八冊

430000－2401－0019796　393.1/71（4）

居易錄三十四卷　（清）王士禎撰　清雍正刻本　八冊

430000－2401－0019797　△393.1/25

香祖筆記十二卷　（清）王士禎撰　清康熙四十四年（1705）刻本　四冊

430000－2401－0019798　393.1/81

香祖筆記十二卷　（清）王士禎撰　清康熙刻王漁洋遺書本　四冊

430000－2401－0019799　393.1/81（1）

香祖筆記十二卷　（清）王士禎撰　清康熙刻王漁洋遺書本　四冊

430000－2401－0019800　393.1/81（2）

香祖筆記十二卷　（清）王士禎撰　清康熙刻王漁洋遺書本　四冊

430000－2401－0019801　393.1/81（3）

香祖筆記十二卷　（清）王士禎撰　清康熙刻王漁洋遺書本　三冊　缺三卷（一至三）

430000－2401－0019802　393.1/402

搔首問一卷識小錄一卷　（清）王夫之撰　清康熙衡陽劉氏鈔本　一冊

430000－2401－0019803　38/5

西學大成　（清）王西清編　清光緒二十一年（1895）上海醉六堂石印本　十二冊

430000－2401－0019804　38/5（1）

西學大成　（清）王西清編　清光緒二十一年（1895）上海醉六堂石印本　四冊

430000－2401－0019805　32/247

家言隨記四卷　（清）王賢儀撰　清同治十二年（1873）京師刻本　四冊

430000－2401－0019806　393.1/120

讀書引十二卷　（清）王謨輯　清乾隆四十八年（1783）刻本　六冊　缺二卷（五、十二）

430000－2401－0019807　393.1/339

辟邪紀實三卷附一卷　（清）天下第一傷心人撰　清同治元年（1862）刻本　二冊

430000－2401－0019808　393.1/171

訟過齋日記六卷　（清）毛輝鳳撰　清光緒九年（1883）眉州署刻本　二冊

430000－2401－0019809　393.1/230

尚志齋雜記三卷　（清）左欽敏撰　清光緒湘陰左氏家刻本　一冊

430000－2401－0019810　△393.2/18

師伏堂筆記三卷　（清）皮錫瑞撰　稿本　一冊

430000－2401－0019811　393.1/169

有不爲齋隨筆十卷　（清）光聰諧撰　清光緒十四年（1888）蘇州藩署刻本　二冊

430000－2401－0019812　393.1/169（1）

有不爲齋隨筆十卷　（清）光聰諧撰　清光緒十四年（1888）蘇州藩署刻本　二冊

430000－2401－0019813　393.1/119

群書札記十六卷　（清）朱亦棟撰　清光緒四年（1878）武林竹簡齋刻本　四冊

430000－2401－0019814　393.1/119（1）

群書札記十六卷　（清）朱亦棟撰　清光緒四年（1878）武林竹簡齋刻本　六冊

430000－2401－0019815　393.1/119（2）

群書札記十六卷　（清）朱亦棟撰　清光緒四年（1878）武林竹簡齋刻本　六冊

430000－2401－0019816　393.1/119（3）

群書札記十六卷　（清）朱亦棟撰　清光緒四年（1878）武林竹簡齋刻本　六冊

430000－2401－0019817　393.1/119（4）

群書札記十六卷　（清）朱亦棟撰　清光緒四年（1878）武林竹簡齋刻本　十二冊

430000－2401－0019818　461/31

眼庵雜識四卷　（清）朱克敬撰　清光緒四年（1878）長沙刻本　二冊

430000－2401－0019819　461/31（1）

瞑庵雜識四卷　（清）朱克敬撰　清光緒四年（1878）長沙刻本　二冊

430000－2401－0019820　393.1/219

潛園雜俎一卷　（清）朱克敬撰　（清）蔣立言（清）彭召虎評　清同治十年（1871）長沙刻本　一冊

430000－2401－0019821　393.1/219（1）

潛園雜俎一卷　（清）朱克敬撰　（清）蔣立言（清）彭召虎評　清同治十年（1871）長沙刻本　一冊

430000－2401－0019822　393.1/93

韋弦自佩錄十二卷　（清）朱輔撰　清康熙四十一年（1702）朱氏遂初堂刻本　二冊

430000－2401－0019823　32/464

廉讓居偶錄二卷　（清）沈小園撰　清光緒十三年（1887）刻本　一冊

430000－2401－0019824　393.1/18

懷小編二十卷　（清）沈濂撰　清咸豐四年（1854）始言堂刻本　六冊

430000－2401－0019825　393.1/86

瑟榭叢談二卷　（清）沈濤撰　清道光二十五年（1845）刻本　一冊

430000－2401－0019826　393.1/150

銅熨斗齋隨筆八卷　（清）沈濤撰　清咸豐七年（1857）檇李沈氏刻檇李沈氏銅熨斗齋叢書本　二冊

430000－2401－0019827　393.1/150（1）

銅熨斗齋隨筆八卷　（清）沈濤撰　清咸豐七年（1857）檇李沈氏刻檇李沈氏銅熨斗齋叢書本　二冊

430000－2401－0019828　393.1/250

水曹清暇錄十六卷　（清）汪啟淑撰　清乾隆五十七年（1792）汪氏飛鴻堂刻本　四冊

430000－2401－0019829　393.1/172

儒先晤語二卷　（清）汪紱撰　清嘉慶二十三年（1818）刻本　二冊

430000－2401－0019830　393.1/290

元穆日記三卷　杜俞撰　清光緒十二年（1886）成都刻本　一冊

430000－2401－0019831　393.1/179

采菽堂筆記二卷　杜俞撰　清光緒二十五年（1899）申江鉛印海嶽軒叢刻本　一冊

430000－2401－0019832　393.1/179（1）

采菽堂筆記二卷　杜俞撰　清光緒二十五年（1899）申江鉛印海嶽軒叢刻本　一冊

430000－2401－0019833　393.1/179（2）

采菽堂筆記二卷　杜俞撰　清光緒二十五年（1899）申江鉛印海嶽軒叢刻本　一冊

430000－2401－0019834　393.1/335

匡時芻議二卷　（清）李大梓撰　清光緒二十八年（1902）刻本　一冊

430000－2401－0019835　393.1/76－2

竹裕園筆語集十五卷　（清）李曰滌撰　清道光二年（1822）刻本　三冊

430000－2401－0019836　393.1/76－2（1）

竹裕園筆語集十五卷　（清）李曰滌撰　清道光二年（1822）刻本　三冊

430000－2401－0019837　393.1/76

竹裕園筆語集十五卷　（清）李曰滌撰　清道光二年（1822）刻本　四冊　長沙張延珂圈點存四卷（一至四）

430000－2401－0019838　393.1/121

理窟九卷　（清）李杕撰　清光緒二十七年（1901）上海慈母堂鉛印本　四冊

430000－2401－0019839　393.1/168

紙上談十二卷首一卷　（清）李揚華撰　清同治八年（1869）清泉李氏瀚紅山館刻本　四冊

430000－2401－0019840　393.1/350

不得已辯一卷　（清）李葆萼撰　清末木活字本　一冊

430000－2401－0019841　393.1/4

唾餘新拾十卷唾餘續拾六卷　（清）李調元撰　清光緒八年（1882）樂道齋刻本　三冊

430000－2401－0019842　393.1/227

小滄浪筆談四卷　（清）阮元撰　清光緒二十六年(1900)江蘇書局刻本　二冊

430000－2401－0019843　393.1/294

定香亭筆談四卷　（清）阮元撰　清光緒十年(1884)瀨江宋氏刻本　四冊

430000－2401－0019844　393.1/294－2

定香亭筆談四卷　（清）阮元撰　清光緒二十五年(1899)浙江書局刻本　四冊

430000－2401－0019845　393.1/294－2(1)

定香亭筆談四卷　（清）阮元撰　清光緒二十五年(1899)浙江書局刻本　四冊

430000－2401－0019846　393.1/294－2(2)

定香亭筆談四卷　（清）阮元撰　清光緒二十五年(1899)浙江書局刻本　四冊

430000－2401－0019847　△393.1/35

桃溪客語五卷　（清）吳騫撰　清乾隆五十三年(1788)刻本　二冊

430000－2401－0019848　393.1/276

救時要策萬言書二卷　（清）吳廣霈撰　清光緒二十八年(1902)誠記書莊刻本　四冊

430000－2401－0019849　393.1/276(1)

救時要策萬言書二卷　（清）吳廣霈撰　清光緒二十八年(1902)誠記書莊刻本　一冊　缺一卷(上)

430000－2401－0019850　393.1/166

尖陽叢筆十卷　（清）吳騫撰　清宣統三年(1911)國學扶輪社鉛印張氏適園叢書本　二冊

430000－2401－0019851　393.1/166(1)

尖陽叢筆十卷　（清）吳騫撰　清宣統三年(1911)國學扶輪社鉛印張氏適園叢書本　二冊

430000－2401－0019852　32/234

鍼砭錄四卷　（清）何忠駿撰　清咸豐十一年(1861)何氏福基堂刻本　四冊

430000－2401－0019853　393.1/329

新政真詮一卷　（清）何啟　（清）胡禮垣撰　清光緒二十四年(1898)鉛印本　一冊

430000－2401－0019854　393.1/329－2

新政真詮　（清）何啟　（清）胡禮垣撰　清光緒二十七年(1901)格致新報館鉛印本　六冊

430000－2401－0019855　393.1/329－2(1)

新政真詮　（清）何啟　（清）胡禮垣撰　清光緒二十七年(1901)格致新報館鉛印本　六冊

430000－2401－0019856　△393.2/25

義門讀書記五十八卷　（清）何焯撰　清乾隆三十四年(1769)石香齋刻本　十二冊

430000－2401－0019857　393.1/84－2

義門讀書記五十八卷　（清）何焯撰　清光緒六年(1880)菭溪吳氏修補乾隆石香齋刻本　十六冊

430000－2401－0019858　393.1/84－2(1)

義門讀書記五十八卷　（清）何焯撰　清光緒六年(1880)菭溪吳氏修補乾隆石香齋刻本　十五冊

430000－2401－0019859　393.1/84－2(2)

義門讀書記五十八卷　（清）何焯撰　清光緒六年(1880)菭溪吳氏修補乾隆石香齋刻本　十六冊

430000－2401－0019860　393.1/84－2(3)

義門讀書記五十八卷　（清）何焯撰　清光緒六年(1880)菭溪吳氏修補乾隆石香齋刻本　十六冊

430000－2401－0019861　393.1/13

海天琴思錄八卷　（清）林昌彝撰　清同治三年(1864)刻本　四冊

430000－2401－0019862　393.1/13(1)

海天琴思錄八卷　（清）林昌彝撰　清同治三年(1864)刻本　四冊

430000－2401－0019863　393.1/13(2)

海天琴思錄八卷　（清）林昌彝撰　清同治三年(1864)刻本　二冊　缺四卷(五至八)

430000－2401－0019864　393.1/13(3)

海天琴思錄八卷　（清）林昌彝撰　清同治三年(1864)刻本　四冊　缺四卷(五至八)

430000 – 2401 – 0019865　393.1/341
放足興學篇四卷　（清）具婆心人輯　清光緒三十四年(1908)溪口育嬰局刻本　一冊　存二卷(三至四)

430000 – 2401 – 0019866　393.1/285
詅癡符七卷　（清）周兆魁撰　清光緒二十四年(1898)泉唐文匯書局鉛印本　二冊

430000 – 2401 – 0019867　393.1/72
因樹屋書影十卷　（清）周亮工撰　清康熙賴古堂刻本　六冊

430000 – 2401 – 0019868　393.1/72(1)
因樹屋書影十卷　（清）周亮工撰　清康熙賴古堂刻本　六冊

430000 – 2401 – 0019869　393.1/72(2)
因樹屋書影十卷　（清）周亮工撰　清康熙賴古堂刻本　四冊

430000 – 2401 – 0019870　393.1/72(3)
因樹屋書影十卷　（清）周亮工撰　清康熙賴古堂刻本　三冊　缺二卷(六至七)

430000 – 2401 – 0019871　△393.1/9
因樹屋書影十卷　（清）周亮工撰　清雍正三年(1725)周氏因樹屋刻本　六冊

430000 – 2401 – 0019872　393.1/72 – 2
因樹屋書影十卷　（清）周亮工撰　清雍正懷德堂刻本　三冊

430000 – 2401 – 0019873　393.1/72 – 2(1)
因樹屋書影十卷　（清）周亮工撰　清雍正懷德堂刻本　三冊　存五卷(一至五)

430000 – 2401 – 0019874　461/36
思益堂日札十卷　（清）周壽昌撰　清光緒九年(1883)刻本　三冊

430000 – 2401 – 0019875　461/36
思益堂日札十卷　（清）周壽昌撰　清光緒九年(1883)刻本　一冊　存三卷(一至三)

430000 – 2401 – 0019876　461/36
思益堂日札十卷　（清）周壽昌撰　清光緒九年(1883)刻本　一冊　存三卷(一至三)

430000 – 2401 – 0019877　393.1/282
粟香隨筆八卷二筆八卷三筆八卷四筆八卷　金武祥撰　清光緒七年至十七年(1881 – 1891)刻本　十六冊

430000 – 2401 – 0019878　393.1/395
潛書一卷　金蓉鏡撰　清末鉛印本　一冊

430000 – 2401 – 0019879　393.1/178
禮耕堂叢說一卷史論五答一卷吉貝居暇唱一卷　（清）施國祁撰　清宣統三年(1911)上海國學扶輪社鉛印張氏適園叢書本　一冊

430000 – 2401 – 0019880　393.1/74
紫霞閑言二卷　（清）施穆亭撰　清同治四年(1865)慎餘堂刻本　二冊

430000 – 2401 – 0019881　393.1/64
瞻閣集虛一卷　（清）胡元儀撰　清光緒十八年(1892)長沙梁益智書局刻本　一冊

430000 – 2401 – 0019882　393.1/64(1)
瞻閣集虛一卷　（清）胡元儀撰　清光緒十八年(1892)長沙梁益智書局刻本　一冊

430000 – 2401 – 0019883　393.1/253
人海記二卷　（清）查慎行撰　清光緒七年(1881)重刻本　二冊

430000 – 2401 – 0019884　393.1/253 – 2
人海記二卷　（清）查慎行撰　清宣統二年(1910)上海掃葉山房石印本　二冊

430000 – 2401 – 0019885　393.1/253 – 2(1)
人海記二卷　（清）查慎行撰　清宣統二年(1910)上海掃葉山房石印本　二冊

430000 – 2401 – 0019886　393.1/215
九九銷夏錄十四卷　（清）俞樾撰　清光緒十八年(1892)刻本　二冊

430000 – 2401 – 0019887　393.1/145
茶香室叢鈔二十三卷續鈔二十五卷三鈔二十九卷茶香室經說十六卷　（清）俞樾撰　清光

緒九年(1883)吳下春在堂刻春在堂叢書本
二十四冊

430000－2401－0019888　393.1/196
醒齋閑話一卷　（清）姚大勛撰　清咸豐七年
(1857)刻本　一冊

430000－2401－0019889　393.1/19
癡說八卷　（清）紀蔭田撰　清道光元年
(1821)懷清堂刻本　八冊

430000－2401－0019890　393.1/19(1)
癡說八卷　（清）紀蔭田撰　清道光元年
(1821)懷清堂刻本　八冊

430000－2401－0019891　32/233
潛書四卷　（清）唐甄撰　（清）王聞遠編　清
光緒九年(1883)中江李氏刻本　四冊

430000－2401－0019892　32/233(1)
潛書四卷　（清）唐甄撰　（清）王聞遠編　清
光緒九年(1883)中江李氏刻本　四冊

430000－2401－0019893　32/233(2)
潛書四卷　（清）唐甄撰　（清）王聞遠編　清
光緒九年(1883)中江李氏刻本　四冊

430000－2401－0019894　32/233(3)
潛書四卷　（清）唐甄撰　（清）王聞遠編　清
光緒九年(1883)中江李氏刻本　一冊　一冊
（下編三卷）

430000－2401－0019895　393.1/252
占畢叢談六卷勸學危言一卷時文蠡測一卷
（清）袁守定撰　清光緒十二年(1886)刻本
四冊

430000－2401－0019896　393.1/80
隨園隨筆二十八卷　（清）袁枚撰　清嘉慶十
三年(1808)小倉山房刻本　六冊

430000－2401－0019897　393.1/80－3
隨園隨筆二十八卷　（清）袁枚撰　清嘉慶十
九年(1814)金閶留耕堂刻本　八冊　存十二
卷(一至十二)

430000－2401－0019898　393.1/80－2(1)
隨園隨筆二十八卷　（清）袁枚撰　清隨園刻

本　五冊　缺六卷(十九至二十四)

430000－2401－0019899　393.1/88
梅叟閑評四卷　（清）郝培元撰　清光緒十年
(1884)東路廳署刻本　二冊

430000－2401－0019900　393.1/88(1)
梅叟閑評四卷　（清）郝培元撰　清光緒十年
(1884)東路廳署刻本　二冊

430000－2401－0019901　32/237
有山誠子錄一卷　（清）桂士杞纂輯　清同治
六年(1867)南海桂氏家塾刻本　一冊

430000－2401－0019902　32/237(1)
有山誠子錄一卷　（清）桂士杞纂輯　清同治
六年(1867)南海桂氏家塾刻本　一冊

430000－2401－0019903　393.1/127－2
札樸十卷　（清）桂馥撰　清嘉慶十八年
(1813)山陰小李山房刻本　五冊

430000－2401－0019904　393.1/127－2(1)
札樸十卷　（清）桂馥撰　清嘉慶十八年
(1813)刻會稽徐氏補刻本　五冊

430000－2401－0019905　393.1/127－2(2)
札樸十卷　（清）桂馥撰　清嘉慶十八年
(1813)刻會稽徐氏補刻本　六冊

430000－2401－0019906　393.1/127－2(3)
札樸十卷　（清）桂馥撰　清嘉慶十八年
(1813)刻會稽徐氏補刻本　六冊

430000－2401－0019907　393.1/127－2(4)
札樸十卷　（清）桂馥撰　清嘉慶十八年
(1813)刻會稽徐氏補刻本　六冊

430000－2401－0019908　393.1/127－2(5)
札樸十卷　（清）桂馥撰　清嘉慶十八年
(1813)刻會稽徐氏補刻本　七冊　缺二卷
(二至三)

430000－2401－0019909　393.1/127－3
札樸十卷　（清）桂馥撰　清光緒十年(1884)
湘陰郭氏岵瞻堂鈔本　四冊　缺二卷(五至
六)

430000－2401－0019910　393.1/157

策貫四十卷首二卷後編二卷首一卷 （清）書堂先生撰　清光緒十四年(1888)湖南昆林書室刻本　二十二冊

430000－2401－0019911　393.1/46－4

墨子閒詁十五卷目錄一卷附錄一卷墨子後語二卷 （清）孫詒讓撰　清光緒二十一年(1895)蘇州毛上珍木活字本　八冊

430000－2401－0019912　393.1/46－4(1)

墨子閒詁十五卷目錄一卷附錄一卷墨子後語二卷 （清）孫詒讓撰　清光緒二十一年(1895)蘇州毛上珍木活字本　八冊

430000－2401－0019913　393.1/46

墨子閒詁十五卷目錄一卷附錄一卷墨子後語二卷 （清）孫詒讓撰　清光緒三十三年(1907)瑞安孫氏刻本　八冊

430000－2401－0019914　393.1/46(1)

墨子閒詁十五卷目錄一卷附錄一卷墨子後語二卷 （清）孫詒讓撰　清光緒三十三年(1907)瑞安孫氏刻本　八冊

430000－2401－0019915　393.1/46(2)

墨子閒詁十五卷目錄一卷附錄一卷墨子後語二卷 （清）孫詒讓撰　清光緒三十三年(1907)瑞安孫氏刻本　八冊

430000－2401－0019916　393.1/46(3)

墨子閒詁十五卷目錄一卷附錄一卷墨子後語二卷 （清）孫詒讓撰　清光緒三十三年(1907)瑞安孫氏刻本　八冊

430000－2401－0019917　393.1/46(4)

墨子閒詁十五卷目錄一卷附錄一卷墨子後語二卷 （清）孫詒讓撰　清光緒三十三年(1907)瑞安孫氏刻本　八冊

430000－2401－0019918　393.1/46(5)

墨子閒詁十五卷目錄一卷附錄一卷墨子後語二卷 （清）孫詒讓撰　清光緒三十三年(1907)瑞安孫氏刻本　八冊

430000－2401－0019919　32/102

430000－2401－0019920　393.1/195

學齋庸訓一卷 （清）孫德祖撰　清光緒十六年(1890)刻寄龕雜著本　一冊

430000－2401－0019921　393.1/195(1)

學齋庸訓一卷 （清）孫德祖撰　清光緒十六年(1890)刻寄龕雜著本　一冊

430000－2401－0019922　393.1/200

賸說不分卷瀼語續編一卷 （清）迴麓夫子撰　清嘉慶十一年(1806)木活字本　三冊

430000－2401－0019923　393.1/191

味餘書室隨筆二卷 （清）仁宗顒琰撰　清嘉慶刻本　二冊

430000－2401－0019924　393.1/31

清議報全編第一集四卷 清議報編　清末石印本　一冊　存二卷(一至二)

430000－2401－0019925　393.1/129

庭立記聞四卷 （清）梁玉繩撰　（清）梁學昌輯　清嘉慶十六年(1811)刻本　一冊

430000－2401－0019926　393.1/20

浪跡叢談十一卷浪跡續談八卷楹聯叢話十二卷楹聯續話四卷 （清）梁章鉅撰　清道光二十二年至二十七年(1842－1847)亦東園刻本　十四冊

430000－2401－0019927　393.1/20(1)

浪跡叢談十一卷浪跡續談八卷 （清）梁章鉅撰　清道光二十七年至二十八年(1847－1848)亦東園刻本　七冊

430000－2401－0019928　393.1/20(2)

浪跡叢談十一卷浪跡續談八卷 （清）梁章鉅撰　清道光二十七年至二十八年(1847－1848)亦東園刻本　四冊

430000－2401－0019929　393.1/20(3)

浪跡叢談十一卷浪跡續談八卷 （清）梁章鉅撰　清道光二十七年至二十八年(1847－

關中書院課解五卷蘭山書院課解一卷 （清）孫景烈撰　清乾隆二十六年(1761)長白瑪星阿刻本　四冊

1848)亦東園刻本　六冊

430000－2401－0019930　393.1/20（4）

浪跡叢談十一卷浪跡續談八卷　（清）梁章鉅撰　清道光二十七年至二十八年（1847－1848）亦東園刻本　八冊

430000－2401－0019931　393.1/20（5）

浪跡叢談十一卷浪跡續談八卷　（清）梁章鉅撰　清道光二十七年至二十八年（1847－1848）亦東園刻本　五冊　缺六卷（叢談一至三、續談六至八）

430000－2401－0019932　461/105

浪跡續談八卷　（清）梁章鉅撰　清刻本　三冊

430000－2401－0019933　393.1/21

歸田瑣記八卷　（清）梁章鉅撰　清道光二十五年（1845）亦東園刻本　三冊

430000－2401－0019934　393.1/21（1）

歸田瑣記八卷　（清）梁章鉅撰　清道光二十五年（1845）亦東園刻本　三冊

430000－2401－0019935　393.1/21（2）

歸田瑣記八卷　（清）梁章鉅撰　清道光二十五年（1845）亦東園刻本　四冊

430000－2401－0019936　393.1/21－2

歸田瑣記八卷　（清）梁章鉅撰　清咸豐二年（1852）同文堂刻本　四冊

430000－2401－0019937　△393.1/60

雕丘雜錄十八卷　（清）梁清遠撰　清康熙十七年（1678）太平園刻本　二冊

430000－2401－0019938　393.1/212

信摭一卷　（清）章學誠撰　清宣統順德鄧氏鉛印風雨樓叢書本　一冊

430000－2401－0019939　393.1/12

暌言六卷續四卷　（清）郭柏蔭撰　清光緒九年（1883）石印本　二冊

430000－2401－0019940　393.1/94

續暌言四卷　（清）郭柏蔭撰　清光緒九年（1883）刻本　一冊

430000－2401－0019941　△393.1/39

清聞室經義不分卷　（清）郭振墉撰　藍格稿本　一冊

430000－2401－0019942　393.1/211

午窗隨筆四卷　（清）郭夢星撰　清光緒二十一年（1895）濰縣郭氏刻寶樹堂遺書本　二冊

430000－2401－0019943　△393.1/40－4

淮南子校註□□卷　（清）郭慶藩撰　清綠格稿本　一冊　存一卷（三）

430000－2401－0019944　393.1/213

樗園銷夏錄三卷　（清）郭麐撰　清嘉慶刻靈芬館集本　二冊

430000－2401－0019945　393.1/235

稗販八卷　（清）曹斯棟撰　清乾隆五十九年（1794）刻本　一冊

430000－2401－0019946　393.1/261

四寸學六卷　（清）張雲璈撰　清道光十一年（1831）簡松草堂刻本　二冊

430000－2401－0019947　393.1/261（1）

四寸學六卷　（清）張雲璈撰　清道光十一年（1831）簡松草堂刻本　二冊

430000－2401－0019948　393.1/51

墨子經說解二卷　（清）張惠言撰　清宣統元年（1909）國學保存會影印本　一冊

430000－2401－0019949　393.1/51（1）

墨子經說解二卷　（清）張惠言撰　清宣統元年（1909）國學保存會影印本　一冊

430000－2401－0019950　393.1/51（2）

墨子經說解二卷　（清）張惠言撰　清宣統元年（1909）國學保存會影印本　一冊

430000－2401－0019951　393.1/51（3）

墨子經說解二卷　（清）張惠言撰　清宣統元年（1909）國學保存會影印本　一冊

430000－2401－0019952　393.1/51（4）

墨子經說解二卷　（清）張惠言撰　清宣統元年（1909）國學保存會影印本　一冊

430000－2401－0019953　393.1/51(5)

墨子經說解二卷　（清）張惠言撰　清宣統元年(1909)國學保存會影印本　一冊

430000－2401－0019954　393.1/268

薔庵隨筆六卷末一卷　（清）陸文衡撰　清光緒二十三年(1897)木活字本　二冊

430000－2401－0019955　393.1/359

治平通議八卷　（清）陳虬撰　清光緒十九年(1893)刻本　二冊

430000－2401－0019956　393.1/42

淮南子正誤十二卷　（清）陳昌齊撰　清南海陳氏刻本　三冊

430000－2401－0019957　393.1/220－2

庸書內篇二卷外篇二卷　（清）陳熾撰　清光緒二十三年(1897)豫寧余氏刻本　四冊

430000－2401－0019958　393.1/220－2(1)

庸書內篇二卷外篇二卷　（清）陳熾撰　清光緒二十三年(1897)豫寧余氏刻本　四冊

430000－2401－0019959　393.1/220－2(2)

庸書內篇二卷外篇二卷　（清）陳熾撰　清光緒二十三年(1897)豫寧余氏刻本　二冊

430000－2401－0019960　393.1/220

庸書內篇二卷外篇二卷　（清）陳熾撰　清光緒二十四年(1898)徐氏刻本　四冊

430000－2401－0019961　393.1/220(1)

庸書內篇二卷外篇二卷　（清）陳熾撰　清光緒二十四年(1898)徐氏刻本　四冊

430000－2401－0019962　393.1/220(2)

庸書內篇二卷外篇二卷　（清）陳熾撰　清光緒末年木活字本　四冊

430000－2401－0019963　393.1/41

淮南許註異同詁四卷　（清）陶方琦撰　清光緒七年(1881)湘南使院刻漢孳室著書本　二冊

430000－2401－0019964　393.1/41(1)

淮南許註異同詁四卷　（清）陶方琦撰　清光緒七年(1881)湘南使院刻漢孳室著書本　二冊

430000－2401－0019965　393.1/41(2)

淮南許註異同詁四卷　（清）陶方琦撰　清光緒七年(1881)湘南使院刻漢孳室著書本　二冊

430000－2401－0019966　393.1/41(2)

淮南許註異同詁四卷　（清）陶方琦撰　清光緒七年(1881)湘南使院刻漢孳室著書本　一冊

430000－2401－0019967　393.1/41(3)

淮南許註異同詁四卷　（清）陶方琦撰　清光緒七年(1881)湘南使院刻漢孳室著書本　二冊

430000－2401－0019968　393.1/41(4)

淮南許註異同詁四卷　（清）陶方琦撰　清光緒七年(1881)湘南使院刻漢孳室著書本　二冊

430000－2401－0019969　393.1/41(5)

淮南許註異同詁四卷　（清）陶方琦撰　清光緒七年(1881)湘南使院刻漢孳室著書本　二冊

430000－2401－0019970　△393.1/36

倪厄二卷首一卷　（清）符鴻撰　清鈔本　一冊

430000－2401－0019971　393.1/18

湘學叢編不分卷　（清）湖南督學使署編　清光緒二十四年(1898)湘督學使署刻本　十二冊

430000－2401－0019972　393.1/218

危言四卷　（清）湯震撰　清光緒十六年(1890)上海刻本　二冊

430000－2401－0019973　393.1/218(2)

危言四卷　（清）湯震撰　清光緒十六年(1890)上海刻本　二冊

430000－2401－0019974　393.1/218－3

危言四卷　（清）湯震撰　清光緒二十一年(1895)石印本　二冊

430000－2401－0019975　393.1/218(1)

危言四卷　（清）湯震撰　清光緒二十三年
(1897)武岡鄒氏刻本　二冊

430000－2401－0019976　393.1/218－2
危言四卷　（清）湯震撰　清光緒二十四年
(1898)湖南興學書局刻本　四冊

430000－2401－0019977　393.1/28
浮丘子十二卷　（清）湯鵬撰　清同治四年
(1865)湘陰李氏刻本　四冊

430000－2401－0019978　393.1/28(1)
浮丘子十二卷　（清）湯鵬撰　清同治四年
(1865)湘陰李氏刻本　四冊

430000－2401－0019979　393.1/28(2)
浮丘子十二卷　（清）湯鵬撰　清同治四年
(1865)湘陰李氏刻本　四冊

430000－2401－0019980　393.1/28(3)
浮丘子十二卷　（清）湯鵬撰　清同治四年
(1865)湘陰李氏刻本　四冊

430000－2401－0019981　393.1/28(4)
浮丘子十二卷　（清）湯鵬撰　清同治四年
(1865)湘陰李氏刻本　四冊

430000－2401－0019982　393.1/28(5)
浮丘子十二卷　（清）湯鵬撰　清同治四年
(1865)湘陰李氏刻本　四冊

430000－2401－0019983　393.1/28(6)
浮丘子十二卷　（清）湯鵬撰　清同治四年
(1865)湘陰李氏刻本　四冊

430000－2401－0019984　393.1/162
過庭筆記一卷　（清）童槐撰　清同治刻今白
華堂集本　一冊

430000－2401－0019985　393.1/149
癡學八卷　（清）黃本驥撰　清道光二十七年
(1847)寧鄉黃氏三長物齋刻三長物齋叢書本
二冊

430000－2401－0019986　393.1/116
遣睡雜言八卷　（清）黃凱鈞撰　清嘉慶二十
年(1815)友漁齋刻本　四冊

430000－2401－0019987　393.1/161
呂氏春秋考異一卷　（清）黃嗣艾纂輯　清同
治十年(1871)漢陽黃氏刻漢陽黃氏叢刻本
一冊

430000－2401－0019988　393.1/118
潘瀾筆記二卷　（清）彭兆蓀撰　清光緒二十
四年(1898)東倉書庫刻東倉書庫叢刻初編本
一冊

430000－2401－0019989　393.1/118(1)
潘瀾筆記二卷　（清）彭兆蓀撰　清光緒二十
四年(1898)東倉書庫刻東倉書庫叢刻初編本
一冊

430000－2401－0019990　393.1/118(2)
潘瀾筆記二卷　（清）彭兆蓀撰　清光緒二十
四年(1898)東倉書庫刻東倉書庫叢刻初編本
一冊

430000－2401－0019991　393.1/209
漁舟紀談二卷續談一卷　（清）彭崧毓撰　清
同治刻本　三冊

430000－2401－0019992　393.1/222
老學庵讀書記四卷　（清）彭蘊章撰　清同治
五年(1866)刻本　一冊

430000－2401－0019993　393.1/222(1)
老學庵讀書記四卷　（清）彭蘊章撰　清同治
五年(1866)刻本　一冊

430000－2401－0019994　393.1/217
西齋偶得三卷　（清）博明撰　清嘉慶六年
(1801)刻本　一冊

430000－2401－0019995　△393.1/14
新刊批點呂覽二卷　（清）萬國欽批釋　明萬
曆九年(1581)唐廷仁刻本　二冊

430000－2401－0019996　393.1/130
水田居激書二卷　（清）賀貽孫撰　清咸豐三
年(1853)賀氏家刻本　二冊

430000－2401－0019997　393.1/130－3
激書二卷　（清）賀貽孫撰　清道光四年
(1824)養雲吟榭刻本　一冊

430000－2401－0019998　393.1/255

多暇錄二卷　（清）程庭鷺撰　清光緒二十年(1894)徐氏觀自得齋刻本　一冊

430000－2401－0019999　393.1/181

蘿藦亭札記八卷　（清）喬松年撰　清同治十二年(1873)刻本　四冊

430000－2401－0020000　393.1/181(1)

蘿藦亭札記八卷　（清）喬松年撰　清同治十二年(1873)刻本　四冊

430000－2401－0020001　393.1/181(2)

蘿藦亭札記八卷　（清）喬松年撰　清同治十二年(1873)刻本　四冊

430000－2401－0020002　393.1/224

此木軒雜著八卷　（清）焦袁熹撰　清光緒八年(1882)席氏掃葉山房刻本　四冊

430000－2401－0020003　393.1/279

實學文導二卷　（清）傅雲龍編　清光緒二十一年(1895)石印本　二冊

430000－2401－0020004　461/28－3

重刻褚石農堅瓠集十五集六十六卷　（清）褚人穫撰　清甬上留香閣刻本　七冊　存十四卷(一集一至二、二集一至四、三集三至四、四集一至二、七集三至四、九集一至二)

430000－2401－0020005　461/28－2

堅瓠集十五集六十六卷　（清）褚人穫撰　清刻本　十一冊　存二十卷(一集一至四、四集三至四、五集一至二、六集三至四、七集一至四、九集三至四、十集一至四)

430000－2401－0020006　461/28－2(1)

堅瓠集十五集六十六卷　（清）褚人穫撰　清刻本　四冊　存八卷(五集一至二、七集三至四、十集一至二、補集五至六)

430000－2401－0020007　393.1/117

學古堂日記不分卷　（清）雷浚　（清）吳履剛編　清光緒十六年(1890)刻本　四冊

430000－2401－0020008　393.1/117(1)

學古堂日記不分卷　（清）雷浚　（清）吳履剛

編　清光緒二十二年(1896)刻本　二十六冊

430000－2401－0020009　393.1/117(2)

學古堂日記不分卷　（清）雷浚　（清）吳履剛編　清光緒二十二年(1896)刻本　二十六冊

430000－2401－0020010　393.2/30

吹網錄六卷　（清）葉廷琯撰　清同治八年至九年(1869－1870)姑蘇文翰齋刻本　四冊

430000－2401－0020011　393.2/30(1)

吹網錄六卷　（清）葉廷琯撰　清同治八年至九年(1869－1870)姑蘇文翰齋刻本　四冊

430000－2401－0020012　393.2/30(2)

吹網錄六卷　（清）葉廷琯撰　清同治八年至九年(1869－1870)姑蘇文翰齋刻本　四冊

430000－2401－0020013　393.1/403

人天奧語一卷　（清）葛道殷撰　清末湖南學務處鉛印本　一冊

430000－2401－0020014　△393.1/2

三岡識略十卷續識略一卷　（清）董含撰　清康熙刻本　五冊

430000－2401－0020015　393.1/292

三岡識略十卷　（清）董含撰　清光緒上海申報館鉛印本　四冊

430000－2401－0020016　393.1/138

讀書偶筆二十卷　（清）董桂新撰　清同治五年(1866)賜硯堂刻本　四冊

430000－2401－0020017　393.1/138(1)

讀書偶筆二十卷　（清）董桂新撰　清同治五年(1866)賜硯堂刻本　四冊

430000－2401－0020018　32/506

切近詮說一卷　（清）鄒湘倜撰　清同治十年(1871)新化鄒氏刻本　一冊

430000－2401－0020019　32/231

正學編八卷　（清）潘世恩輯　清同治六年(1867)姑蘇漱芳齋刻本　四冊

430000－2401－0020020　32/231(1)

正學編八卷　（清）潘世恩輯　清同治六年

（1867）姑蘇漱芳齋刻本　二冊　存二卷（一至二）

430000－2401－0020021　393.1/208

吾學錄五卷　（清）潘相撰　清乾隆六十年（1795）刻本　一冊

430000－2401－0020022　393.1/207

事友錄五卷　（清）潘相撰　清嘉慶五年（1800）刻本　三冊

430000－2401－0020023　393.1/207（1）

事友錄五卷　（清）潘相撰　清嘉慶五年（1800）刻本　三冊

430000－2401－0020024　393.1/206

明齋小識十二卷　（清）諸聯撰　清同治四年（1865）吳趨亦西齋刻本　六冊

430000－2401－0020025　32/236

觀省類編三卷　（清）蔣恕約撰　清同治十三年（1874）寶城經綸堂刻本　三冊

430000－2401－0020026　393.1/148

麗澤薈錄十四卷爽鳩要錄二卷窺豹集二卷榕堂續錄四卷　（清）蔣超伯撰　清同治五年（1866）刻本　十二冊

430000－2401－0020027　393.1/148（1）

麗澤薈錄十四卷爽鳩要錄二卷窺豹集二卷榕堂續錄四卷　（清）蔣超伯撰　清同治五年（1866）刻本　八冊

430000－2401－0020028　393.1/148（2）

麗澤薈錄十四卷爽鳩要錄二卷窺豹集二卷榕堂續錄四卷　（清）蔣超伯撰　清同治五年（1866）刻本　八冊

430000－2401－0020029　393.1/158－2

策學總纂大全五十卷目錄二卷　（清）蔡壽祺纂　清光緒八年（1882）長沙枕善山房刻本　二十冊　存四十四卷（一至十八、二十一至二十七、三十至三十三、三十六至五十）

430000－2401－0020030　393.1/158

策學總纂大全五十卷目錄二卷　（清）蔡壽祺纂　（清）湖湘鬱人補　清光緒八年（1882）刻本　二十四冊

430000－2401－0020031　393.1/17

雞窗叢話一卷　（清）蔡澄練撰　清光緒十二年（1886）新陽趙氏刻新陽趙氏叢刊本　一冊

430000－2401－0020032　393.1/367

歐陽弁元上學務大臣張書　（清）歐陽弁元撰　清光緒鉛印本　一冊

430000－2401－0020033　393.1/248

未信餘編一卷　（清）駝浦迀民撰　清同治九年（1870）刻本　一冊

430000－2401－0020034　393.1/382

初學源例編一卷　（清）劉名譽撰　清光緒二十八年（1902）桂林劉氏樹園刻本　一冊

430000－2401－0020035　393.1/10

續錦機十五卷補遺六卷　（清）劉青芝輯　清乾隆十三年（1748）刻本　十五冊

430000－2401－0020036　393.1/379

塵談拾雅不分卷　（清）劉呂新編　清同治藏修書屋刻本　二冊

430000－2401－0020037　393.1/277－2

食舊惪齋雜著二卷　（清）劉嶽雲撰　清光緒八年（1882）刻本　二冊

430000－2401－0020038　393.1/344

劉麒祥上左宗棠書一卷　（清）劉麒祥撰　清光緒十年（1884）刻本　一冊

430000－2401－0020039　393.1/8

廣陽雜記五卷　（清）劉獻廷撰　清光緒三十四年（1908）上海國學保存會鉛印國粹叢書本　二冊

430000－2401－0020040　393.1/106

亞洲泡四卷　（清）嫻餘生撰　清光緒三十年（1904）上海廣智書局刻本　四冊

430000－2401－0020041　393.1/106（1）

亞洲泡四卷　（清）嫻餘生撰　清光緒三十年（1904）上海廣智書局刻本　四冊

430000－2401－0020042　393.1/183

山居閑談五卷　（清）蕭智漢輯　（清）蕭秉信
註　清嘉慶湘鄉蕭氏涉園刻本　五冊

430000－2401－0020043　△393.2/26
潛邱劄記六卷　（清）閻若璩撰　清乾隆九年
(1744)眷西堂刻本　六冊　錢大昕、梁同書
批校　葉德輝、葉啟勳題跋

430000－2401－0020044　393.1/75
潛邱劄記六卷　（清）閻若璩撰　左汾近稿一
卷　（清）閻咏撰　清乾隆九年(1744)眷西堂
刻本　六冊

430000－2401－0020045　393.1/75(1)
潛邱劄記六卷　（清）閻若璩撰　左汾近稿一
卷　（清）閻咏撰　清乾隆九年(1744)眷西堂
刻本　六冊

430000－2401－0020046　393.1/173
鍾山札記四卷　（清）盧文弨撰　清乾隆五十
五年(1790)抱經堂刻抱經堂叢書本　二冊

430000－2401－0020047　393.1/174
履園叢話二十四卷　（清）錢泳撰　清道光十
八年(1838)述德堂刻本　八冊

430000－2401－0020048　393.1/174－2
履園叢話二十四卷　（清）錢泳撰　清同治九
年(1870)補修清道光三年(1823)虞山錢氏刻
本　八冊

430000－2401－0020049　393.1/174－2(1)
履園叢話二十四卷　（清）錢泳撰　清同治九
年(1870)補修清道光三年(1823)虞山錢氏刻
本　十冊

430000－2401－0020050　393.1/37
淮南天文訓補註二卷　（清）錢塘撰　清道光
八年(1828)刻本　一冊

430000－2401－0020051　393.1/37－2
淮南天文訓補註二卷　（清）錢塘撰　清光緒
元年(1875)湖北崇文書局刻本　二冊

430000－2401－0020052　393.1/37－2(1)
淮南天文訓補註二卷　（清）錢塘撰　清光緒
元年(1875)湖北崇文書局刻本　二冊

430000－2401－0020053　393.1/37－3
淮南天文訓補註二卷　（清）錢塘撰　清光緒
三年(1877)湖北崇文書局重印本　二冊

430000－2401－0020054　393.1/37－3(1)
淮南天文訓補註二卷　（清）錢塘撰　清光緒
三年(1877)湖北崇文書局重印本　二冊

430000－2401－0020055　393.1/37－3(2)
淮南天文訓補註二卷　（清）錢塘撰　清光緒
三年(1877)湖北崇文書局重印本　二冊

430000－2401－0020056　393.1/37－3(3)
淮南天文訓補註二卷　（清）錢塘撰　清光緒
三年(1877)湖北崇文書局重印本　二冊

430000－2401－0020057　393.1/352
約書六卷　（清）謝階樹撰　清道光守約堂稿
本　六冊

430000－2401－0020058　393.1/1
篋外錄一卷　（清）謝綸撰　清光緒八年
(1882)京師刻本　一冊

430000－2401－0020059　393.1/165
鵝湖客話四卷　（清）謝蘭生撰　清道光十六
年(1836)觀我堂刻本　一冊

430000－2401－0020060　393.1/165(1)
鵝湖客話四卷　（清）謝蘭生撰　清道光十六
年(1836)觀我堂刻本　二冊

430000－2401－0020061　393.1/165(2)
鵝湖客話四卷　（清）謝蘭生撰　清道光十六
年(1836)觀我堂刻本　二冊

430000－2401－0020062　393.1/165(3)
鵝湖客話四卷　（清）謝蘭生撰　清道光十六
年(1836)觀我堂刻本　四冊

430000－2401－0020063　32/230
迪吉錄八卷首一卷　（明）顏茂猷撰　清光緒
八年(1882)長沙退齡精舍刻本　八冊

430000－2401－0020064　32/230(1)
迪吉錄八卷首一卷　（明）顏茂猷撰　清光緒
八年(1882)長沙退齡精舍刻本　八冊

430000－2401－0020065　32/230（2）

迪吉録八卷首一卷　（明）顏茂猷撰　清光緒
八年(1882)長沙遐齡精舍刻本　八冊

430000－2401－0020066　393.1/142

指測瑣言五卷國防芻議一卷　（清）瞿方梅撰
清光緒二十四年(1898)長沙補刻光緒二十
三年(1897)京師刻賓抑堂類稿本　二冊

430000－2401－0020067　393.1/30

仁學一卷　（清）譚嗣同撰　清光緒鉛印本
一冊

430000－2401－0020068　393.1/30（1）

仁學一卷　（清）譚嗣同撰　清光緒鉛印本
一冊

430000－2401－0020069　393.1/30（2）

仁學一卷　（清）譚嗣同撰　清光緒鉛印本
一冊

430000－2401－0020070　393.1/318

婺學治事文編五卷　（清）繼良輯　清光緒二
十七年(1901)石印本　二冊

430000－2401－0020071　393.1/318

婺學治事續編二卷　（清）繼良輯　清光緒二
十八年(1902)杭州申昌書局鉛印本　二冊

430000－2401－0020072　△393.2/22

菰中隨筆一卷　（清）顧炎武撰　清乾隆孔氏
玉虹樓刻本　一冊　清張穆批校并跋　葉啟
發、葉啟勳題跋

430000－2401－0020073　393.1/123－2

菰中隨筆三卷首一卷　（清）顧炎武撰　清光
緒十一年(1885)古學院刻敬躋堂叢書本
一冊

430000－2401－0020074　393.1/123

菰中隨筆一卷　（清）顧炎武撰　清闕里孔氏
玉虹樓刻本　一冊

430000－2401－0020075　△393.1/37

巢林筆談六卷續編二卷　（清）龔煒撰　清乾
隆三十年至三十四年(1765－1769)蓼懷閣刻
本　二冊

430000－2401－0020076　393.1/156

新策十六卷末一卷　（清）□□撰　清道光二十六
年(1846)梯雲閣刻本　二冊　缺一卷(末一卷)

430000－2401－0020077　393.1/49

墨子斠註補正二卷　王樹枬撰　民國鉛印止
園叢書本　五冊

430000－2401－0020078　393.1/347

**棲流略三卷棲流略改字記二卷斠改三卷棲流
略雜記二卷**　郭焯瑩撰　清光緒二十九年
(1903)耘桂室刻本　二冊

430000－2401－0020079　393.1/383

歐遊心影録　梁啟超撰　清末活字本　一冊

430000－2401－0020080　393.1/6

窳言二卷　陳淡然撰　清光緒二十八年
(1902)長沙刻本　二冊

430000－2401－0020081　393.1/131

原人三編後編一卷晦堂書録一卷　陳淡然撰
清光緒三十二年(1906)武昌鉛印本　二冊

430000－2401－0020082　393.1/131（1）

原人三編後編一卷晦堂書録一卷　陳淡然撰
清光緒三十二年(1906)武昌鉛印本　二冊

430000－2401－0020083　393.1/131（2）

原人三編後編一卷晦堂書録一卷　陳淡然撰
清光緒三十二年(1906)武昌鉛印本　一冊
缺原人下編、晦堂書録一卷

430000－2401－0020084　393.1/397

讀書一得初稿　（清）黃耀焜撰　清光緒二十
二年(1896)稿本　一冊

430000－2401－0020085　393.1/399

讀書旨要六卷　黃蘧齋撰　清光緒長沙黃氏
蘧齋稿本　一冊

430000－2401－0020086　393.1/398

蘧齋答問一卷　黃蘧齋撰　清光緒長沙黃氏
稿本　一冊

430000－2401－0020087　393.1/9

郎園論學書札一卷　葉德輝撰　清光緒二十
四年(1898)刻本　一冊

430000－2401－0020088　393.1/297

翼教叢編六卷　蘇輿輯　清光緒二十四年（1898）刻本　三冊

430000－2401－0020089　393.1/297（1）

翼教叢編六卷　蘇輿輯　清光緒二十四年（1898）刻本　三冊

430000－2401－0020090　393.1/297（2）

翼教叢編六卷　蘇輿輯　清光緒二十四年（1898）刻本　三冊

430000－2401－0020091　393.1/297（3）

翼教叢編六卷　蘇輿輯　清光緒二十四年（1898）刻本　三冊

430000－2401－0020092　393.1/297（4）

翼教叢編六卷　蘇輿輯　清光緒二十四年（1898）刻本　三冊

430000－2401－0020093　393.1/297（5）

翼教叢編六卷　蘇輿輯　清光緒二十四年（1898）刻本　三冊

430000－2401－0020094　393.1/297（6）

翼教叢編六卷　蘇輿輯　清光緒二十四年（1898）刻本　三冊

430000－2401－0020095　393.1/297（7）

翼教叢編六卷　蘇輿輯　清光緒二十四年（1898）刻本　三冊

430000－2401－0020096　393.1/297（8）

翼教叢編六卷　蘇輿輯　清光緒二十四年（1898）刻本　三冊

430000－2401－0020097　393.1/297－2

增廣翼教叢編七卷　蘇輿輯　清光緒二十五年（1899）上海書局石印本　二冊

430000－2401－0020098　393.5/80

西學雜引一卷　清光緒二十四年（1898）祖翊丞鈔本　一冊

430000－2401－0020099　393.1/360

二十世紀之怪物帝國主義　（日本）幸德秋水著　趙必振譯　清光緒二十八年（1902）上海廣智書局鉛印本　一冊

430000－2401－0020100　393.1/315

二十世紀新論十種　（日本）蘇峰生輯譯　清光緒二十九年（1903）上海鴻文編譯圖書館石印本　一冊

430000－2401－0020101　393.1/338

佐治芻言不分卷　（英國）傅蘭雅譯　（清）應祖錫筆述　清光緒二十四年（1898）上海書局石印本　二冊

430000－2401－0020102　393.1/338－2

佐治芻言不分卷　（英國）傅蘭雅譯　（清）應祖錫筆述　清光緒江南製造總局鉛印本　三冊

430000－2401－0020103　393.1/316

九九新論二卷　（美國）林樂知撰譯　（清）蔡爾康纂　清光緒二十六年（1900）上海廣學會鉛印本　二冊

430000－2401－0020104　△393.2/27

獨斷二卷　（漢）蔡邕撰　明萬曆程榮刻漢魏叢書本　一冊

430000－2401－0020105　393.2/63

獨斷二卷　（漢）蔡邕撰　（清）盧文弨校　清乾隆五十五年（1790）抱經堂刻抱經堂叢書本　一冊

430000－2401－0020106　△393.3/5

世說新語三卷　（南朝宋）劉義慶撰　（南朝梁）劉孝標註　明嘉靖十四年（1535）袁褧嘉趣堂刻本　六冊

430000－2401－0020107　△393.3/5－2

世說新語三卷　（南朝宋）劉義慶撰　（南朝梁）劉孝標註　明萬曆三十七年（1609）周氏博古堂刻本　六冊

430000－2401－0020108　△393.3/6

世說新語八卷　（南朝宋）劉義慶撰　（南朝梁）劉孝標註　**世說新語補四卷**　（明）何良俊撰　（明）王世貞刪定　明萬曆刻本　四冊

430000－2401－0020109　△393.3/5－3

世說新語三卷　（南朝宋）劉義慶撰　（南朝

梁)劉孝標註 清道光八年(1828)周心如紛欣閣刻本 四冊 民國譚銘題識并過錄宋劉辰翁、清何焯批校

430000－2401－0020110 △393.3/5－3(1)
世說新語三卷 (南朝宋)劉義慶撰 (南朝梁)劉孝標註 清道光八年(1828)周心如紛欣閣刻本 六冊

430000－2401－0020111 △393.3/5－4
世說新語八卷 (南朝宋)劉義慶撰 (南朝梁)劉孝標註 (宋)劉辰翁批 清康熙三十三年(1694)廣陵玉禾堂刻本 六冊 存六卷(一至六)

430000－2401－0020112 △393.3/5－5
世說新語八卷 (南朝宋)劉義慶撰 (南朝梁)劉孝標註 (宋)劉辰翁批 (明)劉應登 (明)王世懋評 明凌瀛初刻四色套印本 八冊

430000－2401－0020113 △393.3/7
世說新語補二十卷附釋名一卷 (南朝宋)劉義慶撰 (南朝梁)劉孝標註 (明)何良俊增補 (明)王世貞删定 (明)王世懋批釋 (明)張文柱校註 明萬曆十三年(1585)張文柱刻本 十冊

430000－2401－0020114 △393.3/7(1)
世說新語補二十卷附釋名一卷 (南朝宋)劉義慶撰 (南朝梁)劉孝標註 (明)何良俊增補 (明)王世貞删定 (明)王世懋批釋 (明)張文柱校註 明萬曆十三年(1585)張文柱刻本 六冊

430000－2401－0020115 △393.3/7(2)
世說新語補二十卷附釋名一卷 (南朝宋)劉義慶撰 (南朝梁)劉孝標註 (明)何良俊增補 (明)王世貞删定 (明)王世懋批釋 (明)張文柱校註 明萬曆十三年(1585)張文柱刻本 九冊 缺二卷(七至八)

430000－2401－0020116 △393.3/7－3
李卓吾批點世說新語補二十卷附釋名一卷 (南朝宋)劉義慶撰 (南朝梁)劉孝標註

(明)何良俊增 (明)王世貞删定 (明)張文柱校註 (明)李贄批點 明萬曆刻本 四冊

430000－2401－0020117 △393.3/7－3(1)
李卓吾批點世說新語補二十卷附釋名一卷 (南朝宋)劉義慶撰 (南朝梁)劉孝標註 (明)何良俊增 (明)王世貞删定 (明)張文柱校註 (明)李贄批點 明萬曆刻本 十冊 存十八卷(一至十七、十九)

430000－2401－0020118 △393.3/7－2
鍾伯敬批點世說新語補二十卷附釋名一卷 (南朝宋)劉義慶撰 (南朝梁)劉孝標註 (明)鍾惺批點 明萬曆十四年(1586)刻本 二冊 存十卷(一至十)

430000－2401－0020119 △393.3/3
玉照新志六卷 (宋)王明清撰 明沈士龍等刻本 佚名批校 一冊

430000－2401－0020120 △393.2/20
野客叢書三十卷附野老紀聞一卷 (宋)王楙撰 明刻本 八冊

430000－2401－0020121 △393.2/20－2
野客叢書三十卷附野老紀聞一卷 (宋)王楙撰 明商維浚校刻本 十冊 存十八卷(一至四、十一至十二、十七至二十、二十三至三十)

430000－2401－0020122 △393.3/17－2
默記一卷 (宋)王銍撰 清汪文柏古香樓鈔本 清彭元瑞、周壽昌批校題識 葉啟勳題跋 一冊

430000－2401－0020123 △393.3/17－3
默記一卷 (宋)王銍撰 清朱雲達鈔本 吳騫批校并跋 一冊

430000－2401－0020124 △393.3/17－4
默記三卷 (宋)王銍撰 葉德輝鈔本 一冊 夏敬觀、徐崇立題識批校

430000－2401－0020125 393.2/15
困學紀聞二十卷 (宋)王應麟撰 (清)閻若

璩箋　清乾隆三年(1738)馬氏叢書樓刻本
六册

430000－2401－0020126　393.2/15(1)
困學紀聞二十卷　(宋)王應麟撰　(清)閻若
璩箋　清乾隆三年(1738)馬氏叢書樓刻本
六册

430000－2401－0020127　393.2/15－3
困學紀聞二十卷　(宋)王應麟撰　(清)閻若
璩箋　清同治九年(1870)揚州書局刻本　六
册　徐崇立跋識

430000－2401－0020128　393.2/15－2
困學紀聞二十卷　(宋)王應麟撰　(清)閻若
璩箋　(清)何焯評　清汪垕桐華書塾刻本
四册

430000－2401－0020129　393.2/15－2(1)
困學紀聞二十卷　(宋)王應麟撰　(清)閻若
璩箋　(清)何焯評　清汪垕桐華書塾刻本
六册

430000－2401－0020130　393.2/15－2(2)
困學紀聞二十卷　(宋)王應麟撰　(清)閻若
璩箋　(清)何焯評　清汪垕桐華書塾刻本
六册

430000－2401－0020131　393.2/15－2(3)
困學紀聞二十卷　(宋)王應麟撰　(清)閻若
璩箋　(清)何焯評　清汪垕桐華書塾刻本
四册

430000－2401－0020132　393.2/17
校訂困學紀聞二十卷　(宋)王應麟撰　(清)
閻若璩　(清)何焯　(清)全祖望箋　清嘉慶
九年(1804)刻本　八册

430000－2401－0020133　393.2/17(1)
校訂困學紀聞二十卷　(宋)王應麟撰　(清)
閻若璩　(清)何焯　(清)全祖望箋　清嘉慶
九年(1804)刻本　六册

430000－2401－0020134　393.2/17(2)
校訂困學紀聞二十卷　(宋)王應麟撰　(清)
閻若璩　(清)何焯　(清)全祖望箋　清嘉慶

九年(1804)刻本　六册

430000－2401－0020135　393.2/17(3)
校訂困學紀聞二十卷　(宋)王應麟撰　(清)
閻若璩　(清)何焯　(清)全祖望箋　清嘉慶
九年(1804)刻本　六册

430000－2401－0020136　393.2/17(4)
校訂困學紀聞二十卷　(宋)王應麟撰　(清)
閻若璩　(清)何焯　(清)全祖望箋　清嘉慶
九年(1804)刻本　六册

430000－2401－0020137　393.2/18
困學紀聞集證二十卷末一卷　(宋)王應麟撰
(清)閻若璩等箋　(清)萬希槐集證　清嘉
慶八年(1803)會友堂刻本　十二册

430000－2401－0020138　393.2/19
校訂困學紀聞集證二十卷　(宋)王應麟撰
(清)閻若璩等箋　(清)萬希槐集證　(清)
屠繼序校補　清嘉慶十八年(1813)刻本
八册

430000－2401－0020139　393.2/19－2
校訂困學紀聞集證二十卷　(宋)王應麟撰
(清)閻若璩等箋　(清)萬希槐集證　(清)
屠繼序校補　清道光補刻嘉慶十八年(1813)
本　六册

430000－2401－0020140　393.2/19－2(1)
校訂困學紀聞集證二十卷　(宋)王應麟撰
(清)閻若璩等箋　(清)萬希槐集證　(清)
屠繼序校補　清道光補刻嘉慶十八年(1813)
本　十二册

430000－2401－0020141　393.2/19－3
校訂困學紀聞集證二十卷　(宋)王應麟撰
(清)閻若璩等箋　(清)萬希槐集證　(清)
屠繼序校補　清咸豐二年(1852)黟縣臨川書
屋刻本　八册

430000－2401－0020142　△393.3/11
程史十五卷附錄一卷　(宋)岳珂撰　明刻本
一册　存七卷(十至十五、附錄一卷)

430000－2401－0020143　△393.1/7

西溪叢語二卷 （五代）姚寬撰 明毛氏汲古閣刻本 一冊

430000－2401－0020144 △393.2/3

中華古今註三卷 （五代）馬縞撰 清康熙八年(1669)刻秘書二十一種本 一冊

430000－2401－0020145 △393.3/4

北夢瑣言二十卷 （宋）孫光憲撰 清乾隆二十一年(1756)雅雨堂刻本 四冊

430000－2401－0020146 △393.2/12

東觀餘論二卷附錄一卷 （宋）黃伯思撰 明崇禎毛氏汲古閣刻津逮秘書本 四冊

430000－2401－0020147 △393.2/23

程氏演繁露十六卷續集六卷 （宋）程大昌撰 明萬曆四十五年(1617)鄧渼刻本 葉德輝題跋 四冊

430000－2401－0020148 △393.2/8

古今考一卷 （宋）魏了翁撰 中華古今註三卷 （五代）馬縞撰 清順治刻說郛本一冊

430000－2401－0020149 △393.2/9

古今考三十八卷 （宋）魏了翁撰 （元）方回續撰 清鈔本 十三冊 存三十三卷(一至十六、二十至二十六、二十九至三十八)

430000－2401－0020150 △393.2/13－2

芥隱筆記一卷 （宋）龔頤正撰 明毛氏汲古閣刻本 清絳風堂主人題識批校 一冊

430000－2401－0020151 △393.2/13

芥隱筆記一卷 （宋）龔頤正撰 明刻本 一冊

430000－2401－0020152 △393.1/45

敬齋古今黈八卷 （元）李冶撰 清乾隆四十年(1775)武英殿木活字本 二冊

430000－2401－0020153 393.2/39－2

敬齋古今黈八卷 （元）李冶撰 清同治十三年(1874)江西書局刻本 四冊

430000－2401－0020154 △393.3/12

涌幢小品三十二卷 （明）朱國楨輯 明天啟清美堂刻本 十二冊

430000－2401－0020155 △393.2/1

丹浦欵言四卷 （明）李蓘撰 明刻本 三冊 存三卷(一、三至四)

430000－2401－0020156 △393.3/8

何氏語林三十卷 （明）何良俊撰并註 明嘉靖二十九年(1550)何氏清森閣刻本 十冊

430000－2401－0020157 △393.3/15

楓窗小牘二卷 （明）袁褧撰 （明）袁頤續 明萬曆刻本 二冊

430000－2401－0020158 △393.1/67

增定雅俗稽言四十卷 （明）張存紳撰 清康熙三十六年(1697)刻本 八冊 存三十六卷(一至十、十五至四十)

430000－2401－0020159 △393.1/67(1)

增定雅俗稽言四十卷 （明）張存紳撰 清康熙三十六年(1697)刻本 三冊 存十二卷(三至十、十八至二十一)

430000－2401－0020160 △393.2/2－2

丹鉛總錄二十七卷 （明）楊慎撰 明嘉靖三十三年(1554)梁佐刻本 十冊

430000－2401－0020161 △393.2/2－2(1)

丹鉛總錄二十七卷 （明）楊慎撰 明嘉靖三十三年(1554)梁佐刻本 三冊 存十一卷(三至十、十五至十七)

430000－2401－0020162 △393.2/2

丹鉛總錄二十七卷 （明）楊慎撰 明萬曆刻本 二十冊

430000－2401－0020163 393.2/55－2

丹鉛總錄二十七卷 （明）楊慎撰 清乾隆五十九年(1794)楊昶芸輝閣刻本 八冊

430000－2401－0020164 △393.3/1

水東日記三十六卷 （明）葉盛撰 明刻本 六冊

430000－2401－0020165 △393.2/6

日知錄校正二卷 （清）丁晏撰 清朱格鈔本 一冊

430000－2401－0020166 △393.1/68

通雅五十二卷首三卷　（清）方以智撰　清康
熙五年(1666)浮山此藏軒刻本　十六冊

430000－2401－0020167　393.1/65

通雅五十二卷首三卷　（清）方以智撰　清康
熙五年(1666)浮山此藏軒刻本　六冊

430000－2401－0020168　393.1/65(1)

通雅五十二卷首三卷　（清）方以智撰　清康
熙五年(1666)浮山此藏軒刻本　十六冊

430000－2401－0020169　393.1/65(2)

通雅五十二卷首三卷　（清）方以智撰　清康
熙五年(1666)浮山此藏軒刻本　二十一冊

430000－2401－0020170　393.1/65(3)

通雅五十二卷首三卷　（清）方以智撰　清康
熙五年(1666)浮山此藏軒刻本　十冊

430000－2401－0020171　393.1/65(4)

通雅五十二卷首三卷　（清）方以智撰　清康
熙五年(1666)浮山此藏軒刻本　十五冊　缺
一卷(首一)

430000－2401－0020172　393.1/65(5)

通雅五十二卷首三卷　（清）方以智撰　清康
熙五年(1666)浮山此藏軒刻本　十五冊　缺
三卷(四十七至四十九)

430000－2401－0020173　393.1/65－3

通雅五十二卷首三卷　（清）方以智撰　清立
教館刻本　二十冊

430000－2401－0020174　393.1/65－4

通雅五十二卷首三卷　（清）方以智撰　清琴
書閣刻本　十六冊

430000－2401－0020175　393.1/65－2

通雅五十二卷首三卷　（清）方以智撰　清鈔
本　十八冊

430000－2401－0020176　393.2/69

考古略八卷　（清）王文清撰　清乾隆五徵堂
刻本　六冊

430000－2401－0020177　393.2/76

經史雜記八卷　（清）王玉樹撰　清道光十年
(1830)芳棳堂刻本　四冊

430000－2401－0020178　393.2/46

芸籠偶存二卷　（清）王汝璧撰　清嘉慶刻本
一冊

430000－2401－0020179　393.2/24－2

讀書雜志八十二卷餘編二卷　（清）王念孫撰
清道光十二年(1832)王引之刻本　二十冊

430000－2401－0020180　393.2/24

讀書雜志八十二卷餘編二卷　（清）王念孫撰
清同治九年(1870)金陵書局刻本　十二冊

430000－2401－0020181　393.2/24(1)

讀書雜志八十二卷餘編二卷　（清）王念孫撰
清同治九年(1870)金陵書局刻本　二十
四冊

430000－2401－0020182　393.2/24(2)

讀書雜志八十二卷餘編二卷　（清）王念孫撰
清同治九年(1870)金陵書局刻本　二十
四冊

430000－2401－0020183　393.2/24(3)

讀書雜志八十二卷餘編二卷　（清）王念孫撰
清同治九年(1870)金陵書局刻本　二十
四冊

430000－2401－0020184　393.2/24(4)

讀書雜志八十二卷餘編二卷　（清）王念孫撰
清同治九年(1870)金陵書局刻本　二十
四冊

430000－2401－0020185　393.2/24(5)

讀書雜志八十二卷餘編二卷　（清）王念孫撰
清同治九年(1870)金陵書局刻本　二十
四冊

430000－2401－0020186　△393.2/29

讀書雜志八十二卷餘編二卷　（清）王念孫撰
清劉蓉養晦書堂鈔本　二十一冊　缺十二
卷(荀子一至六,淮南子六至十一)

430000－2401－0020187　393.2/37

蛾術編八十二卷　（清）王鳴盛撰　清道光二
十一年(1841)世楷堂刻本　二十冊

430000－2401－0020188　393.2/37(1)

蛾術編八十二卷　（清）王鳴盛撰　清道光二十一年(1841)世楷堂刻本　二十冊

430000－2401－0020189　393.1/107

吳門銷夏記三卷　（清）江瀚撰　清光緒二十一年(1895)刻本　一冊

430000－2401－0020190　393.1/109－2

無邪堂答問五卷　（清）朱一新撰　清光緒二十二年(1896)上海鴻寶齋石印本　五冊

430000－2401－0020191　393.2/31

孔子類考十卷　（清）朱遠翼撰　清嘉慶十九年(1814)刻本　二冊

430000－2401－0020192　393.1/79－2

全謝山先生經史問答十卷　（清）全祖望撰　清姚江借樹山房刻本　四冊

430000－2401－0020193　393.1/79

全謝山先生經史問答十卷　（清）全祖望撰　清刻本　二冊

430000－2401－0020194　393.1/79(1)

全謝山先生經史問答十卷　（清）全祖望撰　清刻本　二冊

430000－2401－0020195　393.2/26

過庭錄十六卷　（清）宋翔鳳撰　清光緒七年(1881)會稽章氏刻本　四冊

430000－2401－0020196　393.2/26(1)

過庭錄十六卷　（清）宋翔鳳撰　清光緒七年(1881)會稽章氏刻本　四冊

430000－2401－0020197　393.2/26(2)

過庭錄十六卷　（清）宋翔鳳撰　清光緒七年(1881)會稽章氏刻本　四冊

430000－2401－0020198　393.2/26(3)

過庭錄十六卷　（清）宋翔鳳撰　清光緒七年(1881)會稽章氏刻本　六冊

430000－2401－0020199　393.2/26(4)

過庭錄十六卷　（清）宋翔鳳撰　清光緒七年(1881)會稽章氏刻本　六冊

430000－2401－0020200　393.2/26(5)

過庭錄十六卷　（清）宋翔鳳撰　清光緒七年(1881)會稽章氏刻本　六冊

430000－2401－0020201　393.2/1

灤源問答十二卷　（清）沈可培撰　清嘉慶二十年(1815)雪浪齋刻本　四冊

430000－2401－0020202　393.2/23

寄傲軒讀書隨筆十卷續筆六卷三筆六卷　（清）沈赤然撰　清嘉慶十年(1805)刻五研齋全集本　三冊

430000－2401－0020203　△393.2/28

韓門綴學五卷續編一卷談書錄一卷詩學纂聞一卷　（清）汪師韓撰　清乾隆刻本　八冊

430000－2401－0020204　393.2/47

炳燭編四卷　（清）李賡芸撰　清光緒四年(1878)宏達堂刻宏達堂叢書本　一冊

430000－2401－0020205　393.2/41

古學記問錄十五卷　（清）吳蔚文撰　清同治四年(1865)文瑞堂刻本　四冊

430000－2401－0020206　393.1/84

義門讀書記五十八卷　（清）何焯撰　清乾隆石香齋刻本　十六冊

430000－2401－0020207　393.1/84(1)

義門讀書記五十八卷　（清）何焯撰　清乾隆石香齋刻本　十二冊

430000－2401－0020208　393.1/84(2)

義門讀書記五十八卷　（清）何焯撰　清乾隆石香齋刻本　十二冊

430000－2401－0020209　393.1/84(3)

義門讀書記五十八卷　（清）何焯撰　清乾隆石香齋刻本　十一冊

430000－2401－0020210　393.2/38

硯耒緒錄十六卷　（清）林昌彝撰　清同治五年(1866)廣州刻本　八冊

430000－2401－0020211　393.2/38(1)

硯耒緒錄十六卷　（清）林昌彝撰　清同治五年(1866)廣州刻本　八冊

430000－2401－0020212　461/145

菽園贅談七卷答粵督書一卷庚寅偶存一卷壬辰冬興一卷　（清）丘煒萱撰輯　清光緒二十七年(1901)鉛印菽園著書本　四冊

430000－2401－0020213　393.1/85－2

湛園札記四卷　（清）姜宸英撰　清嘉慶鶴麓山房刻本　二冊

430000－2401－0020214　393.1/85－2(1)

湛園札記四卷　（清）姜宸英撰　清嘉慶鶴麓山房刻本　二冊

430000－2401－0020215　393.1/85－2(2)

湛園札記四卷　（清）姜宸英撰　清嘉慶鶴麓山房刻本　二冊

430000－2401－0020216　393.1/85－2(3)

湛園札記四卷　（清）姜宸英撰　清嘉慶鶴麓山房刻本　一冊

430000－2401－0020217　393.1/85

湛園札記四卷　（清）姜宸英撰　清光緒七年(1881)見山樓刻本　二冊

430000－2401－0020218　393.2/2

曉讀書齋初錄二卷二錄二卷三錄二卷四錄二卷　（清）洪亮吉撰　清光緒三年(1877)授經堂刻本　二冊

430000－2401－0020219　393.2/2(1)

曉讀書齋初錄二卷二錄二卷三錄二卷四錄二卷　（清）洪亮吉撰　清光緒三年(1877)授經堂刻本　二冊

430000－2401－0020220　393.2/2(2)

曉讀書齋初錄二卷二錄二卷三錄二卷四錄二卷　（清）洪亮吉撰　清光緒三年(1877)授經堂刻本　一冊

430000－2401－0020221　393.2/2(3)

曉讀書齋初錄二卷二錄二卷三錄二卷四錄二卷　（清）洪亮吉撰　清光緒三年(1877)授經堂刻本　一冊

430000－2401－0020222　393.2/2(4)

曉讀書齋初錄二卷二錄二卷三錄二卷四錄二卷

卷　（清）洪亮吉撰　清光緒三年(1877)授經堂刻本　二冊

430000－2401－0020223　393.2/36

讀書叢錄二十四卷　（清）洪頤煊撰　清光緒十三年(1887)吳氏醉六堂刻本　七冊

430000－2401－0020224　393.2/36(1)

讀書叢錄二十四卷　（清）洪頤煊撰　清光緒十三年(1887)吳氏醉六堂刻本　六冊

430000－2401－0020225　393.2/36(2)

讀書叢錄二十四卷　（清）洪頤煊撰　清光緒十三年(1887)吳氏醉六堂刻本　六冊

430000－2401－0020226　393.2/36(3)

讀書叢錄二十四卷　（清）洪頤煊撰　清光緒十三年(1887)吳氏醉六堂刻本　六冊

430000－2401－0020227　393.2/36(4)

讀書叢錄二十四卷　（清）洪頤煊撰　清光緒十三年(1887)吳氏醉六堂刻本　八冊

430000－2401－0020228　393.2/36(5)

讀書叢錄二十四卷　（清）洪頤煊撰　清光緒十三年(1887)吳氏醉六堂刻本　八冊

430000－2401－0020229　393.2/52

訂譌雜錄十卷　（清）胡鳴玉撰　清乾隆二十三年(1758)青浦查氏刻本　四冊

430000－2401－0020230　393.2/52(1)

訂譌雜錄十卷　（清）胡鳴玉撰　清乾隆二十三年(1758)青浦查氏刻本　二冊

430000－2401－0020231　393.2/12

癸巳類稿十五卷　（清）俞正燮撰　清道光十三年(1833)求日益齋刻本　六冊

430000－2401－0020232　393.2/12(1)

癸巳類稿十五卷　（清）俞正燮撰　清道光十三年(1833)求日益齋刻本　六冊

430000－2401－0020233　393.2/12(2)

癸巳類稿十五卷　（清）俞正燮撰　清道光十三年(1833)求日益齋刻本　五冊

430000－2401－0020234　393.2/12(3)

癸巳類稿十五卷　（清）俞正燮撰　清道光十三年(1833)求日益齋刻本　五冊

430000－2401－0020235　393.2/12(4)

癸巳類稿十五卷　（清）俞正燮撰　清道光十三年(1833)求日益齋刻本　八冊

430000－2401－0020236　393.2/12(5)

癸巳類稿十五卷　（清）俞正燮撰　清道光十三年(1833)求日益齋刻本　八冊

430000－2401－0020237　393.2/12(6)

癸巳類稿十五卷　（清）俞正燮撰　清道光十三年(1833)求日益齋刻本　五冊

430000－2401－0020238　393.2/12－2

癸巳類稿十五卷　（清）俞正燮撰　清光緒五年(1879)會稽章氏刻本　八冊

430000－2401－0020239　393.2/12－2(1)

癸巳類稿十五卷　（清）俞正燮撰　清光緒五年(1879)會稽章氏刻本　八冊

430000－2401－0020240　393.2/11

癸巳存稿十五卷　（清）俞正燮撰　清光緒十年(1884)刻本　六冊

430000－2401－0020241　393.2/11(1)

癸巳存稿十五卷　（清）俞正燮撰　清光緒十年(1884)刻本　八冊

430000－2401－0020242　393.2/11(2)

癸巳存稿十五卷　（清）俞正燮撰　清光緒十年(1884)刻本　八冊

430000－2401－0020243　393.2/11(3)

癸巳存稿十五卷　（清）俞正燮撰　清光緒十年(1884)刻本　八冊

430000－2401－0020244　393.2/11(4)

癸巳存稿十五卷　（清）俞正燮撰　清光緒十年(1884)刻本　八冊

430000－2401－0020245　393.2/11(5)

癸巳存稿十五卷　（清）俞正燮撰　清光緒十年(1884)刻本　八冊

430000－2401－0020246　393.5/21

曲園雜纂五十卷　（清）俞樾撰　清光緒三年(1877)吳下刻本　八冊

430000－2401－0020247　393.2/44

援鶉堂筆記五十卷刊誤一卷　（清）姚範撰　清道光十六年(1836)姚瑩刻本　十六冊

430000－2401－0020248　393.2/44(1)

援鶉堂筆記五十卷刊誤一卷　（清）姚範撰　清道光十六年(1836)姚瑩刻本　十三冊

430000－2401－0020249　393.2/44(2)

援鶉堂筆記五十卷刊誤一卷　（清）姚範撰　清道光十六年(1836)姚瑩刻本　十一冊

430000－2401－0020250　393.2/29－3

惜抱軒筆記八卷　（清）姚鼐撰　清嘉慶二十五年(1820)金陵同善堂刻本　二冊

430000－2401－0020251　393.2/29

惜抱軒筆記八卷　（清）姚鼐撰　清道光元年(1821)刻本　一冊

430000－2401－0020252　393.2/29－2

惜抱軒筆記八卷　（清）姚鼐撰　清同治五年(1866)省心閣刻惜抱軒全集本　四冊

430000－2401－0020253　393.2/65

證疑備覽六卷　（清）夏力恕撰　清光緒十一年(1885)菜根堂刻本　六冊

430000－2401－0020254　393.2/54

晉專宋瓦室類稿五卷　（清）桂坫撰　清光緒二十四年(1898)刻本　一冊

430000－2401－0020255　393.2/54(1)

晉專宋瓦室類稿五卷　（清）桂坫撰　清光緒二十四年(1898)刻本　一冊

430000－2401－0020256　393.2/54(2)

晉專宋瓦室類稿五卷　（清）桂坫撰　清光緒二十四年(1898)刻本　一冊

430000－2401－0020257　393.1/159

讀書脞錄七卷讀書脞錄續編四卷　（清）孫志祖撰　清嘉慶四年(1799)刻本　三冊

430000－2401－0020258　393.1/159(1)

讀書脞錄七卷讀書脞錄續編四卷　（清）孫志祖撰　清嘉慶四年(1799)刻本　三冊

430000－2401－0020259　393.1/159(2)

讀書脞錄七卷讀書脞錄續編四卷　（清）孫志祖撰　清嘉慶四年(1799)刻本　四冊

430000－2401－0020260　393.1/159(3)

讀書脞錄七卷讀書脞錄續編四卷　（清）孫志祖撰　清嘉慶四年(1799)刻本　三冊

430000－2401－0020261　393.1/159－3

讀書脞錄七卷　（清）孫志祖撰　清光緒十三年(1887)吳氏醉六堂刻本　三冊

430000－2401－0020262　393.1/159－3(1)

讀書脞錄七卷　（清）孫志祖撰　清光緒十三年(1887)吳氏醉六堂刻本　四冊

430000－2401－0020263　393.2/72

古合宮遺制考三卷　（清）孫星衍撰　清嘉慶刻嘉穀堂集本　一冊

430000－2401－0020264　393.1/112

札迻十二卷　（清）孫詒讓撰　清光緒二十年(1894)瑞安孫氏刻本　四冊

430000－2401－0020265　△393.2/17

省軒考古類編十二卷　（清）柴紹炳纂　清雍正刻本　四冊

430000－2401－0020266　393.2/64

省軒考古類編十二卷　（清）柴紹炳纂　（清）姚廷謙評　清雍正三年(1725)澹成堂刻本　四冊

430000－2401－0020267　393.2/64－2

省軒考古類編十二卷　（清）柴紹炳纂　（清）姚廷謙評　清乾隆二十三年(1758)文盛堂刻本　四冊

430000－2401－0020268　393.2/33

讀書雜釋十四卷　（清）徐鼒撰　清咸豐十一年(1861)福寧郡齋刻本　四冊

430000－2401－0020269　393.2/33(1)

讀書雜釋十四卷　（清）徐鼒撰　清咸豐十一年(1861)福寧郡齋刻本　四冊

430000－2401－0020270　393.2/33(2)

讀書雜釋十四卷　（清）徐鼒撰　清咸豐十一年(1861)福寧郡齋刻本　四冊

430000－2401－0020271　393.2/16

困學紀聞註二十卷　（清）翁元圻撰　清道光五年(1825)餘姚翁元圻守福堂刻本　八冊

430000－2401－0020272　393.2/16(1)

困學紀聞註二十卷　（清）翁元圻撰　清道光五年(1825)餘姚翁元圻守福堂刻本　八冊

430000－2401－0020273　393.2/16(2)

困學紀聞註二十卷　（清）翁元圻撰　清道光五年(1825)餘姚翁元圻守福堂刻本　十三冊

430000－2401－0020274　393.2/16(3)

困學紀聞註二十卷　（清）翁元圻撰　清道光五年(1825)餘姚翁元圻守福堂刻本　十四冊

430000－2401－0020275　393.2/16(4)

困學紀聞註二十卷　（清）翁元圻撰　清道光五年(1825)餘姚翁元圻守福堂刻本　十二冊

430000－2401－0020276　393.2/16(5)

困學紀聞註二十卷　（清）翁元圻撰　清道光五年(1825)餘姚翁元圻守福堂刻本　六冊

430000－2401－0020277　393.2/16－4

困學紀聞註二十卷　（清）翁元圻撰　清咸豐元年(1851)小琅環山館刻本　八冊

430000－2401－0020278　393.2/16－2

困學紀聞註二十卷首一卷　（清）翁元圻撰　清光緒十三年(1887)上海同文書局石印本　六冊

430000－2401－0020279　393.1/143－2

退庵隨筆二十二卷　（清）梁章鉅撰　清道光十九年(1839)刻本　八冊

430000－2401－0020280　393.1/143－2(1)

退庵隨筆二十二卷　（清）梁章鉅撰　清道光十九年(1839)刻本　八冊

430000－2401－0020281　393.1/143－3

退庵隨筆二十二卷　（清）梁章鉅撰　清道光刻本　六冊

430000－2401－0020282　393.1/143－3(1)

退庵隨筆二十二卷　(清)梁章鉅撰　清道光刻本　六冊

430000－2401－0020283　393.1/143

退庵隨筆二十二卷退庵自訂年譜一卷　(清)梁章鉅撰　清光緒元年(1875)福州梁氏刻二思堂叢書本　十冊

430000－2401－0020284　393.1/143(1)

退庵隨筆二十二卷退庵自訂年譜一卷　(清)梁章鉅撰　清光緒元年(1875)福州梁氏刻二思堂叢書本　八冊

430000－2401－0020285　393.1/143(2)

退庵隨筆二十二卷退庵自訂年譜一卷　(清)梁章鉅撰　清光緒元年(1875)福州梁氏刻二思堂叢書本　八冊

430000－2401－0020286　393.1/143(3)

退庵隨筆二十二卷退庵自訂年譜一卷　(清)梁章鉅撰　清光緒元年(1875)福州梁氏刻二思堂叢書本　八冊

430000－2401－0020287　393.2/75

攀古小廬雜著十二卷　(清)許翰撰　清光緒刻本　一冊　存三卷(四至六)

430000－2401－0020288　393.2/56

白虎通義考一卷白虎通闕文一卷目錄一卷　(清)莊述祖撰　清道光七年(1827)刻本　一冊

430000－2401－0020289　393.2/43

黃學廬雜述三卷　(清)陳士芑撰　清宣統元年(1909)鉛印本　一冊

430000－2401－0020290　393.2/43(1)

黃學廬雜述三卷　(清)陳士芑撰　清宣統元年(1909)鉛印本　一冊

430000－2401－0020291　393.2/43(2)

黃學廬雜述三卷　(清)陳士芑撰　清宣統元年(1909)鉛印本　一冊

430000－2401－0020292　393.2/5－2

東塾讀書記十五卷　(清)陳澧撰　清光緒八年(1882)廣州刻本　五冊

430000－2401－0020293　393.2/5

東塾讀書記十五卷　(清)陳澧撰　清光緒二十四年(1898)紉蘭書館刻本　五冊

430000－2401－0020294　393.2/5(1)

東塾讀書記十五卷　(清)陳澧撰　清光緒二十四年(1898)紉蘭書館刻本　五冊

430000－2401－0020295　393.2/5(2)

東塾讀書記十五卷　(清)陳澧撰　清光緒二十四年(1898)紉蘭書館刻本　六冊

430000－2401－0020296　393.2/5(3)

東塾讀書記十五卷　(清)陳澧撰　清光緒二十四年(1898)紉蘭書館刻本　六冊

430000－2401－0020297　393.2/5(4)

東塾讀書記十五卷　(清)陳澧撰　清光緒二十四年(1898)紉蘭書館刻本　五冊

430000－2401－0020298　393.2/5－6

東塾讀書記十五卷　(清)陳澧撰　清光緒二十七年(1901)大泉書局刻本　六冊

430000－2401－0020299　393.2/5－5

東塾讀書記十五卷　(清)陳澧撰　清光緒二十七年(1901)邵州勸學書舍刻本　六冊

430000－2401－0020300　393.2/5－3

東塾讀書記十五卷　(清)陳澧撰　清光緒刻本　五冊

430000－2401－0020301　393.2/5－4

東塾讀書記十五卷　(清)陳澧撰　清光緒石印本　四冊

430000－2401－0020302　393.2/48

對策六卷　(清)陳鱣撰　清嘉慶十年(1805)士鄉堂刻本　二冊

430000－2401－0020303　393.2/48(1)

對策六卷　(清)陳鱣撰　清嘉慶十年(1805)士鄉堂刻本　一冊

430000－2401－0020304　393.2/21(2)

香墅漫鈔四卷　(清)曾廷枚輯　清乾隆五十

二年（1787）南城曾氏家刻本　四冊

430000－2401－0020305　393.2/21（1）

香墅漫鈔四卷　（清）曾廷枚輯　清乾隆五十二年（1787）南城曾氏家刻本　六冊

430000－2401－0020306　393.2/21

香墅漫鈔四卷又續六卷　（清）曾廷枚輯　清乾隆五十二年至嘉慶十三年（1787－1808）南城曾氏家刻本　八冊

430000－2401－0020307　393.1/135

讀書雜識十二卷　（清）勞格撰　清光緒四年（1878）吳興丁氏刻月河精舍叢鈔本　四冊

430000－2401－0020308　393.1/135（1）

讀書雜識十二卷　（清）勞格撰　清光緒四年（1878）吳興丁氏刻月河精舍叢鈔本　六冊

430000－2401－0020309　393.1/135（2）

讀書雜識十二卷　（清）勞格撰　清光緒四年（1878）吳興丁氏刻月河精舍叢鈔本　六冊

430000－2401－0020310　△393.2/14

松崖筆記三卷　（清）惠棟撰　清道光二年（1822）吳門文照堂刻本　周鑾詒題識　一冊

430000－2401－0020311　△393.2/14（1）

松崖筆記三卷　（清）惠棟撰　清道光二年（1822）吳門文照堂刻本　周鑾詒題識　一冊

430000－2401－0020312　393.2/9－5

日知錄集釋三十二卷日知錄刊誤二卷續刊誤二卷　（清）黃汝成撰　清道光十四年至十八年（1834－1838）黃氏西溪草廬刻本　十冊

430000－2401－0020313　393.2/9－5（1）

日知錄集釋三十二卷日知錄刊誤二卷續刊誤二卷　（清）黃汝成撰　清道光十四年至十八年（1834－1838）黃氏西溪草廬刻本　十六冊

430000－2401－0020314　393.2/9－5（2）

日知錄集釋三十二卷日知錄刊誤二卷續刊誤二卷　（清）黃汝成撰　清道光十四年至十八年（1834－1838）黃氏西溪草廬刻本　十六冊

430000－2401－0020315　393.2/9－5（3）

日知錄集釋三十二卷日知錄刊誤二卷續刊誤

二卷　（清）黃汝成撰　清道光十四年至十八年（1834－1838）黃氏西溪草廬刻本　十二冊

430000－2401－0020316　393.2/9－5（4）

日知錄集釋三十二卷日知錄刊誤二卷續刊誤二卷　（清）黃汝成撰　清道光十四年至十八年（1834－1838）黃氏西溪草廬刻本　十三冊　缺一卷（一）

430000－2401－0020317　393.2/9

日知錄集釋三十二卷日知錄刊誤二卷續刊誤二卷　（清）黃汝成撰　清同治七年（1868）朝宗書室本活字本　二十冊

430000－2401－0020318　393.2/9（1）

日知錄集釋三十二卷日知錄刊誤二卷續刊誤二卷　（清）黃汝成撰　清同治七年（1868）朝宗書室本活字本　二十冊

430000－2401－0020319　393.2/9－3

日知錄集釋三十二卷日知錄刊誤二卷續刊誤二卷　（清）黃汝成撰　清同治八年（1869）廣州述古堂刻本　十六冊

430000－2401－0020320　393.2/9－3（1）

日知錄集釋三十二卷日知錄刊誤二卷續刊誤二卷　（清）黃汝成撰　清同治八年（1869）廣州述古堂刻本　十六冊

430000－2401－0020321　393.2/9－3（2）

日知錄集釋三十二卷日知錄刊誤二卷續刊誤二卷　（清）黃汝成撰　清同治八年（1869）廣州述古堂刻本　十六冊

430000－2401－0020322　393.2/9－3（3）

日知錄集釋三十二卷日知錄刊誤二卷續刊誤二卷　（清）黃汝成撰　清同治八年（1869）廣州述古堂刻本　十六冊

430000－2401－0020323　393.2/9－3（4）

日知錄集釋三十二卷日知錄刊誤二卷續刊誤二卷　（清）黃汝成撰　清同治八年（1869）廣州述古堂刻本　十六冊

430000－2401－0020324　393.2/9－3（5）

日知錄集釋三十二卷日知錄刊誤二卷續刊誤

二卷 （清）黃汝成撰 清同治八年（1869）廣州述古堂刻本 十六冊

430000－2401－0020325 393.2/9－2
日知錄集釋三十二卷日知錄刊誤二卷續刊誤二卷 （清）黃汝成撰 清同治十一年（1872）湖北崇文書局刻本 十六冊

430000－2401－0020326 393.2/9－2(1)
日知錄集釋三十二卷日知錄刊誤二卷續刊誤二卷 （清）黃汝成撰 清同治十一年（1872）湖北崇文書局刻本 十六冊

430000－2401－0020327 393.2/9－2(2)
日知錄集釋三十二卷日知錄刊誤二卷續刊誤二卷 （清）黃汝成撰 清同治十一年（1872）湖北崇文書局刻本 十六冊

430000－2401－0020328 393.2/9－2(3)
日知錄集釋三十二卷日知錄刊誤二卷續刊誤二卷 （清）黃汝成撰 清同治十一年（1872）湖北崇文書局刻本 十六冊

430000－2401－0020329 393.2/9－2(4)
日知錄集釋三十二卷日知錄刊誤二卷續刊誤二卷 （清）黃汝成撰 清同治十一年（1872）湖北崇文書局刻本 十六冊

430000－2401－0020330 393.2/9－2(5)
日知錄集釋三十二卷日知錄刊誤二卷續刊誤二卷 （清）黃汝成撰 清同治十一年（1872）湖北崇文書局刻本 十六冊

430000－2401－0020331 393.2/9－4
日知錄集釋三十二卷日知錄刊誤二卷續刊誤二卷 （清）黃汝成撰 清光緒元年（1875）湖北崇文書局刻本 十六冊

430000－2401－0020332 393.2/9－4(1)
日知錄集釋三十二卷日知錄刊誤二卷續刊誤二卷 （清）黃汝成撰 清光緒元年（1875）湖北崇文書局刻本 十六冊

430000－2401－0020333 393.2/9－4(2)
日知錄集釋三十二卷日知錄刊誤二卷續刊誤二卷 （清）黃汝成撰 清光緒元年（1875）湖

北崇文書局刻本 十六冊

430000－2401－0020334 393.2/9－4(3)
日知錄集釋三十二卷日知錄刊誤二卷續刊誤二卷 （清）黃汝成撰 清光緒元年（1875）湖北崇文書局刻本 十六冊

430000－2401－0020335 393.2/9－4(4)
日知錄集釋三十二卷日知錄刊誤二卷續刊誤二卷 （清）黃汝成撰 清光緒元年（1875）湖北崇文書局刻本 十六冊

430000－2401－0020336 393.2/9－6
日知錄集釋三十二卷日知錄刊誤二卷續刊誤二卷 （清）黃汝成撰 清光緒三年（1877）重刻本 十六冊

430000－2401－0020337 393.2/9－7(1)
日知錄集釋三十二卷日知錄刊誤二卷續刊誤二卷 （清）黃汝成撰 清光緒十二年（1886）上海點石齋石印本 四冊

430000－2401－0020338 393.2/9－7
日知錄集釋三十二卷日知錄刊誤二卷續刊誤二卷 （清）黃汝成撰 清光緒二十一年（1895）上海點石齋石印本 六冊

430000－2401－0020339 393.2/28
群書疑辨十二卷 （清）萬斯同撰 清嘉慶二十一年（1816）供石亭刻本 四冊

430000－2401－0020340 △393.2/19
通藝錄四十五卷 （清）程瑤田撰 清嘉慶八年（1803）刻本 三十六冊

430000－2401－0020341 393.2/3
鷗陂漁話六卷 （清）葉廷琯撰 清同治九年（1870）姑蘇謝文翰齋刻本 一冊

430000－2401－0020342 △393.2/30
讀書偶識不分卷 （清）鄒漢勛撰 王先謙鈔本 四冊

430000－2401－0020343 393.2/22
陔餘叢考四十三卷 （清）趙翼撰 清乾隆五十五年（1790）湛貽堂刻本 二十冊

430000－2401－0020344 393.2/22(1)

陔餘叢考四十三卷 （清）趙翼撰 清乾隆五十六年(1791)壽考堂刻本 二十冊

430000－2401－0020345 393.2/22(2)

陔餘叢考四十三卷 （清）趙翼撰 清乾隆五十六年(1791)壽考堂刻本 十二冊

430000－2401－0020346 393.2/22(3)

陔餘叢考四十三卷 （清）趙翼撰 清乾隆五十六年(1791)壽考堂刻本 十冊

430000－2401－0020347 393.2/22(4)

陔餘叢考四十三卷 （清）趙翼撰 清乾隆五十六年(1791)壽考堂刻本 八冊

430000－2401－0020348 393.2/22(5)

陔餘叢考四十三卷 （清）趙翼撰 清乾隆五十六年(1791)壽考堂刻本 八冊

430000－2401－0020349 393.2/22(6)

陔餘叢考四十三卷 （清）趙翼撰 清乾隆五十六年(1791)壽考堂刻本 八冊

430000－2401－0020350 393.2/22(7)

陔餘叢考四十三卷 （清）趙翼撰 清乾隆五十六年(1791)壽考堂刻本 十二冊

430000－2401－0020351 393.2/32

湖船錄一卷 （清）厲鶚撰 清同治九年(1870)退補齋刻本 一冊

430000－2401－0020352 393.2/35

南漘楛語八卷 （清）蔣超伯撰 清同治十年(1871)兩廎山房刻本 二冊

430000－2401－0020353 393.2/35(1)

南漘楛語八卷 （清）蔣超伯撰 清同治十年(1871)兩廎山房刻本 二冊

430000－2401－0020354 393.1/22

雙硯齋筆記五卷 （清）鄧廷楨撰 清光緒二十二年(1896)刻本 四冊 存四卷(一至四)

430000－2401－0020355 393.2/4

三冬識餘二卷 （清）劉希向撰 清咸豐八年(1858)刻本 二冊

430000－2401－0020356 393.2/27

儉德堂讀書隨筆二卷 （清）劉庠撰 清宣統二年(1910)鉛印本 二冊

430000－2401－0020357 393.1/277

食舊惪齋雜著二卷 （清）劉嶽雲撰 清光緒二十二年(1896)刻本 二冊

430000－2401－0020358 393.1/277(1)

食舊惪齋雜著二卷 （清）劉嶽雲撰 清光緒二十二年(1896)刻本 一冊 一冊(一)

430000－2401－0020359 393.2/59

群書拾補不分卷 （清）盧文弨撰 清光緒十三年(1887)上海蜚英館石印本 八冊

430000－2401－0020360 393.2/59(1)

群書拾補不分卷 （清）盧文弨撰 清光緒十三年(1887)上海蜚英館石印本 八冊

430000－2401－0020361 393.2/59(2)

群書拾補不分卷 （清）盧文弨撰 清光緒十三年(1887)上海蜚英館石印本 八冊

430000－2401－0020362 393.2/13

十駕齋養新錄二十卷十駕齋養新餘錄三卷 （清）錢大昕撰 清嘉慶刻本 六冊

430000－2401－0020363 393.2/13(1)

十駕齋養新錄二十卷十駕齋養新餘錄三卷 （清）錢大昕撰 清嘉慶刻本 四冊

430000－2401－0020364 393.2/13(2)

十駕齋養新錄二十卷十駕齋養新餘錄三卷 （清）錢大昕撰 清嘉慶刻本 八冊

430000－2401－0020365 393.2/13－2

十駕齋養新錄二十卷十駕齋養新餘錄三卷 （清）錢大昕撰 清光緒二年(1876)浙江書局刻本 八冊

430000－2401－0020366 393.2/13－2(1)

十駕齋養新錄二十卷十駕齋養新餘錄三卷 （清）錢大昕撰 清光緒二年(1876)浙江書局刻本 八冊

430000－2401－0020367 393.2/13－2(2)

十駕齋養新錄二十卷十駕齋養新餘錄三卷 （清）錢大昕撰 清光緒二年(1876)浙江書局

刻本　八冊

430000 – 2401 – 0020368　393.2/13 – 2(3)

十駕齋養新錄二十卷十駕齋養新餘錄三卷
(清)錢大昕撰　清光緒二年(1876)浙江書局
刻本　八冊

430000 – 2401 – 0020369　393.2/13 – 2(4)

十駕齋養新錄二十卷十駕齋養新餘錄三卷
(清)錢大昕撰　清光緒二年(1876)浙江書局
刻本　八冊

430000 – 2401 – 0020370　393.2/13 – 2(5)

十駕齋養新錄二十卷十駕齋養新餘錄三卷
(清)錢大昕撰　清光緒二年(1876)浙江書局
刻本　八冊

430000 – 2401 – 0020371　393.2/7

日知錄三十二卷　(清)顧炎武撰　清康熙三
十四年(1695)吳江潘氏遂初堂刻本　八冊

430000 – 2401 – 0020372　393.2/7(1)

日知錄三十二卷　(清)顧炎武撰　清康熙三
十四年(1695)吳江潘氏遂初堂刻本　十六冊

430000 – 2401 – 0020373　393.2/7(2)

日知錄三十二卷　(清)顧炎武撰　清康熙三
十四年(1695)吳江潘氏遂初堂刻本　十六冊

430000 – 2401 – 0020374　393.2/7(3)

日知錄三十二卷　(清)顧炎武撰　清康熙三
十四年(1695)吳江潘氏遂初堂刻本　十二冊

430000 – 2401 – 0020375　393.2/7(5)

日知錄三十二卷　(清)顧炎武撰　清康熙三
十四年(1695)吳江潘氏遂初堂刻本　二十冊

430000 – 2401 – 0020376　393.2/7(6)

日知錄三十二卷　(清)顧炎武撰　清康熙三
十四年(1695)吳江潘氏遂初堂刻本　十二冊

430000 – 2401 – 0020377　△393.2/5

日知錄三十二卷　(清)顧炎武撰　清康熙三
十四年(1695)刻本　八冊

430000 – 2401 – 0020378　393.2/7 – 3

日知錄三十二卷日知錄之餘四卷　(清)顧炎
武撰　清乾隆二十年(1755)刻本　十六冊

430000 – 2401 – 0020379　393.2/7 – 2

日知錄三十二卷　(清)顧炎武撰　清同治十
一年(1872)湖北崇文書局刻本　十四冊

430000 – 2401 – 0020380　393.2/7 – 2(1)

日知錄三十二卷　(清)顧炎武撰　清同治十
一年(1872)湖北崇文書局刻本　十六冊

430000 – 2401 – 0020381　393.2/7(4)

日知錄三十二卷　(清)顧炎武撰　清經義齋
刻本　十六冊

430000 – 2401 – 0020382　393.2/8 – 2

日知錄之餘四卷　(清)顧炎武撰　清道光長
白鄂山刻本　二冊

430000 – 2401 – 0020383　393.2/8

日知錄之餘四卷　(清)顧炎武撰　清宣統二
年(1910)上海國光印刷所鉛印風雨樓叢書本
二冊

430000 – 2401 – 0020384　393.2/8(1)

日知錄之餘四卷　(清)顧炎武撰　清宣統二
年(1910)上海國光印刷所鉛印風雨樓叢書本
一冊

430000 – 2401 – 0020385　393.2/8(2)

日知錄之餘四卷　(清)顧炎武撰　清宣統二
年(1910)上海國光印刷所鉛印風雨樓叢書本
二冊

430000 – 2401 – 0020386　393.2/8(3)

日知錄之餘四卷　(清)顧炎武撰　清宣統二
年(1910)上海國光印刷所鉛印風雨樓叢書本
二冊

430000 – 2401 – 0020387　312/9

諸子通考三卷　孫德謙撰　清宣統二年
(1910)江蘇存古學堂鉛印四益宧叢書本
三冊

430000 – 2401 – 0020388　312/9(1)

諸子通考三卷　孫德謙撰　清宣統二年
(1910)江蘇存古學堂鉛印四益宧叢書本
三冊

430000 – 2401 – 0020389　393.2/10

孔子改制考二十一卷　康有爲撰　清光緒二
十四年(1898)上海大同譯書局石印本　五冊

430000－2401－0020390　393.2/10(1)

孔子改制考二十一卷　康有爲撰　清光緒二
十四年(1898)上海大同譯書局石印本　四冊

430000－2401－0020391　393.2/10(2)

孔子改制考二十一卷　康有爲撰　清光緒二
十四年(1898)上海大同譯書局石印本　八冊

430000－2401－0020392　393.2/10(2)

孔子改制考二十一卷　康有爲撰　清光緒二
十四年(1898)上海大同譯書局石印本　六冊

430000－2401－0020393　393.2/10－4

孔子改制考二十一卷　康有爲撰　清光緒二
十四年(1898)上海大同譯書局刻本　十冊

430000－2401－0020394　393.2/10－4(1)

孔子改制考二十一卷　康有爲撰　清光緒二
十四年(1898)上海大同譯書局刻本　五冊

430000－2401－0020395　393.2/10－4(2)

孔子改制考二十一卷　康有爲撰　清光緒二
十四年(1898)上海大同譯書局刻本　九冊

430000－2401－0020396　393.2/10－4(3)

孔子改制考二十一卷　康有爲撰　清光緒二
十四年(1898)上海大同譯書局刻本　十冊

430000－2401－0020397　393.2/10－4(4)

孔子改制考二十一卷　康有爲撰　清光緒二
十四年(1898)上海大同譯書局刻本　八冊

430000－2401－0020398　393.2/10－3

孔子改制考二十一卷　康有爲撰　清光緒湖
南維新書局刻本　五冊

430000－2401－0020399　393.2/10－3(1)

孔子改制考二十一卷　康有爲撰　清光緒湖
南維新書局刻本　八冊

430000－2401－0020400　393.2/67

讀書辨同錄六卷　清鈔本　一冊　存二卷
(五至六)

430000－2401－0020401　△393.5/17

隨隱漫錄五卷　(宋)陳世崇撰　明刻本
二冊

430000－2401－0020402　393.3/8

習學記言五十卷　(宋)葉適撰　清光緒九年
(1883)江陰刻本　十二冊

430000－2401－0020403　393.3/16

澗泉日記三卷　(宋)韓淲撰　清乾隆浙江刻
武英殿聚珍版書本　一冊

430000－2401－0020404　393.3/16－2

澗泉日記三卷　(宋)韓淲撰　清同治十三年
(1874)江西書局刻武英殿聚珍版書本　一冊

430000－2401－0020405　393.3/16－4

澗泉日記三卷　(宋)韓淲撰　清刻本　一冊
存二卷(中下)

430000－2401－0020406　△393.3/13

堯山堂外紀一百卷　(明)蔣一葵輯　明萬曆
刻本　三冊　存二十七卷(七至十六、二十五
至三十三、五十七至六十四)

430000－2401－0020407　393.3/19

對山書屋墨餘錄十六卷　(清)毛祥麟撰　清
同治九年(1870)吳氏湖州醉六堂刻本　十冊

430000－2401－0020408　393.3/19－2

對山書屋墨餘錄十六卷　(清)毛祥麟撰　清
同治刻本　七冊　缺二卷(一至二)

430000－2401－0020409　393.3/7

瀛舟筆談十二卷首一卷　(清)阮亨撰　清嘉
慶二十五年(1820)刻本　十二冊

430000－2401－0020410　393.3/23

南江札記四卷　(清)邵晉涵撰　清嘉慶八年
(1803)面水層軒刻本　二冊

430000－2401－0020411　393.3/10

竹葉亭雜記八卷　(清)姚元之撰　清光緒十
九年(1893)刻本　二冊

430000－2401－0020412　393.3/10(1)

竹葉亭雜記八卷　(清)姚元之撰　清光緒十
九年(1893)刻本　二冊

430000 – 2401 – 0020413　393.3/10(2)

竹葉亭雜記八卷　（清）姚元之撰　清光緒十九年(1893)刻本　二冊

430000 – 2401 – 0020414　393.3/18

諸子詹詹錄二卷　（清）袁樹輯　清光緒二十一年(1895)善化章氏經濟堂刻本　二冊

430000 – 2401 – 0020415　32/60

勸戒六錄六卷　（清）梁恭辰撰　清同治六年(1867)家刻本　二冊

430000 – 2401 – 0020416　32/59

勸戒近錄六卷勸戒續錄六卷勸戒三錄六卷（清）梁恭辰撰　清同治九年(1870)賴昌其刻本　五冊　缺三卷(續錄一至三)

430000 – 2401 – 0020417　32/59 – 2

勸戒近錄六卷勸戒續錄六卷勸戒三錄六卷（清）梁恭辰撰　清同治十三年(1874)刻本八冊

430000 – 2401 – 0020418　△393.3/16

篤素堂集摘錄一卷　（清）張英撰　清同治四年(1865)李榕刻本　曾國藩題識　一冊

430000 – 2401 – 0020419　393.3/1

半窩雜記四卷附一卷　（清）張鉅撰　清光緒三十一年(1905)刻本　二冊

430000 – 2401 – 0020420　393.3/25 – 2

郎潛紀聞十四卷二筆十六卷三筆十二卷（清）陳康祺撰　清光緒六年(1880)琴川刻本七冊

430000 – 2401 – 0020421　393.3/25 – 2(1)

郎潛紀聞十四卷二筆十六卷三筆十二卷（清）陳康祺撰　清光緒六年(1880)琴川刻本六冊

430000 – 2401 – 0020422　393.3/25 – 2(2)

郎潛紀聞十四卷二筆十六卷三筆十二卷（清）陳康祺撰　清光緒六年(1880)琴川刻本六冊

430000 – 2401 – 0020423　393.3/25 – 3

郎潛紀聞十四卷　（清）陳康祺撰　清光緒十年(1884)琴川刻本　四冊

430000 – 2401 – 0020424　393.3/25

郎潛紀聞初筆七卷二筆八卷三筆六卷　（清）陳康祺撰　清宣統二年(1910)掃葉山房石印本　十冊

430000 – 2401 – 0020425　393.3/25 – 4

燕下鄉脞錄十六卷　（清）陳康祺撰　清光緒十一年(1885)暨陽刻本　四冊

430000 – 2401 – 0020426　393.3/17

合肥學舍札記十二卷　（清）陸繼輅撰　清光緒四年(1878)興國州署刻本　六冊

430000 – 2401 – 0020427　393.3/17(1)

合肥學舍札記十二卷　（清）陸繼輅撰　清光緒四年(1878)興國州署刻本　四冊

430000 – 2401 – 0020428　393.3/17(2)

合肥學舍札記十二卷　（清）陸繼輅撰　清光緒四年(1878)興國州署刻本　四冊

430000 – 2401 – 0020429　393.3/12

寧靈銷食錄四卷　（清）隆觀易撰　清光緒五年(1879)刻本　一冊

430000 – 2401 – 0020430　393.5/84

尊行錄二卷　（清）葉祉卿輯　清光緒二十八年(1902)稿本　一冊　存一卷(上)

430000 – 2401 – 0020431　393.3/4

檐曝雜記六卷　（清）趙翼撰　清乾隆五十五年(1790)湛貽堂刻甌北全集本　二冊

430000 – 2401 – 0020432　393.3/4(1)

檐曝雜記六卷　（清）趙翼撰　清光緒刻甌北全集本　一冊

430000 – 2401 – 0020433　393.3/13 – 2

消暑隨筆四卷　（清）潘世恩撰　清道光二十年(1840)甘泉黃氏刻清頌堂叢書本　一冊存二卷(一至二)

430000 – 2401 – 0020434　393.3/13 – 2(1)

消暑隨筆四卷　（清）潘世恩撰　清道光二十年(1840)甘泉黃氏刻清頌堂叢書本　一冊存二卷(一至二)

430000－2401－0020435　393.3/13－2(2)

消暑隨筆四卷　（清）潘世恩撰　清道光二十年(1840)甘泉黃氏刻清頌堂叢書本　一冊　存二卷(一至二)

430000－2401－0020436　393.3/13－2(3)

消暑隨筆四卷　（清）潘世恩撰　清道光二十年(1840)甘泉黃氏刻清頌堂叢書本　一冊　存二卷(一至二)

430000－2401－0020437　393.3/13－2(4)

消暑隨筆四卷　（清）潘世恩撰　清道光二十年(1840)甘泉黃氏刻清頌堂叢書本　一冊　存二卷(一至二)

430000－2401－0020438　393.3/13－2(5)

消暑隨筆四卷　（清）潘世恩撰　清道光二十年(1840)甘泉黃氏刻清頌堂叢書本　一冊　存二卷(一至二)

430000－2401－0020439　393.3/13

消暑隨筆四卷　（清）潘世恩撰　清宣統三年(1911)上海海左書局石印清頌堂叢書本　三冊

430000－2401－0020440　393.3/13(1)

消暑隨筆四卷　（清）潘世恩撰　清宣統三年(1911)上海海左書局石印清頌堂叢書本　四冊

430000－2401－0020441　393.3/13(2)

消暑隨筆四卷　（清）潘世恩撰　清宣統三年(1911)上海海左書局石印清頌堂叢書本　八冊

430000－2401－0020442　32/360

不遠復齋雜鈔二卷　（清）潘世璜輯　清同治七年(1868)刻本　一冊

430000－2401－0020443　393.5/14

古諷籀齋目耕腥錄三十卷目錄一卷　（清）鄭霞逸纂輯　清光緒二年(1876)善成堂刻本　十二冊

430000－2401－0020444　393.3/21

妖怪學紀聞□□卷　（清）謝煥綏撰　清末刻本　一冊　存一卷(二)

430000－2401－0020445　393.3/6

藤陰雜記十二卷　（清）戴璐撰　清光緒三年(1877)吳興會館刻本　四冊

430000－2401－0020446　393.3/26

赤雅三卷　（清）鄺露撰　清光緒四年(1878)刻本　二冊

430000－2401－0020447　393.3/31

金井雜志□□卷　清光緒江陰繆氏刻本　一冊　存一卷(一)

430000－2401－0020448　393.5/40

經史鈔三十二卷　清刻本　二十三冊　缺一冊(一)

430000－2401－0020449　△393.5/4

物類相感志一卷　（宋）蘇軾撰　（明）陶宗儀輯　清順治三年(1646)宛委山堂刻說郛本　一冊

430000－2401－0020450　△393.5/11

博學匯書初編□□卷二編□□卷　（明）來集之纂輯　清康熙二十二年(1683)當湖小築刻本　八冊　存四卷(初編一至三、五)

430000－2401－0020451　△393.4/2

雅尚齋遵生八十九卷菜根談一卷　（明）高濂撰　明萬曆刻本　六冊

430000－2401－0020452　△393.5/2

玉芝堂談薈三十六卷　（明）徐應秋撰　明末刻本　三十七冊

430000－2401－0020453　393.4/2

玉芝堂談薈三十六卷　（明）徐應秋撰　清康熙四十二年(1703)修補明崇禎刻本　二十四冊

430000－2401－0020454　393.4/2(1)

玉芝堂談薈三十六卷　（明）徐應秋撰　清康熙四十二年(1703)修補明崇禎刻本　二十冊

430000－2401－0020455　393.4/2－2

玉芝堂談薈三十六卷首一卷　（明）徐應秋撰　清康熙補刻明崇禎本清道光、光緒茜園遞修本　三十二冊

430000 – 2401 – 0020456　△393.4/3

新刻格古論要四卷　（明）曹昭撰　（明）王佐增　（明）胡文煥選　明末刻本　四冊

430000 – 2401 – 0020457　391/2 – 2（1）

新增格古要論十三卷　（明）曹昭撰　（明）舒敏輯　（明）王佐增　明黃正位刻本　四冊

430000 – 2401 – 0020458　391/2 – 2

新增格古要論十三卷　（明）曹昭撰　（明）舒敏輯　（明）王佐增　清淑躬堂修補明黃正位刻本　四冊

430000 – 2401 – 0020459　391/2 – 2（1）

新增格古要論十三卷　（明）曹昭撰　（明）舒敏輯　（明）王佐增　清淑躬堂修補明黃正位刻本　四冊

430000 – 2401 – 0020460　391/2

新增格古要論十三卷　（明）曹昭撰　（明）舒敏輯　（明）王佐增　清光緒十四年（1888）長沙惜陰書局刻惜陰軒叢書本　五冊

430000 – 2401 – 0020461　391/2（1）

新增格古要論十三卷　（明）曹昭撰　（明）舒敏輯　（明）王佐增　清光緒十四年（1888）長沙惜陰書局刻惜陰軒叢書本　五冊

430000 – 2401 – 0020462　391/2（2）

新增格古要論十三卷　（明）曹昭撰　（明）舒敏輯　（明）王佐增　清光緒十四年（1888）長沙惜陰書局重刻惜陰軒叢書本　六冊

430000 – 2401 – 0020463　32/23

重刻添補傳家寶俚言新本初集八卷二集八卷三集八卷四集八卷　（清）石成金撰　清刻本　十六冊　存二集（一至二集）

430000 – 2401 – 0020464　393.4/1

賓存四卷　（清）胡式鈺撰　清道光二十一年（1841）刻本　一冊

430000 – 2401 – 0020465　393.4/1（1）

賓存四卷　（清）胡式鈺撰　清道光二十一年（1841）刻本　二冊

430000 – 2401 – 0020466　393.4/1（2）

賓存四卷　（清）胡式鈺撰　清道光二十一年（1841）刻本　四冊

430000 – 2401 – 0020467　393.4/1（3）

賓存四卷　（清）胡式鈺撰　清道光二十一年（1841）刻本　二冊

430000 – 2401 – 0020468　393.4/1（4）

賓存四卷　（清）胡式鈺撰　清道光二十一年（1841）刻本　二冊

430000 – 2401 – 0020469　393.5/22 – 4

意林五卷補遺一卷　（唐）馬總輯　清光緒元年（1875）湖北崇文書局刻本　二冊

430000 – 2401 – 0020470　393.5/22

意林五卷補遺一卷　（唐）馬總輯　清光緒三年（1877）湖北崇文書局刻本　二冊

430000 – 2401 – 0020471　393.5/22（1）

意林五卷補遺一卷　（唐）馬總輯　清光緒三年（1877）湖北崇文書局刻本　二冊

430000 – 2401 – 0020472　393.5/22（2）

意林五卷補遺一卷　（唐）馬總輯　清光緒三年（1877）湖北崇文書局刻本　二冊

430000 – 2401 – 0020473　393.5/33 – 2

群書治要五十卷　（唐）魏徵等輯　清翻刻日本天明刻本　二十五冊

430000 – 2401 – 0020474　393.5/33 – 2（1）

群書治要五十卷　（唐）魏徵等輯　清翻刻日本天明刻本　十六冊

430000 – 2401 – 0020475　393.5/33 – 2（2）

群書治要五十卷　（唐）魏徵等輯　清翻刻日本天明刻本　二十冊

430000 – 2401 – 0020476　393.5/42

群書治要子鈔二卷　（唐）魏徵等輯　蔣德鈞鈔　清光緒湘鄉蔣氏龍安郡署刻本　一冊

430000 – 2401 – 0020477　△393.5/10

清異錄二卷　（宋）陶穀撰　明隆慶六年（1572）俞九文刻本　二冊

430000 – 2401 – 0020478　△393.5/10 – 2

清異錄二卷 （宋）陶穀撰　清康熙陳氏漱六
閣刻本　葉啟發批校　二冊

430000－2401－0020479　△393.5/7

紺珠集不分卷 （明）王玉汝撰　明崇禎刻本
四冊

430000－2401－0020480　△393.5/21

諸子褒異集十六卷 （明）汪定國輯　明末刻
本　二十四冊

430000－2401－0020481　△393.5/20

新鐫諸子拔萃八卷 （明）李雲翔輯　明天啟
七年（1627）余大茂、張起鵬刻朱墨套印本
八冊

430000－2401－0020482　△393.5/3

初譚集三十卷 （明）李贄撰　明閔邃、閔杲
朱墨套印本　六冊

430000－2401－0020483　△393.5/3－3

初譚集八卷 （明）李贄撰　明王克安重訂刻
本　六冊

430000－2401－0020484　△393.5/3－2

初譚集三十卷 （明）李贄撰　明刻本　十冊

430000－2401－0020485　△393.5/22

霞外塵談十卷 （明）周應治撰　明崇禎六年
（1633）刻本　三十七冊

430000－2401－0020486　△393.5/22（1）

霞外塵談十卷 （明）周應治撰　明崇禎六年
（1633）刻本　三十八冊

430000－2401－0020487　△393.5/4

少室山房筆叢正集三十二卷續集十六卷
（明）胡應麟撰　明萬曆三十四年（1606）吳勉
學刻本　一冊　存四卷（正集一至四）

430000－2401－0020488　△393.5/25

儼山外集四十卷 （明）陸深撰　明嘉靖陸楫
刻本　一冊　存五卷（十八至二十二）

430000－2401－0020489　△393.5/5

欣托廬增定山林經濟籍二十八卷 （明）屠本
畯撰　明萬曆刻本　佚名批校　十二冊

情天寶鑒二十四卷 （明）馮夢龍撰　清末石
印本　六冊

430000－2401－0020490　461/4

情天寶鑒二十四卷 （明）馮夢龍撰　清末石
印本　六冊

430000－2401－0020491　461/4（1）

智囊二十八卷 （明）馮夢龍輯　明末刻本
佚名批校圈點　五冊　存二十四卷（一至二
十四）

430000－2401－0020492　△393.5/14

智囊補二十八卷 （明）馮夢龍輯　明末斐齋
刻本　佚名批校圈點　十冊

430000－2401－0020493　△393.5/15

智囊補二十八卷 （明）馮夢龍輯　明末刻本
八冊　缺二卷（二十四至二十五）

430000－2401－0020494　393.5/8－6

智囊補二十八卷 （明）馮夢龍輯　清同治三
年（1864）立大堂刻本　十冊

430000－2401－0020495　393.5/8－3

智囊補十二卷 （明）馮夢龍輯　清維經堂刻
本　十二冊

430000－2401－0020496　393.5/8－5

鏡古集五卷 （明）董鳴瑋撰　明崇禎十年
（1637）刻本　五冊

430000－2401－0020497　△393.5/23

昨非庵日纂三集二十卷 （明）鄭瑄輯　清道
光五年（1825）刻本　五冊　缺五卷（十六至
二十）

430000－2401－0020498　393.5/35

智品十三卷 （明）樊玉衡撰　（明）于倫增補
明萬曆四十二年（1614）于斯行刻本　十冊

430000－2401－0020499　△393.5/13

百家摘奇四卷 （明）劉孟雷編　明萬曆二十
六年（1598）刻本　四冊

430000－2401－0020500　△393.5/26

著疑錄九卷 （明）戴有孚撰　明嘉靖三十七

年(1558)刻本　葉啟勳題跋　二冊

430000－2401－0020502　393.5/10

諸子粹言二卷　（清）丁晏撰　清道光二十六年(1846)頤志齋刻本　一冊

430000－2401－0020503　393.5/10(1)

諸子粹言二卷　（清）丁晏撰　清道光二十六年(1846)頤志齋刻本　一冊

430000－2401－0020504　393.5/24

蠹存二卷　（清）方旭撰　清光緒二十四年(1898)刻本　二冊

430000－2401－0020505　393.5/32

權衡一書四十一卷　（清）王植輯　清乾隆崇雅堂刻本　二十四冊

430000－2401－0020506　393.5/32(1)

權衡一書四十一卷　（清）王植輯　清乾隆崇雅堂刻本　二十四冊

430000－2401－0020507　393.5/16

衛濟餘編十八卷　（清）王纘堂輯　清咸豐十一年(1861)長沙楊文盛堂刻本　五冊

430000－2401－0020508　393.5/28－2

繪圖增補萬寶全書二十卷續編五卷　（清）毛煥文增補　清光緒二十年(1894)上海書局石印本　六冊

430000－2401－0020509　393.5/28

增補萬寶全書二十卷　（清）毛煥文增補　清刻本　四冊

430000－2401－0020510　461/9

海上奇書(雜志)□□期　（清）申報館編輯　清光緒十八年(1892)石印本　十冊

430000－2401－0020511　393.1/83

讀書樂趣八卷　（清）伍涵芬輯　清康熙三十七年(1698)華日堂刻本　四冊

430000－2401－0020512　312/2

述記不分卷　（清）任兆麟撰　清乾隆五十三年(1788)忠敏家塾刻本　三冊

430000－2401－0020513　312/2－2

述記八卷　（清）任兆麟撰　清嘉慶十五年(1810)金閶濂溪閣刻本　四冊

430000－2401－0020514　312/2－4

任氏述記四卷　（清）任兆麟撰　清光緒十年(1884)蜀西廖氏閑雲精舍刻本　三冊　存三卷(二至四)

430000－2401－0020515　312/2－3

任兆麟述記三卷　（清）任兆麟撰　清光緒二十年(1894)袖海山房石印本　三冊

430000－2401－0020516　393.5/12

巾經纂二十卷　（清）宋宗元撰　清道光二十七年(1847)達觀樓刻本　五冊

430000－2401－0020517　393.5/12(1)

巾經纂二十卷　（清）宋宗元撰　清道光二十七年(1847)達觀樓刻本　五冊

430000－2401－0020518　393.5/12－2

巾經纂二十卷　（清）宋宗元撰　清同治十年(1871)刻本　五冊

430000－2401－0020519　393.5/12－2(2)

巾經纂二十卷　（清）宋宗元撰　清同治十年(1871)刻本　五冊

430000－2401－0020520　393.5/53

此君軒漫筆八卷　（清）李心衡撰　清刻本　四冊

430000－2401－0020521　△394.33/3

閑情偶記十六卷　（清）李漁撰　清康熙十年(1671)刻本　龍毓瑩題識　八冊

430000－2401－0020522　393.5/41(1)

增補一夕話六卷　（清）咄咄夫撰　清道光十二年(1832)經綸堂刻本　二冊

430000－2401－0020523　393.5/41

增補一夕話六卷　（清）咄咄夫撰　清道光十二年(1832)經綸堂刻本　四冊

430000－2401－0020524　393.5/79

編譯普通教育百科全書一百編目錄二卷　（清）范迪吉譯　（清）黃朝鑒　（清）李思慎輯　清光緒二十九年(1903)上海會文學社石

印本　四十冊

430000－2401－0020525　393.5/54

薈蕞編二十卷　（清）俞樾輯　清光緒七年(1881)上海申報館鉛印本　四冊

430000－2401－0020526　393.5/55

初學辨體不分卷　（清）徐與喬輯評　清康熙十七年(1678)易安齋刻本　十四冊

430000－2401－0020527　393.5/2

古格言十二卷　（清）梁章鉅輯　清道光刻本　二冊

430000－2401－0020528　393.5/2(1)

古格言十二卷　（清）梁章鉅輯　清道光刻本　二冊

430000－2401－0020529　389/20

康熙幾暇格物編上三卷　（清）盛昱撰　清光緒石印本　一冊

430000－2401－0020530　393.5/5

海南日鈔三十卷　（清）張眉大撰　清嘉慶元年(1796)刻本　五冊

430000－2401－0020531　393.5/5(1)

海南日鈔三十卷　（清）張眉大撰　清嘉慶元年(1796)刻本　五冊

430000－2401－0020532　393.5/31

心齋雜俎二卷　（清）張潮撰　清詒清堂刻本　四冊

430000－2401－0020533　393.5/18

宦鄉要則七卷　（清）張鑒瀛編纂　清光緒十年(1884)三餘堂刻本　四冊

430000－2401－0020534　393.5/11

縹緗新記十六卷　（清）曾興仁輯　清道光五年(1825)刻本　四冊

430000－2401－0020535　393.5/85

餘齋多識集:叢書雋□□卷　（清）黃天相纂　清黃天相稿本　五冊　存四卷(七、九至十一)

430000－2401－0020536　393.5/3

座右銘贅語八卷　（清）彭世昌撰　清光緒十二年(1886)信好軒刻本　二冊

430000－2401－0020537　393.5/15－2

經餘必讀八卷續編八卷　（清）雷琳等輯　清嘉慶八年(1803)刻本　八冊

430000－2401－0020538　393.5/15－2

經餘必讀八卷續編八卷　（清）雷琳等輯　清嘉慶八年(1803)刻本　八冊

430000－2401－0020539　393.5/15－3

經餘必讀八卷　（清）雷琳等輯　清嘉慶十一年(1806)咸裕堂刻本　六冊

430000－2401－0020540　393.5/15－5

經餘必讀續編八卷　（清）雷琳等輯　清嘉慶十三年(1808)新聚堂刻本　四冊

430000－2401－0020541　393.5/15－4

經餘必讀續編八卷　（清）雷琳等輯　清道光元年(1821)掃葉山房刻本　四冊

430000－2401－0020542　393.5/15－6

經餘必讀八卷續編八卷三集四卷　（清）雷琳等輯　清道光四年(1824)酉山堂刻本　八冊

430000－2401－0020543　393.5/15

經餘必讀八卷續編八卷三集四卷　（清）雷琳等輯　清光緒二年(1876)退補齋刻本　八冊

430000－2401－0020544　393.5/15(1)

經餘必讀八卷續編八卷三集四卷　（清）雷琳等輯　清光緒二年(1876)退補齋刻本　十冊

430000－2401－0020545　393.5/9

島居隨錄十卷續錄十卷　（清）楊浚輯　清光緒十三年(1887)養雲書屋刻本　四冊

430000－2401－0020546　393.5/60

島居三錄四卷　（清）楊浚輯　清光緒十四年(1888)瑞芝室刻本　一冊

430000－2401－0020547　32/345

士林立命錄內集三卷外集三卷　（清）筠溪居士輯　清道光五年(1825)刻本　四冊

430000－2401－0020548　393.5/23－2

雲林別墅新輯酬世錦囊書啟合編初集八卷雲林別墅新輯酬世錦囊家禮集成二集七卷雲林別墅新輯酬世錦囊帖式三集二卷雲林別墅新輯酬世錦囊采輯新聯四集二卷 （清）鄒景揚輯編 清姑蘇三樂堂刻本 五冊 存十卷（初集一至六、三集二卷、四集二卷）

430000－2401－0020549 461/85－2

新訂解人頤廣集八卷 （清）錢德蒼重訂 清刻本 二冊

430000－2401－0020550 393.5/49

采真匯稿四卷 （清）檀萃撰 （清）曾力行箋註 （清）周芬佩評 清乾隆四十二年(1777)刻本 六冊

430000－2401－0020551 393.5/70

映雪齋乙巳分類官商便覽七百種 映雪齋編 清光緒三十年(1904)石印本 一冊

430000－2401－0020552 393.5/29

桂樓雜錄八卷 蔣德鈞纂 清光緒刻本 二冊

430000－2401－0020553 393.5/71

甲辰官商快覽三百六十種 清光緒三十年(1904)石印本 一冊

430000－2401－0020554 393.5/86

有用書 清道光三年(1823)鈔本 一冊

430000－2401－0020555 △393.5/8

重訂文筌補註諸儒奧論策學統宗□□卷 明初刻本 四冊 存四卷(一、五、七至八)

430000－2401－0020556 393.5/77

國民快覽不分卷 清光緒三十三年(1907)上海石印本 一冊

430000－2401－0020557 393.7/24

西學輯存六種 （清）王韜撰 清光緒十六年(1890)鉛印本 二冊

430000－2401－0020558 393.7/12

西學啟蒙 （英國）艾約瑟譯 清光緒二十二年(1896)上海著易堂書局鉛印本 十六冊

430000－2401－0020559 393.7/12－2

西學啟蒙 （英國）艾約瑟譯 清光緒二十四年(1898)上海圖書集成印書局鉛印本 十五冊 缺十三卷(歐洲史略一至十三)

430000－2401－0020560 393.7/15

西學通考三十六卷 （清）胡兆鸞輯 清光緒二十三年(1897)上海石印本 六冊

430000－2401－0020561 393.7/15－2

西學通考三十六卷 （清）胡兆鸞輯 清光緒二十三年(1897)長沙刻本 十二冊 缺十卷(三至五、十二至十五、三十四至三十六)

430000－2401－0020562 393.7/2

西法策學匯源二集十三卷 （清）顧其義 （清）吳文藻輯 清光緒二十三年(1897)上海鴻寶齋書局石印本 二十四冊

430000－2401－0020563 393.7/25

教授法沿革史 （日本）大瀨甚太郎 中川延治撰 孔門之德育 （日本）亘理章三郎撰 清光緒石印本 一冊

430000－2401－0020564 393.7/36

理學鉤玄三卷 （日本）中江篤介撰 （清）陳鵬譯 清光緒二十八年(1902)上海廣智書局鉛印本 一冊 缺一卷(一)

430000－2401－0020565 393.7/27

西學略述十卷 （英國）艾約瑟譯 清光緒十二年(1886)總稅務司署刻本 二冊

430000－2401－0020566 393.7/28

富國養民策不分卷 （英國）艾約瑟譯 清光緒十二年(1886)總稅務司署刻本 二冊

430000－2401－0020567 393.7/28－2

富國養民策不分卷 （英國）艾約瑟譯 清光緒二十三年(1897)慎記書莊石印西政叢書本 一冊

430000－2401－0020568 393.7/28－2(1)

富國養民策不分卷 （英國）艾約瑟譯 清光緒二十三年(1897)慎記書莊石印西政叢書本 一冊

430000－2401－0020569 393.7/18

時事新論十二卷圖說一卷 （英國）李提摩太撰　清光緒二十年(1894)上海廣學會鉛印本　三冊

430000－2401－0020570　393.7/18(1)

時事新論十二卷圖說一卷 （英國）李提摩太撰　清光緒二十年(1894)上海廣學會鉛印本　二冊　缺六卷(七至十二)

430000－2401－0020571　393.7/18－2

時事新論十二卷圖說一卷 （英國）李提摩太撰　清光緒二十四年(1898)上海廣學會鉛印本　二冊

430000－2401－0020572　393.7/5

富國策三卷 （英國）法思德撰　（清）汪鳳藻譯　清光緒二十四年(1898)刻本　三冊

430000－2401－0020573　393.7/4

富民策二卷足民策一卷 （英國）馬林撰（清）李玉書譯　清光緒二十五年(1899)圖書集成局鉛印本　一冊

430000－2401－0020574　393.7/7

原富不分卷 （英國）斯密亞丹撰　嚴復譯清光緒二十八年(1902)南洋公學譯書院鉛印本　八冊

430000－2401－0020575　393.7/7－2

原富不分卷 （英國）斯密亞丹撰　嚴復譯清光緒鉛印本　二冊

430000－2401－0020576　393.7/7－3

節本原富不分卷 （英國）斯密亞丹撰　嚴復譯　張鵬一纂　清光緒三十三年(1907)奉天學務公所圖書課印刷部鉛印本　二冊

430000－2401－0020577　393.7/11

群學肆言十六卷 （英國）斯賓塞爾撰　嚴復譯　清光緒二十九年(1903)上海文明編譯書局鉛印本　四冊

430000－2401－0020578　393.7/11(1)

群學肆言十六卷 （英國）斯賓塞爾撰　嚴復譯　清光緒二十九年(1903)上海文明編譯書局鉛印本　四冊

430000－2401－0020579　393.7/11(2)

群學肆言十六卷 （英國）斯賓塞爾撰　嚴復譯　清光緒二十九年(1903)上海文明編譯書局鉛印本　四冊

430000－2401－0020580　393.7/11(3)

群學肆言十六卷 （英國）斯賓塞爾撰　嚴復譯　清光緒二十九年(1903)上海文明編譯書局鉛印本　四冊

430000－2401－0020581　393.7/11(4)

群學肆言十六卷 （英國）斯賓塞爾撰　嚴復譯　清光緒二十九年(1903)上海文明編譯書局鉛印本　四冊

430000－2401－0020582　393.7/11(5)

群學肆言十六卷 （英國）斯賓塞爾撰　嚴復譯　清光緒二十九年(1903)上海文明編譯書局鉛印本　四冊

430000－2401－0020583　393.7/1－2

天演論二卷 （英國）赫胥黎撰　嚴復譯　清光緒二十四年(1898)侯官嗜奇精舍石印本　一冊

430000－2401－0020584　393.7/1－2(1)

天演論二卷 （英國）赫胥黎撰　嚴復譯　清光緒二十四年(1898)侯官嗜奇精舍石印本　一冊

430000－2401－0020585　393.7/1－3

天演論二卷 （英國）赫胥黎撰　嚴復譯　清光緒二十七年(1901)富文書局刻本　一冊

430000－2401－0020586　393.7/1－3(1)

天演論二卷 （英國）赫胥黎撰　嚴復譯　清光緒二十七年(1901)富文書局刻本　一冊

430000－2401－0020587　393.7/1－3(2)

天演論二卷 （英國）赫胥黎撰　嚴復譯　清光緒二十七年(1901)富文書局刻本　一冊

430000－2401－0020588　393.7/1－3(3)

天演論二卷 （英國）赫胥黎撰　嚴復譯　清光緒二十七年(1901)富文書局刻本　一冊

430000－2401－0020589　393.7/1－3(4)

天演論二卷　(英國)赫胥黎撰　嚴復譯　清光緒二十七年(1901)富文書局刻本　一冊

430000－2401－0020590　393.7/1－4

天演論二卷　(英國)赫胥黎撰　嚴復譯　清光緒二十七年(1901)富文書局石印本　一冊

430000－2401－0020591　393.7/1－4(1)

天演論二卷　(英國)赫胥黎撰　嚴復譯　清光緒二十七年(1901)富文書局石印本　一冊

430000－2401－0020592　393.7/1－4(2)

天演論二卷　(英國)赫胥黎撰　嚴復譯　清光緒二十七年(1901)富文書局石印本　一冊

430000－2401－0020593　393.7/1－4(3)

天演論二卷　(英國)赫胥黎撰　嚴復譯　清光緒二十七年(1901)富文書局石印本　一冊

430000－2401－0020594　393.7/1－4(4)

天演論二卷　(英國)赫胥黎撰　嚴復譯　清光緒二十七年(1901)富文書局石印本　一冊

430000－2401－0020595　393.7/1－8

赫胥黎治功天演論二卷　(英國)赫胥黎撰　嚴復譯　清末鉛印本　一冊

430000－2401－0020596　393.7/1－5

吳京卿節本天演論一卷　(英國)赫胥黎撰　嚴復譯　(清)吳汝綸節錄　清光緒二十九年(1903)鉛印本　一冊

430000－2401－0020597　393.7/1－5(1)

吳京卿節本天演論一卷　(英國)赫胥黎撰　嚴復譯　(清)吳汝綸節錄　清光緒二十九年(1903)鉛印本　一冊

430000－2401－0020598　393.7/3

富國真理二卷　(英國)嘉托瑪撰　(英國)山雅穀譯　清光緒二十五年(1899)圖書集成局鉛印本　一冊

430000－2401－0020599　393.7/13

名學部甲　(英國)穆勒約翰撰　嚴復譯　清光緒二十八年(1902)金粟齋鉛印本　二冊

430000－2401－0020600　393.7/13(1)

名學部甲　(英國)穆勒約翰撰　嚴復譯　清光緒二十八年(1902)金粟齋鉛印本　二冊

430000－2401－0020601　393.7/17

名學部甲　(英國)穆勒約翰撰　嚴復譯　清光緒三十一年(1905)金粟齋鉛印本　二冊

430000－2401－0020602　393.7/9

文學興國策二卷　(美國)林樂知譯　清光緒二十二年(1896)圖書集成局鉛印本　二冊

430000－2401－0020603　393.7/9(1)

文學興國策二卷　(美國)林樂知譯　清光緒二十二年(1896)圖書集成局鉛印本　二冊

430000－2401－0020604　393.7/6

心靈學二卷　(美國)海文撰　(清)顏永京譯　清光緒十五年(1889)益智書會刻本　二冊

430000－2401－0020605　393.7/6(1)

心靈學二卷　(美國)海文撰　(清)顏永京譯　清光緒十五年(1889)益智書會刻本　二冊

430000－2401－0020606　393.7/6

知識五門一卷　(英國)慕維廉撰　清光緒十三年(1887)益智書會刻本　二冊

430000－2401－0020607　393.7/6－2

心靈學二卷　(美國)海文撰　(清)顏永京譯　清光緒刻本　一冊

430000－2401－0020608　395/3

五種秘竅全書　(明)甘霖撰　明崇禎十二年(1639)刻本　七冊

430000－2401－0020609　51/44

選擇叢書　(明)江之棟輯　明崇禎五年(1632)尚白齋刻本　五冊

430000－2401－0020610　395.4/11

陰陽五要奇書　(明)江之棟　(清)顧鶴庭重輯　清乾隆五十五年(1790)姑蘇顧氏樂真堂刻本　六冊

430000－2401－0020611　395.1/1

揚子太玄經十卷揚子太玄圖一卷　(漢)揚雄撰　(明)趙如源輯註　說玄一卷　(宋)司馬光撰　明天啟六年(1626)武林書坊趙世楷刻本　四冊

430000－2401－0020612　△381/1

元包經傳五卷　(北周)衛元嵩撰　(唐)蘇源明傳　(唐)李江註　**元包數總義二卷**　(宋)張行成撰　明刻本　四冊

430000－2401－0020613　395.1/7

太玄集註四卷　(宋)司馬光撰　(清)孫澍補註　清道光十一年(1831)青棠書屋刻本　四冊

430000－2401－0020614　395.1/2

皇極經世緒言九卷首二卷　(宋)邵雍撰　(明)黃畹洲註釋　(清)劉斯組輯　清嘉慶四年(1799)錢塘徐樹堂刻本　十冊

430000－2401－0020615　395.1/2(1)

皇極經世緒言九卷首二卷　(宋)邵雍撰　(明)黃畹洲註釋　(清)劉斯組輯　清嘉慶四年(1799)錢塘徐樹堂刻本　十冊

430000－2401－0020616　395.1/2(2)

皇極經世緒言九卷首二卷　(宋)邵雍撰　(明)黃畹洲註釋　(清)劉斯組輯　清嘉慶四年(1799)錢塘徐樹堂刻本　十冊

430000－2401－0020617　395.1/2－2

皇極經世緒言九卷首二卷　(宋)邵雍撰　(明)黃畹洲註釋　(清)劉斯組輯　清道光十年(1830)錢塘徐樹堂刻本　十冊

430000－2401－0020618　395.1/2－2(1)

皇極經世緒言九卷首二卷　(宋)邵雍撰　(明)黃畹洲註釋　(清)劉斯組輯　清道光十年(1830)錢塘徐樹堂刻本　十冊

430000－2401－0020619　395.1/5－2

河洛理數七卷　(宋)陳摶撰　(宋)邵雍述　(明)史應選訂　明崇禎五年(1632)刻本

430000－2401－0020620　△381/2

河洛理數七卷　(宋)陳摶撰　(宋)邵雍述　(明)史應選訂　明崇禎刻本　八冊

430000－2401－0020621　395.1/5－3

河洛理數六卷　(宋)陳摶撰　(宋)邵雍述　(明)史應選訂　清三讓堂刻本　六冊

430000－2401－0020622　△381/3

易通變四十卷　(宋)張行成撰　清紅格鈔本　一冊　存三卷(十六至十八)

430000－2401－0020623　395.1/8

河洛精蘊九卷　(清)江永撰　清乾隆三十九年(1774)蘊真書屋刻本　四冊

430000－2401－0020624　395.1/6

河洛八卦論一卷回文一卷　(清)□□撰　清刻本　一冊

430000－2401－0020625　395/6

元緣現光錄二卷　清光緒三十四年(1908)鈔本　一冊　存一卷(上)

430000－2401－0020626　△371/2

天文彙編□□卷　題(漢)司馬遷撰述　題(唐)李淳風評訂　題(明)劉基校正　清運甓軒鈔本　四冊　存六卷(天學一至四、九至十)

430000－2401－0020627　395.2/2

乙巳占十卷　(唐)李淳風撰　清光緒二年(1876)吳興陸氏十萬卷樓刻十萬卷樓叢書本　四冊

430000－2401－0020628　△382/6

觀象玩占五十卷首一卷　題(唐)李淳風撰　明藍格鈔本　二十四冊

430000－2401－0020629　395.2/1

大唐開元占經一百二十卷　(唐)瞿曇悉達等撰　清恆德堂刻本　十六冊

430000－2401－0020630　395.2/1(1)

大唐開元占經一百二十卷　(唐)瞿曇悉達等撰　清恆德堂刻本　十二冊

430000－2401－0020631　395.2/1(2)

大唐開元占經一百二十卷　(唐)瞿曇悉達等撰　清恆德堂刻本　二十冊

430000－2401－0020632　△382/5

唐開元占經一百二十卷　(唐)瞿曇悉達等撰　清鈔本　佚名批校　二十冊

430000－2401－0020633　395.3/43

稽瑞一卷　（唐）劉賡輯　清道光十四年(1834)顧湘刻本　一冊

430000－2401－0020724　395.4/12(2)

稽瑞一卷　（唐）劉賡輯　清道光十四年(1834)顧湘刻本　一冊

430000－2401－0020725　395.4/12(1)

稽瑞一卷　（唐）劉賡輯　清光緒十年(1884)虞山鮑氏後知不足齋刻本　一冊

430000－2401－0020726　395.6/78－2

新刊希夷陳先生紫微斗數全集八卷　（宋）陳摶撰　清三讓堂刻本　四冊

430000－2401－0020727　395.6/78

新鋟希夷陳先生紫微斗數全書四卷　（宋）陳摶撰　（清）潘希尹補輯　清文光堂刻本　二冊

430000－2401－0020728　395.4/13

重刻薊元奇門遁甲句解烟波釣叟歌一卷新編日用涓吉奇門五總龜四卷　（宋）趙普撰（明）羅通遁法　（明）池紀解編　明刻本　三冊

430000－2401－0020729　395.6/2

陰陽寶海三元玉鏡奇書三卷　（元）釋幕講撰（明）江之棟輯　清康熙尚白齋刻本　一冊

430000－2401－0020730　△386/1

太乙統宗寶鑒二十卷　題(元)曉山老人撰　清鈔本　十六冊

430000－2401－0020731　395.7/11

甘氏奇門一得二卷　（明）甘霖撰　明崇禎元年(1628)至善堂刻本　二冊

430000－2401－0020732　△384/2

甘氏奇門一得二卷　（明）甘霖撰　明末唐錦池文林閣刻本　四冊

430000－2401－0020733　395.7/11－2

甘氏奇門一得二卷　（明）甘霖撰　清光緒鈔本　一冊

430000－2401－0020734　△387/1

五刻理氣纂經詳辯三台便覽通書正宗二卷

（明）柯珮編　（明）林維松補遺　明崇禎十年(1637)余仰止刻本　一冊

430000－2401－0020735　395.7/10

重刻選擇集要六卷　（明）黃一鳳編　齊安堂集一卷　（清）余朝相集　清經國堂刻本　二冊

430000－2401－0020736　395.7/3－3

奇門遁甲秘笈大全三十卷　（明）劉基撰　諸葛武侯行兵遁甲金函玉鏡六卷　（三國蜀）諸葛亮撰　清光緒上海大成書局石印本　一冊

430000－2401－0020737　395.7/3

奇門遁甲秘笈大全三十卷　（明）劉基撰　清刻本　六冊

430000－2401－0020738　395.7/3－2

奇門遁甲秘笈大全三十卷　（明）劉基撰　清鈔本　二冊　存二卷(六至七)

430000－2401－0020739　395.4/10

欽定協紀辨方書三十六卷　（清）允祿等撰清光緒十年(1884)湖南書局刻本　十六冊

430000－2401－0020740　395.4/10－2

欽定協紀辨方書三十六卷　（清）允祿等撰清刻本　二十二冊

430000－2401－0020741　395.7/5

奇門遁甲啟悟一卷　（清）朱榮璪撰　清光緒二十一年(1895)皖江別墅刻本　一冊

430000－2401－0020742　395.7/5(1)

奇門遁甲啟悟一卷　（清）朱榮璪撰　清光緒二十一年(1895)皖江別墅刻本　一冊

430000－2401－0020743　395/1－2

太乙數統宗大全四十卷　（清）李自明撰　清乾隆集福堂刻本　十二冊

430000－2401－0020744　395/1

太乙數統宗大全四十卷　（清）李自明撰　清乾隆刻本　十六冊

430000－2401－0020745　395/1(1)

太乙數統宗大全四十卷　（清）李自明撰　清乾隆刻本　十六冊

430000 – 2401 – 0020746　395.3/21 – 3

新訂崇正辟謬通書十四卷　（清）李奉來編
清經國堂刻本　五冊　缺一卷(八)

430000 – 2401 – 0020747　395.3/21 – 2

新訂崇正辟謬通書十四卷　（清）李奉來編
清刻本　三冊　缺四卷(十一至十四)

430000 – 2401 – 0020748　395.3/21

新訂崇正辟謬通書十四卷　（清）李奉來編
清末竹秀山房刻本　六冊

430000 – 2401 – 0020749　395.4/3

窮通寶鑑欄江綱二卷增補月談賦一卷　（清）
余春臺撰　清末刻本　一冊

430000 – 2401 – 0020750　395.1/3 – 4

諏吉便覽一卷　（清）俞榮寬撰　清嘉慶二年
(1797)蘇州寶善堂二色套印本　一冊

430000 – 2401 – 0020751　395.1/3

諏吉便覽一卷　（清）俞榮寬撰　**出師出行寶
鏡圖一卷**　（清）梁學禮輯　清光緒十二年
(1886)刻本　二冊

430000 – 2401 – 0020752　395.6/55

諏吉匯纂六卷　（清）梅教儲編纂　清咸豐四
年(1854)長沙刻本　六冊

430000 – 2401 – 0020753　395.4/2

諏吉述正二十五卷首一卷　（清）張祖同輯
清光緒二十三年(1897)湖南思賢書局刻本
十二冊

430000 – 2401 – 0020754　395.4/2(1)

諏吉述正二十五卷首一卷　（清）張祖同輯
清光緒二十三年(1897)湖南思賢書局刻本
十二冊

430000 – 2401 – 0020755　395.4/2(2)

諏吉述正二十五卷首一卷　（清）張祖同輯
清光緒二十三年(1897)湖南思賢書局刻本
十二冊

430000 – 2401 – 0020756　395.4/2(3)

諏吉述正二十五卷首一卷　（清）張祖同輯　清光
緒二十三年(1897)湖南思賢書局刻本　十二冊

430000 – 2401 – 0020757　395.4/2(4)

諏吉述正二十五卷首一卷　（清）張祖同輯
清光緒二十三年(1897)湖南思賢書局刻本
十二冊

430000 – 2401 – 0020758　395.4/2(5)

諏吉述正二十五卷首一卷　（清）張祖同輯
清光緒二十三年(1897)湖南思賢書局刻本
十一冊

430000 – 2401 – 0020759　395.4/16

東壁垣通書　（清）張惟康輯　清光緒二年
(1876)刻本　一冊

430000 – 2401 – 0020760　395.4/35

一中堂通書三卷首一卷末一卷　（清）湯臣伊
撰　清光緒十年(1884)小隱山房刻本　一冊

430000 – 2401 – 0020761　395.4/9

董公選司天台秘法一卷　（清）董德彰編　清
光緒十九年(1893)王半解軒刻本　一冊

430000 – 2401 – 0020762　395.4/4(1)

星平集腋統宗四卷　（清）廖瀛海輯　清道光
十二年(1832)萬卷樓刻本　四冊

430000 – 2401 – 0020763　395.4/4

星平集腋統宗四卷　（清）廖瀛海輯　清道光
十二年(1832)經文堂刻本　四冊

430000 – 2401 – 0020764　395.4/23

新補曆法總覽合節鰲頭通書□□卷　（清）熊
宗立纂輯　清嘉慶元年(1796)據德堂刻本
七冊　存九卷(一至九)

430000 – 2401 – 0020765　395.4/36 – 2

新鐫曆法便覽象吉備要通書大全二十九卷
（清）魏鑒撰　清三讓堂刻本　八冊

430000 – 2401 – 0020766　395.4/14

集福堂通書　（清）羅傳樺等撰　清道光至民
國廣東興寧羅氏刻本　十五冊

430000 – 2401 – 0020767　395.4/15

望星樓通書　李人霖等編　清光緒至民國湖
南邵陽刻本　四冊　存四年(光緒三十年,民
國十五、十七、二十年)

430000 – 2401 – 0020768　395.4/34

大經元通書三卷末一卷　清刻本　一冊

430000 – 2401 – 0020769　395.4/17

丁酉年通書　清光緒二十三年(1897)佛山英文堂木活字本　一冊

430000 – 2401 – 0020770　395.4/19

己酉新通書　清宣統元年(1909)金玉堂二色套印本　一冊

430000 – 2401 – 0020771　395.4/18

辛亥年通書　清宣統三年(1911)廣經閣二色套印本　一冊

430000 – 2401 – 0020772　395.3/53

奇門起例不分卷　清鈔本　一冊

430000 – 2401 – 0020773　395.4/7 – 2

星命須知一卷萬年書一卷　清道光江南城李光明莊刻本　一冊

430000 – 2401 – 0020774　395.5/26

精刻看命一掌金一卷　(唐)釋一行撰　清刻本　一冊

430000 – 2401 – 0020775　△385/3

新編四家註解經進珞球子消息賦六卷　(宋)王廷光等註　清鈔本　葉德輝跋　二冊

430000 – 2401 – 0020776　△385/1

新雕註疏珞球子三命消息賦三卷　(宋)李同註　(宋)東方明疏　清鈔本　葉德輝跋　夏敬觀批校　一冊

430000 – 2401 – 0020777　395.5/5 – 2

袁柳莊先生神相全編三卷　(明)袁忠徹撰(清)雲林子重訂　清末寶華堂刻本　一冊

430000 – 2401 – 0020778　395.5/5 – 3

袁柳莊先生神相全編二卷　(明)袁忠徹撰(清)雲林子重訂　清宣統二年(1910)刻本二冊

430000 – 2401 – 0020779　395.5/5 – 3(1)

袁柳莊先生神相全編二卷　(明)袁忠徹撰(清)雲林子重訂　清宣統二年(1910)刻本二冊

430000 – 2401 – 0020780　395.5/5

詳解袁先生秘傳相法全編三卷　(明)袁忠徹撰　(清)雲林子重訂　清道光二十一年(1841)經國堂刻本　一冊

430000 – 2401 – 0020781　395.5/5(1)

詳解袁先生秘傳相法全編三卷　(明)袁忠徹撰　(清)雲林子重訂　清道光二十一年(1841)經國堂刻本　一冊

430000 – 2401 – 0020782　△385/2

新編評註通玄先生張果星宗大全十卷　(明)陸位輯校　明萬曆二十二年(1594)書林唐謙刻本　五冊

430000 – 2401 – 0020783　395.5/9 – 4

新編評註通玄先生張果星宗大全十卷　(明)陸位輯　清道光四年(1824)寶華樓刻本　一冊　存二卷(一至二)

430000 – 2401 – 0020784　3955.5/9 – 2

新編評註通玄先生張果星宗大全十卷　(明)陸位輯　清同治十三年(1874)經文堂刻本五冊

430000 – 2401 – 0020785　395.5/9 – 3

新編評註通玄先生張果星宗大全十卷　(明)陸位輯　清光緒五年(1879)同志堂刻本五冊

430000 – 2401 – 0020786　395.5/9

新編評註通玄先生張果星宗大全十卷　(明)陸位輯　清文奎堂刻本　十冊

430000 – 2401 – 0020787　395.5/2

增補星平會海命學全書十卷首一卷　(清)水中龍編　(清)汪淇重訂　清乾隆五十年(1785)金閶書業堂刻本　四冊

430000 – 2401 – 0020788　395.5/19

水鏡集四卷　(清)胡髯道人撰　清聚英堂刻本　二冊　存二卷(二、四)

430000 – 2401 – 0020789　395.5/1

神相鐵關刀四卷　(清)梧岡山人輯　清光緒十年(1884)刻本　二冊

430000－2401－0020790　395.5/4

新刊校正增釋合併麻衣先生人相編六卷
（清）陸位崇校編　清光緒石印本　一冊

430000－2401－0020791　395.5/4－4

新刊校正增釋合併麻衣先生人相編五卷
（清）陸位崇校編　清尚德堂刻本　一冊

430000－2401－0020792　395.5/4－3

新刊校正增釋合併麻衣先生人相編五卷
（清）陸位崇校編　清刻本　一冊　存二卷
（四至五）

430000－2401－0020793　395.5/4－2

新刊校正增釋合併麻衣先生神相編五卷
（清）陸位崇校編　清江南城李光明莊刻本
一冊　存二卷（二至三）

430000－2401－0020794　395.5/11

相理衡真十卷首一卷　（清）陳釗撰　清道光
十三年（1833）英德堂刻本　四冊

430000－2401－0020795　395.5/11－2

相理衡真十卷首一卷　（清）陳釗撰　清坊刻
本　一冊　存二卷（二至三）

430000－2401－0020796　395.5/28

陳善悟相書　（清）陳善悟撰　清同治十三年
（1874）稿本　一冊

430000－2401－0020797　395.5/14

新鐫神峰張先生通考辟謬命理正宗大全六卷
（清）張楠撰　清經元堂刻本　三冊

430000－2401－0020798　395.5/14－2

新鐫神峰張先生通考辟謬命理正宗大全六卷
（清）張楠撰　清經綸堂刻本　五冊　缺一
卷（六）

430000－2401－0020799　395.5/3

乾元秘旨一卷　（清）舒繼英撰　清同治十一
年（1872）補刻本　一冊

430000－2401－0020800　395.5/3

乾元秘旨一卷　（清）舒繼英撰　清末刻本
一冊

430000－2401－0020801　395.5/13－2

新增命學津梁一卷　（清）魏明遠撰　（清）鹿
橋野人輯　清經綸堂刻本　一冊

430000－2401－0020802　395.5/20

新監七政歸垣司臺曆數袖裏璇璣七卷首一卷
（□）夏青山子匯　清陳氏積善堂刻本
二冊

430000－2401－0020803　416/472

倚霞宮筆錄三卷　易順鼎輯　清光緒十九年
（1893）易園刻琴志樓叢書本　一冊

430000－2401－0020804　416/472（1）

倚霞宮筆錄三卷　易順鼎輯　清光緒十九年
（1893）易園刻琴志樓叢書本　一冊

430000－2401－0020805　395.5/23

四柱神算　清同治梁菊溪鈔本　一冊

430000－2401－0020806　395.5/22

相書雜鈔　清友蘭館鈔本　一冊

430000－2401－0020807　395.6/122

地理大全　（明）李國木輯　明崇禎金陵懷德
堂刻本　十二冊

430000－2401－0020808　395.6/80（1）

四秘全書　（清）尹有本輯　清嘉慶善成堂刻
本　十一冊

430000－2401－0020809　395.6/80（2）

四秘全書　（清）尹有本輯　清光緒元年
（1875）寶華順刻本　三冊

430000－2401－0020810　395.6/80

四秘全書　（清）尹有本輯　清光緒元年
（1875）寶華順刻本　十二冊

430000－2401－0020811　395.6/25

菊逸山房地理正書　（清）寇宗輯并註　清道
光京師琉璃廠刻本　五冊

430000－2401－0020812　395.6/25（1）

菊逸山房地理正書　（清）寇宗輯并註　清道
光京師琉璃廠刻本　二冊

430000－2401－0020813　395.6/25（2）

菊逸山房地理正書　（清）寇宗輯并註　清道

光京師琉璃廠刻本　三冊

430000－2401－0020814　395.6/25(3)
菊逸山房地理正書　(清)寇宗輯并註　清道
光京師琉璃廠刻本　四冊

430000－2401－0020815　395.6/25(4)
菊逸山房地理正書　(清)寇宗輯并註　清道
光京師琉璃廠刻本　五冊

430000－2401－0020816　395.6/25－2
菊逸山房地理正書　(清)寇宗輯并註　清寶
慶務本山房刻本　五冊

430000－2401－0020817　395.6/25－2(1)
菊逸山房地理正書　(清)寇宗輯并註　清寶
慶務本山房刻本　二冊

430000－2401－0020818　395.6/39－2
風水一書七卷　(漢)青烏子撰　(清)歐陽純
輯并註　清嘉慶十九年(1814)刻本　二冊

430000－2401－0020819　395.6/39
風水一書七卷　(漢)青烏子撰　(清)歐陽純
輯并註　清宣統二年(1910)湖南益元書局刻
本　四冊

430000－2401－0020820　395.6/39－3
風水一書七卷　(漢)青烏子撰　(清)歐陽純
輯并註　清宣統二年(1910)湖南漢文書局刻
本　四冊

430000－2401－0020821　395.6/39－3(1)
風水一書七卷　(漢)青烏子撰　(清)歐陽純
輯并註　清宣統二年(1910)湖南漢文書局刻
本　四冊

430000－2401－0020822　△383/2
古本葬經內篇一卷　(晉)郭璞撰　**葬經翼一**
卷難解一卷圖一卷　(明)繆希雍撰　明毛氏
綠君亭刻本　三冊

430000－2401－0020823　△383/2(1)
古本葬經內篇一卷　(晉)郭璞撰　**葬經翼一**
卷難解一卷圖一卷　(明)繆希雍撰　明毛氏
綠君亭刻本　一冊

430000－2401－0020824　395.6/81

430000－2401－0020824　395.6/81
重鐫官板地理天機會元正篇體用括要三十五
卷　(唐)卜則巍撰　(唐)顧乃德集註
(明)徐之鏌删補　清道光十二年(1832)宏道
堂刻本　十二冊

430000－2401－0020825　395.6/81－4
重鐫官板地理天機會元正篇體用括要三十五
卷　(唐)卜則巍撰　(唐)顧乃德集註
(明)徐之鏌删補　清培厚堂刻本　十六冊

430000－2401－0020826　395.6/81－3
重鐫官板地理天機會元正篇體用括要三十五
卷　(唐)卜則巍撰　(唐)顧乃德集註
(明)徐之鏌删補　清光緒十六年(1890)學庫
山房刻本　十六冊

430000－2401－0020827　395.6/32
雪心賦正解四卷　(唐)卜應天撰　(清)孟浩
註　**辯論三十篇一卷**　(清)孟浩撰　清宣統
三年(1911)上海廣益書局石印本　一冊

430000－2401－0020828　395.6/32－6
雪心賦正解四卷　(唐)卜應天撰　(清)孟浩
註　**辯論三十篇一卷**　(清)孟浩撰　清三讓
堂刻本　一冊

430000－2401－0020829　395.6/32－4
雪心賦正解四卷　(唐)卜應天撰　(清)孟浩
註　**辯論三十篇一卷**　(清)孟浩撰　清經元
堂刻本　四冊

430000－2401－0020830　395.6/32－4(1)
雪心賦正解四卷　(唐)卜應天撰　(清)孟浩
註　**辯論三十篇一卷**　(清)孟浩撰　清經元
堂刻本　四冊

430000－2401－0020831　395.6/32－4(2)
雪心賦正解四卷　(唐)卜應天撰　(清)孟浩
註　**辯論三十篇一卷**　(清)孟浩撰　清經元
堂刻本　四冊

430000－2401－0020832　395.6/32－5
雪心賦正解四卷　(唐)卜應天撰　(清)孟浩
註　**辯論三十篇一卷**　(清)孟浩撰　清經綸
堂刻本　二冊

430000－2401－0020833　395.6/32－3

雪心賦正解四卷　（唐）卜應天撰　（清）孟浩
註　**辯論三十篇一卷**　（清）孟浩撰　清體元
堂刻本　二冊

430000－2401－0020834　395.6/71

雪心賦正解四卷　（唐）卜應天撰　（清）孟浩
註　**辯論三十篇一卷**　（清）孟浩撰　清坊刻
本　一冊　缺二卷(三至四)

430000－2401－0020835　395.6/32－2

雪心賦正解四卷　（唐）卜應天撰　（清）孟浩
註　**辯論三十篇一卷**　（清）孟浩撰　清刻本
四冊

430000－2401－0020836　395.6/29－5

司馬公地理偈訣一卷　（唐）司馬潛撰　清鈔
本　一冊

430000－2401－0020837　395.6/124

司馬頭陀鉗記　（唐）司馬潛撰　清鈔本
一冊

430000－2401－0020838　△383/4

地理珍藏一卷　（唐）司馬潛撰　清清白堂鈔
本　一冊

430000－2401－0020839　△383/5

鉗志一卷　（唐）司馬潛撰　清紅格鈔本
一冊

430000－2401－0020840　395.6/29

司馬頭陀鐵案五卷　（唐）司馬潛撰　（清）郭
錫疇輯註　清光緒五年(1879)漢文友竹山房
刻本　二冊

430000－2401－0020841　395.6/29(1)

司馬頭陀鐵案五卷　（唐）司馬潛撰　（清）郭
錫疇輯註　清光緒五年(1879)澧州友竹山房
刻本　二冊

430000－2401－0020842　395.6/29－2

司馬頭陀鐵案五卷　（唐）司馬潛撰　（清）郭
錫疇輯註　清光緒三十三年(1907)邵州大文
書局刻本　二冊

430000－2401－0020843　395.6/29－3

司馬頭陀鐵案五卷　（唐）司馬潛撰　（清）郭
錫疇輯註　清光緒閔博書局刻本　二冊

430000－2401－0020844　395.6/23

撼龍經一卷　（唐）楊益撰　（清）李文田註
清光緒順德龍氏刻知服齋叢書本　康和聲點
校　一冊

430000－2401－0020845　395.6/45－2

疑龍經批註校補三卷　（唐）楊益撰　（清）高
其倬批點　（清）寇宗集註　（清）榮錫勛校補
清光緒二十九年(1903)□元書局刻本　一
冊　缺一卷(三)

430000－2401－0020846　395.6/44

撼龍經批註校補不分卷疑龍經批註校補三卷
（唐）楊益撰　（清）高其倬批點　（清）寇
宗集註　（清）榮錫勛校補　清光緒十八年
(1892)長沙共賞書局刻本　五冊

430000－2401－0020847　395.6/44(1)

撼龍經批註校補不分卷疑龍經批註校補三卷
（唐）楊益撰　（清）高其倬批點　（清）寇
宗集註　（清）榮錫勛校補　清光緒十八年
(1892)長沙共賞書局刻本　五冊

430000－2401－0020848　395.6/21

入地眼全書十卷　（宋）釋靜道撰　（清）萬樹
華編　清光緒三十三年(1907)經元書室刻本
五冊

430000－2401－0020849　395.6/41－2

重校刊官地理玉髓真經二十八卷　（宋）張洞
玄撰　清刻本　三冊　存七卷(四至七、九至
十一)

430000－2401－0020850　395.6/42

**金精廖公秘授地學心法正傳書篋扒砂經四卷
補遺一卷**　（宋）廖禹撰　（明）江之棟輯　清
嘉慶二十五年(1820)經綸堂刻本　五冊

430000－2401－0020851　395.6/70

催官篇四卷理氣真詮一卷　（宋）賴文俊撰
清同治刻本　一冊

430000－2401－0020852　△386/3

鐫地理參補評林圖訣全備平沙玉尺經二卷
(元)劉秉忠撰 (明)劉基註 明陳賢刻本
一冊 存一卷(上)

430000－2401－0020853 395.6/85
新刻石函玉砂玉尺經全書真機二卷 (元)劉
秉忠撰 (明)劉基解 (明)賴從謙發揮 清
嘉慶八年(1803)刻 四冊

430000－2401－0020854 395.6/48
三白寶海三卷 (元)釋幕講撰 (明)江之棟
輯 清乾隆五十五年(1790)樂真堂刻本
一冊

430000－2401－0020855 395.6/87
新鐫工師雕斷正式魯班木經匠家鏡三卷靈驅
解法洞明真言秘書一卷 (明)午榮撰 (明)
周言校正 明刻本 一冊

430000－2401－0020856 395.6/87－2
新鐫工師雕斷正式魯班木經匠家鏡三卷靈驅
解法洞明真言秘書一卷 (明)午榮撰 (明)
周言校正 清刻本 一冊

430000－2401－0020857 395.6/87－4
新鐫工師雕斷正式魯班木經匠家鏡三卷靈驅
解法洞明真言秘書一卷 (明)午榮撰 (明)
周言校正 清刻本 一冊

430000－2401－0020858 395.6/87－3
新鐫京板工師雕鏤正式魯班木經匠家鏡三卷
靈驅解法洞明真言秘書一卷 (明)午榮撰
(明)周言校正 清刻本 二冊

430000－2401－0020859 395.6/31－3
山洋指迷原本四卷 (明)周景一撰 (清)俞
歸璞 (清)吳卿瞻增註 清咸豐七年(1857)
經綸堂刻本 四冊

430000－2401－0020860 395.6/31
山洋指迷原本四卷 (明)周景一撰 (清)張
鳳藻註 (清)俞歸璞 (清)吳卿瞻增註 清
道光二十九年(1849)刻本 二冊

430000－2401－0020861 395.6/11－3
新編楊曾地理家傳心法捷訣一貫勘輿八卷

(明)唐世友編 清文光堂刻本 八冊

430000－2401－0020862 395.6/11－3(1)
新編楊曾地理家傳心法捷訣一貫勘輿八卷
(明)唐世友編 清文光堂刻本 四冊 存四
卷(四至六、八)

430000－2401－0020863 395.6/11－4
新編楊曾地理家傳心法捷訣一貫勘輿八卷
(明)唐世友編 清恆書堂刻本 八冊

430000－2401－0020864 395.6/11－2
新編楊曾地理家傳心法捷訣一貫勘輿八卷
(明)唐世友編 清末經國堂刻本 八冊

430000－2401－0020865 395.6/19－2
重刊人子須知資孝地理心學統宗八卷 (明)
徐善繼 (明)徐善述撰 清光緒石印本
八冊

430000－2401－0020866 395.6/19－3
重刊人子須知資孝地理心學統宗三十九卷
(明)徐善繼 (明)徐善述撰 清刻本 二冊
存十一卷(一至十一)

430000－2401－0020867 395.6/19
重刊人子須知資孝地理心學統宗三十九卷
(明)徐善繼 (明)徐善述撰 清末經綸書坊
刻本 十冊

430000－2401－0020868 395.6/121
陽明按索五卷首一卷 (明)陳復心撰 (明)
陳漢卿補註 (清)顧滄等旁註 清乾隆五十
五年(1790)姑蘇顧氏樂真堂刻本 一冊

430000－2401－0020869 △383/3
新編秘傳堪輿類纂人天共寶十二卷 (明)黃
慎輯 明崇禎六年(1633)刻本 十六冊

430000－2401－0020870 395.6/54
水龍經五卷 (明)蔣平階撰 清咸豐六年
(1856)刻本 四冊

430000－2401－0020871 395.6/27
地理錄要四卷 (明)蔣平階撰 清末經元堂
刻本 三冊 缺一卷(二)

430000－2401－0020872 395.6/16

地理辨正五卷 (明)蔣平階撰 (明)姜垚辨正 清金闐書業堂刻本 二冊

430000－2401－0020873 395.6/16－3

地理辨正五卷 (明)蔣平階撰 (明)姜垚辨正 清益元堂刻本 二冊

430000－2401－0020874 395.6/16－3(1)

地理辨正五卷 (明)蔣平階撰 (明)姜垚辨正 清益元堂刻本 一冊 存三卷(一至三)

430000－2401－0020875 395.6/18

地理辨正再辨直解合編五卷 (明)蔣平階撰 (明)姜垚辨正 (清)姚銘三註 (清)無心道人直解 清道光元年(1821)刻本 三冊

430000－2401－0020876 395.6/16－2

地理辨正五卷 (明)蔣平階撰 (明)姜垚辨正 (清)無心道人直解 清道光元年(1821)經元堂刻本 四冊

430000－2401－0020877 395.6/53

相宅秘訣不分卷 (明)蔣平階 (明)張重明撰 清鈔本 二冊

430000－2401－0020878 395.6/33

天元五歌闡義五卷 (明)蔣平階撰 (清)無心道人註 元空秘旨一卷 (元)釋幕講撰 (清)無心道人解 清道光三年(1823)經元堂刻本 一冊

430000－2401－0020879 395.6/33(1)

天元五歌闡義五卷 (明)蔣平階撰 (清)無心道人註 元空秘旨一卷 (元)釋幕講撰 (清)無心道人解 清道光三年(1823)經元堂刻本 一冊

430000－2401－0020880 395.6/56

地理辨正翼六卷末一卷附一卷 (明)蔣平階撰 (清)榮錫勛補翼 清光緒十一年(1885)湖南共賞書局刻本 四冊

430000－2401－0020881 395.6/77

地理辨正淺註十卷 (明)蔣平階撰 (清)廖修榮註 清鈔本 三冊

430000－2401－0020882 △383/6

羅經解三卷 (明)熊汝嶽撰 (明)吳天洪批點 清乾隆五十二年(1787)會文堂刻本 二冊

430000－2401－0020883 395.6/34

增補地理直指原真三卷 (清)釋如玉撰 清三讓堂刻本 一冊 缺一卷(下)

430000－2401－0020884 395.6/26

地理悟真合編六卷 (清)二樂子輯 (清)蔡德耀補註 清光緒二十三年(1897)刻本 六冊

430000－2401－0020885 395.6/79

地學仁孝淵源錄五卷郭景純葬經註一卷 (清)王達琮撰 清咸豐十年(1860)刻本 一冊

430000－2401－0020886 395.6/24(1)

地學二卷 (清)沈鎬撰 清康熙五十二年(1713)經元堂刻本 一冊

430000－2401－0020887 395.6/24

地學二卷 (清)沈鎬撰 清光緒七年(1881)刻本 一冊 存一卷(一)

430000－2401－0020888 395.6/24－3

地學二卷 (清)沈鎬撰 清宣統二年(1910)寶慶經裕書局刻本 二冊

430000－2401－0020889 395.6/83

後五十叚二卷透山肺腑口訣一卷 (清)李德貞撰 披肝露膽經一卷 (明)劉基撰 清枕山樓刻本 一冊

430000－2401－0020890 395.6/5

新刻羅經會要四卷 (清)何嘉俊撰 清嘉慶元年(1796)長沙經綸堂刻本 四冊

430000－2401－0020891 395.6/100

地理體用合編一卷 (清)林士恭撰 清退閑主人鈔本 一冊

430000－2401－0020892 395.6/7(1)

鍾英錄四卷 (清)柳先猷撰 (清)張家栻評 清道光十四年(1834)賜錦樓刻本 四冊

430000－2401－0020893 395.6/123

乾坤法竅三卷　（清）范宜賓輯　清乾隆三十
一年(1766)刻本　二冊　存二卷(上中)

430000－2401－0020894　395.6/49

重刻元合會通八卷首一卷　（清）姚炳奎撰
清光緒二十年(1894)湖南王漢文刻本　四冊

430000－2401－0020895　395.6/84

地理元合會通八卷首一卷　（清）姚諄教撰
清同治十年(1871)寧鄉楊坤江清刻本　二冊

430000－2401－0020896　395.6/57－2

地理末學六卷首一卷　（清）紀大奎撰　清文
元刻本　四冊

430000－2401－0020897　395.6/28

地理啖蔗錄八卷　（清）袁守定撰　清光緒六
年(1880)寶慶仁記刻本　四冊

430000－2401－0020898　395.6/28(1)

地理啖蔗錄八卷　（清）袁守定撰　清光緒六
年(1880)寶慶仁記刻本　六冊

430000－2401－0020899　395.6/28(2)

地理啖蔗錄八卷　（清）袁守定撰　清光緒六
年(1880)寶慶仁記刻本　六冊

430000－2401－0020900　395.6/28(3)

地理啖蔗錄八卷　（清）袁守定撰　清光緒六
年(1880)寶慶仁記刻本　三冊

430000－2401－0020901　395.6/28(4)

地理啖蔗錄八卷　（清）袁守定撰　清光緒六
年(1880)寶慶仁記刻本　四冊

430000－2401－0020902　395.6/4

羅盤心法二卷　（清）袁俊德撰　（清）袁琛業
編　清咸豐五年(1855)積善堂刻本　一冊

430000－2401－0020903　395.6/17－4

地理辨正疏五卷首一卷末一卷　（清）張心言
撰　清道光九年(1829)培杏書屋刻本　四冊

430000－2401－0020904　395.6/17－4(1)

地理辨正疏五卷首一卷末一卷　（清）張心言
撰　清道光九年(1829)培杏書屋刻本　四冊

430000－2401－0020905　395.6/17－4(2)

地理辨正疏五卷首一卷末一卷　（清）張心言
撰　清道光九年(1829)培杏書屋刻本　四冊

430000－2401－0020906　395.6/17－3

地理辨正疏五卷首一卷末一卷　（清）張心言
撰　清咸豐八年(1858)石室山房刻本　二冊

430000－2401－0020907　395.6/101

辨正圖訣解　（清）張丙中撰　清同治鈔本
一冊

430000－2401－0020908　395.6/20

地理正義鉛彈子砂水要訣七卷　（清）張鳳藻
撰　清三讓堂刻本　七冊

430000－2401－0020909　395.6/20－3

地理正義鉛彈子砂水要訣六卷　（清）張鳳藻
撰　清經國堂刻本　六冊

430000－2401－0020910　395.6/20－2

地理正義鉛彈子砂水要訣六卷　（清）張鳳藻
撰　清澹雅刻本　八冊

430000－2401－0020911　395.6/51－2

嚴陵張九儀地理穿山透地真傳不分卷　（清）
張鳳藻撰　清宣統元年(1909)湖南漢文局刻
本　四冊

430000－2401－0020912　395.6/51

嚴陵張九儀地理穿山透地真傳不分卷　（清）
張鳳藻撰　清元興堂刻本　四冊

430000－2401－0020913　395.6/50

嚴陵張九儀增釋地理琢玉斧巒頭歌括不分卷
　（清）張鳳藻增釋　清道光八年(1828)宏道
堂刻本　四冊

430000－2401－0020914　395.6/58

辨正集註備要二卷辨正集註補要二卷　（清）
陳治安撰　清同治十二年(1873)刻本　四冊

430000－2401－0020915　395.6/58(1)

辨正集註備要二卷辨正集註補要二卷　（清）
陳治安撰　清同治十二年(1873)刻本　二冊

430000－2401－0020916　395.6/75

新鐫陳氏二十四山造葬吉凶起例藏書十二卷
首一卷　（清）陳應選撰　清經綸堂刻本　五

册　缺二卷(九至十)

430000－2401－0020917　395.6/9(1)
心眼指要四卷　（清）無心道人集　清同治十二年(1873)刻本　二冊

430000－2401－0020918　395.6/9(2)
心眼指要四卷　（清）無心道人集　清同治十二年(1873)刻本　二冊

430000－2401－0020919　395.6/47
地理拾鉛巒頭理氣合編四卷　（清）程承瀚撰　清同治刻本　一冊

430000－2401－0020920　395.6/59
相宅新編二卷　（清）焦循撰　清同治五年(1866)朱錫杰梟山官舍刻本　一冊

430000－2401－0020921　395.6/8
山法全書十九卷首二卷　（清）葉泰撰　清康熙二十六年(1687)文光堂刻地理大成本　十冊

430000－2401－0020922　395.6/8(1)
山法全書十九卷首二卷　（清）葉泰撰　清康熙二十六年(1687)文光堂刻地理大成本　十冊

430000－2401－0020923　395.6/8(2)
山法全書十九卷首二卷　（清）葉泰撰　清康熙二十六年(1687)文光堂刻　十三冊

430000－2401－0020924　395.6/8－2
山法全書十九卷　（清）葉泰撰　（清）高其倬註　清長沙福文堂刻本　二冊　存二卷(一至二)

430000－2401－0020925　395.6/15
平陽全書十五卷　（清）葉泰撰　清康熙二十六年(1687)文光堂刻地理大成本　七冊

430000－2401－0020926　395.6/15(1)
平陽全書十五卷　（清）葉泰撰　清康熙二十六年(1687)文光堂刻地理大成本　七冊

430000－2401－0020927　395.6/10
地理六經註六卷　（清）葉泰撰　清康熙二十六年(1687)文光堂刻地理大成本　三冊

430000－2401－0020928　395.6/10(1)
地理六經註六卷　（清）葉泰撰　清康熙二十六年(1687)文光堂刻地理大成本　三冊

430000－2401－0020929　395.6/107
理氣三訣二卷　（清）葉泰撰　清鈔本　一冊

430000－2401－0020930　395.6/30
理氣三訣二卷　（清）葉泰撰　清鈔本　一冊

430000－2401－0020931　395.6/30
理氣三訣四卷　（清）葉泰撰　清刻本　一冊

430000－2401－0020932　395.6/6
羅經指南撥霧集三卷　（清）葉泰撰　（清）吳天洪批點　清澹雅刻本　二冊

430000－2401－0020933　395.6/6(1)
羅經指南撥霧集三卷　（清）葉泰撰　（清）吳天洪批點　清澹雅刻本　二冊

430000－2401－0020934　395.6/36－2
地理五訣八卷　（清）趙廷棟撰　清澹雅堂刻本　二冊　存五卷(一至二、四至六)

430000－2401－0020935　395.6/14
陽宅三要四卷　（清）趙廷棟撰　清道光十一年(1831)刻本　二冊

430000－2401－0020936　395.6/40
風水二書形氣類則四卷　（清）歐陽純撰　清光緒十九年(1893)金溪三讓堂信記刻本　四冊

430000－2401－0020937　395.6/12－2
地理陰陽合纂二卷　（清）鄧士松撰　清道光十年(1830)刻本　一冊

430000－2401－0020938　395.6/12－2(1)
地理陰陽合纂二卷　（清）鄧士松撰　清道光十年(1830)刻本　一冊

430000－2401－0020939　395.6/12－2(2)
地理陰陽合纂二卷　（清）鄧士松撰　清道光十年(1830)刻本　一冊

430000－2401－0020940　395.6/12－2(3)
地理陰陽合纂二卷　（清）鄧士松撰　清道光

十年(1830)刻本　一冊

430000－2401－0020941　395.6/12－2(4)

地理陰陽合纂二卷　(清)鄧士松撰　清道光
十年(1830)刻本　一冊

430000－2401－0020942　395.6/12

地理陰陽合纂二卷　(清)鄧士松撰　清宣統
二年(1910)仁記書局刻本　一冊

430000－2401－0020943　395.6/38

地理知本金鎖秘二卷　(清)鄧恭撰　清嘉慶
二十一年(1816)合益堂刻本　四冊

430000－2401－0020944　395.6/38(1)

地理知本金鎖秘二卷　(清)鄧恭撰　清嘉慶
二十一年(1816)合益堂刻本　四冊

430000－2401－0020945　395.6/38(2)

地理知本金鎖秘二卷　(清)鄧恭撰　清嘉慶
二十一年(1816)合益堂刻本　四冊

430000－2401－0020946　395.6/38(3)

地理知本金鎖秘二卷　(清)鄧恭撰　清嘉慶
二十一年(1816)合益堂刻本　四冊

430000－2401－0020947　395.6/35

八宅明鏡二卷　(清)箬冠道人撰　清光緒七
年(1881)公善堂刻本　二冊

430000－2401－0020948　395.6/35(1)

八宅明鏡二卷　(清)箬冠道人撰　清光緒七
年(1881)公善堂刻本　二冊

430000－2401－0020949　395.6/35(2)

八宅明鏡二卷　(清)箬冠道人撰　清光緒七
年(1881)公善堂刻本　一冊

430000－2401－0020950　395.6/37

辨正發秘初稿一卷　(清)劉杰撰　清同治十
三年(1874)長沙二色套印本　一冊

430000－2401－0020951　395.6/93

金玉二經圖傳三卷　(清)蕭洪治撰　清鈔本
一冊

430000－2401－0020952　395.6/82

新刻重校秘傳鬼靈經通天竅十卷　(□)楊救

貧撰　清刻本　一冊

430000－2401－0020953　395.6/98

地理總錄　清光緒十八年(1892)并卿氏鈔本
一冊

430000－2401－0020954　395.6/115

地理鐵案　清宣統三年(1911)鈔本　一冊

430000－2401－0020955　395.6/125

全補圖訣平沙玉尺經□□卷　明刻本　一冊
存一卷(下)

430000－2401－0020956　395.6/109

**青囊序註一卷青囊奧語一卷天玉經三卷紅鸞
經一卷四十八局定例一卷納音原始一卷**　清
嘉慶三年(1798)樊寧邦鈔本　一冊

430000－2401－0020957　△396.12/24

佛祖三經　(漢)釋竺法蘭譯　(宋)釋守遂註
明刻本　一冊

430000－2401－0020958　396.14/6

唯心五種　(宋)釋延壽等撰　清同治九年
(1870)如皋刻經處刻本　一冊

430000－2401－0020959　396.14/6(1)

唯心五種　(宋)釋延壽等撰　清同治九年
(1870)如皋刻經處刻本　一冊

430000－2401－0020960　396.14/6(2)

唯心五種　(宋)釋延壽等撰　清同治九年
(1870)如皋刻經處刻本　一冊

430000－2401－0020961　△396.2/17

至元法寶　(元)釋慶吉祥等輯　元至元二十
六年(1289)刻本　二十二冊

430000－2401－0020962　△396.37/1

大明三藏聖教目錄四卷　明成祖敕編　明萬
曆二十九年(1601)徑山寂照庵刻本　一冊

430000－2401－0020963　△396.1/1

北藏　明成祖敕編　明永樂八年至正統五年
(1410－1440)刻本　二百三十三冊

430000－2401－0020964　396.1/22

相宗八要解　(明)釋明昱輯　清光緒二十八

年（1902）金陵刻經處刻本　三冊

430000－2401－0020965　396.1/22(1)

相宗八要解　（明）釋明昱輯　清光緒二十八年（1902）金陵刻經處刻本　二冊

430000－2401－0020966　△396.38/6

雲棲法彙　（明）釋袾宏撰輯　明崇禎十三年至十五年（1640－1642）釋智瑛刻本　十二冊

430000－2401－0020967　396.1/29

雲棲法彙　（明）釋袾宏撰輯　清光緒金陵刻經處刻本　三十四冊

430000－2401－0020968　396.1/27

三經合解　（明）釋智旭撰譯　清光緒二十五年（1899）甬江墨耕齋刻本　一冊

430000－2401－0020969　396.14/3

相宗八要直解　（明）釋智旭解　清同治九年（1870）金陵刻經處刻本　二冊

430000－2401－0020970　396.14/3(1)

相宗八要直解　（明）釋智旭解　清同治九年（1870）金陵刻經處刻本　二冊

430000－2401－0020971　396.14/3(2)

相宗八要直解　（明）釋智旭解　清同治九年（1870）金陵刻經處刻本　二冊

430000－2401－0020972　396.14/3(3)

相宗八要直解　（明）釋智旭解　清同治九年（1870）金陵刻經處刻本　一冊　存四卷（一至四）

430000－2401－0020973　396.1/7

靈峰蕅益大師選定淨土十要　（明）釋智旭編　（明）釋成時評點重編　清光緒二十年（1894）廣陵藏經禪院刻本　四冊

430000－2401－0020974　396.1/7(1)

靈峰蕅益大師選定淨土十要　（明）釋智旭編　（明）釋成時評點重編　清光緒二十年（1894）廣陵藏經禪院刻本　三冊

430000－2401－0020975　396.11/353

佛說六經　明崇禎七年（1634）徑山刻本　一冊

430000－2401－0020976　396.1/8

三經日課　（清）釋海岸輯鈔　清光緒南嶽釋海岸鈔本　一冊

430000－2401－0020977　396.1/17

無量壽三經論　（清）釋際清撰　清同治十一年（1872）如皋刻經處刻本　一冊

430000－2401－0020978　396.1/47

大藏經　（清）允祿等編　民國增補清雍正十一年至乾隆三年（1733－1738）刻本　七千二百七十一冊

430000－2401－0020979　396.1/35

淨土津梁　（清）汪念祖輯　清乾隆四十九年（1784）北京衍法寺刻本　八冊

430000－2401－0020980　396.1/35(1)

淨土津梁　（清）汪念祖輯　清乾隆四十九年（1784）北京衍法寺刻本　六冊

430000－2401－0020981　396.1/46

淨土經偈　清郭振鏞鈔本　一冊

430000－2401－0020982　396.1/15

淨土四經　（清）魏源輯　清同治五年（1866）金陵書局刻本　一冊

430000－2401－0020983　396.1/15(1)

淨土四經　（清）魏源輯　清同治五年（1866）金陵書局刻本　一冊

430000－2401－0020984　396.1/42

釋氏十三經　（清）□□輯　清同治七年（1868）皖城撫署刻本　十二冊

430000－2401－0020985　396.1/20

釋氏十三經註疏　（清）□□輯　清同治至民國金陵長沙刻經處刻本　三十冊

430000－2401－0020986　396.11/348

心經著述集　清同治至民國刻本　三冊

430000－2401－0020987　396.1/24

釋氏四書　清光緒十一年（1885）金陵刻經處刻本　四冊

430000－2401－0020988　396.1/25

法海津梁　清光緒刻本　一冊

430000－2401－0020989　396.1/16

大方廣佛華嚴經著述集要　楊文會輯　清同治至光緒刻本　十二冊

430000－2401－0020990　396.1/16(1)

大方廣佛華嚴經著述集要　楊文會輯　清同治至光緒刻本　十二冊

430000－2401－0020991　396.1/16(2)

大方廣佛華嚴經著述集要　楊文會輯　清同治至光緒刻本　六冊

430000－2401－0020992　396.1/11

大乘起信論疏解彙集　楊文會輯　清光緒金陵刻經處刻本　十二冊

430000－2401－0020993　396.1/30

淨土經論　楊文會輯　清同治至光緒金陵刻經處刻本　四冊

430000－2401－0020994　396.11/205

般舟三昧經三卷　（後漢）釋支婁迦讖譯　清宣統三年(1911)常州天寧寺刻本　一冊

430000－2401－0020995　396.11/211

佛說出家功德經一卷　（漢）釋安世高譯　毗尼日用切要一卷　釋澄宏撰　清光緒三十二年(1906)上林寺刻本　一冊

430000－2401－0020996　396.11/189

佛說四諦經一卷　（漢）釋安世高譯　清光緒六年(1880)金陵刻經處刻本　一冊

430000－2401－0020997　396.11/188

阿難問事佛吉凶經一卷　（漢）釋安世高譯　清同治九年(1870)如皋刻經處刻本　一冊

430000－2401－0020998　396.11/102

佛說四十二章經一卷　（漢）釋迦葉摩騰（漢）釋竺法蘭譯　清同治九年(1870)金陵刻經處刻本　一冊

430000－2401－0020999　396.11/208

佛說貝多樹下思惟十二因緣經一卷　（三國吳）釋支謙譯　清光緒三年(1877)刻本　一冊

430000－2401－0021000　△396.2/52

維摩詰經二卷　（三國吳）釋支謙譯　清康熙元年(1662)嘉興楞嚴寺刻本　一冊

430000－2401－0021001　396.11/201

六度集經八卷　（三國吳）釋康僧會譯　清光緒五年(1879)金陵刻經處刻本　二冊

430000－2401－0021002　396.11/201(1)

六度集經八卷　（三國吳）釋康僧會譯　清光緒五年(1879)金陵刻經處刻本　二冊

430000－2401－0021003　396.11/172

法句經二卷　（三國吳）釋維祇難等譯　清光緒十四年(1888)江北刻經處刻本　一冊

430000－2401－0021004　396.11/147

大方等如來藏經一卷　（晉）釋佛陀跋陀羅譯　清光緒二十二年(1896)金陵刻經處刻本　一冊

430000－2401－0021005　396.11/259

大方廣佛華嚴經六十卷　（晉）釋佛陀跋陀羅等譯　清光緒七年(1881)常熟刻經處刻本　十六冊

430000－2401－0021006　396.12/43

摩訶僧祇律四十卷　（晉）釋佛陀跋陀羅（晉）釋法顯譯　明崇禎七年(1634)金沙顧龍山刻本　九冊

430000－2401－0021007　396.11/200

出曜經二十卷　（晉）釋竺佛念譯　明萬曆十八年(1590)刻本　五冊

430000－2401－0021008　396.11/149

菩薩瓔珞本業經二卷　（晉）釋竺佛念譯　清光緒十四年(1888)江北刻經處刻本　一冊

430000－2401－0021009　△396.2/25

佛說方等般泥洹經二卷　（晉）釋竺法護譯　明萬曆三十五年(1607)徑山寂照庵刻本　一冊

430000－2401－0021010　396.11/100

五百弟子自說本起經一卷　（晉）釋竺法護譯　清宣統二年(1910)常州天寧寺刻本　一冊

430000－2401－0021011　396.11/350

光贊般若波羅蜜經十卷　（晉）釋竺法護譯
明萬曆三十八年（1610）刻本　一冊　存五卷
（一至五）

430000－2401－0021012　△396.2/23

佛升忉利天爲母說法經三卷　（晉）釋竺法護
譯　明萬曆三十六年（1608）徑山寂照庵刻本
一冊

430000－2401－0021013　396.11/89

佛升忉利天爲母說法經三卷　（晉）釋竺法護
譯　清光緒五年（1879）長沙刻經處刻本
一冊

430000－2401－0021014　396.11/89（1）

佛升忉利天爲母說法經三卷　（晉）釋竺法護
譯　清光緒五年（1879）長沙刻經處刻本
一冊

430000－2401－0021015　396.11/89（2）

佛升忉利天爲母說法經三卷　（晉）釋竺法護
譯　清光緒五年（1879）長沙刻經處刻本
一冊

430000－2401－0021016　△396.2/29

佛說盂蘭盆經一卷　（晉）釋竺法護譯　**佛說
盂蘭盆經合釋一卷**　（清）釋書玉輯　清康熙
五十三年（1714）刻本　一冊

430000－2401－0021017　396.11/217

佛說大灌頂神咒經十二卷　（晉）釋帛尸黎蜜
多羅譯　清宣統三年（1911）常州天寧寺刻本
三冊

430000－2401－0021018　△396.2/57

阿毗曇八犍度論十二卷　（晉）釋僧伽提婆等
譯　明崇禎十四年（1641）吳江接待寺刻本
二冊

430000－2401－0021019　396.13/98

阿毗曇八犍度論三十卷　（晉）釋僧伽提婆
（晉）釋竺佛念譯　清宣統三年（1911）常州天
寧寺刻本　六冊

430000－2401－0021020　396.11/184

佛說方等泥洹經二卷　（晉）□□譯　清宣統
元年（1909）常州天寧寺刻本　一冊

430000－2401－0021021　396.12/11

佛說目連問戒律中五百輕重事經二卷　（晉）
□□譯　明金陵陳愛山刻本　一冊

430000－2401－0021022　396.11/225

增壹阿含經五十卷　（前秦）釋曇摩難提譯
清光緒十二年（1886）江北刻經處刻本　十
二冊

430000－2401－0021023　396.11/225（1）

增壹阿含經五十卷　（前秦）釋曇摩難提譯
清光緒十二年（1886）江北刻經處刻本　十
二冊

430000－2401－0021024　△396.2/54

四分戒本二卷　（後秦）釋佛陀耶舍譯　清光
緒四年（1878）南嶽釋海岸鈔本　一冊　存
卷下

430000－2401－0021025　396.12/4

四分戒本一卷　（後秦）釋佛陀耶舍　（晉）釋
竺佛念譯　（清）釋讀體重編　清光緒十八年
（1892）金陵刻經處刻本　一冊

430000－2401－0021026　396.12/4－2

四分戒本二卷　（後秦）釋佛陀耶舍　（晉）釋
竺佛念譯　清南嶽祝聖寺刻本　一冊　存一
卷（下）

430000－2401－0021027　396.12/4－2（1）

四分戒本二卷　（後秦）釋佛陀耶舍　（晉）釋
竺佛念譯　清南嶽祝聖寺刻本　一冊　存一
卷（下）

430000－2401－0021028　396.12/4－2（2）

四分戒本二卷　（後秦）釋佛陀耶舍　（晉）釋
竺佛念譯　清南嶽祝聖寺刻本　一冊　存一
卷（下）

430000－2401－0021029　396.12/3

四分比丘尼戒本一卷　（後秦）釋佛陀耶舍
（晉）釋竺佛念譯　（清）釋讀體重編　清光緒
二十一年（1895）金陵刻經處刻本　一冊

430000－2401－0021030　396.12/3（1）

四分比丘尼戒本一卷　（後秦）釋佛陀耶舍
（晉）釋竺佛念譯　（清）釋讀體重編　清光緒
二十一年（1895）金陵刻經處刻本　一冊

430000－2401－0021031　396.11/222

佛說長阿含經二十二卷　（後秦）釋佛陀耶舍
（晉）釋竺佛念譯　清光緒十三年（1887）姑
蘇刻經處刻本　六冊

430000－2401－0021032　396.13/171

十住毗婆沙論十七卷　（後秦）釋鳩摩羅什譯
明崇禎十六年（1643）徑山化城寺刻本　一
冊　存五卷（十一至十五）

430000－2401－0021033　396.13/158

大智度論一百卷　（後秦）釋鳩摩羅什譯　清
光緒九年（1883）姑蘇刻經處刻本　二十五冊

430000－2401－0021034　396.11/317

小品般若波羅蜜經十卷　（後秦）釋鳩摩羅什
譯　清末金陵刻經處刻本　一冊　存五卷
（一至五）

430000－2401－0021035　396.13/109

中論六卷　（後秦）釋鳩摩羅什譯　清刻本
二冊

430000－2401－0021036　396.11/74

仁王護國般若波羅蜜經二卷　（後秦）釋鳩摩
羅什譯　清光緒二十年（1894）刻本　一冊

430000－2401－0021037　396.13/75（1）

成實論二十卷　（後秦）釋鳩摩羅什譯　明萬
曆四十三年（1615）徑山化城寺刻本　一冊
存五卷（一至五）

430000－2401－0021038　△396.2/18

百論二卷　（後秦）釋鳩摩羅什譯　廣百論本
一卷　（唐）釋玄奘譯　明萬曆三十九年
（1611）徑山刻本　一冊

430000－2401－0021039　△396.2/55－3

妙法蓮華經七卷　（後秦）釋鳩摩羅什譯　清
康熙鈔本　七冊

430000－2401－0021040　△396.2/55－2

妙法蓮華經七卷　（後秦）釋鳩摩羅什譯　清
中期廣陵唐寶仁刻本　三冊

430000－2401－0021041　396.1/110－2

妙法蓮華經七卷　（後秦）釋鳩摩羅什譯　清
同治七年（1868）新建吳氏皖城刻半畝園叢書
本　三冊

430000－2401－0021042　396.11/110－2（1）

妙法蓮華經七卷　（後秦）釋鳩摩羅什譯　清
同治十年（1871）金陵刻本清光緒十年（1884）
印本　一冊　存二卷（三至四）

430000－2401－0021043　396.11/110－8

妙法蓮華經七卷　（後秦）釋鳩摩羅什譯　清
同治十年（1871）金陵刻經處刻本　三冊

430000－2401－0021044　396.11/110－7

妙法蓮華經七卷　（後秦）釋鳩摩羅什譯　清
同治十三年（1874）刻本　七冊

430000－2401－0021045　396.11/110－12

妙法蓮華經七卷　（後秦）釋鳩摩羅什譯　清
光緒二十九年（1903）揚州藏經院刻本　釋開
悟批註　三冊

430000－2401－0021046　396.11/110－10

妙法蓮華經七卷　（後秦）釋鳩摩羅什譯　清
光緒三十年（1904）刻本　四冊

430000－2401－0021047　396.11/110

妙法蓮華經七卷　（後秦）釋鳩摩羅什譯　清
刻本　三冊

430000－2401－0021048　△396.2/55

妙法蓮華經七卷　（後秦）釋鳩摩羅什譯　清
鈔本　七冊

430000－2401－0021049　396.11/110－14

妙法蓮華經七卷　（後秦）釋鳩摩羅什譯　清
鈔本　六冊　存六卷（一至六）

430000－2401－0021050　△396.2/34

金剛般若波羅蜜經三卷　（後秦）釋鳩摩羅什
譯　明萬曆三十一年（1603）徑山寂照庵刻本
一冊

430000－2401－0021051　△396.2/33

金剛般若波羅蜜經一卷　（後秦）釋鳩摩羅什譯　明文徵明瓷青紙金粉鈔本　一冊

430000－2401－0021052　396.11/86－5
金剛般若波羅蜜經一卷　（後秦）釋鳩摩羅什譯　清咸豐四年(1854)黔陽勝覺禪寺刻本　一冊

430000－2401－0021053　396.11/86－3
金剛般若波羅蜜經一卷　（後秦）釋鳩摩羅什譯　清同治四年(1865)刻本　一冊

430000－2401－0021054　396.11/86－9
金剛般若波羅蜜經一卷　（後秦）釋鳩摩羅什譯　清光緒十八年(1892)刻本　一冊

430000－2401－0021055　396.11/86－21
金剛般若波羅蜜經一卷　（後秦）釋鳩摩羅什譯　清光緒十八年(1892)西昌存厚堂刻本　一冊

430000－2401－0021056　396.11/86
金剛般若波羅蜜經一卷　（後秦）釋鳩摩羅什譯　清刻本　一冊

430000－2401－0021057　396.11/86－17
金剛般若波羅蜜經二卷　（後秦）釋鳩摩羅什譯　（隋）釋智顗疏　（唐）釋宗密纂要　（宋）釋子璇刊定　（清）李騰芳集解　清鈔本　一冊　存一卷(下)

430000－2401－0021058　396.11/70
金剛般若經六譯本一卷　（後秦）釋鳩摩羅什等譯　清同治十一年(1872)金陵刻經處刻本　一冊

430000－2401－0021059　△396.2/39
持世經四卷　（後秦）釋鳩摩羅什譯　清雍正十三年(1735)內府刻本　一冊

430000－2401－0021060　△396.2/39(1)
持世經四卷　（後秦）釋鳩摩羅什譯　清雍正十三年(1735)內府刻本　一冊

430000－2401－0021061　△396.2/38
思益梵天所問經四卷　（後秦）釋鳩摩羅什譯　清雍正十三年(1735)內府刻本　一冊

430000－2401－0021062　396.11/248－2
思益梵天所問經四卷　（後秦）釋鳩摩羅什譯　清乾隆四十二年(1777)內府刻本　一冊

430000－2401－0021063　396.11/73
般若波羅蜜多心經一卷　（後秦）釋鳩摩羅什譯　清宣統三年(1911)影印本　一冊

430000－2401－0021064　△396.2/32
佛說梵網經二卷　（後秦）釋鳩摩羅什譯　清光緒三年(1877)南嶽釋海岸血書　一冊

430000－2401－0021065　396.12/33
佛說梵網經二卷　（後秦）釋鳩摩羅什譯　清光緒十年(1884)金陵刻經處刻本　一冊

430000－2401－0021066　396.12/33(1)
佛說梵網經二卷　（後秦）釋鳩摩羅什譯　清光緒十年(1884)金陵刻經處刻本　一冊

430000－2401－0021067　396.12/33(2)
佛說梵網經二卷　（後秦）釋鳩摩羅什譯　清光緒十年(1884)金陵刻經處刻本　一冊

430000－2401－0021068　396.12/33(3)
佛說梵網經二卷　（後秦）釋鳩摩羅什譯　清光緒十年(1884)金陵刻經處刻本　一冊

430000－2401－0021069　396.12/33(4)
佛說梵網經二卷　（後秦）釋鳩摩羅什譯　清光緒十年(1884)金陵刻經處刻本　一冊

430000－2401－0021070　396.12/33(5)
佛說梵網經二卷　（後秦）釋鳩摩羅什譯　清光緒十年(1884)金陵刻經處刻本　一冊

430000－2401－0021071　396.12/33－3
佛說梵網經二卷　（後秦）釋鳩摩羅什譯　清光緒二十七年(1901)東甌頭陀山妙智禪寺刻本　一冊　存一卷(下)

430000－2401－0021072　396.12/33－2
佛說梵網經二卷　（後秦）釋鳩摩羅什譯　清刻本　一冊

430000－2401－0021073　396.12/33－2(1)
佛說梵網經二卷　（後秦）釋鳩摩羅什譯　清刻本　一冊

430000 – 2401 – 0021074　396.12/33 – 2(2)

佛說梵網經二卷　（後秦）釋鳩摩羅什譯　清刻本　一冊

430000 – 2401 – 0021075　396.12/33 – 2(3)

佛說梵網經二卷　（後秦）釋鳩摩羅什譯　清刻本　一冊

430000 – 2401 – 0021076　396.13/147

發菩提心論二卷　（後秦）釋鳩摩羅什譯　清光緒十四年(1888)江北刻經處刻本　一冊

430000 – 2401 – 0021077　△396.2/51

維摩詰所說經三卷　（後秦）釋鳩摩羅什譯　清雍正十三年(1735)內府刻本　一冊

430000 – 2401 – 0021078　△396.2/51(1)

維摩詰所說經三卷　（後秦）釋鳩摩羅什譯　清雍正十三年(1735)內府刻本　一冊

430000 – 2401 – 0021079　396.11/243

維摩詰所說經三卷　（後秦）釋鳩摩羅什譯　清同治九年(1870)金陵刻經處刻本　一冊

430000 – 2401 – 0021080　396.11/243(1)

維摩詰所說經三卷　（後秦）釋鳩摩羅什譯　清同治九年(1870)金陵刻經處刻本　一冊

430000 – 2401 – 0021081　396.11/243(2)

維摩詰所說經三卷　（後秦）釋鳩摩羅什譯　清同治九年(1870)金陵刻經處刻本　一冊

430000 – 2401 – 0021082　396.11/243(3)

維摩詰所說經三卷　（後秦）釋鳩摩羅什譯　清同治九年(1870)金陵刻經處刻本　一冊

430000 – 2401 – 0021083　396.11/243(4)

維摩詰所說經三卷　（後秦）釋鳩摩羅什譯　清同治九年(1870)金陵刻經處刻本　一冊

430000 – 2401 – 0021084　396.11/243(5)

維摩詰所說經三卷　（後秦）釋鳩摩羅什譯　清同治九年(1870)金陵刻經處刻本　一冊

430000 – 2401 – 0021085　396.11/117

摩訶般若波羅蜜經三十卷　（後秦）釋鳩摩羅什　（後秦）釋僧睿譯　清光緒十五年(1889)如皋刻經處刻本　八冊

430000 – 2401 – 0021086　△396.2/31

佛說賢首經一卷　（西秦）釋聖堅譯　佛說白衣金幢二婆羅門緣起經三卷　（宋）釋施護譯　佛說魔逆經一卷　（晉）釋竺法護譯　大明仁孝皇后夢感佛說第一希有大功德經二卷　清雍正十三年(1735)內府刻本　一冊

430000 – 2401 – 0021087　△396.1/3

大方等大集經一卷　（北涼）釋曇無讖譯　宋元豐三年(1080)刻元大德九年(1305)重印本　一冊

430000 – 2401 – 0021088　△396.2/18

大般涅槃經四十卷　（北涼）釋曇無讖譯　大般涅槃經後分二卷　（唐）釋若那跋陀羅等譯　清雍正十三年(1735)內府刻本　八冊

430000 – 2401 – 0021089　△396.2/36

南本大般涅槃經三十六卷　（北涼）釋曇無讖譯　（宋）釋慧觀等再治　明萬曆四十至四十五年(1612 – 1617)徑山化成寺刻本　七冊

430000 – 2401 – 0021090　△396.2/37

金光明經四卷首一卷　（北涼）釋曇無讖譯　明萬曆三十六年(1608)徑山寂照庵刻本　一冊

430000 – 2401 – 0021091　396.11/163

金光明經四卷　（北涼）釋曇無讖譯　清同治十年(1871)金陵刻經處刻本　一冊

430000 – 2401 – 0021092　396.11/163 – 2

金光明經四卷　（北涼）釋曇無讖譯　清光緒二十七年(1901)浙寧崇壽經房刻本　一冊

430000 – 2401 – 0021093　△396.2/44

悲華經十卷　（北涼）釋曇無讖譯　明萬曆三十九年(1611)徑山寂照庵刻本　二冊

430000 – 2401 – 0021094　396.11/129

金剛三昧經二卷　（北涼）□□譯　清同治十二年(1873)金陵刻經處刻本　一冊

430000 – 2401 – 0021095　396.11/157

佛說菩薩念佛三昧經六卷　（南朝宋）釋功德直　（南朝宋）釋玄暢譯　清同治十一年

(1872)常熟刻經處刻本　二冊

430000－2401－0021096　△396.2/43

菩薩善戒經十卷　（南朝宋）釋求那跋摩等譯
　明崇禎十六年至十七年(1643－1644)徑山
刻本　二冊

430000－2401－0021097　396.11/162

菩薩善戒經十卷　（南朝宋）釋求那跋摩等譯
　清光緒二十八年(1902)湖南佛學會刻本
三冊

430000－2401－0021098　396.11/162(1)

菩薩善戒經十卷　（南朝宋）釋求那跋摩等譯
　清光緒二十八年(1902)湖南佛學會刻本
五冊

430000－2401－0021099　△396.2/58

楞伽阿跋多羅寶經四卷　（南朝宋）釋求那跋
摩等譯　清雍正十三年(1735)內府刻本
二冊

430000－2401－0021100　△396.2/58(1)

楞伽阿跋多羅寶經四卷　（南朝宋）釋求那跋
摩等譯　清雍正十三年(1735)內府刻本
二冊

430000－2401－0021101　396.11/62－2

楞伽阿跋多羅寶經四卷　（南朝宋）釋求那跋
摩等譯　清同治七年(1868)新建吳氏皖城刻
半畝園叢書本　二冊

430000－2401－0021102　396.11/62

楞伽阿跋多羅寶經四卷　（南朝宋）釋求那跋
摩等譯　清同治九年(1870)金陵刻經處刻本
二冊

430000－2401－0021103　396.11/62(1)

楞伽阿跋多羅寶經四卷　（南朝宋）釋求那跋
摩等譯　清同治九年(1870)金陵刻經處刻本
二冊

430000－2401－0021104　396.11/62(2)

楞伽阿跋多羅寶經四卷　（南朝宋）釋求那跋
摩等譯　清同治九年(1870)金陵刻經處刻本
二冊

430000－2401－0021105　396.11/62(3)

楞伽阿跋多羅寶經四卷　（南朝宋）釋求那跋
摩等譯　清同治九年(1870)金陵刻經處刻本
二冊

430000－2401－0021106　396.11/62(4)

楞伽阿跋多羅寶經四卷　（南朝宋）釋求那跋
摩等譯　清同治九年(1870)金陵刻經處刻本
二冊

430000－2401－0021107　396.11/227

雜阿含經五十卷　（南朝宋）釋求那跋摩等譯
　清光緒十四年(1888)常熟刻經處刻本　十
二冊

430000－2401－0021108　396.11/60

觀楞伽阿跋多羅寶經記四卷　（南朝宋）釋求
那跋陀羅譯　（明）釋德清記　**觀楞伽阿跋多
羅寶經記略科一卷**　（明）釋德清訂　清道光
八年(1828)紅香館刻本　八冊

430000－2401－0021109　396.11/60－2

觀楞伽阿跋多羅福經記十八卷首一卷　（南
朝宋）釋求那跋陀羅譯　（明）釋德清記　**觀
楞伽阿跋多羅寶經記略科一卷**　（明）釋德
清訂　清光緒三十一年(1905)金陵刻經處
刻本　六冊

430000－2401－0021110　396.12/25－2

彌沙塞部和醯五分律三十卷　（南朝宋）釋佛
陀什　（南朝宋）釋竺道生譯　清末金陵刻經
處刻本　十冊

430000－2401－0021111　396.12/25－2(1)

彌沙塞部和醯五分律三十卷　（南朝宋）釋佛
陀什　（南朝宋）釋竺道生譯　清末金陵刻經
處刻本　十冊

430000－2401－0021112　396.11/240

廣博嚴淨不退轉法輪經四卷　（南朝宋）釋智
嚴　（南朝宋）釋寶雲譯　明萬曆十八年
(1590)刻本　二冊

430000－2401－0021113　396.11/240(1)

廣博嚴淨不退轉法輪經四卷　（南朝宋）釋智
嚴　（南朝宋）釋寶雲譯　明萬曆十八年

(1590)刻本　二册

430000－2401－0021114　△396.2/50

廣博嚴淨不退轉法輪經四卷　（南朝宋）釋智嚴等譯　明徑山刻本　二册

430000－2401－0021115　396.11/196

無量義經一卷　（南朝齊）釋曇摩伽陀耶舍譯　清光緒三年（1877）江北刻經處刻本　一册

430000－2401－0021116　△396.2/13

文殊師利所說摩訶般若波羅密經一卷　（南朝梁）釋曼陀羅仙譯　**仁王護國般若波羅密經二卷**　（後秦）釋鳩摩羅什譯　**佛說如來智印經一卷**　（南朝宋）□□譯　清雍正十三年（1735）内府刻本　一册

430000－2401－0021117　396.11/43

佛說大乘十法經一卷　（南朝梁）釋僧伽婆羅譯　清光緒五年（1879）常熟刻經處刻本　一册

430000－2401－0021118　△396.2/26

佛說孔雀王咒經二卷　（南朝梁）釋僧伽婆羅譯　**佛說大孔雀王神咒經一卷佛說大孔雀王雜神咒經一卷**　（晉）釋帛尸黎蜜多羅譯　明崇禎五年（1632）徑山化城寺刻本　一册

430000－2401－0021119　△396.2/46

勝天王般若波羅密經七卷　（南朝陳）優禪尼國王子月婆首那譯　清雍正十三年（1735）内府刻本　二册

430000－2401－0021120　396.13/40－2

十八空論一卷　（南朝陳）釋真諦譯　明崇禎十七年（1644）刻本　一册

430000－2401－0021121　396.13/40

十八空論一卷　（南朝陳）釋真諦譯　清宣統三年（1911）常州天寧寺刻本　一册

430000－2401－0021122　396.13/40（1）

十八空論一卷　（南朝陳）釋真諦譯　清宣統三年（1911）常州天寧寺刻本　一册

430000－2401－0021123　△396.2/59

三無性論二卷　（南朝陳）釋真諦譯　明崇禎

十七年（1644）虞山華嚴閣刻本　一册

430000－2401－0021124　△396.2/8

大乘起信論一卷　（南朝陳）釋真諦譯　（明）釋智愷筆　**大乘法界無差別論一卷**　（唐）釋提雲般若等譯　明萬曆二十八年（1600）吳興沈潤等刻本　一册

430000－2401－0021125　396.13/17

大乘起信論一卷　（南朝陳）釋真諦譯　清光緒二十四年（1898）金陵刻經處刻本　一册

430000－2401－0021126　396.13/17（1）

大乘起信論一卷　（南朝陳）釋真諦譯　清光緒二十四年（1898）金陵刻經處刻本　一册

430000－2401－0021127　396.13/17（2）

大乘起信論一卷　（南朝陳）釋真諦譯　清光緒二十四年（1898）金陵刻經處刻本　一册

430000－2401－0021128　396.13/105－2

金七十論三卷　（南朝陳）釋真諦譯　**施設論七卷**　（南朝宋）釋法護譯　清順治十八年（1661）刻本　一册

430000－2401－0021129　△396.2/10

大乘止觀法門二卷　（南朝陳）釋慧思撰　明萬曆二十五年（1597）徑山興聖萬壽禪寺刻崇禎七年（1634）長椿寺釋性穩修本　一册

430000－2401－0021130　△396.2/28

佛說長者女庵提遮獅子吼了義經一卷佛說辯意長者子所問經一卷　（北魏）釋法場譯　**佛說五王經一卷佛說賢者五福德經一卷**　（晉）釋白法祖譯　**無量義經一卷**　（南朝齊）釋曇摩伽陀耶舍譯　清雍正十三年（1735）内府刻本　一册

430000－2401－0021131　△396.2/45

善住意天子所問經三卷　（北魏）釋毗目智仙等譯　清雍正十三年（1735）内府刻本　一册

430000－2401－0021132　△396.2/3

十地經論十二卷　（北魏）釋菩提流支譯　明崇禎十六年（1643）徑山刻本　三册

430000－2401－0021133　396.11/64－2

入楞伽經十卷 （北魏）釋菩提流支譯 明萬曆三十四年(1606)徑山寂照庵刻本 一冊 存五卷（一至五）

430000－2401－0021134 396.11/64

入楞伽經十卷 （北魏）釋菩提流支譯 清宣統元年(1909)常州天寧寺刻本 三冊

430000－2401－0021135 △396.2/12

大薩遮尼乾子受記經十卷 （北魏）釋菩提流支譯 明崇禎元年(1628)徑山化城寺刻本 二冊

430000－2401－0021136 396.11/106

大薩遮尼乾子受記經十卷 （北魏）釋菩提流支譯 清光緒十九年(1893)江北刻經處刻本 二冊

430000－2401－0021137 396.11/106(1)

大薩遮尼乾子受記經十卷 （北魏）釋菩提流支譯 清光緒十九年(1893)江北刻經處刻本 二冊

430000－2401－0021138 △396.2/14

文殊師利菩薩問菩提經論二卷 （北魏）釋菩提流支譯 金剛般若波羅密經破取著不壞假名論二卷 （唐）釋地婆呵羅譯 勝思惟梵天所問經論三卷 （北魏）釋菩提流支譯 明崇禎十七年至清順治十八年(1644－1661)徑山刻本 一冊

430000－2401－0021139 396.11/197

賢愚因緣經十三卷 （北魏）釋慧覺譯 清刻本 四冊

430000－2401－0021140 396.11/197(1)

賢愚因緣經十三卷 （北魏）釋慧覺譯 清刻本 四冊

430000－2401－0021141 △396.2/48

解脫戒本經一卷 （北魏）釋瞿曇般若流支譯 大比丘三千威儀二卷 （漢）釋安世高譯 明徑山刻本 一冊

430000－2401－0021142 396.11/293

大乘大方等日藏經八卷 （北齊）釋那連提耶舍譯 清宣統元年(1909)常州天寧寺刻本 三冊

430000－2401－0021143 396.11/93

御定大雲輪請雨經一卷 （北齊）釋那連提耶舍譯 清同治十年(1871)湖南通志總局刻本 一冊

430000－2401－0021144 396.11/93－2

御製大雲輪請雨經二卷 （北齊）釋那連提耶舍譯 清同治十二年(1873)湖南大慈宮刻本 一冊

430000－2401－0021145 △396.2/30

佛說施燈功德經一卷 （北齊）釋那連提耶舍譯 金剛三昧經二卷 明萬曆二十六年(1598)徑山寂照庵刻本 一冊

430000－2401－0021146 396.11/153(2)

占察善惡業報經二卷 （隋）釋菩提登譯 明刻本 一冊

430000－2401－0021147 396.11/153

占察善惡業報經二卷 （隋）釋菩提登譯 清光緒四年(1878)長沙刻經處刻本 一冊

430000－2401－0021148 396.11/153(1)

占察善惡業報經二卷 （隋）釋菩提登譯 清光緒四年(1878)長沙刻經處刻本 一冊

430000－2401－0021149 396.13/68

金剛般若波羅蜜經論三卷 （隋）釋達磨笈多譯 清末刻本 一冊

430000－2401－0021150 396.13/42

菩提資糧論六卷 （隋）釋達磨笈多譯 清宣統三年(1911)常州天寧寺刻本 一冊

430000－2401－0021151 △396.2/1

一切如來心秘密全身舍利寶篋印陀羅尼經一卷 （唐）釋不空譯 宋開寶八年(975)吳越國王錢俶刻本 一冊

430000－2401－0021152 △396.2/1－2

一切如來心秘密全身舍利寶篋印陀羅尼經一卷 （唐）釋不空譯 清同治刻本 褚德彝跋 一冊

430000－2401－0021153　396.11/37

七俱胝佛母所說准提陀羅尼經會釋三卷
(唐)釋不空譯　(清)釋宏贊會釋　清宣統三
年(1911)常州天寧寺刻本　一冊

430000－2401－0021154　396.11/53

大乘密嚴經三卷　(唐)釋不空譯　清光緒二
十三年(1897)金陵刻經處刻本　一冊

430000－2401－0021155　396.11/53(1)

大乘密嚴經三卷　(唐)釋不空譯　清光緒二
十三年(1897)金陵刻經處刻本　一冊

430000－2401－0021156　396.11/53(2)

大乘密嚴經三卷　(唐)釋不空譯　清光緒二
十三年(1897)金陵刻經處刻本　一冊

430000－2401－0021157　396.11/53(3)

大乘密嚴經三卷　(唐)釋不空譯　清光緒二
十三年(1897)金陵刻經處刻本　一冊

430000－2401－0021158　△396.2/9

**大乘瑜伽金剛性海曼殊室利千臂千鉢大教王
經十卷**　(唐)釋不空譯　清雍正十三年
(1735)內府刻本　二冊

430000－2401－0021159　396.11/75－2

仁王護國般若波羅密多經二卷　(唐)釋不空
譯　清同治九年(1870)金陵刻經處刻本
一冊

430000－2401－0021160　396.11/34

佛母大孔雀明王經三卷　(唐)釋不空譯　清
同治九年(1870)如皋刻經處刻本　一冊

430000－2401－0021161　396.11/34(1)

佛母大孔雀明王經三卷　(唐)釋不空譯　清
同治九年(1870)如皋刻經處刻本　一冊

430000－2401－0021162　396.16/224

佛說能淨一切眼疾病陀羅尼經一卷　(唐)釋
不空譯　清光緒十二年(1886)長沙上林寺刻
本　一冊

430000－2401－0021163　396.11/35

大乘大集地藏十輪經十卷　(唐)釋玄奘譯
清長沙刻經處刻本　二冊

430000－2401－0021164　396.11/308

大般若波羅蜜多經六百卷　(唐)釋玄奘譯
清同治十三年(1874)雞園刻經處刻本　一百
十三冊　缺三十五卷(五百六十六至六百)

430000－2401－0021165　396.13/55

成唯識論十卷　(唐)釋玄奘譯　清光緒二十
二年(1896)金陵刻經處刻本　二冊

430000－2401－0021166　396.13/55(1)

成唯識論十卷　(唐)釋玄奘譯　清光緒二十
二年(1896)金陵刻經處刻本　二冊

430000－2401－0021167　396.13/55(2)

成唯識論十卷　(唐)釋玄奘譯　清光緒二十
二年(1896)金陵刻經處刻本　二冊

430000－2401－0021168　396.13/55(3)

成唯識論十卷　(唐)釋玄奘譯　清光緒二十
二年(1896)金陵刻經處刻本　二冊

430000－2401－0021169　396.13/170

阿毗達磨大毗婆沙論二百卷　(唐)釋玄奘譯
明萬曆四十一年(1613)徑山化城增刻本
一冊　存二卷(一百十九至一百二十)

430000－2401－0021170　396.13/99

阿毗達磨俱舍論三十卷　(唐)釋玄奘譯　清
宣統三年(1911)常州天寧寺刻本　六冊

430000－2401－0021171　△396.2/56

阿毗達磨順正理論八十卷　(唐)釋玄奘譯
明崇禎五年至六年(1632－1633)顧龍山刻本
十五冊　缺五卷(四十一至四十五)

430000－2401－0021172　△396.2/47

瑜伽師地論八十卷　(唐)釋玄奘譯　明萬曆
二十七年(1599)徑山寂照庵刻本　十六冊

430000－2401－0021173　△396.2/49

解深密經五卷　(唐)釋玄奘譯　清雍正十三
年(1735)內府刻本　一冊

430000－2401－0021174　△396.2/49(1)

解深密經五卷　(唐)釋玄奘譯　清雍正十三
年(1735)內府刻本　一冊

430000－2401－0021175　396.11/55

解深密經五卷 （唐）釋玄奘譯 清同治十年（1871）金陵刻經處刻本 一冊

430000－2401－0021176 396.11/55（1）

解深密經五卷 （唐）釋玄奘譯 清同治十年（1871）金陵刻經處刻本 一冊

430000－2401－0021177 396.11/171

藥師琉璃光如來本願功德經一卷 （唐）釋玄奘譯 清同治十一年（1872）如皋刻經處刻本 一冊

430000－2401－0021178 396.11/171（1）

藥師琉璃光如來本願功德經一卷 （唐）釋玄奘譯 清同治十一年（1872）如皋刻經處刻本 一冊

430000－2401－0021179 396.11/171（2）

藥師琉璃光如來本願功德經一卷 （唐）釋玄奘譯 清同治十一年（1872）如皋刻經處刻本 一冊

430000－2401－0021180 396.11/171（3）

藥師琉璃光如來本願功德經一卷 （唐）釋玄奘譯 清同治十一年（1872）如皋刻經處刻本 一冊

430000－2401－0021181 396.13/169

辯中邊論三卷 （唐）釋玄奘譯 明萬曆三十七年（1609）徑山刻本 一冊

430000－2401－0021182 △396.31/29

攝大乘論釋四十八卷二論一卷三論一卷 （唐）釋玄奘等譯 明崇禎嘉興府楞嚴寺刻本 十二冊

430000－2401－0021183 396.13/79

顯揚聖教論二十卷 （唐）釋玄奘譯 清宣統元年（1909）揚州藏經院刻本 四冊

430000－2401－0021184 396.13/79（1）

顯揚聖教論二十卷 （唐）釋玄奘譯 清宣統元年（1909）揚州藏經院刻本 四冊

430000－2401－0021185 △396.2/16

方廣大莊嚴經十二卷 （唐）釋地婆呵羅譯 明崇禎四年（1631）徑山化城寺刻本 二冊

430000－2401－0021186 △396.2/61

大方廣圓覺修多羅了義經二卷 （唐）釋佛陀多羅譯 明萬曆二十六年（1598）徑山興聖萬壽禪寺刻本 一冊

430000－2401－0021187 396.11/174－2

大方廣圓覺修多羅了義經二卷 （唐）釋佛陀多羅譯 明俞王言刻本 一冊

430000－2401－0021188 396.11/185

大方廣圓覺修多羅了義經二卷 （唐）釋佛陀多羅譯 明刻本 一冊

430000－2401－0021189 △396.2/62

大方廣圓覺修多羅了義經二卷 （唐）釋佛陀多羅譯 金剛般若波羅蜜經一卷 （後秦）釋鳩摩羅什譯 入法界體性經一卷 （隋）釋闍那崛多譯 清雍正十三年（1735）內府刻本 一冊

430000－2401－0021190 396.11/174

大方廣圓覺修多羅了義經二卷 （唐）釋佛陀多羅譯 金剛般若波羅蜜經一卷 （後秦）釋鳩摩羅什譯 般若波羅密多心經略疏一卷 （唐）釋法藏述 清同治八年（1869）金陵刻經處刻本 一冊

430000－2401－0021191 396.11/174（1）

大方廣圓覺修多羅了義經二卷 （唐）釋佛陀多羅譯 金剛般若波羅蜜經一卷 （後秦）釋鳩摩羅什譯 般若波羅密多心經略疏一卷 （唐）釋法藏述 清同治八年（1869）金陵刻經處刻本 一冊

430000－2401－0021192 396.11/174（2）

大方廣圓覺修多羅了義經二卷 （唐）釋佛陀多羅譯 金剛般若波羅蜜經一卷 （後秦）釋鳩摩羅什譯 般若波羅密多心經略疏一卷 （唐）釋法藏述 清同治八年（1869）金陵刻經處刻本 一冊

430000－2401－0021193 396.11/175－2

大方廣圓覺修多羅了義經二卷 （唐）釋佛陀多羅譯 清光緒十七年（1891）釋海岸鈔本 一冊

430000－2401－0021194　396.11/91－2

千手千眼觀世音菩薩廣大圓滿無礙大悲心陀
羅尼經一卷　（唐）釋伽梵達摩譯　地藏菩薩
本願經二卷　（唐）釋實叉難陀譯　清同治八
年(1869)金陵刻經處刻本　一冊

430000－2401－0021195　396.11/91

佛說千手千眼觀世音菩薩廣大圓滿無礙大悲
心陀羅尼經一卷　（唐）釋伽梵達摩譯　清同
治十三年(1874)周芝階刻本　一冊

430000－2401－0021196　396.11/36

佛說七俱胝佛母准提大明陀羅尼經一卷
（唐）釋金剛智譯　清同治十年(1871)金陵刻
經處刻本　一冊

430000－2401－0021197　396.11/36－2

佛說七俱胝佛母准提大明陀羅尼經一卷
（唐）釋金剛智譯　清光緒八年(1882)金陵刻
經處刻本　一冊

430000－2401－0021198　△396.2/15

大佛頂如來密因修證了義諸菩薩萬行首楞嚴
經十卷　（唐）釋般刺密諦等譯　明萬曆三十
年(1602)朱應元刻本　三冊

430000－2401－0021199　396.11/12

大佛頂如來密因修證了義諸菩薩萬行首楞嚴
經十卷　（唐）釋般刺密諦等譯　（明）釋惟則
會解　清順治十五年(1658)信官周維藩刻本
五冊

430000－2401－0021200　△396.2/15－3

大佛頂如來密因修證了義諸菩薩萬行首楞嚴
經十卷　（唐）釋般刺密諦等譯　清雍正十三
年(1735)內府刻本　二冊

430000－2401－0021201　396.11/7－10

大佛頂如來密因修證了義諸菩薩萬行首楞嚴
經十卷　（唐）釋般刺密諦等譯　清嘉慶二十
四年(1819)刻本　二冊

430000－2401－0021202　396.11/7－3

大佛頂如來密因修證了義諸菩薩萬行首楞嚴
經十卷　（唐）釋般刺密諦等譯　清同治八年
(1869)金陵刻經處刻本　二冊

430000－2401－0021203　396.11/7－3(1)

大佛頂如來密因修證了義諸菩薩萬行首楞嚴
經十卷　（唐）釋般刺密諦等譯　清同治八年
(1869)金陵刻經處刻本　二冊

430000－2401－0021204　396.11/7－3(2)

大佛頂如來密因修證了義諸菩薩萬行首楞嚴
經十卷　（唐）釋般刺密諦等譯　清同治八年
(1869)金陵刻經處刻本　二冊

430000－2401－0021205　396.11/7－7

大佛頂如來密因修證了義諸菩薩萬行首楞嚴
經十卷　（唐）釋般刺密諦等譯　清光緒六年
(1880)刻本　三冊

430000－2401－0021206　396.11/7－5

大佛頂如來密因修證了義諸菩薩萬行首楞嚴
經十卷　（唐）釋般刺密諦等譯　清光緒二十
五年(1899)瑪瑙寺明台經房刻本　三冊

430000－2401－0021207　396.11/7－9

大佛頂如來密因修證了義諸菩薩萬行首楞嚴
經十卷　（唐）釋般刺密諦等譯　清光緒三十
一年(1905)刻本　釋開悟批註　三冊

430000－2401－0021208　△396.2/15－2

大佛頂如來密因修證了義諸菩薩萬行首楞嚴
經十卷　（唐）釋般刺密諦等譯　清鈔本
五冊

430000－2401－0021209　396.11/22

大佛頂如來密因修證了義諸菩薩萬行首楞嚴
經十卷　（唐）釋般刺密諦譯　（明）釋智旭文
句　清光緒元年(1875)刻本　九冊

430000－2401－0021210　396.11/220

大方廣佛華嚴經五卷　（唐）釋般若譯　明萬
曆十八年(1590)刻本　一冊

430000－2401－0021211　396.11/145－2

大方廣佛華嚴經入不思議解脫境界普賢行願
品卷第四十一卷　（唐）釋般若譯　華嚴法界
玄鏡二卷　（唐）釋澄觀撰　清同治九年
(1870)如皋刻經處刻本　一冊

430000－2401－0021212　△396.2/5

大乘本生心地觀經八卷 （唐）釋般若譯 清
雍正十三年(1735)內府刻本 二冊

430000－2401－0021213 396.11/40

大乘本生心地觀經八卷 （唐）釋般若譯 清
末刻本 二冊

430000－2401－0021214 396.11/49

大乘本生心地觀經報恩品二卷 （唐）釋般若
等譯 民國十二年(1923)天津刻經處刻本
一冊

430000－2401－0021215 396.11/39－2

大乘理趣六波羅密多經十卷 （唐）釋般若譯
明萬曆十九年(1591)清凉山妙德庵刻本
一冊 存五卷(一至五)

430000－2401－0021216 396.11/31

大乘理趣六波羅密多經十卷 （唐）釋般若譯
清光緒十九年(1893)金陵刻經處刻本
二冊

430000－2401－0021217 396.11/39

大乘理趣六波羅密多經十卷 （唐）釋般若譯
清光緒十九年(1893)金陵刻經處刻本
二冊

430000－2401－0021218 396.11/39(1)

大乘理趣六波羅密多經十卷 （唐）釋般若譯
清光緒十九年(1893)金陵刻經處刻本
二冊

430000－2401－0021219 396.11/234

大寶積經一百二十卷 （唐）釋菩提流志等譯
清光緒四年(1878)常熟刻經處刻本 二十
四冊

430000－2401－0021220 396.11/234(1)

大寶積經一百二十卷 （唐）釋菩提流志等譯
清光緒四年(1878)常熟刻經處刻本 六冊
存二十卷(三十五至五十四)

430000－2401－0021221 396.11/199

勝鬘夫人會一卷 （唐）釋菩提流志譯 勝鬘
師子吼一乘大方便方廣經一卷 （南朝宋）釋
求那跋陀羅譯 清光緒二十二年(1896)金陵

刻經處刻本 一冊

430000－2401－0021222 396.11/187

實相般若波羅蜜經一卷 （唐）釋菩提流志等
譯 清同治十年(1871)金陵刻經處刻本
一冊

430000－2401－0021223 △396.2/6

大乘修行菩薩行門諸經要集三卷 （唐）釋智
嚴譯 明萬曆三十五年(1607)徑山寂照庵刻
本 一冊

430000－2401－0021224 396.11/45

大乘修行菩薩行門諸經要集三卷 （唐）釋智
嚴譯 清光緒二十一年(1895)江北刻經處刻
本 一冊

430000－2401－0021225 396.13/58

成唯識寶生論五卷 （唐）釋義淨譯 清順治
二年(1645)嵩江弘法會刻本 一冊

430000－2401－0021226 396.11/247

金光明最勝王經十卷 （唐）釋義淨譯 清同
治十年(1871)常熟刻經處刻本 二冊

430000－2401－0021227 396.11/247(1)

金光明最勝王經十卷 （唐）釋義淨譯 清同
治十年(1871)常熟刻經處刻本 二冊

430000－2401－0021228 396.11/247(2)

金光明最勝王經十卷 （唐）釋義淨譯 清同
治十年(1871)常熟刻經處刻本 二冊

430000－2401－0021229 396.11/247(3)

金光明最勝王經十卷 （唐）釋義淨譯 清同
治十年(1871)常熟刻經處刻本 二冊

430000－2401－0021230 △396.2/2

大方廣佛華嚴經八十一卷 （唐）釋實叉難陀
譯 明萬曆二十八年(1600)瞿汝夔刻本 三
十二冊

430000－2401－0021231 △396.2/2－2

大方廣佛華嚴經八十一卷 （唐）釋實叉難陀
譯 清雍正十一年(1733)釋明參校刻本 二
十四冊

430000－2401－0021232 396.11/221

大方廣佛華嚴經八十一卷 （唐）釋實叉難陀
譯 清同治黃德耀刻本 一冊 存一卷（十
三）

430000－2401－0021237 396.11/232

大乘入楞伽經七卷 （唐）釋實叉難陀譯 清
光緒三十四年（1908）金陵刻經處刻本 二冊

430000－2401－0021238 396.13/18

大乘起信論一卷 （唐）釋實叉難陀譯 清光
緒二十四年（1898）金陵刻經處刻本 一冊

430000－2401－0021239 396.13/18（1）

大乘起信論一卷 （唐）釋實叉難陀譯 清
緒二十四年（1898）金陵刻經處刻本 一冊

430000－2401－0021240 396.13/18（2）

大乘起信論一卷 （唐）釋實叉難陀譯 清
緒二十四年（1898）金陵刻經處刻本 一冊

430000－2401－0021241 396.13/18（3）

大乘起信論一卷 （唐）釋實叉難陀譯 清
緒二十四年（1898）金陵刻經處刻本 一冊

430000－2401－0021242 396.11/236－4

地藏菩薩本願經二卷 （唐）釋實叉難陀譯
清光緒四年（1878）長沙刻經處刻本 一冊

430000－2401－0021243 396.11/236－4（1）

地藏菩薩本願經二卷 （唐）釋實叉難陀譯
清光緒四年（1878）長沙刻經處刻本 一冊

430000－2401－0021244 396.11/218

地藏菩薩本願經三卷 （唐）釋實叉難陀譯
清光緒三十年（1904）金陵刻經處刻本 一冊

430000－2401－0021245 396.11/236

地藏菩薩本願經三卷 （唐）釋實叉難陀譯
清末龍城曾氏刻本 一冊

430000－2401－0021246 396.11/236（1）

地藏菩薩本願經三卷 （唐）釋實叉難陀譯
清末龍城曾氏刻本 一冊

430000－2401－0021247 △396.2/60

大方廣佛華嚴經疏序演義鈔八卷 （唐）釋澄
觀撰 明天啟三年（1623）刻本 八冊

430000－2401－0021248 △396.2/64

六祖大師法寶壇經一卷 （唐）釋慧能撰
（唐）釋宗寶編 明萬曆三十七年（1609）刻本
一冊

430000－2401－0021249 396.12/12

佛說四分比丘尼戒本一卷 （唐）釋懷素集
清刻本 一冊

430000－2401－0021250 △396.2/7

大乘莊嚴經論十三卷 （唐）釋羅密多羅譯
明崇禎十七年（1644）徑山化城寺刻本 三冊

430000－2401－0021251 396.11/123

佛說妙吉祥瑜伽大教金剛陪羅口縛輪觀想成
就儀軌經一卷 （南朝宋）釋法賢譯 清宣統
元年（1909）常州天寧寺刻本 一冊

430000－2401－0021252 396.11/236－7

地藏菩薩本願經三卷 （南朝宋）釋法燈譯
清刻本 一冊

430000－2401－0021253 396.11/324

佛母般若波羅蜜多圓集要義釋論四卷 （南
朝宋）釋法護譯 大乘寶要義論四卷 （南朝
宋）釋法護譯 清順治十八年（1661）刻本
一冊

430000－2401－0021254 △396.2/22

佛吉祥德贊三卷 （南朝宋）釋法護譯 曇無
德律部雜羯磨二卷 （南朝魏）釋康僧鎧譯
十誦羯磨比丘要用一卷 （南朝宋）釋僧璩撰
明崇禎十六年（1643）徑山刻本 一冊

430000－2401－0021255 △396.2/27

佛說如來不思議秘密金剛手經二十卷 （南
朝宋）釋法護等譯 清雍正十三年（1735）內
府刻本 二冊

430000－2401－0021256 △396.2/4

大乘中觀釋論四卷 （南朝宋）釋惟淨等譯
明萬曆十九年（1581）清涼山妙德庵刻本
一冊

430000－2401－0021257 396.13/138

大乘中觀釋論十卷 （南朝宋）釋惟淨等譯

清光緒三十四年(1908)金陵刻經處刻本
二冊

430000－2401－0021258　396.11/59

楞伽阿跋多羅寶經會譯四卷　（明）釋員珂會
　譯　明萬曆八年(1580)馮夢禎募刻本　一冊
　　存一卷(一)

430000－2401－0021259　396.11/59(1)

楞伽阿跋多羅寶經會譯四卷　（明）釋員珂會
　譯　明萬曆八年(1580)馮夢禎募刻本　一冊
　　存一卷(一)

430000－2401－0021260　396.11/351

大佛頂如來密因修證了義諸菩薩萬行首楞嚴
經如說十卷　（明）鍾惺輯　明天啟弘覺山房
　刻本　二冊　存四卷(五至八)

430000－2401－0021261　396.11/50

佛說造像量度經一卷經解一卷續補一卷
（清）工布查布譯　清同治十三年(1874)金陵
　刻經處刻本　一冊

430000－2401－0021262　396.11/50(1)

佛說造像量度經一卷經解一卷續補一卷
（清）工布查布譯　清同治十三年(1874)金陵
　刻經處刻本　一冊

430000－2401－0021263　396.13/127

佛說摩呵阿彌陀經一卷　（清）魏源譯　（清）
　王耕心論　清光緒三十年(1904)刻本　一冊

430000－2401－0021264　△396.31/28

維摩詰所說經註十卷　（後秦）釋僧肇撰　明
　萬曆二十九年(1601)徑山寂照庵刻本　二冊

430000－2401－0021265　396.13/103

無量壽經優婆提舍願生偈註二卷　（北魏）釋
　曇鸞撰　清光緒十九年(1893)金陵刻經處刻
　本　一冊

430000－2401－0021266　396.11/77

仁王護國般若經疏五卷　（隋）釋智顗說
（隋）釋灌頂記　清光緒十一年(1885)江北刻
　經處刻本　一冊

430000－2401－0021267　△396.31/17

妙法蓮華經文句十卷　（隋）釋智顗撰　明刻
本　五冊

430000－2401－0021268　396.11/126

妙法蓮華經玄義釋懺四十卷　（隋）釋智顗說
（隋）釋灌頂記　（唐）釋湛然釋　**法華玄義**
序釋懺一卷　（隋）釋灌頂述　（唐）釋湛然釋
　清光緒七年(1881)慧空經房刻本　十冊

430000－2401－0021269　396.11/126(1)

妙法蓮華經玄義釋懺四十卷　（隋）釋智顗說
（隋）釋灌頂記　（唐）釋湛然釋　**法華玄義**
序釋懺一卷　（隋）釋灌頂述　（唐）釋湛然釋
　清光緒七年(1881)慧空經房刻本　十冊

430000－2401－0021270　396.11/251

金光明經玄義二卷　（隋）釋智顗說　（隋）釋
灌頂錄　清光緒七年(1881)姑蘇刻經處刻本
　一冊

430000－2401－0021271　396.11/131－2

金剛般若經疏一卷　（隋）釋智顗說　（隋）釋
顯宗會　清光緒七年(1881)長沙刻經處刻本
　一冊

430000－2401－0021272　396.11/131－2(1)

金剛般若經疏一卷　（隋）釋智顗說　（隋）釋
顯宗會　清光緒七年(1881)長沙刻經處刻本
　一冊

430000－2401－0021273　396.11/131－3

金剛般若經疏一卷　（隋）釋智顗說　（隋）釋
顯宗會　清光緒三十三年(1907)金陵刻經處
刻本　一冊

430000－2401－0021274　396.11/268－2

維摩經玄疏六卷　（隋）釋智顗撰　清長沙刻
經處刻本　二冊

430000－2401－0021275　396.11/268－2(1)

維摩經玄疏六卷　（隋）釋智顗撰　清長沙刻
經處刻本　一冊　存三卷(四至六)

430000－2401－0021276　396.11/257

維摩經疏八卷　（隋）釋智顗說　（唐）釋湛然略
　清光緒八年(1882)長沙刻經處刻本　八冊

430000 – 2401 – 0021277　396.11/257（1）

維摩經疏八卷　（隋）釋智顗說　（唐）釋湛然略　清光緒八年（1882）長沙刻經處刻本　八冊

430000 – 2401 – 0021278　396.11/257（2）

維摩經疏八卷　（隋）釋智顗說　（唐）釋湛然略　清光緒八年（1882）長沙刻經處刻本　五冊　存五卷（二至六）

430000 – 2401 – 0021279　396.11/319 – 2

大般涅槃經疏三十六卷　（隋）釋灌頂撰　明崇禎徑山化城寺刻本　三冊　存十三卷（一至四、九至十二、二十六至三十）

430000 – 2401 – 0021280　396.13/132

大乘起信論疏記會本六卷　（唐）釋元曉疏　清光緒二十五年（1899）金陵刻經處刻本　二冊

430000 – 2401 – 0021281　396.13/21

大乘法界無差別論疏二卷　（唐）釋法藏撰　清光緒二十一年（1895）金陵刻經處刻本　一冊

430000 – 2401 – 0021282　396.13/73

大乘起信論疏二卷　（唐）釋法藏撰　（唐）釋宗密錄註　（明）釋袾紅重次　清光緒三年（1877）長沙刻經處刻本　二冊

430000 – 2401 – 0021283　△396.31/2

大乘起信論疏筆削記會閱十卷附一卷　（唐）釋法藏述疏　（唐）釋宗密錄註　（宋）釋子璿修記　（清）釋續法會編　清光緒十五年（1889）刻本　十冊

430000 – 2401 – 0021284　396.12/27

梵網經菩薩戒本疏十卷　（唐）釋法藏撰　清光緒二十五年（1899）金陵刻經處刻本　二冊

430000 – 2401 – 0021285　396.11/164

大方廣佛華嚴經普賢行願品別行疏鈔十五卷　（唐）釋宗密撰　大方廣佛華嚴經普賢行願品疏科文一卷　（唐）釋宗密撰集　清光緒三十二年（1906）金陵刻經處刻本　五冊

430000 – 2401 – 0021286　396.11/164（1）

大方廣佛華嚴經普賢行願品別行疏鈔十五卷　（唐）釋宗密撰　大方廣佛華嚴經普賢行願品疏科文一卷　（唐）釋宗密撰集　清光緒三十二年（1906）金陵刻經處刻本　五冊

430000 – 2401 – 0021287　396.11/164（2）

大方廣佛華嚴經普賢行願品別行疏鈔十五卷　（唐）釋宗密撰　大方廣佛華嚴經普賢行願品疏科文一卷　（唐）釋宗密撰集　清光緒三十二年（1906）金陵刻經處刻本　三冊　存五卷（一至五）

430000 – 2401 – 0021288　396.11/177

大方廣圓覺修多羅了義經略疏二卷　（唐）釋宗密述　清道光四年（1824）蘇州善慶禪林刻本　一冊

430000 – 2401 – 0021289　396.11/177 – 2

大方廣圓覺修多羅了義經略疏二卷　（唐）釋宗密述　清光緒三十年（1904）揚州藏經院刻本　二冊

430000 – 2401 – 0021290　396.11/177 – 4

大方廣圓覺修多羅了義經略疏二卷　（唐）釋玄密述　清衡州報國寺刻本　二冊

430000 – 2401 – 0021291　△396.31/32

大方廣圓覺經大疏三卷首一卷末一卷　（唐）釋宗密撰　明萬曆三十五年（1607）徑山寂照庵刻本　六冊

430000 – 2401 – 0021292　396.11/161

大方廣圓覺經大疏十六卷首一卷　（唐）釋宗密撰　清宣統元年（1909）金陵刻經處刻本　四冊

430000 – 2401 – 0021293　396.11/238

佛說盂蘭盆經疏一卷　（唐）釋宗密撰　（宋）釋淨源錄疏註經　清光緒三十二年（1906）金陵刻經處刻本　一冊

430000 – 2401 – 0021294　396.14/69 – 2

華嚴原人論合解二卷　（唐）釋宗密撰　（元）釋圓覺解　（明）楊嘉祚刪合　清同治十一年（1872）刻本　一冊

430000 - 2401 - 0021295　396.11/230 - 2

大方廣佛華嚴經疏序演義鈔八卷　（唐）釋澄觀撰　明天啟三年(1623)刻本　八冊

430000 - 2401 - 0021296　396.11/230

大方廣佛華嚴經疏序演義鈔八卷首一卷　（唐）釋澄觀撰　清長沙刻經處刻本　八冊

430000 - 2401 - 0021297　396.11/309

大方廣佛華嚴經疏鈔會本八十卷首一卷大方廣佛華嚴經疏鈔懸談二十八卷　（唐）釋澄觀撰　清光緒三十三年(1907)金陵刻經處刻本　六十八冊

430000 - 2401 - 0021298　396.13/160

大方廣佛華嚴經疏論纂要懸亦一百二十卷　（唐）釋澄觀疏鈔　（唐）李通玄論　（清）釋道霈撰　清嘉慶補修康熙刻本　四十八冊

430000 - 2401 - 0021299　396.13/70

因明入正理論疏八卷　（唐）釋窺基撰　清光緒二十二年(1896)金陵刻經處刻本　二冊

430000 - 2401 - 0021300　△396.31/22

首楞嚴義疏註經二十卷　（宋）釋子璿輯　明萬曆二十九年(1601)徑山寂照庵刻本　四冊

430000 - 2401 - 0021301　396.11/25

首楞嚴經疏二十卷　（宋）釋子璿輯　清光緒三十二年(1906)揚州藏經院刻本　八冊

430000 - 2401 - 0021302　396.11/269

佛說阿彌陀經義疏一卷　（宋）釋元照撰　清光緒二十四年(1898)金陵刻經處刻本　一冊

430000 - 2401 - 0021303　396.13/163

十不二門指要鈔詳解二卷　（宋）釋可度撰　清金陵刻經處刻本　二冊

430000 - 2401 - 0021304　396.11/103

佛說四十二章經一卷佛遺教經一卷　（宋）釋守遂註　（明）釋了童補註　清光緒五年(1879)長沙刻經處刻本　一冊

430000 - 2401 - 0021305　396.11/103(1)

佛說四十二章經一卷佛遺教經一卷　（宋）釋守遂註　（明）釋了童補註　清光緒五年(1879)長沙刻經處刻本　一冊

430000 - 2401 - 0021306　396.11/103(2)

佛說四十二章經一卷佛遺教經一卷　（宋）釋守遂註　（明）釋了童補註　清光緒五年(1879)長沙刻經處刻本　一冊

430000 - 2401 - 0021307　396.11/103(3)

佛說四十二章經一卷佛遺教經一卷　（宋）釋守遂註　（明）釋了童補註　清光緒五年(1879)長沙刻經處刻本　一冊

430000 - 2401 - 0021308　396.11/103 - 2

佛說四十二章經一卷佛遺教經一卷　（宋）釋守遂撰　（明）釋了童補註　清光緒十六年(1890)金陵刻經處刻本　一冊

430000 - 2401 - 0021309　△396.31/6

大佛頂如來密因修證了義諸菩薩萬行首楞嚴經要解二十卷　（宋）釋戒環撰　明萬曆二十二年(1594)徑山興聖萬壽禪寺刻本　四冊

430000 - 2401 - 0021310　396.11/32

大佛頂如來密因修證了義諸菩薩萬行首楞嚴經要解二十卷　（宋）釋戒環撰　清光緒三年(1877)南嶽釋海岸鈔本　三冊　缺四冊

430000 - 2401 - 0021311　△396.31/15

妙法蓮華經七卷　（宋）釋戒環解　明萬曆三年(1575)刻本　七冊

430000 - 2401 - 0021312　396.11/107 - 2

妙法蓮華經解七卷　（宋）釋戒環撰　明萬曆吳應芝刻本(卷五至七爲南嶽釋海岸補鈔)　四冊

430000 - 2401 - 0021313　396.11/107

妙法蓮華經解七卷　（宋）釋戒環撰　清光緒三十四年(1908)常州天寧寺刻本　六冊

430000 - 2401 - 0021314　396.11/250

佛說觀無量壽佛經疏妙宗鈔四卷　（宋）釋知禮撰　金陵刻經處刻本　二冊

430000 - 2401 - 0021315　396.11/16

大佛頂如來密因修證了義諸菩薩萬行首楞嚴經合論十卷　（宋）釋德洪造論　清光緒金陵

刻經處刻本　四冊　缺二卷(九至十)

430000－2401－0021316　396.11/276
佛說阿彌陀經一卷　(元)釋性澄句解　明刻本　一冊

430000－2401－0021317　△396.31/1
大佛頂如來密因修證了義諸菩薩萬行首楞嚴經十卷　(元)釋惟則會解　(清)釋傳燈圓通疏　清順治五年至七年(1648－1650)嘉興府楞嚴寺刻本　十冊

430000－2401－0021318　△396.31/3
大佛頂如來密因修證了義諸菩薩萬行首楞嚴經十卷　(元)釋惟則會解　清刻本　五冊

430000－2401－0021319　396.11/13
大佛頂如來密因修證了義諸菩薩萬行首楞嚴經會解二十卷　(元)釋惟則撰　清宣統元年(1909)常州天寧寺刻本　六冊

430000－2401－0021320　△396.31/14
妙法蓮華經七卷　(明)釋一如集註　明釋道焜刻本　七冊

430000－2401－0021321　396.11/111
妙法蓮華經科註七卷首一卷　(明)釋一如集註　清同治十一年(1872)刻本　八冊

430000－2401－0021322　396.11/302
維摩詰所說經折衷疏六卷　(明)釋大賢述　清末金陵刻經處刻本　三冊

430000－2401－0021323　396.11/304
大佛頂首楞嚴經正脉疏四十卷首一卷　(明)釋真鑒述　清光緒二十二年(1896)金陵刻經處刻本　十四冊

430000－2401－0021324　396.11/85
金剛般若波羅蜜經註解一卷　(明)釋宗泐(明)釋如玘撰　清光緒二年(1876)長沙刻經處刻本　一冊

430000－2401－0021325　396.11/85(1)
金剛般若波羅蜜經註解一卷　(明)釋宗泐(明)釋如玘撰　清光緒二年(1876)長沙刻經處刻本　一冊

430000－2401－0021326　396.11/85－2
金剛般若波羅蜜經註解一卷　(明)釋宗泐(明)釋如玘撰　清刻本　一冊

430000－2401－0021327　396.11/61
楞伽阿跋多羅寶經註解四卷　(明)釋宗泐(明)釋如玘撰　清光緒四年(1878)長沙刻經處刻釋氏十三經本　四冊

430000－2401－0021328　396.11/61(1)
楞伽阿跋多羅寶經註解四卷　(明)釋宗泐(明)釋如玘撰　清光緒四年(1878)長沙刻經處刻釋氏十三經本　四冊

430000－2401－0021329　396.11/61(2)
楞伽阿跋多羅寶經註解四卷　(明)釋宗泐(明)釋如玘撰　清光緒四年(1878)長沙刻經處刻釋氏十三經本　四冊

430000－2401－0021330　396.11/61(3)
楞伽阿跋多羅寶經註解四卷　(明)釋宗泐(明)釋如玘撰　清光緒四年(1878)長沙刻經處刻釋氏十三經本　二冊

430000－2401－0021331　396.11/61(4)
楞伽阿跋多羅寶經註解四卷　(明)釋宗泐(明)釋如玘撰　清光緒四年(1878)長沙刻經處刻釋氏十三經本　二冊

430000－2401－0021332　396.11/133
金剛經註解四卷　(明)釋洪蓮編　清同治九年(1870)汝南堂周刻本　四冊

430000－2401－0021333　396.11/133(1)
金剛經註解四卷　(明)釋洪蓮編　清同治九年(1870)海幢經坊刻本　四冊

430000－2401－0021334　396.11/133－3
金剛經集註四卷　(明)釋洪蓮編　清光緒二十年(1894)常州天寧寺刻本　四冊

430000－2401－0021335　396.11/132
金剛經會解四卷　(明)釋洪蓮編　清光緒二十八年(1902)刻本　四冊

430000－2401－0021336　396.11/11
大佛頂如來密因修證了義諸菩薩萬行首楞嚴

經纂註十卷首一卷末一卷　（明）釋真界撰
清光緒三十四年（1908）金陵刻經處刻本
五冊

430000－2401－0021337　396.11/11（1）
大佛頂如來密因修證了義諸菩薩萬行首楞嚴
經纂註十卷首一卷末一卷　（明）釋真界撰
清光緒三十四年（1908）金陵刻經處刻本
五冊

430000－2401－0021338　△396.31/8
大佛頂首楞嚴經正脈疏十卷　（明）釋真鑒撰
　明萬曆釋法絲刻本　十冊

430000－2401－0021339　396.11/193
大方廣圓覺修多羅了義經近釋六卷　（明）釋
通潤述　清光緒十二年（1886）金陵刻經處刻
本　二冊

430000－2401－0021340　396.13/114（1）
成唯識論十卷　（明）釋通潤集解　明萬曆四
十年（1612）刻本　一冊　存二卷（二至三）

430000－2401－0021341　396.13/114
成唯識論十卷　（明）釋大惠錄　明崇禎元年
（1628）刻本　十冊

430000－2401－0021342　△396.31/10
成唯識論十卷　（明）釋通潤集解　明刻本
四冊　存四卷（四、七至九）

430000－2401－0021343　△396.31/16
妙法蓮華經大窾七卷　（明）釋通潤註　清康
熙三年（1664）永州府東安縣廣佛寺釋寂中刻
本　八冊

430000－2401－0021344　△396.31/30
觀所緣緣論釋發研一卷　（明）釋通潤解　明
末刻本　一冊

430000－2401－0021345　396.12/22
沙彌律儀要略集解二卷　（明）釋袾宏輯
（清）釋元度集解　清末刻本　一冊

430000－2401－0021346　396.12/22（1）
沙彌律儀要略集解二卷　（明）釋袾宏輯
（清）釋元度集解　清末刻本　二冊

430000－2401－0021347　396.12/22（2）
沙彌律儀要略集解二卷　（明）釋袾宏輯
（清）釋元度集解　清末刻本　二冊

430000－2401－0021348　396.12/22（3）
沙彌律儀要略集解二卷　（明）釋袾宏輯
（清）釋元度集解　清末刻本　二冊

430000－2401－0021349　396.12/22（4）
沙彌律儀要略集解二卷　（明）釋袾宏輯
（清）釋元度集解　清末刻本　二冊

430000－2401－0021350　396.12/22（5）
沙彌律儀要略集解二卷　（明）釋袾宏輯
（清）釋元度集解　清末刻本　二冊

430000－2401－0021351　396.12/22（6）
沙彌律儀要略集解二卷　（明）釋袾宏輯
（清）釋元度集解　清末刻本　二冊

430000－2401－0021352　396.12/22（7）
沙彌律儀要略集解二卷　（明）釋袾宏輯
（清）釋元度集解　清末刻本　二冊

430000－2401－0021353　△396.38/2
沙彌律儀要略增註二卷　（明）釋袾宏輯
（清）釋弘贊註　清南嶽釋海岸鈔本　一冊

430000－2401－0021354　396.11/180
佛說阿彌陀經疏鈔四卷　（明）釋袾宏述　清
光緒三十年（1904）長沙刻雲棲法彙本　五冊

430000－2401－0021355　396.11/180（1）
佛說阿彌陀經疏鈔四卷　（明）釋袾宏述　清
光緒三十年（1904）長沙刻雲棲法彙本　五冊

430000－2401－0021356　396.11/180（2）
佛說阿彌陀經疏鈔四卷　（明）釋袾宏述　清
光緒三十年（1904）長沙刻雲棲法彙本　五冊

430000－2401－0021357　396.11/290
佛說阿彌陀經疏鈔演義定本八卷　（明）釋袾
宏撰　（明）釋古德演義　（明）釋智顗定本
清光緒二十三年（1897）南嶽釋惟持鈔本
九冊

430000－2401－0021358　396.11/290（1）
佛說阿彌陀經疏鈔演義定本八卷　（明）釋袾

宏撰　(明)釋古德演義　(明)釋智願定本
清光緒二十三年(1897)南嶽釋惟持鈔本　六
冊　缺三卷(一、七至八)

430000－2401－0021359　396.11/275
佛說阿彌陀經疏鈔擷一卷　(明)釋袾宏撰
(清)徐槐廷擷　清北京刻經處刻本　一冊

430000－2401－0021360　396.11/339
法界聖凡水陸普度大齊勝會儀軌會本六卷
(明)釋袾宏補義　清同治九年(1870)杭州昭
慶寺刻本　二冊　存四卷(三至六)

430000－2401－0021361　△396.38/4
修設瑜伽集要施食壇儀一卷　(明)釋袾宏補
註　明萬曆三十四年(1606)包氏刻本　一冊

430000－2401－0021362　396.11/337－2
修設瑜伽集要施食壇儀一卷　(明)釋袾宏補
註　清同治八年(1869)重刻本　一冊

430000－2401－0021363　△396.31/24
修設瑜伽集要施食壇儀一卷　(明)釋袾宏補
註　瑜伽施食儀觀一卷　(清)釋福聚重訂
清光緒周敬法刻本　三冊

430000－2401－0021364　△396.31/24(1)
修設瑜伽集要施食壇儀一卷　(明)釋袾宏補
註　瑜伽施食儀觀一卷　(清)釋福聚重訂
清光緒周敬法刻本　三冊

430000－2401－0021365　396.12/52
修設瑜伽集要施食壇儀一卷　(明)釋袾宏補
註　瑜伽施食儀觀一卷　(清)釋福聚重訂
清金陵寶華山釋福聚刻本　二冊

430000－2401－0021366　396.11/337
修設瑜伽集要施食壇儀一卷　(明)釋袾宏補
註　清刻本　一冊

430000－2401－0021367　396.11/337(1)
修設瑜伽集要施食壇儀一卷　(明)釋袾宏補
註　清刻本　一冊

430000－2401－0021368　396.12/21
梵網經心地品菩薩戒義疏發隱五卷　(明)釋
袾宏撰　清同治十二年(1873)滿洲赫舍里如

山刻雲棲法彙本　四冊

430000－2401－0021369　396.12/26
佛說梵網經直解十卷　(明)釋寂光直解　清
光緒二十六年(1900)刻本　十冊

430000－2401－0021370　396.12/26(1)
佛說梵網經直解十卷　(明)釋寂光直解　清
光緒二十六年(1900)刻本　十冊

430000－2401－0021371　△396.32/1
八識規矩補註二卷　(明)釋普泰撰　大乘百
法明門論解二卷　(唐)釋窺基註解　(明)釋
普泰增修　明萬曆十八年(1590)清涼山妙德
庵刻本　一冊

430000－2401－0021372　△396.32/4
三支比量義鈔一卷八識規矩補註證義一卷
(明)釋普泰補輯　(明)釋明昱證義　明萬曆
三十七年(1609)刻本　一冊

430000－2401－0021373　△396.31/4
大佛頂如來密因修證了義諸菩薩萬行首楞嚴
經文句十卷玄義二卷　(明)釋智旭撰　清嘉
慶九年(1804)裕豐刻本　六冊

430000－2401－0021374　396.11/33
大佛頂如來密因修證了義諸菩薩萬行首楞嚴
經玄義二卷文句十卷　(明)釋智旭撰　清同
治十三年(1874)金陵刻經處刻本　六冊

430000－2401－0021375　396.11/33(1)
大佛頂如來密因修證了義諸菩薩萬行首楞嚴
經玄義二卷文句十卷　(明)釋智旭撰　清同
治十三年(1874)金陵刻經處刻本　十冊

430000－2401－0021376　396.11/33－2
大佛頂如來密因修證了義諸菩薩萬行首楞嚴
經玄義二卷文句十卷　(明)釋智旭撰　清嘉
慶九年(1804)刻本　六冊

430000－2401－0021377　396.13/19
大乘起信論裂網疏六卷　(明)釋智旭述　清
光緒金陵書局刻本　二冊

430000－2401－0021378　396.13/19(1)
大乘起信論裂網疏六卷　(明)釋智旭述　清

光緒金陵書局刻本　二冊

430000－2401－0021379　396.13/19(2)

大乘起信論裂網疏六卷　(明)釋智旭述　清
光緒金陵書局刻本　一冊

430000－2401－0021380　396.11/246

占察善惡業報經疏二卷　(明)釋智旭述　清
同治七年(1868)清芬堂刻本　二冊

430000－2401－0021381　396.11/246(1)

占察善惡業報經疏二卷　(明)釋智旭述　清
同治七年(1868)清芬堂刻本　二冊

430000－2401－0021382　396.11/246(2)

占察善惡業報經疏二卷　(明)釋智旭述　清
同治七年(1868)清芬堂刻本　二冊

430000－2401－0021383　396.11/105

佛說四十二章經解一卷　(明)釋智旭撰　清
光緒十一年(1885)金陵刻經處刻本　一冊

430000－2401－0021384　396.14/3－2

相宗八要直解八卷　(明)釋智旭撰　清光緒
八年(1882)長沙刻經處刻本　二冊

430000－2401－0021385　396.14/3－2(1)

相宗八要直解八卷　(明)釋智旭撰　清光緒
八年(1882)長沙刻經處刻本　二冊

430000－2401－0021386　396.14/3－2(2)

相宗八要直解八卷　(明)釋智旭撰　清光緒
八年(1882)長沙刻經處刻本　二冊

430000－2401－0021387　396.14/3－2(3)

相宗八要直解八卷　(明)釋智旭撰　清光緒
八年(1882)長沙刻經處刻本　一冊　存四卷
(一至四)

430000－2401－0021388　396.12/34

佛說梵網經菩薩心地品合註七卷　(明)釋智
旭撰　清同治十三年(1874)金陵刻經處刻本
五冊

430000－2401－0021389　396.12/32

菩薩戒本經箋要一卷　(明)釋智旭撰　**菩薩
戒本經一卷**　(北涼)釋曇無讖譯　清光緒六
年(1880)金陵刻經處刻本　一冊

430000－2401－0021390　396.12/32(1)

菩薩戒本經箋要一卷　(明)釋智旭撰　**菩薩
戒本經一卷**　(北涼)釋曇無讖譯　清光緒六
年(1880)金陵刻經處刻本　一冊

430000－2401－0021391　396.11/58

楞伽阿跋多羅寶經四卷　(明)釋智旭疏義
楞伽阿跋多羅寶經玄義一卷　(明)釋智旭述
清宣統元年(1909)常州天寧寺刻本　五冊

430000－2401－0021392　396.11/58(1)

楞伽阿跋多羅寶經四卷　(明)釋智旭疏義
楞伽阿跋多羅寶經玄義一卷　(明)釋智旭述
清宣統元年(1909)常州天寧寺刻本　五冊

430000－2401－0021393　396.11/58(2)

楞伽阿跋多羅寶經四卷　(明)釋智旭疏義
楞伽阿跋多羅寶經玄義一卷　(明)釋智旭述
清宣統元年(1909)常州天寧寺刻本　五冊

430000－2401－0021394　△396.31/11

成唯識論疏十卷　(明)釋廣承撰　(明)釋大
基補輯　明刻本　十冊

430000－2401－0021395　△396.31/25

楞伽阿跋多羅寶經參訂疏四卷　(明)釋廣莫
撰　明萬曆刻本　四冊

430000－2401－0021396　△396.31/25(1)

楞伽阿跋多羅寶經參訂疏四卷　(明)釋廣莫
撰　明萬曆刻本　四冊

430000－2401－0021397　396.11/178

大方廣圓覺修多羅了義經直解二卷　(明)釋
德清撰　清光緒十年(1884)杭城昭慶寺刻本
二冊

430000－2401－0021398　396.13/41

大乘起信論直解二卷　(明)釋德清撰　清光
緒十六年(1890)金陵刻經處刻本　一冊

430000－2401－0021399　396.16/226

法因集疏四卷　(明)王穉登撰　清同治八年
(1869)刻本　一冊

430000－2401－0021400　396.16/8(1)

釋教三字經一卷　(明)吹萬老人撰　(清)釋

敏修註　清光緒十五年(1889)普陀山比丘通
如刻本　一冊

430000－2401－0021401　396.16/8

釋教三字經一卷　(明)吹萬老人撰　(清)釋
敏修註　清光緒普陀山比丘通如刻本　一冊

430000－2401－0021402　396.11/7－11

首楞嚴經十卷　(明)俞王言纂註　明萬曆二
十二年(1594)刻本　二冊　存五卷(一至五)

430000－2401－0021403　396.11/8

大佛頂如來密因修證了義諸菩薩萬行首楞嚴
經宗通十卷　(明)曾鳳儀撰　清道光二十六
年(1846)南海伍氏刻本　五冊

430000－2401－0021404　396.11/8(1)

大佛頂如來密因修證了義諸菩薩萬行首楞嚴
經宗通十卷　(明)曾鳳儀撰　清道光二十六
年(1846)南海伍氏刻本　五冊　缺五卷(一
至二、六至七、十)

430000－2401－0021405　396.11/263

佛說阿彌陀經直解正行一卷　(清)釋了根纂
註　清光緒三年(1877)刻本　一冊

430000－2401－0021406　396.12/40

四分戒本如釋十二卷首一卷　(清)釋弘贊撰
清宣統三年(1911)衡陽大羅漢寺刻本
四冊

430000－2401－0021407　396.16/75

溈山警策句釋記二卷　(清)釋弘贊註　清光
緒二十四年(1898)湘鄉趙本文堂刻本　一冊

430000－2401－0021408　396.16/75(1)

溈山警策句釋記二卷　(清)釋弘贊註　清光
緒二十四年(1898)湘鄉趙本文堂刻本　一冊

430000－2401－0021409　396.16/75(2)

溈山警策句釋記二卷　(清)釋弘贊註　清光
緒二十四年(1898)湘鄉趙本文堂刻本　一冊

430000－2401－0021410　396.13/126

唐玄奘法師八識規矩母頌一卷　(清)釋性起
論釋　清光緒三年(1877)刻本　一冊

430000－2401－0021411　396.11/151

大佛頂如來密因修證了義諸菩薩萬行首楞嚴
經直指十卷　(清)釋函是疏　清福緣蓮社刻
本　六冊

430000－2401－0021412　396.11/66

楞伽阿跋多羅寶經心印四卷　(清)釋函是疏
清光緒八年(1882)釋穎勤刻本　四冊

430000－2401－0021413　396.11/88

金剛般若波羅蜜經集註一卷　(清)釋海岸撰
清光緒十八年(1892)釋海岸稿本　二冊

430000－2401－0021414　396.12/10

沙彌律儀要略述義二卷　(清)釋書玉科釋
清康熙四十七年(1708)刻本　二冊

430000－2401－0021415　396.12/42

毗尼日用切要香乳記二卷　(清)釋書玉箋記
清光緒二十八年(1902)長沙釋青蓮釋宿雲
刻本　二冊

430000－2401－0021416　396.12/36

賢首五教儀開蒙增註五卷　(清)釋通理撰
清揚州刻經處刻本　一冊　存一卷(一)

430000－2401－0021417　396.16/227

法門疏鈔二卷　(清)釋梵清音義　(清)釋昌
德編　清同治十三年(1874)昭慶經房刻本
一冊

430000－2401－0021418　396.11/198

佛說阿彌陀經要解便蒙鈔三卷　(清)釋達默
造鈔　清光緒二十三年(1897)揚州藏經院刻
本　三冊

430000－2401－0021419　396.11/27

大佛頂如來密因修證了義諸菩薩萬行首楞嚴
經集註十卷　(清)釋傳晟撰　清道光二十年
(1840)海幢寺刻本　五冊

430000－2401－0021420　396.11/28

大佛頂首楞嚴經玄義四卷　(清)釋傳燈撰
清光緒十四年(1888)杭州天台山真覺寺敏曦
監刻本　二冊

430000－2401－0021421　396.14/36

永嘉禪宗集註二卷　(清)釋傳燈撰　清光緒

二十二年(1896)北京刻經處刻本　一冊

430000－2401－0021422　396.14/36－2

永嘉禪宗集註二卷　(清)釋傳燈撰　清光緒
二十二年(1896)揚州藏經院刻本　一冊

430000－2401－0021423　396.11/312

維摩詰所說經無我疏十二卷　(清)釋傳燈撰
　清光緒二十三年(1897)寧波千歲坊文光齋
刻本　六冊

430000－2401－0021424　396.12/9

比丘戒本疏義二卷　(清)釋傳嚴輯述　清雍
正十三年(1735)刻本　二冊

430000－2401－0021425　396.11/44

大乘般若出三界要集經一卷　(清)釋靜參集
　清光緒二十七年(1901)長沙刻本　一冊

430000－2401－0021426　396.11/44(1)

大乘般若出三界要集經一卷　(清)釋靜參集
　清光緒二十七年(1901)長沙刻本　一冊

430000－2401－0021427　396.11/19

首楞嚴神咒灌頂疏一卷　(清)釋續法撰　清
同治十年(1871)新建吳氏皖城刻半畝園叢書
本　一冊

430000－2401－0021428　396.11/171－2

樂師琉璃光如來本願功德經直解二卷　(清)
釋靈耀撰　清宣統二年(1910)常州天寧寺刻
本　一冊

430000－2401－0021429　396.11/87

金剛般若波羅蜜經一卷　(清)石成金集註
清道光四年(1824)刻咸豐十年(1860)補刻本
　一冊

430000－2401－0021430　396.11/87－2

金剛般若波羅蜜經一卷　(清)石成金集註
清涪陵陳光綸刻本　一冊

430000－2401－0021431　396.11/134－2

金剛般若波羅蜜經纂一卷　(清)石成金集註
　清光緒三十二年(1906)湘潭劉氏刻本
一冊

430000－2401－0021432　396.11/134(1)

金剛經石註一卷　(清)石成金撰　清光緒慶
齡刻本　一冊

430000－2401－0021433　396.11/134(2)

金剛經石註一卷　(清)石成金撰　清光緒慶
齡刻本　一冊

430000－2401－0021434　396.13/20

大乘起信論科註一卷　(清)伯華輯註　清光
緒三十年(1904)廬陵黃氏武昌刻高等佛學教
科書第一集本　一冊

430000－2401－0021435　396.13/20(1)

大乘起信論科註一卷　(清)伯華輯註　清光
緒三十年(1904)廬陵黃氏武昌刻高等佛學教
科書第一集本　一冊

430000－2401－0021436　396.11/20

楞嚴經疏解辯證二卷　(清)顯親王撰　清刻
本　二冊

430000－2401－0021437　396.11/282

金剛般若波羅密經直解二卷　(清)黃子正撰
　清道光二十五年(1845)世綵堂刻本　一冊

430000－2401－0021438　396.11/327

摩訶般若波羅蜜多心經一卷　(清)無垢註
清同治十一年(1872)刻本　一冊

430000－2401－0021439　396.11/306

摩訶般若波羅密多心經一卷　(清)無垢註
清同治十三年(1874)禾郡吳文錦齋刻本
一冊

430000－2401－0021440　396.16/159

仙佛真傳章句直解不分卷　(清)煉一子
(清)明鏡子編　清同治四年(1865)刻本
二冊

430000－2401－0021441　396.11/141

金剛經詳釋二卷般若波羅密多心經詳釋一卷
　(清)歐陽泰撰　清光緒二十四年(1898)鄂
垣宏道堂刻本　二冊

430000－2401－0021442　396.11/15

大佛頂首楞嚴經疏解蒙鈔六十卷首一卷　(清)
錢謙益編　清蘇州謝文翰齋刻本　二十冊

430000－2401－0021443　396.11/341

妙法蓮華經珠髻合頌補註□□卷　清初刻本
一冊　存四卷(三至六)

430000－2401－0021444　396.11/150

大佛頂經序指味疏一卷　(□)釋諦閑撰　清
光緒二十八年(1902)慈溪西方寺刻本　一冊

430000－2401－0021445　396.11/67

金剛經旁解一卷　湯聿召撰　清光緒十二年
(1886)廣州合成齋刻本　一冊

430000－2401－0021446　396.13/106

大宗地玄文本論略註四卷首一卷　楊文會撰
清光緒三十二年(1906)金陵刻經處刻本
一冊

430000－2401－0021447　△396.2/19

沙彌十戒并威儀一卷羯魔二卷　(三國魏)釋
曇諦集　明萬曆三十七年(1609)徑山刻本
一冊

430000－2401－0021448　396.13/8－2

寶藏論一卷　(後秦)釋僧肇撰　明萬曆二十
二年(1594)嚴若堂刻本　一冊

430000－2401－0021449　396.13/8

寶藏論一卷　(後秦)釋僧肇撰　清光緒二十
三年(1897)金陵刻經處刻本　一冊

430000－2401－0021450　396.16/10

弘明集十四卷　(南朝齊)釋僧祐撰　清光緒
二十二年(1896)金陵刻經處刻本　四冊

430000－2401－0021451　396.16/10(1)

弘明集十四卷　(南朝齊)釋僧祐撰　清光緒
二十二年(1896)金陵刻經處刻本　四冊

430000－2401－0021452　396.16/10(2)

弘明集十四卷　(南朝齊)釋僧祐撰　清光緒
二十二年(1896)金陵刻經處刻本　四冊

430000－2401－0021453　396.16/137

經律異相二卷　(南朝梁)釋僧旻等撰　(清)
釋古昆摘錄　清同治十三年(1874)刻本
一冊

430000－2401－0021454　396.16/172

御製梁皇寶懺十卷　(南朝梁)武帝蕭衍輯
清刻本　四冊

430000－2401－0021455　396.14/20

大乘止觀法門四卷　(南朝陳)釋慧思撰　**法
界觀一卷**　(唐)釋杜順撰　清光緒六年
(1880)長沙刻經處刻本　一冊

430000－2401－0021456　396.14/20(1)

大乘止觀法門四卷　(南朝陳)釋慧思撰　**法
界觀一卷**　(唐)釋杜順撰　清光緒六年
(1880)長沙刻經處刻本　一冊

430000－2401－0021457　396.14/20(2)

大乘止觀法門四卷　(南朝陳)釋慧思撰　**法
界觀一卷**　(唐)釋杜順撰　清光緒六年
(1880)長沙刻經處刻本　一冊

430000－2401－0021458　396.14/20(3)

大乘止觀法門四卷　(南朝陳)釋慧思撰　**法
界觀一卷**　(唐)釋杜順撰　清光緒六年
(1880)長沙刻經處刻本　一冊

430000－2401－0021459　396.14/20(4)

大乘止觀法門四卷　(南朝陳)釋慧思撰　**法
界觀一卷**　(唐)釋杜順撰　清光緒六年
(1880)長沙刻經處刻本　一冊

430000－2401－0021460　396.11/120

法華經安樂行義一卷　(南朝陳)釋慧思說
清光緒三年(1877)江北刻經處刻本　一冊

430000－2401－0021461　396.11/120(1)

法華經安樂行義一卷　(南朝陳)釋慧思說
清光緒三年(1877)江北刻經處刻本　一冊

430000－2401－0021462　396.14/14

四教義六卷　(隋)釋智顗撰　清末金陵刻經
處刻本　二冊

430000－2401－0021463　396.14/14(1)

四教義六卷　(隋)釋智顗撰　清末金陵刻經
處刻本　二冊

430000－2401－0021464　396.14/14(2)

四教義六卷　(隋)釋智顗撰　清末金陵刻經
處刻本　二冊

430000 – 2401 – 0021465　396.13/124

淨土十疑論一卷　（隋）釋智顗說　清乾隆四十九年(1784)京都衍法寺釋了慰刻本　一冊

430000 – 2401 – 0021466　396.13/124(1)

淨土十疑論一卷　（隋）釋智顗說　清乾隆四十九年(1784)京都衍法寺釋了慰刻本　一冊

430000 – 2401 – 0021467　396.14/63 – 2

釋禪波羅蜜次第法門十卷　（隋）釋智顗撰（隋）釋法慎記　（隋）釋灌頂再治　明萬曆十八年(1590)清涼山妙德庵刻本　三冊　缺三卷(一至三)

430000 – 2401 – 0021468　396.14/63

釋禪波羅蜜次第法門十卷　（隋）釋智顗撰（隋）釋法慎記　（隋）釋灌頂再治　清末刻本　三冊　缺八卷(一至二、五至十)

430000 – 2401 – 0021469　396.12/44

方等三昧行法一卷　（隋）釋智顗說　（隋）釋灌頂記　清末刻本　一冊

430000 – 2401 – 0021470　△396.32/6

四念處四卷　（隋）釋智顗說　（隋）釋灌頂記　明萬曆十九年(1591)清涼山妙德禪院刻本　一冊

430000 – 2401 – 0021471　396.14/21

四念處四卷　（隋）釋智顗說　（隋）釋灌頂記　清光緒三年(1877)江北刻經處刻本　一冊

430000 – 2401 – 0021472　396.11/113 – 2

妙法蓮華經玄義節要二卷　（隋）釋智顗說（隋）釋灌頂記　（明）釋智旭節　明刻本　一冊

430000 – 2401 – 0021473　396.11/113

妙法蓮華經玄義節要二卷　（隋）釋智顗說（隋）釋灌頂記　（明）釋智旭節　清光緒揚州藏經院刻本　一冊

430000 – 2401 – 0021474　396.13/128

童蒙止觀一卷　（隋）釋智顗說　（隋）釋陳鍼記　**悟真篇一卷外集一卷**　（宋）張伯端撰　清長沙刻經處刻本　一冊

430000 – 2401 – 0021475　396.13/151

摩訶止觀輔行傳弘決十卷　（隋）釋智顗說（唐）釋湛然撰　（隋）釋灌頂記　（清）釋傳燈增科　清末金陵刻經處刻本　二十冊

430000 – 2401 – 0021476　396.13/151(1)

摩訶止觀輔行傳弘決十卷　（隋）釋智顗說（唐）釋湛然撰　（隋）釋灌頂記　（清）釋傳燈增科　清末金陵刻經處刻本　二十冊

430000 – 2401 – 0021477　396.11/116

大般涅槃經玄義二卷　（隋）釋灌頂撰　清光緒八年(1882)金陵刻經處刻本　一冊

430000 – 2401 – 0021478　396.11/116(1)

大般涅槃經玄義二卷　（隋）釋灌頂撰　清光緒八年(1882)金陵刻經處刻本　一冊

430000 – 2401 – 0021479　△396.32/18

摩訶止觀二十卷　（隋）釋灌頂記　明崇禎十七年(1644)嘉興楞嚴寺刻本　五冊

430000 – 2401 – 0021480　396.11/265

無量壽經宗要一卷　（唐）釋元曉撰　清金陵刻經處刻本　一冊

430000 – 2401 – 0021481　396.16/136

一切經音義二十五卷　（唐）釋元應撰　**補訂新譯大方廣佛華嚴經音義二卷**　（唐）釋慧苑撰　清同治八年(1869)武林張氏寶晉齋刻本　六冊

430000 – 2401 – 0021482　396.16/136(1)

一切經音義二十五卷　（唐）釋元應撰　**補訂新譯大方廣佛華嚴經音義二卷**　（唐）釋慧苑撰　清同治八年(1869)武林張氏寶晉齋刻本　四冊

430000 – 2401 – 0021483　396.16/136(2)

一切經音義二十五卷　（唐）釋元應撰　**補訂新譯大方廣佛華嚴經音義二卷**　（唐）釋慧苑撰　清同治八年(1869)武林張氏寶晉齋刻本　四冊

430000 – 2401 – 0021484　396.16/136(3)

一切經音義二十五卷　（唐）釋元應撰　**補訂**

新譯大方廣佛華嚴經音義二卷 （唐）釋慧苑撰 清同治八年(1869)武林張氏寶晉齋刻本 四冊

430000－2401－0021485 396.13/16

永嘉真覺大師證道歌一卷 （唐）釋玄覺撰 （宋）釋彥琪註 清光緒二十二年(1896)丹徒李培楨刻本 一冊

430000－2401－0021486 396.13/16(1)

永嘉真覺大師證道歌一卷 （唐）釋玄覺撰 （宋）釋彥琪註 清光緒二十二年(1896)丹徒李培楨刻本 一冊

430000－2401－0021487 396.13/16－2

永嘉真覺大師證道歌一卷 （唐）釋玄覺撰 （元）釋竺源註 （元）釋德弘編 清光緒三十四年(1908)刻本 一冊

430000－2401－0021488 396.13/16－2(1)

永嘉真覺大師證道歌一卷 （唐）釋玄覺撰 （元）釋竺源註 （元）釋德弘編 清光緒三十四年(1908)刻本 一冊

430000－2401－0021489 396.14/34

禪宗永嘉集一卷永嘉證道歌一卷 （唐）釋玄覺撰 明萬曆二十一年(1593)平湖陸基志刻本 一冊

430000－2401－0021490 396.13/120

三論玄義二卷 （唐）釋吉藏撰 清光緒二十五年(1899)金陵刻經處刻本 一冊

430000－2401－0021491 396.11/168

勝鬘經寶窟十五卷 （唐）釋吉藏撰 清光緒二十六年(1900)金陵刻經處刻本 四冊

430000－2401－0021492 396.11/168

勝鬘師子吼一乘大方便方廣經一卷 （南朝宋）釋求那跋陀羅譯 清光緒二十二年(1896)金陵刻經處刻本 四冊

430000－2401－0021493 396.13/11

黃檗山斷際禪師傳心法要一卷 （唐）釋希運撰 清初刻本 一冊

430000－2401－0021494 396.13/11－2

筠州黃檗山斷際禪師傳心法要二卷 （唐）釋希運撰 （唐）釋裴休集 清光緒十年(1884)金陵刻經處刻本 一冊

430000－2401－0021495 396.13/22

十二門論宗致義記三卷 （唐）釋法藏述 清光緒二十一年(1895)金陵刻經處刻本 一冊

430000－2401－0021496 396.13/22(1)

十二門論宗致義記三卷 （唐）釋法藏述 清光緒二十一年(1895)金陵刻經處刻本 一冊

430000－2401－0021497 396.13/22(2)

十二門論宗致義記三卷 （唐）釋法藏述 清光緒二十一年(1895)金陵刻經處刻本 一冊

430000－2401－0021498 396.11/52

入楞伽心玄義一卷 （唐）釋法藏撰 清光緒十八年(1892)金陵刻經處刻本 一冊

430000－2401－0021499 396.11/52(1)

入楞伽心玄義一卷 （唐）釋法藏撰 清光緒十八年(1892)金陵刻經處刻本 一冊

430000－2401－0021500 396.13/38

大乘起信論義記七卷 （唐）釋法藏撰 清光緒二十四年(1898)金陵刻經處刻本 二冊

430000－2401－0021501 396.11/278

華嚴經旨歸一卷 （唐）釋法藏撰 清同治九年(1870)如皋刻經處刻本 一冊

430000－2401－0021502 396.11/278

修華嚴奧旨妄盡還源觀一卷 （唐）釋法藏撰 清同治十一年(1872)如皋刻經處刻本 一冊

430000－2401－0021503 396.11/278

華嚴經義海百門一卷 （唐）釋法藏撰 清光緒二十一年(1895)金陵刻經處刻本 一冊

430000－2401－0021504 396.16/176

禪源諸詮集都序四卷 （唐）釋宗密述 清光緒十八年(1892)金陵刻經處刻本 一冊

430000－2401－0021505 396.16/167

三昧水懺三卷 （唐）釋知玄撰 清光緒八年(1882)長沙刻經處刻本 一冊

430000 – 2401 – 0021506　396.16/31

慈悲三昧水懺三卷　（唐）釋知玄撰　清刻本
　一冊

430000 – 2401 – 0021507　396.16/31（1）

慈悲三昧水懺三卷　（唐）釋知玄撰　清刻本
　二冊　缺水上卷

430000 – 2401 – 0021508　396.16/133

法苑珠林一百卷　（唐）釋道世撰　清道光七
年（1827）刻釋藏本　三十六冊

430000 – 2401 – 0021509　396.16/133（1）

法苑珠林一百卷　（唐）釋道世撰　清道光七
年（1827）刻釋藏本　二十一冊　存八十六卷
（一至十四、二十至三十四、三十九至五十六、
六十二至一百）

430000 – 2401 – 0021510　396.16/133（2）

法苑珠林一百卷　（唐）釋道世撰　清道光七
年（1827）刻釋藏本　十冊　存二十七卷（一
至二十七）

430000 – 2401 – 0021511　396.16/133 – 2

法苑珠林一百卷　（唐）釋道世撰　清宣統二
年（1910）毗陵天寧寺刻本　三十冊

430000 – 2401 – 0021512　396.16/133 – 2（1）

法苑珠林一百卷　（唐）釋道世撰　清宣統二
年（1910）毗陵天寧寺刻本　三十冊　存七十
七卷（一至七十七）

430000 – 2401 – 0021513　△396.32/16

廣弘明集四十卷　（唐）釋道宣撰　明萬曆三
十九年（1611）徑山寂照庵刻本（卷三十五至
四十配清鈔）　九冊

430000 – 2401 – 0021514　396.16/39

安樂集二卷　（唐）釋道綽撰　清光緒二十三
年（1897）金陵刻經處刻本　一冊

430000 – 2401 – 0021515　396.16/39（1）

安樂集二卷　（唐）釋道綽撰　清光緒二十三
年（1897）金陵刻經處刻本　一冊

430000 – 2401 – 0021516　396.11/235

妙法蓮華經文句記三十卷　（唐）釋湛然述

清光緒七年（1881）姑蘇刻經處刻本　三十冊

430000 – 2401 – 0021517　△396.31/21

妙法蓮華經意語一卷　（唐）釋湛然撰　明崇
禎三年（1630）釋明海校刻本　一冊

430000 – 2401 – 0021518　396.16/144

金仙詩錄二卷　（唐）釋寒山等撰　清光緒五
年（1879）長沙刻經處刻本　二冊

430000 – 2401 – 0021519　396.16/144（1）

金仙詩錄二卷　（唐）釋寒山等撰　清光緒五
年（1879）長沙刻經處刻本　一冊　存一卷
（二）

430000 – 2401 – 0021520　396.16/144（2）

金仙詩錄二卷　（唐）釋寒山等撰　清光緒五
年（1879）長沙刻經處刻本　一冊　存一卷
（二）

430000 – 2401 – 0021521　396.11/323

大乘修行菩薩行門諸經要集三卷　（唐）釋智
儼撰　明萬曆三十五年（1607）刻本　一冊

430000 – 2401 – 0021522　396.13/149

華嚴一乘十玄門一卷　（唐）釋智儼撰　清光
緒二十二年（1896）金陵刻經處刻本　一冊

430000 – 2401 – 0021523　396.11/84

大方廣佛華嚴經疏鈔懸談二十八卷首一卷
（唐）釋澄觀撰述　清光緒三十三年（1907）金
陵刻經處刻本　八冊

430000 – 2401 – 0021524　396.11/277

大華嚴經略策一卷　（唐）釋澄觀述　清光緒
二十一年（1895）金陵刻經處刻本　一冊

430000 – 2401 – 0021525　396.11/277

答順宗心要法門一卷　（唐）釋澄觀撰　（唐）
釋宗密註　清光緒二十三年（1897）金陵刻經
處刻本　一冊

430000 – 2401 – 0021526　396.11/277

三聖圓融觀門一卷　（唐）釋澄觀撰　清光緒
二十三年（1897）金陵刻經處刻本　一冊

430000 – 2401 – 0021527　396.11/277

原人論一卷　（唐）釋宗密述　清同治十三年

(1874)雞園刻經處刻本　一冊

430000－2401－0021528　△396.32/13

華嚴法界玄鏡二卷　(唐)釋澄觀撰　明萬曆
三十六年(1608)金華釋洞天刻本　一冊

430000－2401－0021529　396.13/148

華嚴法界玄鏡三卷　(唐)釋澄觀撰　**註華嚴
法界觀門一卷**　(唐)釋杜順集　(唐)釋宗密
註　清光緒二十一年(1895)金陵刻經處刻本
一冊

430000－2401－0021530　396.13/157

頓悟入道要門論一卷　(唐)釋慧海撰　清宣
統二年(1910)常州天寧寺刻本　一冊

430000－2401－0021531　396.14/27

六祖大師法寶壇經一卷　(唐)釋慧能撰
(唐)釋法海編集　清刻本　一冊

430000－2401－0021532　396.14/26

壇經一卷　(唐)釋慧能撰　(唐)釋法海錄
清光緒七年(1881)長沙刻經處刻本　一冊

430000－2401－0021533　396.11/322

壇經　(唐)釋慧能撰　清光緒三十四年
(1908)釋超世鈔本　一冊

430000－2401－0021534　396.13/152

成唯識論述記六十卷　(唐)釋窺基撰　清光
緒二十七年(1901)金陵刻經處刻本　二十冊

430000－2401－0021535　396.13/152(1)

成唯識論述記六十卷　(唐)釋窺基撰　清光
緒二十七年(1901)金陵刻經處刻本　一冊
缺三卷(一至三)

430000－2401－0021536　396.13/48

唯識二十論述記四卷　(唐)釋窺基撰　**唯識
二十論一卷**　(唐)釋玄奘譯　清宣統二年
(1910)江西刻經處刻本　二冊

430000－2401－0021537　396.13/48(1)

唯識二十論述記四卷　(唐)釋窺基撰　**唯識
二十論一卷**　(唐)釋玄奘譯　清宣統二年
(1910)江西刻經處刻本　二冊

430000－2401－0021538　396.13/48(2)

唯識二十論述記四卷　(唐)釋窺基撰　**唯識
二十論一卷**　(唐)釋玄奘譯　清宣統二年
(1910)江西刻經處刻本　二冊

430000－2401－0021539　396.13/48(3)

唯識二十論述記四卷　(唐)釋窺基撰　**唯識
二十論一卷**　(唐)釋玄奘譯　清宣統二年
(1910)江西刻經處刻本　二冊

430000－2401－0021540　△396.32/15

傳法正宗論二卷　(宋)釋契嵩撰　明崇禎六
年(1633)嘉興楞嚴寺刻本　一冊

430000－2401－0021541　396.14/37

大慧普覺禪師宗門武庫一卷　(宋)釋道謙編
纂　清光緒七年(1881)常熟刻經處刻本
一冊

430000－2401－0021542　396.11/83

佛說仁王護國般若波羅蜜經疏神寶記四卷
(宋)釋善月述　**仁王般若陀羅尼釋一卷**
(唐)釋不空譯　清光緒十四年(1888)江北刻
經處刻本　一冊

430000－2401－0021543　396.14/84

洞宗彙選□□卷　(宋)釋智考輯　明徑山寺
刻本　二冊　存十四卷(一至七、十一至十
七)

430000－2401－0021544　396.13/85

金剛錍顯性錄四卷　(宋)釋智圓集　(宋)釋
顯瑞會錄　清末揚州眾香庵刻本　二冊

430000－2401－0021545　△396.32/17

請觀音經疏闡義鈔四卷　(宋)釋智圓述　明
萬曆三十七年(1609)金華釋洞天刻本　一冊

430000－2401－0021546　△396.31/5

**大佛頂如來密因修證了義諸菩薩萬行首楞嚴
經合論十卷**　(宋)釋德洪撰　明刻本　二冊

430000－2401－0021547　396.14/49

林間錄二卷後集一卷　(宋)釋德洪撰　清末
長沙刻經處刻本　二冊

430000－2401－0021548　396.14/83

石門文字禪三十卷　(宋)釋德洪撰　(宋)釋

覺慈編　明萬曆二十五年(1597)徑山萬壽禪寺刻本　一冊　存五卷(二十一至二十五)

430000－2401－0021549　396.14/32

知證傳一卷　(宋)釋覺範撰　(宋)釋覺慈編　清光緒二年(1876)金陵刻經處刻本　一冊

430000－2401－0021550　396.16/73

增廣龍舒淨土文十二卷　(宋)王日休撰　清乾隆四十九年(1784)北京衍法寺刻本　二冊

430000－2401－0021551　396.14/67

龍舒淨土文十卷首一卷末一卷　(宋)王日休撰　清光緒九年(1883)金陵刻經處刻本　二冊

430000－2401－0021552　396.14/68

龍舒淨土文節略一卷後集一卷補遺一卷　(宋)王日休撰　清康熙四十六年(1707)刻本　一冊

430000－2401－0021553　△396.38/1

法藏碎金錄十卷　(宋)晁迥撰　明嘉靖二十五年(1546)晁瑮寶文堂刻本　五冊

430000－2401－0021554　△396.38/5

晁文元公道院集要三卷　(宋)晁迥撰　**晁氏客語一卷**　(宋)晁說之撰　明嘉靖三十三年(1554)晁瑮寶文堂刻本　二冊

430000－2401－0021555　396.16/11

護法論一卷　(宋)張商英撰　清光緒二年(1876)常熟刻經處刻本　一冊

430000－2401－0021556　396.16/11－3

護法論一卷　(宋)張商英撰　清光緒九年(1883)長沙刻經處刻本　一冊

430000－2401－0021557　396.13/80

儒釋道平心論二卷　(宋)劉謐撰　清同治二年(1863)刻本　一冊

430000－2401－0021558　396.13/77

顯密圓通成佛心要集二卷　(遼)釋道殿撰　清同治十一年(1872)金陵刻經處刻本　一冊

430000－2401－0021559　396.13/77－2

顯密圓通成佛心要集二卷　(遼)釋道殿撰

清光緒十四年(1888)長沙刻本　一冊

430000－2401－0021560　396.14/5－2

廬山蓮宗寶鑑十卷　(元)釋普度撰　清光緒五年(1879)瑪瑙寺明台南房刻本　三冊

430000－2401－0021561　396.14/5

廬山蓮宗寶鑑十卷　(元)釋普度撰　清光緒二十二年(1896)衡北大羅漢寺刻本　二冊

430000－2401－0021562　396.13/62

唯識開蒙問答二卷　(元)釋雲峰集　清宣統三年(1911)揚州藏經院刻本　二冊

430000－2401－0021563　396.14/7

天目中峰和尚廣錄三十卷　(元)釋慈寂上進　清光緒七年(1881)姑蘇刻經處刻本　六冊

430000－2401－0021564　△396.32/14

華嚴原人論解三卷　(元)釋圓覺撰　明萬曆三十七年(1609)徑山寂照庵刻本　一冊

430000－2401－0021565　396.14/38

天台四教儀集註十卷　(元)釋蒙潤集　清同治七年(1868)杭州昭慶寺慧空經房刻本　五冊

430000－2401－0021566　396.11/4

重梓歸元直指集三卷　(明)釋一元編　清乾隆末年補修明崇禎二年(1629)刻本　三冊

430000－2401－0021567　396.16/111

淨土指歸集二卷　(明)釋大佑撰　清乾隆四十九年(1784)北京衍法寺釋了慰刻本　二冊

430000－2401－0021568　396.13/114

成唯識論自考十卷　(明)釋大惠撰　明崇禎元年(1628)刻本　九冊　存九卷(一、三至十)

430000－2401－0021569　396.14/33

博山和尚歸正錄二卷　(明)釋元來撰　(清)釋道裕等集　**博山老人剩錄六卷**　(明)釋道嵩集　明刻本　四冊

430000－2401－0021570　396.14/42

永覺和尚洞上古轍二卷　(明)釋元賢輯　(清)釋道霈重編　清末錢塘許靈虛刻本　一冊

430000 – 2401 – 0021571　396.16/147

法界安立圖三卷　（明）釋仁潮集錄　清末潮鳴寺刻本　二冊

430000 – 2401 – 0021572　396.16/147(1)

法界安立圖三卷　（明）釋仁潮集錄　清末潮鳴寺刻本　二冊

430000 – 2401 – 0021573　△396.36/2

新編大藏經直音一卷　（明）釋本贊輯　清初鈔本　一冊

430000 – 2401 – 0021574　396.16/24

緇門警訓十卷　（明）釋如巹續集　清光緒十八年(1892)江北刻經處刻本　二冊

430000 – 2401 – 0021575　396.16/24(1)

緇門警訓十卷　（明）釋如巹續集　清光緒十八年(1892)江北刻經處刻本　二冊

430000 – 2401 – 0021576　396.11/10

大佛頂如來密因修證了義諸菩薩萬行首楞嚴經貫珠集十卷　（明）釋戒潤述　清末常州天寧寺刻本　五冊

430000 – 2401 – 0021577　396.11/10(1)

大佛頂如來密因修證了義諸菩薩萬行首楞嚴經貫珠集十卷　（明）釋戒潤述　清末常州天寧寺刻本　五冊

430000 – 2401 – 0021578　396.14/58

寶王三昧念佛直指一卷　（明）釋妙葉集　清光緒五年(1879)長沙刻經處刻本　一冊

430000 – 2401 – 0021579　396.14/58(1)

寶王三昧念佛直指一卷　（明）釋妙葉集　清光緒五年(1879)長沙刻經處刻本　一冊

430000 – 2401 – 0021580　396.14/58(2)

寶王三昧念佛直指一卷　（明）釋妙葉集　清光緒五年(1879)長沙刻經處刻本　一冊

430000 – 2401 – 0021581　396.14/58(3)

寶王三昧念佛直指一卷　（明）釋妙葉集　清光緒五年(1879)長沙刻經處刻本　一冊

430000 – 2401 – 0021582　396.14/85

天台教觀別錄□□卷　（明）釋受汰編　明刻本　一冊　存一卷(八)

430000 – 2401 – 0021583　396.16/20

紫柏老人集二十九卷首一卷　（明）釋真可撰　（明）釋德清閱　清末揚州藏經院刻本　十冊

430000 – 2401 – 0021584　396.11/9

大佛頂如來密因修證了義諸菩薩萬行首楞嚴經合轍十卷　（明）釋通潤述　清湖南刻經處刻本　十冊

430000 – 2401 – 0021585　396.11/9(1)

大佛頂如來密因修證了義諸菩薩萬行首楞嚴經合轍十卷　（明）釋通潤述　清湖南刻經處刻本　十冊

430000 – 2401 – 0021586　396.11/9(2)

大佛頂如來密因修證了義諸菩薩萬行首楞嚴經合轍十卷　（明）釋通潤述　清湖南刻經處刻本　十冊

430000 – 2401 – 0021587　396.11/9(3)

大佛頂如來密因修證了義諸菩薩萬行首楞嚴經合轍十卷　（明）釋通潤述　清湖南刻經處刻本　十冊

430000 – 2401 – 0021588　396.11/9(4)

大佛頂如來密因修證了義諸菩薩萬行首楞嚴經合轍十卷　（明）釋通潤述　清湖南刻經處刻本　十冊

430000 – 2401 – 0021589　396.11/9(5)

大佛頂如來密因修證了義諸菩薩萬行首楞嚴經合轍十卷　（明）釋通潤述　清湖南刻經處刻本　八冊　缺二卷(八、十)

430000 – 2401 – 0021590　△396.32/10

南嶽禪燈會刻八卷　（明）釋通際纂　明末熊開元校刻本　四冊

430000 – 2401 – 0021591　△396.31/13

成唯識論講錄十卷　（明）釋乘時撰　明崇禎六年(1633)刻本　十冊

430000 – 2401 – 0021592　△396.31/26

楞伽阿跋多羅寶經講錄四卷附錄一卷　（明）

釋乘時撰　明天啟二年(1622)汪益源刻本
四冊

430000－2401－0021593　396.12/49－2
戒殺放生文一卷　(明)釋袾宏撰并註　清光
緒三十年(1904)南嶽祝聖寺刻本　一冊

430000－2401－0021594　396.12/49－2(1)
戒殺放生文一卷　(明)釋袾宏撰并註　清光
緒三十年(1904)南嶽祝聖寺刻本　一冊

430000－2401－0021595　396.12/49－2(2)
戒殺放生文一卷　(明)釋袾宏撰并註　清光
緒三十年(1904)南嶽祝聖寺刻本　一冊

430000－2401－0021596　396.12/23－2
沙彌律儀要略一卷　(明)釋袾宏輯　清刻本
一冊

430000－2401－0021597　396.11/30
楞嚴摸象記一卷附一卷　(明)釋袾宏述　清
光緒二十四年(1898)金陵刻經處刻雲棲法彙
本　一冊

430000－2401－0021598　396.14/35－3
禪關策進一卷　(明)釋袾宏輯　清光緒五年
(1879)長沙刻經處刻本　一冊

430000－2401－0021599　396.14/35－2
禪關策進一卷　(明)釋袾宏輯　清末刻本
一冊

430000－2401－0021600　396.14/35－2(1)
禪關策進一卷　(明)釋袾宏輯　清末刻本
一冊

430000－2401－0021601　396.14/35－2(2)
禪關策進一卷　(明)釋袾宏輯　清末刻本
一冊

430000－2401－0021602　396.14/35－2(3)
禪關策進一卷　(明)釋袾宏輯　清末刻本
一冊

430000－2401－0021603　396.14/19－2
大乘止觀法門釋要六卷　(明)釋智旭撰　明
崇禎十七年(1644)刻本　一冊　存二卷(一
至二)

430000－2401－0021604　396.14/19
大乘止觀法門釋要六卷　(明)釋智旭撰　清
光緒二十二年(1896)刻本　二冊

430000－2401－0021605　396.13/61
成唯識論觀心法要十卷　(明)釋智旭撰
清光緒二十六年(1900)揚州藏經院刻本
十冊

430000－2401－0021606　△396.31/12
成唯識論觀心法要十卷　(明)釋智旭撰　清
鈔本　九冊　存九卷(一至九)

430000－2401－0021607　396.12/54
沙彌十戒威儀錄要一卷　(明)釋智旭輯　清
末長沙刻經處刻本　一冊

430000－2401－0021608　396.11/108
**妙法蓮華經臺宗會義七卷妙法蓮華經繪貫一
卷**　(明)釋智旭撰　清光緒十九年(1893)江
北刻經處刻本　八冊

430000－2401－0021609　396.16/21
法海觀瀾五卷　(明)釋智旭輯　清光緒二十
三年(1897)揚州藏經禪院重刻本　二冊

430000－2401－0021610　396.16/232
**金光明懺法補助儀一卷占察善惡業報經行法
一卷贊禮地藏菩薩懺願儀一卷**　(明)釋智旭
撰　明崇禎刻本　一冊

430000－2401－0021611　396.14/50
教觀綱宗一卷釋義一卷　(明)釋智旭述　清
末刻本　一冊

430000－2401－0021612　396.14/17
教觀綱宗釋義紀三卷　(明)釋智旭　(清)釋
默庵撰　清光緒二十七年(1901)龍城鄧在達
刻本　三冊

430000－2401－0021613　396.14/17(1)
教觀綱宗釋義紀三卷　(明)釋智旭　(清)釋
默庵撰　清光緒二十七年(1901)龍城鄧在達
刻本　三冊

430000－2401－0021614　396.14/17(2)
教觀綱宗釋義紀三卷　(明)釋智旭　(清)釋

默庵撰　清光緒二十七年(1901)龍城鄧在達
刻本　三冊

430000－2401－0021615　396.14/17(3)
教觀綱宗釋義紀三卷　(明)釋智旭　(清)釋
默庵撰　清光緒二十七年(1901)龍城鄧在達
刻本　三冊

430000－2401－0021616　396.14/17(4)
教觀綱宗釋義紀三卷　(明)釋智旭　(清)釋
默庵撰　清光緒二十七年(1901)龍城鄧在達
刻本　三冊

430000－2401－0021617　396.16/146
選佛譜六卷　(明)釋智旭撰　清光緒十七年
(1891)金陵刻經處刻本　二冊

430000－2401－0021618　396.16/22
閱藏知津四十四卷總目四卷　(明)釋智旭彙
輯　清光緒十八年(1892)金陵刻經處刻本
十冊

430000－2401－0021619　396.16/22(1)
閱藏知津四十四卷總目四卷　(明)釋智旭彙
輯　清光緒十八年(1892)金陵刻經處刻本
十冊

430000－2401－0021620　396.16/46
靈峰蕅益大師梵室偶談一卷　(明)釋智旭撰
　徹悟禪師語錄二卷　(清)釋了亮等集　清
同治十年(1871)金陵刻經處刻本　一冊

430000－2401－0021621　396.16/45
重訂教乘法數十二卷　(明)釋圓靜集　(清)
世宗胤禛重訂　清光緒四年(1878)杭州昭慶
寺慧空經房刻本　六冊

430000－2401－0021622　396.16/45－2
重訂教乘法數十二卷　(明)釋圓靜集　(清)
世宗胤禛重訂　清光緒三十四年(1908)常州
天寧寺刻本　六冊

430000－2401－0021623　396.12/17
毗尼珍敬錄二卷　(明)釋廣承輯　清光緒二
年(1876)維揚藏經禪院刻本　二冊

430000－2401－0021624　△396.32/2

八識規矩頌一卷大乘百法明門論一卷　(明)
釋廣益纂釋　明崇禎四年(1631)刻本　一冊

430000－2401－0021625　396.11/114
妙法蓮華經通義二十卷　(明)釋德清述
清光緒三十四年(1908)金陵刻經處刻本
五冊

430000－2401－0021626　△396.31/20
妙法蓮華經擊節一卷　(明)釋德清撰　明萬
曆二十六年(1598)釋法濟等刻本　一冊

430000－2401－0021627　396.13/46
性相通說一卷　(明)釋德清撰　清同治十二
年(1873)金陵刻經處刻本　一冊

430000－2401－0021628　396.13/46(1)
性相通說一卷　(明)釋德清撰　清同治十二
年(1873)金陵刻經處刻本　一冊

430000－2401－0021629　396.13/46(2)
性相通說一卷　(明)釋德清撰　清同治十二
年(1873)金陵刻經處刻本　一冊

430000－2401－0021630　396.13/46(3)
性相通說一卷　(明)釋德清撰　清同治十二
年(1873)金陵刻經處刻本　一冊

430000－2401－0021631　396.11/280
金剛決疑一卷般若波羅蜜多心經直說一卷
(明)釋德清撰　清陳寶晉鄭學烺校刻本
一冊

430000－2401－0021632　396.14/53
肇論略註六卷　(明)釋德清撰　清光緒十四
年(1888)金陵刻經處刻本　二冊

430000－2401－0021633　△396.31/31
觀楞伽阿跋多羅寶經記四卷略科一卷　(明)
釋德清撰　明萬曆豫章芙蓉山劉弘謨刻本
四冊

430000－2401－0021634　△396.31/31－2
觀楞伽阿跋多羅寶經記四卷略科一卷　(明)
釋德清撰　明萬曆刻本　三冊　存四卷(一
至二、四,略科一卷)

430000－2401－0021635　396.11/14

大佛頂如來密因修證了義諸菩薩萬行首楞嚴經四依解十卷懸叙一卷 （明）釋觀衡述 清初刻本 十一冊

430000－2401－0021636 396.11/29

大佛頂首楞嚴正脉科一卷 （明）釋□□撰 明萬曆刻本 一冊

430000－2401－0021637 396.13/86

續原教論二卷 （明）沈士榮撰 清光緒元年(1875)金陵刻經處刻本 一冊

430000－2401－0021638 396.13/86(1)

續原教論二卷 （明）沈士榮撰 清光緒元年(1875)金陵刻經處刻本 一冊

430000－2401－0021639 396.16/214

大藏一覽十卷 （明）陳實編 明萬曆四十二年(1614)姚舜漁刻本 一冊 存二卷(三至四)

430000－2401－0021640 396.16/175

護生編一卷 （明）趙宧光撰 清乾隆四十二年(1777)刻本 一冊

430000－2401－0021641 396.12/51

四分戒本緣起事義一卷 （明）廣莫輯錄 清刻本 一冊

430000－2401－0021642 396.14/61－2

指月錄三十二卷 （明）瞿汝稷集 明崇禎三年(1630)刻本 十冊

430000－2401－0021643 396.14/61－2(1)

指月錄三十二卷 （明）瞿汝稷集 明崇禎三年(1630)刻本 四冊 存十四卷(七至二十)

430000－2401－0021644 396.14/61

指月錄三十二卷 （明）瞿汝稷集 清同治七年(1868)皖城撫署刻半畝園叢書本 十冊

430000－2401－0021645 396.13/172

李長者華嚴經論略四卷 （明）顧起元鈔 明萬曆四十一年(1613)吳敬刻本 三冊 缺一卷(一)

430000－2401－0021646 △396.37/2

刻大藏經緣起一卷 明萬曆二十九年(1601)刻本 一冊

430000－2401－0021647 △396.2/53

銷釋金剛科儀 明刻經摺裝本 一冊

430000－2401－0021648 △396.2/63

大方廣圓覺修多羅了義經簡要二卷 （清）釋大憨述 清鈔本 二冊

430000－2401－0021649 396.14/54

增集人天眼目二卷 （清）釋仁岠撰 清光緒七年(1881)長沙刻經處刻本 二冊

430000－2401－0021650 396.14/54(1)

增集人天眼目二卷 （清）釋仁岠撰 清光緒七年(1881)長沙刻經處刻本 二冊

430000－2401－0021651 396.14/54(2)

增集人天眼目二卷 （清）釋仁岠撰 清光緒七年(1881)長沙刻經處刻本 二冊

430000－2401－0021652 396.14/54(3)

增集人天眼目二卷 （清）釋仁岠撰 清光緒七年(1881)長沙刻經處刻本 二冊

430000－2401－0021653 396.12/20

南嶽祝聖寺清規一卷 （清）釋仁善編纂 清道光二十年(1840)南嶽祝聖寺刻本 一冊

430000－2401－0021654 396.14/56

宗教律諸家演派摘錄聖武記之卷五溯查西藏剌麻來源一卷 （清）釋守一編輯 清光緒十六年(1890)金陵刻經處刻本 一冊

430000－2401－0021655 396.14/56(1)

宗教律諸家演派摘錄聖武記之卷五溯查西藏剌麻來源一卷 （清）釋守一編輯 清光緒十六年(1890)金陵刻經處刻本 一冊

430000－2401－0021656 396.16/68

靈峰蕅益大師宗論十卷首一卷 （清）釋成時輯 清嘉慶六年(1801)和碩豫新王裕豐刻本 十冊

430000－2401－0021657 396.16/68－2

靈峰蕅益大師宗論十卷 （清）釋成時輯 清光緒元年(1875)江北刻經處刻本 十冊

430000 – 2401 – 0021658　396.16/68 – 2(1)

靈峰蕅益大師宗論十卷　（清）釋成時輯　清光緒元年(1875)江北刻經處刻本　十冊

430000 – 2401 – 0021659　396.16/68 – 2(2)

靈峰蕅益大師宗論十卷　（清）釋成時輯　清光緒元年(1875)江北刻經處刻本　十冊

430000 – 2401 – 0021660　396.12/13

戒科刪補集要三卷　（清）釋先齡撰　清嘉慶五年(1800)長沙古竹林庵刻本　三冊

430000 – 2401 – 0021661　△396.32/7

列祖提綱錄四十二卷　（清）釋行悅撰　清康熙七年(1668)雄州微笑堂刻本　十冊

430000 – 2401 – 0021662　396.16/29

雅俗通用釋門疏式十卷　（清）釋如德等輯　清光緒四年(1878)知儒精舍刻本　四冊

430000 – 2401 – 0021663　396.14/40

禪門鍛煉說一卷　（清）釋戒顯撰　清同治十一年(1872)如皋刻經處刻本　一冊

430000 – 2401 – 0021664　396.16/70

蓮邦消息一卷　（清）釋妙空子集　清光緒三十四年(1908)南嶽祝聖寺刻本　一冊

430000 – 2401 – 0021665　396.11/119

妙法蓮華經指掌疏觀音普門品別行一卷附一卷　（清）釋通理述　清乾隆三十八年(1773)刻本　一冊

430000 – 2401 – 0021666　396.11/140

金剛新眼疏經偈合釋二卷懸示一卷　（清）釋通理述　清北京西山萬壽戒壇寺刻本　二冊

430000 – 2401 – 0021667　396.11/46

楞嚴經指掌疏六卷懸示一卷　（清）釋通理撰　清乾隆四十一年(1776)刻本　七冊

430000 – 2401 – 0021668　△396.31/23

毗尼日用切要香乳記二卷　（清）釋書玉箋記　清康熙三十六年(1697)刻本　一冊

430000 – 2401 – 0021669　396.11/203

圓覺拈華二卷　（清）釋淨訥撰　清康熙三年(1664)刻本　二冊

430000 – 2401 – 0021670　△396.31/7

大佛頂如來密因修證了義諸菩薩萬行首楞嚴經道眼十卷　（清）釋淨訥輯　清順治十六年(1659)刻本　十冊

430000 – 2401 – 0021671　△396.31/18

妙法蓮華經直指七卷　（清）釋淨訥撰　清順治十四年(1657)衡南大義山刻本　七冊

430000 – 2401 – 0021672　△396.32/12

洞宗續燈六卷　（清）釋淨符纂　清康熙六年(1667)刻本　二冊

430000 – 2401 – 0021673　396.12/48

彌陀懺法三卷　（清）釋旋玉集　清宣統三年(1911)永邑太平寺刻本　一冊

430000 – 2401 – 0021674　396.14/55

禪海十珍集一卷　（清）釋道霈集　清末長沙刻經處刻本　一冊

430000 – 2401 – 0021675　396.12/35

梵網一珠六卷　（清）釋超窘撰　清宣統二年(1910)刻本　二冊

430000 – 2401 – 0021676　396.1/38

大清重刻龍藏彙記一卷　（清）釋超盛等編　清同治九年(1870)金陵刻經處刻本　一冊

430000 – 2401 – 0021677　396.1/38(1)

大清重刻龍藏彙記一卷　（清）釋超盛等編　清同治九年(1870)金陵刻經處刻本　一冊

430000 – 2401 – 0021678　396.16/225

釋氏書啟一卷　（清）釋植庵編　清同治十年(1871)刻本　一冊

430000 – 2401 – 0021679　△396.31/19

妙法蓮華經授手十卷首一卷　（清）釋智祥撰　清光緒二十三年(1897)衡陽大羅漢寺釋照空刻本　十一冊

430000 – 2401 – 0021680　396.11/139 – 2

金剛三昧經通宗記十二卷懸談一卷科分一卷　（清）釋誅震述　清光緒十三年(1887)杭州昭慶寺慧空經房刻本　三冊

430000 – 2401 – 0021681　396.11/139

金剛三昧經通宗記十二卷懸談一卷科分一卷
（清）釋誅震述　清光緒新寧劉氏三祝堂刻
本　三冊

430000－2401－0021682　396.11/342
妙法蓮華經義定□□卷　（清）釋福慧撰　清
康熙三十三年(1694)刻本　一冊　存一卷
（五）

430000－2401－0021683　396.11/336
瑜伽施食儀規一卷　（清）釋福聚訂　清乾隆
刻本　一冊

430000－2401－0021684　396.13/88
般若綱要十卷首一卷　（清）釋葛鼎慧提綱
清光緒二十二年(1896)揚州藏經院刻本
四冊

430000－2401－0021685　△396.32/8
淨土生無生論一卷　（清）釋傳燈撰　清乾隆
四十九年(1784)京都衍法寺刻本　一冊

430000－2401－0021686　396.11/273
佛說觀無量壽佛經圖頌一卷附錄一卷　（清）
釋傳燈撰　清同治七年(1868)杭州昭慶寺刻
本　一冊

430000－2401－0021687　396.11/273－2
佛說觀無量壽佛經圖頌一卷附錄一卷　（清）
釋傳燈撰　清光緒十六年(1890)南嶽祝聖寺
刻本　一冊

430000－2401－0021688　396.11/273－2(1)
佛說觀無量壽佛經圖頌一卷附錄一卷　（清）
釋傳燈撰　清光緒十六年(1890)南嶽祝聖寺
刻本　一冊

430000－2401－0021689　396.13/150
一乘決疑論一卷　（清）釋際清撰　清同治八
年(1869)如皋刻經處刻本　一冊

430000－2401－0021690　396.13/150(1)
一乘決疑論一卷　（清）釋際清撰　清同治八
年(1869)如皋刻經處刻本　一冊

430000－2401－0021691　396.13/96
重訂西方公據二卷　（清）釋際清集　清光緒

四年(1878)金陵刻經處刻本　一冊

430000－2401－0021692　396.13/96(1)
重訂西方公據二卷　（清）釋際清集　清光緒
四年(1878)金陵刻經處刻本　一冊

430000－2401－0021693　396.13/96－2
重訂西方公據二卷　（清）釋際清集　清光緒
十三年(1887)揚州藏經禪院刻本　一冊

430000－2401－0021694　396.16/14
念佛警策二卷　（清）釋際清集　清同治十三
年(1874)許靈虛刻本　一冊

430000－2401－0021695　396.13/143
華嚴念佛三昧論一卷　（清）釋際清撰　清末
金陵刻經處刻本　一冊

430000－2401－0021696　396.13/141
無量壽經起信論三卷觀無量壽佛經約論一卷
阿彌陀經約論一卷　（清）釋際清撰　清同治
十一年(1872)如皋刻經處刻本　一冊

430000－2401－0021697　396.13/141－2
無量壽經起信論三卷　（清）釋際清撰　清光
緒三十二年(1906)湖南衡州西禪寺刻本
一冊

430000－2401－0021698　396.16/66
大潙一燈十二卷　（清）釋際賢等編　清乾隆
二十年(1755)潙山雨華堂刻本　二冊

430000－2401－0021699　396.16/83
夢東禪師遺集二卷　（清）釋際醒撰　清嘉慶
二十二年(1817)隆福寺刻本　一冊

430000－2401－0021700　△396.32/11
南嶽履玄義關主遺集一卷　（清）釋履玄撰
（清）釋法從等記錄　清康熙元年(1662)刻本
一冊

430000－2401－0021701　396.11/335－2
瑜伽焰口施食要集一卷　（清）釋德基輯　清
光緒二十三年(1897)長沙上林禪寺刻本
一冊

430000－2401－0021702　396.16/63
名賢信向錄二卷　（清）釋淡雲　（清）鄧在達

輯　清光緒二十二年(1896)刻本　二冊

430000－2401－0021703　396.16/19
續人天寶鑒十卷　(清)釋默庵集　清光緒二十四年(1898)刻本　十冊

430000－2401－0021704　396.16/221
濟生和尚編游集□□卷　(清)釋濟生撰　清初刻本　一冊

430000－2401－0021705　396.12/38
賢首五教儀開蒙一卷賢首五教斷證三覺揀濫圖一卷法界宗蓮花章一卷華嚴鏡燈章一卷　(清)釋續法集　清光緒二年(1876)長沙刻經處刻本　一冊

430000－2401－0021706　396.12/24
沙彌尼律儀要略一卷　(清)釋讀體集　佛說四分比丘尼戒本一卷　(唐)釋懷素集　清刻本　一冊

430000－2401－0021707　396.12/1－2
毗尼日用切要一卷　(清)釋讀體集　沙彌律儀要略一卷　(明)釋袾宏輯　清康熙五十七年(1718)南嶽祝聖寺刻本　一冊

430000－2401－0021708　396.12/1－2(1)
毗尼日用切要一卷　(清)釋讀體集　沙彌律儀要略一卷　(明)釋袾宏輯　清康熙五十七年(1718)南嶽祝聖寺刻本　一冊

430000－2401－0021709　396.12/1
毗尼日用切要一卷　(清)釋讀體集　沙彌律儀要略一卷　(明)釋袾宏輯　清光緒十八年(1892)金陵刻經處刻本　一冊

430000－2401－0021710　396.12/1(1)
毗尼日用切要一卷　(清)釋讀體集　沙彌律儀要略一卷　(明)釋袾宏輯　清光緒十八年(1892)金陵刻經處刻本　一冊

430000－2401－0021711　396.12/1－4
毗尼日用切要一卷　(清)釋讀體集　誦沙彌尼律儀式一卷　(明)釋袾宏輯　清光緒二十三年(1897)上林寺刻本　一冊

430000－2401－0021712　396.16/140

金剛經聯語一卷　(清)王定安輯　清光緒十二年(1886)江南書局刻本　一冊

430000－2401－0021713　396.16/140(1)
金剛經聯語一卷　(清)王定安輯　清光緒十二年(1886)江南書局刻本　一冊

430000－2401－0021714　396.16/140(2)
金剛經聯語一卷　(清)王定安輯　清光緒十二年(1886)江南書局刻本　一冊

430000－2401－0021715　396.16/140(3)
金剛經聯語一卷　(清)王定安輯　清光緒十二年(1886)江南書局刻本　一冊

430000－2401－0021716　396.16/177
觀音大士救劫仙方一卷　(清)任玉貞口傳　清光緒二十九年(1903)益陽無名氏刻本　一冊

430000－2401－0021717　396.16/148
普濟慈航一卷　(清)朱圭輯　清道光二十八年(1848)廣州合成齋刻本　一冊

430000－2401－0021718　396.16/55
歷朝法華持驗紀二卷　(清)周克復纂　清光緒十年(1884)刻本　一冊

430000－2401－0021719　396.13/95
西方公據新編三卷首一卷　(清)周求觀集錄　清光緒十四年(1888)雲因室刻本　一冊

430000－2401－0021720　△396.36/1
佛爾雅八卷　(清)周春撰　清嘉慶二十一年(1816)陳鴻壽種榆仙館刻本　二冊

430000－2401－0021721　396.16/15
佛爾雅八卷　(清)周春撰　清光緒八年(1882)許靈虛刻本　一冊

430000－2401－0021722　396.16/15(1)
佛爾雅八卷　(清)周春撰　清光緒八年(1882)許靈虛刻本　一冊

430000－2401－0021723　396.16/15(2)
佛爾雅八卷　(清)周春撰　清光緒八年(1882)許靈虛刻本　一冊

430000－2401－0021724　396.16/15－4

佛爾雅八卷　（清）周春撰　清宣統三年
(1911)上海國學扶輪社鉛印本　二冊

430000－2401－0021725　396.16/15－2

佛爾雅八卷　（清）周春撰　清末刻本　一冊
存四卷(一至四)

430000－2401－0021726　396.16/15－2(1)

佛爾雅八卷　（清）周春撰　清末刻本　一冊
存四卷(一至四)

430000－2401－0021727　396.16/138

欲海回狂集三卷　（清）周夢顏撰　清同治四
年(1865)邗江熊氏刻本　一冊

430000－2401－0021728　396.16/52

修真直指全集一卷　（清）金天基撰　清同治
九年(1870)白玉山房刻本　一冊

430000－2401－0021729　396.11/249(3)

最上一乘慧命經一卷　（清）柳華陽撰　清末
刻本　一冊

430000－2401－0021730　396.11/249(2)

最上一乘慧命經一卷　（清）柳華陽撰　清末
刻本　一冊

430000－2401－0021731　396.16/25

慧日永明智覺壽禪師山居詩一卷　（清）海天
精舍同校　**福源石屋珙禪師山居詩一卷**
(元)至柔編　清光緒十一年(1885)江北刻經
處刻本　一冊

430000－2401－0021732　396.11/298

金剛般若波羅蜜經演說一卷　（清）徐澤醇撰
清光緒六年(1880)刻本　一冊

430000－2401－0021733　396.14/39

御錄宗鏡大綱二十卷　（清）世宗胤禛錄　清
末揚州刻經處刻本　四冊

430000－2401－0021734　△396.2/65

御錄經海一滴二十七卷　（清）世宗胤禛錄
清雍正十三年(1735)內府刻本　六冊

430000－2401－0021735　396.16/40－2

御錄經海一滴六卷　（清）世宗胤禛錄　清刻

本　六冊

430000－2401－0021736　396.16/58

三朝聖諭一卷　（清）聖祖玄燁等撰　清末刻
本　一冊

430000－2401－0021737　△396.38/7

芬陀利室雜鈔一卷　（清）郭振鏞撰　清稿本
一冊

430000－2401－0021738　△396.38/8

居喪念佛通儀一卷　（清）郭振鏞撰　清稿本
一冊

430000－2401－0021739　396.13/145－3

徑中徑又徑四卷　（清）張師誠輯　清末慧空
經房刻本　二冊

430000－2401－0021740　396.13/145

徑中徑又徑徵義三卷　（清）張師誠輯　（清）
徐槐廷徵義　清光緒二十五年(1899)婁東陸
氏刻本　一冊

430000－2401－0021741　396.13/145(1)

徑中徑又徑徵義三卷　（清）張師誠輯　（清）
徐槐廷徵義　清光緒二十五年(1899)婁東陸
氏刻本　一冊

430000－2401－0021742　396.14/12

釋門真孝錄五卷　（清）張廣湉輯　清末揚州
刻經處刻本　徐崇立識語　一冊

430000－2401－0021743　312/14

說教一卷　（清）彭光譽撰　清光緒二十二年
(1896)北京琉璃廠文光齋刻本　一冊

430000－2401－0021744　396.16/77

菩提果四卷　（清）尋真編纂　清宣統三年
(1911)廣化文社刻本　四冊

430000－2401－0021745　396.16/154

宗鑑法林七十二卷　（清）集雲堂編　清光緒
二十年(1894)刻本　十六冊

430000－2401－0021746　396.14/60

禪門集要一卷　（清）諸山公輯　清初刻本
徐崇立題識　一冊

430000 - 2401 - 0021747　396.16/165

修西定課一卷　（清）鄭澄德　（清）鄭澄源撰　清光緒二十四年（1898）金陵刻經處刻本　一冊

430000 - 2401 - 0021748　396.14/28

禪宗正指三卷　（清）劉體恕編次　清末金陵刻經處刻本　一冊

430000 - 2401 - 0021749　396.14/44

宗範八卷　（清）錢伊庵編輯　清光緒十二年（1886）金陵刻經處刻本　三冊

430000 - 2401 - 0021750　396.13/52

唯識隨疏翼二卷　（清）錢伊庵撰　清光緒刻本　二冊

430000 - 2401 - 0021751　396.13/52（1）

唯識隨疏翼二卷　（清）錢伊庵撰　清光緒刻本　二冊

430000 - 2401 - 0021752　396.16/72

海南一勺合編内函十卷首一卷外函三十二卷　（清）鶴洞子纂輯　清道光十五年（1835）四香堂刻本　十冊

430000 - 2401 - 0021753　396.16/72（1）

海南一勺合編内函十卷首一卷外函三十二卷　（清）鶴洞子纂輯　清道光十五年（1835）四香堂刻本　一冊　存一卷(三梵咒門)

430000 - 2401 - 0021754　396.11/244

大方便佛報恩經七卷　清光緒六年（1880）長沙刻經處刻本　二冊

430000 - 2401 - 0021755　396.11/244（1）

大方便佛報恩經七卷　清光緒六年（1880）長沙刻經處刻本　二冊

430000 - 2401 - 0021756　396.11/244（2）

大方便佛報恩經七卷　清光緒六年（1880）長沙刻經處刻本　二冊

430000 - 2401 - 0021757　396.11/244（3）

大方便佛報恩經七卷　清光緒六年（1880）長沙刻經處刻本　二冊

430000 - 2401 - 0021758　396.11/256

大乘金剛經論一卷　清同治七年（1868）星沙刻本　一冊

430000 - 2401 - 0021759　396.16/110 - 2

大悲神咒聖像一卷　清咸豐九年（1859）南嶽祝聖寺刻本　一冊

430000 - 2401 - 0021760　396.16/110

大悲聖像一卷　清末衡州大羅漢寺刻本　一冊

430000 - 2401 - 0021761　396.16/116

久誦延年一卷　清光緒五年（1879）湘鄉淡園刻本　一冊

430000 - 2401 - 0021762　396.16/116（1）

久誦延年一卷　清光緒六年（1880）瞻闕齋刻本　一冊

430000 - 2401 - 0021763　396.16/116（2）

久誦延年一卷　清光緒六年（1880）瞻闕齋刻本　一冊

430000 - 2401 - 0021764　396.16/152

血盆寶懺三卷　清光緒十五年（1889）長沙刻本　一冊

430000 - 2401 - 0021765　396.12/45

佛說地藏本願赦罪法懺一卷　清光緒十九年（1893）益陽刻本　一冊

430000 - 2401 - 0021766　396.16/195

佛門式子一卷　清光緒二十一年（1895）李登雲鈔本　一冊

430000 - 2401 - 0021767　396.16/200

佛門圓明窑燭贊文　清鈔本　一冊

430000 - 2401 - 0021768　396.16/228

便蒙鈔二卷　清刻本　一冊　存一卷(上)

430000 - 2401 - 0021769　396.12/55

授三歸五戒八戒正範一卷授幽冥戒正範一卷　清常州瑪瑙經房刻本　一冊

430000 - 2401 - 0021770　396.16/121

超脱真詮一卷　清末刻本　一冊

430000 - 2401 - 0021771　396.11/335

新刻焰口合集　清乾隆五十三年(1788)湖南道鍾禪寺刻本　一冊

430000 – 2401 – 0021772　396.16/199

新刻朝岳神咒　清光緒刻本　三冊

430000 – 2401 – 0021773　396.16/198

瑜伽觀門焰口全部不分卷　清光緒十二年(1886)鈔本　一冊

430000 – 2401 – 0021774　396.11/1 – 2

解冤結法懺一卷　清光緒十三年(1887)長沙樂善堂刻本　一冊

430000 – 2401 – 0021775　396.12/56

傳律弘範　清湘陰神鼎山等處刻本　三冊

430000 – 2401 – 0021776　396.14/13

禪門日誦一卷　清光緒元年(1875)衡州龐公寺釋正心刻本　一冊

430000 – 2401 – 0021777　396.14/13 – 2

禪門日誦一卷　清光緒十年(1884)思古齋刻本　一冊

430000 – 2401 – 0021778　396.16/181

彌陀極樂宮全圖一卷　清宣統元年(1909)湘潭賀氏刻本　一冊

430000 – 2401 – 0021779　396.16/211

釋氏安仙科文一卷　清光緒三十二年(1906)禪靜鈔本　一冊

430000 – 2401 – 0021780　396.16/210

釋氏請聖顯密科文一卷　清光緒三十二年(1906)禪靜鈔本　一冊

430000 – 2401 – 0021781　396.16/208

釋氏發奏顯密科文一卷　清光緒三十二年(1906)禪靜鈔本　一冊

430000 – 2401 – 0021782　396.16/209

釋氏蕩穢顯密科一卷　清光緒三十二年(1906)禪靜鈔本　一冊

430000 – 2401 – 0021783　396.16/207

釋門迎佛顯密科範一卷　清光緒三十二年(1906)禪靜鈔本　一冊

430000 – 2401 – 0021784　396.11/310

觀音真經一卷　清同治元年(1862)刻本　一冊

430000 – 2401 – 0021785　396.11/179

觀音濟度本願真經二卷　清光緒七年(1881)刻本　一冊

430000 – 2401 – 0021786　396.16/64

性理精華十九卷　(原題)無量劫佛編　(清)月西老人訂　清宣統二年(1910)刻本　四冊

430000 – 2401 – 0021787　396.16/27

佛教初學課註一卷　楊文會撰　清光緒三十二年(1906)金陵刻經處刻本　一冊

430000 – 2401 – 0021788　396.16/27(1)

佛教初學課註一卷　楊文會撰　清光緒三十二年(1906)金陵刻經處刻本　一冊

430000 – 2401 – 0021789　396.16/27(2)

佛教初學課註一卷　楊文會撰　清光緒三十二年(1906)金陵刻經處刻本　一冊

430000 – 2401 – 0021790　396.16/27 – 3

佛教初學課註一卷　楊文會撰　清光緒三十二年(1906)金陵刻經處木活字印本　一冊

430000 – 2401 – 0021791　396.16/27 – 3(1)

佛教初學課註一卷　楊文會撰　清光緒三十二年(1906)金陵刻經處木活字印本　一冊

430000 – 2401 – 0021792　396.16/27 – 3(2)

佛教初學課註一卷　楊文會撰　清光緒三十二年(1906)金陵刻經處木活字印本　一冊

430000 – 2401 – 0021793　396.1/43

佛學書目表一卷　楊文會編　清光緒二十八年(1902)新安汪氏鉛印本　一冊

430000 – 2401 – 0021794　△396.31/9

天台四教儀一卷　(高麗)釋諦觀錄　始終心要一卷　(唐)釋湛然撰　(宋)釋從義註　清武林昭慶寺刻本　一冊

430000 – 2401 – 0021795　△396.33/20

頓悟入道要門論一卷諸方門人參問語錄一卷　(唐)釋慧海撰　明萬曆二十五年(1597)徑

山興聖萬壽禪寺刻本　　一冊

430000－2401－0021796　△396.33/2

大慧普覺禪師語錄三十卷　（宋）釋宗杲述
（宋）釋蘊聞編　**大慧普覺禪師年譜一卷**
（宋）釋祖詠編　**大慧普覺禪師宗門武庫一卷**
（宋）釋道謙編　明萬曆四十五年(1617)徑
山化城寺刻本　　七冊

430000－2401－0021797　△396.33/21

圓悟佛果禪師語錄二十卷　（宋）釋紹隆等編
明萬曆十八年至十九年(1590－1591)清涼
山妙德庵刻本　　四冊

430000－2401－0021798　△396.33/1

**大慧普覺禪師宗門武庫一卷雪堂行和尚拾遺
錄一卷**　（宋）釋道謙編　清康熙五年(1666)
靈隱寺刻本　　一冊

430000－2401－0021799　△396.33/18

黃檗易庵禪師語錄二卷　（宋）釋道謙撰
（清）釋正則記錄　清康熙刻本　　一冊

430000－2401－0021800　△396.33/5

天目中峰和尚廣錄三十卷　（元）釋明本撰
雲林寺刻本　　六冊

430000－2401－0021801　△396.33/8

**林泉老人評唱丹霞淳禪師頌古虛堂習聽錄三
卷**　（元）釋義聰錄　明崇禎釋性湛刻本
六冊

430000－2401－0021802　△396.33/4

千嚴和尚語錄不分卷　（明）釋千嚴述　（明）
釋嗣詔記錄　清康熙八年(1669)嘉興楞嚴寺
刻本　　二冊

430000－2401－0021803　396.16/219

永覺和尚廣錄三十卷首一卷　（明）釋元賢撰
（清）釋道霈編　清順治十四年(1657)刻本
一冊　　存三卷(十三至十五)

430000－2401－0021804　396.14/41

永覺和尚寱言一卷續一卷　（明）釋元賢輯
（清）釋道霈重編　清末錢塘許靈虛刻本
一冊

430000－2401－0021805　396.14/74

無幻禪師語錄二卷　（明）釋性沖撰　（明）釋
慧廣編　明寶夢堂刻本　　一冊

430000－2401－0021806　△396.33/6

玉芝禪師語錄六卷附錄一卷　（明）釋法聚撰
（明）釋祖覺等編　明天啟三年(1623)劉祖
錫刻本　　二冊

430000－2401－0021807　396.16/224

紫柏大師法語節錄一卷　（明）釋真可述　清
光緒五年(1879)長沙刻經處刻本　　一冊

430000－2401－0021808　△396.33/12

明覺禪師語錄六卷　（明）釋惟蓋竺編　明崇
禎七年(1634)嘉興楞嚴寺刻本　　二冊

430000－2401－0021809　△396.33/16

雪關禪師語錄十三卷　（明）釋雪關撰　（明）
釋成巒等記錄　（明）釋開詗編　明崇禎刻本
四冊

430000－2401－0021810　396.13/118

古庭祖師語錄輯略四卷　（明）釋善堅撰　清
光緒二十六年(1900)刻本　　四冊

430000－2401－0021811　△396.33/3

大戲禪師語錄十卷　（清）釋大戲述　（清）釋
越璽等編　清康熙五年(1666)刻本　　二冊

430000－2401－0021812　396.14/9

文楷不二志禪師語錄四卷合刻詩草四卷
（清）釋文楷志　（清）釋文暢徹撰　（清）釋
清選　（清）釋清達編　清乾隆刻本　　一冊

430000－2401－0021813　△396.33/17

黃檗天池禪師語錄十卷　（清）釋天池述
（清）釋照年等記錄　清康熙刻本　　二冊

430000－2401－0021814　396.14/51

高峰大師語錄一卷　（清）釋弘禮重梓　清末
長沙刻經處刻本　　一冊

430000－2401－0021815　396.14/78

谷山溪庵行泰禪師語錄　（清）釋行泰撰　清
光緒十一年(1885)長沙刻本　　一冊

430000－2401－0021816　396.14/78(1)

谷山溪庵行泰禪師語錄 （清）釋行泰撰 清光緒十一年(1885)長沙刻本 一冊

430000－2401－0021817 396.16/220

佛藏正禪師住盤山古中盤語錄□□卷 （清）釋佛藏撰 清康熙刻本 一冊 存二卷(一至二)

430000－2401－0021818 396.16/223

法源悟禪師語錄□□卷 （清）釋法源撰 清乾隆三十九年(1774)刻本 一冊 存三卷(一至三)

430000－2401－0021819 △396.33/13

明覺聰禪師語錄十六卷附一卷 （清）釋性聰撰述 （清）釋寂空等編 清康熙九年(1670)刻本 四冊

430000－2401－0021820 △396.33/7

林我禪師語錄四卷 （清）釋林我述 （清）釋海鑫等編 清康熙三十年(1691)嘉興楞嚴寺刻本 一冊

430000－2401－0021821 396.16/218

桃花別峰臥雲達禪師語錄□□卷 （清）釋臥雲撰 （清）釋祥理等編 清初刻本 一冊 存三卷(一至三)

430000－2401－0021822 396.14/81

顒愚和尚語錄三十卷 （清）釋音乘 （清）釋音在集 清光緒二十一年(1895)刻本 六冊

430000－2401－0021823 396.14/79

大覺普濟玉林禪師語錄十二卷 （清）釋音緯等編 （清）孫超琦彙 大覺普濟能仁國師[通琇]年譜二卷 （清）孫超琦輯錄 清同治十三年(1874)杭州昭慶寺慧空經房刻本 六冊

430000－2401－0021824 396.14/8

操雪筠禪師語錄十五卷 （清）釋洪演錄 清乾隆刻本 一冊

430000－2401－0021825 △396.33/9

自閑覺禪師語錄八卷 （清）釋洪暹編 清康

熙十一年(1672)刻本 一冊

430000－2401－0021826 △396.33/10

伏龍破暗輝禪師語錄一卷 （清）釋律昭等編 清雍正八年(1730)刻本 一冊

430000－2401－0021827 △396.33/19

清斯禪師語錄六卷 （清）釋清斯撰 （清）釋如遜等記錄 清康熙刻本 二冊

430000－2401－0021828 396.16/215

鈍庵道重遠禪師語錄十卷 （清）釋道重撰 （清）釋祖林等編 清雍正刻本 二冊 存六卷(一至六)

430000－2401－0021829 △396.33/11

屳峰憲禪師語錄十卷 （清）釋智質等編 清康熙刻本 一冊

430000－2401－0021830 396.16/222

楚燈衡禪師語錄一卷 （清）釋楚燈撰 清乾隆三十四年(1769)刻本 一冊

430000－2401－0021831 396.14/57

岐山恆志禪師語錄一卷 （清）釋敬安錄 清光緒三十三年(1907)刻本 一冊

430000－2401－0021832 396.16/216

穎中顯禪師語錄三卷 （清）釋際顯撰 （清）釋顯隆編 清乾隆五十九年(1794)刻本 一冊

430000－2401－0021833 396.16/217

曉堂哲禪師語錄□□卷 （清）釋曉堂撰 （清）釋佛音等編 清初刻本 一冊 存五卷(六至十)

430000－2401－0021834 △396.33/22

懶石聆禪師語錄四卷 （清）釋懶石述 （清）釋海瑞錄 清順治十六年(1659)嘉興楞嚴寺刻本 一冊

430000－2401－0021835 396.14/65

御選語錄十九卷 （清）世宗胤禛輯 清雍正十一年(1733)內府刻本 十四冊

430000－2401－0021836 396.14/65(1)

御選語錄十九卷 （清）世宗胤禛輯 清光緒

四年(1878)刻本　十四冊

430000 – 2401 – 0021837　△396.35/9

佛國記一卷　（晉）釋法顯撰　明毛氏汲古閣刻津逮秘書本　一冊

430000 – 2401 – 0021838　396.15/11

高僧傳初集十五卷　（南朝梁）釋慧皎撰　清光緒十年(1884)金陵刻經處刻本　四冊

430000 – 2401 – 0021839　396.15/11(1)

高僧傳初集十五卷　（南朝梁）釋慧皎撰　清光緒十年(1884)金陵刻經處刻本　四冊

430000 – 2401 – 0021840　396.15/11(2)

高僧傳初集十五卷　（南朝梁）釋慧皎撰　清光緒十年(1884)金陵刻經處刻本　四冊

430000 – 2401 – 0021841　396.15/11(3)

高僧傳初集十五卷　（南朝梁）釋慧皎撰　清光緒十年(1884)金陵刻經處刻本　四冊

430000 – 2401 – 0021842　396.15/11(4)

高僧傳初集十五卷　（南朝梁）釋慧皎撰　清光緒十年(1884)金陵刻經處刻本　四冊

430000 – 2401 – 0021843　396.15/11(5)

高僧傳初集十五卷　（南朝梁）釋慧皎撰　清光緒十年(1884)金陵刻經處刻本　四冊

430000 – 2401 – 0021844　396.15/18

大唐西域記十二卷　（唐）釋玄奘譯　（唐）釋辯機撰　清宣統元年(1909)常州天寧寺刻本　四冊

430000 – 2401 – 0021845　396.15/18 – 3

大唐西域記十二卷　（唐）釋玄奘譯　（唐）釋辯機撰　清宣統元年(1909)刻本　四冊

430000 – 2401 – 0021846　396.15/48

高僧傳二集四十卷　（唐）釋道宣撰　清光緒十六年(1890)江北刻經處刻本　十冊

430000 – 2401 – 0021847　396.15/19

大慈恩寺三藏法師傳十卷　（唐）釋慧立本釋（唐）釋彥悰箋　清宣統元年(1909)常州天寧寺刻本　三冊

430000 – 2401 – 0021848　396.15/13

古清凉傳二卷　（唐）釋慧祥撰　廣清凉傳三卷　（宋）釋延一編　續清凉傳二卷　（宋）張商英述　補施洛迦山傳題辭一卷　（元）盛熙明述　清光緒十年(1884)吳縣蔣氏雙唐碑館刻本　一冊

430000 – 2401 – 0021849　△396.35/8

宗鏡錄一百卷　（宋）釋延壽撰　清雍正十二年(1734)內府刻本　二十冊

430000 – 2401 – 0021850　396.15/36 – 2

宗鏡錄一百卷　（宋）釋延壽撰　清同治十二年(1873)武林昭慶寺慧空經所刻本　六冊存三十卷(一至三十)

430000 – 2401 – 0021851　396.15/36

宗鏡錄一百卷　（宋）釋延壽撰　清光緒二十五年(1899)江北刻經處刻本　二十冊

430000 – 2401 – 0021852　396.15/36(1)

宗鏡錄一百卷　（宋）釋延壽撰　清光緒二十五年(1899)江北刻經處刻本　二十冊

430000 – 2401 – 0021853　△396.35/2

宗門統要續集二十二卷　（宋）釋宗永輯（元）釋清茂續輯　明萬曆三十五年(1607)徑山寂照庵刻本　五冊

430000 – 2401 – 0021854　△396.35/1

五燈會元二十卷　（宋）釋普濟撰　明嘉靖嘉興徑山寺刻本　十九冊　缺一卷(十三)

430000 – 2401 – 0021855　396.14/46 – 2

五燈會元二十卷　（宋）釋普濟撰　清光緒三十二年(1906)黃岡陶子麟影刻玉海堂影宋叢書本　十五冊

430000 – 2401 – 0021856　396.14/46 – 2(1)

五燈會元二十卷　（宋）釋普濟撰　清光緒三十二年(1906)黃岡陶子麟影刻玉海堂影宋叢書本　十六冊

430000 – 2401 – 0021857　396.14/47

五燈會元五十七卷目錄三卷　（宋）釋普濟撰　清光緒三十四年(1908)長沙刻本　二十冊

430000－2401－0021858　396.14/47（1）

五燈會元五十七卷目錄三卷　（宋）釋普濟撰
清光緒三十四年(1908)長沙刻本　二十册

430000－2401－0021859　△396.35/6

萬僧問答景德傳燈全錄三十卷　（宋）釋道原
撰　明萬曆汪士賢校刻本　八册

430000－2401－0021860　396.11/219

大般涅槃經玄義發源機要六卷　（宋）釋智圓
撰　金陵刻經處刻本　二册

430000－2401－0021861　396.15/7

羅湖野錄二卷　（宋）釋曉瑩撰　明刻本
一册

430000－2401－0021862　△396.35/3

東林十八高賢傳一卷　（宋）李伯時繪圖　明
萬曆四十八年(1620)姑蘇毗耶室刻本　一册

430000－2401－0021863　396.15/6

釋氏稽古略四卷　（元）釋覺岸編　**釋鑒稽古
略續集三卷**　（明）釋大聞編　清光緒十二年
(1886)釋清道刻本　五册

430000－2401－0021864　396.15/6（1）

釋氏稽古略四卷　（元）釋覺岸編　**釋鑒稽古
略續集三卷**　（明）釋大聞編　清光緒十二年
(1886)釋清道刻本　五册

430000－2401－0021865　396.15/6（2）

釋氏稽古略四卷　（元）釋覺岸編　**釋鑒稽古
略續集三卷**　（明）釋大聞編　清光緒十二年
(1886)釋清道刻本　五册

430000－2401－0021866　396.15/6（3）

釋氏稽古略四卷　（元）釋覺岸編　**釋鑒稽古
略續集三卷**　（明）釋大聞編　清光緒十二年
(1886)釋清道刻本　五册

430000－2401－0021867　396.15/5

佛法金湯編十六卷　（明）釋心泰編　清光緒
十二年(1886)長沙刻經處刻本　三册

430000－2401－0021868　396.15/16

佛祖正宗道影四卷　（明）釋元賢撰傳偈
（清）釋守一增編　清光緒六年(1880)蘇州刻

本　四册

430000－2401－0021869　396.16/229

佛祖源流□□卷　（明）釋正法集　清初刻本
一册　存三卷(一至三)

430000－2401－0021870　396.15/12

高僧傳四集六卷　（明）釋如惺撰　清光緒十
八年(1892)江北刻經處刻本　二册

430000－2401－0021871　396.15/27

往生集三卷附一卷　（明）釋袾宏輯　清光緒
二十四年(1898)金陵刻經處刻本　一册

430000－2401－0021872　△396.35/4

神僧傳九卷　（明）成祖朱棣撰　明萬曆吳琯
校刻本　二册

430000－2401－0021873　△396.35/4－2

神僧傳九卷　（明）成祖朱棣撰　明崇禎七年
(1634)嘉興楞嚴寺刻本　二册

430000－2401－0021874　396.15/35

神僧傳九卷　（明）成祖朱棣撰　清宣統元年
(1909)常州天寧寺刻本　四册

430000－2401－0021875　△396.35/5

指月錄三十二卷　（明）瞿汝稷輯　明萬曆靈
隱寺釋弘禮刻本　一如居士題識　二十册

430000－2401－0021876　396.15/47

神鼎傳燈宗譜五卷續一卷　（清）釋化成修纂
清光緒二十四年(1898)神鼎山資聖寺刻本
五册

430000－2401－0021877　396.15/38－2

黔南會燈錄八卷　（清）釋如純輯　清康熙四
十二年(1703)刻本　一册　存四卷(一至四)

430000－2401－0021878　396.15/58

釋氏宗譜八卷首二卷　（清）釋牧山等纂修
清咸豐十一年(1861)光孝堂木活字本　三册
存三卷(一、首二卷)

430000－2401－0021879　396.15/26

蓮宗九祖傳略一卷　（清）釋悟開編　清道光
四年(1824)刻本　一册

430000－2401－0021880　396.16/71

無隱禪師略錄一卷　（清）釋普願集校　清光
緒十六年(1890)刻本　一冊

430000－2401－0021881　396.16/142

異方便淨土傳燈歸元鏡三祖實錄二卷附錄一
卷　（清）釋智達撰　清康熙三十八年(1699)
雲棲寺刻本　三冊

430000－2401－0021882　396.15/59

密印三修傳燈宗譜十五卷首一卷　（清）釋碧
曇修　（清）釋一心　（清）釋璧豐等纂　清光
緒四年(1878)五葉堂木活字印本　十七冊

430000－2401－0021883　396.15/59(1)

密印三修傳燈宗譜十五卷首一卷　（清）釋碧
曇修　（清）釋一心　（清）釋璧豐等纂　清光
緒四年(1878)五葉堂木活字印本　二冊　存
二卷(一、四)

430000－2401－0021884　396.15/55

重修乘雲宗譜八卷　（清）釋默庵編　鈔本
四冊

430000－2401－0021885　396.15/15

居士傳五十六卷　（清）釋際清撰　清末刻本
四冊

430000－2401－0021886　396.11/71

金剛經溯源三卷附一卷　（清）王定柱撰　清
光緒二十年(1894)昆明張瓊、龔以忠刻本
二冊

430000－2401－0021887　396.11/71(1)

金剛經溯源三卷附一卷　（清）王定柱撰　清
光緒二十年(1894)昆明張瓊、龔以忠刻本
一冊　缺下冊

430000－2401－0021888　396.15/9

釋迦如來應化事蹟不分卷　（清）永珊繪　清
光緒十四年(1888)刻本　四冊

430000－2401－0021889　396.15/9(1)

釋迦如來應化事蹟不分卷　（清）永珊繪　清
光緒十四年(1888)刻本　四冊

430000－2401－0021890　396.15/9(2)

釋迦如來應化事蹟不分卷　（清）永珊繪　清
光緒十四年(1888)刻本　四冊

430000－2401－0021891　396.15/9(3)

釋迦如來應化事蹟不分卷　（清）永珊繪　清
光緒十四年(1888)刻本　四冊

430000－2401－0021892　396.15/9－2(2)

釋迦如來應化事蹟不分卷　（清）永珊繪　清
光緒二十三年(1897)石印本　二冊

430000－2401－0021893　396.22/9

南嶽古九仙觀九仙傳　（清）李常庚述　清順
治初年刻本　一冊

430000－2401－0021894　396.22/9(1)

南嶽古九仙觀九仙傳　（清）李常庚述　清順
治初年刻本　一冊

430000－2401－0021895　396.22/9(2)

南嶽古九仙觀九仙傳　（清）李常庚述　清順
治初年刻本　一冊

430000－2401－0021896　396.15/8

釋迦文佛紀略一卷　金蓉鏡撰　清鈔本
一冊

430000－2401－0021897　396.15/25

淨土聖賢略錄二卷　（清）彭希涑撰　清光緒
二十五年(1899)衡北大羅漢寺刻本　一冊
存一卷(上)

430000－2401－0021898　396.15/37

淨土聖賢錄九卷續編四卷　（清）彭希涑述
清刻本　六冊

430000－2401－0021899　396.15/45

五百羅漢像住世十八尊羅漢像　清嘉慶三年
(1798)常州天寧寺胡觀瀾刻石清道光拓本
十冊

430000－2401－0021900　396.15/45－2

祝聖寺石鍥五百羅漢像贊不分卷　清光緒五
年(1879)長沙刻石清光緒拓本　十冊

430000－2401－0021901　396.15/45－2(1)

祝聖寺石鍥五百羅漢像贊不分卷　清光緒五
年(1879)長沙刻石清光緒拓本　三冊

430000－2401－0021902　396.15/45－2(2)

祝聖寺石鍥五百羅漢像贊不分卷　清光緒五年(1879)長沙刻石清光緒拓本　二冊

430000－2401－0021903　396.15/42

普祖靈驗記不分卷　清同治十三年(1874)慈化寺刻本　二冊

430000－2401－0021904　396.15/22

敕建金山江天禪寺同戒錄一卷　清光緒三十二年(1906)刻本　一冊

430000－2401－0021905　396.14/56－2

佛祖心燈一卷　釋了然撰　**五家宗派一卷**　清刻本　一冊

430000－2401－0021906　△396.35/7

歷代高僧集傳三十八卷　王先謙輯　稿本　二十二冊

430000－2401－0021907　396.15/60

諸山燈乘不分卷　碧雲樓彙纂　清乾隆四十五年(1780)法華堂刻本　一冊

430000－2401－0021908　396.15/34

唐大薦福寺故寺主翻經大德法藏和尚傳一卷　（新羅）崔致遠撰　清光緒二十三年(1897)金陵刻經處刻本　一冊

430000－2401－0021909　396.14/15－3

天台四教儀一卷　（高麗）釋諦觀錄　**始終心要一卷**　（唐）釋湛然撰　（宋）釋從義註　清光緒二十三年(1897)松炎鈔本　一冊

430000－2401－0021910　396.14/15

天台四教儀一卷　（高麗）釋諦觀錄　**始終心要一卷**　（唐）釋湛然撰　（宋）釋從義註　清光緒三十二年(1906)蘇州瑪瑙經房刻本　一冊

430000－2401－0021911　396.21/55

伍柳仙宗　（明）伍守陽　（清）柳華陽撰　清光緒三十二年至宣統二年(1906－1910)蜀東善成堂刻本　五冊

430000－2401－0021912　396.21/167

道藏目錄詳註四卷　（明）李傑撰　清道光二

十五年(1845)京都白雲觀刻本　二冊

430000－2401－0021913　396.21/169

道藏目錄詳註四卷道藏缺經目錄二卷　（明）李傑撰　鈔本　二冊

430000－2401－0021914　△397/51

道書全集　（明）閻鶴洲輯　明刻本　四冊　存十六卷(周易參同契通真義中下、周易參同契解三卷、諸真玄集成七至九、群仙珠玉集成三、玉清金笥寶錄一、中和集一至六)

430000－2401－0021915　△397/3

三子合刊十三卷　（明）□□輯　明閔齊伋朱墨套印本　七冊

430000－2401－0021916　△397/3(1)

三子合刊十三卷　（明）□□輯　明閔齊伋朱墨套印本　四冊

430000－2401－0021917　396.2/2

重刊道藏輯要　（清）彭定求輯　（清）閻永和增　清光緒三十二年(1906)成都二仙庵刻本　二百三十冊

430000－2401－0021918　396.2/5－2

經懺集成　（清）劉沅輯　清咸豐十年(1860)虛受齋刻本　五冊

430000－2401－0021919　396.2/5

經懺集成　（清）劉沅輯　清宣統三年(1911)刻民國五年(1916)成都守經堂印本　五冊

430000－2401－0021920　396.21/121

文昌宮群真著述　劉體恕輯　刻本　二冊

430000－2401－0021921　△397/60

關尹子二卷　（春秋）尹喜撰　（宋）陳顯微註　明末刻本　二冊

430000－2401－0021922　33/91－2

關尹子二卷　（春秋）尹喜撰　（宋）陳顯微註　清光緒二十二年(1896)學庫山房刻本　一冊

430000－2401－0021923　△397/25

老子道德經二卷　（春秋）李耳撰　明如禪室刻本　一冊

430000－2401－0021924　△397/25(1)

老子道德經二卷　（春秋)李耳撰　明如禪室刻本　佚名提議批校圈點　一冊

430000－2401－0021925　33/61

道德經二卷　（春秋)李耳撰　(漢)河上公章句　清光緒九年(1883)長沙退齡精舍刻本　長沙徐崇立民國十六年(1927)識　二冊

430000－2401－0021926　33/61(1)

道德經二卷　（春秋)李耳撰　(漢)河上公章句　清光緒九年(1883)長沙退齡精舍刻本　長沙徐崇立民國十六年(1927)識　一冊

430000－2401－0021927　33/61(2)

道德經二卷　（春秋)李耳撰　(漢)河上公章句　清光緒九年(1883)長沙退齡精舍刻本　長沙徐崇立民國十六年(1927)識　二冊

430000－2401－0021928　33/61(3)

道德經二卷　（春秋)李耳撰　(漢)河上公章句　清光緒九年(1883)長沙退齡精舍刻本　長沙徐崇立民國十六年(1927)識　二冊

430000－2401－0021929　33/61(4)

道德經二卷　（春秋)李耳撰　(漢)河上公章句　清光緒九年(1883)長沙退齡精舍刻本　長沙徐崇立民國十六年(1927)識　一冊

430000－2401－0021930　33/61(5)

道德經二卷　（春秋)李耳撰　(漢)河上公章句　清光緒九年(1883)長沙退齡精舍刻本　長沙徐崇立民國十六年(1927)識　一冊

430000－2401－0021931　33/61－2

道德經二卷　（春秋)李耳撰　(漢)河上公章句　清光緒二十年(1894)湖南學庫山房元記書局刻本　郭慶涵題識批校圈點　一冊

430000－2401－0021932　33/63

道德經評註二卷　（春秋)李耳撰　(漢)河上公章句　（明)歸有光批閱　清嘉慶九年(1804)姑蘇王氏聚文堂刻十子全書本　清佚名朱批　一冊

430000－2401－0021933　33/63(1)

道德經評註二卷　（春秋)李耳撰　(漢)河上公章句　（明)歸有光批閱　清嘉慶九年(1804)姑蘇王氏聚文堂刻十子全書本　清佚名朱批　一冊

430000－2401－0021934　33/63(2)

道德經評註二卷　（春秋)李耳撰　(漢)河上公章句　（明)歸有光批閱　清嘉慶九年(1804)姑蘇王氏聚文堂刻十子全書本　清佚名朱批　一冊

430000－2401－0021935　33/62－7

老子道德經二卷　（春秋)李耳撰　(三國魏)王弼註　清光緒十二年(1886)寒燈吟館校鈔本　一冊

430000－2401－0021936　33/62－13

道德真經二卷　（春秋)李耳撰　(三國魏)王弼註　清光緒十四年(1888)長沙曹合初刻本　一冊

430000－2401－0021937　33/61－3

道德經二卷　（春秋)李耳撰　陳三立註　清光緒七年(1881)河北分守道署刻本　一冊

430000－2401－0021938　33/53－5

列子沖虛至德真經二卷　（戰國)列禦寇撰

道德真經一卷　（春秋)李耳撰　明萬曆二十三年(1595)毗陵董氏秋聲閣刻本　一冊

430000－2401－0021939　△397/32

沖虛真經八卷　（戰國)列禦寇撰　明刻本　一冊　存四卷(一至四)

430000－2401－0021940　33/53－3

沖虛至德真經八卷　（戰國)列禦寇撰　(晉)張湛註　清光緒十年(1884)鐵琴銅劍樓影宋刻本　二冊

430000－2401－0021941　33/53－3(1)

沖虛至德真經八卷　（戰國)列禦寇撰　(晉)張湛註　清光緒十年(1884)鐵琴銅劍樓影宋刻本　一冊

430000－2401－0021942　33/53－3(2)

沖虛至德真經八卷　（戰國)列禦寇撰　(晉)

張湛註　清光緒十年(1884)鐵琴銅劍樓影宋刻本　一冊

430000－2401－0021943　33/53

沖虛至德真經八卷　(戰國)列禦寇撰　(晉)張湛註　清刻本　二冊

430000－2401－0021944　△397/30

沖虛至德真經八卷　(戰國)列禦寇撰　(晉)張湛註　(唐)殷敬順釋文　明嘉靖顧氏世德堂刻本　二冊

430000－2401－0021945　△397/30(1)

沖虛至德真經八卷　(戰國)列禦寇撰　(晉)張湛註　(唐)殷敬順釋文　明嘉靖顧氏世德堂刻本　一冊　存四卷(五至八)

430000－2401－0021946　△397/30(2)

沖虛至德真經八卷　(戰國)列禦寇撰　(晉)張湛註　(唐)殷敬順釋文　明嘉靖顧氏世德堂刻本　一冊　存四卷(五至八)

430000－2401－0021947　△397/30(3)

沖虛至德真經八卷　(戰國)列禦寇撰　(晉)張湛註　(唐)殷敬順釋文　明嘉靖顧氏世德堂刻本　一冊　存四卷(五至八)

430000－2401－0021948　△397/30－2

沖虛至德真經八卷　(戰國)列禦寇撰　(晉)張湛註　(唐)殷敬順釋文　明刻本　二冊

430000－2401－0021949　33/52

列子八卷　(戰國)列禦寇撰　(唐)盧重元解　清嘉慶九年(1804)江都秦氏石研齋刻本　二冊

430000－2401－0021950　33/52(1)

列子八卷　(戰國)列禦寇撰　(唐)盧重元解　清嘉慶九年(1804)江都秦氏石研齋刻本　二冊

430000－2401－0021951　33/52(2)

列子八卷　(戰國)列禦寇撰　(唐)盧重元解　清嘉慶九年(1804)江都秦氏石研齋刻本　二冊

430000－2401－0021952　33/52(3)

列子八卷　(戰國)列禦寇撰　(唐)盧重元解　清嘉慶九年(1804)江都秦氏石研齋刻本　四冊

430000－2401－0021953　33/52(4)

列子八卷　(戰國)列禦寇撰　(唐)盧重元解　清嘉慶九年(1804)江都秦氏石研齋刻本　一冊

430000－2401－0021954　33/52(5)

列子八卷　(戰國)列禦寇撰　(唐)盧重元解　清嘉慶九年(1804)江都秦氏石研齋刻本　一冊

430000－2401－0021955　33/52(6)

列子八卷　(戰國)列禦寇撰　(唐)盧重元解　清嘉慶九年(1804)江都秦氏石研齋刻本　二冊

430000－2401－0021956　33/52(7)

列子八卷　(戰國)列禦寇撰　(唐)盧重元解　清嘉慶九年(1804)江都秦氏石研齋刻本　一冊

430000－2401－0021957　33/52(7)

列子八卷　(戰國)列禦寇撰　(唐)盧重元解　清嘉慶九年(1804)江都秦氏石研齋刻本　一冊

430000－2401－0021958　△397/16

列子沖虛真經二卷　(戰國)列禦寇撰　(宋)劉辰翁批點　清初宛委山堂刻說郛本　一冊

430000－2401－0021959　△397/11

文子二卷　(戰國)辛鈃撰　明萬曆五年(1577)刻本　二冊

430000－2401－0021960　△397/12

文子十二卷　(戰國)辛鈃撰　(唐)徐靈府(宋)朱弁等註　(明)孫鑛評　明天啟梁杰刻本　四冊

430000－2401－0021961　33/84

通玄真經十二卷　(戰國)辛鈃撰　(唐)徐靈府註　清光緒九年(1883)長州蔣氏影刻鐵華館叢書本　一冊

430000－2401－0021962　33/84（1）

通玄真經十二卷　（戰國）辛鈃撰　（唐）徐靈府註　清光緒九年(1883)長州蔣氏影刻鐵華館叢書本　一冊

430000－2401－0021963　33/84（2）

通玄真經十二卷　（戰國）辛鈃撰　（唐）徐靈府註　清光緒九年(1883)長州蔣氏影刻鐵華館叢書本　一冊

430000－2401－0021964　△397/49

莊子南華真經五卷　（戰國）莊周撰　明萬曆二十三年(1595)董逢元秋聲閣刻本　一冊

430000－2401－0021965　△397/39

南華真經十卷　（戰國）莊周撰　明刻本　佚名批校　七冊　缺二卷(一至二)

430000－2401－0021966　△397/39－2

南華真經十卷　（戰國）莊周撰　明刻本　曾國藩批校圈點　三冊

430000－2401－0021967　△397/39－2（1）

南華真經十卷　（戰國）莊周撰　明刻本　曾國藩批校圈點　一冊　存四卷(一至四)

430000－2401－0021968　△397/47

莊子南華真經四卷　（戰國）莊周撰　（晉）郭象註　明閔齊伋朱墨套印本　五冊

430000－2401－0021969　△397/47（1）

莊子南華真經四卷　（戰國）莊周撰　（晉）郭象註　明閔齊伋朱墨套印本　四冊

430000－2401－0021970　△397/47（2）

莊子南華真經四卷　（戰國）莊周撰　（晉）郭象註　明閔齊伋朱墨套印本　四冊

430000－2401－0021971　△397/47（3）

莊子南華真經四卷　（戰國）莊周撰　（晉）郭象註　明閔齊伋朱墨套印本　四冊　存四卷(三之半一至三、四之半)

430000－2401－0021972　33/6－2

莊子南華真經十卷　（戰國）莊周撰　（晉）郭象註　清刻本　六冊

430000－2401－0021973　△397/38－4

纂圖互註南華真經十卷　（戰國）莊周撰（晉）郭象註　（唐）陸德明音義　明初刻本佚名批校圈點　一冊　存三卷(一至三)

430000－2401－0021974　△397/38－3

南華真經十卷　（戰國）莊周撰　（晉）郭象註（唐）陸德明音義　明嘉靖顧氏世德堂刻本四冊　缺二卷(一至二)

430000－2401－0021975　△397/38－2

南華真經十卷　（戰國）莊周撰　（晉）郭象註（唐）陸德明音義　明刻本　十四冊

430000－2401－0021976　△397/38

南華真經十卷　（戰國）莊周撰　（晉）郭象註（唐）陸德明音義　明刻本　十冊

430000－2401－0021977　33/6

莊子南華真經十卷　（戰國）莊周撰　（晉）郭象註　（唐）陸德明音義　清光緒十一年(1885)湖南傳忠書局刻本　六冊

430000－2401－0021978　33/6（1）

莊子南華真經十卷　（戰國）莊周撰　（晉）郭象註　（唐）陸德明音義　清光緒十一年(1885)湖南傳忠書局刻本　六冊

430000－2401－0021979　33/6（2）

莊子南華真經十卷　（戰國）莊周撰　（晉）郭象註　（唐）陸德明音義　清光緒十一年(1885)湖南傳忠書局刻本　六冊

430000－2401－0021980　33/6（3）

莊子南華真經十卷　（戰國）莊周撰　（晉）郭象註　（唐）陸德明音義　清光緒十一年(1885)湖南傳忠書局刻本　六冊

430000－2401－0021981　33/6（4）

莊子南華真經十卷　（戰國）莊周撰　（晉）郭象註　（唐）陸德明音義　清光緒十一年(1885)湖南傳忠書局刻本　六冊

430000－2401－0021982　33/6（5）

莊子南華真經十卷　（戰國）莊周撰　（晉）郭象註　（唐）陸德明音義　清光緒十一年(1885)湖南傳忠書局刻本　八冊

430000－2401－0021983　33/24

莊子十卷　（戰國）莊周撰　（晉）郭象註
（唐）陸德明音義　清光緒二十三年(1897)新
化三味書室刻本　五冊

430000－2401－0021984　△397/42

南華經十六卷　（戰國）莊周撰　（晉）郭象註
（宋）林希逸口義　（宋）劉辰翁點校
（明）王世貞評點　（明）陳仁錫批註　明刻四
色套印本　十二冊

430000－2401－0021985　33/22

莊子讀本不分卷　（戰國）莊周撰　（清）方人
杰評輯　清乾隆三十七年(1772)刻本　五冊

430000－2401－0021986　33/23

莊子因六卷　（戰國）莊周撰　（清）林雲銘評
述　清嘉慶二年(1797)敦化堂刻本　四冊

430000－2401－0021987　33/23(1)

莊子因六卷　（戰國）莊周撰　（清）林雲銘評
述　清嘉慶二年(1797)敦化堂刻本　一冊
存二卷(一至二)

430000－2401－0021988　33/23(2)

莊子因六卷　（戰國）莊周撰　（清）林雲銘評
述　清嘉慶二年(1797)敦化堂刻本　三冊
存四卷(一至四)

430000－2401－0021989　△397/24

老子道德真經二卷　題(漢)河上公撰　明閔
齊伋刻本　一冊

430000－2401－0021990　△397/55

道德指歸論六卷　（漢）嚴遵撰　明毛晉刻本
二冊

430000－2401－0021991　33/104

司馬彪莊子註二卷　（晉）司馬彪撰　清道光
十四年(1834)梅瑞軒刻本　二冊

430000－2401－0021992　△397/64

莊子郭註十卷　（晉）郭象撰　（唐）陸德明音
義　明萬曆三十三年(1605)鄒之嶧刻本　佚
名批校　十冊

430000－2401－0021993　△397/35

新鋟抱朴子內篇四卷外篇四卷　（晉）葛洪撰
明萬曆十二年(1584)慎懋官校刻本　二冊
存四卷(內篇一至二、外篇三至四)

430000－2401－0021994　△397/57

新鋟葛稚川內篇四卷外篇四卷　（晉）葛洪撰
明萬曆十二年(1584)慎懋官校刻二十七年
(1599)翁天霽重修張可大遞修本　四冊

430000－2401－0021995　△397/36

抱朴子外篇二卷　（晉）葛洪撰　明萬曆崇德
書院刻本　二冊

430000－2401－0021996　△397/34

抱朴子內篇二十卷外篇五十卷　（晉）葛洪撰
明綠格鈔本　錢謙貞批校圈點　葉啟勳、
葉啟發題跋　六冊

430000－2401－0021997　33/59

新鋟葛稚川內篇四卷外篇四卷　（晉）葛洪撰
（明）盧舜治評校　清康熙柏筠堂刻本
四冊

430000－2401－0021998　33/59(1)

新鋟葛稚川內篇四卷外篇四卷　（晉）葛洪撰
（明）盧舜治評校　清康熙柏筠堂刻本
四冊

430000－2401－0021999　33/56

抱朴子內篇二十卷　（晉）葛洪撰　清嘉慶十
八年(1813)金陵道署刻本　四冊

430000－2401－0022000　33/56(1)

抱朴子內篇二十卷　（晉）葛洪撰　清嘉慶十
八年(1813)金陵道署刻本　二冊

430000－2401－0022001　33/56

抱朴子外篇五十卷　（晉）葛洪撰　清嘉慶二
十四年(1819)冶城山館刻本　四冊

430000－2401－0022002　33/56－2

抱朴子內篇二十卷外篇五十卷　（晉）葛洪撰
清光緒十年(1884)朱氏槐廬家塾刻本
八冊

430000－2401－0022003　33/56－2(1)

抱朴子內篇二十卷外篇五十卷　（晉）葛洪撰

清光緒十年(1884)朱氏槐廬家塾刻本
六冊

430000－2401－0022004　33/56－2(2)

抱朴子内篇二十卷外篇五十卷　（晉）葛洪撰
清光緒十年(1884)朱氏槐廬家塾刻本
八冊

430000－2401－0022005　33/57

抱朴子内篇四卷　（晉）葛洪撰　清光緒二十
年(1894)經綸元記刻本　四冊

430000－2401－0022006　△397/33

周氏冥通記四卷　（南朝梁）陶弘景撰　明毛
晉汲古閣刻本　二冊

430000－2401－0022007　△397/33(1)

周氏冥通記四卷　（南朝梁）陶弘景撰　明毛
晉汲古閣刻本　一冊　存二卷(三至四)

430000－2401－0022008　△397/69

真誥二十卷　（南朝梁）陶弘景撰　明萬曆俞
安期刻本　四冊　存十六卷(五至二十)

430000－2401－0022009　396.21/129

呂祖醫道還元九卷附一卷　題（唐）呂嵒撰
清光緒二十年(1894)廣州善書局刻本　四冊

430000－2401－0022010　33/49

道德經釋義二卷　題（唐）呂嵒撰　清嘉慶十
四年(1809)刻本　三冊

430000－2401－0022011　33/49(1)

道德經釋義二卷　題（唐）呂嵒撰　清嘉慶十
四年(1809)刻本　三冊

430000－2401－0022012　396.21/73

呂祖全書六十四卷　（唐）呂嵒撰　（清）劉體
恕輯　（清）邵志琳增輯　清道光三十年
(1850)羊城合璧齋刻本　二十二冊

430000－2401－0022013　396.21/73(1)

呂祖全書六十四卷　（唐）呂嵒撰　（清）劉體
恕輯　（清）邵志琳增輯　清道光三十年
(1850)羊城合璧齋刻本　二十二冊

430000－2401－0022014　396.21/73(2)

呂祖全書六十四卷　（唐）呂嵒撰　（清）劉體

恕輯　（清）邵志琳增輯　清道光三十年
(1850)羊城合璧齋刻本　二十二冊

430000－2401－0022015　396.21/74

呂祖全書三十二卷　（唐）呂嵒撰　（清）劉體
恕輯　清同治七年(1868)刻本　十二冊

430000－2401－0022016　396.21/276

還源篇　（宋）石泰撰　清鈔本　一冊

430000－2401－0022017　33/96

文子纘義十二卷　（宋）杜道堅撰　清光緒三
年(1877)浙江書局刻武英殿本　二冊

430000－2401－0022018　33/96(1)

文子纘義十二卷　（宋）杜道堅撰　清光緒三
年(1877)浙江書局刻武英殿本　二冊

430000－2401－0022019　33/96(2)

文子纘義十二卷　（宋）杜道堅撰　清光緒三
年(1877)浙江書局刻武英殿本　三冊

430000－2401－0022020　33/96(3)

文子纘義十二卷　（宋）杜道堅撰　清光緒三
年(1877)浙江書局刻武英殿本　二冊

430000－2401－0022021　33/96(4)

文子纘義十二卷　（宋）杜道堅撰　清光緒三
年(1877)浙江書局刻武英殿本　二冊

430000－2401－0022022　33/96(5)

文子纘義十二卷　（宋）杜道堅撰　清光緒三
年(1877)浙江書局刻武英殿本　三冊　存九
卷(一至九)

430000－2401－0022023　33/96(6)

文子纘義十二卷　（宋）杜道堅撰　清光緒三
年(1877)浙江書局刻武英殿本　一冊　存六
卷(七至十二)

430000－2401－0022024　33/96－2

文子纘義十二卷　（宋）杜道堅撰　清光緒九
年(1883)刻本　二冊

430000－2401－0022025　△397/28

老子鬳齋口義二卷　（宋）林希逸撰　明嘉靖
刻本　三冊　卷上殘缺

430000－2401－0022026　△397/44

莊子鬳齋口義二卷　（宋）林希逸撰　明東山
刻本　二冊　存五卷(五至九)

430000－2401－0022027　△397/45

莊子口義十卷　（宋）林希逸撰　明刻本　五
冊　存二卷半(一下至三)

430000－2401－0022028　△397/31

沖虛至德真經鬳齋口義八卷　（宋）林希逸撰
清初鈔本　六冊

430000－2401－0022029　△397/21

老子二卷　（宋）林希逸撰　（明）施觀民校
明刻本　二冊

430000－2401－0022030　△397/2

老子鬳齋口義二卷莊子鬳齋口義十卷釋音一
卷列子鬳齋口義二卷　（宋）林希逸撰　（明）
張四維補　明敬義堂刻本　佚名批校圈點
十四冊

430000－2401－0022031　33/92－5

鶡冠子三卷　（宋）陸佃解　（明）王宇評
（明）王明際　（明）朱養純參評　清刻本
二冊

430000－2401－0022032　33/92－5(1)

鶡冠子三卷　（宋）陸佃解　（明）王宇評
（明）王明際　（明）朱養純參評　清刻本
二冊

430000－2401－0022033　33/92－5(2)

鶡冠子三卷　（宋）陸佃解　（明）王宇評
（明）王明際　（明）朱養純參評　清刻本
二冊

430000－2401－0022034　33/92－5(3)

鶡冠子三卷　（宋）陸佃解　（明）王宇評
（明）王明際　（明）朱養純參評　清刻本
二冊

430000－2401－0022035　33/92－5(4)

鶡冠子三卷　（宋）陸佃解　（明）王宇評
（明）王明際　（明）朱養純參評　清刻本
二冊

430000－2401－0022036　33/92－5(5)

鶡冠子三卷　（宋）陸佃解　（明）王宇評
（明）王明際　（明）朱養純參評　清刻本
一冊

430000－2401－0022037　33/41

文始真經言外經旨三卷　（宋）陳顯微撰
（清）錢熙祚校　清道光二十四年(1844)金山
錢氏重編增刻守山閣叢書本　三冊

430000－2401－0022038　△397/48

莊子南華真經不分卷　（宋）劉辰翁點校　明
末刻本　三冊

430000－2401－0022039　△397/48(1)

莊子南華真經不分卷　（宋）劉辰翁點校　明
末刻本　一冊　存外篇、雜篇

430000－2401－0022040　△397/72

徐仙翰藻十四卷　（元）陳夢根輯　明萬曆刻
本　一冊　存九卷(六至十四)

430000－2401－0022041　△397/50

道言外中二卷　（明）一壑居士輯　明萬曆二
十八年(1600)刻本　一冊

430000－2401－0022042　396.21/44

天仙正理直論增註一卷　（明）伍守陽撰并註
（明）伍守虛同註　清嘉慶九年(1804)重慶
養雲仙館刻本　一冊

430000－2401－0022043　396.21/44－3

刻天仙正理直論增註一卷　（明）伍守陽撰并
註　（明）伍守虛同註　清光緒七年(1881)善
成堂刻本　二冊

430000－2401－0022044　△397/23

老子通義二卷　（明）朱得之註　明嘉靖四十
四年(1565)王氏浩然齋刻本　二冊

430000－2401－0022045　△397/23(1)

老子通義二卷　（明）朱得之註　明嘉靖四十
四年(1565)王氏浩然齋刻本　二冊

430000－2401－0022046　△397/6

老子通義十卷　（明）朱得之撰　明嘉靖三十
九年(1560)浩然齋刻本　四冊

430000 – 2401 – 0022047　△397/27

老子通二卷讀老概辨一卷莊子通十卷讀莊概辨一卷　（明）沈一貫撰　明萬曆十五年至十六年(1587－1588)蔡貴易刻本　十二冊

430000 – 2401 – 0022048　33/31

華隱夢談二卷徵心百問一卷　（明）沈宗沛撰　明萬曆二十七年(1599)刻本　一冊

430000 – 2401 – 0022049　△397/43

南華經內篇臺縣一卷外篇臺縣一卷　（明）吳伯敬會解　明刻本　三冊

430000 – 2401 – 0022050　△397/56

道德經臺縣二卷引義一卷　（明）吳伯敬撰　明萬曆四十年(1612)刻本　一冊　存二卷（上、引義一）

430000 – 2401 – 0022051　△397/15

古蒙莊子四卷　（明）吳宗儀校釋　明萬曆三十九年(1611)王繼賢蒙城縣學刻本　曾廣鈞題識　四冊

430000 – 2401 – 0022052　△397/41

南華真經標解十卷　（明）邵弁撰　明萬曆沙溪邵氏草玄堂刻本　一冊　存二卷（一至二）

430000 – 2401 – 0022053　△397/13

玉華子一卷　（明）盛若林撰　明刻本　一冊

430000 – 2401 – 0022054　396.21/1 – 2

通源集八卷首一卷末一卷　（明）曹宗先撰　清乾隆二十八年(1763)刻本　四冊

430000 – 2401 – 0022055　396.21/1

通源集四卷　（明）曹宗先撰　清光緒十七年(1891)鹿溪曹氏刻本　三冊

430000 – 2401 – 0022056　396.21/3

張三丰先生全集不分卷　（明）張君寶撰　清道光刻本　一冊

430000 – 2401 – 0022057　△397/61

鐫眉公陳先生評選莊子南華經雋四卷　（明）陳繼儒輯　明蕭少衢師儉堂刻本　二冊

430000 – 2401 – 0022058　△397/59

鍥南華真經三註大全二十一卷　（明）陳懿典輯　明余良木自新齋刻本　五冊　存十七卷（一至十七）

430000 – 2401 – 0022059　△397/40

南華真經副墨八卷讀南華真經雜說一卷　（明）陸西星撰　明萬曆十三年(1585)孫大綬刻本　八冊

430000 – 2401 – 0022060　△397/54

解莊十二卷　（明）陶望齡撰　（明）郭正域評　明天啟元年(1621)茅兆河刻朱墨套印本　十二冊

430000 – 2401 – 0022061　△397/71

陰符經解一卷　（明）湯顯祖輯　明朱墨套印本　一冊

430000 – 2401 – 0022062　△397/29

老子翼三卷　（明）焦竑撰　明萬曆十六年(1588)王元貞刻本　三冊

430000 – 2401 – 0022063　△397/29(1)

老子翼三卷　（明）焦竑撰　明萬曆十六年(1588)王元貞刻本　一冊　存一卷（二）

430000 – 2401 – 0022064　33/72

老子翼八卷　（明）焦竑撰　清光緒二十一年(1895)漸西村舍刻本　四冊

430000 – 2401 – 0022065　33/72(1)

老子翼八卷　（明）焦竑撰　清光緒二十一年(1895)漸西村舍刻本　四冊

430000 – 2401 – 0022066　33/72(2)

老子翼八卷　（明）焦竑撰　清光緒二十一年(1895)漸西村舍刻本　四冊

430000 – 2401 – 0022067　△397/67 – 2

莊子翼八卷　（明）焦竑撰　明萬曆十六年(1588)王元貞校刻本　六冊　缺一卷（五）

430000 – 2401 – 0022068　△397/67

莊子翼八卷　（明）焦竑撰　明陳長卿刻老莊翼本　八冊

430000 – 2401 – 0022069　△397/58

新鍥二太史彙選註釋莊子全書評林十四卷　（明）焦竑註　（明）翁正春評　明萬曆二十二

年(1594)詹聖澤刻本　七冊

430000－2401－0022070　△397/14

古文參同契集解一卷古文參同契箋註集解一卷　（明）蔣一彪輯　明萬曆四十三年(1615)毛氏汲古閣刻本　四冊

430000－2401－0022071　33/54

老子道德經解二卷首一卷觀老莊影響論一卷　（明）釋德清撰　清光緒十二年(1886)金陵刻經處刻本　二冊

430000－2401－0022072　△397/26

老子道德經解二卷　（明）釋德清撰　清平江貝氏千墨莽鈔本　二冊

430000－2401－0022073　33/7

莊子內篇註四卷　（明）釋德清撰　清光緒十四年(1888)金陵刻本　二冊

430000－2401－0022074　33/7(1)

莊子內篇註四卷　（明）釋德清撰　清光緒十四年(1888)金陵刻本　二冊

430000－2401－0022075　33/7(2)

莊子內篇註四卷　（明）釋德清撰　清光緒十四年(1888)金陵刻本　二冊

430000－2401－0022076　33/7(3)

莊子內篇註四卷　（明）釋德清撰　清光緒十四年(1888)金陵刻本　二冊

430000－2401－0022077　33/126－2

至游子二卷　（明）□□撰　清鈔本　一冊

430000－2401－0022078　33/36

南華經解不分卷　（清）方文通評　清光緒二十二年(1896)桐城方氏刻本　三冊

430000－2401－0022079　33/73－2

老子衍一卷　（清）王夫之撰　清道光二十八年(1848)補刻王船山先生遺書本　一冊

430000－2401－0022080　△397/65－2

莊子解不分卷　（清）王夫之撰　清康熙四十八年(1709)湘西草堂刻本　六冊

430000－2401－0022081　396.21/47

感應篇儒義六卷感應篇古本考一卷　（清）王仁俊撰　清光緒三十二年(1906)俞立誠刻本　一冊

430000－2401－0022082　396.21/139

感應類鈔不分卷　（清）史潔珵輯　清光緒二十九年(1903)上海商務印書館鉛印本　一冊

430000－2401－0022083　396.21/21

禮心編輯要一卷　（清）田樹楨輯　清同治八年(1869)刻本　一冊

430000－2401－0022084　396.21/285

參同契分節秘解三卷　（清）呂惠連撰　清宣統三年(1911)萬全堂木活字本　二冊　存二卷(一至二)

430000－2401－0022085　396.21/31－2

參同契闡幽三卷　（清）朱元育撰　鈔本　三冊

430000－2401－0022086　396.21/31

參同契闡幽二卷　（清）朱元育撰　（清）汪啟護輯　（清）韓景堯評點　清刻本　二冊

430000－2401－0022087　396.21/11

仙佛合宗語錄丹道九篇一卷　（清）汪東亭輯　仙佛合宗語錄不分卷　（明）伍守陽撰　清宣統三年(1911)中國圖書公司石印本　二冊

430000－2401－0022088　396.21/125

劑氣遺書二卷　（清）李篤真纂　清光緒十四年(1888)刻本　一冊

430000－2401－0022089　396.21/76

陰騭果報圖註一卷　（清）吳嘉猷繪　清光緒十七年(1891)北京京華印書局石印本　一冊

430000－2401－0022090　△397/63

莊子旁註五卷　（清）吳承漸輯註　清康熙三十八年(1699)思訓堂刻本　佚名批校圈點　五冊

430000－2401－0022091　33/50

道德經註解二卷文帝大洞經示讀註釋二卷金剛經論一卷　（清）釋杲勿註　清同治八年(1869)湘鄉大慈宮刻本　一冊

430000 – 2401 – 0022092　33/127

老子解二卷仁書二卷　（清）易佩紳撰　清光緒十七年(1891)刻本　一冊

430000 – 2401 – 0022093　396.21/275

聖訓叢編　（清）虎口劫餘生輯　清光緒三十一年(1905)長沙浩然生刻本　一冊

430000 – 2401 – 0022094　396.21/25

文昌帝君陰騭文廣義節錄三卷　（清）周夢顔撰　清光緒七年(1881)湖南省退齡庵傳忠書局刻本　二冊

430000 – 2401 – 0022095　396.21/25(1)

文昌帝君陰騭文廣義節錄三卷　（清）周夢顔撰　清光緒七年(1881)湖南省退齡庵傳忠書局刻本　二冊

430000 – 2401 – 0022096　396.21/159 – 2

文昌孝經一卷　（清）丘仲深註　清道光二十三年(1843)刻本　一冊

430000 – 2401 – 0022097　396.21/159

文昌帝君孝經一卷　（清）丘仲深註　（清）吳雲莊補註　（清）徐餌珊旁註　清同治九年(1870)湘陰新市李文成堂刻本　一冊

430000 – 2401 – 0022098　396.21/87

門內必讀銘全集一卷　（清）金鵬　（清）劉照乙輯　清同治七年(1868)誠教堂刻本　一冊

430000 – 2401 – 0022099　33/26 – 4

南華真經解三卷　（清）宣穎撰　清文光堂刻本　三冊

430000 – 2401 – 0022100　33/26

南華真經解三卷　（清）宣穎撰　清啟元堂刻本　三冊

430000 – 2401 – 0022101　33/26(1)

南華真經解三卷　（清）宣穎撰　清啟元堂刻本　三冊

430000 – 2401 – 0022102　33/26 – 2

南華真經解三卷　（清）宣穎撰　清經國堂刻本　六冊

430000 – 2401 – 0022103　33/26 – 2(1)

南華真經解三卷　（清）宣穎撰　清經國堂刻本　六冊

430000 – 2401 – 0022104　33/26 – 2(2)

南華真經解三卷　（清）宣穎撰　清經國堂刻本　二冊　缺一卷(內篇一卷)

430000 – 2401 – 0022105　33/26 – 5

南華真經解三卷　（清）宣穎撰　清刻本　三冊

430000 – 2401 – 0022106　33/27

南華經解三十三卷　（清）宣穎撰　清同治五年(1866)皖城藩署刻本　六冊

430000 – 2401 – 0022107　33/27(1)

南華經解三十三卷　（清）宣穎撰　清同治五年(1866)皖城藩署刻本　六冊

430000 – 2401 – 0022108　33/27(2)

南華經解三十三卷　（清）宣穎撰　清同治五年(1866)皖城藩署刻本　六冊

430000 – 2401 – 0022109　33/27(3)

南華經解三十三卷　（清）宣穎撰　清同治五年(1866)皖城藩署刻本　六冊

430000 – 2401 – 0022110　33/27(4)

南華經解三十三卷　（清）宣穎撰　清同治五年(1866)皖城藩署刻本　三冊

430000 – 2401 – 0022111　33/30

莊子獨見不分卷　（清）胡文英撰　清乾隆十七年(1752)刻本　四冊

430000 – 2401 – 0022112　33/30(1)

莊子獨見不分卷　（清）胡文英撰　清乾隆十七年(1752)刻本　四冊

430000 – 2401 – 0022113　396.2/6

大同圖解一卷　（清）貞一山人撰　清光緒十六年(1890)同善堂刻本　一冊

430000 – 2401 – 0022114　396.21/58

性命全旨五卷　（清）貞一子撰　清光緒十八年(1892)刻本　四冊

430000 – 2401 – 0022115　33/68

老子章義二卷 （清）姚鼐撰 清同治九年(1870)桐城吳氏刻本 一冊

430000－2401－0022116 33/68(1)

老子章義二卷 （清）姚鼐撰 清同治九年(1870)桐城吳氏刻本 一冊

430000－2401－0022117 33/68(2)

老子章義二卷 （清）姚鼐撰 清同治九年(1870)桐城吳氏刻本 一冊

430000－2401－0022118 33/68(3)

老子章義二卷 （清）姚鼐撰 清同治九年(1870)桐城吳氏刻本 一冊

430000－2401－0022119 33/68(4)

老子章義二卷 （清）姚鼐撰 清同治九年(1870)桐城吳氏刻本 一冊

430000－2401－0022120 33/68(5)

老子章義二卷 （清）姚鼐撰 清同治九年(1870)桐城吳氏刻本 一冊

430000－2401－0022121 396.21/289

參化仙談雲樓詩集□□卷 （清）段汝浩編 清刻本 一冊 存一卷(二)

430000－2401－0022122 33/66

老子證義二卷 （清）高延第撰 清光緒十二年(1886)涌翠山房刻本 一冊

430000－2401－0022123 33/66(1)

老子證義二卷 （清）高延第撰 清光緒十二年(1886)涌翠山房刻本 一冊

430000－2401－0022124 33/66(2)

老子證義二卷 （清）高延第撰 清光緒十二年(1886)涌翠山房刻本 一冊

430000－2401－0022125 33/28

莊子釋義不分卷 （清）高秋月集說 （清）曹同春論正 清康熙二十八年(1689)文粹堂刻本 清朱鐸批註圈點 二冊

430000－2401－0022126 33/116

玄元大丹品旨一卷 （清）夏小山撰 清同治八年(1869)稿本 一冊

430000－2401－0022127 33/124

古文周易參同契註八卷 （清）袁仁林撰 清光緒十四年(1888)長沙惜陰書局刻惜陰軒叢書本 方叔章批註題識 二冊

430000－2401－0022128 396.21/35

全人矩矱四卷首一卷末一卷 （清）孫念劬輯 清道光二十三年(1843)北京秀義齋刻本 四冊

430000－2401－0022129 33/33－2

南華經鈔四卷 （清）徐廷槐撰 清乾隆六年(1741)書業堂刻本 四冊

430000－2401－0022130 33/33

南華經鈔四卷 （清）徐廷槐撰 清乾隆六年(1741)藜照樓刻本 佚名批註圈點 四冊

430000－2401－0022131 33/117

兵書雜識一卷 （清）徐亮撰 清末稿本 一冊

430000－2401－0022132 396.21/14

太上感應篇圖說八卷首一卷 （清）許鶴沙撰 （清）黃正元輯 清光緒三年(1877)長沙遐齡精舍刻本 八冊

430000－2401－0022133 396.21/14－2

太上感應篇圖說八卷首一卷 （清）許鶴沙撰 （清）黃正元輯 清光緒十八年(1892)上海同文書局石印本 八冊

430000－2401－0022134 396.21/14－2(1)

太上感應篇圖說八卷首一卷 （清）許鶴沙撰 （清）黃正元輯 清光緒十八年(1892)上海同文書局石印本 八冊

430000－2401－0022135 396.21/14－2(1)

太上寶筏圖說八卷 （清）許鶴沙撰 （清）黃正元輯 清光緒十八年(1892)鴻文書局石印本 八冊

430000－2401－0022136 396.21/14－5

太上寶筏圖說八卷首一卷 （清）許鶴沙撰 （清）黃正元輯 清光緒二十九年(1903)上海鴻文書局石印本 五冊

430000－2401－0022137　△397/46

莊子註釋一卷　（清）郭慶藩撰　清稿本
一冊

430000－2401－0022138　33/2

莊子集釋十卷　（清）郭慶藩撰　清光緒二十
年(1894)湘陰郭氏長沙思賢講舍刻本　八冊

430000－2401－0022139　33/2(1)

莊子集釋十卷　（清）郭慶藩撰　清光緒二十
年(1894)湘陰郭氏長沙思賢講舍刻本　八冊

430000－2401－0022140　33/2(2)

莊子集釋十卷　（清）郭慶藩撰　清光緒二十
年(1894)湘陰郭氏長沙思賢講舍刻本　八冊

430000－2401－0022141　33/2(3)

莊子集釋十卷　（清）郭慶藩撰　清光緒二十
年(1894)湘陰郭氏長沙思賢講舍刻本　八冊

430000－2401－0022142　33/2(4)

莊子集釋十卷　（清）郭慶藩撰　清光緒二十
年(1894)湘陰郭氏長沙思賢講舍刻本　八冊

430000－2401－0022143　33/2(5)

莊子集釋十卷　（清）郭慶藩撰　清光緒二十
年(1894)湘陰郭氏長沙思賢講舍刻本　八冊

430000－2401－0022144　33/2(6)

莊子集釋十卷　（清）郭慶藩撰　清光緒二十
年(1894)湘陰郭氏長沙思賢講舍刻本　八冊

430000－2401－0022145　△397/62

讀莊子札記不分卷　（清）郭慶藩撰　清光緒
稿本　三冊

430000－2401－0022146　33/40

陰符經註一卷陰符經懸談一卷　（清）曹耀湘
撰　清光緒二十二年(1896)刻本　一冊

430000－2401－0022147　33/40(1)

陰符經註一卷陰符經懸談一卷　（清）曹耀湘
撰　清光緒二十二年(1896)刻本　一冊

430000－2401－0022148　396.21/7

名手分書戒士千字文引證一卷　（清）陳坤毓
輯　清光緒二十年(1894)石印本　一冊

430000－2401－0022149　396.21/142

玄宗通事雅宜集四卷　（清）陳復慧撰　清乾
隆五十四年(1789)刻本　四冊

430000－2401－0022150　33/34

南華真經正義不分卷南華真經識餘三種不分
卷　（清）陳壽昌撰　清光緒十九年(1893)怡
顏齋刻本　六冊

430000－2401－0022151　33/34(1)

南華真經正義不分卷南華真經識餘三種不分
卷　（清）陳壽昌撰　清光緒十九年(1893)怡
顏齋刻本　六冊

430000－2401－0022152　33/34(2)

南華真經正義不分卷南華真經識餘三種不分
卷　（清）陳壽昌撰　清光緒十九年(1893)怡
顏齋刻本　三冊

430000－2401－0022153　396.21/70

彙纂功過格十二卷首一卷末一卷　（清）陳錫
嘏撰　清刻本　徐崇立題跋　七冊　缺一卷
（六）

430000－2401－0022154　396.21/70(1)

彙纂功過格十二卷首一卷末一卷　（清）陳錫
嘏撰　清刻本　徐崇立題跋　十冊　缺二卷
（十一至十二）

430000－2401－0022155　33/13

莊子雪三卷　（清）陸樹芝撰　清嘉慶四年
(1799)刻本　六冊

430000－2401－0022156　33/13(1)

莊子雪三卷　（清）陸樹芝撰　清嘉慶四年
(1799)刻本　六冊

430000－2401－0022157　396.21/154

中黃道經二卷外集二卷　（清）張思霨編　清
末刻本　八冊

430000－2401－0022158　396.21/114

太上閑嗑醒世賦四卷　（清）張開剛集錄　清
道光二十八年(1848)刻本　二冊

430000－2401－0022159　32/440

慈陵子天人通一卷　（清）曾純陽撰　清宣統

二年（1911）暗章齋刻本　一冊

430000－2401－0022160　△397/74

一貫真詮四卷　（清）曾廣鶴撰　清同治七年（1868）稿本　四冊

430000－2401－0022161　12/113

一貫真詮四卷　（清）曾廣鶴撰　清光緒四年（1878）瀏陽曾氏刻本　四冊

430000－2401－0022162　32/405

性天真境不分卷　（清）黃正元註釋　清嘉慶十三年（1808）清慎堂刻本　一冊

430000－2401－0022163　△397/52

道德經大義二卷　（清）黃傳祁撰　清稿本二冊

430000－2401－0022164　396.21/23－2

太上感應篇二卷　（清）惠棟箋註　清咸豐九年（1859）刻本　一冊

430000－2401－0022165　396.21/23－3

太上感應篇二卷　（清）惠棟箋註　清同治六年（1867）刻本　一冊

430000－2401－0022166　396.21/23

太上感應篇二卷　（清）惠棟箋註　清光緒二十五年（1899）昭陵曾氏刻本　一冊

430000－2401－0022167　396.21/23(1)

太上感應篇二卷　（清）惠棟箋註　清光緒二十五年（1899）昭陵曾氏刻本　一冊

430000－2401－0022168　396.21/23－6

太上感應篇一卷　（清）惠棟箋註　清鈔本一冊

430000－2401－0022169　33/67

老子道德經考異二卷　（清）畢沅撰　清乾隆四十八年（1783）靈巖山館刻本　一冊

430000－2401－0022170　33/67(1)

老子道德經考異二卷　（清）畢沅撰　清乾隆四十八年（1783）靈巖山館刻本　一冊

430000－2401－0022171　396.21/101

人生必讀書十二卷　（清）鄒祖堂輯　清同治

十年（1871）刻本　八冊

430000－2401－0022172　396.21/102

開蒙必讀一卷　（清）鄒祖堂撰　清末刻本一冊

430000－2401－0022173　396.21/68

太上感應篇註訓證圖說四卷首一卷　（清）趙熊詔撰　清光緒二十九年（1903）春記書局石印本　一冊　存二卷(一、首一卷)

430000－2401－0022174　396.21/2

會心外集二卷　（清）劉一明撰　清道光湖南刻本　一冊

430000－2401－0022175　33/121

陰符經釋義一卷　（清）劉光才撰　清光緒二十六年（1900）刻本　一冊

430000－2401－0022176　33/32

南華雪心編八卷　（清）劉鳳苞評釋　清光緒二十三年（1897）晚香堂刻本　八冊

430000－2401－0022177　33/32(1)

南華雪心編八卷　（清）劉鳳苞評釋　清光緒二十三年（1897）晚香堂刻本　八冊

430000－2401－0022178　33/32(2)

南華雪心編八卷　（清）劉鳳苞評釋　清光緒二十三年（1897）晚香堂刻本　六冊　缺二卷(一至二)

430000－2401－0022179　396.21/71

文帝全書三十八卷　（清）劉體恕彙輯　清道光二十七年（1847）刻本　十六冊

430000－2401－0022180　396.21/155

文帝孝經二卷　（清）劉體恕撰　清光緒二十三年（1897）扶彝青藜堂刻本　二冊

430000－2401－0022181　396.21/155(1)

文帝孝經二卷　（清）劉體恕撰　清光緒二十三年（1897）扶彝青藜堂刻本　二冊

430000－2401－0022182　396.21/150

忠孝誥二卷　（清）劉體恕輯　清道光刻呂祖全書本　一冊

430000－2401－0022183　396.21/150（1）
忠孝誥二卷　（清）劉體恕輯　清道光刻呂祖
全書本　一冊

430000－2401－0022184　396.21/165
醒迷錄一卷　（清）醒迷子撰　清光緒四年
（1878）集善堂刻本　一冊

430000－2401－0022185　396.21/20
唱道真言五卷　（清）鶴臞子輯　清刻本
一冊

430000－2401－0022186　396.21/13
太上元陽上帝無極天尊說至真妙法火車靈官
真經一卷　（清）□□撰　清宣統二年（1910）
湘潭宣化文社刻本　一冊

430000－2401－0022187　396.21/149
司命寶訓一卷　（清）□□撰　清末長沙積善
小補堂善書流通處刻本　一冊

430000－2401－0022188　396.21/72
執中蘊義四卷末一卷　（清）□□撰　清同治
三年（1864）安成廣生堂重刻本　二冊

430000－2401－0022189　396.21/62
敬灶章一卷　（清）□□撰　清宣統元年
（1909）湘鄉婁市鄒裕元堂刻本　一冊

430000－2401－0022190　396.21/62（1）
敬灶章一卷　（清）□□撰　清宣統元年
（1909）湘鄉婁市鄒裕元堂刻本　一冊

430000－2401－0022191　396.21/15－2
增訂暗室燈二卷　（清）□□撰　清道光六年
（1826）刻本　一冊

430000－2401－0022192　396.21/15－4
增訂暗室燈二卷　（清）□□撰　清光緒二年
（1876）劉端淑刻本　一冊

430000－2401－0022193　396.21/15－3
增訂暗室燈二卷　（清）□□撰　清光緒四年
（1878）刻十九年（1893）湘鄉曾毓衢補刻本
二冊

430000－2401－0022194　396.21/5
關帝明聖真經一卷　（清）□□撰　清光緒三

十一年（1905）上海寶善齋石印本　一冊

430000－2401－0022195　396.21/5（1）
關帝明聖真經一卷　（清）□□撰　清光緒三
十一年（1905）上海寶善齋石印本　一冊

430000－2401－0022196　396.21/5－4
關帝明聖真經一卷　（清）□□撰　清光緒三
十二年（1906）長沙刻本　一冊

430000－2401－0022197　396.21/12
關聖大帝本行明聖真經一卷古佛應驗明聖經
解三卷　（清）□□撰　清光緒十八年（1892）
漢鎮陳明德二房刻刷善書坊刻本　一冊

430000－2401－0022198　33/3－3
莊子集解八卷　王先謙撰　清宣統元年
（1909）上海掃葉山房石印本　四冊

430000－2401－0022199　33/3
莊子集解八卷　王先謙撰　清宣統元年
（1909）思賢書局刻本　四冊

430000－2401－0022200　33/3（1）
莊子集解八卷　王先謙撰　清宣統元年
（1909）思賢書局刻本　四冊

430000－2401－0022201　33/3（2）
莊子集解八卷　王先謙撰　清宣統元年
（1909）思賢書局刻本　四冊

430000－2401－0022202　33/3（3）
莊子集解八卷　王先謙撰　清宣統元年
（1909）思賢書局刻本　四冊

430000－2401－0022203　33/3（4）
莊子集解八卷　王先謙撰　清宣統元年
（1909）思賢書局刻本　四冊

430000－2401－0022204　33/3（5）
莊子集解八卷　王先謙撰　清宣統元年
（1909）思賢書局刻本　三冊

430000－2401－0022205　33/3（6）
莊子集解八卷　王先謙撰　清宣統元年
（1909）思賢書局刻本　三冊

430000－2401－0022206　33/3（7）

莊子集解八卷　王先謙撰　清宣統元年(1909)思賢書局刻本　四冊

430000－2401－0022208　33/65
讀老札記二卷補遺一卷　易順鼎撰　清光緒十年(1884)刻寶瓠齋雜俎本　一冊

430000－2401－0022209　33/65(1)
淮南許註鉤沈一卷　易碩撰　清光緒十六年(1890)刻寶瓠齋雜俎本　一冊

430000－2401－0022210　33/18
莊子故八卷　馬其昶撰　清光緒三十一年(1905)集虛草堂刻本　四冊

430000－2401－0022211　△397/1
九天應元雷聲普化天尊說玉樞寶經　明刻本　一卷

430000－2401－0022212　△397/7
太上元始天尊說三官寶號一卷　明成化十六年(1480)刻本　一卷

430000－2401－0022213　△397/9
太上洞玄靈寶無量度人上品妙經□□卷　明成化十二年(1476)刻本　一卷　存二卷(二、四)

430000－2401－0022214　396.21/210－2
太上洞玄靈寶無量度人上品妙經　清光緒三十一年(1905)彭魯芹鈔本　一冊

430000－2401－0022215　396.21/236
太上星主賜延壽大懺　清光緒二十五年(1899)鈔本　一冊

430000－2401－0022216　396.21/253
太上消滅地獄升騰天堂廣懺三卷　清光緒十年(1884)謝永盛鈔本　一卷　存一卷(中)

430000－2401－0022217　396.21/214
太上消滅地獄升騰天堂廣懺三卷　清光緒七年(1881)榮業樓鈔本　一冊　存一卷(下)

430000－2401－0022218　396.21/66－2
中皇明聖經一卷　清宣統元年(1909)長沙聚仙文社刻本　一冊

430000－2401－0022219　396.21/307
內外克治清靜法要一卷　清鈔本　一冊

430000－2401－0022220　396.21/246
正一靈寶預拔儀範二卷　清同治鈔本　一冊

430000－2401－0022221　396.21/151
古佛應驗明聖經序解三卷　清末刻本　一冊

430000－2401－0022222　396.21/175
先天火醮告符科文　清光緒元年(1875)蕭氏等鈔本　一冊

430000－2401－0022223　△397/37
性命雙修萬神圭旨□□卷　明刻本　一冊

430000－2401－0022224　396.21/57
性命雙修萬神圭旨四卷　清邵陽宏道堂刻本　四冊

430000－2401－0022225　396.21/57－2
性命雙修萬神圭旨四卷　清聚一山房刻本　二冊

430000－2401－0022226　396.21/273
段吉光救苦焚經超親薦祖報文　清末刻本　一冊

430000－2401－0022227　396.21/164
道學釋疑一卷　清末湘鄉蔣詠蘭捐刻本　一冊

430000－2401－0022228　396.21/288
增訂敬信錄二卷　清同治五年(1866)蘇城元妙觀得見齋刻本　二冊

430000－2401－0022229　△397/19
列仙傳二卷附校譌補校　(漢)劉向撰　(清)董金鑒補校　清咸豐三年(1853)活字本　一冊

430000－2401－0022230　△397/53
疑仙傳三卷　(宋)隱夫玉簡撰　(清)徐立方校僞　(清)董金鑒補校　清咸豐三年(1853)活字本　一冊

430000－2401－0022231　369.22/10
掃葉山房新鐫繡像列仙傳四卷　(明)洪自誠

輯 清光緒十三年(1887)東吳席氏掃葉山房刻本 四冊

430000－2401－0022232 △397/6
月旦堂新鐫繡像列仙傳四卷 (明)洪應明輯 明末吳門種書堂刻本 四冊

430000－2401－0022233 △397/5
方壺外史八卷 (明)陸西星疏 明末孩堂刻本 王禮培題識 六冊

430000－2401－0022234 396.22/2
繪圖歷代神仙傳十二卷 (清)三魚書屋主人編 清宣統元年(1909)上海掃葉山房石印本 四冊

430000－2401－0022235 396.22/3
歷代仙史八卷 (清)王建章纂輯 清光緒七年(1881)常熟抱芳閣刻本 六冊

430000－2401－0022236 396.22/3(1)
歷代仙史八卷 (清)王建章纂輯 清光緒七年(1881)常熟抱芳閣刻本 六冊

430000－2401－0022237 396.22/3(2)
歷代仙史八卷 (清)王建章纂輯 清光緒七年(1881)常熟抱芳閣刻本 六冊

430000－2401－0022238 396.22/17
呂祖年譜海山奇遇四卷 (清)李西月編 清刻本 一冊 存二卷(三至四)

430000－2401－0022239 396.22/14
武帝彙編四卷 (清)吳惠編 清光緒二年(1876)常郡陽邑廟文昌閣刻本 二冊

430000－2401－0022240 33/38
南華真經影史九卷 (清)周拱辰撰 清光緒元年(1875)補刻本 二冊

430000－2401－0022241 396.22/6
奇報錄等五種 (清)楊蘇霖述 清刻本 一冊

430000－2401－0022242 396.6/12
教會異同六卷 (清)巴色會編 清光緒十四年(1888)刻本 一冊

430000－2401－0022243 25/291
教務紀略四卷首一卷 (清)李剛己編 清光緒三十一年(1905)安徽藩經署刻本 四冊

430000－2401－0022244 396.6/40
民教相安說一卷 (清)杞下老人撰 清光緒十七年(1891)刻本 一冊

430000－2401－0022245 396.6/19
聖年廣益 (清)馮秉正譯述 清乾隆三年(1738)刻本 二十四冊

430000－2401－0022246 396.6/20
正教奉褒不分卷 (清)黃伯祿撰 清光緒十年(1884)上海慈母堂鉛印本 三冊

430000－2401－0022247 396.6/20(1)
正教奉褒不分卷 (清)黃伯祿撰 清光緒十年(1884)上海慈母堂鉛印本 三冊

430000－2401－0022248 396.6/14
集說詮真不分卷提要一卷續編一卷 (清)黃伯祿輯 清光緒五年(1879)刻清光緒十年(1884)上海慈母堂重印本 六冊

430000－2401－0022249 396.6/24
馬可福音 清宣統三年(1911)美國聖經會鉛印本 一冊

430000－2401－0022250 396.6/24－2
馬可福音 清宣統三年(1911)美國聖經會鉛印本 一冊

430000－2401－0022251 396.6/27
真道詩歌 清宣統三年(1911)上海時兆日報館鉛印本 一冊

430000－2401－0022252 396.6/45
湖南羅友山牧師行道事蹟 清光緒三十四年(1908)漢口英漢書館鉛印本 一冊

430000－2401－0022253 396.6/6
新約聖書:使徒行傳一卷 清宣統二年(1910)漢鎮英漢書館鉛印本 一冊

430000－2401－0022254 396.6/38
舊約全書□□卷 清同治四年(1865)香港英華書院鉛印本 五冊 存五卷(三至七)

430000 - 2401 - 0022255　393.1/102

萬物真原一卷　（意大利）艾儒略撰　清光緒
三十年(1904)刻本　一冊

430000 - 2401 - 0022256　396.6/3

天主實義二卷　（意大利）利瑪竇撰　清同治
七年(1868)刻本　二冊

430000 - 2401 - 0022257　396.6/3(1)

天主實義二卷　（意大利）利瑪竇撰　清同治
七年(1868)刻本　二冊

430000 - 2401 - 0022258　396.6/29

古經略說　（□）赫司鐸譯　清光緒鉛印本
一冊

430000 - 2401 - 0022259　396.6/13

格物探源六卷　（英國）韋廉臣撰　清光緒六
年(1880)活字本　四冊

430000 - 2401 - 0022260　38/19

格物探源六卷　（英國）韋廉臣撰　清光緒六
年(1880)活字本　四冊

430000 - 2401 - 0022261　396.6/46

自西徂東五卷　（德國）花之安撰　（清）馮勉
齋删定　清光緒十年(1884)廣東真寶堂刻本
二冊　存二卷(二、五)

430000 - 2401 - 0022262　396.6/16

舊約士師記註釋　（美國）杜步西撰　清宣統
元年(1909)中國聖教書會鉛印本　一冊

430000 - 2401 - 0022263　396.6/18

舊約約書亞註釋　（美國）杜步西撰　清宣統
元年(1909)中國聖教書會鉛印本　一冊

430000 - 2401 - 0022264　396.6/42

日用指明　（美國）赫顯理編　清光緒三十二
年(1906)辰州福音堂鉛印本　一冊

430000 - 2401 - 0022265　396.6/41

日用指明　（美國）赫顯理編　清光緒三十四
年(1908)澧州信義會鉛印本　一冊

430000 - 2401 - 0022266　396.6/17

舊約創世記註釋　（美國）翟雅各註　清宣統
三年(1911)上海中國聖教書會鉛印本　一冊

430000 - 2401 - 0022267　396.5/1

重刊景教碑文紀事考正一卷　（清）楊榮鋕撰
清光緒二十七年(1901)湖南思賢書局刻本
一冊

430000 - 2401 - 0022268　396.5/1(1)

重刊景教碑文紀事考正一卷　（清）楊榮鋕撰
清光緒二十七年(1901)湖南思賢書局刻本
一冊

430000 - 2401 - 0022269　397/117

小嬛環山館彙刊類書　（清）小嬛環山館輯
清咸豐元年(1851)刻本　八冊

430000 - 2401 - 0022270　397/117 - 2

小嬛環山館彙刊類書　（清）小嬛環山館輯
清同治六年(1867)刻本　八冊

430000 - 2401 - 0022271　397/117 - 2(1)

小嬛環山館彙刊類書　（清）小嬛環山館輯
清同治六年(1867)刻本　八冊

430000 - 2401 - 0022272　397/117 - 3

小嬛環山館彙刊類書　（清）小嬛環山館輯
清同治六年(1867)緯文堂刻本　八冊

430000 - 2401 - 0022273　△395/40

唐宋白孔六帖一百卷目錄二卷　（唐）白居易
撰　（宋）孔傳輯　明嘉靖刻本　四十八冊

430000 - 2401 - 0022274　△395/40(1)

唐宋白孔六帖一百卷目錄二卷　（唐）白居易
撰　（宋）孔傳輯　明嘉靖刻本　六十五冊
存八十六卷(一、十至三十九、四十二至四十
九、五十四至一百)

430000 - 2401 - 0022275　397/144

龍筋鳳髓判四卷　（唐）唐駬撰　（明）劉允鵬
註　（清）陳春補正　清刻本　二冊

430000 - 2401 - 0022276　△395/70

龍筋鳳髓判四卷　（唐）唐駬撰　清鈔本
二冊

430000 - 2401 - 0022277　△395/30 - 2

初學記三十卷　（唐）徐堅等撰　明嘉靖十年
(1531)錫山安國刻本　五冊　存十三卷(一

至三、七至十一、十四至十六、二十七至二十
八)

430000 – 2401 – 0022278　△395/30
初學記三十卷　(唐)徐堅等撰　明嘉靖十三
年(1534)晉府虛益堂刻本　十二冊

430000 – 2401 – 0022279　△395/30 – 3
初學記三十卷　(唐)徐堅等撰　明萬曆二十
五年至二十六年(1597 – 1598)陳大科刻清岱
雲樓重修本　佚名批校　八冊

430000 – 2401 – 0022280　△395/30 – 3(1)
初學記三十卷　(唐)徐堅等撰　明萬曆二十
五年至二十六年(1597 – 1598)陳大科刻清岱
雲樓重修本　佚名批校　十二冊　存二十八
卷(一至三、六至三十)

430000 – 2401 – 0022281　△395/30 – 4
初學記三十卷　(唐)徐堅等撰　明茅坤刻本
十五冊　缺二卷(二至三)

430000 – 2401 – 0022282　397/57
古香齋鑒賞袖珍初學記三十卷　(唐)徐堅等
撰　清光緒九年(1883)南海孔氏三十有三萬
卷堂刻本　十二冊

430000 – 2401 – 0022283　397/57 – 4
古香齋鑒賞袖珍初學記三十卷　(唐)徐堅等
撰　清光緒江西金溪紅杏山房刻本　十冊

430000 – 2401 – 0022284　397/57 – 4(1)
古香齋鑒賞袖珍初學記三十卷　(唐)徐堅等
撰　清光緒江西金溪紅杏山房刻本　十六冊

430000 – 2401 – 0022285　397/57 – 4(2)
古香齋鑒賞袖珍初學記三十卷　(唐)徐堅等
撰　清光緒江西金溪紅杏山房刻本　十一冊
缺三卷(七至九)

430000 – 2401 – 0022286　397/57 – 4(3)
古香齋鑒賞袖珍初學記三十卷　(唐)徐堅等
撰　清光緒江西金溪紅杏山房刻本　十三冊
缺二卷(一至二)

430000 – 2401 – 0022287　397/57 – 3
古香齋鑒賞袖珍初學記三十卷　(唐)徐堅等

撰　清刻本　十六冊

430000 – 2401 – 0022288　397/57 – 2
初學記三十卷　(唐)徐堅等撰　清光緒十四
年(1888)安康黃氏蘊石齋刻蘊石齋叢書本
十四冊

430000 – 2401 – 0022289　397/57 – 2(1)
初學記三十卷　(唐)徐堅等撰　清光緒十四
年(1888)安康黃氏蘊石齋刻蘊石齋叢書本
十四冊

430000 – 2401 – 0022290　397/57 – 2(2)
初學記三十卷　(唐)徐堅等撰　清光緒十四
年(1888)安康黃氏蘊石齋刻蘊石齋叢書本
十五冊　缺二卷(三至四)

430000 – 2401 – 0022291　397/57 – 2(3)
初學記三十卷　(唐)徐堅等撰　清光緒十四
年(1888)安康黃氏蘊石齋刻蘊石齋叢書本
九冊　存十八卷(九至十、十三至二十二、二
十五至三十)

430000 – 2401 – 0022292　397/61
北堂書鈔一百六十卷　(唐)虞世南撰　(清)
孔廣陶校註　清光緒十四年(1888)南海孔氏
三十有三萬卷堂刻本　二十冊

430000 – 2401 – 0022293　397/61(1)
北堂書鈔一百六十卷　(唐)虞世南撰　(清)
孔廣陶校註　清光緒十四年(1888)南海孔氏
三十有三萬卷堂刻本　二十冊

430000 – 2401 – 0022294　397/61(2)
北堂書鈔一百六十卷　(唐)虞世南撰　(清)
孔廣陶校註　清光緒十四年(1888)南海孔氏
三十有三萬卷堂刻本　二十冊

430000 – 2401 – 0022295　397/61(3)
北堂書鈔一百六十卷　(唐)虞世南撰　(清)
孔廣陶校註　清光緒十四年(1888)南海孔氏
三十有三萬卷堂刻本　二十冊

430000 – 2401 – 0022296　397/61(4)
北堂書鈔一百六十卷　(唐)虞世南撰　(清)
孔廣陶校註　清光緒十四年(1888)南海孔氏

三十有三萬卷堂刻本　二十冊

430000－2401－0022297　△395/76－4

藝文類聚一百卷　(唐)歐陽詢輯　明尚古堂刻本　二十冊

430000－2401－0022298　△395/76－4(1)

藝文類聚一百卷　(唐)歐陽詢輯　明尚古堂刻本　六十五冊

430000－2401－0022299　△395/76－3

藝文類聚一百卷　(唐)歐陽詢輯　明刻本(卷四十九至五十四配清鈔本)　四十七冊

430000－2401－0022300　△395/76－2

藝文類聚一百卷　(唐)歐陽詢輯　明刻本　四十冊

430000－2401－0022301　△395/76(1)

藝文類聚一百卷　(唐)歐陽詢輯　明刻本　十六冊

430000－2401－0022302　△395/76(2)

藝文類聚一百卷　(唐)歐陽詢輯　明刻本　二十冊

430000－2401－0022303　397/16

藝文類聚一百卷　(唐)歐陽詢輯　清光緒五年(1879)華陽宏達堂刻本　四十冊

430000－2401－0022304　397/141

王先生十七史蒙求十六卷　(宋)王令輯　**李氏蒙求補註六卷**　(清)金三俊輯　清道光二十八年(1848)刻本　四冊

430000－2401－0022305　397/141－2

王先生十七史蒙求十六卷　(宋)王令輯　清道光二十八年(1848)刻本　二冊

430000－2401－0022306　397/141－3

王先生十七史蒙求十六卷　(宋)王令輯　**李氏蒙求補註六卷**　(清)金三俊輯　清道光二十八年(1848)粵東文雅堂刻本　四冊　缺八卷(五至十二)

430000－2401－0022307　△395/22

新刊監本冊府元龜一千卷　(宋)王欽若等輯　明鈔本　一冊　存四卷(二百八十四至二

百八十七)

430000－2401－0022308　△395/22－2

冊府元龜一千卷目錄十卷　(宋)王欽若等輯　明崇禎十五年(1642)黃國琦刻清康熙十一年(1672)黃九錫重修本　二百九十九冊

430000－2401－0022309　△395/22－2(1)

冊府元龜一千卷目錄十卷　(宋)王欽若等輯　明崇禎十五年(1642)黃國琦刻清康熙十一年(1672)黃九錫重修本　一百九十九冊

430000－2401－0022310　△395/22－3

冊府元龜一千卷目錄十卷　(宋)王欽若等輯　明崇禎十五年(1642)刻清鮑崇誠重修本　三十二冊　存一百○二卷(四百十六至四百四十一、五百十三至五百八十八)

430000－2401－0022311　461/147

冊府元龜一千卷　(宋)王欽若等輯　清康熙刻本　三百十八冊

430000－2401－0022312　△395/79

小學紺珠十卷　(宋)王應麟撰　清鈔本　二冊　存四卷(三至六)

430000－2401－0022313　△395/26－2

玉海二百卷　(宋)王應麟撰　元至元六年(1269)慶元路儒學刻本　二百四十冊

430000－2401－0022314　△395/26

玉海二百卷　(宋)王應麟撰　元至元六年(1269)慶元路儒學刻元明清遞修本　四十九冊　存一百二十七卷(五至三十三、三十七至一百十六、一百二十至一百三十四、一百七十七至一百七十九)

430000－2401－0022315　397/114－3

玉海二百卷　(宋)王應麟撰　明初南雍刻正德嘉靖萬曆清康熙、乾隆遞修本　八十冊

430000－2401－0022316　397/114－3(1)

玉海二百卷　(宋)王應麟撰　明初南雍刻正德、嘉靖、萬曆、清康熙、乾隆遞修本　一百冊

430000－2401－0022317　397/114－2

玉海二百卷　(宋)王應麟撰　清嘉慶十一年

(1806)江寧藩庫刻本　一百二十八册

430000－2401－0022318　397/114－2(1)

玉海二百卷　(宋)王應麟撰　清嘉慶十一年
(1806)江寧藩庫刻本　六十四册

430000－2401－0022319　397/114－2(2)

玉海二百卷　(宋)王應麟撰　清嘉慶十一年
(1806)江寧藩庫刻本　一百二十册

430000－2401－0022320　397/114－2(3)

玉海二百卷　(宋)王應麟撰　清嘉慶十一年
(1806)江寧藩庫刻本　一百二十三册

430000－2401－0022321　397/114－2(4)

玉海二百卷　(宋)王應麟撰　清嘉慶十一年
(1806)江寧藩庫刻本　一百二十册

430000－2401－0022322　397/114－4

玉海二百卷　(宋)王應麟撰　清光緒九年
(1883)浙江書局刻本　一百二十二册

430000－2401－0022323　397/114－4(1)

玉海二百卷　(宋)王應麟撰　清光緒九年
(1883)浙江書局刻本　三十六册　存一百五
十一卷(一至一百十八、一百二十二至一百五
十四)

430000－2401－0022324　397/114

玉海二百卷　(宋)王應麟撰　清光緒十年
(1884)成都志古堂刻本　一百二十册

430000－2401－0022325　397/114(1)

玉海二百卷　(宋)王應麟撰　清光緒十年
(1884)成都志古堂刻本　一百册

430000－2401－0022326　△395/27

玉海纂二十二卷　(宋)王應麟輯　(明)劉鴻
訓纂　明鄧漢儀、陸舜校刻本　九册　存十
六卷(二至八、十一至十九)

430000－2401－0022327　△395/14

太平御覽一千卷目錄十卷　(宋)李昉等輯
明萬曆元年(1573)倪炳刻本　一百○三册

430000－2401－0022328　△395/14(1)

太平御覽一千卷目錄十卷　(宋)李昉等輯
明萬曆元年(1573)倪炳刻本　一百○二册

430000－2401－0022329　△395/14－2

太平御覽一千卷　(宋)李昉等輯　明萬曆二
年(1574)周堂銅活字本　一册　存十卷(五
百十五至五百二十四)

430000－2401－0022330　397/99－3

太平御覽一千卷目錄十五卷　(宋)李昉等輯
　清嘉慶十七年(1812)歙鮑崇城刻本　一百
○二册

430000－2401－0022331　397/99－3(1)

太平御覽一千卷目錄十五卷　(宋)李昉等輯
　清嘉慶十七年(1812)歙鮑崇城刻本　一百
二十册

430000－2401－0022332　397/99－3(2)

太平御覽一千卷目錄十五卷　(宋)李昉等輯
　清嘉慶十七年(1812)歙鮑崇城刻本　九十
六册

430000－2401－0022333　397/99－3(3)

太平御覽一千卷目錄十五卷　(宋)李昉等輯
　清嘉慶十七年(1812)歙鮑崇城刻本　一百
二十册

430000－2401－0022334　397/99－3(4)

太平御覽一千卷目錄十五卷　(宋)李昉等輯
　清嘉慶十七年(1812)歙鮑崇城刻本　一百
二十册

430000－2401－0022335　397/99(1)

太平御覽一千卷目錄十五卷　(宋)李昉等輯
　清嘉慶十七年(1812)揚州淮安督署刻本
一百二十一册

430000－2401－0022336　397/99

太平御覽一千卷目錄十五卷　(宋)李昉等輯
清光緒十八年(1892)南海李氏學海堂印本
一百二十册

430000－2401－0022337　397/99－2

太平御覽一千卷目錄十五卷　(宋)李昉等輯
清光緒二十年(1894)上海積山書局石印本
三十二册

430000－2401－0022338　397/99－2(1)

太平御覽一千卷目錄十五卷　（宋）李昉等輯
　　清光緒二十年(1894)上海積山書局石印本
　　三十二冊

430000－2401－0022339　397/5－11
事類賦三十卷　（宋）吳淑撰并註　明嘉靖十
一年(1532)崇正書院刻本　四冊

430000－2401－0022340　397/5
事類賦三十卷　（宋）吳淑撰并註　清乾隆五
十八年(1793)刻本　四冊

430000－2401－0022341　397/5－10
重訂事類賦三十卷　（宋）吳淑撰　清三讓堂
刻本　四冊

430000－2401－0022342　397/5－4
重訂事類賦三十卷　（宋）吳淑撰并註　清道
光二十二年(1842)經元堂刻本　四冊

430000－2401－0022343　397/5－4(1)
重訂事類賦三十卷　（宋）吳淑撰并註　清道
光二十二年(1842)經元堂刻本　六冊

430000－2401－0022344　397/5－3
重訂事類賦三十卷　（宋）吳淑撰并註　清三
讓堂刻本　四冊

430000－2401－0022345　397/5－5
重訂事類賦三十卷　（宋）吳淑撰并註　清文
光堂刻本　五冊

430000－2401－0022346　397/5－6
重訂事類賦三十卷　（宋）吳淑撰　清刻本
五冊

430000－2401－0022347　397/5－2
重訂事類賦三十卷　（宋）吳淑撰并註　清刻
本　五冊

430000－2401－0022348　397/5－7
事類賦三十卷　（宋）吳淑撰并註　廣事類賦
四十卷　（清）華希閔撰　清乾隆二十九年
(1764)華氏劍光閣刻本　八冊

430000－2401－0022349　397/5－7(1)
事類賦三十卷　（宋）吳淑撰并註　廣事類賦
四十卷　（清）華希閔撰　清乾隆二十九年

(1764)華氏劍光閣刻本　二冊

430000－2401－0022350　397/5－9
重訂事類賦三十卷　（宋）吳淑撰并註　重訂
廣事類賦四十卷　（清）華希閔撰　清道光二
十二年(1842)寶翰樓刻本　十六冊

430000－2401－0022351　397/5－8
事類賦三十卷　（宋）吳淑撰并註　廣事類賦
四十卷　（清）華希閔撰　清慎德堂刻本　十
二冊

430000－2401－0022352　397/5－7(1)
事類賦三十卷　（宋）吳淑撰并註　廣事類賦
四十卷　（清）華希閔撰　清翻刻華氏劍光閣
刻本　十六冊

430000－2401－0022353　397/5－7
事類賦三十卷　（宋）吳淑撰并註　廣事類賦
四十卷　（清）華希閔撰　清翻刻華氏劍光閣
刻本　八冊

430000－2401－0022354　△395/62
新箋決科古今源流至論前集十卷後集十卷續
集十卷別集十卷　（宋）林駧編　別集　（宋）
黃履翁編　明宣德二年(1427)建陽書林劉克
常刻本　張敷題識　二十冊

430000－2401－0022355　△395/35
姬侍類偶一卷　（宋）周守忠輯　清鈔本
一冊

430000－2401－0022356　△395/59
新編古今事文類聚前集六十卷後集五十卷續集
二十八卷別集三十二卷外集十五卷遺集十五卷
新集三十六卷　（宋）祝穆輯　新集外集
(元)富大用輯　遺集　（元）祝淵輯　明萬曆
三十二年(1604)唐富春德壽堂刻本　六十四冊

430000－2401－0022357　△395/60
新編古今事文類聚後集五十卷　（宋）祝穆輯
　　明內府刻本　三十冊

430000－2401－0022358　△395/57
新編古今事文類聚前集六十卷後集五十卷新
集三十六卷別集三十二卷續集二十八卷遺集

十五卷外集十五卷 （宋）祝穆輯 **新集外集**
（元）富大用輯 **遺集** （元）祝淵輯 清乾
隆二十八年(1763)積秀堂刻本 七十冊

430000－2401－0022359 △395/34
事物紀原集類十卷 （宋）高承輯 明正統十
二年(1447)閻敬刻本 葉啟勳題識 八冊

430000－2401－0022360 △395/34－2
事物紀原集類十卷 （宋）高承輯 明刻本
十冊

430000－2401－0022361 397/91
事物紀原十卷 （宋）高承輯 清光緒十四年
(1888)長沙惜陰書局刻惜陰軒叢書本 十冊

430000－2401－0022362 397/91(1)
事物紀原十卷 （宋）高承輯 清光緒十四年
(1888)長沙惜陰書局刻惜陰軒叢書本 十冊

430000－2401－0022363 397/91(2)
事物紀原十卷 （宋）高承輯 清光緒二十二
年(1896)長沙刻惜陰軒叢書本 六冊

430000－2401－0022364 397/91(3)
事物紀原十卷 （宋）高承輯 清光緒二十二
年(1896)長沙刻惜陰軒叢書本 一冊 存一
卷(五)

430000－2401－0022365 △395/36
帝王經世圖譜十六卷 （宋）唐仲友撰 清鈔
本 十二冊

430000－2401－0022366 △395/40
山堂先生群書考索別集二十五卷 （宋）章如
愚輯 元刻本 三冊 存十一卷(十二至十
八、二十二至二十五)

430000－2401－0022367 △395/51
**群書考索前集六十六卷後集六十五卷續集五
十六卷別集二十五卷** （宋）章如愚輯 明正
德三年(1508)慎獨齋刻本 二十七冊 存一
百五十四卷(前集一至六、十三至十七、二十
一至六十六、後集一至五十三,續集七至二十
二、二十六至二十九、三十四至五十六、別集
一)

430000－2401－0022368 △395/51(1)
**群書考索前集六十六卷後集六十五卷續集五
十六卷別集二十五卷** （宋）章如愚輯 明正
德三年(1508)慎獨齋刻本 十四冊 存九十
三卷(前集五至二十一、二十八至四十三、五
十至六十六、後集十三至十四、續集十六至五
十六)

430000－2401－0022369 △395/8
小字錄一卷 （宋）陳思輯 **補六卷** （明）沈
弘正輯 明萬曆四十七年(1619)沈弘正暢閣
刻本、葉啟勳、葉啟發題跋 二冊

430000－2401－0022370 △395/38
記纂淵海一百卷 （宋）潘自牧輯 （明）王嘉
賓補遺 明萬曆七年(1579)陳文燧刻本 八
十冊

430000－2401－0022371 △395/38(1)
記纂淵海一百卷 （宋）潘自牧輯 （明）王嘉
賓補遺 明萬曆七年(1579)陳文燧刻本 二
十六冊 存二十八卷(二至五、十至十一、十
三、十五、四十八至五十、六十二至六十六、七
十九至八十二、九十至九十二、九十五至九十
七、九十九至一百)

430000－2401－0022372 △395/13
文選類林十六卷 （宋）劉攽輯 明隆慶六年
(1572)傅嘉祥、高尚鈺刻本 十冊

430000－2401－0022373 △395/17
古今合璧事類備要後集八十一卷 （宋）謝維新
輯 明刻本 一冊 存三卷(六十八至七十)

430000－2401－0022374 △395/72
錦繡萬花谷前集四十卷合集四卷續集四十卷
明嘉靖十四年(1535)崇古書院影寫字刻本
四十五冊 存八十九卷(前集一至二、六至
二十九、三十四至三十七、三十九至四十,後
集三至五、八至四十、續集一至十六、三十五
至三十六、三十八至四十)

430000－2401－0022375 397/41
漢唐事箋十二卷後集八卷 （元）朱禮撰 清
道光二年(1822)山陰李鐵橋刻本 四冊

485

430000 - 2401 - 0022376   397/30

策海十卷   （元）馬端臨   （明）王圻撰
（清）瞿曾輯纂   清道光十九年(1839)同志館
刻本   六冊

430000 - 2401 - 0022377   397/30 - 2

策海全書六卷續六卷   （元）馬端臨   （明）王
圻撰   （清）瞿曾輯纂   清咸豐十一年(1861)
京都刻本   六冊

430000 - 2401 - 0022378   △395/53 - 3

韻府群玉二十卷   （元）陰時夫編   （元）陰中
夫註   明嘉靖三十一年(1552)荆聚刻本
十冊

430000 - 2401 - 0022379   △395/53 - 2

新增說文韻府群玉二十卷   （元）陰時夫編
（元）陰中夫註   明刻本   十冊

430000 - 2401 - 0022380   △395/54

新增海篇真音韻府群玉二十卷   （元）陰時夫
編   （元）陰中夫註   明刻本   三冊   存三卷
（五、十六至十七）

430000 - 2401 - 0022381   △395/53

新增說文韻府群玉二十卷   （元）陰時夫編
（元）陰中夫註   明刻本   十冊

430000 - 2401 - 0022382   397/21

新增說文韻府群玉二十卷   （元）陰時夫編
（元）陰中夫註   清初文光堂刻本   二十冊

430000 - 2401 - 0022383   397/21(1)

新增說文韻府群玉二十卷   （元）陰時夫編
（元）陰中夫註   清初文光堂刻本   二十冊

430000 - 2401 - 0022384   397/21 - 2

新增說文韻府群玉二十卷   （元）陰時夫編
（元）陰中夫註   清三讓堂刻本   二十冊

430000 - 2401 - 0022385   397/21 - 2(1)

新增說文韻府群玉二十卷   （元）陰時夫編
（元）陰中夫註   清三讓堂刻本   十四冊

430000 - 2401 - 0022386   △395/56

新編詩學集成三十卷   元刻本   三冊   存五
卷(一至三、十四至十五)

430000 - 2401 - 0022387   192.3/40

新刊校正增補圓機詩韻活法全書十四卷
（明)王世貞校   （清）蔣先庚重訂   清刻本
五冊

430000 - 2401 - 0022388   192.3/40(1)

新刊校正增補圓機詩韻活法全書十四卷
（明)王世貞校   （清）蔣先庚重訂   清刻本
五冊

430000 - 2401 - 0022389   △395/6

三才圖會一百〇六卷   （明）王圻撰   明萬曆
三十七年(1609)金陵吳雲軒刻本   一百〇
六冊

430000 - 2401 - 0022390   △395/28

名句文身表異錄二十卷   （明）王志堅輯   清
康熙四十七年(1708)陳世修刻本   一冊

430000 - 2401 - 0022391   312/21

新刊王太史彙選諸子語類四卷   （明）王衡選
明萬曆陳繼儒刻本   四冊

430000 - 2401 - 0022392   △395/7

大川對類二十卷   （明）朱適庵輯   明刻本
七冊   存十九卷(二至二十)

430000 - 2401 - 0022393   △395/78

續亘史二十卷   （明）汪家珍撰   明鈔本
二冊

430000 - 2401 - 0022394   △395/21

古雋考略四卷   （明）李承勛   （明）顧充輯
明萬曆十四年(1586)刻本   四冊

430000 - 2401 - 0022395   △395/21(1)

古雋考略四卷   （明）李承勛   （明）顧充輯
明萬曆十四年(1586)刻本   一冊   存一卷
(四)

430000 - 2401 - 0022396   △395/64

獅山掌錄二十八卷   （明）吳之俊撰   清康熙
元年(1662)敬恕堂刻本   二冊   存五卷(一
至二、六至八)

430000 - 2401 - 0022397   397/107

仰止子祥考古今名家潤色詩林正宗十二卷韻

林正宗六卷　（明）余象斗輯　清末刻本　七
冊　缺六卷（一至四、十二至十三）

430000－2401－0022398　397/60

槎庵小乘四十一卷　（明）來斯行撰　明崇禎
四年(1631)刻本　十二冊

430000－2401－0022399　397/71

七修類稿五十一卷續稿七卷　（明）郎瑛撰
清乾隆四十年(1775)刻本　十六冊

430000－2401－0022400　397/71－2

七修類稿五十一卷續稿七卷　（明）郎瑛撰
清光緒六年(1880)廣州翰墨園刻本　十冊
缺二卷（續稿六至七）

430000－2401－0022401　397/71－3

七修類稿五十一卷續稿七卷　（明）郎瑛撰
清耕烟草堂刻本　二十冊

430000－2401－0022402　△395/32

典籍便覽八卷　（明）范弘輯　（明）范淶補註
明萬曆三十一年(1603)程懋學刻本　一冊
存一卷（一）

430000－2401－0022403　397/111

唐類函二百卷　（明）俞安期撰　明萬曆三十
一年(1603)刻文盛堂重修本（目錄及卷一至
五爲鈔本）　四十冊

430000－2401－0022404　△395/42

唐類函二百卷目錄二卷　（明）俞安期撰　明
萬曆養正堂刻本　六十四冊

430000－2401－0022405　△395/42－2

唐類函二百卷目錄二卷　（明）俞安期撰　明
萬曆刻本　四十冊

430000－2401－0022406　△395/42－2(1)

唐類函二百卷目錄二卷　（明）俞安期撰　明
萬曆刻本　四十冊

430000－2401－0022407　△395/45

啟雋類函一百卷　（明）俞安期　（明）王嗣經
輯　明萬曆刻本　三十二冊　存八十九卷
（三至十、十七至五十三、五十七至一百）

430000－2401－0022408　△395/45－2

啟雋類函一百卷目錄九卷　（明）俞安期
（明）王嗣經輯　明白門謝榮吾刻本　三十冊
缺十二卷（一至十二）

430000－2401－0022409　△395/63

詩雋類函一百五十卷　（明）俞安期輯　（明）
梅鼎祚增定　明萬曆曹學佺刻本　三十冊

430000－2401－0022410　△395/12

文選錦字錄二十一卷　（明）凌迪知輯　（明）
凌稚隆校　明萬曆五年(1577)吳興凌氏桂芝
館刻本　十冊

430000－2401－0022411　397/75

文選錦字錄二十一卷　（明）凌迪知輯　清光
緒二十年(1894)上海鴻寶齋石印本　二冊

430000－2401－0022412　△395/15

太史華句八卷　（明）凌迪知輯　（明）凌稚隆
校　明萬曆五年(1577)刻本　四冊

430000－2401－0022413　397/64

太史華句八卷　（明）凌迪知輯　清光緒二十
年(1894)上海鴻寶齋石印本　一冊

430000－2401－0022414　△395/24

左國腴詞八卷　（明）凌迪知輯　明萬曆四年
(1576)閔一崔校刻本　四冊

430000－2401－0022415　△395/24(1)

左國腴詞八卷　（明）凌迪知輯　明萬曆四年
(1576)閔一崔校刻本　四冊

430000－2401－0022416　397/65

左國腴詞八卷　（明）凌迪知輯　清光緒二十
年(1894)上海鴻寶齋石印本　一冊

430000－2401－0022417　397/65－2

左國腴詞八卷　（明）凌迪知輯　清光緒二十
年(1894)上海寶善局石印本　一冊

430000－2401－0022418　△395/77

古今萬姓統譜一百四十卷　（明）凌迪知編
明萬曆七年(1579)刻本　三十二冊

430000－2401－0022419　397/145

五車韻瑞一百六十卷　（明）凌稚隆輯　明刻
本　二冊　存十三卷（三十九至四十三、七十

六至八十三）

430000－2401－0022420　△395/37

修辭指南二十卷　（明）浦南金輯　明嘉靖三
十六年(1557)五禾堂刻本　十二冊

430000－2401－0022421　△395/37(1)

修辭指南二十卷　（明）浦南金輯　明嘉靖三
十六年(1557)五禾堂刻本　十冊

430000－2401－0022422　△395/41

新刊唐荊川先生稗編一百二十卷目錄三
（明）唐順之輯　明萬曆九年(1581)茅一相文
霞閣刻本　六十冊

430000－2401－0022423　△395/41(1)

新刊唐荊川先生稗編一百二十卷目錄三
（明）唐順之輯　明萬曆九年(1581)茅一相文
霞閣刻本　二十五冊

430000－2401－0022424　△395/41(2)

新刊唐荊川先生稗編一百二十卷目錄三
（明）唐順之輯　明萬曆九年(1581)茅一相文
霞閣刻本　四十冊

430000－2401－0022425　△395/1

增訂二三場群書備考八卷　（明）袁黃撰
（明）袁儼註　明崇禎豹變齋刻本　五冊　存
五卷(一、三至四、七至八)

430000－2401－0022426　397/28

增訂二三場群書備考四卷　（明）袁黃撰
（明）袁儼註　明崇禎刻本　八冊

430000－2401－0022427　△395/33

奇姓通十四卷　（明）夏樹芳撰　明天啟四年
(1624)陳繼儒校刻本　六冊　存十一卷(一
至十一)

430000－2401－0022428　△395/11

文苑匯雋二十四卷　（明）孫丕顯輯　明萬曆
三十六年(1608)刻本　四冊

430000－2401－0022429　△395/11(1)

文苑匯雋二十四卷　（明）孫丕顯輯　明萬曆
三十六年(1608)刻本　六冊

430000－2401－0022430　△395/61

新纂事詞類奇三十卷　（明）徐常吉輯　明萬
曆周曰校刻本　二十四冊

430000－2401－0022431　△395/74

麗句集六卷　（明）許之吉輯　明天啟刻本
金化蕃批校并跋　六冊

430000－2401－0022432　397/3

增補註釋故事白眉十卷　（明）許以忠輯　清
光緒二年(1876)經濟堂刻本　六冊

430000－2401－0022433　△395/47－2

圖書編一百二十七卷　（明）章潢輯　明天啟
三年(1623)刻本　十八冊　存二十八卷(一
至二、十五、十九至二十一、二十三至二十四、
三十一至三十四、四十三、四十七至四十九、
五十六至五十七、六十四至六十五、六十九至
七十、七十五至七十六、九十六至九十七、一
百〇八至一百〇九)

430000－2401－0022434　△395/47

圖書編一百二十七卷　（明）章潢輯　**章斗津
先生年譜一卷**　（明）丘曰敬等編　明末刻本
　八十六冊

430000－2401－0022435　△395/48

策元會覽九卷　（明）梁佐輯　明嘉靖三十二
年(1553)刻本　四冊

430000－2401－0022436　△395/73

謠語三卷　（明）郭子章輯　明萬曆刻本
一冊

430000－2401－0022437　△395/2

八編類纂二百八十五卷　（明）陳仁錫輯　明
天啟刻本　十六冊　存五十卷(一至四、六十
二至六十四、一百五十至一百五十四、一百五
十九至一百六十五、一百七十至一百七十三、
一百八十八至一百九十四、二百〇一至二百
〇四、二百三十六至二百三十八、二百五十三
至二百五十七、二百七十七至二百八十四)

430000－2401－0022438　397/97

**八編類纂二百八十五卷六經圖六卷地類圖二
卷**　（明）陳仁錫撰　清光緒七年(1881)三畏
堂刻本　九十冊

430000 - 2401 - 0022439　397/97（1）

八編類纂二百八十五卷六經圖六卷地類圖二卷　（明）陳仁錫撰　清光緒七年(1881)三畏堂刻本　一百冊

430000 - 2401 - 0022440　397/50

潛確居類書一百二十卷　（明）陳仁錫撰　明崇禎刻本　六十四冊

430000 - 2401 - 0022441　△395/55

新選古今類腴十八卷　（明）陳世寶等輯　明萬曆九年(1581)刻本　八冊

430000 - 2401 - 0022442　△395/9

天中記五十卷　（明）陳耀文撰　明隆慶刻本　九冊　存八卷（五、十二、二十三、二十八、三十一、三十四至三十六）

430000 - 2401 - 0022443　△395/10

天中記六十卷　（明）陳耀文撰　明萬曆陳龍光校刻本　六十冊

430000 - 2401 - 0022444　△395/10 - 2

天中記六十卷　（明）陳耀文撰　明萬曆屠隆校刻本　五十冊　存五十七卷（一至五十七）

430000 - 2401 - 0022445　△395/10 - 2（1）

天中記六十卷　（明）陳耀文撰　明萬曆屠隆校刻本　三冊　存三卷（十八至十九、二十二）

430000 - 2401 - 0022446　397/98

天中記六十卷　（明）陳耀文撰　清光緒四年(1878)聽雨山房刻本　六十冊

430000 - 2401 - 0022447　397/98（1）

天中記六十卷　（明）陳耀文撰　清光緒四年(1878)聽雨山房刻本　六十冊

430000 - 2401 - 0022448　△395/49 - 2

經濟類編一百卷　（明）馮琦　（明）馮瑗纂　明萬曆三十二年(1604)周家棟等校刻本　五十二冊

430000 - 2401 - 0022449　△395/49

經濟類編一百卷　（明）馮琦　（明）馮瑗纂　清四庫全書紅格鈔本　一冊　存二卷（五十一至五十二）

430000 - 2401 - 0022450　△395/5

山堂肆考二百二十八卷補遺十二卷　（明）彭大翼撰　明萬曆二十三年(1595)金陵書林周顯刻四十七年(1619)張幼學重修本　四十冊

430000 - 2401 - 0022451　△395/5（1）

山堂肆考二百二十八卷補遺十二卷　（明）彭大翼撰　明萬曆二十三年(1595)金陵書林周顯刻四十七年(1619)張幼學重修本　八十冊

430000 - 2401 - 0022452　△395/44

茹古略集三十卷　（明）程良儒輯　清康熙五十九年(1720)韻樓刻本　十冊

430000 - 2401 - 0022453　397/105 - 2

廣博物志五十卷　（明）董斯張撰　明萬曆高輝堂刻本　四十冊

430000 - 2401 - 0022454　397/105

廣博物志五十卷　（明）董斯張撰　清光緒五年(1879)學海堂刻本　三十二冊

430000 - 2401 - 0022455　397/105（1）

廣博物志五十卷　（明）董斯張撰　清光緒五年(1879)學海堂刻本　二十四冊

430000 - 2401 - 0022456　△395/68

廣博物志五十卷　（明）董斯張撰　清光緒五年(1879)學海堂刻本　三十二冊

430000 - 2401 - 0022457　△395/68（1）

廣博物志五十卷　（明）董斯張撰　清光緒五年(1879)學海堂刻本　五十冊

430000 - 2401 - 0022458　△395/68（2）

廣博物志五十卷　（明）董斯張撰　清光緒五年(1879)學海堂刻本　十九冊　缺二十三卷（三至四、十四至二十、二十二、二十六至三十四、四十一、四十四至四十五、五十）

430000 - 2401 - 0022459　397/4

新鐫名公釋義全備墨莊白眉故事六卷　題（清）訾窳子輯　（明）許以忠註　清嘉慶十年(1805)同德堂刻本　二冊

430000 - 2401 - 0022460　△395/18

古今經世格要二十八卷　（明）鄒泉輯　明萬曆金陵書坊龔邦錄刻本　七冊　存二十四卷（一至二十四）

430000－2401－0022462　△393.2/7

新刻古今原始十五卷　（明）趙錢撰　明胡文煥校刻本　六冊

430000－2401－0022463　397/78

精選黃眉故事十卷　（明）鄧百拙編　清光緒三年（1877）經濟堂刻本　六冊

430000－2401－0022464　397/78（1）

精選黃眉故事十卷　（明）鄧百拙編　清光緒三年（1877）經濟堂刻本　五冊

430000－2401－0022465　△395/71

劉氏鴻書一百〇八卷　（明）劉仲達編　（明）湯賓尹刪正　明萬曆三十九年（1611）刻本　一冊　存三卷（三十八至四十）

430000－2401－0022466　△395/50

鴛鴦譜六卷　（明）蘇琰輯　（清）胡正言校　清鈔本　一冊

430000－2401－0022467　397/13－3

增廣詩句題解彙編四卷附姓氏考一卷　（清）大同書局編　清光緒十三年（1887）上海大同書局石印本　四冊

430000－2401－0022468　397/13

增廣詩句題解彙編四卷續集五卷姓氏考一卷　（清）同文書局編　清光緒十四年（1888）上海同文書局石印本　六冊

430000－2401－0022469　397/13－2

增廣詩句題解彙編四卷續集五卷姓氏考一卷　（清）同文書局編　清光緒十年（1884）上海同文書局石印本　五冊　缺二卷（續集四至五）

430000－2401－0022470　397/13－2（1）

增廣詩句題解彙編四卷續集五卷姓氏考一卷　（清）同文書局編　清光緒十年（1884）上海同文書局石印本　五冊　缺一卷（三）

430000－2401－0022471　△395/52

群書集事淵海四十七卷　明弘治刻本　二冊　存九卷（二至十）

430000－2401－0022472　△395/20

古事比五十二卷　（清）方中德撰　清康熙四十五年（1706）書種齋刻本　十冊

430000－2401－0022473　397/24

古事比五十二卷　（清）方中德撰　清光緒十三年（1887）上海點石齋石印本　六冊

430000－2401－0022474　397/24（1）

古事比五十二卷　（清）方中德撰　清光緒十三年（1887）上海點石齋石印本　六冊

430000－2401－0022475　397/24－6

古事比五十二卷　（清）方中德撰　清光緒十九年（1893）上海寶善書局石印本　六冊

430000－2401－0022476　397/72

奩史一百卷　（清）王初桐編　清嘉慶二年（1797）古香堂刻本　二十冊

430000－2401－0022477　397/136

駢儷碎金六卷　（清）王鳳岐輯註　清嘉慶二十三年（1818）刻本　二冊

430000－2401－0022478　397/55－4

續廣事類賦三十卷　（清）王鳳喈撰　清道光二十四年（1844）啟元松刻本　十二冊

430000－2401－0022479　397/55－3

續廣事類賦三十卷　（清）王鳳喈撰　清三讓堂刻本　十二冊

430000－2401－0022480　397/55

續廣事類賦三十卷　（清）王鳳喈撰　清經元堂刻本　十冊

430000－2401－0022481　397/55－2

續廣事類賦三十卷　（清）王鳳喈撰　清嘉慶刻本　十二冊

430000－2401－0022482　397/147

十三經對聯大成四卷　（清）王燮元編　清光緒十二年（1886）文海堂刻本　四冊

430000－2401－0022483　397/85

喻林一葉二十四卷　（清）王蘇撰　清乾隆五十九年（1794）刻本　六冊

430000－2401－0022484　397/25

四書類典賦二十四卷　（清）甘綬撰　清乾隆刻本　十冊

430000－2401－0022485　397/116

分類試帖璆琳三十二卷　（清）有味潛齋主人編　清光緒十四年（1888）石印本　六冊

430000－2401－0022486　312/30

萬國政治藝學全書三百卷　（清）朱大文等輯　清光緒二十八年（1902）上海鴻文書局石印本　十五冊　存政治叢考一百〇八卷（一至一百〇二、一百七十五至一百八十）

430000－2401－0022487　397/7

新增詩句題解彙編二十二卷　（清）朱春舫輯　清同治五年（1866）刻本　二十二冊

430000－2401－0022488　397/129

五經文苑擷華八卷　（清）朱遒綬編纂　清光緒盱江王氏常惺惺齋石印本　二冊

430000－2401－0022489　397/93

駢字摘艷五卷　（清）任科職編輯　清咸豐七年（1857）三雨堂刻本　二冊　存二卷（一至二）

430000－2401－0022490　397/93－2

駢字摘艷五卷　（清）任科職編輯　清末刻本　四冊　缺一卷（十三）

430000－2401－0022491　397/108－2

御定駢字類編二百四十卷　（清）沈宗敬等輯　清雍正刻本　一百二十冊

430000－2401－0022492　397/108

御定駢字類編二百四十卷　（清）沈宗敬等輯　清光緒十三年（1887）上海同文書局石印本　四十八冊

430000－2401－0022493　397/108（1）

御定駢字類編二百四十卷　（清）沈宗敬等輯　清光緒十三年（1887）上海同文書局石印本　四十八冊

430000－2401－0022494　397/108（2）

御定駢字類編二百四十卷　（清）沈宗敬等輯　清光緒十三年（1887）上海同文書局石印本　四十八冊

430000－2401－0022495　397/108（3）

御定駢字類編二百四十卷　（清）沈宗敬等輯　清光緒十三年（1887）上海同文書局石印本　四十八冊

430000－2401－0022496　397/108（4）

御定駢字類編二百四十卷　（清）沈宗敬等輯　清光緒十三年（1887）上海同文書局石印本　四十八冊

430000－2401－0022497　397/108（5）

御定駢字類編二百四十卷　（清）沈宗敬等輯　清光緒十三年（1887）上海同文書局石印本　四十八冊

430000－2401－0022498　397/100

唐詩金粉十卷　（清）沈炳震纂　清光緒七年（1881）八杉齋刻本　四冊

430000－2401－0022499　397/32

杜韓詩句集韻三卷　（清）汪文柏撰　清康熙四十六年（1707）古香樓刻本　三冊

430000－2401－0022500　397/32－2

杜韓詩句集韻三卷　（清）汪文柏撰　清光緒八年（1882）補刻康熙四十六年（1707）古香樓刻本　四冊

430000－2401－0022501　397/32－2（1）

杜韓詩句集韻三卷　（清）汪文柏撰　清光緒八年（1882）補刻康熙四十六年（1707）古香樓刻本　五冊

430000－2401－0022502　397/32－2（2）

杜韓詩句集韻三卷　（清）汪文柏撰　清光緒八年（1882）補刻康熙四十六年（1707）古香樓刻本　四冊

430000－2401－0022503　397/32－2（3）

杜韓詩句集韻三卷　（清）汪文柏撰　清光緒八年（1882）補刻康熙四十六年（1707）古香樓

刻本　六冊

430000－2401－0022504　△395/75
韻府拾遺一百〇六卷　（清）汪灝等纂　清康熙五十九年(1720)内府刻本　十六冊

430000－2401－0022505　△395/75(1)
韻府拾遺一百〇六卷　（清）汪灝等纂　清康熙五十九年(1720)内府刻本　二十四冊

430000－2401－0022506　397/66－2
類類聯珠初編三十二卷二編十二卷　（清）李坤編　清同治九年(1870)刻本　八冊

430000－2401－0022507　397/66
類類聯珠初編三十二卷二編十二卷　（清）李坤編　清同治九年(1870)京師琉璃廠刻本　八冊

430000－2401－0022508　397/122
藝苑零珠六卷附經史總論一卷　（清）李象梓纂輯　清光緒十五年(1889)羊城刻本　五冊

430000－2401－0022509　397/92
半園尺牘二十五卷補遺六卷　（清）李紫珊撰　清光緒五年(1879)靈蘭堂刻本　十九冊

430000－2401－0022510　397/134
聯經四卷　（清）李學禮撰　清乾隆刻本　四冊

430000－2401－0022511　397/22(2)
子史精華一百六十卷　（清）吳士玉　（清）吳襄等纂　清初刻本　四十八冊

430000－2401－0022512　397/22
子史精華一百六十卷　（清）吳士玉　（清）吳襄等纂　清初刻本　二十四冊

430000－2401－0022513　397/22(1)
子史精華一百六十卷　（清）吳士玉　（清）吳襄等纂　清初刻本　四十冊

430000－2401－0022514　397/22(3)
子史精華一百六十卷　（清）吳士玉　（清）吳襄等纂　清初刻本　四十冊

430000－2401－0022515　397/22(4)
子史精華一百六十卷　（清）吳士玉　（清）吳襄等纂　清初刻本　四十冊

430000－2401－0022516　397/22(5)
子史精華一百六十卷　（清）吳士玉　（清）吳襄等纂　清初刻本　二十四冊

430000－2401－0022517　397/22(6)
子史精華一百六十卷　（清）吳士玉　（清）吳襄等纂　清初刻本　四十六冊

430000－2401－0022518　397/22(7)
子史精華一百六十卷　（清）吳士玉　（清）吳襄等纂　清初刻本　四十冊

430000－2401－0022519　△395/3
子史精華一百六十卷　（清）吳士玉　（清）吳襄等纂　清雍正五年(1727)内府刻本　二十四冊

430000－2401－0022520　397/22－3
子史精華三十卷　（清）吳士玉　（清）吳襄等纂　清光緒九年(1883)上海點石齋石印本　二冊

430000－2401－0022521　397/22－3(1)
子史精華三十卷　（清）吳士玉　（清）吳襄等纂　清光緒九年(1883)上海點石齋石印本　二冊

430000－2401－0022522　397/22－5
子史精華一百六十卷　（清）吳士玉　（清）吳襄等纂　清光緒十年(1884)上海同文書局石印本　八冊

430000－2401－0022523　397/22－6
子史精華一百六十卷　（清）吳士玉　（清）吳襄等纂　清光緒十二年(1886)上海同文書局石印本　八冊

430000－2401－0022524　397/22－6(1)
子史精華一百六十卷　（清）吳士玉　（清）吳襄等纂　清光緒十二年(1886)上海同文書局石印本　八冊

430000－2401－0022525　397/22－6(2)

子史精華一百六十卷　（清）吳士玉　（清）吳襄等纂　清光緒十二年(1886)上海同文書局石印本　八冊

430000－2401－0022526　397/22－7
子史精華一百六十卷　（清）吳士玉　（清）吳襄等纂　清光緒十三年(1887)上海積山書局石印本　八冊

430000－2401－0022527　397/22－7(1)
子史精華一百六十卷　（清）吳士玉　（清）吳襄等纂　清光緒十三年(1887)上海積山書局石印本　八冊

430000－2401－0022528　397/22－7(2)
子史精華一百六十卷　（清）吳士玉　（清）吳襄等纂　清光緒十三年(1887)上海積山書局石印本　八冊

430000－2401－0022529　397/22－7(3)
子史精華一百六十卷　（清）吳士玉　（清）吳襄等纂　清光緒十三年(1887)上海積山書局石印本　十冊

430000－2401－0022530　397/22－7(4)
子史精華一百六十卷　（清）吳士玉　（清）吳襄等纂　清光緒十三年(1887)上海積山書局石印本　八冊

430000－2401－0022531　397/22－7(5)
子史精華一百六十卷　（清）吳士玉　（清）吳襄等纂　清光緒十三年(1887)上海積山書局石印本　八冊

430000－2401－0022532　397/22－8
子史精華一百六十卷　（清）吳士玉　（清）吳襄等纂　清光緒十三年(1887)上海積山書局石印本　十冊

430000－2401－0022533　397/22－8(1)
子史精華一百六十卷　（清）吳士玉　（清）吳襄等纂　清光緒十三年(1887)上海積山書局石印本　十冊

430000－2401－0022534　397/22－9
子史精華一百六十卷　（清）吳士玉　（清）吳襄等纂　清光緒二十三年(1897)上海順成書局石印本　八冊

430000－2401－0022535　397/22－4
子史精華一百六十卷　（清）吳士玉　（清）吳襄等纂　清宣統元年(1909)上海集成圖書公司石印本　八冊

430000－2401－0022536　397/22－10
子史精華一百六十卷　（清）吳士玉　（清）吳襄等纂　清畢沅湖南刻本　四十冊

430000－2401－0022537　397/22－2
子史精華一百六十卷　（清）吳士玉　（清）吳襄等纂　清刻本　三十二冊

430000－2401－0022538　397/22－12
子史精華一百六十卷　（清）吳士玉　（清）吳襄等纂　清刻本　二十四冊

430000－2401－0022539　397/22－11
子史精華一百六十卷　（清）吳士玉　（清）吳襄等纂　清末石印本　八冊　缺三十二卷（一至三十二）

430000－2401－0022540　397/53
廣廣事類賦三十二卷　（清）吳世旆撰　清三讓堂刻本　六冊

430000－2401－0022541　397/53－5
廣廣事類賦三十二卷　（清）吳世旆撰　清文光堂刻本　六冊

430000－2401－0022542　397/53－4
廣廣事類賦三十二卷　（清）吳世旆撰　清元聚堂刻本　六冊

430000－2401－0022543　397/53－3
廣廣事類賦三十二卷　（清）吳世旆撰　事類賦補遺十四卷　（清）張均撰　清經元堂刻本　九冊

430000－2401－0022544　397/53－2
廣廣事類賦三十二卷　（清）吳世旆撰　清經綸堂刻本　十二冊

430000－2401－0022545　397/53－2(1)
廣廣事類賦三十二卷　（清）吳世旆撰　清經

綸堂刻本　四冊

430000－2401－0022546　397/82

五經典林五十四卷五經古人典林六卷　（清）
何松編　清光緒元年(1875)慈溪何松刻本
二十冊

430000－2401－0022547　397/123

分類字錦六十四卷　（清）何焯等撰　清康熙
六十一年(1722)刻本　六十四冊

430000－2401－0022548　397/123(3)

分類字錦六十四卷　（清）何焯等撰　清康熙
刻本　十六冊　存二十五卷(三十五至三十
八、四十一至四十四、四十六至四十八、五十
一至六十四)

430000－2401－0022549　397/123(1)

分類字錦六十四卷　（清）何焯等撰　清刻本
六十四冊

430000－2401－0022550　397/123(2)

分類字錦六十四卷　（清）何焯等撰　清刻本
三十二冊　存三十二卷(一至三十二)

430000－2401－0022551　397/83

事類統編九十三卷首一卷　（清）林意誠編
清道光十九年(1839)南海林氏味經堂刻本
四十八冊

430000－2401－0022552　397/106－2

五經類編二十八卷　（清）周世樟編　清雍正
二年(1724)穀詒堂刻本　十冊

430000－2401－0022553　397/106－4

五經類編二十八卷　（清）周世樟編　清康熙
三十二年(1693)刻本　十冊

430000－2401－0022554　397/106－3

五經類編二十八卷　（清）周世樟編　清重刻
穀詒堂本　六冊

430000－2401－0022555　397/106

五經類編二十八卷　（清）周世樟編　清孝思
堂刻本　十冊

430000－2401－0022556　397/106－5

五經類編二十八卷　（清）周世樟編　清刻本

十一冊　缺二卷(一至二)

430000－2401－0022557　397/133

五經類典囊括六十四卷　（清）周祜纂　清光
緒十九年(1893)上海古昌閣石印本　三冊
缺三十卷(十七至二十六、四十一至六十)

430000－2401－0022558　397/101－2

類書纂要三十卷　（清）周魯撰　清初刻本
二十二冊

430000－2401－0022559　397/101

類書纂要三十卷　（清）周魯撰　清康熙三年
(1664)刻本　二十六冊

430000－2401－0022560　397/139

李氏蒙求補註六卷　（清）金三俊輯　清道光
九年(1829)京口敦經堂刻本　二冊

430000－2401－0022561　393.1/154

博通例覽三十卷續編三十卷　（清）知不足書
屋主人撰　清道光元年(1821)蘭州知不足齋
書屋刻本　十二冊

430000－2401－0022562　397/52－2

讀書紀數略五十四卷　（清）宮夢仁撰　清康
熙刻本　十二冊

430000－2401－0022563　397/52

讀書紀數略五十四卷　（清）宮夢仁撰　清光
緒十二年(1886)懺花庵刻懺花庵叢書本　十
二冊

430000－2401－0022564　397/52(1)

讀書紀數略五十四卷　（清）宮夢仁撰　清光
緒十二年(1886)懺花庵刻懺花庵叢書本　十
六冊

430000－2401－0022565　397/52(2)

讀書紀數略五十四卷　（清）宮夢仁撰　清光
緒十二年(1886)懺花庵刻懺花庵叢書本　十
六冊

430000－2401－0022566　397/52(3)

讀書紀數略五十四卷　（清）宮夢仁撰　清光
緒十二年(1886)懺花庵刻懺花庵叢書本　十
六冊

430000－2401－0022567　397/52（4）

讀書紀數略五十四卷　（清）宮夢仁撰　清光緒十二年（1886）懺花庵刻懺花庵叢書本　十六冊

430000－2401－0022568　397/52（5）

讀書紀數略五十四卷　（清）宮夢仁撰　清光緒十二年（1886）懺花庵刻懺花庵叢書本　七冊　存二十七卷（一至二十二、二十六至三十）

430000－2401－0022569　397/68

子史輯要詩賦題解四卷續編四卷　（清）胡本淵編輯　夏小正四卷　（清）任兆麟註　清正光堂刻本　四冊

430000－2401－0022570　397/68－2

子史輯要詩賦題解四卷續編四卷　（清）胡本淵編輯　夏小正四卷　（清）任兆麟註　清刻本　二冊

430000－2401－0022571　397/9－2

類林新詠三十六卷　（清）姚之駰輯註　清初刻本　十九冊　缺二卷（一至二）

430000－2401－0022572　397/9

類林新詠三十六卷　（清）姚之駰輯註　清康熙四十六年（1707）刻本　十二冊

430000－2401－0022573　397/9（1）

類林新詠三十六卷　（清）姚之駰輯註　清康熙四十六年（1707）刻本　五冊

430000－2401－0022574　397/9（2）

類林新詠三十六卷　（清）姚之駰輯註　清康熙四十六年（1707）刻本　十冊

430000－2401－0022575　397/43－4

類腋天部八卷地部十六卷人部十五卷物部十六卷　（清）姚培謙撰　清光華堂刻本　二十四冊

430000－2401－0022576　397/43－5

類腋天部八卷地部十六卷人部十五卷物部十六卷　（清）姚培謙　（清）張卿雲撰　清檢香齋刻本　十六冊

430000－2401－0022577　397/43－6

類腋天部八卷地部十六卷人部十五卷物部十六卷　（清）姚培謙　（清）張卿雲撰　清聚華堂刻本　十三冊　缺七卷（物部一至七）

430000－2401－0022578　397/43－3

角山樓增補類腋天部八卷地部二十四卷人部十五卷物部二十卷　（清）姚培謙撰　（清）趙克宜增補　清咸豐十年（1860）角山樓刻本　二十四冊

430000－2401－0022579　397/43

角山樓增補類腋天部八卷地部二十四卷人部十五卷物部二十卷　（清）姚培謙撰　（清）趙克宜增補　清光緒六年（1880）熔鑄樓鉛印本　二十四冊

430000－2401－0022580　397/43－2

角山樓增補類腋天部八卷地部二十四卷人部十五卷物部二十卷　（清）姚培謙撰　（清）趙克宜增補　清光緒十四年（1888）上海點石齋石印本　六冊　缺十五卷（人部一至十五）

430000－2401－0022581　397/43－7

角山樓增補類腋天部八卷地部二十四卷人部十五卷物部二十卷　（清）姚培謙撰　（清）趙克宜增補　清光緒二十年（1894）上海萬選書局石印本　六冊

430000－2401－0022582　397/19

識小類編八卷　（清）夏大觀撰　清嘉慶四年（1799）巴陵李大玠刻本　八冊

430000－2401－0022583　397/135

三才略紀不分卷　（清）夏明榮撰　清道光二十四年（1844）白岩山房刻本　一冊

430000－2401－0022584　397/128

干支集錦二十四卷　（清）秦嘉謨輯　清文光堂刻本　二冊

430000－2401－0022585　397/31

鑄史駢言十二卷　（清）孫玉田編　清光緒二十年（1894）刻本　四冊

430000－2401－0022586　397/31（1）

鑄史駢言十二卷 （清）孫玉田編 清光緒二十年(1894)刻本 四冊

430000－2401－0022587 397/31(2)

鑄史駢言十二卷 （清）孫玉田編 清光緒二十年(1894)刻本 四冊

430000－2401－0022588 397/31－2

鑄史駢言十二卷 （清）孫玉田編 清光緒十一年(1885)上海同文書局石印本 二冊

430000－2401－0022589 397/118

新義錄一百卷 （清）孫璧文撰 清光緒八年(1882)漱石山房刻本 四十冊

430000－2401－0022590 397/118(1)

新義錄一百卷 （清）孫璧文撰 清光緒八年(1882)漱石山房刻本 二十九冊 缺七卷（三十三至三十六、六十至六十二）

430000－2401－0022591 397/113－2

欽定古今圖書集成一萬卷目錄三十二卷 （清）陳夢雷等原輯 清光緒十年(1884)上海圖書集成鉛版印書局鉛印本 一千六百二十八冊

430000－2401－0022592 397/113－2(1)

欽定古今圖書集成一萬卷目錄三十二卷 （清）陳夢雷等原輯 清光緒十年(1884)上海圖書集成鉛版印書局鉛印本 一千五百二十一冊

430000－2401－0022593 397/113－2(2)

欽定古今圖書集成一萬卷目錄三十二卷 （清）陳夢雷等原輯 清光緒十年(1884)上海圖書集成鉛版印書局鉛印本 一千五百六十冊

430000－2401－0022594 397/113－2(3)

欽定古今圖書集成一萬卷目錄三十二卷 （清）陳夢雷等原輯 清光緒十年(1884)上海圖書集成鉛版印書局鉛印本 一千五百冊

430000－2401－0022595 397/113－2(4)

欽定古今圖書集成一萬卷目錄三十二卷 （清）陳夢雷等原輯 清光緒十年(1884)上海

圖書集成鉛版印書局鉛印本 八百冊

430000－2401－0022596 △395/19－2

古今圖書集成一萬卷 （清）陳夢雷等原輯 清雍正四年(1726)內府銅活字本 十一冊 存十一卷（六百五十五、六百五十七、六百五十九、六百六十一至六百六十二、六百六十五至六百六十七、六百六十九、六百七十四、六百八十）

430000－2401－0022597 △395/19

古今圖書集成一萬卷 （清）陳夢雷等原輯 清光緒上海總理衙門影印本 一百八十冊 存三百六十四卷（氏族典三百〇一至三百二十、三百四十一至三百六十、四百〇一至四百二十、四百四十一至四百八十,文學典一百六十一至一百六十二,食貨典二十三至二十四、三十九至四十、八十一至一百〇二、一百〇五至一百〇六、二百二十九至二百三十二,禮儀典二十三至三十、三十三至四十、一百八十一至二百二十、二百八十一至三百,樂律典一至十六,戎政典一百〇一至一百二十、一百八十一至二百二十、二百五十三至二百五十六、二百五十九至二百六十,祥刑典一百十一至一百二十六、一百六十三至一百七十二、一百七十五至一百八十,考工風俗一至八、十三至十四、二百〇一至二百〇十、二百十三至二百三十二）

430000－2401－0022598 △395/65

御定駢字類編二百四十卷 （清）沈宗敬編輯 清康熙五十八年(1719)內府刻本 二百〇二冊 缺一卷（三十八）

430000－2401－0022599 397/103

分類韻錦十二卷 （清）郭化霖編 清道光二十四年(1844)喜雨山房刻本 十二冊

430000－2401－0022600 312/11－2

新鐫分類評註文武合編百子金丹十卷 （清）郭偉選註 清光緒二十年(1894)上海袖海山房石印本 六冊

430000－2401－0022601 312/11－3

新鐫分類評註文武合編百子金丹十卷 （清）

郭偉選註　清光緒二十一年（1895）益元堂刻
本　六冊

430000－2401－0022602　312/11－3(1)
新鐫分類評註文武合編百子金丹十卷　（清）
郭偉選註　清光緒二十一年（1895）益元堂刻
本　九冊

430000－2401－0022603　312/11－5
新鐫分類評註文武合編百子金丹十卷　（清）
郭偉選註　任兆麟述記三卷　（清）任兆麟撰
　清光緒二十九年（1903）上海書局石印本
八冊

430000－2401－0022604　312/11
新鐫分類評註文武合編百子金丹十卷　（清）
郭偉選註　清刻本　十冊

430000－2401－0022605　312/11－4
新鐫分類評註文武合編百子金丹十卷　（清）
郭偉選註　清刻本　十二冊

430000－2401－0022606　397/10
巧對錄八卷　（清）梁章鉅撰　清道光二十九
年（1849）甌城文華堂刻本　二冊

430000－2401－0022607　397/51
稱謂錄三十二卷　（清）梁章鉅撰　清光緒元
年至十年（1875－1884）刻本　八冊

430000－2401－0022608　393.2/62
稱謂錄三十二卷　（清）梁章鉅撰　清光緒十
年（1884）杭州賈景文齋刻本　八冊

430000－2401－0022609　393.2/62(1)
稱謂錄三十二卷　（清）梁章鉅撰　清光緒十
年（1884）杭州賈景文齋刻本　八冊

430000－2401－0022610　393.2/62(2)
稱謂錄三十二卷　（清）梁章鉅撰　清光緒十
年（1884）杭州賈景文齋刻本　一冊　存四卷
（一至四）

430000－2401－0022611　397/49－2
記事珠十卷　（清）張以謙撰　清同治十三年
（1874）刻本　十冊

430000－2401－0022612　397/49

記事珠十卷　（清）張以謙撰　清光緒八年
（1882）刻本　十冊

430000－2401－0022613　397/49－3
記事珠十卷　（清）張以謙撰　清刻本　九冊
　缺一卷（十三）

430000－2401－0022614　△395/43
記事珠不分卷　（清）張以謙撰　清鈔本
八冊

430000－2401－0022615　△395/23
佩文韻府一百〇六卷　（清）張玉書等輯　清
康熙五十一年至五十二年（1712－1713）內府
刻本　九十六冊

430000－2401－0022616　△395/23(1)
佩文韻府一百〇六卷　（清）張玉書等輯　清
康熙五十一年至五十二年（1712－1713）內府
刻本　九十二冊　存一百卷（一、四至三十、
三十四至九十七、九十九至一百〇六）

430000－2401－0022617　397/112－4
佩文韻府一百〇六卷　（清）張玉書等輯　韻
府拾遺一百〇六卷　（清）張廷玉等輯　清光
緒十二年（1886）上海點石齋石印本　六十冊

430000－2401－0022618　397/112－4(1)
佩文韻府一百〇六卷　（清）張玉書等輯　韻
府拾遺一百〇六卷　（清）張廷玉等輯　清光
緒十二年（1886）上海點石齋石印本　六十冊

430000－2401－0022619　397/112－4(2)
佩文韻府一百〇六卷　（清）張玉書等輯　韻
府拾遺一百〇六卷　（清）張廷玉等輯　清光
緒十二年（1886）上海點石齋石印本　六十冊

430000－2401－0022620　397/112－4(3)
佩文韻府一百〇六卷　（清）張玉書等輯　韻
府拾遺一百〇六卷　（清）張廷玉等輯　清光
緒十二年（1886）上海點石齋石印本　六十冊

430000－2401－0022621　397/112－6
佩文韻府一百〇六卷　（清）張玉書等輯　韻
府拾遺一百〇六卷　（清）張廷玉等輯　清光
緒十八年（1892）上海鴻寶齋石印本　二百冊

430000－2401－0022622　397/112－5

佩文韻府一百○六卷　（清）張玉書等輯　清
光緒二十二年(1896)上海點石齋石印本　五
十冊

430000－2401－0022623　397/112

佩文韻府一百○六卷　（清）張玉書等輯　**韻
府拾遺一百○六卷**　（清）張廷玉等輯　清嶺
南潘氏海山仙館刻本　一百六十冊

430000－2401－0022624　397/112(1)

佩文韻府一百○六卷　（清）張玉書等輯　**韻
府拾遺一百○六卷**　（清）張廷玉等輯　清嶺
南潘氏海山仙館刻本　一百二十八冊

430000－2401－0022625　397/112(2)

佩文韻府一百○六卷　（清）張玉書等輯　**韻
府拾遺一百○六卷**　（清）張廷玉等輯　清嶺
南潘氏海山仙館刻本　一百三十六冊

430000－2401－0022626　397/112(3)

佩文韻府一百○六卷　（清）張玉書等輯　**韻
府拾遺一百○六卷**　（清）張廷玉等輯　清嶺
南潘氏海山仙館刻本　一百四十冊

430000－2401－0022627　397/112(4)

佩文韻府一百○六卷　（清）張玉書等輯　**韻
府拾遺一百○六卷**　（清）張廷玉等輯　清嶺
南潘氏海山仙館刻本　一百四十冊

430000－2401－0022628　397/112(5)

佩文韻府一百○六卷　（清）張玉書等輯　**韻
府拾遺一百○六卷**　（清）張廷玉等輯　清嶺
南潘氏海山仙館刻本　一百四十冊

430000－2401－0022629　397/112－2

佩文韻府一百○六卷　（清）張玉書等輯　**韻
府拾遺一百○六卷**　（清）張廷玉等輯　清刻
本　一百十六冊

430000－2401－0022630　397/112－2(1)

佩文韻府一百○六卷　（清）張玉書等輯　清
刻本　一百六十冊

430000－2401－0022631　397/112－2(2)

佩文韻府一百○六卷　（清）張玉書等輯　清
刻本　九十六冊

430000－2401－0022632　397/112－2(3)

佩文韻府一百○六卷　（清）張玉書等輯　清
刻本　一百○五冊

430000－2401－0022633　397/112－2(4)

佩文韻府一百○六卷　（清）張玉書等輯　清
刻本　九十五冊

430000－2401－0022634　397/112－3

佩文韻府一百○六卷　（清）張玉書等輯　清
刻本　二百冊

430000－2401－0022635　397/87

重刻萬卷讀餘六卷　（清）張世準編　清光緒
二十三年(1897)刻本　五冊

430000－2401－0022636　397/54

事類賦補遺十四卷　（清）張均撰　清三讓堂
刻本　四冊

430000－2401－0022637　397/54(1)

事類賦補遺十四卷　（清）張均撰　清三讓堂
刻本　四冊

430000－2401－0022638　397/54－2

事類賦補遺十四卷　（清）張均撰　清元聚堂
刻本　六冊

430000－2401－0022639　397/54－3

事類賦補遺十四卷　（清）張均撰　清寶華堂
刻本　六冊

430000－2401－0022640　△395/16

分類字錦六十四卷　（清）張廷玉等輯　清康
熙六十一年(1722)武英殿刻本　六十三冊
存六十三卷(一至五十三、五十五至六十四)

430000－2401－0022641　397/18

韻府拾遺一百○六卷　（清）張廷玉等輯　清
康熙五十九年(1720)內府刻本　二十冊

430000－2401－0022642　397/18(1)

韻府拾遺一百○六卷　（清）張廷玉等輯　清
康熙五十九年(1720)內府刻本　二十冊

430000－2401－0022643　397/18－2

韻府拾遺一百〇六卷　（清）張廷玉等輯　清翻刻康熙本　十冊

430000－2401－0022644　397/18－3

韻府拾遺一百〇六卷　（清）張廷玉等輯　清翻刻本　二十冊

430000－2401－0022645　397/142

博雅備考二十七卷　（清）張彥琦撰　清雍正四年(1726)刻本　四冊

430000－2401－0022646　△395/46

淵鑑類函四百五十卷目錄四卷　（清）張英等輯　清康熙四十九年(1710)內府刻本　一百四十冊

430000－2401－0022647　397/80－2

淵鑑類函四百五十卷目錄四卷　（清）張英等輯　清康熙四十九年(1710)清吟堂刻本　一百四十冊

430000－2401－0022648　397/80－2(1)

淵鑑類函四百五十卷目錄四卷　（清）張英等輯　清康熙四十九年(1710)清吟堂刻本　一百四十冊

430000－2401－0022649　397/80－2(2)

淵鑑類函四百五十卷目錄四卷　（清）張英等輯　清康熙四十九年(1710)清吟堂刻本　一百六十冊

430000－2401－0022650　397/80－2(3)

淵鑑類函四百五十卷目錄四卷　（清）張英等輯　清康熙四十九年(1710)清吟堂刻本　一百四十冊

430000－2401－0022651　397/80－2(4)

淵鑑類函四百五十卷目錄四卷　（清）張英等輯　清康熙四十九年(1710)清吟堂刻本　一百四十冊

430000－2401－0022652　397/80－2(5)

淵鑑類函四百五十卷目錄四卷　（清）張英等輯　清康熙四十九年(1710)清吟堂刻本　一百八十六冊

430000－2401－0022653　397/80－4

淵鑑類函四百五十卷目錄四卷　（清）張英等輯　清光緒十三年(1887)上海同文書局石印本　四十八冊

430000－2401－0022654　397/80－4(1)

淵鑑類函四百五十卷目錄四卷　（清）張英等輯　清光緒十三年(1887)上海同文書局石印本　四十八冊

430000－2401－0022655　397/80－6

淵鑑類函四百五十卷目錄四卷　（清）張英等輯　清光緒十八年(1892)上海同文書局石印本　六十冊

430000－2401－0022656　397/80

淵鑑類函四百五十卷目錄四卷　（清）張英等輯　清光緒二十一年(1895)上海點石齋石印本　十冊

430000－2401－0022657　397/80(1)

淵鑑類函四百五十卷目錄四卷　（清）張英等輯　清光緒二十一年(1895)上海點石齋石印本　十冊

430000－2401－0022658　397/80(2)

淵鑑類函四百五十卷目錄四卷　（清）張英等輯　清光緒二十一年(1895)上海點石齋石印本　十冊

430000－2401－0022659　397/80(3)

淵鑑類函四百五十卷目錄四卷　（清）張英等輯　清光緒二十一年(1895)上海點石齋石印本　九冊　缺人部下

430000－2401－0022660　397/80－7

古香齋新刻袖珍淵鑑類函四百五十卷目錄四卷　（清）張英等輯　清刻本　三十七冊　存一百二十二卷(五十四至一百〇九、一百七十三至一百七十六、一百九十一至二百〇一、三百七十五至四百二十五)

430000－2401－0022661　397/80－3

淵鑑類函四百五十卷目錄四卷　（清）張英等輯　清刻本　一百四十冊

430000－2401－0022662　397/153

閨姓類集儷語四卷　（清）張越英撰　清乾隆二十年(1755)刻本　二冊

430000－2401－0022663　397/23(3)

格致鏡原一百卷　（清）陳元龍撰　清康熙五十六年(1717)刻清雍正十三年(1735)印本　三十冊

430000－2401－0022664　397/23(1)

格致鏡原一百卷　（清）陳元龍撰　清康熙五十六年(1717)刻清雍正十三年(1735)印本　二十四冊

430000－2401－0022665　397/23(4)

格致鏡原一百卷　（清）陳元龍撰　清康熙五十六年(1717)刻清雍正十三年(1735)印本　二十三冊　缺四卷(三十四至三十七)

430000－2401－0022666　397/23－2

格致鏡原一百卷　（清）陳元龍撰　清光緒二十二年(1896)上海積山書局石印本　十六冊

430000－2401－0022667　397/23

格致鏡原一百卷　（清）陳元龍撰　清翻刻康熙五十六年(1717)刻本　十六冊

430000－2401－0022668　397/23(2)

格致鏡原一百卷　（清）陳元龍撰　清刻本　二十四冊

430000－2401－0022669　△395/80

類聯集錦八卷　（清）陳杰輯　清鈔本　八冊

430000－2401－0022670　397/42

小知錄十二卷　（清）陸鳳藻輯　清同治十二年(1873)淮南書局刻本　四冊

430000－2401－0022671　397/58

新雅堂奇耦典匯三十六卷首一卷　（清）梅自馨撰　清嘉慶四年(1799)刻本　十四冊　缺三卷(二至三、八)

430000－2401－0022672　397/160

小葫蘆十二卷　（清）野山南樵等編　清光緒二年(1876)國華堂刻本　五冊　缺二卷(八至九)

430000－2401－0022673　397/88

詩韻萃珍十卷　（清）黃昌瑞輯　清同治九年

(1870)經綸堂刻本　四冊

430000－2401－0022674　397/84

增補事類統編九十三卷首一卷　（清）黃葆真編　清同治十年(1871)三讓堂刻本　四十冊

430000－2401－0022675　397/84－2

增補事類統編九十三卷首一卷　（清）黃葆真編　清光緒三年(1877)群玉書屋刻本　四十冊

430000－2401－0022676　397/84－2(1)

增補事類統編九十三卷首一卷　（清）黃葆真編　清光緒三年(1877)群玉書屋重刻本　四十冊

430000－2401－0022677　397/84－6

增補事類統編九十三卷首一卷　（清）黃葆真編　清光緒十八年(1892)上海鴻寶齋石印本　九冊　缺二十二卷(二十三至二十七、四十三至五十、六十七至七十五)

430000－2401－0022678　397/84－3

增補事類統編九十三卷首一卷　（清）黃葆真編　清光緒二十二年(1896)上海積山書局石印本　十二冊

430000－2401－0022679　397/84－3(1)

增補事類統編九十三卷首一卷　（清）黃葆真編　清光緒二十二年(1896)上海積山書局石印本　十二冊

430000－2401－0022680　397/84－3(2)

增補事類統編九十三卷首一卷　（清）黃葆真編　清光緒二十二年(1896)上海積山書局石印本　十二冊

430000－2401－0022681　397/84－5

增補事類統編九十三卷首一卷　（清）黃葆真編　清長沙周愉古山齋刻本　四十四冊

430000－2401－0022682　△395/67

數目匯考一百二十四卷　（清）黃鉞輯　清鈔本　一百二十四冊

430000－2401－0022683　397/77－2

錦字箋四卷　（清）黃沄編　清康熙關西堂

刻本　二冊

430000－2401－0022684　397/77

錦字箋四卷　（清）黃沄編　清刻本　二冊
存二卷(三至四)

430000－2401－0022685　397/6－7

廣事類賦四十卷　（清）華希閔撰　清乾隆二
十九年(1764)刻本　八冊

430000－2401－0022686　397/6－7(1)

廣事類賦四十卷　（清）華希閔撰　清刻本
六冊

430000－2401－0022687　397/6

重訂廣事類賦四十卷　（清）華希閔撰　清嘉
慶六年(1801)文星堂刻本　八冊

430000－2401－0022688　397/6－2

重訂廣事類賦四十卷　（清）華希閔撰　清同
治七年(1868)經綸堂刻本　十一冊

430000－2401－0022689　397/6－2(1)

重訂廣事類賦四十卷　（清）華希閔撰　清同
治七年(1868)經綸堂刻本　十一冊

430000－2401－0022690　397/6－3

重訂廣事類賦四十卷　（清）華希閔撰　清三
讓堂刻本　十冊

430000－2401－0022691　397/6－5

重訂廣事類賦四十卷　（清）華希閔撰　清文
光堂刻本　九冊

430000－2401－0022692　397/6－4

重訂廣事類賦四十卷　（清）華希閔撰　清尚
德堂刻本　七冊

430000－2401－0022693　397/6－6

重訂廣事類賦四十卷　（清）華希閔撰　清經
元堂刻本　八冊　缺三卷(七至九)

430000－2401－0022694　397/59

人鏡類纂四十六卷　（清）程之楨撰　清同治
十二年(1873)江夏程氏刻本　十六冊

430000－2401－0022695　397/79

清河偶鈔四卷　（清）程際盛輯　清嘉慶元年

(1796)刻本　民國許崇熙批註　二冊

430000－2401－0022696　397/47

撮要錄四卷首一卷　（清）傅岩野撰　清乾隆
四年(1739)刻本　四冊

430000－2401－0022697　397/1

干支類聯二卷　（清）福申輯　清道光六年
(1826)刻本　二冊

430000－2401－0022698　397/148

數典集□□卷　（清）福申輯　清鈔本　二冊
存二卷(一、三)

430000－2401－0022699　397/46

古今類傳四卷　（清）董穀士　（清）董炳文撰
清康熙三十一年(1692)末學齋刻本　四冊

430000－2401－0022700　397/46(1)

古今類傳四卷　（清）董穀士　（清）董炳文撰
清康熙三十一年(1692)末學齋刻本　四冊

430000－2401－0022701　397/63

字數考略四卷　（清）楊逢春編輯　清乾隆三
十年(1765)刻本　二冊

430000－2401－0022702　397/156

樓外樓新輯事文匯函□□卷　（清）鄒聖脈輯
清刻本　一冊　存三卷(十至十二)

430000－2401－0022703　△395/31

官厨珍錯不分卷　（清）趙方輯　鈔本　四十
二冊

430000－2401－0022704　397/81

啟蒙對話便讀三字錦二卷　（清）趙暄編　清
同治五年(1886)刻本　二冊

430000－2401－0022705　397/36－3

四書人物類典串珠四十卷　（清）臧志仁編
清吳睦堂刻本　九冊　缺二卷(四至五)

430000－2401－0022706　397/36

四書人物類典串珠四十卷　（清）臧志仁編
清引相堂刻本　十二冊

430000－2401－0022707　397/36－2

四書人物類典串珠四十卷　　（清）臧志仁編

清刻本　十冊

430000 – 2401 – 0022708　397/124
事物異名錄四十卷　（清）厲荃輯　（清）關槐
增纂　清乾隆五十三年(1788)刻本　十二冊

430000 – 2401 – 0022709　397/29
宋稗類鈔八卷　（清）潘永因輯　清康熙八年
(1669)刻本　八冊

430000 – 2401 – 0022710　397/29(1)
宋稗類鈔八卷　（清）潘永因輯　清康熙八年
(1669)刻本　八冊

430000 – 2401 – 0022711　397/29(2)
宋稗類鈔八卷　（清）潘永因輯　清康熙八年
(1669)刻本　八冊

430000 – 2401 – 0022712　397/29(3)
宋稗類鈔八卷　（清）潘永因輯　清康熙八年
(1669)刻本　八冊

430000 – 2401 – 0022713　397/29(4)
宋稗類鈔八卷　（清）潘永因輯　清康熙八年
(1669)刻本　八冊

430000 – 2401 – 0022714　△395/29
宋稗類鈔八卷　（清）潘永因輯　清康熙四十四
年(1705)刻本　十二冊　存七卷(一、三至八)

430000 – 2401 – 0022715　397/29 – 3
宋稗類鈔八卷　（清）潘永因輯　清宣統三年
(1911)上海斐章書局石印本　四冊

430000 – 2401 – 0022716　393.1/155 – 2
廣治平略三十六卷續集八卷　（清）蔡方炳撰
　清光緒十三年(1887)大同書局石印本
四冊

430000 – 2401 – 0022717　393.1/155
廣治平略三十六卷續集八卷　（清）蔡方炳撰
　清光緒十四年(1888)上海點石齋石印本
四冊

430000 – 2401 – 0022718　393.1/155(1)
廣治平略三十六卷續集八卷　（清）蔡方炳撰
　清光緒十四年(1888)上海點石齋石印本
四冊

430000 – 2401 – 0022719　393.1/155 – 3
廣治平略三十六卷續集八卷　（清）蔡方炳撰
　清光緒二十八年(1902)月香主人刻本
八冊

430000 – 2401 – 0022720　393.1/155 – 3
廣治平略三十六卷續集八卷　（清）蔡方炳撰
　清小琅環館刻本　八冊

430000 – 2401 – 0022721　393.1/155 – 3(1)
廣治平略三十六卷續集八卷　（清）蔡方炳撰
　清小琅環館刻本　八冊

430000 – 2401 – 0022722　393.1/155 – 3(2)
廣治平略三十六卷續集八卷　（清）蔡方炳撰
　清小琅環館刻本　六冊

430000 – 2401 – 0022723　393.1/155 – 4
廣治平略三十六卷續集八卷　（清）蔡方炳撰
　清毛文生堂刻本　六冊

430000 – 2401 – 0022724　393.1/155 – 7
廣治平略三十六卷續集八卷　（清）蔡方炳撰
　清蔣氏刻本　六冊

430000 – 2401 – 0022725　393.1/155 – 7(1)
廣治平略三十六卷續集八卷　（清）蔡方炳撰
　清蔣氏刻本　八冊

430000 – 2401 – 0022726　393.1/155 – 6
廣治平略三十六卷續集八卷　（清）蔡方炳撰
　清刻本　十冊

430000 – 2401 – 0022727　393.1/155 – 6(1)
廣治平略三十六卷續集八卷　（清）蔡方炳撰
　清刻本　七冊　存十一卷(一至二、十二、十
八至十九、二十六至二十七、三十九至四十二)

430000 – 2401 – 0022728　393.5/51
策學備纂三十二卷首一卷目錄一卷　（清）蔡
啟盛　（清）吳潁炎輯　清光緒十四年(1888)
上海點石齋石印本　四十八冊

430000 – 2401 – 0022729　393.5/51 – 2
策學備纂三十二卷首一卷目錄一卷　（清）蔡
啟盛　（清）吳潁炎輯　清光緒十九年(1893)
上海點石齋石印本　四十八冊

430000－2401－0022730　393.5/51－2(1)

策學備纂三十二卷首一卷目錄一卷　（清）蔡啟盛　（清）吳潁炎輯　清光緒十九年(1893)上海點石齋石印本　四十冊

430000－2401－0022731　393.5/51－3

策學備纂三十二卷首一卷目錄一卷　（清）蔡啟盛　（清）吳潁炎輯　清光緒二十年(1894)上海點石齋石印本　四十八冊

430000－2401－0022732　397/40

臣鑑錄二十卷　（清）蔣伊編　清康熙十四年(1675)刻本　十冊

430000－2401－0022733　397/40－2

臣鑑錄二十卷　（清）蔣伊編　清咸豐九年(1859)長沙郁文堂刻本　十冊

430000－2401－0022734　397/40－2(1)

臣鑑錄二十卷　（清）蔣伊編　清咸豐九年(1859)長沙郁文堂刻本　六冊　缺七卷(一、五至六、九至十、十七至十八)

430000－2401－0022735　397/121

千金裘二十七卷二集二十六卷　（清）蔣義彬撰　清道光十七年(1837)經元堂刻本　八冊

430000－2401－0022736　397/121－2

千金裘二十七卷二集二十六卷　（清）蔣義彬撰　清同治六年(1867)經國堂刻本　六冊

430000－2401－0022737　397/159

類藻引註□□卷　（清）蔣勵常撰　清道光二十七年(1847)刻本　一冊　存二卷(一至二)

430000－2401－0022738　397/45

蘭雪堂古事苑定本十二卷　（清）鄧志謨輯　清康熙蘭雪堂刻本　六冊

430000－2401－0022739　397/45(1)

蘭雪堂古事苑定本十二卷　（清）鄧志謨輯　清康熙蘭雪堂刻本　四冊

430000－2401－0022740　397/17

韻府約編二十四卷　（清）鄧愷撰　清乾隆二十四年(1759)刻本　二十冊

430000－2401－0022741　393.5/52

策府統宗六十五卷目錄一卷　（清）劉昌齡撰　清光緒十四年(1888)上海同文書局石印本　二十冊

430000－2401－0022742　393.5/52(1)

策府統宗六十五卷目錄一卷　（清）劉昌齡撰　清光緒十四年(1888)上海同文書局石印本　十四冊　缺十六卷(三至六、十七至二十、五十二至五十九)

430000－2401－0022743　393.5/52－2

策府統宗六十五卷目錄一卷　（清）劉昌齡撰　清光緒十四年(1888)上海鴻寶齋石印本　二十冊

430000－2401－0022744　397/125

格物中法十二卷　（清）劉嶽雲撰　清光緒二十六年(1900)刻食舊悳齋集本　一冊　存三卷(一至三)

430000－2401－0022745　397/140

蒙求補宋十六卷　（清）劉鳳墀輯　清光緒十九年(1893)皾清齋刻本　六冊

430000－2401－0022746　397/33

文家稽古編十卷首一卷　（清）劉旗錫　（清）程夢元編纂　清乾隆二十年(1755)刻本　十冊

430000－2401－0022747　397/95

經佘耦秒二十卷　（清）劉瀛祖輯　清光緒萬竹堂刻本　十冊

430000－2401－0022748　397/15

分韻詩賦題解統編一百〇六卷　（清）鴻文主人編　清光緒十四年(1888)石印本　六冊

430000－2401－0022749　397/15－2

分韻詩賦題解統編一百〇六卷　（清）鴻文主人編　清末寶善書局石印本　一冊　存二十九卷(二十三至五十一)

430000－2401－0022750　397/37

增廣試帖玉芙蓉五卷續集二卷　（清）鴻寶齋主人編　清光緒十四年(1888)上海鴻寶齋書局石印本　八冊

430000 – 2401 – 0022751　397/94

雞跖賦續刻二十八卷擬古二卷　（清）應心香
等編　清光緒十年（1884）漱芳小築刻本
六冊

430000 – 2401 – 0022752　397/109

四書五經類典集成三十四卷　（清）戴兆春纂
清光緒十四年（1888）上海同文書局石印本
二十四冊

430000 – 2401 – 0022753　397/14

詩句題解韻編匯總不分卷　（清）點石齋主人
編　清光緒十一年（1885）上海點石齋石印本
八冊

430000 – 2401 – 0022754　397/34（2）

壹是紀始二十二卷補遺一卷　（清）魏崧撰
清道光二十二年（1842）刻本　五冊　存十三
卷（一至十三）

430000 – 2401 – 0022755　397/34（1）

壹是紀始二十二卷補遺一卷　（清）魏崧撰
清道光二十二年（1842）刻本　八冊

430000 – 2401 – 0022756　397/34

壹是紀始二十二卷補遺一卷　（清）魏崧撰
清光緒十九年（1893）刻本　十冊

430000 – 2401 – 0022757　397/30 – 3

新刊校正策海十六卷　（清）舊草廬主人編
清光緒二年（1876）刻本　九冊

430000 – 2401 – 0022758　397/27

通俗編三十八卷　（清）翟灝撰　清乾隆十六
年（1751）無不宜齋刻本　六冊

430000 – 2401 – 0022759　397/27（1）

通俗編三十八卷　（清）翟灝撰　清翻刻乾隆
十六年（1751）無不宜齋刻本　十二冊

430000 – 2401 – 0022760　397/27（2）

通俗編三十八卷　（清）翟灝撰　清翻刻乾隆
十六年（1751）無不宜齋刻本　十二冊

430000 – 2401 – 0022761　397/27（3）

通俗編三十八卷　（清）翟灝撰　清翻刻乾隆
十六年（1751）無不宜齋刻本　十二冊

430000 – 2401 – 0022762　397/27（4）

通俗編三十八卷　（清）翟灝撰　清翻刻乾隆
十六年（1751）無不宜齋刻本　八冊

430000 – 2401 – 0022763　397/27（5）

通俗編三十八卷　（清）翟灝撰　清翻刻乾隆
十六年（1751）無不宜齋刻本　八冊

430000 – 2401 – 0022764　397/27（6）

通俗編三十八卷　（清）翟灝撰　清翻刻乾隆
十六年（1751）無不宜齋刻本　十一冊

430000 – 2401 – 0022765　397/27（7）

通俗編三十八卷　（清）翟灝撰　清翻刻乾隆
十六年（1751）無不宜齋刻本　八冊

430000 – 2401 – 0022766　397/69

熔經類腋三十卷　（清）雙溪散人纂　清道光
二十六年（1846）三讓堂刻本　六冊

430000 – 2401 – 0022767　397/157 – 2

經濟類考二卷　（清）顧九錫撰　清刻本　一
冊　存一卷（下）

430000 – 2401 – 0022768　397/157

經濟類考約編二卷　（清）顧九錫撰　清康熙
七年（1668）刻本　四冊

430000 – 2401 – 0022769　397/102

行文寶笈二卷　（清）顧紹鼎編輯　清光緒十
一年（1885）本　二冊

430000 – 2401 – 0022770　397/86

天地人物掌故海不分卷　（清）□□撰　清光
緒十一年（1885）知足知不足齋刻本　五冊

430000 – 2401 – 0022771　397/86（1）

天地人物掌故海不分卷　（清）□□撰　清光
緒十一年（1885）知足知不足齋刻本　五冊

430000 – 2401 – 0022772　413/233 – 2

重編留青新集二十四卷　（清）□□重編　清
光緒十四年（1888）上海宏文閣鉛印本　十二冊

430000 – 2401 – 0022773　413/233

重編留青新集二十四卷　（清）□□重編　清
光緒三十四年（1908）上海廣益書局鉛印本
十二冊

430000－2401－0022774　413/233（1）

重編留青新集二十四卷　（清）□□重編　清
光緒三十四年（1908）上海廣益書局鉛印本
六冊　存九卷（八至九、十二至十六、十九至
二十）

430000－2401－0022775　397/67

典林琅環二十四卷續典林琅環三十卷　同文
書局編　清光緒十年（1884）上海同文書局石
印本　四冊

430000－2401－0022776　△395/66

漢事會最二十四卷　王先謙輯　紅格稿本
六冊

430000－2401－0022777　397/146

普通百科新大詞典不分卷　黃摩西編　清宣
統三年（1911）上海中國詞典公司鉛印本　十
五冊

430000－2401－0022778　397/70

三才略三卷　蔣德鈞輯　清光緒十四年
（1888）湘鄉蔣氏龍安郡署刻求實齋叢書本
一冊

430000－2401－0022779　397/70（1）

三才略三卷　蔣德鈞輯　清光緒十四年
（1888）湘鄉蔣氏龍安郡署刻求實齋叢書本
一冊

430000－2401－0022780　397/70－2

三才略三卷　蔣德鈞輯　清光緒二十年
（1894）漢文書局刻本　二冊

430000－2401－0022781　397/96

中道全書六十二卷　謝維岳輯　清宣統二年
（1910）中道齋刻本　十六冊

430000－2401－0022782　397/20

小學紺珠十卷　（宋）王應麟撰　明嘉靖萬曆
清康熙、乾隆遞修本　四冊

430000－2401－0022783　397/20－2

小學紺珠十卷　（宋）王應麟撰　清乾隆刻玉
海本　二冊

430000－2401－0022784　397/20－2（1）

小學紺珠十卷　（宋）王應麟撰　清乾隆刻玉
海本　四冊

430000－2401－0022785　397/26

清異錄二卷　（宋）陶穀撰　清康熙刻本
二冊

430000－2401－0022786　397/38

永嘉先生八面鋒十三卷　（宋）陳良撰　清嘉
慶十八年（1813）蕭山陳氏湖海樓刻湖海樓叢
書本　二冊

430000－2401－0022787　397/44

事物原會四十卷　（清）汪汲撰　清嘉慶二年
（1797）古愚山房刻古愚老人消夏錄本　六冊

430000－2401－0022788　397/44（1）

事物原會四十卷　（清）汪汲撰　清嘉慶二年
（1797）古愚山房刻古愚老人消夏錄本　六冊

430000－2401－0022789　397/48

群書拾唾十二卷　（明）張九韶編　（明）汪道
昆增訂　日本承應元年（1652）昆山館道可處
士刻本　六冊

430000－2401－0022790　397/62

姓氏急就篇二卷　（宋）王應麟撰　明萬曆刻
清康熙、乾隆遞修本　一冊

430000－2401－0022791　397/62－2

姓氏急就篇二卷　（宋）王應麟撰　清初刻本
一冊

430000－2401－0022792　397/89

恆言錄　（清）錢大昕編　清嘉慶十年（1805）
揚州阮常生刻本　三冊

430000－2401－0022793　397/89

恆言錄　（清）錢大昕編　清嘉慶十年（1805）
揚州阮常生刻本　二冊

430000－2401－0022794　397/127

山堂肆考五集二百四十卷　（明）彭大翼撰
明萬曆刻本　四十冊

430000－2401－0022795　397/131

哲匠金桴五卷　（明）楊慎撰　清乾隆中綿州
李氏萬卷樓刻函海本　二冊

430000－2401－0022796　397/143

古今圖書集成目錄三十二卷　（清）蔣廷錫等撰　清光緒三十年(1904)上海集成書局鉛印本　八冊

430000－2401－0022797　397/143

古今圖書集成目錄三十二卷　（清）蔣廷錫等撰　清光緒三十年(1904)上海集成書局鉛印本　八冊

430000－2401－0022798　412/171

屈賈文合編　（清）夏獻雲輯　清光緒三年(1877)長沙刻本　六冊

430000－2401－0022799　△411.1/5

漢魏六朝諸家文集　（明）汪士賢輯　明刻本　佚名批校　十二冊

430000－2401－0022800　△411.1/4

漢魏六朝一百三家集　（明）張溥輯　明婁東張氏刻本　八十冊

430000－2401－0022801　△411.1/4(1)

漢魏六朝一百三家集　（明）張溥輯　明婁東張氏刻本　六十五冊

430000－2401－0022802　△411.1/4(2)

漢魏六朝一百三家集　（明）張溥輯　明婁東張氏刻本　九十冊

430000－2401－0022803　411/1－2

漢魏六朝百三名家集　（明）張溥輯　清光緒五年(1879)彭懋謙信述堂刻本　一百冊

430000－2401－0022804　411/1－2(1)

漢魏六朝百三名家集　（明）張溥輯　清光緒五年(1879)彭懋謙信述堂刻本　一百冊

430000－2401－0022805　411/1－2(2)

漢魏六朝百三名家集　（明）張溥輯　清光緒五年(1879)彭懋謙信述堂刻本　九十六冊

430000－2401－0022806　411/1－4

漢魏六朝百三名家集　（明）張溥輯　清光緒十八年(1892)南雅書局校刻本　八十冊

430000－2401－0022807　411/1－3

漢魏六朝百三名家集　（明）張溥輯　清光緒

十八年(1892)善化章經濟堂刻本　一百冊

430000－2401－0022808　411/1－7

漢魏六朝百三名家集　（明）張溥輯　清末述古山莊刻本　四十二冊

430000－2401－0022809　411/1

漢魏六朝百三名家集　（明）張溥輯　（清）唐友耕重編　清光緒三年(1877)滇南唐氏壽考堂刻本　一百二十冊

430000－2401－0022810　411/1(1)

漢魏六朝百三名家集　（明）張溥輯　（清）唐友耕重編　清光緒三年(1877)滇南唐氏壽考堂刻本　八十冊

430000－2401－0022811　411/1(2)

漢魏六朝百三名家集　（明）張溥輯　（清）唐友耕重編　清光緒三年(1877)滇南唐氏壽考堂刻本　一百冊

430000－2401－0022812　411/1(3)

漢魏六朝百三名家集　（明）張溥輯　（清）唐友耕重編　清光緒三年(1877)滇南唐氏壽考堂刻本　一百冊

430000－2401－0022813　411/4

漢魏六朝名家集初刻　丁福保輯　清宣統三年(1911)無錫丁氏鉛印本　三十冊

430000－2401－0022814　411/4(1)

漢魏六朝名家集初刻　丁福保輯　清宣統三年(1911)無錫丁氏鉛印本　十四冊

430000－2401－0022815　411/4(2)

漢魏六朝名家集初刻　丁福保輯　清宣統三年(1911)無錫丁氏鉛印本　五冊

430000－2401－0022816　411/4(3)

漢魏六朝名家集初刻　丁福保輯　清宣統三年(1911)無錫丁氏鉛印本　十冊

430000－2401－0022817　413/421

建安七子集　（清）楊逢辰輯　清光緒十六年(1890)長沙楊氏坦園刻本　四冊

430000－2401－0022818　413/421(1)

建安七子集　（清）楊逢辰輯　清光緒十六年

（1890）長沙楊氏坦園刻本　四冊

430000－2401－0022819　413/421（2）

建安七子集　（清）楊逢辰輯　清光緒十六年（1890）長沙楊氏坦園刻本　四冊

430000－2401－0022820　412/221

乾坤正氣集　（清）潘錫恩輯　清道光二十八年（1848）涇縣潘氏袁江節署求是齋刻清同治五年（1866）新建吳坤修皖江印本　二百冊

430000－2401－0022821　412/221（1）

乾坤正氣集　（清）潘錫恩輯　清道光二十八年（1848）涇縣潘氏袁江節署求是齋刻清同治五年（1866）新建吳坤修皖江印本　二百冊

430000－2401－0022822　412/221（2）

乾坤正氣集　（清）潘錫恩輯　清道光二十八年（1848）涇縣潘氏袁江節署求是齋刻清同治五年（1866）新建吳坤修皖江印本　二百冊

430000－2401－0022823　412/221（3）

乾坤正氣集　（清）潘錫恩輯　清道光二十八年（1848）涇縣潘氏袁江節署求是齋刻清同治五年（1866）新建吳坤修皖江印本　二百冊

430000－2401－0022824　411/8

諸葛宗岳史四公文集　（清）劉質慧輯　清同治十二年（1873）三原劉氏述荆堂刻本　十四冊

430000－2401－0022825　411/8（1）

諸葛宗岳史四公文集　（清）劉質慧輯　清同治十二年（1873）三原劉氏述荆堂刻本　十四冊

430000－2401－0022826　411/8（2）

諸葛宗岳史四公文集　（清）劉質慧輯　清同治十二年（1873）三原劉氏述荆堂刻本　十四冊

430000－2401－0022827　411/9

四忠遺集三十九卷　（清）□□輯　清同治七年（1868）楚醴景萊書室刻本　二十四冊

430000－2401－0022828　411/9（1）

四忠遺集三十九卷　（清）□□輯　清同治七年（1868）楚醴景萊書室刻本　二十冊

430000－2401－0022829　411/9（2）

四忠遺集三十九卷　（清）□□輯　清同治七年（1868）楚醴景萊書室刻本　十六冊

430000－2401－0022830　411/9（3）

四忠遺集三十九卷　（清）□□輯　清同治七年（1868）楚醴景萊書室刻本　十五冊　缺五卷（首、諸葛武侯集四卷）

430000－2401－0022831　411/9（4）

四忠遺集三十九卷　（清）□□輯　清同治七年（1868）楚醴景萊書室刻本　十冊　缺十六卷（文信國公集首、一至九、十一至十三、十八至二十）

430000－2401－0022832　△411.1/11

陶韋合集十九卷　明凌濛初刻朱墨套印本　六冊

430000－2401－0022833　411/10－2

三家宮詞二家宮詞　（明）毛晉輯　清同治十二年（1873）淮南書局刻本　一冊

430000－2401－0022834　411/10－2（1）

三家宮詞二家宮詞　（明）毛晉輯　清同治十二年（1873）淮南書局刻本　一冊

430000－2401－0022835　411/10－3

三家宮詞　（明）毛晉輯　清光緒五年（1879）受經堂影刻汲古閣本　一冊

430000－2401－0022836　△411.1/1

唐宋八大家文鈔　（明）茅坤輯　明萬曆七年（1579）刻本　清佚名錄徐笠山廬南橋批校圈點　三十六冊

430000－2401－0022837　△411.1/1（1）

唐宋八大家文鈔　（明）茅坤輯　明萬曆七年（1579）刻本　清佚名錄徐笠山廬南橋批校圈點　三十六冊

430000－2401－0022838　△411.1/2

唐宋八大家文鈔　（明）茅坤輯　明崇禎元年（1628）刻本　三十六冊

430000－2401－0022839　411/14－3

唐宋八大家文鈔 （明）茅坤輯　明崇禎四年（1631）金閶簧玉堂刻本　三十冊

430000－2401－0022840　△411.1/1－2

唐宋八大家文鈔 （明）茅坤輯　明刻本　十五冊　存六十八卷（宋大家蘇文公文鈔十卷、宋大家蘇文史公文鈔二十八卷、宋大家蘇文定公文鈔二十卷、宋大家曾文定公鈔十卷）

430000－2401－0022841　411/14－2

唐宋八大家文鈔 （明）茅坤輯　清康熙四十五年（1706）刻本　三十冊

430000－2401－0022842　411/14

唐宋八大家文鈔 （明）茅坤輯　清安徽聚文堂刻本　四十冊

430000－2401－0022843　411/14（1）

唐宋八大家文鈔 （明）茅坤輯　清安徽聚文堂刻本　六十四冊

430000－2401－0022844　411/14（2）

唐宋八大家文鈔 （明）茅坤輯　清安徽聚文堂刻本　四十八冊　缺六卷（韓文公鈔八至九、柳洲文鈔九至十二）

430000－2401－0022845　411/29

晚村先生八家古文精選 （清）呂留良輯（清）呂葆中點評　清康熙四十三年（1704）呂氏家塾刻本　四冊　存十四卷（歐陽文忠公文鈔一至二、五至七、十二至十四,蘇文公文鈔三至五、八至十）

430000－2401－0022846　411/29（1）

晚村先生八家古文精選 （清）呂留良輯（清）呂葆中點評　清康熙四十三年（1704）呂氏家塾刻本　六冊　存十一卷（蘇公忠公文鈔二十一至二十八、蘇文定公文鈔十八至二十）

430000－2401－0022847　△412/76

晚村先生八家古文精選不分卷 （清）呂留良輯　（清）呂葆中點評　清鈔本　四冊　存七卷（曾文定公文鈔六至十、王文定公文鈔十五至十六）

430000－2401－0022848　411/25

唐宋八家詩 （清）姚培謙輯　清雍正五年（1727）遂安堂刻本　十二冊

430000－2401－0022849　△411.1/9

黃茅岡四賢合璧 （清）楊妍輯　清順治刻本　三冊

430000－2401－0022850　△411.1/10

唐宋元三朝名賢小集 （清）趙典輯　清乾隆、嘉慶趙之玉星鳳閣鈔本　清趙典、趙之玉批校并跋　又錄翁方綱、鮑廷博批校題識　王禮培批校并跋　九冊

430000－2401－0022851　411/13

唐宋十大家全集錄 （清）儲欣輯　清康熙四十四年（1705）遺清堂刻本　三十二冊

430000－2401－0022852　411/13（1）

唐宋十大家全集錄 （清）儲欣輯　清康熙四十四年（1705）遺清堂刻本　二十四冊

430000－2401－0022853　411/13（2）

唐宋十大家全集錄 （清）儲欣輯　清康熙四十四年（1705）遺清堂刻本　四十冊

430000－2401－0022854　411/13（3）

唐宋十大家全集錄 （清）儲欣輯　清康熙四十四年（1705）遺清堂刻本　一冊

430000－2401－0022855　411/13－2

唐宋十大家全集錄 （清）儲欣輯　清光緒八年（1882）江蘇書局刻本　三十二冊

430000－2401－0022856　411/13－2（1）

唐宋十大家全集錄 （清）儲欣輯　清光緒八年（1882）江蘇書局刻本　三十二冊

430000－2401－0022857　411/13－2（2）

唐宋十大家全集錄 （清）儲欣輯　清光緒八年（1882）江蘇書局刻本　三冊　存五卷（河東先生全集錄四、六,老泉先生全集錄三至五）

430000－2401－0022858　△411.1/12

詩詞雜俎 （明）毛晉輯　明天啟、崇禎毛氏汲古閣刻本　八冊

430000－2401－0022859　△411.1/12(1)

詩詞雜俎　（明）毛晉輯　明天啟、崇禎毛氏汲古閣刻本　一冊　存二卷(漱玉詞一卷、斷腸詞一卷)

430000－2401－0022860　411/55

七子詩話　（清）阮元輯　清光緒二十六年(1900)刻本　四冊

430000－2401－0022861　411/55(1)

七子詩話　（清）阮元輯　清光緒二十六年(1900)刻本　一冊

430000－2401－0022862　412/130

金元明八大家文選　（清）李祖陶評點　清道光二十五年(1845)刻本　十六冊

430000－2401－0022863　412/130(1)

金元明八大家文選　（清）李祖陶評點　清道光二十五年(1845)刻本　十六冊

430000－2401－0022864　411/36

四家詠史樂府　（清）宋澤元編　清光緒十二年(1886)懺華盦刻本　六冊

430000－2401－0022865　412/241

元明八大家古文選　（清）劉肇虞選評　清乾隆二十九年(1764)江西步月樓刻本　八冊

430000－2401－0022866　412/242

元明七大家古文　（清）劉肇虞選評　清乾隆二十九年(1764)江西步月樓刻本　八冊

430000－2401－0022867　412/242(1)

元明七大家古文　（清）劉肇虞選評　清乾隆二十九年(1764)刻本　八冊

430000－2401－0022868　411/100

集梅花詩　（清）張吳曼　（清）張山農輯　清光緒張汝翼刻本　二冊

430000－2401－0022869　411/5

五大家文粹　（清）徐德立選　清光緒三十二年(1906)長沙徐氏石耕山房家塾刻本　四冊　缺一種(遵巖文粹)

430000－2401－0022870　411/88

勝代五君子遺集　（清）□□輯　清光緒十六年(1890)刻本　十五冊

430000－2401－0022871　△412/27

六朝大家集　明萬曆十一年(1583)刻本　十四冊

430000－2401－0022872　△411.2/18

晉二俊文集　明正德十四年(1519)陸元大刻本　八冊

430000－2401－0022873　411/31

六朝四家全集　（清）胡鳳丹輯　清同治九年(1870)永康胡氏退補齋刻本　六冊

430000－2401－0022874　411/31(1)

六朝四家全集　（清）胡鳳丹輯　清同治九年(1870)永康胡氏退補齋刻本　十四冊

430000－2401－0022875　411/31(2)

六朝四家全集　（清）胡鳳丹輯　清同治九年(1870)永康胡氏退補齋刻本　六冊

430000－2401－0022876　411/31(3)

六朝四家全集　（清）胡鳳丹輯　清同治九年(1870)永康胡氏退補齋刻本　六冊

430000－2401－0022877　411/31(4)

六朝四家全集　（清）胡鳳丹輯　清同治九年(1870)永康胡氏退補齋刻本　六冊

430000－2401－0022878　411/31(5)

六朝四家全集　（清）胡鳳丹輯　清同治九年(1870)永康胡氏退補齋刻本　四冊

430000－2401－0022879　△411.2/27

韋孟全集　（宋）劉辰翁批點　（明）袁宏道評　明刻本　三冊

430000－2401－0022880　411/18

三唐人文集　（明）毛晉輯　清道光二十八年(1848)海虞蘊玉山房翻刻明毛氏汲古閣本　四冊

430000－2401－0022881　△411.2/8

唐人四集　（明）毛晉輯　明崇禎毛氏汲古閣刻本　葉德輝跋　葉啟勳題識　四冊

430000－2401－0022882　△411.2/7

唐人六集 （明）毛晉輯 明毛氏汲古閣刻本
葉啟勳、葉啟發題識 十冊

430000－2401－0022883 △411.2/9

唐人選唐詩 （明）毛晉輯 清康熙三十二年
(1693)黃虞學稼草堂刻本 十六冊

430000－2401－0022884 △411.2/11

唐百家詩 （明）朱警輯 明嘉靖刻本 一冊
存六卷(經進周曇詠史詩三卷、劉威詩集一
卷、秦韜玉詩集一卷、殷文珪詩集一卷)

430000－2401－0022885 △411.2/4

前唐十二家詩 （明）許自昌輯 明萬曆三十
一年(1603)霏玉軒刻本 八冊

430000－2401－0022886 △411.2/12

唐詩二十六家 （明）黃貫曾輯 明嘉靖三十
三年(1554)江夏黃氏浮玉山房刻本 二十
四冊

430000－2401－0022887 △411.2/12(1)

唐詩二十六家 （明）黃貫曾輯 明嘉靖三十
三年(1554)江夏黃氏浮玉山房刻本 五冊

430000－2401－0022888 △411.2/25

李杜詩選 （明）張含輯 （明）楊慎等評 明
凌濛初刻朱墨套印本 四冊

430000－2401－0022889 △411.2/25(1)

李杜詩選 （明）張含輯 （明）楊慎等評 明
凌濛初刻朱墨套印本 三冊 存四卷(李詩
選一、三至五)

430000－2401－0022890 △411.2/23

韓柳合刻 （明）陸夢龍編并評 明崇禎刻本
四冊

430000－2401－0022891 △411.2/22

韓柳文 （明）游居敬編 明嘉靖十六年
(1537)刻本 二十四冊

430000－2401－0022892 411/69

十種唐詩選 （清）王士禛選 清康熙三十一
年(1692)南芝堂刻本 四冊

430000－2401－0022893 411/69(1)

十種唐詩選 （清）王士禛選 清康熙三十一

年(1692)南芝堂刻本 六冊

430000－2401－0022894 411/69(2)

十種唐詩選 （清）王士禛選 清康熙三十一
年(1692)南芝堂刻本 六冊

430000－2401－0022895 411/69－2

十種唐詩選 （清）王士禛選 清蘿延齋刻本
六冊

430000－2401－0022896 411/69－2(1)

十種唐詩選 （清）王士禛選 清蘿延齋刻本
四冊

430000－2401－0022897 411/69－2(2)

十種唐詩選 （清）王士禛選 清蘿延齋刻本
四冊

430000－2401－0022898 411/64

唐人五十家小集 （清）江標輯 清光緒二十
一年(1895)元和江氏靈鶼閣湖南使院影刻本
十六冊

430000－2401－0022899 411/64(1)

唐人五十家小集 （清）江標輯 清光緒二十
一年(1895)元和江氏靈鶼閣湖南使院影刻本
十六冊

430000－2401－0022900 411/64(2)

唐人五十家小集 （清）江標輯 清光緒二十
一年(1895)元和江氏靈鶼閣湖南使院影刻本
十六冊

430000－2401－0022901 411/64(3)

唐人五十家小集 （清）江標輯 清光緒二十
一年(1895)元和江氏靈鶼閣湖南使院影刻本
十六冊

430000－2401－0022902 411/64(4)

唐人五十家小集 （清）江標輯 清光緒二十
一年(1895)元和江氏靈鶼閣湖南使院影刻本
十六冊

430000－2401－0022903 411/64(5)

唐人五十家小集 （清）江標輯 清光緒二十
一年(1895)元和江氏靈鶼閣湖南使院影刻本
三十二冊

430000 – 2401 – 0022904　411/64（6）

唐人五十家小集　（清）江標輯　清光緒二十一年（1895）元和江氏靈鶼閣湖南使院影刻本　二十一冊

430000 – 2401 – 0022905　411/64（7）

唐人五十家小集　（清）江標輯　清光緒二十一年（1895）元和江氏靈鶼閣湖南使院影刻本　十六冊

430000 – 2401 – 0022906　△411.2/10

唐四家詩　（清）汪立名輯　清康熙三十四年（1695）天都汪氏刻本　四冊

430000 – 2401 – 0022907　411/68

唐四家詩集　（清）胡鳳丹輯　清同治九年（1870）退補齋刻本　六冊

430000 – 2401 – 0022908　411/68（1）

唐四家詩集　（清）胡鳳丹輯　清同治九年（1870）退補齋刻本　六冊

430000 – 2401 – 0022909　411/68（2）

唐四家詩集　（清）胡鳳丹輯　清同治九年（1870）退補齋刻本　六冊

430000 – 2401 – 0022910　411/68（3）

唐四家詩集　（清）胡鳳丹輯　清同治九年（1870）退補齋刻本　五冊

430000 – 2401 – 0022911　411/68 – 2

唐四家詩集　（清）胡鳳丹輯　清光緒十三年（1887）湖北官書局刻本　五冊

430000 – 2401 – 0022912　411/68 – 2（1）

唐四家詩集　（清）胡鳳丹輯　清光緒十三年（1887）湖北官書局刻本　五冊

430000 – 2401 – 0022913　411/68 – 2（2）

唐四家詩集　（清）胡鳳丹輯　清光緒十三年（1887）湖北官書局刻本　五冊

430000 – 2401 – 0022914　△411.2/16

唐詩百名家全集　（清）席啟寓編　清康熙四十一年（1702）席氏琴川書屋刻本　二十冊

430000 – 2401 – 0022915　411/61

唐詩百名家全集　（清）席啟寓輯　清光緒八年（1882）補修清康熙四十七年（1708）刻本　六十二冊　缺一種三卷（柳河東先生詩集三卷）

430000 – 2401 – 0022916　411/61（1）

唐詩百名家全集　（清）席啟寓輯　清光緒八年（1882）補修清康熙四十七年（1708）刻本　十冊

430000 – 2401 – 0022917　411/61（2）

唐詩百名家全集　（清）席啟寓輯　清光緒八年（1882）補修清康熙四十七年（1708）刻本　二十一冊

430000 – 2401 – 0022918　411/63

唐人三家集　（清）秦恩復輯　清嘉慶至道光江都秦氏石研齋影宋刻本　四冊

430000 – 2401 – 0022919　411/63（1）

唐人三家集　（清）秦恩復輯　清嘉慶至道光江都秦氏石研齋影宋刻本　四冊

430000 – 2401 – 0022920　411/63（2）

唐人三家集　（清）秦恩復輯　清嘉慶至道光江都秦氏石研齋影宋刻本　十一冊

430000 – 2401 – 0022921　411/63（3）

唐人三家集　（清）秦恩復輯　清嘉慶至道光江都秦氏石研齋影宋刻本　一冊

430000 – 2401 – 0022922　411/63（4）

唐人三家集　（清）秦恩復輯　清嘉慶至道光江都秦氏石研齋影宋刻本　八冊

430000 – 2401 – 0022923　411/63（5）

唐人三家集　（清）秦恩復輯　清嘉慶至道光江都秦氏石研齋影宋刻本　四冊

430000 – 2401 – 0022924　411/63（6）

唐人三家集　（清）秦恩復輯　清嘉慶至道光江都秦氏石研齋影宋刻本　四冊

430000 – 2401 – 0022925　411/63 – 3

唐人三家集　（清）秦恩復輯　清道光補修清嘉慶至道光江都秦氏石研齋刻本　六冊

430000 – 2401 – 0022926　411/63 – 3（1）

唐人三家集　（清）秦恩復輯　清道光補修清

嘉慶至道光江都秦氏石研齋刻本　四冊

430000－2401－0022927　411/63－2
唐人三家集　（清）秦恩復輯　清宣統三年
(1911)上海文寶公司影印秦氏石研齋刻本
八冊

430000－2401－0022928　411/63－2(1)
唐人三家集　（清）秦恩復輯　清宣統三年
(1911)上海文寶公司影印秦氏石研齋刻本
八冊

430000－2401－0022929　411/63－2(2)
唐人三家集　（清）秦恩復輯　清宣統三年
(1911)上海文寶公司影印秦氏石研齋刻本
二冊　存十一卷(駱賓王文集一至十、駱賓王
文集考異一)

430000－2401－0022930　411/18－2
三唐人集　（清）馮焌光輯　清光緒南海馮氏
讀有用書齋刻本　八冊

430000－2401－0022931　411/51
初唐四傑集　（清）項家達輯　清乾隆四十六
年(1781)星渚項氏刻本　六冊

430000－2401－0022932　411/51(1)
初唐四傑集　（清）項家達輯　清乾隆四十六
年(1781)星渚項氏刻本　八冊

430000－2401－0022933　411/51－2
初唐四傑集　（清）項家達輯　清同治十二年
(1873)鄒氏叢雅居重刻星渚項氏本　六冊

430000－2401－0022934　411/51－2(1)
初唐四傑集　（清）項家達輯　清同治十二年
(1873)鄒氏叢雅居重刻星渚項氏本　八冊

430000－2401－0022935　411/51－2(2)
初唐四傑集　（清）項家達輯　清同治十二年
(1873)鄒氏叢雅居重刻星渚項氏本　八冊

430000－2401－0022936　411/51－2(3)
初唐四傑集　（清）項家達輯　清同治十二年
(1873)鄒氏叢雅居重刻星渚項氏本　八冊

430000－2401－0022937　411/51－2(4)
初唐四傑集　（清）項家達輯　清同治十二年

430000－2401－0022938　411/51－2(5)
初唐四傑集　（清）項家達輯　清同治十二年
(1873)鄒氏叢雅居重刻星渚項氏本　八冊

430000－2401－0022939　411/51－3
初唐四傑集　（清）項家達輯　清光緒五年
(1879)華陽醉經堂刻本　八冊

430000－2401－0022940　411/50
初唐四傑文集　（清）□□輯　清光緒五年
(1879)淮南書局刻本　三冊

430000－2401－0022941　411/50(1)
初唐四傑文集　（清）□□輯　清光緒五年
(1879)淮南書局刻本　三冊

430000－2401－0022942　411/50(2)
初唐四傑文集　（清）□□輯　清光緒五年
(1879)淮南書局刻本　四冊

430000－2401－0022943　411/16
三宋人集　（清）方功惠輯　清光緒七年
(1881)巴陵方氏碧琳琅館刻本　六冊

430000－2401－0022944　411/16(1)
三宋人集　（清）方功惠輯　清光緒七年
(1881)巴陵方氏碧琳琅館刻本　六冊

430000－2401－0022945　411/16(2)
三宋人集　（清）方功惠輯　清光緒七年
(1881)巴陵方氏碧琳琅館刻本　八冊

430000－2401－0022946　411/16(3)
三宋人集　（清）方功惠輯　清光緒七年
(1881)巴陵方氏碧琳琅館刻本　五冊

430000－2401－0022947　411/43
宋詩鈔初集　（清）呂留良等輯　清康熙十年
(1671)吳氏鑑古堂刻本　二十冊

430000－2401－0022948　411/43(1)
宋詩鈔初集　（清）呂留良等輯　清康熙十年
(1671)吳氏鑑古堂刻本　二十四冊

430000－2401－0022949　411/43(2)
宋詩鈔初集　（清）呂留良等輯　清康熙十年

(1671)吳氏鑑古堂刻本　二十冊

430000－2401－0022950　411/43(3)

宋詩鈔初集　(清)呂留良等輯　清康熙十年
(1671)吳氏鑑古堂刻本　二十四冊

430000－2401－0022951　411/43(4)

宋詩鈔初集　(清)呂留良等輯　清康熙十年
(1671)吳氏鑑古堂刻本　三十二冊

430000－2401－0022952　411/43(5)

宋詩鈔初集　(清)呂留良等輯　清康熙十年
(1671)吳氏鑑古堂刻本　七冊

430000－2401－0022953　411/48

宋代五十六家詩集　(清)坐春書塾輯　清宣
統二年(1910)北京龍文閣石印本　六冊

430000－2401－0022954　411/46－3

宋四家名詩　(清)周之鱗　(清)柴升輯　清
康熙刻本　十二冊

430000－2401－0022955　411/46－3(1)

宋四家名詩　(清)周之鱗　(清)柴升輯　清
康熙刻本　六冊

430000－2401－0022956　411/46－3(2)

宋四家名詩　(清)周之鱗　(清)柴升輯　清
康熙刻本　四冊　缺二種(東坡先生詩鈔、山
谷先生詩鈔)

430000－2401－0022957　411/46－2

宋四名家詩　(清)周之鱗　(清)柴升輯　清
同治五年(1866)望雲草廬刻本　六冊

430000－2401－0022958　411/46－2(1)

宋四名家詩　(清)周之鱗　(清)柴升輯　清
同治五年(1866)望雲草廬刻本　六冊

430000－2401－0022959　△411.2/14

蘇黃風流小品十六卷　(明)黃嘉惠編　明崇
禎爾如堂刻本　清漚波舫題識　八冊

430000－2401－0022960　411/45

宋百家詩存　(清)曹庭棟輯　清乾隆五年至
六年(1740－1741)嘉善曹氏二六書堂刻本
二十冊

430000－2401－0022961　411/45(1)

宋百家詩存　(清)曹庭棟輯　清乾隆五年至
六年(1740－1741)嘉善曹氏二六書堂刻本
五冊　存二十一種二十一卷

430000－2401－0022962　411/45(2)

宋百家詩存　(清)曹庭棟輯　清乾隆五年至
六年(1740－1741)嘉善曹氏二六書堂刻本
一冊　存三種三卷

430000－2401－0022963　411/60

南宋群賢小集　(宋)陳起輯　(清)顧修重輯
清嘉慶六年(1801)石門顧氏讀畫齋刻本
四十冊

430000－2401－0022964　△411.2/13

蘇門六君子文粹　題(宋)陳亮輯　明崇禎
六年(1633)胡潛刻本　九冊　存五十二卷
(豫章先生文粹四卷、宛丘先生文粹二十二
卷、濟南先生文粹五卷、濟北先生文粹二十
一卷)

430000－2401－0022965　△411.2/28

宋人小集六種　清鈔本　一冊

430000－2401－0022966　413/45

元詩選　(清)顧嗣立輯　清康熙長洲顧氏秀
野草堂刻本　四十二冊

430000－2401－0022967　413/45(1)

元詩選　(清)顧嗣立輯　清康熙長洲顧氏秀
野草堂刻本　三十三冊　初集全,二集已、辛
集殘,三集庚集殘

430000－2401－0022968　△413/9

元詩選十集首一卷　(清)顧嗣立輯　清康熙
長洲顧氏秀野草堂刻本　十四冊

430000－2401－0022969　△411.2/3

明人二十二家集　(明)王世貞等撰　明刻本
五冊

430000－2401－0022970　△415/6

三袁先生集五卷　(明)曾可前輯　明刻本
四冊

430000－2401－0022971　△412/29

午夢堂集　（明）葉紹袁輯　明崇禎刻本
八冊

430000－2401－0022972　△411.2/826

文瑞樓叢刊　（清）金檀輯　清康熙、雍正刻
本　十七冊

430000－2401－0022973　△411.2/26(1)

文瑞樓叢刊　（清）金檀輯　清康熙、雍正刻
本　七冊

430000－2401－0022974　△411.2/26(2)

文瑞樓叢刊　（清）金檀輯　清康熙、雍正刻
本　八冊

430000－2401－0022975　411/39

弘正四傑詩集　（清）張祖同輯　清光緒二十
一年(1895)長沙張氏湘雨樓刻本　十六冊

430000－2401－0022976　411/39(1)

弘正四傑詩集　（清）張祖同輯　清光緒二十
一年(1895)長沙張氏湘雨樓刻本　二十冊

430000－2401－0022977　411/39(2)

弘正四傑詩集　（清）張祖同輯　清光緒二十
一年(1895)長沙張氏湘雨樓刻本　十六冊

430000－2401－0022978　411/39(3)

弘正四傑詩集　（清）張祖同輯　清光緒二十
一年(1895)長沙張氏湘雨樓刻本　十六冊

430000－2401－0022979　411/39(4)

弘正四傑詩集　（清）張祖同輯　清光緒二十
一年(1895)長沙張氏湘雨樓刻本　十六冊

430000－2401－0022980　411/39(5)

弘正四傑詩集　（清）張祖同輯　清光緒二十
一年(1895)長沙張氏湘雨樓刻本　十六冊

430000－2401－0022981　411/95－2

丘海二公合集　（清）焦映漢輯　清康熙刻本
　三冊　存海忠介公集六卷

430000－2401－0022982　411/95

丘海二公合集　（清）焦映漢輯　清同治十年
(1871)刻本　十冊

430000－2401－0022983　411/95(1)

丘海二公合集　（清）焦映漢輯　清同治十年
(1871)刻本　八冊

430000－2401－0022984　411/95(2)

丘海二公合集　（清）焦映漢輯　清同治十年
(1871)刻本　四冊　存海忠介公集六卷

430000－2401－0022985　411/54

明四子詩集　（清）嚴嶽蓮輯　清光緒十五年
至三十三年(1889－1907)渭南嚴氏刻本　二
十八冊

430000－2401－0022986　411/54(1)

明四子詩集　（清）嚴嶽蓮輯　清光緒十五年
至三十三年(1889－1907)渭南嚴氏刻本　二
十四冊

430000－2401－0022987　411/42

西泠五布衣遺著　（清）丁丙輯　清同治、光
緒錢塘丁氏當歸草堂刻本　十冊

430000－2401－0022988　411/42(1)

西泠五布衣遺著　（清）丁丙輯　清同治、光
緒錢塘丁氏當歸草堂刻本　六冊

430000－2401－0022989　411/42(2)

西泠五布衣遺著　（清）丁丙輯　清同治、光
緒錢塘丁氏當歸草堂刻本　五冊

430000－2401－0022990　△411.2/19

國初十大家詩鈔　（清）王相輯　清道光十年
(1830)王氏信芳閣木活字本　佚名題識　二
十四冊

430000－2401－0022991　411/80

聲調三譜　（清）王祖源輯　清光緒八年
(1882)福山王氏天壤閣刻天壤閣叢書本
四冊

430000－2401－0022992　411/80(1)

聲調三譜　（清）王祖源輯　清光緒八年
(1882)福山王氏天壤閣刻天壤閣叢書本
二冊

430000－2401－0022993　411/80(2)

聲調三譜　（清）王祖源輯　清光緒八年
(1882)福山王氏天壤閣刻天壤閣叢書本　一冊

430000－2401－0022994　411/80（3）

聲調三譜　（清）王祖源輯　清光緒八年
（1882）福山王氏天壤閣刻天壤閣叢書本
一冊

430000－2401－0022995　411/7

浮湘訪學集　（清）朱克敬輯　清光緒三年
（1877）長沙刻挹秀山房叢書本　二冊

430000－2401－0022996　411/7（1）

浮湘訪學集　（清）朱克敬輯　清光緒三年
（1877）長沙刻挹秀山房叢書本　二冊

430000－2401－0022997　411/7（2）

浮湘訪學集　（清）朱克敬輯　清光緒三年
（1877）長沙刻挹秀山房叢書本　二冊

430000－2401－0022998　411/7（3）

浮湘訪學集　（清）朱克敬輯　清光緒三年
（1877）長沙刻挹秀山房叢書本　二冊

430000－2401－0022999　411/7（4）

浮湘訪學集　（清）朱克敬輯　清光緒三年
（1877）長沙刻挹秀山房叢書本　二冊

430000－2401－0023000　411/7（5）

浮湘訪學集　（清）朱克敬輯　清光緒三年
（1877）長沙刻挹秀山房叢書本　二冊

430000－2401－0023001　411/22

拜鴛樓校刻四種　沈宗畸輯　清光緒二十六
年（1900）拜鴛樓刻本　四冊

430000－2401－0023002　413/281

詠樓盉戡集　（清）沈秉成輯　清同治十年
（1871）歸安沈氏刻本　四冊

430000－2401－0023003　△411.2/1

七子詩選　（清）沈德潛輯　清乾隆刻本　葉
啟發題識　三冊

430000－2401－0023004　411/37

汪羅彭薛四家合鈔　（清）汪縉等撰　清宣統
二年（1910）上海國學扶輪社鉛印本　三冊

430000－2401－0023005　411/37

國朝三家文鈔　（清）宋犖　（清）許汝霖合輯
清康熙三十三年（1694）刻本　十五冊

430000－2401－0023006　411/28

八家文鈔　（清）酉腴館主人輯　清光緒二年
（1876）鉛印本　四冊

430000－2401－0023007　411/12

八家詩選　（清）吳之振輯　清康熙十一年
（1672）州錢吳氏鑑古堂刻本　八冊

430000－2401－0023008　411/12（1）

八家詩選　（清）吳之振輯　清康熙十一年
（1672）州錢吳氏鑑古堂刻本　四冊

430000－2401－0023009　411/89

初月樓四種　（清）吳德旋撰　清光緒八年
（1882）蛟川張氏花雨樓刻花雨樓叢鈔本
八冊

430000－2401－0023010　411/26－3

八家四六文鈔　（清）吳鼒輯　清嘉慶二十四
年（1819）紫文閣補刻本　四冊

430000－2401－0023011　411/26－3（1）

八家四六文鈔　（清）吳鼒輯　清嘉慶二十四
年（1819）紫文閣補刻本　四冊

430000－2401－0023012　411/26－2

八家四六文鈔　（清）吳鼒輯　清同治十年
（1871）蔡氏會文堂刻本　四冊

430000－2401－0023013　411/26－2（1）

八家四六文鈔　（清）吳鼒輯　清同治十年
（1871）蔡氏會文堂刻本　四冊

430000－2401－0023014　411/26

八家四六文鈔　（清）吳鼒輯　清光緒四年
（1878）京都琉璃廠肆雅堂刻本　四冊

430000－2401－0023015　411/27

八家四六文註　（清）吳鼒輯　（清）許貞幹註
　清光緒十七年（1891）刻本　八冊

430000－2401－0023016　411/27（1）

八家四六文註　（清）吳鼒輯　（清）許貞幹註
　清光緒十七年（1891）刻本　十六冊

430000－2401－0023017　411/27（2）

八家四六文註　（清）吳鼒輯　（清）許貞幹註
　清光緒十七年（1891）刻本　十六冊

430000－2401－0023018　411/27(3)

八家四六文註　（清）吳鼒輯　（清）許貞幹註
清光緒十七年(1891)刻本　十六冊

430000－2401－0023019　411/27(4)

八家四六文註　（清）吳鼒輯　（清）許貞幹註
清光緒十七年(1891)刻本　十六冊

430000－2401－0023020　411/27(5)

八家四六文註　（清）吳鼒輯　（清）許貞幹註
清光緒十七年(1891)刻本　十六冊

430000－2401－0023021　411/27－2

八家四六文註　（清）吳鼒輯　（清）許貞幹註
清光緒十八年(1892)上海圖書集成印書局
鉛印本　八冊

430000－2401－0023022　411/27－2(1)

八家四六文註　（清）吳鼒輯　（清）許貞幹註
清光緒十八年(1892)上海圖書集成印書局
鉛印本　八冊

430000－2401－0023023　411/27－2(2)

八家四六文註　（清）吳鼒輯　（清）許貞幹註
清光緒十八年(1892)上海圖書集成印書局
鉛印本　四冊

430000－2401－0023024　411/27－2(3)

八家四六文註　（清）吳鼒輯　（清）許貞幹註
清光緒十八年(1892)上海圖書集成印書局
鉛印本　八冊

430000－2401－0023025　411/27－3

八家四六文註　（清）吳鼒輯　（清）許貞幹註
民國二十三年(1934)上海掃葉山房石印本
八冊

430000－2401－0023026　△411.2/29

二家詩鈔二十卷　（清）邵長蘅編　清康熙三十四
年(1695)刻本　三冊　存八卷(綿津詩鈔八卷)

430000－2401－0023027　413/254

國朝文錄　（清）姚椿輯　清道光十九年
(1839)瑞州鳳儀書院刻本　四十冊

430000－2401－0023028　413/254(1)

國朝文錄　（清）姚椿輯　清道光十九年

(1839)瑞州鳳儀書院刻本　三十六冊

430000－2401－0023029　413/254(2)

國朝文錄　（清）姚椿輯　清道光十九年
(1839)瑞州鳳儀書院刻本　三十二冊

430000－2401－0023030　413/254(3)

國朝文錄　（清）姚椿輯　清道光十九年
(1839)瑞州鳳儀書院刻本　二十七冊

430000－2401－0023031　413/254－2

國朝文錄　（清）姚椿輯　清咸豐元年(1851)
西安終南山館校刻本　三十二冊

430000－2401－0023032　413/254－2(1)

國朝文錄　（清）姚椿輯　清咸豐元年(1851)
西安終南山館校刻本　二十四冊

430000－2401－0023033　413/254－2(2)

國朝文錄　（清）姚椿輯　清咸豐元年(1851)
西安終南山館校刻本　三十二冊

430000－2401－0023034　413/254－2(3)

國朝文錄　（清）姚椿輯　清咸豐元年(1851)
西安終南山館校刻本　三十二冊

430000－2401－0023035　413/254－2(4)

國朝文錄　（清）姚椿輯　清咸豐元年(1851)
西安終南山館校刻本　三十二冊

430000－2401－0023036　413/254－3

國朝文錄　（清）姚椿輯　清光緒二十六年
(1900)掃葉山房石印本　十冊

430000－2401－0023037　413/255

國朝文錄續編　（清）李祖陶選編　清同治七
年(1868)敖陽李氏刻本　三十二冊

430000－2401－0023038　413/255(1)

國朝文錄續編　（清）李祖陶選編　清同治七
年(1868)敖陽李氏刻本　二十五冊

430000－2401－0023039　413/255(2)

國朝文錄續編　（清）李祖陶選編　清同治七
年(1868)敖陽李氏刻本　二十五冊

430000－2401－0023040　413/255(3)

國朝文錄續編　（清）李祖陶選編　清同治七

年(1868)敖陽李氏刻本　二十八冊

430000－2401－0023041　413/255(4)

國朝文錄續編　(清)李祖陶選編　清同治七年(1868)敖陽李氏刻本　十一冊

430000－2401－0023042　413/159

涵通樓師友文鈔　(清)唐岳輯　清咸豐四年(1854)臨桂唐氏涵通樓刻本　八冊

430000－2401－0023043　411/38

四家詩鈔　(清)馬國翰輯　清咸豐六年(1856)得月軒刻本　一冊

430000－2401－0023044　413/102

孝烈合稿　(清)黃之晉輯　清同治元年(1862)刻本　一冊

430000－2401－0023045　411/2

樾湖十子詩鈔　(清)張凱嵩輯　清同治七年(1868)江夏張氏刻本　六冊

430000－2401－0023046　411/75

陶選詩集　(清)陶樑輯　清道光二十三年(1843)刻本　五冊

430000－2401－0023047　411/81

四子詩錄　(清)陶福祖輯　清光緒七年(1881)刻本　一冊

430000－2401－0023048　54/181

四友遺詩　(清)曾紀澤等撰　清光緒二十年(1894)遵義黎氏川東道署刻本　五冊

430000－2401－0023049　411/70

易堂九子文鈔　(清)彭玉雯輯　清道光十七年(1837)刻本　八冊

430000－2401－0023050　411/70(1)

易堂九子文鈔　(清)彭玉雯輯　清道光十七年(1837)刻本　八冊

430000－2401－0023051　411/70(2)

易堂九子文鈔　(清)彭玉雯輯　清道光十七年(1837)刻本　八冊

430000－2401－0023052　411/70(3)

易堂九子文鈔　(清)彭玉雯輯　清道光十七

年(1837)刻本　九冊

430000－2401－0023053　411/70(4)

易堂九子文鈔　(清)彭玉雯輯　清道光十七年(1837)刻本　十二冊

430000－2401－0023054　411/77

陸陳兩先生詩文鈔　(清)葉裕仁輯　清同治、光緒合肥蒯德模安道書院刻本　十二冊

430000－2401－0023055　411/77(1)

陸陳兩先生詩文鈔　(清)葉裕仁輯　清同治、光緒合肥蒯德模安道書院刻本　六冊
存十二卷

430000－2401－0023056　411/77(2)

陸陳兩先生詩文鈔　(清)葉裕仁輯　清同治、光緒合肥蒯德模安道書院刻本　六冊
存十二卷

430000－2401－0023057　411/77(3)

陸陳兩先生詩文鈔　(清)葉裕仁輯　清同治、光緒合肥蒯德模安道書院刻本　六冊
存十二卷

430000－2401－0023058　△413/97

鐵梅叢書　(清)慶珍博如輯　清末慶珍博如手寫稿本　六冊

430000－2401－0023059　△414/2

四明四友詩　(清)鄭梁輯　清康熙四十八年(1709)刻本　二冊

430000－2401－0023060　413/140

故友詩錄初編　(清)蔡壽祺編　清同治八年(1869)京師嫏環別館刻本　六冊

430000－2401－0023061　413/5

十家詩鈔　(清)錢振倫撰　清道光二十九年(1849)示樸齋刻本　二冊

430000－2401－0023062　411/78

四家賦鈔註釋　(清)□□輯　清光緒二十二年(1896)思賢書局刻本　四冊

430000－2401－0023063　411/15

國朝十家四六文鈔　王先謙輯　清光緒十五年(1889)長沙王氏刻本　四冊

430000－2401－0023064　411/15(1)

國朝十家四六文鈔　王先謙輯　清光緒十五年(1889)長沙王氏刻本　四冊

430000－2401－0023065　411/15(2)

國朝十家四六文鈔　王先謙輯　清光緒十五年(1889)長沙王氏刻本　四冊

430000－2401－0023066　411/15(3)

國朝十家四六文鈔　王先謙輯　清光緒十五年(1889)長沙王氏刻本　四冊

430000－2401－0023067　411/15(4)

國朝十家四六文鈔　王先謙輯　清光緒十五年(1889)長沙王氏刻本　四冊

430000－2401－0023068　411/15(5)

國朝十家四六文鈔　王先謙輯　清光緒十五年(1889)長沙王氏刻本　四冊

430000－2401－0023069　411/15(6)

國朝十家四六文鈔　王先謙輯　清光緒十五年(1889)長沙王氏刻本　四冊

430000－2401－0023070　411/35

四家文鈔　李瑞清輯　清光緒十九年(1893)印本　四冊

430000－2401－0023071　411/35(1)

四家文鈔　李瑞清輯　清光緒十九年(1893)印本　四冊

430000－2401－0023072　411/35(2)

四家文鈔　李瑞清輯　清光緒十九年(1893)印本　一冊

430000－2401－0023073　△412/15－8

文選六十卷　(南朝梁)蕭統輯　(唐)李善等註　明成化二十三年(1487)唐藩朱芝址刻本　八冊　存十二卷(二至三、七至八、十一至十二、三十八至四十一、四十五至四十六)

430000－2401－0023074　△412/15－3(1)

文選六十卷　(南朝梁)蕭統輯　(唐)李善等註　明嘉靖四年(1525)晉府養德書院刻本　二十冊

430000－2401－0023075　△412/15－3(2)

文選六十卷　(南朝梁)蕭統輯　(唐)李善等註　明嘉靖四年(1525)晉府養德書院刻本　十三冊　存三十八卷(八至十、十三至十五、十九、二十三至三十八、四十二、四十四、四十八至六十)

430000－2401－0023076　△412/15－3

文選六十卷　(南朝梁)蕭統輯　(唐)李善等註　明嘉靖四年(1525)晉府養德書院刻本　三十六冊

430000－2401－0023077　△412/26

六家文選六十卷　(南朝梁)蕭統輯　(唐)李善等註　明嘉靖十三年至二十八年(1534－1549)袁褧嘉趣堂刻本　二十五冊

430000－2401－0023078　△412/26(1)

六家文選六十卷　(南朝梁)蕭統輯　(唐)李善等註　明嘉靖十三年至二十八年(1534－1549)袁褧嘉趣堂刻本　三十冊

430000－2401－0023079　△412/26(2)

六家文選六十卷　(南朝梁)蕭統輯　(唐)李善等註　明嘉靖十三年至二十八年(1534－1549)袁褧嘉趣堂刻本　二十冊

430000－2401－0023080　△412/26(3)

六家文選六十卷　(南朝梁)蕭統輯　(唐)李善等註　明嘉靖十三年至二十八年(1534－1549)袁褧嘉趣堂刻本　三十二冊

430000－2401－0023081　△412/26(4)

六家文選六十卷　(南朝梁)蕭統輯　(唐)李善等註　明嘉靖十三年至二十八年(1534－1549)袁褧嘉趣堂刻本　三十一冊

430000－2401－0023082　△412/15－7

文選六十卷　(南朝梁)蕭統輯　(唐)李善等註　明隆慶五年(1571)唐藩朱碩熿刻本　二十冊

430000－2401－0023083　△412/25－3

六臣註文選六十卷　(南朝梁)蕭統輯　(唐)李善等註　明萬曆二年(1574)崔孔昕刻六年(1578)成位重修本　二十三冊　存四十六卷(一、六至十六、十九至二十、二十三至二十

四、二十七至五十四、五十九至六十）

430000 – 2401 – 0023084　△412/26 – 2

六家文選六十卷　（南朝梁）蕭統輯　（唐）李
善等註　明丁覲刻本　十冊　存二十六卷
（三至五、十二至十七、二十一、二十五至三十
三、四十至四十二、五十三至五十六）

430000 – 2401 – 0023085　△412/25

六臣註文選六十卷　（南朝梁）蕭統輯　（唐）
李善等註　明潘惟時、潘惟德刻本　三十冊

430000 – 2401 – 0023086　△412/25 – 4

增補六臣註文選六十卷　（南朝梁）蕭統輯
（唐）李善註　明刻本　十九冊　存三十四卷
（四至五、十至十四、十七至十八、二十三至二
十四、三十五至四十五、四十七至五十四、五
十七至六十）

430000 – 2401 – 0023087　△412/15 – 4

文選六十卷　（南朝梁）蕭統輯　（唐）李善等
註　明末毛氏汲古閣刻本　佚名朱墨批點
六冊

430000 – 2401 – 0023088　△412/15 – 4(1)

文選六十卷　（南朝梁）蕭統輯　（唐）李善等
註　明末毛氏汲古閣刻本　一冊　存六卷
（二十五至三十）

430000 – 2401 – 0023089　412/21

文選六十卷　（南朝梁）蕭統輯　（唐）李善等
註　明末毛氏汲古閣刻本　十六冊

430000 – 2401 – 0023090　△412/25 – 2

六臣註文選六十卷　（南朝梁）蕭統輯　（唐）
李善等註　清康熙二十四年(1685)梅墅石渠
閣刻本　四十冊

430000 – 2401 – 0023091　412/21 – 3

文選六十卷　（南朝梁）蕭統輯　（唐）李善等
註　清康熙二十五年(1686)錢士謐重修明末
毛氏汲古閣刻本　十冊

430000 – 2401 – 0023092　△412/15 – 9

文選六十卷　（南朝梁）蕭統輯　（唐）李善等
註　清乾隆二十五年(1760)王氏珠樹堂刻本

　佚名朱筆過錄　清陸燦批校圈點題識
十冊

430000 – 2401 – 0023093　412/21 – 18

文選六十卷　（南朝梁）蕭統輯　（唐）李善等
註　清乾隆素位堂翻刻汲古閣本　十六冊

430000 – 2401 – 0023094　△412/15

文選六十卷　（南朝梁）蕭統輯　（唐）李善等
註　清嘉慶十四年(1809)胡克家影宋刻本
二十冊

430000 – 2401 – 0023095　412/21 – 27

文選六十卷　（南朝梁）蕭統輯　（唐）李善等
註　清同治八年(1869)金陵書局刻本　十冊

430000 – 2401 – 0023096　412/21 – 27(1)

文選六十卷　（南朝梁）蕭統輯　（唐）李善等
註　清同治八年(1869)金陵書局刻本　十冊

430000 – 2401 – 0023097　412/21 – 27(2)

文選六十卷　（南朝梁）蕭統輯　（唐）李善等
註　清同治八年(1869)金陵書局刻本　十冊

430000 – 2401 – 0023098　412/21 – 26

文選六十卷　（南朝梁）蕭統輯　（唐）李善等
註　**文選考異十卷**　（清）胡克家撰　清同治
八年(1869)湖北崇文書局刻本　二十四冊

430000 – 2401 – 0023099　412/21 – 26(1)

文選六十卷　（南朝梁）蕭統輯　（唐）李善等
註　**文選考異十卷**　（清）胡克家撰　清同治
八年(1869)湖北崇文書局刻本　二十四冊

430000 – 2401 – 0023100　412/21 – 26(2)

文選六十卷　（南朝梁）蕭統輯　（唐）李善等
註　**文選考異十卷**　（清）胡克家撰　清同治
八年(1869)湖北崇文書局刻本　二十四冊

430000 – 2401 – 0023101　412/21 – 26(3)

文選六十卷　（南朝梁）蕭統輯　（唐）李善等
註　**文選考異十卷**　（清）胡克家撰　清同治
八年(1869)湖北崇文書局刻本　二十三冊

430000 – 2401 – 0023102　412/21 – 26(4)

文選六十卷　（南朝梁）蕭統輯　（唐）李善等
註　**文選考異十卷**　（清）胡克家撰　清同治

八年(1869)湖北崇文書局刻本　二十四冊

430000－2401－0023103　412/21－28
文選六十卷　(南朝梁)蕭統輯　(唐)李善等註　文選考異十卷　(清)胡克家撰　清同治八年(1869)潯陽萬氏重刻鄱陽胡氏本　二十四冊

430000－2401－0023104　412/21－28(1)
文選六十卷　(南朝梁)蕭統輯　(唐)李善等註　文選考異十卷　(清)胡克家撰　清同治八年(1869)潯陽萬氏重刻鄱陽胡氏本　二十四冊

430000－2401－0023105　412/21－28(2)
文選六十卷　(南朝梁)蕭統輯　(唐)李善等註　文選考異十卷　(清)胡克家撰　清同治八年(1869)潯陽萬氏重刻鄱陽胡氏本　二十冊

430000－2401－0023106　412/21－31
文選六十卷　(南朝梁)蕭統輯　(唐)李善等註　文選考異十卷　(清)胡克家撰　清光緒元年(1875)江西臨川饒氏雙峰書屋朱墨套印本　六冊　存二十二卷(四十至四十二、四十六至六十,考異七至十)

430000－2401－0023107　412/21－32
文選六十卷　(南朝梁)蕭統輯　(唐)李善等註　文選考異十卷　(清)胡克家撰　清光緒六年(1880)四明林氏刻本　二十四冊

430000－2401－0023108　412/21－32(1)
文選六十卷　(南朝梁)蕭統輯　(唐)李善等註　文選考異十卷　(清)胡克家撰　清光緒六年(1880)四明林氏刻本　二十四冊

430000－2401－0023109　412/21－33
文選六十卷　(南朝梁)蕭統輯　(唐)李善等註　清光緒十一年(1885)上海同文書局石印本　十冊

430000－2401－0023110　412/21－37
文選五卷首一卷　(南朝梁)蕭統輯　(唐)李善等註　文選考異十卷　(清)胡克家撰　清光緒二十一年(1895)寶文書局石印本　六冊

430000－2401－0023111　412/21－39
文選六十卷　(南朝梁)蕭統輯　(唐)李善等註　文選考異十卷　(清)胡克家撰　清宣統三年(1911)上海會文堂石印本　十六冊

430000－2401－0023112　412/21－39(1)
文選六十卷　(南朝梁)蕭統輯　(唐)李善等註　文選考異十卷　(清)胡克家撰　清宣統三年(1911)上海會文堂石印本　十六冊

430000－2401－0023113　412/21－39(2)
文選六十卷　(南朝梁)蕭統輯　(唐)李善等註　文選考異十卷　(清)胡克家撰　清宣統三年(1911)上海會文堂石印本　十六冊

430000－2401－0023114　412/21－39(3)
文選六十卷　(南朝梁)蕭統輯　(唐)李善等註　文選考異十卷　(清)胡克家撰　清宣統三年(1911)上海會文堂石印本　十六冊

430000－2401－0023115　412/21－39(4)
文選六十卷　(南朝梁)蕭統輯　(唐)李善等註　文選考異十卷　(清)胡克家撰　清宣統三年(1911)上海會文堂石印本　十六冊

430000－2401－0023116　412/21－41
文選六十卷　(南朝梁)蕭統輯　(唐)李善等註　清末湖南竹素書局刻本　九冊　缺七卷(三十至三十六)

430000－2401－0023117　412/21－55
文選六十卷　(南朝梁)蕭統輯　清鈔本　六冊　缺書、檄、對問、設論、辭、序、頌贊

430000－2401－0023118　△412/15－6
文選六十卷　(南朝梁)蕭統輯　(唐)李善等註　(清)何焯評　(清)葉樹藩增訂　清乾隆三十七年(1772)葉氏海錄軒朱墨套印本　佚名批校　二十冊

430000－2401－0023119　△412/15－10
文選六十卷　(南朝梁)蕭統輯　(唐)李善註　(清)葉樹藩參訂　清羊城翰墨園重刊葉氏海錄軒朱墨套印本　十冊

430000－2401－0023120　412/21－21

文選六十卷　（南朝梁）蕭統輯　（唐）李善註
（清）何焯評　清善化經濟堂重刻海錄軒本
十二冊

430000－2401－0023121　412/21－21（1）
文選六十卷　（南朝梁）蕭統輯　（唐）李善註
（清）何焯評　清善化經濟堂重刻海錄軒本
十六冊

430000－2401－0023122　412/21－11
文選六十卷　（南朝梁）蕭統輯　（唐）李善註
（清）何焯評　清江右文彬堂重刻海錄軒朱
墨套印本　十二冊

430000－2401－0023123　412/21－11（1）
文選六十卷　（南朝梁）蕭統輯　（唐）李善註
（清）何焯評　清江右文彬堂重刻海錄軒朱
墨套印本　十二冊

430000－2401－0023124　412/21－11（2）
文選六十卷　（南朝梁）蕭統輯　（唐）李善註
（清）何焯評　清江右文彬堂重刻海錄軒朱
墨套印本　十三冊　缺十一卷（一至三、三十
五至三十八、五十三至五十六）

430000－2401－0023125　412/21－5
文選六十卷　（南朝梁）蕭統輯　（唐）李善註
（清）何焯評　清翻刻海錄軒朱墨套印本
二十四冊

430000－2401－0023126　412/21－6
文選六十卷　（南朝梁）蕭統輯　（唐）李善註
（清）何焯評　清翻刻海錄軒朱墨套印本
十二冊

430000－2401－0023127　412/21－7
文選六十卷　（南朝梁）蕭統輯　（唐）李善註
（清）何焯評　清翻刻海錄軒朱墨套印本
十六冊

430000－2401－0023128　412/21－8
文選六十卷　（南朝梁）蕭統輯　（唐）李善註
（清）何焯評　清翻刻海錄軒朱墨套印本
十冊

430000－2401－0023129　412/21－8（1）

文選六十卷　（南朝梁）蕭統輯　（唐）李善註
（清）何焯評　清翻刻海錄軒朱墨套印本
十六冊

430000－2401－0023130　412/21－9
文選六十卷　（南朝梁）蕭統輯　（唐）李善註
（清）何焯評　清翻刻海錄軒朱墨套印本
八冊

430000－2401－0023131　412/21－9（1）
文選六十卷　（南朝梁）蕭統輯　（唐）李善註
（清）何焯評　清翻刻海錄軒朱墨套印本
十二冊

430000－2401－0023132　412/21－10
文選六十卷　（南朝梁）蕭統輯　（唐）李善註
（清）何焯評　清翻刻海錄軒朱墨套印本
十六冊

430000－2401－0023133　412/21－12
文選六十卷　（南朝梁）蕭統輯　（唐）李善註
（清）何焯評　清翻刻海錄軒刻本　十二冊

430000－2401－0023134　412/21－12（1）
文選六十卷　（南朝梁）蕭統輯　（唐）李善註
（清）何焯評　清翻刻海錄軒刻本　八冊

430000－2401－0023135　412/21－13
文選六十卷　（南朝梁）蕭統輯　（唐）李善註
（清）何焯評　清翻刻海錄軒本　十二冊

430000－2401－0023136　412/21－14
文選六十卷　（南朝梁）蕭統輯　（唐）李善註
（清）何焯評　清翻刻海錄軒本　十三冊

430000－2401－0023137　412/21－15
文選六十卷　（南朝梁）蕭統輯　（唐）李善註
（清）何焯評　清翻刻海錄軒印本　十二冊

430000－2401－0023138　412/21－15（1）
文選六十卷　（南朝梁）蕭統輯　（唐）李善註
（清）何焯評　清翻刻海錄軒印本　十二冊

430000－2401－0023139　412/21－16
文選六十卷　（南朝梁）蕭統輯　（唐）李善註
（清）何焯評　清翻刻海錄軒印本　十六冊

430000－2401－0023140　412/21－24

文選六十卷　（南朝梁）蕭統輯　（唐）李善註
（清）何焯評　清重刻海錄軒本　十六冊

430000－2401－0023141　412/21－24
文選六十卷　（南朝梁）蕭統輯　（唐）李善註
（清）何焯評　清重刻海錄軒本　十二冊

430000－2401－0023142　412/21－24(1)
文選六十卷　（南朝梁）蕭統輯　（唐）李善註
（清）何焯評　清重刻海錄軒本　十二冊

430000－2401－0023143　412/21－34
文選六十卷　（南朝梁）蕭統輯　（唐）李善註
（清）何焯評　清光緒十三年(1887)湖北書
局刻本　十二冊

430000－2401－0023144　412/21－34(1)
文選六十卷　（南朝梁）蕭統輯　（唐）李善註
（清）何焯評　清光緒十三年(1887)湖北書
局刻本　十二冊

430000－2401－0023145　412/21－34(2)
文選六十卷　（南朝梁）蕭統輯　（唐）李善註
（清）何焯評　清光緒十三年(1887)湖北書
局刻本　十二冊

430000－2401－0023146　412/21－35
文選六十卷　（南朝梁）蕭統輯　（唐）李善註
（清）何焯評　文選考異十卷　（清）胡克家
撰　清光緒十八年(1892)上海古香閣石印本
六冊

430000－2401－0023147　412/21－36
文選六十卷　（南朝梁）蕭統輯　（唐）李善註
（清）何焯評　清光緒二十四年(1898)上海
古香閣石印本　六冊

430000－2401－0023148　412/21－19
文選六十卷　（南朝梁）蕭統輯　（唐）李善註
（清）何焯評　清味經堂朱墨套印本　十
四冊

430000－2401－0023149　412/21－19(1)
文選六十卷　（南朝梁）蕭統輯　（唐）李善註
（清）何焯評　清味經堂朱墨套印本　十
二冊

430000－2401－0023150　412/21－22
文選六十卷　（南朝梁）蕭統輯　（唐）李善註
（清）何焯評　清啟元松刻本　十二冊

430000－2401－0023151　412/21－22(1)
文選六十卷　（南朝梁）蕭統輯　（唐）李善註
（清）何焯評　清啟元松刻本　十六冊

430000－2401－0023152　412/21－22(2)
文選六十卷　（南朝梁）蕭統輯　（唐）李善註
（清）何焯評　清啟元松刻本　十二冊

430000－2401－0023153　412/21－20
文選六十卷　（南朝梁）蕭統輯　（唐）李善註
（清）何焯評　清學庫山房刻本　十六冊

430000－2401－0023154　412/21－20(1)
文選六十卷　（南朝梁）蕭統輯　（唐）李善註
（清）何焯評　清學庫山房刻本　十二冊
缺十五卷(四十六至六十)

430000－2401－0023155　△412/68
孫月峰先生評文選三十卷　（南朝梁）蕭統輯
（明）孫鑛評　（明）閔齊華註　明末烏程閔
氏刻本　八冊

430000－2401－0023156　△412/68(1)
孫月峰先生評文選三十卷　（南朝梁）蕭統輯
（明）孫鑛評　（明）閔齊華註　明末烏程閔
氏刻本　四十五冊　存二十九卷(一至十五、
十七至三十)

430000－2401－0023157　△412/22
文選後集五卷　（明）郭正域評　明閔於忱刻
朱墨套印本　五冊

430000－2401－0023158　△412/101
選賦六卷　（南朝梁）蕭統輯　（明）郭正域評
點　明凌氏鳳笙閣刻朱墨套印本　六冊

430000－2401－0023159　△412/98
選詩七卷　（南朝梁）蕭統輯　（明）郭正域批
點　（明）凌濛初集評　明凌濛初刻朱墨套印
本　六冊

430000－2401－0023160　412/21－56
文選詩摘鈔　（南朝梁）蕭統輯　清羅信南

鈔本　一册

430000－2401－0023161　△412/16
文選十二卷　（南朝梁）蕭統輯　明萬曆二十三年(1595)吳近仁刻本　清王禮培批校六册

430000－2401－0023162　△412/17
文選十二卷　（南朝梁）蕭統輯　（明）張鳳翼纂註　明萬曆刻本　十二册

430000－2401－0023163　△412/18
梁昭明文選十二卷　（南朝梁）蕭統輯　（明）張鳳翼纂註　（明）惲紹龍評　明萬曆刻本　長沙辜天祐題識批校　二十三册

430000－2401－0023164　△412/19
梁昭明文選十二卷　（南朝梁）蕭統輯　（明）張鳳翼纂註　清康熙十一年(1672)刻本　佚名批校圈點　十二册

430000－2401－0023165　△412/20
文選尤十四卷　（南朝梁）蕭統輯　（明）鄒思明删訂　明天啟二年(1622)刻三色套印本十四册

430000－2401－0023166　411/22
文選補遺四十卷　（宋）陳仁子輯　清乾隆二年(1737)茶陵東山書院刻本　十六册

430000－2401－0023167　△412/23－2
文選補遺四十卷　（宋）陳仁子輯　（宋）譚紹烈纂　清道光二十五年(1845)湖南琅嬛館刻本　十二册

430000－2401－0023168　△412/90
精摘梁昭明太子文選崇正編□□集　（明）蔣孟育輯　（明）翁正春評　明萬曆二十一年(1593)余秀峰刻本　一册　存下集

430000－2401－0023169　412/21－50
文選集評十五卷首一卷末一卷　（清）于光華編　清乾隆三十七年(1772)友于堂刻本　十六册

430000－2401－0023170　412/21－50(1)
文選集評十五卷首一卷末一卷　（清）于光華

編　清乾隆三十七年(1772)友于堂刻本　五十册

430000－2401－0023171　412/21－53
增訂昭明文選集成詳註六十卷首一卷　（清）于光華編　清乾隆四十八年(1783)吳氏龍江書屋刻本　二十四册

430000－2401－0023172　412/21－51
重訂文選集評十五卷首一卷末一卷　（清）于光華編　清同治九年(1870)刻本　十六册

430000－2401－0023173　412/21－52
重訂文選集評十五卷首一卷末一卷　（清）于光華編　清同治十一年(1872)江蘇書局刻本十六册

430000－2401－0023174　412/21－49
重訂文選集評十五卷首一卷末一卷　（清）于光華編　清末經綸堂刻本　十六册

430000－2401－0023175　412/28
文選集釋二十四卷　（清）朱珔撰　清光緒元年(1875)小萬卷齋刻本　十二册

430000－2401－0023176　412/30
文選理學權輿八卷　（清）汪師韓撰　清光緒十二年(1886)錢唐汪氏長沙刻本　四册

430000－2401－0023177　412/30－2
文選理學權輿八卷　（清）汪師韓撰　清光緒十五年(1889)重刻讀畫齋本　八册

430000－2401－0023178　412/30－2(1)
文選理學權輿八卷　（清）汪師韓撰　清光緒十五年(1889)重刻讀畫齋本　三册(合訂一册)

430000－2401－0023179　412/30－3
文選理學權輿八卷　（清）汪師韓撰　清末鈔本　四册

430000－2401－0023180　412/31
文選通假字會四卷　（清）杜宗玉撰　清光緒二十二年(1896)湖北孝感學署刻本　四册

430000－2401－0023181　412/31(1)
文選通假字會四卷　（清）杜宗玉撰　清光緒二十二年(1896)湖北孝感學署刻本　四册

430000－2401－0023182　412/31(2)

文選通假字會四卷　(清)杜宗玉撰　清光緒
二十二年(1896)湖北孝感學署刻本　四冊

430000－2401－0023183　412/31(3)

文選通假字會四卷　(清)杜宗玉撰　清光緒
二十二年(1896)湖北孝感學署刻本　四冊

430000－2401－0023184　411/6

文選六種　(清)求益軒主人編　清光緒二十
一年(1895)上海鴻寶齋石印本　十一冊　缺
六卷(文選類雋一至六)

430000－2401－0023185　412/264

文選古字通補訓四卷文選古字通補訓拾遺一
卷　(清)呂錦文撰　清光緒二十七年(1901)
懷硯齋刻本　四冊

430000－2401－0023186　△412/21

文選音義八卷　(清)余蕭客輯　清乾隆二十
三年(1758)刻本　四冊

430000－2401－0023187　412/26

文選課虛四卷　(清)杭世駿編　清末刻本
一冊

430000－2401－0023188　412/25

文選考異十卷　(清)胡克家撰　清嘉慶十四
年(1809)鄱陽胡氏刻本　四冊

430000－2401－0023189　412/25(1)

文選考異十卷　(清)胡克家撰　清嘉慶十四
年(1809)鄱陽胡氏刻本　五冊　缺二卷(九
至十)

430000－2401－0023190　412/25(2)

文選考異十卷　(清)胡克家撰　清嘉慶十四
年(1809)鄱陽胡氏刻本　四冊

430000－2401－0023191　412/25－2

文選考異十卷　(清)胡克家撰　清同治八年
(1869)湖北崇文書局刻本　四冊

430000－2401－0023192　412/25－2(1)

文選考異十卷　(清)胡克家撰　清同治八年
(1869)湖北崇文書局刻本　三冊　缺三卷
(五至七)

430000－2401－0023193　412/21－54

文選箋證三十二卷　(清)胡紹煐撰　清光緒
貴池劉氏刻本　八冊

430000－2401－0023194　412/35

文選集腋六卷　(清)胥斌輯　清同治七年
(1868)星沙文星堂刻本　三冊

430000－2401－0023195　412/35(1)

文選集腋六卷　(清)胥斌輯　清同治七年
(1868)星沙文星堂刻本　二冊

430000－2401－0023196　412/35－2

文選集腋二卷　(清)胥斌輯　清光緒二十年
(1894)上海寶善書局石印本　一冊

430000－2401－0023197　412/27

文選李註補正四卷文選考異四卷　(清)孫志
祖輯　清嘉慶三年(1798)刻本　三冊

430000－2401－0023198　412/24

文選考異四卷　(清)孫志祖輯　清光緒廣州
刻本　一冊

430000－2401－0023199　412/29

文選旁證四十六卷　(清)梁章鉅撰　清道光
十八年(1838)刻本　十二冊

430000－2401－0023200　412/29(1)

文選旁證四十六卷　(清)梁章鉅撰　清道光
十八年(1838)刻本　十六冊

430000－2401－0023201　412/29－2

文選旁證四十六卷　(清)梁章鉅撰　清光緒
八年(1882)吳下刻本　十二冊

430000－2401－0023202　412/29－2(1)

文選旁證四十六卷　(清)梁章鉅撰　清光緒
八年(1882)吳下刻本　十二冊

430000－2401－0023203　412/23

文選各家詩集四卷　(清)陳光明輯　清光緒
五年(1879)醉經堂刻本　一冊

430000－2401－0023204　412/265

文選古字通疏證六卷　(清)薛傳均撰　清道
光二十年(1840)刻本　一冊

430000 – 2401 – 0023205　412/34

文選節讀二卷　清文藝書院刻本　一冊　存一卷(上)

430000 – 2401 – 0023206　412/60 – 2

東萊先生古文關鍵二卷　(宋)呂祖謙輯評(宋)蔡文子註　(清)徐樹屏考異　清初冠山堂刻本　二冊

430000 – 2401 – 0023207　412/60 – 3

東萊先生古文關鍵二卷　(宋)呂祖謙輯評(宋)蔡文子註　(清)徐樹屏考異　清同治九年(1870)古閩晏湖張氏勵志書屋刻本　四冊

430000 – 2401 – 0023208　412/60 – 3(1)

東萊先生古文關鍵二卷　(宋)呂祖謙輯評(宋)蔡文子註　(清)徐樹屏考異　清同治九年(1870)古閩晏湖張氏勵志書屋刻本　二冊

430000 – 2401 – 0023209　412/60 – 3(2)

東萊先生古文關鍵二卷　(宋)呂祖謙輯評(宋)蔡文子註　(清)徐樹屏考異　清同治九年(1870)古閩晏湖張氏勵志書屋刻本　二冊

430000 – 2401 – 0023210　412/60 – 3(3)

東萊先生古文關鍵二卷　(宋)呂祖謙輯評(宋)蔡文子註　(清)徐樹屏考異　清同治九年(1870)古閩晏湖張氏勵志書屋刻本　二冊

430000 – 2401 – 0023211　412/60 – 3(4)

東萊先生古文關鍵二卷　(宋)呂祖謙輯評(宋)蔡文子註　(清)徐樹屏考異　清同治九年(1870)古閩晏湖張氏勵志書屋刻本　二冊

430000 – 2401 – 0023212　412/60 – 4

東萊先生古文關鍵二卷　(宋)呂祖謙輯評(宋)蔡文子註　(清)徐樹屏考異　清光緒二十四年(1898)江蘇書局刻本　二冊

430000 – 2401 – 0023213　412/60

古文關鍵二卷　(宋)呂祖謙輯評　(宋)蔡文子註　(清)徐樹屏考異　清宣統元年(1909)上海緯文閣書局刻本　二冊

430000 – 2401 – 0023214　412/60(1)

古文關鍵二卷　(宋)呂祖謙輯評　(宋)蔡文子註　(清)徐樹屏考異　清宣統元年(1909)上海緯文閣書局刻本　二冊

430000 – 2401 – 0023215　412/131

東萊集註類編觀瀾文甲集二十五卷乙集二十五卷丙集二十卷　(宋)林之奇編　(宋)呂祖謙集註　清光緒十年(1884)碧琳琅館影宋刻本　十六冊

430000 – 2401 – 0023216　412/131(1)

東萊集註類編觀瀾文甲集二十五卷乙集二十五卷丙集二十卷　(宋)林之奇編　(宋)呂祖謙集註　清光緒十年(1884)碧琳琅館影宋刻本　十二冊

430000 – 2401 – 0023217　△412/63

東萊集註類編觀瀾文甲集二十五卷乙集二十五卷丙集二十卷　(宋)呂祖謙集註　清光緒十年(1884)碧琳琅館影宋刻本　十四冊　缺八卷(丙集六至十三)

430000 – 2401 – 0023218　△412/54

西山先生真文忠公文章正宗二十四卷　(宋)真德秀編　明正德十五年(1520)馬卿刻本　十二冊

430000 – 2401 – 0023219　△412/54(1)

西山先生真文忠公文章正宗二十四卷　(宋)真德秀編　明正德十五年(1520)馬卿刻本　四冊　存六卷(一至二、十、十二、十八至十九)

430000 – 2401 – 0023220　△412/54 – 3

西山先生真文忠公文章正宗二十四卷　(宋)真德秀輯　明嘉靖四十三年(1564)李磐、李豸刻本　六冊　存六卷(六、九、十二、十四、十六、二十一上)

430000 – 2401 – 0023221　△412/80 – 2

集錄真西山文章正宗三十卷　(宋)真德秀輯　明刻本　二十四冊

430000 – 2401 – 0023222　△412/80 – 3

集錄真西山文章正宗三十卷　(宋)真德秀輯　明刻本　二十冊

430000－2401－0023223　△412/54－4

文章正宗二十卷續集二十卷　（宋）真德秀輯
　明刻本　六冊　存四卷(十三、十七、二十
至二十一)

430000－2401－0023224　△412/54－2

西山先生真文忠公文章正宗二十四卷續二十卷　（宋）真德秀輯　（明）李開鄴　（明）盛
符升評　明末刻本　佚名批校圈點　四冊
存九卷(六至九、十六至十七、二十二至二十
四)

430000－2401－0023225　△412/80

集古評釋西山真先生文章正宗二十四卷
（宋）真德秀輯　（明）唐順之批點　（明）俞
思沖補訂　明萬曆四十六年(1618)武林野計
齋刻本　二十四冊

430000－2401－0023226　412/13

文章正宗復刻三十卷續十二卷　（宋）真德秀
編　清同治三年(1864)重輯刻本　二十冊

430000－2401－0023227　412/13(1)

文章正宗復刻三十卷續十二卷　（宋）真德秀
編　清同治三年(1864)重輯刻本　十五冊

430000－2401－0023228　412/13(2)

文章正宗復刻三十卷續十二卷　（宋）真德秀
編　清同治三年(1864)重輯刻本　十七冊
缺十五卷(十六至三十)

430000－2401－0023229　412/125

回文類聚四卷　（宋）桑世昌輯　**織錦回文圖
一卷回文類聚續編十卷**　（清）朱象賢輯　清
刻本　四冊

430000－2401－0023230　412/125(1)

回文類聚四卷　（宋）桑世昌輯　**織錦回文圖
一卷回文類聚續編十卷**　（清）朱象賢輯　清
刻本　二冊

430000－2401－0023231　412/125(2)

回文類聚四卷　（宋）桑世昌輯　**織錦回文圖
一卷回文類聚續編十卷**　（清）朱象賢輯　清
刻本　一冊

430000－2401－0023232　△436/53

回文類聚四卷續編十卷　（宋）桑世昌輯　清
鈔本　八冊

430000－2401－0023233　△412/57

新刊迂齋先生標註崇古文訣三十五卷　（宋）
樓昉輯　明吳邦楨、吳邦杰刻本　十冊

430000－2401－0023234　412/14

謝疊山先生文章軌範七卷　（宋）謝枋得編
清咸豐二年(1852)潯陽萬青銓三色套印本
二冊

430000－2401－0023235　412/14(1)

謝疊山先生文章軌範七卷　（宋）謝枋得編
清咸豐二年(1852)潯陽萬青銓三色套印本
二冊

430000－2401－0023236　412/14(2)

謝疊山先生文章軌範七卷　（宋）謝枋得編
清咸豐二年(1852)潯陽萬青銓三色套印本
二冊

430000－2401－0023237　412/14－2

文章軌範十卷　（宋）謝枋得編　清同治五年
(1866)望三益齋刻本　二冊

430000－2401－0023238　412/14－2(1)

文章軌範十卷　（宋）謝枋得編　清同治五年
(1866)望三益齋刻本　二冊

430000－2401－0023239　412/14－3

疊山先生文章軌範七卷　（宋）謝枋得編　清
同治七年(1868)湘鄉曾氏刻本　二冊

430000－2401－0023240　412/14－3(1)

疊山先生文章軌範七卷　（宋）謝枋得編　清
同治七年(1868)湘鄉曾氏刻本　二冊

430000－2401－0023241　412/14－3(2)

疊山先生文章軌範七卷　（宋）謝枋得編　清
同治七年(1868)湘鄉曾氏刻本　合訂一冊

430000－2401－0023242　412/14－3(3)

疊山先生文章軌範七卷　（宋）謝枋得編　清
同治七年(1868)湘鄉曾氏刻本　二冊

430000－2401－0023243　412/14－3(4)

疊山先生文章軌範七卷 （宋）謝枋得編 清同治七年(1868)湘鄉曾氏刻本 二冊

430000－2401－0023244 412/14－4

謝疊山先生文章軌範七卷 （宋）謝枋得編 清光緒八年(1882)金陵青簡齋二色套印本 二冊

430000－2401－0023245 412/14－4(1)

謝疊山先生文章軌範七卷 （宋）謝枋得編 清光緒八年(1882)金陵青簡齋二色套印本 二冊

430000－2401－0023246 412/14－5

謝疊山先生文章軌範七卷 （宋）謝枋得編 清光緒九年(1883)金陵桐陰書屋二色套印本 一冊

430000－2401－0023247 △412/34－2

古文苑九卷 （宋）韓元吉編 清嘉慶十四年(1809)孔氏刻本 四冊

430000－2401－0023248 412/51－2

古文苑九卷 （宋）韓元吉編 清光緒五年(1879)飛青閣刻本 三冊

430000－2401－0023249 412/51－2(1)

古文苑九卷 （宋）韓元吉編 清光緒五年(1879)飛青閣刻本 五冊

430000－2401－0023250 412/51－2(2)

古文苑九卷 （宋）韓元吉編 清光緒五年(1879)飛青閣刻本 三冊

430000－2401－0023251 412/51－3

古文苑二十一卷 （宋）章樵註 清光緒十二年(1886)江蘇書局刻本 四冊

430000－2401－0023252 412/51－3(1)

古文苑二十一卷 （宋）章樵註 清光緒十二年(1886)江蘇書局刻本 四冊

430000－2401－0023253 412/51－3(2)

古文苑二十一卷 （宋）章樵註 清光緒十二年(1886)江蘇書局刻本 四冊

430000－2401－0023254 412/51－3(3)

古文苑二十一卷 （宋）章樵註 清光緒十二年(1886)江蘇書局刻本 四冊

430000－2401－0023255 412/51－3(4)

古文苑二十一卷 （宋）章樵註 清光緒十二年(1886)江蘇書局刻本 四冊

430000－2401－0023256 412/51－4

古文苑二十一卷 （宋）章樵註 清光緒十四年(1888)長沙重刻惜陰軒叢書本 佚名題註 四冊

430000－2401－0023257 412/51－4(1)

古文苑二十一卷 （宋）章樵註 清光緒十四年(1888)長沙重刻惜陰軒叢書本 四冊

430000－2401－0023258 412/51－4(2)

古文苑二十一卷 （宋）章樵註 清光緒十四年(1888)長沙重刻惜陰軒叢書本 四冊

430000－2401－0023259 △412/32

四六法海十二卷 （明）王志堅編 明天啟七年(1627)刻本 二十冊

430000－2401－0023260 412/107

四六法海十二卷 （明）王志堅編 明天啟七年(1627)刻清乾隆二十三年(1758)王鶚載德堂刻本 十二冊 缺一卷(十二)

430000－2401－0023261 412/107－2

四六法海十二卷 （明）王志堅編 清禪山金玉樓刻本 十二冊

430000－2401－0023262 412/108

忠雅堂評選四六法海八卷 （明）王志堅編 （清）蔣士銓評選 清同治十年(1871)萃文堂本 八冊

430000－2401－0023263 412/108(1)

忠雅堂評選四六法海八卷 （明）王志堅編 （清）蔣士銓評選 清同治十年(1871)萃文堂本 八冊

430000－2401－0023264 412/108(2)

忠雅堂評選四六法海八卷 （明）王志堅編 （清）蔣士銓評選 清同治十年(1871)萃文堂本 八冊

430000－2401－0023265 412/108(3)

忠雅堂評選四六法海八卷　（明）王志堅編
（清）蔣士銓評選　清同治十年(1871)萃文堂
本　八冊

430000－2401－0023266　412/108（4）

忠雅堂評選四六法海八卷　（明）王志堅編
（清）蔣士銓評選　清同治十年(1871)萃文堂
本　八冊

430000－2401－0023267　412/108（5）

忠雅堂評選四六法海八卷　（明）王志堅編
（清）蔣士銓評選　清同治十年(1871)萃文堂
本　八冊

430000－2401－0023268　412/108－2

忠雅堂評選四六法海八卷　（明）王志堅編
（清）蔣士銓評選　清光緒十年(1884)深柳讀
書堂套印本　四冊　存四卷(一至二、五、七)

430000－2401－0023269　412/108－3

忠雅堂評選四六法海八卷　（明）王志堅編
（清）蔣士銓評選　清光緒十五年(1889)雲林
閣刻本　八冊

430000－2401－0023270　412/108－4

忠雅堂評選四六法海八卷　（明）王志堅編
（清）蔣士銓評選　清光緒十八年(1892)湖南
書局刻本　八冊

430000－2401－0023271　412/108－4（1）

忠雅堂評選四六法海八卷　（明）王志堅編
（清）蔣士銓評選　清光緒十八年(1892)湖南
書局刻本　八冊

430000－2401－0023272　412/108－4（2）

忠雅堂評選四六法海八卷　（明）王志堅編
（清）蔣士銓評選　清光緒十八年(1892)湖南
書局刻本　八冊

430000－2401－0023273　412/108－5

忠雅堂評選四六法海八卷　（明）王志堅編
（清）蔣士銓評選　清末朱墨套印本　八冊

430000－2401－0023274　△412/117

文字會寶不分卷　（明）朱文治輯　明萬曆三
十六年(1608)刻本　清張金吾跋　八冊

430000－2401－0023275　△412/43

古今濡削選章四十卷　（明）李國祥輯　明萬
曆刻本　十冊　存三十一卷(五至三十一、三
十四至三十七)

430000－2401－0023276　△412/11

文章辨體三十五卷外集五卷總論一卷　（明）
吳訥輯　明鍾原刻本　二十七冊

430000－2401－0023277　△412/38

新刊批點古文類鈔十二卷　（明）林希元輯
明嘉靖三十年(1551)陳堂刻本　十二冊

430000－2401－0023278　△412/126

二十一史文選一百卷　（明）周鍾輯　明崇禎
十五年(1642)刻本　六十冊

430000－2401－0023279　△412/126（1）

二十一史文選一百卷　（明）周鍾輯　明崇禎
十五年(1642)刻本　一百冊

430000－2401－0023280　△412/3

千古文章不分卷　（明）祖功輯　明鈔本　佚
名朱筆圈點批校　十六冊

430000－2401－0023281　△412/72

唐宋元名表二卷　（明）胡松輯　明嘉靖二十
一年(1542)刻本　四冊

430000－2401－0023282　△412/51

名世文宗三十卷談藪一卷　（明）胡時化輯
（明）陳仁錫訂　明崇禎元年(1628)刻本　三
十二冊

430000－2401－0023283　△42/23

辭賦標義十八卷　（明）俞王言撰　明萬曆二
十九年(1601)刻本　五冊　存六卷(一至二、
八至九、十二至十三)

430000－2401－0023284　△412/14

文編六十四卷　（明）唐順之輯　明嘉靖胡帛
刻本　三十三冊　存五十五卷(一至四、六至
九、十三至二十四、三十至六十四)

430000－2401－0023285　△412/14－2

文編六十四卷　（明）唐順之輯　明天啟元年
(1621)陳元素刻本(卷四十未刻)　十七冊

存五十六卷(一至三十九、四十一至五十七)

430000 - 2401 - 0023286　△412/9
文章正宗鈔四卷　(明)連標輯　明萬曆十八年(1590)刻本　四冊

430000 - 2401 - 0023287　△412/24
文體明辯六十一卷首一卷目錄六卷附錄十四卷附錄目錄二卷　(明)徐師曾撰　明萬曆建陽游溶銅活字印本　六冊　存十一卷(附錄三至十一、附目錄二卷)

430000 - 2401 - 0023288　△436/131
乾坤清氣集十四卷　(明)偶桓輯　清鈔本葉啟勳題跋　二冊

430000 - 2401 - 0023289　△412/95
漢魏六朝正史文選二十四卷　(明)許清胤(明)顧在觀輯　明崇禎八年(1635)刻本四冊

430000 - 2401 - 0023290　△412/116
書記洞詮一百二十卷目錄十卷　(明)梅鼎祚輯　明萬曆二十五年至二十七年(1597 - 1599)玄白堂刻本(卷一百十七至一百二十未刻)　二十八冊

430000 - 2401 - 0023291　△412/94
廣文選刪十四卷　(明)張溥編　明末刻本佚名批校　八冊

430000 - 2401 - 0023292　△412/13
續古文奇賞三十四卷　(明)陳仁錫輯　明天啟刻本　二十四冊

430000 - 2401 - 0023293　△412/13(1)
續古文奇賞三十四卷　(明)陳仁錫輯　明天啟刻本　八冊

430000 - 2401 - 0023294　△412/66
奇賞齋古文彙編二百三十六卷　(明)陳仁錫輯并評　明崇禎七年(1634)刻本　一百冊

430000 - 2401 - 0023295　△412/66(1)
奇賞齋古文彙編二百三十六卷　(明)陳仁錫輯并評　明崇禎七年(1634)刻本　一百冊

430000 - 2401 - 0023296　412/11

文品苐函三卷子品金函四卷　(明)陳仁錫編　明刻本　七冊

430000 - 2401 - 0023297　△412/35
古文品外錄二十四卷　(明)陳繼儒輯并評明刻本　三冊　存九卷(四至六、十至十二、十六至十八)

430000 - 2401 - 0023298　△412/67
新刊陳眉公先生精選古論大觀四十卷　(明)陳繼儒輯　明刻本　二十冊

430000 - 2401 - 0023299　412/219
瀚海十二卷　(明)陳繼儒編定　(明)沈佳允輯　清光緒二年(1876)申報館鉛印本　佚名批點　四冊

430000 - 2401 - 0023300　△412/70
秦漢文鈔十二卷　(明)馮有翼輯　明萬曆十一年(1583)刻本　佚名圈點　六冊

430000 - 2401 - 0023301　412/139
秦漢文鈔十二卷　(明)馮有翼輯　(明)汪德元訂　清刻本　六冊

430000 - 2401 - 0023302　△412/69
秦漢文鈔六卷　(明)閔邁德輯　(明)楊融博批點　明萬曆四十八年(1620)閔氏刻朱墨套印本　三冊

430000 - 2401 - 0023303　△412/69(1)
秦漢文鈔六卷　(明)閔邁德輯　(明)楊融博批點　明萬曆四十八年(1620)閔氏刻朱墨套印本　六冊

430000 - 2401 - 0023304　△412/12
文章辨體彙選七百八十卷　(明)賀復徵編　明淵著堂鈔本　三冊　存十七卷(二百二十七至二百二十、二百六十八至二百七十一、五百三十六至五百四十四)

430000 - 2401 - 0023305　412/255
精刻古今女史十二卷詩集八卷姓氏字里詳節一卷　(明)趙世杰輯　明崇禎刻本　四冊

430000 - 2401 - 0023306　△412/36
古文類選十八卷　(明)鄭旻輯　明隆慶六年

(1572)顧知類徐宏等刻本　十五冊　存十七卷(一至十七)

430000－2401－0023307　△412/44

古逸書三十卷首一卷末一卷　(明)潘基慶輯　明萬曆刻本　佚名批校　十二冊

430000－2401－0023308　△412/40

删補古今文致十卷　(明)劉士鏻輯　(明)王宇增删　明天啟刻本　四冊

430000－2401－0023309　△412/40(1)

删補古今文致十卷　(明)劉士鏻輯　(明)王宇增删　明天啟刻本　一冊　存四卷(一至四)

430000－2401－0023310　△412/13

文致不分卷　(明)劉士鏻輯　(明)閔無頗(明)閔昭明集評　明天啟元年(1621)閔元衢刻朱墨套印本　八冊

430000－2401－0023311　△412/13(1)

文致不分卷　(明)劉士鏻輯　(明)閔無頗(明)閔昭明集評　明天啟元年(1621)閔元衢刻朱墨套印本　八冊

430000－2401－0023312　△412/101

文章正論二十卷　(明)劉祐輯　明萬曆十九年(1591)徐圖刻本　佚名批點　二十冊

430000－2401－0023313　△412/93

廣文選八十二卷目錄二卷　(明)劉節輯　明嘉靖十二年(1533)刻本　二十冊

430000－2401－0023314　△412/93－2

廣文選八十二卷　(明)劉節輯　明嘉靖十六年(1537)陳慧刻本　八冊　存二十八卷(一至四、十九至三十五、四十至四十四、五十九至六十)

430000－2401－0023315　412/137

秦漢文懷二十卷　(明)鍾惺評選　明崇禎六年(1633)刻本　二十冊

430000－2401－0023316　△412/60

松窗隨錄一百卷　(明)韓昌箕輯　明稿本　九十七冊　存九十卷(禮函二至十二,樂函一

至十二,射函一至九、十一至二十一,禦函一至十五,書函一至二十一,數函一至六、八至十二)

430000－2401－0023317　△412/71

秦漢鴻文二十五卷　(明)顧錫疇輯　明崇禎刻本　二十四冊　存二十卷(兩漢鴻文二十卷)

430000－2401－0023318　412/55

古文分編集評初集五卷首一卷二集五卷首一卷三集八卷首一卷四集四卷首一卷　(清)于光華編　清務本堂刻本　二十冊

430000－2401－0023319　412/55(1)

古文分編集評初集五卷首一卷二集五卷首一卷三集八卷首一卷四集四卷首一卷　(清)于光華編　清務本堂刻本　二十冊

430000－2401－0023320　412/133

韜光庵紀遊集一卷韜光庵紀遊集續刻一卷韜光紀遊詩冊一卷　(清)釋山止輯　清光緒七年(1881)武林丁氏竹書堂刻本　一冊

430000－2401－0023321　412/53

古文約選不分卷　(清)方苞選訂　清同治八年(1869)吳氏望三益齋刻本　十二冊

430000－2401－0023322　412/53(1)

古文約選不分卷　(清)方苞選訂　清同治八年(1869)吳氏望三益齋刻本　十四冊

430000－2401－0023323　412/53(2)

古文約選不分卷　(清)方苞選訂　清同治八年(1869)吳氏望三益齋刻本　十三冊

430000－2401－0023324　412/53(3)

古文約選不分卷　(清)方苞選訂　清同治八年(1869)吳氏望三益齋刻本　十二冊

430000－2401－0023325　412/156－2

欽定四書文五集不分卷　(清)方苞輯　清光緒二年(1876)湖北崇文書局刻本　十六冊

430000－2401－0023326　412/156－2(1)

欽定四書文五集不分卷　(清)方苞輯　清光緒二年(1876)湖北崇文書局刻本　十六冊

430000－2401－0023327　412/156

欽定四書文五集不分卷　（清）方苞輯　清光緒十五年(1889)湖北崇文書局刻本　十八冊

430000－2401－0023328　412/156－3

欽定四書文五集不分卷　（清）方苞輯　清刻本　十四冊

430000－2401－0023329　412/156－4

欽定四書文五集不分卷　（清）方苞輯　清刻本　二十冊

430000－2401－0023330　412/101

古賦識小錄八卷　（清）王芑孫輯　清嘉慶二十一年(1816)愛蓮室刻本　二冊

430000－2401－0023331　412/256

增補古文合評十二卷　（清）王步青手定（清）徐東升等編次　清春暉堂刻本　五冊　存五卷(一、四至六、八)

430000－2401－0023332　142/142

唐宋八大家古文正矩四卷　（清）王步青輯（清）程巖評　清明經堂刻本　四冊

430000－2401－0023333　412/180

歷朝賦楷八卷首一卷　（清）王修玉輯　清文盛堂致和堂合刻本　佚名批註　四冊

430000－2401－0023334　412/180(1)

歷朝賦楷八卷首一卷　（清）王修玉輯　清文盛堂致和堂合刻本　四冊

430000－2401－0023335　412/258

賦彙題註八卷　（清）王曉巖輯　清光緒九年(1883)飛雲館刻本　八冊

430000－2401－0023336　412/45

古文近道集八卷　（清）王贊元輯　清同治七年(1868)刻本　二冊

430000－2401－0023337　412/172－2

斯文精粹不分卷　（清）尹繼善輯　清乾隆二十九年(1764)京都三槐堂書鋪刻本　十二冊

430000－2401－0023338　412/172－2(1)

斯文精粹不分卷　（清）尹繼善輯　清乾隆二十九年(1764)京都三槐堂書鋪刻本　十二冊

430000－2401－0023339　412/172－4

斯文精粹不分卷　（清）尹繼善輯　清同治七年(1868)長沙刻本　十冊

430000－2401－0023340　412/172－5

斯文精粹不分卷　（清）尹繼善輯　清刻本　八冊

430000－2401－0023341　412/250

三代兩漢遺書讀本八卷　（清）任兆麟輯　清嘉慶十五年(1810)釣臺家塾刻本　四冊

430000－2401－0023342　412/143－3

唐宋八家文讀本三十卷　（清）沈德潛評點　清初刻本　一冊　存四卷(十九至二十二)

430000－2401－0023343　412/143

唐宋八家文讀本三十卷　（清）沈德潛評點　清光緒二十四年(1898)煥文書局石印本　六冊

430000－2401－0023344　412/144

唐宋八家文讀本三十卷　（清）沈德潛評點　清刻本　四冊　存十九卷(二至三、五至十二、十五、十七、二十三至二十八、三十)

430000－2401－0023345　412/179

古文喈鳳新編八卷　（清）汪基輯　清光緒善成堂刻本　四冊

430000－2401－0023346　412/204

駢體文鈔三十一卷　（清）李兆洛輯　清道光合河康氏家塾刻本　瓿翁題註　六冊

430000－2401－0023347　412/204(1)

駢體文鈔三十一卷　（清）李兆洛輯　清道光合河康氏家塾刻本　八冊

430000－2401－0023348　412/204(2)

駢體文鈔三十一卷　（清）李兆洛輯　清道光合河康氏家塾刻本　八冊

430000－2401－0023349　412/204(3)

駢體文鈔三十一卷　（清）李兆洛輯　清道光合河康氏家塾刻本　十冊

430000－2401－0023350　412/204(4)

駢體文鈔三十一卷　（清）李兆洛輯　清道光

合河康氏家塾刻本　十冊

430000－2401－0023351　412/204－2

駢體文鈔三十一卷　（清）李兆洛輯　清同治六年(1867)江蘇婁江徐氏刻本　十冊

430000－2401－0023352　412/204－2(1)

駢體文鈔三十一卷　（清）李兆洛輯　清同治六年(1867)江蘇婁江徐氏刻本　八冊

430000－2401－0023353　412/204－2(2)

駢體文鈔三十一卷　（清）李兆洛輯　清同治六年(1867)江蘇婁江徐氏刻本　八冊

430000－2401－0023354　412/204－2(3)

駢體文鈔三十一卷　（清）李兆洛輯　清同治六年(1867)江蘇婁江徐氏刻本　八冊

430000－2401－0023355　412/204－2(4)

駢體文鈔三十一卷　（清）李兆洛輯　清同治六年(1867)江蘇婁江徐氏刻本　八冊

430000－2401－0023356　412/204－4

駢體文鈔三十一卷　（清）李兆洛輯　清光緒七年(1881)四川尊經書局刻本　十二冊

430000－2401－0023357　412/204－3

駢體文鈔三十一卷　（清）李兆洛輯　清光緒八年(1882)滬上刻本　五冊

430000－2401－0023358　412/204－3(1)

駢體文鈔三十一卷　（清）李兆洛輯　清光緒八年(1882)滬上刻本　八冊

430000－2401－0023359　412/204－3(2)

駢體文鈔三十一卷　（清）李兆洛輯　清光緒八年(1882)滬上刻本　八冊

430000－2401－0023360　412/204－3(3)

駢體文鈔三十一卷　（清）李兆洛輯　清光緒八年(1882)滬上刻本　八冊

430000－2401－0023361　412/204－3(4)

駢體文鈔三十一卷　（清）李兆洛輯　清光緒八年(1882)滬上刻本　八冊

430000－2401－0023362　412/68

古文筆法百篇二十卷首一卷　（清）李扶九輯　（清）黃仁黼註　清光緒八年(1882)善化黃氏刻本　六冊

430000－2401－0023363　412/68－2

古文筆法百篇二十卷首一卷　（清）李扶九輯　（清）黃仁黼註　清光緒八年(1882)滇南書局刻本　四冊

430000－2401－0023364　412/190

分類文腋八卷　（清）李楨選註　清嘉慶二十五年(1820)寶翰樓刻本　四冊

430000－2401－0023365　412/39

文光堂古文觀止六卷　（清）吳乘權　（清）吳調侯編　清三讓堂刻本　六冊

430000－2401－0023366　412/39－2

古文觀止十二卷　（清）吳乘權　（清）吳調侯編　清狀元閣刻本　六冊

430000－2401－0023367　412/95

桐城吳氏古文讀本不分卷　（清）吳汝綸評選　清光緒三十一年(1905)上海文明書局鉛印本　四冊

430000－2401－0023368　412/65

重訂古文釋義新編八卷　（清）余誠評註　清宣統三年(1911)上海書局石印本　四冊

430000－2401－0023369　412/65－2

大文堂重訂古文釋義新編八卷　（清）余誠評註　清宏道堂刻本　四冊

430000－2401－0023370　412/65－4

三讓堂重訂古文釋義新編八卷　（清）余誠評註　清經綸堂刻本　八冊

430000－2401－0023371　412/65－3

大文堂重訂古文釋義新編八卷　（清）余誠評註　清經國堂刻本　八冊

430000－2401－0023372　412/65－5

經國堂重訂古文釋義新編八卷　（清）余誠評註　清經國堂刻本　六冊　缺二卷(一、八)

430000－2401－0023373　412/65－6

古文釋義新編八卷　（清）余誠評註　清末刻本　四冊

430000 – 2401 – 0023374　412/20 – 3

古文快筆貫通解三卷　（清）杭永年評解　清三讓堂刻本　二冊

430000 – 2401 – 0023375　412/20

古文快筆貫通解三卷　（清）杭永年評解　清文光堂刻本　三冊

430000 – 2401 – 0023376　412/20（1）

古文快筆貫通解三卷　（清）杭永年評解　清文光堂刻本　三冊

430000 – 2401 – 0023377　412/20 – 2

古文快筆貫通解三卷　（清）杭永年評解　清經綸堂刻本　三冊

430000 – 2401 – 0023378　412/49 – 4

古文析義十六卷　（清）林雲銘評註　清康熙五十五年(1716)芥子園刻本　十六冊

430000 – 2401 – 0023379　412/49 – 4（1）

古文析義十六卷　（清）林雲銘評註　清康熙五十五年(1716)芥子園刻本　五冊　存五卷（一至三、五至六）

430000 – 2401 – 0023380　412/49 – 3

古文析義六卷古文析義二編八卷　（清）林雲銘評註　清道光十三年(1833)令德堂刻本十四冊

430000 – 2401 – 0023381　412/49 – 2

古文析義初編六卷古文析義二編八卷　（清）林雲銘評註　清宣統元年(1909)石印本十冊

430000 – 2401 – 0023382　412/49

古文析義六卷古文析義二編八卷　（清）林雲銘評註　清刻本　十四冊

430000 – 2401 – 0023383　412/46 – 2

同人集十二卷　（清）冒襄輯　清道光五年(1825)水繪園刻本　十二冊

430000 – 2401 – 0023384　412/46 – 2（1）

同人集十二卷　（清）冒襄輯　清光緒八年(1882)水繪園刻本　十二冊

430000 – 2401 – 0023385　412/46 – 2（2）

同人集十二卷　（清）冒襄輯　清光緒八年(1882)水繪園刻本　十二冊

430000 – 2401 – 0023386　412/46 – 3

同人集十二卷　（清）冒襄輯　清末木活字本六冊　缺六卷（七至十二）

430000 – 2401 – 0023387　412/58

古文講授談二編　（清）尚秉和輯　清末京師京華印書局鉛印本　一冊

430000 – 2401 – 0023388　412/236

評註才子古文大家十七卷評註才子古文歷朝九卷　（清）金聖嘆選　（清）王之績評註　清鐵立居刻本　八冊

430000 – 2401 – 0023389　412/134

宮閨文選二十六卷宮閨姓氏小錄一卷　（清）周壽昌等輯評　清道光二十六年(1846)小蓬萊山館刻本　八冊

430000 – 2401 – 0023390　412/134（1）

宮閨文選二十六卷宮閨姓氏小錄一卷　（清）周壽昌等輯評　清道光二十六年(1846)小蓬萊山館刻本　八冊

430000 – 2401 – 0023391　412/134（2）

宮閨文選二十六卷宮閨姓氏小錄一卷　（清）周壽昌等輯評　清道光二十六年(1846)小蓬萊山館刻本　四冊

430000 – 2401 – 0023392　412/134（3）

宮閨文選二十六卷宮閨姓氏小錄一卷　（清）周壽昌等輯評　清道光二十六年(1846)小蓬萊山館刻本　五冊　缺十六卷（十一至二十六）

430000 – 2401 – 0023393　411/53

名勝集不分卷　（清）胡汝霖輯　清鈔本五冊

430000 – 2401 – 0023394　412/254

可儀堂一百二十名家制義四十八卷　（清）俞長城輯　清康熙三十八年(1699)元聚堂刻本　四十六冊

430000 – 2401 – 0023395　412/76

古文辭類纂七十五卷　（清）姚鼐編　清道光
五年(1825)金陵吳啟昌刻本　十冊

430000 – 2401 – 0023396　412/76 – 8(1)
古文辭類纂七十四卷　（清）姚鼐編　清道光
合河康氏刻本　佚名批校　十二冊

430000 – 2401 – 0023397　412/76 – 8(2)
古文辭類纂七十四卷　（清）姚鼐編　清道光
合河康氏刻本　十二冊

430000 – 2401 – 0023398　412/76 – 8(3)
古文辭類纂七十四卷　（清）姚鼐編　清道光
合河康氏刻本　十二冊

430000 – 2401 – 0023399　412/76 – 8(4)
古文辭類纂七十四卷　（清）姚鼐編　清道光
合河康氏刻本　十二冊

430000 – 2401 – 0023400　412/76 – 3
古文辭類纂七十四卷　（清）姚鼐編　清同治
八年(1869)江蘇書局刻本　十二冊

430000 – 2401 – 0023401　412/76 – 2
古文辭類纂七十五卷　（清）姚鼐編　清同治
八年(1869)善化楊氏問竹軒刻本　十六冊

430000 – 2401 – 0023402　412/76 – 2(1)
古文辭類纂七十五卷　（清）姚鼐編　清同治
八年(1869)善化楊氏問竹軒刻本　十六冊

430000 – 2401 – 0023403　412/76 – 2(2)
古文辭類纂七十五卷　（清）姚鼐編　清同治
八年(1869)善化楊氏問竹軒刻本　十六冊

430000 – 2401 – 0023404　412/76 – 2(3)
古文辭類纂七十五卷　（清）姚鼐編　清同治
八年(1869)善化楊氏問竹軒刻本　十六冊

430000 – 2401 – 0023405　412/76 – 2(4)
古文辭類纂七十五卷　（清）姚鼐編　清同治
八年(1869)善化楊氏問竹軒刻本　十二冊

430000 – 2401 – 0023406　412/82
古文辭類纂十五卷　（清）姚鼐編　**續古文辭
類纂十五卷**　王先謙編　清光緒十六年
(1890)上海文瑞樓鉛印本　五冊

430000 – 2401 – 0023407　412/76 – 6
古文辭類纂七十四卷　（清）姚鼐編　清光緒
十八年(1892)湖南文章書局刻本　十二冊

430000 – 2401 – 0023408　412/76 – 4
古文辭類纂七十四卷　（清）姚鼐編　清光緒
十九年(1893)長沙思賢講舍刻本　十二冊

430000 – 2401 – 0023409　412/76 – 4(1)
古文辭類纂七十四卷　（清）姚鼐編　清光緒
十九年(1893)長沙思賢講舍刻本　十二冊

430000 – 2401 – 0023410　412/76 – 4(2)
古文辭類纂七十四卷　（清）姚鼐編　清光緒
十九年(1893)長沙思賢講舍刻本　十二冊

430000 – 2401 – 0023411　412/76 – 4(3)
古文辭類纂七十四卷　（清）姚鼐編　清光緒
十九年(1893)長沙思賢講舍刻本　十二冊

430000 – 2401 – 0023412　412/76 – 4(4)
古文辭類纂七十四卷　（清）姚鼐編　清光緒
十九年(1893)長沙思賢講舍刻本　十三冊

430000 – 2401 – 0023413　412/82 – 2
古文辭類纂十五卷　（清）姚鼐編　**續古文辭
類纂十五卷**　王先謙編　清光緒二十四年
(1898)慎記書莊石印本　八冊

430000 – 2401 – 0023414　412/76 – 7
古文辭類纂七十五卷　（清）姚鼐編　清光緒
二十七年(1901)滁州李氏求要堂刻本　十
二冊

430000 – 2401 – 0023415　412/76 – 7(1)
古文辭類纂七十五卷　（清）姚鼐編　清光緒
二十七年(1901)滁州李氏求要堂刻本　十
二冊

430000 – 2401 – 0023416　412/76 – 7(2)
古文辭類纂七十五卷　（清）姚鼐編　清光緒
二十七年(1901)滁州李氏求要堂刻本　十一
冊　缺七卷(六十九至七十五)

430000 – 2401 – 0023417　412/76 – 7(3)
古文辭類纂七十五卷　（清）姚鼐編　清光緒
二十七年(1901)滁州李氏求要堂刻本　九

缺二十卷(三十二至五十一)

430000－2401－0023418　412/82－3

古文辭類纂七十四卷　(清)姚鼐編　**續古文辭類纂三十四卷**　王先謙編　清光緒三十三年(1907)上海商務印書館鉛印本　十冊

430000－2401－0023419　412/77

古文辭類纂七十五卷　(清)姚鼐編　(清)吳汝綸集評　清宣統二年(1910)安徽張氏五色古文山房刻本　五冊　存十三卷(十四至十六、三十二至三十四、四十六至四十七、六十二至六十六)

430000－2401－0023420　412/59

古文翼八卷　(清)唐德宜編　清乾隆六年(1741)景山書屋刻本　八冊

430000－2401－0023421　412/59－2

古文翼八卷　(清)唐德宜編　清光緒十九年(1893)湖南經國書局刻本　八冊

430000－2401－0023422　412/230

歸余鈔四卷　(清)高嵣集評　清乾隆五十三年(1788)雙桐書屋刻本　八冊

430000－2401－0023423　412/48

古文眉詮七十九卷首一卷　(清)浦起龍輯　清乾隆九年(1744)江蘇三吳書院刻本　二十冊

430000－2401－0023424　412/48(1)

古文眉詮七十九卷首一卷　(清)浦起龍輯　清乾隆九年(1744)江蘇三吳書院刻本　二十冊

430000－2401－0023425　△412/104

歷代賦話正集十四卷續集十四卷復小齋賦話二卷　(清)浦銑輯　清乾隆五十三年(1788)嘉善浦氏復小齋刻本　八冊

430000－2401－0023426　412/151－3

六朝唐賦讀本不分卷　(清)馬傳庚選註　清同治十三年(1874)京都玉燕書巢馬氏刻本　二冊

430000－2401－0023427　412/151－3(1)

六朝唐賦讀本不分卷　(清)馬傳庚選註　清

同治十三年(1874)京都玉燕書巢馬氏刻本　二冊

430000－2401－0023428　412/151－3(2)

六朝唐賦讀本不分卷　(清)馬傳庚選註　清同治十三年(1874)京都玉燕書巢馬氏刻本　二冊

430000－2401－0023429　412/151－3(3)

六朝唐賦讀本不分卷　(清)馬傳庚選註　清同治十三年(1874)京都玉燕書巢馬氏刻本　二冊

430000－2401－0023430　412/151－4

六朝唐賦讀本不分卷　(清)馬傳庚選註　清光緒二年(1876)京都松竹齋刻本　二冊

430000－2401－0023431　412/151－4(1)

六朝唐賦讀本不分卷　(清)馬傳庚選註　清光緒二年(1876)京都松竹齋刻本　二冊

430000－2401－0023432　412/151－4(2)

六朝唐賦讀本不分卷　(清)馬傳庚選註　清光緒二年(1876)京都松竹齋刻本　二冊

430000－2401－0023433　412/151－4(3)

六朝唐賦讀本不分卷　(清)馬傳庚選註　清光緒二年(1876)京都松竹齋刻本　二冊

430000－2401－0023434　412/151－2

選註六朝唐賦不分卷　(清)馬傳庚選註　清光緒十四年(1888)南陵徐氏餘學齋刻本　二冊

430000－2401－0023435　412/52

續古文苑二十卷　(清)孫星衍編　清嘉慶十七年(1812)冶城山館刻平津館叢書本　六冊

430000－2401－0023436　412/52(1)

續古文苑二十卷　(清)孫星衍編　清嘉慶十七年(1812)冶城山館刻平津館叢書本　四冊

430000－2401－0023437　412/52(2)

續古文苑二十卷　(清)孫星衍編　清嘉慶十七年(1812)冶城山館刻平津館叢書本　六冊

430000－2401－0023438　412/52－2

續古文苑二十卷　(清)孫星衍編　清光緒九

年(1883)江蘇書局刻本　六冊

430000－2401－0023439　412/52－2(1)
續古文苑二十卷 （清)孫星衍編　清光緒九
年(1883)江蘇書局刻本　六冊

430000－2401－0023440　412/52－2(2)
續古文苑二十卷 （清)孫星衍編　清光緒九
年(1883)江蘇書局刻本　六冊

430000－2401－0023441　412/52－2(3)
續古文苑二十卷 （清)孫星衍編　清光緒九
年(1883)江蘇書局刻本　六冊

430000－2401－0023442　412/52－2(4)
續古文苑二十卷 （清)孫星衍編　清光緒九
年(1883)江蘇書局刻本　六冊

430000－2401－0023443　△412/39
古文淵鑒六十四卷 （清)徐乾學輯註　清康
熙内府五色套印本　三十二冊

430000－2401－0023444　△412/39(1)
古文淵鑒六十四卷 （清)徐乾學輯註　清康
熙内府五色套印本　二十四冊

430000－2401－0023445　△412/39(2)
古文淵鑒六十四卷 （清)徐乾學輯註　清康
熙内府五色套印本　二十四冊

430000－2401－0023446　412/61
古文淵鑒六十四卷 （清)徐乾學輯註　清康
熙五色套印本　二十四冊

430000－2401－0023447　412/61－2
古文淵鑒六十四卷 （清)徐乾學輯註　清末
五色套印本　四十冊

430000－2401－0023448　412/61－2(1)
古文淵鑒六十四卷 （清)徐乾學輯註　清末
五色套印本　三十二冊

430000－2401－0023449　412/61－2(2)
古文淵鑒六十四卷 （清)徐乾學輯註　清末
五色套印本　三十二冊

430000－2401－0023450　412/61－2(3)
古文淵鑒六十四卷 （清)徐乾學輯註　清末

五色套印本　四十八冊

430000－2401－0023451　412/61－2(4)
古文淵鑒六十四卷 （清)徐乾學輯註　清末
五色套印本　四十冊

430000－2401－0023452　412/61－3
古文淵鑒六十四卷 （清)徐乾學輯註　清末
尊經閣刻本　二十九冊

430000－2401－0023453　412/61－4
古文淵鑒六十四卷 （清)徐乾學輯註　清宣
統二年(1910)學部圖書局刻本　二十四冊

430000－2401－0023454　412/47
古文披金□□卷 （清)納蘭常安評選　清刻
本　一冊　存一卷(二十三)

430000－2401－0023455　412/146
御選唐宋文醇五十八卷 （清)高宗弘曆選
清乾隆喬光烈等刻本　二十冊

430000－2401－0023456　412/146(1)
御選唐宋文醇五十八卷 （清)高宗弘曆選
清乾隆喬光烈等刻本　二十冊

430000－2401－0023457　412/146(2)
御選唐宋文醇五十八卷 （清)高宗弘曆選
清乾隆喬光烈等刻本　二十冊

430000－2401－0023458　412/146(3)
御選唐宋文醇五十八卷 （清)高宗弘曆選
清乾隆喬光烈等刻本　十冊

430000－2401－0023459　412/146(4)
御選唐宋文醇五十八卷 （清)高宗弘曆選
清乾隆喬光烈等刻本　二十四冊

430000－2401－0023460　412/146－2
御選唐宋文醇五十八卷 （清)高宗弘曆選
清光緒三年(1877)浙江書局刻本　二十冊

430000－2401－0023461　412/146－3
御選唐宋文醇五十八卷 （清)高宗弘曆選
清光緒二十三年(1897)經綸元記刻本　二
十冊

430000－2401－0023462　412/146－3(1)

御選唐宋文醇五十八卷 （清）高宗弘曆選
清光緒二十三年（1897）經綸元記刻本　十九冊

430000－2401－0023463　412/146－2（1）
御選唐宋文醇五十八卷 （清）高宗弘曆選
清浙江書局刻本　二十冊

430000－2401－0023464　△412/28
六朝文絜四卷 （清）許槤評選　清道光五年（1825）許氏享金寶石齋刻朱墨套印本　二冊

430000－2401－0023465　△412/28（1）
六朝文絜四卷 （清）許槤評選　清道光五年（1825）許氏享金寶石齋刻朱墨套印本　二冊

430000－2401－0023466　△412/28（2）
六朝文絜四卷 （清）許槤評選　清道光五年（1825）許氏享金寶石齋刻朱墨套印本　二冊

430000－2401－0023467　△412/28（3）
六朝文絜四卷 （清）許槤評選　清道光五年（1825）許氏享金寶石齋刻朱墨套印本　二冊

430000－2401－0023468　412/149－2（1）
六朝文絜四卷 （清）許槤評選　清道光五年（1825）羊城文陞閣朱墨套印本　一冊　存二卷（一至二）

430000－2401－0023469　412/149－2
六朝文絜四卷 （清）許槤評選　清同治四年（1865）友竹山房鈔本　一冊

430000－2401－0023470　412/149－4
六朝文絜四卷 （清）許槤評選　清光緒三年（1877）成都讀有用書齋朱墨套印本　一冊

430000－2401－0023471　412/149－4（1）
六朝文絜四卷 （清）許槤評選　清光緒三年（1877）成都讀有用書齋朱墨套印本　一冊

430000－2401－0023472　412/149－4（2）
六朝文絜四卷 （清）許槤評選　清光緒三年（1877）成都讀有用書齋朱墨套印本　二冊

430000－2401－0023473　412/149－4（3）
六朝文絜四卷 （清）許槤評選　清光緒三年（1877）成都讀有用書齋朱墨套印本　二冊

430000－2401－0023474　412/149－4（4）
六朝文絜四卷 （清）許槤評選　清光緒三年（1877）成都讀有用書齋朱墨套印本　二冊

430000－2401－0023475　412/149
六朝文絜四卷 （清）許槤評選　清光緒朱墨套印本　一冊

430000－2401－0023476　412/150
六朝文絜箋註十二卷 （清）許槤評選　（清）黎經誥箋註　清光緒十五年（1889）江西枕溢書屋刻本　四冊

430000－2401－0023477　412/150（1）
六朝文絜箋註十二卷 （清）許槤評選　（清）黎經誥箋註　清光緒十五年（1889）江西枕溢書屋刻本　四冊

430000－2401－0023478　412/150（2）
六朝文絜箋註十二卷 （清）許槤評選　（清）黎經誥箋註　清光緒十五年（1889）江西枕溢書屋刻本　佚名圈點　二冊　存六卷（一至六）

430000－2401－0023479　412/150－2
六朝文絜箋註十二卷 （清）許槤評選　（清）黎經誥箋註　清末翻刻本　二冊

430000－2401－0023480　412/54
古文詞略二十四卷 （清）梅曾亮編選　清同治六年（1867）合肥李氏刻本　五冊

430000－2401－0023481　412/54（1）
古文詞略二十四卷 （清）梅曾亮編選　清同治六年（1867）合肥李氏刻本　五冊

430000－2401－0023482　412/54（2）
古文詞略二十四卷 （清）梅曾亮編選　清同治六年（1867）合肥李氏刻本　五冊

430000－2401－0023483　412/54（3）
古文詞略二十四卷 （清）梅曾亮編選　清同治六年（1867）合肥李氏刻本　五冊

430000－2401－0023484　412/54（40）
古文詞略二十四卷 （清）梅曾亮編選　清同治六年（1867）合肥李氏刻本　五冊

430000－2401－0023485　412/54－2

古文詞略讀本二十四卷　（清）梅曾亮編選
清光緒三十一年(1905)北京宏道學舍鉛印本
　四冊

430000－2401－0023486　412/54－3

古文詞略二十四卷　（清）梅曾亮編選　清光
緒三十四年(1908)學部圖書局鉛印本　五冊

430000－2401－0023487　412/2

七十家賦鈔六卷　（清）張惠言輯　清道光元
年(1821)合河康氏刻本　四冊

430000－2401－0023488　412/2(1)

七十家賦鈔六卷　（清）張惠言輯　清道光元
年(1821)合河康氏刻本　四冊

430000－2401－0023489　412/2(2)

七十家賦鈔六卷　（清）張惠言輯　清道光元
年(1821)合河康氏刻本　四冊

430000－2401－0023490　412/2－3

七十家賦鈔六卷　（清）張惠言輯　清光緒四
年(1878)宏達堂刻本　四冊

430000－2401－0023491　412/2－3(1)

七十家賦鈔六卷　（清）張惠言輯　清光緒四
年(1878)宏達堂刻本　四冊

430000－2401－0023492　412/2－3(2)

七十家賦鈔六卷　（清）張惠言輯　清光緒四
年(1878)宏達堂刻本　四冊

430000－2401－0023493　412/2－4

七十家賦鈔六卷　（清）張惠言輯　清光緒八
年(1882)廣東載文堂刻本　四冊

430000－2401－0023494　412/2－4(1)

七十家賦鈔六卷　（清）張惠言輯　清光緒八
年(1882)廣東載文堂刻本　四冊

430000－2401－0023495　412/2－5

七十家賦鈔六卷　（清）張惠言輯　清光緒二
十三年(1897)江蘇書局刻本　四冊

430000－2401－0023496　412/2－5(1)

七十家賦鈔六卷　（清）張惠言輯　清光緒二
十三年(1897)江蘇書局刻本　四冊

430000－2401－0023497　412/2－2

七十家賦鈔六卷　（清）張惠言輯　清刻本
四冊

430000－2401－0023498　48/179

選學膠言二十卷補遺一卷　（清）張雲璈撰
清道光十一年(1831)刻本　八冊

430000－2401－0023499　412/66

慧眼山房原本古今文小品八卷　（清）陳天定
評選　清刻本　六冊

430000－2401－0023500　412/193

**御定歷代賦彙一百四十卷目錄二卷外集二十
卷附逸句二卷補遺二十二卷**　（清）陳元龍輯
　清康熙四十五年(1706)刻本　六十冊

430000－2401－0023501　412/193(1)

**御定歷代賦彙一百四十卷目錄二卷外集二十
卷附逸句二卷補遺二十二卷**　（清）陳元龍輯
　清康熙四十五年(1706)刻本　六十冊

430000－2401－0023502　412/193(2)

**御定歷代賦彙一百四十卷目錄二卷外集二十
卷附逸句二卷補遺二十二卷**　（清）陳元龍輯
　清康熙四十五年(1706)刻本　四十四冊

430000－2401－0023503　412/193－2

**御定歷代賦彙一百四十卷目錄二卷外集二十
卷附逸句二卷補遺二十二卷**　（清）陳元龍輯
　清光緒十二年(1886)上海點石齋石印本
十六冊

430000－2401－0023504　412/193－2(1)

**御定歷代賦彙一百四十卷目錄二卷外集二十
卷附逸句二卷補遺二十二卷**　（清）陳元龍輯
　清光緒十二年(1886)上海點石齋石印本
十五冊　缺十二卷(七至十八)

430000－2401－0023505　412/114

陳太僕批選八家文鈔不分卷　（清）陳兆崙批
點　清光緒二十六年(1900)天津文美齋石印
紫竹山房家塾本　三冊

430000－2401－0023506　412/114(1)

陳太僕批選八家文鈔不分卷　（清）陳兆崙批

點　清光緒二十六年(1900)天津文美齋石印
紫竹山房家塾本　六冊

430000－2401－0023507　412/176
**賦彙錄要二十八卷天象補題註一卷賦彙補遺
錄要一卷賦彙錄要外集一卷**　(清)吳光昭箋
　(清)陳書輯　清乾隆二十三年(1758)汲古
齋刻本　十四冊

430000－2401－0023508　412/176(1)
**賦彙錄要二十八卷天象補題註一卷賦彙補遺
錄要一卷賦彙錄要外集一卷**　(清)吳光昭箋
　(清)陳書輯　清乾隆二十三年(1758)汲古
齋刻本　十二冊

430000－2401－0023509　412/18
古文四象四卷　(清)曾國藩輯　清光緒三十
四年(1908)京師北新書局鉛印本　四冊

430000－2401－0023510　412/196
經史百家雜鈔二十六卷　(清)曾國藩纂　清
光緒二年(1876)傳忠書局刻本　二十六冊

430000－2401－0023511　412/196(1)
經史百家雜鈔二十六卷　(清)曾國藩纂　清
光緒二年(1876)傳忠書局刻本　二十六冊

430000－2401－0023512　412/196(2)
經史百家雜鈔二十六卷　(清)曾國藩纂　清
光緒二年(1876)傳忠書局刻本　二十冊

430000－2401－0023513　412/196(3)
經史百家雜鈔二十六卷　(清)曾國藩纂　清
光緒二年(1876)傳忠書局刻本　二十冊

430000－2401－0023514　412/196(4)
經史百家雜鈔二十六卷　(清)曾國藩纂　清
光緒二年(1876)傳忠書局刻本　二十冊

430000－2401－0023515　412/196－2
經史百家雜鈔二十六卷　(清)曾國藩纂　清
光緒三十二年(1906)上海商務印書館鉛印本
十二冊

430000－2401－0023516　412/195
經史百家簡編二卷　(清)曾國藩纂　清同治
十三年(1874)傳忠書局刻本　二冊

430000－2401－0023517　412/195(1)
經史百家簡編二卷　(清)曾國藩纂　清同治
十三年(1874)傳忠書局刻本　二冊

430000－2401－0023518　412/195(2)
經史百家簡編二卷　(清)曾國藩纂　清同治
十三年(1874)傳忠書局刻本　二冊

430000－2401－0023519　412/195(3)
經史百家簡編二卷　(清)曾國藩纂　清同治
十三年(1874)傳忠書局刻本　二冊

430000－2401－0023520　412/195(3)
經史百家簡編二卷　(清)曾國藩纂　清同治
十三年(1874)傳忠書局刻本　二冊

430000－2401－0023521　412/296
駢文正宗不分卷　(清)曾燠編　清鈔本
一冊

430000－2401－0023522　412/170
硯餘歲鈔六卷　(清)黃天相輯　清雍正六年
(1728)黃天相鈔本　六冊

430000－2401－0023523　412/170－2
硯餘歲鈔□□卷　(清)黃天相輯　清黃天相
手鈔本　六冊

430000－2401－0023524　412/164
東湖草堂賦鈔二集六卷　(清)程祥棟輯　清
同治六年(1867)抱樸山房刻本　四冊

430000－2401－0023525　412/173
賦鈔箋略十五卷　(清)雷琳　(清)張杏濱合
箋　清初刻本　有朱墨圈點　佚名批註　一
冊　存五卷(一至五)

430000－2401－0023526　412/173－2
賦鈔箋略十五卷　(清)雷琳　(清)張杏濱合
箋　清嘉慶二十二年(1817)刻本　四冊

430000－2401－0023527　412/173－3
賦鈔箋略十五卷　(清)雷琳　(清)張杏濱合
箋　清張士林刻本　六冊

430000－2401－0023528　412/212
耆獻文徵三卷　(清)靳維熙輯　清宣統元年
(1909)刻本　二冊

430000 - 2401 - 0023529　412/184

龍蟄集十卷　（清）愛日居主人編輯　清咸豐五年（1855）刻本　五冊

430000 - 2401 - 0023530　412/194

歷代賦鈔三十二卷　（清）趙維烈編　清康熙二十五年（1686）一經樓刻本　六冊

430000 - 2401 - 0023531　412/198

律賦正宗一卷附編一卷　（清）潘世恩輯　清道光二年（1822）吳郡毛上珍局刻本　一冊

430000 - 2401 - 0023532　412/44

古文雅正十四卷　（清）蔡世遠選評　清同治七年（1868）湘鄉曾氏刻本　六冊

430000 - 2401 - 0023533　412/44（1）

古文雅正十四卷　（清）蔡世遠選評　清同治七年（1868）湘鄉曾氏刻本　六冊

430000 - 2401 - 0023534　412/44（2）

古文雅正十四卷　（清）蔡世遠選評　清同治七年（1868）湘鄉曾氏刻本　六冊

430000 - 2401 - 0023535　412/44（3）

古文雅正十四卷　（清）蔡世遠選評　清同治七年（1868）湘鄉曾氏刻本　六冊

430000 - 2401 - 0023536　412/44（4）

古文雅正十四卷　（清）蔡世遠選評　清同治七年（1868）湘鄉曾氏刻本　六冊

430000 - 2401 - 0023537　412/44（5）

古文雅正十四卷　（清）蔡世遠選評　清同治七年（1868）湘鄉曾氏刻本　六冊

430000 - 2401 - 0023538　412/267

全上古三代秦漢三國晉南北朝文編目一百〇三卷　（清）蔣壑編　清光緒五年（1879）刻本　十六冊

430000 - 2401 - 0023539　412/267（1）

全上古三代秦漢三國晉南北朝文編目一百〇三卷　（清）蔣壑編　清光緒五年（1879）刻本　十六冊

430000 - 2401 - 0023540　412/79

續古文辭類纂二十八卷　（清）黎庶昌編　清光緒十六年（1890）遵義黎氏金陵書局刻本八冊

430000 - 2401 - 0023541　412/79（1）

續古文辭類纂二十八卷　（清）黎庶昌編　清光緒十六年（1890）遵義黎氏金陵書局刻本八冊

430000 - 2401 - 0023542　412/79（2）

續古文辭類纂二十八卷　（清）黎庶昌編　清光緒十六年（1890）遵義黎氏金陵書局刻本八冊

430000 - 2401 - 0023543　412/79（3）

續古文辭類纂二十八卷　（清）黎庶昌編　清光緒十六年（1890）遵義黎氏金陵書局刻本六冊

430000 - 2401 - 0023544　412/79（4）

續古文辭類纂二十八卷　（清）黎庶昌編　清光緒十六年（1890）遵義黎氏金陵書局刻本十七冊

430000 - 2401 - 0023545　412/79 - 2

續古文辭類纂二十八卷　（清）黎庶昌編　清光緒二十一年（1895）金陵狀元閣刻本　十二冊

430000 - 2401 - 0023546　412/79 - 2（1）

續古文辭類纂二十八卷　（清）黎庶昌編　清光緒二十一年（1895）金陵狀元閣刻本　十二冊

430000 - 2401 - 0023547　412/79 - 2（2）

續古文辭類纂二十八卷　（清）黎庶昌編　清光緒二十一年（1895）金陵狀元閣刻本　十二冊

430000 - 2401 - 0023548　412/79 - 2（3）

續古文辭類纂二十八卷　（清）黎庶昌編　清光緒二十一年（1895）金陵狀元閣刻本　十二冊

430000 - 2401 - 0023549　412/168

海峰先生精選八家文鈔不分卷　（清）劉大櫆輯　清光緒二年（1876）邢邱刻本　二冊

430000 - 2401 - 0023550　412/178

賦海大觀三十二卷　（清）廬江太守公編　清
光緒十四年(1888)春江鴻寶齋書局石印本
二十八冊

430000－2401－0023551　412/141
唐宋八大家類選十四卷　（清）儲欣輯評　清
乾隆三十八年(1773)同文堂刻本　八冊

430000－2401－0023552　412/141(1)
唐宋八大家類選十四卷　（清）儲欣輯評　清
乾隆三十八年(1773)同文堂刻本　七冊　缺
一卷(三)

430000－2401－0023553　412/141－2
唐宋八大家類選十四卷　（清）儲欣輯評　清
光緒十八年(1892)湖北官書處刻本　六冊

430000－2401－0023554　412/141－2(1)
唐宋八大家類選十四卷　（清）儲欣輯評　清
光緒十八年(1892)湖北官書處刻本　六冊

430000－2401－0023555　412/141－2(2)
唐宋八大家類選十四卷　（清）儲欣輯評　清
光緒十八年(1892)湖北官書處刻本　八冊

430000－2401－0023556　412/253
重訂七種古文選四十八卷　（清）儲欣評選
清乾隆四十九年(1784)受祉堂刻本　十六冊

430000－2401－0023557　412/253(1)
重訂七種古文選四十八卷　（清）儲欣評選
清乾隆四十九年(1784)受祉堂刻本　十六冊

430000－2401－0023558　412/5
八代文粹四集二百二十卷目錄十八卷　（清）
簡燊　（清）陳崇哲編　清光緒十一年(1885)
富順考雋堂刻本　八十冊

430000－2401－0023559　412/5(1)
八代文粹四集二百二十卷目錄十八卷　（清）
簡燊　（清）陳崇哲編　清光緒十一年(1885)
富順考雋堂刻本　六十冊

430000－2401－0023560　412/5(2)
八代文粹四集二百二十卷目錄十八卷　（清）
簡燊　（清）陳崇哲編　清光緒十一年(1885)
富順考雋堂刻本　四十二冊　缺八卷(一百

八十四至一百八十九、一百九十二至一百九
十三)

430000－2401－0023561　412/162
全上古三代秦漢三國六朝文十五集七百四十
一卷　（清）嚴可均輯　清光緒十三年至十九
年(1887－1893)廣州廣雅局刻本　一百二
十冊

430000－2401－0023562　412/162(1)
全上古三代秦漢三國六朝文十五集七百四十
一卷　（清）嚴可均輯　清光緒十三年至十九
年(1887－1893)廣州廣雅局刻本　九十九冊
缺八卷(後漢文一至八)

430000－2401－0023563　412/162(2)
全上古三代秦漢三國六朝文十五集七百四十
一卷　（清）嚴可均輯　清光緒十三年至十九
年(1887－1893)廣州廣雅局刻本　九十九冊
缺九卷(全晉文一百〇四至一百十二)

430000－2401－0023564　412/162－2
全上古三代秦漢三國六朝文十五集七百四十
一卷　（清）嚴可均輯　清光緒二十年(1894)
黃岡王氏刻本　一百冊

430000－2401－0023565　412/162－2(1)
全上古三代秦漢三國六朝文十五集七百四十
一卷　（清）嚴可均輯　清光緒二十年(1894)
黃岡王氏刻本　一百冊

430000－2401－0023566　412/162－2(2)
全上古三代秦漢三國六朝文十五集七百四十
一卷　（清）嚴可均輯　清光緒二十年(1894)
黃岡王氏刻本　一百冊

430000－2401－0023567　△412/50
新編名公翰苑啟雲錦前集十卷後集九卷四六
啟雲前集八卷後集五卷　清初鈔本　十二冊

430000－2401－0023568　△431/21
漢魏遺書續鈔十卷　清初鈔本　四冊

430000－2401－0023569　412/145
文學外篇十五卷　（清）□□輯　清光緒十年
(1884)古羅李氏刻本　五冊

430000－2401－0023570　412/285

古文詞略目錄凡例等五種　清光緒鈔本
一冊

430000－2401－0023571　412/70

古今名人文鈔一卷　清末鈔本　一冊

430000－2401－0023572　412/152

摘錄古文精選一卷　清倚竹草堂鈔本　一冊

430000－2401－0023573　412/78

續古文辭類纂三十四卷　王先謙編　清光緒
八年(1882)長沙王氏虛受堂刻本　八冊

430000－2401－0023574　412/78(1)

續古文辭類纂三十四卷　王先謙編　清光緒
八年(1882)長沙王氏虛受堂刻本　八冊

430000－2401－0023575　412/78(2)

續古文辭類纂三十四卷　王先謙編　清光緒
八年(1882)長沙王氏虛受堂刻本　八冊

430000－2401－0023576　412/78(3)

續古文辭類纂三十四卷　王先謙編　清光緒
八年(1882)長沙王氏虛受堂刻本　八冊

430000－2401－0023577　412/78(4)

續古文辭類纂三十四卷　王先謙編　清光緒
八年(1882)長沙王氏虛受堂刻本　八冊

430000－2401－0023578　412/78－3

續古文辭類纂三十四卷　王先謙編　清光緒
長沙王氏虛受堂刻本　八冊

430000－2401－0023579　412/78－3(1)

續古文辭類纂三十四卷　王先謙編　清光緒
長沙王氏虛受堂刻本　八冊

430000－2401－0023580　412/78－2

續古文辭類纂三十四卷　王先謙編　清光緒
二十六年(1900)新化三味堂刻本　六冊　缺
八卷(一至三、二十四至二十八)

430000－2401－0023581　412/203

駢文類纂四十六卷　王先謙輯　清光緒二十
八年(1902)湖南思賢書局刻本　三十二冊

430000－2401－0023582　412/203(1)

駢文類纂四十六卷　王先謙輯　清光緒二十
八年(1902)湖南思賢書局刻本　二十二冊

430000－2401－0023583　412/203(2)

駢文類纂四十六卷　王先謙輯　清光緒二十
八年(1902)湖南思賢書局刻本　二十四冊

430000－2401－0023584　412/203(3)

駢文類纂四十六卷　王先謙輯　清光緒二十
八年(1902)湖南思賢書局刻本　二十四冊

430000－2401－0023585　412/203(4)

駢文類纂四十六卷　王先謙輯　清光緒二十
八年(1902)湖南思賢書局刻本　二十八冊

430000－2401－0023586　412/73

涵芬樓古今文鈔一百卷　吳曾祺編輯　清宣
統三年(1911)上海商務印書館鉛印本　一
百冊

430000－2401－0023587　412/73(1)

涵芬樓古今文鈔一百卷　吳曾祺編輯　清宣
統三年(1911)上海商務印書館鉛印本　一百
冊　缺一卷(七十七)

430000－2401－0023588　412/73(2)

涵芬樓古今文鈔一百卷　吳曾祺編輯　清宣
統三年(1911)上海商務印書館鉛印本　五十
三冊　存五十四卷(一至五十、五十八、六十
七、九十八、一百)

430000－2401－0023589　412/75

涵芬樓古今文鈔小傳四卷首一卷附錄一卷
商務印書館編輯　清宣統三年(1911)上海商
務印書館鉛印本　一冊

430000－2401－0023590　△412/30

玉臺新詠十卷　(南朝陳)徐陵輯　**續五卷**
(明)鄭玄撫輯　明嘉靖十九年(1540)鄭玄撫
刻本　四冊

430000－2401－0023591　△412/30－2

玉臺新詠十卷　(南朝陳)徐陵輯　**續四卷**
(明)鄭玄撫輯　(明)袁宏道評　明天啟二年
(1622)沈逢春刻本　佚名批校圈點　四冊

430000－2401－0023592　△412/30－3

玉臺新詠十卷　（南朝陳）徐陵輯　明崇禎六年(1633)趙均刻本　清周鑾詒跋　秦曼青、葉啟發跋　二冊

430000－2401－0023593　412/155

玉臺新詠十卷　（南朝陳）徐陵輯　（清）吳兆宜註　（清）程琰删補　清乾隆三十九年(1774)刻本　四冊

430000－2401－0023594　412/155(1)

玉臺新詠十卷　（南朝陳）徐陵輯　（清）吳兆宜註　（清）程琰删補　清乾隆三十九年(1774)刻本　十冊

430000－2401－0023595　412/155－2

玉臺新詠十卷　（南朝陳）徐陵輯　（清）吳兆宜註　（清）程琰删補　清光緒五年(1879)宏達堂刻本　佚名批註　四冊

430000－2401－0023596　412/155－2(1)

玉臺新詠十卷　（南朝陳）徐陵輯　（清）吳兆宜註　（清）程琰删補　清光緒五年(1879)宏達堂刻本　四冊

430000－2401－0023597　412/155－2(2)

玉臺新詠十卷　（南朝陳）徐陵輯　（清）吳兆宜註　（清）程琰删補　清光緒五年(1879)宏達堂刻本　四冊

430000－2401－0023598　412/155－2(3)

玉臺新詠十卷　（南朝陳）徐陵輯　（清）吳兆宜註　（清）程琰删補　清光緒五年(1879)宏達堂刻本　四冊

430000－2401－0023599　△412/123

本事詩一卷　（唐）孟棨撰　清四庫全書本　一冊

430000－2401－0023600　411/111－2

文館詞林六卷　（唐）許敬宗等輯　清光緒十九年(1893)景蘇園刻本　二冊　存六卷(一百五十二、一百五十八、三百四十六、四百四、六百六十五、六百六十九)

430000－2401－0023601　411/111－2(1)

文館詞林六卷　（唐）許敬宗等輯　清光緒十

九年(1893)景蘇園刻本　二冊

430000－2401－0023602　411/111－2(2)

文館詞林三卷　（唐）許敬宗等輯　清光緒十九年(1893)景蘇園刻本　一冊　存三卷(一百五十二、一百五十八、三百四十六)

430000－2401－0023603　412/111－3

文館詞林二卷　（唐）許敬宗等輯　清遵義黎氏刻本　一冊　存二卷(四百五十二、四百五十三)

430000－2401－0023604　△412/8－2

文苑英華一千卷目錄一卷　（宋）李昉輯　明隆慶元年(1567)胡維新戚繼光刻本(目錄、序、一至十、三十一至四十、五十一至六十、七十一至八十、一百十一至一百二十、一百七十一至一百八十、二百○一至二百二十、五百十一至五百二十、七百十至七百二十、七百九十一至八百、八百四十一至九百配鈔)　一百二十冊

430000－2401－0023605　△412/8－2(1)

文苑英華一千卷目錄一卷　（宋）李昉輯　明隆慶元年(1567)胡維新戚繼光刻本　三十三冊　存二百七十八卷(六十二至七十二、八十二至九十一、一百八十二至一百九十二、二百三十一至二百四十、三百五十八至三百七十、三百九十一至四百、四百二十一至四百三十、四百五十二至四百六十九、四百八十二至四百九十、五百九十二至六百○六、六百十一至六百二十、六百八十一至七百二十、七百三十一至七百五十、七百六十一至七百七十、七百八十一至七百九十、八百十六至八百二十七、八百六十一至八百八十、八百九十二至九百、九百四十一至九百七十)

430000－2401－0023606　△412/8

文苑英華一千卷　（宋）李昉等輯　明鈔本　二冊　存八十卷(一百十一至一百八十、四百三十一至四百四十)

430000－2401－0023607　△412/129

詩準四卷　（宋）何無適　（宋）倪希程輯　明刻本　一冊　存二卷(一至二)

430000－2401－0023608　△412/97－2

樂府詩集一百卷目錄二卷　（宋）郭茂倩輯
元刻明嘉靖遞修本　佚名批校圈點　二十四
冊　存七十四卷（目錄、一至四、十二至十四、
二十五至三十七、四十五至八十五、八十九至
一百）

430000－2401－0023609　△412/97

樂府詩集一百卷目錄二卷　（宋）郭茂倩輯
明毛氏汲古閣刻本　十二冊

430000－2401－0023610　△412/97（1）

樂府詩集一百卷目錄二卷　（宋）郭茂倩輯
明毛氏汲古閣刻本　十二冊

430000－2401－0023611　△412/97（2）

樂府詩集一百卷目錄二卷　（宋）郭茂倩輯
明毛氏汲古閣刻本　八冊

430000－2401－0023612　△412/97（3）

樂府詩集一百卷目錄二卷　（宋）郭茂倩輯
明毛氏汲古閣刻本　十冊

430000－2401－0023613　412/175－3

樂府詩集一百卷目錄二卷　（宋）郭茂倩輯
清同治十三年（1874）湖北崇文書局刻本　十
六冊

430000－2401－0023614　412/175－3（1）

樂府詩集一百卷目錄二卷　（宋）郭茂倩輯
清同治十三年（1874）湖北崇文書局刻本　十
六冊

430000－2401－0023615　412/175－3（2）

樂府詩集一百卷目錄二卷　（宋）郭茂倩輯
清同治十三年（1874）湖北崇文書局刻本　十
六冊

430000－2401－0023616　412/175－3（3）

樂府詩集一百卷目錄二卷　（宋）郭茂倩輯
清同治十三年（1874）湖北崇文書局刻本　十
六冊

430000－2401－0023617　412/175－3（4）

樂府詩集一百卷目錄二卷　（宋）郭茂倩輯
清同治十三年（1874）湖北崇文書局刻本　十
六冊

430000－2401－0023618　412/175－4

樂府詩集一百卷目錄二卷　（宋）郭茂倩輯
清光緒元年（1875）湖北崇文書局刻本　十
六冊

430000－2401－0023619　412/10

文苑英華辨證十卷　（宋）彭叔夏撰　清道光
十年（1830）補修清翻刻武英殿聚珍本　二冊

430000－2401－0023620　412/10（1）

文苑英華辨證十卷　（宋）彭叔夏撰　清道光
十年（1830）補修清翻刻武英殿聚珍本　二冊

430000－2401－0023621　412/10（2）

文苑英華辨證十卷　（宋）彭叔夏撰　清道光
十年（1830）補修清翻刻武英殿聚珍本　二冊

430000－2401－0023622　412/10（3）

文苑英華辨證十卷　（宋）彭叔夏撰　清道光
十年（1830）補修清翻刻武英殿聚珍本　二冊

430000－2401－0023623　412/10（4）

文苑英華辨證十卷　（宋）彭叔夏撰　清道光
十年（1830）補修清翻刻武英殿聚珍本　一冊
　缺四卷（一至四）

430000－2401－0023624　412/233

解學士千家詩講讀二卷　（宋）謝枋得編
（清）湯海若校釋　清光緒二十五年（1899）益
元書局刻本　一冊

430000－2401－0023625　412/233－2

合刻註釋張子房解學士千家詩講讀一卷
（宋）謝枋得編　（清）湯海若校釋　三讓堂刻
本　一冊

430000－2401－0023626　412/215

瀛奎律髓四十九卷　（元）方回輯　清康熙五
十一年（1712）吳寶芝黃葉村莊重校刻本
十冊

430000－2401－0023627　412/215（1）

瀛奎律髓四十九卷　（元）方回輯　清康熙五
十一年（1712）吳寶芝黃葉村莊重校刻本　八
冊　缺一卷（四十九）

430000 – 2401 – 0023628　412/215（2）

瀛奎律髓四十九卷　（元）方回輯　清康熙五十一年(1712)吳寶芝黃葉村莊重校刻本　八冊　缺一卷(四十九)

430000 – 2401 – 0023629　412/215（3）

瀛奎律髓四十九卷　（元）方回輯　清康熙五十一年(1712)吳寶芝黃葉村莊重校刻本　七冊　缺二十三卷(二十一至四十、四十七至四十九)

430000 – 2401 – 0023630　412/215（4）

瀛奎律髓四十九卷　（元）方回輯　清康熙五十一年(1712)吳寶芝黃葉村莊重校刻本　五冊　缺六卷(十七至二十一、三十六)

430000 – 2401 – 0023631　△413/29

谷音二卷　（元）杜本輯　明末毛氏汲古閣刻本　二冊

430000 – 2401 – 0023632　△413/29（1）

谷音二卷　（元）杜本輯　明末毛氏汲古閣刻本　一冊

430000 – 2401 – 0023633　412/216

瀛奎律髓刊誤四十九卷　（清）紀昀撰　清嘉慶五年(1800)雙桂堂刻本　十冊

430000 – 2401 – 0023634　412/216（1）

瀛奎律髓刊誤四十九卷　（清）紀昀撰　清嘉慶五年(1800)雙桂堂刻本　十二冊

430000 – 2401 – 0023635　412/216（2）

瀛奎律髓刊誤四十九卷　（清）紀昀撰　清嘉慶五年(1800)雙桂堂刻本　八冊

430000 – 2401 – 0023636　412/216 – 2

瀛奎律髓刊誤四十九卷　（清）紀昀撰　清光緒六年(1880)懺花庵刻本　七冊　缺九卷(十六至二十一、四十七至四十九)

430000 – 2401 – 0023637　△412/124

古樂府十卷　（元）左克明輯　明汪尚磨校刻本　六冊

430000 – 2401 – 0023638　△412/49

古樂府十卷　（元）左克明輯　明何汝教校刻本　一冊　存二卷(二至三)

430000 – 2401 – 0023639　△412/100

選詩補註八卷補遺二卷續編四卷　（元）劉履撰　明嘉靖三十一年(1552)顧存仁養吾堂刻本　三冊　缺二卷(補註一至二)

430000 – 2401 – 0023640　△412/99

選詩補註八卷　（元）劉履撰　明刻本　四冊

430000 – 2401 – 0023641　△412/86

詩禪不分卷　（明）石萬程輯　明崇禎八年(1635)刻本　佚名批校圈點　十冊

430000 – 2401 – 0023642　△412/42

古今詩删三十四卷目錄二卷　（明）李攀龍輯　（明）徐中行訂　明王時元刻本　五冊　存二十九卷(一至二十七、目錄二卷)

430000 – 2401 – 0023643　△412/87

詩删二十三卷　（明）李攀龍輯　（明）鍾惺（明）譚元春評　明汪琪刻朱墨套印本　八冊

430000 – 2401 – 0023644　△412/88

詩學正宗十六卷　（明）浦南金輯　明嘉靖三十六年(1557)五樂堂刻本　四冊　存十五卷(二至十六)

430000 – 2401 – 0023645　△411.1/6

六朝詩乘　（明）梅鼎祚選輯　明刻本　十二冊　存十七卷(晉詩乘三至六,宋詩乘一、四,齊詩乘一至二,梁詩乘一、四至五,陳詩乘一至二,北朝詩乘一至二,隋詩乘一至二)

430000 – 2401 – 0023646　△412/31

石倉十二代詩選五百〇六卷　（明）曹學佺輯　明崇禎刻本　二冊　存十五卷(五至十一、三十七至四十四)

430000 – 2401 – 0023647　△412/48

古詩類苑一百三十卷　（明）張之象輯　（明）俞顯卿補訂　明萬曆三十年(1602)俞顯謨、王穎、陳甲刻本　十冊　存六十卷(一至六十)

430000 – 2401 – 0023648　△412/84

詩紀一百三十卷前集十卷附錄一卷外集四卷別集十二卷　（明）馮惟訥輯　明萬曆四十一

年(1613)黃承玄馮珣刻本　二十四冊

430000－2401－0023649　△412/84－2

詩紀一百五十六卷目錄三十六卷　(明)馮惟
訥輯　明萬曆聚錦堂刻本　三十四冊　缺二
十一卷(五十二至五十六、七十五至八十四、
一百五十一至一百五十六)

430000－2401－0023650　△412/84－3

詩紀一百五十六卷目錄三十六卷　(明)馮惟
訥輯　(明)吳琯校　明萬曆刻本　葉啟發題
識　四十冊

430000－2401－0023651　413/529

詩紀一百五十六卷目錄三十六卷　(明)馮惟
訥輯　(明)吳琯校　明刻本　七冊　存二十
七卷(六十一至六十四、一百三十至一百四十
三、一百四十八至一百五十六)

430000－2401－0023652　△412/128

詩紀別集六卷　(明)馮惟訥輯　明刻本
二冊

430000－2401－0023653　△412/65

風雅元音六卷　(明)傅振商輯　明末刻本
六冊

430000－2401－0023654　412/56

古今風謠一卷古今諺一卷　(明)楊慎輯　清
刻本　一冊

430000－2401－0023655　△412/83

詩所五十六卷歷代名氏爵里一卷　(明)臧懋
循輯　明萬曆雕蟲館刻本　十二冊

430000－2401－0023656　△412/83(1)

詩所五十六卷歷代名氏爵里一卷　(明)臧懋
循輯　明萬曆雕蟲館刻本　十二冊

430000－2401－0023657　△412/83(2)

詩所五十六卷歷代名氏爵里一卷　(明)臧懋
循輯　明萬曆雕蟲館刻本　十七冊

430000－2401－0023658　△412/83(3)

詩所五十六卷歷代名氏爵里一卷　(明)臧懋
循輯　明萬曆雕蟲館刻本　十二冊

430000－2401－0023659　412/245

詩所五十六卷　(明)臧懋循輯　明刻本　十
七冊　存四十八卷(一至四十八)

430000－2401－0023660　△412/89

精選古今詩餘醉十五卷　(明)潘游龍輯　明
崇禎休寧胡氏十竹齋刻本　二冊　存四卷
(十二至十五)

430000－2401－0023661　△412/52－2

名媛詩歸三十六卷　(明)鍾惺輯　明萬曆刻
本　六冊　存十七卷(一至十七)

430000－2401－0023662　△412/52

名媛詩歸三十六卷　(明)鍾惺輯　明刻本
十二冊

430000－2401－0023663　△412/46－2

古詩歸十五卷　(明)鍾惺　(明)譚元春輯
明萬曆四十五年(1617)閔振業、閔振聲刻三
色套印本　十二冊

430000－2401－0023664　△412/47

古詩歸十五卷唐詩歸三十六卷　(明)鍾惺
(明)譚元春輯　明萬曆四十五年(1617)刻本
十四冊

430000－2401－0023665　△412/46－2

古詩歸十五卷　(明)鍾惺　(明)譚元春輯
明刻本　三冊

430000－2401－0023666　△412/120－2

唐詩歸三十六卷　(明)鍾惺　(明)譚元春輯
明萬曆四十五年(1617)閔振業三色套印本
十三冊　存二十六卷(一至十八、二十九至
三十六)

430000－2401－0023667　△412/119

唐詩歸二十五卷　(明)鍾惺　(明)譚元春輯
明刻本　五冊

430000－2401－0023668　△412/120

唐詩歸三十六卷　(明)鍾惺　(明)譚元春輯
明刻本　六冊

430000－2401－0023669　△412/6

五言詩十七卷七言詩歌行鈔十五卷　(清)王
士禛選　清天藜閣刻本　六冊

430000 － 2401 － 0023670　△412/5
五言詩七言詩歌行鈔六卷　（清）王士禛選
清刻本　佚名批校圈點　四冊

430000 － 2401 － 0023671　412/91
漁洋山人古詩選三十二卷　（清）王士禛輯
惜抱軒今體詩選十八卷　（清）姚鼐輯　清同
治五年(1866)金陵書局刻本　十冊

430000 － 2401 － 0023672　412/91（1）
漁洋山人古詩選三十二卷　（清）王士禛輯
惜抱軒今體詩選十八卷　（清）姚鼐輯　清同
治五年(1866)金陵書局刻本　十冊

430000 － 2401 － 0023673　412/91（2）
漁洋山人古詩選三十二卷　（清）王士禛輯
惜抱軒今體詩選十八卷　（清）姚鼐輯　清同
治五年(1866)金陵書局刻本　十冊

430000 － 2401 － 0023674　412/91（3）
漁洋山人古詩選三十二卷　（清）王士禛輯
惜抱軒今體詩選十八卷　（清）姚鼐輯　清同
治五年(1866)金陵書局刻本　十冊

430000 － 2401 － 0023675　412/91（4）
漁洋山人古詩選三十二卷　（清）王士禛輯
惜抱軒今體詩選十八卷　（清）姚鼐輯　清同
治五年(1866)金陵書局刻本　十二冊

430000 － 2401 － 0023676　△412/91
漁洋山人古詩選三十二卷　（清）王士禛輯
清同治七年(1868)湘鄉曾氏刻本　佚名批校
　七冊　存二十九卷(五言詩一至十七,七言
詩一至八、十二至十五)

430000 － 2401 － 0023677　412/91 － 2
漁洋山人古詩選三十二卷　（清）王士禛輯
惜抱軒今體詩選十八卷　（清）姚鼐輯　清同
治七年(1868)湘鄉曾氏刻本　八冊

430000 － 2401 － 0023678　412/91 － 2（1）
漁洋山人古詩選三十二卷　（清）王士禛輯
惜抱軒今體詩選十八卷　（清）姚鼐輯　清同
治七年(1868)湘鄉曾氏刻本　十二冊

430000 － 2401 － 0023679　412/91 － 2（2）

430000 － 2401 － 0023679　　漁洋山人古詩選三十二卷　（清）王士禛輯
惜抱軒今體詩選十八卷　（清）姚鼐輯　清同
治七年(1868)湘鄉曾氏刻本　十二冊

430000 － 2401 － 0023680　412/91 － 2（3）
漁洋山人古詩選三十二卷　（清）王士禛輯
惜抱軒今體詩選十八卷　（清）姚鼐輯　清同
治七年(1868)湘鄉曾氏刻本　十冊

430000 － 2401 － 0023681　412/91 － 2（4）
漁洋山人古詩選三十二卷　（清）王士禛輯
惜抱軒今體詩選十八卷　（清）姚鼐輯　清同
治七年(1868)湘鄉曾氏刻本　十一冊

430000 － 2401 － 0023682　412/91 － 3
古今詩選五十卷　（清）王士禛　（清）姚鼐輯
　清光緒上海掃葉山房石印本　十冊

430000 － 2401 － 0023683　412/96
古詩箋三十二卷　（清）王士禛輯　（清）聞人
倓箋　清乾隆三十一年(1766)聞人氏芷蘭堂
刻本　十六冊

430000 － 2401 － 0023684　412/96（1）
古詩箋三十二卷　（清）王士禛輯　（清）聞人
倓箋　清乾隆三十一年(1766)聞人氏芷蘭堂
刻本　十六冊

430000 － 2401 － 0023685　412/96（2）
古詩箋三十二卷　（清）王士禛輯　（清）聞人
倓箋　清乾隆三十一年(1766)聞人氏芷蘭堂
刻本　十冊

430000 － 2401 － 0023686　412/96（3）
古詩箋三十二卷　（清）王士禛輯　（清）聞人
倓箋　清乾隆三十一年(1766)聞人氏芷蘭堂
刻本　十四冊

430000 － 2401 － 0023687　412/96（4）
古詩箋三十二卷　（清）王士禛輯　（清）聞人
倓箋　清乾隆三十一年(1766)聞人氏芷蘭堂
刻本　十二冊

430000 － 2401 － 0023688　△412/4
王船山古近體詩評選　（清）王夫之輯并評
清康熙衡陽劉氏鈔本　五冊　存六卷(船山古

詩評選一、四,船山明詩評選一至二、五至六)

430000－2401－0023689　412/157－2
古唐詩合解十六卷　(清)王堯衢註　清道光
二十五年(1845)德華堂刻本　四冊

430000－2401－0023690　412/157－3
古唐詩合解十六卷　(清)王堯衢註　清同治
四年(1865)世儒堂刻本　六冊

430000－2401－0023691　412/157－4
古唐詩合解十六卷　(清)王堯衢註　清光緒
十一年(1885)掃葉山房刻本　八冊

430000－2401－0023692　412/157－5
古唐詩合解十六卷　(清)王堯衢註　清光緒
十九年(1893)文運書局刻本　五冊

430000－2401－0023693　412/157－5(1)
古唐詩合解十六卷　(清)王堯衢註　清光緒
十九年(1893)文運書局刻本　五冊

430000－2401－0023694　412/157－5(2)
古唐詩合解十六卷　(清)王堯衢註　清光緒
十九年(1893)文運書局刻本　四冊

430000－2401－0023695　412/157－5(2)
古唐詩合解十六卷　(清)王堯衢註　清光緒
十九年(1893)文運書局刻本　四冊

430000－2401－0023696　412/157－6
古唐詩合解十六卷　(清)王堯衢註　清光緒
二十年(1894)澹雅書局刻本　六冊

430000－2401－0023697　412/157－8
古唐詩合解十六卷　(清)王堯衢註　清令德
堂刻本　一冊　存四卷(一至四)

430000－2401－0023698　412/157－12
古唐詩合解十六卷　(清)王堯衢註　清南山
堂刻本　六冊　存十二卷(唐詩十二卷)

430000－2401－0023699　412/157
古唐詩合解十六卷　(清)王堯衢註　清經綸
堂刻本　六冊

430000－2401－0023700　412/157－7
古唐詩合解十六卷　(清)王堯衢註　清寶翰

堂刻本　五冊

430000－2401－0023701　412/157－9
古唐詩合解十六卷　(清)王堯衢註　清末南
京李光明莊狀元閣刻本　四冊　存十一卷
(古詩四卷、唐詩一至七)

430000－2401－0023702　413/391
閨秀詩選六卷　(清)王慧秋輯　清光緒二十
年(1894)鉛印本　二冊

430000－2401－0023703　412/227
詩義標準一百十四卷首一卷　(清)王錫光編
　清宣統三年(1911)長沙王氏虛受堂刻本
三十冊

430000－2401－0023704　412/227(1)
詩義標準一百十四卷首一卷　(清)王錫光編
　清宣統三年(1911)長沙王氏虛受堂刻本
三十冊

430000－2401－0023705　412/41
五朝方外綺語餘編三百四十九卷　(清)釋江
叡輯　清光緒二年(1876)梓園山房刻本　二
冊　存四卷(一百九十六至一百九十九)

430000－2401－0023706　△412/7
方外綺語續編文集不分卷　(清)釋江叡輯
清鈔本　三十一冊

430000－2401－0023707　△412/112
麗句分類鈔不分卷　(清)朱寅贊輯　稿本
一冊

430000－2401－0023708　412/121
宋元明詩三百首一卷　(清)朱梓　(清)冷昌
言編　清光緒元年(1875)虞山黃氏藝文堂刻
本　一冊

430000－2401－0023709　412/235
宋元明詩三百首箋不分卷　(清)朱梓　(清)
冷昌言纂評　(清)李松壽　(清)李筠壽箋
清光緒二十一年(1895)湖南鹽署刻本　四冊

430000－2401－0023710　△412/62
近光集二十八卷　(清)汪士鋐輯　(清)徐修
仁註　清康熙五十八年(1719)刻本　佚名圈

點　四冊

430000－2401－0023711　△412/62(1)

近光集二十八卷　(清)汪士鋐輯　(清)徐修
仁註　清康熙五十八年(1719)刻本　八冊

430000－2401－0023712　△412/62(2)

近光集二十八卷　(清)汪士鋐輯　(清)徐修
仁註　清康熙五十八年(1719)刻本　十冊

430000－2401－0023713　412/163

近光集二十八卷　(清)汪士鋐輯　(清)徐修
仁註　清康熙五十八年(1719)保德堂刻本
十冊

430000－2401－0023714　413/225

言志詩輯□□卷　(清)汪昶輯　清同治十三
年(1874)元雨書屋刻本　二冊　存三卷(一
至二、五)

430000－2401－0023715　△412/85

詩倫二卷　(清)汪薇輯　清康熙五十六年
(1717)寒木堂刻本　一冊

430000－2401－0023716　412/239

詩倫二卷　(清)汪薇輯　清光緒二十年
(1894)刻本　二冊

430000－2401－0023717　412/104

古詩源十四卷　(清)沈德潛選　清道光二十
六年(1846)文德堂刻本　佚名批校　四冊

430000－2401－0023718　412/104－2

古詩源十四卷　(清)沈德潛選　清光緒十七
年(1891)湖南經濟書局刻本　四冊

430000－2401－0023719　412/104－2(1)

古詩源十四卷　(清)沈德潛選　清光緒十七
年(1891)湖南經濟書局刻本　四冊

430000－2401－0023720　412/104－3

古詩源十四卷　(清)沈德潛選　清光緒十七
年(1891)湖南思賢書局刻本　四冊

430000－2401－0023721　412/104－3(1)

古詩源十四卷　(清)沈德潛選　清光緒十七
年(1891)湖南思賢書局刻本　四冊

430000－2401－0023722　412/104－3(2)

古詩源十四卷　(清)沈德潛選　清光緒十七
年(1891)湖南思賢書局刻本　四冊

430000－2401－0023723　412/104－3(3)

古詩源十四卷　(清)沈德潛選　清光緒十七
年(1891)湖南思賢書局刻本　四冊

430000－2401－0023724　412/104－3(4)

古詩源十四卷　(清)沈德潛選　清光緒十七
年(1891)湖南思賢書局刻本　四冊

430000－2401－0023725　412/104－10

古詩源十四卷　(清)沈德潛選　清光緒二十
二年(1896)新化三昧堂刻本　三冊　缺三卷
(十二至十四)

430000－2401－0023726　412/104－7

古詩源十四卷　(清)沈德潛選　清竹嘯軒刻
本　四冊

430000－2401－0023727　412/104－8

古詩源十四卷　(清)沈德潛選　清西山堂刻
本　四冊

430000－2401－0023728　412/104－6

古詩源十四卷　(清)沈德潛選　清尊經閣刻
本　四冊

430000－2401－0023729　412/104－6(1)

古詩源十四卷　(清)沈德潛選　清尊經閣刻
本　四冊

430000－2401－0023730　412/104－6(2)

古詩源十四卷　(清)沈德潛選　清尊經閣刻
本　四冊

430000－2401－0023731　412/104－6(3)

古詩源十四卷　(清)沈德潛選　清尊經閣刻
本　四冊

430000－2401－0023732　412/104－6(4)

古詩源十四卷　(清)沈德潛選　清尊經閣刻
本　三冊　缺三卷(一至三)

430000－2401－0023733　412/104－9

古詩源十四卷　(清)沈德潛選　清藜照山館
刻本　四冊

430000－2401－0023734　412/104－9(1)
古詩源十四卷　（清）沈德潛選　清藜照山館刻本　二冊

430000－2401－0023735　412/104－5
古詩源十四卷　（清）沈德潛選　清霽月山房刻本　四冊

430000－2401－0023736　412/104－5(1)
古詩源十四卷　（清）沈德潛選　清霽月山房刻本　四冊

430000－2401－0023737　412/104－4
古詩源十四卷　（清）沈德潛選　清刻本　四冊

430000－2401－0023738　412/251
雜體詩鈔八卷　（清）況澄輯　清咸豐元年(1851)敦善堂刻況氏叢書本　八冊

430000－2401－0023739　412/8－2
小學弦歌八卷　（清）李元度編　清光緒八年(1882)大雅書局刻本　五冊

430000－2401－0023740　412/8－4
小學弦歌八卷　（清）李元度編　清光緒八年(1882)星沙群玉閣刻本　三冊　缺三卷(六至八)

430000－2401－0023741　412/8
小學弦歌八卷　（清）李元度編　清光緒八年(1882)漢文書局刻本　五冊

430000－2401－0023742　412/8－3
小學弦歌八卷　（清）李元度編　清光緒二十八年(1902)經綸森寶刻本　五冊

430000－2401－0023743　412/181
歷朝詩選要六卷　（清）李元春評選　清道光三十年(1850)刻本　六冊

430000－2401－0023744　△412/92
榕村詩選八卷首一卷　（清）李光地輯　清雍正七年(1729)方觀刻本　五冊

430000－2401－0023745　△412/92(1)
榕村詩選八卷首一卷　（清）李光地輯　清雍正七年(1729)方觀刻本　四冊

430000－2401－0023746　△412/92(2)
榕村詩選八卷首一卷　（清）李光地輯　清雍正七年(1729)方觀刻本　佚名圈點　四冊

430000－2401－0023747　412/174
榕村詩選八卷首一卷　（清）李光地輯　清道光二年(1822)二酉堂刻本　八冊

430000－2401－0023748　413/41
小山嗣音四卷　（清）李兆洛編　清嘉慶十九年(1814)金陵刻本　一冊

430000－2401－0023749　△412/55
多歲堂古詩存八卷　（清）成書輯并評　清乾隆四十七年(1782)刻本　四冊

430000－2401－0023750　412/213
五言排律輯要六卷　（清）吳元安輯註　清康熙五十四年(1715)上元吳氏雲壽閣刻本　二冊

430000－2401－0023751　△412/58
宋金元詩詠二十卷補遺二卷　（清）吳綺選　清康熙十七年(1678)廣陵千古堂刻本　八冊

430000－2401－0023752　△412/121
大觀樓詩鈔不分卷　（清）吳騫錄　清鈔本　十冊

430000－2401－0023753　412/161－3
詠物詩選註釋八卷　（清）俞琰輯　（清）孫洊鳴　（清）易開繽合註　清三讓堂刻本　四冊

430000－2401－0023754　412/237
東瀛詩選四十卷補遺四卷　（清）俞樾編　清光緒九年(1883)刻本　十六冊

430000－2401－0023755　412/234
松風餘韻五十卷末一卷　（清）姚弘緒輯　清嘉慶十年(1805)刻本　十二冊

430000－2401－0023756　412/200
惜抱軒今體詩選十八卷　（清）姚鼐選　清同治七年(1868)湘鄉曾氏刻本　四冊

430000－2401－0023757　412/201
惜抱軒五言今體詩鈔九卷　（清）姚鼐選　清刻本　二冊

430000－2401－0023758　412/9

文苑英華選六十卷　（清）宮夢仁輯　清康熙
四十三年(1704)刻本　十冊

430000－2401－0023759　412/223

看詩隨錄□□卷　（清）高靜選　清刻本　一
冊　存三卷(七十五至七十七)

430000－2401－0023760　△412/61

佩文齋詠物詩選四百八十六卷　（清）高興等
輯　清康熙四十六年(1707)內府刻本　六十
四冊

430000－2401－0023761　△412/79

湖山靈秀集十六卷　（清）席玗輯　清乾隆二
十一年(1756)凝和堂刻本　二冊

430000－2401－0023762　412/98

古詩逢原不分卷　（清）席樹馨輯　清末刻本
　二冊

430000－2401－0023763　△412/106

歷代詩鈔不分卷　（清）袁芳瑛輯　清袁氏臥
雪樓鈔本　一冊

430000－2401－0023764　412/260

集聖教序四卷　（清）馬慧裕集　清刻本　一
冊　存一卷(四)

430000－2401－0023765　△412/81

彙纂詩法度鍼三十三卷　（清）徐文弼編譯
（清）徐景階　（清）徐景麟校　清乾隆刻本
七冊　存三十二卷(二至三十三)

430000－2401－0023766　412/153

本事詩十二卷　（清）徐釚輯　清乾隆二十二
年(1757)汪肯堂半松書屋刻本　有滿唐氏批
註　四冊

430000－2401－0023767　412/153(1)

本事詩十二卷　（清）徐釚輯　清乾隆二十二
年(1757)汪肯堂半松書屋刻本　四冊

430000－2401－0023768　412/153(2)

本事詩十二卷　（清）徐釚輯　清乾隆二十二
年(1757)汪肯堂半松書屋刻本　八冊

430000－2401－0023769　412/166

重訂昭陽扶雅集六卷　（清）徐幹輯　清光緒
八年(1882)邵武徐氏刻本　六冊

430000－2401－0023770　412/166(1)

重訂昭陽扶雅集六卷　（清）徐幹輯　清光緒
八年(1882)邵武徐氏刻本　六冊

430000－2401－0023771　412/166(2)

重訂昭陽扶雅集六卷　（清）徐幹輯　清光緒
八年(1882)邵武徐氏刻本　六冊

430000－2401－0023772　412/217

七言律詩鈔十八卷　（清）翁方綱選　清乾隆
四十七年(1782)復初齋活字本　四冊

430000－2401－0023773　△412/73

御選唐宋文醇五十八卷　（清）高宗弘曆選
清乾隆三年(1738)武英殿刻四色套印本　二
十冊

430000－2401－0023774　△412/73(1)

御選唐宋文醇五十八卷　（清）高宗弘曆選
清乾隆三年(1738)武英殿刻四色套印本　二
十冊

430000－2401－0023775　△412/74

御選唐宋詩醇四十七卷目錄二卷　（清）高宗
弘曆選　清乾隆十五年(1750)內府刻四色套
印本　二十冊

430000－2401－0023776　412/148－8

御選唐宋詩醇四十七卷目錄二卷　（清）高宗
弘曆選　清乾隆二十五年(1760)珊城遺安堂
朱藍套印本　二十四冊

430000－2401－0023777　412/148－10

御選唐宋詩醇四十七卷　（清）高宗弘曆選
清乾隆二十五年(1760)紫陽書院刻本　二十
四冊

430000－2401－0023778　412/148－10(1)

御選唐宋詩醇四十七卷　（清）高宗弘曆選　清
乾隆二十五年(1760)紫陽書院刻本　十六冊

430000－2401－0023779　412/148－9

御選唐宋詩醇四十七卷目錄二卷　（清）高宗
弘曆選　清乾隆二十五年(1760)書業堂刻本

二十册

430000－2401－0023780　412/148
御選唐宋詩醇四十七卷目錄二卷　（清）高宗
弘曆選　清乾隆二十五年（1760）刻本　二十
四册

430000－2401－0023781　412/148（1）
御選唐宋詩醇四十七卷目錄二卷　（清）高宗
弘曆選　清乾隆二十五年（1760）刻本　二十
四册

430000－2401－0023782　412/148（2）
御選唐宋詩醇四十七卷目錄二卷　（清）高宗
弘曆選　清乾隆二十五年（1760）刻本　二十
五册

430000－2401－0023783　412/148（3）
御選唐宋詩醇四十七卷目錄二卷　（清）高宗
弘曆選　清乾隆二十五年（1760）刻本　二
十册

430000－2401－0023784　412/148（4）
御選唐宋詩醇四十七卷目錄二卷　（清）高宗
弘曆選　清乾隆二十五年（1760）刻本　二
十册

430000－2401－0023785　△412/74－2
御選唐宋詩醇四十七卷目錄二卷　（清）高宗
弘曆選　清咸豐謝氏活字四色套印本　清曾
國藩題識　八册

430000－2401－0023786　412/148－3
御選唐宋詩醇四十七卷目錄二卷　（清）高宗
弘曆選　清光緒七年（1881）浙江書局刻本
佚名批註　二十册

430000－2401－0023787　412/148－3（1）
御選唐宋詩醇四十七卷目錄二卷　（清）高宗
弘曆選　清光緒七年（1881）浙江書局刻本
二十册

430000－2401－0023788　412/148－3（2）
御選唐宋詩醇四十七卷目錄二卷　（清）高宗
弘曆選　清光緒七年（1881）浙江書局刻本
二十四册

430000－2401－0023789　412/148－2
御選唐宋詩醇四十七卷目錄二卷　（清）高宗
弘曆選　清光緒七年（1881）江蘇書局刻本
二十册

430000－2401－0023790　412/148－4
御選唐宋詩醇四十七卷目錄二卷　（清）高宗
弘曆選　清光緒十八年（1892）益元書局刻本
二十二册

430000－2401－0023791　412/148－5
御選唐宋詩醇四十七卷目錄二卷　（清）高宗
弘曆選　清光緒十八年（1892）學庫山房刻本
二十册

430000－2401－0023792　412/148－6
御選唐宋詩醇四十七卷目錄二卷　（清）高宗
弘曆選　清光緒十八年（1892）湖南書局刻本
二十四册

430000－2401－0023793　412/148－6（1）
御選唐宋詩醇四十七卷目錄二卷　（清）高宗
弘曆選　清光緒十八年（1892）湖南書局刻本
十八册　缺三卷（目錄上、十八至十九）

430000－2401－0023794　412/148－7
御選唐宋詩醇四十七卷　（清）高宗弘曆選
清光緒十九年（1893）湖南思賢講舍刻本　二
十册

430000－2401－0023795　412/148－7（1）
御選唐宋詩醇四十七卷　（清）高宗弘曆選
清光緒十九年（1893）湖南思賢講舍刻本　二
十册

430000－2401－0023796　412/148－7（2）
御選唐宋詩醇四十七卷　（清）高宗弘曆選
清光緒十九年（1893）湖南思賢講舍刻本　二
十册

430000－2401－0023797　412/148－7（3）
御選唐宋詩醇四十七卷　（清）高宗弘曆選
清光緒十九年（1893）湖南思賢講舍刻本　二
十册

430000－2401－0023798　412/148－7（4）

御選唐宋詩醇四十七卷 （清）高宗弘曆選
清光緒十九年（1893）湖南思賢講舍刻本 二十冊

430000 - 2401 - 0023799 412/148 - 11

御選唐宋詩醇四十七卷 （清）高宗弘曆選
清刻本 二十冊

430000 - 2401 - 0023800 412/148 - 12

御選唐宋詩醇四十七卷目錄二卷 （清）高宗
弘曆選 清刻本 二十冊

430000 - 2401 - 0023801 412/148 - 13

御選唐宋詩醇四十七卷目錄二卷 （清）高宗
弘曆選 清刻本 二十冊

430000 - 2401 - 0023802 412/148 - 14

御選唐宋詩醇四十七卷目錄二卷 （清）高宗
弘曆選 清刻本 二十冊

430000 - 2401 - 0023803 412/197

御選宋金元明四朝詩存六十五卷 （清）聖祖
玄燁選 清康熙四十八年（1709）武英殿刻本
四十一冊 存六十五卷（御選宋詩一至五、
十至十五、十七、二十至三十四、四十一至四
十二、四十九至五十四、六十三至七十二、七
十五、七十六，御選金詩二十一至二十二，御
選元詩首、一、十一至十二、七十七至七十八，
御選明詩一至三、十六、八十七、九十二至九
十四、一百十七至一百十八）

430000 - 2401 - 0023804 △412/109

歷朝詩選簡全集六卷 （清）章薇輯 清乾隆
二十三年（1758）刻本 四冊

430000 - 2401 - 0023805 △412/2

三管英靈集五十七卷 （清）梁章鉅輯 清桂
林湯日新堂刻本 八冊

430000 - 2401 - 0023806 412/100

宛鄰書屋古詩錄十二卷 （清）張琦輯 清道
光宛鄰書屋刻本 四冊

430000 - 2401 - 0023807 412/191

采菽堂古詩選三十八卷補遺四卷 （清）陳祚
明編 清乾隆十三年（1748）刻本 十冊 缺

十五卷（一至八、二十四至二十六、三十至三
十一,補遺一至二）

430000 - 2401 - 0023808 △412/59

采菽堂古詩選三十八卷補遺四卷 （清）陳祚
明編 清刻本 五冊 存十三卷（三至七、十
至十七）

430000 - 2401 - 0023809 412/177

御定歷代題畫詩類一百二十卷 （清）陳邦彥
輯 清康熙四十六年（1707）內府刻本 三十
二冊

430000 - 2401 - 0023810 △412/108

歷朝名媛詩詞十二卷 （清）陸昶輯 清乾隆
三十八年（1773）陸氏紅樹樓刻本 六冊

430000 - 2401 - 0023811 412/3

十八家詩鈔二十八卷 （清）曾國藩纂 清同
治十三年（1874）長沙傳忠書局刻本 二十
八冊

430000 - 2401 - 0023812 412/3(1)

十八家詩鈔二十八卷 （清）曾國藩纂 清同
治十三年（1874）長沙傳忠書局刻本 二十
八冊

430000 - 2401 - 0023813 412/3(2)

十八家詩鈔二十八卷 （清）曾國藩纂 清同
治十三年（1874）長沙傳忠書局刻本 二十
八冊

430000 - 2401 - 0023814 412/3(3)

十八家詩鈔二十八卷 （清）曾國藩纂 清同
治十三年（1874）長沙傳忠書局刻本 二十
八冊

430000 - 2401 - 0023815 412/3(4)

十八家詩鈔二十八卷 （清）曾國藩纂 清同
治十三年（1874）長沙傳忠書局刻本 二十
八冊

430000 - 2401 - 0023816 412/3(5)

十八家詩鈔二十八卷 （清）曾國藩纂 清同
治十三年（1874）長沙傳忠書局刻本 二十冊

430000 - 2401 - 0023817 412/3 - 6

十八家詩鈔二十八卷　(清)曾國藩纂　清光緒二十九年(1903)上海鴻寶書局石印曾文正公全集本　十四册

430000－2401－0023818　412/106－2

三十家詩鈔六卷首一卷末一卷　(清)曾國藩編　(清)王定安增輯　清同治十三年(1874)傳忠書局刻本　六册

430000－2401－0023819　412/106－2(1)

三十家詩鈔六卷首一卷末一卷　(清)曾國藩編　(清)王定安增輯　清同治十三年(1874)傳忠書局刻本　六册

430000－2401－0023820　412/106－2(2)

三十家詩鈔六卷首一卷末一卷　(清)曾國藩編　(清)王定安增輯　清同治十三年(1874)傳忠書局刻本　六册

430000－2401－0023821　412/106－2(3)

三十家詩鈔六卷首一卷末一卷　(清)曾國藩編　(清)王定安增輯　清同治十三年(1874)傳忠書局刻本　六册

430000－2401－0023822　412/106－2(4)

三十家詩鈔六卷首一卷末一卷　(清)曾國藩編　(清)王定安增輯　清同治十三年(1874)傳忠書局刻本　六册

430000－2401－0023823　412/106

三十家詩鈔六卷首一卷末一卷　(清)曾國藩編　(清)王定安增輯　清同治十三年(1874)刻本　六册

430000－2401－0023824　412/106－4

三十家詩鈔六卷首一卷末一卷　(清)曾國藩編　(清)王定安增輯　清宣統元年(1909)上海崇善堂石印本　六册

430000－2401－0023825　412/288

全詩約粹□□卷　(清)楊丕復選　清鈔本　一册　存二卷(二十五、二十七)

430000－2401－0023826　△412/56

先儒詩集一卷　(清)楊妍輯　清初刻本　一册

430000－2401－0023827　412/159

時令詩林尤雅十二卷　(清)鄒廷忠輯　清乾隆五十九年(1794)敨元堂刻本　四册

430000－2401－0023828　412/159(1)

時令詩林尤雅十二卷　(清)鄒廷忠輯　清乾隆五十九年(1794)敨元堂刻本　六册

430000－2401－0023829　412/182

歷朝二十五家詩錄三十七卷首一卷　(清)鄒湘倜輯　清光緒元年(1875)新化鄒氏得頤堂刻本　三十册

430000－2401－0023830　412/182(1)

歷朝二十五家詩錄三十七卷首一卷　(清)鄒湘倜輯　清光緒元年(1875)新化鄒氏得頤堂刻本　三十册

430000－2401－0023831　412/182(2)

歷朝二十五家詩錄三十七卷首一卷　(清)鄒湘倜輯　清光緒元年(1875)新化鄒氏得頤堂刻本　三十册

430000－2401－0023832　412/182(3)

歷朝二十五家詩錄三十七卷首一卷　(清)鄒湘倜輯　清光緒元年(1875)新化鄒氏得頤堂刻本　三十册

430000－2401－0023833　412/182(4)

歷朝二十五家詩錄三十七卷首一卷　(清)鄒湘倜輯　清光緒元年(1875)新化鄒氏得頤堂刻本　二十四册

430000－2401－0023834　412/182(5)

歷朝二十五家詩錄三十七卷首一卷　(清)鄒湘倜輯　清光緒元年(1875)新化鄒氏得頤堂刻本　二十九册　缺一卷(十二)

430000－2401－0023835　412/182(6)

歷朝二十五家詩錄三十七卷首一卷　(清)鄒湘倜輯　清光緒元年(1875)新化鄒氏得頤堂刻本　二十册　缺十二卷(四至五、十至十六、十八、三十四、三十七)

430000－2401－0023836　412/199－2

蓮花世界詩一卷　(清)釋廣貴輯　清乾隆四十九年(1784)京都衍法寺刻本　一册

430000 – 2401 – 0023837　412/37

元明詩選四卷　（清）蔡振中輯評　清嘉慶八年(1803)秋舫齋刻本　二冊

430000 – 2401 – 0023838　412/38

詩觀初集十二卷　（清）鄧漢儀評選　清康熙十一年(1672)江蘇鄧氏慎墨堂刻本　十二冊

430000 – 2401 – 0023839　412/183

歷朝詩約選九十二卷　（清）劉大櫆輯　清光緒二十一年至二十三年(1895 – 1897)文徵閣刻本　二十四冊

430000 – 2401 – 0023840　412/183(1)

歷朝詩約選九十二卷　（清）劉大櫆輯　清光緒二十一年至二十三年(1895 – 1897)文徵閣刻本　二十冊

430000 – 2401 – 0023841　412/183(2)

歷朝詩約選九十二卷　（清）劉大櫆輯　清光緒二十一年至二十三年(1895 – 1897)文徵閣刻本　二十二冊　缺四卷(二十六至二十九)

430000 – 2401 – 0023842　412/183(3)

歷朝詩約選九十二卷　（清）劉大櫆輯　清光緒二十一年至二十三年(1895 – 1897)文徵閣刻本　二十冊　缺十一卷(八至九、十三至十七、四十四至四十七)

430000 – 2401 – 0023843　412/147

唐宋詩本七十六卷目錄八卷　（清）戴第元輯　清光緒三年至四年(1877 – 1878)覽珠堂刻本　四十冊

430000 – 2401 – 0023844　412/140

山南詩選四卷　（清）嚴如熤輯　清光緒十三年(1887)刻本　二冊

430000 – 2401 – 0023845　412/42

五朝名家七律英華不分卷　（清）顧有孝（清）王載編　清文成堂刻本　十冊

430000 – 2401 – 0023846　412/42－2

五朝名家七律英華不分卷　（清）顧有孝（清）王載編　清金閶寶翰樓刻本　七冊　缺一朝(宋朝)

430000 – 2401 – 0023847　412/222

乾坤正氣集二十卷　（清）顧沅輯　清同治六年(1867)皖江臬署刻本　八冊

430000 – 2401 – 0023848　412/226

詩林韶濩二十卷　（清）顧嗣立輯　清初弘文書屋刻本　一冊　存二卷(一至二)

430000 – 2401 – 0023849　△412/82

詩林韶濩選二十卷　（清）顧嗣立輯　（清）周煌重選　清乾隆二十九年(1764)刻本　四冊

430000 – 2401 – 0023850　412/262

新刻續千家詩二卷　（清）□□編　清中湘王天德堂刻本　一冊

430000 – 2401 – 0023851　412/97

古詩直解十二卷首一卷　（□）葉羲昂選解　清末刻本　二冊

430000 – 2401 – 0023852　412/189

懷芬家塾七古詩鈔一卷　（□）懷芬家塾輯　鈔本　一冊

430000 – 2401 – 0023853　412/7

八代詩選二十卷　王闓運輯　清光緒七年(1881)四川尊經書局刻本　八冊

430000 – 2401 – 0023854　412/7(1)

八代詩選二十卷　王闓運輯　清光緒七年(1881)四川尊經書局刻本　七冊

430000 – 2401 – 0023855　412/7(2)

八代詩選二十卷　王闓運輯　清光緒七年(1881)四川尊經書局刻本　八冊

430000 – 2401 – 0023856　412/7(3)

八代詩選二十卷　王闓運輯　清光緒七年(1881)四川尊經書局刻本　九冊

430000 – 2401 – 0023857　412/7(4)

八代詩選二十卷　王闓運輯　清光緒七年(1881)四川尊經書局刻本　二冊　缺十五卷(一至三、七至十、十三至二十)

430000 – 2401 – 0023858　412/7(5)

八代詩選二十卷　王闓運輯　清光緒七年(1881)四川尊經書局刻本　四冊　缺十八卷

（一至十、十三至二十）

430000－2401－0023859　412/7（6）

八代詩選二十卷　王闓運輯　清光緒七年（1881）四川尊經書局刻本　一冊　存五言九新體詩第一

430000－2401－0023860　412/7－2

八代詩選二十卷　王闓運輯　清光緒十六年（1890）江蘇書局刻本　佚名批校　八冊

430000－2401－0023861　412/7－2（1）

八代詩選二十卷　王闓運輯　清光緒十六年（1890）江蘇書局刻本　八冊

430000－2401－0023862　412/7－2（2）

八代詩選二十卷　王闓運輯　清光緒十六年（1890）江蘇書局刻本　五冊　缺六卷（十二至十七）

430000－2401－0023863　412/7－3

八代詩選二十卷　王闓運輯　清光緒二十年（1894）善化章氏經濟堂刻本　十二冊

430000－2401－0023864　412/7－3（1）

八代詩選二十卷　王闓運輯　清光緒二十年（1894）善化章氏經濟堂刻本　十二冊

430000－2401－0023865　412/7－3（2）

八代詩選二十卷　王闓運輯　清光緒二十年（1894）善化章氏經濟堂刻本　八冊

430000－2401－0023866　412/7－3（3）

八代詩選二十卷　王闓運輯　清光緒二十年（1894）善化章氏經濟堂刻本　八冊

430000－2401－0023867　413/265

東周宮詞五卷　（清）吳養原撰　清同治二年（1863）刻本　一冊

430000－2401－0023868　413/265－2

東周宮詞五卷　（清）吳養原撰　清光緒十年（1884）刻本　一冊

430000－2401－0023869　413/506

秦文粹六卷　許銘彞輯　清光緒二十五年（1899）稿本　一冊

430000－2401－0023870　△48/11

全漢詩選箋註十六卷　（清）蔣凝學輯　清鈔本　五冊　存五卷（五至六、八至九、十六）

430000－2401－0023871　413/437

漢鐃歌釋文箋正一卷　王先謙撰　清同治十一年（1872）王氏虛受堂刻本　一冊

430000－2401－0023872　413/437（1）

漢鐃歌釋文箋正一卷　王先謙撰　清同治十一年（1872）王氏虛受堂刻本　一冊

430000－2401－0023873　413/437（2）

漢鐃歌釋文箋正一卷　王先謙撰　清同治十一年（1872）王氏虛受堂刻本　一冊

430000－2401－0023874　413/437（3）

漢鐃歌釋文箋正一卷　王先謙撰　清同治十一年（1872）王氏虛受堂刻本　一冊

430000－2401－0023875　413/437（4）

漢鐃歌釋文箋正一卷　王先謙撰　清同治十一年（1872）王氏虛受堂刻本　一冊

430000－2401－0023876　413/437（5）

漢鐃歌釋文箋正一卷　王先謙撰　清同治十一年（1872）王氏虛受堂刻本　一冊

430000－2401－0023877　413/437（6）

漢鐃歌釋文箋正一卷　王先謙撰　清同治十一年（1872）王氏虛受堂刻本　一冊

430000－2401－0023878　413/437（7）

漢鐃歌釋文箋正一卷　王先謙撰　清同治十一年（1872）王氏虛受堂刻本　一冊

430000－2401－0023879　413/437（8）

漢鐃歌釋文箋正一卷　王先謙撰　清同治十一年（1872）王氏虛受堂刻本　一冊

430000－2401－0023880　413/437（9）

漢鐃歌釋文箋正一卷　王先謙撰　清同治十一年（1872）王氏虛受堂刻本　一冊

430000－2401－0023881　△413/33

兩漢策要十二卷　（宋）陶叔獻輯　清乾隆五十六年（1791）張朝樂刻本　六冊

430000－2401－0023882　△413/33（1）

兩漢策要十二卷　（宋）陶叔獻輯　清乾隆五
十六年（1791）張朝樂刻本　八冊

430000－2401－0023883　△413/32

兩漢文選四十卷　（明）張采輯　明崇禎刻五
雲居印本　二十五冊　缺一卷（西漢文存九）

430000－2401－0023884　△413/22

西漢文選四卷　（清）儲欣評選　清刻朱墨套
印本　佚名批校　八冊

430000－2401－0023885　△413/21

西漢文鑒二十一卷東漢文鑒二十卷　（宋）陳
鑒輯　明嘉靖二年（1523）劉弘毅慎獨齋刻本
十二冊

430000－2401－0023886　△411.1/7-2

西漢文紀十七卷　（明）梅鼎祚輯　明崇禎刻
本　五冊　存十四卷（一至六、十至十七）

430000－2401－0023887　△413/34

東漢文二十卷　（明）張采輯　明崇禎金閶委
宛齋刻本　八冊

430000－2401－0023888　△413/34（1）

東漢文二十卷　（明）張采輯　明崇禎金閶委
宛齋刻本　十六冊

430000－2401－0023889　413/485

東漢文不分卷　（清）張運泰　（清）余元熹集
評　清末刻本　四冊

430000－2401－0023890　413/504

全後漢文一百〇六卷　（清）嚴可均輯　清刻
本　十三冊

430000－2401－0023891　413/154

南北朝文鈔二卷　（清）彭兆蓀輯　清刻本
二冊

430000－2401－0023892　413/354

翰林學士集一卷　（唐）□□輯　清光緒十九
年（1893）貴陽陳氏影刻唐卷子本　一冊

430000－2401－0023893　413/354-2

翰林學士集一卷　（唐）□□輯　清光緒貴陽

陳氏影刻靈峰草堂叢書本　一冊

430000－2401－0023894　△413/42

松陵集十卷　（唐）皮日休　（唐）陸龜蒙撰
明末毛氏汲古閣刻本　葉啟發題識　二冊

430000－2401－0023895　△413/42（1）

松陵集十卷　（唐）皮日休　（唐）陸龜蒙撰
明末毛氏汲古閣刻本　三冊　存七卷（一、五
至十）

430000－2401－0023896　413/193

唐中興閒氣集二卷　（唐）高仲武輯　清光緒
武進費氏影宋刻本　一冊

430000－2401－0023897　413/193（1）

唐中興閒氣集二卷　（唐）高仲武輯　清光緒
武進費氏影宋刻本　一冊

430000－2401－0023898　△413/5

分類補註李太白詩二十五卷　（唐）李白撰
（宋）楊齊賢集註　**集千家註杜工部詩集二十
卷文集二卷**　（唐）杜甫撰　（元）高楚芳編
明末書林汪復初刻本　十九冊　缺三卷（杜
工部詩集十九至二十、文集二）

430000－2401－0023899　△413/78

國秀集三卷　（唐）芮挺章輯　明崇禎元年
（1628）毛氏汲古閣刻本　三冊

430000－2401－0023900　△413/82

極玄集二卷　（唐）姚合輯　明崇禎元年
（1628）毛氏汲古閣刻唐人選唐詩本　一冊

430000－2401－0023901　413/73

四家歌行一卷　（唐）高適等撰　清光緒二十
六年（1900）鈔本　佚名批校　一冊

430000－2401－0023902　413/43

河岳英靈集二卷　（唐）殷璠輯　清光緒四年
（1878）揚州刻本　二冊

430000－2401－0023903　413/499

天台三聖詩一卷　（唐）釋寒山　（唐）釋豐干
（唐）釋拾得撰　金陵刻經處刻本　一冊